부산국제선교회 40년사

부산국제선교회 40년사

2024년 8월 30일 처음 찍음

엮은이 | 부산국제선교회 40년사 편찬위원회
펴낸이 | 부산국제선교회
펴낸곳 | 도서출판 동연
등 록 | 제1-1383호(1992. 6. 12.)
주 소 | 서울시 마포구 월드컵로 163-3
전 화 | (02)335-2630
팩 스 | (02)335-2640
이메일 | yh4321@gmail.com
인스타 | dongyeon_press

ISBN 978-89-6447-021-3 03060

부산국제선교회

40년사

부산국제선교회 40년사 편찬위원회 엮음

동연

발간사

김종찬 목사
(회장, 법인 이사, 더불어교회)

하나님의 섭리 가운데 세워진 부산국제선교회가 40여 년을 지나면서 40년사를 발간하게 된 것을 영광스럽게 생각합니다.

선교라는 단어는 생각만 해도 하나님의 마음이 느껴져서 기대와 흥분이 되는 단어입니다. 우리나라는 파송된 훌륭한 선교사들로부터 선교를 잘 배운 나라입니다. 140여 년 전 우리나라에 오셨던 서구의 선교사들은 영성과 지성을 겸비한 탁월한 엘리트 선교사들이었습니다. 하나님께서 우리 민족에게 주신 사명 가운데 세계 선교가 있습니다. 우리나라 교회는 설립 초창기부터 해외에 선교사 파송을 시작한 선교 지향적 교회였습니다. 그래서 우리나라 그리스도교 역사 100년 만에 선교 대상 국가에서 선교 국가가 되었습니다. 해외에 파송된 선교사는 인구당 파송 숫자로 세계 제일입니다. 우리나라 선교사들이 어느 나라, 어느 민족에게나 거부감 없이 잘 받아들여지는 이유는 영적으로는 어두웠고, 식민지라는 어려움을 경험했을 뿐만 아니라 또한 가난한 나라였기 때문에 비슷한 환경을 지닌 선교지마다 우리나라 선교사들이 어디서나 환영을 받고 있는 것입니다. 최근에는 한류의 영향으로 전 세계가 우리나라에 호의적인 것도 세계 선교를 더 풍성하게 감당하게 하시려는 하나님께서 준비해 놓으신 사명이리라 생각됩니다.

부산국제선교회는 부산 지역이 가진 특별하고 자랑스러운 선교회입니다. 주후 1979년 부산 지역의 노회와 교회들이 연합하여 '국제선교회 부산지회'라는 이름으로 시작된 선교회가 후에 '부산국제선교회'(THE PUSAN ASSOCIATION OF CHURCHES FOR INTERNATIONAL MISSION)로 개칭하여 오로지 선교라는 기치 아래 영광스러운 선교의 사명을 지금까지 감당하는 발자취를 계속 남기고 있습니다. 부산은 서구 선교사들이 우리나라에 들어올 때 가장 먼저 밟았던 선교지의 땅입니다. 선교사들이 탔던 배는 제일 먼저 부산에 도착해 며칠간 지내며 인천 가는 배를 다시 타거나, 육로로 서울까지 가든지 했습니다. 따라서 부산 땅은 언더우드나 아펜젤러 선교사도 제일 먼저 밟았던 선교사의 초기 흔적이 있는 선교지 땅입니다. 이런 부산의 선교적 토양에서 태어나고 성장한 부산국제선교회가 하나 님이 기뻐하실 만한 연합과 에큐메니칼 영성으로 건실하게 선교 역사를 이룬 40년의 선교 역사를 한 권의 책으로 엮어 발간하게 되어 선교의 참된 정신을 다시 되돌아보게 합니다. 역사는 또 다른 역사의 길을 만듭니다. 예수님이 다시 오실 때까지 부산국제선교회의 은혜 로운 선교의 역사는 계속되리라 믿고 기대합니다.

이 책이 나오기까지 수고하신 집필자 황홍렬 교수와 40년사 편찬위원회 그리고 40여 년 동안 선교의 길에 동참한 모든 선교사와 후원한 교회들 그리고 선교회원들께 진심으로 감사를 드립니다.

편 찬 사

한영수 목사
(40년사 편찬위원장, 법인 이사, 전 회장)

선교회의 역사를 정리하고 기록하고 편찬하는 일의 중요성은 아무리 강조해도 지나치지 않습니다. 정리, 기록, 편찬은 단순히 역사 서술이 아니고, 평가 작업이기도 하고, 미래를 전망하는 일도 포함하기 때문입니다. 말하자면 굉장한 부가가치를 만들어 내는 일이라고 할 수 있습니다. 만일 이런 수고를 하지 않는다면 하나님께서 선교회를 통해 행하신 일들을 후대에 전하기 어렵고, 발전을 기대할 수 없으며, 최악의 경우에는 잘못된 방향으로 나갈 수도 있습니다.

그런데 아쉬운 것은 국제선교회는 1979년 창립 이래 아름다운 전통을 이어오며 발전에 발전을 거듭해 오늘에 이르렀지만, 역사 기록의 중요성을 깊이 인식하지 못하고 자료 수집, 정리, 기록, 편찬하는 일을 소홀히 했습니다. 진작 필요한 기구나 위원회를 만들어 틈틈이 이런 작업을 했었다면 하는 아쉬움이 남는 대목입니다.

그러나 아주 다행인 것은 많이 늦었지만, 국제선교회 역사 40년에 즈음하여, 역사 기록의 중요성을 인지해 역사편찬위원회가 조직이 되어 첫 모임을 갖고(2021년 3월 12일), 준비 과정을 거쳐(간추린 40년 백서와 발자취 등을 정리), 부산장신대 선교학 교수이신 황홍렬 교수(현재는 은퇴 교수)에게 의뢰하여 마침내 국제선교회 40년사를 발간하게 된 것입니다.

간추린 40년 백서와 발자취의 중간 결과물을 내놓았지만, 40년사를 집필하기는 턱없이 부족한 자료였기에 선교회 40년사를 집필한다는 것은 여간 어려운 일이 아니었을 것으로 짐작이 됩니다. 하지만 황홍렬 교수는 학교 강의, 선교적교회마을목회연구소(이전 이름, 부산장신대세계연구소) 소장으로의 과제, 기타 부과된 다른 업무들이 많이 있음에도 불구하고, 선교회의 요청에 기꺼이 응해 40년 자료를 모으고 분석하고, 국제선교회와 직간접 관련이 있는 다양한 분들(선교사 포함)과 인터뷰하고, 집필에 들어가 마침내 발간에 이른 것입니다. 선교회에 대한 애정이 없었다면 가능하지 않은 일입니다. 황홍렬 교수에게 깊이 감사를 드립니다.

김정광 목사님 박광선 목사님에게도 감사드립니다. 두 분 목사님은 국제선교회의 산증인이라 할 수 있는데, 선교회의 역사 구전의 역할을 다하셨습니다.

그리고 사단법인 국제선교회 정봉익 이사장님, 김종찬 회장님을 비롯한 역사편찬위원들의 수고도 기억하며 감사를 드립니다. 또 빼놓을 수 없는 분들은 그때그때마다 애정을 갖고 선교회를 이끌어 오신 역대 회장님들과 임원들, 이사들입니다. 후원 교회, 개인 후원들의 협력도 크게 한몫을 했습니다. 본토와 친척과 아버지 집을 떠나 열악한 선교지에서 묵묵히 복음의 씨를 뿌린 선교사들의 수고와 헌신은 하나님만이 아실 것입니다. 이들이 있었기에 국제선교회의 지난 40년 역사는 아름답게 써 내려간 것입니다. 하지만 모든 영광은 선교의 주체이신 삼위일체 하나님이 받으심이 마땅합니다.

교회든 선교회이든 모든 기관은 상승 국면이 있고, 침체 국면이 있는데 국제선교회의 40년 시점은 상승 국면의 상황입니다. 이런 시점에서 과거를 돌아보고 미래를 조망하며 40년사를 편찬하는 것은 큰 의미가 있다고 여겨집니다. 더욱 발전적인 미래를 기대할 수 있기 때문입니다. 만일 침체 국면의 상황에서 40년사가 집필된다면 그것은 걱정거리입니다. 왜냐하면 침체 국면에서는 사실 반전을 기하는 것이 쉽지 않기 때문입니다.

뒤늦게나마 국제선교회가 회칙을 손질해 국제선교회의 선교신학적 정체성을 복음주의적 에큐메니칼 선교신학으로 천명한 것은 매우 다행한 일이라고 여겨집니다. 방향을 제대로 잡은 것이기 때문입니다. 주지하다시피 선교의 역사가 모두 자랑스러운 것만은 아닙니다. 열정이 방향보다 앞서 오히려 선교지를 분열케 한 어두운 역사가 세계 선교의 역사에는 곳곳에 자리 잡고 있습니다.

아무쪼록 40년사 발간을 시점으로 부산국제선교회가 더욱 건강하게 도약하여 선교회의 모델이 되고, 복음주의적 에큐메니칼 선교회의 좋은 본이 되기를 소망합니다. 향후 아름다운 선교회의 미래를 열어갈 디딤돌로서의 역할이 되기를 기도합니다. 교회도 40년을 이어가지 못하는 경우가 있는데, 선교회가 40년을 이어온 것은 정말 놀라운 하나님의 은혜요 크게 감사한 일이 아닐 수 없습니다. 모든 영광을 하나님께 돌립니다.

서은성 목사
(총회 세계선교부 부장, 상신교회)

부산국제선교회가 1979년도에 세워져서 지금까지 선교 사역을 기쁨으로 잘 감당하게 하신 것을 하나님께 감사를 드리며 함께 섬기며 수고한 국제선교회 모든 분에게 하나님의 은혜가 넘치기를 기원합니다.

우리나라 최초의 선교사를 구츨라프라고 하기도 하고 대동강변에서 성경을 전해준 토마스 목사라고 하기도 합니다. 토마스 목사를 파송했던 영국의 하노버교회는 한때 3,000명의 교인이 모였다고 합니다. 그런데 지금은 그 하노버교회가 많이 힘을 잃었고, 영국에 목회자가 많이 없어서 한국 목사님이 목회를 하고 있는 것을 보고 가슴이 많이 아팠습니다. 언더우드 선교사가 한국에 선교사로 파송 받을 때 그에게 약혼자가 있었습니다. 약혼자가 세 가지 질문을 했습니다. "한국 사람들은 뭘 먹고 삽니까" 하니까 "한국 사람들이 무엇을 먹고사는지는 모릅니다" 또 묻습니다. "한국에 가서 몸이 아프면 치료를 받아야 하는데 병원은 있습니까?" 대답하기를 "한국에 병원이 있는지는 모릅니다" 그의 약혼자가 또 묻습니다. "그러면 당신은 한국에 대해서 알고 있는 것이 무엇입니까" 언더우드가 이렇게 대답합니다. "내가 알고 있는 것은 오로지 그곳에 주님을 모르고 있는 천만 명의 영혼이 있다는 것뿐입니다." 결국 선교하기 위해서 약혼녀와 파혼하고 한국으로 선교사로 파송 받게 됩니다. 한국에서 선교하다가 8살의 연상인 릴리어스 스털링 호튼이라는 여의사와 결혼하게 됩니다. 신혼여행은 선교 여행으로 평안도 지역이었는데, 1,600Km를 거의 도보로 걸어서 다니면서 복음을 전했다고 합니다. 이렇게 훌륭한 선교사를 파송했던 뉴욕의 라파이에트 에비뉴장로교회 앞에 동성애 깃발이 걸려 있는 것을 사진으로 보았습니다. 70명도 안 되는 노인들만 모이고 있다는데 너무나 안타까운 마음입니다. 이런 생각을 해봅니다. '하나님께서 선교를 위해서 교회를 일으키고, 하나님께서 선교를 위해서 부흥하게 하시고, 하나님께서 선교를 위해서 쓰임 받게 하실 때가 있구나' 한국교회가 지금이 하나님 앞에 선교의 도구로 멋있게 쓰임 받는 때가 되었으면 좋겠습니다.

하나님께서 부산국제선교회를 선교의 도구로 세우셔서 수많은 선교를 감당하게 하신 줄로 믿습니다. 선교에는 성공과 실패가 없다고 생각합니다. 우리는 복음의 씨앗을 뿌리지만 하나님께서 열매를 맺게 하신다고 믿습니다. 그런 의미에서 부산국제선교회의 선교 역사는 한국교회에 중요한 선교의 역사로 기록될 것입니다.

총회 선교신학에서 중요하게 여기는 것이 선교와 하나님의 말씀인 성경입니다. "성경 말씀에 따라 우리는 하나님의 독생자 예수 그리스도를 믿고 세례를 받음으로써 그리스도의 몸인 교회에 속하여 하나님 나라를 만드는 선교에 참여한다"라고 정의하고 있습니다. 국제선교회에서는 선교지에 직접 찾아가서 성경 말씀을 가르치는 일에 힘을 쏟았습니다. 저도 부산에서 목회를 하는 동안에 중국 왕청에 가서 직접 성경 말씀을 가르치는 일에 참여했습니다. 성경 말씀을 가르치면서 너무나 가슴이 뜨거워졌고 아직도 그 기억이 생생합니다.

총회 선교신학에서는 선교와 복음 전도에 관해서 "교회는 복음 전도, 교회 개척, 빛과 소금의 삶, 사회봉사, 사회행동, 생태계의 보전 등 통전적으로 활동을 수행하는데 특히 복음 전도를 강조해야 한다"라고 되어 있습니다. 부산국제선교회가 인도네시아와 오스트리아와 일본에 선교사를 파송하고 복음을 전하는 선교 사역을 멋지게 펼쳐왔던 것은 너무나 귀한 사역이었습니다. 때로는 그 선교 사역의 과정 속에 기대했던 것보다는 전혀 다르게 아픔이 있기도 했지만, 하나님께서 선교의 열매를 맺게 하실 줄로 믿습니다.

더 나아가서 총회 선교신학에는 선교와 교회에 관해서 "교회는 본질적으로 선교 공동체로서 세상 속에서 복음 전파와 섬김을 실천하는 봉사와 창조 세계를 돌보는 사명을 수행한다"라고 정의하고 있습니다. 부산국제선교회가 오스트리아 비엔나에 교회를 세우고 비엔나한인교회를 통해서 수많은 선교 사역을 펼치게 된 것은 참으로 선교의 귀한 열매라고 생각합니다. 중국 왕청 지역에서도 여러 교회를 세워 영혼 구원 사역을 감당하게 된 것도 하나님이 기뻐하시는 열매라고 생각합니다.

부산국제선교회의 선교 사역이 앞으로 더욱 주님의 마음을 기쁘시게 하는 사역을 잘 감당하게 되기를 기도합니다. 부산국제선교회가 성경 말씀을 가르치고, 복음을 전파하고, 교회를 세우는 귀한 사역들이 주님의 은혜로 자랑스럽게 펼쳐나가게 되기를 간절히 소망합니다.

축사

조현성 목사
(부산노회장, 행복나눔교회)

　성경에 나타난 숫자 사십은 영적인 의미로서의 중요한 수입니다. 모세의 생애 120년 가운데 40년씩의 기간이라든가 십계명을 받으러 두 차례나 40일 산에 있었다든지 40일간 가나안을 정탐한 일, 엘리야가 호렙에 있었던 40일, 요나가 40일만 지나면 니느웨가 멸망한다고 외쳤던 일, 예수님이 40일간 금식하신 후에 마귀에게 시험을 받으신 일, 또 예수님께서 부활하신 후에 40일 동안 제자들에게 보이시며 하늘나라에 속한 것들을 말씀하신 일 등등.

　이를 곰곰이 살펴보면 시험의 기간으로, 혹은 구원과 평안함 가운데, 때론 확장된 영토에서 번영으로, 어떨 때는 수치와 고역으로, 또는 기다림의 의미로서 40년이 이모저모로 나타나고 있습니다.

　금번 부산국제선교회 40년 발간 또한 여러모로 생각할 수 있습니다. 40년 전 영적인 첫 삽을 떠서 한 걸음 한 걸음 달려와 이젠 어엿한 중년이 된 부산국제선교회 40주년 발간에 격려와 위로와 감사를 전하며 하나님께 영광을 돌립니다.

　그동안 걸어온 세월을 뒤돌아보면 출발도 하나님의 은혜요, 지금의 상황도 하나님의 은혜요, 앞으로의 선교도 오직 하나님의 은혜뿐임을 어느 누구도 부인할 수 없습니다.

　네 시작은 미약하나 나중은 창대해지리라는 말씀처럼 숱한 세월의 흐름 속에서 복음에 빚진 자의 사명을 감당하며 선교의 지경을 넓히고 넓히어 땅끝까지 증인의 삶을 살아 온 흔적들이 감사와 눈물로 새겨졌으리라 생각됩니다.

　특히 선교의 현장에 방문하여 함께 예배드리며 선교 상황을 보면서 저를 돌아보는 계기가 됨과 동시에 영적 추억으로도 남아 있습니다. 현장에서 선교하시는 선교사님들에게 더 풍성하게 지원하지 못하는 안타까운 마음이 지금도 제 속에서 소용돌이치고 있습니다.

무엇보다 여기까지 도우신 에벤에셀 하나님께 영광을 돌립니다. 일선에서 수고하고 헌신하신 선교사님들께 위로와 격려의 박수를 보냅니다. 오늘이 있기까지 부산국제선교회를 위해 섬김을 다하신 부산노회와 회장단, 임원단과 회원 모든 분께 감사의 인사를 전하며 다시 한번 축하드립니다.

회 고 사

김정광 목사
(법인 이사, 전 회장, 전 중국 선교사)

1979년 4월 가야교회에서 부산노회가 열리고 있을 때, 한숭인 장신대 학생이 인도네시아 선교를 신청했고, 노회는 목사안수를 허락했고, 보조는 부산노회 산하 여러 교회가 하기로 결정했습니다. 그렇게 선교회를 구성한 것이 부산국제선교회의 시작입니다.

이듬해 4월에 인도네시아로 출발했고, 선교회는 기도로 뒷받침하기로 하고 매월 첫째 목요일에 월례기도회를 실시하여 45년이 지난 금년 2월은 432회 월례회로 모인 것이 선교회의 특징입니다.

인도네시아에 도착하여 동부 지역 수라바야에 사무실을 두고 산족과 섬 주민을 상대로 탁월한 성과를 이루었고, 인도네시아 교단에서는 섬 지역 국내 선교 책임자로 임명하였고, 나중에 자카르타(수도) 내 선교관을 건축하여 활발하게 선교 활동을 하였습니다.

그는 신학교에서 인도네시아 신학생을 만난 것이 계기가 되어 인도네시아 말과 글을 빠른 시일에 터득하였습니다. 현지에 가서 두 달 만에 현지어로 설교했고, 병자를 위해 기도까지 할 만큼 언어에 탁월한 능력이 있었습니다. 그러나 그가 펼치는 과도한 선교 활동을 본회로서는 감당할 수가 없어 15년 만에 본회를 떠나 여전도회 연합회로 이적하였습니다.

1982년에 비엔나로 장성덕 선교사가 파송되었습니다. 그는 활동적인 기질이 특성인데, 비엔나 개신교단에서 사용하지 않고 있는 문 닫은 한 교회를 한인 교회로 사용할 수 있도록 교섭하여 2만 달러로(현지와 본회 각 50% 부담) 매입했습니다. 현재 그 교회는 연 예산 8억 원, 성도 300여 명으로 성장하였습니다. 비엔나는 우리 교민은 소수이고, 음악 전공하는 학생들이 성도의 90%를 이루고 있으나, 지금은 수원노회에서 그 교회에 담임으로 가서 28년간 장황영 목사가 정년 은퇴하였습니다. 장성덕 목사가 교회당을 확보한 것이 큰 성과입니다.

1989년에 덕천교회에서 후원을 받아 김병호 목사가 일본으로 파송되었습니다. 그는 일본에서 신학교를 졸업한 후, 27년 후인 2013년에 재일대한기독교단 총무가 됨으로 선교사로서 재일교포 교단 총무가 된 것은 본회로서는 기념비적인 선교의 열매입니다. 일본신학교 수학으로 언어에 능통했고, 선교사는 그 나라 언어에 능통하고 현지인들과 소통을 잘해야 된다는 교훈을 일본 선교에서 얻게 된 것입니다.

본회의 가장 인상적인 선교는 중국 선교입니다. 1979년부터 2017년까지 20년 동안에 본회만이 할 수 있었던 현지 지도자 양성(학습)으로 백두산 지역의 길림성 동북에 있는 Y현에 교회 20곳 설립, 지도자 교육 등 정부 시책 안에서 실시한 획기적인 선교였습니다. 현재는 모든 것이 중단되었습니다. 주의 뜻이면 다시 기회가 오게 될 줄 믿고 간절히 기도할 뿐입니다.

본회가 실시하고 있는 가장 독특한 선교는 미얀마 선교입니다. 2009년 미얀마 현지에서 곽현섭 선교사를 만난 것이 지금은 선교센터가 네 곳이나 되고, 김문수, 강범수 선교사와 함께 3명의 전임 선교사가 활발하게 활동하고 있으며, 다른 선교회가 우리만큼 독특하게 하지 못합니다. 센터를 세운다고 다 되는 것은 아닙니다. 하드보다는 소프트입니다. 청년들 직업훈련과 취직, 방과후공부방, 작년 말부터 예수마을 건축, 공부방 개설, 한국의 1.5배 되는 샨주(전혀 선교 되지 않은 불교 지역)에 교회가 건축되고, 복음을 듣고 그들이 현지 목사와 함께 예배를 드리기까지 MCS 서울 영락교회, 소정교회, 거제 박영만 장로 등 보조로 이만큼 이룩되었습니다.

곽현섭 선교사는 태국에서 선교 활동을 하려고 계획, 출발 2주 전에 구포교회 한영수 목사님, 본회 이사장이신 정봉익 장로님, 본인과 구포교회 안수집사와 뜻밖의 만남(하나님이 예비하심)이 있었는데 그것이 오늘의 미얀마 선교의 시작이요 열매로 이어졌습니다.

정봉익 이사장님이 몇 년 전에 하신 말씀이 생각납니다.

"부산국제선교회는 사무실도 없고, 전임 사무원도 없고, 재정도 많지 않지만, 다른 선교회가 하지 못한 선교 활동을 하고 있습니다."

선교는 하나님이 하십니다. 우리는 주님이 시키시는 대로 순종할 뿐입니다.

그 새벽의 다급한 기도에 응답하신 하나님

정봉익 장로
(법인 이사장, 구포교회 은퇴 장로)

세계 선교의 기치 아래 1979년에 출범했던 부산국제선교회가 『부산국제선교사 40년』 이라는 귀한 책을 이즈음에, 세상에 내어놓게 된 것을 무한한 기쁨으로 생각합니다. 성경의 기록이 방대하지만, 주께서 십자가를 지시기 전후의 7일간의 사건들이야말로 인류 구원 역사의 대서사시가 아닐 수 없고, 우리를 죽음에서 부활로, 비탄에서 환희의 세계로 인도하는 구원의 메시지가 아닐 수 없습니다. 연혁에서 보듯이 부산국제선교회는 그간 헤아릴 수 없이 많은 주의 종과 회원 교회와 기관들 그리고 개인 회원들이 피와 땀을 흘리며 오직 주님의 깃발 아래 연합하며, 여기까지 달려왔습니다.

하지만 그 아득한 은총의 날들을 여기에 다 회고할 수 없기에 그중에서도 이건 분명 "하나님이 하신 일이야"라고 고백할 수밖에 없는 그 새벽의 다급했던 기도와 응답의 이어진 순간들을 확신 가운데 기록하며 증언으로 남기고자 합니다.

2021년 7월의 어느 새벽이었습니다. 본회의 사무국장이신 서찬석 장로로부터 다급한 전화가 걸려 왔습니다. "장로님! 미얀마의 김문수 선교사가 지금 숨 쉬는 것조차 힘들어하고 있습니다." 아직 이른 새벽이었지만, 나는 곧바로 미얀마 양곤센터의 김문수 선교사에게 국제전화를 걸었습니다. 비스듬히 벽에 기댄 선교사는 호흡을 가쁘게 몰아쉬며, 코로나19 에 시달리고 있었습니다. 내전으로 혼란 가운데 있는 미얀마의 현지 사정은 이 위급한 상황을 관리하기에는 난감한 일이었습니다.

어찌할 바를 모르다가, 위기 때마다 기댈 수 있는 본회의 이사이며 구포교회의 위임목사인 한영수 목사님에게 이른 새벽 무례를 무릅쓰고 전화를 드렸습니다. 막상 한 목사님이 전화를 받았을 때, 나는 한동안 목이 메어 말을 잊지 못하였습니다. 2018년 김문수 선교사가 미얀마 양곤 선교지를 향하여 떠날 때, 그와 그의 아내는 이제 막 서른의 나이를 넘긴 때였고, 3살 된 사내아이와 아직 태중에 한 아이가 있는 선교사 가정이었기 때문입니다. "목사님! 미얀마의 김문수 선교사가 위험합니다. 국제전화로라도 지금 기도해 주십시오."

다음날 당시 본회의 회장 이동룡 목사님과 선성기 총무 목사님에게 보고되었고, 본회가 기도하며 백방으로 노력한 끝에, 골든타임을 놓치지 않고 선교지와 처음 전화가 오고 간 며칠 만에, 마침내 김문수 선교사를 태운 에어-앰블런스가 본국을 향해 날아오게 되었습니다. 의료진이 대동하였지만 선교사 1인을 태운 구조선과 같은 비행이었습니다.

1억 3천만 원의 비행운임은 김수찬 장로가 노회장으로 있던 부산노회에서 5천만 원, 파송 교회인 땅끝교회에서 5천만 원, 본회에서 2천만 원 그리고 세계선교부에서 1천만 원으로 충당되었습니다. 적지 않은 금액이었지만 워낙 다급한 상황인지라, 앞뒤를 가릴 겨를 없이 그렇게 모아졌습니다.

본회에 속한 회원 교회들도 '옥합을 주께 드린 마리아'처럼, 얼마씩의 경비 분담을 위한 특별 헌금 작정을 하고 있었으리라 여겨지지만, 드릴 시간조차 없었습니다. 나중에 들은 얘기로 본회의 구포교회에서도 6백만 원을 목표로 특별 헌금을 하는 걸로 예정되어 있었습니다. 그 이후 김문수 선교사는 본국의 뛰어난 의료 기술로 회복되어 이듬해 1월에 다시 미얀마 선교지로 다시 복귀하였습니다. 이미 손상된 폐의 기능은 80퍼센트 정도밖에 회복되지 않는다는 의사의 말에 아쉬움은 남았습니다.

그러나 이 모든 것이 '그 새벽에 드린 다급한 기도'에 대한 하나님의 응답이며, 부산국제선교회를 사랑하시는 하나님의 선하신 돌보심이요 인도하심이라고 아니 할 수 없습니다. 특별히 그 이른 새벽에 내 가족의 일처럼 여기시고 국제전화를 통하여 눈물로 기도하시고, 다음 날부터 본회뿐만 아니라 대외적으로 도움을 구하고 「한국기독공보」에 호소하며 앞장서신 한영수 목사님의 노고를 통한 하나님의 역사입니다.

지금까지도 하나님이 행하신 놀라운 일들 앞에 머리 숙여 감사하며 은혜를 노래하지만, 앞으로도 본회를 통하여 행하실 하나님의 임재하심과 위대한 일들을 기대합니다.

하나님의 손에 이끌리어

김운성 목사
(법인 이사, 전 회장, 영락교회)

부산국제선교회가 창립 40년사를 발간하기까지 인도하신 하나님께 감사와 영광을 돌리고, 모든 회원 교회와 개인 회원과 선교지의 성도들과 함께 기뻐하면서 수고하신 모든 분에게 감사드립니다.

부산국제선교회는 제게 선교가 무엇인지 알려주었습니다. 선교는 사람이 하는 것이 아니라 하나님께서 하십니다. 우리는 하나님의 손에 이끌려 순종할 뿐입니다. 김정광 목사님 일행이 심양에서 여권을 분실했을 때 매우 막막하셨겠지만, 그 일로 인해 심양 지역에 선교의 끈이 연결되었습니다. 하나님의 이끄심은 다양하게 나타납니다.

또 하나님께서는 만남을 통해 선교로 이끄십니다. 미얀마를 방문한 김정광 목사님과 한영수 목사님 등의 일행이 곽현섭 선교사님 가족을 만나게 하심으로써 미얀마 선교의 문을 여셨습니다. 당시 곽현섭 선교사님 가족은 미얀마에서 적당한 선교의 근거지를 찾지 못해 태국으로 철수하려던 참이었다고 합니다. 그런데 국제선교회 일행과 현지 선교사님들의 만남에 곽 선교사님 가족이 참석하셨고, 이 만남을 통해 그 어디서도 찾기 힘든 괄목할 만한 선교의 열매를 맺게 하셨습니다. 지금은 양곤을 넘어 인레 지역과 다른 여러 곳으로 확산하였고, 선교사님들이 추가로 파견되었습니다. 하나님께서 주신 만남은 하나님의 이끄심이요 그 만남은 우리를 귀중한 사역으로 나아가게 하였습니다.

또 필요가 하나님의 이끄심임을 깨닫습니다. 선교 과정 중에 필요한 일들이 발생했을 때 부산국제선교회는 거절하지 않았습니다. 필요를 깨닫게 하신 분이 하나님이시오, 그 작은 필요를 채우는 과정이 발전하여 더 큰 열매가 되게 하시는 것을 수도 없이 많이 보아왔습니다.

저도 그렇습니다. 저는 1990년 3월에 부산 영도중앙교회에 부임하여 교회 목회도 힘들어하던 사람입니다. 그때 고 이경석 장로님께서 선교회 회계 일을 맡아 섬기면서 부산국제선교회에 관해 종종 말씀하셨지만, 저는 예배당 건축 등에 매달리느라 여유를 갖지 못하였습니다. 그러던 중 은퇴하신 김정광 목사님 가족이 땅끝교회로 오시면서 부산국제선교회에 본격적으로 참여하게 되었습니다. 그 후 조금씩 녹아 들어가 부산국제선교회는 제게 평생 잊을 수 없는 선교의 장이 되었습니다.

현지를 방문했던 여러 일들이 기억에 생생합니다. 학습을 위해 선교지를 방문했던 여러 기억, 백두산과 북중 국경 지역을 찾았던 일들, 이순신 장군이 말을 달리던 북러 접경 지역에 있는 예전의 녹둔도 지역 그리고 중국의 서쪽 끝인 우루무치와 카슈카르까지 갔던 일, 한국에서 준비해 간 어린이용 풀장에 물을 받아 한밤중에 호텔에서 간이 침례를 행했던 일, 탈북 성도의 결혼 주례를 했던 일까지 기억납니다.

모든 것은 성장합니다. 선교도 그렇습니다. 처음에는 소를 사주고, 화장실을 지어주었습니다. 그런가 하면 미얀마에는 병아리를 사서 공급하는 일부터 시작했지요 지금은 방과후학교를 비롯한 많은 사역이 얼마나 활발한지 정말 감사할 뿐입니다.

그리고 하나님께서 손을 내미실 때는 이미 필요한 것을 모두 준비해 놓으셨음도 알게 되었습니다. 꼭 필요한 사람들과 물질을 뜻밖의 경로를 통해 공급해 주셨습니다. 부산국제선교회에 숨은 헌신자들이 많이 계신 데 대해 감사합니다.

부산국제선교회는 자랑거리가 많습니다. 무엇보다 법인으로 세워짐으로써 안정감을 가지게 된 것이 감사한 일입니다. 또 전혀 정치적인 색깔이 없어서 무의미한 대립이 없어 좋습니다. 모든 선교헌금은 오직 선교에만 사용하는 것도 자랑입니다. 또 여러 선교적 모임에 문호를 열고 협조하는 것도 아름답습니다. 회원들이 서로 양보하고 세워주는 것도 참 보기 좋습니다. 또 필요한 일이 있을 때, 교회들이 십시일반으로 참여하여 짐을 나누어지는 모습도 정말 귀합니다. 이러한 사랑의 배려를 통해 갈등 없이 지금까지 왕성하게 선교

사역을 감당해 왔습니다.

앞으로도 부산국제선교회를 위해 기도하겠습니다. 저도 교회 목회가 많이 남지 않았습니다만, 은퇴 후에도 회원으로서 성실하게 참여하고 기도하도록 하겠습니다. 앞으로도 하나님께서 부산국제선교회를 통해 많은 영광을 받으시길 빕니다. 우리 모두 화이팅!

비엔나한인교회가 동유럽 선교 기지가 되다

허준 목사

(전 회장, 부산다일교회 은퇴 목사)

나는 1986년도에 동래중앙교회에 부목사로 부임하였습니다. 담임 목사님이셨던 신동혁 목사님은 당시 부산국제선교회의 회장이셨습니다. 나는 부임하던 날부터 담임 목사님을 따라 부산국제선교회에 출석하게 되었습니다. 1991년 4월에 캐나다로 유학을 가기 전까지 담임목사님과 함께 꾸준히 월례회에 참석하였던 것은 물론입니다. 내가 이 지면을 빌어서 말하고자 하는 것은 부산국제선교회의 도움으로 오스트리아 소재 비엔나한인교회가 예배당과 부속건물을 구입하게 되었던 과정과 그 일의 의미와 보람에 대하여 간략하게 진술하고자 합니다.

비엔나한인교회는 1973년 6월 3일, 16명의 믿는 간호사를 중심으로 예배드리고 기도회로 모였습니다. 1976년부터는 현지 교회당을 빌려서 예배를 드리기 시작하였습니다. 1987년에 와서는 현재 사용하고 있는 교회로 이사하였습니다. 1989년 7월, 예배당 건물 구입을 위한 건축위원회를 구성하였고, 마침내 비엔나한인교회는 1992년 2월에 와서 예배당 및 부속건물 구입을 완료하였습니다. 본 교회의 교회 역사 기록물에는 부산국제선교회가 구입비의 절반을 부담하였다고 기록하고 있습니다. 그러나 실제로는 부산국제선교회가 담당한 액수는 예배당 건물을 구입하는 데 사용된 전액이었다는 것이 증인들의 고백입니다. 비엔나한인교회가 자신의 교회 건물을 소유할 수 있게 되었다는 것은 하나님의 구원 사역을 크게 확장할 수 있는 의미 있는 사건이었습니다. 현재 유럽 지역에는 대한예수교장로회 통합측 총회 파송 선교사로서 사역하는 가정이 약 80가정이 됩니다. 한인 목회를 하는 교회 중, 자신의 교회 건물을 소유하고 있는 교회는 2개밖에 없습니다. 그중 한 교회는 이탈리아 밀라노에 소재하고 있는 밀라노한인교회입니다. 2023년 4월에 밀라노한인교회(이리노 목사)가 호스트가 되어 총회 파송 선교사 유럽선교회 정기 모임이 있었는데 나도 후원 회원으로 참석하였습니다. 내가 그동안 14번째 참석했던 모임 중에서 가장 은혜로운 모임이었다고 기억합니다. 내가 다시 한번 느꼈던 것은 '선교 사역에 건물은 대단히 큰 힘을 발휘한다'라는 사실입니다. 교회란 '예수 그리스도를 구주로 믿는 성도들의 모임'인 것이 사실이지만, 교회 건물의 역할도 지대한 것입니다. 이미 언급한 바와 같이 그들이 예배당 건물 구입을 위한 건축위원회가 구성된 것은 부산국제선교회의 파송을 받은 김상재 목사가 사역하였던 1989년 7월이었고, 건물 구입을 완료한 시점은 부산국제선교회가 파송한 윤병섭 목사가 시무하였던 1992년 2월이었습니다.

이와같이 비엔나한인교회의 교회 건물 확보라는 과제는 곧 우리 부산국제선교회의 과업이었습니다. 그 당시 본회 회장이셨던 신동혁 목사님은 동래중앙교회 성도들에게 "비엔나한인교회 건물을 구입하는 과업은 이제 막 열리기 시작하는 동유럽 지역을 향한 신교 기지를 마련하는 일"이라고 강조하시면서 동래중앙교회 성도들에게 성전 구입 헌금을 독려하였습니다.

당시 동유럽에서는 소위 '1989년 혁명'이라는 역사적 사건이 발생하였습니다. 1989년 혁명은 1980년대 말부터 1990년 초까지 발생한 혁명의 물결의 일부로 동유럽과 기타 지역의 공산 정권을 붕괴시키게 된 결과를 낳았습니다. 1989년 폴란드 인민공화국이 붕괴되면서 전체적인 혁명의 사건들이 발생했습니다. 이는 헝가리 인민공화국, 동독, 불가리아 인민공화국, 체코슬로바키아, 루마니아 사회주의 공화국에서도 혁명이 발생했습니다. 1989년 6월 4일, 폴란드의 자유노조 '연대'는 부분 자유선거에서 압승을 거두어 1989년 여름 평화로운 정권 이양에 성공했습니다. 헝가리는 물리적인 철의 장막을 걷어내어 동독의 난민들이 헝가리로 이주하게 되었고, 이는 동독 정부를 불안정하게 만들었습니다. 이는 라이프치히를 비롯한 동독 내 여러 도시의 대규모 시위와 베를린 장벽 철거의 계기가 되었고, 1990년 독일 재통일의 상징적 길잡이 역할을 했습니다. 1991년 말 소련의 해체로 조지아, 우크라이나, 아르메니아, 아제르바이잔, 벨라루스, 카자흐스탄, 키르기스스탄, 몰도바, 타지키스탄, 투르크메니스탄, 우즈베키스탄 등 11개국이 그해 소련으로부터의 독립을 선언했으며, 발트 3국은 독립을 인정받았습니다. 나머지 소련의 영토는 1991년 12월 러시아로 재탄생되었습니다. 1990년부터 1992년까지 알바니아와 유고슬라비아에서 공산주의가 폐지되었습니다. 1992년 유고슬라비아는 보스니아 헤르체고비나, 크로아티아, 마케도니아 공화국, 슬로베니아와 유고슬라비아 연방 공화국으로 분리되었습니다. 유고슬라비아 공화국은 세르비아 몬테네그로로 국명을 고쳤고, 이 국가 역시 2006년 세르비아와 몬테네그로로 분리되었습니다. 2008년 세르비아는 다시 세르비아와 코소보로 분리되었지만, 코소보는 현재 미승인 국가로 남은 상태입니다. 체코슬로바키아는 공산당 통치를 폐지한 지 3년 후인 1992년 해체되어 체코와 슬로바키아로 분리되었습니다. 다른 사회주의 국가들도 이 혁명의 영향을 받았습니다. 캄푸치아 인민공화국, 에티오피아 인민민주주의공화국, 남예멘, 몽골 인민공화국이 1990년대 후반까지 공산주의를 폐지했습니다. 공산주의의 폐지로 냉전도 종결되었습니다.

오스트리아 역시 부침이 심한 역사를 가진 국가입니다. 현대에 와서 두 번의 세계대전 시기를 거치면서 많은 고통을 겪었습니다. 그러나 1955년 영구 중립국으로 남는다는 조건으로 1955년 독립한 이후 공산화되지 않고 안정된 사회가 유지되고 있었습니다. 안정된 국가 오스트리아 수도 비엔나에 자리 잡고 있는 비엔나한인교회와 부산국제선교회가 협력하여 본당과 부속건물을 확보할 수 있었던 것은 현재까지 동유럽 선교를 위한 의미 있는 족적을 남기게 된 것입니다.

비엔나한인교회는 2001년에 제1호 파송 선교사로 김인기, 김태연 선교사를 세르비아로 파송하였습니다. 그 이후로 현재까지 주로 동유럽을 향하여 112가정을 선교사로 파송하는 놀라운 선교 사역을 감당하고 있는 중입니다. 그 외에도 현재 20명의 선교사를 후원하고 있으며 9개 기관을 돕고 있습니다.

1990년대 초, 부산국제선교회 지원으로 비엔나한인교회가 교회 건물을 확보한 것은 동유럽을 향한 선교에 큰 의미를 지닌 아름다운 일이었다는 것을 다시 한번 생각하게 됩니다.

선교는 교회의 영광이자 축복입니다

정명식 목사
(법인 이사, 전 회장, 광진교회)

우리 교회가 부산국제선교회를 만난 것은 큰 축복이었습니다. 부산국제선교회를 만난 것은 14년 전인 2010년이었습니다. 당시 우리 교회는 설립 40주년을 맞이했지만, 그때까지 제대로 된 해외 선교를 하지 못했습니다. 이유는 2005년도에 부지를 새로 마련하고 새성전을 건축한 데다 많은 부채로 인해 당시 월 7백여만 원의 이자가 지출되고 있었기 때문이었습니다(1년 예산은 2억 정도).

당연히 재정은 긴축해야 했고, 선교는 생각도 하지 못할 상황이었습니다. 그러던 어느 날 기도하던 중에 교회 설립 40년이 되도록 제대로 된 해외 선교를 하지 못하고 있는 상황이 너무나 안타깝게 느껴졌습니다. 하나님께 선교할 수 있는 은혜를 달라고 기도하던 중에 하나님께서 부산노회의 유관 기관인 부산국제선교회를 알게 해 주셨고, 당시 간사였던 김형효 전도사님(부산노회 사무국장)께 문의하게 되었습니다.

제가 해외에 교회를 하나 지으려면 어느 정도의 비용이 들며, 어디에 교회를 세우는 것이 좋을지 물었습니다. 그랬더니 국장님이 기다렸다는 듯이 미얀마에 지금 교회를 짓고 있는데 천만 원이면 교회를 지을 수 있다고 알려주셨습니다.

연말 당회에 40주년 기념으로 해외에 교회를 짓자고 말씀드렸더니 대부분의 장로님들이 재정적 어려움과 더불어 선교를 하면 재정 수입이 줄어들 것이라며 재정 상황이 더 나아지면 생각해 보자고 난색을 표하셨습니다. 그러나 나름대로 하나님이 주신 마음의 확신이 있어 "만약 이번에 해보고 재정이 부족해지면 다음부터 하지 말자"라고 설득했습니다. 그러자 장로님들도 그렇게 해보자고 하셨고 이것이 부산국제선교회를 통해 우리 교회가 해외 선교의 첫발을 디디게 된 시작이었습니다.

그렇게 시작된 해외 선교는 정말 하나님이 우리 교회를 축복하시기 위한 하나님의 계획이요 섭리였다는 것을 깨닫게 되었습니다. 1년 후 교회가 부흥되었을 뿐 아니라 재정적으로도 부족함이 없도록 채워주신 것입니다. 이 일을 통해 모든 장로님과 성도님들이 선교는 하나님이 기뻐하시는 일임을 확신하게 되었고 이후부터 장로님들부터 앞장서서 선교에 적극적으로 동참하는 교회가 되었습니다.

지난 2020년에는 코로나로 인해 여러 가지 어려운 상황이었지만 교회를 세우는 것이 하나님의 기쁨인 줄 확신하고, 모든 성도님이 한마음이 되어 국내에 첫 개척교회(말씀의 빛교회, 정민 목사)까지 설립하는 영광을 갖게 되었습니다.

14년이 지난 현재 우리 교회는 부산국제선교회와 협력하여 여러 곳에 교회를 세우고 크고 작은 비전에 함께 참여하며 선교회 내에 소중한 역할을 하는 교회가 되었습니다. 우리 교회가 그렇게 큰 규모의 교회가 아니지만 모든 성도님이 하나님께서 주시는 감동을 따라 선교에 적극적으로 협조함으로 주 파송 선교사인 강범수 선교사님(미얀마)을 비롯해 10개국에 14명의 선교사님을 돕고 후원하게 되었습니다.

우리 교회는 부산국제선교회를 통해 선교의 눈을 뜨고 기쁘게 협력함으로 하나님이 부어주시는 풍성한 은혜를 누리는 행복한 교회가 되었습니다. 앞으로 주님이 오시는 날까지 선교에 힘껏 참여함으로 '선교가 교회의 영광이요 축복'임을 더 많이 증거하는 교회가 되기를 소망해 봅니다.

씨 뿌려 거두고

김승희 장로
(법인 부이사장, 전 상해 선교사)

회고

1999년 11월 '농심' 회사로부터 상해 '농심' 책임자로 발령을 받았습니다. 어머니(최소정 권사)께 이 소식을 전하니 당시 어른들은 중국에 대한 인식이 좋지 않아서 당황하시고 놀라셔서 일주일 금식기도를 하신 후 나에게 편지 한 장을 주셨습니다. '회사에서는 김 장로를 중국에 보내지만, 하나님께서는 선교사로 보낸다'는 영적 음성을 들었다고 하시면서 기도하라 하셨습니다.

갑작스럽게 준비 없이 상해에 와서 기숙사 생활을 하면서 많은 기도 생활을 할 수 있었습니다. 상해에 있으면서 선교와 선교사에 대한 많은 공부를 하게 되어 2008년 1년간 선교한국 조직 위원회에서 실시하는 권위 있는 USCWM 퍼스펙티브스 스타디 프로그램을 수료했습니다.

어머니의 기도 편지와 아내(한국에서 자녀 돌봄)의 헌신적인 기도 응원에 힘입어 선교적 삶을 살기로 다짐하고 있을 때, 2007년 부산국제선교회(회장 조의환 목사)로부터 부산국제선교회 상해 주재 선교사로 임명을 받게 되었고, 그린닥터스 차이나 본부장으로도 책임을 맡아 매년 중국과 많은 지역에서 의료봉사 활동을 현지 선교사와 협력하여 참여하게 되었습니다. 이런 활동은 현지 선교사들의 사역에 큰 힘이 되었고 치유와 회복, 영혼 구원의 열매로 나타나며 많은 간증을 갖게 되었습니다.

간증

많은 간증 중 사람을 키우는 두 가지 증언을 소개해 봅니다.

증언 1)

2006년 8월부터 중국 서북부에 위치한 신장 지역에 한국 그린닥터스 의료봉사단이 1주일가량 의료봉사 활동을 했습니다. 이때 중국의 한 대학 교수인 A씨가 백내장 판정을 받았는데, 그린닥터스 이사장인 안과전문의인 정근 장로에게서 수술을 받고 깨끗하게 나음을 받았습니다. 그 후 A교수는 크게 감동되어 복음을 영접하고 현지 이기현 선교사(부산국제선교회 현지 협력 선교사)와 현지 선교사들의 지도(정기 교육)를 받으며 가정교회 지도자로 세워졌습니다.

2012년 부산국제선교회 회장 김운성 목사님, 부회장 김인권 장로 및 임원진이 방문하여 현지 가정교회 지도자인 A교수를 안수함으로 교회를 치리할 수 있는 권한을 부여했습니다. 그 후 그는 위그루 민족 최초의 영적 지도자가 되었습니다(부산국제선교회 현지 협력 선교사 이기현 선교사의 증언).

A교수의 제자 중 한 사람인 M자매는 현지 이기현 선교사를 만나 복음을 영접하고 한국어를 배워서 이분의 추천으로 2008년 상해로 오게 되었습니다(상해에서 세례를 받고 성경공부함). M자매는 본인(김승희 선교사)이 운영하는 두나미스 카페(커피, 피자가게)에서 1년간 커피, 피자 기술을 배우며 일을 했습니다. 두나미스 카페는 BAM(Business As Mission) 개념으로, 각 지역 선교사가 추천하는 청년에게 커피, 피자 기술을 훈련시켜 어느 수준이 되면 고향에 돌아가 카페 분점을 개업할 수 있는 지원을 1년간 하여 현지 청년에게 동일한 방법으로 훈련시켜 자립하여 운영하는 선교 개념으로 확대해 나가는 프로그램입니다.

M자매는 모든 부분에 자질이 월등하여 한국 김해 인제대학에서 공부할 수 있는 기회가 주어졌습니다. 한국에 온 M자매는 이 대학에서 한국어 학사, 한국어·중국어·영어 동시통역

대학원에서 석사 학위를 취득했습니다. 이 과정에서 국제선교회 조의환 목사, 김해교회와 그린닥터스 정근 이사장의 후원이 큰 힘이 되었습니다.

그 후 M자매는 고향에서 같은 민족 청년과 결혼하여 현재는 미국에서 생활하면서 더 공부하여 훗날 고향으로 돌아가 받은 은혜를 나누기 위해 후배 인재 양성을 위한 준비를 하고 있습니다. M자매와는 지속적으로 교제하고 있으며 씨 뿌려 거두는 과정에서 불철주야 기도로 격려하고 있습니다.

증언 2)

2013년 부산국제선교회 회장 김운성 목사, 부회장 김인권 장로, 김정광 목사, 본인 외 다수가 중국 대경 지역을 방문할 때 도해연 자매를 현지 교회에서 만났습니다. 현지 교회 담임목사와 도 자매의 간증에서 갑상선암 의심 증상과 유방의 건강 상태가 걱정스럽다고 하여 그 후 부산 온종합병원에서 진료 후 갑상선은 3여 년간 검진, 투약 후 완치되었고, 유방은 5여 년간의 치료와 종양 제거 수술을 받고 완치되었습니다.

그간의 의료비용은 국제선교회와 협력 기관인 그린닥터스, 온종합병원의 정근 장로의 배려로 큰 도움을 받았습니다. 중국에서는 불가능한 일을 한국에서 많은 도움을 받아 완치하여 제2의 생명을 얻었다고 감동되어 남은 생애는 주님을 위하여 신앙생활에 전념하기로 하고 대경시 방주교회 장로로 피택되어 중국 각지로 신앙 간증 집회를 다니며 많은 복음의 열매가 있다는 소식을 접하고 있습니다. 도해연 장로는 부산국제선교회에서 여러 차례 간증도 했고, 씨 뿌려 거두는 중국에서의 귀한(하나님의) 열매임을 확인할 수 있었습니다. 이 모든 것은 하나님의 은혜입니다. 하나님께 영광을 올려드립니다.

일본 선교사 파송 35주년을 맞이하면서

김병호 선교사
(일본 파송 선교사, 전 재일대한기독교회 총간사)

부산국제선교회 40주년사를 발간하게 됨을 축하하며 감사드립니다. 해외 선교를 향한 불길이 타오르기 시작할 1979년에 부산국제선교회는 서울에서 큰 조직을 가지고 활동하던 세계 선교회의 영향을 받아 부산에서 유일한 해외 선교회로 시작하여 인도네시아, 비엔나 등지에 선교사를 파송하였습니다.

저는 1985년 부산노회에서 목사 안수를 받은 후, 일본의 동경신학대학에 유학을 준비하였습니다. 1986년 3월에 3년 3개월 동안 부교역자로 섬겼던 신광교회를 사임하고 5월 8일에 김해공항을 출발하여 일본 동경 나리타공항에 첫발을 내디뎠습니다.

처음부터 선교사가 된다는 것보다는 새로운 경험과 학문을 추구하기 위한 것이었습니다. 신학교 시절 가르침을 주셨던 은사들이 일본에서 신학을 하신 분들이 있어서(윤인구 박사, 이종성 박사 등)이기도 하지만 직접적으로 일본에 유학의 길로 가게 된 것은 친우 정연원 목사(부산남노회)가 저보다 3년 먼저 일본 유학을 가서 총회 파송 일본 선교사로 활동하고 있었기 때문에 정연원 목사의 도움으로 가게 된 것입니다.

어학연수를 위해 일본어 학교에서 1년 반을 수업하였고, 동경신학대학의 특별 연구생으로 입학하게 된 후에 비로소 유학생 비자를 발급받아 부산에 남겨둔 가족을 초청할 수가 있었으며 또다시 1년 반의 신학 연수를 통하여 일본 기독교의 역사와 신학을 접하였습니다.

이 3년 동안은 재일대한기독교회의 교역자가 없는 교회에서 설교 목사로 섬겼으며 신학 연구를 마칠 즈음, 1989년 초에 귀국하려고 준비하는 중에 일본에서 재일 동포 선교에 앞장서고 있는 '재일대한기독교회'에서 한국어와 일본어로 설교할 수 있는 교역자가 부족한지라 이곳에 남아서 이 교회를 섬기는 사명감을 가지게 되었습니다. 재일대한기독교회는 역사는 오래되었지만(1908년 설립) 가난한 재일 동포 교회였기 때문에 미자립교회가 많았습니다. 이러한 미자립교회를 섬기고 새로운 교회를 개척하기 위해서는 본국 교회의 재정적 후원을 받는 선교사들이 요구되고 있었으며, 그러한 뜻을 부산국제선교회에 전하였고, 그때 마침 덕천교회가 일본 선교를 위해 후원하겠다는 연락이 오게 되고, 김병호를 일본 선교사로 파송하겠다는 합의를 보게 된 것입니다.

1989년 4월 30일, 주일 오후에 덕천교회에서 부산국제선교회 주관으로 대한예수교장로회 총회 파송 일본 선교사 파송식을 거행하였습니다. 당시 덕천교회는 양경렬 목사가 1968년에 가시밭 같은 덕천동에 교회를 개척하여 20년 정도 된 교회로서 교세가 300명 정도가 되는 교회였지만, 해외 선교를 위하여 다년간 선교헌금을 하여 준비하고 있던 차에 하나님의 인도하심으로 일본 선교를 위해 선교비 전액을 지원하겠다 하였습니다.

서울 등지의 초대형 교회가 아니고서는 개교회 단독으로 선교사를 후원하는 시절이 아니었기 때문에 부산국제선교회도 지역의 여러 교회가 연합하여 선교사 한두 명을 후원하였는데, 덕천교회 규모의 교회가 그 당시 담임목사 사례비 수준의 선교비를 부담하는 일은 쉬운 일이 아닌데도 불구하고 기쁘게 본 선교사를 지원해 주었습니다. 덕천교회는 어려운 형편에서도 본 선교사를 지원하면서 선교의 불길이 타올라 2년도 못 되어 권종덕 목사를 대만 선교사로 파송, 지원하게 됨을 시작으로 명실공히 선교를 통하여 교세가 확장되면서 지금의 부산의 중심적 교회로 발전하게 되었습니다.

덕천교회의 이러한 초창기 선교 역사를 보면서 흔히 교회가 안정되고 재정적 여유가 있어서 선교를 하는 것이 아니라, 교회가 넉넉하지 못하더라도 교회의 본질적 기능인 선교를 시작으로 교회는 확장되고 발전되는 것을 체험하였습니다. 그것은 마치 초창기 한국교회가 1900년도 초기에 총회가 조직되지도 못하여 독노회로 있었지만, 제주도에 이기풍 목사를 선교사로 파송하였고, 일본에서 동경 유학생들이 교회를 만들고 목사를 보내달라고 요청하였을 때, 한석진 목사를 파송해 주었고, 그 외에도 중국 산동성이나 러시아 등지에 선교사를 파송하였는데, 이는 그 당시 조선의 교회가 풍족한 교회가 아니었지만 "건너와서 우리를 도와 달라"(행 16:9)는 성령께서 제시하시는 마케도니아 사람의 환상을 보았고, 복음이 필요한 곳에 선교사를 파송한 것이 오늘 한국교회가 크게 발전한 원동력이라 믿습니다.

단독 지원 선교사를 2명이나 파송하면서 부흥의 불길이 타올랐던 덕천교회가 양경렬 목사의 은퇴와 새로운 담임목사가 부임하면서 그동안 지원해 왔던 선교비를 3년만 지원하고 끊겠다는 연락이 왔고, 파송 받은 지 채 1년도 안 된 권종덕 선교사는 연말까지 지원하고 끊겠다는 연락을 받았습니다.

선교비가 끊어지게 되었고, 또한 일본의 엔화 강세가 진행되면서 본 선교사는 어려움을 맞이하였지만, 그 후 1년 동안을 양경렬 목사를 비롯한 몇몇 유지들이 십시일반으로 선교헌금을 모아서 송금해 주었습니다. 그러나 이듬해, 그것도 한계에 도달했을 때 부산국제선교회가 본 선교사의 선교비 전액(매월 100만 원)을 부담하기로 하며 지금까지 30년 가까이 끊임없이 지원하고 있습니다.

해외에 파송되어 있는 선교사 중에 후원 교회 혹은 후원 선교회가 도중에 선교비 후원을 중단하는 경우가 많기도 하지만, 부산국제선교회처럼 이렇게 오랫동안 한결같이 선교비를 지원하는 선교회는 찾아보기 힘듭니다.

1989년 4월 30일 일본 선교사 파송장을 받았지만, 선교사를 받아 주는 교회는 재일대한기독교회 총회였기 때문에 선교지 교회의 선교 정책에 따라 선교사 가입 절차 및 임지 선정은 이곳 총회의 절차를 따라 1990년 7월에서야 동경 근교의 사이타마현(埼玉県) 현청 소재지 우라와(浦和)전도소에 위임을 받아 섬기게 되었습니다. 물론 우라와전도소는 동경신학대학에 적을 두고 있을 1988년 7월부터 설교 목사로 섬기고 있었는데, 교인이 할머니 2명 밖에 없었습니다. 관동지방회가 1983년에 개척하였지만, 발전이 없어 폐쇄해야 할 단계였는데 본 선교사가 부임하면서 조금씩 교인이 불어나게 되고, 1994년 3월 그 교회를 사임할 때까지 5년 동안 열심히 활동한 결과 교인 30명이 되어 전도소에서 교회로 승격되는 기쁨을 가졌습니다.

1990년도 초기 우라와전도소를 섬길 때에는 한국에서 일본의 변두리 지역으로 결혼해서 오는 여성들이 많이 늘어났으며, 한국에서 일자리를 찾아 건너온 불법체류 노동자(남성)들도 많았고, 한국의 여행 자율화로 인하여 유학 오는 젊은이들도 많아서 지역의 일본 YMCA회관을 빌려 예배를 드리고 오찬을 나누기도 하였습니다. 특히 불법체류를 하면서까지 공장과 노동 현장에서 당하는 어려움을 상담하고 위로하는 일 그리고 부당한 대우로 인하여 불이익을 당하고 있을 때에 지역의 변호사들과 연대하여 네트웍을 조직하여 지원하기도 하였습니다.

두 번째 목회지 조후(調布)교회는 1950년 가을에 시작한, 오래된 재일 동포 교회였습니다. 1945년 조국이 해방되고 많은 동포가 귀국선에 몸을 실었지만, 돌아가지 못하고 남아 있게 된 재일 동포의 전도를 위해, 동경교회가 동경 도심지에서 25킬로 거리에 있는 다마천(多摩川)에 노동하며 살고 있던 조후라는 지역에 전도소를 시작하였습니다.

이미 1948년경부터 조후에 살고 있는 재일 동포 전도를 위해 그 당시 동경교회에서 주일학교를 봉사하며 동경신학대학에 재학 중이던 이종성 신학생(훗날 장신대 학장)이 주일 오후에 와서 전도를 시작하였으며, 1950년 조국에서 6.25 전쟁이 나면서 한국에 활동하고 있던 서양 선교사들이 전쟁을 피해 가까운 동경으로 피난을 와 있었는데, 그중에 호주에서 파송 받아 경남, 부산 등지에서 활동하던 M. Withers라고 하는 여자 선교사가 동경교회와 협력하여 조후교회(당시, 多摩川전도소)를 시작하였고 1951년에는 이인하 목사가 동경신학대학을 졸업하여 담임목사가 되었습니다.

그 후 조후교회는 이인하 목사가 1955년에 캐나다로 유학을 가게 됨으로 무목 상태에 있었지만, 가까운 거리에 동경신학교대학이 있었기 때문에 한국에서 유학 와 있던 목사들이 강단을 맡아 주었고, 1968년경부터는 재일 동포 출신인 강영일 목사가 신학생 때부터 1993년 10월에 재일대한기독교회 총무가 될 때까지 26년간 조후교회에서 목회하였습니다.

본 선교사는 강영일 목사의 후임으로 위임받아 1994년 4월에 부임하여 2013년 10월 재일대한기독교회 총간사(총무)가 될 때까지 근 20년간 조후교회를 섬겼습니다. 신기한 것은 조후교회의 1대 이인하 목사, 2대 강영일 목사, 3대 김병호 목사가 모두 재일대한기독교회 총무가 된 일입니다.

선교사로서 조후교회를 섬긴 20년 동안의 주요 활동을 몇 가지 든다면 다음과 같습니다.

1) 조후교회의 목회 활동에 주력하였습니다.

2) 지역의 형무소(교도소)의 상담 요원으로 위촉받아 특히 한국인 재소자를 위한 상담을 수시로 실행하였습니다.

3) 재일대한기독교회 소속 지교회의 목사로서 관동지방회(노회)의 서기 및 지방회장 등의 리더쉽을 가지고 협력하여 섬겼습니다.

4) 재일대한기독교회 총회 서기 및 선교위원장 및 총회가 추진하는 여러 행사와 사업에 적극 참여하고 도왔습니다.

5) 지역의 일본교회와의 교류을 통하여 한국교회와 일본교회의 가교 역할을 했습니다.

6) 일본기독교협의회(NCCJ)의 장애인위원회에 참여하여 20년간 한일 장애인 교류 프로그램에 협력하였습니다.

7) 이러한 선교 활동 중에 감사한 일은 틈을 내어서 샌프란시스코신학대학원의 석사과정을 집중 강의 등을 통하여 이수한 것과 부산국제선교회의 허락과 재정지원으로 1997~1998년 1년 동안 안식년을 허락받아 미국 동부 코네티컷주 뉴헤이븐에 있는 OMSC에서 선교사 재교육의 시간을 가진 것입니다.

2013년 10월 재일대한기독교회 제52회 정기총회에서 임기 4년의 총간사(사무총장)로 선출되어서 지난 2023년 1월까지 10년을 섬겼습니다. 선교사로서는 처음으로 총간사로 선출된 것입니다.

총간사는 총회의 행정 실무자로 총회의 선교적 비젼을 제시하며 총회 내 지방회와 교회를 살피는 일은 본국 총회와 다를 바 없습니다. 재일대한기독교회는 일본에 있는 디아스포라 교회로서 또한 마이너리티 교회로서의 선교적 사명을 감당하기 위해 본국 교회와는 다른 여러 가지 특이한 선교 사역을 감당하고 있는 교회입니다.

과거 일제 강점기에 많은 일본인이 부산에 거주하고 있었던 관계로 부산에도 일본인 교회가 있기도 했지만(대표적으로 광복교회), 일본교회와의 교류가 그리 흔한 일은 아니었습니다. 동료 정연원 선교사와 본 선교사가 일본 선교사로 활동하게 됨으로 일본교회와의 많은 교류 프로그램 및 방문 등의 기회가 주어진 것은 감사한 일입니다.

한일 교회가 서로 몰랐던 과거 역사에 대한 이해를 통하여 경직되어 있던 한일관계의 화해와 평화를 위해 조그마한 역할을 할 수 있었던 것은 부산 출신의 정연원 선교사와 함께 본 선교사가 특별히 감사하는 부분입니다.

본 선교사는 부산노회 소속으로 노회원 20년(2006) 근속, 30년(2016) 근속패를 받았으며 대한예수교장로회 총회 파송 선교사로서 15년, 20년, 25년, 30년 근속패를 총회 석상에서 받았습니다. 30년 넘게 본 선교사의 일본 선교 활동을 후원해 주시고 기도해 주신 부산국제선교회 역대 임원, 회원을 비롯하여 여러분 모두에게 감사드리며 계속해서 선교의 불길이 꺼지지 않고 활활 타오르기를 기도합니다.

40년사 발간을 축하드리며

곽현섭 선교사
(미얀마 파송 선교사, 인레와 디베랴 지역)

세월이 지나도 빛나는 예술의 깊은 아름다움을 담은 도자기처럼,
부산국제선교회의 역동적으로 살아 숨 쉬는
선교의 긴 여정을 담은 귀한 40년의 여정,
주님께서 이끌어 가신 생생한 흔적을 바라보게 됩니다.
그리고 앞으로 이끌어 가실 것을
기대하는 기쁨으로 주님을 찬양합니다.

도공이 마음을 담아 도자기를 만들듯
긴 세월 동안 많은 분들의 기도와 헌신으로
주님의 마음을 담은 선교의 작품을 담아내게 된 것이 얼마나 감사한지요.

순간순간 많은 사연들이 담기고 기적과 같은
주님의 임재하심이 함께한 내용들이 담겨지며
빛나는 작품으로 모양을 갖추어 가게 된
부산국제선교회 선교의 여정이 담은 40년사

주님 오심을 기다리는 마음으로 멈춤 없이 진행되는 여정 중에
잠시 물 한 모금 마시며 걸어온 길을 뒤돌아 보듯

40년을 뒤돌아보는 시간

모든 것이 은혜이며 축복임을 깨닫습니다.

이 40년사의 자국 위엔

많은 교회의 성도님들, 집사님들, 권사님들, 장로님들, 목사님들의

헌신의 삶이 단어가 되고 문장이 되어 녹아져 담겨있고

현장의 선교사들의 사명의 삶을 통해 선교의 열매가 입혀지며

더욱 큰 의미를 담은 40년의 하늘의 작품이 되었습니다.

하나님의 나라가 확장되어 가는

하늘의 지도가 되었고

부활하신 구원의 복음이 퍼져가는

주님의 걸음이 새겨진 선교의 발자취가 되었습니다.

40여 년 동안 부산국제선교회를 사용하신

하나님을 찬양하게 되고 그 깊은 감사의 은혜를 통해

주님 오심을 예비하는 새 출발의 시간을 기대하게 됩니다.

혼탁해 가는 이 세대의 세상 속에서

다시금 고개 들어 살아 역사하시는

주님을 바라보게 하는 살아있는 40년사를 통해

새 힘과 위로를 얻고 50년, 60년을 향해

십자가의 길, 순교자의 삶을 살아가는

부산국제선교회 모든 회원님들을 존경하며 축복합니다.

그리스도인으로 살아가는

하늘에 새겨지는 상급을 기대합니다.

40년사 발간을 축하드리며

김문수 선교사
(미얀마 파송 선교사, 양곤 지역)

저는 농사 경험이 많지 않습니다. 군 복무 시절 대민 지원이나 대학 농촌 봉사활동 정도가 제 농사 커리어의 전부입니다. 그렇게 맛만 조금 본 정도의 농사 경험이지만 그 짧은 경험을 통해서 농사가 정말 쉽지 않다는 사실을 알 수 있었습니다. 씨를 뿌리기 위해 밭을 갈고, 뙤약볕 아래서 개구리가 우글거리는 논에 무거운 모판을 들고 가 모를 심고, 장마철에는 비를 맞아가며 물길을 정비하고, 가을이면 추수하고 거두어들이기까지 또 전쟁이지요.

이처럼 농사일은 1년 365일, 봄·여름·가을·겨울, 비가 오면 비가 와서, 날이 좋으면 좋아서, 더우면 더워서, 추우면 추워서 일이 많다는 사실을 알게 되었습니다.

2017년 처음 미얀마로 떠나올 때, 신학의 길을 걷기 시작할 때부터 꿈꿔왔던 선교가 마냥 좋아서, 이 땅을 향한 하나님의 부르심 하나만 붙잡고, 한국에서 누리던 모든 것을 내려두고 배부른 아내와 이제 돌 지난 어린 동윤이와 함께 이 땅에 도착했습니다. 많은 기대와 준비, 은혜 가운데 시작된 선교 사역이었지만 이곳에서의 생활과 적응은 쉽지 않았습니다. 타임머신을 타고 과거로 돌아온 것처럼 열악한 환경과 인프라, 우리의 상식으로는 이해할 수 없는 전혀 다른 삶의 양식과 문화를 가지고 있는 이들과의 소통과 이해는 하나님의 마음이 아니고서는 불가합니다. 하지만 이런 불편함들이 애교로 느껴질 정도의 어려운 순간들도 있었습니다. 국사책에서나 보던 쿠데타를 몸소 겪고, 그 가운데 사람들이 눈앞에서 살해당하는 것을 보고 한참을 힘들어했었습니다. 상상도 하지 못했던 코로나로 인해 고통을 겪고, 그 가운데에서도 교인들을 돕기 위해 애쓰다 저 또한 코로나에 걸려 사경을 헤매기도 했습니다. 합선으로 센터에 불이 나고, 지반이 내려앉고, 도둑도 들고 참 심심할

틈이 없는 다이나믹한 일상들이 이어집니다. 마치 농사를 짓는 것과 같이 끊임없이 관리하고 정비하고 살펴보지 않으면 제대로 된 열매를 거둘 수 없습니다.

분명 선교는 영혼과 생명을 살리는 지극히 숭고한 하나님의 명령이자, 부르심 받은 우리가 반드시 해야 할 일이지만, 선교의 열매를 거두기까지 누군가의 지극한 희생과 노력 없이는 불가합니다. 현재 선교의 현장에서 살아가는 이로써 그 누구보다 몸소 체험하고 있습니다. 이처럼 매 순간순간이 거친 황야와 같은 선교의 현장이지만, 그럼에도 불구하고 영적 최전선으로 망설임 없이 몸을 던질 수 있는 까닭은 하나님의 부르심과 그 부르심 가운데 귀하게 들어 사용하시는 우리 부산국제선교회가 있기 때문입니다.

『국제선교회 40년사』에는 국제선교회의 창립부터 오늘날에 이르기까지 지난 세월 동안 한결같은 모습으로 씨를 뿌려온 40년간의 눈물이 담겨 있습니다. 사정이 좋을 때나 좋지 않을 때나, 기쁠 때나 슬플 때나, 열매를 거둘 때나 실패의 쓴 눈물을 삼킬 때에도 흔들림 없이 늘 꾸준한 모습으로 40년간 씨를 뿌려온 우리 부산국제선교회가 있어 얼마나 자랑스러운지 모릅니다.

그리고 그 아름다운 역사의 한 장을 선교사로서 함께 써 내려갈 수 있다는 것이 또 얼마나 감사하고 영광스러운 일인지 모르겠다. 앞으로 또 다른 40년, 그 이상 함께 씨를 뿌리며, 또 아름다운 하늘의 상급을 함께 누리는 우리 부산국제선교회와 모두가 되었으면 좋겠습니다.

40년사 발간을 축하드리며

강범수 선교사
(미얀마 파송 선교사, 아웅반 지역)

이스라엘 백성의 역사 속에 40년은 연단과 시련을 통해 하나님의 참 백성으로 완성되어 가는 의미 있는 시간이었습니다. 지도자였던 모세의 인생이 그러했고 그와 함께했던 출애굽 백성이 그러했습니다.

1980년 4월 첫 선교사를 파송하며 시작된 부산국제선교회가 40년이라는 의미 있는 시간을 맞이하게 되었습니다. 결코 쉽지 않은 시간이었습니다. 하지만 한 걸음씩 믿음의 발걸음 내디디며 오늘과 같이 뜻깊은 시간을 맞이하게 되었습니다. 저는 귀한 선교회의 파송을 받은 선교사가 되어 사명을 감당하고 있음에 감사할 따름입니다.

부산 지역의 60여 교회가 헌신과 사랑의 노력 덕분에 파송을 받은 선교사들은 열방에서 수많은 영혼을 만나며 그들에게 하나님의 사랑을 전하는 기회를 얻었습니다. 아무도 예배하지 않는 땅에 나아가 그들과 함께 하나님을 찬양하는 삶이 선교사의 기쁨이요 선교회의 목적일 것입니다.

전 세계가 팬데믹으로 인한 큰 변화와 질곡을 지나고 있으며 선교지 역시 그 후폭풍을 견뎌야 하는 상황입니다. 이러한 변화 속에서 선교회와 선교사들은 새로운 도전에 대한 열린 마음과 본질을 놓치지 않기 위한 몸부림이 계속되어야 할 것입니다.

지난 2023년 3월, 아웅반이라는 이름을 마음에 품고 기도하던 4년의 시간이 흐르고 아무 일도 일어나지 않을 것 같았던 그 땅에 하나님의 손길이 움직이기 시작하였습니다. 사직제일교회가 70주년 기념으로 아웅반에 교회당을 지어주시고, 본 선교회가 센터 부지를 구입하여 주시고, 땅끝교회가 그 기초를 놓을 수 있도록 힘을 써주셨습니다. 현재 저희 사역지는 개척 선교지로서의 사역을 위해 우물 쉐어 프로젝트, 지역 어린이들을 위한 방과후학교를 중심으로 지역주민들과 관계를 구축하며 사역을 잘 이루어 가고 있습니다.

선교회는 단 한 사람의 힘으로 이루어지는 것이 결코 아닙니다. 부산국제선교회라는 큰 함선이 항해하기 위해 함께해 주신 선교회의 각 지 교회와 목사님들과 협력자와 후원자들의 기도와 지지가 있었기 때문입니다.

앞으로의 여정에서도 우리는 하나님의 인도하심을 바탕으로 세상에 빛과 소금이 되라는 이 사명을 잘 감당해야 할 것입니다. 40년사 발간을 통해 부산국제선교회의 역사와 미래에 대한 이야기가 더욱 풍성하게 전해지기를 바랍니다.

책 머리에

황홍렬 교수
(부산장신대 은퇴 교수)

　　부산국제선교회 40년사 편찬위원회의 집필 의뢰를 받은 지 3년 만에 집필을 마치게
되어 먼저 죄송하다는 말씀을 드립니다. 약 6~7년 전에 부산국제선교회가 제게 부산국제선
교회의 선교 컨설팅을 요청한 적이 있습니다. 당시에는 부산국제선교회의 활동에 대해
대략적인 상황만 듣고 컨설팅에 응했습니다만 기회가 되면 제대로 대응하고 싶었습니다.
그래서 부산국제선교회의 지난 40년의 역사를 정리한다는 것, 부산국제선교회와 귀한
선교사님들의 피와 땀과 기도로 이뤄진 희생과 헌신적인 선교 활동을 정리하는 것은 제게
무척 소중한 기회이었습니다.

　　그런데 부산국제선교회의 선교 관련 자료가 너무 방대하여 부산장신대학교에 재직
중에는 사료를 읽어나가기가 쉽지 않아 본회 임원들과 선교사님들과 인터뷰를 진행했습니
다. 2023년 2월에 부산장신대학교를 은퇴한 이후 7월 말에 당시 본회 회장인 정명식 목사님
이 섬기는 광진교회로부터 사료를 가져와서 한 달이면 다 정리할 것으로 생각했습니다만
두 달이 넘어서야 사료를 정리할 수 있었습니다. 이 사료들을 정리해서 부산국제선교회
회원들 앞에서 1차 발표를 한 것이 2023년 11월 2일이었고, 2차 발표를 한 것이 2024년
2월 1일이었습니다. 당시 발표를 경청하시고 귀한 질문과 의견을 주신 회원 여러분께 감사
드리며, 저는 여러분의 의견을 반영하고자 했습니다.

　　작년 1년 동안에는 부산장신대학교가 제 후임자를 결정하지 못해 강의와 집필을 병행했
습니다. 지난 2월 말과 3월 초 3주간 동안 선교적 교회·마을목회연구소가 한영수 목사님과
조의환 목사님의 은퇴 기념 도서인『선교적 교회를 지향하는 선교적 목회 이야기』(동연,

2024)를 목회자 열세 분과 함께 만든 시간 이외에는 작년 말부터 본서 집필에 전념했습니다. 처음에는 4월에 집필을 끝낼 것으로 예측했습니다만 제가 가진 사료만으로는 해결되지 않는 부분들이 자꾸 늘어나면서 본서 완성이 5월로, 6월 초로 늦어졌습니다. 선교사의 보고서와 부산국제선교회의 보고서에 사료가 제한되어 이를 검증할 다른 사료들이 부족해서 사료들 사이에 상충될 때 어려움을 겪었습니다. 그리고 제한된 사료로서 확증할 수 없는 부분들을 김정광 목사님을 비롯한 전직 임원들과 당시 선교사님들과의 인터뷰를 통해서 확인했습니다. 그리고 인도네시아 선교 현장에서 동역했던 선교사님들과 비엔나 한인교회의 교인들, 동료 선교사의 도움을 받았습니다.

부산국제선교회의 40년사를 정리하면서 특히 주안점을 두었던 것은 사료들을 잘 정리하여 선교 활동을 기술하고, 인도네시아 선교, 오스트리아 선교, 일본 선교, 중국 선교 등 각 선교 활동을 정리하는 데 필요한 선교지의 역사나 선교 현장의 선교적·신학적 현황과 과제를 제시함으로써 부산국제선교회가 각 선교 현장을 정리하는 데 도움이 되도록 했습니다. 미얀마 선교 현장은 부산국제선교회가 진행하고 있는 선교 현장이기 때문에 향후 필요한 활동이나 정책을 제안했습니다.

이렇게 하다 보니 분량이 많이 늘어났지만 40년사 편찬위원회와 임원회가 그 많은 분량을 출판하도록 허락해 주셔서 감사합니다. 인터뷰에 응해주신 김정광 목사님, 박광선 목사님, 한영수 목사님, 조의환 목사님, 김운성 목사님, 정봉익 장로님(법인 이사장)과 장성덕 전 오스트리아 선교사님, 김병호 일본 선교사님, 김승희 전 중국 현지 선교사님, 곽현섭·엄성화 미얀마 선교사님, 김문수 미얀마 선교사님께 감사드립니다. 인도네시아 선교와 관련해서 인터뷰에 응해 주신 서정운 장로회신학대학교 명예총장님, 이장호 전 인도네시아 선교사님, 신방현 인도네시아 선교사님, 김창기 인도네시아 선교사님, 최광수 인도네시아 은퇴 선교사님, 이명자(안젤라) 권사님께 감사드립니다. 오스트리아 선교와 관련해서 인터뷰에 응해주신 정구용 비엔나한인교회 은퇴 장로님, 최차남 비엔나한인교회 은퇴 권사님 그리고 소중한 정보와 자료와 많은 자문을 주신 금석만 비엔나한인교회의 안수집사님, 고 이남기 선교사님의 선교 활동에 대해 중요한 내용을 알려 주신 이종실 체코 선교사님, 비엔나한인교회와 관련하여 자문해 주신 정명식 목사님, 중국 선교와 관련해서 인터뷰에

응하신 박봉수 목사님(상도중앙교회), 미얀마신학교 현황에 대해 조언해 주신 오영철 카렌침례교 총회신학교 실로암신학교 교수/선교사님께 감사드립니다.

"인도네시아 선교" 원고를 읽고 코멘트를 해주신 서정운 장로회신학대학교의 명예총장님과 이장호 전 인도네시아 선교사님과 신방현 인도네시아 선교사님께 감사드립니다. "오스트리아 선교" 원고를 읽고 자세히 코멘트 해주신 금석만 안수집사님께 감사드립니다. "일본 선교" 원고를 검토해 주신 김병호 선교사님, "중국 선교" 원고를 검토해 주신 김승희 전 현지 선교사님, "미얀마 선교" 원고를 여러 차례 읽고 검토해 주신 곽현섭 선교사님께 감사드립니다. 거의 모든 원고를 읽고 자문해 주시고 역사 사실 이해나 해석에 어려움을 겪을 때마다 귀한 조언을 해주신 김정광 목사님과 꼼꼼하게 모든 원고를 읽고 귀한 의견과 수정을 요청하신 한영수 목사님(편찬위원장)께 감사드립니다.

지난 3년 동안 본서가 나오도록 인내와 기도로 지원해주신 40년사 편찬위원회의 위원들과 김종찬 회장님을 비롯한 임원 여러분께 감사드립니다. 그렇지만 본서에 오류가 있다면 이는 전적으로 집필자의 책임임을 밝힙니다. 그리고 본서의 출판을 기꺼이 맡아주시고 좋은 책으로 만들어 주신 동연 출판사의 김영호 대표님과 부족한 글을 다듬고 편집을 위해 세심하게 애쓰신 김린 편집자님께 감사드립니다.

본서가 부산국제선교회가 향후 50주년, 100주년을 향해 나아가는 디딤돌이 되기를 희망합니다. 한 번의 출판기념회의 행사용으로 그치지 않고 과거를 비판적으로 성찰하여 부산국제선교회의 선교 활동의 장단점, 강점과 약점을 성찰하고, 장점과 강점을 확대하고, 단점과 약점을 보완하여 새롭게 선교를 펼쳐나가는 부산국제선교회가 되기를 기도드립니다. 마지막으로 건강 악화로 원고를 검토하지 못하신 박광선 목사님의 당부 말씀을 나누고 마치려 합니다.

"선교는 하나님의 사랑을 나누는 것입니다. 하나님의 사랑을 선교지에서 나누되 우리가 먼저 예수 그리스도 안에서 하나가 되기를 바랍니다. 이렇게 하나님의 사랑을 나누고 예수 그리스도 안에서 하나가 되는 일은 성령의 역사가 아니면 이뤄질 수 없습니다."

차 례

제1부 | 서론

제2부 ｜ 부산국제선교회 선교 역사(1979~2023)

제3부 ǀ 부산국제선교회 주요 선교국의 선교 역사와 협력 선교

제4부 ᅵ 부산국제선교회의 선교적 전망

제1부

서 론

1. 부산국제선교회의 선교 역사 기술 범위와 기술 방식

부산국제선교회의 선교 역사를 다루는 이 책의 서술 범위는 부산국제선교회가 한승인 선교사를 파송했던 1980년부터 2023년까지를 다룬다. 2023년은 부산국제선교회의 미얀마 선교가 양곤의 김문수 선교사, 중부 지역 샨주의 인레와 따웅지의 곽현섭 선교사, 아웅반의 강범수 선교사 등 전략적으로 배치하면서 발전한 해이기 때문이다.

부산국제선교회의 선교 역사를 다루기 위해서 이 책의 I부에서는 역사 기술 범위와 기술 방식을 비롯하여 선교에 대한 이해를 개관하고, 세계 선교 목적에 대해 소개하고, 세계 선교 유형을 세 가지 제시하고, 이 책의 선교 역사 기술 목적을 제시하고자 한다. 역사 사료는 부록에 제시되어 있다. II부에서는 부산국제선교회 선교 역사를 통사(通史)의 입장에서 간략히 제시하고자 한다. 부산국제선교회의 창립 과정과 구성(1965~1979)을 다룬 후 부산국제선교회의 선교 이해와 선교 원칙을 제시한다. 부산국제선교회의 초기 선교(1980~1994)는 인도네시아 선교의 시작을 비롯하여 비엔나한인교회를 통한 한인 디아스포라 선교와 일본 한인 디아스포라 선교를 다룬다. 부산국제선교회의 시련기(1995~1997)는 인도네시아 선교의 중단과 비엔나한인교회의 한인 디아스포라 선교의 중단으로 위기를 맞은 부산국제선교회가 새로운 선교 전략을 수립하여 새로운 선교지로 전환하는 것을 다룬다. 부산국제선교회 선교의 발전기(1998~2010)는 중국 선교와 미얀마 선교를 중심으로 부산국제선교회의 선교가 발전한 모습을 그린다. 부산국제선교회 선교의 전환기(2011~2018)는 중국 선교의 핵심인 학습이 중단과 재개를 반복하다가 2017년 하반기에 완전히 중단되어 부산국제선교회는 중국 선교로부터 미얀마 선교로 선교의 초점을 전환하게 된다. 부산국제선교회 선교의 심화기(2019~2023)는 미얀마 선교의 전략적 발전을 다룬다. 시기별로 그 시기 부산국제선교회 선교의 특징과 과제를 제시하고 있다.

III부 1장에서는 한승인 선교사의 인도네시아 선교(1980~1995)를 다루고, 인도네시아 기독교와 개신교 이해와 현황, 인도네시아 신학자의 선교 이해와 선교 협력에 대한 이해를 소개하고, 통합 교단의 선교사들의 인도네시아 선교를 소개한다. 이러한 맥락에서 한승인 선교사의 인도네시아 선교에 대한 이해, 특징, 평가를 제시하고, 부산국제선교회 인도네시아 선교에 대해 평가하고 교훈을 제시한다. 2장에서는 오스트리아 선교를 다룬다. 먼저 비엔나한인교회의 간략한 역사를 제시하고, 비엔나한인교회로 파송한 장성덕 선교사, 김상재 선교사, 윤병섭 선교사, 이남기 선교사 등 각 선교사의 선교 활동을 다룬다. 잘츠부르크 한인교회에 파송된 배재욱 선교사와 김철수 선교사를 다루고, 알바니아 선교를 언급한다. 부산국제선교회 오스트리아 선교의 특징, 오스트리아 선교에 대한 평가와 오스트리아 선교로부터 배울 교훈을 제시한다. 3장에서는 일본 선교의 배경, 김병호 선교사의 일본 선교를 우라와한인교회, 동경조후교회, 재일대한기독교회 직분과 총간사 등 각 선교 활동을 다루고, 재일 동포 선교 역사, 재일대한기독교회 선교의 특징과 과제, 김병호 선교사가 관여했던 에큐메니칼 협력 선교에 대한 선교신학적 이해, 나그네 선교, 나그네 교회론, 소수자 선교 등을 소개한 후 김병호 선교사의 일본 선교의 특징과 그의 선교에 대한 평가 그리고 일본 선교의 과제를 제시한다. 4장에서는 부산국제선교회의 중국 선교를 중국 선교의 배경, 중국 선교 기초 수립, 중국 선교의 정착기, 중국 선교의 발전기, 중국 선교의 전환기, 중국 선교 모색기 등으로 기술하고, 중국 기독교와 중국 선교 이해, 한중 교회의 교류, 한국 기독교의 중국 선교 등을 제시한 후에 부산국제선교회 중국 선교의 특징을 제시하고, 부산국제선교회의 중국 선교에 대한 평가와 더불어 교훈을 제시한다. 5장에서는 부산국제선교회의 미얀마 선교를 미얀마 이해, 미얀마 선교의 초기 역사, 미얀마기독교신학교 중심의 선교, 미얀마 선교의 전환기, 미얀마 선교의 발전기, 미얀마 선교의 심화기 등으로 기술하고, 미얀마 기독교의 이해, 미얀마 신학과 신학교에 대해 소개한 후 부산국제선교회의 미얀마 선교의 특징과 미얀마 선교로부터의 교훈, 미얀마 선교의 과제를 제시한다. 6장에서는 부산국제선교회의 협력 선교사를 통한 선교를 간략히 제시하고 그 특징과 과제를 제시한다.

  II부에서 부산국제선교회의 선교 역사를 통사적으로 접근하고, III부에서는 선교 국가별로 접근하다 보니 불가피하게 중복되는 부분이 발생한다. 부산국제선교회의 40년 선교 역사를 통사적으로 접근하는 것은 부산국제선교회 선교의 전체 흐름을 이해하기 위함이고, 국가별로 선교를 기술한 것은 부산국제선교회의 선교 활동을 국가별로 정리하고, 그 특징과 과제, 평가, 교훈을 제시하기 위함이다. IV부에서는 부산국제선교회의 선교적 전망을 제시하고자 한다.

IV부에서는 한국 기독교의 세계 선교에 대한 성찰과 서구 기독교 선교의 교훈, 21세기 기독교 선교의 전망, 한국 기독교의 21세기 세계 선교의 과제를 다룬 후 부산국제선교회의 선교적 전망을 제시한다. 부산국제선교회의 선교적 전망으로 복음주의적 에큐메니칼 선교신학, 선교적 교회, 아시아 선교와 아시아 선교신학, 에큐메니칼 협력 선교, 선교와 돈, 선교와 디아코니아, 선교사 토탈 케어, 선교 평가 등이다.

2. 선교 이해

그리스도인들은 자신을 교회에 속한 신실한 신자로 여기는 한 하나님께서 맡기신 사명을 감당하고자 선교 활동에 직간접으로 참여한다. 그래서 교회마다 선교회가 있고 한 교파에 속한 선교 단체뿐만 아니라 초교파적인, 국제적인 선교 단체가 많이 있다. 그러나 선교가 무엇인가 하는 것에 대해서 모든 그리스도인이 일치하지는 못한다. 선교에 대한 서로 다른 이해 때문에 그리스도인들은 선교를 때로 경쟁적으로 하는 경향이 있다. 선교란 무엇인가? 선교를 정의하려는 어려움에 대해 선교신학자 데이비드 보쉬는 다음과 같이 말했다. "선교는 우리 자신의 예측이라는 협소한 공간에 갇혀서는 결코 안 된다. 우리가 최대한 기대할 수 있는 것은 선교가 무엇인가에 대한 근사치를 만드는 것이다."[1] 그러나 이 글을 전개하기 위해 선교에 대한 정의는 불가피하다. 선교는 선교사들/교회가 인간의 특정한 상황 속에서 하나님의 뜻(하나님의 나라, 구원)을 이루는 하나님의 선교에 참여하는 것이다.[2] 선교는 하나님의 주권과 인간의 상황을 전제한다. 그리고 이 양자 사이의 긴장은 피할 수 없다. 선교는 선교사/교회의 하나님 뜻과 인간 상황에 대한 이해에 의존한다. 또 선교는 하나님의 뜻에 따라서 인간과 그 상황을 변화시키는 것을 목표로 한다. 이 경우 문제는 누가 인간과 그

---

1 David J. Bosch, *Transforming Mission: Paradigm Shifts in Theology of Mission* (New York: Orbis, 1991) 9.
2 David J. Bosch, *Witness to the World: The Christian mission in theological perspective* (London: Marshall, Morgan & Scott, 1980); W. Saayman, "Missiology in the Theological Faculty," in *Mission Studies*, vol. XV-191998), 66-78; J. N. J. (Kippies) Kritzinger, "Studying Religious Communities as Agents of Change: An agenda for missiology," in *Missionalia* 23:3 (November, 1995), 366-396.

상황을 변화시킬 것인가 그리고 어떻게 변화를 일으킬 것인가 하는 것이다.

1) 선교 목표

선교 목표와 관련된 선교 이해를 역사적으로 개관하면 다음과 같다.[3] 18세기에서 19세기 중엽까지는 개인주의적 선교 이해가 지배적이었다. 경건주의, 신앙부흥운동에 기원을 둔 선교의 목표는 회심과 영혼 구원이었다. 19세기 후반에서 20세기 전반까지는 교회 중심적 선교관이 선교 이해의 중심을 이뤘다. 헨리 벤과 루퍼스 앤더슨에 의한 삼자교회(자립, 자전, 자치)는 선교 목표를 교회를 개척하는 것으로 보았다. 1910년 에딘버러세계선교대회는 선교 목표를 각 나라에 하나의 연합된 교회를 세우는 것이라고 했다. 1938년 탐바람 국제선교협의회의 선교대회는 세계 복음화의 가장 중요한 도구는 해외 선교회가 아니라 지역 교회이며, 선교 단체들은 '신생 교회'의 성장과 자립을 지원해야 한다고 했다. 1947년 휘트비 국제선교협의회의 선교대회는 서구 교회와 비서구 교회 사이에 "복종 안에서의 동역자"라는 표어를 통해 교회 중심적 선교관을 지지했다. 20세기 후반에는 하나님 나라 지향적인 하나님의 선교가 선교의 기본적인 이해가 되었다. 1952년 빌링엔 국제선교협의회의 선교대회에서 호켄다이크는 교회 중심적인 선교관을 비판했다. 1963년 세계교회협의회의 첫 세계 선교와 전도대회는 "6대륙 안에서의 선교"라는 주제를 통해 교회 중심적 선교관으로부터 하나님 나라 지향적인 선교로의 전이를 보여줬다.

---

3 James A. Scherer, "Church , Kingdom, and Missio Dei: Lutheran and Orthodox Correctives to Recent Ecumenical Mission Theology," in Charles Van Engen, Dean S. Gilliland, Paul Pierson (eds.), T*he Good News of the Kingdom: Mission Theology for the Third Millennium* (Maryknoll, New York: Orbis Books, 1993), 82-86.

2) 하나님의 선교[4]

(1) 성령의 선교

선교의 주체는 교회가 아니라 삼위일체 하나님이시다. 성부 하나님은 인류와 피조물의 구원을 위해 성자 하나님을 세계로 보내셨다. 성자 하나님은 성육신, 십자가와 부활을 통해 하나님의 나라를 선포하시고 인류와 피조물을 성부 하나님과 화해하게 하시며 구원의 길을 여셨다. 성령 하나님은 그리스도의 현존을 교회 안팎에서 드러내며 화해와 구원을 이뤄 가시며, 하나님의 선교는 성령의 선교다.

지극히 청결한 것의 상징인 거룩함(聖)과 무한한 은혜의 상징인 영(靈), 이 두 단어는 구약성서에서 세 번만 결합되어 나타난다. 그러나 '성'과 '영'이 결합된 성령의 활동은 신약성서의 새로운 계시다[5]. 예수의 세례 속에서 하나님의 거룩한 심판과 하나님의 깊은 은혜와 구원에 대한 증거가 결합된다. 거룩함과 영의 변증법은 예수의 시험 이후 그의 생애와 사역에서 계속된다. 예수 그리스도의 사역은 성령의 양면성, 심판의 불로 상징되는 거룩하신 하나님과 인류의 상처를 은혜와 구원으로 감싸는 하나님의 영과 긴밀한 관련을 갖는다. 이렇게 해서 교회의 역사는 "내적 성화에의 관심과 외향적 선교의 강조와의 중간의 계속적인 변증법이었다"[6]고 간주할 수 있다. 선교의 역사는 신·구교를 막론하고 내적 성화, 영적 각성에 의해서 그 동력을 얻고 발전해 가는 것과 그것이 제도화에 갇히게 되면 선교의 역동성을 상실하는 것을 보여준다. 거룩함과 은혜, 심판과 구원의 양면성, 또는 양자 사이의 변증법에서 벗어나는 선교는 위험에 빠지게 된다.

말씀과 성령을 강조하는 입장에서 동방 교회는 서방 교회의 그리스도 일원론(Christomonism)을, 성령을 필요로 하지 않는 그리스도와 하나님-그리스도-교회로 발전하

---

4 김은수, "Missio Dei의 기원과 이해에 대한 비판적 고찰," 「신학사상」 94호 (1996, 가을); 게오르크 휘체돔/박근원 역, 『하나님의 선교』 (서울: 대한기독교서회, 1980)를 참조.

5 F. W. 딜리스톤/박근원 역, "성령과 그리스도교 선교," Gerald H. Anderson (ed.), 『선교신학서설』 (서울: 대한기독교서회, 1983), 302-303.

6 위의 글, 307.

는 신학 작업을 비난한다.[7] 성령론의 결여는 신학적으로 기독론, 구원론, 교회론에서 이원론의 위험을 초래했다. 한편 성령을 가리키는 히브리어 ruah는 여성이고, 헬라어 pneuma는 중성이고, 라틴어 spiritus는 남성이다. 성령을 가리키는 단어의 성이 여성에서 남성으로 변화했다. 성서에서 성령의 역할은 여성과 관련된 활동 속에서도 발견된다. 그러나 어거스틴이 신학과 기독교에서 여성성의 이미지를 제거했다. 이후로 신학과 교회가 성령의 여성성/모성성을 망각함으로써 초래된 결과가 서구 선교에서 온정주의적/가부장적(paternalistic) 태도이다.[8]

(2) 하나님의 나라

하나님의 선교는 통전적인 선교다. 하나님의 선교는 사회적 책임과 복음 전도를 모두 포괄하며 하나님의 나라를 목표로 한다. 그런데 복음주의 그룹들은 사회행동에 대한 복음 선포의 우선권에 대해 상당히 집착해 왔다. 복음주의 그룹들의 우선권 논쟁은 1974년 로잔 대회에서 전도와 사회·정치적 참여가 그리스도인의 두 가지 임무(5장)라고 받아들이고, 1982년 그랜드 래피즈 대회에서 복음 전도와 사회적 책임 모두 그리스도인의 의무라고 함으로써 통전적인 선교에 접근했다. 그러나 복음 전도의 우선권이 논리적, 개념적이고 실천적으로는 불가분의 관계에 있다고 하지만 여전히 복음주의 그룹들은 복음 전도의 우선권을 강조하는 경향이 있다.[9] 로잔 언약의 6장은 교회가 해야 할 일 가운데 전도는 최우선적인 것이라고 함으로써 5장에서 선언한 통전적 선교(전도와 사회적 참여가 그리스도인의 두 가지 의무)를 부인한 듯한 태도를 보여줬다. 복음주의 그룹이 복음 선포를 거의 배타적으로 강조하게 된 것은 '사회복음'에 대한 반발, 근본주의 신학과 전천년설 등에 영향받아 사회에 대한 관심을 상실한 '대전환'과 이분법적 사고방식 때문이었다.[10] 사회적 상황과

---

7 J. Comblin, *The Holy Spirit and Liberation* (Maryknoll, New York: Orbis Books, 1989), Introduction, xiv.
8 위의 책, 66.
9 김은수, "복음주의 선교와 신학적 과제-기원과 전개과정을 중심으로"; 임희모, "에반젤리칼 선교신학의 에큐메니칼 대화," 한국기독교학회 선교신학회 편, 『복음주의와 에큐메니즘의 대화』 (서울: 다산글방, 1999).

관계없이 복음 전도의 우선권만 강조하다 보면 불가피하게 교회 중심적 선교가 된다. 교회 중심적 선교는 교회가 지향해야 할 하나님의 나라 대신에 세상의 가치를 은연중에 강조하게 된다. 복음주의자들은 특히 교회의 양적 성장을 강조하는 자들은 정통 교리와 사회적 보수주의가 손잡고 감을 깨닫지 못한다.[11] 그래서 성공이나 성장과 같은 자본주의적 가치관이 자신의 선교관에 내재해 있음을 알지 못한다. "교회 중심적 선교의 사고는 반드시 타락하게 되어 있다. 왜냐하면 그것은 비합법적인 중심의 주위를 돌기 때문이다."[12] 복음주의자들이 '정체성' 유지와 '말로 하는 복음 선포'에 집착하기 때문에 타자를 선교의 '대상'으로만 여겨 타자로부터 하나님과 성서에 대한 새로운 이해를 얻는 측면은 무시되고, 그들로 인해 자신의 신앙과 신학이 왜곡될 수 있는 부정적 측면만 강조하는 경향이 있다. 이런 태도는 하나님의 선교에서 선교사/교회 역시 하나님의 선교 대상이라는 것을 부정하는 것이다.

선교는 하나님의 뜻을 타자에게 증거하고 변화를 기대할 뿐 아니라 선교사/교회도 이 과정에서 정체성이 변화할 수 있음을 내포하는 것이다. 복음주의자들은 가난한 자들과의 만남과 에큐메니칼 그룹과의 만남을 통해서 정체성의 변화를 서서히 받아들이고 있다. 그러나 우선권에 대한 집착에서 완전히 자유로워지지 않았음을 보여주고 있다. 이러한 태도가 2010년 로잔 3차 대회에서 극복되었다. '케이프타운 서약'은 하나님의 선교를 사랑한다고 고백하고, 케이프타운 행동 요청으로 다원주의적이며 세계화된 세상에서 그리스도의 진리를 증거하기, 분열되고 깨어진 세상에서 그리스도의 평화를 이루기, 타종교인들 가운데 그리스도의 사랑을 실천하기, 세계 복음화를 위한 그리스도의 뜻을 분별하기, 그리스도의 교회가 겸손과 정직과 단순성을 회복하기, 선교의 하나됨을 위해 그리스도의 몸 안에서 동역하기 등을 제시함으로써 복음 전도와 사회·정치적 참여 사이의 우선권 논쟁은 종식되었다.[13]

---

10 서정운, "사회선교에 대한 선교신학적 이해," 유의웅 편저, 『현대교회와 사회봉사』 (서울: 대한예수교장로회총회출판국, 1991), 76-79.

11 David J. Bosch, *Witness to the World: The Christian mission in theological perspective* (London: Morgan & Scott, 1980), 207.

12 J. C. Hoekendijk, "The Church in Missionary Thinking," in *The International Review of Missions* vol.41 (1952), 332.

한편 에큐메니칼 그룹 가운데에는 선교를 사회행동과 동일시하는 경향이 있었다. 라틴 아메리카에서는 선교 개념이 점차 의식화와 동일시되었고, 가난한 자들과의 연대는 정치적 행동과 동일시되었다. 여기서 생긴 딜레마는 교회가 가난한 자들을 돕거나(개량주의적으로) 아니면 의식화시키거나 두 가지 방식 중 한 가지를 선택해야 한다는 것이었다. 이런 과정을 거쳐 예언적 사회봉사는 정치적 행동으로 환원되었다. 그러나 사회주의가 붕괴되고 냉전이 종식되면서 환원주의의 심각한 한계가 드러났다. 이러한 환원주의의 문제는 인간의 죄를 간과하고, 종말론과 구원론이 윤리로 환원되면서 복음이 율법으로 되는 것이다.[14] 이러한 행동주의는 극복되어야 한다. 왜냐하면 선교의 뿌리는 말씀과 예배, 성만찬과 기도에 있기 때문이다. 라틴 아메리카에서 제기되는 예언적 사회봉사의 새로운 기준은 발전에 대한 경제적, 유물론적, 합리주의적 개념으로부터 보다 통합적인 개념으로서 문화적, 영적 차원을 포함하는 것이다.[15]

하나님의 선교는 자신의 뿌리에 견고히 서 있을 때 행동주의나 환원주의를 극복하고, 동시에 교회 중심적 선교를 극복하고, 하나님 나라를 향해 나아가게 된다. 하나님의 선교에 있어서 목표인 하나님의 나라는 이 세상의 나라와 동일시되어서도 안 되지만, 저세상으로 환원되어서도 안 된다. 하나님의 선교는 복음 전도와 사회행동을 포괄하는 통전적 선교다.

(3) 십자가의 선교 방식

하나님의 선교 방식은 십자가의 선교다. 빌링엔대회(1952)는 중국이 공산화된 후 서구 선교사들이 모두 추방된 시기에 모인 선교대회로서, 선교사들의 추방을 서구 선교에 대한 하나님의 심판으로 이해했다. 아편전쟁 이후 서구 교회의 힘에 의한 선교 방식이 1900년 의화단 사건 등에서 도전을 받는데, 롤랜드 앨런은 서구 선교 방식을 바울의 선교 방식과

---

13 로잔운동/최형근 옮김, 『케이프타운 서약: 하나님의 선교를 위한 복음주의 헌장』(서울: IVP, 2014).

14 David J. Bosch, *Witness to the World: The Christian mission in theological perspective*, 217.

15 Anivalda Padilha, "Diakonia in Latin America: Our Answers Should Change the Questions" in *The Ecumenical Review* vol. 46 no. 3 (July 1994): 289-291.

비교하면서 철저한 비판을 가했다.[16] 서구 선교 활동의 공식은 피선교지의 개종자들이 신앙적으로, 신학적으로 자립하기 전에 여러 세대에 걸친 장기간의 견습 기간과 훈련을 받아야 한다는 것이었다. 이에 반해 사도 바울은 새로 세워진 교회에 간단한 체계의 복음, 세례와 성만찬, 그리스도의 죽으심과 부활의 중요 사실의 전승 그리고 구약성서만을 맡겼다. 사도 바울은 새 교회에 짧은 기간 거하며 복음을 전파한 후 떠났다. 바울은 이렇게 함으로써 엄청난 위험을 무릅썼지만, 그는 그리스도와 교회 안에 거하시는 성령을 믿었기 때문에 그런 위험에 굴복하지 않았다. 알렌은 서구 개종자 교육의 실패는 성령의 활동 속에서 그들 스스로 찾도록 하지 않고, 선교사들이 그리스도의 자리에 앉아 개종자들을 자신들에게 의존시킨 데 있다고 했다. 바꿔 말하면 서구 선교사들이 성령의 불을 껐기 때문이라고 했다. 알렌은 서구 선교를 실패로 규정하고 그 원인을 인종적, 종교적 우월성과 신앙 부족, 성령의 능력에 대한 신뢰 부족 때문이라고 했다. 그가 제시한 두 가지 선교 원칙은 율법이 아니라 복음의 방법을 사용할 것과 그리스도(성령)의 자리를 마련하기 위해서 선교사의 자발적(조기) 은퇴였다. 바울은 개종자들에게 주어진 자유를 환영하면서 동시에 그들의 자유로 인한 위험성을 잘 알고 있었다. 바울의 위대함은 그 위험에 굴복하지 않고 철저하게 교회의 머리 되신 그리스도와 성령께, 개종자들 안에 역사하시는 성령께 철저한 신뢰를 두었다는 것이다. 그러나 이런 반성이 서구 선교학계에 영향을 준 것은 반 세기가 지난 후였다.

십자가의 선교 방식은 십자군의 선교 방식과 비교할 때 보다 분명해진다. 기독교 선교사가인 스티븐 니일은 십자군 운동을 "거의 만회할 수 없는 하나의 재난"으로 보면서 교회사에 남긴 세 가지 과오를 지적했다.[17] 기독교 안에서 서방 교회와 동방 교회의 관계가 영구적인 상처를 입었으며, 그리스도인들과 회교도 사이의 원한의 자국은 오늘날까지 남아 회교도들에게 서구 기독교인들은 침략자로 남아 있으며, 전체 기독교 세계의 도덕적 기운을 낮추었다. 무력을 통해 예루살렘 성지를 회복하고 '이교도'들을 강제로 회심시키거나 '하나님의

---

16 Roland Allen, *Missionary Methods: St. Paul's or Ours?* (Grand Rapids: Wm. B. Eerdmans Publishing Co., 1962, "1912").

17 스티븐 니일/홍치모 · 오만규 공역, 『기독교선교사』 (서울: 성광문화사, 1999), 135-138.

영광'을 위하여 무자비하게 도살되어도 좋은 불신자로 보던 십자군들은 '이교도' 속에서 하나님의 형상을 볼 수 없었다. 뿐만 아니라 십자군은 폭력을 통한 선교 방식이 십자가와 복음의 정신에 위배되는 것을 깨닫지 못했다. 오늘날 선교에서 폭력의 방식을 대신한 것이 '돈'이다. '돈'을 무기로 삼은 선교는 십자가의 선교에 도전하는 것임을 깨달아야 한다.

3. 세계 선교 유형

한국교회의 세계 선교는 1912년 대한예수교장로회 창립총회가 중국에 선교사를 파송하기로 결의하고 1913년에 세 명의 선교사를 파송하면서 시작되었다. 1907년 독노회가 조직되면서 이기풍 선교사를 제주도로 보냈다. 처음에는 제주도 선교를 해외 선교로 이해했다가 중국 산동 반도에 선교사를 파송하면서 국내 선교로 이해하게 되었다. 장로교회는 1909년 최관홀 목사(평양신학교 2회 졸업생)를 블라디보스토크로, 한석진 목사를 일본으로 파송했다. 1905년 하와이 농업 이민 이후 미주 한인 교회와 만주의 한인 교회들은 구한말 이래 민족운동의 거점이었다. 이처럼 한국교회의 초기 선교 역사에서는 다른 나라 사람들에게 선교하는 것도 중요했지만, 나라 잃고 흩어진 한인 디아스포라를 섬기는 한인 디아스포라 선교도 중요하게 여겨졌다. 제주 선교는 이기풍 선교사와 더불어 많은 동역자가 함께 팀 선교를 이루었고, 제주도 선교를 위해 전국 교회들이 함께 기도했고 헌금을 했다. 한국교회의 중국 선교는 미국 북장로교 선교부의 협력하에 이뤄졌고, 한국 선교사들의 소속이 중화 화북대회 산하 산동 장로회이었다. 한국 선교사들이 세운 40개의 교회들은 중화 기독교회 산동대회 산하에 있는 래양노회에 속했다. 이처럼 한국교회의 중국 선교는 에큐메니칼 협력 선교로 이뤄졌고, 개척한 교회들이 현지 교회인 중국 교회 소속이었다. 해방 후 장로교회가 1956년에 태국으로 파송한 최찬영 선교사와 김순일 선교사는 태국 교회와 한국장로교회와 협의하여 이뤄진 에큐메니칼 협력 선교사이었다. 1960년대까지 한국교회의 세계 선교는 대부분 현지 교회와 연합해서 사역을 했다. 한국교회의 세계 선교가 비약적으로 확대되기 시작한 요인으로는 1980년대 후반 교회 성장, 무역수지 흑자, 해외여행 자유화, 해외 송금 자유화 등이었다.[18] 이런 흐름 속에서 한국교회와 선교 단체들은 타문화권 선교를 강조하고, 한인 디아스포라 선교는 상대적으로 덜 강조하게 되었다. 그렇지만 한국교회의 세계 선교는 타문화권 선교와 더불어 한인 디아스포라 선교를 강조했다. 뿐만 아니라 한국교회는 선교지 교회와의 에큐메니칼 협력 선교를 통해 선교 사역을 감당해 온 좋은 전통이 있다. 이 글에서는 세계 선교 유형을 한인 디아스포라 선교, 타문화권 선교, 에큐메니칼 협력 선교의 형태로 구분하고자 한다.

4. 세계 선교 역사 기술 목적의 변화
: 서구 기독교의 확장으로부터 세계 기독교의 형성으로[19]

1) 전통적 선교 역사 기술의 목적: 서구 기독교의 확장

(1) 케네스 스캇 라투렛의 『기독교 확장사』[20]

가) 라투렛의 역사 기술의 목적

라투렛은 기독교 확장 역사와 관련해서 일곱 가지 질문을 한다. 첫째, 전파된 기독교는 무엇인가? 둘째, 왜 기독교가 전파되는가? 셋째, 왜 기독교는 어떤 지역이나 시기에 실패를 겪고 때로는 부분적 성공을 거두는가? 넷째, 어떤 과정에 의해 기독교는 전파되었는가? 이 질문은 둘째 질문과 밀접히 관련되어 있어서 두 질문이 함께 다뤄져야 한다. 기존 선교 역사서 대부분이 이 문제를 주로 다룬다. 다섯째, 기독교는 전파된 사회 환경에 어떤 효과를 초래했나? 여섯째, 사회 환경이 기독교에 준 효과는 무엇인가? 일곱째, 기독교가 전파되는

---

18 황홍렬, 『생명과 평화를 향한 선교학 개론』 (서울: 동연, 2018), 132-143.
19 이 장은 황홍렬, "기독교 세계 선교 역사 기술 목적에 관한 연구," 「부산장신논총」 제21집 (2022): 340-395를 요약한 것이다.
20 Kenneth Scott Latourette, *A History of the Expansion of Christianity.* 7 vols. (Grand Rapids: Zondervan Publishing House, 1937-1945).

과정이 기독교가 사회 환경에 준 영향과 사회 환경이 기독교에 준 영향과 무슨 관련이 있나?[21] 이런 질문에 답변하는 것이, 라투렛이 이 책을 저술한 목적이다. 라투렛은 기독교가 교회 성장이나 교회갱신 운동뿐 아니라 기독교가 인류에 미친 영향과 사회와 세계가 기독교에 준 영향도 살펴보았다. 그렇지만 그의 관점은 서구 기독교 중심적이다. 그는 19세기를 선교의 "위대한 세기"라 칭했다. 그는 비서구 교회들의 성장을 주로 지리적 확장이나 서구 기독교와 그 복음 이해가 준 영향력에 주목하기 때문에 비서구 교회의 서구 교회에 대한 도전에 주목하지 못했다.

나) 라투렛의 기독교 확장의 세 가지 의미와 그의 역사 기술의 한계

앤드루 F. 월즈는 라투렛의 『기독교의 확장사』에서 기독교 확장의 의미를 교회, (하나님의) 왕국, 복음 등 세 가지로 제시했다.[22] 라투렛의 역사 기술의 문제점으로 박형진은 첫째, 사료의 제한성, 둘째, 서구적 틀이라는 한계, 셋째, 메트로폴리탄적 자세를 제시했다. 라투렛이 사용한 방대한 사료는 예일대학의 데이 선교관의 방대한 선교 사료였다. 이들 사료의 대부분은 선교사들의 저작이었다. 따라서 그의 사료는 선교사의 편견과 일방적 관점이 많았고, 반면에 선교지 현지인들의 목소리나 관점이 부족했다. 서구적 틀은 서구 기독교/선교사 중심성으로 현지 토착인의 역할과 문화적 적용성의 원칙을 충분히 반영하지 못했다. 메트로폴리탄적 자세는 기독교 선교를 서구라는 중심으로부터 비서구라는 변방으로 확장하는 프로젝트로 본 것을 가리킨다.[23]

---

21 Kenneth Scott Latourette, *A History of the Expansion of Christianity: The First Five Century: to 500 A.D.*, vol. 1 (Grand Rapids: Zondervan Publishing House, 1937 "1978"), Introduction, ix-xv.

22 Andrew F. Walls, *The Cross-cultural Process in Christian History: Studies on the Transmission and Appropriation of Faith* (Maryknoll, New York: Orbis Books, 2002), 8-9. 월즈는 church test, kingdom test, gospel test라고 했지만 여기서는 '교회의 확장', '하나님 왕국의 확장', '복음의 영향력 확대'로 표기하기로 한다.

23 박형진, "지구촌기독교의 등장과 기독교 역사서술적 함의," 「한국기독교신학논총」 74집 (2010): 301-302.

(2) 폴 E. 피어슨의 『선교학적 관점에서 본 기독교선교운동사』[24]

폴 피어슨은 교회의 발전 과정과 신학적 갈등과 분열의 역사를 심층적으로 이해하고자 하는 교회사와 달리 선교 역사는 위험을 무릅쓰고 지역과 문화의 경계를 넘어 복음을 전한 선교사들의 동기, 선교의 장애물, 선교 운동을 태동시킨 신앙 운동, 선교 운동을 하는 데 사용한 선교 구조와 조직, 선교 운동 지도자들의 특징 등을 규명하는 것으로 이해했다.[25]

피어슨에 의하면 선교 역사 연구의 목적[26]은 첫째, 기독교의 정체성을 이해하는 데 있다. 둘째, 기독교 선교 역사 연구는 기독교에 대한 포괄적·역사적 안목을 갖게 한다. 셋째, 선교 역사 연구는 복음을 전달하는 새로운 방법과 하나님께서 역사 속에서 어떻게 일하실지를 분별하는 역사적 통찰력을 제공한다. 넷째, 선교 역사는 선교 이슈를 인식하는 도구를 제공한다. 다섯째, 역사는 반복하지 않지만, 문화와 기독교 신앙에 관한 선교적 이슈는 반복되기 때문에 선교 역사로부터 배울 수 있다. 여섯째, 선교 역사 연구는 새로운 사건에 개방적 태도를 갖도록 하기 때문에 선교 역사 연구를 통해 역사 속에서 하나님께서 어떻게 새 일을 하시는지 배울 수 있다.[27]

기독교 선교가 개인의 개종뿐 아니라 문화를 변혁시킨다는 라투렛처럼 피어슨도 기독교와 문화변혁의 관계에 대해서 "역사적으로 보면 교회와 문화 사이에 어느 한 편이 승리하지 못하고 무승부를 기록하고 있다"[28]고 했다. 피어슨은 20세기 아프리카 기독교의 이슈(28장), 오순절 운동(30장), 우리 시대의 선교 운동(31장), 새로운 선교사들(32장)에 대해서도 주요 특징과 과제를 소개하고 있다. 그렇지만 피어슨은 비서구 교회가 기독교의 다수를 차지한다는 의미에 대해서 신학적, 역사적 성찰을 하지 않는다. 이는 피어슨의 역사신학적

---

24 폴 피어슨/임윤택 옮김, 『선교학적 관점에서 본 기독교 선교운동사』 (서울: 기독교문서선교회, 2009).

25 앞의 책, 15-16.

26 피어슨은 이 책의 목적을 독자로 하여금 선교 운동의 확산에 나타난 선교학적 원리들의 중요성을 인식하게 하고, 과거에 일어났고 현재에 일어나면 미래에 일어날 기독교 신앙 운동의 선교학적 원리들을 배우게 하며, 이 원리들을 오늘의 선교 전략으로 적용하여 선교 운동이 확산되게 하며, 이 시대를 향한 하나님의 선교 목적에 순종하려는 선교적 헌신을 강화하는 것이라 했다(16).

27 앞의 책, 32-39.

28 앞의 책, 583.

관점이 서구 신학/서구 기독교 중심적이기 때문으로 생각한다.

(3) 스티븐 닐의 『기독교 선교사』[29]

가) 기독교가 세계종교가 되는 과정으로서의 세계 선교 역사 이해

스티븐 닐은 선교적이며 보편적 관점을 지닌 종교로 불교, 기독교, 이슬람교를 제시하고, 20세기에 기독교만이 세계종교가 되었다고 했다. 선교 역사를 기독교가 세계종교가 되는 관점에서 보는 것은 1942년 캔터베리 대주교 취임식에서 윌리엄 템플이 "지난 2세기 반에 걸쳐 그리스도교의 선교 운동의 결과로 나타난 세계적인 대 그리스도교의 출현을 일컬어 '우리 시대의 위대한 새 사실'"[30]이라는 말에서 기인한다. 닐은 자신의 책을 통해 기독교가 세계종교가 되는 과정과 이유를 설명했다. 예수 그리스도의 십자가 죽음과 부활 이후 옛 이스라엘은 하나님의 목적에 참여하지 못하고 새 이스라엘인 이방인이 참여하면서 이방인의 시대가 도래했다.

이방인의 시대 초대교회의 의미는 세 가지 사건과 밀접한 관련이 있다. 첫째, 예수 그리스도의 재림이 지연되면서 새 이스라엘은 옛 이스라엘처럼 역사를 중요시하게 되었고, 거룩한 구원의 역사는 세속 역사와 관련을 맺지 않으면 안 된다는 사실을 깨달았다. 둘째, 바울처럼 초대교회는 이방에 복음을 전파하는 일이 하나님의 계획에서 가장 중요한 부분임을 깨달았다. 셋째, 예루살렘의 멸망 이후 기독교 교회가 어떤 특정 본부 지역을 가진 적이 없게 되었다. 그리스도인들은 하나님의 방랑하는 백성들이며, 이 땅에 영구히 살만한 도시가 없다는 사실을 깨닫게 되었다. 이러한 변화로 인해 초대교회의 자기 이해는 진정한 선교적 교회였다. 초대교회에는 바울을 비롯한 선교사들과 그들의 조력자들이 있었지만, 이들과 같은 특별한 일꾼들 외에 이름 모를 충성스러운 증인들이 많았다. 초대교회 교인들 상당수는 증인의 삶을 살았다.[31] 스티븐 닐은 이 책 전체를 통해서 기독교가 세계종교가

---

29 스티븐 니일/홍치모 · 오만규 공역, 『기독교 선교사』 (서울: 성광문화사, 1985).
30 앞의 책, 15.
31 앞의 책, 22-28.

되는 데 장애가 되는 요인들과 긍정적 영향을 준 요인들을 기술하고 있다.

나) 닐의 세계 선교 역사관에 대한 비판

스티븐 닐이 세계 선교 역사의 방향을 세계 기독교로의 전환이라고 바르게 제시하였지만, 서구 기독교 중심의 섭리 사관에 갇힌 그의 역사 방법론이 그의 선교 기술 목적을 이루는 데 방해가 되었다고 비판한 학자는 라민 싸네였다.[32] 스티븐 닐이 "이 위대한 세계적인 기독교 국가, 지난 두 세기 반의 기독교 선교 사역의 결과"라 부른 것은 윌리엄 템플의 말을 빌리자면, "우리 시대의 위대한 새로운 사실"이 되었다. 그런 다음 닐은 정확히 다음과 같이 묻는다, "중동의 종교가 유럽의 지배적인 종교가 됨으로써 특징이 급진적으로 변화되고, 지리적 한계와 서양문명의 한계로부터 점차 벗어나서 보편종교가 됨으로써 이제 다시 그 특성을 변화시키고 있는 것은 어떻게 그렇게 된 것인가?"[33] 이렇게 중요한 질문에 대해 닐은 제대로 답변하는 데 실패했다. 그 이유는 그가 여전히 서양의 궤도와 서구 문화적 중심 안에 굳게 서 있기 때문이다. 그의 책은 유럽의 관점을 유지하고 있다. 스티븐 닐에게 기독교 이야기는 유럽 선교사들의 이야기이며, 현지 주민들 속에서 그들의 업적과 영웅적 행위에 관한 이야기들이다. 유럽 중심적 기독교를 버리면서 형성된 세계종교로서의 기독교라는 닐의 선교 역사 기술의 지향점과 그가 채택한 유럽 중심적 역사 기록 접근 방식 사이에는 이처럼 큰 괴리가 있다.[34]

---

32 Lamin Sanneh, "World Christianity and The New Historiography: History and Global Interactions," in Wilbert R. Shenk (ed.), *Enlarging The Story: Perspectives on Writing World Christian History* (Maryknoll: Orbis Books, 2002), 94-114.

33 앞의 책, 95.

34 앞의 책, 97.

2) 새로운 선교 역사의 기술 목적: 세계 기독교의 형성

(1) 데이나 L. 로버트의 『기독교 선교: 기독교가 어떻게 세계종교가 되었는가?』[35]

가) 데이나 L. 로버트의 선교 역사 기술 목적

데이나 L. 로버트는 기독교 세계 선교 역사가 기독교를 지리적 범위, 문화적 다양성, 조직의 다양성 측면에서 다문화적이고, 전 지구적으로 존재하는 세계종교임을 보여준다고 했다.[36] 이 책의 분석 틀은 대체로 서구 로마가톨릭과 개신교 전통에 설정되지만, 이 책의 전제는 기독교가 다문화 종교라는 점이다.[37] 세계종교로서 기독교는 전 지구적, 보편적인 측면과 지역적, 개인적인 측면 사이의 교차점에서 번창한다.[38] 소수의 유대인 제자로부터 다문화적 선교적 공동체로의 전환이 기독교가 세계에서 가장 큰 종교가 되는 출발점이었다.[39] 이런 전환은 유대인 기독교 공동체가 이방인 기독교 공동체에 대한 주도권을 상실할 위기를 초래했다. 타문화권에 복음을 전파할 때마다 문화적 차이를 초월할 수 있는 종교를 만든 것이 기독교가 세계종교가 되는 열쇠였다. 그러나 동시에 복음이 타문화권에 전파될 때마다 동일하게 유지될 것과 변화가 가능한 것이 무엇인지를 식별하는 문제가 제기되었다.[40]

나) 기독교 선교를 통한 세계종교 되기

데이나 L. 로버트는 2000년 기독교 선교 역사를 지역 언어로 번역된 성서와 자발적 선교 운동과 전 지구적 네트워킹을 통해 기독교가 서구 기독교 세계(Christendom)로부터

---

35 Dana L. Robert, *Christian Mission: How Christianity Became a World Religion* (Chichester: Wiley-Blackwell, 2009).

36 앞의 책, 1.

37 앞의 책, 2-3.

38 앞의 책, 9.

39 앞의 책, 12.

40 앞의 책, 14.

해방되어 세계종교가 되는 과정으로 보았다. 기독교 선교 역사에서 가톨릭 유럽의 탄생 (400~1400)과 중세 기독교는 서구 기독교 세계의 수립과 성장을, 스페인과 포르투갈에 의한 신대륙으로의 선교는 기독교 세계의 확장을 의미한다.[41]

데이나 L. 로버트는 기독교가 세계종교가 되도록 선교 과정에서 동원된 자원과 주체가 첫째, 지역 언어와 자원자들이라 했다. 지역 언어로 성서가 번역되었다. 지역 언어로 번역된 책을 출판하고 책을 읽는 것은 군주와 교황의 지배체제 중심의 세계관과 공용어인 라틴어와 중세 교회 권위에 대한 도전으로 여겼다. 지역 언어로 번역된 성서 보급과 더불어 독해력을 통한 개인의 자의식의 발전은 근대 선교의 문을 열었다.[42] 로마가톨릭 선교의 재활성화는 예수회에서 비롯되었다. 로버트는 그 비결을 이냐시오 로욜라의 영성 수련이라 했다. 선교사로서 예수회의 중요성은 적응/토착화였다.[43] 그리고 개신교 선교의 출발이다. 덴마크 할레선교회는 종교개혁의 이상인 지역화를 비서구 문화에 전파했고, 개신교 선교의 패턴을 확립했다.[44]

둘째, 자발주의와 개신교 선교이다. 개신교 선교는 신자들이 지배자의 종교를 따라야 한다는 가정을 거부하고 개인이 자신의 신앙을 선택하는 자유를 지녔다는 생각과 교황이나 군주가 아니라 교인 대중으로부터 후원을 받는 선교회의 조직이라는 새로운 모델에 기인했다. 자발적 선교회의 조직은 일반 교인들이 자신과 같은 교인을 먼 곳에 선교사로 파송하여 성서를 번역하고, 교회와 학교를 세우고, 사람들의 삶을 개선하고, 예수를 따름으로 구원 얻음을 확신하고, 선교 재정을 후원하는 데 기초한다.[45] 19세기 개신교 선교 활동에서 전도자, 교리교사, 전도부인 등 현지인 사역자들은 서구 선교사들보다 훨씬 더 많았고, 복음 전파에서 핵심적이었다.[46]

셋째, 민족들을 위한 전 지구적 네트워킹이다. 첫째, 1910년에 열린 에딘버러세계선교

---

41 앞의 책, 18-30.
42 앞의 책, 31-32.
43 앞의 책, 37-40.
44 앞의 책, 42-44.
45 앞의 책, 44-48.
46 앞의 책, 48-52.

대회와 같은 전 지구적 네트워크의 성장이다. 이 대회는 기독교의 미래를 유럽의 종교가 아니라 세계종교라고 예견했다.[47] 둘째, 기독교의 지구적 네트워크는 국제적 자각에 기인한다. 에딘버러세계선교대회는 영적 각성 운동의 열매였다. 아프리카에서는 식민주의와 선교사의 온정주의에도 불구하고 아프리카 방식의 기독교가 지속적으로 성장했다.[48] 셋째, 제2차 세계대전 이후 서구 대학생들은 국가들의 지구적 공동체가 평화롭게 살기 위해서 협동해야 한다는 국제주의를 수용했다. 이제 선교회는 인종 간 관계 형성과 봉사를 목적으로 하는 세계적인 우정 집단으로 전환했다. 세계종교로서의 기독교의 이면에 있는 중요한 생각은 기독교가 비서구 문화적 용어로 표현되어야 한다는 기대였다.[49] 넷째, 후기식민주의의 기독교 선교에 대한 거부이다. 식민주의 종식과 함께 선교를 타종교에 대한 서구의 강요라며 과거 식민지 국가들이 선교를 거부하기 시작했다. 새로운 정부는 학교와 병원을 포함한 선교 기관을 몰수했다. 소련에서의 정교회 박해, 중국과 쿠바에서의 선교사 추방 등, 1960년대까지 기독교는 전 세계에서 성장하기보다는 붕괴되는 것 같았다.[50] 다섯째, 아프리카, 아시아, 라틴 아메리카에서의 선교이다. 21세기 관점에서 볼 때 세속주의와 반식민주의 세력으로 인한 기독교의 후퇴는 세계 기독교의 종말이 아니라 유럽 기독교 세계의 죽음이었다. 기독교 선교 역사에서 20세기 중반에 가장 중요한 이야기는 아프리카, 아시아, 라틴 아메리카에서의 기독교의 성장이었다. 20세기 말 선교 구조의 가장 중요한 발전은 선교 운동의 종말이 아니라 선교 운동이 다문화적, 다면적인 네트워크로 전환한 것이다.[51] 21세기 기독교는 역사상 그 어느 때보다 문화적으로 다양하다. 1910년 에딘버러 세계선교대회 이후 한 세기가 지나 기독교는 세계종교가 되었다.[52]

마지막으로, 데이나 L. 로버트는 세계 선교에서 여성의 역할에 주목했다. 이는 세계 기독교인 중 여성이 다수이며, 기독교 선교 역사를 여성 선교 운동으로 볼 때 세계 선교에서

---

47 앞의 책, 54-56.
48 앞의 책, 60-64.
49 앞의 책, 65-67.
50 앞의 책, 67-68.
51 앞의 책, 69-73.
52 앞의 책, 77-79.

여성의 역할을 주목해야 하기 때문이다. 첫째, 초대교회에서 여성의 선교적 역할은 과부와 독신 여성 등 성 중립성에 의해 가능했다. 둘째, 근대 개신교 선교에서 여성 선교사는 모성애로 선교 사역을 감당했다. 셋째, 현대 선교에서 여성 선교사의 역할은 여성의 복지와 사회변화를 목적으로 사역했다.

(2) 라민 싸네의 『기독교는 누구의 종교인가?: 서구를 넘어선 복음』[53]

가) 기독교 세계(Christendom)로부터 세계 기독교로: 세계 기독교의 발효, 갱신, 다원주의

　　기독교의 발효는 기독교인이 아닌 사람 중에서 기독교 공동체가 자연스럽게 생성됨을 의미하며, 기독교의 갱신은 기독교의 사랑, 화해, 정의, 책임 등의 윤리에 대한 반응으로서 지역 언어와 오래된 관습과 전통을 갱신하는 것을 가리킨다. 세계 기독교는 글로벌 기독교와 다르다. 세계 기독교는 유럽 계몽주의 체제에 근거한 하나의 기독교가 아니라 다양한 현지 언어를 기반으로 복음에 토착적으로 반응하는 다양한 기독교들이다. 글로벌 기독교는 유럽에서 발전된 기독교 형태를 비서구 교회들이 복제한 기독교를 가리킨다. 기독교 세계(Christendom)는 교회가 국가의 소유가 되며, 정치적 강제에 의해 신앙을 고백하던 중세 기독교의 제국주의적 국면을 가리킨다. 글로벌 기독교와 기독교 세계는 동일하다. 서구 기독교 세계로부터 세계 기독교로의 전환의 첫째 요소는 복음 수용의 도구로서 지역 언어를 발전시킨 것이다. 서구 기독교 세계로부터 세계 기독교로의 전환의 둘째 요소는 현지 사역자들이다. 지역의 선구적 지도자들은 선교사에게 도전하며, 기독교와 사회를 위한 현지어의 발전 방향을 결정한다.[54] 세계 기독교의 성장과 갱신의 장점은 교회가 성장하고 교인이 증가하고 갈등과 절망 속에서 희망의 공동체가 생겨난 점이다. 그 단점은 거짓 예언자가 나타나고 교회가 분열하고 인종적으로 갈등하며, 정치적 타락이 나타난다.[55]

---

53 Lamin Sanneh, *Whose Religion is Christianity?: The Gospel beyond the West* (Grand Rapids, Cambridge: William B. Eerdmans Publishing Company, 2003).

54 앞의 책, 22-25.

기독교가 확장되면서 기독교 성장의 축이 다른 대륙으로 이동한다는 역사적 사실을, 서구 기독교 세계로부터 세계 기독교로의 전환을 어떻게 이해해야 하는가? 첫째, 세계 기독교는 다양한 지역 언어와 기독교적 실천의 다양성과 함께 다양한 문화화 모델에 의해 해석되어야 한다. 그러나 기독교 세계는 하나의 신앙의 본질과 그에 상응하는 지구적 정치 구조를 찾는 경향이 있다. 비서구 기독교인들은 기독교를 서구 기독교 세계 모델에 따라 해석하는 경향이 있다. 서구 기독교인들은 죄의식으로 인해 비서구 교회에서 일어나는 사건을 제대로 이해하지 못한다.[56] 둘째, 기독교의 확장은 교리적 불일치와 성서를 협소하게 주석하는 교파의 확장이 아니라 특정 언어, 문화, 관습을 통해 하나님께서 역사 안에 살아계신다는 역사의식이 성장하는 것이다. 복음의 씨앗은 예상치 못한 풍성한 확장뿐 아니라 지역 교회들에 부여된 역할의 질적 변화를 초래했다.[57]

셋째, 기독교 인구통계에 의하면 아프리카는 기독교 대륙이지만 대부분의 기독교인들에게는 생소한 사실이다. 기독교는 본래부터 상호문화적 과정으로서 전진과 후퇴의 연속이라는 특징을 지녔다.[58] 넷째, 아프리카와 기독교의 최근 신학적 만남으로부터 유럽인들은 그런 신학적 전위로부터 많은 통찰을 얻을 수 있고, 19세기와 20세기에 복음이 아프리카 종교와 사회들을 만났을 때 문화적 변형의 새 단계에 들어갔다는 사실을 배울 수 있다. 기독교는 세속주의로 인해 영향력을 많이 상실했지만, 교회를 갱신할 새로운 에너지를 지닌 세계종교이다.[59] 다섯째, 서구인들이 세계 기독교로부터 배울 점은 기독교가 유럽의 식민주의로부터 살아남았고, 서구 선교사들 때문에 그리고 서구 선교사들에도 불구하고, 비서구인들 사이에서 기독교가 오늘날 번창하고 있다는 사실을 받아들임으로써 서구인들은 죄책감을 극복해야 한다는 점이다. 그리고 서구 기독교인들은 세계 기독교에서 진행되는 다원주의와 다양성의 실험으로부터 배워야 한다. 미국 신학과 미국 교회는 이주민과 이주민 교회가 제기하는 교훈, 이주민 교회의 새로운 종교 생활 방식과 목회 사역 등을

---

55 앞의 책, 32.
56 앞의 책, 35.
57 앞의 책, 72.
58 앞의 책, 36-38.
59 앞의 책, 57-58.

배우도록 이주민 교회와 대화해야 한다.[60]

나) 번역으로서의 선교(Translating the Message)[61]

이 책은 기독교를 성서나 교리체계로 보기보다는 종교적 운동으로, 지역어의 번역 운동으로 가정하고, 문화를 새로운 종교의 팽창의 자연스러운 연장으로 본다. 이 책의 방법론은 번역 가능성을 종교적 주제로 묘사하기 위해서 신학적이고 역사적인 방법을 결합시켰다. 이 책의 논제에 대한 증거를 관련된 역사적 사료에서 증명하려 한다.[62] 이 책의 중심 주제는 기독교가 그 기원에서부터 아람어와 히브리어를 번역할 필요성을 느끼고, 번역의 필요성을 선교와 동일시했으며, 그런 입장에 서서 기독교의 역사 발전에서 이원적 힘을, 한편으로는 기독교의 유대적 기원을 상대화하려는 힘과 다른 한편으로는 이방 문화의 오명을 제거하고 이방 문화를 새로운 종교적 삶의 자연적 확장으로 보는 힘을 행사했다는 것이다.[63] 초대 교회가 유대교로부터 받은 유산은 율법과 회당이었다. 오순절의 여러 언어는 하나님의 구속 계획 아래 모든 문화를 받아들였다는 것을 확인시켜 준다. 유대인과 이방인이 하나님 앞에서 동등하다는 입장을 강화시킨다. 이방 세계의 돌파는 교회 선교 확장의 근거가 된다. 바울의 이방인 선교는 하나님께서 어떤 특정한 문화를 절대시하지 않는다는 것이고, 모든 문화가 하나님의 숨결을 의지하기에 모든 열등감과 오명을 정화시킨다는 것이다. 바울의 입장은 급진적 다원주의로 간주할 수 있다.[64] 여기서 급진적이라 함은 하나님의 말씀이 지역어의 형태를 취한다고 가정하는 것을 말하고, 다원주의는 구속의 계획에 있어서 어떠한 언어의 배타적인 주장을 부정한다는 점을 가리킨다.[65] 그래서 역사가들은 기독교가 발생 지역에서는 주변적인 종교가 되었으나 그 끊임없는 번역 가능성으로 인해 유일한 세계종교가 되었다는 사실에 직면한다.[66]

---

60 앞의 책, 74-76.

61 라민 싸네/전재옥 옮김, 『선교신학의 이해』(서울: 대한기독교서회, 1993).

62 앞의 책, 15-16.

63 앞의 책, 7.

64 앞의 책, 74-75.

65 앞의 책, 298.

번역으로서의 선교를 신학적 측면에서 싸네는 하나님의 선교로 해석한다. 서구 선교사들은 선교 사역의 활성화를 위해 성서를 지역 언어로 번역했다. 선교사들은 선교지에 세워지는 교회가 서구 교회의 문화적, 신학적 영향 아래 있을 것으로 기대했다. 그렇지만 지역 언어로 성서를 읽는 현지인들과 현지 사역자들은 언어적, 문화적 자긍심과 더불어 민족적 긍지를 회복하면서 종교적 부흥과 문화적 갱신이 일어났다. 이 과정에서 선교사의 역할은 외부 대리인 정도로 최소화되었다. 서구 선교사들은 하나님께서 자신들보다 앞서 계셨으며, 아프리카인들이 하나님의 섭리 안에서 심오한 신앙을 지니고 있다는 증거를 찾아냈을 때 기뻐하지 않았다. 이런 반응에 놀란 아프리카인들은 성서를 진지하게 읽으면서 유럽 문화가 주도하는 선교는 성서로부터의 엄청난 배신이라는 확신을 갖게 되었고, 선교사들의 태도를 성서에 비춰 끊임없이 평가해야 한다고 주장했다.[67]

(3) 앤드루 F. 월즈

앤드루 F. 월즈는 옛 세계 선교 역사의 기술 목적을 기독교 세계의 확장이라 보는 반면에, 새로운 세계 선교 역사 기술 목적을 기독교 세계로부터 세계 기독교/다원적 기독교로의 전환으로 보았다.

가) 기독교 세계로부터 세계 기독교로/다원적 기독교로[68]
서구 기독교가 기독교를 서구 문화로 길들이는 것이 너무 완벽하고 성공적이어서 기독교 신앙은 유럽적 사고와 생활 방식으로부터 분리될 수 없는 것처럼 보인다. 그러나 서구의 탈기독교화와 아프리카의 기독교화, 아시아의 기독교화에서 보는 것처럼 기독교 인구학의 전환이 두드러졌다.[69] 서구 기독교는 선교 운동을 통해 이방 종교와 만날 때, 신생 기독교

---

66 앞의 책, 12.

67 앞의 책, 236-238.

68 Andrew F. Walls, *The Cross-Cultural Process in Christian History* (Maryknoll: Orbis Books, 2002), 49-71.

69 앞의 책, 49-58.

와 만날 때 자신을 바르게 이해하게 된다. 라투렛은 19세기가 가장 위대한 선교의 세기라고 했지만, 월즈는 20세기가 선교의 세기라고 했다. 양적 성장의 측면에서 본다면, 3번째 천년대의 기독교에서 서구 기독교의 중요성은 갈수록 줄어들고 있고, 아프리카, 아시아, 라틴 아메리카 기독교의 중요성이 커지고 있다. 아프리카 기독교의 성장은 선교사의 공헌을 무시할 수 없지만 실질적으로는 아프리카 기독교인들에 의해 이뤄졌다. 제1차 세계대전 이후 선교사들이 상당수 철수했다. 가나와 말라위에서는 선교사가 철수한 다음에 교회가 아프리카인들에 의해 성장했다. 1961년에 미얀마에서는 선교사들이 추방당한 이후 기독교 신자가 세 배로 증가했다. 1952년 중국에서 선교사가 추방된 이후 중국 기독교인이 급증했다. 이와 같은 제3세계 기독교의 성장에서는 평신도와 여성의 역할이 중요하다.[70]

나) 선교와 문화

월즈는 교회(선교) 역사가 성서에서 비롯되는 상반된 두 원칙, 토착화 원칙과 순례자 원칙의 투쟁의 장이라 했다. 복음의 핵심은 그리스도의 사역에 의거해서 하나님께서 우리를 있는 그대로 받아들이신다는 점이다. 그런데 인간은 자립적인 존재가 아니라 문화에 의해, 사회적 관계에 의해서 조건 지워진다. 개인을 사회나 사회적 관계로부터 분리시킬 수 없다는 것은 교회(선교) 역사에서 그리스도인으로 살되 자신을 사회의 일원으로, 사회에 토착화되어야 함을 의미한다. 초대교회에서 율법이나 할례를 행하지 않는 이방인을 교회에 받아들인 것은 예루살렘 공의회의 결정(행 15장)에 기인했다. 기독교인 중 그 어떤 집단도 그리스도의 이름으로 특정 시기와 장소에서 결정된 삶의 방식을 다른 기독교 집단에 강요할 권리가 없다. 이러한 토착화 원칙과 긴장 관계에 있는 것이 순례자 원칙이다. 하나님께서 사람들을 그리스도 안에서 있는 그대로 받으시는 것처럼, 하나님께서는 그들을 원하시는 대로 변형시키기 위해 그들을 인도하신다. 순례자 원칙은 그들로 하여금 그리스도에게 충성하기 위해서는 자신의 사회와 조화를 이루지 못하게 되도록 경고한다. 토착화 원칙이 기독교인들을 자신의 문화와 집단의 특수한 것들과 연합하게 하는 것처럼, 순례자 원칙은

---

70 앞의 책, 60-65.

자신의 문화와 집단의 외부에 있는 사람들이나 사물과 연합하게 하는 일종의 보편화시키는 요소이다.[71] 그러면 기독교 신학의 미래는 토착화 원칙과 순례자 원칙 사이의 긴장과 어떤 관련이 있는가? 기독교의 무게중심이 남반부로 이동한 만큼 제3세계 신학이 기독교 신학을 대표하는 것으로 보아야 할 것이다. 현재의 경향으로 볼 때 유럽 기독교 신학은 앞으로 역사에 관심을 갖는 전문가들의 관심사가 될지 모른다.[72]

다) 기독교 역사에서 번역 원칙[73]

기독교 신앙은 "말씀이 육신이 되어 우리 가운데 거하시매"(요 1:14)라는 말씀처럼 하나님의 번역 행동에 의존한다. 성서 번역의 역사가 존재하는 것은 말씀이 육신으로 번역되었기 때문이다. 기독교와 이슬람교의 관계에 대한 흔한 오해는 성서와 코란이 각각 신앙에서 유사한 지위를 갖는 것으로 보는 것이다. 기독교에서 코란에 유사한 것은 성서가 아니라 그리스도이다. 그리스도와 코란은 각각 하나님의 영원한 말씀이기 때문이다. 즉, 그리스도는 번역된 말씀이다. 그러나 코란과 달리 성서는 불확정적인 측면이 있어 지속적으로 번역될 수 있고 번역되어야 한다. 성육신은 번역이다. 그리스도는 하나님의 번역된 말씀으로, 팔레스타인 유대 언어로부터 재번역 된다. 하나님께서 인간 속에 말씀을 번역하신 첫째 번역 행동이 계속해서 새로운 번역을 가능하게 한다. 기독교의 다양성은 성육신의 필연적 산물이다.[74]

라) 기독교 선교 역사를 재인식하고 새롭게 보기[75]

앤드루 F. 월즈는 기독교 선교 역사의 결과를 세계 기독교/다원적 기독교로 보는 만큼

---

71 Andrew F. Walls, *The Missionary Movement in Christian History: Studies in the Transmission of Faith* (Maryknoll: Orbis Books, 1996), 7-9.

72 앞의 책, 9-15.

73 앞의 책, 26-42.

74 앞의 책, 26-28.

75 Andrew F. Walls, "Eusebius Tries Again: The Task of Reconceiving and Re-visiting the Study of Christian History," in Wilbert R. Shenk (ed.), *Enlarging The Story: Perspectives on Writing World Christian History* (Maryknoll: Orbis Books, 2002), 1-21.

세계 기독교/다원적 기독교의 관점에서 세계 선교 역사를 다시 인식하고, 그런 인식이 주는 새로운 비전을 가져야 한다고 주장했다. 세계 선교 역사를 재인식하는 두 가지 과제가 있다.[76] 재인식의 첫째 과제는 선교 역사, 교회 역사 자료에 대한 재인식이다. 초대교회의 역사를 남반부 교회, 제3세계 교회의 산 경험으로부터 다시 읽어가야 할 과제이다. 이는 기존 접근 방식의 위험 때문이다. 즉, 기존 선교 역사의 접근 방식은 서구 교회 중심성, 세계의 중심이 서구라는 지정학적 편견, 라틴 교회 중심으로, 하나님의 백성의 구원 역사 전체보다는 특정 민족의 구원역사를 다루기 때문이다. 아프리카의 선교 역사나 아시아 선교 역사는 서구 기독교 선교 역사의 부록이나 별도로 처리되면서 전체 역사에 통합되지 않았다. 재인식의 둘째 과제는 신학교 강의안에 대한 재인식이다. 만약 세계 기독교가 비서구 중심적이라면, 서구 기독교 역사가 비서구 신학교의 강의안에서 지배적 위치를 차지하는 것은 문제이다. 아시아 기독교는 서구 선교회가 선교사를 보내기 이전 약 1500년 동안 기독교 역사를 지니지 않았는가? 왜 서구는 아시아에 선교를 하면서 기독교가 전혀 전파되지 않았던 것처럼 선교 역사를 기록했을까? 서구 기독교 역사야말로 유럽 부족의 역사('European clan history')이다.

세계 선교 역사를 새롭게 바라보아야 한다.[77] 선교 역사를 바라보는 이전 방식의 관점은 선교 역사에서 중요한 일은 지중해, 서구에서 다 일어났으며, 나머지 지역에서 일어나는 일은 거기에 영향을 줄 수 없다는 시각이다. 그러나 어떤 기독교 역사도 오대양 육대주에 퍼진 세계 기독교의 일부분일 뿐이라는 의식이 우리가 지녀야 할 첫째 새로운 비전이다. 우리가 지녀야 할 둘째 새로운 비전은 기독교 연구를 종교 역사라는 맥락에 설정하는 것이다. 타종교는 기독교의 하부구조를 형성한다. 기독교 연구는 기독교 이전에 존재하던 종교에 대한 연구를 진지하게 해야 한다.[78] 우리가 지녀야 할 셋째 비전은 전체 기독교에 대한 시각을 갖는 것이다. 기독교는 일방적 팽창의 과정이 아니라 라투렛의 표현처럼 전진과 후퇴(advance and recession)의 반복, 또는 연속적 과정이다. 기독교 선교 역사에서 어느

76 앞의 책, 4-15.
77 앞의 책, 15-21.
78 Andrew F. Walls, *The Cross-Cultural Process in Christian History*, 116-135를 참조.

한 지역이나 문화가 기독교 신앙을 독점하거나 지배할 수 없다. 기독교 역사는 중심부가 시들어 가고, 변방이 새롭게 수립되는 경향을 보인다. 기독교는 그 중심에 연약성, 깨지기 쉬움, 십자가의 연약함을 지니고 있다. 그러나 연속적인 타문화와 만남은 하나님과 성경에 대한 이해를 확장시킨다. 사도행전 15장에 등장하는 예루살렘 공의회는 초대교회가 이방인의 개종 모델을 포기하고, 회심을 강조함을 보여준다. 앞서 말한 것처럼 개종은 자기 문화, 종교를 다 버림으로써 자기 문화와 종교에 영향을 줄 수 없다. 반면에 회심은 문화적, 종교적 패턴이나 내용을 바꿔내는 것이 중요한 과제이다.

3) 결론

첫째, 기존 세계 선교 역사 기술 목적은 유럽 중심적인 국지적 역사를 벗어나지 못했다. 서구 교회 중심적이고, 교리 중심적이고, 서구 중심적인 세계 선교 역사 기술에서 가장 중요한 장은 종교개혁을 다루는 장이다. 둘째, 라투렛식 세계 선교 역사 기술 목적은 서구 기독교의 확장을 다루는 것으로 19세기가 가장 중요한 장이다. 라투렛은 서구 기독교의 일방적 확장을 말하지 않았고, 전파된 기독교가 사회에 준 영향뿐 아니라 주변 사회가 기독교에 준 영향에도 주목했다. 그래서 라투렛은 확장된 기독교의 다양성을 말하면서도 예수 그리스도의 중심에서 일치를 찾았다. 그는 기독교의 확장이 전진과 후퇴의 반복이라 했다. 그러나 그의 기독교 확장사에서 가장 중요한 시기는 비서구 세계로 기독교가 전파된 19세기였다. 그의 선교 역사 기술의 문제는 서구 선교사에 의존한 사료의 한계뿐 아니라 현지 토착인의 역할과 문화적 적용성의 원칙을 무시한 서구적 틀 그리고 기독교 선교 역사를 중심인 서구 기독교로부터 변방인 비서구 지역으로의 확장이라는 메트로폴리탄적 자세였다. 폴 E. 피어슨은 세계 선교 역사 기술 목적이 기독교의 정체성 이해, 기독교에 대한 포괄적 안목, 하나님께서 역사 속에서 어떻게 일하실지를 분별하는 역사적 통찰력, 새로운 사건에 대한 개방적 태도 등이라 했다. 그는 주로 기독교가 누구에 의해 어떻게 전파되었는가를 기술했다. 피어슨은 비서구 교회가 기독교의 다수를 차지한다고 언급했다. 그렇지만 이에 대한 신학적, 역사적 성찰을 하지 않음으로써 그의 세계 선교 역사 기술은 여전히 서구 중심적인 것을 보여준다. 스티븐 닐은 세계 선교 역사 기술 목적이 기독교가 세계종교가 되는 것을 보여준다는 관점은 제시했지만, 그의 세계 선교 역사 기술 방법이 서구 문화적 중심에 고정되었기 때문에 그 목적을 이루지 못했다. 스티븐 닐은 세계 선교 역사 기술이 기독교 세계로부터 세계 기독교로의 전환임을 인식하고 있었지만, 유럽 중심적 방법론 때문에 그 목적을 이루지 못한 과도기적 선교 역사가였다.

셋째, 데이나 L. 로버트, 라민 싸네, 앤드루 F. 월즈는 세계 선교 역사 기술 목적이 기독교 세계로부터 세계 기독교/다원적 기독교로의 전환을 보여주는 것이라고 했다. 로버트는 기독교 세계 선교 역사가 기독교를 지리적으로, 문화적으로, 조직적으로 다문화적이고, 전 지구적으로 존재하는 세계종교임을 보여주는 것이라 했다. 로버트는 이러한 전환의 요인을 지역어로 번역된 성서, 자발적 선교 운동과 전 지구적 네트워킹으로 제시했다. 특히 기독교 인구에서 여성이 다수이기 때문에 로버트는 여성 선교 운동으로써의 세계 선교를 보면서 여성의 역할에 주목했다. 라민 싸네는 전환의 주요 요소로 지역어로 성서를 번역하고 지역어를 발전시킨 것, 현지 사역자들로 청년과 여성의 역할에 주목했고, 20세기 아프리카 교회가 가장 성장하는 교회가 된 것이 아프리카 교회가 선교의 주체가 되었기 때문이라 했다. 그는 번역으로서의 선교를 통해 역사적으로 실증적 사례들을 제시했을 뿐 아니라 신학적으로 하나님의 선교에서 번역으로서의 선교를 다뤘다. 비록 선교사가 주도권을 갖고 성서를 현지어로 번역하지만, 현지인들이 번역된 성서를 읽기 시작하면 지역어와 지역 문화에 대한 긍지를 갖게 되면서 기독교인으로서의 자긍심뿐 아니라 민족적 정체성을 갖게 되고 종교적 부흥 운동과 교회갱신 운동 그리고 민족주의 운동이 발전한다. 이런 과정에서 선교사의 역할이 제한되고, 번역된 성서로 인해 서구 문화의 영향은 제한적이 된다. 성서 번역에서 비롯된 급진적 다원주의는 예루살렘 공의회의 결정(행 15장)과 바울의 선교에 기원을 둔다. 앤드루 F. 월즈는 기독교 세계로부터 세계 기독교/다원적 기독교로의 전환의 관점에서 볼 때 가장 위대한 선교의 세기는 19세기가 아니라 20세기라고 한다. 서구에서 기독교가 쇠퇴하는 데 반해 아프리카, 라틴 아메리카, 아시아에서 기독교가 성장하고 있기 때문이다. 제3세계 기독교의 성장에서 중요한 역할을 한 자들은 평신도와 여성이다. 선교와 문화의 관계에서 그는 토착화 원칙과 순례자 원칙의 긴장 관계를 제시했고, 이것을 기독교 신학의 미래와 연결지어 제3세계 신학의 중요성을 역설했다. 싸네처럼 월즈도 번역 원칙을 중시했지만, 번역을 회심과 연결지으며 그 기원이 성육신에 있다고 보았다. 월즈는 문화의 관점에서 세계 선교 역사를 기술했다. 월즈는 기독교 선교 역사를 재인식할 과제로 선교 역사, 교회 역사 사료를 남반부 교회, 특히 아프리카 교회에서 찾아야 할 것과 서구 중심의 신학교 강의안이 남반부 교회 중심으로 전환되어야 할 것을 제안했다. 세계 선교 역사의 새로운 비전으로는 어떤 기독교 역사도 세계 기독교의 일부분일 뿐이라는 의식을 지녀야 할 것 그리고 기독교 연구를 종교 역사라는 맥락에 설정할 것, 전체 기독교에 대한 시각을 갖는 것으로 제시했다.

월즈식 세계 선교 역사 기술에 대해 공감하는 선교 역사가들이 있다. 윌버트 R. 쉥크는 21세기 선교 역사에서 중요한 세 차원 중 한 가지를 유럽 중심적 교회로부터 다원적 교회로의 전환을 제시했다.[79] 버너 우스토프는 1992년에 『기독교화된 아프리카 - 탈기독교화된 유럽?』[80]을 출간했다. 우스토프의 책 제목에서 물음표였던 주장은 이제 사실로 확정되었다. 문제는 그런 전환된 사실 위에 신학을 하고, 목회를 하고, 선교를 하는지에 대한 질문을 우리 스스로에게 던질 차례이다.

5. 부산국제선교회 40년 선교 역사의 기술 목적

부산국제선교회가 40년의 선교 역사를 기술하는 목적은 첫째, 부산국제선교회 40년 동안의 역사를 기록함으로써 회원 교회와 회원들이 40년 역사에 대해 공동의 기억을 갖게 하고자 한다. 한 인간의 정체성에도 기억이 중요하고, 가족은 과거에 대한 기억을 공유하는 혈연 공동체이다. 이처럼 기억은 한 인간이나 공동체에게 정체성의 핵심을 이룬다. 부산국제선교회도 40년의 역사에 대한 공동의 기억을 통해 선교회로서의 정체성을 확인하고자

---

79 Wilbert R. Shenk, "Introduction," in Wilbert R. Shenk (ed.), *Enlarging the Story*, xi-xiii.
80 Werner Ustorf, *Christianized Africa- De-Christianized Europe?: Missionary Inquiries into the Polycentric Epoch of Christian History* (Hamburg: Verlag an der Lottbek, 1992).

한다. 둘째, 부산국제선교회가 걸어온 40년을 되돌아봄으로써 부산국제선교회가 세계 선교에 기여한 점을 확인하고, 부산국제선교회가 극복해야 할 과제나 문제점을 규명함으로써 40년 동안의 선교 역사 중 앞으로도 이어갈 소중한 유산은 무엇이고, 각 선교 현장으로부터 얻는 교훈은 무엇이며, 앞으로 극복할 과제나 개선할 문제에 대해 성찰하고자 한다. 셋째, 『부산국제선교회의 40년사』는 부산국제선교회의 선교 역사에 나타난 문제점이나 극복할 과제들에 대해 부산국제선교회가 선교정책협의회를 통해 심도 있게 토론하고 재발 방지를 위한 제도적 장치를 만들고, 인선 기준이나 재정 원칙을 조정하고, 향후 40년을 위한 선교 정책을 수립하는 데 도움이 되도록 하고자 기록되었다. 넷째, 『부산국제선교회의 40년사』는 선교 현장에서 일어나는 실수, 과오, 문제점을 보다 선교신학적으로 성찰하고 대안을 찾는 것을 돕기 위해서 다양한 선교신학적 대안을 필요한 대목에서 제시했다. '에큐메니칼 협력 선교', '선교와 디아코니아', '나그네 선교', '나그네 교회론', '소수자 선교'를 소개하고자 했다. 이런 선교신학적 대안은 선교정책협의회나 선교 세미나에서 다룰 수 있을 것이다. 다섯째, 『부산국제선교회의 40년사』는 국가별로 진행되었던 부산국제선교회의 선교를 소개하고, 부산국제선교회의 국가별 선교에 대해 성찰하기 위해서 현지의 한국인 선교사의 활동뿐 아니라 현지 교회, 기독교와 신학교의 현황, 현지 신학자의 선교 이해나 신학을 개괄적으로 소개한 후 부산국제선교회의 선교 활동의 장단점을 규명하고, 교훈이나 선교적 문제점이나 과제를 제시하고자 했다. 즉, 부산국제선교회의 선교 활동을 한국 선교사의 활동이라는 맥락과 현지 교회의 지도자들이나 신학자들의 선교적·신학적 고민이라는 큰 틀에서 성찰하고자 하였다. 여섯째, 『부산국제선교회의 40년사』는 한국 기독교의 세계 선교에 대한 성찰 속에서 향후 부산국제선교회의 선교적 전망을 제시하고 있다.

6. 부산국제선교회의 역사 사료와 『부산국제선교회 40년사』의 한계

1) 부산국제선교회의 역사 사료

1차 사료는 부산국제선교회의 선교보고서와 월례회 보고서, 「선교사통신」 등이다. 1차 자료를 보완하는 자료가 부산국제선교회의 임원과 선교사와의 인터뷰, 한숭인 선교사의 책, 당시 부산국제선교회가 파송했던 선교사와 동역했던 선교사, 비엔나한인교회의 교인 인터뷰, 회원들의 간증집인 『여권 잃어버렸어요』, 신동혁 목사의 책 등이다. 2차 자료는 선교지 관련 한국 선교사의 선교대회 보고서, 비엔나한인교회 관련 논문, 현지 신학자의 논문이나 책, 아시아 선교 관련 서적 등이다. 1차 사료의 한계는 선교 관련 사실에 대해 중복 확인할 수 있는 사료가 제한되어 거의 부산국제선교회의 보고서에 의존할 수밖에 없었던 점과 1차 사료인 부산국제선교회의 보고서와 선교사의 보고와 차이 등이다. 인도네 시아 한숭인 선교사와는 연락이 되지 않아, 인터뷰를 할 수 없었다. III부는 선교 자료의 근거를 제시했기 때문에 II부는 필요한 경우에만 근거를 제시했다. III부 5장 중국 선교와 II부에서 중국 선교를 다룬 부분은 보안상 교회 명칭이나 개인의 이름을 영문 이니셜로 표기하도록 한다. 역사 사료는 부록에서 제시한다.

2) 『부산국제선교회 40년사』의 기술의 한계

우선 역사 사료의 한계이다. 『부산국제선교회 40년사』의 역사 사료는 비교적 잘 보존되어 있다. 일부 유실된 보고서가 있지만 「부산국제선교회의 밤 선교보고서」(3회 이후, 1985)와 「선교사통신」은 거의 보존되어 있고, 월례회도 상당 기간이 보존되어 있는 편이다. 1984년 이전의 '선교보고서'가 없어 초기 역사를 제대로 기술하기 어려웠다. 또 부산국제선 교회의 임원회의 회의록이 없어 주요 결정 사항을 알 수 없고, 일부 결정은 선교보고서를 통해 알 수 있다. 둘째, 부산국제선교회와 선교지의 관계가 단절되어 역사 기술을 제대로 하기 어렵다. 인도네시아 선교지와는 1994년, 오스트리아 선교지(비엔나한인교회)와는

1995년, 중국 선교지와는 2017년에 관계가 단절되었다. 선교 역사 기술을 위해서 인도네시아 선교는 인도네시아 전·현직 선교사들(서정운, 이장호, 신방현, 김창기, 최광수 등)의 도움을 받았고, 오스트리아 선교는 비엔나한인교회의 교인들(금석만 안수집사, 정구용 은퇴 장로, 최차남 은퇴 권사)의 도움을 받았고, 중국 선교는 김승희 장로(전, 현지 선교사)와 관련 자료의 도움을 받아 기술하고 수정했다. 셋째, II부와 III부는 김정광 목사와 편찬위원장 한영수 목사의 검토를 받아 수정했다. 그리고 인도네시아 선교는 서정운 명예총장, 이장호 전 인도네시아 선교사, 신방현 인도네시아 선교사가 검토하고 수정할 부분을 제안해서 필자가 수정했다. 오스트리아 선교는 금석만 안수집사가 검토하고 수정할 부분을 제안해서 필자가 수정했다. 일본 선교는 김병호 선교사가, 미얀마 선교는 곽현섭 선교사가 검토하고 수정을 요청한 것을 필자가 수정했다. 그럼에도 불구하고 이 책의 오류가 있다면 그것은 전적으로 필자에게 책임이 있음을 밝힌다.

제2부

부산국제선교회 선교 역사

(1979~2023)

1. 부산국제선교회의 창립 과정과 구성 및 모임(1965~1979)

1) 한국교회의 세계 선교 역사 및 배경

한국교회의 선교는 1907년 독노회를 조직하면서 7명의 목사 중 이기풍 목사를 제주도 선교사로 파송한 데서 시작되었다. 1912년 조선예수교장로회가 창립총회를 열고 중국에 선교사를 파송하기로 결의하고 3인을 준비위원으로 선정하여 선교 답사를 하게 했다. 조선예수교장로회 총회는 1913년에 3명의 선교사를 중국에 파송했다. 해방 이후 1956년 대한예수교장로회 총회는 최찬영 선교사와 김순일 선교사를 태국 교회의 요청에 따라 파송했다. 이후 한국교회는 대만, 브라질, 인도네시아, 일본 등으로 선교사를 파송했다. 1960년대까지의 해외 선교는 대부분 현지 교회와 연합해서 사역했으나 한국교회의 재정적 지원이 충분하지 않아 많은 어려움을 겪다가 선교사들이 미국이나 캐나다에 정착했다. 1970년대 초에는 김활란이 이끄는 이화여자대학교, 조동진의 국제선교 협력 기구, 강원균의 베트남 선교회 등을 통해 파키스탄, 홍콩, 베트남 등에 30여 명의 선교사를 파송했다. 교단보다는 개교회나 선교 단체가 중심이 되고 일부에서는 선교사를 훈련시켜 파송했다. 1980년대에 들어서서 다시 교단 중심의 해외 선교가 이뤄졌으며, 국제 선교 단체들이 우리나라에 진출해서 선교 광역화에 기여했다. 한국교회의 세계 선교가 활성화된 것은 경제성장과 무역 수지 흑자로 인해서 1989년 해외여행 자유화, 해외 송금 자유화 등의 외적 조건과 한국교회의 성장과 선교 자원의 확대 등 내적 조건이 결합된 1980년대 말 이후이었다.

2) 부산국제선교회의 창립 과정과 첫 선교사 파송(1965~1979)

대한예수교장로회 총회는 1912년 열린 창립총회에서 중국 선교를 결의하고 1913년에 박태로, 사병순, 김영훈 목사를 중국으로 파송했다. 이후에도 지속적으로 중국에 선교사를 파송했다. 1931년에 파송된 방지일 선교사가 중국이 공산화된 이후 추방됨으로써 중국 선교가 종지부를 찍었다. 그런데 1949년 상해에서 대만으로 피난 온 정성원 전도사가 그해

11월에 기륭교회를 설립했고, 1955년 5월에 고흥에 제2교회를 세웠고, 대만의 수도인 대북에 대북장로교회를 1957년 5월 27일에 세웠다. 이처럼 정성원 전도사에 의해서 중단된 중국 선교가 대만에서 이어지면서 총회는 정성원 전도사를 대만 최초의 선교사로 인정하게 되었다. 1967년 10월 계화삼 선교사가 대북장로교회에 부임했으나 얼마 지나지 않아 계화삼 선교사가 브라질로 이민을 갔다. 정성원 선교사는 기륭에 있어서 대북장로교회를 섬기지 못했다. 대북장로교회에 목회자가 없어서 제대로 예배를 드리지 못하자 남성 교인들은 흩어지고 여성 신자들만 모여 기도를 드리고 있었다. 대북장로교회는 대한예수교장로회 총회에 선교사 파송을 요청했으나 현재로서는 보낼 선교사가 없다는 회신을 총회 전도부 총무 이권찬 목사로부터 받았다. 어느 주일에 기륭항에 한국 선박이 기착하고, 그 배의 선장이 대북한인교회를 방문했다. 주일예배도 드리지 못하고 기도하던 세 여성 신자는 그 선장에게 대북장로교회의 사정을 설명하고 부흥회를 인도할 목사를 추천해달라고 요청했다. 선장은 자신의 교회인 영진침례교회의 홍동겸 목사를 추천했다. 홍동겸 목사는 며칠 간 부흥회를 인도하고자 대북장로교회를 방문했다. 그런데 부흥회에 대북교회 교인들과 교민들이 몰리면서 홍동겸 목사에게 한 주일만 더 부흥회를 연장해달라고 요청한 것이 결국 세 주일이 되었다. 교인들은 홍동겸 목사에게 선교사로 올 수 없는가를 물었는데 현실적으로는 불가능하지만, 교인들을 실망시킬 수 없어 기도하자고 답변했다. 홍동겸 목사는 선교사 파송 건에 대해 신동혁 목사를 찾아와서 상의했다. 신동혁 목사는 홍동겸 목사에게 교단 문제보다는 선교사 소명에 대한 확신이 중요하다고 하면서 그런 소명을 받았는지 홍 목사에게 질문했더니 홍 목사는 긍정적으로 답변했다. 이후 총회의 지도로 홍동겸 목사를 평양노회로 입적해서 1968년 11월 20일 동광교회에서 홍동겸 선교사의 파송 예배를 드렸는데 설교를 총회 전도부장 방지일 목사가 맡았다.[1]

부산에서는 신동혁 목사와 고현봉 목사를 중심으로 아가페선교회를 1965년에 조직하여 1968년 11월 창립 예배 겸 선교사 파송 예배를 동광교회에서 드렸다. 아가페선교회는 대만 대북한인교회에 홍동겸 선교사를 1968년 12월에 파송하여 4년 동안 지원했다. 홍동겸

---

1 신동혁, 『멜본에서 전해온 복음 지금은 모스크바로』 (서울: 기독교문화사, 1993), 126-129.

선교사는 1973년 2월까지 헌신적으로 목회를 하여 대북교회를 자립의 수준에 이르게 했다. 그리고 홍동겸 선교사는 일본에 가서 선교사 활동을 했다. 총회 전도부와 여전도대회가 새문안교회의 후원을 얻어 김응삼 선교사를 1968년에 대만으로 파송했다.[2] 김응삼 선교사는 기륭교회를 5년 동안 섬기었다. 홍동겸 선교사가 떠나자, 김응삼 선교사는 1973년 3월 30일에 대북교회에 부임했다. 아가페선교회는 김응삼 선교사의 자녀 교육비를 1976년까지 지원했다. 김응삼 선교사는 6년 동안 대북교회를 섬기다가 1979년 3월에 홍콩으로 가서 동남아 선교의 중심을 이루는 구룡교회(현, 홍콩동신교회)를 개척했다. 당시에 김응삼 선교사는 중국 대륙 선교를 꿈꿀 수 없던 때이므로 동남아 선교를 겨냥한 선교 기지 구축의 필요성을 강조해 왔다. 김응삼 선교사가 구룡교회를 개척함으로써 이를 실현했다.[3] 김응삼 선교사는 대북교회의 후임자인 김달훈 선교사에게 교회당 건축비 60만 원(대만 돈)을 전달했다. 김달훈 선교사는 이 건축기금을 바탕으로 1986년 대북교회의 교회당(건축비가 대만 돈 1,000만 원)을 건축했다. 김달훈 선교사는 이전 교회당 건물을 팔지 않고 교회당 터에 대륙선교언어훈련센터를 건립하기로 하고 모금하여 1990년 8월 대륙선교센터의 기공식을 했다. 1993년에 대륙선교언어훈련원센터가 완공되었다. 이처럼 끊어진 중국 선교를 잇기 위해 정성원 선교사, 아가페선교회가 파송한 홍동겸 선교사, 동남아 선교 기지 구축을 위해 구룡교회를 설립한 김응삼 선교사, 대륙선교센터를 건립한 김달훈 선교사 등이 노력했다. 동래중앙교회(신동혁 목사)도 교회 창립 40주년을 맞아 마카오, 홍콩, 대만 중 선택하여 선교사를 파송함으로써 장래의 중국 선교를 준비하고자 했다.[4]

1976년 아세아연합신학대학원이 앞으로의 아시아 선교 방향을 '현지의 자기 민족 선교 정책'으로 결정했다. 이에 따라 아가페선교회는 아세아연합신학대학원에서 공부 중인 사모아인 아페 레티 사무엘루 목사를 1976년 이후 월 100달러씩 지원하고 있다. 아가페선교회는 방지일 목사와 고현봉 목사가 고문이고, 회원 45명과 단체 회원 4개 교회(동광교회,

---

2 김응삼, "대만 교포의 어머니 정성원 선교사," 「새가정」 (1968. 11.), 62.
3 신동혁, 『멜본에서 전해온 복음 지금은 모스크바로』, 131-132.
4 신동혁, 『멜본에서 전해온 복음 지금은 모스크바로』, 132-134; "대만 선교 결산과 과제 (상) 디아스포라 선교," 「기독공보」 (2014년 2월 6일).

광안교회, 동래중앙교회, 영진침례교회) 등으로 구성되었다. 1981년 12월 현재 회장은 신동혁 목사, 부회장은 김정광 목사, 총무는 김병수 목사, 회계는 박화선이고, 실행위원은 임성국, 안경선, 황선희, 이춘건, 장은봉, 장병근, 서성규, 김명화 등이었다.

서울에서는 동신교회를 시무하던 김세진 목사(동신교회, 제50회 총회장, 제2대 아시아연합 신학대학원 이사장)를 중심으로 1972년 한국기독교국제선교회를 조직했고, 미국에도 국제 선교회를 조직했다. 미국 국제선교회는 미국 선교회의 초청으로 해외 유학생과 신학 연수 생들을 해외 선교사로 보낼 수 있었다. 1978년 3월 한국기독교국제선교회의 본부인 동신교 회(한기원 목사 시무)에서 열린 부산지회(회장 한기오 목사)의 임시 총회는 부산지회 임원을 선출했고, 해외 선교에 대해 연구하고 기도로 준비하기로 했다. 임원으로 회장 고현봉 목사, 부회장 이영백 목사, 총무 김정광 목사, 부총무 이만규 목사, 협동총무 최현풍 목사, 서기 황병보 목사, 회계 박광선 목사, 감사 안수길 목사를 선출했다. 1978년 8월에 열린 부산지회의 임원회는 본 회의 명칭을 한국기독교국제선교회 부산지회로 통일하기로 했고, 고문과 이사를 추대했다. 1979년 2월 5일에 열린 임원회는 한숭인 씨(모교회가 영도교회)를 인도네시아 선교사로 파송하기로 가결했다. 1979년 2월 19일에 아리랑관광호텔에서 모인 국제선교회 부산지회는 이사회를 조직하고, 초대 이사장으로 신동혁 목사를 선임했다. 1980년 4월 가야교회에서 열린 부산노회에서 한숭인 선교사는 목사 안수를 받았다. 한국기 독교국제선교회 부산지회는 현지인 선교를 원하는 한숭인 선교사의 뜻을 받아들이고 한숭 인 선교사의 주 파송 기관이 되기로 했다. 당시 부산노회(1980년 4월)에서 한숭인 선교사는 "고구마 뿌리만 먹으면서라도 교민 선교보다 원주민 선교사로 살겠다"는 각오를 밝혀 노회 원들을 감동시켰다. 1980년 6월 현재 한국기독교국제선교회 부산지회의 임원으로는 회장 고현봉 목사, 부회장 이영백 목사, 총무 김정광 목사, 서기 황병보 목사, 회계 박광선 목사, 이사장 신동혁 목사이었다. 서기 황병보 목사가 시무하는 대연교회에 사무실을 두었다.

한국기독교국제선교회 부산지회는 1979년 4월 30일 소정교회와 대성교회에서 벤제넹 스 외 3명의 강사를 초청하여 국제선교회 영남대회를 개최했다. 1979년 10월 2일 한국기독 교국제선교회 부산지회는 아가페선교회와 통합을 결의했다. 1979년 10월 14일 한국기독 교국제선교회 부산지회와 아가페선교회의 회원 500명이 모여 통합예배를 동광교회에서 드렸다. 초대 회장은 고현봉 목사(부산영락교회)이었다. 이영백 부회장이 부산지회의 대표로 1979년 12월 미국 교계를 시찰했다.

3) 부산국제선교회(한국기독교국제선교회 부산지회)의 목적, 사업, 회원 및 임원회 구성

한국기독교국제선교회 부산지회는 1978년 3월 임시 총회를 열어 임원을 선출함으로써 조직되었다. 한국기독교국제선교회 부산지회는 1979년 2월 19일 이사회를 조직했다. 1979년 10월 2일에 한국기독교국제선교회 부산지회와 아가페선교회는 통합을 결의했고, 10월 14일에는 동광교회에서 통합예배를 드렸다. 1980년 6월 10일 현재 한국기독교국제선교회 부산지회의 회원은 고문 5명, 임원 9명, 이사 41명 그리고 회원 49명 등 총 104명이었다.[5] 부산지회의 목적은 복음화 및 국제선교를 시행하며, 국제선교 기구와의 유대를 강화하고, 교회와 성도 상호 간의 선교를 위한 친교이다. 이런 목적을 달성하기 위한 사업으로는 선교사 파송, 선교 사업을 위한 각종 강연회 및 연구 모임, 국내 및 국제선교 단체와의 유대 강화, 선교를 위한 국제간의 교역자 상호교류, 기타 복음 선교와 관련된 사업 등이다. 부산지회의 회원은 본 회의 목적과 사업을 찬동하는 국내외 기독교 단체 및 신자이다.[6] 1986년 3월 5일 임원회는 선교, 회원, 교육, 홍보, 섭외, 재정, 부녀 등 분과를 두기로 했고, 분과위원장으로 실행위원을 구성하도록 했다. 이처럼 부산국제선교회의 회원은 초기에는 개인 회원이 중심이었으나 점차 교회 회원의 숫자가 증가하고 비중도 증가한 것을 볼 수 있다.

4) 부산국제선교회의 모임: 선교(회)의 밤, 정기총회, 임원회, 월례회

한국기독교국제선교회 부산지회는 1981년 2월 19일 열린 임원회에서 매월 첫 목요일

---

5 한국기독교국제선교회 부산지회, 「선교 회보」 제1호 (1980년 6월 10일).
6 부산국제선교회 회칙, 「제3회 해외선교의 밤 및 한승인 선교사 안식년 귀국 국제선교회 선교보고서」 (1985년 12월 12일).

아침마다 선교사를 위한 기도회를 정기적으로 갖기로 결의했다. 1981년 3월 5일 아침 7시 30분 페리호텔에서 열린 월례 기도회에는 고현봉 목사를 비롯해서 14개 교회 대표 16명이 참석했다. 부산지회의 모임은 1월과 8월을 제외하고 1년에 10회 모이는 월례회, 매년 12월에 모이는 월례회 및 선교의 밤(나중에 선교회의 밤, 국제선교회의 밤, 부산국제선교회의 밤) 그리고 매년 2월에 모이는 월례회 및 정기총회 그리고 임원회로 구성된다. 총회는 회칙 개정에 관한 사항, 임원 및 감사의 선출, 목적과 사업 달성을 위한 사항을 의결하고, 총회는 정기총회와 임시 총회로 나뉘고, 정기총회는 2년에 1회로 모인다.[7] 임원회는 총회에서 위임받은 사항을 처리하고, 사업계획과 예산 및 결산, 분과위원장 선출 및 고문 추대, 회칙에 정한 사업수행에 필요한 사항, 각종 회의 개최에 관한 사항 등을 의결한다. 월례회는 매월 첫 목요일 아침 7시 30분에서 한 시간 동안 기도회로 모이고 특별한 경우에는 임원회의 결정으로 변경하여 실시한다.[8]

5) 부산국제선교회의 선교 역량 강화

한국기독교국제선교회 부산지회는 선교적 역량을 함양하기 위해 임원들을 해외로 시찰하게 하고 선교 훈련을 받게 했다. 미국국제선교회의 초청으로 이영백 부회장이 부산지회의 대표로 1979년 12월 미국 교계를 시찰했고, 교회 성장 세미나에 참석했다. 1981년 6월에는 미국 국제선교회의 초청으로 김삼범 목사가 부산지회의 대표로 미국 교계를 시찰했다. 같은 기간에 하와이 선교훈련원이 주최하는 세미나에 박광선 목사가 부산지회의 대표로 참석했다. 한국기독교국제선교회 부산지회는 회원들의 선교 역량 강화를 위한 세미나를 개최했다. 1979년 4월 30일부터 5월 2일까지 소정교회와 대성교회에서 벤 제닝스 박사와 로모 목사, 임박하 목사와 고원용 목사를 강사로 영남지역 국제선교대회 및 교역자 세미나를 개최했다.

---

7 연 1회 총회로 모인 것은 기록상 1988년부터다.
8 부산국제선교회 회칙, 「제3회 해외 선교의밤 및 한승인 선교사 안식년 귀국 국제선교회 선교보고서」 (1985년 12월 12일).

2. 부산국제선교회의 선교 이해와 선교 원칙

1) 부산국제선교회의 선교 이해

한국기독교국제선교회 부산지회장 고현봉 목사에 의하면 "선교는 예수의 지상 명령(마 28:19~20)과 사도 바울의 엄격한 명령(딤후 4:2)과 한국 선교 100주년을 앞두고 총회가 1974년 민족 복음화를 위한 선교에 중점을 두기로 한 선교 결의를 실천하지 않으면 우리에게 화가 있을 것(고전 9:16)이라 생각하며, 선교의 책임과 의무를 완수하는 동시에 감사와 특권으로 기쁘게 실천해야 할 것"이라고 했다.[9] 즉, 선교는 교회에 주신 주님의 명령이요 성경의 말씀이며 총회의 결의이기 때문에 선교하지 않는 교회는 주님의 명령과 성경의 말씀에 불순종하는 것으로 이해했다. 동시에 선교를 교회의 책임과 의무로만 여기지 않고, 교회에 주신 특권과 감사로 여겨 기쁘게 수행하는 것으로 이해했다.

부산국제선교회가 첫 선교사를 파송하는 것에서 보여주는 것처럼 여러 교회가 연합하여 한 선교사를 파송하는 것은 한국교회가 선교를 위해 연합하고 협력하는 아름다운 일이며, 선교 100주년을 앞둔 성장한 한국교회가 해야 하는 것이 국내외 선교이며, 특히 아시아 복음화는 한국교회의 지상과제이다.[10] 한국기독교국제선교회의 부산지회는 부산 지역 교회를 기반으로 세계 선교를 하던 아가페선교회와 1979년에 통합했다. 이처럼 부산국제선교회는 선교 단체의 통합과 더불어 선교사를 여러 교회가 연합해서 파송하는 협력 선교의 정신으로 선교 활동을 전개해 갔다. 물론 당시에는 지교회가 단독 선교사를 보내기가 쉽지 않은 점도 있었다. 그렇지만 후에 지교회가 단독으로 선교사를 파송할 때도 부산국제선교회와 협력을 했다. 그리고 성장한 한국교회가 마땅히 수행할 과제를 국내 선교와 세계 선교로 보았다. 특히 부산국제선교회는 아시아 복음화(선교)를 한국교회의 지상과제로 이해했다.

---

9 한국기독교국제선교회 부산지회, 「선교 회보」 제2호 (1981년 3월 15일).

10 고현봉 목사, "주는 자가 더 복이 있다," 한국기독교국제선교회 부산지회, 「선교 회보」 제1호 (1980년 6월 10일).

2) 부산국제선교회의 선교 원칙

부산국제선교회는 초대 회장 고현봉 목사의 제안을 수용하여 기도로써 선교하고 있다. 1981년 2월 19일 열린 임원회는 매월 첫 목요일 아침마다 선교사를 위한 기도회를 정기적으로 갖기로 결의했다. 1981년 3월 5일 첫 월례회에서 기도회를 열었다. 매월 첫째 목요일 오전 7시 30분에 모여 기도드리고 회의 후, 식사를 한다. 매년 1월과 8월만 제외하고 연 10회 기도회로 모인다. "먼저 기도하고 선교하자, 먼저 기도하고 일하자"가 부산국제선교회가 지난 40여 년 동안 지켜왔던 선교 원칙이었다.

둘째, 부산국제선교회의 선교 원칙은 선교 예산은 전적으로 선교 현장을 위해서만 사용하기로 한 것이다. 선교회 초기 예산 수입은 선교 회원 월회비와 교회의 선교 월회비, 교인들의 후원금과 찬조금 등이었다. 그런데 선교 예산 지출은 전적으로 선교사의 생활비와 선교 활동비이었다. 매월 들어오는 수입은 부족했지만, 선교비 송금을 3개월씩 미리 보내야 했다. 그래서 선교회 회계는 선교비 후원을 하는 교인들을 찾아가 1년 치를 한꺼번에 헌금하도록 요청했다. 이런 상황에서 선교회에 참여하는 회원들과 임원들은 식사 비용, 거마비, 경조사비를 선교회가 지출하지 않고 개인적으로 지출하도록 했다. 이처럼 선교비 지출을 전적으로 선교 현장에만 사용하도록 하기 위해 선교회 소속 회원들과 임원들은 절약하고 또 절약했다. 교회가 통상 거마비와 식사비를 지원하는 관습이 있기에 회원들에게 이런 선교 원칙을 준수하도록 설득하는 데에는 어려움이 있었다. 그럴 때마다 "선교는 나 먹을 것, 다 먹고는 못 합니다"라고 설득해 왔다. 그렇지만 작은 교회 목회자들은 식사비와 교통비를 개인적으로 해결하는 데 어려움이 있었다. 그러자 큰 교회들이 돌아가며 회원들에게 식사 대접을 하기 시작했다. 몇 년 전부터 석화그릴에서 모여 식사하면서 식대만은 선교회 예산에서 지출하기 시작했다. 이처럼 선교비를 투명하게 운용할 뿐 아니라 전적으로 선교 현장을 위해 사용하자는 선교 원칙 덕분에 선교비에 대한 교회와 후원자들의 신뢰가 높을 수밖에 없었다.

셋째, 부산국제선교회의 선교 원칙은 "우리가 선교지로 가든지 선교사를 보내든지 모두가 선교사"라는 것이다. 선교회 소속 교회와 후원자들은 자신을 '보내는 선교사'로 이해하고, 파송 받는 선교사를 '가는 선교사'로 이해한다. 종교개혁 모토 중 하나인 만인사제직을 따라 그리스도인들은 각자의 자리에서 예수 그리스도의 증인으로 살고 있다. 선교회 회원 교회와 후원하는 교인들은 선교사를 파송할 뿐 아니라 자신 스스로를 보내는 선교사로 이해하고 있다. 칼 브라텐의 말처럼 "불이 타야 불인 것처럼 교회는 선교를 해야 교회이다." 부산국제선교회 소속 교회와 교인들은 '가는 선교사'가 선교 현장에서 짊어질 십자가를 나눠지는 선교 동역자인 '보내는 선교사'가 되고자 했다. 이런 선교 원칙 때문에 '가는 선교사'가 선교 현장에서 재정적 어려움을 겪거나 특별한 사역에 긴급하게 재정이 필요할 때 부산국제선교회 회원 교회와 교인들은 늘 기도로 적지 않은 헌금을 모아 지원하는 '보내는 선교사'가 되고자 했다.

넷째, 부산국제선교회의 선교 원칙은 선교 사역에만 전념하는 선교 공동체이다. 한국교회의 많은 선교 단체가 처음에는 순전하게 선교에 매진하다가도 교회 정치나 사회 정치의 영향 때문에 내분을 겪거나 어려움을 겪기도 한다. 그러나 부산국제선교회는 선교 사역에만 전념하는 선교 공동체라는 선교 원칙으로 출발하고 지금까지 운영해 왔기 때문에 선교회 임원이나 교회 중 교회 정치나 사회 정치 문제로 분란을 일으킨 적이 없다. 선교 사역에만 전념하는 선교 공동체라는 선교 원칙은 '보내는 선교사'라는 자의식과도 연결된 소중한 선교 원칙이다.

다섯째, 부산국제선교회는 노회, 교회, 교인들의 선교지 방문을 통해 선교지를 든든하게 세우고, 후원하는 노회, 교회, 교인들의 선교 열정과 선교 후원을 강화하고자 한다. 선교회는 부산 지역 교회 목회자들과 교인들로 하여금 선교지를 방문하여 선교사의 활동을 보고 선교가 무엇인지를 체험을 통해 이해하게 하고, 이를 통해 선교 열정을 갖게 하고, 선교비 후원에도 보다 적극적으로 참여하도록 한다. 부산국제선교회는 부산 지역 노회장과 임원을 선교지에 초대함으로써 노회로 하여금 부산국제선교회의 선교 사역에 적극적으로 참여하고 후원하도록 해왔다. 인도네시아 선교사, 오스트리아 비엔나 선교사, 일본 선교사 파송 이후 중국 선교를 시작할 때부터 현지 교회 지도자 교육에 선교회 회원 교회 목회자들이 강사로 참여하게 했다. 담임목사가 강사로 가는 경우에는 교인들도 동행하게 함으로써 현지 교회에 도움을 줬을 뿐 아니라 후원 교회도 보다 선교에 열정을 갖게 하고 교회가 부흥하는 계기를 마련하고자 했다. 그리고 선교사들도 후원하는 교회의 목회자와 교인들이 선교지를 방문할 것을 요청했다. 한숭인 선교사는 선교지인 인도네시아에 부임한 후 후원 금액(월 400달러)과 선교지의 현실 사이의 차이를 직접 방문해서 보고 후원을 현실화할 것을 요청했다.[11]

3) 부산국제선교회의 선교 목적

부산국제선교회는 선교 목적을 명시적으로 제시한 적은 없다. 그렇지만 지난 40년 선교의 역사를 돌아보면 부산국제선교회의 선교 목적은 교회를 개척하는 것이다. 그다음이 영혼을 구원하는 것이다. 하나님의 나라를 이 땅에 이루기 위한 하나님의 선교(*missio Dei*)에 참여하는 것은 아직 부산국제선교회 전체의 공감대를 얻지는 못했다.[12]

3. 부산국제선교회의 초기 선교
: 인도네시아 선교와 오스트리아 · 일본 한인 디아스포라 선교를 통한 부산국제선교회 선교의 기틀 마련(1980~1994)

1) 인도네시아 선교의 시작(1980~1982)

(1) 1980년: 한숭인 선교사를 인도네시아로 파송

한국기독교국제선교회 부산지회는 제2회 이사회를 1980년 3월 6일 영락교회에서 열었다. 4월 15일에는 가야교회에서 열린 부산노회에서 한숭인 선교사가 목사 안수를 받았고,

---

11 한숭인 선교사, 「선교통신」 (1980년 5월 6일).
12 김정광 목사와의 인터뷰(2024년 1월 9일).

4월 21일에 한숭인 선교사가 인도네시아로 출국했다. 인도네시아에 도착한 한숭인 선교사는 4월 28일부터 7월 말까지 인도네시아 언어를 공부했다. 한숭인 선교사는 이미 신대원 시절에 인도네시아 본대(Bonde) 목사로부터 2년 동안 인도네시아 언어를 배웠다. 한숭인 선교사는 현지 선교에 대한 기초적 사항들에 대한 오리엔테이션을 받았고, 칸토르, 아가마, 코댜, 말랑 지역으로 선교 여행을 다녀왔다.

(2) 1981년: 한국기독교국제선교회 부산지회의 월례 기도회 시작

한국기독교국제선교회 부산지회 임원회는 매월 첫 목요일 오전 7시 30분부터 8시 30분까지 선교사를 위한 기도회를 갖기로 결의하고, 1981년 3월 5일 페리호텔 장미홀에서 고현봉 목사를 비롯하여 16명(14개 교회 대표)이 첫 월례 기도회로 모였다. 한숭인 선교사의 생활비는 부산에서 월 700달러, 서울에서 400달러 등 총 1,100달러를 모아 정기적으로 송금하고 있다. 이를 위해 부산노회, 부산동노회, 울산노회가 각각 월 10만 원씩 선교비를 지원하고 있으며, 임원들이 소속된 교회가 월 3만 원, 회원이 소속된 교회가 월 1만 원, 이사들은 연 10만 원씩 지원하고 있으며, 모교회인 영도교회는 월 10만 원과 주택비 및 기타 후원을 하고 있다.[13]

한숭인 선교사가 인도네시아 선교 여행을 다니면서 발견한 것은, 현지인들이 책을 읽는 데에는 흥미가 없지만 녹음테이프에 수록된 설교를 듣는 데 대단한 매력을 가졌다는 점이다. 한숭인 선교사는 카세트테이프에 찬송, 설교, 교리를 담아, 공개적으로 전도가 불가능한 지역에 선교하는 길을 찾고 있다. 또 선교여행 중 여러 현지 교회와 개척교회들이 한숭인 선교사에게 여름성경학교와 교회학교 집회를 인도해 줄 것을 부탁했다.[14] 한숭인 선교사는 청소년 수련회 특강이나 여름성경학교를 인도했다. 1981년 8월 7일 인도네시아에 입국한 한숭인 선교사 가족은 8월 19일 진리신학대학(Institute Theologia Aletheia: Truth Theological

---

13 한국기독교 국제선교회 부산지회, 「선교 회보」 제2호 (1981년 3월 15일).
14 한숭인 선교사, 「선교 통신」, 「선교 회보」 제2호 (1981년 3월 15일).

Institute)이 마련한 집으로 이사했다. 진리신학대학은 교수 4명, 전임강사 13명, 외래 강사 7명의 교수진과 자바를 비롯한 여러 섬으로부터 온 55명의 남녀 학생으로 구성된 신학교이다. 진리신학대학에서 한승인 선교사는 기숙사 사감과 학생과장을 맡게 되었고, '현대 신학'과 '교회 성장'을 강의하면서 새벽기도회와 성경공부반을 신설했고, 신학생들로 구성된 복음성가단과 교회봉사단을 만들어 운영했다.

(3) 1982년: 렙끼와 동역하는 한승인 선교사의 인도네시아 선교

한승인 선교사의 인도네시아 선교는 렙끼(Lembaga Pelayanan Kristen Indonesia, Indonesia Christian Service, LEPKI, 인도네시아기독교봉사회, 이하 LEPKI)에서 동역하면서 비약적으로 확대되었다. LEPKI는 세계선명회의 재정지원을 받아 인도네시아 복음화에 주력하는 기독교 기관으로 1965년에 창립되었고, 인도네시아 30개~40개 교단이 협력하고 있다. 한승인 선교사는 1982년 LEPKI에서 기독교교육과 교회 성장에 관한 일을 맡았다. 한승인 선교사는 지난 2년 동안의 선교 경험을 통해 인도네시아라는 광활한 선교지에서 선교사 한 명이 감당할 수 있는 지역의 한계가 너무나 뚜렷하여 이를 극복하기 위한 방안으로 LEPKI를 통한 사역을 선교 방향으로 정한 것이다. 인도네시아의 교단 대부분이 한국교회의 노회 단위 정도의 규모이다. 각 교단이 요구하는 교사 강습회, 교회 지도자 수련회, 전도 집회, 세미나 등 요청이 있을 때마다 한승인 선교사는 찾아가서 봉사했다. 그리고 신학교의 방학 기간 중에는 오지에 가서 전도했다. 이런 면에서 볼 때 한승인 선교사의 선교 구역은 인도네시아 전국이라 할 수 있다.

한승인 선교사가 선교하는 말랑은 동부 자바에 속해 있으며, 자바의 제2의 도시는 수라바야이다. 한승인 선교사는 주거지 라왕에서 약 50km 떨어진 수라바야에 1982년 3월 28일 수라바야 한인 교회를 세웠다. 장년 20여 명과 아동 10여 명이 모여 인도네시아 서부개혁교회의 교회당을 빌려서 예배를 드린다. 인도네시아 교민 선교를 거부했던 한승인 선교사가 스스로 한인 교회를 세운 것은 교민 선교 자체를 목적으로 한 것이 아니라 한인 교회를 인도네시아 현지인 선교를 위한 전진기지로 세우려는 이유 때문이었다.

한숭인 선교사는 인도네시아 교회를 움직이지 않는 것 같으면서 활발하게 움직이고 성장하는 교회로 보면서, 기독교를 정복자의 종교로 몰아 경멸하거나 박해하는 현상이 있지만, 역설적이게도 이런 곳에 성령의 역사가 강하게 임하는 것을 보았다. 350년 동안의 정복 시대를 통해 너무 억눌려 있었으나 이제는 인도네시아 교회가 "서양에 의해 지배당하고, 의존했던 인도네시아 신학이 자신을 반성하고 가능성을 자체 교회 속에서 발견해야 한다"는 교회 의식화 운동이 힘차게 진행되고 있다. 한국교회의 발전과 부흥이 질량 면에서 외부로 돋보이는 데 반해, 인도네시아 교회는 자는 것 같으면서 발전하고, 외부의 많은 제재가 있음에도 불구하고 발전하는 거대한 교회이다. 한숭인 선교사는 이러한 선교적 전망 속에서 한국교회에 바라는 것으로 첫째, 네덜란드가 인도네시아를 정복하면서 펼친 식민지 교육의 억제로 교회 지도자의 수가 절대적으로 부족하여 인도네시아 교회는 한국교회가 인도네시아 교회 지도자 양성에 주력해 줄 것을 요구하고, 둘째, 인도네시아의 경제 사정이 점점 안정되어 가고 있지만 농촌이나 오지의 교회들이 자립할 수 있도록 적은 자금을 대여 형식으로 지원해 줄 것을 요청하고, 셋째, 인도네시아 교회는 짧은 교회 역사 속에서 괄목할 만한 성장을 이룬 한국교회의 열심, 교육, 봉사, 기도의 은혜 등에 대해서 실제적으로 경험하고 배우기를 원한다는 것이었다. 인도네시아 목회자나 신학생들을 장로회신학대학교와 아세아 연합신학대학원에서의 장기 교육 과정(1~3년)에서 공부하지 않더라도 3~6개월씩 집중적인 훈련을 한다면 큰 효과를 얻을 수 있을 것이다. 한국에서 점점 커가는 회교 세력을 의식하며 회교권에 대한 연구를 강화하고 회교권에 있는 교회 지도자들을 초청하여 회교권 선교 전략을 배우는 것도 중요하다.

이 시기(1980~1982) 부산국제선교회 선교의 특징은 첫째, 월례 기도회를 시작한 것이다. 1981년 3월에 시작된 월례 기도회는 부산국제선교회가 지금까지 지속하며 부산국제선교회의 중요한 특징이자 선교의 원동력이 되었다. 둘째, 인도네시아에 파송한 한숭인 선교사는 준비된 선교사였다. 인도네시아 선교 2년 차인 적응기(언어와 문화)에 한숭인 선교사가 여름 집회를 인도한 것은 한국에서 신대원에 재학하던 2년 동안 인도네시아에서 유학을 왔던 본대 목사로부터 인도네시아 언어를 미리 배워서 가능한 일이다. 그래서 선교 2년 차에 신학교 사역도 가능했다. 이처럼 미리 언어를 배우는 것은 매우 중요하다. 셋째, LEPKI

와 동역하는 한숭인 선교사의 선교 안목이나 전략은 대단히 뛰어난 것이었다. 선교사 훈련을 제대로 받지 못하고 협력 선교에 대한 이해가 부족했던 1982년에 현지 교단과 협력 사역을 한 것은 대단히 높게 평가할 수밖에 없다.

2) 인도네시아 선교의 발전과 비엔나한인교회를 통한 한인 디아스포라 선교 (1983~1988)

(1) 1983년: 장성덕 선교사를 비엔나한인교회로 파송, 제1회 해외선교의 밤

한국기독교국제선교회 부산지회는 강사로 한철하 목사를 초청하여 제1회 해외선교의 밤을 1983년 12월 1일 국제호텔에서 개최했다. 제1회 해외선교의 밤 행사에는 35개 교회와 기관대표 84명이 참석했다. 한국기독교국제선교회 부산지회는 제1회 동남아 선교시찰단(단장 한원도, 우익현, 한일민, 김용철, 나영태, 서강혁)을 구성하여 1983년 5월 21일 출국하여 인도네시아를 방문했다. LEPKI와 동역하는 한숭인 선교사의 인도네시아 선교는 계속 확장하고 있다. 1983년 6월 15일에는 한숭인 선교사가 인도네시아 교회 대표단을 인솔하여 일시 귀국했다.

한국기독교국제선교회 부산지회는 1983년 10월 부산노회 가을노회에서 장성덕 선교사 파송식을 하고, 10월 15일 장성덕 선교사 가족은 오스트리아로 출국했다. 부산지회는 비엔나한인교회에 파송한 장성덕 선교사의 선교 기간을 3년으로 결정하고 생활비는 매년 20%씩 감소하면서 자립책을 강구하기로 결의했다. 장성덕 선교사가 부임할 당시 비엔나한인교회는 시내 한 쇼핑몰의 지하를 빌려서 주일예배만 드리고 있었고, 교인들 대다수는 간호사들과 유학생을 포함한 청년들이었다. 장성덕 선교사는 수요기도회를 시작했고, 유학생 자녀를 따라와서 체류 중인 교인들과 비정기적으로 새벽기도회를 드렸다. 교인들의 도움으로 장성덕 선교사는 오스트리아 교단과 연결되어 다양한 모임에 방청인으로 참석하면서 오스트리아 교회와 교제했다.

(2) 1984년: 한승인 선교사의 인도네시아 선교 — 전도, 교육, 봉사, 협력 선교사 파송

한국국제선교회 부산지회의 임원은 회장 이영백, 부회장 신동혁, 김삼범, 이경준, 총무 김정광, 서기 김은곤, 회계 박경수이었다. 회장이 개인 사정(다른 교회로 부임)으로 부산지회 장을 사임하게 되자 부산지회는 1984년 7월에 임원으로 회장 신동혁, 부회장 김용철, 총무 김정광, 서기 김은곤, 회계 박경수를 선임했다. 부산지회는 볼리비아 박종무 선교사와 페루 황윤일 선교사를 부산지회의 협력 선교사로 결의하고, 월 100달러씩 지원하기로 결정했다.

한승인 선교사의 1984년 선교 활동은 전도, 교육, 봉사 등 세 부문으로 전개되었다. LEPKI를 통한 전도/교회 개척 사역으로 와기르, 카랑카테스, 토사리, 깔리마니스 등에 교회를 개척하고 매월 100달러씩 지원했다. 한승인 선교사는 1984년 6월까지 진리신학대 학에서 가르쳤고, 8월부터는 인도네시아 기독교복음신학교에서 강의를 시작했다. LEPKI 와 인도네시아 복음 전도회가 주관하는 교회 지도자 훈련이 서부 칼리만탄 지역의 세 곳에 서 개최되었다. 총인원 115명을 대상으로 실시된 이 훈련은 스미따우(15명), 세이사왁(78 명), 안중안(22명)에서 개인 전도, 교회 성장, 영적 지도자 훈련 등의 주제로 6명의 강사가 수고했다. LEPKI에서는 한승인 선교사와 빌레몬 전도사를 강사로 현지에 파송했다. 제2차 인도네시아 선교시찰단은 단장에 남주석 목사, 시찰단원으로 윤응보 목사, 김성광 목사, 김재승, 김영준 장로로 구성되었고, 인도네시아 선교 현장을 시찰했다.

한국기독교국제선교회 부산지회는 장성덕 선교사와 비엔나한인교회 교인들과의 마찰 문제는 유럽분과위원장인 이만규 목사와 총무 김정광 목사가 선교 100주년을 기념하여 열리는 총회(1984년 9월)에 참석하게 될 장성덕 선교사를 만나서 선처하기로 결의했다. 1984년 어느 주일예배에 초청을 받은 비엔나 노회장 호른(Horn) 목사는 비엔나한인교회 교회당이 오스트리아 교회당과 비교해 볼 때 상당히 열악한 것을 안타까워했다. 이에 장성 덕 선교사는 교회당 이전이나 대여에 대해 부산지회에 보고하고 기도를 요청했다. 그런데 장성덕 선교사는 선교사 자녀 교육(무료)이 유리한 오스트리아를 부산지회의 선교 기지로 활용할 것을 제안했다.

(3) 1985년: 부산국제선교회로 개칭

한국기독교국제선교회 부산지회는 1985년 1월 17일 크라운호텔에서 서정운 교수를 강사로 초청하여 제2회 해외선교의 밤을 개최했는데 지회 소속 교회와 기관대표 92명이 참석했다. 한국기독교국제선교회 부산지회는 1985년 12월 12일 석화그릴에서 제3회 해외선교회의 밤을 개최하고 본회의 명칭을 '부산국제선교회'로 독립하여 개칭하기로 했다. 신동혁 회장은 부산국제선교회로 독립하며 인도네시아 선교 5주년을 맞아 한숭인 선교사를 단독으로 파송하게 되어 감사하다고 했다.

국제선명회의 일부였던 LEPKI는 단독 선교부로 승격되고 조직을 개편하면서, 한숭인 선교사를 선교부 협동총무와 고문으로 인준하여 인도네시아 25개 교단, 15개의 기독교 단체(기독교서회, 성서공회, 교회협의회 등)와 9개의 신학교와 선교를 위해 동역하도록 하였다. 한국기독교국제선교회 부산지회의 교회 지도자 양성 프로그램의 하나로 1985년 7월에 시작한 단기 신학원 제1단계 교육(신학, 성경, 영농) 과정을 현지 교회 지도자 16명이 수료했다. 한숭인 선교사는 이리안자야 선교지를 순회 방문했다. 제3회 선교시찰단은 양경렬 목사 내외만 7월 11일에 출국하여 인도네시아 선교 현장을 방문했다. 인도네시아 선교 5주년 기념 예배를 선교 본부에서 직원들과 수라바야한인교회 교우 등 40명이 참석하여 거행했다. 한숭인 선교사가 11월에 귀국하여 한국기독교국제선교회와의 관계를 청산하고, 부산국제선교회와 선교 협력 계약을 체결했다.

장성덕 선교사가 섬기는 비엔나한인교회는 장년 60명이 모이는데 대부분 간호사들과 유학생이다. 장성덕 선교사는 비엔나에서 수학하는 유학생의 영적 지도자로서 활동하고, 잘츠부르크와 몇 도시를 순회하며 예배를 인도하고, 비엔나한인교회에서 한국어 및 어린이 선교를 위한 유아원 형식의 선교를 하고 있다. 장성덕 선교사는 지난 2년 동안을 정착 과정에서 시행착오를 통해 배우는 시간으로 돌아보고, 남은 기간 더 열심히 선교할 것을 다짐했다. 장성덕 선교사는 선교 후원에 차질이 없도록 배려를 바라며, 부산지회가 후원의 어려움을 겪을 때는 총회와 의논해서 차선책을 강구할 것을 요청했다. 1985년 10월 9일 세계교회협의회(WCC) 산하 기관인 스위스 보세이에서 연수(5개월)를 위해 방문하는 박광선 목사에게 장성덕 선교사는 사흘간 부흥회를 요청했다. 장성덕 선교사의 생활비 800달러는 현상 유지에 어려움이 없으니, 내년에 임기를 마치기까지 지원할 것을 요청했다. 비엔나한인교회에서 일어난 갈등은 개인적 갈등으로 장성덕 선교사의 목회와 선교와는 직접적인 관계가 없었다.

(4) 1986년: 한승인 선교사의 제2기 파송과 장성덕 선교사의 재파송

1986년 2월 6일 석화그릴에서 열린 부산국제선교회의 정기총회는 한승인 선교사의 가족과 함께 한승인 선교사 제2기 파송 예배를 드렸다. 1986년 3월 5일 열린 임원회는 분과위원장을 보선하고, 분과위원장으로 실행위원을 구성하고 부녀분과위원회를 회칙에 삽입하되 실행위원회가 정책을 협의하기로 결의했다. 1986년 5월 1일 부산진교회는 한승인 선교사와 동역할 인도네시아 선교사 1명(서성민)을 파송하기로 결정했다. 부산국제선교회는 부친이 위독하여 임시 귀국한 장성덕 선교사로부터 비엔나한인교회 출석 현황(54가구 장년 71명, 어린이 20명 출석)과 5월 20일부터 비엔나교회 건물을 빌려 예배 처소로 사용할 것이라는 보고를 받았다. 장성덕 선교사의 거취 문제, 한인 교회의 장래 문제 등은 신동혁 회장이 비엔나한인교회를 방문(5월 14일)해서 비엔나한인교회와 협의하도록 결의했다. 오스트리아 선교 현장을 방문한 신동혁 회장은 비엔나한인교회 대표와 1986년 5월 17일 장성덕 선교사를 제2기 재파송(1986년 11월~1989년 10월) 하기로 합의했다. 장성덕 선교사는 부산국제선교회에 오스트리아 교회당과 부속건물인 주택을 구입하는 비용이 약 1억 원 정도인데, 구입 비용을 부산국제선교회와 비엔나한인교회가 반씩 부담할 것을 제안했다. 부산국제선교회는 1986년 6월 16일 장성덕 선교사를 제2기 파송하기로 결의하고, 1986년 11월부터는 매월 생활비 보조를 500달러로 하고, 나머지 생활비는 비엔나한인교회가 전담하기로 결의했다. 장성덕 선교사를 후원하는 경주와 안동 지역의 개인 후원자들을 부산국제선교회가 직접 관리하기로 했다. 정윤곤 부회장, 조희제 부산동노회장, 이일호 목사, 윤기철 목사, 박덕수 장로, 김금수 권사 등으로 구성된 제4회 동남아 선교시찰단은 1986년 8월 6일부터 26일까지 동남아 선교 현장을 방문했다. 1986년 9월 4일 열린 제61회 월례회는 한숭인 선교사의 차량 교체를 위해 노회와 각 회원과 교회가 특별 헌금하기로 결의했다. 1986년 10월 13일에 열린 부산노회는 오스트리아 장성덕 선교사가 시무하는 비엔나한인교회를 대한예수교장로회 총회 산하 선교지 교회로 인준했다. 부산국제선교회는 1986년 12월 11일 호수 그릴에서 제4회 해외선교의 밤을 개최했다. 부산국제선교회는 한숭인 선교사를 1986년부터 부산국제선교회가 단독 파송하므로 생활비와 주택비 등을 상향 조정했다. 생활비는 월 1,500달러로 14개월을 지급하기로 하고, 주택비를 1년에 3,000 달러로 상향 조정했다. 한숭인 선교사의 차량 구입을 위한 특별헌금 청원서를 부산노회와 부산동노회에 제출했다.

(5) 1987년: 비엔나한인교회의 장성덕 선교사 사임과 김상재 선교사 파송 및 국제선교의 밤

비엔나한인교회 교인 30명이 1월 18일 주일에 침례교 계통으로 분리되어 나갔다는 소식이 들렸다. 그러나 이는 사실무근이었다. 1987년 3월부터 6월까지 한숭인 선교사가 안식년을 맞아 장로회 신학대학원에서 석사 과정을 이수하고 인도네시아로 출국했다. 인도네시아 현지인 교역자 오스카 전도사가 부산국제선교회의 초청으로 1987년 6월 30일부터 7월 14일까지 한국교회를 방문하고 인도네시아로 귀국했다. 부산국제선교회의 장학금을 받던 네팔 아난드 튤라드 전도사가 아세아 연합신학대학에서 신학 학사 과정을 마치고 1987년 7월에 네팔로 귀국했다. 비엔나한인교회는 1987년 7월에 성전 건축위원회를 구성했다. 장성덕 선교사는 9월 4일 임지를 떠나 10월에 귀국했다. 한숭인 선교사와 동역할 서성민 선교사 파송 예배를 후원 교회인 부산진교회에서 1987년 10월 26일에 드린 후 서성민 선교사가 10월 28일에 인도네시아로 출국했다. 부산국제선교회는 오스트리아 비엔나한인교회 장성덕 선교사 후임으로 김상재 목사(2대)를 1987년 11월 29일에 오스트리아로 파송했다. 1987년 12월 10일 석화그릴에서 모인 제74회 월례회 및 제5회 국제선교의 밤 행사에는 림인식 목사를 강사로 초대하여 "세계 선교의 새 시대"라는 주제로 강의를 들으며 세계 선교에 대해 새롭게 이해하고, 새로운 과제를 직면하게 되었다. 부산국제선교회의 회원 교회인 부산진교회, 동래중앙교회, 수안교회 등이 해외에 선교사를 단독으로 파송하게 된 것은 고무적인 일이다.

(6) 1988년: 인도네시아 선교대표부와 선교 교회 창립

이성호 목사, 한기오 목사, 서성규 장로, 홍영린 장로가 1988년 5월 16일부터 30일까지 제5회 선교지 시찰을 했다. 인도네시아 한숭인 선교사는 선교의 확장과 앞으로의 방향을 새로이 설정하기 위하여 말랑선교부와 수라바야한인교회를 정리했다. 1988년 10월 2일 오후 3시에 자카르타에서 인도네시아 선교대표부 개설 및 선교 교회 창립 예배를 92명이 모여 드렸다. 부산국제선교회는 선교센터의 이전과 정착을 위한 소요 경비로 1,100만 원을 지원하였다. 인도네시아 선교 교회와 교단 선교대표부가 개설된 후 인도네시아 정부 당국과 인도네시아 교회 및 대외관계를 수립하기 위해 총회를 대표해서 한완석 전 총회장이 현지 공관을 방문했고, 인도네시아 종교성의 기독교 국장과 인도네시아 교회 지도자들을 만났다. 오스트리아 비엔나교회는 김상재 선교사 부임 이후 90여 명의 교인이 예배에 출석하고, 주일예배와 구역예배, 권찰회, 심방 등이 진행되고 있다. 1989년에는 여전도회를 구성하여 선교와 교회 봉사에 적극 참여시키는 한편 성경연구반을 조직하여 운영하고, 권찰회 모임을 강화하여 교회발전을 도모하려 한다. 부산국제선교회의 협력 선교사로는 서독의 이향모 선교사, 볼리비아의 박종무 선교사, 페루의 황윤일 선교사, 제네바의 박성원 선교사 등이 있다. 1988년 12월 15일 뉴라이프 호텔에서 "교회가 활동해야 할 선교의 영역"(장신대 이광순 교수)이라는 특강 등의 순서로 진행된 제6회 국제선교의 밤 행사에는 부산국제선교회 회원 103명이 참석했다.

이 시기(1983~1988) 부산국제선교회 선교의 특징은 첫째, 1985년 한국기독교국제선교회 부산지회로부터 부산국제선교회로 개칭하면서 독립했다. 둘째, 부산국제선교회는 1983년부터 인도네시아의 타문화권 선교로부터 오스트리아 한인 디아스포라 선교로 선교 영역을 확대했다. 협력 선교사의 숫자도 증가했다. 부산국제선교회로 개칭한 뒤 인도네시아 한숭인 선교사를 단독 선교사로 재파송하면서 의의가 컸다. 셋째, 한숭인 선교사의 인도네시아 선교는 교육, 선교, 봉사로 영역도 다양했을 뿐 아니라 LEPKI와 협력 선교를 전개하면서 인도네시아 전역을 향한 선교로 확대되었다. 1988년 자카르타에 선교 교회를 세우고 선교대표부를 세우면서 인도네시아 선교가 도약하려 하고 있다. 넷째, 오스트리아 한인 디아스포라 선교는 선교사가 언어적으로, 문화적으로 적응하는 시기에 교인들과 사적인 갈등이 일어났고, 교회당 건물 구입이라는 커다란 과제가 주어졌다. 장성덕 선교사 재파송 후 1년 만에 사임한 것은 아쉬움이 크다. 다섯째, 부산국제선교회가 1983년부터 시작한 해외선교의 밤 행사는 매년 2월에 개최하는 총회와 구별하여 선교 현장을 소개하는 시간으로 선교 동력화에 기여했다. 1987년 제5회부터는 해외선교의 밤을 국제선교의 밤으로 명칭을 변경했다.

3) 인도네시아 선교 확대와 오스트리아 · 일본의 한인 디아스포라 선교 (1989~1994)

(1) 1989년: 김병호 선교사를 일본으로 파송

1989년 2월 부산노회 남선교회 연합회가 수집한 의류품을 인도네시아 선교지로 보냈다. 부산국제선교회의 초청으로 오스트리아 비엔나 개신교 노회장 호른 목사가 1989년 4월 17일부터 24일까지 부산을 방문하여 부산국제선교회 임원과 교제하고 회원 교회를 방문했다. 부산국제선교회는 김병호 목사를 일본 선교사로 파송하는 예배를 1989년 4월 30일 후원 교회인 덕천교회에서 드렸다. 김병호 선교사는 부산노회에서 1985년에 목사 안수를 받았고, 1986년에 일본으로 유학을 갔다. 김병호 선교사는 도쿄 북쪽의 사이타마(埼玉)현에서 우라와교회를 개척했다. 김병호 선교사는 사이타마현을 거점으로 선교사업을 전개하고 있다. 변태호 목사, 이일호 목사, 김명애 권사, 유말이 권사, 장덕실 권사, 김명화 권사, 김명조 집사, 유옥희 집사, 김종란 사모 등으로 구성된 제7회 동남아 선교지 시찰단이 1989년 8월 12일부터 28일까지 선교지를 방문했다. 1989년 12월 1일 열린 제7회 국제선교의 밤 행사는 "아시아선교의 현황과 실제-인도네시아 및 버마 지역을 중심으로"라는 주제로 렙끼 직원인 레니와띠 슬라멧(Ms. Leniwati Slamet)과 미얀마 복음 가수인 자 타완 잉가 (Mr. Za Tawan Enga)를 강사로 초청하여 진행했다. 인도네시아 한숭인 선교사는 자카르타 선교 교회와 선교관 및 LEPKI 사역(자카르타, 말랑)을 통하여 인도네시아 전역을 향한 종합 선교 전략을 수립하고, 지역선교의 영역을 넘어 인도네시아 교회 지도자 훈련원으로써의 역할과 기능을 잘 감당하고 있다. 한숭인 선교사의 선교 활동은 한인 교회 개척과 교육사업, LEPKI 사역, 원주민 선교, 교회 지도자 훈련 등이다. 비엔나한인교회의 김상재 선교사는 1989년 4월 호른 목사의 한국 방문 이후 현지 노회와의 유대를 더욱 강화하고, 한인 교회는 꾸준히 성장하고 있다고 보고했다.

(2) 1990년: 비엔나한인교회당 구입 감사 예배, 한숭인 선교사 선교 사역 10주년 기념 조찬 기도회, 오스트리아에 윤병섭 선교사 파송

양경열 목사, 이말이 사모, 이일호 목사, 이경석 장로 등으로 구성된 유럽 지역 선교지 방문단은 1990년 1월 16일부터 24일까지 비엔나한인교회, 서독 프랑크푸르트한인교회와 헝가리 부다페스트를 방문했다. 부산국제선교회는 1990년 2월 8일에 석화그릴에서 제95회 월례회 및 정기총회를 개최했다. 부산국제선교회는 1990년 7월 5일에 석화그릴에서 제100회 월례회를 기념하면서 비엔나한인교회당과 부속건물 구입 감사 예배를 드렸다. 총회에서는 총무 주계명 목사와 세계선교위원장 이동시 목사가 감사 예배에 참여했다. 1990년 8월 7일에 일본 우라와교회에서 김병호 선교사의 목사 위임식을 거행했다. 부산국제선교회는 1990년 9월 3일 애인 유스호스텔에서 제1회 국제 선교신학 강좌를 개최했다. 존 데이비스(Dr. John R. Davis) 박사가 "선교와 문화", "선교지에서 영적 대결"이라는 제목의 강연을 했다. 부산국제선교회는 1990년 9월 6일 석화그릴에서 한숭인 선교사와 이금숙 선교사의 인도네시아 선교 사역 10주년 기념 조찬 기도회를 열었다. 1990년 10월 28일 부산국제선교회는 권종덕 협력 선교사(덕천교회 후원)를 대만으로 파송했다. 부산국제선교회는 1990년 12월 4일 석화그릴에서 열린 제8회 국제선교의 밤 행사에서 윤병섭 목사를 제3대 비엔나한인교회 선교사로 파송하는 예배를 드렸다.

인도네시아 한승인 선교사는 4월에 현지인 동역자를 잃고, 이금숙 선교사가 과로로 세 번이나 입원했고, 한승인 선교사도 교통사고를 당해 후유증으로 무릎과 허리 통증으로 심하게 고생했고, 고질적인 결석 증세로 고통을 받았다. 세상을 떠난 에티를 대신해서 좋은 동역자인 밤방 목사를 보내주셨고, 이금숙 선교사의 치료를 위해 많은 손길로 치유하셨다. 선교 교회는 창립 2주년 기념 사경회(강사 한완석 목사)를 열었다. 그리고 선교 교회는 교회 지도자 훈련, 장학 사업, 선교사들의 비자 업무 지원사업, 한국 선교사의 구심점과 선교정보센터, 선교대표부, 오지 선교사 자녀 기숙사, 현지 선교부 사무실 등을 담당할 선교관 건립을 위해 기도드리고 있다. 선교관 건립을 위해 여전도회전국연합회 총회가 지원을 약속했다. 그리고 부산국제선교회와 선교 교회도 힘을 보태고자 한다. LEPKI는 한국인 선교사 4가정(한승인, 이장호, 김창기, 최광수)과 독신 선교사 1명(송광옥)이 제1선교부(동부 자바 말랑)의 현지인 동역자 8가정, 제2선교부(자카르타)의 여덟 가정과 함께 인도네시아 전역에 흩어져 있는 여러 가지 사역들을 맡아 일하고 있다. LEPKI를 통해 인도네시아 전국에 120개 교회를 개척했다. 선교 교회의 후원으로 말랑(자바)과 서부 칼리만탄에서 교회 지도자 훈련을 실시했다. 5월 15일부터 18일까지 동부 자바 말랑의 고산 지대인 농꼬라자르에서 70여 명의 중부·동부 자바, 발리, 롬복, 숨바와 지역 교회 지도자들이 모여 훈련했고, 6월 11일부터 16일까지 서부 칼리만탄 딴중 랄랑과 까랑안 지역에서 60여 명의 교역자와 평신도 지도자들이 훈련했다.

유럽 지역 선교지 방문단의 보고에 따르면 오스트리아 비엔나한인교회의 현황은 교인 재적 102명(세례자 85명, 학습자 7명, 입교 10명, 89년도 수세자 9명)이고, 제직은 20명(남 10명, 여 10명)이고, 직업별로는 현지 거주 11세대 28명, 주재원 9세대 17명, 학생 38세대 55명이다. 연간 예산을 보면 1989년 결산이 3,000만 원(60만 실링)이고, 1990년 예산은 3,250만 원(65만 실링)이다. 교회당 구입 헌금을 위한 교인들 28명의 작정 예산은 893,600실링으로 이미 적립되어 있는 헌금과 합하면 목표액 100만 실링(나머지 100만 실링은 부산국제선교회의 예산)이 1990년 말까지 달성이 가능한 것으로 본다. 그러나 교회당 구입 자금은 1990년 6월 말까지 현금으로 지불해야 하므로 현실적인 어려움이 있었다. 부산국제선교회는 비엔나한인교회당 계약금 14,184,000원(2만 달러)을 4월에 송금했다. 1990년 6월 7일 현재 비엔나한인교회당 구입비는 1억 원/16만 달러이다. 구입비 중 국제선교회의 몫은 8만 달러인데, 이 가운데 2만 달러(2,800만 원)를 계약금으로 지급했다. 비엔나한인교회는 자신의 몫 8만 달러 중 5만 달러(3,500만 원)를 부산국제선교회에 송금했다. 남은 액수 전체가 9만 달러이다. 오스트리아 비엔나한인교회 교회당 및 부속건물 구입을 위한 외교 행정 절차는 총회장의 위임을 받아 김정광 해외협력위원장이 비엔나로 가서 9월 중 체결하기로 결정했다. 비엔나한인교회당 송금액은 114,844,000원으로, 모금액은 77,564,390원이고, 차입금은 37,279,610원이다. 차입금은 신용금고 대출이 2,000만 원이고, 일시 차입금이 160만 원이고, 비엔나한인교회의 입금 수표가 9,900불(700만 원)이다. 계약금 14,184,000원(2만 달러)을 4월 30일에 송금했고, 중도금 29,479,000원(4만 천 달러)을 6월 18일에 송금했고, 잔금 71,181,000원(9만 9천 달러)을 6월 29일에 송금했다. 부산국제선교회는 1990년 7월 5일 석화그릴에서 열린 제100회 월례회 기념 및 비엔나한인교회당과 부속건물 구입 감사 예배를 드렸다.[15] 1990년 12월 선교의 밤 보고서에 의하면 교회당 구입비가 138,056,640원으로 되어 있다.[16] 그런데 비엔나한인교회는 1990년 부산노회의 봄노회가 인준한 장로 2인 선거를 연기했다. 이정준 집사가 집사들과 장로 2인을 피택하는 선거를 절대로 하지 않겠다고 주장했기 때문이었다. 이정준 집사는 비엔나한인교회의 교회당 구입에 상당히 헌신한 비엔나한인교회의 대표였다. 그런데 장성덕 선교사 시절부터 사적인 관계로 갈등을 빚었던 일부 교인들이 교회당 구입을 주도하는 이정준 집사와 구입비의 절반을 지원하는 부산국제선교회에 반감을 갖고 있었다. 이런 갈등을 배경으로 장로 선거가 연기되었다. 김상재 선교사는 비엔나한인교회를 떠나기 전 장로를 피택하여 조직교회를 만들고 싶었지만, 교회 내 갈등으로 이루지 못했다.

일본 우라와교회를 섬기는 김병호 선교사는 매주 4~5명의 어린이와 예배를 드리면서 교회학교를 시작했다. 우라와교회가 일본 관동지방회에 정식으로 가입했다. 사이따마현에 있는 일본기독교단 사이다이토오리(埼大通り)교회와도 좋은 관계를 형성했다. 그리고

---

15 "총무 보고," 제100회 월례회 기념 및 비엔나한인교회당과 부속건물 구입 감사 예배(1990년 7월 5일).
16 부산국제선교회, "제8회 국제선교의 밤, 윤선교사 파송 예배" (1990년 12월 4일).

매월 모이는 일본 목회자 모임에도 참석하고 있다. 일본 교단 총회에 김병호 선교사가 초대를 받아 인사했다. 김병호 선교사는 최근에 한국으로부터 노동자들이 입국해서 산업재해 사건들이 증가하면서 산재를 당한 한인 노동자의 사건을 통역하고 법적으로 보상받도록 노력하고, 변호사와 연결하는 활동을 하고 있다. 예배 장소인 YMCA가 4월부터 국제봉사센터를 개설하게 되어 김병호 선교사는 국제봉사센터 활동에도 참여할 예정이다. 현재 주일예배에 장년 15명이 출석하고, 어린이 6명 주일학교에서 예배를 드린다. 수요일 성경공부에는 교인 5~6명이 참석한다. 어린이를 일본어로 지도할 수 있는 교사 1~2명이 필요하다.[17] 1990년 8월 7일 김병호 선교사가 일본 우라와교회에서 목사 취임식을 가졌다. 10월 7일은 추석으로 세례식과 성찬식을 거행 후 함께 식사했다. 선교사 파송 이후 김병호 선교사는 최초로 2명의 교인에게 세례를 베풀었고, 3명의 교인에게 학습을 받게 했다. 연초에 출석 교인이 12명 정도였는데 연말에는 30명으로 늘어났다.

(3) 1991년: 인도네시아 선교의 확대와 잘츠부르크로 배재욱 선교사 파송

부산국제선교회 총무 박광선 목사는 1991년 2월 4일에 인도네시아 선교지를 방문했다. 부산국제선교회는 1991년 2월 12일에 제105회 월례회 및 정기총회를 개최했다. 부산국제선교회는 1991년 7월 18일 오스트리아 잘츠부르크한인교회의 선교사로 배재욱 목사를 파송했다. 1991년 12월 6일 부산국제선교회는 제9회 국제선교의 밤을 개최했다.

1991년 상반기에 인도네시아 선교부도 자리를 잡았고, 자카르타 선교 교회도 부흥했다. 상반기에 선교 교회는 김계화 원장(할렐루야 기도원)을 강사로 사경회를 열었고, 10월에 이용남 목사(장석교회)를 강사로 사경회를 개최했다. 선교 교회는 LEPKI를 통해서 교회 개척, 장학 사업, 교회 지도자 훈련 사역 등을 지원하고 있다. 남·여선교회 주최로 선교관 건립을 위한 바자회를 열어서 큰 성과를 거두었다. LEPKI와 협력하여 개척한 456개 교회 중 300여 교회가 자립했고, 156개 교회가 지원을 받고 있다. 이리안자야 지역에서 현지

---

17 김병호 선교사, 「선교사 통신」 (1990년 5월 23일).

교단과 협력하여 11곳에 교회를 개척했고, 사역자를 파송했다. 교회 지도자 훈련 과정은 자바, 수마트라, 칼리만탄 지역에서 6회에 걸쳐 총 540여 명에게 재교육 또는 새로운 훈련을 실시했다. 1990년에 시작된 엘로힘신학교는 1년을 잘 마치고, 종교성으로부터 인가를 받았고, 학교명을 ATHESIA(AKADEMI THEOLOGIA ELOHIM INDONESIA)로 변경했다. 한국 유학을 마치고 귀국한 밤방 전도사가 신학교 교장을 맡았다. 1991년 신입생으로 20여 명이 지원했다. 종족어 방송 선교는 작은불꽃선교회, 국제음악선교회, 광복교회 등의 지원으로 아체, 부기스, 자바, 사삭 등의 종족어로 복음 방송 중이다. 작은불꽃선교회의 지원으로 시작한 봉제 과정은 4회 동안 47명이 수료했는데, 수료자들의 자립 의지가 높다. 유치원 설립 인가를 받으면 유아 선교에도 힘쓰고자 한다. 이리안자야 선교는 20여 명의 현지 전도사를 파송하던 사역으로부터 12곳에 교회를 개척하는 것으로 확대되었다. 교역자 1명, 교사 2명, 목수 2명, 영농 지도자 1명으로 구성된 현지인 선교팀을 파송하여 학교를 세우고, 공용어를 가르쳐 큰 열매를 맺고 있다. 여건이 허락되면 제2, 제3의 현지인 선교팀을 보내려 한다.

인도네시아 51개 교단과 협력하는 LEPKI에는 4명의 선교사 가족(한승인, 이장호, 김창기, 최광수)과 2명의 독신 선교사(송광옥, 이혜숙)와 인도네시아 직원 21명이 각 지역에서 열심히 사역하고 있다. 한국인 선교사 중 이장호 선교사는 엘로힘신학교에서 가르치며 수라바야(동부 자바) 한인교회를 목회하고 있다. 김창기 선교사는 언어 훈련을 마치고 선교지 칼리만탄으로 곧 떠날 예정이다. 최광수 선교사는 언어 훈련을 끝내고 사역을 시작하였다. 송광옥 선교사는 말랑에서 현지 적응 훈련을 마치고 선교지 칼리만탄으로 떠날 예정이다. 이혜숙 선교사는 선교 교회에서 부교역자로 동역하며 빈민 지역인 탄중 프리옥에(Tanjung Priok) 현지인 유치원을 개설할 예정이다. 인도네시아 직원은 자카르타(서부 자바)에 5명, 말랑(동부 자바)에 9명, 칼리만탄에 1명, 이리안자야에 6명이 배치되어 있다. 칼리만탄 선교관은 건축이 거의 완료되었다. 칼리만탄 선교관은 고(故)이기도 장로와 박창순 권사의 기념관으로 봉헌될 예정이다. 이리안자야에서는 오지인과 오지인 사역자 양성을 위해 게난(Genyan) 지역에 선교센터를 건립하기 위해서 5헥타르의 땅을 확보했다. 중소 도시에 집중해 있는 오지인을 위한 교회를 과천교회 안수집사의 지원을 통해서 100평 규모로 건축 중인데 1992년 1월에 준공될 예정이다. 말랑에 있는 엘로힘신학교도 광주제일교회(담임 한완석 목사)의 지원으로 다목적 건물을 건축 중에 있다. 농경 사회에서 산업 사회로 변화 되어 가는 과정 속에서 필요한 사역인 도시선교 사역(봉제 교육 및 유치원 사역)은 북부 자카르 타에서 시작하여 말랑과 수라바야 지역으로 확산되고 있다. 한숭인 선교사는 건강이 좋지 않아 어려움을 겪다가 11월에 병원에 입원해서 39도가 넘는 고열 속에서 고생했다. 당뇨가 생겨 장기 선교에 걸림돌이 될 것을 염려하며 기도하고 있다. 한숭인 선교사는 개척교회 관련하여 교회명, 교역자명, 교회 위치, 교세, 교회 내 부서, 기도 제목을 상세하게 보고하고, 개척교회를 위해 기도할 것을 요청했다.

비엔나한인교회는 1991년 현재 100여 명의 교인이 주일예배에 참석하고, 제직은 20명 이다. 비엔나한인교회는 오스트리아 교단의 허가를 획득하고 등기 이전 신청을 했다. 1991 년 12월 1일부터 3일까지 신일교회 최상래 목사를 강사로 초대하여 부흥성회를 열었다. 잘츠부르크한인교회는 음악 대학에 유학하는 유학생들이 교인을 다수로 차지하여 음악 예배로 하나님께 영광을 돌린다. 배재욱 선교사는 인스부룩교회의 예배도 인도한다.

일본 우라와교회 주일예배에는 교인 25명 정도가 출석한다. 교회학교와 한글 공부를 진행하며, 수요 집회를 낮과 밤 2회 진행하고 있다. 김병호 선교사는 부산국제선교회에 개역성경 30권, 공동번역 성서 30권, 찬송가 30권, 자동반주기 구입(반주자 귀국)을 요청했다.

(4) 1992년: 비엔나한인교회의 등기 완료

부산국제선교회는 호주 원주민 선교를 위해 서정권 목사를 1992년 1월에 호주로 협력 선교사로 파송했다. 부산국제선교회는 1992년 2월 13일 제115회 월례회 및 정기총회를 개최하고, 임원으로 회장 양경열 목사, 부회장 김정광 목사, 김용철 장로, 총무 박광선 목사, 부총무 이일호 목사, 서기 이성호 목사, 부서기 원형은 목사, 회계 이경석 장로, 부회계 안광우 장로를 선출했다. 비엔나한인교회의 교회당이 1992년 9월 7일 오스트리아 법원에 비엔나한인교회의 재산으로 등기를 완료했다. 부산국제선교회는 1992년 12월 10일 총회 세계선교부 총무 임순삼 목사를 강사로 초대하여 제10회 국제선교의 밤을 개최했다.

(5) 1993년: 한숭인 선교사의 입원과 치유, 오스트리아로 이남기 선교사 파송

부산국제선교회는 1993년 2월 4일 회원 36명이 모여 제125회 월례회 및 정기총회를 개최했다. 부산국제선교회는 1993년 6월 원형은 목사를 간사로 허락했다. 부산국제선교회는 1993년 9월 11일 비엔나한인교회 윤병섭 선교사의 후임으로 이남기·정은미 선교사 (동래중앙교회 후원)를 파송하기로 결의했다. 부산국제선교회는 1993년 11월 3일 권종덕·박귀자 선교사(광안교회 후원)를 마카오에 협력 선교사로 파송했다. 비엔나한인교회 이남기·정은미 선교사의 파송 예배를 1993년 11월 14일 동래중앙교회에서 드렸다. 부산국제선교회는 1993년 12월 9일 석화그릴에서 장로회신학대학교 총장 서정운 목사를 강사로 초대하여 "한국교회와 21세기 선교"라는 주제의 강연을 듣고 제11회 국제선교의 밤을 개최했다.

인도네시아 한숭인 선교사는 1993년 10월 19일 교회 부흥 사경회를 마치고 피곤한 몸으로 이리안자야 선교지에 갔다가 10월 29일 자카르타로 되돌아왔는데 11월 6일 고열로 인하여 입원했다. 11월 7일에는 혼수상태에 이르기까지 악화되어 거의 하루 동안 의식이 분명치 못했다. 11월 11일에는 한숭인 선교사의 의식은 분명하지만 산소 호흡기로 호흡을 보조하며 각종 호수를 부착하여 중환자실에서 치료 중이다. 말라리아균이 뇌와 간에 영향을 주어 언어장애와 의식불명으로 매우 위험한 상태에까지 다다랐지만, 하나님의 은혜로 한숭인 선교사의 상태가 호전되었다. 주치의는 매우 위중한 상황에서 기적적인 회복을 보였다고 했다. 인도네시아 선교 교회는 개척 당시 32명으로 시작하였으나 현재는 출석 교인 450여 명의 교회로 부흥하였다. 뿐만 아니라 선교 교회는 인도네시아 지도자 양성을 위한 신학교 지원 및 장학금 지원과 교회 지도자 훈련 등 선교를 위해서 재정을 지원하고 있다. 선교 교회는 선교관을 건축 중에 있으며 이 선교관이 완공되면 인도네시아 선교센터로써의 역할과 선교사 자녀들의 숙소, 선교부 사무실, 선교정보센터로써의 기능을 담당하게 되어 명실공히 선교의 전진기지로서의 사명을 다하게 될 것이다. 현지의 53개 교단, 9개 기독교 기관, 6개 신학대학과 동역 관계를 이루는 LEPKI를 통해 한숭인 선교사는 교회 개척 사업, 오지 사역자 파송 사업, 장학 사업, 복음 방송 사역, 마두라 성서 번역 사업, 미션 스쿨 사역, 교회 지도자 및 평신도 훈련, 엘로힘신학교, 이리안자야 종족 복음화 사업,

도시산업선교 등을 전개하고 있다.

잘츠부르크한인교회는 음악 대학에 유학하는 유학생들이 교인 다수를 차지하여 음악 예배로 하나님께 영광 돌린다. 배재욱 선교사는 인스부룩한인교회와 린츠한인교회의 예배도 인도한다.

일본 김병호 선교사가 섬기는 우라와교회는 1993년 10월 말에 부산국제선교회 총무 박광선 목사를 강사로 특별 집회를 열었다. 추수감사주일에는 성도 2명이 세례를 받았다. 지금까지 예배 장소로 사용했던 일본 YMCA가 이전하게 되어 1994년 4월부터는 예배 장소를 옮겨야 한다. 일본 관동 교구에 속한 목회자 20명이 1993년 여름 부산국제선교회에 속한 교회들을 방문하여 한일 교회의 목회자들 사이에 교제하는 시간을 가졌다. 김병호 선교사는 일본기독교단 관동 교구와 부산노회와 자매결연을 맺어, 일 년에 한 차례씩 오고 가는 프로그램을 만들고, 개교회적인 차원에서도 교회끼리 자매 관계를 만들고 교류할 것을 제안했다.

(6) 1994년: 인도네시아 선교 중단과 김병호 선교사의 조후교회 취임식

부산국제선교회는 부산 지역을 중심으로 부산노회, 부산동노회, 평양노회 부산시찰회, 함해노회 부산시찰회, 평북노회 부산시찰회, 울산노회, 경남노회, 진주노회 등 8개 노회에 소속한 60개 교회와 20여 개 기관, 단체가 회원으로, 개인 회원 85명으로 조직된 해외 선교를 위한 기관이다. 1994년 2월 현재 인도네시아(한승인, 이장호 선교사), 오스트리아(배재욱, 이남기 선교사), 일본(김병호 선교사), 마카오(권종덕 선교사), 볼리비아(최기준, 이세영 선교사), 페루(황윤일 선교사), 네팔(이성호 선교사), 호주(서정권 선교사), 서독(이향모 선교사), 프랑스(이극범 선교사) 등 10개국 13명의 선교사에게 생활비, 또는 선교 활동비를 지원하고 있다.

비엔나한인교회를 섬기던 윤병섭 선교사가 계약 기간이 만료되어 1994년 2월 1일 귀국했다. 부산국제선교회는 1994년 4월 28일 제137회 월례회 및 임시 총회를 개최하여 회장 양경열 목사의 사표(다른 지역 교회로 부임)를 받기로 하고, 회장과 총무의 인선은 임원회에 일임하기로 결의했다. 부산국제선교회는 1994년 5월 3일 임원회를 개최하여 회장 신동혁 목사, 총무 이일호 목사, 고문에 양경열 목사를 선출했다. 임원진은 회장 신동혁, 부회장 김정광, 김용철, 총무 이일호, 서기 송남천, 회계 이경석, 부회계 안광우로 확정했다. 인도네시아 선교 교회(한승인 선교사)가 1994년 5월 8일에 선교관 헌당 예배를 드렸다. 부산국제선교회에서는 부회장 김정광 목사(단장)를 포함하여 10명의 회원이 축하하기 위해 인도네시아를 방문했다. 인도네시아 선교관 헌당 예배 이후 한승인 선교사는 여전도회전국연합회 소속 선교사로 이적했다. 일본 조후교회는 1994년 7월 3일 김병호 선교사의 취임식을 거행했다. 김병호 선교사의 취임식에는 부산국제선교회 회장 신동혁 목사 내외가 참석했다. 잘츠부르크한인교회를 섬기던 배재욱 선교사는 임기가 만료되어 1994년 10월 30일에 사임하고, 튀빙겐 대학으로 유학을 갔다. 부산국제선교회는 1994년 12월 8일 석화그릴에서 제12회 국제선교의 밤을 개최하고 총회 세계선교부 총무 임순삼 목사를 강사로 초대하여 "한국교회의 선교적 과제"라는 특강을 들었다.

1988년에 창립한 인도네시아 선교대표부는 교단 선교사들의 선교센터로서 선교사의 현지 적응과 비자 연장 등의 업무를 지원하며, 신임 선교사들을 위한 선교 오리엔테이션도 진행하고 있다. 인도네시아 선교 교회(담임 한승인 선교사)는 선교지의 교회로서 선교적 사명을 감당하고 있으며, 전체 예산 중 경상비를 제외한 모든 비용을 선교비로 사용하여, 현지 지도자 양성을 위한 신학교 지원 및 장학금 지원과 교회 지도자 훈련을 지원하고 있다. 이금숙 선교사가 맡은 유아교육 선교는 발전하고 있으며, 교회 지도자 훈련 과정과 여성 지도력 개발 과정의 유아교육 특강은 선교원을 활용하고 있다. 대지 1,920평(6,400여 제곱미터), 건평 855평(2,850제곱미터)에 예배실, 선교 및 교회 사무실, 교육관 및 게스트룸 등으로 구성된 선교관이 완공되어 1994년 5월 8일에 선교관 헌당 예배를 드렸다. 한승인 선교사는 선교관을 통해 인도네시아의 다섯 개 큰 섬에 50개 교회를 개척하고, 기독교 잡지를 발간하며, LEPKI 지원과 엘로힘신학교 운영 등에 심혈을 기울일 계획이다. LEPKI는 인도네시아 기독교 봉사국(Indonesian Christian Service Institute)으로 인도네시아 53개 교단과 9개 기독교 기관, 6개 신학대학과 동역 관계를 이루고 있다. LEPKI에는 한국인 선교사 5가정(한승인, 김중석, 김낙원, 김창기, 최광수)과 동역 선교사 강갑중, 유영숙 선교사(어린이전도협회 파송 선교사) 등이 협력하여 선교하고 있다. 동부 자바 말랑, 서부 칼리만탄 폰티아낙, 이리안자야의 와이나의 선교 지부와 자카르타의 선교 본부에서 48명의 인도네시아 직원과 동역하고 있다. LEPKI의 선교 사역으로는 교회 개척 사업, 오지 사역자 파송 사업, 장학금 지원 사역, 엘로힘신학교, 복음 방송 선교 사역, 기독교 학교, 문서 선교, 교회 지도자 및 평신도 훈련, 이리안자야 종족 복음화 사업, 선교정보센터, 마두라 성서 번역 등이다. 교단 선교사대회를 1994년 10월 7일부터 9일까지 자카르타 선교관에서 열었다. 교단 선교사 18명이 참석했다. 교단 선교사 임원회는 회장에 한승인, 총무에 서성민, 서기 신방현 선교사로 구성되었다.

비엔나한인교회에 부임한 이남기 협력 선교사는 선교지에 도착하여 한국에서 듣던 대로 교회 내 문제를 느꼈고, 선교사 자신의 힘으로 해결할 수 없다고 깨닫고 기도하기 시작했다. 교인들과 새벽기도회로 모이고, 금요심야기도회로 모여 기도했다. 기도를 통해 선교사 본인이 먼저 충만해짐을 경험하게 되었다. 첫 부임 예배에는 60여 명의 교인이 모여 예배드렸다. 저녁 예배 후에는 유학생들과 함께 찬양을 드렸다. 잘츠부르크한인교회는 유학을 마치면 한국으로 귀국하기 때문에 교인들이 늘 오고 감에 따라 에너지가 많이 소비되는 교회이다. 그렇지만 고향을 떠난 유학생들에게 고향과 같은 푸근하고 진리와 말씀과 사랑이 충만한 교회이다. 지난 10월 16일 주일에는 68명이라는 인원이 예배에 참여했다. 상반기에는 50명 정도가 예배에 참여했다. 배재욱 선교사는 린츠한인교회도 섬기다가 10월 30일 사임했다.

일본 김병호 선교사는 우라와교회에 부임 후 만 5년이 되도록 주님께 드릴만한 열매가 없음을 부끄러워하면서도, 언젠가는 뿌려진 씨앗이 값진 열매를 맺게 될 것을 확신했다. 김병호 선교사는 우라와교회의 목회자 직분을 사임하고, 1994년 4월에 같은 지방회에 속한 조후교회에 부임하여 7월 3일 취임식을 했다. 부산국제선교회 회장 신동혁 목사가 취임식에 참석하여 축사를 했다. 조후교회는 45년의 교회 역사를 지니고 교회당을 소유한 교회이지만 미자립교회로 재일 동포의 험난한 삶 속에 잠겨 함께 고난을 겪어왔다. 전임 교역자가 26년 동안 교회를 섬기면서 일본에서 차별받는 재일 동포의 법적 지위의 향상을 위해 노력했고, 남북 분단 아픔 속에서 민단과 조총련의 갈등을 해소하기 위해 노력했다. 조후교회는 동경 변두리의 작은 교회이지만, 그 역할이 대단히 중요하며 큰일을 감당하는 교회이다.

(7) 이 시기 부산국제선교회 선교의 특징과 과제(1989~1994)

이 시기 부산국제선교회의 특징으로는 첫째, 부산국제선교회의 선교가 인도네시아 선교와 오스트리아 한인 디아스포라 선교와 일본 한인 디아스포라 선교로 선교가 확장된 점이다. 부산국제선교회가 1980년에 한숭인 선교사를 인도네시아에 파송했고, 1983년에 장성덕 선교사를 비엔나한인교회로 파송했고, 1989년에 김병호 선교사를 일본으로 파송했다. 인도네시아 선교는 타문화권 선교이고, 오스트리아 선교와 일본 선교는 한인 디아스포라 선교이었다. 둘째, 부산국제선교회는 1990년에 비엔나한인교회가 교회당을 구입하는 재정의 절반을 지원했다. 부산국제선교회는 비엔나한인교회가 교회당을 구입함으로써 자립을 이룩하고, 비엔나한인교회가 동구권 선교의 전초기지가 될 것을 희망했다. 1990년 6월 말에 잔금을 치르자마자 부산국제선교회는 1990년 7월 5일 제100회 월례회에서 비엔나한인교회당 구입 감사 예배를 드렸다. 셋째, 인도네시아에서 한숭인 선교사는 1982년부터 LEPKI와 동역했고, 1988년에 자카르타에 선교대표부와 선교 교회를 설립했으며, 1994년에 선교관을 완공함으로써 질적 도약을 이루는 계기를 마련했다. 한숭인 선교사는 LEPKI를 통해 현지의 51개 교단과 협력하여 교회 개척 사역과 목회자 훈련 등을 진행하고, 선교대표부와 선교 교회를 통해 이러한 사역과 한인 선교사들을 지원하고, 선교관을 통해 인도네시아 전역에 교회 개척, 기독교 잡지 발간을 통한 문서 선교, 신학교 지원 등을 본격적으로 할 계획이다. 한숭인 선교사는 선교관이 인도네시아 선교를 넘어 동남아 선교 기지가 되고 선교정보센터와 선교사 훈련원이 되는 중장기 계획을 세웠다. 넷째, 일본 김병호 선교사는 1994년에 우라와교회로부터 동경조후교회로 선교지를 변경했다. 김병호 선교사가 일본인을 대상으로 선교하지 않고 재일 동포를 대상으로 선교하는 것은 일본 유학 시절 재일 동포들이 당하는 차별과 고난을 보면서 재일 동포를 섬기는 선교사가 되고자 했기 때문이었다. 조후교회에 부임하면서 김병호 선교사는 재일 동포의 아픔과 고난의 역사에 동행하고 남북한의 평화적 통일에 부응하는 선교를 하고자 했다.

이 시기 부산국제선교회의 선교 과제나 문제점으로는 첫째, 한승인 선교사가 후원기관을 여전도회전국연합회로 교체한 것에 대해 공식적으로 협의하고 대안을 마련하는 것이 필요했다.[18] 한승인 선교사는 선교관을 건축하는 비용의 1/10정도만 지원한 부산국제선교회에 서운했을 것이다. 반면에 부산국제선교회는 한승인 선교사가 중요한 결정을 사전에 상의하지 않고 결정을 통보하고, 주로 재정지원만 요청하는 것에 대한 섭섭함이 있었다. 보다 근원적인 문제는 1990년 인도네시아 선교 10주년에 부산국제선교회가 인도네시아 선교를 위해 특별한 지원을 하지 않고, 비엔나한인교회의 교회당 구입 비용을 절반 지원하면서, 한승인 선교사의 자녀 교육비를 지원하지 못한 것이었다. 한승인 선교사와 이금숙 선교사가 1990년 9월 6일 인도네시아 선교 10주년 기념 예배에 참석했다. 그런데 기념 예배 이후 부산국제선교회가 다룬 주요 의제가 비엔나한인교회당 구입비를 위한 3천만 원 모금 건이었다. 1990년에 한승인 선교사는 중요한 동역자를 잃었고, 이금숙 선교사가 세 번 입원했고, 한승인 선교사도 교통사고를 당하는 등 많은 어려움을 겪었다. 과정이 어떻게 되었던지 결과적으로 한승인 선교사가 일방적으로 후원기관을 교체한 것에 대해서 부산국제선교회는 정책협의회나 다른 회의를 통해 논의하고 문제점과 대안을 모색하고, 이를 이후의 선교 정책에 반영하도록 하는 것이 필요했다. 그런데 부산국제선교회는 이런 위기를 당하고도 이 문제를 공식적으로 논의하지 않았다.

둘째, 부산국제선교회가 비엔나한인교회의 교회당 구입을 결정할 때 한인 교회의 재정 자립에 대한 불확실함과 동구권 선교의 전망이 불투명하다는 점을 충분히 고려하지 않았고, 인도네시아 선교 10주년이라는 점을 전혀 고려하지 않았다. 반면에 월례회 100회를 기념하면서 비엔나한인교회당 구입 감사 예배를 드렸다. 이는 한편으로는 부산국제선교회가 자신의 월례회 100회를 기념하고자 하는 선교회 중심의 사고를 보여주고 있다. 다른 한편으로는 비엔나한인교회의 교회당 구입에 대한 매매계약서가 작성되고, 오스트리아 법원에 등기를 한 것이 1992년이라는 점에 비춰볼 때 부산국제선교회가 교회당 구입 감사 예배를 드린 것은 상당히 성급했다고 보인다. 이는 오스트리아 행정을 잘 모르기 때문이고,

---

18 한승인 선교사의 공금 유용 문제는 이후에 발생한 문제로 3부 1장에서 다루기로 한다.

부산국제선교회가 오스트리아에 교회당을 구입했다는 성과를 보여주기 위한 것이라고 볼 수 있다. 부산국제선교회는 선교에서 종종 나타나는 이러한 선교회(교회) 중심주의와 성과주의를 극복할 필요가 있다. 선교는 선교회 중심적으로 정책이나 사안을 결정하기보다는 선교지의 상황과 선교사의 의견, 현지 교회의 의사를 충분히 경청하고 결정하는 것이 바람직하다. 셋째, 부산국제선교회는 오스트리아 비엔나교회의 교회당을 구입한 이후에 파송하는 선교사의 인선에서 문제를 드러냈다. 윤병섭 선교사는 선교사 재임 기간 3년 동안 한 번도 선교 보고를 하지 않았다. 비엔나한인교회의 일부 교인들은 윤병섭 선교사를 가장 부족한 목회자로 평가했다. 윤 선교사는 귀국 이후 목사직을 내려놓고 다른 직업을 택했다. 부산국제선교회는 교회당 구입 이후 비엔나한인교회의 재정 자립을 기대했고, 장차 동구권 선교의 전초기지가 될 것을 기대했다면, 이런 선교적 비전을 공유하고 실천할 수 있는 선교사를 인선했어야 했다. 부산국제선교회는 선교사의 문제를 알고 있었기에 윤병섭 선교사를 소환하려 했지만 비엔나한인교회가 사전에 의논하지 않고 일방적으로 소환하는 데 문제를 제기해서 이루지 못했다. 부산국제선교회는 인선의 기준과 원칙을 마련할 필요가 있다.

4. 부산국제선교회 선교의 시련기
: 인도네시아 선교의 중단과 오스트리아 선교의 중단, 선교지의 전환과 새로운 선교 전략(1995~1997)

1) 1995년: 선교정책협의회, 한·일 합동 예배, 비엔나한인교회의 선교 중단, 잘츠부르크 김철수 선교사, 알바니아 김기윤 태권도 선교사 파송 및 국제선교회의 밤

부산국제선교회는 1995년 2월 9일 제143회 월례회 및 정기총회를 개최하여 임원에 회장 신동혁, 부회장 김정광, 김용철, 총무 이일호, 서기 송남천, 회계 이경석, 부회계 안광우 등을 선출했다. 부산국제선교회는 4월 6일 제145회 월례회 및 임시 총회를 열어 공석(신동혁 목사 소천) 중인 회장에 김정광 목사, 부회장에 김동명 목사를 선출했고, 5월 4일 초읍교회에서 선교정책협의회를 개최했다. 부산국제선교회는 7월 9일 김철수·김숙이 선교사를 잘츠부르크한인교회에 파송했고, 9월 17일에 김기윤 선교사를 알바니아 태권도 선교사로 파송했다. 부산국제선교회는 12월 14일 한성뷔페에서 제13회 국제선교회의 밤 행사를 개최하고, 김영동 교수(장신대)의 "21세기를 대비하는 해외 선교의 과제"라는 제목의 특강을 들었다.

부산국제선교회가 비엔나한인교회에 파송한 이남기 선교사는 교회 내 갈등을 해소하기 위해서 양편의 대표들에게 자신의 사임을 조건으로 이후 갈등을 야기하지 않기로 약속하고 사임했다. 그러나 이남기 선교사의 사임은 사전이나 사후에 부산국제선교회와 상의하거나 부산국제선교회에 보고되지 않았다. 이로써 부산국제선교회의 비엔나한인교회와의 관계는 거의 단절되었다. 부산국제선교회는 잘츠부르크한인교회에 김철수 선교사를 7월에 파송했다. 잘츠부르크한인교회는 오스트리아 마테우스교회를 빌려 주일 11시 유학생 60명~70명이 모여 예배를 드린다. 김철수 선교사의 목회 활동은 예배, 기도회, 심방, 축하와 지원활동 등이다. 유학생들을 상담하고, 회지 「소금마을」을 연 4회 발간한다. 격월로 잘츠부르크한인교회 찬양대가 오스트리아 개신교회 예배 시간에 특별 순서를 맡아 찬양을 드린다. 김철수 선교사는 잘츠부르크 목회자회에 가입하여 한국-오스트리아 교회 협력을 위해 친교하고 있다. 린츠한인교회는 국제결혼 한 교우들과 유학생들이 매주 10명 정도 오후 4시에 주일예배를 드린다. 예배 후 다과회를 겸한 성경공부를 인도하고, 교인들의 요청에 따라 심방을 한다.

일본 조후교회는 주일예배 출석 교인이 25명~30명이고, 10월 1일 세계성찬주일에 이나기교회와 합동 예배와 성찬식을 거행했다. 한·일 두 교회는 합동 예배에서 해방(戰後) 50주년을 맞아 과거를 반성하고 밝은 미래를 향하여 양국 교회가 협력할 것을 고백했다. 헌금은 수해를 당한 북한에 보내기로 했고, 의류도 수집하여 보냈다.

부산국제선교회 총무 이일호 목사의 보고에 의하면 부산국제선교회는 매년 1억 원 이상 선교비를 지출하며, 일본 김병호 선교사, 오스트리아 김철수 선교사, 알바니아 김기윤 선교사의 생활비를 지원하고, 인도네시아 한숭인 선교사에게는 사업비 일부를 지원하고, 마카오 권종덕 선교사, 호주 원주민 서정권 선교사, 볼리비아 최기준 선교사, 네팔 이성호 선교사, 프랑스 이극범 선교사, 서독 이향모 선교사, 인도네시아 이장호 선교사, 대만 김달훈 선교사, 중국 P 선교사, 일본 이병용 선교사 등 10명의 협력 선교사의 활동비를 일부 지원하고, 선교지 탐색을 위한 유관 선교지(아프리카, 예루살렘, 남아프리카, 아르헨티나 등)와 업무 연락을 하고 있다. 부산국제선교회의 과제로는 첫째, 한국교회가 파송한 선교사의 직접 선교보다는 선교 사역이 현지인 목회자나 교인들에 이뤄지고 있어 선교사의 역할에 대한 재고가 필요하다. 둘째, 지교회가 선교사를 파송하며 선교를 시작할 때는 의욕적이었지만 시간이 지나감에 따라 기대하는 만큼 효과가 없다고 생각하는 경향이 생기면서 지교회들이 해외 선교에 대해 소극적으로 변한다(지원 액수에 비해 성과가 적다, 오래 기다려 주고, 계속 투자해야 하고, 계속 확장해야 한다는 부담감, 선교사 안식 문제, 건강 문제, 재교육 문제, 자녀 교육 문제, 선교사 연금 및 퇴직금 문제 등 복지 문제, 선교 지원 확대에 따른 적절한 평가 문제 등). 셋째, 선교의 동반자 의식이 점차 퇴색한다. 웬만한 교회는 1명의 전담 또는 협력 선교사를 해외에 직접 파송하는 실정이어서 몇 교회가 힘을 합쳐 선교하자는 동반자 의식이 퇴색하고 있다.

　이일호 총무는 이런 과제를 염두에 두면서 지난 5월 4일 열렸던 정책협의회의 결과를 다음과 같이 요약하여 보고했다. 부산국제선교회는 인도네시아 선교를 통해 성공적 열매(LEPKI와 협력 선교, 선교관 준공, 선교 교회 등)를 거두었고, 여러 국가에 선교사를 파송하고 있다. 그러나 이제는 새로운 선교 정책을 개발할 시점에 이르렀다. 부산국제선교회는 한국 선교사를 직접적으로 계속 파송해 나가되 차츰 현지인을 훈련시켜 자기 지역의 선교사로 파송하는 데 주력하고, 필요시 한국으로 초청하여 훈련시킨다. 그리고 평신도를 포함한 전문 기술인 선교사를 양성하여 파송한다(태권도 선교사, 간호사, 각종 기술자 등). 현지인 목회자, 교수, 청년, 학생들을 단기간 초청하여 교류한다(교회 성장 및 신학 일반 포함). 새로운 선교지(중국, 러시아, 동구권, 아프리카 등)에 대한 탐색을 계속 진행한다. 이런 결정에 따라 부산국제선교회가 나아갈 방향을 결정했고, 기존에 해오던 사업과 함께 새로운 사업을 몇 가지 추가하기로 결정했다. 새로운 사업으로는 중국 본토 선교를 위한 선교훈련원 및 대만 원주민 교회를 돕는 일(대만 김달훈 선교사, 월 300달러), 중국 현지 교회를 돕는 일(Y, H, H지역의 D, S교회와 자매결연, 책임 전도사 P장로, 월 200달러), 현지 지도자 훈련 프로그램 및 한국 초청 프로그램을 위한 기본 경비(월 200달러), 일본 오사카 일용 노동자(노숙자)를 위한 주먹밥 제공 프로그램 지원(일본 다쯔미교회 화해의 집, 월 100달러, 이병용 목사), 일본 선교 협력회를 통해 일본교회 및 일본교회 목회자들과 직접 교류 또는 자매 관계를 통해 선교하는 일(월 100달러), 알바니아에 태권도 김기윤 선교사 파송 등이다. 그동안 부산 지역에서 부산동노회를 중심으로 세계선교회가 별도로 있어 부산국제선교회 소속 교회들이 부산국제선교회와 세계선교회를 오가며 선교하는 다소 불편함이 있었는데 양 선교회 결의로 통합하기로 하고 적당한 수순을 밟고 있다.[19]

부산국제선교회의 이러한 결정은 정책협의회를 위한 설문 조사 결과를 반영하고 있다. 회원들이 원하는 선교 지역은 러시아(8), 중국(7), 동구권(4), 제3세계―동남아, 아프리카, 라틴 아메리카(4), 베트남(4), 북한 선교 준비(3), 만주 한족(3), 인도네시아(3), 칠레(1), 멕시코(1)― 등이다. 바람직한 선교 형태는 현지 교회 지도자 초청 훈련(13), 평신도 기술 선교사(13), 선교사 파송(7), 현지 신학생 장학금 지급(1) 등이다. 향후 바람직한 활동 방향에 대해서는 선교회 안에 선교 정책 수립, 평가 및 방향을 제시할 상비부서 구성, 파송 위주보다 현지 교회 지도자 초청 교육이 바람직함, 선교지와 긴밀한 유대 속에 선교의 성과를 분석하고 평가 필요함, 정기적인 선교 현황을 보고 받아야 함이었다.

부산국제선교회가 결정한 새로운 선교 정책과 방향은 서정운 총장(장신대)이 제시한 세계 선교의 방향과도 일치하고, 박성원 목사(부산진교회)도 직접 선교보다 현지인 선교사 훈련이 더 효과적이라고 했다. 전두승 목사는 부산국제선교회 미얀마 선교회, 베트남선교회 등 세분화와 평신도 선교훈련원을 제안했다.

2) 1996년: 비엔나한인교회 헌당식, 알바니아 선교 종료, 새로운 선교 전략(현지인과의 협력 선교), 일본교회 목회자와 신자들의 방문

1996년 9월 알바니아 태권도 김기윤 선교사가 시무를 사임했다. 1990년에 교회당을

---

19 그러나 실제로 통합이 이뤄지지는 않았다.

구입한 비엔나한인교회가 4,000만 원을 들여 교회당을 수리했다. 1996년 11월 2일 비엔나한인교회 헌당 예배에는 부산국제선교회 회장 김정광 목사가 참석했다. 매입 비용이 당시 한화로 1억 4천만 원 정도였는데 이 중 절반인 7천만 원을 부산국제선교회가 헌금했다. 헌당식을 맞아 부산국제선교회 회장이 초청받아 모든 관계가 정상화되었다. 김정광 목사는 회장으로서 전임 회장 신동혁 목사와 양경열 목사 그리고 회원들의 노고를 치하했고, 임원 중 박광선 목사와 이일호 목사, 장성덕 선교사, 김상재 선교사, 윤병섭 선교사, 이남기 선교사의 노고를 치하했다. 김정광 목사는 린츠한인교회와 잘츠부르크한인교회를 방문하고 그 현황을 부산국제선교회에 보고했다. 잘츠부르크한인교회에 1년 전 부임한 김철수 선교사는 유학생 중심의 한인 교회의 특징으로는 유학생이어서 유동적이고, 교회 생활에 깊이 뿌리를 내리지 못하고, 정신적으로나 경제적으로 여유가 없다고 보고했다. 그렇지만 잘츠부르크한인교회가 유학생들에게는 만남의 장소로 중요한 역할을 하고 있다. 김철수 선교사는 유학생 교인들을 신앙으로 위로하고 격려하고, 학업에 열중하도록 권면하면서도 교회에 소속감을 갖도록 노력하고 있다.

일본 조후교회 주일예배는 오전 11시에 25~30명이 모여 드린다. 교회학교 예배는 오전 10시 30분에 10명이 모여 드린다. 1996년 9월부터 1시 50분에 주일 오후 예배를 드린다. 10월 6일 세계성찬주일에 일본기독교단 소속인 이나기교회와 합동으로 조후교회에서 예배를 드렸다. 쇼지 쯔무토 목사가 설교하고, 김병호 선교사가 성찬식을 집전했고, 주일 특별헌금을 수해로 어려움을 겪는 북한에 보냈다. 일본기독교단 동경교구 목사 5명과 신자 5명이 10월 31일부터 11월 7일까지 서울, 경주, 부산의 교회들을 방문했다. 방문 목적은 성장한 한국교회를 체험하는 것이었다. 일본기독교단 방문 결과는 첫째, 선교 역사 백년 만에 이렇게 교회가 성장한 것은 기적이며 성령의 역사로, 지식적으로 굳어져 온 일본교회와는 비교할 수 없는 역동적이며 뜨거운 교회와 신앙생활을 체험하면서 큰 충격과 감동을 받았다. 둘째, 일본이 한국에 저지른 죄가 얼마나 큰 것인지를 막연하게 듣다가 이번 역사 탐방을 통해 확실히 알고 깨닫게 되었다. 역사의 현장을 둘러보면서 왜곡된 역사교육 속에서 안일하게 살아왔던 일본 기독교인들을 포함한 일본 국민의 죄가 얼마나 큰 것인가를 배우게 되었다. 셋째, 일본에 귀국 후 개교회와 지역에서 간증하고, 향후 동료들과 청년들에게 경험하게 하여 운동으로 발전시킬 것을 제안했다.

부산국제선교회 총무 이일호 목사는 1996년 12월 5일 부산YMCA에서 열린 제14회 국제선교회의 밤에서 1995년 정책협의회의 결과 한국 선교사의 파송과 현지 지도자를 훈련시켜 자립, 자전, 자치를 실천하기를 새로운 선교 전략으로 보고했다. 즉, 한국 선교사를 직접적으로 계속 파송해 나가되, 현지인을 훈련시켜 자기 지역의 선교사로 파송하도록 하는 데 주력하고, 필요하면 한국으로 초청하여 훈련시키고, 평신도를 포함한 전문 기술인 선교사(태권도, 교사, 간호사, 각종 기술자 등)를 양성하여 파송하고, 현지인 목회자, 교수, 청년, 학생들을 단기간 초청하여 교류(교회 성장 및 신학 일반훈련 포함)하되, 새로운 선교지에 대한 탐색은 계속 진행함(중국, 러시아, 동구권, 아프리카, 캄보디아, 미얀마 등)을 새로운 선교 전략으로 보고했다. 그리고 부산국제선교회의 새로운 선교 사업으로 전문 기술인 선교사 파송(태권도 등), 원주민 선교(미전도종족과의 자매결연), 중국 Y, H, H강 및 Y시를 중심으로 지역의 교회 지도자 훈련 강화(월 1회 3박 4일의 프로그램을 실시하고 회원 교회의 목사를 강사로 파송하여 세미나를 실시), 대만선교훈련원, 마카오 등과 연계하여 중국 선교 프로그램을 확장, 동구권 중 체코의 신학교 교육을 지원(신학 교재, 교환 프로그램, 신학생 장학금), 단기 선교사를 발굴하여 파송, 일본 오사카 지역 일용 노동자를 위한 프로그램을 강화, 선교사 지망생을 위한 선교사 훈련 프로그램을 개발하여 실시하기 위하여 부산국제선교회의 부설 기관으로 '선교사 훈련원'을 설치 운영, 미얀마의 신학교 교육지원 등을 제시했다. 현지인과의 협력 선교로의 전환은 부산국제선교회의 영문 명칭에도 반영되어 있다(The Pusan Association of Churches for Overseas Mission in Partnership).

「제14회 부산국제선교회의 밤 보고서」에는 지도자 학습을 통한 중국 선교 전략이 제시되었다. 중국 교회는 내국인의 전도 활동이나 외국인의 선교 활동을 엄격히 제한하는 삼자 원칙의 종교 정책을 지향하고 있다. 중국 교회는 대단히 빠른 성장을 거듭하고 있지만, 신학을 공부한 목회자나 교회 지도자가 거의 없다는 것이 문제이다. 따라서 중국 교회 지도자들을 바르게 훈련시키는 일이야말로 중국 교회를 든든히 세우며, 중국을 선교하는 가장 효과적인 전략 중 하나라고 판단된다. K성 Y현 지역은 다른 지역에 비해서 교회 지도자와 정부 당국의 관계가 원만하므로 한국의 목회자들이 단기간 머물며 교회 안에서 성경을 가르치는 일이 가능하다. 특히 Y현의 Y교회와 S교회는 이미 이러한 프로그램을 실시하고 있다. Y교회와 S교회는 매달 첫 주일 지난 화요일부터 금요일까지 3박 4일 동안 교회에서 숙식하며 이런 프로그램을 진행하고 있다.

3) 1997년: 부산국제선교회의 선교 방향을 중국 선교와 미얀마 선교로 전환

부산국제선교회는 1997년 2월 13일에 제163회 월례회 및 정기총회를 개최하고, 임원으로 회장 김정광, 부회장 김동명, 총무 이일호, 서기 송남천, 회계 이경석, 부회계 유무호를 선출했다. 미얀마기독교신학교(Myanmar Christian Seminary)의 리앙망 진자(Li An Mamg Cinzah) 교장이 1997년 3월 6일에 부산국제선교회를 방문하여 미얀마 선교 및 교회 현황을 보고했다. 알바니아 이항모 협력 선교사가 알바니아 티라나 시장과 전화국장과 함께 1997년 3월 17일 부산국제선교회를 방문했다. 이병용 협력 선교사가 일본 오사카 지역 목사 및 평신도 12명을 인솔하여 1997년 4월 5일부터 6일까지 부산국제선교회와 회원 교회들을 방문했다. 부산국제선교회 고문 김용철 장로, 총무 이일호 목사, 서기 구영철 목사가 1997년 6월 2일부터 14일까지 중국을 방문하여 '제1차 처소장 등을 위한 세미나'를 인도했다. 1차 세미나를 인도했던 이일호 목사와 구영철 목사와 김용철 장로는 "중국 교회의 이해 및 선교지 방문 보고"를 부산국제선교회에 제출했다. 방문 보고서는 조선족 교회의 활성화를 통해 한족 교회에 선교할 것을 제안했다. 부산국제선교회의 회원 교회인 김해교회의 조의환 목사가 7월 7일 중국을 방문하여 '제2차 중국 현지 처소장 등을 위한 세미나'를 인도했다. 일본 조후교회 김병호 선교사가 안식년(1997년 9월~1998년 8월)을 맞아 1997년 8월 26일부터 1년 동안 미국 코네티컷 주 뉴헤이븐 소재 해외 선교연구센터(Overseas Ministries Study Center)에서 선교사 재충전 프로그램에 참여했다. 1997년 9월 5일에 열린 '제3차 중국 현지 처소장 등을 위한 세미나'에 회원 교회 부산제일교회 박유신 목사와 김용철 장로가 다녀왔다. 1997년 11월 3일부터 13일까지 열린 '제4차 중국 현지 처소장 등을 위한 세미나'에 부산국제선교회 회장 김정광 목사와 김은곤 목사, 김용철 장로가 다녀왔다. 부산국제선교회는 1997년 12월 4일 부산 YMCA에서 제15회 국제선교회의 밤을 개최했다.

부산국제선교회 회장 김정광 목사는 1997년 11월 3일부터 13일까지 열렸던 '제4차 중국 현지 처소장 등을 위한 세미나'에 참석 후 "중국 교회가 우리를 부르고 있다"는 글을 작성하여 부산국제선교회에 보고했다. 김정광 목사는 K성 Y현, H시, J시 지역 가정교회 지도자들과 3박 4일간 세미나를 매일 10시간씩 강행군을 하면서 중국 교회와 가정 처소를 방문하여 중국 교회의 살아있고 성령 충만한 모습을 보면서 한국교회 초기(1907)에 성령의 불길이 평안도와 전국을 휩쓸고 있을 때를 연상하면서 이때 우리가 잠잠하면 화를 면치 못할 것으로 여겼다. 김정광 목사는 중국 교회를 열심 있고 간절하며 어린아이와 같이 순수한 교회로서 치유 사역이 일어나는 것으로 보고하면서, 중국 교회 지도자 양성의 시급함과 지도자 양성을 위한 재정 보조와 기도 지원이 부산국제선교회가 할 수 있는 가장 좋은 지원이며, 중국 선교는 북한 선교의 전초기지로서 의미도 있음을 강조했다. 「제14회 국제선교회의 밤 보고서」에는 방한 중인 중국 국무원 종교사무국 부국장 리우수상의 "중국의 종교 정책"과 한아봉사회의 선교 지침이 참고 자료로 실려 있다. 부산국제선교회는 1998년도 중점 사업을 중국 선교와 미얀마 선교로 결정하고, 인도차이나 국가들과는 한아봉사회와 협력 선교를 하도록 했다.

4) 부산국제선교회 선교의 시련기(1995~1997)의 특징과 과제

부산국제선교회 선교의 시련기의 선교적 특징으로는 첫째, 부산국제선교회의 인도네시아 선교가 한숭인 선교사의 후원기관 교체로 1994년에 갑작스레 중단되었고, 1995년 비엔나한인교회의 이남기 선교사가 부산국제선교회에 사전에 상의하거나 사후에 보고함 없이 사임함으로써 중단되었고, 1996년에 알바니아 선교가 선교사 파송 1년 만에 중단되었다. 이처럼 부산국제선교회는 1994년부터 1996년까지의 3년 기간 동안 인도네시아, 비엔나한인교회, 알바니아 등 세 선교지를 잃었다. 이런 사례는 선교 역사에서 드문 편이다. 둘째, 부산국제선교회는 이런 시련을 맞아 1995년 5월에 선교정책협의회를 개최하고, 새로운 선교 전략으로 한국 선교사 파송과 더불어 현지 지도자 재교육 지원 및 현지인과의 협력 선교를 제시했다. 새로운 선교 사업으로는 중국 현지 교회 지원, 현지 지도자 훈련 프로그램,

알바니아 태권도 선교사 파송 등을 제시했다. 부산국제선교회의 선교정책협의회가 결정한 새로운 선교 전략과 새로운 선교사업 제시는 설문 조사를 통해 회원 교회와 회원들의 의견을 반영했다. 셋째, 부산국제선교회는 1997년에 새로운 선교 방향으로 중국 선교와 미얀마 선교로 결정했다. 중국 선교는 1996년에 '지도자 학습을 통한 선교 전략'이 제시되었고, 1997년에 지도자 학습을 6월, 7월, 9월 11월 4회 진행했고, 6월 학습 참여자들이 '중국 선교의 이해 및 선교지 방문 보고'를 제출했고, 회장 김정광 목사가 "중국 교회가 우리를 부르고 있다"를 제시했다. 이처럼 부산국제선교회의 중국 선교와 선교 방식은 회원들의 다양한 제안을 반영한 것이고, 새로운 선교 전략과 선교 사업에 부응하는 것이었다. 미얀마 선교는 미얀마기독교신학교의 리앙망 진자 교장의 제안으로 이뤄지게 되었다. 미얀마 선교 역시 현지인과의 협력 선교라는 새로운 선교 전략에 따른 것이라 할 수 있다. 넷째, 알바니아에 김기윤 태권도 선교사를 보낸 것도 전문인 선교사를 파송한다는 새로운 선교 전략을 따른 것이라 할 수 있다. 다섯째, 김병호 선교사의 한·일 두 교회의 합동 예배와 김병호 선교사가 일본 교단 동경교구의 목회자와 신도들의 방한을 추진한 것은 한·일 두 교회의 에큐메니칼 협력 선교의 사례라고 평가할 수 있다.

부산국제선교회 선교의 시련기의 선교적 과제나 성찰할 점으로는 첫째, 선교정책협의회가 새로운 선교 전략과 선교 사업을 제시했지만, 인도네시아 선교 중단에 대한 충분한 성찰을 하지 않은 점이다. 선교정책협의회는 인도네시아 선교의 열매(LEPKI와 협력 선교, 선교 교회, 선교관 등)를 긍정적으로 평가했지만, 한숭인 선교사의 후원기관 교체에 대한 문제는 제대로 다루지 않았다. 부산국제선교회와 한숭인 선교사와 소통이나 갈등에 대한 논의도 필요했지만, 부산국제선교회의 인도네시아 선교 10주년(1990) 당시에 인도네시아 선교관을 전폭적으로 지원할 것인지, 비엔나한인교회당 구입을 지원할 것인지에 대한 전략적 판단에 대한 성찰이 필요했다. 즉, 1990년 당시 부산국제선교회가 인도네시아 전체 선교와 동남아 선교 기지 및 선교훈련원을 세우기 위한 선교관에 집중적으로 지원하는 것이 바람직했는지 아니면 자립 전망이나 동구권 선교 전망이 불투명한 속에서 비엔나한인 교회의 교회당 구입을 전적으로 지원하는 것이 바람직했는지에 대한 전략적 성찰이 필요했다. 둘째, 부산국제선교회의 선교정책협의회에서 제안된 정책위원회의 신설이나 선교훈련원의 신설은 이뤄지지 않았다. 부산국제선교회의 역량의 한계라고 생각한다. 셋째, 부산국제선교회는 오스트리아(비엔나한인교회) 선교가 중단된 데 대해서 공식적인 회의나 정책협의회를 통해 성찰하고 문제점을 규명하고 재발 방지 대책을 마련할 필요가 있었다. 1996년 비엔나한인교회의 헌당 예배가 선교 관계를 정상화할 기회였지만 이뤄지지 않았다. 이후에라도 부산국제선교회는 이남기 선교사를 소환해서 비엔나한인교회를 사임한 경위와 사전이나 사후에 사임에 대한 보고를 하지 않은 이유를 듣고 대안을 마련하는 것이 바람직했다. 김철수 선교사가 귀국한 이후에 부산국제선교회는 오스트리아에 선교사를 파송하지 않았다. 부산국제선교회는 오스트리아에 선교사를 파송하지 않기로 결의한 바도 없다. 위에서 제시한 과정을 통해 부산국제선교회는 인도네시아 선교와 오스트리아 선교가 중단된 후 선교 방향을 중국 선교와 미얀마 선교로 정했다. 부산국제선교회는 자신의 의지와 반해서 일어나는 선교 중단에 대해서 선교정책협의회를 통한 성찰을 하지 않음으로써 이와 유사한 사례가 반복될 수 있음을 간과하고 있다. 넷째, 부산국제선교회가 새로운 선교 전략으로 전문인 선교사인 김기윤 태권도 선교사를 알바니아에 파송했다. 그러나 1년 만에 알바니아 선교를 중단했다. 이러한 사례는 15년 지속된 인도네시아 선교와 12년 지속된 오스트리아 선교와 비교할 것은 아니지만, 선교 단체가 선교사를 파송하고 1년 만에 선교를 종료한 것은 반드시 문제점을 파악하고 재발 방지 대책을 마련할 필요가 있었다. 다섯째, 부산국제선교회가 1998년 이후의 선교 방향으로 중국 선교와 미얀마 선교를 제시했는데 중국 선교에 대해서는 회원들 사이에 상당한 공감대가 이뤄졌다고 할 수 있다. 반면에 미얀마 선교는 미얀마기독교신학교의 리앙망 진자 교장의 요청으로 이뤄졌다. 부산국제선교회는 미얀마기독교신학교의 장단점을 미얀마 기독교 전체의 맥락에서 파악할 필요가 있었다. 최소한 미얀마의 선교사들에게 문의해서라도 미얀마기독교신학교의 지원에 대한 공감대가 이뤄지거나 당위성을 인정받도록 해야 했다.

5. 부산국제선교회 선교의 발전기
: 중국 선교와 미얀마 선교를 중심으로(1998~2010)

1) 1998년: 오스트리아 한인 디아스포라 선교 종료와 중국 선교 집중

부산국제선교회는 1998년 2월 5일 제17회 월례회 및 정기총회를 개최하고, 임원으로 회장 김정광, 부회장 김동명, 총무 이일호, 부총무 조의환, 서기 구영철, 회계 유무호, 부회계 안광우를 선출했다. 1998년 6월 29일에 회원 교회인 부산제일교회 박유신 목사와 금곡성문교회 민영란 목사가 '제5차 중국 현지 처소장 들을 위한 세미나'를 인도했다. 1998년 6월 30일 오스트리아 잘츠부르크한인교회를 섬겼던 김철수 선교사가 3년 임기를 마치고 귀국했다. 부산국제선교회는 부총무에 허준, 서기에 조의환, 부서기에 정종현으로 임원을 개선했다. 부산국제선교회는 1998년 8월 목진태 음악 선교사를 일본 후쿠오카 협력 선교사로 지명했다. 부산국제선교회 회장 김정광 목사와 총무 이일호 목사를 비롯하여 다수 회원이 1998년 8월 10일부터 15일까지 미얀마 선교지를 방문했다. 일본 김병호 선교사는 안식년을 마치고 1998년 9월 일본 조후교회로 복귀했다. 부산국제선교회는 1998년 12월 3일 부산 YMCA에서 미얀마 리앙망 진자 목사를 강사로 초대하여 제16회 국제선교회의 밤을 개최했다.

1997년 6월 중국을 방문한 이일호 목사, 구영철 목사, 김용철 장로의 "중국 교회의 이해 및 선교지 방문 보고서"(1998년 제16회 국제선교회의 밤)는 첫째, 중국 교회의 현황에서 보면 부산국제선교회가 선교 방법으로 선택한 처소장(가정교회) 학습은 바른 선택이었고, 둘째, 한족 선교의 활성화를 위해 Y교회 전도사 부부를 한국에 초청해서 단기 훈련시킬 필요가 있고, 셋째, 조선족 교회의 지도자 교육을 통해 남부 한족을 위한 선교사로 파송할 것을 건의했고, 넷째, 부산국제선교회는 인도차이나 지역에 한국 선교사를 직접 파송하는 방법보다는 이미 파송된 선교사를 간접 후원하거나 한아봉사회를 통해 협력 선교를 하는 방안으로 전환하고, 예산을 확보하여 보다 효과 있고, 열매 맺을 수 있는 중국 선교에 초점을 맞출 것을 제안했다.

　부산국제선교회 회장 김정광 목사와 총무 이일호 목사를 비롯한 6명의 방문단이 8월 10일부터 15일까지 미얀마기독교신학교와 졸업생들이 개척한 교회들을 방문했다. 미얀마 교회는 박해 속에 성장하는 교회로, 교인 수는 약 300만 명(비공식 통계)이다. 미얀마 방문단은 현지인 신학생을 교육하여 졸업생이 교회를 개척하게 하는 것이 가장 효과적인 선교라고 판단했다. 현재 미얀마에는 한국 통합 측 선교사가 10명이다. 미얀마기독교신학교의 리앙망 진자 교장은 한국교회의 복음주의적 신앙과 기도의 열심, 특히 새벽기도회를 배워서 미얀마 교회에 적용시키려 한다면서 부흥한 한국교회가 미얀마 기독교 신학교와 교회를 지원해 줄 것을 신학생과 목회자가 금식하며 기도한다고 했다. 리앙망 진자 교장은 앞으로 매월 2,000달러(한화 260만 원)를 2년 동안 지원할 것을 부산국제선교회에 요청했다. 방문단의 결론은 다음과 같다. 한국교회는 전 세계에 3,000명의 선교사를 파송했다. 그러나 한국교회의 세계 선교는 원주민/현지인 선교를 효과적으로 하는 경우가 많지 않다. 어느 정도 현지인 선교가 가능한 나라가 동남아 일부 국가로 베트남, 라오스, 캄보디아, 미얀마가 가장 좋은 선교 대상 국가이다. 인간의 계획이 아니라 새롭게 열리는 미얀마 선교회가 먼 훗날 한국교회의 빛나는 해외 선교 열매가 될 것으로 예측했다.

　부산국제선교회의 장점으로는 개교회 우선주의와 개교회의 선교사 파송 경쟁을 뛰어넘어 지역 교회들이 협력하여 함께 선교사를 파송하고, 현지 선교 프로젝트에도 회원 교회들이 분담하여 참여함으로써 개교회로서는 벅찬 큰 프로젝트들도 감당함으로써 해외 선교에서 협력 선교의 모범을 보여준 점이었다. 이런 협력 선교의 노력은 부산·울산·경남 지역의 교회와 성도에게 선교 의식을 고취했고, 선교 열정을 불어넣는 역할을 했다. 특히 정기적으로 선교 현장을 방문함으로써 선교에 협력하는 교회와 교인들로 하여금 선교에 적극적으로 동참하는 동기를 부여했다. 이로써 부산국제선교회는 다양한 선교 정보를 얻게 되었고, 새롭고도 효과적인 선교 전략을 개발하게 되었다. 부산국제선교회의 해외 선교의 목표가 사람들을 구원하여 그들로 자치, 자립, 자전하는 토착 교회의 책임 있는 일원이 되어 하나님께 예배드리고, 다른 지체들과 함께 자라가며 더불어 봉사의 사역을 하며, 다른 교회를 설립하는 일에 참여하도록 하는 데 있다. 이런 목표를 실현하기 위해서 부산국제선교회는 중국에서 현지 지도자 교육을 통해 중국 교회를 지원하고 현지 지도자를 육성하고 있다. 이런 교육을 받은 처소장들이 다른 지체들에게 성경을 가르치며 교회들을 세워 나가도록 하고 있다. 현지 지도자 교육 중심의 방식은 직접 선교가 제한되는 중국 선교의 현실을 감안하면 적절한 선교 방식이라고 본다. 지난 1995년 선교정책협의회 이후 현지와 협력하는 선교가 중국과 미얀마에서 활발하게 이뤄지고 있다.

부산국제선교회는 이러한 장점과 현지인과의 협력 선교 방식으로의 전환이 잘 이뤄지고 있지만 최근에 회원 교회와 교인들의 선교 열정이 이전만큼 되살아나지 않고 있다. 그 이유는 IMF 환란 위기의 영향과 선교 열매가 눈에 나타나는 현지인 선교(타문화권 선교)보다는 교포 선교(한인 디아스포라 선교)에 집중했기 때문임을 자인한다. 따라서 부산국제선교회는 앞으로 복음 전도와 사회참여의 균형 있는 선교 프로젝트를 개발하고, 미전도종족 선교 중심의 타문화권 선교를 중심으로 하는 동시에, 현재 실시하는 중국 현지 처소장 학습과 미얀마의 신학교 보조, 개척교회, 전도자 파송 사업에 주력해 나가고자 한다. 이를 통해 지금까지 이뤄온 사역의 밑거름 위에 부산국제선교회의 선교가 한층 더 효과적이고 열매 맺는 선교 사역이 될 것을 기대하고 있다.[20] 이처럼 부산국제선교회가 중국 선교와 미얀마 선교에 주력하기로 함으로써 일본 김병호 선교사의 선교비를 절반으로 줄이기로 했다.

2) 1999년: 중국 교회의 지도자 학습과 미얀마 신학교 교수의 유학비 지원

중국에서 1999년 3월 8일 박유신 목사와 김용철 장로 등이 처소장 학습을 실시했다. 부산노회 여전도회연합회가 1999년 4월 미얀마에 쉐포칸교회를 개척했다. 중국 Y현 S교회 S전도사 내외와 P집사가 부산국제선교회의 초청으로 1999년 5월 부산국제선교회와 회원 교회를 방문했다. 부산국제선교회는 S교회에 22인승 선교 차량을 지원했다. 미얀마기독교신학교의 리앙망 진자 교장은 1999년 9월 28일까지 회원 교회로부터 미얀마기독교신

---

20 "총무 보고," 「제16회 부산국제선교회의 밤 선교보고서」 (1998년 12월 3일).

학교의 건축비로 23,181,950원을 모금했다.

　　김병호 선교사는 지난 3월부터 재일대한기독교 총회 본부 사무실에 주 2일 출근해서 사무 행정을 돕는 간사 활동을 시작했다. 총회 간사가 사임하고 유학을 가서 총회 사무 행정을 지원하는 것이 필요했고, 부산국제선교회/덕천교회의 선교비가 절반으로 줄어들어 어려움을 겪는 김병호 선교사를 돕기 위한 재일대한기독교 총회 총무의 배려이다. 조후교회는 매주 25명 정도의 교인들이 모여 예배를 드린다. 외형적으로는 큰 변화가 없지만 조후교회는 내적 다양성을 지닌 교회이다. 조후교회는 한국어를 잘하는 1세대, 일본에서 태어나 한국어를 조금 아는 2세대, 그리고 2세대의 자녀로 한국어를 전혀 모르는 3세대로 구성되어 있다. 그런데 3세대들이 성장하여 교회학교의 교사와 반주를 맡으면서 이들이 가르치는 세대는 4세대이다. 조후교회는 교인이 많지 않은데도 세대 차이와 언어 문제 등이 복잡한 데다가 일본인 교인도 일부 있기 때문에 다양성 가운데 일치를 추구하는 교회라 할 수 있다.

　　김병호 선교사는 한일관계에 큰 변화를 야기할 '신 가이드라인 법안' 통과와 일장기를 국기(國旗)로, 기미가요를 국가(國歌)로 법제화하려는 움직임과 그 의미를 소개했다. 김병호 선교사는 하나님 나라와 거리가 먼 국가주의와 군국주의의 부활은 "복음의 정신을 기반으로 하여 변화시켜 가야 하는 것"으로 "일본에 있는 교회의 사명이요, 또한 본 선교사의 사명"으로 고백했다. 그리고 "본국에도 늘어나고 있는 외국인 노동자들에 대한 배려는 하나님의 선교에의 좋은 참여라고" 믿는다고 했다. 한편 김병호 선교사는 재일 동포에 대한 역사적 이해와 더불어 재일 동포들이 받는 사회적이며 법적인 차별을 극복하는 데 재일대한기독교회가 앞장서고 있다고 했다. 그는 재일대한기독교회의 역사와 현황을 소개하면서 재일대한기독교회가 영혼 구원을 강조하는 선교로부터 인권 선교로의 전환을 한 것에 대해 소개했다. 1968년 일본 선교 60주년을 맞이하였을 때, 재일대한기독교회는 지금까지 걸어왔던 신학을 새롭게 정리하여 "그리스도를 따라 이 세상으로"라는 표어를 내세우고, 일본 사회의 변두리에서 말할 수 없는 차별로 인하여 무거운 짐을 지고 있는 재일 동포와 같이 걸어가는 것을 선교의 사명으로 깨달았다. 그래서 재일대한기독교회는 1970년대부터 재일 동포의 인권 문제를 위해 힘쓰기 시작했다.

김병호 선교사는 일본인과 한국인의 차이를 소개하고, 이것이 일본교회와 일본 신자를 이해하며 전도와 선교 방법에도 적용되어야 함을 밝혔다. 그리고 김병호 선교사는 자신의 선교 대상을 일본인보다는 재일 동포 70만 명(미등록 이주노동자 포함하면 100만 명)이라고 밝혔다. 이는 재일대한기독교회의 변화된 신학과 선교 이해를 따른 것이다. 일본 선교에 관해서 김병호 선교사는 일본 신자들이나 일본인들이 말보다는 행동을 중시하기 때문에 설교나 구두 전도보다는 생활 속의 간증을 중시해야 하고, 일본 교인에게 말로 하는 훈련은 비효과적이며, 일본 선교의 가장 어려운 점은 일본인의 다종교적 심성(결혼예식은 교회에서, 장례식은 절에서)에 대한 이해로, 바람직한 선교는 일본교회를 통한 일본인 선교이고, 이를 위해 필요한 것이 일본교회와 교류와 협력이라고 했다.

중국 K성 Y현 S교회(한족 교회, 교역자 S전도사, 교인 700명)는 매월 첫째 주간에 인근 한족 교회 처소장들(120명~150명)에게 학습을 실시하고, 찬양반을 중심으로 전도 활동을 활발하게 하고 있다. Y현 Y교회(조선족 교회, 교역자 P장로, 교인 450명)는 인근 조선족 교회 처소장 100명에게 매월 첫 주간에 학습을 진행하며, 양로원을 지원하고 있다.

미얀마는 불교가 86%이고, 기독교가 6%인 나라로 군부독재 치하에 신음하고 있다. 부산국제선교회가 미얀마 선교를 시작하게 된 계기는 미얀마기독교신학교의 리앙망 진자 교장을 만나게 되면서부터였다. 리앙망 진자 목사는 과거에 판사로 재직 중 은혜를 받고 인도에서 신학을 공부하여 미얀마기독교선교회를 창립하여 신학교, 교회 개척, 전도자 파송 사역을 하고 있다. 미얀마기독교선교회는 신학교에서 목회자를 양성하고, 신학교 졸업생들이 교회를 개척하고, 신학교 졸업생과 개척교회 목회자들을 전도자로 파송하고 있다. 현재 직원은 총재 1명, 지역 책임자 3명, 목사 38명 등이고, 졸업생들이 개척한 교회는 양곤지역 16개, 라킨 지역 6개 등 22개이다. 부산국제선교회는 미얀마기독교선교회와 협력하여 미얀마 교회 지도자를 한국으로 초청하여 신학 수업을 하게 함으로써 현지 지도자를 양성하고 있다. 현재 1년 석사 과정으로 옥민탕 교수(미얀마기독교신학교 남자 교수, 조직신학 전공, 부산진교회―담임 이종윤 목사―가 전액 보조)와 디콘라(미얀마기독교신학교 여교수, 선교학 전공, 통합 여전도회관―이사장 조병숙 권사―의 운영 이사회가 전액 보조) 교수가 공부하고 있다. 지원 경비는 1인당 1년간 약 천만 원이다.

3) 2000년: 중국 교회 지도자 학습과 미얀마 선교지 방문

부산국제선교회는 2000년 2월 총회를 열어 임원으로 회장 김정광, 부회장 김동명, 송남천, 김명애, 총무 이일호, 부총무 허준, 서기 조의환, 부서기 정종현, 회계 유무호, 부회계 안광우, 감사 고도생, 김영문 등을 선출했다. 부산국제선교회는 중국 교회 지도자에 대한 학습을 3월에 3회, 5월에 1회, 7월에 2회, 8월에 3회, 10월에 2회 등 총 11회를 실시했다. 백양로교회가 중국 B교회와 B선교센터, 대지교회가 J교회, 감전교회가 C교회, 김인권 장로가 J교회의 예배당 건축을 지원했다. 오산교회와 김해교회의 후원으로 중국 모지역에서 새롭게 처소장을 위한 학습반을 운영하기 시작했다. 부산국제선교회는 미얀마기독교신학교의 운영비 일부를 지원하고 있다. 2000년 3월 5일부터 10일까지 미얀마기독교신학교의 졸업식과 개척교회 건축을 위해 부산국제선교회 회장 김정광 목사 외 2명이 미얀마를 방문했다. 미얀마기독교신학교의 옥민탕 교수(부산진교회 후원)와 디콘라 교수(부산노회 여전도회연합회 후원)가 한국 유학을 마치고 귀국했다. 김해교회는 쉐피타교회당 건축을 지원했다. 일본 김병호 선교사는 지난 10월 1일 세계성찬주일에 일본교회와 합동예배를 드렸다. 쇼지 목사는 설교 가운데 남북의 화해 분위기를 언급하며, 일본교회가 남북의 평화통일에 적극 협력해야 한다고 했다. 성찬식은 김병호 선교사가 집전했고, 헌금은 북한의 식량 지원을 위해 사용했다. 조후교회 창립 50주년 기념 예배를 11월 2일에 드렸다. 조후교회 창립 50주년 기념행사로 열린 전도 집회는 대한예수교장로회 총회장 박정식 목사가 인도했다. 부산국제선교회는 2000년 12월 7일 부산 YMCA에서 제18회 국제선교회의 밤을 열고, 옥만팅 교수(미얀마기독교신학교)를 강사로 초대하여 "불교의 두카(Dukkha, 苦)의 개념과 미얀마 크리스천의 고난과의 상관성에 대한 연구"라는 제목의 특강을 들었다. 옥민탕 교수는 예수의 고난이 미얀마 고난을 해결할 수 있는 열쇠로 제시하고, 내적 변화의 신학은 사람의 마음을 평화스럽게 만듦으로써 사회의 평화를 구축하는 것으로, 내적 변화는 평화의 왕국을 세우기 위한 하나님의 방법이며, 두카(Dukkha, 苦) 사회로부터 행복(Thukha) 사회로 만드는 열쇠임을 강조했다.

4) 2001년: 중국 교회 지도자 학습과 "중국 교회 선교보고서"

부산국제선교회 사무실을 부산 중구 중앙동 4가 85-15, 국제빌딩 401호로부터 부산노회 회관 내로 2001년 2월에 이전했다. 일본 김병호 선교사는 지난 2년 동안 재일대한기독교회 총회 사무실에 간사로서 주 2회 업무를 보았다. 그러나 새로운 간사가 부임하여 현재는 목회에 전념하고 있다. 지난 4월 30일 열린 관동지방회 정기총회가 김병호 선교사를 지방회 장(노회장)으로 선임하여 2년 동안 지방회장으로 섬기게 되었다. 조후교회는 교회 창립 50주년 기념 예배와 행사 이후 새롭게 탈바꿈하기 위해 노력하고 있다. 신도 수나 장소에 비해 어린이가 많아 예배 시간에 어려움을 겪지만 감사한 일이다. 재일대한기독교회는 일본 정부의 역사 교과서 왜곡에 관한 반대 성명서를 발표했다.

부산국제선교회는 중국 교회 지도자를 위한 학습을 3월에 두 차례, 7월에 한 차례 등 총 3회를 실시했다. 중국 Y현 P장로 부부와 공안국 부국장, 정보국 과장 등이 부산을 방문했 다. 여름을 맞이하여 부산국제선교회에 속한 교인들과 목회자들이 중국 선교지를 방문했 다. 김해교회 교역자들과 청년들이 7월 5일부터 13일까지 중국 선교지를 방문했다. 8월 20일부터 28일까지 초읍교회 교역자들과 청년들이 중국 선교지를 방문했다. 부산노회 북부시찰 목사회가 8월 20일부터 25일까지 중국 선교지를 방문하여 두 교회에서 새벽기도 회와 수요기도회를 인도했다. 백양로교회 목사와 청년들이 중국 선교지를 8월 20일부터 25일까지 방문했다. 중국 선교지를 방문한 전동윤 목사 팀 8명은 각자 백만 원씩 모아 중국 교회 교사들을 대상으로 교사 강습회를 2박 3일간 개최했다. 두 교회에서 개최된 교사 강습회에는 교회 30여 곳에서 교사 180명이 참여하여 노래와 율동, 레크레이션, 어린 이 전도법, 성경 연구법, 공과 준비법, 공과 다루기, 어린이 관리의 실제 등에 대해 배웠다. 교육 학습을 인도했던 전동윤 목사는 「중국 조선족 교회와 한족 교회의 선교보고서」를 부산국제선교회에 제출했다. 이 보고서에 의하면 중국 현지에서 새롭게 알게 된 사실은 첫째, 중국 교회 성도들이 신앙에 대한 기초 지식이 없다는 점, 둘째, 중국 교회의 지도자 양성이 시급한 것, 셋째, 중국 교회에는 교회학교가 없어 어린이 교육에 대한 대안이 필요하 다는 점이다.

전동윤 목사가 지적한 중국 선교의 문제는 교회 안에 조직이 빈약하여 외부의 선교비에만 의지하는 점이다. 그에 못지않게 큰 문제는 중국에서의 부산국제선교회의 선교 활동이 중국 정부가 비자를 발급하는 조건 내에 있는가 하는 점이다. 즉, 중국 정부는 교회 밖 종교 활동을 금지하고, 외국인의 종교 활동도 금지하고 있어, 목사에게는 비자 발급 시 일체의 종교 활동을 하지 않는다는 조건으로 발급한다. 이런 제약으로 인해 선교 활동에 어려운 점이 많다. 그렇지만 실제로 현지의 정확한 정보에 의한 선교 정책을 세워야 효율성을 극대화시킬 수 있을 것이다. 부산국제선교회의 선교 방법에 전기가 필요하다. 선교헌금의 투명성은 알 길이 없기에 더욱 그렇다. 교회 내 제직회(회계 포함) 같은 조직이 없어 한 명의 전도사나 전도사 가족에 의해서 교회가 운영되기 때문이다. 평신도 교육이 시급하다. 평신도를 깨우는 지도자 양성과 조직적인 교회운영과 교회학교를 위한 교육정책 입안이 시급한 과제이다. 한국교회가 교육에 필요한 자료를 보내주는 것이 필요하다. 신앙 기초교육을 위한 교재를 보내주는 것이 필요하다. 따라서 헌금만 보내는 선교 정책에서 교육을 위한 선교로 선교 정책의 전환이 필요하다. 교육을 위한 선교사 파송도 필요하다.

새천년 기념 교회로 김해교회가 미얀마에 세운 세피타교회 헌당 예배에 참석하기 위해서 김해교회 목회자와 교인 15명과 초읍교회 1명의 성도가 2001년 1월 8일부터 13일까지 미얀마를 방문했다. 미얀마기독교신학교의 교장 리앙망 자이는 부지 구입비 10만 달러(1억 3천만 원) 중 자신이 30%를 모금하고, 한국교회가 70%를 지원할 것을 요청했다. 부산국제선교회가 다 감당할 수 없다고 하자 리앙망 교장은 자신이 직접 한국교회로부터 모금할 계획이니 부산국제선교회가 자신을 한국으로 초청해 줄 것을 요청했다. 김은선 권사를 비롯한 방문단이 2001년 3월 5일부터 10일까지 미얀마기독교신학교의 부지 구입 관련해서 미얀마를 방문했다. 방문단이 부지 현장을 돌아보고, 신학교를 방문하니 신학생 60명이 방문단을 환영했다. 방문단이 가져간 볼펜, 치약, 비누, 사탕 등을 신학생에게 나눴다. 지난 20년 동안 군부독재로 인해 대학교는 8년 전부터 휴학하고, 오직 의과대학과 신학교만 수업이 가능했다. 미얀마기독교신학교는 신학생 60명 모집에 180명이 지원했다. 2001년 졸업생은 5명이었다. 부산성동교회가 지원하기로 한 하일타이아교회와 베네공교회는 작지만, 어린이집과 교회학교를 잘 운영하고 있었다. 중국 교회는 교회학교가 없는 데 반해서,

미얀마 교회는 어린이집을 운영함으로써 학부모인 젊은 여성들에게 선교가 잘 된다고 한다. 부산여전도회연합회가 건축한 세포칸교회는 한국교회에서 배운 새벽기도회와 심방을 열심히 하고 금요 금식기도도 시작했다. 미얀마기독교신학교는 100명의 신학생과 교수 20명(6명의 전임 교수와 14명의 파트타임 교수)으로 구성되었다. 졸업생이 개척한 양곤 지역 교회가 27개로 증가했고, 어린이집이 2개로 증가했다. 미얀마 선교센터로부터 30마일 떨어진 곳에 보육원을 설립하고, 12명의 어린이를 받아 운영하고 있다. 신학교 부지 구입을 위해서 미얀마기독교신학교는 토지 소유주와 12월 31일 이전에 계약을 하기로 했다. 부산국제선교회는 1만 달러를 계약금으로 송금했다. 부산국제선교회는 연말까지 9만 달러를 미얀마에 송금해야 한다.

5) 2002년: 중국 교회 지도자 학습, 은퇴한 김정광 목사를 중국 선교사로 파송, 미얀마기독교신학교 부지 기증

부산국제선교회는 2002년 2월 7일에 초읍교회로부터 김정광 목사가 은퇴한 이후 선교사로 파송하기로 결의하고, 7월에 김정광 선교사를 중국 선교사로 파송하여 학습을 진행하도록 했다. 부산국제선교회는 2002년에 중국 길림성 처소장 교육을 총 11회 실시했다. 백양로교회는 2002년 6월 Y지역 S교회에서 의료봉사를 했다. 이후에는 그린닥터스가 중심이 되어 의료봉사를 실시하게 되었다. 2002년 7월 Y지역에서 학습 중 한국인 목회자 1명이 연행되었다가 석방되었고, 기차 안에서 방문자 1명이 여권을 분실했다가 8시간 후에 찾았다. 부산국제선교회는 2002년 7월 미얀마기독교신학교의 부지 7,800평을 8만 달러에 구입하여 미얀마기독교신학교에 기증했다. 등기이전은 2003년 2월에 이뤄졌다. 구덕교회가 2002년 8월 중국에 K교회당을 건축했다. 2002년 10월 중국 P장로와 중국 정부 인사들이 부산을 방문했다. 부산국제선교회의 회원 교회들은 2002년 북한에 식량을 4차례 보냈고, 탈북자 돕기에 참여했다.

일본 김병호 선교사가 섬기는 조후교회에는 20여 명의 교인들이 예배에 참석하고 있다. 세계성찬주일 합동예배 사회는 쇼지 목사가 맡았고, 설교는 갈현성결교회 박상증 목사(전

CCA 총무)가 맡았고, 성찬식은 김병호 선교사가 집전했다. 김병호 선교사가 지방회장인 재일대한기독교회 관동지방회는 동경에 소재한 30개 교회로 구성되어 있다. 2002년 8월 말에 2박 3일 동안 박종순 목사(충신교회)와 신동작 목사(백양로교회)를 강사로 하기 신도 수련회를 개최했다. 2002년 4월 2일부터 5일까지 하와이에서 열린 총회 교육부 및 한국기독교장로회와 해외 한인 교회가 주관하는 '해외 한인 교회 교육목회 대회'에 김병호 선교사가 재일대한기독교회 대표단의 일원으로 참여했다. 김병호 선교사는 10월 20일 재일대한기독교회와 선교 협약 관계를 지닌 일본기독교회의 미나미카시와교회에서 특별전도 집회를 인도했다. 김병호 선교사는 일본 NCC의 장애인과 교회문제위원회의 위원으로 10월 8일부터 12일까지 서울에서 한국NCC와 공동으로 주최하는 한일장애인선교협의회에 참가했다. 2002년 11월 26일부터 27일까지 서울 영락교회에서 열린 지역별 선교사 대표자 회의에 일본 선교사를 대표하여 김병호 선교사가 참석했다.

부산국제선교회는 Y지역의 55개 교회(한족 23, 조선족 25, 기타 7)와 200여 처소의 지도자를 위한 학습을 1996년부터 시작하여 2002년까지 약 30회의 학습을 실시했다. 부산국제선교회는 연평균 4회 학습을 실시했고, 매회 학습마다 목회자와 교회 지도자 2~3명이 참석했다. 2002년에는 매월 학습을 실시하여 총 11회를 실시했다. 부산국제선교회의 회장이며 2002년 7월 중국 선교사로 파송된 김정광 목사가 S교회에 모여 3년 동안 신학을 공부하고 기도하는 청년들을 지도하고 있다. 부산국제선교회의 회원 교회인 구덕교회, 감전교회, 거성교회, 애광교회, 부산제일교회 등이 중국 Y지역 10개 교회를 자매교회로 지원하고 있으며, 김해교회, 오산교회, 초읍교회, 부산제일교회, 부산노회 북부시찰회 등이 목회자, 장학생, 찬양대, 처소장 교육 등을 지원하고 있다. J지역은 중간 지도자 교육을 매월 실시하며, 성동교회 및 김은선 권사는 N자치구 지역을 지원하고, 부산국제선교회 상임고문인 K장로는 J교회와 C집사를 보조하고, 동래중앙교회와 안락교회 등 여러 교회가 개척교회 보조에 힘쓰고 있다. 백양로교회는 의료선교와 더불어 찬양대 찬양집회를 하도록 보조를 했다. 부산제일교회, 초읍교회와 중국을 방문한 회원들이 탈북 동포 돕기에 참여했고, 북한에 쌀을 4차례(1회 300만 원, 12월은 1,000만 원) 보냈다.

미얀마 선교는 금년이 획기적인 해이다. 지난 6년 동안 많은 기도와 현금과 현지 방문

그리고 리앙망 진자 신학교 교장의 한국 방문과 옥민탕 교수와 디콘라 교수의 한국에서의 신학 연수를 통하여 현지에서 신학 교육과 선교 활동에 도움을 주었으며, 김해교회와 부산노회 여전도회연합회가 현지에 개척교회를 각각 한 곳씩 설립하여 돕고 있다. 함해노회 여전회연합회가 베네공교회와 힐타일라교회를 지원하며, 부산국제선교회는 매월 1,000 달러씩 후원하고 있다. 2002년 5월에 리앙망 교장이 한국을 방문하여 신학교 부지 매입 대금을 모금한 결과 초읍교회, 창원양곡교회, 울산 이상철 집사가 각각 1만 달러, 2만 달러를 헌금하여 마침내 6월에 대지 6천 평을 8만 달러에 매입하였다. 이 일은 미얀마 기독교 현대사에 아름다운 업적으로 기억될 것이다. 그러나 아직도 3만 달러가 미지불 상태에 있다. 부산국제선교회가 최소한 1만 달러(약 1,200만 원)정도는 헌금해야 할 형편이다. 잔금 날짜는 2003년 1월 말이다. 부산진교회의 장학금으로 학업을 마치고 귀국한 옥민탕 목사는 2003년 2월부터 미얀마기독교신학교에서 리앙망 목사와 함께 일하게 되었다.

6) 2003년: 중국 교회 지도자 학습 및 북한 식량 보내기, 미얀마 선교

부산국제선교회는 2003년 2월에 총회를 열고 회장 김은곤, 부회장 송남천, 변태호, 김태구, 총무 조의환, 부총무 정성훈, 서기 허준, 부서기 정종현, 회계 유무호, 부회계 조을훈, 감사 안광우, 김영래 등을 선출했고, 김정광 목사를 상임고문 및 중국 선교사로 임명했다. 2003년 5월 부산국제선교회는 Y지역 H마을에 공중화장실을 건축하여 기증했다(건축비 480만 원). 중국은 2002년 11월부터 6개월간 사스로 인해 6천 명이 사망했다. 이로 인해 학습을 2003년 5월과 6월 두 달 동안 중단했고, 일부 지역은 주일예배를 중단했다. 부산국제 선교회는 2003년 7월 북한에 식량 13톤을 보냈다. 대전 영락교회가 미얀마에 2만 달러를 지원하여 4개 교회당을 건축했다. 문경성동교회가 미얀마에 1,000달러를 지원하여 하인 따이야교회당을 건축했다. 리앙망 진자 목사는 2003년 8월에 장로회신학대학교에서 박사 과정을 시작하여 1학기를 이수하고 11월 29일에 귀국했다. 2003년 8월 부산국제선교회 회원들이 K성 일대를 방문하면서 북한에 식량 25톤을 보냈다. 평화교회가 2003년 9월 Y성 C시 K교회를 지원하여 이전 건축했다. 영도중앙교회가 2003년 10월 Y지역 D교회를 지원하여 건축했다. 2003년 12월 18일 S교회 S목사 안수 후 교인 685명이 합동으로 세례를 받았고, 1,300명이 성찬식에 참여했다. 김해 북부시찰, 동래중앙교회, 오산교회 등이 S교회 기숙사를 확장하여 매입하는 것을 지원했다. 중국에서 사스 종식 이후에 다섯 차례의 학습을 실시했다.

중국 정부로부터 허가를 받아 부산국제선교회가 지원하는 중국 교회는 K성에 6개 교회, N자치구에 2개 교회가 있고, 처소교회는 N자치구에 8개 교회, H성에 1개 교회가 있다. 부산국제선교회가 중국 Y현에서 지원하는 교회는 조선족 교회가 24개, 한족 교회가 26개 교회로 모두 정부 비준 간판이 있는 교회이다. 부산국제선교회는 정부 비준 간판을 받지 못했으나 정부 유관 부분과 협력해서 활동하는 8개 교회를 지원하고 있다.

2003년 2월 말에 이상철 집사, 초읍교회, 부산국제선교회, 김용철 장로, 김은선 권사, 김정광 목사 외 다수 회원이 헌금하여 미얀마기독교신학교에 부지 7,500평을 기증했다. 부산진교회가 두 교회 개척 기금 10,000달러를 기증했다. 서울과 해외에 사는 미얀마 성도 일동이 기숙사 및 교사 건축비 57,000달러를 기증했고, 30,000달러를 추가로 헌금할 것을 약정했다.

7) 2004년: 중국 교회 지도자 학습 및 북한 식량 보내기, 미얀마기독교신학교 본관 건축 및 미얀마 선교

2004년 1월에 중국 교회의 보일러 설치 의무화 시책으로 부산국제선교회는 Y지역 15개 교회에 보일러를 기증했다. 미얀마기독교신학교의 본관(200평) 건축을 2004년 1월 6일 시작했다. 부산국제선교회는 2004년 2월에 총회를 열어 임원으로 회장 김은곤, 부회장 조의환, 총무 허준, 부총무 김운성, 서기 정종현, 부서기 박제복, 회계 조을훈, 부회계 손춘현, 감사 김영래, 신경자 등을 선출했다. 영도금성교회가 미얀마에 북 다곤(North Dagon) 제4교회당을 건축했다. 부산진교회가 파다미아르교회 등 두 교회당을 건축했다. 2004년 3월 부산국제선교회 회원 교회가 북한에 식량을 보냈고, 감전교회를 비롯한 5개 교회가 탈북자 12명의 생활을 지원했다. 부산국제선교회는 2004년 5월 D초등학교(조선족)에 컴퓨터 15

대를 기증했다. 새장승포교회는 북한에 식량을 보냈다. 2004년 7월 신광교회가 후원하여 완공한 K교회 헌당 예배를 드렸고, 모라제일교회 이창걸 장로 은퇴 기념으로 건축한 D교회의 헌당 예배를 드렸다. 구덕교회가 7월 미얀마에서 의료선교 활동을 했다. 2004년 8월에는 모라제일교회, 신광교회, 영도중앙교회, 성남신광교회, 대송교회, 초읍교회, 부산제일교회, 부산기독실업인회 등이 부산국제선교회의 선교지를 방문했다. 신학교 본관 건축은 2004년 8월 말 현재 80% 공정이 완료되었다. 대나무와 야자수 잎으로 만든 2층 가건물(200평)이 새 건물이 된 것은 부산국제선교회 미얀마 선교의 귀중한 열매이다. 2004년 9월 대흥교회가 Y지역의 자매 교회인 D교회를 방문했고, 새장승포교회와 부산제일교회 등이 북한 식량 보내기에 참여했다. 김병호 선교사는 재일대한기독교회 총회의 전도부, 교육부, 사회부를 통괄하는 선교봉사위원장으로 10월 총회에서 선출되었다. 2004년 10월 구포교회가 D교회당을 건축했고, 초읍교회 강국만 장로가 C교회당을 건축했다. 2004년 11월 거성교회가 S교회 사택을 건축했고, D교회 차량을 헌납했다. 미얀마기독교신학교 교장 리앙망 목사는 2년간 장로회신학대학교의 박사과정을 마치고 12월 3일에 귀국했다. 부산국제선교회는 2004년에 5회(2, 3, 5, 9, 11월)의 학습을 실시했고, 학습 받은 대상은 총 1,500명이었다.

8) 2005년: 미얀마기독교신학교 본관 헌당 예배와 중국 교회 지도자 학습

미얀마기독교신학교 본당 헌당 예배가 2005년 2월 18일에 열렸다. 헌당 예배에는 부산국제선교회 회장 김은곤 목사 외 16명이 참석했다. 신광교회가 미얀마 다공 제1교회당을 매입하여 2월에 헌당했다. 부산국제선교회는 2005년 3월 7일에 중국 Y지역 학습 이후 5월, 6월, 9월, 11월 등 총 다섯 차례의 학습을 진행했다. 성동교회가 2005년 4월 3일 미얀마 베네공-인세인교회의 신축 부지를 매입했다. 새장승포교회, 부산제일교회와 구덕교회 초·소년부가 2005년 4월 7일 북한에 식량을 보냈다. 중국 Y지역 S(H로 명칭 변경)교회가 본당(약 210평) 건축 기공 예배를 2005년 5월 20일에 드렸다. 이경석 장로(영도중앙교회, 전 부산국제선교회 회계)가 본당 설계도를 기증했다. 부산국제선교회는 2005년 6월 2일 열린 제236회 월례회부터 장소를 부산 YMCA로 변경했다. 2005년 7월 26일 초읍제일교회가 중국 Y지역 S교회당을 신축하여 헌당했다. 부산진교회 교인 13명이 2005년 8월 18일 미얀마에서 의료 봉사를 했다. 새장승포교회가 10월 1일 중국 C교회 교육관 부지 40평을 매입했다. 중국 H(구 S)교회 J집사(한의사) 부부와 평화교회, 연산제일교회 교인들이 2005년 10월 15일부터 26일까지 의료봉사를 15회 실시했다. 중국 H(구 S)교회 본당 건축의 준공으로 2005년 11월 9일 입당 예배를 드렸다.

일본 김병호 선교사는 재일대한기독교회 총회 활동, 재일대한기독교회 관동지방회 활동, 일본 기독교협의회의 활동, 형무소 선교 활동, 조후교회 목회 활동을 했다. 김병호 선교사는 재일대한기독교회 총회 활동으로는 1년 동안 재일대한기독교회 총회의 전도부, 교육부, 사회부를 통괄하는 선교봉사위원장으로서 섬겼다. 2005년 10월 10일에 개최된 재일대한기독교회 정기총회는 김병호 선교사를 총회 서기로 선출하여 앞으로 2년간 총회 임원으로서 섬기도록 했다. 재일대한기독교회 관동지방회 활동으로는 김병호 선교사가 지난 회기에 전도부장으로 섬겼고, 2005년 4월 말부터는 선교협력부장(임기 2년)으로서 지방회의 대외적인 교섭 및 협력 추진 등의 일을 맡아 봉사하고 있다. 김병호 선교사가 일본 NCC 장애인과 교회문제위원회의 위원으로 섬기고 있다. 지역 후추(府中) 형무소에는 외국인 수인들이 약 500명 정도 수감되어 있다. 형무소 교육부가 한국인 수감자들을 상담해 줄 것을 김병호 선교사에게 요청해서 김병호 선교사는 월 1~2회 수감자 상담을 하고 있다. 조후교회는 매주 20여 명이 모여 주일예배를 드린다. 김병호 선교사는 일본 선교의 전망과 관련해서 일본인보다는 재일 동포에게 전도하는 것이 효과적이라고 보았다. 한국 선교사가 일본교회와 협력하면 보다 효과적인 선교를 할 수 있다. 그런데 재일 동포들이 2세대, 3세대, 4세대로 갈수록 일본화되어 가는 만큼 재일 동포를 통한 일본 선교의 가능성도 열리게 될 것이다. 그리고 일본 남성과 결혼하는 한국인 여성들에게 전도하는 일은 일본인을 전도하는 가장 빠른 방법이 될 수 있다. 최근 일본에 증가하는 재중 동포(조선족)에게 전도하는 것은 곧 중국인들에게 전도하는 길이 될 수 있다.

2005년 2월 18일 미얀마 신학교 본관을 건축하고 헌당 예배를 드림으로써 부산국제선교회가 10년 동안 미얀마 선교를 위해 협력하던 중 미얀마의 중요한 신학교가 되었다(부지

8,000평, 건평 200평). 현재 미얀마 신학교 산하에 있는 45개 교회 중 부산국제선교회 회원 교회들과 한국교회의 지원으로 세워진 교회는 열한 개 교회이며, 새장승포교회를 비롯한 여러 교회와 단체들이 목회자의 생활비를 보조하고 있다.

9) 2006년: 김병호 선교사가 재일대한기독교회 총회 서기, 중국 교회 지도자 학습, 김승희 장로를 중국 현지 선교사로 임명

중국 Y지역 기독교 양회 회장에 S목사, 부회장에 A전도사가 2006년 1월에 선임되었다. 부산국제선교회는 2006년 2월 총회를 열고 임원으로 회장 김은곤, 부회장 조의환, 김운성, 정성훈, 총무 허준, 부총무 한영수, 서기 박제복, 부서기 김영래, 회계 신경자, 부회계 손춘현, 감사 조을훈, 문영생을 선출했다. 성동교회가 2006년 2월 미얀마 양곤에 베네공-인세인교회당을 건축했다. 부산국제선교회는 중국 교회 지도자들에게 3월, 5월, 7월, 9월, 11월 등 총 5회 학습을 실시했다. 중국 H교회 J집사(한의사) 부부가 침술 봉사를 20회 실시했다. 2006년 3월 일본에서 열린 총회 일본 선교사대회에 부산국제선교회 대표로 김정광 목사와 장성덕 목사가 참석했다. 부산국제선교회는 중국 Y교회에 승용차 5대를 기증했다. 새장승포교회가 북한 식량 보내기를 2006년에 3회 실시했다. 거성교회가 2006년 8월 중국 W교회당을 건축하여 헌당했다. 금성교회가 2006년 9월 중국 L교회 K전도사를 한국으로 초청했다. 평화교회, 초읍교회 OB팀, 롯데백화점 기독신우회 등이 협력하여 중국 D시 S교회당을 재건축하여 2006년 10월에 입당했다. 부산국제선교회가 지원하여 중국 H교회 교육관을 2006년 12월에 준공했다.

조후교회를 담임하는 김병호 선교사는 재일대한기독교회의 총회 서기로, 관동지방회의 선교 협력부장으로, 일본 NCC 장애인과 교회문제위원회의 위원으로 섬기고 있으며, 형무소의 요청을 받아 상담원으로 월 1~2회 봉사하고 있다. 조후교회는 동포 2세대, 3세대들을 위한 모국어 교육을 위해 주일예배 후에 유학생들이 봉사하고 있다. 일본기독교단에서 발행하는 월간잡지 「신도의 친구」(信徒の友)에 한인 교회로서는 처음으로 조후교회가 소개되어 화제가 되었다. 한국 기독교 선교사로서 일본의 헌법 9조(평화헌법)가 성서에서

말하는 샬롬이고, 일본이 헌법 9조를 지킴으로써 세계평화에 공헌하기를 바란다는 김병호 선교사의 평화론이 일본 일간지 「아키하타」에 소개되었다.

중국 선교 10년의 성과로는 13개 교회의 교회당 건축, 40회 지도자 학습, 12개 교회의 교회당 수리 및 개축, 22개 교회에 보일러 설치, 5개 교회에 자동차 기증, 6개 교회에 찬송가 자동반주기 기증, 14개 교회에 성화 현수막 기증, 13개 교회를 회원 교회들이 단기선교 방문, 공중화장실 건축, 48개 교회에 매월 5~10만 원 생활비 보조, 26회의 북한 식량 보내기 (부산국제선교회 단독 5회), 탈북자 다수에게 생활비 지원, 탈북자 다수의 입국 지원, 학생들에게 장학금 지급, 농촌 교회 20가정에 송아지 입식, 찬송가와 성경 기독교 서적 기증, 석탄비 보조, 의복, 생필품, 학용품, 컴퓨터 지원, 5명에게 치아 보철 지원, 교회, 교육관 부지 구입 및 교회 확장 지원 등이다. 중국 상해에서 교민, 유학생, 선교사 활동을 적극 지원하며, 상해 한인 CBMC(기독실업인회)를 창립한 김승희 장로(새길교회 시무장로, 농심 상해 공장 총경리)를 부산국제선교회가 중국 현지 선교사로 임명하고 부산국제선교회와 함께 중국 선교 사역에 큰 역할을 하게 되었다.

부산국제선교회가 지난 10년 동안 미얀마기독교신학교를 지원하여 부지 8,000평을 구입하여 본관 건물을 건축하였고, 졸업생 120명 중 20명이 개척교회에서 목회하고 있다. 미얀마기독교신학교가 급속히 성장하여 많은 신학생과 넓은 운동장을 가진 신학교와 교단이 되었다. 미얀마기독교신학교 졸업생이 개척한 46개 교회 중 17개 교회의 교회당 건축을 부산국제선교회와 회원 교회들이 지원했다. 미얀마기독교신학교를 졸업하고 목회하는 목회자와 교회를 매월 후원하는 교회가 8개 교회이다. 부산국제선교회는 신학교의 운영비를 지원하고, 교수 3명의 유학을 지원했다. 회원 교회 중 세 교회가 미얀마 선교지를 비전 트립으로 방문했다. 미얀마기독교신학교는 신축한 교회당에서 예배를 드리고, 지역주민을 섬기며, 신학생들이 고아 30명과 지역 어린이들에게 초등학교 과정을 교회당에서 가르침으로써 지역주민의 호응을 얻고 있다. 해마다 1,200명을 새로 전도하여 세례와 교육을 시행하여 세례교인이 모두 7,000명에 이르렀다. 미얀마 NCC에 회원으로 가입할 예정이다.

10) 2007년: 중국 교회 지도자 학습, 중국 선교의 모범 사례, 김승희 현지 선교사의
선교보고서

부산국제선교회는 2007년 2월 총회를 열고 임원으로 회장 조의환, 부회장 김운성, 허준, 총무 한영수, 서기 장성덕, 부서기 김영래, 회계 신경자, 부회계 손춘현, 감사 조을훈, 문영생을 선출했다. 부산국제선교회의 김정광 목사와 박홍규 등 5명이 2007년 2월에 열린 미얀마 기독교신학교의 제13회 졸업식에 참석했다. 부산국제선교회의 일행은 미얀마 선교 현장을 방문했다. 2007년 중국 교회 지도자 학습을 3월, 6월, 10월, 12월, 총 4회 실시했다. 평화교회, 롯데신우회, 초읍교회 OB선교팀이 중국 S교회에 12인승 승용차를 기증했다. 새장승포교회가 북한 식량을 지원했고, 탈북자를 6월과 11월에 지원했다. 2007년 7월 중국 H교회 교회당 및 교육관 헌당 예배에 부산국제선교회 회장 조의환 목사 및 56명이 참석했다. 미얀마기독교신학교가 속한 교단은 금년 한 해 동안 1,709명이 새신자로 등록하여 전체 교인이 8,000명이 되었다. 성광교회와 롯데백화점 기독신우회가 2007년 11월 중국 D교회에 승합차를 기증했다. 2007년 12월 6일 제25회 부산국제선교회의 밤을 개최했다. 강사는 상해 현지 선교사인 김승희 장로였다.

재일대한기독교회는 2007년 10월 8일부터 10일까지 동경교회에서 개최한 제49회 총회에서 김병호 선교사를 2년 임기의 서기로 재선했다. 김병호 선교사는 후추(府中)형무소 한국인 재소자 상담 및 전도 활동을 월 1회 실시하고 있다. 동경조후교회는 매 주일 30명(어린이 5명) 정도의 교우들이 모여 예배드리고, 지역의 재일 동포 및 일본인 선교를 위해 힘쓰고 있다. 조후교회는 이웃 일본기독교단 및 일본 그리스도교회와 세계성찬주일 합동 예배와 바자회 등 교류를 이어가고 있다.

2007년 부산국제선교회 선교의 밤에 중국 선교의 모범적인 세 사례가 보고되었다. 새장 승포교회는 2004년 5월 김치현 목사와 지기호 장로가 중국 Y지역을 현지 시찰 후 2007년 11월까지 활발하게 선교 활동을 펼쳐나가는 모범적 교회로, 특히 북한 돕기에 주력하는 교회이다. 북한 N지역에 식량 지원사업을 2005년부터 3년째 하고 있다. 매해 식량 12톤씩 2회 지원을 하고 있다. 롯데백화점 서면점에 근무하는 기독교인 신우들이 주일예배를 본교회에서 드릴 수 없어 롯데백화점 지하 2층 문화공간에서 2002년 첫 예배를 드린 후 지금까지 그 장소에서 주일예배를 드리고 있다. 김정광 목사(부산국제선교회 상임고문, 중국 선교사)의 인도로 주일 아침에(8:30~9:10) 40명의 회원 중 20명이 모여 예배를 드린다. 처음으로 주일예배를 드릴 때부터 지금까지 5년간 주일헌금, 십일조, 선교헌금 등 모든 헌금을 오직 선교비로만 100% 지출하고 있다. 부산국제선교회의 중국 선교사인 김정광 목사가 중국 선교에 헌신하던 2002년 7월부터 초읍교회에서 신앙 생활하던 30대 성도들로서 부산을 떠나있거나 결혼이나 직장 문제로 초읍교회에 출석하지 못하는 성도와 초읍교회 30대 성도들이 매월 인터넷 카페에서 만나 친교를 해왔다. 이들 초읍교회 OB팀의 성도의 교제가 정례화되면서 김정광 목사로부터 결혼 주례를 받고 신앙생활을 열심히 하는 약 20명의 회원이 중국 선교에 동참하기로 하고, 매년 한 차례 모교회 방문 주일을 지키면서 열심히 중국 선교에 헌신하고 있다.

2006년 부산국제선교회가 중국 현지 선교사로 임명한 김승희 장로는 2007년 말 부산국제선교회에 「중국 선교 이해」라는 보고서를 제출했다. 중국 선교를 개관하되 중국 개관, 상하이 개관, 중국의 종교 정책, 중국의 교회 정책, 중국 선교 전략 등을 소개했다.

미얀마기독교신학교와 리앙망 목사가 주도하는 미얀마기독교선교회 산하 55개 교회가 지난 1년간 1,709명을 개종시켜 대부분 세례교인이 되었다. 해마다 1,200명 정도의 새로운 개종자를 배출하고 있다. 미얀마기독교선교회의 성도는 8,000명이 되고 미얀마 개신교 교단에서 큰 교단이 되었다. 미얀마기독교신학교가 6월에 신학기 개강 이후 140명의 신학생과 교수 20명, 고아 35명이 아름다운 마음의 공동체를 이루어 산하 55개 교회 8,000명 성도가 버마족 선교에 매진하고 있다.

11) 2008년: 중국 교회 지도자 학습, 미얀마 재난 헌금

부산국제선교회는 2008년 2월 총회를 열고, 임원으로 회장 조의환, 부회장 허준, 장성덕, 총무 한영수, 서기 이동아, 부서기 이병석, 회계 김영래, 부회계 송해자, 감사 조을훈, 문영생을 선출했다. 2월에 열린 미얀마기독교신학교의 제14회 졸업식(졸업생 35명)에 김정광 목사를 비롯하여 17명이 참석했다. 미얀마기독교선교회에 속한 교회들이 2008년에 얻은 새신자는 1,496명이고, 총 신자는 8,000명이다. 미얀마기독교신학교의 본관 건축비 중 지불하지 못한 금액을 금성교회와 박홍규, 이상철, 김정녀 등이 헌금했다. 중국 교회 지도자 학습은 3월, 5월, 10월, 12월, 총 4회 실시했다. 2008년 5월 미얀마 남부를 초토화시킨 나르기스 사이클론(열대성 태풍)으로 약 14만 명이 인명 피해를 입었고, 250만 명이 이재민이 되었다. 미얀마기독교선교회 산하 15개 교회와 성도 가정의 피해 복구를 위해 부산국제선교회의 구포교회와 정봉익 장로, 초읍교회, 금성교회, 이상철 장로, 동신교회, 김해교회, 사랑의교회, 성동교회 등이 1만 달러를 헌금했다. 당시 재해를 입은 난민을 교회에서 수용하고 보호하자 난민 645명이 기독교를 믿기로 작정했다. 2008년 6월 진주노회에 속한 함양, 산청, 합천 지역 목회자(김종혁, 최호근, 백현종, 윤태순)들이 중국 선교지를 방문했다. 신광교회 제2청년회가 2008년 7월 중국 Y지역을 방문하고 K교회를 후원하고, 탈북자를 지원했다. 부산제일교회, 거성교회, 김정녀 집사의 후원으로 2008년 9월 23일에 중국 Y교회를 헌당했고, 모라제일교회 이창걸 원로장로의 후원으로 9월 30일 상하교회를 헌당했다. 중국 H교회 S목사와 찬양단이 중국 내륙(8,000km)을 2개월 동안 횡단하면서 선교를 했다. 2008년 12월 6일에 열린 제26회 부산국제선교의 밤은 김형 일신기독병원장을 강사로 초대하여 "선교의 대안을 찾아서"라는 특강을 들었다.

1908년 동경 유학생들의 전도를 위하여 설립된 재일대한기독교회가 2008년에 선교 100주년을 맞이했다. 재일대한기독교회의 선교 100주년 기념대회를 10월 13일에 대판여학원(大阪女學院) 채플에서 1,300여 명이 모여 진행했다. "감사의 100년, 희망의 100년"이라는 주제로 열린 선교 100주년 기념대회는 선교 2세기를 출발하는 재일대한기독교회의 이정표를 설정하는 뜻깊은 대회이었다. 재일대한기독교회는 선교 100주년 기념 사업의 하나로 선교센터 건립을 위해 100여 평의 대지를 확보했고, 건축을 위한 모금을 시작했다. 2008년 4월 1일부터 4일까지 동경교회에서 제6차 해외 한인 교회 디아스포라 교육과 목회 협의회를 개최했다. 김병호 선교사는 이 협의회의 서기로 봉사하고 있다. 한일 NCC 장애인 교류 프로그램을 2008년 10월 14일부터 16일까지 후쿠오카에서 열었다. 일본 NCC에서 35명이, 한국 NCC에서 26명이 참석하여 장애인들의 교류 및 선교적 과제를 나눴다. 후추형무소의 한국인 재소자 30명을 대상으로 월 1~2회 상담 및 전도 활동을 하고 있다. 1994년에 부임하여 15년째 섬기는 동경조후교회는 매 주일 30명 정도의 교우들이 모여 예배드리고, 주일예배 후에는 식사를 하고 오후 예배를 드린다. 일본교회와의 교류는 해를 거듭하면서 지속되고 있다.

12) 2009년: 중국 교회 지도자 학습, 곽현섭 선교사를 미얀마 현지 선교사로 임명

중국 선교지 13개 교회의 동계 석탄 지원에 김임권 장로, 강국만 장로, 영도중앙교회, 산청 새축복교회, 박연제 집사, 대저중앙교회, 조수정 성도, 롯데백화점 신우회, 모라제일교회 등이 참여했다. 부산국제선교회는 2009년 2월 총회를 열고 임원으로 회장 조의환, 부회장 김운성, 김임권, 총무 한영수, 서기 이병석, 부서기 최호득, 회계 김영래, 감사 남기철, 신경자를 선출했다. 미얀마기독교신학교는 2009년 2월 13일에 제15회 졸업식을 거행했고, 36명이 졸업했다.

부산국제선교회는 2009년 3월에 곽현섭 선교사(구포교회 후원)를 미얀마 현지 선교사로 임명하고 협력 사역을 시작했다. 부산국제선교회는 중국 교회 지도자들에게 4월, 6월, 9월, 12월 총 4회 학습을 실시했다. 곽현섭 선교사는 5월에 병아리 시범 농장 사역을 시작했다. 곽현섭 선교사는 병아리 5,000수를 매입하여 30개 농촌 교회를 지원했다. 부산국제선교회는 시범 농장 사역을 위해 4,500달러를 지원했다. 부산국제선교회 부회장 김임권 장로가 중국 C교회당의 신축과 D교회당의 개축을 위해 헌금했다. 부산국제선교회는 그린닥터스와 협력하여 2009년 9월 미얀마 그린닥터스(MGD) 클리닉을 개원하기로 결정했다. 미얀마기독교신학교의 제16회 졸업식이 2009년 12월 18일에 열렸다. 새장승포교회가 미얀마 북 다곤(N. Dagon) 제3교회당 신축을 위해 7,000달러를 지원했고, 구포교회도 700달러를 지원했다. 미얀마기독교신학교의 졸업생들이 목회하는 60개 교회와 40여 가정교회는 2008년 사이클론 이후 교회가 지역주민을 보호하고 수용하여 지역주민들의 호응을 얻어 3,000명의 새신자가 등록하여 선교의 큰 결실을 맺었다. 2009년 12월 3일에 열린 제27회 부산국제선교의 밤에 김정용 그린닥터스 개성협력병원장을 강사로 초대해서 특강을 들었다.

재일대한기독교회에서 지난 4년 동안 총회 서기로 섬겼던 김병호 선교사는 2년 임기의 선교위원장을 맡았다. 김병호 선교사는 일본 기독교협의회(JNCC)의 동북아시아위원회의 위원(3년 임기)으로 선출되어 일본, 한국, 북한, 중국, 대만과의 교류와 인권 및 평화 문제를 위해 협력하게 되었다. 후추(府中)형무소 한국인 재소자 상담 및 전도 활동을 월 1~2회 하고 있다. 동경조후교회는 매 주일 20여 명의 교우들이 모여 예배드린 후 공동으로 식사를 하고 오후 예배를 드린다.

13) 2010년: 중국 교회 지도자 학습, 미얀마 선교와 미얀마은혜병원 개원

부산국제선교회는 2010년 2월 총회를 열고 임원으로 회장 한영수, 부회장 김운성, 이병석, 총무 이현진, 부총무 최호득, 이동룡, 신정선, 회계 김영래, 감사 고준석, 신경자를 선출했다. 부산국제선교회는 2010년부터 중국분과, 미얀마분과, 탐방분과, 회원분과, 재정분과 등으로 분과를 나누었다. 부산국제선교회는 미얀마기독교신학교의 전기공사를 위해 2월에 1만 달러를 지원했다. 곽현섭 선교사는 병아리 시범 농장을 2월에 개설하고, 병아리 5,000수를 입식했고, 11월 말부터 무공해 유정란을 생산하기 시작했다. 부산국제선교회는 중국 교회 지도자들에게 3월, 6월, 9월, 11월, 총 4회 학습을 실시했다. 울산 그린닥터스가 미얀마기독교신학교와 병원에서 5월 1일부터 5일까지 의료봉사 활동을 했다. 그린닥터스(이사장 정근)와 대한의사회(이사장 박희두)와 부산국제선교회가 공동으로 운영하는 미얀마 은혜병원을 2010년 5월 22일 미얀마기독교신학교 내에 개원했다. 대저중앙교회가 지원하여 미얀마 딴자욱빈교회당을 건축했다. 관포교회(조용안 목사, 김중한 집사)가 지원하여 미얀마 남 다곤(S. Dagon) 제5교회당과 남 다곤(S. Dagon) 제8교회당을 건축하여 헌당했다. 광진교회(정명식 목사)가 미얀마 타이찌(Thaiky) 제1교회당을 헌당했고, 문경동성교회가 탄린(Thanlin)교회당을 건축했다. 그동안 차량 없이 열악한 환경 속에서 2년간 현지인과 꼭 같이 생활하던 곽현섭 선교사에게 부산국제선교회가 1.5톤 트럭(미얀마에서 트럭이 버스 역할)을 기증했다. 성현교회(정진태 목사)가 중국 Y지역 D교회 지붕 수리비를 지원했다. 상해 김승희 선교사는 중국 S지역을 방문 후 현지 학생 1명의 한국 유학을 추진하고 있다.

곽현섭 선교사는 은혜국제사역(GMI) 총회에서 2010년 10월 3일에 목사 안수를 받았다. 청주 성화 휀스 강덕중 사장 가정이 양곤 하인타이아 제4교회당 건축을 지원하여 2011년 1월에 헌당했다. 경기도 그린닥터스가 미얀마기독교신학교에서 2010년 12월 7일부터 12일까지 의료봉사를 했다. 부산국제선교회는 2010년 12월 2일에 구포교회에서 제28회 부산국제선교회의 밤 및 제300회 월례회 기념 예배를 드렸다.

2010년 8월 23일부터 26일까지 동경에서 열린 일본 선교사대회에 일본 선교사와 가족 27명과 한국교회 대표 41명이 참석했다. 김병호 선교사는 일본선교사회의 총무로 선출되었다. 동경조후교회는 주일예배에 20여 명이 참석하고, 2명이 세례를 받았고, 1명이 학습을 받았다. 신축한 이나기교회에서 50여 명이 모여 세계성찬주일 합동 예배를 드렸고, 김병호 선교사가 설교했다. 동경조후교회는 지역의 6개 일본교회와 대강절 주일(11월 28일) 오후에 교류회를 본교회에서 가졌다. 후추형무소의 한국인 수감자를 위한 상담 활동을 월 1~2회 하고 있다.

경배와 찬양 인도자였던 미얀마 곽현섭 선교사가 현지 청년들과 신학생 150명으로 구성된 경배와 찬양팀을 운영하고 있다. 곽 선교사는 경배와 찬양 실무자 양성, 직업훈련, 교회 헌신자 양성 등으로 교회와 신학교에 부흥 운동을 일으키고 있다. 대학 졸업자가 4~6개월 동안 전문 분야의 교육을 수료하면 간호사, 약사, 유치원 교사로 취업할 수 있다. 현재 29명이 미용사, 운전, 재봉 등 직업교육을 수료했다. 이들이 취업하게 되면 생활에 도움이 된다. 직업교육 과정을 통해 불교인이 기독교인으로 개종하는 사례도 일어나 직업 교육훈련이 전도에도 효과적임이 드러났다. 소수 민족에게 선교하기 위한 선교센터(숙소, 경배와 찬양, 직업훈련 및 예배실)를 건립하기 위해 오랫동안 기도드렸다. 11월 1일에 양곤국제공항 인근에 약850평의 대지를 구입하는 계약을 함으로써 선교센터 건축을 향한 첫걸음을 떼었다.

14) 부산국제선교회 선교 발전기(1998~2010)의 특징과 과제

부산국제선교회 선교 발전기의 특징으로는 첫째, 인도네시아와 오스트리아 선교의 중단 이후 부산국제선교회는 중국 선교와 미얀마 선교에 집중했고, 특히 학습을 통한 중국 선교에 매진했다. 둘째, 부산국제선교회의 중국 선교는 중국 교회 처소장을 비롯한 교회 지도자들의 교육/학습을 중심으로 이뤄졌지만, 목회자 지원을 통한 교회 지원, 교회의 겨울 난방을 위한 보일러 지원과 석탄 지원, 장학금 지원 등 다양한 지원을 펼쳤다. 그리고 탈북자들과의 만남을 통해 그들을 지원했고, 남한으로의 입국도 지원했고, 기아로 고통받는 북한에 식량을 지원했다. 셋째, 중국에서 학습은 중국 Y지역 양회장과 협력하면서 시작되었다. 부산국제선교회는 가능하면 중국 교회의 삼자교회나 양회를 통한 공식적 지원과 협력을 지향했다. 그렇지만 한국교회 지도자가 인도하는 학습은 중국 정부의 법에 저촉되므로 처음부터 문제점을 배태했다고 할 수 있다. 넷째, 학습은 부산국제선교회에 속한 목회자, 장로 등 교회 지도자들이 자신의 성서 지식과 신학 지식을 중국 교회의 지도자들과 나눈 것이다. 그런데 학습을 통해 한국교회 지도자들은 중국 교회 지도자들에게 준 것보다 더 큰 것을 받았다고 할 수 있다. 자신을 '보내는 선교사'만이 아니라 '가는 선교사'로 이해하게 되었다. 그리고 부산국제선교회에 선교적 동기를 부여했다. 다섯째, 부산국제선교회는 Y현의 조선족과 한족 교회 지도자들에게 학습함으로써 이들이 중국 선교를 담당할 것을 희망했다. 그리고 부산국제선교회의 조선족 선교는 향후 북한 선교의 디딤돌이 될 것을 기도했다. 즉, 부산국제선교회는 현재의 중국 교회 지도자들에 대한 학습이 중국 선교, 나아가서 북한 선교라는 비전으로 이어질 것을 희망했다.

여섯째, 부산국제선교회는 은퇴한 김정광 목사를 2002년에 선교사로 파송했고, 중국 상해 농심 총경리인 김승희 장로를 2006년에 상해 현지 선교사로 임명하여 활동하게 했다. 특히 김승희 현지 선교사는 기업인으로서 중국법을 철저히 준수하고 중국 정부와 중국인들에게 많은 유익을 주면서 그들과 좋은 관계를 형성한 가운데 효과적인 선교 활동을 펼침으로써 선교로서의 비즈니스(Business as Mission)의 모범을 보여줬다. 일곱째, 부산국제선교회의 선교보고서에는 중요한 선교 자료들(필립 위커리의 글, 김승희 현지 선교사의 글, 미얀마 이슈, 김병호 선교사의 글)을 제시함으로써 중국 선교, 미얀마 선교, 일본 선교를 위한 부산국제선교회의 정책 수립을 위해서 중요한 정보를 제공했다. 여덟째, 부산국제선교회의 회원으로 중국 학습에 참여한 자들이 중국 선교를 위해서 상당히 중요하고도 유용한 제안을 했다. 전동윤 목사는 부산국제선교회의 중국 선교에서 현지 교회 지도자들이 의존적이고, 현재의 학습 방식이 중국 정부의 법을 거스르고, 중국 교회의 재정의 투명성을 위한 제도적인 대안을 마련할 필요가 있고, 헌금만 보내는 방식으로부터 교육을 위한 정책으로의 전환이 필요하다고 했다. 아홉째, 부산국제선교회는 미얀마기독교신학교가 부지 구입하는 것을 지원했고, 미얀마기독교신학교가 본관을 건축하는 것을 지원했다. 이는 미얀마기독교신학교의 졸업생을 통한 교회 개척이 효과적인 선교 방식이라고 판단했기 때문이었다.

열째, 부산국제선교회는 미얀마기독교신학교의 교수들이 한국 신학교에서 유학하는 것을 지원함으로써 신학교 교육의 질을 향상시키는 데 기여했다. 열한째, 부산국제선교회는 전문인 선교사인 곽현섭 선교사를 발굴하여 미얀마 선교사로 파송했다. 곽현섭 선교사는 양계를 잘하는 전문인 선교사일 뿐 아니라 경배와 찬양의 인도자이고, 직업훈련을 통해서 취업의 길을 열고, 전도하며, 교회 개척을 위해 헌신하는 선교 공동체를 형성하는 기틀을 마련했다. 열둘째, 부산국제선교회는 그린닥터스와 대한의사회와 함께 미얀마기독교신학교 내에 미얀마은혜병원을 개원하여 의료선교를 실시했다. 열셋째, 김병호 선교사는 일본인에 대한 이해, 일본교회에 대한 이해, 효과적인 일본 선교 방식을 제시했고, 재일 동포 3, 4세대를 통한 선교, 국제결혼을 한 한국 여성 선교, 조선족 선교 등을 통한 일본 선교의 전망을 제시했다. 점차적으로 재일대한기독교회에 속한 한인 교회들의 구성원이 인종적으로, 문화적으로, 언어적으로 다양해지면서 조후교회는 교인들의 다양성 안에서의 일치를 지향하는 교회가 되고자 했다. 김병호 선교사는 차별받는 재일 동포를 위해 인권 선교에 참여했고, 재일 동포에 대한 인권 선교를 외국인 이주노동자 선교로 확대하는 것 그리고 일본에서 군국주의의 부활을 막는 것을 재일대한기독교회의 선교적 사명으로 여기었다. 이러한 선교신학적 이해는 김병호 선교사가 재일대한기독교회의 신학적 전환(하나님의 선교, *missio Dei*)을 수용한 것이다.

부산국제선교회 선교 발전기의 과제나 문제점으로는 첫째, 부산국제선교회가 회원 교회와 회원들의 선교 열정이 감소한 원인으로 IMF 환란 위기와 더불어 부산국제선교회가 선교의 열매가 눈에 띄지 않는 교포 선교(한인 디아스포라 선교)에 집중했기 때문으로 분석하고, 대안으로 선교의 열매가 눈에 보이는 현지인 선교(타문화권 선교)로 전환하기로 결정한 것이다. 이런 결정에 따라서 부산국제선교회는 일본 김병호 선교사의 지원비를 절반으로 줄였다. 이러한 선교 정책의 전환의 신학적 근거로 부산국제선교회는 복음 전도와 사회참여의 균형 잡힌 프로젝트 개발(전도와 사회·정치적 참여는 그리스도인의 두 가지 의무, 로잔 언약 5장)과 로잔대회가 강조한 미전도종족 선교 중심의 개척교회를 제시했다. 부산국제선교회의 이런 결정의 문제점으로는 첫째, 선교 열정을 회복하기 위해서는 눈에 보이는 성과가 필요하다고 주장하고 있다. 이는 회원 교회와 개인 회원의 후원에 의존하는 부산국제선교회로서는 현실적인 고려라 할 수 있다. 그런데 선교가 회원의 열정을 자극하기 위해서 성과를 내야 한다는 것은 선교에 대한 올바른 이해가 될 수 없다. 영혼/개인 구원을 세례자와 교회에 출석하는 교인 수와 동일시 할 수 없고, 교회당 건축을 교회다운 교회/신앙 공동체 형성과 동일시 할 수 없기 때문이다. 둘째, 타문화권에서의 영혼 구원이나 신앙 공동체 형성이 세계에 흩어진 한인 디아스포라 교회에서의 영혼 구원이나 신앙 공동체 형성보다 중요하지 않다는 주장은 설득력이 없다. 왜냐하면 21세기의 이주민 선교/디아스포라 선교는 현지 교회와 함께 협력 선교를 전개하기 때문에 21세기의 선교적 전망으로 부각되고 있기 때문이다. 셋째, 부산국제선교회가 한인 디아스포라 선교로부터 타문화권 선교로 전환하면서 강조하는 복음 전도와 사회참여의 균형 잡힌 프로젝트 개발은 실제로는 부산국제선교회가 중국이나 미얀마에서 복음 전도 중심의 선교를 하기 때문에 적합한 근거가 될 수 없다. 넷째, 부산국제선교회가 중국과 미얀마에서의 타문화권 선교를 강조하지만, 중국 선교와 미얀마 선교를 미전도종족 선교라 할 수 없다. 왜냐하면 중국에는 중국 교회가 있고, 미얀마에도 연약하지만, 미얀마 교회가 있기 때문이다. 미전도종족 선교는 현지에 자체적으로 선교할 수 있는 교회가 없는 지역에 대한 선교를 의미한다.

둘째, 부산국제선교회의 중국 학습의 문제이다. 중국 교회에서 한국교회 지도자들이 중국 교회 지도자들에게 학습을 하는 것은 중국 정부가 허가한 비자 조건을 위배하는 것이다. 이러한 학습은 중국 삼자교회의 원칙에도 위배된다. 셋째, 중국에서의 학습은 가르치는 자들의 피드백도 없었고, 배우는 자들의 피드백 없이 지속되면서 학습의 내용이나 형식에서 발전하지 못하고 참여자들이 내용이나 수준에서 자의적으로 진행했다. 이런 문제의 이면에는 중국의 학습 참여자들이 성서적 지식이나 신학적 지식의 기초만을 요구한 점도 있다. 넷째, 부산국제선교회가 중국 교회를 재정적으로 지원한 문제이다. 외국 교회가 중국 교회를 재정적으로 지원하는 것은 중국 삼자교회의 삼자원칙을 위반하는 것이다. 중국 삼자교회도 중국 정부의 정책 변화로 겨울에 보일러 설치를 의무화했을 때 불가피하게 가난한 중국 교회에 한국교회가 보일러 설치를 지원하고 석탄을 지원하는 것을 문제 삼지는 않았다. 중국에 교회당을 건축하기 위해서 부산국제선교회는 빈번하게 재정을 지원했다. 그러다가 부산국제선교회가 큰 교회의 교회당 건축을 위해 상당한 재정을 지원하면서 문제가 되었다. 부산국제선교회는 중국 교회의 역사로부터 가난한 교회이면서도 성장해 온 것을 배울 필요가 있으며, 문화혁명의 혹독한 박해기를 지나 중국 교회가 어떻게 성장했는지를 통해 하나님의 선교를 배울 필요가 있다.

다섯째, 부산국제선교회는 중국 선교 10년을 평가하는 내용(지도자 학습 횟수, 교회당 건축 및 보수한 숫자, 생활비를 지원한 교회 숫자, 장학금 지원, 탈북자 지원, 북한 식량 지원 등)이 모두 수량화된 성과라는 점, 미얀마 선교의 10년에 대한 평가도 신학교 부지를 구입하고 본관을 건축한 것, 졸업생이 개척한 교회 숫자, 개척교회들의 세례 받은 교인의 숫자, 출석 교인의 숫자 등으로 정리했고, 중국에서 H교회당 건축과 교육관 건축을 중국 선교 12년의 가장 아름다운 열매의 하나로 자평했다. 이처럼 부산국제선교회의 선교 목적은 교회 개척, 교회당 건축이고, 선교의 특징은 눈에 드러나는 성과를 강조하는 성과주의이다. 부산국제선교회가 교회 개척을 선교의 목적으로 삼고, 성과주의(교인 숫자, 개척교회 숫자 등)를 선교적 특징으로 하는 것은 한국교회가 교회 성장주의에 대한 집착을 선교지에 반영한 것으로 해석할 수 있다. 이에 대한 대안이 선교적 교회로 이는 본서의 결론에서 제시하고자 한다. 여섯째, 학습 중 한국 목회자가 공안에 일시적으로 연행된 것은 부산국제선교회의 학습 방식에 대한 중국 정부의 경고로 읽을 수 있었다. 부산국제선교회는 여러 방식으로 조심하면서 학습을 진행했지만, 학습 방식에 대한 전면적 수정에 이르지는 못했다. 일곱째, 전동윤 목사는 부산국제선교회의 중국 선교가 중국 교회로 하여금 한국교회에 의존적이 되도록 한 점, 학습 방식이 중국 정부의 비자 조건에 어긋난다는 점, 헌금 투명성의 문제, 현금만 지원하는 방식으로부터 교육을 지원하는 방식으로의 선교 정책 전환을 제안했지만, 부산국제선교회는 이런 제안을 수용하지 않았다. 여덟째, 부산국제선교회의 선교보고서에는 중국 선교 관련, 주요 자료들이 실려 있다. 필립 위커리는 중국 교회에 대한 역사적 인식이 필요하고, 삼자교회에 대한 이해, 개혁개방 이후의 중국 선교에 대한 이해, 한국교회의 중국 선교에 대한 두 가지 접근 방식, 중국 교회의 선교 과제 등을 제시했다. 중국 종교사무국의 부국장 리우수상이 "중국의 종교 정책"을 소개하고 있다. 김승희 현지 선교사는 중국에 대한 이해, 중국 교회에 대한 이해, 중국의 종교 정책, 중국 선교 전략을 소개하고 있다. 아쉽게도 부산국제선교회는 이런 중요한 자료들을 검토하여 중국 선교 정책을 수립한 것으로 보이지 않는다.

아홉째, 부산국제선교회는 1998년에 미얀마에 방문단을 파견하여 미얀마 선교 여부를 결정하도록 했다. 방문단은 현지 신학교의 졸업생들이 교회를 개척하는 것을 가장 효과적인 선교 방식으로 판단했다. 그러나 방문단의 판단 근거는 어디에서도 찾아볼 수 없다. 미얀마의 한국 선교사들이나 미얀마기독교협의회나 현지의 다른 신학교를 통해 리앙망진자 교장이 주도하는 미얀마기독교신학교에 대한 현지의 평가나 미얀마기독교선교회에 대한 여론 수렴이 필요했다. 열째, 부산국제선교회는 2002년에 미얀마기독교신학교에 부지 7,500평을 기증했고, 본관 건축을 지원하여 2005년에 본관 헌당 예배를 드렸다. 그런데 부산국제선교회는 미얀마기독교신학교가 친족(전체 인구 중 친족의 비율은 0.95%) 중심의 신학교라는 것은 알고 있지만, 미얀마기독교선교회가 독립교단으로 졸업생들이 미얀마 교회의 일치보다는 결과적으로 분열을 초래할 가능성이 있다는 점은 충분히 인식하지 못한 것 같다. 친족 중심의 신학교로 친족의 복음화 비율(85.3%)이 높아서 친족 선교도 어렵지만, 소수 부족인 친족이 주류 부족인 버마족을 선교하는 것은 쉽지 않다. 이런 점을 부산국제선교회가 미얀마기독교신학교를 지원할 때 고려했어야 했다. 그런데 부산국제선교회는 미얀마 기독교 전체의 맥락과 미얀마 신학교 전체의 맥락에서 미얀마기독교신학교를 평가하지 못했기 때문에 미얀마기독교신학교의 본관 건축을 현대 미얀마 교회사에 남을만한 업적으로, 미얀마 전체 신학교 중 두 번째로 큰 신학교로 자평했다.

열한째, 김병호 선교사가 제시한 일본인에 대한 이해, 일본교회에 대한 이해, 일본 선교의 전망을 부산국제선교회가 수용하지 못한 것은 부산국제선교회의 선교 이해가 전통적이해에 머물고, 하나님의 선교를 수용하지 못하기 때문이었다. 반면에 김병호 선교사는 재일대한기독교회를 통해 하나님의 선교를 수용하고, 인권 선교에 참여하고 있다. 또 김병호 선교사의 한인 디아스포라 선교는 부산국제선교회에 의해 타문화권 선교만큼 평가받지 못하기 때문에 부산국제선교회의 관심이 적다.

6. 부산국제선교회 선교의 전환기
: 중국 선교로부터 미얀마 선교로의 전환 (2011~2018)

1) 2011년: 동일본 대지진과 김병호 선교사의 구호 사역, 중국 교회 지도자 학습 중단 및 재개, 미얀마 선교 및 곽현섭 선교사의 사역 시스템 사이클

부산국제선교회는 2011년 2월 총회를 열고 임원으로 회장 한영수, 부회장 김운성, 이병석, 총무 이현진, 부총무 최호득, 이동룡, 신정선, 회계 김영래, 감사 고준석, 신경자를 선출했다. 땅끝교회는 교회 창립 60주년을 기념하여 양곤센터의 부지 680평을 매입했다. 미얀마기독교신학교의 양계장에서 달걀을 하루 500개씩 생산하기 시작했다. 곽현섭 선교사는 2011년 2월 목회자 31명에게 제1기 양계 교육을 실시했다. 부산국제선교회는 사정이 생겨 학습을 일시적으로 중단했다가 11월 7일부터 11일까지 한족 목회자 230명과 조선족 목회자 20명에게 학습을 실시했다. 부산국제선교회는 조선족 교회 지도자들과 2012년 학습을 재개하기로 합의하고, 학습을 위한 여비, 숙박비, 교재 구입비를 지원하기로 했다. 곽현섭 선교사는 청년들에게 직업훈련(간호사, 약사, 유치원, 교회, 미용사 등)을 실시하여 수료생 중 35명이 취업을 했다. 거제 신현교회(박영만 장로)가 인레호수수상센터 부지 200평을 매입했다. 3월 11일 동일본 대지진이 일어난 후 김병호 선교사가 복구 사업을 전개했다. 2011년 5월 미얀마은혜병원 개원 1주년을 맞이하여 대한의사회 박희두 이사장과 일행이 은혜병원을 방문했다. 부산국제선교회가 대한의사회, 지리산선교회, 교육선교회, 코이노니아선교회 등을 미얀마 선교를 위한 선교 협력 기관으로 지정했다. 광진교회가 미얀마

타이찌 제2교회당을 건축하고, 교인 10명이 헌당 예배에 참석했다. 대저중앙교회가 후원하는 탄자욱빈교회는 설립 1년 만에 자립을 선포했다. 김임권 장로(부산국제선교회 재정이사)가 중국 H교회에 25인승 차량을 기증했다. 미얀마 청년 직업훈련생 중 23명을 소정교회가 후원하고, 7명을 코이노니아선교회가 후원하고 있다. 곽현섭 선교사는 땅끝교회와 구포교회의 지원을 받아 선교사의 신분을 보장하고 사역을 지원하기 위한 회사를 정부 법인 설립부서에 등록하기 위한 신청 서류를 제출했다. 곽현섭 선교사는 사역 시스템 사이클을 1과정(자립 직업훈련 6개월~1년 과정 모집- 간호, 약사, 미용, 전기, 한국어, 요리, 컴퓨터 등), 2과정(경배와 찬양 모임을 통한 복음 교육), 3과정(전도와 신앙 훈련을 통한 크리스찬 공동체 형성), 4과정(전도팀 구성, 현 3기로 구성되어 3개 지역을 평일, 주말 전도 훈련 실시 중), 5과정(자격증 취득 후 실습 과정으로 3개 개척교회를 중심으로 취업 및 선교 사역 실시)으로 이어지게 하고, 1과정은 지속적으로 사람을 모으도록 함으로써 지역의 사역 시스템을 순환하도록 했다. 사역 시스템의 기초는 경배와 찬양(Worship & Praise)과 청년자립직업훈련공동체(Vocational Training Community) 형성이다.

2011년에는 동일본 대지진과 쓰나미로 인해 후쿠시마 핵발전소가 폭발한 인류 대참사가 일어났다. 김병호 선교사는 후쿠시마 핵발전소 폭발 참사가 일본의 국가적인 문제를 넘어서 세계 인류 전체의 문제요 인류의 큰 과제라면서, 한국을 비롯한 여러 나라가 핵에너지 개발에 몰두하는 것에 대한 문제를 제기했다. 동경조후교회는 대재해 이후 유학생 전원이 일시적으로 귀국했다가 다시 돌아왔지만, 사회적 불안과 경제적 불황으로 인해 교회 재정이 어렵다. 재해를 당한 일본교회를 돕기 위해서 대한예수교장로회 총회(통합) 사회봉사부와 연대하여 총회 파송 일본선교사회와 협력하며 활동하고 있다. 대한예수교장로회(통합) 총회장을 비롯하여 총회 사회봉사부의 관계자들이 긴급 재해 구호를 위해 방문하여 협력했다. 총회 사회봉사부는 지역적으로 열악한 이와테현(오우교구)의 교회들을 집중적으로 지원했다. 재해복구에 실질적으로 도움이 되는 태양열 전등, 자력 발전 전등, 전동 자전거, 방사능 측정기 등의 고가품을 전달했다. 2011년 6월 13일부터 17일까지 부산·경남에서 열린 일본 재해 지역 목회자 위로회는 부산 및 경남 지역의 노회들과 교회들이 적극 협력해서 진행되었다. 동일본 재해는 방사능 오염의 장기적 영향으로 인해 긴 세월 한국교회와 일본교회의 교류와 지원이 필요하다.

2) 2012년: 곽현섭 선교사를 미얀마 선교사로 파송, 곽현섭 선교사의 미얀마 선교 전략, 김승희 현지 선교사의 중국 선교 협력, 중국 학습 중단, 김병호 선교사가 총회 동아시아 선교사 코디네이터

2012년 2월 부산국제선교회는 총회를 열고 임원으로 회장 김운성, 부회장 허준, 김임권, 이현진, 총무 이동룡, 부총무 최호득, 신정선, 회계 김남규, 감사 정봉익을 선출했다. 대저중앙교회의 후원으로 미얀마 아오밍글라교회당을 헌당했고, 코이노니아선교회의 후원으로 세피타 제9교회당을 헌당했고, 소정교회 조운복 장로의 후원으로 북 다곤교회당을 건축했다. 땅끝교회, 광진교회, 사직제일교회, 초읍교회, 박흥규 장로 등이 후원해서 미얀마 선교센터 공사를 4월에 시작했다. 청주 강덕중 장로의 후원으로 미얀마 세따민교회당을 헌당했다. 부산국제선교회의 중국에서의 학습이 중단되었다. 부산국제선교회의 회원 교회와 회원들이 6월에 상해 중국 기독교 양회와 상해 한인연합교회를 방문했고, 9월에 중국 신장 위구르 지역(실크로드)을 방문했다.

일본은 한국과는 독도문제, 중국과는 센카쿠 열도 영유권 문제, 북한의 핵무기 위협 등을 빌미로 국민에게 불안감을 조성하여 군비증강과 재무장을 위해서 평화 헌법을 개정하려 하고 있다. 1988년 서울 올림픽 이후 많은 주재원과 유학생들이 동경에 상주하고 있었다. 2011년 대지진과 방사능 오염 등으로 인하여, 일본의 경제적 불황으로 제조업을 하는 공장들이 경비 절감을 위해서 동남아시아 등지로 진출하는 흐름 때문에 일자리가 없는 일본을 떠나 귀국하는 동포들이 증가하고 있다. 반면에 많은 유학생이 귀국하고 새로운 유학생들은 감소하고 있다. 이런 상황에서 재일대한기독교회 동경조후교회도 교인이 30%가 줄어들었고, 새신자도 거의 없다. 김병호 선교사가 일본 선교 24년 만에 처음으로 교회의 재정 적자를 예상하고 있다. 재일대한기독교회의 관동지방회(동경 지역)에 속한 교회들이 모두 재정적 어려움을 공유하고 있다. 한일 NCC 장애인 교류세미나가 2012년 11월 5일부터 7일까지 일본의 나고야(名古屋)에서 열렸다. 한국 대표가 12명, 일본 대표가 40명이 참석했다. 예장 총회가 최장수 선교사를 일본 오우(羽) 교구에 파송하여 동일본 재해 지역인 오우 교구의 복원 사업에 협력하게 되었다. 총회 파송 일본선교사회 총무인 김병호 선교사는 지난 7월 총회 세계선교부가 진행한 선교사 코디네이터 교육을 수료하고 동아시아 선교사 코디네이터로 활동하고 있다. 선교사 코디네이터는 신임 선교사 혹은 어려움을 당하는 선교사 및 선교사 가족들을 상담하고 돌보는 업무를 맡는다. 김병호 선교사는 인근 교도소의 한국인 재소자 상담 활동을 하고, 재일대한기독교회 총회 신학교에서의 강의를 통하여 인재를 양성하고 있다.

김승희 상해 현지 선교사는 그린닥터스를 비롯한 한국 의료진과 중국 의료진이 연계해서 2012년 7월 20일부터 27일까지 중국 운남성 곤명, 리장, 대리 지역에서 의료 봉사활동을 하도록 지원했다. 김승희 현지 선교사는 2012년 6월 상해를 방문한 부산국제선교회의 임원들이 중국 상해 지역 기독교 지도자들과 만나 뜻깊은 대화가 이뤄지도록 협력했고, 부산국제선교회 임원들이 상해 한인 연합교회(전교인 3,500여 명)의 예배에 참석하도록 안내하여 중국 기독교와 중국 한인 교회를 깊이 이해할 수 있도록 도왔다. 김승희 현지 선교사는 2012년 9월에 중국을 방문한 부산국제선교회원들이 우루무치 지역으로 비전 트립을 가도록 지원했다. 상해 온누리교회(이기복 담임목사)에 한국 CCM 가수 최인혁 전도사를 김승희 현지 선교사가 소개했다. 최인혁 전도사가 상해 온누리교회에서 10월 10일 신앙 간증 및 찬양집회를 열어 200여 명의 교인 및 교민이 큰 감동과 은혜를 받았다. 김승희 현지 선교사의 소개로 중국 강소성 무석시 주사랑교회(이창수 담임목사)에서 10월 12일 저녁에 CCM 가수 최인혁 전도사의 신앙 간증 및 찬양집회를 열었다. 무석 지역 한인 교회 2곳, 조선족 교회, 한족 교회 등 200여 명의 교인 및 교민이 참석하여 큰 감동과 은혜의 시간을 가졌다. 그린닥터스 무석 지부를 섬기는 최병한 박사는 1달에 2회씩 현지인 의료봉사 활동을 하며, 하이닉스반도체 회사와 중국인들에게 큰 감동을 주어서 '무석의 슈바이처 박사'로 알려져 있다. 사천성 대지진 당시 한국 그린닥터스와 김승희 현지 선교사와 최병한 박사가 함께 위험 속에서 지진 구호 활동을 펼쳤다. 김승희 현지 선교사는 선교를 위한 인재 육성에도 힘을 쏟고 있다. 선교 지원 네트워크로 김승희 현지 선교사는 김해교회 설립자 배성두 장로의 간증 자서전 『약방집 교회당』의 중국어판을 발간하고, 중국 당국의 허가를 받아 배부 및 서점 판매를 준비하고 있다.

    곽현섭 선교사의 2012년 사역 비전은 지난 4년의 사역과 지역 연구 결과를 바탕으로 정했다. 곽현섭 선교사는 미얀마 국가의 특성상 외국인이 들어갈 수 없는 60%의 미전도 지역과 약 70여 미전도종족 그리고 전 국민의 60%를 차지하고 있는 버마족을 대상으로 선교하고자 한다. 이를 위해 양곤센터와 중부 미전도 지역인 인레호수에 인레센터를 건축하고, 현지인 선교사를 양성하여 파송하고자 한다. 곽현섭 선교사의 미얀마 선교 전략은 기독교인을 대상으로는 경배와 찬양, 유치원 교사/미용 자격증 취득을 지원하고, 비기독교인을 대상으로는 직업훈련(전기기술, 약사, 간호사 등) 자격증 취득을 지원하며, 교육 과정에서 예수를 영접하며 기독교인으로 변화되어 가도록 한다. 44명이 직업훈련을 받고 있거나 수료했고(개인 후원 3명, 단체 후원 41명), 직업훈련 수료자 중 25명이 취업했고, 3명이 대학을 진학했다. 직업훈련 과정에서 2명이 훈련을 받고 있고, 3명이 훈련을 받기 위해서 대기하고, 2명이 신입생이다. 선교사 가정에서 상주하는 직업훈련자는 총 8명으로 이 중 스태프가 7명(버마족 4명, 카린 1명, 친 1명, 카친 1명)이고, 나머지 한 명은 초등 2학년 어린이 조조이다. 2012년 2월 버마족 스태프가 세례를 받았다. 경배와 찬양(Worship & Praise) 팀과 청년자립 직업훈련공동체(Vocational Training Community)는 가나안 농군학교가 주관하는 수련회에 참석하여 리더의 생활 습관과 가치관 교육을 받았고, 광진교회 청년부가 양곤 중심의 공원에서 개최한 야유회에 참가했다. 현지인 전문인 선교사 2명을 파송했다. 곽현섭 선교사는 2012년 2월 18일에 신학을 전공한 스태프 하웅카운과 이발 교육을 마친 민사를 미얀마 중부 짜우뚱 지역으로 전문인 선교사로 파송하고 정착하도록 지원했다. 곽현섭 선교사는 2012년 9월 20일 주 파송 단체와 교회를 조정하는 서류를 제출했다. 곽현섭 선교사의 주 파송 단체는 부산국제선교회이고, 주 파송 교회는 구포교회이고, 협력 파송 단체는 코이노니아선교회(인레 사역비만 지원)이고, 협력 파송 교회는 생수의강선교교회, 소정교회(직업훈련 사역비만 지원) 등이다.

3) 2013년: 미얀마 양곤BIM센터 완공과 인레수상센터(MOI) 건축 마무리, 김병호 선교사가 재일대한기독교회 총간사로 취임, 중국 교회 지도자 학습

부산국제선교회는 2013년 2월 총회를 열고 임원으로 회장 김운성, 부회장 허준, 김임권, 이현진, 총무 이동룡, 부총무 정명식, 이동아. 김종찬, 회계 김남규, 감사 정봉익, 남기철을 선임했다. 땅끝교회 창립 60주년과 사직제일교회 창립 60주년을 기념하여 세운 미얀마 양곤 BIM(부산국제선교회, Busan International Mission)센터를 2013년 2월에 완공했다. 광진교회와 박홍규 장로도 양곤BIM센터 건축을 후원했다. 광진교회는 미얀마 밍글라돈 레퀘교회당을 헌당했다. 부산동노회 세계선교부(부장 손병인) 일행이 미얀마 선교지를 4월에 방문했다. 소정교회와 코이노니아선교회가 인레 메잉 따이 지역의 선교 부지 5,200평을 매입했다. 곽현섭 선교사는 '인레의 아침'에서 커피를 만들기 시작했다. 2013년 5월 한국 Y'S Men(YMCA를 지지하는 자원봉사자 그룹)의 박희두 총재 일행과 구포교회가 미얀마에서 의료봉사를 했다. 2013년 6월 양곤BIM센터가 미얀마 정부에 외국인 기업체로 등록을 완료했다. 부산국제선교회가 초청한 중국 P교회의 성도는 치료를 받고 귀국했다. 2013년 10월 14일 나고야교회에서 개막된 재일대한기독교회 제52회 총회가 김병호 선교사를 총회의 행정을 책임지는 총간사(사무총장)로 선임했다. 2013년 11월 인레수상센터(Morning of Inle, MOI)의 공사가 마무리되었다. 부지는 박영만 장로가 제공했고, 건축비는 소정교회와 코이노니아선교회가 지원했다. 양곤센터는 버마족 15명을 대상으로 국제유치원 교사 훈련을 했다. 중국 교회 지도자 학습을 3월, 7월, 8월, 11월, 총 4회 실시했다.

재일대한기독교회 총회 총간사로 선임된 김병호 선교사는 교회 목회를 겸임할 수 없게 되어 20년 동안 섬겨왔던 동경조후교회를 사임했지만, 후임 교역자가 정해지고 부임하기까지는 겸임을 하게 되었다. 재일대한기독교회는 일본의 정치적·경제적 상황과 관련해서 사회적 태도를 표명하는 성명서를 발표했다. 재일대한기독교회는 성명서를 통해 일본 정부가 탈원전 정책으로 나아갈 것, 동일본 지진 재해 지역의 외국 국적 주민을 고립시키지 말 것, 일본 정부로부터 독립된 '국내 인권 기관'을 설립할 것, 자유와 존엄을 빼앗는 개정 입관법(改定 入管法)을 개정할 것, 외국인 주민 기본법 제정을 요구하는 전국기독교연락협의회가 작성한 '외국인 주민 기본법(안)'을 의회가 통과시킬 것을 촉구했다.

미얀마기독교신학교는 학생 35명과 교수 5명으로 운영되고 있다. 리앙망 진자 교장은 건강이 다소 회복되었으나 학교 운영을 아들 충망에게 위임했다. 미얀마기독교신학교가 외부 지원에만 의존하여 자립 대책이 시급하다. 미얀마기독교신학교 산하 36개 교회(부산 국제선교회 회원 교회가 교회당 건축 지원)는 어려운 상황에서 활동하고 있다. 곽현섭 선교사가 개척한 6개 교회는 자립하여 활동하고 있다. 1차, 2차 직업훈련 교육을 완료하고 선교 훈련 에 돌입한 60명의 사역자는 소정교회와 코이노니아선교회, 부산국제선교회 회원들의 후 원으로 활발하게 사역하고 있다. 곽현섭 선교사는 경배와 찬양(Worship & Praise), 직업훈련 (Vocational Training Community), 교회 개척 및 유치원 사역을 하고 있다. 양곤BIM센터는 국제유치원 교사 교육을 했고, 일부 공간은 공사를 하고 있으며, 외부인들이 게스트룸을 이용하고 있다.

그동안 중단되었던 조선족 지도자 학습이 2013년에 재개되었다. 중국 교회 지도자를 학습시키는 일은 중국 선교의 가장 좋은 방편이다. 부산국제선교회의 중국 교회 지도자 학습은 1997년 이래 지금까지 17년간 지속되고 있다. 중국에서의 학습은 부산국제선교회 의 상징이며, 부산국제선교회만의 자랑이며, 특징이다. 학습에 참여하는 중국 교회들이 전도 활동이나 목회 활동을 활발히 하고 있다. 부산국제선교회는 중국 교회들의 형편에 따라 지원하고 있다. 한편 주소원 선교사는 중국 선교에 있어서 한국교회가 준비해야 할 방안으로 첫째, 선교 사역의 주도권을 중국 교회에 이양할 것, 둘째, 중국 교회를 주장하는 자세에서 섬기는 자세로 전환할 것, 셋째, 중국 교회로 하여금 진정한 자치, 자급, 자전의 토착 교회가 되도록 섬길 것, 넷째, 중국 교회가 중국 복음화에 헌신하도록 섬길 것, 다섯째, 중국 교회가 건강한 교회를 세우는 목회를 감당할 수 있도록 섬길 것, 여섯째, 중국 교회가 선교하는 교회가 되도록 섬길 것, 일곱째, 중국 교회와 함께 소수 민족과 주변국 선교를 동역하며 감당할 것을 제안했다. 중국 선교의 전망으로 중국 선교의 가장 큰 변화는 중국 선교로부터 선교 중국으로의 전환이다. 둘째, 중국 교회가 선교하는 교회가 됨으로써 선교 중국을 효과적으로 감당하게 될 것이다. 셋째, 선교 중국이 될 때 한국교회는 주어진 중국 선교의 사명을 감당하고, 세계 선교에 대한 바통을 중국 교회에 넘겨주어 중국 교회와 함께 세계 선교에 동역자(대등한 관계)로 쓰임 받게 될 것이다.

4) 2014년: 김병호 선교사가 재일대한기독교회 총회 총간사로 취임, 미얀마 양곤 BIM센터 헌당식과 인레수상센터(MOI) 헌당식, 중국 교회 지도자 학습, 『목사님 여권 잃어 버렸어요!』 발간

　부산국제선교회는 2014년 2월 총회를 열고 임원으로 회장 김운성, 부회장 허준, 김임권, 이현진, 총무 이동룡, 부총무 정명식, 회계 김남규, 감사 정봉익, 남기철을 선임했다. 부산국제선교회의 2014년 10대 사업으로는 첫째, 일본 김병호 선교사의 재일한국교회 총회 총간사(총무) 취임(2월), 둘째, 미얀마 양곤BIM센터의 국제유치원 개원(3월), 셋째, 미얀마 양곤 BIM센터의 헌당식(4월), 넷째, 미얀마 인레수상센터(MOI)의 헌당식(5월), 다섯째, 중국 S교회 승합차(3,900만 원) 기증(8월), 여섯째, 부산국제선교회 회원 교회가 몽골 선교지와 허석구·이영숙 선교사를 방문(9월), 일곱째, 미얀마 인레호수 지역 제4교회의 건축 부지(200평, 2,700만 원)를 매입(9월), 여덟째, 부산국제선교회가 신청한 CMS 출금 이체를 금융결제원이 승인(11월), 아홉째, 중국 교회 지도자 학습 4회 실시(합계 72회), 열째, 2014년 8차 부산국제선교회 순회 헌신 예배를 땅끝교회, 사직제일교회, 부산대성교회, 광진교회, 초읍교회, 구포교회, 부산성광교회, 소정교회에서 드렸다. 부산국제선교회 상임고문 김정광 목사는 선교와 관련한 회원들의 간증을 모아 『목사님 여권 잃어 버렸어요』라는 간증집을 2014년에 발간했다. 2014년 12월 11일 땅끝교회 홀리조이센터에서 제32회 선교회의 밤(선교회 창립 35주년, 월례회 341회 기념)을 개최했다. 부산국제선교회의 선교사는 김병호 목사(일본), 곽현섭 목사(미얀마), 김승희 장로(중국), 김정광 목사(중국)이고, 협력 선교사는 이기현 목사(동북아), 손병인 목사(동북아)이다.

　미얀마 양곤BIM센터의 국제유치원 교사 15명은 모두 교사 자격증을 취득했다. 양곤 BIM센터는 소정교회와 코이노니아선교회의 후원을 받아 국제유치원 교사 교육을 진행했다. 양곤BIM센터는 청년직업훈련공동체의 리더와 교회의 사역자들에게 성경공부 및 양육자 과정을 격주로 토요일에 진행하고 있다. 개척교회로는 탄자욱삔교회(대저중앙교회 후원), 아오밍글라교회(대저중앙교회 후원), 레퀘교회(광진교회 후원)가 있다. 국제유치원은 미얀마 유일의 한인 국제유치원으로 운영 중이다. 인레수상센터(MOI)는 소정교회와 코이노니아선교회의 지원으로 매주 토요일과 주일에 음악, 한국어, 영어 사역과 주일예배를 드리고 있다. 인레호숫가 마띠센 마을에 개척할 4개 교회 부지를 부산국제선교회의 지원으로 확보했다. 양곤의 국제유치원 교사를 인레로 파견하여 영어 캠프를 통한 선교의 접촉점으로 활용할 계획이다.

5) 2015년: 미얀마 양곤BIM센터의 자립, 미얀마 인레호수 디베랴의아침교회 교회당 건축, 중국 교회 지도자 학습

부산국제선교회는 2015년 2월 총회를 열고 임원으로 회장 김운성, 부회장 허준, 김임권, 이현진, 이동룡, 총무 정명식, 부총무 이동아, 김종찬, 정일세, 회계 김남규, 부회계 이정희, 감사 정봉익, 남기철을 선출했다. 부산국제선교회의 2015년 10대 사업으로는 첫째, 땅끝교회(2월), 예일교회(5월), 금곡성문교회(7월), 신광교회(9월)에서 순회 예배를 드렸다. 둘째, 부산국제선교회는 중국 교회 지도자들에게 3월, 7월, 9월, 11월 총 4회와 마카오 교회 지도자들에게 11월에 학습을 실시했다. 셋째, 인레호수 마띠센에 부산국제선교회와 포항평강교회 연합으로 제5교회인 디베랴의아침교회당 부지를 4월에 매입하여 11월에 건축했다. 교회당 건축을 위해서 부산국제선교회는 사순절 저금통 모으기 운동을 전개했다. 넷째, 미얀마 양곤BIM센터가 국제유치원을 운영함으로써 자립하게 되었다. 국제유치원 원생은 26명, 교사는 15명, 직원은 5명이다. 다섯째, 부산국제선교회의 CMS 회원은 160명이고, 부산국제선교회는 CMS 회원을 계속 모집하고 있다. 여섯째, 부산국제선교회는 사단법인 설립을 추진하고 있다. 일곱째, 부산국제선교회의 회원 교회인 땅끝교회의 성도(익명)가 인레호수 선교센터 앞 선착장 부지 250평 매입비를 헌금했다. 여덟째, 미얀마 인레수상센터(MOI)의 마을 청소년 38명이 성탄절을 맞아 양곤BIM센터를 견학했고, 개척교회들을 방문했다. 아홉째, 미얀마 아오밍글라교회가 방과후학교인 '러브애프터스쿨'(20명 참여) 개설 후 지역 선교의 새로운 기반을 마련했다. 열째, 미얀마 양곤BIM센터가 격주로 토요일에 각 지역에서 온 유치원 교사들을 대상으로 세미나를 열고, 선교사 자녀 학교를 운영하며, 교민과 선교사에게 쉼터를 제공하는 등 다양한 사역을 전개하고 있다. 부산국제선교회는 2015년 12월 현재 CMS 계좌 회원을 134명 확보했다. 부산국제선교회는 2015년 12월 3일 땅끝교회 홀리조이센터에서 제33회 국제선교회의 밤을 개최했다. 부산국제선교회의 선교사는 김병호 목사(일본), 곽현섭 목사(미얀마), 김승희 장로(중국), 김정광 목사(중국)이고, 협력 선교사는 이기현 목사(동북아), 손병인 목사(동북아), 박호식 목사(M국)이다.

미얀마 양곤BIM센터는 국제유치원을 통해 자립을 이뤘고, 개척교회 리더와 사역자 부부를 위한 그룹 성경공부를 진행하고, 지역 선교사의 주일학교 교사 및 유치원 교사 대상으로 실습 세미나를 개최하고, 미얀마 선교사 자녀 수련회 및 각종 세미나, 단기 선교팀 숙소로 사용되고, 연 2회 미얀마 선교사 초청 위로회를 개최하고, 청년 직업훈련을 진행하고 있다. 미얀마 개척교회 현황으로는 1교회 탄자욱삔교회(탕조우 목사)는 유치원을 운영하고, 2교회 아오밍글라교회(넬리 전도사)는 공부방(Love after school)을 운영하고, 3교회 뭬퀘교회(마초 전도사)는 유치원을 운영하고, 4교회 양곤BIM센터 사직교회(마웨이 전도사)는 사역자 성경공부를 진행하고, 국제유치원을 운영하고, 5교회 인레 마띠센 지역 디베랴의아침교회(리츄릭 청년)는 청년 직업훈련을 실시하고, 현지인 선교사 훈련원을 운영하고 있다. 디베랴의아침교회는 인레 호숫가에 처음으로 세워진 교회로 호텔에서 일하는 청년, 음악 대학 학생, 주변 10개 마을을 선교할 계획이다. 인레수상센터(MOI)는 미얀마 선교사들의 수련회 장소 및 단기 팀 숙소로 활용되고 있고, 센터 주변 마을의 어린이와 청소년들에게 미술, 음악, 영어, 태권도, 의료봉사를 진행하고 있다. 미얀마기독교신학교는 졸업생들이 세운 교회를 중심으로 미얀마기독교선교회(MCM)에 속한 30여 명의 목회자가 월 1회 모여 기도회 및 세미나를 진행하고 있다. 곽현섭 선교사는 미얀마 선교 10년을 위한 7단계 선교 전략을 수립했고, 방과후학교를 통한 청소년 선교 전략을 수립했다.

6) 2016년: 곽현섭 선교사를 미얀마 선교사로 2기 파송, 사단법인 부산국제선교회 등록, 중국 교회 지도자 학습

부산국제선교회는 2016년 2월 총회를 열고 임원으로 회장 김운성, 부회장 허준, 이현진, 이동룡, 총무 정명식, 부총무 김종찬, 정일세, 최성수, 회계 김남규, 부회계 이정희, 감사 박성화, 남기철을 선출했다. 법인 부산국제선교회의 구성원으로 이사장은 정봉익 장로이고, 이사는 김운성 목사, 한영수 목사, 정명식 목사, 이삼균 목사, 김정광 목사, 박광선 목사, 김남규 장로, 김승희 장로이고, 사무총장은 최윤도 장로이다. 부산국제선교회의 2016년 10대 사업으로는 첫째, 곽현섭·엄성화 선교사를 10월에 제2기 미얀마 파송 선교사로 파송하면서 선교약정 협약식을 거행했다. 둘째, 부산국제선교회가 사단법인이 되기 위한 기금을 마련하고, '사단법인 부산국제선교회'가 2016년에 부산시를 통해 문화관광부에 법인 등록을 완료했다. 셋째, 부산국제선교회가 김문수·김옥주 선교사를 미얀마 선교사로 선정했다. 넷째, 미얀마 아오밍글라교회에 방과후학교 3층을 증축하는 공사를 완공했다. 다섯째, 미얀마 샨족선교의 중심인 인레수상센터(MOI)의 어린이와 청소년 30명이 양곤BIM센터의 초청으로 양곤BIM센터를 견학했다. 여섯째, 미얀마 인레 디베랴의아침교회당을 완공했다. 일곱째, 중국 교회 지도자 학습을 3월, 6월, 9월, 11월 총 4회 실시했다. 이로써 부산국제선교회는 학습을 20년째 지속하고 있다. 여덟째, 지속적인 회원 교회 순회예배를 드리고 있다. 아홉째, 부산국제선교회는 CMS 계좌 회원 150명을 확보했다. 열째, 부산국제선교회는 중국 교회 지도자들의 치료를 위해 부산으로 초청했다. 부산국제선교회는 2016년 12월 1일 땅끝교회 홀리조이센터에서 제34회 국제선교회의 밤을 개최했다. 제34회 부산국제선교회의 밤 기념으로 부산국제선교회를 소개하는 동영상 "사단법인 부산국제선교회"를 제작하였다(땅끝교회 김승혁 전도사가 제작). 부산국제선교회의 선교사는 김병호 목사(일본), 곽현섭 목사(미얀마)이고, 협력 선교사는 이기현 목사(동북아), 손병인 목사(동북아), 박호식 목사(M국)이다. 법인 이사장 정봉익 장로에 의하면 부산국제선교회가 문광부에 '사단법인 부산국제선교회'로 법인(비영리법인) 등록한 것은 해외 선교지나 국내에서 부산국제선교회가 자산을 취득할 경우 개인 명의가 아니라 법인 명의로 등록하기 위함이었다. 또 부산국제선교회의 임원은 임기가 1~2년이라서 수시로 교체하는 데 반해, 법인 이사진은 중장기적으로 유지되어 상대적으로 안정적이다. 그리고 부산국제선교회가 개인 후원자들에게 헌금에 대한 연말정산 혜택을 받도록 하기 위해서였다. 법인으로 등록하면 정부로부터 5년에 한 번씩 행정감사를 받아야 하지만, 선교회이기 때문에 특별한 문제가 없으면 어려움이 없을 것으로 보았다.[21]

부산국제선교회의 회원들은 2016년 1월 김병호 선교사의 재일대한기독교회 총회 총간사 취임을 격려하기 위해 일본을 방문했다. 재일대한기독교회는 일제 강점기 조국을 위해 기도하며 민족적 정체성을 지키면서 복음 선교를 해온 108년의 역사를 지닌 교단으로, 북해도로부터 오키나와까지 일본 전국에 흩어져 있는 100개의 한민족 디아스포라 교회로 구성되어 있다. 재일대한기독교회는 전체 교인이 약 6,000명이지만, 총회로서의 기능을 갖추어 운영되고 있다. 총회의 총간사인 김병호 선교사는 맡은 역할과 활동이 많아서 국내 출장은 물론이고 해외 출장도 잦은 편이라 분주하게 지내고 있다. 최근에는 한국에서 활동하던 이단들이 일본에까지 침투해 일본교회뿐만 아니라 한인 교회들을 어지럽히고 있다. 이미 일본그리스도교단과 예장 통합 이단사이비대책위원회와 연합으로 대책을 협의하여, 홍보 팸플릿을 인쇄하여 배포했다. 현재 재일대한기독교회는 세대를 지나면서 빠르게 다양화(재일 1세, 2세, 3세, 4세, 다문화 등) 되는 교회 구성원과 일본으로 입국하는 한국인의 감소 및 고령화, 저출생 등의 요인으로 교인이 감소하고 있는 추세이다. 이를 극복하기 위하여 복음 전도에 매진하고 있다.

미얀마 양곤BIM센터의 국제유치원(헬로우 K)은 원아가 30명으로 증가하여 자립하여 운영하고 있고, 청년 직업훈련은 2009년 이후 수료자가 미용 36명, 간호사 8명, 약사 3명, 전기 기술자 4명, 요리사 5명, 유치원 교사 43명, 국제유치원 교사 37명, 한국어 4명, 일반 서비스업 3명, 커피 바리스타 교육 13명 등 총 156명이다. 수료자 중에 미용 훈련을 받고 미용실을 자립적으로 운영하는 사례가 생겼다. 미용실의 자립이나 유치원의 자립은 미용실과 연계되거나 유치원을 운영하는 개척교회의 자립으로 이어지고, 마을 모임이 교회를

---

21 정봉익 장로와의 인터뷰(2024년 6월 7일).

중심으로 이뤄지면서 교회가 성장하고 있다. 인레 지역 디베랴의아침교회는 양곤 국제유치원의 영어 교사의 지원으로 성경 영어 캠프를 운영하고, 직업훈련 수료자들이 취업하여 자립을 지향하고 있다. 디베랴의아침교회가 청소년부를 시작했다. 인레수상센터(MOI)의 직원은 3명이고, 게스트하우스와 커피숍을 통한 수입으로 자립했고, 인재 양성 프로그램(직업훈련-가죽공예, 공부방 운영, 현지인 목회자 양성 훈련원)을 진행할 예정이다. 미얀마기독교신학교(MCS)는 졸업생들 중심으로 교회를 개척하고 있고, 부산국제선교회는 20여 개 교회의 교회당 건축을 지원했다. 미얀마기독교선교회(MCM)에 소속된 목회자들이 월 1회 기도회와 세미나를 진행하고 있다.

7) 2017년: 미얀마 선교의 두 축인 양곤BIM선교센터와 인레수상센터(MOI), 김문수 선교사를 미얀마 선교사로 파송, 김병호 선교사의 나그네 선교, 중국 교회 지도자 학습 진행 후 중단

부산국제선교회는 2017년 2월 총회를 열고 임원으로 회장 김운성, 부회장 허준, 이현진, 이동룡, 총무 정명식, 부총무 김종찬, 정일세, 최성수, 회계 김남규, 부회계 이정희, 감사 박성화, 남기철을 선임했다. 법인 부산국제선교회의 구성원으로 이사장은 정봉익 장로이고, 이사는 김운성 목사, 한영수 목사, 정명식 목사, 이삼균 목사, 김정광 목사, 박광선 목사, 김남규 장로, 김승희 장로이고, 사무총장은 최윤도 장로이다. 중국 교회 지도자에 대한 학습은 3월과 7월에 진행한 후 일시적으로 중단되었다. 미얀마 아오밍글라교회의 '방과후 학교'가 미얀마 정부의 정식 사립학교로 허가를 받아 2017년 3월 교육부에 등록했다. 미얀마 아오밍글라교회의 전도팀이 인레수상센터(MOI)를 방문하여 어린이들과 수상 가정에게 전도했다. 김문수 선교사는 2017년 4월 18일 부산노회에서 목사 안수를 받았다. 부산국제선교회는 김문수·김옥주 선교사를 미얀마 선교사로 파송하여 두 선교사는 7월 18일 미얀마로 출국했다. 부산국제선교회가 CMS 계좌를 개설 후 160여 명의 회원을 확보했다. 중국 Y지역 Y교회가 지역개발 계획으로 이전을 준비하고 있고, D교회는 장소를 이전했다. 땅끝교회(김운성 목사)가 중국 연변 백산수 공장 직원들에게 잠바 300벌을 기증했다. 미얀마 인레 디베랴의아침교회당을 2017년 11월에 준공했다. 미얀마 양곤BIM센터가 제2회 성탄 축하 친룡 대회를 주민들과 함께 개최함으로써 선교 사역의 진전을 이뤘다. 부산국제선교 회는 2017년 12월 14일 땅끝교회 홀리조이센터에서 제35회 부산국제선교회의 밤을 열었다. 부산국제선교회의 파송 선교사는 김병호 선교사(일본), 곽현섭 선교사(미얀마), 김문수 선교 사(미얀마)이다.

재일대한기독교회 총간사로서 김병호 선교사의 에큐메니칼 활동 범위는 먼저 일본기 독교교회협의회(NCCJ), 일본기독교단(UCCJ), 일본기독교회(CCJ), 일본성공회, 일본복음 루터교회, 일본침례교연맹(JBC), 일본침례교동맹(JCU) 등 일본 교단과의 교류, 세계교회 협의회(WCC), 아시아기독교협의회(CCA), 세계개혁교회커뮤니온(WCRC), 미국장로교 회(PCUSA), 미국연합감리교회(UMC), 미국개혁교회(RCA), 미국연합교회(UCC), 캐나다 장로교회(PCC), 캐나다연합교회(UCC), 호주연합교회(UCA), 대만기독장로교회(PCT) 등 세계 교회와의 연대와 교류 협력, 대한예수교장로회(통합, 합동, 대신, 고신), 한국기독교장 로회, 기독교대한감리회, 기독교대한성결교회, 한국기독교교회협의회(NCCK) 등 한국교 회와 선교 협약 및 협력 등 광범위하다. 특히 재일대한기독교회는 한일 교회의 교류와 선교 협력을 통해 한일관계의 화해와 평화 그리고 동북아시아의 화해와 평화를 위한 선교적 과제를 중요하게 여기고 있다. 김병호 선교사는 에큐메니칼 협력 선교를 삼위일체 하나님 께서 주관하시는 하나님의 선교로 보고, 선교사와 후원 교회와 후원 기관은 하나님의 선교 도구라고 보았다. 김병호 선교사는 일본 동경의 밝은 불빛에 비친 제국주의의 높은 담벼락 밑의 그늘에 초라한 모습으로 웅크리고 계신 예수님을 발견했다. 이런 발견을 통해 김병호 선교사는 교회/선교사 중심의 선교로부터 하나님의 선교로 전환하게 되었다. 뿐만 아니라 김병호 선교사는 자신의 재일대한기독교회 소속 교회를 섬기는 선교 활동에 대한 선교신학 적 의미를 발견했다. 일본에서 나그네로 사는 소수 민족인 재일 동포와 함께하는 한인 디아스포라 교회(렘 29:4-7)는 먼저 구약성서에서 나그네가 차지하는 중요성을 깨달아야 한다. 나그네의 선교적 의미는 하나님께서 나그네와 같은 약자/소수자를 통해서 큰일을 하신다는 데 있다. 부활하신 예수님은 제자들과 선교적 재계약을 하시기 위해 갈릴리에서 만나자고 하셨다. 이처럼 소외된 갈릴리가 선교적으로는 은혜의 자리요 축복의 자리요 사명의 자리로, 제자들은 갈릴리에서 하나님 나라 선교의 사명을 받았다. 바벨론 포로로 가게 될 유다 백성들을 향해 예레미야 선지자는 바벨론의 평안을 위해 기도하라고 했다. 일본에 파송된 김병호 선교사는 일본의 평안을 위해 기도하는 것을 하나님의 뜻으로 받아들였다. 일본 선교사와 일본을 위해 기도하는 그리스도인들은 선지자 하나냐의 예언(바벨론 포로들이 귀국하고 바벨론 왕의 멍에를 꺾는다는 예언, 렘 28장)에 귀를 기울이지 말고, 참 예언자인 예레미야의 목소리에 귀를 기울여야 한다. 한국인은 역사적인 경험 때문에 일본을 좋지 않게 생각하지만, 그리스도인들은 일본이 동북아시아에서 평화를 실천하는 좋은 나라가 될 수 있도록 기도해야 한다. 하나님의 선교는 여기에서 시작한다는 것이 김병호 선교사의 결론이었다.

미얀마의 양곤BIM센터의 국제유치원(헬로우K)은 2018년부터 한인유치원에서 다국적 유치원으로 전환할 예정이며, 국제유치원은 선교사의 신분을 보장하고, 선교센터 자립의 기반이 되고 있다. 양곤BIM센터는 개척교회의 리더 모임과 공부방 학생들의 캠프 장소가 되고, 한인 교회의 수련회와 세미나를 위한 장소로 사용되고, 선교사와 비전 트립 팀의 숙소로 활용되고 있다. 양곤BIM센터는 청년 직업훈련(미용사, 유치원 교사, 약사, 간호사, 가죽공예, 자동차 정비, 전기 기사, 한국어, 요리사, 바리스타 등)을 실시하고 있다. 양곤BIM센터는 마을과 좋은 관계를 맺기 위해 마을 행사를 돕고, 성탄절에는 친롱 대회를 진행하여 장학금과 생필품을 전달하며, 지역주민 300여 명에게 식사를 제공하고 있다. 미얀마에 개척한 다섯 교회는 양적인 면이나 질적인 면에서 성장하고, 자립을 향해 나아가고 있다. 인레수상센터(MOI)는 게스트하우스 운영과 커피숍 사업으로 자립했고, 어린이와 청소년에게 미술, 음악, 영어를 가르치며, 마을과 좋은 관계를 맺고 있다. 미얀마기독교신학교는 학생 40명, 교수 8명이 있으며, 세워진 교회들 사역자들이 매월 1회 모여 기도회 및 세미나를 진행하고 있으며, 세워진 교회들은 평균 30여 명의 교인들이 모여 예배드리고 있다. 교장 리앙망 진자 목사는 병세가 위독하여 병원에 입원해 있다.

8) 2018년: 중국 선교 중단, 미얀마 선교의 두 축인 양곤BIM센터와 인레수상센터 (MOI), 곽현섭 선교사가 김문수 선교사에게 양곤BIM센터를 이양

부산국제선교회는 2018년 2월 총회를 열고, 임원으로 회장 허준, 부회장 이현진, 이동룡, 총무 정명식, 부총무 김종찬, 정일세, 최성수, 서기 임병선, 부서기 이대근, 회계 양춘국, 부회계 이정희, 감사 박성화, 남기철을 선출했다. 법인 부산국제선교회의 구성원으로 이사장은 정봉익 장로이고, 이사는 김운성 목사, 한영수 목사, 정명식 목사, 이삼균 목사, 김정광 목사, 박광선 목사, 김남규 장로, 김승희 장로이고, 사무총장은 최윤도 장로이다. 미얀마 곽현섭 선교사는 지난 9년 동안 국제유치원과 직업훈련을 통한 지도자 양성 등을 통해 양곤BIM센터의 기반을 다졌고, 2018년 3월부터 선교지를 샨주의 인레 지역으로 이전했다. 김문수 선교사는 미얀마에 도착해서 언어와 문화를 배웠다. 곽현섭 선교사는 2018년 12월 10년동안 섬겨왔던 양곤BIM센터의 사역을 김문수 선교사에게 이양했다. 미얀마기독교 신학교 교장 리앙망 진자 목사가 2018년 5월에 소천했다. 미얀마 목회자 3명이 부산국제선교회와 부산 지역 교회들을 6월에 방문했다. 아오밍글라교회의 방과후교실에는 40여 명, 인레의 세 공부방에는 청소년 120명이 참여하고 있다. 미얀마의 제2선교지인 인레호수 지역에는 2013년에 소정교회의 후원으로 인레에 수상센터(MOI)와 교회당이 건축되었고, 2015년에 부산국제선교회 회원 교회들과 포항평강교회의 후원으로 디베랴의아침교회당이 완공되었다. 이제 샨주 30만 명을 향한 미얀마 선교는 방과후교실을 통해 발전하고 있다. 양곤BIM센터는 1:1 인재 양성 과정을 시작했다. 광진교회와 전주찬 목사의 후원으로 뭬퀘교회의 2층을 증축했다. 양곤BIM센터가 제1회 학습을 11월에 실시했다. 미얀마 아오밍글라교회를 섬기는 넬리 부부가 11월에 목사 안수를 받았다. 부산국제선교회는 2018년 12월 6일 땅끝교회 홀리조이센터에서 제36회 부산국제선교회의 밤을 개최했다. 부산국제선교회의 파송 선교사는 김병호 목사(일본), 곽현섭 목사(미얀마), 김문수 목사(미얀마)이고, 협력 선교사는 이기현 목사(동북아), 손병인 목사(동북아), 박호식 목사(M국)이다.

미얀마 양곤BIM센터의 국제유치원(Hello K)은 현재 20여 명의 원아들이 있고, 2019년부터는 유치원으로 인가를 받고 다양한 국적의 어린이들을 원아로 받을 예정이다. 양곤

BIM센터는 10여 명의 청년들에게 직업훈련을 시키고 있다. 양곤BIM센터는 다양한 모임과 집단에 장소를 제공하고, 마을에서 제3회 친롱대회를 개최했다. 미얀마의 4개의 개척교회는 성장하여 자립을 향해 가고 있다. 인레수상센터(MOI)와 디베랴의아침교회는 곽현섭 선교사의 부임 이후 카페와 게스트하우스를 통해 자립했고, 방과후교실과 청년 직업훈련 과정을 통해 지역 선교의 기틀을 마련하고 있다. 미얀마기독교신학교는 리앙망 진자 목사의 별세 이후 아들 쿠아 목사가 교장으로 취임하였으며 현재 학생은 26명이고, 미얀마기독교선교회를 통하여 세워진 교회는 예배와 전도 활동을 하고 있으며, 수백 명으로 성장한 교회도 있다.

2018년은 중국 정부의 방침에 따라 선교사들이 추방되거나 중국 학습이 불가능한 시기이었다. 부산국제선교회는 중국 선교의 방향을 정하기 위해서 선성기 목사를 단장으로 중국 선교 여행단을 중국으로 파송했다. 중국분과장인 선성기 목사는 2018년 11월 5일부터 14일까지 중국 교회 지도자들을 만나 향후 중국 선교의 방향과 학습을 위해 대안을 모색하는 보고서를 부산국제선교회에 제출했다. 중국 교회 지도자들의 제안은 중국 국경지에 선교 베이스를 구성하여 중국 교회 지도자들을 제3국으로 불러서 학습을 진행하는 방법, 신뢰 관계가 확실한 지도자만 모여서 학습하는 방법, 홍콩의 도풍산교회의 교훈을 적용하는 방법 등을 제시했다. 중국 교회 지도자들은 선교비를 받는 어려움보다 부산국제선교회가 위험을 무릅쓰고 지원한 것에 감사를 표했다.

9) 부산국제선교회 선교 전환기(2011~2018)의 특징과 과제

부산국제선교회 선교 전환기(2011~2018)의 특징으로는 첫째, 부산국제선교회 선교의 중심축이 중국 선교로부터 미얀마 선교로 이동했다. 부산국제선교회의 2014년 10대 사업 중 중국 선교는 2개, 미얀마 선교는 4개이었고, 2015년 10대 사업 중 중국 선교는 1개, 미얀마 선교는 6개이었고, 2016년 10대 사업 중 중국 선교는 2개, 미얀마 선교는 5개이었다. 둘째, 중국에서의 학습이 중단되었다가 재개함을 반복했다. 이는 외형적으로는 2013년에 등장한 시진핑 체제가 종교를 억압한 측면이 있다. 그렇지만 부산국제선교회가 중국 선교의 중심으로 삼았던 H교회의 S목사 부자의 공금 유용도 영향을 주었다. 셋째, 중국에서 2012년 부산국제선교회의 학습은 중단되었다. 그렇지만 김승희 현지 선교사는 비전 트립을 통한 선교 활동을 이어갔다. 이는 김승희 현지 선교사가 상해 농심 총경리로서 농심 회사가 노동자들에게 일자리를 제공했고, 매출과 순익이 증가하면서 많은 세금을 냈고, 중국 법을 준수하고, 중국 관료들과 좋은 관계를 유지했기 때문이었다. 이처럼 김승희 현지 선교사는 선교로서의 비즈니스(Business as Mission)의 모범을 보여줬다. 김승희 선교사가 중국 교회에 대한 이해, 중국 선교에 대한 이해, 중국 선교 제안 등에 대해 부산국제선교회에 제출한 보고서를 보면 김승희 선교사가 선교에 대해 많이 공부한 것을 알 수 있다.

넷째, 미얀마 선교에서도 중심축이 미얀마기독교신학교로부터 곽현섭 선교사의 양곤 BIM센터와 인레수상센터(MOI)로 이동했다. 부산국제선교회 선교의 발전기(1998~2010)에서 미얀마 선교의 중심은 미얀마기독교신학교였다. 부산국제선교회는 미얀마기독교신학교에 신학교의 부지를 기증했고(2002), 신학교의 본관을 건축했고(2004), 본관 헌당예배를 드렸고(2005), 사이클론 재난 헌금(2008)을 통해서 선교에 대한 호응이 높아지는데 기여했다. 그런데 미얀마기독교신학교의 교장인 리앙망 진자 목사가 건강 악화로 교장직을 아들에게 물려준 2013년 이후 신학교에 대한 신뢰도가 저하했다. 미얀마기독교신학교의 일부 교수들이 신학교를 떠났고, 신학교를 지원하던 곽현섭 선교사도 신학교와 관계를 정리했다. 다섯째, 부산국제선교회는 곽현섭 선교사를 2009년에 현지 선교사로 임명했고, 2012년에는 미얀마 선교사로 파송했고, 2016년에는 미얀마 선교사로 2기 파송을 했다. 곽현섭 선교사는 양곤BIM센터의 부지를 구입하고 센터를 건축하여 2014년에 헌당식을 했다. 이러한 활동은 다른 선교지의 선교사와 비슷하다. 그러나 곽현섭 선교사는 양곤BIM센터의 건축 과정과 동시에 선교 사역 시스템 사이클 5단계(미시적)를 마련하여 실천했다. 즉, 청년 직업훈련, 경배와 찬양, 기독교 공동체 형성, 전도 훈련, 개척교회에서 전도 실습 등을 통해 신앙훈련과 공동체 형성, 취업을 통한 자립 기반 마련 등 전도와 취업, 신앙 공동체 형성과 개척교회 사역 등을 결합시켰다. 곽현섭 선교사는 하드웨어인 선교센터를 건축했고, 소프트웨어인 청년들을 모아 신앙, 취업 기술과 지식을 갖고 신앙 공동체를 형성하고, 전도 훈련을 통해 기독 청년들을 키워갔다. 곽현섭 선교사는 선교 초기부터 양곤과 동역할 선교지를 물색하여 샨주의 인레를 선교 거점으로 선택해서 미얀마 선교를 양곤과 인레 두 지역을 중심으로 전개하는 선교 전략을 수립하고 실천했다. 이런 거시적이며 입체적인 미얀마 선교 전략(양곤과 샨주 선교를 위한 인레 두 거점을 중심으로 하는 선교)을 수립한 것은 부산국제선교회가 파송한 선교사 중에는 한승인 선교사 이후 곽현섭 선교사가 처음이었다.

일곱째, 부산국제선교회의 선교 역사상 최초로 이양이 이뤄졌다. 곽현섭 선교사가 9년 동안 세운 양곤BIM센터를 김문수 선교사에게 2017년에 이양했다. 선교사가 10년 가까이 일군 선교지를 다른 선교사에게 이양하고 자신은 새로운 선교지를 개척하기 위해 떠난다는 것은 결코 쉬운 일이 아니다. 그러나 곽현섭 선교사는 선교 초기부터 이러한 선교 전략을 수립했기 때문에 어렵지만 이양을 실천했다. 여덟째, 곽현섭 선교사는 미얀마 선교 초기부터 인레를 제2의 선교 거점으로 선택했고, 양곤에서도 인레에 대한 중장기적 선교 전략 관점에서 활동해 왔기에 비교적 이른 시기에 인레에 뿌리를 내리기 시작했다.

아홉째, 김병호 선교사는 재일대한기독교회의 총간사로 2013년에 취임했다. 김병호 총간사는 재일대한기독교회에 속한 한인 교회의 다양한 구성을 고민하며 나그네 선교, 나그네 교회 등 선교신학적으로 성찰했고, 재일대한기독교회의 인권 선교, 외국인 이주노동자 선교, 평화 선교 등을 한일 교회의 협력, 세계 교회와의 협력으로 진행함으로써 에큐메니칼 협력 선교의 모범을 보여줬다. 열째, 부산국제선교회는 회원들의 간증을 김정광 목사가 모아 『목사님 여권 잃어버렸어요!』라는 간증집을 2014년에 발간했다. 이 간증집에는 다양한 선교 현장에서 일어난 회원들의 간증, 하나님께서 역사하신 놀라운 일에 대한 증언들이 실려 있다. 이 간증집은 부산국제선교회의 35년의 역사를 간직하고 있다. 이 간증집은 회원 교회와 개인 회원들이 선교에 참여하는 동기를 부여하고 있다. 열한째, 부산국제선교회는 2016년에 사단법인으로 등록했고, "사단법인 부산국제선교회"를 동영상으로 제작했다. 2017년 현재 사단법인 부산국제선교회의 CMS 회원이 160여 명이다.

부산국제선교회 선교 전환기의 과제나 문제점으로는 첫째, 중국 선교의 핵심인 학습의 문제에 대한 성찰이 필요했다. 부산국제선교회는 21년 동안 중국에서 학습을 진행하면서 한국교회 지도자들의 학습에 대한 피드백이나 중국 교회 지도자들의 피드백을 받지 않았다. 또 변화하는 상황에서의 학습 형태의 변화를 모색하지 않았다. 부산국제선교회가 진행하는 학습이 중국 삼자교회의 삼자원칙을 준수했는지 그 여부와 중국 정부의 비자 조건을 준수했는지 여부를 성찰했어야 했다. 그리고 시진핑 체제가 수립된 이후의 종교 정책의 변화에 거의 주의를 기울이지 않은 것 같다. 둘째, 부산국제선교회는 가난한 중국 교회에 대해 목회자의 생활비를 지원하고, 겨울철 난방을 위한 보일러 구입비를 지원하고 석탄을 지원했다. 이런 재정적 지원도 원칙적으로는 문제가 있지만, 이런 정도는 삼자교회도 중국 정부도 용인할 만한 내용이었을 것이다. 그러나 중국 선교의 교두보로 불린 H교회의 교회당과 교육관 건축을 위한 헌금은 부산국제선교회의 역사상 단일 목적의 헌금으로는 최대 금액을 모금한 것이었다. 그런데 중국 정부는 이러한 재정지원과 관련해서 S목사를 공금유용으로 구속하고 나중에는 목사직을 박탈했다. 아들 S목사는 교회 헌금을 자신의 개인 구좌에 입금시킨 것이 문제가 되어 목사직에서 해임되었다. 그리고 성적 스캔들(아버지 목사)까지 발생했다. 부산국제선교회는 S목사가 설교도 잘하고 찬양 인도도 잘하고 교회도 성장했기 때문에 재정 운용에 대한 문제를 제기하지 않다가 이런 결과를 초래했다. 그동안 일부 회원들(전두승 목사 등)이 중국 교회에 제직회나 재정을 다루는 회계가 없는 것이 문제라는 점을 제기했지만, 부산국제선교회는 이런 문제 제기를 중국 선교에 반영하지 않았다.

셋째, 부산국제선교회는 중국 선교와 관련하여 부산국제선교회의 선교보고서에 실린 필립 위커리의 글이나 중국 국무원 종교사무국 부국장인 리우수상의 "중국의 종교 정책", 김승희 현지 선교사의 다양한 제안 등을 중국 선교 정책 수립에 반영하지 않았다. 중국 선교의 초기에는 학습이 중요한 선교 방식이라고 해도 20년 가까이 이러한 선교 방식에 대한 평가와 대안을 모색하지 않았다는 것이 부산국제선교회가 되돌아봐야 할 대목이다. 넷째, 부산국제선교회는 2012년에 중국에서 학습을 중단했다. 반면에 김승희 현지 선교사는 비전 트립을 통해 선교 활동을 지속적으로 전개했다. 부산국제선교회는 동일한 여건 속에서 학습은 중단되었지만, 김승희 현지 선교사의 비전 트립을 통한 선교는 가능하다는 사실로부터 중국 선교의 방식에 대해 비교하고 장단점을 통해 대안을 모색할 필요가 있었다. 다섯째, 부산국제선교회가 선교 발전기(1998~2010)에 미얀마기독교신학교 지원에 주력하면서도 미얀마기독교신학교와 미얀마기독교선교회에 대한 평가를 하지 않았기 때문에 부산국제선교회 선교 전환기(2011~2018)에서 미얀마기독교신학교에 대한 비중이 줄어들고 결국 중단하게 되었다. 부산국제선교회가 미얀마기독교신학교에 대해 정확한 평가를 하기 위해서는 미얀마 전체 기독교와 신학교에 대한 이해가 필요했다. 여섯째, 부산국제선교회는 2017년 하반기부터 중국 선교를 중단했고, 곽현섭 선교사와 양곤BIM센터를 집중적으로 지원하면서 미얀마기독교신학교 지원도 거의 중단하게 되었다. 부산국제선교회는 중국 선교의 중단과 미얀마기독교신학교 지원 중단과 관련한 선교정책협의회를 개최하는 것이 필요했다. 일곱째, 재일대한기독교회 총간사로 헌신하는 김병호 선교사에 대해 부산국제선교회가 재평가할 필요가 있다. 부산국제선교회의 김병호 선교사에 대한 재평가를 위해서는 부산국제선교회의 선교 이해, 선교신학에 대한 이해, 한인 디아스포라 선교의 중요성에 대한 이해를 새롭게 할 필요가 있다.

7. 부산국제선교회 선교의 심화기
: 미얀마 선교의 전략적 발전(2019~2023)

1) 2019년: 미얀마기독교신학교 사역 중단, 양곤BIM센터와 인레수상센터(MOI)로 미얀마 선교 중심의 전환, 김병호 선교사의 30년 근속 표창

부산국제선교회는 2019년 2월 총회를 열고, 임원으로 회장 허준, 부회장 이동룡, 정명식, 이병석, 총무 정일세, 부총무 김종찬, 최성수, 안맹환, 서기 임병선, 부서기 이대근, 회계 양춘국, 부회계 이정희, 감사 박성화, 남기철을 선출했다. 법인 부산국제선교회의 구성원으로 이사장은 정봉익 장로이고, 이사는 김운성 목사, 한영수 목사, 정명식 목사, 이삼균 목사, 김정광 목사, 박광선 목사, 김남규 장로, 김승희 장로이고, 사무총장은 최윤도 장로이다. 미얀마 양곤BIM센터의 국제유치원은 학생이 43명이고, 교사는 13명이다. 방과후교실에는 어린이와 청소년 60명이 참여하고 있다. 양곤 지역 네 개의 개척교회가 격월로 양곤BIM센터에 모여 연합예배를 드리며 성찬식을 함께하고 있다. 양곤BIM센터는 양곤 지역 목회자 20여 명을 대상으로 학습을 진행했고, 대학생 10명에게 장학금을 지원하고 있다. 1:1 인재 양성 과정에는 10명이 참여하고 있다. 양곤BIM센터가 시설 보수 공사를 했다. 인레수상센터(MOI)에서는 스태프 15명이 카페와 한국 음식점을 운영하여 자립했다. 방과후교실 인레 1, 2, 3학교에는 모두 110명이 참여하고 있다. 인레수상센터(MOI)는 결신자를 대상으로 직업훈련과 신앙 훈련을 하고, 훈련 수료자들을 사역자로 세워 교회 개척을 준비하고 있다. 양곤BIM센터의 국제유치원과 인레수상센터(MOI)의 카페와 음식점은 한국 선교사의 신분을 보장하는 역할도 한다. 부산국제선교회는 2019년 11월 11일부터 19일까지 태국 치앙라이에서 아카족 목회자 30여 명을 대상으로 학습을 실시했다. 부산국제선교회는 제3국을 통한 선교, 다른 나라를 통한 중국 소수 종족 선교, 한국에 체류하는 중국인 선교 등 중국 선교의 대안을 모색하고 있다. 부산국제선교회는 선교회 창립 40주년을 기념하며 2019년 12월 5일 땅끝교회 홀리조이센터에서 제37회 선교의 밤을 개최했다. 부산국제선교회의 선교사는 김병호 목사(일본), 곽현섭 목사(미얀마), 김문수 목사(미얀마)이고, 협력 선교사는 이기현 목사(동북아), 손병인 목사(동북아), 박호식 목사(M국)이다.

2018년 10월 30일 대법원은 신일본제철이 강제징용 피해자 4명에게 1인당 1억 원씩 배상하라고 판결했다. 일본은 여기에 반발했고, 일본군 성노예('위안부')에 대해서도 종전의 입장을 고수하면서 한일관계는 최악에 도달했다. 2019년 남북정상회담과 북미정상회담이 열리면서 한반도에 화해 무드가 퍼져나가자, 이 과정에서 소외되어 반발하는 일본 극우 세력들이 헌법을 개정하려 하고, 한일 갈등을 부추겼다. 그러나 재일대한기독교회는 일본교회와 한국교회가 서로 이해하며 진정한 사죄와 용서를 위해 노력하도록 기도하고, 주 안에서 한 형제자매 된 자들로서 한일 교회의 교류가 지속되도록 노력하고 있다. 김병호 선교사는 재일대한기독교회 총회의 총간사로 2013년부터 6년째 섬기고 있다. 그런데 재일대한기독교회는 스스로를 이민자들의 교회로 이해하지 않고, 재산과 토지를 일제에 빼앗겨 생존하기 위해 현해탄을 건넌 실향민들의 교회이고, 강제징용과 징병으로 연행되었다가 조국의 해방 후에도 귀국하지 못한 유랑의 무리(소수자들)의 교회로 이해한다. 재일대한기독교회는 1968년 선교 60주년을 맞으면서 이제까지 자신들의 안위와 축복만을 추구했던 신앙의 자세를 반성하고 "그리스도를 따라 이 세상으로"라는 표어를 내걸고, 일본에서 편견과 차별 속에 사는 재일 동포의 아픔과 삶에 관심을 가지면서 그들의 인권을 위한 대변자가 되고, 함께 그들의 인권을 위해 싸우는 교회로서 역할을 감당하고자 결단했다. 그러한 활동과 경험이 재일대한기독교회로 하여금 일본에 입국해 있는 또 다른 외국인 200만 명이 당하는 차별과 인권 문제에 관심을 갖게 하고 이를 선교적 과제로 받아들여 외국인 이주노동자 선교에 참여하도록 하고 있다. 재일대한기독교회는 1980년대 초부터 조국의 평화통일을 위한 일에 관심을 갖기 시작했다. 재일 동포의 절반이 북한을 지지하는 조총련에 가입된 사람들이지만, 반공교육으로 북한을 적대시하는 이념을 따르는 재일 동포 1세들은 조총련계와 거리를 두고 살아왔다. 1986년 WCC 주도로 북한의 조선그리스도교연맹(이하 조그련으로 표기, KCF)의 대표와 남한 교회 대표(NCCK)가 처음으로 스위스 글리온에서 만났다. 재일대한기독교회 방문단은 1990년부터 4차례에 걸쳐 평양을 방문하여 조그련과 교류하며 여러모로 북한 교회를 지원했고, 남북한의 교회가 자유롭게 만나지 못했던 시기인 1990년부터 2002년까지 8회에 걸쳐 조그련 대표들을 일본으로 초청하여 '조국의 평화통일과 선교에 관한 기독자 동경회의'를 개최하여 남한과 북한의 교회 지도자들이 만날 수 있는 교량 역할을 했다. 한편 김병호 선교사는 총회 파송 일본 선교사로 근속 30주년을 맞아 2019년 9월 23일 포항 기쁨의교회에서 열린 총회에서 30주년 근속 표창을 받았다.

2) 2020년: 코로나 팬데믹으로 인한 선교 위축과 긴급구호, 미얀마 따웅지 선교 준비, 재일대한기독교회에 이단 대처 도서 전달

부산국제선교회는 2020년 2월 총회를 열고 임원으로 회장 이동룡, 부회장 정명식, 이병석, 김종찬, 총무 선성기, 부총무 최성수, 안맹환, 임병선, 서기 홍융희, 부서기 이근형, 회계 양춘국, 부회계 김병기, 감사 박성화, 남기철을 선출했다. 법인 부산국제선교회의 구성원으로 이사장은 정봉익 장로이고, 이사는 김운성 목사, 한영수 목사, 정명식 목사, 이삼균 목사, 김정광 목사, 박광선 목사, 김남규 장로, 김승희 장로이고, 사무총장은 최윤도 장로이다. 2020년 코로나 팬데믹을 맞아 전체적으로 선교 사역이 크게 위축되었다. 부산국제선교회는 6개 국가의 선교사 9명을 통해 교회 운영비 지원, 교인과 지역주민에게 구호품을 전달하는 등 코로나 긴급구호를 실시했다. 이단 문제가 심각한 일본에 김병호 선교사를 통하여 『만화로 보는 이단 예방』이라는 도서 100권을 재일대한기독교회 산하 100여 교회에 전달했다. 미얀마 양곤BIM센터의 국제유치원은 학생이 43명으로 교사 13명이 운영하고 있다. 인레수상센터(MOI)의 스태프 20명이 카페와 한국 음식점을 운영하고 있다. 미얀마의 방과후교실은 인레 지역 1, 2, 3학교에 110명이 참석하고, 양곤 지역은 60명이 참석하고 있다. 양곤BIM센터는 대학생 10명에게 장학금을 지급하고 있다. 인레 지역 청년 직업훈련 과정을 6명이 수료했다. 코로나 위기 중에도 곽현섭 선교사는 세 마을 어린이 체육대회를 비롯하여 따웅지에 두 집을 임대하여 청년훈련센터를 구축했고, 따웅지전도학교(소그룹 성경공부, 기초교리 교육)를 시작했고, 미용 직업훈련(3명 1차 수료, 3명 대기), 간호사 직업훈련(1명 수료, 2명 대기)을 실시했다. 곽현섭 선교사는 코로나 재난 지원 행사를 했고, 예배 준비를 위한 재능 수업(리코더, 율동)을 했고, 방과후학교 1, 2, 3을 재개했고, 수상마을 미용 봉사 등의 활동을 전개하면서 따웅지 선교를 준비했다. 중국 선교의 대안을 모색하기 위해 6개 국가의 6명의 선교사와 협력하고 있다. 2020년 12월 3일 땅끝홀리조이센터에서 제38회 부산국제선교회의 밤을 개최했다. 부산국제선교회의 파송 선교사는 김병호 목사(일본), 곽현섭 목사(미얀마), 김문수 목사(미얀마)이고, 협력 선교사는 양영기 목사(말레이시아), 박준수 목사(영국), 조이 목사(홍콩), 이성훈 목사(일본), 유정한 목사(태국), 강범수 목사(미얀마)이다.

3) 2021년: 코로나 2차 긴급구호, 미얀마 김문수 선교사 코로나 치료, 부산국제선교회 40년사 편찬위원회 구성

부산국제선교회는 2021년 2월 총회를 열고 임원으로 회장 이동룡 목사(사직제일), 부회장 정명식 목사(광진), 이병석 목사(부산성동), 김종찬 목사(더불어), 총무 선성기 목사(백양로은혜), 부총무 최성수 목사(벧엘), 안맹환 목사(땅끝), 임병선 목사(한일), 서기 홍융희 목사(성민), 부서기 이근형 목사(소정), 회계 양춘국 장로(땅끝), 부회계 김병기 장로(성현), 사무국장 서찬석 장로(기쁨의), 감사 박성화 목사(생명길), 남기철 장로(대연)를 선출했다. 법인 부산국제선교회의 구성원으로 이사장은 정봉익 장로, 이사는 김운성 목사, 김정광 목사, 박광선 목사, 안맹환 목사, 이동룡 목사, 정명식 목사, 한영수 목사, 허준 목사, 김남규 장로, 김승희 장로이고, 사무총장 최윤도 장로이다. 코로나 팬데믹이 지속되는 가운데 부산국제선교회는 2021년 2월 미얀마와 일본 선교지에 2차 긴급구호를 실시했다. 구포교회, 초읍교회, 덕천교회, 땅끝교회, 사직제일교회, 소정교회, 정봉익 장로 등이 헌금하여 미얀마 양곤 지역의 세 교회, 인레 지역의 청년 스태프 가정과 인레수상센터(MOI) 주변의 어려운 280여 가정을 지원했고, 양곤 지역과 인레 지역에 산소 호흡기를 1대씩 기증했다. 일본은 김병호 선교사와 이성훈 선교사를 통해 코로나 긴급구호를 실시했다. 미얀마 방과후학교는 인레 지역 1, 2, 3 학교에 110명, 양곤 지역 1, 2, 3학교에는 80명이 참여하고 있다. 양곤BIM센터는 대학생 10명에게 장학금을 지급하고 있다. 양곤BIM센터와 인레수상센터(MOI)는 청년과 마을 주민을 대상으로 직업훈련을 실시하고, 따웅지 지역에서는 청년 리더 8명에게 신앙 기초 교육을 실시했다.

부산국제선교회는 2021년 3월 김동휘 선교사를 인도 협력 선교사로, 허석구 선교사를 몽골 협력 선교사로 파송했다. 부산국제선교회는 창립 40주년을 맞아 『부산국제선교회 40년사』를 발간하기 위해서 2021년 4월 '부산국제선교회 40년사 편찬위원회'를 구성했다. 편찬위원회의 위원장은 한영수 목사이고, 위원은 정명식 목사, 선성기 목사, 김정광 목사, 정봉익 장로, 김승희 장로이다. 미얀마 김문수 선교사가 코로나 중증으로 에어 앰뷸런스로 후송되어 2021년 7월에 귀국해서 치료를 받았다. 에어 앰뷸런스 사용료를 충당하기 위해 부산국제선교회가 7,000만 원(땅끝교회의 5,000만 원 헌금 포함), 부산노회가 5,000만 원, 총회 세계선교부가 1,000만 원 등 총 1억 3,000만 원을 모금했다. 홍콩 조재호 협력 선교사가 선교지를 몰타로 변경했다. 인도 김동휘 협력 선교사가 부산노회에서 목사 안수를 받았다 (10월). 광진교회, 행복나눔교회, 부산국제선교회의 후원으로 치앙마이, 치앙라이 지역의 아카족 목회자와 라후족 목회자를 대상으로 학습을 실시했다. 부산국제선교회는 중국 선교의 대안을 모색하기 위해서 말레이시아 양영기 협력 선교사, M국 박호식 협력 선교사,

대만 손병인 협력 선교사, 태국 유정한 협력 선교사와 협력하고 있다. 부산국제선교회는 2021년 12월 2일 땅끝교회 홀리조이센터에서 제39회 부산국제선교회의 밤을 개최했다. 부산국제선교회의 선교사는 김병호 목사(일본), 곽현섭 목사(미얀마), 김문수 목사(미얀마)이고, 협력 선교사는 손병인 목사(대만), 박호식 목사(M국), 양영기 목사(말레이시아), 박준수 목사(영국), 조재호 목사(몰타), 이성훈 목사(일본), 유정한 목사(태국), 강범수 목사(미얀마), 김동휘 선교사(인도), 허석구 목사(몽골, 다문화)이다.

곽현섭 선교사가 사역하는 인레 지역 디베랴의아침선교센터는 지역주민 20명을 대상으로 컴퓨터 교실과 재봉 교실을 진행하여 좋은 반응을 얻었다. 곽현섭 선교사는 인레 수상마을 청년과 호숫가 농촌 마을 청년 22명을 선발하여 직업훈련과 성경 통독과 암송, 찬양과 나눔 사역을 했다. 이러한 사역은 앞으로 교회 개척의 밑거름이 될 것이다. 방과후학교 1, 2, 3학교의 12명의 교사가 120명의 어린이/청소년들에게 성경 스토리를 전하고 있다. 대학생 14명을 전도 리더로 선발하여 매주 4일 숙식하며 수련회 형식으로 집중 교육을 진행하고 있다. 고아 출신 또는 한부모 가정의 청년 11명을 선발하여 치유 프로그램을 거쳐 성경 기초 교육을 진행 중이다. 곽현섭 선교사는 양곤과 만달레이의 한센 환우 마을 여섯 곳에 한센 2세대 자녀를 위한 장학기금을 지원하고 있으며, 샨주의 한센 환우 마을인 '꽁빠 마을'에 교회를 개척하기 위해 선교 활동을 하고 있다. 강범수 협력 선교사는 은혜국제사역(GMI)의 선교 훈련을 받기 위해 2020년 2월 한국에 입국했으나 코로나로 인해 훈련이 연기되었다. 2021년 초 미얀마에 입국하려 했으나 쿠테타 발생으로 입국이 어려워 한국에 체류하고 있다. 한국에 머물면서 미얀마의 양육과 구제 활동을 지원했고, (사)아시아이주여성센터와 연계하여 현지의 어려운 가정을 돌보고, 민주화 활동을 하는 청년들을 지원했다. 부산국제선교회의 지원으로 현지 선교사들에게 산소발생기를 보내고, 약품 공수를 지원했다.

4) 2022년: 코로나 3차 긴급구호, 강범수 선교사를 미얀마에 파송, 미얀마 따웅지교회당 건축, 다문화 협력 선교사 파송

부산국제선교회는 2022년 2월 총회를 열고 임원으로 회장 정명식, 부회장 김종찬, 이병석, 선성기, 김수찬, 총무 임병선, 부총무 최성수, 안맹환, 서기 홍융희, 부서기 이근형, 회계 양춘국, 부회계 김병기, 사무장 서찬석, 감사 김동환, 박성화를 선출했다. 법인 부산국제선교회의 구성원으로 이사장은 정봉익 장로, 사무총장은 최윤도 장로이고, 이사는 김운성 목사, 김정광 목사, 박광선 목사, 안맹환 목사, 이동룡 목사, 정명식 목사, 한영수 목사, 허준 목사, 김남규 장로, 김승희 장로이다. 부산국제선교회는 2022년 2월 코로나로 어려움을 겪는 미얀마 인레 지역의 세 교회와 양곤 지역에 긴급구호를 실시했고, 샨주의 내전으로 인한 피난민 200가정에 생필품과 생활비를 지원했다. 이 비용(2,000만 원)을 영락교회가 지원했다. 미얀마 방과후학교 중 인레 지역 1, 2, 3 학교에는 120명, 양곤 지역 1, 2, 3 학교에는 80명이 참여하고 있다. 양곤BIM센터는 대학생 10명과 신학생 2명에게 장학금을 지급하고 있다. 양곤BIM센터와 인레수상센터(MOI)는 청년과 마을 주민을 대상으로 직업훈련을 실시하고, 따웅지 지역에서는 청년 리더 8명에게 신앙 기초 교육을 실시했다. 부산국제선교회는 2022년 6월 인도 장병욱 목사와 김해 베트남선교교회 임수진 목사를 협력 선교사로 파송했다. 임수진 협력 선교사가 섬기는 베트남선교교회가 2022년 7월 창립 예배를 드렸다. 베트남선교교회는 베트남 결혼 이주민과 유학생, 이주노동자를 선교하기 위해 설립된 다문화 교회이다. 허석구 협력 선교사는 교회와 쉼터를 통해 몽골 유학생과 이주노동자를 위해 다문화 선교를 하고 있다. 이처럼 부산국제선교회가 다문화 선교를 수용한 것은 새로운 선교적 방향이다. 영락교회가 1억 원을 지원하여 미얀마 따웅지교회당을 2022년 9월에 건축했다. 따웅지교회는 직업훈련에 참여하는 청년을 신앙적으로 훈련시켜 이들의 예배 장소와 지역에 거주하는 한국인들의 예배 처소가 될 것이다. 광진교회가 강범수 선교사를 2022년 12월 미얀마로 파송했다. 부산국제선교회의 후원으로 치앙마이, 치앙라이 지역의 아카족 목회자와 라후족 목회자를 대상으로 학습을 실시했다. 부산국제선교회는 중국선교의 대안을 모색하기 위해서 말레이시아 양영기 협력 선교사, M국 박호식 협력 선교사,

대만 손병인 협력 선교사, 태국 유정한 협력 선교사와 협력하고 있다. 부산국제선교회는 2022년 12월 1일 땅끝교회 홀리조이센터에서 제40회 부산국제선교회의 밤을 개최했다.

일본은 아베 신조 수상이 2022년 7월 8일 선거 유세 현장에서 암살되어 장례식을 국장(國葬)으로 치른 후 더욱 군국주의의 방향으로 나아가고 있다. 러시아의 우크라이나 침공과 북한의 계속되는 미사일 발사로 일본의 재무장 분위기가 고조되고 있다. 몇 년 전부터 한국과 일본은 해방 후 최악의 관계 속에서 일본인 일부가 법적으로 금지된 혐오 발언(Hate Speech)을 교묘하게 인터넷을 통하여 지속적으로 퍼뜨리고 있다. 김병호 선교사가 총간사로 섬기는 재일대한기독교회에 속한 교회들은 대면 예배와 온라인 예배를 겸하여 실시하고 있지만 아직도 대면 예배에 참석하는 교인의 숫자는 코로나 이전과 같지 않다. 재일대한기독교회도 재정적으로 어려움을 겪고 있고, 각 교회도 수입의 20~30% 정도가 감소했다. 일본에서는 통일교, 신천지, 구원파, 다락방 등 사이비 이단들이 활발하게 활동하고 있다. 재일대한기독교회 총회는 이단 경계를 위한 세미나를 열었으며, 사이비 이단에 대처하고 있다. 일본에는 74만 명의 중국인들이 살고 있다. 재일 중국인들을 향한 선교적 사명을 자각한 재일대한기독교회는 한국 총회(PCK)에 중국인 예배를 위한 선교사를 보내줄 것을 요청했다. 글로벌 시대를 맞이하여 일본에는 중국인, 베트남인 등, 재일 외국인이 300만 명을 넘는다. 과거 일본에서 소수 민족으로서 차별과 불공평 속에서 경험하고 싸워왔던 재일대한기독교회가 외국인 이주노동자들을 섬기는 선교적 사명자로 부름 받은 것을 고백하면서 그 일을 시작하고자 한다. 한국 총회가 일본에 정식으로 선교사를 파송한 지 50년을 맞으면서 2022년 8월 17일부터 19일까지 오사카교회에서 50주년 기념대회를 열었다. 김병호 선교사는 2013년부터 재일대한기독교회 총간사로 선출되어 섬겨 왔는데 2023년 12월에 총간사직을 마치게 된다.

곽현섭 선교사의 미얀마 중부 샨주 선교 활동은 선교 개척 사역으로 빠오빠 수상 마을, 마띠센 농촌 마을, 멩따웅 농촌 마을 등이고, 청년 사역으로는 전문인 전도자 훈련(미용 7명, 간호 2명, 약사 5명 직업훈련) 중이고, 어린이 청소년 사역으로는 방과후학교 1, 2, 3(매일 130여 명의 학업을 지원)이고, 주말 전도 수업이 진행 중이다. 따웅지 대학생을 위한 전도자 양육 사역은 복음을 처음 접하는 대상자를 향한 사역으로 성경 통독 사역을 진행하고,

주일학교 교재를 개발하고 있다. 군부 폭격으로 인한 피난민 200여 가정을 돌보고 있다. 피난 온 기독교인들과 기존 불교도 마을에서 핍박받는 새신자 가정들을 모아서 함께 생활하며 신앙을 세우는 '예수마을'을 세우는 비전을 위해 기도하고 있다. 한센인 두 마을에 총 170여 가정에 전도 케어 사역을 하고 있다. 미얀마 최초의 '기독교 미션 중고등학교'를 세우려는 비전을 품고 해직 교사, 교장, 교감, 주임 교사들과 함께 논의 하는 가운데 '예수마을'을 건축하고 있는 곳에 학교 부지로 2,500평을 확보하게 되었다. 또한 기존 현지 교단의 신학교와 신학생 양성을 위해 교회와 업무 협약을 체결하여 교회 추천을 받은 신학생들과 '예수마을' 자녀들과 함께 신학생으로 양육하기 위해서 현지 교단 분교로 신학교 설립을 준비하며, 신학교 협력 사역을 진행하고 있다. 피난민 시설 '예수마을'에서 미용 봉사팀, 말씀 교육팀, 워십 댄스팀, 찬양팀 등이 활동 중이다.

김문수 선교사의 선교지는 코로나, 쿠데타, 전 세계에 걸친 극심한 경기침체 등으로 인해 기존 선교 활동이 정체되고 흔들리고 있었다. 코로나로 상한 건강을 김문수 선교사가 회복하고 다시 미얀마로 돌아온 후 2022년의 선교 활동은 '다시 시작, Re-boot'라는 목표를 가지고 흐트러진 전열과 사역을 재정비하고 예측 불가한 현재 상황들에 빠르게 대처하여 앞으로 미얀마에서의 선교가 지속될 수 있도록 하고 있다. 국제유치원 사역은 유치원을 등록하고 허가를 갱신하고 있다. 방과후 사역을 레퀘와 탄자욱쁜으로 확대하여 희망 학교 (Hope School, 레퀘)와 은혜학교(Grace School, 탄차욱쁜)에서 각각 15~20명 정도의 학생들이 참여하고 있다. 구제 사역을 지속적으로 실시하고 있다. 크리스천 리더 양육 및 제자훈련 2기 과정을 모집하고 있고, 김문수 선교사가 레퀘, 탄차욱쁜, 아오밍글라 등 3개 교회를 매주 순회하며 심방 및 목양에 동참하고 예배의 활성화를 독려하며, 현지 목회자들과 협력하여 3배 이상 급등한 물가로 어려움에 처한 교인들을 지원하고 있다. 미얀마 군부는 비자 발급 서류를 요구한 대로 제출해도 여러 이유를 들어 발급을 제한함으로써 외국인들, 특히 선교사를 축출하여 재선거를 앞두고 국내외 여론을 통제하려 하고 있다. 이런 상황에서 내년도 선교는 "천천히 하지만 꾸준히"라는 주제로 변화에 맞는 선교의 방향을 찾아가고자 한다.

5) 2023년: 양곤, 인레, 따웅지, 아웅반을 미얀마 선교 전략의 거점으로 세움, 따웅지에 피난민 위한 예수마을 건립, 따웅지교회 헌당 예배, 아웅반교회 헌당 예배, 일본 김병호 선교사가 재일대한기독교회 총서기로 10년 봉직

부산국제선교회는 2023년 2월 총회를 열고 임원으로 회장 정명식, 부회장 김종찬, 이병석, 선성기, 안맹환, 장로 부회장 김수찬, 김덕성, 총무 임병선, 부총무 최성수, 홍융희, 이근형, 서기 나재천, 부서기 남기관, 회계 양춘국, 부회계 김병기, 허부, 감사 박성화, 김동환을 선출했다. 법인 부산국제선교회의 구성원으로 이사장은 정봉익 장로, 사무총장은 최윤도 장로이고, 이사는 김운성 목사, 김정광 목사, 김종찬 목사, 박광선 목사, 이동룡 목사, 정명식 목사, 한영수 목사, 김남규 장로, 김승희 장로, 김수찬 장로이다. 사직제일교회가 후원하여 미얀마 아웅반교회당 건축을 완공하여 2023년 8월에 헌당 예배를 드렸다. 영락교회가 후원하여 미얀마 따웅지교회당 건축을 완공하고 2023년 8월에 헌당 예배를 드렸다. 땅끝교회가 후원하여 미얀마 아웅반선교센터의 1차 공사를 10월에 완공했다. 부산국제선교회는 6월에 인도 교회 목회자를 대상으로 하는 학습을 실시했고, 8월에 말레이시아, 태국, 미얀마 교회 목회자들을 대상으로 학습을 실시했다. 부산국제선교회는 미얀마 따웅지에 피난민을 위한 예수마을을 영락교회의 재정 지원(2억 7천만 원)으로 2023년 12월에 건립했다. 부산국제선교회는 2023년 12월 4일부터 7일까지 땅끝교회 홀리조이센터에서 제1차 선교사대회를 개최했고, 12월 7일에 제41회 부산국제선교회의 밤 행사를 열었다.

부산국제선교회가 2023년에 주력한 선교 사역으로는 첫째, 미얀마 교회 지도자를 양성하는 것이었다. 인레 디베랴의아침교회의 솔로몬 목사, 양곤 뭬퀘교회의 살라이 전도사, 다곤 세이칸 지역에 교회 개척을 준비하는 데이빗 전도사, 양곤과 인레 지역 목회자 후보생 5명을 양성하고 있다. 둘째, 미얀마 인재 양성 프로그램이다. 방과후학교는 인레 지역 1, 2, 3과 예수마을에 150명을 진행하고, 아웅반 지역은 30명을 예정하고 있다. 청년과 마을 주민을 대상으로 하는 직업훈련(미용, 한식, 재봉, 컴퓨터, 간호사, 유치원 교사 등)을 계속 진행하고 있다. 셋째, 아웅반 개척 사역이다. 아웅반교회당 건축을 완공 후 6명의 스태프와 선교사 부부가 함께 생활하며 아웅반교회 개척을 준비하고 있다. 아웅반선교센터를 건축

후 공부방, 미용실, 약국, 한식당, 문화 교실을 운영하며, 마을 주민들에게 전도하고, 선교사의 신분을 보장받도록 할 계획이다. 넷째, 미얀마 피난민을 위한 예수마을 난민 사역이다. 내전으로 인한 피난민들을 위해 인레호수에 5채, 따웅지에 10채 집을 건축하여 피난 온 성도들이 거주하고, 함께 예배드리며 농산물을 생산하는 공동체로 운영하고 있다. 다섯째, 태국, 말레이시아, 미얀마, 인도의 목회자들에게 학습을 실시했다. 여섯째, 다문화 선교이다. 허석구 협력 선교사는 교회와 쉼터를 통해 몽골 유학생과 근로자를 위해 다문화 선교를 하고 있다. 임수진 협력 선교사는 김해 베트남선교교회를 통해 베트남 결혼 이주민과 유학생, 이주노동자 선교를 하고 있다.

미얀마 인레의 곽현섭 선교사는 디베랴의아침선교센터에서 전도팀을 양육하고 있다. 농촌 지역 6개 마을에서 선정된 청년 30여 명이 디베랴의아침농촌선교센터에 상주하며 기독교 기초 교육의 1단계인 성경 통독과 기도회를 진행 중이다. 인레수상센터의 개척 사역으로는 매일 어린이와 청년 70여 명이 수상센터에 모여 학교 교육을 진행하고 있고, 금요일에는 어린이 특별 교육을, 토요일에는 수상 마을 가정 심방을, 주일에는 예배를 드리고 있다. 따웅지 J21(요 21장) 선교센터의 대학생 사역으로는 따웅지의 대학생에게 전도할 리더 훈련, 인근 지역의 전도자로 사역할 전도팀 리더 훈련, 찬양 율동 전문팀 양성 교육이 진행 중이다. 예수마을 사역은 피난민 가정들을 섬기며 신앙생활을 인도하는 사역과 생필품과 자녀 교육에 필요한 것을 지원하는 사역이 진행 중이다. 예수마을 1단지에 입주할 12가정을 선정하여 입주를 완료했고, 자녀들이 학교에 입학하도록 지원하여 학업에 열중하고 있고, 공동 협동농장을 운영함으로써 예수마을의 자립을 지향하고 있다. 2023년 선교 활동으로는 전체 스태프와 방과후학교 학생 200여 명이 모여 연 4회 주일 연합예배를 드렸고, 방과후학교에 2회 장학금을 전달했고, 피난민 마을의 기독교인 난민 가정을 위한 4회 위로잔치를 했고(치킨 데이, 라면 데이, 생필품 전달 데이 등), 마을 아주머니들이 직접 만든 교복 210벌을 생활이 어려운 가정의 학생들에게 3회 지급했고, 전도팀과 율동팀이 6회 세미나를 열었고, 전도 중인 가정들과 심방한 가정들의 전체 가족들을 초대하여 외식하는 시간과 복음을 듣는 시간을 마련하고 가정별 생필품 및 선물을 증정하는 가족 초청의 날 행사를 2회 진행했고, 각 선교센터 연합 성탄 행사를 12월 24일에 진행했고,

피난민 마을 성탄 행사 및 입주 감사 예배를 12월 25일에 드렸다.

미얀마 양곤BIM센터의 김문수 선교사는 국제유치원에서 한국 선교사들이 연합으로 운영하는 신학교의 유아교육과 졸업생들이 실습을 하게 했고, 한국 다문화연합회와 함께 다문화 사역을 지원하고 있다. 양곤BIM센터의 A동과 D동을 수리했다. 레퀘의 희망학교와 탄자욱삔의 은혜학교(공부방)에서는 25~30명의 학생들이 공부하고 있다. 양곤에서 가장 극빈 지역인 다곤 세이칸에 지혜학교(공부방)를 신설하여 40명의 어린이가 공부하고 있다. 김문수 선교사는 3개의 교회를 통해 분쟁지역에서 피난 온 주민들에게 쌀과 기본 식품 등을 지원하고, 피난 온 현지 목회자들을 지원하고 있다. 지방 교회와 목회자 추천으로 연결된 현지 청년들에게 직업훈련(제빵 훈련, 홈케어 훈련, 유치원 교사 훈련, 적성에 따른 직업훈련)을 제공하여 크리스천 리더를 양육하고, 이들과 함께 살면서 경건회와 제자훈련을 하고 주일예배를 드리고 있다. 김문수 선교사는 레퀘, 탄차욱삔, 아오밍글라 3개 교회를 매주 순회하며 심방, 목양, 예배에 동참하며, 선교의 초점을 교회의 안정과 성도들의 구제에 두고 있다.

2022년 12월에 미얀마 아웅반으로 파송된 강범수 선교사는 쿠테타로 인해 1년 거주 비자를 받지 못하고 단수 비자(E-visa)를 받아 대안을 모색하고 있다. 사직제일교회가 창립 70주년을 맞아 아웅반 사직제일교회를 헌당하여 아웅반에 첫 교회가 세워졌다. 선교 활동을 위한 아웅반선교센터가 구축되고 있다. 교회만으로는 장기적인 선교가 어려울 것으로 판단하고, 부산국제선교회를 중심으로 땅끝교회가 재정을 지원하여 교회 맞은편에 선교센터 부지를 구입하였고, 우물 공사와 2층 건물의 1단계 기초 공사를 마친 상태이다. 개척 선교 전도자로 훈련받은 6명의 대학생과 청년을 중심으로 아웅반 정착을 시작하였다. 개척 선교를 위한 첫 단계로 건축을 마친 교회당 숙소에서 거주할 수 있도록 준비하고, 지역주민과의 관계를 구축하고 있다. 경건 훈련과 성경 통독, 말씀 묵상과 암송, 찬양과 예배 훈련을 진행하고 있다. 전도팀 구성을 위하여 세례 교육을 진행하고 있다. 불신자 어린이들과 자연스러운 만남을 위해 대상과 규모를 모색하고 있으며, 이들을 위한 어린이 신앙 교재를 개발하고 있다. 아웅반교회와 선교센터 인근에 큰 학교가 있어서 주변에 어린이들이 많다. 교회당 인근에 방과후학교가 있지만 경제 형편이 어려운 가정의 자녀들은 다니기 어렵다.

이런 상황에서 방과후학교를 세우는 방안을 모색하고 있다.

6) 부산국제선교회 선교 심화기의 특징과 과제

부산국제선교회 선교 심화기의 특징으로는 첫째, 미얀마기독교신학교에 대한 선교를 정리하고 곽현섭 선교사와 김문수 선교사를 중심으로 한 미얀마 선교로 선교의 중심을 확고히 했다. 미얀마기독교신학교는 교장 리앙망 목사의 사망 이후 아들에게로 지도력이 넘어가고 일부 교수진이 신학교를 떠나면서 신학교의 수준이 떨어졌다. 둘째, 부산국제선교회의 미얀마 선교가 양곤주를 중심으로 양곤BIM센터(김문수 선교사)와 샨주를 중심으로 인레수상센터와 디베랴아침선교센터 등 두 지역으로 확대된 것이다. 셋째, 김문수 선교사는 양곤BIM센터에 정착하면서 국제유치원의 다국적화, 공부방 확대, 네 교회의 안정 등 선교지에 잘 적응해 나갔다. 넷째, 곽현섭 선교사의 인레수상센터는 카페를 통해 자립을 이뤘고, 디베랴의아침선교센터는 네 곳의 공부방을 통해 어린이 사역과 직업훈련을 통한 청년 사역이 진행되고, 전도 훈련을 통해 교회를 개척할 일꾼들을 세우며, 교회를 세우고 있다. 그리고 따웅지, 아웅반 등 개척 사역을 전개하면서 새로운 선교지에 선교센터를 세울 기초를 마련하고 있다. 다섯째, 곽현섭 선교사는 연령별 맞춤형 선교 내용을 개발했기 때문에 효과적인 선교를 진행하고 있다. 청년들에게는 직업훈련을 통해서, 어린이들에게는 유치원과 방과후학교를 통해서 대학에 입학하는 사례가 증가하고 있다. 이는 임용 받기 전 교대 출신 졸업생을 방과후학교의 교사들로 보강하여 수업의 질을 높였기 때문이다. 여섯째, 곽현섭 선교사는 군부 폭격으로 발생한 피난민 200여 명을 섬기다가 예수마을을 건립하여 1단지에 12가정이 입주함으로써 피난민에 대한 돌봄으로부터 피난민이 정착하고 자녀를 교육시키고 신앙교육을 하며 공동협동농장을 운영하여 피난민들이 자립하도록 지원하고 있다. 이처럼 곽현섭 선교사의 피난민 사역은 긴급구호로부터 정착과 자립의 단계로 나아가고 있다. 일곱째, 강범수 선교사가 파송된 아웅반 지역에 아웅반 사직제일교회당을 건립하고, 전도 훈련을 비롯한 여러 개척 사역을 통해 선교센터 건축을 준비하고 있다.

여덟째, 부산국제선교회의 미얀마 선교는 김문수 선교사가 이끄는 양곤주의 양곤 선교와 곽현섭 선교사가 이끄는 샨주의 인레 선교와 따웅지의 선교 그리고 강범수 선교사가 이끄는 아웅반 선교 등 팀 선교를 이루고 있다. 양곤(A)이 과거의 수도이고, 남한의 1.5배 크기인 샨주의 인레(B)는 관광지이고, 따웅지(C)는 교육 도시이고, 행정 주도이며, 미얀마의 공산품 물류 유통의 중심지이고, 아웅반(D)은 미얀마 전국에 농산물을 보급하는 농산물 물류 이동의 중심지이다. 물류의 이동을 따라 사람도 움직인다. 이러한 선교 구도를 마련한 것은 곽현섭 선교사가 선교 초기부터 지역 조사를 오랫동안 치밀하게 한 결과이다. 아홉째, 세 명의 선교사가 펼치는 팀 선교는 지리적인 병렬로만 연결된 것이 아니라 긴밀한 관련을 가짐으로써 입체적으로 연결되어 있다. 이미 2015년에 곽현섭 선교사는 위의 선교 구도를 미리 내다보고, 인레에 있는 청소년들 38명과 인솔 청년 7명을 양곤BIM센터로 초대하는 양곤 탐방 행사를 6박 7일로 진행한 적이 있다. 이후 디베랴의아침(MOT)선교센터가 구축될 때 2015년에 양곤에 탐방을 갔던 학생들이 청년이 되어 선교센터의 셋업 요원으로 합류한 것은 전략적으로 중장기 계획 속에서 진행된 고무적인 일이었다. 2018년 곽현섭 선교사가 인레 지역에 들어갈 때 주민들이 그를 받아들인 데에는 이러한 활동이 준 영향이 있었다. 그리고 매해 양곤 국제유치원의 교사들이 인레에 가서 영어교실을 지도함으로써 지역의 어린이들과 선교센터에 좋은 영향을 끼치고 있다. 곽현섭 선교사는 팀 선교가 입체적인 선교가 되도록 노력하고 있다. 열째, 세 선교사의 팀 선교는 에큐메니컬 협력 선교이다. 양곤BIM센터를 담당하는 김문수 선교사는 예장(통합) 선교사이고, 아웅반센터를 담당하는 강범수 선교사는 예장(통합) 선교사이고, 인레수상센터를 담당하는 전재훈 선교사는 독립교단 출신의 선교사이고, 따웅지센터와 MOT센터를 담당하는 곽현섭 선교사는 부산국제선교회의 파송 선교사이자 은혜국제사역(GMI)의 협력 선교사이고, 예수마을을 담당할 류경춘 선교사는 평신도 선교사이고, 현지 신학교 분교로 신학교를 담당할 예정인 김대위 선교사는 백석교단 소속 선교사이다. 이러한 협력 선교는 미얀마 한인 선교 사회의 역사에서도 드문 사례로 에큐메니컬 협력 선교를 통해 팀 선교의 효과가 강화되고 있다.

열한째, 코로나로 인해 일부 선교지의 활동이 중단되었다. 김문수 선교사는 코로나로 인해 에어 앰뷸런스로 귀국하여 치료를 받고 건강을 회복했다. 김 선교사의 후송과 치료를 위해 부산국제선교회와 부산노회 그리고 총회 세계 선교부가 엄청난 재정을 긴급하게 모금하기 위해서 비상한 노력을 기울였고, 합심해서 기도했다. 부산국제선교회의 이러한 대처는 모범적 사례라고 할 수 있다. 일부 선교지에서 코로나로 인해 사역이 중단되기도 했지만 코로나 긴급구호만이 아니라 많은 사역을 곧 회복하여 잘 진행되었다. 열둘째, 김병호 선교사는 재일대한기독교회의 총간사직을 10년 동안 잘 감당했다. 그 여정에서 김병호 선교사는 한인 교회가 이민 교회가 아니라 나그네 교회라는 점, 한인 디아스포라 선교가 나그네 선교, 소수자 선교라는 점을 깨달았고, 조국의 평화통일을 위한 평화 선교 활동에 참여했고, 재일 동포를 향한 인권 선교를 외국인 이주노동자 선교로 확대하고 있다.

부산국제선교회 선교 심화기의 과제로는 첫째, 미얀마의 팀 선교를 감당해야 할 세 선교사의 협력과 조화이다. 세 선교사의 사역이 독자적이고, 예산도 독립되어 있지만, 미얀마 선교가 양곤주를 넘어 샨주로 확대하기 위해서는 세 선교사의 협력과 조화를 통한 팀 선교가 절실하다. 이를 위해서 부산국제선교회는 세 선교사가 정기적으로 만나 선교에 대한 이해를 나누고, 선교 정보를 공유하며, 필요하면 선교 인력과 자원을 협력하는 방안을 논의하도록 격려할 필요가 있다. 둘째, 미얀마 선교의 팀 선교가 입체적 선교로 나아가도록 하기 위해서는 미얀마 선교 전략과 선교 방법을 나누고, 이런 선교 전략을 구체화하기 위한 역할 분담, 각 선교지의 활동 조정이나 사역의 신설 등을 협의하는 것을 지지하는 것이 바람직하다. 셋째, 미얀마 선교의 팀 선교와 입체적 선교를 위해서는 세 선교사의 협력과 더불어 세 선교센터와 교회의 중간 리더들의 협력을 위한 정기적인 회의와 기도회가 필요하다. 넷째, 미얀마의 세 선교센터의 스태프를 비롯한 교사들이 1년에 한 번은 모여 각 센터의 사역을 나누고 격려하며 전체 선교 전략과 방향을 나누는 집회와 기도회가 필요하다. 다섯째, 부산국제선교회는 세 선교사의 팀 선교와 입체적 선교 그리고 중간 리더들의 회의와 기도회, 세 센터의 모든 교사와 실무자들이 모인 회의와 기도회를 위해서 재정을 지원해야 하고, 월례 기도회에서 이런 의제를 놓고 기도를 드리는 것이 바람직하다. 여섯째, 부산국제선교회는 재일대한기독교회 총회의 총간사직을 10년 봉사하고 일본 선교사로 35년 봉사하는 김병호 선교사의 선교에 대해 재평가할 필요가 있고, 이를 위한 선교 세미나를 열어 그의 나그네 선교, 나그네 교회, 소수자 선교, 외국인 이주노동자 선교, 평화 선교,

에큐메니칼 협력 선교 등을 다루는 것이 바람직하다. 일곱째, 부산국제선교회가 중국 선교의 대안으로 진행하는 동남아 지역에서의 학습은 현지의 한인 선교사들의 의견을 수렴하고, 학습 후 참여자들의 피드백을 통해 학습의 방향과 내용을 수정해 나가는 것이 바람직하다.

8. 부산국제선교회 40년 선교 역사의 특징과 과제

1) 부산국제선교회 40년 선교 역사의 특징

부산국제선교회의 선교적 특징으로는 첫째, 1980년에 한숭인 선교사를 인도네시아로 파송하면서 타문화권 선교를 1980년이라는 이른 시기에 시작했다는 점이다. 이는 한국교회의 세계 선교(타문화권 선교)가 1980년대 말에 활성화되기 시작하고 1990년대 이후부터 본격적으로 성장한 점에 비춰볼 때 상당히 빠른 시기에 시작한 것을 알 수 있다. 둘째, 부산국제선교회는 1983년에 장성덕 선교사를 오스트리아 비엔나한인교회(1983)로 파송했고, 김병호 선교사를 1989년에 일본 한인 디아스포라 선교를 위해 파송함으로써 선교지의 확장과 더불어 타문화권 선교와 한인 디아스포라 선교로, 선교 형태도 다양해졌다. 부산국제선교회의 1980년대의 선교는 인도네시아를 중심으로 하는 타문화권 선교와 비엔나한인교회와 우라와한인교회 등 한인 디아스포라 선교라는 두 축으로 이뤄졌다. 셋째, 부산국제선교회는 1981년 3월의 월례회로부터 지금까지 선교사와 선교를 위한 기도회를 매월(1월과 8월 제외한 매월 첫째 목요일) 개최함으로써 선교를 기도의 바탕 위에 세우고자 노력하고 있다. 또 부산국제선교회는 재정을 거의 전적으로 선교를 위해 사용한다는 원칙을 세우고 지금까지 준수하고 있다. 부산국제선교회는 처음부터 지금까지 교회 정치나 세상의 정치가 선교회에 영향을 주지 못하도록 운영해 왔다. 넷째, 한숭인 선교사는 LEPKI를 통해 현지 교단과의 협력 선교, 선교 교회(한인 디아스포라 선교)를 통한 인도네시아 선교, 선교관을 통한 선교 등 전국 단위의 인도네시아 선교 전략과 선교훈련원을 수립하고자 했고, 후임 선교사들과 지역적 분담을 통해 그런 선교 전략을 실현하고자 노력했다. 한승인 선교사의 인도네시아 선교 전략과 안목은 대단히 뛰어난 것이었다. 다섯째, 부산국제선교회는 비엔나한인교회가 자립을 이룰 것과 동구권 선교의 전초기지가 될 것을 바라며 비엔나한인교회의 교회당 구입비의 절반을 지원했다. 교회당을 구입할 당시에는 비엔나한인교회의 자립도 불확실했고, 동구권 선교의 전망은 더욱 가늠하기 어려웠다. 1996년 이후 부산국제선교회와 비엔나한인교회의 관계는 이어지지 못한 것은 아쉬운 일이지만, 부산국제선교회는 하나님께서 비엔나한인교회를 통해 동구권 선교와 세계 선교를 펼치셨다고 고백하며 감사드린다.

여섯째, 부산국제선교회는 인도네시아 선교가 중단되고, 비엔나한인교회와 관계도 어려워진 때인 1995년에 선교정책협의회를 열어 새로운 선교 전략으로 한국인 선교사 파송과 더불어 현지인을 통한 협력 선교를 제시했다. 새로운 선교 전략은 회원들의 설문 결과를 반영했다. 부산국제선교회는 1997년에 새로운 선교 방향으로 중국 선교와 미얀마 선교를 결정했다. 중국 선교와 관련해서는 회원들의 다양한 의견을 수렴했다. 미얀마 선교는 미얀마기독교신학교의 리앙망 진자 목사의 요청으로 부산국제선교회가 현지답사를 통해 결정했다. 일곱째, 부산국제선교회의 중국 선교 특징은 중국 교회 지도자들에 대한 지속적인 학습으로 이는 부산국제선교회의 새로운 선교 전략(현지인과의 협력 선교)에도 부합되는 내용이다. 학습은 가능한 한 중국 교회(양회)와 협력 가운데 이뤄지도록 노력했다. 부산국제선교회는 학습과 더불어 중국 교회를 든든히 세우기 위해서 목회자를 지원하고, 교회의 보일러 설치를 지원하고 석탄을 지원했다. 중국 교회의 어려운 형편을 감안하여 교회당 건축을 지원하기도 했다. 여덟째, 부산국제선교회의 미얀마 선교의 초기에는 미얀마기독교신학교에 대한 지원으로부터 시작되었다. 이런 선교 방식 역시 현지 목회자나 교회를 강화시키는 간접 선교 방식으로 교장인 리앙망 진자 목사를 현지 선교사로 파송하면서 진행했다. 부산국제선교회는 미얀마기독교신학교의 부지 구입을 지원했고, 본관 건축을 지원함으로써 신학교를 강화하여 졸업생들로 하여금 교회를 개척하게 하는 것을 효과적인 선교 방법으로 이해하고 실천했다. 미얀마기독교신학교의 교수들이 한국 신학대학교에 유학하는 것을 지원함으로써 신학교의 질적 향상을 위해 노력했다. 부산국제선교회는 미얀마기독교신학교 교정 안에 그린닥터스와 협력하여 미얀마은혜병원을 개원하여 의료 선교에도 협력했다.

아홉째, 부산국제선교회는 2017년 중국에서 학습이 중단된 이후 미얀마 선교에 집중했고, 미얀마 선교는 2010년 이후 미얀마기독교신학교로부터 곽현섭 선교사의 양곤 선교와 인레 선교에 집중하게 되었다. 열째, 부산국제선교회의 지원으로 곽현섭 선교사는 양곤 BIM센터를 세웠고, 건축과 동시에 청년 직업훈련, 경배와 찬양, 기독교 공동체 형성, 전도 훈련, 개척교회 사역 등을 통해 기독 청년을 양육하고 신앙 공동체를 형성하여 개척교회 팀을 구성하는 데 주력했다. 곽현섭 선교사는 선교 초기부터 미얀마 선교를 위해 양곤과 더불어 샨주의 인레를 새로운 선교지로 정하고 두 선교지를 통한 선교 전략을 수립하고 실천했다. 열한째, 곽현섭 선교사의 이런 선교 전략과 10년 동안의 수고로 양곤BIM센터를 2017년에 부산국제선교회가 파송한 김문수 선교사에게 2018년에 이양했다. 곽현섭 선교사는 중부 샨주의 인레로 선교지를 옮기고 정착했다. 열둘째, 부산국제선교회가 강범수 선교사를 미얀마로 파송했다. 김문수 선교사는 양곤BIM센터를, 곽현섭 선교사는 인레수상센터와 디베랴의아침선교센터, 따웅지선교센터, 피난민을 위한 예수마을 건립을, 강범수 선교사는 아웅반선교센터를 기반으로 세 선교사가 팀 선교를 이루고 내용적으로 깊이 연관되어 선순환하면서 곽현섭 선교사의 선교 전략이 부산국제선교회 선교의 심화기에 실현되고 있다. 미얀마 선교 심화기는 곽현섭 선교사가 양곤BIM선교센터, 인레수상센터 (MOI)와 아웅반선교센터, 따웅지선교센터 등과의 전략적 협력을 구축함으로써 미얀마 선교가 발전하고 심화되는 틀을 마련했다. 곽현섭 선교사의 청년 직업훈련과 신앙 훈련으로 경제적 자립과 교회 개척의 일꾼을 양성함으로써 부산국제선교회의 미얀마 선교는 참된 의미의 삼자교회라는 결실을 거두고 있다.

열셋째, 일본 김병호 선교사는 한인 교회 사역, 한·일 교회 협력 선교(일본교회, 일본 NCC 등), 재일 동포 인권 선교, 재소자 상담, 남북 교회 사이의 교류를 통한 화해 선교, 일본의 군국주의화를 반대하는 평화 선교, 재일대한기독교회의 총간사 등 한인 디아스포라 선교와 더불어 일본교회와의 협력 선교, 인권 선교, 화해 선교, 평화 선교 등을 세계 교회와 에큐메니칼 협력 선교를 통해 실천함으로써 한인 디아스포라 선교의 모범과 에큐메니칼 협력 선교의 모범을 보여주었다. 김병호 선교사는 이런 다양한 사역 속에서 재일동포를 나그네로 이해하고, 재일 한인 교회를 나그네 교회로, 나그네 선교를 소수자 선교로이해하면서 선교신학적인 성찰을 했다. 열넷째, 부산국제선교회의 선교 목적은 교회 개척이었다. 타문화권 선교든지 한인 디아스포라 선교이든지 교회당 건축을 강조했고, 교인숫자에 대해 강조했다. 그러면서도 부산국제선교회는 은퇴한 김정광 목사를 중국 선교사로 파송했고, 알바니아에 김기윤 태권도 선교사(전문인 선교사)를 파송했고, 상해 농심 총경리인 김승희 장로를 현지 선교사로 파송했고, 곽현섭 선교사도 초기에는 전문인 선교사로파송했다. 이처럼 다양한 선교 자원이 선교를 위해 협력했고, 부산 출신 선교사들을 협력선교사로 임명하여 지원하거나 격려했다. 부산국제선교회가 선정한 협력 선교사 중에는다문화 선교사들이 있다. 이는 부산국제선교회가 세계 선교의 최근 동향을 수용한 것이다.

열다섯째, 이러한 다양한 선교 사역을 위해 부산국제선교회는 회원 교회와 개인 회원들이 협력하여 선교함으로써 개교회가 할 수 없는 선교를 하고 있다. 땅끝교회는 양곤BIM센터 부지를 구입했지만 회원 교회들에게 개방했고, 김문수 선교사가 코로나에 감염되어후송할 때에도 개교회 명의가 아닌 부산국제선교회 이름으로 5천만 원을 헌금함으로써협력 선교의 모범을 보여주고 있다. 열여섯째, 매해 12월 국제선교회의 밤 행사를 통해「선교사 통신」과 더불어 중요한 선교적 자료를 회원 교회와 개인 회원들과 공유하고, 중요한 선교 활동을 기록으로 보관하고 있다. 열일곱째, 부산국제선교회가 파송한 선교사 중에서 한숭인 선교사는 파송 전 장로회신학대학교에서 공부하던 2년 동안 유학 중인 인도네시아의 본대 목사로부터 인도네시아 언어를 배웠고, 안식년 기간 중에 대학원 공부를 했다. 김병호 선교사도 일본 유학 중 신학을 공부했고, 샌프란시스코 신학대학원에서도 아시아신학을 공부했고, 안식년 중에도 해외선교연구센터(OMSC)에서 1년 동안 선교신학을 공부했다. 곽현섭 선교사는 국내에서도 선교사 훈련을 했지만, 미국 은혜국제사역이 주관하는선교사 훈련 1년 과정을 마쳤다. 곽현섭 선교사는 경배와 찬양 사역자이었고, 사업으로도성공했던 평신도 선교사이었다가 나중에 목사 안수를 받았다. 김승희 현지 선교사도 중국에 가서 선교사 소명을 받고는 6개월 동안 선교에 대해 공부했다. 이처럼 선교사는 언어적으로 준비가 되어야 하며, 선교 훈련을 제대로 받아야 하고, 선교사가 되어서도 끊임없이 공부하는 선교사가 될 때 좋은 열매를 거둘 수 있다. 부산국제선교회는 준비된 선교사를 선발하고, 잘 훈련시키고, 계속 공부하도록 격려하는 것이 바람직하다. 마지막으로, 부산국제선교회와 통합한 아가페선교회가 1960년대부터 대만과 홍콩에 선교사를 파송한 것은 중단된 중국 선교의 맥을 이어가려는 노력의 일환이었다. 이러한 노력이 1997년부터 부산국제선교회가 중국에서 학습을 전개함으로써 이어갔다. 중국에서 학습이 중단된 이후에는 동남아에서 다양한 방식으로 학습을 이어가려고 부산국제선교회는 노력하고 있다.

2) 부산국제선교회 40년 선교 역사의 과제

첫째, 부산국제선교회는 선교지에서 문제가 발생했을 때 정책협의회를 통해 대안을 마련하고 새로운 선교 방향을 정했다. 그렇지만 부산국제선교회는 선교지에서의 문제를 충분히 검토하고 재발 방지를 위한 제도적 장치나 정책을 결정하고 인선의 원칙을 만드는 정책협의회가 필요했다. 인도네시아에서 선교가 중단되고, 오스트리아에서 선교가 중단되어 대안을 마련하기 위해 선교정책협의회를 개최했다. 그렇지만 선교가 중단된 사례들을 보다 깊이 성찰해서 문제를 명확하게 규명하고, 이 문제가 재발하지 않도록 하는 제도적 장치나 대안을 선교 정책으로 반영하는 선교정책협의회를 개최하는 것이 필요했다. 2023년 12월에 선교사대회를 개최했던 것처럼 2024년 12월에는 『부산국제선교회 40년사』 발간을 기념하는 선교정책협의회를 개최할 것을 제안한다. 둘째, 한국교회는 선교를 교회 성장의 도구로 삼는 우를 범했다. 이는 서구 선교에서 이미 벌어졌었다. 라투렛이 '위대한 선교의 세기'라 했던 19세기에는 서구 교회로부터 노동자들이 대부분 빠져나갔다. 풀러 신학대학의 윌버트 쉥크 교수는 이를 19세기 '서구 교회의 스캔들'이라 불렀다. 즉, 선교는 자신의 교회 안에서 빠져나가는 교인을 밖(해외 선교)에서 얻으려는 것으로 이해되어서는 안 된다. 한국교회는 다음 세대와 거의 단절되고, 현재의 교회는 초고령화 교회가 되었고, 가나안 성도가 200만 명을 넘어서는데도 한국교회의 문제를 직시하지 않고 해외 선교로만 눈을 돌린다면 한국교회의 미래는 서구 교회를 빠르게, 아니 십 년 이내로 답습하게 되리라는 예측이 현실이 될 수 있을 것이다. 부산국제선교회는 "선교하면 교회가 부흥한다"라는 잘못된 기대를 버리고, 교회를 바르게 세우면서 선교하는 선교적 교회가 되도록 해야 할 것이다.

셋째, 중국 선교의 중단은 근원적으로는 중국 정부의 정책에 기인하기 때문에 부산국제선교회만의 문제라고 볼 수 없다. 그렇지만 부산국제선교회의 파트너인 중국 교회 지도자의 공금 유용 문제는 전동윤 목사의 「중국 교회 선교보고서」(1991)에서 교회에 회계가 없다는 점을 언급하면서 그 위험성을 이미 제기한 적이 있다. 「국제선교회의 밤」에 실린 필립 위커리의 중국 선교 관련 논문(1999), 김승희 현지 선교사의 「중국 선교 이해」(2007) 등에 대한 재평가가 필요하다. 중국 교회에서 설교를 잘하고 교회가 성장하면 무조건 지원하는 것은 한국교회의 교회 성장주의의 폐해를 그대로 답습하는 것이 아닌지를 성찰할 필요가 있다. 그리고 부산국제선교회 중국 선교의 중심이었던 학습에 대한 평가를 하지 않고 동일한 방식으로 20년 동안 진행했던 학습에 대한 재평가가 필요하다. 학습과 중국 목회자와 중국 교회에 대한 재정적 지원이 삼자교회의 삼자원칙과 중국 법에 저촉되는지, 여부를 성찰할 필요가 있다. 넷째, 부산국제선교회는 인도네시아 선교 10주년 때 인도네시아를 위해 지원하기보다는 비엔나한인교회당 구입비 절반을 지원했다. 당시 인도네시아 한승인 선교사는 동역자를 잃었고, 이금숙 선교사는 병원에 세 번 입원했고, 한승인 선교사도 교통사고를 당하는 등 많은 어려움을 겪었다. 그런데 한승인 선교사 부부가 선교 10주년을 기념하는 예배를 드리러 왔을 때 부산국제선교회는 비엔나한인교회당 구입을 위한 3천만 원 모금하는 것을 의제로 다루었고, 이 모금 때문에 한승인 선교사의 자녀 장학금을 지원할 수 없다고 했다. 부산국제선교회는 1990년 6월 말에 비엔나한인교회의 교회당 구입비 잔금을 치르자마자 7월 5일에 월례회 100회를 기념하면서 교회당 구입 감사 예배를 드렸다. 그런데 비엔나한인교회의 교회당 매매계약서와 오스트리아 법원에 등기를 완료한 것은 1992년이었다. 이처럼 부산국제선교회가 월례회 100회를 기념하여 교회당 구입 감사 예배를 드린 것은 선교회 중심주의와 성과주의, 선교 조급주의를 보여준 것이 아닌지 돌아볼 필요가 있다.

다섯째, 김병호 선교사의 30년 사역의 변화를 보면 영혼 구원과 교회 성장을 지향하다가 하나님의 선교로 전환하면서 재일 동포를 위한 인권 선교로부터 외국인 이주노동자에 대한 인권 선교로, 소수자 선교로의 발돋움, 재일대한기독교회의 선교신학적 회심(1968)에 따른 남북의 화해 선교, 평화 선교에 참여 그리고 재일대한기독교회 총회 총간사 등의 역할은 부산국제선교회가 재평가할 대목이라 생각한다. WCC 이전에 에큐메니칼 운동인 국제선교협의회(IMC)는 1952년 빌링엔선교대회에서 중국에서의 서구 선교사의 추방이라는 역사적 사건을 하나님의 서구 선교에 대한 심판으로 받아들이면서 하나님의 선교(*misso Dei*)를 새로운 선교신학으로 수용하게 되었다. 복음주의 진영은 2010년 3차 로잔대회의 '케이프타운 서약'에서 "우리는 하나님의 선교를 사랑합니다"라고 고백했다. 따라서 부산국제선교회는 양 진영이 모두 수용하는 하나님의 선교신학에 대해 재고할 필요가 있다. 김병호 선교사에 대해서 부산국제선교회가 긍정적 평가나 부정적 평가가 없다는 것은 그의 선교신학과 부산국제선교회의 선교신학의 차이에 기인한다고 본다. 김병호 선교사는 다양한 선교 과제를 일본교회, 한국교회, 아시아 교회, 세계 교회와 협력하는 에큐메니칼 협력 선교를 해왔다. 비엔나한인교회도 한국 총회와 부산국제선교회와의 관계만이 아니라 오스트리아 현지 교회와의 관계가 중요했다. 그런데 부산국제선교회의 에큐메니칼 협력 선교에 대한 이해가 부족하여 현지 교회와 제대로 된 에큐메니칼 협력 선교를 이루지 못한 것이 아쉽다. 에큐메니칼 협력 선교는 총회의 세계 선교 정책이기도 하기 때문에 에큐메니칼 협력 선교에 대한 이해가 필요하다. 그리고 총회의 선교신학은 복음주의적 에큐메니칼 선교신학으로, 로잔대회의 선교신학과 WCC의 선교신학을 함께 수용하고 있다. 부산국제선교회도 로잔대회의 선교신학인 '로잔 언약'(1974), '마닐라 선언'(1989), '케이프타운 서약'(2010)과 더불어 WCC의 선교 문서인 "선교와 전도: 에큐메니칼 확언"(1982)과 "함께 생명을 향하여"(2012)를 함께 공부하고 수용하는 것이 바람직하다. 21세기 세계 선교의 동향으로 부상하는 이주민 선교, 디아스포라 선교, 다문화 선교 등에 대해서도 연구하고 선교 정책에 반영할 필요가 있다. 그리고 김병호 선교사의 일본 선교 36년과 총간사 10년에 대해 평가하는 선교 세미나를 개최할 것을 권고한다. 김병호 선교사는 부산국제선교회가 파송한 선교사 중 유일하게 30년 이상의 관계를 맺은 선교사이다.

여섯째, 부산국제선교회는 미얀마기독교신학교에 대한 지원 중단을 통해 미얀마 신학교 전체 흐름 속에서 미얀마기독교신학교의 위치를 평가하고 부산국제선교회의 선교 파트너로 수용할지, 여부를 결정하도록 해야 했다. 미얀마 기독교에 대한 이해가 부족하고 신학교 형편을 잘 모르기 때문에 부산국제선교회는 미얀마기독교신학교를 미얀마에서 두 번째로 큰 신학교로 평가하는 오류를 범했다. 친족 중심의 미얀마기독교신학교는 교장인 리앙망 진자 목사의 지도력에 크게 의존했다. 부산국제선교회도 리앙망 진자 목사를 만나 그 신학교를 지원하게 되었다. 그러나 그의 건강 악화로 아들에게 교장직이 넘어간 후 지도력의 문제로 신학교의 신뢰도가 낮아지면서 일부 교수진이 신학교를 떠났다. 리앙망 진자 교장의 사망 이후에 미얀마기독교신학교는 아들에 의해 사유화되었다. 부산국제선교회는 이러한 문제를 선교정책협의회를 통해 규명하고 유사한 사건이 재발하는 것을 방지할 제도적 장치와 선교 정책을 수립하는 것이 시급하다. 일곱째, 오스트리아 선교사 한 명은 3년간 선교보고서를 한 번도 보내지 않았고, 현지 일부 교인들에 의하면 가장 낮은 평가를 받은 목회자였다고 한다. 그는 귀국 후에는 목사직을 내려놓고 개인사업을 한다고 했다. 인사가 만사라는 말처럼 선교는 선교사에 좌우된다고 해도 과언이 아니다. 따라서 부산국제선교회는 선교사 인선을 제도적으로 보완하여 선교지에 적합하고, 언어적으로나 문화적으로 훈련된 사람을 선교사로 인선하도록 노력해야 할 것이다. 부산국제선교회는 선교사를 파송할 때 총회 선교사로 파송하는 것을 고려할 필요가 있다.

여덟째, 부산국제선교회는 선교 재정 원칙을 선교사에게만 사용하는 것으로부터 주기적으로 선교 현장을 점검하고, 선교 정책을 논의하여 결정하고, 선교 자료를 모으고 정리하고, 선교의 새로운 동향이나 전략, 방법에 대해 배우는 것, 선교사 케어 등으로 재정 집행 범위를 확대할 필요가 있다. 이러한 재정적 뒷받침 없이는 지난 40년 부산국제선교회가 보여준 실수나 과오를 성찰하고 그것을 반복하지 않도록 제도적 장치를 마련하고, 이를 정책에 반영하고, 인선 기준을 다시 세우는 선교정책협의회나 선교 세미나를 지속적으로 열기 어려울 것이다. 아홉째, 부산국제선교회 40년을 되돌아볼 때 미얀마 선교의 전략적 발전은 부산국제선교회의 자랑스러운 성과라 할 수 있다. 그런데 이 성과가 미얀마 현지에서 소중한 결실을 거두려면 세 선교사 사이에 팀 선교와 협력 선교, 세 선교지의 중간 리더 사이의 협력과 기도, 세 선교지의 선교사와 실무자들의 연합예배와 기도회 등을 부산국제선교회가 재정적으로 지원하고 계속 이어지도록 격려할 필요가 있다. 나아가서 부산국제선교회는 세 선교사가 한인 선교사와도 우호적 관계를 맺도록 선교협의회를 지원하고, 미얀마 현지 교회와의 협력을 위해서도 노력하는 것이 바람직하다. 아홉째, 부산국제선교회는 선교보고서에 나오는 「선교사 통신」의 기도 제목을 월례 기도회에서 나누고 기도하며, 선교보고서에 실린 중요한 선교 자료들을 선교 정책이나 선교에 적용하도록 노력해야 한다. 열째, 부산국제선교회는 최소한 1년에 한 번은 선교정책협의회를 열어 선교 상황과 문제에 대해 공유하고, 대안을 모색하여 선교 활동이나 선교 정책에 반영할 필요가 있다.

제3부

부산국제선교회 주요 선교국의
선교 역사와 협력 선교

1장

인도네시아 선교
(1979~1995)

1. 한숭인 선교사의 인도네시아 파송과 초기 인도네시아 선교 (1979~1981)

1978년 3월에 조직된 한국기독교국제선교회의 부산지회는 1979년 10월에는 부산에서 선교 활동을 하던 아가페선교회와 통합하면서 명실공히 부산 지역의 유일한 선교 기관이 되었다. 그리고 한국기독교국제선교회와 부산지회는 1980년 4월 21일 서울 동신교회에서 인도네시아 한숭인 선교사 파송 예배를 드렸다. 부산지회의 한숭인 선교사 파송은 부산 지역의 여러 교회가 연합하여 선교사를 파송한 것도 의미 있는 일이었지만 한숭인 선교사를 위해 매월 기도회를 열기로 결의한 것도 한국기독교국제선교회 부산지회의 특징이었다. 1981년 3월 5일 첫 월례회를 열면서 한숭인 선교사를 위해 기도드렸다. 1980년 4월 23일 인도네시아 현지에 도착한 한숭인 선교사는 언어 공부를 하고, 선교 오리엔테이션을 하면서도 선교지 여행을 다니면서 선교지 상황을 이해하고, 더불어 선교지에 어떤 활동이나 사업이 필요한지를 파악해 나갔다. 그러다 보니 한숭인 선교사는 당장 스쿠터와 같은 이동 수단이 필요했고, 선교지 여행을 위한 경비가 필요했다.[1] 그리고 한숭인 선교사는 부산지회가 지원하는 예산과 현지에서 실제로 필요한 예산 사이에 차이가 커서 부산지회 회원이 인도네시아를 방문하여 실태를 파악하고 선교사 지원 예산을 조정할 것을 요청했다.[2]

한숭인 선교사는 부산지회에 필요한 것을 요청했을 뿐 아니라 스스로 선교지 상황을 이해하며 그에 적절한 선교 방법을 찾아나가기 시작했다. 인도네시아가 공식적으로는 5개의 종교(이슬람교, 힌두교, 불교, 로마가톨릭, 개신교)를 인정하고 있었지만 실제로 기독교인이 되는 것은 공민권을 박탈하는 것 같은 어려움을 동반한다는 점과 인도네시아인의 의식 구조 깊은 곳에 알 수 없는 미신 종교 의식이 지배하고 있음을 한숭인 선교사는 알게 되었다.[3] 그리고 한숭인 선교사는 인도네시아 사람이 책을 읽는 것에는 흥미가 없지만,

---

1 한숭인 선교사, 「선교통신」 (1980년 12월~1981년 3월 요약).
2 한숭인 선교사, 「선교통신」 (1981년 5월 6일).
3 인도네시아 정부는 초기에는 5개의 종교만 인정했다. 와히드 대통령(1999~2001) 시기에 유교를 추가하여 6개의 종교를 인정하고 있다.

녹음테이프에 수록된 설교를 듣는 데 상당한 매력을 느끼고 있음을 발견하고, 공개적으로 선교하기 어려운 지역에 설교, 교리, 찬송가를 녹음한 카세트테이프를 전하는 것이 효과적인 선교 방법임을 깨달았다. 그리고 한숭인 선교사가 농촌 교회와 개척교회를 순방하면서 여름성경학교를 통해 집회를 인도하도록 요청받았다. 이로써 인도네시아 선교지에 도착한 지 1년 만에 본격적인 현지인 선교의 꿈을 실현하게 되었다.[4] 그러나 한숭인 선교사는 1980년 12월 인도네시아 현지의 반(反)중국인 소요로 인해 한 선교사의 가족과 함께 잠시 자카르타로 피신했다가 소요가 잠잠해진 1981년 1월에 선교지로 복귀했다.

한숭인 선교사는 1981년 6월 21일부터 9월 19일 사이에 현지 교회 설교 3회, 여름성경학교, 청소년 강습회/수양회 인도 5회, 청소년 지도자 강습 3회, 인도네시아 복음신학교 신학협의회 참석 등 바쁜 일정을 보냈다. 8월 7일 인도네시아에 입국한 한숭인 선교사 가족은 8월 19일 진리신학교(Institute Theologia Aletheia: Truth Theological Institute)가 마련한 집으로 이사했다. 8월에 진도신학교가 개강하면서 한숭인 선교사는 기숙사 사감과 학생과장을 맡게 되었고, '현대 신학'과 '교회 성장'을 강의하면서 새벽기도회와 성경공부반을 신설했고, 신학생들로 구성된 복음성가단과 교회봉사단을 창설했다. 한숭인 선교사는 9월에도 신학생 수련회에 강사로 특강을 했고, 말랑 시내 교회 성가 경연대회에 심사위원으로 참석했다. 한편 한숭인 선교사 가족은 현지에 적응하느라 어려움을 겪었다. 한숭인 선교사의 부인 이금숙 선교사는 9월에 급히 맹장 수술을 했고, 딸 아름이는 열병으로 1주일 넘게 고생했다. 이런 와중에도 한숭인 선교사는 현지 과부들이 봉제 기술을 통해 자립하도록 하기 위해서 재봉틀 두 대 구입 비용 20만 원을 영도교회 여전도회로부터 지원받았다.[5] 1981년 12월에 한숭인 선교사는 복음성가단을 이끌고 동부 자바, 발리 롬복, 숨바와 등지에서 15일 동안 전도여행을 했다.

부산지회의 고현봉 회장은 1981년 10월 재일 대한기독교회 제36회 총회에 참석한 후 필리핀을 거쳐 인도네시아 자카르타와 라왕(동부 자바)을 방문했다. 고현봉 회장은 인도네

---

4 한숭인 선교사, 「선교통신」 (1980년 12월~1981년 3월 요약).
5 한숭인 선교사, 「선교통신」 (1981년 10월 20일).

시아 선교지에서 기적을 목격했다고 기술했다. 10년 전에 파송된 합동 측 모 선교사가 넓은 대지에 한국 선교관을 건축했는데, 지금은 선교관의 예배실이 좁아 자카르타에서 제일 큰 임마누엘교회당에서 예배를 드린다고 하면서 인도네시아 선교를 '기적적 성공'으로 평가했다. 그런데 부산지회가 파송한 한숭인 선교사는 그동안 모 선교사의 친절한 지도를 받았으나, 주택 문제로 어려움을 겪어왔다. 그런데 고현봉 목사가 자카르타에서 2,300리 떨어진 라왕을 방문하니 한숭인 선교사는 기화요초(옥같이 고운 풀에 핀 구슬같이 아름다운 꽃)가 만발한 큰 정원이 있는 고급문화 주택에 살고 있었다. 한숭인 선교사가 사감과 교수로 사역하는 진도신학교의 중국인 이사가 그 저택을 한숭인 선교사에게 무료로 제공했다. 한숭인 선교사의 주택 문제가 이렇게 해결된 것은 기적적인 은혜였다. 어학에 뛰어난 한숭인 선교사는 수개월 만에 인도네시아 언어로 설교를 시작했고, 말랑 선교회에 사무실도 갖고 선교 활동 중이었다. 고현봉 목사가 보기에 한숭인 선교사에게 시급한 것은 자동차였다. 왜냐하면 선교지가 광활해서 차 없이는 움직일 수 없음을 목도했기 때문이었다.[6]

　한숭인 선교사의 초기 선교는 선교지에서 언어를 배우고 문화적으로 적응하며, 현지 교회와 선교지를 방문하고 설교와 특강을 하면서도, 선교지 상황을 이해하고, 자신의 선교 방향을 모색하기 위한 선교 탐색기였다고 할 수 있다. 공식적으로는 선교의 자유가 있다고 하지만 실제로는 선교의 자유가 제약되며, 기독교인들은 박해받는 상황 속에서도 인도네시아 사람들이 설교나 성서를, 카세트테이프를 통해 듣는 것을 좋아함을 알게 되면서 효과적인 선교 방법을 찾아나가는 시기였다. 한숭인 선교사의 가족이 입국하여 말랑에 소재한 진도신학교가 제공하는 집으로 이사하고, 진도신학교 교수 사역을 시작하면서 한숭인 선교사의 선교 활동이 보다 안정적이 되었다.[7]

---

6 한국기독교국제선교회 부산지회, 「선교회보」 제3호 (1981년 12월 11일).

7 인도네시아는 국토는 세계에서 14번째로 넓고, 인구로는 2억 7천만 명으로 세계에서 네 번째로 많으며, 17,000여 개의 섬으로 구성된 다인종·다문화 국가이다. 따라서 교단도 많고, 교단 수만큼이나 신학교도 많다. 한국교회가 파송한 인도네시아 선교사는 대부분 신학교에서 교수 사역을 하고 있다.

2. LEPKI(인도네시아기독교봉사회)를 통한 인도네시아 선교 (1982~1987)

1) 1982년: LEPKI와 협력 선교 시작, 진리신학교 사역, 수라바야한인교회 개척[8]

한숭인 선교사의 인도네시아 선교가 중기로 접어드는 전환점은 렙끼(Lembaga Pelayanan Kristen Indonesia, Indonesia Christian Service, 인도네시아기독교봉사회, 이하 LEPKI)에서의 사역이다. 그리고 1982년 선교 활동 보고서부터는 이전과 달리 선교적 틀이 수립된 것을 볼 수 있다. 한숭인 선교사가 LEPKI에서 언제부터 사역을 시작했는지는 불분명하지만 LEPKI에서 사역에 대한 최초의 기록은 1982년이고, 기독교교육과 교회 성장에 관한 일을 맡았다고 함으로써 직책도 명확했다. 그러나 신방현 선교사에 의하면 한숭인 선교사가 LEKI에서 사역을 시작했을 때는 말단에서 시작했다고 한다.[9] 월드비전(세계 기독교선명회)이 인도네시아에서 전쟁고아를 돕다가 교회를 개척하려 했으나 사회사업기관인 월드비전이 인도네시아 종교성에 등록되지 않아 종교적 활동을 하기 위해 만든 것이 LEPKI이다. 월드비전은 LEPKI를 통해 인도네시아 교단과 협력하여 미자립교회를 재정적으로 지원하여 자립하는 프로젝트에 주력하고자 했다.[10] LEPKI는 월드비전의 재정적 지원을 받아 인도네시아 복음화에 주력하는 기독교 기관으로 1965년에 창립되었고, 인도네시아의 30개~40개 교단이 협력하고 있다. 따라서 LEPKI와 이를 협력하는 교단들과 선교 협력을 하는 것을 한숭인 선교사가 자신의 선교 방향으로 정했다. 즉, 한숭인 선교사는 지난 2년 동안의 선교 경험을 통해 인도네시아라는 광활한 선교지에서 선교사 한 명이 감당할 수 있는 지역의 한계가 너무나 뚜렷하여 이를 극복하기 위한 방안으로 LEPKI를 통한 사역을 선교 방향으로 정한 것이다. 인도네시아는 대부분 총회/교단이 한국교회의 노회 단위 정도의 규모이다. 각 교단이 요구하는 교사 강습회, 교회 지도자 수련회, 전도 집회, 세미나

---

8 한숭인 선교사, 「선교통신」(1982년 9월 9일).
9 신방현 선교사와의 인터뷰(2023년 6월 21일).
10 이장호 목사와 인터뷰(2023년 7월 12일).

등 요청이 있을 때마다 한숭인 선교사는 찾아가서 봉사했다. 그리고 신학교의 방학 기간 중에는 오지에 가서 전도했다. 이런 면에서 볼 때 한숭인 선교사의 선교 구역은 인도네시아 전국이라 할 수 있다.

진리신학대학은 교수 4명, 전임강사 13명, 외래 강사 7명의 교수진과 자바를 비롯한 여러 섬으로부터 온 55명의 남녀 학생으로 구성된 신학교이다. 한숭인 선교사는 인도네시아에 입국하여 4개월이 지나서 현지어로 신학교 강의를 시작했다. 1981년 8월부터 한숭인 선교사는 학생과장과 기숙사 사감을 겸했다. 한숭인 선교사는 청소년 교육, 교회 성장, 현대 신학을 가르쳤고, 한숭인 선교사의 부인 이금숙 선교사는 교회음악, 피아노, 아동심리를 가르쳤다. 한숭인 선교사는 기숙사 사감으로서 새벽기도, 조별 기도회, 성경 종합 고사, 조별 성경공부반을 만들어 지도했다.

한숭인 선교사가 선교하는 말랑은 동부 자바로 자바의 제2의 도시는 수라바야이다. 한숭인 선교사는 주거지 라왕에서 약 50km 떨어진 수라바야에 1982년 3월 28일 수라바야 한인교회를 세웠다. 장년 20여 명과 아동 10여 명이 모여 인도네시아 서부개혁교회의 교회당을 빌려서 예배를 드리고, 현지 선교의 전진기지가 되기 위해 기도하고 있다. 인도네시아 교민 선교를 거부했던 한숭인 선교사가 스스로 한인 교회를 세운 것은 교민 선교 자체를 목적으로 한 것이 아니라 한인 교회를 인도네시아 현지인 선교를 위한 전진기지로 세우려는 것이었다. 한숭인 선교사는 라왕에서 약 28km 떨어진, 바뚜의 현지 교회를 월 2회 방문하여 신앙교육을 했다. 그리고 한숭인 선교사는 라왕과 발룽에 개척된 교회를 지원했고, 띠모르에 서울 신일교회의 이름으로 현지인을 선발하여 선교사로 세워 교회 개척을 지원했다.

선교지 상황에 대해 한숭인 선교사는 외부적으로 볼 때는 선교의 자유가 보장되어 있고 어려움이 없는 것 같이 보이나 내부적으로는 쉽게 뚫을 수 없는 거대한 장벽이 항상 놓여 있음을 보았다. 현재도 곳곳의 교회가 불태워지는 가슴 아픈 일이 계속되고 있다. 회교도나 힌두교도들의 사회적인 결속력이 강해서 인도네시아에서 기독교로 개종한다는 것은 생명의 위협과 외부로부터의 핍박을 전제하는 것이므로, 인도네시아 선교는 결코 쉬운 것이 아니다. 기독교 선교의 어려움으로는 예수를 믿는다는 이유로 직장을 잃거나 직장생활을 할 수 없도록 방해하고, 가게 물건을 사지도 팔지도 않고, 심지어는 양식도 논에 물도 주지 않는다. 집도 세를 주지 않는 경제적 방해가 있다. 또한 가정에서 배척하고, 사회에서 고립시키며, 주변 사람들이 끊임없이 본래의 종교로 돌아오도록 유도하거나 협박한다. 일부에서는 기독교인을 공산당이나 정복자의 종교(네덜란드 사람의 종교)로 몰아붙이고, 심지어는 장지까지 주지를 않는 사회적 방해도 겪는다. 기독교가 외국 종교라 반감을 갖게 하고, 이미 종교를 가진 사람에게 선교할 수 없다는 종교성 장관령을 배경으로 예배 행위를 방해하고, 토속신앙 때문에 미신과 마술이 강한 영향을 줘서 복음 전도의 어려움을 겪는 종교적 박해가 빈발하게 일어나고 있다. 특히 선교사를 포함한 모든 외국인에 대한 제재가 점점 강해져 장기 체류가 점차 어려워지고 있어 선교도 어려워지는 형편이다.

인도네시아 선교 전망에 대해 한승인 선교사는 먼저 인도네시아 교회를 움직이지 않는 것 같으면서 활발하게 움직이고 성장하는 교회로 보면서, 기독교를 정복자의 종교로 몰아 경멸하거나 박해하는 현상이 있지만, 역설적이게도 이런 곳에 성령의 역사가 강하게 임하는 것으로 해석했다. 350년 동안의 정복 시대를 통해 너무 억눌려 있었으나 이제는 교회 내에서 "배우는데 부끄러워 말아야 한다", "서양에 의해 지배당하고 의존했던 인도네시아 신학이 자신을 반성하고 가능성을 자체 교회 속에서 발견해야 한다"라는 등 교회 의식화 운동이 힘차게 진행된다고 했다. 한국교회의 발전과 부흥이 질량 면에서 외부로 돋보이는 데 반해, 인도네시아 교회는 자는 것 같으면서 발전하고, 외부의 많은 제재가 있음에도 불구하고 발전하는 거대한 교회이다. 인도네시아는 지리적으로 동남아시아 전체에 걸쳐 있고, 인도양, 태평양 사이에 위치하고 있으므로 한국교회가 1,500만 명이라는 엄청난 가능성을 활용하고 서서히 타오르는 선교의 불길에 기폭제의 역할을 한다면 세계의 기독교 역사에 크게 공헌하는 인도네시아 교회를 기대할 수 있을 것이다. 경제적으로 빈부의 차이가 현저하나 무한한 자연 자원을 배경으로 경제부국을 꿈꾸고 있고, 의식화된 교회가 이것을 바탕으로 기폭제 역할을 한다면 분명히 큰 변혁이 있을 것이다. 언어적으로는 현재도 자기 종족의 방언을 계속 사용하나 정부의 언어정책이 효과를 거두어 문맹률이 점차 줄고 있다. 정치적으로는 신앙의 자유가 보장되어 있으나 교회를 방해하는 일들이 흔히 있다. 그러므로 이곳에서 기독교인이 된다는 것은 분명한 자신의 결단을 통한 것이므로, 박해와 핍박을 통해서 성장하는 교회는 반드시 부흥될 것이다. 현재도 몇몇 섬에서는 집단 개종이 일어나는 것을 볼 수 있다. 그러나 아직도 현지의 교회들이 이들을 양육하고 지도할 만한 인적 자원을 가지고 있지 못함으로 그물에 들어온 고기들이 다시 세상으로 돌아가는 가슴 아픈 일들이 허다하다. 예를 들어 띠모르 띠모르라는 섬의 어느 곳에는 290여 명이나 되는 많은 사람이 세례를 받고 하나님의 자녀가 되기를 원했으나 세례를 줄 목사가 없어 2년 동안을 기다리다가 그중의 몇몇은 세상을 떠났다고 한다. 선교사를 파송하는 한국교회가 이런 문제에 관심을 가지고 기도와 협력을 아끼지 말았으면 한다.

한승인 선교사는 이러한 선교적 전망 속에서 한국교회에 바라는 것으로 첫째, 네덜란드가 인도네시아를 정복하면서 펼친 식민지 교육의 억제로 교회 지도자의 수가 절대적으로 부족하여 인도네시아 교회는 한국교회가 인도네시아 교회 지도자 양성에 주력해 줄 것을 요구하고, 둘째, 인도네시아의 경제 사정이 점점 안정되어 가고 있지만 농촌이나 오지의 교회들이 자립할 수 있도록 적은 자금을 대여 형식으로 지원해줄 것을 요청하고, 셋째, 인도네시아 교회는 짧은 교회 역사 속에서 괄목할 만한 성장을 이룬 한국교회의 열심, 교육, 봉사, 기도의 은혜 등에 대해서 실제적으로 경험하고 배우기를 원한다. 장로회신학대학교와 아세아연합신학대학원에 장기 교육 과정(1~3년)이 있으나 3~6개월씩 집중적인 훈련을 한다면 큰 효과를 얻을 수 있을 것으로 생각한다. 국내에서 점점 커가는 회교 세력을 의식하며 회교권에 대한 연구를 강화하고 회교권에 있는 교회 지도자들을 초청하여 회교권 선교 전략을 배우는 것도 중요하다고 하겠다.

한국 선교사 파송을 요구하는 인도네시아 교회는 북부 수마트라에 위치한 인니감리교회(G. M. I), 띠모르섬의 띠모르개혁교회(G. M. I. T), 수마트라 남부에 위치한 딴중에님신학교, 말랑에 위치한 칼빈 계통의 장로교회(ELEOS), 서부 자바교회(G. K. J. W., 말랑에 노회 사무실 있음) 등이다. 위의 교회 및 신학교들이 한인 선교사를 원하고 있고, 입국에 필요한 모든 업무를 책임지고 해결하겠다고 한승인 선교사에게 약속했다. 그리고 초청하는 인도네시아 교회나 신학교는 한국 선교사의 주택 문제를 책임지겠다고 했고, 일부는 교통수단까지 제공한다고 했다. 한승인 선교사는 "성장한 한국교회가 와서 우리를 도우라"는 그들의 호소를 외면하지 말고, 동역자로서 하나님의 나라를 확장하는 일에 동참하는 한국교회가 될 것을 호소했다.

한숭인 선교사는 인도네시아 교회가 한국교회에 바라는 것을 실천할 신학교를 인도네시아에 세우기 위해 토지 1,400여 평을 마련했으나 건축비 3,500만 원을 마련하지 못하여 기도 중에 있다.[11] 타문화권 선교사로 선교지에 도착한 지 2년 반 만에 보내온 선교보고서가 이런 수준이라는 것은 대단히 놀라운 일이다. 이 기간은 언어적으로, 문화적으로 적응할 시간인데, 도착해서 4개월 만에 현지어로 신학교에서 강의를 시작했을 뿐 아니라 선교 현장을 탐방하면서 선교지 상황을 이해하고, 효과적인 선교 방법도 찾고, 현지 교회와의 협력 방안에 대해 이렇게 광범위한 내용을 논의한 것은 놀라운 일이 아닐 수 없다. 이는 한숭인 선교사가 장로회신학대학교 신학대학원 재학 중 2학년부터 3학년까지 2년 동안 제3세계신학연구원에서 유학하던 본대 목사로부터 인도네시아 언어를 배운 데 기인한다.[12]

2) 1983년: 동남아 선교시찰단 방문

제1회 동남아 선교시찰단 (단장 한원도, 우익현, 한일민, 김용철, 나영태, 서강혁)이 1983년 5월 21일 출국하여 인도네시아를 방문했다. 6월 15일에는 한숭인 선교사가 인도네시아 교회 대표단을 인솔하여 일시 귀국했다. 8월에는 부산제일교회 박원주 성도가 신발 250족을 기증하여 인도네시아로 발송했다.

3) 1984년: LEPKI를 통한 교회 개척 사역, 교회 지도자 훈련, 구제 사역

1984년 한숭인 선교사의 선교 활동은 전도, 교육, 봉사 등 세 부문으로 전개되었다. LEPKI를 통한 전도/교회 개척 사역으로 와기르, 카랑카테스, 토사리, 깔리마니스 등에 교회를 개척하고 매월 100불씩 지원했다. 한숭인 선교사는 1984년 6월까지 진리신학교에서 가르쳤고, 8월부터는 인도네시아 기독교복음신학교에서 강의를 시작했다. 과거 공산

---

11 한숭인 선교사, 「선교통신」 (1982년 9월 9일).
12 서정운 장로회신학대학교 명예총장과의 인터뷰(2023년 7월 12일).

혁명 당시 본거지였던 끄삼벤 지역에 공민학교(현재 교사 6명, 학생 46명)를 개설하고 신앙을 지도하고 있다. 와기르 지역에 부산국제선교회의 지원으로 고린도(KOREA-INDONESIA, KOR-INDO)중학교를 신설하고 교육을 통한 복음 전도를 시도하고 있다. 야간에는 문맹 퇴치 운동을 전개하여 교회와 지역사회 간의 격차를 줄이고, 사회 속에서 선교적 사명을 감당하는 교회로써 모든 방법을 동원해서 그리스도를 증거하고 있다. 선교 동역 기관인 LEPKI와 협력하여 교회 지도자 개발 및 훈련을 인도네시아 전국에 걸쳐 실시하고, 현지 교회의 초청으로 이를 행했다. 부산 동래중앙교회(신동혁 목사)의 재정 지원으로 와기르 지역에 과부를 위한 무료 봉제 과정을 설치하고 운영 중에 있다. 수라바야 한인 교회를 통해 재봉틀 10대를 끄삼벤중학교와 교회에 기증하여 봉제 과정을 신설했다. 이금숙 선교 사는 한인 교회에서 반주하고, 주간 한인 학교에서 교사로 봉사하며, 현지 교회에서 부인들을 지도하고, 유치원 개설을 준비하고 있다.

LEPKI와 인도네시아 복음 전도회가 주관하는 교회 지도자 훈련이 서부 깔리만탄 지역의 세 곳에서 개최되었다. 총인원 115명을 대상으로 실시된 이 훈련은 스미따우(15명), 세이사왁(78명) 안중안(22명)에서 개인 전도, 교회 성장, 영적 지도자 훈련 등의 주제로 6명의 강사가 수고했다. LEPKI에서는 한승인 선교사와 빌레몬 전도사가 강사로 현지를 다녀왔다.

인도네시아 교회의 출발과 성장에는 1965년 학살(공산주의자, 좌익, 화교 등 50만 명 학살, 100만 명 투옥), 새로운 주택지 개간, 집단 이주, 신학교 설립을 통한 복음 전파 등을 배경으로 하고 있다. 그러나 인도네시아 교회의 교회 성장의 70% 이상이 동질 문화를 배경으로 한다. 1980년부터 실시된 한국교회와 인도네시아 교회 사이의 교회 개척 프로그램에 대한 평가는 이 프로그램에 대한 설문을 받은 102개 교회 중 59개 교회의 응답을 토대로 작성되었다. 평가회의 결론은 응답자 59명 중 교역자가 40명으로 신학 교육을 받았고 19명이 평신도였다. 59개 교회의 66.1%인 39개 교회가 이 프로그램을 통해 자립의 기초를 이미 마련함으로써 이 프로그램이 성공적인 효과를 나타냈다고 결론을 내렸다. 나머지 교회는 여러 분야에서 아직도 도움을 필요로 하는 미자립교회로 밝혀졌다. 교회의 질, 양적 성장, 교회 행정, 기독교인의 의식화 등을 중심으로 해서 평가한 바에 의하면 아직도 많은 수의 교회가 계속

교육과 양육을 필요로 하는 것으로 나타났다.

1982년 한숭인 선교사가 개척한 수라바야 한인 교회는 성탄절 헌금 전액을 현지 교회를 위한 구제비로 쓰도록 결의하고 도움을 필요로 하는 말랑기독교회, 농고자자르복음교회, 앙닷교회, 토사리교회, 까랑까테스교회 등에 보내기로 했다. 특히 입던 옷들을 수집해서 깔리만탄 지역과 수마트라의 오지나 집단 이주 지역에 사는 주민들에게 보내려 한다. 현재 한인 교회는 개척교회 1곳과 신설된 미션 중학교를 위해 월 250달러의 보조금을 지원함으로써 인도네시아 선교의 전진기지로서의 사명을 감당하고자 노력하고 있다. 한숭인 선교사는 순회 방문을 통해 서부 깔리만탄 지역은 풍부한 원목과 고무로 수준 높은 생활을 하리라는 기대는 강줄기를 따라 펼쳐지는 가난과 무지를 보고서야 얼마나 사실과 다른 것인지를 체험했다.[13]

한편 한국기독교국제선교회 부산지회는 한숭인 선교사의 주택(전세) 문제는 1년에 2,500달러 중 부산지회가 1,500달러를 지원하고, 서울이 1,000달러를 지원하기로 했으나, 각각 규정대로 반분하여 1,250달로 지원하기로 했고, 한숭인 선교사의 생활비 월 1,100달러는 1984년 7월부터 200달러를 증액하기로 하고, 반반 규정에 따라 부산지회는 100달러를 인상하여 월 650달러를 지원하기로 했다. 김정광 총무가 제2차 인도네시아 선교시찰단을 인솔하여 다녀오기로 했다.[14] 부산지회는 한숭인 선교사가 사역하는 고린도중학교 건물 비용 200만 원과 밀린 이자 66만 원을 송금하기로 결의했다.[15]

제2차 인도네시아 선교시찰단은 단장에 남주석 목사 그리고 시찰 단원으로 윤응보 목사, 김성광 목사, 김재승, 김영준 장로로 구성되었다. 인도네시아 선교 시찰할 때 동산유지에서 인삼비누 40갑을 선교 시찰 선물로 기증했다. 한숭인 선교사의 사업을 돕기 위해 영주권 문제, 고린도중학교 운영비, 자녀 교육비, 토사리(가야교회가 1984년 11월 1일 자매결연을 맺어 월 100달러를 지원) 교회 보조금을 포함하여 가야교회가 매월 사업비로 200달러씩 10월부터 생활비와 함께 보내기로 임원회에서 처리했다.[16]

---

13 한숭인 선교사, 「선교통신」 (1984년 12월).
14 한국기독교국제선교회 부산지회 임원회(1984년 5월 2일).
15 한국기독교국제선교회 부산지회 임원회(1984년 8월 25일).

4) 1985년: LEPKI 조직 개편과 선교부 협동총무, 신학생 훈련, 단기 신학원, 인도네시아 선교 5주년 기념 예배

과거 월드비전(세계기독교선명회)의 일부였던 LEPKI가 단독 선교부로 승격하고 직원들이 대거 이동하며 조직이 개편되었다. 새로 조직된 이사회는 한숭인 목사를 선교부 협동총무와 고문으로 인준하여 인도네시아의 25개 교단, 15개의 기독교 단체(기독교서회, 성서공회, 교회협의회 등)와 9개의 신학교와 선교를 위해 동역하도록 하였다. 한국기독교국제선교회 부산지회가 지원하는 교회 지도자 양성 프로그램의 하나로 1985년 7월에 시작한 단기 신학원의 제1단계 교육이 성공적으로 끝났다. 월요일부터 금요일까지 신학, 성경, 영농 등을 공부하고, 주말에는 배정된 교회에서 봉사 활동을 펴온 신학생들은 제1차 교육 기간을 마치게 됨에 따라 각기 개 교회의 봉사자로 파송을 받게 된다. 농촌에서 인도네시아 교회 지도자 부족 현상을 해소하기 위해 시작된 단기 신학원은 한국교회의 보조로 토지를 구입하여 건축했고, 현지 교회 목사들과 신학교 교수들이 자진해서 강의를 맡았다. 총 16명이 등록한 이 단기 신학원은 9월 26일로 모든 과정이 끝나며 9월 22일 졸업여행을 겸해 수라바야 한인 교회에서 함께 예배를 드릴 예정이다. 지난 5년 동안 기도하며 준비했던 이리안자야 선교지 순회 방문이 실현되어 1985년 5월 30일에 출발했다.[17]

제3회 선교시찰단은 양경렬 목사 내외만 7월 11일에 출국하면서 송금할 생활비, 주택비, 장학금 등 6,300불을 지참시켰다.[18] 인도네시아 선교 5주년 기념 예배를 선교 본부에서 직원들과 수라바야 한인 교회 교우 등 40명이 참석하여 거행했다.[19] 한숭인 선교사가 서울 선교회와의 관계를 청산하고, 부산국제선교회와 선교 협력 계약을 체결하고, 선교열을 고취하며, 회원 교회를 방문하여 감사 인사를 드리기 위해 11월경 1개월 예정으로 임시 귀국할 예정이다. 고린도중학교(부산국제선교회가 설립했고, 학생은 80명)의 운영은 부산국

---

16 한국기독교국제선교회 부산지회, 「선교보고서」 (1985. 1. 17.); "총무 보고"(1984. 1.~1985. 1.)
17 한숭인 선교사, 「선교통신」 (1985년 10월 10일).
18 한국기독교국제선교회 부산지회, 「제50회 월례회 자료집」 (1985년 7월 4일).
19 한국기독교국제선교회 부산지회, 「제51회 월례회 자료집」 (1985년 9월 5일).

제선교회가 보내는 100달러와 수라바야 한인 선교회, 서울교회 등에서 조달하고 있다.[20]

5) 1986년: 부산국제선교회가 한숭인 선교사를 단독 파송

부산국제선교회는 한숭인 선교사를 1986년부터 부산국제선교회가 단독 파송하므로 생활비와 주택비 등을 상향 조정했다. 생활비는 월 1,500달러*14개월, 안식년 귀국 여비 400달러 중 1/2인 200달러, 주택비 1년 3,000달러로 상향 조정했다.[21] 양정중앙교회(문용주 목사)가 개척교회 신축을 위해 100만 원을 헌금했다. 한숭인 선교사의 차량 구입을 위한 특별 헌금 청원서를 부산노회와 동노회에 제출했다. 제4회 동남아 선교 시찰은 정윤곤 부회장(부산노회장), 조희제 부산동노회장과 이일호 목사, 윤기철 목사, 박덕수 장로, 김금 수 권사가 1986년 8월 6일부터 26일까지 선교지를 방문했다.[22]

6) 1987년: 안식년을 맞아 장신대에서 석사 과정 이수 후 논문 작성 중

선교 활동 8년을 맞은 한숭인 선교사에게 부산국제선교회는 안식년을 부여했다. 한숭 인 선교사는 장로회신학대학교에서 3월부터 6월까지 석사 과정을 마친 후 인도네시아로 출국하여 인도네시아 선교에 대한 논문을 작성하고 있다. 부산국제선교회는 선교 기동력 을 높이기 위해 선교용 미니버스 구입비 1,000만 원을 지원했다. 그리고 개척교회 목회자 지원을 위해 한숭인 선교사와 회원 교회와 부산동노회 남선교회연합회와 의논한 결과 부산제일교회가 토마스 요하네스 목사에게 월 100달러, 항서교회가 토마스 수탄토 목사에 게 월 100달러, 부산동노회 남선교회연합회(회장 조운복)가 이와얀티누스 위자야 목사에게 월 100달러씩 지원하기로 결정했다.[23] 신방현 선교사에 의하면 1987년에 한숭인 선교사는

20 "총무 보고," 부산국제선교회, 「제52회 월례회 자료집」(1985년 10월 10일).
21 "총무 보고," 부산국제선교회, 「제55회 월례회 및 1986년 정기총회 자료집」(1986년 2월 6일).
22 "총무 보고," 부산국제선교회, 「제62회 월례회 자료집」(1986년 10월 2일).
23 "총무 보고," 부산국제선교회, 「제74회 월례회 및 제5회 국제선교의 밤 자료집」(1987년 12월 10일).

LEPKI의 총무로 활동하고 있었고, 후에 대표가 되었다고 했다.[24]

　부산국제선교회는 인도네시아 토사리교회 교역자인 오스카 전도사를 초청하였고, 오스카 전도사는 6월 30일부터 7월 14일까지 한국교회를 방문하고 인도네시아로 출국했다. 한승인 선교사와 동역할 서성민 선교사 파송 예배를 10월 26일에 드린 후 10월 28일에 인도네시아로 출국했다. 서성민 선교사는 부산진교회가 후원 교회이다.

7) LEPKI를 통한 인도네시아 선교의 특징

　한승인 선교사는 부임 초기인 1982년에 선교지 상황을 이해하고, 인도네시아에서 기독교인 됨의 의미를 파악하고 있음을 보여주었다. 그리고 한승인 선교사는 인도네시아 선교에 대한 상당히 긍정적인 전망과 그 근거를 제시했다. 이 과정에서 한국교회와 인도네시아 교회를 비교하면서, 한국교회가 인도네시아 교회로부터 배울 것도 있음을 시사했다. 이러한 선교 전망 속에서 한국교회의 과제로 인도네시아 교회 지도자 양성에 주력할 것, 농촌과 오지 교회들이 자립하도록 자금을 지원할 것, 목회자들이 한국 신학교에서 단기간 집중 교육을 받도록 할 것, 회교권에 대한 연구의 필요성과 회교권에서 목회하는 교회 지도자들로부터 회교권 선교 전략 배우기 등을 제안했다. 한승인 선교사는 LEPKI를 통한 교회 개척 사역에 대한 설문 평가를 통해 이 사역이 성공적임을 알게 되었다. 그리고 LEPKI를 통한 교회 지도자 사역을 실시하고 있다.

　1985년 LEPKI는 국제선명회의 일부로부터 독립하여 단독 선교부를 구성하면서 조직 개편을 했다. 한승인 선교사는 선교부의 협동총무로 봉사하게 되었다. LEPKI와 동역하는 인도네시아 교단이 25개이고, 기독교 단체가 15개이며, 신학교가 9개이다. LEPKI와 협력 선교를 하는 한승인 선교사는 선교의 장을 전국적으로 확대하고 있으며, 교회 지도자를 전국적으로 발굴하여 훈련시키고, 교회 개척도 전국을 범위로 확대하고 있다. 한승인 선교사는 부산국제선교회가 한국기독교국제선교회 부산지회로부터 1985년 12월 독립한 뒤

---

24 신방현 선교사와의 인터뷰(2023년 6월 21일).

단독 파송한 첫 번째 선교사로 의의가 크다. 1987년 부산국제선교회는 선교 8년 차인 한승인 선교사에게 안식년을 주어서 장로회신학대학교에서 석사 과정을 마치고 논문을 작성하도록 했다. 1987년에 한승인 선교사는 LEPKI의 총무로 활동하고 있었다.

3. 인도네시아 선교 교회와 선교대표부를 통한 선교(1988~1993)

한승인 선교사의 인도네시아 선교가 LEPKI와 협력하면서 질적으로 다른 양상을 보인 것처럼, 1988년 자카르타에 한인 교회를 선교 교회로 세움으로써 인도네시아 선교의 전기를 마련하게 되었다. 부산국제선교회의 회장 신동혁 목사도 "인도네시아의 한승인 선교사는 수도인 자카르타에 지난 10월 2일에 선교 본부를 이동하였으며, 지난 7년간의 말랑, 수라바야 지역 등지에서의 놀라운 사역도 그대로 포괄하는 인도네시아에 전국적인 규모의 선교 사업으로 일대 전환"[25]을 했다고 보았다. 즉, 1980년 이후 동부 자바 말랑 지역을 중심으로 선교 활동을 펼치고, 1982년에 수라바야에 한인 교회를 세워 선교에 힘을 보태다가 1988년 10월 2일 자카르타에 한인 중심의 선교 교회를 세움으로써 단순히 교민 선교를 넘어서 한인 디아스포라가 인도네시아 선교의 주체가 되는 새로운 시도를 한 것이었다.

1) 1988년: 자카르타에 선교 교회 창립과 선교대표부 설치

한승인 선교사는 현재 인도네시아 선교를 본궤도에 오른 것으로 보고, 인도네시아 선교의 확장과 앞으로의 방향을 새로이 설정하기 위하여 말랑 선교부와 수라바야 한인 교회를 정리하고, 10월 2일 현지 시간 오후 3시에 자카르타에 인도네시아 선교대표부를 개설하고, 92명이 모여 선교 교회 창립 예배를 드렸다. 당시 자카르타에는 서만수 선교사(합동)가 한인 교회를 섬기면서 자카르타에 한인 교회가 추가로 설립되는 것을 반대하고 있었다.

---

25 신동혁, "88년 선교의 밤을 맞으며," 부산국제선교회, 「제84회 월례회 및 제6회 국제선교의 밤 자료집」(1988년 12월 15일).

1987년 한숭인 선교사는 신방현 선교사와 서성민 선교사와 함께 한인 교회 설립에 대한 계획을 세워 총회 세계선교부에 선교 전략적으로 자카르타에 한인 교회를 세우도록 청원을 했고, 총회 세계선교부의 요청으로 한숭인 선교사가 자카르타 선교 교회를 설립하게 되었다.[26] 선교대표부 이전으로 인한 어려움도 있으나 이를 극복하기 위해 노력하고 있고, 선교사들이 선교대표부를 중심으로 모여 협력하는 체제를 갖추어 가고 있다. 특별히 선교관이 조속히 건립되어 인도네시아 선교의 중심이 되어 선교적 사명을 감당하기 위해 기도하고 있다. 부산국제선교회는 선교대표부의 이전을 위해 소요 예산 중 1,100만 원을 지원했다.[27]

한숭인 선교사는 1988년 7월 미국 시카고에서 열린 세계한인선교사대회에 참석했고, L.A.에서 열린 총회 선교사 수련회에도 참석했다. 말랑의 선교부와 수라바야 한인 교회는 임시로 선교사 후보생인 조창현 전도사가 맡았고, 11월 중순이 되면 이장호 선교사가 와서 인도네시아 동부의 선교 사역을 주관하게 될 것이다. 교단 선교사인 김윤석 선교사, 서성민 선교사, 신방현 선교사와도 선교 동역을 하고 있다. 확장되는 선교부의 사역을 맡을 인도네시아 교회의 일꾼들이 장로회신학대학교 제3세계 교회 지도자훈련원과 아세아연합신학원에서 기독교교육과 선교학을 연구하고 있으며 이들이 공부를 마치고 돌아오는 대로 현지 선교부에 두 개의 부를 개설하여 책임지고 자기 민족에게 전도와 교육을 담당하게 될 것이다. 인도네시아 선교 교회와 교단 선교대표부가 10월 2일 개설된 후 인도네시아 정부 당국과 인도네시아 교회 및 대외 관계를 수립하기 위해 총회를 대표해서 한완석 전 총회장이 현지 공관, 인도네시아 종교성 기독교 국장, 인도네시아 교회 지도자들을 만났다.[28]

2) 1989년: 이장호 선교사 입국(1988)하여 동역, 이리안자야 선교 여행, 교회 지도자 훈련, 윤선남 평신도 선교사 입국하여 동역, 방송 선교

부산국제선교회 총무는 제7회 국제선교회의 밤에 인도네시아 한숭인 선교사가 선교

---

26 신방현 선교사와의 인터뷰(2023년 6월 21일).
27 "총무 보고," 부산국제선교회, 「제84회 월례회 및 제6회 국제선교의 밤 자료집」 (1988년 12월 15일).
28 한숭인 선교사, 「선교통신」 (1988년 10월 10일).

교회와 자카르타 선교관 및 LEPKI 사역(자카르타, 말랑)을 통하여 인도네시아 전역을 향한 종합 선교 전략을 수립하고, 지역 선교를 넘어 전 인도네시아 교회 지도자 훈련원으로서의 역할과 기능을 잘 감당하고 있다고 보고했다. 즉, 한숭인 선교사가 한인 교회 개척과 교육사업, LEPKI 사역, 원주민 선교, 교회 지도자 훈련 등을 원활하게 진행하고 있는 것으로 보았다. 특히 1989년 8월 12일부터 28일 사이에 변태호 목사를 단장으로, 이일호 목사, 김명애 권사, 유말이 권사, 장덕실 권사, 김명화 권사, 김명조 집사, 유옥희 집사, 김종란 사모 등이 인도네시아를 포함해서 제7회 동남아 선교지를 시찰하고 보고서를 제출했다.[29]

한숭인 선교사는 자신의 인도네시아 선교가 지역 선교의 영역을 뛰어넘어 동남아시아 선교센터, 선교 정보 센터, 타문화권 선교 훈련 및 인도네시아 교회 지도자 훈련원으로서의 기능과 역할을 감당해 갈 것을 희망했다. 동역자 선교사 두 가정(최광수 선교사, 김창기 선교사)과 한 명의 독신 선교사(송광옥 선교사)가 1989년에 파송되면 이러한 한숭인 선교사의 선교 비전이 이뤄질 수 있으리라 기대했다. 한숭인 선교사는 12일간의 이리안자야 선교 여행을 다녀왔고, 60여 명이 참석한 현지 교회 지도자 훈련을 마쳤고, 8월 두 주간 귀국하여 장로회 신학대학교에서 남은 석사 학위 과정을 마쳤다. 서울노회 여전도회 연합회, 한국여성복음 봉사단, 서울노회 여전도회 연합 성가단이 동숭교회에서 8년 이상 유아 선교를 담당했던 윤선남 씨를 평신도 선교사로 인도네시아로 파송하여 선교 교회와 하나선교원에서 동역하고 있다. LEPKI는 활발히 선교하고 있다. 다양한 부족어로 진행하는 방송 선교 중 아체어 방송 선교는 미국의 국제음악선교회의 지원으로 프로그램 작성을 시작했다. 부산의 광복 교회가 부기스(BUGIS) 언어 방송을 지원하기로 약속했다. 선교비 1,200달러로 1억 1.500 만 명에게 복음을 전할 수 있게 되었다. 서울 충신교회(박종순 목사)가 지원하여 서부 칼라만탄 지역에 20개의 교회를 개척 지원하게 되었다. 서기 2000년을 바라보며 선교적 비전을 새롭게 하고, 효과적인 선교를 감당하도록 LEPKI가 조직을 개편하고 업무를 분립하도록 현지 이사회가 결정했다.[30]

---

29 "총무보고," 부산국제선교회, 「제94회 월례회 및 제7회 국제선교회의 밤 자료집」 (1989년 12월 1일).
30 한숭인 선교사, 「선교통신」 (1989년 9월 23일).

한편 한승인 선교사가 말랑과 LEPKI에서 하던 사역을 이어가는 이장호 선교사는 LEPKI 가 자카르타, 말랑, 이리안자야에 시골 교회의 사역자를 위한 훈련센터 건립의 중요성에 공감하고, 발리섬 개척교회들을 방문하면서 핍박 속에서도 신앙을 지키는 귀한 교회들에 대해 감동을 받고, 그 내용을 부산국제선교회에 보고했다. 그리고 월 1회 LEPKI 사무실에서 진행되는 기독 직장인 모임의 중요성에 대해서도 강조했다.[31]

변태호 목사를 단장으로 하는 제6회 선교 현지 방문팀은 1989년 8월 20일 인도네시아 자카르타에 도착하여 일주일 동안 선교 현장을 돌아보고 결과보고서를 부산국제선교회에 제출했다.[32] 보고서는 선교 상황, 현지 교회 방문, 선교지 방문의 주요 결과 및 제안으로 이뤄졌다. 인도네시아 인구의 85% 이상이 이슬람교도이고, 기독교인은 약 11%이다. 기독 교인 중 개신교는 약 9%로 70여 개의 교단(독일 및 스위스 개혁교회, 오순절, 루터교회 등이 강세)으로 구성된다. 한승인 선교사가 책임자로 사역하고 있는 LEPKI(인도네시아기독교봉 사회)는 70여 개의 교단 중 48개의 교단과 관련을 맺고 있다. 선교 교회에는 현재 120명의 교인이 출석하고 있고, 행사가 열리면 180명까지 출석하고 있다. 선교 교회(자카르타)는 교회 예산의 60~75%까지 선교의 목적으로 사용하기 위해 한승인 선교사가 세운 한인 교회이다. 선교사의 사례비를 선교 교회에서 받지 않으므로 인도네시아 현지를 지원하는 선교비가 증가하고 있다. 선교 교회는 유치원을 운영하고(서울여전도회가 유치원 교사 비용으 로 매월 600달러를 지원), 여전도사를 훈련하고 있다. 또 자카르타의 잘란 찌삐에따(Jalan Cipieta) 지역에 선교관(월 2,700달러의 집을 700달러에 임대)을 마련했다.

선교관을 세운 목적은 시골에서 사역하는 선교사 자녀들에게 숙소를 제공하여 자녀 교육을 지원하고, 선교사 비자 연장(종교성, 법무부, 정보부, 이민국)을 위한 업무를 지원하고, 선교사들의 모임, 휴양 및 연구시설로 활용하고, LEPKI 사역을 위한 자카르타 사무실로 사용하고, 선교 후보생(한국)들을 위한 훈련 장소와 숙식을 제공하는 것이다. LEPKI의 사역 으로는 선교사 훈련(선교사 후보생 포함), 현지 지도자 및 목회자 세미나 개최(연 1회 또는

---

31 이장호 선교사, 「선교통신」 (1989년 9월 23일).
32 「선교현장 방문 보고」, 부산국제선교회, 「제94회 월례회 및 제7회 국제선교회의 밤 자료집」 (1989년 12월 1일).

2회, 지역에 따라), 현지 교회의 선교를 위한 프로젝트 지원 및 관리, 행정 업무 그리고 인도네시아 선교를 위한 종합선교센터 및 효과적인 전도 프로젝트 개발 등이다. 선교지 방문팀은 자카르타의 어촌에 세워진 무아라 까랑교회와 창녀촌 지역에 자리잡은 깔리 바루교회(덕천교회 후원)를 방문했다. 깔리 바루교회는 유치원과 양재 직업교육을 선교 접근 방식으로 채택하고, 유치원과 양재학원을 준비하고 있다.

수라바야 지역에 있는 토사리 중고등학교(가야교회 지원)와 교회(학교 건물 사용)를 방문했다. 학교 교장인 오스카 전도사는 토사리와 동부 자바의 모르르조 두 군데에서 사역을 한다. 모르르조는 힌두교 지역으로 교육을 통한 선교 사역(주민들의 요청으로 외양간을 개조하여 학교로 사용)을 진행하고 있다. 말랑에 있는 LEPKI 사무실을 방문하고, 로도요에서 베다니교회를 개척한 토마스 목사의 안내로 그 교회를 방문했다. 토마스 목사는 암뻴가딩과 반유왕이에 각각 두 개의 개척교회를 세웠다. 부산국제선교회의 김용철 장로가 토마스 목사와 개척교회들을 지원하고 있다. 이장호 선교사 사택을 방문한 후 이장호 선교사와 함께 발리에 가서 까뚱교회와 방리교회를 방문했다.

선교지 방문팀은 인도네시아 선교 현장을 방문한 결과 첫째, 인도네시아 선교를 위해 LEPKI가 진행하는 프로젝트들이 아주 적합한 것을 확인했다. 둘째, 한국교회와 부산국제선교회는 현지에 직접 교회를 개척할 것을 희망하지만, 현지 사정으로는 학교 및 봉사 기관을 통해 학교와 기관 자체가 점차적으로 교회(예배 처소)가 되는 방법이 더욱 적절함을 알게 되었다. 토사리의 고린도중고등학교, 로도요중학교, 암뻴가딩 고등학교 및 사범학교, 디아나푸라호텔과 기독교 학교들이 모두 교회를 겸하고 있음을 알게 되면서 교육을 통한 선교 접근방식의 적절함을 확인했다. 셋째, 인도네시아 문화에 토착화된 방법인 그림자 인형극, 연극, 춤, 찬송 등의 방법으로 대중 집회(한 번에 2,500~3,000명)를 하면 효과적인 전도를 할 수 있는 것을 알게 되었다. 그런데 이런 도구들은 이미 제작되어 있으나 대중 집회를 여는 경비가 2,500~3,000달러가 들어 재정 지원이 필요함을 알게 되었다. 넷째, 현지 목회자들의 교육 및 세미나 개최도 지도자 양성을 위한 좋은 방법임을 확인했다. 목회자 교육 세미나를 LEPKI가 연 2회 열고 있다. 문제는 경비가 1회에 2,500~3,000달러가 든다는 점이다. 다섯째, 이리안자이와 같은 오지 교역자를 위해서는 오지 교역자 훈련 프로그램을 현지 부근에서 실시하는 것이 바람직함을 알게 되었다. 이리안자이와 같은 오지에 선교사가 방문하는 데 막대한 비용이 들기 때문에 1년이나 2~3년에 한 번 방문한다. 현지 교회 지도자들이 배를 타거나 걸어서 1주일 되는 인근 도시에서 '오지 교역자 훈련 프로그램'을 실시하면 경비도 절감하고 좋은 결과를 얻을 수 있을 것이다.

선교지 방문팀은 부산국제선교회에 한숭인 선교사가 2단계 종합 선교 계획을 세우고 종합 선교관 건립을 계획하는 데 예산이 5억 원으로 이를 위한 예산 계획 세울 것, 10년 차 선교사 지원이 신임 선교사와 동일하게 1,500달러여서 2,000달러로 상향 조정할 것, 선교사 자녀 교육비 6,000달러(입학금) 중 부산국제선교회가 3,000달러, 선교 교회가 3,000달러 지원할 것을 제안했다.

부산국제선교회의 총무 보고처럼 한숭인 선교사는 선교 교회와 자카르타 선교관 및 LEPKI 사역(자카르타와 말랑)을 통하여 인도네시아 전역을 향한 종합 선교 전략을 수립하고, 지역 선교를 넘어 전 인도네시아 교회 지도자 훈련원으로서의 역할과 기능을 잘 감당하고자 했다. 그러나 한숭인 선교사의 선교적 비전은 인도네시아 선교의 영역을 뛰어넘어 동남아시아 선교센터, 선교 정보 센터, 타문화권 선교 훈련 및 인도네시아 교회 지도자 훈련원으로서의 기능과 역할을 선교관이 감당하는 것이었다. 그래서 일차적으로 인도네시아 선교를 위한 동역자들의 입국을 환영했고, LEPKI와 협력하여 인도네시아 전역에 교회를 개척했고, 학교를 세웠으며, 이리안자야 같은 오지에 교역자 세미나를 진행했고, 카세트테이프 설교에 경청하는 인도네시아 사람에게 효과적인 선교 방법으로 부족어 방송 선교를 확대하려 했다. 한숭인 선교사는 인도네시아 선교를 실행할 인도네시아 교회 지도자 재교육을 위한 교회 지도자 훈련원뿐 아니라 타문화권 선교를 위한 선교사 훈련원, 선교정보센터, 동남아시아 선교센터 등의 목적으로 종합적인 선교관을 계획하고 있었다.

이처럼 한숭인 선교사는 파송된 지 10년이 되어가는 시점에 인도네시아 선교를 넘어 동남아시아 선교에 대한 비전을 품고 이를 실천하기 위한 종합적 선교관을 계획하고 있었다. 한숭인 선교사의 이러한 선교 전략 수립을 부산국제선교회는 적극적으로 지지했다. 특히 선교지 방문팀이 인도네시아 선교지를 방문한 후 부산국제선교회에 제출한 보고서는 LEPKI와 협력 선교하는 것이 효과적인 선교라 했고, 한국인 선교사를 타문화권 선교사로 파송하고 싶어 하는 한국교회에 학교와 봉사 기관을 통한 간접 선교(학교가 예배 처소/교회)가 더 적절한 선교 방식이라 했고, 인도네시아에 토착화된 선교 방식에 재정을 지원하는 것이 바람직하다고 건의했고, LEPKI가 주관하는 인도네시아 교회 지도자들을 위한 세미나와 교육이 효과적인 선교 방법임을 확인했고, 오지 교역자 훈련 프로그램이 적절함을 확인했다. 방문팀의 구체적 제안은 한숭인 선교사를 10년 차 선교사로 대우하고, 그의 선교 방식을 지지하라는 것이었다.

3) 1990년: 인도네시아 선교 사역 10주년 기념 기도회, 선교 교회의 교회 지도자 훈련, 오지 사역자 파송, 장학 사업 지원, LEPKI의 협력 사역을 위해 신임 선교사들의 선교지 분담

부산국제선교회는 인도네시아에서 선교한 지 10년이 된 한숭인 선교사의 선교비를 방문팀의 제안을 수용하여 생활비를 1,500달러에서 2,000달러로 상향 조정하되 선교비 500달러는 선교 교회가 지급할 것을 결정했다. 한숭인 선교사는 자녀 학비 19,000달러 중 절반을 부산국제선교회가 지원할 것을 요청했다. 그러나 부산국제선교회는 비엔나 교회당 구입에 따른 재정의 어려움으로 1990년에는 한숭인 선교사 자녀 학비 지원이 어렵다고 통보했다.[33] 부산국제선교회는 한숭인 선교사와 이금숙 선교사의 인도네시아 선교 사역 10주년 기념 조찬기도회를 제101회 월례회를 겸해 1990년 9월 6일 석화그릴에서 두 선교사가 참여한 가운데 열었다.

인도네시아 현지에서 열려던 선교 10주년 기념 예배(4월에 10주년)는 인도네시아 동역자 예띠가 4월에 급성 백혈병으로 사망하여 무기한 연기되었다. 선교 교회는 사경회(강사 김용문 목사)를 개최했고, 교회 지도자 훈련과 오지 사역자 파송, 장학 사업을 지원했다. 선교 교회의 여전도회는 자바, 칼리만탄, 이리안자야 오지 선교를 위해 구호품을 수집해서 현지 교회에 보냈다. 한숭인 선교사는 인도네시아 선교를 위해 신임 선교사인 송광옥 선교

---

33 "총무 보고," 부산국제선교회, 「제99회 월례회 자료집」 (1990년 6월 7일).

사, 김창기 선교사, 최광수 선교사와 함께 의논하여 교회와 선교지를 분담했다. 그리고 LEPKI는 제1 선교부(동부 자바 말랑)와 제2 선교부(자카르타)로 나뉘어져 효과적으로 선교 업무를 수행하고 있다. LEPKI를 통해 인도네시아 전국에 120개 교회를 개척했다. 현지 교단과 협력하는 LEPKI가 재정적 후원을 하여 교회를 개척하고, 미자립교회의 자립을 지원하는 프로젝트를 통해 자립교회가 되도록 했다.[34]

선교 교회의 후원으로 말랑(자바)과 서부 칼리만탄에서 교회 지도자 훈련을 실시했다. 5월 15일부터 18일까지 동부 자바 말랑의 고산 지대인 농꼬라자르에서 70여 명의 중부 자바, 동부 자바, 발리, 롬복, 숨바와 지역 교회 지도자들이 모여 훈련했고, 6월 11일부터 16일까지 서부 칼리만탄 딴중 랄랑과 까랑안 지역에서 60여 명의 교역자와 평신도 지도자 들이 훈련했다. 동부 자바 암펠가딩 지역에 세운 엘로힘신학대학은 1990년 8월 초 교수 10여 명과 신입생 15명으로 개강할 예정이다. 고린도중고등학교는 입학생 수가 증가하고, 힌두교 지역 선교를 위해 세운 토사리중고등학교는 재정적 어려움으로 LEPKI와 동역할 것을 제의해 왔다. 끄삼벤기독교중학교는 LA 파도선교회의 지원으로 대지를 확보했고, 건축을 계획하고 있다.

종족어 방송 선교는 종족의 인구가 백만 명이 넘는 15개 종족에게 2000년까지 종족어로 복음 전파를 통해 선교하는 것을 목적으로 진행하고 있다. 종족어 방송 선교는 부산 광복교회(양기수 목사), 작은불꽃선교회(지도 이순정 목사), 국제음악선교회(총무 김삼도 목사)의 지원을 받아 운영하고 있다. 자체 프로그램 이외에 미주 지역 목회자의 설교나 찬양 등을 자바어, 바탁어, 부기스어로 방송하고 있다. 아체어 방송은 아체 출신 기독교인을 찾는 일이 어려워 지연되고 있다. 작은불꽃선교회와 부산 덕천교회의 후원으로 자카르타 북부의 가난한 지역에서 시작한 도시 선교가 차츰 자리를 잡고 있다. 유치원으로 사용할 건물이 세워짐에 따라 1990년 1학기(8월 시작)에는 유치원을 개관할 예정이다. 청년을 위한 야학은 1주일에 2회씩 모여 성경과 일반 과목을 가르친다. 부녀자를 위한 봉제 기술 지도는 3개월 과정을 마치고, 12명(7명이 타종교인)이 1기를 졸업했고, 2기 수련생을 모집 중이다. 한인세

---

34 이장호 목사와 인터뷰(2023년 7월 12일).

계선교협의회와 주인도네시아 한국선교사친교회(회장 한숭인)가 주최하는 인도네시아 한국 선교사 수련회가 6월 7일부터 9일까지 자카르타에서 열려 선교사 26명이 참석했다. 1991년을 맞아 진행할 한국 인도네시아 선교 20주년 기념 예배 계획에 대해서도 논의했다. 서노회 증경 노회장 김용문 목사와 부산국제선교회장 신동혁 목사가 자카르타 지역과 동부 자바의 선교지를 방문했다. 이금숙 선교사는 선교원 일과 교회 일에 헌신하는 중에 7월 미술 발표회를 가질 예정이다. 한숭인 선교사의 딸 한아름은 방학을 맞이해서 귀가했으나 마음의 상처를 치유하는 중이고, 다시는 기숙사로 돌아가지 않겠다고 한다.[35]

한숭인 선교사는 4월에 인도네시아인 동역자를 잃고, 이금숙 선교사가 과로로 세 번이나 입원했고, 한숭인 선교사 자신도 교통사고를 당해 후유증으로 무릎과 허리 통증으로 심하게 고생했고, 고질적인 결석 증세로 고통을 받았다. 세상을 떠난 에티를 대신해서 좋은 동역자인 밤방 목사를 보내주셨고, 이금숙 선교사의 치료를 위해 많은 손길을 보내주셔서 이금숙 선교사를 치유하셨다. 한숭인 선교사를 위해서는 부산기독의료선교회가 비용과 치료를 담당했고, 부산국제선교회가 지원을 했고, 인도네시아 선교 10주년 예배를 드려 새 힘을 얻게 했다. 서울노회 여전도회, 연합성가대, 염천교회, 천안중앙교회, 영도교회, 청파동교회, 충신교회 등이 협력했다. 소망교회 한울 선교회의 지원도 큰 힘이 되었다. 선교 교회는 창립 2주년 기념 사경회(강사 한완석 목사)를 열었다. 그리고 선교 교회는 교회 지도자 훈련, 장학 사업, 선교사들의 비자 업무 지원 사업, 한국 선교사의 구심점과 선교정보센터, 선교대표부, 오지 선교사 자녀 기숙사, 현지 선교부 사무실 등을 담당할 선교관 건립을 위해 기도드리고 있다. 선교관 건립을 위해 여전도회전국연합회 총회가 지원을 약속했다. 그리고 부산국제선교회와 선교 교회도 힘을 보탤 것이다.

LEPKI는 한국인 선교사 4가정(한숭인, 이장호, 김창기, 최광수)과 독신 선교사 1명(송광옥)이 제1선교부(동부 자바 말랑)의 현지인 동역자 8가정, 제2선교부(자카르타)의 여덟 가정과 함께 인도네시아 전역에 흩어져 있는 여러 가지 사역들을 맡아 일하고 있다. 12월 13일부터 14일까지 LEPKI 사역 25주년 기념행사를 준비하고 있다. 교회 개척 사역은 지원하는 개척

---

35 한숭인 선교사, 「선교통신」 (1990년 6월 28일).

교회 숫자를 120개로부터 150개로 늘리기 위해 노력하고 있다. 선교 교회의 후원으로 진행된 교회 지도자 훈련은 "교회 자립을 위해 개교회의 가능성 개발"이라는 주제로 각 지역의 형편에 맞게 5개 지역에서 총 8회를 실시하여 교회 지도자 450여 명을 교육했다. 동부 자바 암뻴가딩에서 시작한 엘로힘신학교는 점점 자리를 잡아가고 있다. 종족어 방송 선교는 4개 종족어로 방송하고 있으며 2000년까지 남은 11개 종족어로 복음 방송을 하기 위해 노력하고 있다.[36]

선교지를 말랑으로부터 자카르타로 옮긴 한승인 선교사의 선교 사역을 이장호 선교사가 맡았다. 암뻴가딩중고등학교를 빌려 8월 6일 개교한 엘로힘신학교는 교수 11명과 학생 12명으로 구성되어 있다. 아직 정부로부터 설립 인가를 받지 못했지만 문교성의 관리로부터 활동해도 좋다는 내락을 받았다. 신학교 부지는 8월 31일 1,300m²(약 400평) 규모의 땅을 매입했고, 8월 이내로 나머지 땅을 구입하여 연말에 강의실과 기숙사 등을 신축할 계획이다. 신입생 중에는 졸업 후 고향으로 가서 목회하겠다는 학생, 지체 장애인으로 태어나 자신을 실망시킨 세상을 원망하다가 회개하고 예수님을 영접한 후 주님을 위해 세상에 쓰임 받고 싶다는 학생, 컴퓨터를 잘 다루는 영재가 교수직을 마다하고 사역자가 되려는 학생이 있다. 1990년 1학기 과목은 구약 개론, 신약 개론, 전도의 이론과 실제, 제자훈련, 기독교교육, 수업 방법과 강의안 작성법, 교회음악, 영어, 인도네시아어, 인도네시아 교회사 등이 있다. 엘로힘신학교의 특징인 기술 과목(타자와 농경법 계획)을 포함하고, 신입생 전원이 기숙사에 입사하여 공동생활 훈련을 통해 서로 섬기며 세우는 생활을 배우고 있다. 정부로부터 인가를 받지 못해 공식상으로는 대행 체제로 학장 대행 한승인 선교사, 부학장 대행 이장호 선교사, 교무처장 대행 히스기야 목사, 학생처장 대행 토마스 목사, 행정처장 대행에 빠울루스 목사이다. 인도네시아는 행정 절차가 까다롭다. 특히 기독교 관련 사업이 공공연한 방해에 부딪힌다. 정부 종교성 당국자의 구두 허가를 받은 엘로힘신학교의 인가 절차는 자카르타종교성에 계류 중이다. 8월 6일 엘로힘신학교 개교식에 지역의 동장과 구청장을 초대했다. 열광적인 회교도이며 마두라-자바 혼혈 부족이 전체 주민의

---

36 한승인 선교사, 「선교통신」 (1990년 12월 8일).

80%인 암쁠가딩 지역 분위기와 신학교 설립 계획 초기부터 자신들과 의논하지 않았다는 이유로 그들은 불참했다. 그래서 엘로힘신학교 인가를 받기까지 기다리고 조심스럽게 진행하고 있다. 이장호 선교사는 이런 엘로힘신학교를 "인큐베이터에서 숨 쉬는 아기"라 표현했다. 교수진이 학교로 오는데, 2시간 걸린다. 그래서 이장호 선교사 후원회가 지원한 선교비로 말랑과 암쁠가딩 사이를 오가는 연락 수송차를 구입하려 한다. 이 차량은 주말에는 학생들의 교회 방문, 실습 교육, 전도팀의 수송, 교수/강사 수송용으로 사용될 것이다. 힌두교 지역인 발리섬 다섯 마을에 교회를 개척해서 발리에는 LEPKI가 지원하는 교회가 10곳으로 늘어났다.[37]

2개월 후 후원회에 보낸 서신에서 이장호 선교사는 엘로힘신학교가 곧 자카르타종교성의 인가를 받을 것이라며 인큐베이터에 있던 아기가 세상에 나와 공기를 호흡하며 기지개를 켤 것으로 전망했다. 정부의 인가가 나면 2년제 과정의 오지 사역자 훈련센터와 5년제 과정의 목회자 양성을 위한 캠퍼스 공사를 시작할 것이다. 공사 부지를 위해 이장호 선교사는 행정처장인 파울루스 목사와 스띠앗모조 목사와 함께 땅 밟기 기도를 드렸다. 엘로힘신학교 신학생 14명의 기도 제목을 제시하여 후원자들에게 기도를 요청했다.[38]

1990년은 부산국제선교회의 인도네시아 선교사 파송 10주년이 되는 의미 있는 해였다. 1990년은 한숭인 선교사에게도 뜻깊은 한 해였다. 그렇지만 1990년은 예상치 못했던 인도네시아 동역자의 사망, 이금순 선교사의 세 번에 걸친 입원, 한숭인 선교사의 교통사고 등 한숭인 선교사에게는 연속적인 시련의 시기였다. 그런 가운데 한숭인 선교사는 선교 교회를 통해 교회 지도자 훈련을 실시했고, LEPKI와 협력 선교를 위해 한인 선교사들을 배치했다. 한숭인 선교사는 LEPKI와 협력하여 교회 개척 사역, 이장호 선교사가 시작한 엘로힘신학교 사역과 고린도중고등학교 사역 등 교육 선교, 종족어 방송 선교와 도시 선교 사역, 오지 교회 지도자 훈련 등을 진행했다. 한숭인 선교사는 이처럼 LEPKI와 협력하고, 한국인 선교사들과 동역하고, 선교 교회를 통해 인도네시아 선교를 지원하는 등 인도네시

---

37 이장호 선교사가 이장호·노희주 선교사 후원회에 보낸 「선교통신」 (1990년 8월 23일).
38 이장호 선교사가 이장호·노희주 선교사 후원회에 보낸 「선교통신」 (1990년 10월 21일).

아 전역을 선교 범위로 여기고 선교를 펼쳐나갔다. 그렇지만 한숭인 선교사는 인도네시아 선교를 넘어 동남아 선교를 위한 선교 기지와 선교정보센터와 선교사 훈련원이 되는 종합 선교관 계획을 세웠다. 이러한 선교 전략과 계획은 부산국제선교회에 의해 전적으로 지원을 받는 것 같았다. 1989년 6월 인도네시아를 방문했던 부산국제선교회의 선교지 방문팀도 한숭인 선교사의 선교 방식과 방향이 효과적이고 올바른 방향임을 확인했다.

그러나 막상 한숭인 선교사와 이금숙 선교사가 부산국제선교회에 와서 인도네시아 선교 10주년 기념 예배를 드린 때는 부산국제선교회가 오스트리아 비엔나 선교지의 교회당 구입 대금 3천만 원을 모금하는 데 매진하고 있었다. 부산국제선교회는 동구권 선교를 모토로 비엔나교회당 구입을 정당화했다. 부산국제선교회 제100회 기념 월례회(1990년 6월)는 오스트리아 교회당 구입 감사 예배를 드렸다. 제101회 월례회(1990년 9월)는 부산국제선교회의 첫 파송 선교사 선교 사역 10주년 기념 조찬기도회를 드렸다. 부산국제선교회에게 오스트리아 교회당 구입도 중요한 사역이었지만, 부산국제선교회 첫 선교사 파송 10주년을 기념하는 것이 더 중요하지 않았는가 하는 점을 되돌아보게 된다. 비엔나한인교회당 구입은 한인 교회에만 국한된 사역이었다. 반면에 한숭인 선교사의 인도네시아 선교는 인도네시아 전체를 선교지로 여기고, LEPKI와 협력하되 후임 선교사를 전략적으로 배치하고, 사역의 다양성(현지 지도자 훈련, 오지 선교, 방송 선교, 교육 선교 등)과 이를 후원하는 부산국제선교회와 선교 교회, 나아가서 동남아 선교훈련원인 선교관 계획까지 실로 방대했다. 이런 인도네시아 선교 전략에 부산국제선교회가 더 많은 지원을 했었더라면 하는 아쉬움이 남는다. 그러나 한숭인 선교사와 부산국제선교회 사이에는 소통에 어려움이 있었던 것 같다. 한숭인 선교사는 사역지 이동을 포함해서 중요한 사역에 대해 미리 부산국제선교회와 의논하기보다는 본인이 결정하고, 그것을 부산국제선교회에 알리고 재정 지원을 요청했다. 이는 부산국제선교회의 입장이었다. 그렇지만 한숭인 선교사가 선교 사역 10주년을 기념하는 기도회를 드리면서 어떤 심정이었을까를 생각해 볼 필요도 있을 것 같다. 현지 동역자를 잃고, 이금숙 선교사가 병들고, 한숭인 선교사는 교통사고를 당했는데 부산국제선교회가 온통 오스트리아 교회당 구입에 매진하는 것을 어떻게 보았을지도 생각할 필요가 있다.

4) 1991년: 선교 교회를 통한 선교 지원, LEPKI를 통한 교회 개척 사역, 방송 선교, 이장호 선교사의 아테샤신학교 사역

상반기에 선교부도 자리를 잡았고, 선교 교회도 부흥했다. 인도네시아 선교지 상황에 대해 한숭인 선교사는 "하나님 앞에 기도드릴 때 숫자에 대한 우상을 버리겠다고 기도드렸기 때문에 교회가 부흥하는 일에 자랑이나 자부심을 갖지는 않지만, 현지 선교의 가능성이 개발되고 확장된다는 의미에서 기쁨을 감출 수 없다"[39]고 고백했다. 소망교회 한울회가 선교관을 위해 특별 헌금을 보내왔다. 상반기 중에 장신대 선교훈련팀, 말투스선교회, 박종순 목사(충신교회), 장신대 여성 중창단, 부산국제선교회 총무 박광선 목사 등이 선교지를 방문했다. 하반기에는 L.A.에 사는 이순정 목사(작은불꽃선교회), 이필재 목사(토렌스제일장로교회), 이경준 목사(부산 광안교회), 김응삼 선교사(홍콩 주제) 내외가 선교지를 방문했다. 상반기에 선교 교회는 김계화 원장(할렐루야기도원)을 강사로 사경회를 열었다. 여선교회는 이리안자야에 재봉틀 10대와 옷감을 기증했고, 빈민 선교를 했다. 선교 교회는 10월에 이용남 목사(장석교회)를 강사로 사경회를 개최했다. 선교 교회는 LEPKI를 통해서 교회 개척, 장학 사업, 교회 지도자 훈련 사역 등을 지원하고 있다. 남·여 선교회 주최로 선교관 건립을 위한 바자회를 열어서 큰 성과를 거두었다.

LEPKI와 협력하여 개척한 456개 교회 중 300여 교회가 자립했고, 156개 교회가 지원을 받고 있다. 이리안자야 지역에서 현지 교단과 협력하여 11곳에 교회를 개척하게 되었고, 사역자를 파송하게 되었다. 교회 지도자 훈련 과정은 자바, 수마트라, 칼리만탄 지역에서 6회에 걸쳐 총 540여 명에게 재교육 또는 새로운 훈련을 실시했다. 1990년 시작한 엘로힘신학교는 1년을 잘 마치고, 종교성으로부터 인가를 받았고, 학교명을 ATHESIA(AKADEMI THEOLOGIA ELOHIM INDONESIA)로 변경했다. 한국 유학을 마치고 귀국한 밤방 전도사가 신학교 교장을 맡았다. 1991년 신입생으로 20여 명이 지원했다. 종족어 방송 선교는 작은불꽃선교회, 국제음악선교회, 광복교회 등의 지원으로 아체, 부기스, 자바, 사삭 등의 종족어

---

39 한숭인 선교사, 「선교통신」 (1991년 7월 20일).

로 복음 방송 중이다. 작은불꽃선교회 지원으로 시작한 도시 선교의 일부인 봉제 과정은 4회 동안 47명이 수료했고, 수료자들의 자립 의지가 높다. 인가를 받으면 유치원 개설을 통해 유아 선교에도 힘쓰고자 한다. 이리안자야 선교는 20여 명의 현지 전도사를 파송하던 사역으로부터 12곳에 교회를 개척하는 것으로 확대되었다. 교역자 1명, 교사 2명, 목수 2명, 영농 지도자 1명으로 구성된 현지인 선교팀을 파송하여 학교를 세우고, 공용어를 가르쳐 큰 열매를 맺고 있다. 여건이 허락되면 제2, 제3의 현지인 선교팀을 보내려 한다.[40]

인도네시아 51개 교단과 협력하는 LEPKI에는 4명의 선교사 가족(한승인, 이장호, 김창기, 최광수)과 2명의 독신 선교사(송광옥, 이혜숙)와 인도네시아 직원 21명이 각 지역에서 열심히 사역하고 있다. 한국인 선교사 중 이장호 선교사는 엘로힘신학교에서 가르치며 수라바야(동부 자바) 한인 교회를 목회하고 있다. 김창기 선교사는 언어 훈련을 마치고 선교지 칼리만탄으로 곧 떠날 예정이다. 최광수 선교사는 언어 훈련을 끝내고 사역을 시작하였다. 송광옥 선교사는 말랑에서 현지 적응 훈련을 마치고 선교지 자카르타로 떠날 예정이다. 이혜숙 선교사는 선교 교회 서부 교역자로 동역하며 빈민 지역인 탄중 프리옥에(Tanjung Priok) 지역에 현지인 유치원을 개설할 예정이다. 인도네시아 직원은 자카르타(서부 자바)에 5명, 말랑(동부 자바)에 9명, 칼리만탄에 1명, 이리안자야에 6명이 배치되어 있다. 칼리만탄 선교관은 거의 건축이 완료되었다. 칼리만탄 선교관은 고 이기도 장로와 박창순 권사의 기념관으로 봉헌될 예정이다. 이리안자야에서는 오지인과 오지인 사역자 양성을 위해 그냔(Genyan) 지역에 선교센터를 건립하기 위해서 5헥타르의 땅을 확보했다. 중소 도시에 집중해 있는 오지인을 위한 교회를 과천교회 안수집사의 지원을 통해서 100평 규모로 건축 중인데 1992년 1월에 준공될 예정이다. 말랑에 있는 엘로힘신학교도 광주제일교회(담임 한완석 목사)의 지원으로 다목적 건물을 건축 중에 있고 현재 50% 공사가 진행되었다. 농경 사회에서 산업 사회로 변화 되어 가는 과정 속에서 꼭 필요한 사역인 도시 선교 사역(봉제 교육 및 유치원 사역)은 북부 자카르타에서 시작하여 말랑과 수라바야 지역으로 확산되고 있다. 한승인 선교사는 건강이 좋지 않아 어려움을 겪다가 11월에 병원에 입원해서 39도가

---

40 한승인 선교사, 「선교통신」 (1991년 7월 20일).

넘는 고열 속에서 고생했다. 특히 당뇨가 생겨 장기 선교에 걸림돌이 될 것을 염려하며 기도하고 있다. 한승인 선교사는 개척교회 관련하여 교회명, 교역자 성명, 교회 위치, 교세, 교회 내 부서, 기도 제목을 상세하게 보고하고, 개척교회를 위해 기도할 것을 요청했다.[41]

이장호 선교사가 섬기는 엘로힘신학교는 곧 인가를 받을 예정이다. 3월 28일 동장(현지에서 동장은 절대적 지위를 지님)이 참석한 가운데 엘로힘신학교의 기공 예배를 드렸다. 남자 기숙사 건축 허가 문제로 어려움을 겪었으나 지방 정부가 임시 허가를 내줘 공사를 진행했다. 이장호 선교사에 의하면 신학교를 오지에 세운 것은 도시에 세운 신학교와 중복투자를 방지하고, 도시의 신학교가 부동산 문제로 현지인의 탐심을 불러일으킬 소지가 크기 때문이었다. 또 이장호 선교사가 현지에서 사귄 식또모란 대령이 예편하면서 군대 후배들이 지역의 요직(도지사, 정부 관료)을 맡은 군대 후배들에게 이 선교사를 도와달라고 요청하여 신학교 부지 구입과 건축이 원활하게 이뤄졌다.[42] 공사 기간 중 신학생들은 공사 직전 인부들과 기도하며, 건축 과정에 부분적으로 참여했다. 할마헤라선교회는 3월 25일 빠울루스 교회당에서 노동자 100여 명과 함께 공식 집회를 시작했다. 첫 모임에서 노동자들은 "이제야 비로소 하나님께서 우리들에게 특별한 관심을 갖고 계심을 느낄 수가 있다"라고 했다. 전담 사역자가 맡기까지 월 1회 집회를 갖기로 했다. 뿔레한 지역에 선교 유치원의 가능성을 보고 이장호 선교사 가족이 셋집을 얻어 3월 말에 이사했다. 그런데 이사한 집에 물 문제, 방충망 설치, 부엌 개선, 하수구 시설 개선 등 손 볼 곳이 많았다. 월세가 저렴하고 조용하지만, 환경이 열악하고 전화가 없어 불편했다. 반장이 앞집에서 전화를 신설하니 전화세를 지불하고 사용하라고 제안했다. 그리야 아딘다(동생의 집)는 7월부터 유치원과 유사한 형태로 주 2~3일 정도만 운영할 계획이고, 유치원 장소를 물색 중이다. 유치원은 무학교회, 성내동교회, 동전교회, 안강제일교회 등이 지원한다. 보조교사 겸 노희주 선교사의 언어 선생인 헤르디안띠(이장호 선교사의 전 언어 선생 바수끼 군의 약혼녀)는 이장호 선교사 가족과 새집에서 같이 살면서 유치원 사역을 의논하고 있다. 공동생활하며 호흡을 같이함으로

---

41 한승인 선교사, 「선교통신」 (1991년 12월 10일).
42 이장호 선교사와 인터뷰(2023년 7월 12일).

좋은 동역이 이뤄질 것을 기대하고 있다.[43]

선교 교회가 부흥하면서 인도네시아 선교 지원 비중을 늘리고 있다. 한숭인 선교사는 LEPKI와 협력하는 51개 교단을 비롯하여 협력 사역을 위해 신임 선교사들을 인도네시아 다섯 개의 큰 섬 중 동부 자바, 서부 자바, 칼리만탄에 전략적으로 배치했다. 그런데 인도네시아 입국 전 2년 동안 언어를 배웠던 한숭인 선교사와 달리 이제 입국하여 언어와 문화 적응 훈련을 받는 신임 선교사에게 한숭인 선교사가 너무 많은 것을 기대한 것은 아닌가 하는 생각이 든다. 그리고 교회를 개척한 456개 교회 중 300여 개 교회가 자립했다는데 이에 대한 자세한 설명이 없어 아쉽다. 한숭인 선교사는 숫자에 대한 우상을 버렸다고 했지만, 보고서 면면에는 숫자에 대한 강조가 나타난다. 엘로힘신학교로부터 ATHESIA로 개명한 신학교를 현지인 신학자 밤방 전도사에게 이양하여 밤방 전도사가 교장을 맡았다. 이는 한국교회 선교 역사로 볼 때 상당히 이른 시기에 이뤄진 이양으로 의의가 크다. 그리고 신학 교육의 특징으로 영농 교육은 현지화, 상황화가 이뤄진 신학 교육으로 의의가 있다. 또 현지 선교팀을 교역자 1명, 교사 2명, 목수 2명, 영농 지도자 1명으로 구성한 것도 상황화가 이뤄진 선교로 윌리엄 캐리 선교 접근법과 비슷하다.

5) 1993년: 한숭인 선교사의 중병, 선교 교회의 성장과 선교관 건축 시작, LEPKI와 의 협력 사역 확대 및 심화[44]

한숭인 선교사의 와병으로 인하여 11월 중순에서 12월 중순까지 일시 귀국하여 선교관 건축 기금을 모금하려던 계획은 취소되었다. 한숭인 선교사는 지난 10월 19일에 교회 부흥 사경회를 마치고 피곤한 몸으로 이리안자야 선교지에 갔다가 10월 29일에 자카르타로 되돌아왔는데 11월 6일에 고열로 인하여 입원했다. 7일 낮에는 혼수상태에 이르기까지 악화되어 거의 하루 동안 의식이 분명치 못했다. 말라리아와 티프스 증상인데 너무 과로해

---

43 이장호 선교사가 이장호 · 노희주 선교사 후원회에 보낸 「선교통신」 (1991년 4월 12일).
44 1992년 자료가 없음.

[사진 1] 선교교회 창립 5주년 및 입당 예배

서 발병한 것으로 매우 위험한 상태에까지 다다랐지만 하나님의 은혜로 많이 나아졌다. 선교 교회의 온 성도들이 철야로, 금식으로 부르짖어 기도하고 있다. 한숭인 선교사는 11월 11일 현재 의식이 분명하지만 아직은 식음이 불가능한 상태로 산소 호흡기로 호흡을 보조하며 각종 호수를 부착하여 중환자실에서 치료 중이다.[45] 말라리아균이 뇌와 간에 영향을 주어 언어장애와 의식불명으로 매우 위험한 상태에까지 다다랐지만, 하나님의 은혜로 한숭인 선교사의 상태가 호전되었다. 11월 13일에는 의료진이 한숭인 선교사에게 부착했던 보조 의료기들을 완전히 제거한 후 한숭인 선교사를 일반 병실로 옮겼다. 11월 15일 현재 한숭인 선교사는 조금씩 미음을 먹기 시작했다. 주치의는 매우 위중한 상황에서 기적적인 회복을 보였다고 했다.[46]

　1988년 10월 2일 인도네시아의 수도인 자카르타에 인도네시아 선교 교회와 인도네시

---

45 이상봉 선교사, 「선교통신」 (1993년 11월 11일).
46 이상봉 선교사, 「선교통신」 (1993년 11월 15일).

아 선교대표부가 개설되었다. 인도네시아 선교대표부는 교단 선교사들의 선교센터로 현지 적응과 비자 연장들의 업무를 지원하고 있으며 초임 선교사들에게 오리엔테이션도 겸하고 있다. 인도네시아 선교 교회는 개척 당시 32명으로 시작하였으나 현재는 출석 교인 450여 명의 교회로 부흥하였다. 뿐만 아니라 선교 교회는 인도네시아 선교지의 교회로서 선교적 사명을 감당하고 있으며 전체 예산 중 경상비를 제외한 모든 예산을 선교비로 사용하려고 노력하고 있다. 그리고 선교 교회는 인도네시아 지도자 양성을 위한 신학교 지원 및 장학금 지원과 교회 지도자 훈련을 위해 재정 지원을 하고 있다. 선교 교회는 선교관을 건축 중에 있으며 이 선교관이 완공되면 인도네시아 선교센터로서의 역할과 선교사 자녀들의 숙소, 선교부 사무실, 선교정보센터로서의 기능을 담당하게 되어 명실 공히 선교의 전진기지로서의 사명을 다하게 될 것이다. 이를 위해 6,351㎡(약 1,930평, 여전도회전국연합회의 헌금)의 대지를 확보하고 건축 중에 있으며, 계속해서 모금하여 8월 중에는 건축을 마무리하고 10월 교회 창립 5주년을 기해 헌당할 계획이다(예산: 대지 구입비는 280,000달러, 총공사비는 750,000달러).

선교 교회에서 이금숙 선교사가 책임맡은 유아교육 선교는 많은 자원봉사자의 헌신으로 좋은 결실을 맺고 있다. LEPKI는 독립된 선교부로 종교성에 등록되어 있고, 1985년 이후 한국 선교사들이 선교 사역들을 감당하면서 현지의 53개 교단, 9개 기독교 기관, 6개 신학대학과 동역 관계를 이루고 있다. LEPKI는 인도네시아 교회를 위한 동역자로서 선교적 사명을 충실히 이행하고 있다. 획일적인 선교 정책보다는 현지 교회의 성격과 종족이나 언어 배경을 충분히 고려하여 제출된 현지 교단의 선교 정책을 뒷받침하여 지원하며 동역하고 있다. LEPKI는 또 다른 성격들의 교회를 설립하지 않고, 현재 있는 인도네시아 교회와 교단들과 동역하여 그들을 돕고 자립하게 하는 것을 원칙(에큐메니컬 협력 선교)으로 삼고 있다. LEPKI는 한국 선교사 여덟 가정(한숭인, 이장호, 김창기, 최광수, 이상붕, 도학윤, 한희자)과 인도네시아 서른두 가정이 말랑, 자카르타, 서부 칼리만탄, 이리안 자야 등에 선교지부를 두고, 전국에 걸쳐 선교 사역을 감당하고 있다. 자카르타 본부에는 한숭인, 이상붕, 도학윤, 김은지, 한희자 선교사가, 말랑 선교부에는 이장호, 최광수 선교사가, 서부 칼리만탄 선교부에는 김창기 선교사가 일하고, 이리안자야 선교부에는 의료와 교육을 겸할 수 있는 선교사를 시급히 요청하고 있다.

LEPKI의 주요 사역으로는 첫째, 교회 개척 사업이다. 한국교회의 지원을 받아 LEPKI가 현지 교단과 협력하여 교회가 없는 지역이나 오지에 교회를 개척하고 있다. 1980년에 시작하여 현재까지 415개의 교회를 개척했고, 이 중 300여 개 교회가 자립하였고, 100여 개 교회가 현재도 지원받고 있다. 한 교회 개척을 위해서는 월 100달러의 선교비가 필요하다. 지원은 보통 3년간 계속되며 매년 연말에 평가한 후 동역 여부를 의논하고 현지의 형편대로 자립이 인정되면 새로운 지역에 교회를 개척한다. 현재 외국인에 대한 규제가 심해지고 있어서 선교의 문이 닫히기 전에 전국 곳곳에 하루속히 교회를 개척해야 한다.

둘째, 오지 사역자 파송 사업이다. 지역적으로 고립된 지역이나 새로 개척되는 지역에 농업 또는 다른 기술을 가진 사역자들을 파송함으로써 새로운 선교지를 개척하는 사업이다. 직간접의 훈련을 통해서 인도네시아 사람들에게 접근하고 함께 사는 삶을 통해서 복음을 전하고 있다. 현지인 선교사로 불리는 이들의 지원비는 월 80달러이다. 이들은 교회 개척의 선봉 부대이지만, 때에 따라서는 아무 일도 하지 않고 2~3년을 원주민들과 함께 살아야 하는 경우도 있다. 현재 한국교회의 지원으로 이리안자야, 니아스, 동부 자바 지역에 35명이 파송되었고, 1991년 서부 칼리만탄, 수마트라 등지에 15명이 더 파송될 예정이다.

셋째, 장학 사업이다. 동역하는 교단과 신학교의 추천을 받아서 한국교회와 선교 교회가 장학금을 지원하여 장래 인도네시아의 교회 지도자를 양육하고 있다. 현재 한국교회의 장학금을 받고 공부하여 목사가 된 80명 이상의 지도자가 인도네시아 전역에서 일하고 있다. 이 사역은 고급 인력 양성을 위해서 한국 신학대학원으로 유학, 또는 중급 교역자 양성, 중소 도시 교역자 양성, 농촌 교역자 양성 등으로 나누어지며, 현재 40여 명이 지원을 받고 있으며, 월 선교비는 80달러이다.

넷째, 복음 방송 사역이다. 인도네시아 300여 종족 187,000,000명 중에 인구 100만 명 이상 되는 종족이 15개 종족이다. 이들 대부분이 복음을 영접하지 않고 있고, 복음에 대해 저항적이므로 직접적인 복음 전도가 어려워서 각 종족어로 방송 프로그램을 짜서 마닐라의 FEBC, 사이판, KFBC의 방송 등 외부에서 인도네시아 국내를 향해 방송하는 사역이다. 현재 자바어, 버기스어, 사삭어, 아체어 등의 언어로 방송이 되고 있다. 2000년까지는 15개 종족 언어로 방송하도록 기도 중에 있다. 1개 종족이 방송의 월 선교비는 월 400달러이다.

다섯째, 마두라 성서 번역 사업이다. 복음을 배척하는 마두라족의 선교를 위하여 인도네시아성서공회와 동역하며 1987년부터 성서 번역을 시작하여 1991년 말에 완성했다. 그렇지만 초판 인쇄를 위한 비용 약 16,000달러를 마련하지 못해 초판 인쇄를 미루고 있다.

여섯째, 미션스쿨 사역이다. 교회를 개척할 수 없는 지역에 중·고등학교를 설립하여 교육을 통해 선교하고 있다. LEPKI의 이름으로 세 지역에 중·고등학교, 한 지역에 종교 교사 사범학교를 운영하고 있다.

일곱째, 교회 지도자 및 평신도 훈련이다. 자바를 제외한 오지나 시골은 교역자의 평균 교육 수준이 낮아 재교육이 필요하다. 각 섬에서 매년 1~2차례 교회지도 훈련을 총 10회 실시한다. 교역자가 부족한 지역에 평신도를 훈련하여 지역 교회에 봉사하도록 하는데 한 번 훈련 비용이 5,000~6,000달러이다.

여덟째, 아테샤(엘로힘)신학교 운영이다. 장기적인 교회 지도자 양성을 위하여 동부 자바 암뻴가딩에 1990년 8월에 신학교를 개교하여 현재 46명의 신학생이 공부하고 있다. 중소 도시 교회나 시골 교회에서 추천된 이들에게 4년 기간의 신학 교육이 끝나면 모교회로 돌아가게 한다. 신학생들에게 지급되는 장학금은 수업료와 기숙사비를 포함해서 매월 80달러이다.

아홉째, 이리안자야 종족 복음화 사업이다. 정글 속의 늪지대나 산악지대에 사는 원주민을 위해 6명으로 구성된 현지 선교팀(교역자 1명, 교사 2명, 목수 2명, 농업 지도자 1명) 세 팀을 파송했다. 현재 11개 지역의 개척교회와 23명의 현지 사역자를 파송하여 지원한다. 오지에서 유능한 인재를 발굴하여 도시 근교에서 교육시켜 자신의 종족을 위한 지도자로 양성하기 위한 선교 훈련 센터 건립을 추진하기 위해서 5헥타르의 대지(서울 충신교회 박종순 목사가 지원)를 구입했다. 남녀 각 60명의 오지에 젊은이들을 선발하고, 기숙사에 살며 중고등학교 과정과 신학 교육 및 농업 지도 과정 등을 배워서 오지의 선교사로 파송하고, 계속 공부할 수 있는 인재들은 계속 공부할 수 있도록 계획하고 있다. 선교 교회의 윤창식 집사 가정이 늪지대에 사는 원주민을 위해 현지 의료선교사를 파송할 수 있도록 지원해서 늪지대인

비리(BIRI)와 꾸스뜨라(KUSTRA) 지역에 보건소 요원 2명을 파송했다.

열째, 도시산업선교이다. 자카르타와 수라바야, 모조끄르또에 창녀촌, 대학교 하숙생촌, 시골에서 올라온 청년 등을 대상으로 기술교육과 성경공부 등을 지도하고 있다. 이들의 자녀들을 위한 선교원을 계획하고 있다.

한숭인 선교사는 이러한 다양한 선교 활동을 장기적으로 지속하기 위해서 영주권을 받았다. 그런데 한숭인 선교사가 신학교와 선교 훈련센터 등을 조속히 세우거나 확장하려는 이유는 인도네시아 정부의 정책을 배경으로 하고 있다. 과거 인도네시아 정부는 자바의 동부 지역에 별 관심을 보이지 않았지만, 경제 발전이 이뤄지면서 동부 지역을 발전의 대상으로 보고, 자바 서부 지역의 과밀 인구를 동부 오지로 이주하는 인구 분산 정책을 시행하게 되었다. 그런데 인도네시아 정부는 인구 분산 정책을 회교도 확장 정책과 결합시켜 추진했다. 이주 지역에 회교도들을 보낼 뿐 아니라 원주민들이 외지인들과 결혼하면 외지인들을 우대하는 원주민 문화를 이용하여 이주하는 회교도를 원주민 추장의 딸과 결혼시키고 여러 명의 아내를 두어 회교를 전파하게 했다. 이러한 정부 정책으로 인해 현지 교회와 교인들의 장래가 심각한 위협을 받고 있다. 따라서 현지인을 위한 신학교와 기술을 가르치는 선교훈련센터 등의 건립이 시급하다.[47]

6) 인도네시아 선교 교회와 선교대표부를 통한 선교 시기의 주요 특징과 과제

1988년 자카르타에 선교 교회를 세우고 선교대표부를 두었지만, 선교 교회가 성장하기까지는 시간이 걸렸다. 따라서 이 시기의 후반부에 와서야 한숭인 선교사의 기대처럼 선교 교회가 인도네시아 선교를 지원하는 체제를 갖췄다고 할 수 있다. 선교대표부는 1994년 선교관이 완공된 뒤에라야 제 역할을 할 수 있게 되었다. 그렇지만 한숭인 선교사는 이런 결과를 미리 내다보면서 이 시기의 선교를 전개해 나갔다. 그런데 한숭인 선교사가 LEPKI를 통한 교회 개척 사역, 교회 지도자 훈련, 신학교 사역, 교육 사역, 오지 교역자 세미나,

---

47 이상봉 선교사, 「선교통신」 (1993년 11월 15일).

부족어 방송 선교 등을 감당하기 위해서는 인도네시아 동역자뿐 아니라 한인 선교 동역자들이 절실했다. 1988년 이장호 선교사를 비롯하여 신임 선교사들은 한숭인 선교사의 인도네시아 선교 전략에 적절하게 역할과 선교지를 분담하도록 했다. 우선 한숭인 선교사가 맡았던 말랑 선교지와 LEPKI 사역을 이장호 선교사에게 이양했다. 그런데 한숭인 선교사는 자신의 선교 전략에 따라 다양한 선교 활동을 했을 뿐 아니라 다양한 선교 활동과 선교지를 신임 선교사가 감당할 것을 기대했다. 그렇지만 한인 선교사가 선교지에 언어와 문화적으로 적응하는 데에도 2~3년의 시간이 필요했을 뿐 아니라 충분한 소통이 아니면 신임 선교사들이 한숭인 선교사의 인도네시아 선교 전략을 이해하고, 자신의 선교 사역으로 수용하기가 쉽지 않았을 것이다. 바꿔 말하면, 한숭인 선교사는 인도네시아 선교 10년 차 선교사로서 자신의 경험과 지식을 바탕으로 인도네시아 선교 전략을 세웠지만, 신임 선교사들은 선교 현장에 적응하고 일을 배우기 시작하는 단계로 한 선교사의 선교 전략을 바로 이해하고 수용하기 어려웠을 것이다. 이러한 간극이 채 메워지기도 전에 한숭인 선교사는 인도네시아 선교를 넘어 동남아 선교라는 비전을 갖고 종합적 선교관인 선교관을 건축하고 있었다. 이런 상황은 선임 선교사와 후임 선교사 사이에 갈등이 일어나고 심화될 수 있는 상황이었다.

그렇지만 부산국제선교회 선교 현장 방문팀의 보고(1989)처럼 한숭인 선교사의 LEPKI를 통한 협력 선교가 효과적이고, 직접 한인 선교사를 파송하려는 한국교회에게 학교와 봉사 기관을 통한 간접 선교가 더 효과적이고, 인도네시아에 토착적인 방식의 재정 지원이 효과적이고, 현지 교회 지도자 훈련이 효과적이라고 함으로써 한숭인 선교사의 선교 방식을 적극 지지했다. 부산국제선교회는 이런 제안을 수용했다. 그러나 1990년 부산국제선교회는 비엔나한인교회 교회당 구입 건에 재정적으로 전념하고 있었다. 따라서 부산국제선교회 첫 파송 선교사 10주년은 기도회로만 기념되었고, 재정적으로는 별도의 추가 지원이 없었다. 여기에는 한숭인 선교사와 부산국제선교회 사이의 소통의 문제가 있었다. 선교지의 변경이나 주요 선교 활동에 대해 한숭인 선교사는 미리 부산국제선교회와 의논하기보다는 거의 본인이 결정한 사항을 알려 주는 것에 불과했다. 그렇지만 부산국제선교회도 첫 선교사의 10주년에 여러 가지 어려움을 겪는 한숭인 선교사를 격려하기보다는 다른 선교지에 재정을 집중적으로 지원했다. 이처럼 부산국제선교회와 한숭인 선교사 사이의 불일치는 5년 뒤 한숭인 선교사가 주 파송 기관을 여전도회전국연합회로 교체하는 계기가 되었다고 볼 수 있다.

1991년 성장한 선교 교회는 인도네시아 선교를 위해 다양한 지원을 했다. LEPKI를 통한 협력 선교도 확대되고 심화되었다. 이를 위해 신임 선교사들을 선교지에 전략적으로 배치했다. 아테샤(엘로힘)신학교를 현지인 신학자인 밤방 전도사에게 이양하고, 신학 교육에 영농 교육이 포함되고, 현지 선교팀에 목수와 영농 지도자가 포함된 것은 상황화가 잘 이뤄진 것으로 본다. 1993년 한숭인 선교사가 중병에 걸렸다가 하나님의 은혜로 회복되었다. 선교 교회가 성장하면서 선교관을 건축하기 시작했다. 선교관은 한숭인 선교사의 인도네시아 선교를 위한 또 다른 도약대가 될 것이다.

4. 인도네시아 선교관을 통한 선교(1994~1995)

1) 1994년: 선교관 헌당 예배, LEPKI 사역[48]

인도네시아 선교 교회(1988년 창립)는 1994년 5월 8일에 선교관 헌당 예배를 드렸다. 부산국제선교회는 임원을 비롯해서 10명이 헌당 예배에 참석했다. 한숭인 선교사는 중부 자바 지역에 현지인을 위한 열 개의 개척교회를 계획했다. 한숭인 선교사는 부산국제선교회에 지원을 요청했고, 일곱 교회가 개척교회를 지원하기로 결정했다.[49]

인도네시아 선교대표부(1988년 창립)는 교단 선교사들의 선교센터로 선교사의 현지 적응과 비자 연장 등의 업무를 지원하며, 신임 선교사들을 위한 선교 오리엔테이션도 진행한다. 인도네시아 선교 교회(담임 한숭인 선교사)는 1988년 개척 당시 32명으로 시작하여 현재는 출석 교인 450여 명으로 부흥하였다. 선교 교회는 선교지의 교회로서 선교적 사명을

---

48 한숭인 선교사, 「선교통신」 (1994년 11월 3일).
49 "총무보고," 부산국제선교회, 「제12회 국제선교회의 밤 보고서」 (1994년 12월 8일).

[사진 2] 인도네시아 선교관 헌당 예배

감당하고 있으며, 전체 예산 중 경상비를 제외한 모든 비용을 선교비로 사용하려고 노력하는 중 현지 지도자 양성을 위한 신학교 지원 및 장학금 지원과 교회 지도자 훈련을 위한 모든 경비를 지원하고 있다. 이금숙 선교사가 맡은 유아교육 선교는 결실을 맺고 있으며, 교회 지도자 훈련 과정과 여성 지도력 개발 과정에서 유아교육 특강을 통해 선교원을 선교 매체로 활용하고 있다.

대지 1,920평(6,400여 제곱미터), 건평 855평(2,850제곱미터)에 예배실, 선교 및 교회 사무실, 교육관 및 게스트룸 등으로 구성된 선교관이 완공되었다. 한숭인 선교사는 선교관을 통해 인도네시아의 다섯 개 큰 섬에 50개 교회를 개척하고, 기독교 잡지를 발간하며, LEPKI 지원과 아테샤(엘로힘)신학교 운영 등에 심혈을 기울일 계획이다.

LEPKI는 인도네시아기독교봉사국(Indonesian Christian Service Institute)으로 한국을 위시한 해외 교회와 국내 교단들과 긴밀한 관계를 유지하며 선교적 사명을 감당하는 기관이다. 처음에는 월드비전(미국 기독교선명회)이 지원하는 기관이었으나 이제는 독립된 기관으로 종교성에 등록되어 있고, 1985년 이후 한국 선교사들이 선교 사역을 감당하면서 인도네시아 53개 교단과 9개 기독교 기관, 6개 신학대학과 동역 관계를 이루고 있다. LEPKI의 사역은 인도네시아 교회를 위한 동역자로서의 사명을 이행하기 위해, 전국의 다양한 교단 (거의 다 종족 교회 성격 지님)과 좋은 동역 관계를 형성하고 있다. 획일적인 선교 정책보다는 현지 교회의 성격과 종족이나 언어 배경을 충분히 고려하여 현지 교단의 선교 정책을 뒷받침하여 지원하며 동역하고 있다. LEPKI는 기존 교단과 다른 성격의 교회를 설립하지 않고, 인도네시아 교회와 교단을 돕고 자립하도록 지원하는 것을 목적으로 삼았다. 인도네시아 교회가 주님의 지상명령을 수행하는 선교적 교회가 되도록 최선을 다하고 있다. 그리고 황금등불(Wisma Dian Kencana) 법인을 설립하여 선교 사역을 지원하며, 교회 및 선교원 등의 재산을 법적으로 보호하고 있다. 이 법인을 통해 선교사 7명 정도가 들어와서 자카르타를 중심으로 동역하고 있다.

LEPKI에는 한국인 선교사 5가정(한승인, 김중석, 김낙원, 김창기, 최광수)과 동역 선교사 강갑중, 유영숙 선교사(어린이전도협회 파송 선교사) 등이 협력하여 선교하고 있다. 동부 자바 말랑, 서부 칼리만탄 폰티아낙, 이리안자야의 와이나의 선교 지부와 자카르타의 선교 본부에서 48명의 인도네시아 직원과 동역하고 있다.

이장호 선교사는 체류 허가에 필요한 추천을 불허한다는 종교성의 최후통첩을 받았고, 1994년도에 인도네시아를 출국했다. 이후 서성민 선교사의 도움을 받아 입국 비자를 받기 위해 1년 6개월 동안 백방으로 노력했지만 무슨 이유인지 아무런 성과가 없어 결국 인도네시아 입국을 하지 못했다.[50]

LEPKI의 선교 사역으로는 첫째, 교회 개척 사업이다. 교회가 없는 지역에 교회를 개척하거나 이미 세워진 작은 교회를 자립하도록 지원하는 사업이다. 이 사업은 지원받는 교회가 행정, 재정, 전도 부문에서 자립하는 것을 목적으로 한다. 교회가 부흥하도록 행정적인 지도 및 교회 지도자 훈련을 실시하며, 정기적인 방문을 통해서 선교 현지의 형편을 알아 동역 관계를 형성하려 한다. 1980년에 시작된 이 사업은 그동안 408개의 교회를 개척했다. 1994년 말까지 지원하는 50개 교회를 합치면 458개 교회가 세워지게 된다. 사역지의 상황

---

50 이장호 선교사와의 인터뷰(2024년 3월 19일).

을 보면 70%는 복음에 수용적이고, 20% 정도는 복음을 듣지 못한 사람들이며, 10% 정도는 복음에 대해 매우 저항적이다. 전국여전도회연합회가 지원하는 10개 교회를 합하면 모두 468개 교회가 개척될 예정이다.

둘째, 오지 사역자 파송 사업(Nation Workers Support Project)이다. 교회가 없는 지역에 전도사나 목사를 파송하여 교회의 기초를 세우는 사업이다. 이 사업은 동부 자바 브로마 산악 지역의 뜽그르족, 남부 수마트라 지역의 아낙 팜, 동·서부 칼리만탄의 다야족, 이리안 자야의 와로펜족 등 복음에 대해 저항적인 지역에서 진행된다. 위험하지만 가치 있는 사역을 헌신적인 사역자들이 감당하고 있다.

셋째, 장학금 지원 사역이다. 장학금 사역은 지방 사역자들의 지도력 향상을 위한 사업이다. 오지의 사역자 중에는 교육 경력이 낮고 계속교육을 받을 기회가 없기 때문에 이들의 계속교육을 지원하는 사업은 오지 교회에 큰 도움을 준다. 니아스의 아민 교단은 열두 명의 교역자들과 35,000명의 교인으로 구성된 교단으로 1980년 이전에 신학교를 졸업한 교역자가 한 명뿐이었다. 이 사업의 결과 일곱 명이 신학대학교를 졸업하였고, 이들이 교회 지도력에 큰 기여를 하고 있다. 장학금 지원 사업의 수혜자는 백 명이 넘는다. 장학금 수혜자들이 신학교 졸업 이후 일정 기간 섬기던 지역 교회에서 사역하도록 하고 있다.

넷째, 아테샤(엘로힘)신학교이다. 엘로힘신학교는 중소 도시 교회나 농촌 교회를 섬길 교회 지도자를 양성하기 위해 1989년 동부 자바 말랑에서 60km 떨어진 곳에 세워졌다. 교과과정은 신학뿐 아니라 농업 기술을 포함한다. 신학생들은 동부 자바, 중부 자바, 남부 수마트라, 웅끌루, 니아스, 동부 칼리만탄, 이리안자야 출신으로 전부 50명 정도이다. 농업 훈련을 할 수 있는 농지 구입이 과제이다.

다섯째, 복음 방송 선교 사역이다. 인도네시아는 인구와 종족이 많을 뿐 아니라 국토가 넓고 복음에 저항적인 사람들이 많기 때문에 방송 선교가 효과적일 수 있다. 방송 선교는 지리적 문제를 해결할 뿐 아니라 언어적 문제도 해결해 준다. 현재는 부기스, 자바, 사삭어 등으로 방송하고 있다. 앞으로 인구 100만 명 이상 되는 15개 종족어로 방송할 계획이 있다.

여섯째, 기독교 학교이다. 교회를 개척할 수 없는 지역에 학생들에게 복음을 전하기 위해 세운 것이 기독교 학교이다. 동부 자바 끄삼벤의 다아삭띠중학교, 암뻴가딩의 마하부뜨라고등학교를 직접 운영하고, 토사리 지역의 중고등학교를 간접적으로 지원하고 있다. 이 학교 졸업생들이 지역사회의 지도자로 일하고 있다.

일곱째, 문서 선교이다. 인도네시아 교육 수준이 향상됨에 따라 일반 문서가 급증하는 가운데 기독교 문서 선교의 필요성을 절감하여 문서 선교를 시작하게 되었다. LEPKI는 「땀필」이라는 기독교 잡지를 월 3,000부 발행할 준비를 하고, 목회자를 위한 설교 예화집, 지역별 종교 분포도 등의 책을 출판했다. 이러한 기독교 잡지는 오지에서 사역하는 목회자들과 교인들에게 유익한 정보를 제공하고, 교역자들의 질적 향상에 기여할 것이다. 종교 분포도 관련 책자 2,000부를 발간했고, 현지 교역자를 위한 설교 예화집 『말씀의 창문』을 2,000부 발간했다.

여덟째, 교회 지도자 및 평신도 훈련이다. 자바를 제외한 오지나 농촌은 교역자의 평균 교육 수준이 낮아 재교육이 필요하다. 각 섬에 연 1~2회씩 연 10회 교회 지도자 훈련을 실시하고 있다. 교역자가 부족한 지역에 평신도를 훈련하여 지역 교회를 섬기도록 하고 있다.

아홉째, 이리안자야 종족 복음화 사업이다. 이리안 늪지와 산악 지역에 사는 원주민과 새로 발견되는 종족들의 복음화를 위해 LEPKI는 6명으로 구성된 오지 선교팀(교역자 1명, 교사 2명, 목수 2명, 농업 지도자 1명)을 현지로 파송하여 선교의 교두보를 확보하고 있다. 1994년 현재 맘브라모 늪지대인 꾸스트라, 비리, 꼬르데시와 산악 지방인 엘로힘 등에서 부산 브니엘교회, 서울 충신교회, 선교 교회의 박종영 집사, 제재웅 집사 등의 지원을 받아 종족 복음화 사업을 진행하고 있다. 켐둑 그레시 지역에 충신선교훈련원(충신교회 지원)을 열어 오지에서 유능한 인재를 발굴하여 장래 지도자로 세우기 위해 훈련을 하는데 현재는 15명이 훈련을 받고 있다. 5헥타르 대지에 숙소 및 훈련원, 농지, 양어장을 만들어 오지에서 온 학생들이 숙식하며 훈련을 받고 있다. 5~6년 후에는 훈련받은 학생들이 사역자로 성장하여 고향으로 파송될 예정이다. 와이나 지역에도 서울 잠실동교회의 지원을 받아 선교훈련원을 세울 예정이다. 비리와 쿠레라 지역에 의료 약품을 지원했고, 단파 송수신기와 모터 등을 지원했다.

열째, 선교정보센터이다. 복음 사역의 성공 여부는 일부 지역의 복음화 비율이 높거나 일부 지역만 집중적으로 선교하는 데 달려 있지 않다. 일부 지역만 집중 선교하다가 어떤 장애를 만나게 되면 큰 곤경에 처할 것이다. 인도네시아 선교를 위해서는 일부 지역만이 아니라 전국적인 지역 상황, 종교 상황 등을 종합해서 선교 전략을 세워야 할 것이다. 이를 위해 LEPKI는 『밝은 빛은 어디로 가는가?』라는 책을 통해 1992년 인도네시아 전국의 인구 조사를 비롯하여 각 동의 기독교 인구에 대해 소개함으로써 선교 정책 수립에 도움이 되고자 했다.

열한째, 마두라 성서 번역이다. 마두라족은 1,200만 명으로 구성된 큰 종족이지만 그리스도인의 비율은 0.01% 이하이다. 이들 종족은 유랑적 성격을 지녀서 인도네시아 전역에 흩어져 살고 있다. 이들에게 복음을 전하기 위한 노력은 100년이 지났지만 열매는 거의 없는 편이다. 20세기 초 네덜란드인에 의해 마두라어로 성서가 번역된 적이 있으나 마두라어 성서를 인쇄하기 전에 빼앗겨 불태워졌다. LEPKI와 인도네시아성서공회가 공동으로 마두라 성서 번역을 1980년부터 시작했다. 마두라 출신으로 고등교육을 받은 사람 중 신학적 배경을 지닌 사람을 찾기 어려웠으나 1993년에 1차 번역을 마치고, 초판 5,000부를 발행했다. 성서를 배포하는 일은 성서 번역을 하는 일보다 더 어렵다.

한숭인 선교사의 활동 범위는 다양하다. 교단 선교사대회를 1994년 10월 7일~9일에 자카르타 선교관에서 열었다. 교단 선교사 18명이 참석하여 선교비, 주택비, 상여금, 자녀교육 등에 대해 토론했다. 그동안 제대로 교제하지 못하고 불신하고 모함하며 오해한 일에 대해 진심으로 회개하고 하나님의 일터에서 동역자로 힘써 협력하기로 결의했다. 교단 선교사 임원회는 회장에 한숭인, 총무에 서성민, 서기 신방현 선교사로 새로이 구성되었다. 인도네시아에 사역하는 한인 선교사 수련회로 1994년 11월 3일~6일에 발리 호텔에서 모였다. 강사는 이동휘 목사였고, 참석자는 50명이었다. 수련회에서 한숭인 선교사가 "종교적 측면에서 본 인도네시아 정치, 사회적 상황"을 발표했다. 선교 교회의 사경회가 1994년 10월 17일~20일에 장신대 오성춘 교수를 강사로 개최되었다. 선교 교회의 여선교회 5명을 인솔하여 방카에서 선교 훈련을 했다. 애라빅교회와 벨린유교회를 방문하여 선교 현장을 둘러봤고, 숭아이리앗교회 교무 및 재단 이사와 교사들과 친교의 시간을 가졌다.

한숭인 선교사는 22년 동안 선교했던 김윤석 선교사의 은퇴로 방카의 교육 선교와 숭아이리앗교회 목회를 이어받게 되었다. 유치원에서 중학교까지 1,000여 명의 학생으로 구성된 희망학원은 고등학교 설립을 위해 준비하고 있다. 김윤석 선교사가 소속된 서부개혁교단(GPIB)은 한숭인 선교사를 자신의 교단 목사로 받아들여 전도 사업에 힘을 쏟고 있다. 숭아이리앗교회는 오랫동안 담임 교역자가 없었기 때문에 침체되었으나 한숭인 선교사가 담임을 맡고, 목회 조력자로 와니 목사가 선정되어 교회가 새로운 활력을 얻게 되었다.

한숭인 선교사는 부산국제선교회에 교회 개척, 학교, 기독교 잡지 관련해서 지원을 요청했다. 우선 교회 개척을 중부 자바에 집중적으로 지원할 것을 국제선교회에 요청했다. 교회 개척 지원비는 한 교회당 월 10만 원이다. 둘째, 학교 지원이다. 1989년에 설립된 아테샤신학교(엘로힘신학교)는 1993년에 2회 졸업생을 배출했고, 신학대학으로 승격이 허가되었으나 미비한 시설(도서관과 식당)과 운영비 등으로 어려움을 겪고 있다. 자카르타 선교 교회가 월 2,500달러, 수라바야 한인 교회가 월 800달러, 기독 실업인들이 월 1,500달러를 지원하여 간신히 운영하고 있다. 부산국제선교회가 신학교를 시작하도록 지원했다. 한숭인 선교사는 부산국제선교회에 월 2,000달러를 지원해서 중소 도시와 농촌 교회 교역자 양성에 힘을 보태도록 요청했다. 셋째, 기독교 잡지 발행 및 구독 지원이다. 「탐필」이라는 잡지를 매월 3,000부 발간하는데, 980만 루피가 부족하다. 매달 잡지 5권을 구독하는데 8달러 지원하는 것을 1개 구좌로 하여 월 50개 구좌 지원을 요청했다.

1994년은 선교관을 완공한 해로, 한숭인 선교사의 선교가 LEPKI를 통한 선교, 자카르타 선교 교회를 통한 선교로부터 LEPKI와 선교 교회뿐 아니라 선교관을 통한 선교로 질적으로 도약하는 발판이 마련된 뜻깊은 해이다. 그래서 한숭인 선교사의 사역 보고가 지난 15년 가운데 가장 체계적으로 이뤄졌고, 사역도 다양하며, 사역의 범위도 확장된 것을 볼 수 있다. 이렇게 의미 있는 해에 한숭인 선교사는 후원 기관 및 주 파송 기관을 부산국제선교회로부터 여전도회전국연합회로 변경했다. 한숭인 선교사 입장에서는 선교관 건축비의 절반을 부산국제선교회가 지원할 것을 기대했지만 실제로는 1/10 정도만 지원받았다. 그리고 부산국제선교회가 파송한 첫 선교사인 한숭인 선교사의 선교 10주년인 1990년에 부산국제선교회가 비엔나한인교회 교회당 구입에 재정적으로 전념하는 것에 대한 섭섭함과 실망의 연장선에 있었는지도 모른다. 그렇지만 부산국제선교회의 입장에서는 한숭인 선교사와 소통에 문제가 있다고 느꼈다. 선교지를 옮기거나 중요한 선교 활동에 대해 미리 의논하기보다는 한숭인 선교사가 미리 결정하고 부산국제선교회에는 설명하고 재정 지원만 요청했다. 선교관 헌당 예배를 위해 방문했던 임원들과 한숭인 선교사가 부산국제선교회의 주 파송 기관 철회 요청을 놓고 밤늦도록 논쟁했다.[51] 한숭인 선교사는 김정광 목사(부회장)와 김용철 장로(부회장) 등 일행에게 자신을 여전도회전국연합회 소속에 속하도록 부산국제선교회와 관계를 끊기를 고집하였다. 결국 그 이후에 한숭인 선교사는 부산국제선교회와의 15년 선교 사역은 끝나게 되었다.[52]

2) 1995년

한숭인 선교사는 3개월의 안식년을 마치고 선교 현장에 복귀했다. LEPKI 사역은 그대로이지만, 선교비 부족으로 어려움을 겪고 있다. 선교 교회는 창립 7주년을 맞아 10월 8일에 창립 기념 예배를 드렸고, 10월 14일부터 15일까지 창립 7주년 '복음성가의 밤'을 열었다. 10월 16일과 18일에는 수마트라 람풍에 개척한 교회를 방문하여 선교 동역을 확장했다. 11월 7일부터 10일까지 창립 7주년 기념 성회를 임옥 목사를 강사로 진행했다. 11월 12일에는 선교 교회 장로 4인과 집사 3인, 권사 3인의 임직 예배를 드렸다. 창립 10주년 때 파송하기 위해 베트남 청년 3명을 신학교에 위탁하여 교육 중이다. 그리고 말레이시아와 베트남에 동남아 선교 기지를 구축 중이다. 선교 기지가 확보되면 이 지역에 선교사 파송을 요청하려한다. 동부 자바 아테샤신학교에 도서관과 식당을 증축하고 있다. 방카의 희망학교는 고등학교 설립을 위해 대지를 구입하고 건축에 착수할 예정이다.[53]

부산국제선교회는 1995년 현재 1억 원 이상 선교비를 지출하는 선교회로 3개 국가에 전담 선교사(일본 김병호 선교사, 오스트리아 김철수 선교사, 알바니아 김기윤 선교사)를 지원하

---

51 김정광 목사와 인터뷰(2024년 1월 9일).
52 김정광 목사, "인도네시아 선교의 교훈."
53 한숭인 선교사, 「선교통신」(1995년 11월 1일).

고, 인도네시아 한숭인 선교사에게 사업비를 지원하고, 10개 국가 10명의 협력 선교사(권종덕, 서정권, 최기준, 이성호, 이극범, 이향모, 이장호, 김달훈, 박봉송, 이병용)를 지원하고 있다. 선교지 탐색을 위한 유관 선교지(아프리카, 예루살렘, 남아프리카, 아르헨티나 등)와 업무 연락을 하고 있다.[54]

5. 인도네시아 선교 개관

1) 인도네시아의 기독교 이해[55]

인도네시아 군도는 18,000개 이상의 섬으로 구성되었고, 주도는 자바, 수마트라, 칼리만탄, 술라웨시, 파푸아 등이다. 인구가 가장 많은 섬은 자바이고, 수도 자카르타가 자바에 있다. 인도네시아는 인구의 인종, 민족, 종교, 사회계급 등의 다양성을 특징으로 한다. 인도네시아는 300개 이상의 소수 민족으로 구성되었으며, 언어적으로는 400개에서 700개에 이르는 언어와 방언을 사용하고 있다. 인도네시아 인구는 2억 7,750만 명(2023년 통계)이고, 인구의 87%가 회교도이고, 기독교는 10%로 개신교인이 7%, 로마가톨릭 신자가 3%, 힌두교 신자가 2%, 불교 신자가 1%를 차지한다. 동남아시아에서 기독교 인구가 필리핀 다음으로 많은 국가이다. 1945년 네덜란드로부터 독립한 인도네시아는 판차실라(다양성에서의 일치)라는 정치 이념을 헌법에 실어 국가적 통일성을 이루도록 했다. 판차실라는 다섯 개의 기둥 위에 세워졌는데, 다섯 개의 기둥은 일신교 신앙, 정의와 문화적인 인간성, 인도네시아의 단결, 합의제와 대의제를 통한 민주주의의 지혜로운 길잡이, 인도네시아 국민에 대한 사회 정의이다. 1945년 해방 당시 인도네시아는 이슬람교, 개신교, 로마가톨릭, 힌두교, 불교를 공식적으로 인정했고, 압두라만 앗-다힐 와히드 대통령(1999~2001) 당시 유교를

---

54 "총무 보고," 부산국제선교회, 「제13호 부산국제선교회 선교보고서」 (1995년 12월 14일).

55 Sulistyowati Irianto, "Indonesia," in Kenneth R. Ross, Francis D. Alvarez, Todd M. Johnson (eds.), *Christianity in East and Southeast Asia* (Edinburgh: Edinburgh University Press, 2020), 200-202.

추가적으로 인정했다. 독립 이전에 누산타라(인도네시아와 말레이시아 주변 군도)는 네덜란드 동인도회사에 의해 350년 동안 점령당했다. 그 이전에는 이슬람 국가에 의한 지배(1293~1600)를 받았다. 그런데 판차실라라는 정치 이념의 탄생 배경에는 네덜란드와 일본으로부터 독립 전쟁 당시 이슬람 신자와 기독교 신자가 함께 투쟁하면서 피를 흘린 것이 있다.[56] 인도네시아 정부는 1965년 공산주의자들의 쿠데타에 직면했었다. 당시 정부의 대응은 공산주의자들이 무신론자이기 때문에 국민은 자신의 종교를 확인할 수 있는 종교 카드를 갖고 다니도록 했다. 이전에 종교가 없거나 기독교 학교를 다녔던 사람들은 기독교를 자신의 종교로 택했다. 그 결과 많은 사람이 교회로 들어오게 되었다.[57]

인도네시아 기독교는 역사와 문화에 깊이 뿌리를 내리고 있다. 선교사들이 지방 언어와 전통을 통해 기독교를 인도네시아에 소개했기 때문에 기독교 신앙은 대부분 지역적 방식으로 인식되었고, 실행되었다. 인도네시아에서 기독교인들은 다양한 군도에서 다양한 소수민족 사이에서 발견된다. 인도네시아에서 기독교는 사람들의 일반적 삶에서 환영받았다. 그러나 회교도가 다수인 국가에서 권력과 자원으로부터 기독교인들을 배제하기 위한 정치적 목적으로 기독교인들은 종종 타자로, 하위집단으로 분류되어 차별받았다. 그렇지만 기독교인들을 구하고 보호한 사람들은 통상 회교도 형제자매들이었다. 기독교인들은 1928년 한 국가, 한 조국, 한 언어로의 일치를 목표로 하는 청년 맹세(the Youth Pledge)와 여성 의회(Women's Congress)를 통해 인도네시아 독립운동에 참여했고, 극단주의와 편협성에 대항하는 판차실라 철학을 방어하는 데 관여했다. 기독교인들은 교수, 과학자, 기술자, 의사, 기업가, 판사, 군인, 정부 관료 등 다양한 직업에 종사하고 있다.

1945년에 제정된 헌법은 종교의 자유를 인정한다(28조). 종교적 가르침으로부터 일탈된 해석을 금지하는 종교모독법(1965)은 소수 종교인을 희생시키는 데 이용된다. 시민운동 단체들은 이 법이 헌법 정신에 위배한다고 헌법재판소에 2010년과 2018년에 헌법 소원을

---

56 Alexander Chow, "Theology," 384, Francis D. Alvarez SJ, "Christianity in East and Southeast Asia," 21, in Kenneth R. Ross, Francis D. Alvarez, Todd M. Johnson (eds.), *Christianity in East and Southeast Asia* (Edinburgh: Edinburgh University Press, 2020).
57 스캇 선퀴스트/이용원 옮김, 『아시아 기독교 탐구: 역사 · 신학 · 선교』(서울: 미션아카데미, 2018), 138.

냈으나 기각당했다. 이처럼 인도네시아에는 규범적 체계와 그 실천 사이에 차이가 있으며, 다수인 이슬람 신자들이 소수 종교인을 타자로 배제하는 정체성의 정치를 이용하고 있다.

2) 인도네시아 개신교 이해[58]

인도네시아 개신교는 다양한 소수 민족의 지역 문화에 뿌리를 내리고 있다. 소수 민족 집단이 다양하기 때문에 인도네시아 개신교는 다양할 수밖에 없다. 각 교단은 자기 고유의 역사와 지역적 상황을 지니고 있다. 가장 잘 알려진 개신교 교단으로는 자바기독교회, 수단기독교회, 바탁기독교회, 동인도네시아개신교회, 서인도네시아개신교회 등이며, 이들은 각각 많은 지교회를 갖고 있다. 작은 교단들 역시 각자 독특한 지역 상황을 반영하고 있다. 개신교 교회가 북 수마트라의 바탁 지역에서 급성장했다. 바탁 개신교회의 교인들은 인도네시아 각지로 이주하면서 바탁교회를 세웠다. 바탁개신교회 중 가장 큰 교단은 바탁 개신교교회(HKBP)이다. 바탁 기독교인들이 다른 곳에 이주하면 바탁 개신교교회를 세웠다. 자카르타에 이주한 바탁교인들이 1926년에 세운 첫 바탁개신교교회는 케르노농교회 이다. 자카르타에 세워진 바탁개신교교회는 1965년에는 20개이었고, 1999년에는 108개 로 증가했다.

토바 바탁인들은 1881년 바르멘기독교연구소가 파송한 독일 선교사와 만났다. 루드비 히 잉베르 노멤젠 선교사가 타르퉁 지역의 사이트 니 누타 마을에 교회를 세웠다. 독일 선교사들은 마을 주민을 위해 학교를 설립했고, 학교는 바탁인들을 교회로 인도하는 길이 되었다. 1900년에 바탁인들은 보다 나은 삶을 위해 동 시마룽군으로 이주했다. 이후에 바탁인들은 메단(북수마트라의 수도)과 자카르타로 이주했다. 네덜란드 식민 정부와 회사, 교회는 일할 사람들이 필요했다. 독일 선교사들이 세운 학교는 이런 일꾼들을 양성했다. 독일 선교사들은 1926년에 타루퉁시에 중학교를 설립했다. 자바는 교육의 중심지로 발전 했다. 자바의 기독교회는 성장했고, 많은 인물을 배출했다. 바탁인들은 기독교를 수용하여

---

58 Sulistyowati Irianto, "Indonesia," 203-204.

자신의 정체성에 통합시킨 여러 민족 중 한 집단에 불과했다.

3) 인도네시아 개신교의 현황과 미래

인도네시아에서 분파주의적 정신이 나타난 것은 수하르토 시대(1967~1998)이었다. 수하르토의 통치 방식은 '분리와 지배'이었다. 그는 본토인과 비본토인(중국계 인도네시아인)을, 회교도와 비회교도(기독교인)를 분리시키고, 본토인과 회교도를 중심으로, 비본토인과 비회교도를 지배의 대상으로 삼았다. 이런 정책은 기독교인에게 수하르토 시대 이후에도 영향을 줬다. 기독교인들은 폭동과 폭탄 테러의 대상이 되었고, 교회 폐쇄와 교회 방화, 새로운 교회당 건축 금지 등 다양한 방식으로 피해를 입었다. 인도네시아 개신교의 박해 상황을 구체적으로 보면, 첫째, 정치적 엘리트들이 권력을 장악하거나 유지하기 위해서 정체성의 정치를 이용하여 회교도와 기독교인을 '우리'와 '그들'로 나누어 차별하고, 국가적 다양성을 부인하고, 관용과 형제자매 됨을 부정한다. 둘째, 인도네시아 역사를 보면, 중국인 여성 기독교인처럼 이중, 삼중의 소수자들은 정치적 긴장도가 높아지면서 일어난 대규모 폭동 같은 사건의 희생자가 되기 쉽다. 회교도 소수 종파인들도 희생자가 될 수 있다. 2015년 와히드연구소의 연구에 의하면 종교의 자유를 침해한 사건이 190회로, 2014년보다 20% 증가했으며, 지방 정부가 이런 사건에 대부분 연루되어 있다고 한다. 셋째, 기독교인들이 겪는 가장 큰 인권침해는 극단적 회교도 집단에 의해 예배 장소가 파괴되거나 불타고, 교회당을 건축하지 못하고, 교회가 폐쇄되는 것이다. 넷째, 인도네시아 법원이 기독교인 주지사/시장을 종교모독법에 의해 실형을 선고하는 것이다. 자카르타 시장이 종교모독법을 위반했다고 2년 실형을 받았고, 대법원이 상고를 기각했다. 이와 유사한 사건이 88회 일어났다. 다섯째, 판차실라에 나타난 관용을 부정하는 것은 여성에게 적용되어 여성을 가사에 제한하려는 일이 일어난다.[59]

그러나 인도네시아 기독교인들은 보다 나은 미래를 함께 만들어 갈 수 있다는 희망을

---

59 Sulistyowati Irianto, "Indonesia," 203-204.

지닌다. 기독교인들은 이웃 종교인들과 문화적 가치를 공유하고, 공유된 문화적 가치는 그들에게 동일한 가족, 마을, 사회의 구성원임을 깨닫게 한다. 종교가 달라도 그들은 동일한 조상과 가족과 이웃을 공유하고, 공동의 활동을 통해 형제자매 됨을 추구한다. 기독교인들이 고통을 당할 때 그들을 보호하고 그들 편에 서서 싸우는 자들은 종종 회교도이었다. 기독교와 조상의 전통적 신앙 사이의 상호작용은 중요한 연구 과제이다. 출생, 결혼, 장례 그리고 농사 과정에 관련된 기독교 의식과 병행해서 인도네시아 전통 의식을 관찰할 수 있다. 자바의 조상 숭배 종교에 기원하고, 인간과 신, 인간과 자연, 인간관계에 대한 신앙을 지닌 크바티난(Kebatinan)에서는 혼합주의적 실천을 볼 수 있다. 즉, 기독교, 이슬람교, 힌두교의 종교적 원리들이 혼합주의적 방식으로 섞여 있다.[60]

인도네시아에서 기독교의 부상은 사회의 역사적, 문화적 맥락으로부터 분리될 수 없다. 북스마트라와 중앙 자바의 상황에서 기독교의 성장은 지역 문화와 통합되어 있다. 다양성 안에서의 일치라는 원리는 인도네시아 정부와 사회에서 중요한 원리이다. 그러나 때때로 특정 집단의 정치적 이해에 의해서 갈등이 촉발되기도 한다. 이런 상황에서 정치가들이 이용하는 종교는 소수 종교인 기독교이다. 비록 다수결주의와 편협성이 민주주의와 법치에 해롭기는 하지만, 인도네시아는 그런 부정적 발전에 대항할 힘이 있으며, 그들을 버텨낼 만큼 강하다. 인도네시아 국가는 다양한 시민 사회운동에 의해 지지를 받으며, 시민사회단체는 인권과 종교의 자유를 지켜내기 위한 법적 장치들을 만드는 데 기여했다. 더구나 형제자매 됨은 인도네시아 전통문화에 깊이 뿌리를 박고 있다. 가족이나 대가족은 서로 다른 종교인들로 구성되기도 한다. 기독교인들은 회교도의 라마단에 참여하기도 하고, 회교도들은 가족이나 이웃의 크리스마스를 축하하거나 지원하기도 한다. 이런 점에서 볼 때 기독교 이웃, 친구, 공동체를 폭력적인 집단의 공격으로부터 보호하는 것은 때로 회교도라는 점은 놀라운 일이 아니다.[61]

---

60 Sulistyowati Irianto, "Indonesia," 208-210.
61 Sulistyowati Irianto, "Indonesia," 210-211.

6. 인도네시아 신학자의 선교 이해

인도네시아 신학자 셉테미 E. 라카와(Septemmy E, Lakawa)는 아시아 선교가 기본적으로는 가난, 다종교 상황, 다문화 상황에 대응해야 한다고 했다. 그렇지만 그는 21세기 아시아 선교를 이해하기 위해 선교와 전도의 에큐메니컬적 특징(ecumenicity), 폭력, 종교 간 대화와 환대, 오순절교회, 로마가톨릭교회와 일상의 기독교, 제국, 저항과 제자도, 테러, 영성과 공적 신학 등 다섯 가지 주제를 다뤘다. 이 다섯 가지 주제는 아시아 현실에서 가난과 다문화 상황과 다종교 상황이 긴밀하게 연결되어 있음을 보여준다.[62]

라카와는 2017년 미얀마 양곤에서 열린 아시아 선교대회(CCA 주최, 주제는 함께 여행하기: 아시아에서 진리와 빛에 대한 예언자적 증거)를 따라 선교로의 부르심을 교회들이 하나님의 진리와 빛을 함께 증거하고, 오늘 아시아의 생생한 현실 속에서 함께 여행하도록 부름받은 것으로 정의했다. 아시아선교대회의 부제 중에는 "예언자적 동반으로서의 선교"와 "십자가 영성의 구현으로서의 선교"가 있었다. 한국교회는 선교와 전도를 구별해야 할 사례가 된다. 한국교회의 급격한 성장은 교회를 불의한 체제로부터 분리시키고, 사회적 변혁의 선구자인 교회의 역사적 뿌리로부터 분리시키는 개인 구원을 지나치게 강조한 결과라는 비판을 받았다. 동아시아와 동남아시아에서 선교와 전도의 에큐메니컬적 특징은 남북한 사이에서 화해와 평화를 추구하는 한국교회의 대응에서 찾아볼 수 있다. 에큐메니컬 기구들(WCC, CCA, KNCC 등)을 통한 화해와 평화운동은 아시아의 미래와 아시아 기독교의 미래에 영향을 끼칠 여러 문제로 인한 분열을 극복하고, 차이를 존중하며 이룬 예언자적 동반으로서의 효과적인 선교의 모델이 되었다. 이처럼 에큐메니컬 플랫폼은 한국교회로 하여금 한국과 한반도의 미래를 위해서 정의로운 평화의 과정을 형성하는 선교적 역할을 회복함으로써 이분법적 선교 이해를 극복하도록 돕는다.[63]

둘째 주제는 폭력, 종교 간 대화와 환대이다. 아시아의 역사는 상당 부분 폭력으로 얼룩

---

62 Septemmy E. Lakawa, "Mission and Evangelism," in Kenneth R. Ross, Francis D. Alvarez, Todd M. Johnson (eds.), *Christianity in East and Southeast Asia* (Edinburgh: Edinburgh University Press, 2020), 400-411.
63 Septemmy E. Lakawa, "Mission and Evangelism," 400-401.

진 것을 본다. 인도네시아 역시 1995년부터 2005년 사이에 집단적 폭력 사태로 고통을 받았다. 집단적 폭력 사태에는 종교적 집단들이 개입했다.[64] 20세기로부터 21세기로 진입하는 전환기에 인도네시아는 아시아의 경제적 위기를 극복하는 데 오랜 시간이 걸렸다. 이는 회교도와 기독교인의 폭력적 갈등의 경제적·사회적 배경이 되었다. 이러한 폭력 사태가 종교인들 사이의 관계에 미치는 악영향과 종교인 사이의 대화에 주는 부정적 영향을 간과하는 사람들이 많다. 인도네시아뿐 아니라 필리핀, 말레이시아, 미얀마 등 많은 아시아 국가에서 집단 폭력, 인권침해, 범죄자의 처벌받지 않음 등은 종종 종교적 동기나 의제와 긴밀히 결합되어 있다. 그러나 종교적 주장이나 상징에 의한 종교적 폭력이나 집단적 갈등은 종교적 조화와 평화와 모순되고, 종교가 다른 사람들이 조화롭게 사는 가능성에 의문을 제기한다. 종교가 연루된 집단적 폭력 사태 이후 사람들은 폭력에 대한 아픈 기억으로 고통스러워하지만, '적'에게 베푼 환대, 또는 '적'으로부터 받은 환대를 기억하기도 한다. 베트남계 미국 신학자인 피터 C. 팬의 '종교 간 대화를 통한 종교적 인간되기'(being religious inter-religiously), 또는 '종교 간 대화를 통한 기독교인 되기'(being Christian inter-religiously) 라는 개념은 아시아의 다종교, 다문화 상황에서 선교의 복잡성을 바라보는 새로운 길을 열어줌으로써 선교와 사회변혁, 전도와 종교다원주의라는 이분법을 도전하게 한다. 인도네시아 암본에서 폭력 사태로 어려움을 겪을 때 회교도 여성과 기독교 여성으로 구성된 엄마 돌봄 운동(Gerakan Ibu Peduli)은 서로 다른 진영에 속한 여인과 가족을 자신의 진영 사람들의 폭력으로부터 보호했다. 이러한 여성들의 이야기는 종교가 다른 여성들이 보여준 환대의 연약성과 회복력이 있음을 보여준다. 이러한 사례는 종교 간 대화가 여성의 실천이고, 지역 공동체의 치유와 사회적 변혁을 포함하고 있음을 보여주는, 종교 간 대화의 새로운 모델이다. 뽀소의 평화 활동가이자 젊은 여성 신학자인 리안 고갈리(Lian Gogali)는 뽀소의 폭력 사태를 겪고 살아남은 기독교 여성과 회교도 여성을 모아 모신투우라는 여성학교(the Mosintuwu Intitute)를 만들었다. 이 여성학교는 여성들에게 폭력 사태가 빚은 자신의

---

64 인도네시아에서 회교도와 기독교인들 사이의 폭력적 갈등에 대해서는 다음의 글 참조: 이삼열, "회교도와 기독교 인들은 왜 서로를 죽였는가? — 인도네시아의 종교 갈등과 폭동의 원인," 참된평화를만드는사람들 편, 『다름의 평화 차이의 공존: 분쟁 지역에서의 평화 만들기와 선교』 (서울: 동연, 2009), 13-54.

두려움을, 서로에 대한 오해를, 트라우마를 직면하는 안전한 공간을 제공했다. 여성학교는 지역 여성의 목소리와 지도력이 집단적 폭력에 의해 상처 입은 공동체를 변화시키는 기초로 인식되도록 했다.[65]

셋째 주제는 오순절교회, 가톨릭교회와 일상의 기독교이다. 오순절교회와 은사교회의 성장은 아시아의 로마가톨릭교회와 개신교회의 지형에 변화를 초래했다. 조용기 목사가 세운 여의도순복음교회의 성장은 이를 상징적으로 보여준다. 인도네시아에서도 21세기로 진입하는 시점에 오순절교회는 회교도가 다수인 인구의 3%를 차지하고 있다. 로마가톨릭이 다수인 필리핀에서는 오순절교회의 급성장으로 로마가톨릭 교인이 줄어들었다. 중국에서 오순절교회의 증가는 특기할 만하다. 중국은 아시아에서 기독교인이 가장 많은 국가가 될 것이고, 오순절교회와 은사교회가 가장 많은 국가가 될 것으로 예견된다(J. M. Prior). 현재 아시아 기독교인의 40% 이상은 오순절교회나 은사교회에 속한다. 이러한 기독교 인구 지형의 변화는 로마가톨릭교회와 오순절교회와의 대화의 필요성을 증가시킨다. 많은 사람은 아시아에서 오순절교회의 급성장은 성령 중심적 실천이 아시아적 종교성에 적합하기 때문이라고 본다. 오순절교회의 특징으로는 성령 중심적 실천, 일상에서의 치유와 정의의 자원으로서의 성경, 지역 교회의 독립성과 자발성에 대한 강조, 여성과 평신도 역할 강조이다. 이는 기독교인의 일상과 밀접한 관련이 있다. 이 점은 특히 선교와 이주라는 주제에서 다뤄진다. 필리핀이나 인도네시아에서 말레이시아, 싱가포르, 홍콩 등으로 이주하여 일하는 여성들에게 복음 전도는 영혼 구원이라기보다는 기독교인의 현존으로 다가온다. 오순절교회와 은사교회는 이주여성들에게 다른 기독교 교단 사람들과 대화하도록 마음을 열게 한다.[66]

넷째 주제는 제국, 저항과 제자도이다. 리거(Joerg Rieger)에 의하면 제국은 국가, 기업, 군대, 경제, 문화와 정치 등 다양한 면을 지니면서 삶의 모든 영역에 영향을 주는, 통제될 수 없는 거대한 집중된 권력이다. 이런 권력에는 국가, 기업, 종교가 밀접하게 연결되어

---

65 Septemmy E. Lakawa, "Mission and Evangelism," 402-404.
66 Septemmy E. Lakawa, "Mission and Evangelism," 404-406.

있다. 이런 권력으로부터 고통을 당하는 이주자에게 교회는 안전한 공간을 제공하기도 한다. 그러나 때로 교회는 가난한 자, 소외당한 자, 여성의 순화 등에 저항하지 않음으로써 종교적 제국주의의 역할을 유지하기도 한다. 제국의 상황에서 선교 담론에서 저항은 핵심적 주제의 하나이다. 정치적, 경제적, 종교적 제국주의에 대한 저항은 교회와 시민사회 등 다양한 기관을 통해 일어난다. 제자도의 형태로서의 저항은 제국의 상황에서 선교신학을 전개할 때 핵심 주제이다. 기독교로의 개종으로서의 선교와 사회변혁으로서의 선교로 이해된 제자도가 지배의 형태로 전락하지 않고 삶의 방식이 될 수 있는가 하는 점이 과제이다. 왜냐하면 선교는 항상 권력의 행사, 변화시키는 힘, 상대방에게 영향을 미치는 힘이기 때문이다. 기득권 체제에 대한 저항은 세계를 기독교화하는 제자도와 연결시켜 비판적으로 검토되어야 한다. 종교적 지배에 부착된 개종으로서의 전도는 기득권 체제에 저항하는 사회변혁의 형태로서의 전도와 나란히 공존한다. 전도의 이런 모순적 양면은 아시아 선교 역사를 통해 드러난다. 아시아에서 기독교인들과 이웃 종교인들은 한국교회의 선교에 대해 양가적인 반응을 보여줬다. 한국교회의 선교는 한국의 경제적 성장에 기인하고, 경제적 제국주의와 종교적 제국주의가 함께하는 것은 선교를 위태롭게 한다. 한편으로 한국교회의 아시아 선교는 아시아인들의 보다 나은 삶을 지향하고 있다. 한국 선교사들은 교육 선교를 통해 지역사회를 발전시키고, 여권 신장에 기여한다. 다른 한편으로 한국교회의 아시아 선교는 이웃 종교인들로부터 의구심을 일으키고, 심지어는 지역 교회로부터 저항을 불러온다. 서구 교회의 선교 운동이 서구의 식민주의적 사업이라는 오래된 편견이 한국교회의 선교 활동에 그늘을 드리운다. 한국교회의 공격적 선교는 조화로운 종교 간 관계를 수립하고 지속시키려는 장기간 노력을 위협한다.[67]

다섯째 주제는 테러, 영성과 공적 신학이다. 2001년에 전 지구적으로 테러와의 전쟁이 시작되었다. 그런데 '테러리즘이라는 이데올로기' 안에는 권력과 종교의 남용이 포함되어 있다.[68] 2018년 인도네시아 수라바야에서 일어난 세 개의 교회와 여러 지역을 향한 자살

---

67 Septemmy E. Lakawa, "Mission and Evangelism," 406-408.
68 '테러'와 '전쟁'을 정의(定意)하는 주체가 누구이냐는 '정의의 전쟁'(war of definition)도 주목해야 한다. 즉, 현상적으로 나타난 '테러'만이 아니라 북반부 세계, 특히 다국적 기업을 비롯하여 은행과 군대와 문화 등이

폭탄 테러는 가해자들이 남성일 뿐 아니라 여성들과 어린이들을 포함해서 충격을 주었다. 2017년 아시아 선교대회는 선교를 십자가 영성의 구현으로 언급했다. 오순절교회의 급성장은 선교 영성에서 성령의 역할을 회복하는 중요한 역할을 한다. 이는 다시 선교 영성에 대한 신학적 담론에서 기독론과 성령론이 대화하도록 한다. 바꿔 말하면 십자가 영성은 폭력과 테러가 난무하는 세상에서 성령의 역할에 대해 새롭게 인식할 기회를 부여하고 있다. 선교 영성의 형태로서의 치유의 담론과 실천은 더 이상 기독교 공동체에 국한된 사건이 아니다. 치유는 공적 사건이다. 선교 영성은 공(公)과 사(私)라는 이분법을 넘어 하나님을 추구한다. '십자가를 짐'이라는 비유는 성령으로 숨 쉬고, 춤추고, 포용하는 비유로 확장되어야 한다. 차이로 인한 두려움이 만연한 세계는 차이를 환영하고 존중하는 회복의 영성을 직면해야 한다. 2012년 인도네시아 GKI(인도네시아 기독교단), HKBP(바딱 기독교단) 교회들은 선교 영성의 공적 측면을 드러냈다. 인도네시아 교회들은 헌법이 보장하는 종교의 자유가 침해된 것을 항의하기 위해서 격주로 대통령 궁 앞에서 주일예배를 드렸다. 거리 예배를 드리기 수년 전에 회교도 이웃이 그들이 교회당에서 예배드리는 것을 금지했다. 선교가 공적 사건임을 보여주는 공적 장소에서 종교의 역할은 아시아에서 종교와 민주주의의 공존이라는 문제를 제기한다. 아시아 이슬람 연구의 대가인 헤프너(Robert W. Hefner)는 이슬람교와 민주주의는 공존한다고 주장했다. 마찬가지로 아시아 교회는 아시아에서 기독교와 민주주의는 공존한다고 주장한다. 아시아 교회는 공적 신학을 실천하는 선교를 통해 공적 장소를 정의로운 장소가 되도록 투쟁하고 있다. 이는 아시아 교회의 미래뿐 아니라 아시아의 정의롭고 평화로운 미래를 위해 중요하다.[69]

남반부 세계에 지속적으로 가하는 경제적, 정치적, 사회적, 문화적, 종교적 폭력도 주목해야 한다. 황홍렬, "아프간 사태 이후의 선교는 달라져야 한다," 「말씀과 교회」 제45호 (2008): 58-63 참조.
69 Septemmy E. Lakawa, "Mission and Evangelism," 409-411.

7. 인도네시아 신학자의 선교 협력 이해

인도네시아 신학자 구나완 하디안토는 아시아 교회들이 과거의 선교 협력의 경험으로부터 배워 아시아 교회들이 직면하는 도전들에 대해 동등하고도 상호 협력하며 연합하는 정신으로 하나님의 선교를 위해 협력해야 함을 역설하고 있다. 그는 세계 교회의 선교 협력과 아시아 교회들의 선교 협력에 대한 사례를 성찰하면서 선교 협력의 장애물로 선교 재정과 재정 후원자가 선교 정책을 장악하려는 경향을 지적했다. 두 교회 사이에 선교 협력이 이뤄지려면 재정을 후원하는 교회의 신식민지적 지배 형태를 극복하고 다문화 파트너십을 이뤄야 한다. 그런데 통상 재정을 후원하는 교회나 선교 기관은 재정을 지원받는 교회의 선교 정책을 결정하려 하고, 인사 문제에 개입하려 함으로써, 지원받는 교회 지도자나 교인들은 자기 결정권과 목소리를 잃기 때문에 모욕을 느끼고 조종을 당한다고 생각한다. 서구 교회나 선교 단체뿐 아니라 아시아의 부유한 교회들, 한국교회, 홍콩 교회, 싱가포르 교회 등은 서구 교회의 잘못을 반복하지 말고, 현지 교회들과 순수하게 파트너가 되어야 한다. 그런데 현실은 한국교회를 비롯하여 아시아의 부유한 교회들이 현지의 문화나 교회를 전혀 이해하지 못하면서 자신의 교회나 선교 본부 주도로 선교지를 통제하려 하고, 단기 방문만을 통해 선교하려 한다. 아시아의 부유한 교회들과 선교 단체들의 선교는 서구 모델을 따른 서구 기독교의 복제판에 불과하다는 비판을 받고 있다. 이처럼 돈과 권력은 순수한 파트너십을 방해하고 있다. 구나완 히디안토는 선교 협력의 영역으로 이주민 선교와 소외받는 사람들과의 선교를 제시하고, 아시아 교회 협력을 위한 신학은 하나님의 선교신학 위에 세우되 파트너십은 삼위일체 하나님을 따라 개인을 위한 공간과 더불어 다른 사람과의 관계를 위한 공간을 허용해야 하고, 삼위일체 하나님께서 선교 활동의 파트너로 인간을 부르시되 인간의 자유를 허용하신 것처럼 진정한 선교 협력을 위해서는 참여하는 교회의 자유를 존중해야 하고, 파트너십을 이루기 위해서는 진정한 관계 수립이 필수적임을 강조하고 있다.[70]

---

70 구나완 하디안토, "하나님의 선교에 있어서 아시아교회들의 협력," 장로회신학대학교 세계 선교연구원 편, 「아시아 선교신학의 모색과 나눔: 제16회 장로회신학대학교 국제학술대회 자료집」(미간행자료집, 2015년),

8. 대한예수교장로회(PCK) 선교사들의 인도네시아 선교

대한예수교장로회 총회가 박창환·현수삼 선교사를 1971년 인도네시아로 파송한 지 50년째가 되는 2021년에 총회 파송 선교사들이 '인도네시아 선교 50주년 기념대회'를 열었고, 여기서 발표한 글을 모아 『PCK 인도네시아 선교 50주년 기념 논문집』[71]을 발간했다. 이 논문집 1부는 선교사 인물 연구로 서정운 선교사(정승현)와 서성민 선교사(김승곤)를 다뤘다. 2부는 지역 선교 연구로 인도네시아 선교 50년 회고와 전망(김동찬), 인도네시아 선교에 대한 소고(김영동)을 서두로 수마트라 선교 역사(이규대), 자카르타와 서부 자바 선교 전력과 전망(김종련), 중부와 동부 자바 선교 역사(신방현), 깔리만탄 선교 연구(송광옥), 발리 선교 역사(두관석), 동티모르 선교(이대훈)를 다루고 있다. 3부는 선교사들의 논문 모음으로 타문화권 종족 선교(강용훈), 유대인 디아스포라 선교(김동찬), 한인 디아스포라 교회를 통한 타문화권 선교(김용구), 인도네시아 교회갱신을 위한 하나님의 선교와 선교적 교회론(김종련), 단기 선교사 훈련 프로그램 개발(송광옥), 인도네시아 이슬람 연구(윤용호), 탈식민주의 관점에서 본 이슬람 운동과 기독교 선교(이규대), 현지 교회 지도자와 PCK 선교사의 타문화 협력 선교(최용성)를 소개하고 있다. 부산국제선교회와 관련된 글은 한숭인 선교사가 개척하고 섬겼던 인도네시아 열린교회를 다룬 논문(김용구), 부산진교회가 창립 95주년 기념으로 파송하고 부산국제선교회의 협력 선교사였던 서성민 선교사에 대한 인물 연구(김승곤) 그리고 한숭인 선교사와 협력했던 선교사들(신방현, 송광옥)의 글이다.

이 논문집의 특징으로는 지역 선교 연구와 선교 주제에 대한 연구가 중심을 이루고, 여기에 선교사 인물 연구까지 추가되어 인도네시아 선교 이해를 위해서 균형을 갖춘 책이라는 점이다. 그리고 지역 연구와 주요 선교 주제를 다룬 선교사들이 선교 경험과 더불어 전문성을 지녔다는 점이다. 또 타문화 종족 선교(복음주의), 타문화 협력 선교(에큐메니컬 선교), 한인 디아스포라 선교 사이의 균형을 이루고 있다. 그리고 이슬람, 힌두교 등 종교에

159-188.

71 인도네시아 선교 50주년 기념대회 준비위원회 편, 『PCK 인도네시아 선교 50주년 기념 논문집』(인천: 주안대학원대학교출판부, 2022).

대한 연구와 선교적 교회론을 통한 인도네시아 교회갱신, 선교사 훈련 등 포괄적 주제를 다루고 있다. 여기서는 선교 역사와 선교 주요 주제를 다룬 논문의 주요 주장에 대해 소개하기로 한다. 김동찬은 인도네시아 선교 역사를 선교 1세대(1971~1989)와 선교 2세대(1990~현재)로 나눈다. 1세대 선교사에는 박창환 선교사(1971)를 비롯하여 김윤석 선교사(1972), 서정운 선교사(1972), 한승인 선교사(1980), 신방현 선교사, 서성민 선교사(1987), 이장호 선교사(1988) 등이 속한다. 1세대 선교사들은 한국교회의 선교 인프라가 아주 미약하고, 적절한 선교 훈련을 받지 못하고, 현지에 대한 이해가 거의 없이 입국하여 현지 언어와 문화 적응 과정을 갖지 못하고 온몸으로 많은 고난과 고통을 겪었으며, 주로 신학 교육, 교회 개척, 방송 선교, 문서 선교, 미디어 선교, 학원 선교를 했다. 신방현 선교사는 총회 선교사 훈련 1기생이고, 서성민 선교사는 총회 선교사 훈련 2기생이다.[72] 2세대 선교사 중 1990년에 입국한 선교사로는 송광옥 선교사, 김창기 선교사, 임종혁 선교사, 최광수 선교사, 이필환 선교사 등이다. 2021년 현재 총회 파송 선교사는 103명(53가정)이고, 연인원으로는 159명(82가정)이다. 총회 파송 선교사 규정이 2019년부터 신임 선교사 허입 기준 연령이 40세에서 50세로 바뀌었다. 53가정 103명 선교사의 사역 현황을 보면 신학 교육 및 지도자 훈련(35%), 현지 교회 목회나 교회 지원 사역(22%), 한인 목회(18%), 학교 교육(15%), 사회봉사(4%), 의료 사역(4%), 전도 양육(2%) 등이다. 김동찬은 앞으로의 선교 과제로 코로나 팬데믹 상황의 도전, 선교 내용의 내실과 성숙, 에큐메니컬적·복음주의적 양 날개 선교, 사역의 연속성과 선교의 이양을 제시했다.[73]

신방현은 인도네시아 선교 역사를 다루면서 서구 선교의 부정적 유산을 다음과 같이 제시했다. 네덜란드가 포르투갈 신부들을 암본으로부터 추방하면서 인도네시아에서 기독교인들의 가치와 신뢰를 하락시킨 점, 인도네시아에서 기독교의 확산은 주로 동인도회사에 의한 정치와 경제의 중심과 일치한 점, 서구 선교사들은 복음 전파와 더불어 부를 얻고자 하는 이중 목적을 지닌 점, 교회는 종종 사업가들이 원하는 것과 지역사회 사정에 자신을

---

72 신방현 선교사와의 인터뷰(2023년 6월 21일).

73 김동찬, "예장(통합) 인도네시아 선교 50년 회고와 전망," 『PCK 인도네시아 선교 50주년 기념 논문집』, 95-109.

적응시킨 점, 영국인들이 식민지를 네덜란드에 넘긴 1816년 이후 윌리엄 1세 왕은 모든 교회를 인도네시아 개신교회(GPI)로 통일시키고 정부 요인들이 인도네시아 개신교회를 다스리게 함으로써 조직된 교회는 국가에 예속되고 국가 세력을 유지하는 도구가 된 점이다. 교회와 국가의 분리가 이뤄진 것은 1935년이었다. 일본이 1942년 인도네시아를 점령하면서 교회의 건물과 토지는 국가에 예속되었고, 독립 이후에도 인도네시아 공화국 관할하에 들어가서 되찾지 못했다. 외부 원조가 끊어지고 힘든 과정을 통하여 인도네시아 교회는 자립하는 것을 몸소 배웠고, 자립이 교회 성장의 원동력이 되었다.[74]

　　인도네시아 선교사들의 논문 중 이슬람 종교에 대한 연구를 정통 이슬람과 민속 이슬람이 아닌 수피즘의 관점과 수피즘 특징을 지닌 인도네시아 이슬람 단체 나흐다뚤 울라마를 연구한 윤용호의 논문은 주목할 만하다. 그는 인도네시아 무슬림을 향한 선교는 수피즘과 나흐다뚤 울라마에 대한 이해를 바탕으로 성육신적, 영적 그리고 대화를 통한 통전적 선교이어야 한다고 주장했다. 이를 위해서는 인도네시아 외부(한국 선교사)에서만이 아니라 내부 기독교 공동체가 함께 수행해야 하기 때문에 인도네시아 기독교 공동체와 동반자 선교, 통전적 선교를 해야 함을 강조했다.[75] 인도네시아 이슬람 운동과 기독교 선교를 탈식민주의 관점에서 제시한 이규대의 논문은 이슬람포비아에 사로잡힌 한국 기독교인들에게 꼭 필요한 논문이라 생각한다. 인도네시아 이슬람은 기독교 국가인 네덜란드의 식민 지배에 저항하면서 성장했고, 인도네시아 국민 다수의 종교가 되었다. 독립 이후에도 인도네시아 이슬람은 서구 세력과 기독교 선교를 신식민주의적·패권주의적 세력으로 인식하고 대처하고 있다. 이규대는 인도네시아 이슬람을 혼종적이며, 종교적 다원성을 인정하고 관용적이며 온건하다고 보았다. 그러나 한국교회는 '이슬람포비아'와 헌팅톤의 '문명충돌론'과 같이 서구가 일방적으로 만든 허구적 이슬람 담론의 영향과 서구의 오리엔탈리즘과 신식민주의의 시각으로 인도네시아 이슬람을 이해함으로써, 인도네시아 이슬람이 지닌

---

74 신방현, "인도네시아 선교 역사: 중부, 동부 자바를 중심으로," 『PCK 인도네시아 선교 50주년 기념 논문집』, 218-220, 231-233.

75 윤용호, "인도네시아 이슬람에 대한 선교학적 응답: 수피즘과 나흐다뚤 울라마 연구에 기초하여," 『PCK 인도네시아 선교 50주년 기념 논문집』, 440-442.

반식민주의의 저항성, 혼종성, 다양성을 제대로 이해하지 못하고 있다. 한국교회는 단일한 이슬람 종교와 문명이 존재한다는 본질론적이고 환원론적인 이슬람 이해를 지니고 있어서 실제 인도네시아 이슬람을 보지 못하고 있다.[76]

인도네시아는 이슬람 신자가 87%를 차지하지만, 발리 지역 사람들은 힌두 문화와 힌두 사상 속에서 살고 있다. 강용훈은 힌두교도인 발리 종족에게 선교하기 위해 그들의 사회, 종교, 문화를 이해하고, 발리 종족 선교를 위한 신학적 토대로 삼위일체 하나님의 선교, 선교적 교회, 선교의 상황화, 주변부 선교를 제시하고, 힌두 문화권 종족 선교의 모델로 협동조합 모델, 보육원 모델, 기독교 학교 모델을 제시했다.[77]

김용구는 인도네시아 열린 교회의 선교의 특징을 협력 사역, 평신도 중심 사역, 자비량 사역, 자발적 사역, 상황에 의해 만들어진 사역으로 하나님의 선교라고 했다. 강점으로는 저비용으로 전문가 활용, 사역의 다양성, 평신도에게 선교 교육의 기회 제공, 한인 교회의 부흥 기회, 평신도에게 선교적 삶이 요구되는 선교적 교회, 선교사들과 협력하고 지원함으로써 선교사들과 좋은 관계 형성, 현지 교회, 기관, 학교 지원 등이다. 단점으로는 선교의 지속성, 전문성 부족, 소명과 사명감 부족, 계획성 부족, 조직적 훈련의 결여, 선교에 대한 이해 부족 등이다.[78]

김종련은 인도네시아 교회갱신을 위해 하나님의 선교와 선교적 교회론을 강화해야 한다고 주장했다. 400년의 역사를 지닌 인도네시아 교회가 선교에 피동적인 것은 올바른 선교 의식을 지니지 못했기 때문이다. 김종련은 그 이유를 역사적으로는 네덜란드 식민지로 인해 기독교를 '지배자의 종교'로 인식하고, 종교적으로는 판차실라(다원성에서의 일치)에도 불구하고 정부가 종교 간 갈등을 없앤다는 명목으로 기독교 선교를 금지하는 종교 정책을 펴고, 신학적으로는 교회와 선교를 분리하는 유럽의 기독교 세계(Christendom)의

---

76 이규대, "탈식민주의 관점에서 본 인도네시아 이슬람 운동과 기독교 선교," 『PCK 인도네시아 선교 50주년 기념 논문집』, 468-469.

77 강용훈, "타문화권 종족 선교 연구: 힌두 문화권의 발리 종족을 중심으로," 『PCK 인도네시아 선교 50주년 기념 논문집』, 310-337.

78 김용구, "한인 디아스포라 교회를 통한 타문화권 선교에 관한 연구: 인도네시아 열린교회를 중심으로," 『PCK 인도네시아 선교 50주년 기념 논문집』, 377-378.

영향 아래 있기 때문이라 했다. 그래서 인도네시아 교회갱신을 위해서는 목회자들이 하나님의 선교신학을 수용하고, 선교적 교회로의 전환에 힘을 쏟아야 한다.[79]

최용성은 인도네시아 교회 지도자와 PCK선교사의 타문화 협력 선교가 더 강화되어야 함을 주장했다. 선교 협력의 장애물은 문화적 차이, 재정/자산에 대한 이해의 차이, 일상생활에서의 관계 패턴, 타문화 협력 선교에 대한 평가 부족 등이다. 타문화권 협력 선교를 강화하는 방법으로는 상호 신학 이해, 선교사의 인격(겸손, 개방 등), 좋은 협력팀의 구성 등이다.[80]

9. 한숭인 선교사의 인도네시아 선교 이해 — 특징과 평가

1) 한숭인 선교사의 인도네시아 선교 이해

(1) 한숭인 선교사의 선교신학

가) 성육신의 선교

한숭인 선교사의 선교신학은 성육신의 선교이다. 그는 선교란 현장을 직접 확인하고 몸으로 때우는 자세가 필요하고, 선교 사역도 각 상황에 대처하는 다양한 선교 전략이 필요하다고 보았다.[81] 선교지에서의 첫 사역은 현지 음식과 그 계절에 나는 과일을 먹는 것이다. 수천 년 생활의 지혜를 통해 주어진 음식은 선교사를 현지에 쉽게 적응시킬 것이고, 과일은 그때 필요한 비타민과 병에 대한 저항력을 줄 것이다.[82] 한국 선교사들이 사는 집값

---

79 김종련, "인도네시아 교회 갱신을 위한 하나님의 선교와 선교적 교회론 연구," 『PCK 인도네시아 선교 50주년 기념 논문집』, 382-383.

80 최용성, "인도네시아 현지 교회 지도자와 PCK 선교사의 타문화 협력 선교 역량 강화," 『PCK 인도네시아 선교 50주년 기념 논문집』, 513-520.

81 한숭인, 『선교 현장 체험기 — 인도네시아편』 (서울: 규장, 1995), 32.

82 앞의 책, 66.

이 싼 이유는 흉가나 귀신 나오는 집들이기 때문이다. 한숭인 선교사가 살던 라왕의 집이나 중부 자바의 신방현 선교사의 집, 칼리만탄의 김창기 선교사가 사는 집에서는 귀신이 나오거나 여인이 노래 부르는 소리가 들린다고 한다. 이런 집에 사고 없이 사는 것 자체가 무언의 전도요 복음으로 담대하게 사는 그리스도인의 모습을 보여주는 것으로 파급효과가 큰 전도의 방법이다.[83]

나) 하나님의 선교

한숭인 선교사의 선교신학은 하나님의 선교이다. 한국 교인들은 선교사의 선교 보고가 좀 더 자극적이면 은혜롭다고 생각하고, 평범한 선교 보고를 듣고서는 감동을 받지 못한다. 하나님의 역사하심은 그의 계획 속에 드러나는 것이지 인위적으로 만든다고 생겨나는 것은 아니다.[84] 선교사가 선교지에 도착하여 1~2년이 되면 언어와 문화 적응이 잘되지 않고 정체성을 세우지 못해 심한 회의와 무력증에 빠질 때가 있다. 선교사가 선교지에서 3~4년이 지나면 현지 언어를 구사하고 현지 사정에 밝아지면서 선교에 대한 나름 확신을 갖게 된다. 그렇지만 선교사가 갖는 지나친 자기 확신과 영웅주의는 자신뿐 아니라 선교지 교회와 동역자들에게 부정적 영향을 준다. 6년 선교 사역을 마치고 안식년을 지내고 선교지로 돌아오면 선교사는 자신의 사역을 재평가하게 되고 말하는 것을 조심하게 된다. 선교사가 선교지에서 10년 이상 보내면 별로 할 말이 없어진다. 이때 비로소 선교가 선교사가 할 수 있는 것이 아니라 하나님께서 전적으로 인도하시고 역사하시는 것임을 깨닫게 된다. 선교지에서 15년을 보내면 내어놓을 만한 업적도 없고 할 말도 별로 없다. 왜냐하면 지금까지의 모든 사역은 하나님의 일이었고 선교사는 하나님의 도구에 불과했기 때문이다. 선교지에서 오래 선교 활동을 한 선교사는 겸손해진다.[85]

---

83 앞의 책, 49-50.
84 앞의 책, 51.
85 앞의 책, 75-76.

다) 십자가의 선교

한숭인 선교사의 선교신학은 십자가의 선교이다. 1980년 말 몇몇 도시에서 반중국인 폭동이 일어났다. 한숭인 선교사도 외출을 자제하고 있었는데 어느 집사가 찾아와 아들이 열병이 들었으니 기도해달라고 요청했다. 폭도들 때문에 내일 새벽에 방문하겠다고 하고 그를 돌려보냈다. 그렇지만 계속 마음에 걸려 오토바이를 타고 조심스럽게 가다가 폭도들 30명에게 붙잡혀 구타당했다. 누군가 이 사람은 중국인이 아니라고 했지만, 흥분한 폭도들은 듣지 못하고 계속 구타했다. 광란의 순간이 지나고 한숭인 선교사는 허탈한 가운데 설움이 북받쳐 눈물을 흘리며 기도하다 잠이 들었다. 잠결에 "그러니까 내가 너를 보내지 않았느냐?"는 음성을 들었다. 한숭인 선교사는 "하나님 감사합니다. 핍박이 있고 선교의 장애가 있고, 위협과 고난이 있기 때문에 저를 보내주셔서 감사합니다."[86] 1987년 한숭인 선교사가 LEPKI와 동역하면서 교회 개척 담당자인 노수빗 목사를 무슬림 지역인 루밧섬으로 파송했다. 지역의 유지이며 회교도 지도자인 지도자가 노수빗 목사에게 독인 든 음식을 가져왔다. 음식을 거절하면 주민의 호의를 거절하는 것이고, 먹으면 생명을 잃게 된다. 노수빗 목사는 그 음식을 먹고 2주 이상 고통스러운 시간을 지내며 체중이 15kg이나 빠졌다. 두마이로 나가 동료 목사들의 기도를 받고 완쾌되어 돌아왔다. 그가 병에서 회복되자 그를 앞장서서 괴롭히던 사람이 그리스도를 영접하고 교당과 사택을 건축할 때 앞장서며 신앙인의 모범을 보였다. 노수빗 목사가 고난을 겪음으로 이 섬에 교회당을 5개 건축했다.[87]

(2) 한숭인 선교사와 아시아 선교: 가난, 문화, 종교

가) 선교와 가난

서부 칼리만탄 스미따우에서 교역자 70명을 교회에 모아 지도자 훈련을 1주일 동안 했다. 마지막 날 한숭인 선교사는 청지기의 자세에 대해 강의했다. 강의를 마치고 자바

---

86 앞의 책, 37-39.
87 앞의 책, 51-52.

출신 밤방 목사가 질문했다. 그는 지금까지 강의에서 다룬 내용이 모두 필요하다는 것을 안다. 그렇지만 그들은 배가 고프다고 했다. 정부 시책에 따라 동부 자바로부터 서부 자바로 이주하게 하여 서부 자바를 발전시키고자 했다. 그러나 정부는 이주 정책을 결정했지만, 그에 필요한 기반 시설을 거의 지원하지 않았다. 이주민들은 농사도 잘되지 않고, 식량도 떨어져 굶은 적이 많았다. 한숭인 선교사는 더 이상 할 말을 잃고 콧날이 찡해지며 가슴이 저려와 하나님께 기도하자고 했다. 교회 안은 설움과 통한으로 울음바다가 되었다. 한숭인 선교사는 귀가할 여비를 빼고 모든 헌금을 하여 식량을 구입하게 했지만, 해결책은 아니었다. 배가 고프다는 그들의 절규는 한숭인 선교사의 사역 내내 자신을 깨우치고 새로운 결단을 하게 했다.[88]

나) 선교와 문화

선교지의 문화를 배우려 하기보다는 선교사의 문화를 기준으로 현지인들을 가르치려고 하거나 현지 문화를 판단하는 것은 자신의 무지를 드러내는 것이다. 한숭인 선교사도 예외가 아니어서 문화적인 우월감 때문에 실수를 한 적이 있다. 인도네시아 밥(안남미)을 보면 끈기가 없어 풀기도 없는 밥을 먹는다고 비웃었다. 그러나 이들의 생활의 지혜를 배우고 나서는 한숭인 선교사 자신이 얼마나 무지했는가를 깨달았다. 열대 지방에서 한국처럼 밥을 찰지게 하면 통풍이 안 되어 쉽게 상한다. 그렇지만 현지인들처럼 밥을 해서 소쿠리에 담아 두면 3일 정도는 잘 보관할 수 있다. 이 밥은 과식해도 30분 정도 지나면 쉽게 소화된다. 인도네시아 사람들은 오토바이를 탈 때 가죽 잠바를 입거나 목도리를 두르는 경우가 있다. 2년이 지나서야 한숭인 선교사는 이렇게 하지 않고 오토바이를 타면 밤새 기침을 하고, 이것은 열대 지방이라 땀구멍이 다 열리기 때문이고, 바람이 드는 것을 무서워한다는 것을 깨닫게 되었다. 문화에는 우열이 없고 그저 다를 뿐이다.[89]

이리안자야 사람들은 외부인에게는 미개한 석기시대 사람들로 이해되고 있다. 선교사

---

88 앞의 책, 41-42.
89 앞의 책, 63-65.

들도 그들의 배경과 일상생활을 이해하지 못하기 때문에 옷을 모아 그들에게 강제로 입히려 한다. 그들은 옷을 입지 않고 살다가 주일날 교회에 나올 때만 옷을 입기도 한다. 평생 옷을 빨지 않고 그대로 입고 산다. 그들에게 빨래라는 개념이 없기 때문이다. 그런데 면이나 합성섬유로 된 옷을 빨지 않고 입으면 피부병을 일으킨다. 더구나 독충들이 물지 못하도록 돼지기름과 숯검정을 몸에 발라 피부를 보호하고 산다. 그들의 생활 방식이나 주택 양식이 변하지 않는 한 목욕을 가르친다 해도 돼지기름과 숯검정을 발라야 하기 때문에 옷이나 목욕이 그들에게 필요한 것이라 말할 수 없다. 수천 년 동안 살아오며 얻어진 삶의 지혜에서 우러나오는 삶의 방식이기 때문에 선교사가 그들에게 옷을 준다는 것은 그들에게 복이 아니라 짐이 될 수도 있다.[90]

다) 선교와 종교

북부 술라웨시의 미나하사 지역주민의 60%가 기독교인이다. 그런데 그들은 기독교 신앙을 갖고 있으면서도 샤만적이고 애니미즘적이어서 도뚜 혹은 오쁘라는 부적이나 수호 신을 갖고 있다. 이는 평신도뿐 아니라 교역자들에게도 해당한다. 일부 교인은 예수 그리스도의 말씀이나 성경을 부적처럼 갖고 다닌다. 이런 일은 기독교 지역이라 할 수 있는 니아스와 북부 수마트라의 따빠눌리 지역 등에서도 흔히 볼 수 있다. 또모혼 지역의 한 장로는 결혼 6년 만에 낳은 자녀가 지적 장애가 있자 기독교 무당을 찾아갔다.[91]

(3) 선교사와 후원 교회/기관의 바람직한 관계

한숭인 선교사는 후원 교회나 기관이 짧은 기간 선교지를 방문하고 선교지나 선교사를 성급히 판단하는 것을 주의하라고 당부한다. 선교지를 한 주간 방문하고 선교지, 선교사에 대해 평가하는 것은 실수라기보다는 거의 죄에 가깝다. 선교지에 있는 선교사들이 잘못된

---

90 앞의 책, 53-54.
91 앞의 책, 108-109.

평가와 일방적인 선교지 분석으로 얼마나 가슴을 태우며 애를 먹는지 모른다. 일주일도 안 되는 기간 인도네시아를 방문하여 몇몇 선교사를 만나고 몇몇 선교지를 방문한 후 인도네시아 선교를 말하는 것은 무모하고 무지하다. 한마디로 흑백논리가 체질화되거나 관용의 미덕이 부족할 때가 많다. 여기서 특히 문제가 되는 것은 자신의 교회나 기관이 후원하는 선교사만 참 선교사이고 다른 선교사를 부정하면, 선교사 사이에 협력을 어렵게 하고 선교지에 문제를 일으킨다.[92]

고국을 떠나 선교지에서 살고, 그리스도를 대적하는 자들에게 복음을 전하는 것 자체가 선교사에게 고통이고, 고난이다. 선교지를 방문하는 교인들이나 실습하러 오는 신학생들은 거의 대부분 보람되고 기쁜 일보다는 어렵고 고통스러운 일에 더 관심이 많다. 한국 교인들은 잔잔하고 평안한 삶보다는 자극적이며 남보다 다른 신앙의 경로를 갖는 것이 큰 은혜를 체험하는 것으로 여기는 경향이 있다. 본토 친척 아비의 집을 떠나는 것 자체가 고통이고, 그리스도를 대적하는 선교지에 있다는 사실이 고난일 수 있다. 아픔과 고통 중에도 당당하게 선교사로서 자신의 일을 감당하는 모습에서 은혜를 받자. 선교지에서 가장 기쁠 때는 모든 사람이 할 수 없다고 한 일을 그리스도의 능력을 믿고 그 일을 이룬 때이다. 선교지에서 가장 어려울 때는 그런 질문을 받을 때이다. 왜냐하면 주님과 함께 겪는 아픔과 고난은 은혜이기 때문이다.[93]

선교와 관련하여 안타까운 사실은 한국교회와 교인들이 선교의 현지나 변화되는 선교의 방향을 모르고 있다는 사실이다. 날로 좁아지는 선교사의 입지가 외면되고, 후원 교회/기관이 원하는 선교 사역이 요구됨으로써 선교사는 현지 교회와 후원 교회/기관 사이에서 갈등을 겪게 된다. 때로는 평범한 사역에 대한 보고보다는 더 자극적이고 극적인 보고를 요구받게 된다. 열악한 조건에서도 당당하게 사역하는 선교 보고보다는 고생스럽고 힘든 일들만 강조하는 선교 보고가 한국 교인들이 선교에 대해 바르게 이해하는 데 걸림돌이 된다. 이런 이유로 인해 선교를 위해 기도하고 지원하는 일이 동정적 차원을 벗어나지

---

92 앞의 책, 69-70.
93 앞의 책, 79-80.

못하고 있다. 선교는 동정이 아니다. 선교지에 나가 있는 선교사만 위대한 것이 아니고, 기도하며 지원하는 후원자가 최고인 것도 아니다. 선교사의 입장에서는 자신뿐 아니라 가족들이 선교를 위해 희생한다고 해서 어떤 보상을 요구해서는 안 된다. 기도와 물질을 지원하는 후원자의 입장에서 어떤 권리를 주장해서도 안 된다. 선교사는 선교지와 그 사람들을 위해 현지에서 많이 울고 후원자 앞에서 고난 중에도 기쁨으로 사역을 감당하는 당당한 모습을 보이자. 후원하는 교회나 기관은 선교지에 눈물이 있음을 알자. 선교사의 건강 문제, 자녀 교육 문제, 사역에서 오는 갈등을 바라보자. 선교를 향한 각자의 사명을 깨닫고 두렵고 떨리는 심정으로 겸손한 자세로 이 일들을 이루어 가자.[94]

　　서부 칼리만탄 지역의 까뿌스 강변에 있는 작은 교회는 이름을 일곱 번이나 바꿨다. 새로운 선교부가 이곳에 올 때마다 교회와 교인들의 사진을 찍고 자신들이 원하는 이름으로 교회 이름을 바꾼 후 떠나갔다. 교회가 약해지고 교인들이 떠나면 다시 다른 선교부의 사람들이 와서 같은 일을 반복했다. 어떤 선교부는 비품을 가난한 사람들에게 전부 팔고 갔다. 어떤 선교부는 남겨진 비품 때문에 사람들이 서로 싸운다고 쓸 만한 모터보트와 타자기 등을 강 속에 버리고 갔다. 그 지역주민들은 외부 선교 단체에 대한 불신과 원망이 쌓여갔다. 이들에게 복음을 전하거나 새신자를 양육하는 일보다 더 어려운 일은 없다. 이들의 마음속에 자리 잡은 깊은 배신감과 상처는 사람의 방법으로는 도저히 치료할 수 없기 때문이다. 선교사를 파송하고 후원하는 교회나 선교 기관이 조급한 보고와 열매를 원하기 때문에 이런 일을 만들어 내는 것이 아닌지 반성해야 한다. 무엇을 심고 있는가? 보고를 위한 보고는 아닌가? 값싼 동정을 얻기 위해 신앙의 양심을 팔고 있지는 않은가? 그리스도의 제자로 살기 위한 철저한 자기 부인과 십자가를 질 각오가 없으면 선교지에 오지 말고, 왔으면 사명감을 가지고 그리스도만 전하자.[95]

　　선교사가 선교지에 적응할수록 선교사와 가족은 고향을 잃어간다. 선교지의 현지인들은 선교사가 아무리 언어와 문화적으로 적응해도 현지인처럼 받아 주지 않는다. 한국에

---

94 앞의 책, 85-87.
95 앞의 책, 105-107.

귀국하면 선교사와 가족은 급변하는 한국 사회와 의식과 생활양식으로 인해 외국인 취급을 받는다. 특히 자녀들은 한국에서 친구도 없고, 현지에서도 외국인으로 따돌림을 받는다. 이처럼 선교사와 가족은 갈수록 고향을 잃어가는 사람들이 된다. 그런데 후원 교회나 기관은 선교사의 선교지를 향한 열정에 공감하기보다는 선교사를 선교비 모금을 위한 사람처럼 여기는 경우가 많다. 언제까지 이렇게 호소하고 요청하고 구걸해야 할까? "나는 언제까지 인도네시아의 김춘삼으로 살아가야 하는 것일까?"[96]

(4) 인도네시아 교회 이해

인도네시아 교회는 겨울의 화롯불 같다. 겉으로 보기에는 열심도 없고 뜨거운 열정도 없어 보이지만, 인도네시아 교회를 알면 알수록 뿌리 깊은 나무처럼 흔들림이 없고, 고난 중에 주님을 섬기는 이들의 모습으로부터 많은 것을 배우게 된다. 오래전 인도네시아 정부가 장관 포고령 70호와 77호를 선포하여 교회 이외에서는 종교 집회를 금지하고, 이미 종교를 가진 사람들에게 개종을 금하도록 했다. 모든 선교사는 20년 안에 모든 사역을 현지인에게 이양하고 출국하며, 길거리에서 전도지 나누는 것을 금지했다. 이 포고령이 현지 교회와 선교사에게 큰 충격을 준 것은 사실이지만, 이로 인해 현지 교회는 더 이상 외국 선교사나 선교부에 의존해서는 안 된다는 것을 깨닫고, 자립의 길을 모색하게 되었다. 이미 종교를 가진 사람들에게 전도를 금하지만, 헌법이 종교의 자유를 보장하므로 전도지를 사람들이 많이 다니는 곳에 두고 스스로 가져가도록 유도했다. 이런 전도 방식을 통해 예수를 믿기로 작정한 사람은 스스로 세례 청원서를 작성하여 세례를 베풀면 아무 문제가 없다. 문제는 지나치게 한 곳에 몰려있는 선교사나 경쟁적으로 선교 사역을 전개하는 선교사나 선교부이다.[97]

---

96 앞의 책, 111-112.
97 앞의 책, 102-103.

2) 한숭인 선교사의 인도네시아 선교의 특징

한숭인 선교사의 인도네시아 선교의 특징은 우선, 그 범위가 전국적이고, 선교의 깊이가 있다는 점이다. 한숭인 선교사는 자바 동부 말랑에서 선교를 시작했지만, 수라바야한인교회를 세우고, LEPKI와 동역하면서 현지 교단들을 통한 선교로 범위와 선교의 깊이를 더했다. 자카르타에 선교 교회를 세워 한인 교회를 선교하는 교회로 세웠고, 인도네시아 선교를 위해 헌신하는 교회가 되게 했다. 자카르타에 세운 선교대표부는 1994년 선교관이 완공되면서 제 역할을 감당하게 되었다. 선교관은 인도네시아 선교뿐 아니라 동남아시아 선교에 대한 비전을 갖고 있다.

둘째, 한숭인 선교사의 인도네시아 선교는 LEPKI를 통해 인도네시아 교단들과 협력함으로써 한 선교사가 사역할 수 있는 범위와 활동을 훨씬 넘어서서 인도네시아 전역을 향한 선교 활동을 하게 되었다. 교회 개척 사역이든, 현지 지도자 훈련이든 현지 교단들과 협력하여 훨씬 더 효과적인 선교를 하게 되었다.

셋째, 후배 한인 선교사들과 렙끼에서 동역하되 인도네시아 주요 섬들을 전략적으로 배치하고 분담함으로써 전국적인 인도네시아 선교 전략을 세울 수 있게 되었다. 즉, 인도네시아 전체는 선교대표부가, 서부 자바는 선교 교회 및 한인 교회 배속 선교사가 맡기로 했다.

넷째, 선교 방식의 다양화이다. 교회 개척, 신학교, 기독교 학교, 현지 교회 지도자 교육, 오지 선교 탐방, 방송 선교, 문서 선교, 성서 번역, 장학금 지원, 오지 사역자 파송, 선교정보센터 등이다.

다섯째, 한숭인 선교사의 선교신학으로는 성육신적 선교, 하나님의 선교, 십자가 선교이고, 그의 인도네시아 선교는 가난, 문화 이해, 종교 이해 등 아시아 선교의 핵심 주제를 다룬 것을 알 수 있으며, 선교사와 후원 교회/기관의 바람직한 관계를 제시했고, 인도네시아 교회가 처한 상황을 이해하고 바른 선교 전망과 그에 따른 한국교회의 선교 과제를 제시한 것을 볼 수 있다.

3) 한숭인 선교사의 인도네시아 선교에 대한 평가

(1) 긍정적 평가

한숭인 선교사의 선교 유형은 첫째, 타문화권 선교에서 시작하여 LEPKI처럼 현지 교단과 협력하는 에큐메니컬 협력 선교로 이어지고, 선교를 위한 자원을 얻기 위해 자카르타 선교 교회를 개척함으로써 한인 디아스포라 교회를 통한 선교로 이어졌다. 이처럼 한숭인 선교사의 인도네시아 선교는 타문화권 선교와 에큐메니컬 협력 선교와 한인 디아스포라 교회가 인도네시아 선교라는 비전을 위해 통합된 매우 드문 사례에 속한다. 둘째, 한숭인 선교사는 선교의 목적으로 교회 개척을 강조하고 실천했지만, 하나님의 선교신학을 바탕으로 하고 있고, 한국교회의 확장이 아니라 인도네시아 교회를 강조했기 때문에 인도네시아에 하나님의 나라를 지향하는 교회 개척을 선교의 목적으로 삼았다고 평가할 수 있다. 셋째, 한숭인 선교사는 선교 초기에 선교지 상황을 잘 파악하고, 인도네시아 선교 전망을 세웠고, 이러한 전망을 바탕으로 한국교회의 선교 과제를 제시했다. 한국교회의 선교 과제에는 앞으로 한국교회가 직면할 이슬람 선교와 관련하여 이슬람 지역의 교회 지도자들을 초청할 것을 제안했다. 이는 당시로는 상당히 시대에 앞선 제안이라 할 수 있다.

넷째, 한숭인 선교사의 인도네시아 선교는 LEPKI와의 협력 선교로 인해 인도네시아 전국을 대상으로 하는 선교 비전을 갖게 되었고, 후배 한인 선교사들의 전국적 배치를 통해 인도네시아 선교 전략을 수립할 수 있게 되었다. 이를 위해 한숭인 선교사는 LEPKI에 말단 직원으로부터 시작해서 차근차근 인정받아 최고 수장인 대표에 이르렀다.[98] 다섯째, 한숭인 선교사는 이런 선교 비전과 선교 전략을 실천하기 위해 말랑에서의 타문화권 선교로부터 시작해서 LEPKI와의 협력 선교에 참여했고, 수라바야한인교회와 자카르타에 선교 교회를 설립하고, 선교대표부와 선교관을 세웠다. 선교관 건축 목적은 인도네시아 선교, 선교사 훈련과 재교육을 넘어 동남아시아 선교 비전까지 품고 있다. 여섯째, 인도네시아

---

98 신방현 선교사와의 인터뷰(2023년 6월 21일).

선교 비전과 선교 전략을 구체화한 것이 한숭인 선교사의 선교 방식의 다양화이었다. 일곱째, 한숭인 선교사의 인도네시아 선교는 한국교회의 확장이 아니라 LEPKI와 협력하여 교회를 개척하고, 인도네시아 교회 지도자들의 역량 강화를 비롯하여, 신학교, 학교 등 교육을 통한 인재 육성 등 현지 목회자와 교인들을 강화시킴으로써 인도네시아 교회를 든든히 세우는 데 기여함으로써 세계 기독교의 일부인 인도네시아 교회 강화를 위해 기여했다. 이는 한숭인 선교사가 남반부 교회가 북반부 교회를 양적으로 앞서가는 전환기에 선교하면서 이런 전환을 몸으로 느끼고, 인도네시아 교회를 강화하기 위해서 인도네시아 사역자를 양성하고 인도네시아 교회를 강화시킴으로써 세계 기독교 형성을 위해 선교했다고 평가할 수 있다.

여덟째, 한숭인 선교사는 선교 현장에서 활동하면 할수록 선교를 더 모르겠다고 하면서 계속 공부하는 선교사였다. 그는 장로회신학대학교에서 석사 학위를 받았고, 미국 해외선교연구센터(Overseas Ministries Study Center)에서 선교에 대해 공부했다. 아홉째, 한숭인 선교사는 자신과의 싸움이 무엇보다 중요한 것임을 알고 시간이 지나면서 선교사의 매너리즘에 빠지지 않도록 때론 오지 선교에 나섰다. 신학교 사역을 할 때도 방학에는 항상 오지 선교를 다녀왔다. 이처럼 한숭인 선교사는 첫 마음을 잊지 않기 위해 고군분투했다. 열째, 한숭인 선교사가 언어적으로 탁월하다는 평가를 받지만, 신대원 시절 2년 동안 인도네시아 본대 목사로부터 인도네시아 언어를 배웠다. 이처럼 한숭인 선교사는 인도네시아 선교를 위해 언어를 미리 배우는 준비된 선교사였다. 열한째, 1988년 장로회신학대학교 서정운 교수가 신대원생 17명을 인솔하여 인도네시아 한숭인 선교사의 선교 현장에서 37박 38일 선교 현장 실습을 했고, 거기에서 추천된 신대원생들(이장호, 최광수, 김창기 등)이 나중에 인도네시아 선교사를 지원하여 선교 활동을 하는 계기를 마련했다. 이처럼 한숭인 선교사는 신대원생들에게 자신의 선교 현장을 나눔으로써 선교사로 결단하는 중요한 계기를 제공했다. 열둘째, 1988년 한숭인 선교사와 함께 인도네시아 교인을 심방했던 신방현 선교사에 의하면 인도네시아 교인이 한숭인 선교사의 기도를 받고 울었다고 한다. 한숭인 선교사는 언어적으로만 탁월할 뿐 아니라 말로 사람을 감동시키는 능력이 뛰어났다고 한다. 한인 선교사 중에 가장 폭넓게 사역한 선교사가 한숭인 선교사이었다.[99] 1990년에 입국하여 LEPKI에서 사역하고 선교 교회에서 부목사로 봉사했던 김창기 선교사에 의하면 한숭인 선교사는 언어 능력이 뛰어나 원고에 의존하지 않고 막힘없이 현지인 목회자처럼 설교했고, LEPKI에 대한 행정 능력과 운영 능력도 뛰어났고, 선교 교회를 성장시키고 교인들에게 인기가 많았던 목회자로, "전무후무한 뛰어난 역량을 가진 선교사"이었다.[100] 서정운 명예총장은 한숭인 선교사를 "선교사로서는 상당히 유능한 교사"라 평가했다.[101]

(2) 부정적 평가

우선 한숭인 선교사의 인도네시아 선교는 너무 많은 사역을 한꺼번에 벌이다 보니 재정적 한계와 인적 자원의 한계가 불가피해서 늘 어려움을 겪을 수밖에 없었다. LEPKI 사역만 해도 많은 예산과 인력이 필요했을 텐데 한숭인 선교사는 선교관을 통한 선교훈련원, 동남아시아 선교 비전까지 품었다. 이런 관점에서 볼 때 부산국제선교회가 인도네시아 선교에만 전념해도 한숭인 선교사의 기대에는 미치지 못했을 텐데 부산국제선교회는 오스트리아 선교, 일본 선교 등을 비롯하여 협력 선교지도 많았다. 그리고 한숭인 선교사는 LEPKI에 배치한 후배 선교사들을 LEPKI의 직원처럼 여겼다. 이는 본인이 LEPKI에 들어가서 말단 직원으로부터 일을 시작한 것에 비추면 문제 삼지 않을 수 있다. 그러나 신임 선교사들이 선교지에 도착하자마자 언어를 충분히 배우는 시간을 갖지 못하고, 사역을 바로 시작하게 했다.[102] 이는 LEPKI 사역이 그만큼 방대해서 신입 선교사들까지 참여하지 않으면 안 될 정도로 일이 많았다고 볼 수 있다. 그렇지만 신임 선교사들은 언어를 배우고, 문화에 적응하는 데 전념하는 시간이 반드시 필요했다. 그런데도 후배 선교사들을 바로 사역하도록 한 것은 후배 선교사들을 선교의 도구로 여긴 것이었다. 이는 한숭인 선교사가 1985년 입국한 김희명 선교사를 LEPKI에서 사역하도록 요청했으나 김희명 선교사가 한숭인 선교사의

99 신방현 선교사와의 인터뷰(2023년 6월 21일).
100 김창기 선교사와이 인터뷰(2024년 3월 18일).
101 서정운 장로회신학대학교 명예총장과의 인터뷰(2023년 7월 8일).
102 김창기 선교사와의 인터뷰(2024년 3월 18일).

[사진 3] 인도네시아 본대 목사와 아들 목사
(사진 제공: 장로회신학대학교 명예총장 서정운)

제안을 거절하고 자신의 사역을 하는 데서 받은 상처를 후배 선교사들에게 투사한 것은 아닌가 한다. 이장호 선교사에 의하면 한승인 선교사는 후배 선교사들을 신뢰와 위임에 바탕을 둔 동역자로 대하기보다는 감시와 통제의 대상으로 간주하는 듯한 느낌을 주었다고 했다. 한인 선교사들이 모금하면서도 현지인 직원 밑에서 의사 결정권 없이, 자문을 하라는 것은 문제가 있다. 20년 된 선배 선교사와 신임 선교사 사이의 대화는 신임 선교사의 눈높이에 맞춰서 이뤄져야 한다.[103] 최광수 은퇴 선교사는 1990년 8월 4일 자카르타에 입국하여 1991년 5월 말랑으로 가기까지 본인의 의사와 관계없이 한승인 선교사가 일방적으로 선교교회를 섬기도록 하는 바람에 언어학교에 가서 언어를 배우지 못하고 LEPKI의 직원으로부

---

103 이장호 전 인도네시아 선교사와의 인터뷰(2023년 7월 12일).

터 주간에 짧은 시간 동안만 언어를 배웠고, 선교 교회에서는 부교역자처럼 사역하면서 교회가 급성장해서 일이 많아 한숭인 선교사와 제대로 대화하지 못했고, 한인 교회를 섬기는 것도 후원 교회가 원하지 않아 결국 말랑을 가게 되었으며, 1995년까지 LEPKI 사역을 하는 동안에도 한숭인 선교사와 대화를 거의 하지 못하고 직원인 스티븐을 통해 건의나 요구를 하게 했다.[104] 그리고 한숭인 선교사는 숫자라는 우상을 극복한다고 노력했지만, 그의 보고서는 여전히 숫자를 중시한 것을 볼 수 있다. 이는 현실과 이상의 괴리라고 하겠다.

그러나 결정적 사건은 공금 유용 사건이다. 한숭인 선교사가 부산국제선교회와 1994년에 후원 관계를 정리했다. 그래서 부산국제선교회는 이 사건에 직접 관여되지는 않았다. 신방현 선교사에 의하면 말레이시아에서 국책사업으로 1,000억 원 규모의 교량 건설을 했던 처남으로 하여금 공사 대금을 정부로부터 받게 하는 대신에 십일조를 헌금(당시 발리에 40~70억 호텔 매각, 이 공간을 선교훈련원으로 염두에 둠)한다고 해서 선교 교회(재정 담장자에게 사용처를 말했으나 나중에 제직회에서 문제가 됨)에서 1차로, 나중에는 사모가 운영하는 어린이집 자금(어린이집 관계자에게 동의받고 집행, 나중에 문제 제기)을 2차로 유용했다가 돌려받지 못하면서 문제가 생겼다.[105]

이명자(안젤라) 권사에 의하면 공금 유용은 어린이집의 재정과만 관련되어 있지 선교비와는 관련이 없다고 했다. 그리고 한숭인 선교사는 사모가 동생에게 공금을 지원한 사실(1992년)을 당시에 몰랐지만 교인들 앞에서는 자신이 그 사실을 알고 있다고 했다. 이것이 공금 유용 사건이 문제가 된 시발점이었다. 처음에는 교인들이 문제를 제기했고 나중에는 한인 선교사들이 문제를 제기했다.[106] 총회와 여전도회전국연합회는 한숭인 선교사로 하여금 인도네시아 선교 현장을 떠나 3년 동안 미국에서 공부하고 생활비를 지원한다는 문서를 작성했다. 신방현 선교사가 총회 세계선교부 총무 재직(2003~2011) 시 실행위원회에서 이 문서를 근거로 한숭인 선교사를 제명하지 않았다.[107] 후임 총무가 재직 중인 2014년에

---

104 최광수 은퇴 선교사와의 인터뷰(2024년 3월 19일).
105 신방현 선교사와의 인터뷰(2023년 6월 21일).
106 이명자 권사와의 인터뷰(2024년 5월 29일), 이명자(안젤라) 권사는 한숭인 선교사 부부가 1995년 미국으로 출국 전 3개월 동안 거처가 없을 때 집을 제공한 분으로 한숭인 선교사에 대해 가장 잘 아는 분 중 한 분이라 할 수 있다. 인터뷰를 연결해 주신 서정운 장로회신학대학교 명예총장님께 감사드린다.

한숭인 선교사는 총회 선교사로서 제명되었다.

　　김창기 선교사에 의하면 공금 유용 사건은 한숭인 선교사와 후배 선교사와의 갈등으로 빚어진 것이 아니라 한인 교회 교인들과의 갈등에서 비롯되었다고 한다. 선교 교회 초기에 한숭인 선교사와 가까운 관계였던 교인들이 한숭인 선교사와 사이가 소원해지면서 그동안 한숭인 선교사로부터 직접 들었던 얘기들을 바탕으로 공금 유용 문제를 제기하면서 이 사건이 발생했다. 이 사건을 수습하는 과정에서 선교 교회 후임 목회자를 선임하고, 한숭인 선교사는 미국으로 가서 안식년을 지내려 했다. 그런데 후임 목회자가 이 사건을 제기한 교인들과 합세해서 이 사건이 더 커졌다. 김창기 선교사도 개인적으로는 한숭인 선교사에게 섭섭한 점이 있지만, 전체적으로 봐서 이 사건이 이렇게 전개되어 간 것을 안타깝다고 했다.[108] 신방현 선교사는 한숭인 선교사를 이런 맥락에서 "한국교회가 잃은 아쉬운 선교사"라 했다. 공금 유용 사건은 처음에는 교인들과의 갈등에서 비롯되었다, 나중에는 후배 선교사들과의 갈등으로 발전했다.[109] 서정운 장로회신학대학교 명예총장은 한숭인 선교사가 후배 선교사들과의 관계가 부드럽지 못했고, 후배 선교사들을 힘들게 했다면서, 결정적 실수는 선교비 유용 문제라 했다. 서정운 장로회신학대학교 명예총장은 한숭인 선교사와 후배 선교사들 사이의 갈등 해소를 위해 인도네시아 선교 25주년인 1996년에 인도네시아를 방문해서 선교사들 모두에게 본회퍼의 『신도의 공동생활』을 대한예수교장로회(통합) 파송 선교사의 수만큼 가져가서 나누고 읽게 한 후 한숭인 선교사가 선교사 전체 앞에서 사과하고 이 문제에 대해서는 더 거론하지 않으면 좋겠다고 권면했고, 선교사들은 이 제안을 받아들였다. 그러나 귀국 이후에 갈등이 여전하다는 이야기를 들었다.[110]

---

107 신방현 선교사와의 인터뷰(2023년 6월 21일).
108 김창기 선교사와의 인터뷰(2024년 3월 18일).
109 신방현 선교사와의 인터뷰(2023년 6월 21일).
110 서정운 장로회신학대학교 명예총장과의 인터뷰(2023년 7월 8일).

10. 부산국제선교회의 인도네시아 선교에 대한 평가와 과제

1) 긍정적 평가

부산국제선교회가 좋은 선교사를 선발했다는 점에서 출발을 잘했다고 평가할 수 있다. 부산국제선교회의 특징은 매월 기도회로 선교를 지원하고 있다는 점이다. 그리고 15년 동안 지속적으로 지원했을 뿐 아니라 안식년을 부여하고, 학업을 계속하도록 지원한 것은 긍정적 평가라 하겠다.

2) 부정적 평가

1990년 인도네시아 선교 10주년 당시에 부산국제선교회가 오스트리아 교회당 구입을 한숭인 선교사 사역 10주년보다 더 중요하다고 보았던 전략적 판단이 아쉽다. 당시 한숭인 선교사는 자녀의 학비 지원을 요청했으나 오스트리아 선교비가 부족하여 다른 선교비를 축소 또는 보류하는 바람에 거절되었다. 그러나 여기에는 한숭인 선교사와 부산국제선교회 사이에 소통의 문제가 있었다. 이후 1994년 선교관이 완공되면서 한숭인 선교사가 후원 기관을 부산국제선교회로부터 여전도회전국연합회로 교체하면서 갈등이 폭발했다. 한 선교사는 선교관 건축비의 절반 정도를 부산국제선교회가 지원할 것을 기대했지만 실제로는 1/10에 미치지 못했다. 부산국제선교회로서는 첫 선교사를 파송하고, 15년 동안 지원하다가 갑작스레 선교사가 일방적으로 후원 기관 교체를 통보해서 상당히 당황할 수밖에 없었다. 부산국제선교회는 이를 "대단히 유감스럽고 타당치 않은 처사"[111]로 여겼다. 한 선교사는 선교의 성공 비결을 좋은 관계 수립에 있다고 했다. 선교사들이 "현지 교회 지도자들이나 현지 교회와의 관계가 악화되어 사역을 계속하지 못하는 경우가 많아 뜨거운 선교적 열정을 가지고 있음에도 선교지를 떠나야 하는 경우가 많다."[112] 한숭인 선교사는 자신의

---

111 부산국제선교회 상임고문 김정광 목사 간증 편, 『목사님, 여권 잃어버렸어요!: 부산국제선교회 창립35주년 기념』 (부산: 도서출판 지앤미, 2014), 16.

말처럼 후원 기관인 부산국제선교회와 좋은 관계를 유지하지 못하고, 일방적으로 후원 기관을 교체했다. 1994년 당시에는 한 선교사와 선교 교회 교인과의 관계도 좋았고, 선교 교회가 성장해서 교인이 500명 정도였다. 김창기 선교사는 한숭인 선교사가 자신감이 지나치면서 '공금 유용' 사건이 일어난 것으로 본다.[113] 이장호 전 인도네시아 선교사도 한숭인 선교사가 인도네시아 국적을 취득하고 선교 교회를 섬기면서 선교비가 상당히 많이 들어오면서 오히려 쇠락의 길을 걸은 것은 아닌가 하며 아쉽게 생각한다. 역설적이지만 성공 속에서 패망의 길이 열린 것이 아닐까 하는 의문을 제기한다.[114]

3) 교훈

부산국제선교회는 한숭인 선교사가 LEPKI와 협력 선교했던 것을 배워야 할 것이다. 선교는 어느 한 교회나 선교 단체가 선교지에서 일방적으로 진행하는 것이 아니라 하나님의 선교 맥락에서 현지 교회를 강화하는 방향으로 현지 교회들과 에큐메니컬 협력 선교를 하는 것이 효과적이다. 이것이 복음주의 선교 운동인 로잔운동이나 에큐메니컬 진영의 세계교회협의회가 공통으로 권장하는 선교 방식이다. 에큐메니컬 협력 선교에 대해서는 결론 부분에서 다시 자세히 다루기로 한다.[115]

부산국제선교회는 "선교 단체와 선교사와 호흡이 맞지 않으면 결국은 실패하고 만다는 교훈을 얻고 인도네시아 선교는 끝났다."[116]고 했다. 김정광 목사는 인도네시아 선교를 통해 선교에서 선교사의 인품이 중요하고, 돈보다 사람이 우선이며, 선교는 파송보다 유지가 중요하고, 유지가 되지 않을 때 중단된다는 것을 배웠다고 했다.[117] 박광선 목사는 한숭인

---

112 한숭인, 『선교 현장 체험기 — 인도네시아편』 (서울: 규장, 1995), 73.

113 김창기 선교사와의 인터뷰(2024년 3월 18일).

114 이장호 전 인도네시아 선교사와의 인터뷰(2023년 7월 12일).

115 에큐메니칼 협력 선교에 대해서는 황홍렬 편저, 『에큐메니컬 협력 선교: 정책, 사례, 선교신학』 (서울: 꿈꾸는터, 2015) 참고.

116 부산국제선교회 상임고문 김정광 목사 간증 편, 『목사님, 여권 잃어버렸어요!: 부산국제선교회 창립35주년 기념』, 16.

117 김정광 목사와의 인터뷰(2022년 1월 25일).

선교사에 의해 선교가 중단되는 사태를 통해 부산국제선교회의 한계를 파악했고, 부산국제선교회도 재정적 뒷받침의 어려움이 있어 누구에게 책임을 물을 수 없었고, 피차간에 좋게 정리되지 않아 아쉽다고 했다.[118] 그렇지만 한숭인 선교사가 후원 기관을 교체했다면 왜 그랬는지 그 이유를 정리하는 선교정책협의회나 평가회가 필요했다. 그동안 부산국제선교회는 선교의 방향을 정하기 위해서 정책협의회, 세미나, 설문조사 등 다양한 방식으로 노력해 왔다. 그렇지만 한 선교지에서 문제가 발생할 때는 왜 이런 정책협의회나 평가회를 하지 않았는지 의문이다. 서구 선교 역사를 보면 선교의 관성이 있어 선교 정책이나 선교 전략을 바꾸는 데는 상당히 오랜 시간이 걸리는 것을 볼 수 있다. 중국에서 1900년에 의화단 사건이 일어나 많은 서구 선교사와 가족 그리고 중국 기독교인이 피해를 입었다. 그런데 이에 대한 평가나 반성이 거의 없었다. 유일하게 나온 선교적 성찰이 롤란드 알렌의 『바울의 선교 vs. 우리의 선교』[119]이다. 이 책은 1912년에 발간되었지만 서구 선교계에서는 거의 알려지지 않다가 1962년 재판을 발간할 때 레슬리 뉴비긴이 서문에서 그 중요성을 강조했다. 중국 선교에서 서구 선교계가 반성하는 계기는 모택동의 공산 정권이 집권한 후 1952년 서구 선교사들을 모두 중국에서 추방한 사건이었다. 국제선교협의회는 독일 빌링엔에서 1952년 선교대회를 열어 중국에서의 선교사의 추방 문제를 선교학적으로 해석했다. 이 선교대회의 결과로서 나온 것이 에큐메니컬 선교신학의 핵심인 하나님의 선교(*missio Dei*)이었다. 부산국제선교회의 역사가 40년인데 이제라도 지난 선교의 문제를 제대로 다루고 교훈을 얻어 선교에 적용하는 것이 바람직하고, 이러한 재정립이 부산국제선교회 40년 선교 역사를 기록하는 목적이라 하겠다. 한국선교는 서구 선교로부터 교훈을 배워야 그들의 잘못을 반복하지 않거나 잘못을 빠르게 바로잡을 수 있게 된다.

---

118 박광선 목사와의 인터뷰(2022년 1월 25일).
119 롤런드 앨런/홍병룡 옮김, 『바울의 선교 vs. 우리의 선교』 (서울: IVP, 2008).

2장

오스트리아 한인 디아스포라 선교

1. 비엔나한인교회

1) 비엔나한인교회의 간략한 역사[1]

비엔나한인교회는 오스트리아에 간호사로 파견되었던 교인 16명이 1973년 6월 3일 첫 예배를 드림으로 시작되었다.[2] 비엔나에 오게 된 50명의 간호사 중 30명이 오토 바그너 양로원에서 일하게 되었다. 이들 중 16명이 기독교인으로 다수가 장로교 교인이었다. 양로원 옆 건물이 정신병원이었는데 거기서 일하는 루터교회 장로가 이들에게 교회를 소개해서 루터교회에서 예배를 드렸다. 일 년 후에는 간호사 기숙사에서 목회자 없이 모국어로 예배를 드리기 시작했다. 한 교인이 독일에 사는 친구로부터 이요한 선교사를 소개받고 비엔나로 초대해서 예배를 드린 것이 1974년 4월 부활절이었다. 이요한 선교사는 장로교 목사이지만 오순절 성향이 강해서 성령 집회를 인도하여 교인들이 방언을 하고, 환상을 보고 예언을 했다. 1975년 12월에 공동의회가 6명의 집사를 세웠고, 교회 이름을 '대한예수교장로회 뷘교회'라 했다. 1976년 1월 오스트리아 교회당을 빌려 예배를 드렸다.[3] 그러나 이요한 선교사가 여자 기숙사에서 지내면서 스캔들을 일으켜 1978년 9월에 사임했다.[4] 뷘교회는

---

1 비엔나한인교회(viennachurch.at)의 연표를 참조함.

2 Lukas Pokorny and Sang-Yeon Loise Sung, "'Today Vienna, Tomorrow All of Europe': The History of the Vienna Korean Church" in Hans Gerald Hödl and Lukas Pokorny (eds.), *Religion in Austria*, Vol. 4 (Vienna: Praesens, 2018), 162. 이 글의 제목인 "오늘은 비엔나, 내일은 온 유럽"은 장황영 목사가 비엔나한인교회에 제시한 선교 비전으로, 초기에는 "오늘은 비엔나, 내일은 동유럽"이었다가 2010년에 "오늘은 비엔나, 내일은 전 유럽"으로 바뀌었다. 그런데 이 글은 윤병섭 선교사가 귀국한 후 이남섭 선교사가 부임하기까지 1년 공백기가 있다고 했다(174). 사실은 윤병섭 선교사가 1993년 12월에 임기를 마쳤고, 이남기 선교사는 1994년 1월에 비엔나한인교회에 부임해서 1년의 공백기가 없었다. 그리고 이 글은 이남기 선교사가 비엔나한인교회에 6개월만 재직했다고 기록했다(174). 그러나 비엔나한인교회의 연표에 의하면 이남기 선교사가 사임한 때가 1995년 6월로, 1년 6개월을 재직했다. 이 글은 비엔나한인교회의 역사를 다루고 있는데 형성기(1973~1979)에 3쪽 반의 분량을 할애한 데 반해서, 부산국제선교회가 선교사를 파송한 기간을 포함한 강화기(1979~1995)에는 3쪽에 미치지 못하는 분량을 할당했다. 이 글에서는 부산국제선교회가 파송한 선교사들에 대한 충분한 언급이 없어 아쉽다. 반면에 이 글은 장황영 목사 부임 이후 비엔나한인교회의 성장과 동구권 선교, 유럽 선교와 아시아 선교에 대해 자세히 다루고 있다.

3 Lukas Pokorny and Sang-Yeon Loise Sung, "'Today Vienna, Tomorrow All of Europe': The History of the Vienna Korean Church," 169-171.

1979년 10월에 예배 장소를 오스트리아 현지 교회로 옮겼다. 오스트리아 개신교 총회는 비엔나한인교회의 목회자에 대해 비자 문제를 해결하고, 의료보험을 지원하기로 했다. 총회와 연동교회가 협력하여 1980년 8월 서울 연동교회가 비엔나한인교회로 정태봉 목사를 파송하여 정태봉 목사는 비엔나한인교회의 제1대 선교사가 되었다.[5] 연동교회가 정태봉 목사의 급여를 제공했고, 비엔나한인교회는 숙소를 제공했다. 교인이 증가하면서 교회 장소를 한국인이 태권도장으로 사용하던 지하 공간을 얻어 1981년 8월에 이사함으로써 비엔나한인교회는 최초로 독립된 공간을 마련했다.[6] 교회명을 '대한예수교장로회 비엔나 한인교회'로 1980년 8월에 변경했다. 정태봉 목사는 1981년에 주일학교를 시작했고, 수요 예배를 드리기 시작했다. 1983년 8월에 정태봉 목사가 사임했고, 1983년 9월에 부산국제선 교회가 장성덕 목사를 제2대 선교사로 비엔나한인교회에 파송했다. 장성덕 목사는 비엔나한 인교회를 1986년 대한예수교장로회 총회와 부산노회에 가입시켰고, 1987년 9월에 사임했다. 비엔나한인교회는 1987년 10월 쉬첸가세(Schützengasse) 13가에 있는 오스트리아 교회당 건물(현재의 교회당)을 임대하여 예배를 드리기 시작했다. 1987년 12월에 부산국제선교회 가 파송한 김상재 목사가 제3대 선교사로 비엔나한인교회에 부임하였으며 1990년 교회당 과 부속건물을 구입했다.

2) 장성덕 선교사(1983년 9월~1987년 9월 13일)

(1) 1983년: 장성덕 선교사 파송 및 부임

가) 파송

장성덕 선교사는 부산영락교회 부목사로 섬기던 중 1982년 총회 전도부[7]가 주관하는

---

4 최차남 은퇴 권사와의 인터뷰(2024년 5월 10일).

5 서독 프랑크푸르트에서 선교하던 김종렬 목사가 비엔나한인교회에 대해 듣고 연동교회의 정태봉 목사를 선교사 로 오도록 주선했다. 장성덕 목사와의 인터뷰(2022년 1월 25일).

6 Lukas Pokorny and Sang-Yeon Loise Sung, "'Today Vienna, Tomorrow All of Europe': The History of the Vienna Korean Church," 172-173.

세계 선교에 관심을 갖고 기도해 왔다. 세계 선교에 관심을 가진 장성덕 목사를 김정광 목사, 박광선 목사, 이만규 목사가 총회 전도부 총무 양신석 목사에게 추천했고, 총회 전도부는 장성덕 목사를 비엔나한인교회 선교사로 파송하는 것을 허락했다. 처음에는 부산국제선교회의 사정으로 별도의 선교회인 광나루 동우회(회장 이만규 목사)를 조직하여 장성덕 선교사를 파송하려 했지만, 나중에 광나루 동우회가 부산국제선교회에 통합되었다. 통합 이후 1983년 9월 부산국제선교회는 장성덕 목사를 부산국제선교회의 파송 선교사로 인준했다. 1983년 부산노회 가을 노회가 장성덕 선교사의 파송식을 진행했다. 1983년 10월 15일에 장성덕 선교사는 백점덕 사모와 병욱, 은정, 요한을 데리고 오스트리아로 출국했다. 부산국제선교회는 장성덕 선교사의 선교 기간을 3년으로 결정하고, 생활비는 매년 20%씩 감소하면서 자립책을 강구하기로 결의했고, 재정과 선교 보고는 부산국제선교회 유럽분과위원장인 이만규 목사가 일괄하기로 결의했다.[8]

[사진 4] 비엔나한인교회 성탄절 예배(1983)[9]

---

7 당시 대한예수교장로회 총회(통합)는 세계선교부가 별도로 조직되지 않아 전도부가 세계 선교 업무를 담당하고 있었다. 총회 세계선교부가 조직된 연도는 1989년 9월 1일이다.

8 "총무 보고," 부산국제선교회, 「선교보고서」 (1985년 1월).

9 이 사진은 Lukas Pokorny and Sang-Yeon Loise Sung, "'Today Vienna, Tomorrow All of Europe': The History of the Vienna Korean Church," 193, 사진 3에서 가져온 것이다.

장성덕 목사는 모교회가 의성제일교회(통합)이고, 어머니가 경안노회에서 전도사로, 아버지는 장로로 섬기었고, 초중고 학생 시절에 경주중앙교회에 출석했다. 장성덕 목사는 경북대학교 영문학과를 졸업한 뒤 1974년에 장로회신학대학교 신학대학원을 졸업했고, 1976년에 경북노회에서 목사 안수를 받았다. 장성덕 목사는 경안노회 안동교회 부목사와 안광제일교회의 담임목사, 부산영락교회 수석 부목사로 섬겼다.[10]

나) 비엔나한인교회

장성덕 선교사가 부임할 당시 비엔나한인교회는 시내 한 쇼핑몰의 지하 공간을 빌려서 주일예배만 드리고 있었고, 교인들 대다수는 유학생을 포함한 청년들이었다. 장성덕 선교사는 수요기도회를 시작했고, 유학생인 자녀를 따라와서 비엔나에 체류 중인 교인들과 비정기적으로 새벽기도회를 시작했다. 교인들의 도움을 받아 장성덕 선교사는 오스트리아 교단 인사들과 만나면서 다양한 오스트리아 교회의 모임에 방청인으로 참석하여 오스트리아 교회의 목회자들과 교제했다. 이런 만남을 통해 장성덕 선교사는 당시 오스트리아 개신교단(Evangelische Kirche in Österreich in A.B.) 쉬타이어마르크 교구 감독인 크날 주교 (Dr. Bishop Dieter Knall)와 비엔나 노회장 호른 목사(Herr Superintendent Pfarr. Horn)를 비롯하여 오스트리아 교회 지도자들을 알게 되었다. 비엔나한인교회 교인들은 매주 모이는 오스트리아 교회의 합창단 연습에도 참석했다.[11]

(2) 1984년: 교인과의 마찰, 교회당 이전이나 대여 그리고 선교 기지 활용 제안

비엔나한인교회의 주일예배에 40명~50명이 모여 예배를 드렸다. 장성덕 선교사는 주일 오후에는 300km 떨어진 다른 한인 교회에 가서 예배를 인도했다. 장성덕 선교사는 매주 7명~15명을 심방했고, 비엔나대학교 신학교 학생으로 등록하기도 했다. 주중 사역은

---

10 장성덕 목사와의 인터뷰(2022년 1월 25일).

11 장성덕 목사(전 비엔나 선교사), "비엔나한인교회 교회당에 대한 회고," 부산국제선교회, 「제30회 부산국제선교회의 밤 선교보고서」 (2012년 12월 13일).

직장 심방, 공항 픽업, 정착 초기 10일 정도 숙식을 제공하는 일을 했다. 살림이 어려워 음악회도 여행도 거의 못 갔다.[12]

부산국제선교회는 장성덕 선교사의 자동차 구입 건에 대해서는 50%를 지원하기로 결의했다. 그리고 장성덕 선교사와 비엔나한인교회 교인들과의 마찰 문제는 유럽분과위원장인 이만규 목사와 총무 김정광 목사가 선교 100주년을 기념하여 열리는 총회(1984)에 참석하는 장성덕 선교사를 만나서 선처하기로 결의했다.[13] 당시 비엔나한인교회에 출석하던 교인들에 의하면 장성덕 목사와 교인들과의 마찰 문제는 목회로 인한 갈등이나 장성덕 선교사의 문제에서 비롯된 갈등이 아니라 가정사와 관련된 사적 갈등에서 비롯되었다.[14]

1984년 주일예배에 초청을 받은 호른(Horn) 목사는 비엔나한인교회 교회당이 오스트리아 교회당과 비교해 볼 때 상당히 열악한 것을 안타까워했다. 이에 장성덕 선교사는 오스트리아 교회당으로 이전하든지 교회당을 빌리든지 하는 것을 타진하면서 기도했다. 교회당 이전이나 대여에 대해 부산국제선교회에 보고하고 기도를 요청했다.[15] 그런데 장성덕 선교사는 선교사 자녀 교육이 유리한 오스트리아가 앞으로 부산국제선교회가 선교사를 파송하는 선교 기지가 될 것을 기대했다. 선교사 자녀 교육 문제가 세계 선교의 장애가 되는데 대학 교육이 거의 무료이고, 선교의 문이 넓게 열린 오스트리아가 대안이 되기에 장성덕 선교사는 오스트리아가 선교 기지로서 역할을 할 것으로 보았다. 그러므로 제3세계 선교에 대한 비전을 지닌 부산국제선교회는 오스트리아를 선교 기지로 활용할 것을 제안했다.[16]

---

12 장성덕 목사와의 인터뷰(2022년 1월 25일).

13 '임원회 서기 보고,' 부산국제선교회, 「선교보고서」(1985년 1월).

14 비엔나한인교회의 모 집사가 결혼 적령기의 여동생의 신랑감을 찾던 중 장성덕 선교사에게 미혼의 처남이 있다는 것을 알게 되면서 소개하여 결혼했다. 그러나 결혼생활에 문제가 생겨 여동생이 오스트리아로 귀국했다. 이런 일로 인해 모 집사 가정이 장성덕 선교사 시절에 비엔나한인교회를 떠났다가 김상재 선교사 시절에 교회로 돌아왔다. 이것이 당시 교인 마찰의 주요 내용이다. 정구용 은퇴 장로와의 인터뷰(2024년 5월 8일); 최차남 은퇴 권사와의 인터뷰(2024년 5월 10일).

15 장성덕 목사(전 비엔나 선교사), "비엔나한인교회 교회당에 대한 회고," 부산국제선교회, 「제30회 부산국제선교회의 밤 선교보고서」(2012년 12월 13일).

16 장성덕 선교사, 「선교통신」(1984년 12월).

(3) 1985년: 교회 상황이 안정되어 간다는 보고와 후원 요청

부산국제선교회는 장성덕 선교사의 생활비를 여러 가지 사정과 문제로 월 800달러씩 송금하기로 결의하되 7월부터 9월까지 3개월분만 송금했고, 10~12월분은 재정 사정으로 송금하지 못했다.[17]

장성덕 선교사는 선교사로 오스트리아로 오게 된 것과 선교를 위해 후원회를 조직한 것이 모두 하나님의 간섭으로 된 것으로, 이제까지의 선교 활동을 하나님의 은총으로 고백했다. 그렇지만 장성덕 선교사는 비엔나한인교회와 관련해서 전해온 소식은 사실과는 차이가 많다고 했다. 지금까지 선교사로서의 2년 동안은 장성덕 선교사가 시행착오를 통해 배우는 시간이었음을 고백하고, 하나님께서 자신을 오스트리아로 인도하셨으니 허락하는 기간 동안 충실히 봉사하겠다고 했다. 장성덕 선교사가 더 노력해서 비엔나한인교회를 안정시키겠다고 하면서 선교 후원에 차질이 없기를 요청했다. 의성, 안동, 경주, 대구, 서울, 안강 지역의 후원 회원과 특별히 부산 영락교회의 후원 회원 관리를 요청했다. 10월 9일 WCC 산하 기관인 스위스 보세이에 연수를 위해 방문하는 박광선 목사에게 사흘간 부흥회를 요청했다. 장성덕 선교사는 생활비 800달러가 현상 유지에 어려움이 없으니, 내년에 임기를 마치기까지 지원할 것을 요청했다. 지난 1월부터 6월까지 매달 덜 부친 200달러로 부채가 발생했으니, 추가로 송금할 것을 요청했다.[18]

(4) 1986년: 선교비 증액, 교회당 구입 제안, 2기 파송 선교사 결의, 선교비 분담, 총회 산하 선교지 교회로 등록, 부산노회가 해외 선교지로 인준

부산국제선교회는 장성덕 선교사를 파송하면서 생활비를 매년 20%씩 감소하면서 자립책을 강구하기로 했다. 선교 약정에 따라 장성덕 선교사의 3차 연도 생활비를 월 600달러

---

17 "총무 보고," 부산국제선교회, 제53회 월례회(1985년 11월 7일).
18 장성덕 선교사, 「오스트리아 선교통신」 (1985년 9월 20일).

로 결의했다.[19] 그러나 비엔나한인교회의 사정이 어려우므로 장성덕 선교사의 생활비를 4월부터 10월까지 월 200달러씩 추가하기로 하고(월 800달러 유지), 1986년 5월 중 부산국제 선교회의 신동혁 회장이 현지를 시찰하여 오스트리아 교단에 등록하며, 1986년 10월 이후 오스트리아 선교에 대해 필요한 부분을 결정하기로 결의했다.[20] 부친 위독으로 인해 임시로 귀국한 장성덕 선교사는 부산국제선교회에 비엔나한인교회 현황을 보고했다. 비엔나 한인교회의 교인 재적은 54가구 91명(어린이 20명 포함)으로, 5월 20일부터 비엔나교회 건물을 빌려 예배 처소로 삼기로 했다.[21] 부산국제선교회장인 신동혁 목사는 1986년 5월 14일부터 17일까지 오스트리아를 방문하여 선교사의 거취 문제와 한인 교회의 장래 문제 등을 비엔나한인교회의 대표와 논의한 결과 장성덕 선교사를 제2기 파송 선교사(1986년 11월~1989년 10월)로 합의했다.[22] 신동혁 회장은 오스트리아 개신교단의 총회장 홀렌 목사를 예방했고, 비엔나 노회장 호른 목사의 초대를 받아 대화를 나누었다. 장성덕 선교사는 부산국제선교회와 오스트리아 개신교단 사이에 자매결연을 맺기 위해 노력했다.[23] 장성덕 선교사는 비엔나한인교회를 방문한 신동혁 회장에게 오스트리아 교회당과 부속건물인 주택을 구입하는 비용이 약 1억 원 정도인데, 구입 비용을 부산국제선교회와 비엔나한인교 회가 절반씩 부담할 것을 제안했다.[24] 그러나 신동혁 목사에 의하면 비엔나한인교회를 방문한 시기는 1986년 5월 22일이었고, 3일간 교회에서 집회를 인도할 때는 장성덕 선교사 가 부친상으로 한국을 떠났다고 했다. 따라서 장성덕 선교사의 제안은 신동혁 목사의 방문 이후일 가능성이 높다.[25] 1986년 6월 16일 부산국제선교회는 장성덕 선교사를 제2기로 파송하기로 결의하고, 1986년 11월부터는 월 생활비 보조를 500달러로 하고, 나머지 생활

---

19 "총무 보고," 부산국제선교회, 「제55회 월례회 및 1986년 정기총회 자료집」 (1986년 2월 6일).

20 "총무 보고," 부산국제선교회, "제57회 월례회" (1986년 4월 3일).

21 비엔나한인교회의 연혁에 의하면 현 교회당으로 이전한 것은 1987년 10월이다.

22 "총무 보고," 부산국제선교회, "제59회 월례회" (1986년 6월 5일).

23 신동혁, 『멜본에서 전해온 복음 지금은 모스크바로』(서울: 기독교문화사, 1993), 324-326. 이 책에서는 비엔나 노회장을 홀겐 목사로(326) 표기하는데, 호른 목사를 가리키는 것으로 보인다.

24 장성덕 목사(전 비엔나 선교사), "비엔나한인교회 교회당에 대한 회고," 부산국제선교회, 「제30회 부산국제선교 회의 밤 선교보고서」 (2012년 12월 13일).

25 신동혁, 『멜본에서 전해온 복음 지금은 모스크바로』, 316-320.

비를 비엔나한인교회가 전담하기로 합의했다. 장성덕 선교사의 개인 후원비(경주와 안동 등)를 부산국제선교회가 직접 관리할 것을 결의했다. 1986년 6월 비엔나한인교회를 대한 예수교장로회 총회(통합) 산하 선교지 교회로 등록했다.[26] 장성덕 선교사가 요청한 "비엔나 한인장로교회" 명칭 사용에 따른 선교지 교회 인준 청원서를 1986년 9월 4일에 부산노회에 청원했다. 1986년 10월 13일 부산노회는 오스트리아 장성덕 선교사가 시무하는 비엔나한 인교회를 본 총회 산하 선교지 교회로 인준했다.[27] 2기 파송을 받은 장성덕 선교사는 재파송 절차 지시를 부산국제선교회에 요청했고, 오스트리아 교단과 교회당 구입 계약 체결을 위해서 부산국제선교회 총무의 오스트리아 출장을 요청하면서 비엔나한인교회가 총무의 왕복 경비의 1/3과 체재 경비를 부담하기로 했다고 밝혔다. 장성덕 선교사는 부산국제선교 회에 1986년 생활비를 적시에 송금할 것을 부산국제선교회에 요청했다.[28]

[사진 5] 비엔나한인교회의 성가대[29]

---

26 장성덕 선교사는 1986년에 비엔나한인교회를 총회 산하 선교지 교회로 등록하기 위해서 교단 가입 청원에 필요한 서류를 총회에 제출했다(비한교 제86-01호). 총회 세계선교부는 비엔나한인교회가 총회 소속 교회임을 확인해줬다(총회 해외·다문화선교처의 비엔나한인교회의 PCK 총회 교단 소속 질의에 대한 답변서, 2023년 7월 21일 참조).

27 "총무 보고," 부산국제선교회, "제62회 월례회" (1986년 10월 2일), 부산노회는 비엔나한인교회를 해외 선교지 교회로 1986년 10월 13일 등록했다(부노증 제196-119호, 2023년 7월 14일 공문 참조).

28 "총무 보고," 부산국제선교회, "제63회 월례회" (1986년 11월 6일).

29 신동혁, 『멜본에서 전해온 복음 지금은 모스크바로』, 318.

(5) 1987년: 선교비 증액 요청, 성전건축위원회 구성, 후임 선교사 요청, 장성덕 선교사 귀국, 현재의 교회당으로 이전

1987년 1월 26일 석화그릴에서 모인 임원회는 장성덕 선교사가 섬기는 비엔나한인교회에서 1월 18일(주일)에 침례교 계통으로 30여 명이 분리되어 나갔다는 소식에 대해서는 장성덕 선교사 본인의 보고를 듣기까지 기다리기로 결정했다.[30] 그러나 당시 비엔나한인교회에 출석하던 교인들에 의하면 1987년 1월에 교인 30명이 비엔나한인교회를 떠나 다른 교회로 갔다는 소식은 사실이 아니라고 확인해 줬다.[31] 장성덕 선교사는 경제적으로 어려운 상황으로, 비엔나한인교회의 교인 대표가 달러화 하락으로 인한 장성덕 선교사의 재정적 어려움을 호소하며 생활비 200달러 증액을 요청했다.[32] 비엔나한인교회가 한국교회 두 곳을 보조하기로 결정하여 헌금한 1,500달러를 총회가 추천한 경안노회 소속 우리집(장영자 전도사)과 현내교회를 지원했다.[33] 비엔나한인교회는 1987년 7월에 성전 건축위원회를 구성했다.[34]

비엔나한인교회는 부산국제선교회에 후임 선교사의 인적 사항을 통보해 줄 것과 후임 선교사가 11월 8일까지 부임할 것을 요청했다.[35] 부산국제선교회는 비엔나한인교회의 입당식과 임직식에 부산국제선교회 총무 김정광 목사가 참석할 경우 왕복 여비를 비엔나한인교회가 부담할 것을 요청했다.[36] 1987년 9월 5일 열린 부산국제선교회 임원회는 장성덕

---

30 "총무 보고," 부산국제선교회, "제65회 월례회" (1987년 2월 5일).

31 정구용 은퇴 장로와의 인터뷰(2024년 5월 8일), 최차남 은퇴 권사와의 인터뷰(2024년 5월 10일), 정구용 은퇴 장로는 초대 여전도 회장 이태봉 권사의 아들이다. 최차남 은퇴 권사의 남편인 김종기 은퇴 장로는 1992년 비엔나한인교회의 교회당 매매 계약서에 교회 대표인 윤병섭 목사, 교인 대표 이정준 집사와 더불어 자산 관리인으로서 서명했다.

32 "총무 보고," 부산국제선교회, "제66회 월례회" (1987년 3월 5일).

33 "총무 보고," 부산국제선교회, "제69회 월례회" (1987년 6월 4일).

34 「유럽 지역 선교지 방문 보고」, 부산국제선교회, 「제95회 월례회 및 정기총회 자료집」 (1990년 2월 8일).

35 장성덕 선교사가 2기 파송을 받고도 1년을 채우지 못하고 사임하여 귀국한 것은 일부 교인들이 장성덕 선교사의 목회에 반대하며, 교회 내에 불협화음이 많았기 때문이었다. 정구용 은퇴 장로와의 인터뷰(2024년 5월 8일), 그렇지만 북미 한인 교회와 유럽 한인 교회 대부분이 불협화음이나 내적 갈등을 겪기에 비엔나한인교회만이 예외적으로 이런 갈등을 겪는다고 할 수는 없다.

36 "총무 보고," 부산국제선교회, "제72회 월례회" (1987년 10월 1일).

선교사가 9월 4일 임지를 떠나 귀국을 준비하고, 9월 13일 송별 예배 후 10월 초 귀국할 예정이라는 보고를 받았다.[37] 비엔나한인교회의 연혁에 의하면 현재의 교회당으로 이전한 시기는 1987년 10월이다.[38]

(6) 장성덕 선교사 시기의 오스트리아 선교의 특징과 과제

이 시기의 특징은 첫째, 장성덕 선교사가 비엔나한인교회의 교회당 구입을 제안한 점이다. 장성덕 선교사가 부임 후 비엔나한인교회가 예배를 드리는 장소는 지하 공간이었다. 오스트리아 교회는 파이프오르간이 있고 아름다운 스테인드글라스로 장식된 것에 비하면 너무 부끄럽다고 느꼈다. 정태봉 목사는 이 공간에서 살다가 폐렴에 걸려 2~3개월 병원에 입원했다.[39] 비엔나 노회장 호른 목사(Herr Superintendent Pfarr. Horn)는 새로 건축하고 이전하여 사용하지 않는 교회당을 대안으로 제시했는데 교인들이 찬반으로 나뉘어서 차라리 교회당을 구입하는 것으로 방향을 전환하게 되었다. 교회당 구입비를 부산국제선교회와 비엔나한인교회가 절반씩 부담할 것을 제안했다.[40] 장성덕 선교사는 비엔나한인교회가 별도의 교회당 공간을 마련하면 향후 제3세계 선교를 위한 선교사 훈련 기지로 사용할 수 있으리라고 제안했다.[41] 이를 위해서 부산국제선교회가 호른 목사를 방한하도록 초대했다. 둘째, 장성덕 선교사는 오스트리아 교단과의 우호적인 관계를 형성하기 위해 노력했다. 장성덕 선교사는 오스트리아 교단장 가족을 사택으로 초대한 거의 유일한 선교사이었다. 오스트리아 교단장도 장성덕 선교사에게 냉장고든 필요한 가전제품이 있으면 지원하겠다고 했다.[42] 신동혁 목사에 의하면 장성덕 선교사는 오스트리아 개신교단(Evangelische

---

37 "임원회 서기 보고," 부산국제선교회, "제72회 월례회" (1987년 10월 1일).

38 장성덕 선교사의 송별 예배를 드린 것은 1987년 9월 13일이었다. 김상재 선교사가 부임한 것은 1987년 12월이었다. 비엔나한인교회의 연혁에 따르면 비엔나한인교회는 목회자 부재 기간 중에 이전을 했다. 목회자 부재 기간이었지만, 교회당 구입과 이전을 위한 준비 작업을 장성덕 선교사가 한 것으로 보는 것이 타당하다.

39 최차남 은퇴 권사와의 인터뷰(2024년 5월 10일).

40 장성덕 목사와의 인터뷰(2022년 1월 25일).

41 장성덕 선교사, 「선교통신」 (1984년 12월).

42 정구용 은퇴 장로와의 인터뷰(2024년 5월 8일).

Kirche in Österreich in A.B.)과 부산국제선교회 사이에 자매결연을 맺기 위해 노력했다. 이처럼 오스트리아 교회와의 우호적 관계는 비엔나한인교회가 비어 있는 교회당으로 이전 하여 예배드리고 후에 구입하는 데 밑거름이 되었다. 셋째, 장성덕 선교사는 1986년 비엔나 한인교회를 대한예수교 장로회 총회(통합) 산하 부산노회에 가입하도록 했고, 같은 해에 대한예수교장로회 총회(통합) 산하 선교지 교회로 등록시킴으로써 비엔나한인교회가 한 국교회에 소속되도록 하는 데 기여했다. 넷째, 장성덕 선교사와 비엔나한인교회 교인들 사이의 마찰 문제였다. 이 문제는 사적인 문제로부터 발단되었다. 1987년 1월 18일에 교인 30명이 다른 교회로 나갔다는 것은 사실이 아닌 것으로 판명되었다. 그렇지만 사적 문제가 목회에 부담을 주면서 교회 내 불협화음이 생기고 결국 장성덕 선교사는 1987년 9월에 사임하고 귀국했다.

이 시기의 과제나 문제점으로는 교회당 구입의 제안에 대한 문제이다. 현지 선교사 입장에서는 교회당 구입이 여러 가지 현실적인 면이나 비엔나한인교회의 미래의 측면에서 나 좋은 제안이라 할 수 있다. 그렇지만 부산국제선교회가 이런 제안을 수용하는 과정에서 몇 가지 상황을 충분히 고려하지 못한 것 같다. 우선, 부산국제선교회가 비엔나한인교회 선교사를 파송하면서 결정한 자립 원칙을 지키지 못했다. 이는 비엔나한인교회의 재정적 사정이 목회자 사례비를 감당할 수준도 되지 못할 정도로 어려웠기 때문이었다. 둘째, 제3세계 선교를 위한 선교 기지의 문제점이다. 오스트리아가 자녀 학비가 거의 없다는 점은 유리한 측면이지만, 당시 비엔나한인교회는 어려운 상황이었고, 오스트리아의 물가 가 비싸고, 선교 훈련 기지를 위한 인적 자원의 비용과 선교사 훈련 비용이 크게 증가한다는 점을 충분히 고려하지 못했다. 1986년 5월에 비엔나한인교회를 방문했던 신동혁 목사에 의하면 비엔나한인교회의 교인들과의 대화에서 교인들은 앞으로 자립하면 한국의 농촌 미자립교회를 도우려는 목표를 가졌다고 했다.[43] 당시 비엔나한인교회는 동구권 선교나 제3세계 선교 기지에 대해 계획한 적이 없었다.

그러나 장성덕 선교사가 교회당 구입을 제안한 배경에는 비엔나한인교회의 교인들이

---

43 신동혁, 『멜본에서 전해온 복음 지금은 모스크바로』, 321.

독립된 교회당이 없어 겪었던 어려움들을 극복하고자 한 의지가 컸고, 오스트리아 교회당과 비엔나한인교회의 교회당 사이의 큰 격차를 어느 정도 해소하기를 바란 점도 있고, 당시에는 재정자립도 안 되는 한인 교회이었지만 동구권 선교라는 비전을 제시한 것은 교회당 구입 이후의 선교 비전을 미리 제시한 것이라 평가할 수 있다.

3) 김상재 선교사(1987년 12월~1990년 11월)

(1) 1987년: 파송

1987년 9월 5일 열린 임원회는 장성덕 목사 후임으로 김상재 목사(39세, 사하제일교회)를 결정하고, 생활비를 월 700달러 지급하기로 결의했다. 김상덕 선교사의 소속 노회는 부산동노회(수안교회 3년 시무)로 하기로 하고, 수안교회를 후원 교회로 교섭하기로 결정했다. 귀국 후 장성덕 목사의 임지가 결정되지 않을 경우 월 40만 원 생활비를 지급하기로 했다.[44] 비엔나한인교회는 1987년 10월에 현재의 교회당을 예배 공간으로 빌려 이전했다.[45] 김상재 선교사 부임 이후 한국교회와 부산국제선교회의 활동을 체험하도록 하기 위해서 오스트리아 루터교회 비엔나 지방 노회장인 호른 목사를 초청하는 부산국제선교회의 서신에 대해 긍정적으로 응답하는 회신이 왔다.[46] 김상재(수안교회와 부산국제선교회의 파송 선교사, 부산동노회 소속) 선교사가 1987년 11월 15일 수안교회에서 파송 예배를 드린 후 12월 2일 가족과 함께 제2대 비엔나한인교회의 목회자로 이민 선교를 위해 출국했다.[47]

---

44 "임원회 서기 보고," 부산국제선교회, "제72회 월례회" (1987년 10월 1일).
45 비엔나한인교회 연혁 참조.
46 "총무 보고," 부산국제선교회, "제73회 월례회" (1987년 11월 5일).
47 "총무 보고," 부산국제선교회, 「제74회 월례회 및 제5회 국제선교의 밤 부산국제선교회 선교보고서」 (1987년 12월 10일).

(2) 1988년: 교회 정상화, 교회당 이전, 사택비 요청, 한인 교회 현황 보고

김상재 선교사는 1987년 12월에 오스트리아에 도착하여, 1988년 1월에 공동의회를 열고, 1월 10일에 제직을 임명했다. 교회가 정상화되었다.[48] 새로 이전하여 사용하는 교회 당은 의자 200석이 있는 오스트리아 교회로, 수리하여 1년 동안 사용하도록 허락을 받았다. 오스트리아 루터교회 비엔나 지방 노회장 호른 목사는 1988년 7월경에 한국 방문이 가능하다고 했다.[49] 김상재 선교사는 언어 훈련을 받고 있으며, 오스트리아 개신교단 총회 (Oberkirchenrat der Evangelische Kirche in Österreich in A.B.)와 선교 협약 체결을 위해 기도를 요청했다.[50]

비엔나한인교회는 김상재 선교사 부임 이후 성장했다. 90여 명의 교인이 예배에 출석하

[사진 6] 비엔나한인교회가 현재의 교회당으로 이전(좌측부터 정구용 집사, 김상재 선교사, 김재호 집사, 김동호 집사, 김종기 집사, 배택희 집사, 이정준 집사, 최두현 집사, 김정광 목사, 카메라 곽주섭 집사)[51]

---

48 장성덕 선교사와의 갈등이 사적 관계에서 비롯되었기에 김상재 선교사가 부임하면서 교회를 떠났던 모집사가 비엔나한인교회로 돌아왔다.
49 "총무 보고," 부산국제선교회, 「제75회 월례회 및 정기총회 보고서」 (1988년 2월 4일).
50 김상재 선교사, 「선교통신」 (1988년 8월 1일).
51 이 사진은 Lukas Pokorny and Sang-Yeon Loise Sung, "'Today Vienna, Tomorrow All of Europe': The History of the Vienna Korean Church," 193, 사진 4에서 가져온 것이다.

고, 김상재 선교사는 주일예배와 구역예배, 권찰회, 심방 등 목회에 전념했다. 현재 교육관을 김상재 선교사의 사택으로 사용하는데, 현지 선교 구역 교단이 교육관을 사택으로 사용하는 것은 사용 목적에 적합하지 않으므로 선교사 사택을 주거지로 옮기라는 통보를 받아 김상재 선교사가 부산국제선교회에 선교사 사택 보조비를 신청했다.[52] 부산국제선교회는 김상재 선교사에게 생활비 월 700달러를 12개월 지급하기로 하고, 자동차 구입을 위해 300만 원을 지원하기로 했다.[53] 김상재 선교사의 선교 보고에 의하면 비엔나한인교회의 교인은 1987년 12월 75명, 1988년 11월 85명이고, 1988년 수세자는 10명이고, 학습자는 7명이다. 세례교인은 남자 25명, 여자 37명이다. 원입교인은 남자 8명, 여자 8명이다. 제직은 남자 8명, 여자 2명이다.[54] 비엔나한인교회는 1988년 12월에 여전도회를 창립했다. 초대 회장은 이태봉 권사이었다.[55]

(3) 1989년: 오스트리아 교회가 예배 처소 이전 요청, 호른 목사의 방한, 동유럽 선교의 전초기지 위한 기도, 교회당 구입과 재정 분담 결의

비엔나노회가 교회당 건물의 매각을 결정하고, 예배 처소를 옮겨줄 것을 강력히 요구하자 비엔나한인교회는 이정준 집사를 교회 대표로 보내어 부산국제선교회 임원회에 이 사실을 보고하였다.[56] 부산국제선교회는 오스트리아 비엔나 지방 노회장 호른 목사를 초대하여 부산국제선교회의 활동과 한국교회에 대해 소개했다. 호른 목사는 1989년 4월 20일 뉴라이프 호텔 회의실에서 열린 제87회 월례회에 참석하여 설교했다.[57] 부산국제선교회는 호른 목사의 방문 여비를 지원했다. 부산국제선교회는 호른 목사의 방한 중 비엔나한인교

---

52 "총무 보고," 부산국제선교회, 「제84회 월례회 및 6회 국제선교의 밤 선교보고서」 (1988년 12월 15일).
53 부산국제선교회, 「제85회 월례회 및 정기총회 보고서」 (1989년 2월 2일).
54 김상재 선교사, 「선교통신」, 부산국제선교회, 「제84회 월례회 및 6회 국제선교의 밤 선교보고서」 (1988년 12월 15일).
55 비엔나한인교회 연혁 참조.
56 「유럽 지역 선교지 방문 보고서」, 부산국제선교회, 「제95회 월례회 및 정기총회 보고서」 (1990년 2월 8일).
57 부산국제선교회, "제87회 월례회" (1989년 4월 20일).

회 건물 구입 문제를 논의하고, 상호교류를 타진하는 등 부산국제선교회와 비엔나노회 사이에 서로를 보다 잘 이해하기 위해 노력했다. 호른 목사의 방한 이후 김상재 선교사는 비엔나 지방 노회와 유대를 강화하며, 한인 교회의 성장을 위해 노력하며, 비엔나한인교회가 동유럽 선교의 전초기지가 되도록 기도하고 있다는 보고를 받았다.[58]

부산국제선교회 임원회는 비엔나한인교회가 동구권 선교를 향한 전초기지가 될 것으로 믿고, 비엔나한인교회가 임대하여 사용하는 교회당과 부속건물(518㎡, 157평 교회당과 층마다 1세대가 방 3개씩 사용하여 2세대가 살 수 있는 4층 건물)을 구입하기로 하되 구입비(200만 실링: 1억 원) 중 절반은 비엔나한인교회가 절반은 부산국제선교회에서 모금하여 부담하기로 하고, 이만규 총무를 비엔나로 파송하여(89. 7. 2.) 의논하기로 결의했다.[59] 부산국제선교회 총무 이만규 목사는 유럽 지역 선교지 방문을 위해 6월 27일 출국했다.[60]

1989년 여름에 이정준 집사가 부산을 급히 방문할 것을 타진했다. 오스트리아 개신교단 총회가 비엔나한인교회에게 교회당 구입비를 약 10년간 연불하도록 했다. 그래서 비엔나한인교회와 부산국제선교회가 교회당 구입을 추진했다. 이후에 오스트리아 개신교단 총회 (Oberkirchenrat der Evangelische Kirche in Österreich in A.B.)가 재정 부족으로 교회당 구입비를 1년에 완불할 것을 비엔나한인교회에 요청했다. 구입 비용이 약 20만 달러이어서 비엔나한인교회의 집사들과 의논한 결과 부산국제선교회가 구입 비용의 절반을 부담하기로 결정하면, 비엔나한인교회도 절반을 부담하도록 하겠다고 했다. 부산국제선교회 회장 신동혁 목사는 이런 상황에서 부산국제선교회가 인도네시아, 일본, 중국에 선교비를 지속적으로 보낼 것을 고려하면 대단히 어려운 결의였지만 불가피한 일이었다고 했다. "선교는 어차피 빚을 지면서 무거운 짐을 져야 할 처지이니 하나님께서 채워 주시라는 신앙적 결단"이라면서 부산국제선교회보다는 비엔나한인교회의 결단이 훨씬 더 어려운 일이라 했다.[61]

1989년 11월에 비엔나한인교회는 베델성서대학을 시작했다.[62] 1989년 12월 7일 이정

---

58 "총무 보고," 부산국제선교회, 「제94회 월례회 및 제7회 국제선교회의 밤 보고서」 (1989년 12월 1일).
59 「유럽 지역 선교지 방문 보고서」, 부산국제선교회, 「제95회 월례회 및 정기총회 보고서」 (1990년 2월 8일).
60 부산국제선교회, "제90회 월례회" (1989년 7월 6일).
61 신동혁, 『멜본에서 전해온 복음 지금은 모스크바로』, 329-330.
62 비엔나한인교회 연혁 참조.

준 집사가 비엔나 현지에서 교회당 구입비를 1990년 6월 말까지 현금으로 완납하여야 한다는 조건을 부산국제선교회에 보고했다. 그러자 부산국제선교회 임원회는 방문단을 구성하고, 방문단으로 하여금 현지 사정을 정확히 파악하여 필요하다면 계약을 단장이 하도록 하고, 그 결과를 1990년 2월 총회에 보고하게 하고 부산국제선교회의 예산 몫인 5,000만 원을 모금하기로 결의했다.[63]

(4) 1990년: 유럽 지역 선교지 방문, 한인 교회당 구입, 구입 감사 예배, 동구권 선교 전망, 장로 선거 연기, 김상재 선교사 귀국

1990년 1월 16일부터 24일까지 부산국제선교회 부회장 양경열 목사를 비롯하여 이일호 목사, 이경석 장로, 이말이 사모로 구성된 유럽 지역 선교지 방문단이 유럽 선교지인 오스트리아 비엔나한인교회와 독일 프랑크푸르트 풀다한인교회를 방문했고, 헝가리 부다페스트를 방문하여 동구권 선교의 가능성을 탐색했다. 방문단의 보고에 따르면 오스트리아 비엔나한인교회의 현황은 교인 재적은 102명(세례자 85명, 학습자 7명, 입교 10명, 89년도 수세자 9명)이고, 제직은 20명(남 10명, 여 10명)이고, 직업별로는 현지 거주 11세대 28명, 주재원 9세대 17명, 학생 38세대 55명이다. 연간 예산을 보면 1989년 결산이 3,000만 원(60만 실링)이고, 1990년 예산은 3,250만 원(65만 실링)이다. 교회당 구입 헌금을 위한 교인들 28명의 작정 예산은 893,600실링으로 이미 적립되어 있는 헌금과 합하면 목표액 100만 실링—200만 실링(1억 원) 중 국제선교회와 나눈 절반—이 1990년 말까지 달성이 가능한 것으로 본다. 그러나 교회당 구입 자금은 1990년 6월 말까지 현금으로 지불해야 하므로 현실적인 어려움이 있다.

1989년 1월 현재 비엔나한인교회가 임대해 사용하는 교회당은 비엔나 노회의 3구 소속 교회로 교회의 재정 형편 때문에 교회당을 매각할 예정이기 때문에 한인 교회로 하여금 예배 처소를 옮겨줄 것을 강력히 요구하고 있다. 따라서 교회당 및 부속건물을 비엔나한인

---

63 「유럽 지역 선교지 방문 보고서」, 부산국제선교회, 「제95회 월례회 및 정기총회 보고서」 (1990년 2월 8일).

교회가 구입하지 않으면 안 될 실정이다. 이 교회당 및 부속건물의 실제 시가는 400만 실링(2억 원)이나 구입 후 교회당으로 계속 사용할 경우에는 200만 실링(1억 원)에 매각할 용의가 있다고 한인 교회에 알려왔다. 오스트리아 루터교회 비엔나노회 3구는 1990년 6월 말까지 현금으로 매입 금액 전액을 일시불로 지불해야 하는 조건을 제시했다.

오스트리아 비엔나한인교회 교회당 구입을 위한 자리에 부산국제선교회의 유럽 지역 선교지 방문단장 양경렬 목사와 비엔나한인교회 대표 이정준 집사가 변호사를 대동하여 참석했다. 부산국제선교회 부회장(양경렬)과 비엔나한인교회 대표(이정준)와 변호사가 오스트리아 교회 대표들과 루터교 교회 비엔나 노회 3구 대표와 1990년 1월 23일 교회당 구입을 위한 계약을 체결했다. 당시 계약 내용을 보면 첫째, 대금 지불은 1990년 6월 말까지 달러로 16만 달러를 전액 지불해야 한다. 둘째, 20만 실링을 계약금으로 지불하여 계약을 체결했다. 셋째, 대금 지불 방법은 1억 원 전부를 한국 예장 총회가 오스트리아 루터교회 비엔나노회 3구 대표 변호사 구좌로 입금하기로 했다. 다른 방식으로 할 경우 25%의 세금이 부가된다. 교회 건물을 대한예수교장로회 총회(통합)가 구입하여 오스트리아 비엔나한인 교회에 증여한 것으로 하면 면세가 되기 때문이다. 단 비엔나한인교회의 몫인 5,000만 원도 일단 한국으로 송금해서 국제선교회의 몫 5,000만 원과 합하여 총 1억 원을 한국 예장 총회가 오스트리아 비엔나의 변호사 구좌로 넣기로 했다. 이 모든 사실은 주한 오스트리아 대사관에서 확인받도록 했다. 넷째, 교회당 구입 대금이 오스트리아 변호사 구좌에 1990년 6월 말까지 16만 달러로 입금되면 변호사는 등기 이전 절차를 밟기로 한다. 등기 이전과 구매 계약 절차는 예장 총회가 위임하는 부산국제선교회 대표와 비엔나한인교회 대표의 공동 서명으로 끝난다. 법적으로 비엔나한인교회는 예장 총회의 소유이며 그 관리 는 비엔나한인교회가 한다. 비엔나한인교회의 대표가 이정준 집사인 것은 현지인만이 법적 권한을 갖기 때문이다. 이정준 집사가 비엔나한인교회를 대표하는 것은 한인교회의 결의에 의한 것이다. 다섯째, 이전 등록비 및 변호사 수수료 등 제반 부수 경비는 비엔나한인 교회가 지불하기로 한다. 여섯째, 계약금으로 비엔나한인교회가 변호사에게 지불한 가계 약금 20만 실링(1,900만 원)을 변호사로부터 다시 받아 부산국제선교회가 총회를 통하여 1990년 2월 말까지 비엔나 변호사 구좌로 송금하도록 한다. 일곱째, 대금 지불 방법과 시기가 결정되면 부산국제선교회가 1990년 6월 말까지의 대금 지불 계획을 비엔나 변호사에게 알리고, 변호사는 이 내용을 비엔나노회에 보고하도록 한다. 부산국제선교회가 총회를 통해 교회당 구입 자금 1억 원(16만 달러)을 전액 비엔나 변호사 구좌에 입금하면 비엔나 변호사는 비엔나노회에 이 금액을 지불하고 등기 이전 절차를 완료한다.[64]

유럽 지역 선교지 방문단은 비엔나한인교회와 동구권 선교 전망을 다음과 같이 보고했다. 오스트리아는 지정학적으로 유럽 대륙의 한복판에 있고, 동서양 진영 사이에 중립을 지키고 있는 나라이다. 오스트리아는 한국과 1963년에 수교하였다. 1989년 현재 한국 교민은 300명이고, 체류자는 1,000명 정도이다. 지정학적인 면에서 볼 때도 중요하지만, 동구 공산권 국가가 열려 있는 이때 동구권 선교를 위한 전초기지가 될 수 있을 것이다. 하나님께서 부산국제선교회를 통하여 7년 전에 비엔나한인교회와 관계를 맺게 하신 데에는 반드시 하나님의 선하신 섭리가 있을 것이다. 현재 비엔나한인교회의 교인은 현지인, 주재원, 유학생 등으로 구성되어 있다. 교인 중 유학생이 60% 이상을 차지하고 있기 때문에 교회당 월 임대료를 지불해야 하는 형편이므로 한인 교회가 완전히 자립하기는 아직 어려운 편이다. 그러나 교회당과 부속건물을 구입한 이후는 월 임대료를 절약하게 되고, 교인들이 교회에 대한 소속감을 증진시키며, 지역사회 및 선교 프로그램이 활성화되면서 한인 교회의 자립과 부흥이 빠른 시일 안에 가능할 것으로 판단한다. 현재는 비엔나에 3개의 한인 교회가 있다. 앞으로 비엔나한인교회는 교회당 및 부속건물의 활용을 통해 동유럽 선교의 전초기지 및 선교사 훈련센터로 확장할 계획이 있다. 지금 폴란드, 헝가리, 유고슬라비아, 체코슬로바키아등 동구권이 이미 열렸고, 지금도 계속 열리고 있으므로 세계 선교의 비전을 가진 부산국제선교회가 이미 관계를 맺고 있는 비엔나한인교회와 풀다한인교회 등을 통해서 동구권 선교의 센터를 마련하고, 선교사를 훈련시키는 일과 직간접적으로 동구 지역의 교회들과 접촉하여 선교의 길을 여는 일은 참으로 중요한 일이라 믿는다. 특히 독일 등지에서 국제결혼 한 한국 교포들에 대한 선교의 문이 열려 있으며, 유럽 여러 나라에

---

64 「유럽 지역 선교지 방문 보고서」, 부산국제선교회, 「제95회 월례회 및 정기총회 보고서」 (1990년 2월 8일), 당시에는 오스트리아 교회당 매매에 대한 행정 절차를 제대로 파악하지 못한 것 같다. 실제로 매매 계약서가 1992년 3월 작성되었고, 오스트리아 법원에 등기절차를 마친 것은 1992년이었다.

일자리를 찾아 일시적으로 이주한 아시아, 남미, 중동 지역 등 제3세계 사람들에게 선교하는 기회도 주어져 있다. 독일의 경우 무작정 입국하여 막노동이나 가정부 일에 종사하는 제3세계 사람들이 많다. 오스트리아에 공부를 위해 입국하였으나 노동하는 중동인을 위한 제3세계 목회자들을 돕는 일도 중요한 동구권/유럽 선교 방법 중 하나이다.[65]

유럽 지역 선교지 방문단이 부산국제선교회에 건의한 사항으로는 첫째, 비엔나한인교회 교회당의 구입을 위한 자금 지불은 1990년 6월 말까지 한정되어 있으므로 부산국제선교회 회원 교회, 후원단체, 개인 회원의 적극적인 모금 활동을 요청한다. 둘째, 비엔나한인교회의 김상재 선교사의 자녀 교육을 위한 배려가 필요하고, 2년 전 출국 시 정착비를 지원하지 않았기 때문에 생활에 어려운 점이 있으므로 추가 지원할 필요가 있다. 셋째, 독일 풀다한인교회의 이향모 선교사는 현재 별도로 지원하는 교회나 후원단체가 없이 간헐적인 지원으로 선교 활동을 하고 있고, 현지 교회 사정상 목회자에게 생활비 지급도 어려운 실정이다. 부산국제선교회가 매월 100달러씩 지원하는 선교 지원비의 대폭 증액을 요청한다. 넷째, 선교 현장 방문 프로그램은 어느 선교지라도 매우 유익한 것을 배웠다. 사정이 허락하는 대로 부산국제선교회 회원들의 선교지 방문이 계속 이루어져야 할 것이다. 다섯째, 비엔나한인교회당 구입 후 교회당이 총회의 소유가 되므로 비엔나한인교회가 부산노회 혹은 부산동노회의 선교회 교회로 정식 가입이 되도록 조치하기를 요청한다.[66]

유럽 선교지역 방문단의 건의에 따라 부산국제선교회는 김상재 선교사에게 생활비 1,300달러와 300달러를 추가로 지급하기로 했다. 비엔나한인교회당 구입을 위한 자금 중 부산국제선교회의 몫인 5천만 원을 모금하기로 했다.[67] 부산국제선교회는 비엔나한인교회 교회당 계약금 14,184,000원(2만 달러)을 4월에 송금했다.[68] 1990년 6월 7일 현재 비엔나한인교회당 구입금 내역은 1억 원/16만 달러[69] 중 국제선교회의 몫 8만 달러 중

---

65 「유럽 지역 선교지 방문 보고서」, 부산국제선교회, 「제95회 월례회 및 정기총회 보고서」 (1990년 2월 8일).
66 「유럽 지역 선교지 방문 보고서」, 부산국제선교회, 「제95회 월례회 및 정기총회 보고서」 (1990년 2월 8일), 비엔나한인교회는 이미 1986년에 부산노회의 해외 선교지로 등록되었다.
67 부산국제선교회, "제96회 월례회" (1990년 3월 8일). 당시 5천만 원을 2023년 8월 현재 가치로 환산하면 257,148,800원이다.
68 부산국제선교회, "제98회 월례회" (1990년 5월 3일).

2만 달러(2,800만 원)는 계약금으로 지급했고, 비엔나한인교회의 몫 8만 달러 중 5만 달러 (3,500만 원)를 송금받았다. 남은 액수가 9만 달러이다. 오스트리아 비엔나한인교회 교회당 및 부속건물 구입을 위한 외교 행정 절차는 총회장의 위임을 받아 김정광 해외협력위원장이 독일 지역 방문 기간 중 비엔나로 가서 9월 중 체결하기로 결정했다. 김상재 선교사는 임기가 1990년 11월 29일 끝남과 동시에 1990년 12월 말까지 본국으로 귀국하기로 임원회가 결의했다.[70]

비엔나한인교회당 송금액은 114,844,000원으로, 이 가운데 모금액은 77,564,390원이 고, 차입금은 37,279,610원이다. 차입금은 신용금고 대출이 2천만 원이고, 일시 차입금이 160만 원이고, 비엔나한인교회의 입금 수표가 9,900불(700만 원)이다.[71] 계약금 14,184,000 원(2만 달러)를 4월 30일에 송금했고, 중도금 29,479,000원(4만 천 달러)을 6월 18일에 송금 했고, 잔금 71,181,000원(9만 9천 달러)을 6월 29일에 송금했다. 부산국제선교회는 1990년 7월 5일 석화그릴에서 열린 제100회 월례회 기념 및 비엔나한인교회당과 부속건물 구입 감사 예배를 드렸다. 감사 예배에는 총회 세계선교위원장 이동식 목사와 총회 총무 주계명 목사가 참석했다. 비엔나한인교회의 현황은 교인 수 102명(제직 20명)으로, 현지 거주자 28명, 주재원 17명, 학생 55명 등이고, 교회당 크기는 157평으로 교회당과 4층 부속건물로 구성되어 있다. 교회당 구입 가격은 200만 실링(미화 16만 달러, 한화 1억 2천만 원)이다. 교회 당 구입 목적은 동구권 선교의 가교 센터로 활용하기 위한 것이다. 1990년 제100회 월례회 기념으로 오스트리아 교단 소속 건물을 1억 원(현지 성도들이 5천만 원, 부산국제선교회가 5천만 원)에 매입하여 오스트리아 교단 소속 교회로 등록했다.[72] 그러나 이러한 판단은 부산국제선교회의 성급한 판단으로 오스트리아 국가 행정과 오스트리아 개신교회의 행정

---

69 1990년 6월 1만 달러는 2023년 8월 기준으로 23,635달러이고, 당시 1달러는 1,360원이다. 따라서 16만 달러는 현재 가치로 378,160달러이고, 한화로는 514,297,600원이다. 부산국제선교회의 분담금은 절반으로 현재 가치로 하면 257,148,800원이다.

70 "총무 보고," 부산국제선교회, "제99회 월례회" (1990년 6월 7일).

71 차입금 중 8,679,610원이 설명되지 않았다.

72 "총무 보고," 부산국제선교회, "제100회 월례회 기념 및 비엔나한인교회당과 부속건물 구입 감사 예배" (1990년 7월 5일).

을 잘 몰랐기 때문에 나온 것으로 본다. 비엔나한인교회의 교회당 매매계약서와 오스트리아 법원에 등기 완료 시점은 1992년이다. 그리고 비엔나한인교회의 교회당 구입비 총액은 114,844,000원이 아니라 138,056,640원이다.[73]

신동혁 목사에 의하면 비엔나한인교회의 교회당 구입을 위한 헌금을 조속히 모으기 위해서 부산국제선교회는 부산노회와 부산동노회에 교회당 구입을 위한 1차 헌금의 허락을 받고 여러 교회가 정성껏 헌금에 동참했다고 한다. 그리고 부산에 산재한 평양노회, 함해노회, 평북노회 등 이북 노회의 부산시찰회에 속한 교회들도 기쁨으로 동참했다. 모자라는 금액은 부산국제선교회 임원들이 개인적으로 헌금했다. 부회장 양경렬 목사는 자신의 땅을 팔아 1,000만 원을 헌금했다. 비엔나한인교회의 교회당 구입은 오스트리아 정부와 한국 정부 사이의 국제관계로 박광선 총무와 이일호 부총무가 여러 번 서울에 출장을 가서 문공부와 한국은행 총재의 결재를 받는 등 많은 수고를 했다. 비엔나한인교회의 교인 대표인 이정준 집사도 부산을 왕래하며 모든 절차를 차질 없이 진행한 공헌을 말로 다 할 수 없다. 그래도 부족한 금액 2,000만 원은 부산국제선교회의 회계로 7년 수고한 박경수 장로(당시 동광 신용금고 사장)를 통해 동광 신용금고로부터 대출을 받았다. 신동혁 목사는 당시 비엔나한인교회의 제직들의 수고를 기리면서 제직의 명단을 제시했다. 김종기, 정구용, 이정준, 최두현, 추상준, 김원한, 이태봉, 진경숙, 장정란, 최차남, 박종임, 박양자, 김미순, 김정순, 김영구, 최영수 등이다.[74]

그런데 비엔나한인교회는 대한예수교장로회 부산노회의 봄노회에서 인준된 장로 2인 선거를 연기하게 되었다. 이유는 이정준 집사가 집사들과 장로 2인 피택하는 선거를 절대로 하지 않겠다고 주장했기 때문이다. 김상재 선교사는 비엔나한인교회를 떠나기 전 장로를 피택하여 조직교회를 만들고 싶었지만, 교회 내 갈등으로 이루지 못했다.[75] 1990년 9월에 비엔나한인교회는 린츠한인교회를 개척했다.[76] 비엔나한인교회는 1990년 11월에 베델

73 부산국제선교회, "제8회 국제선교의 밤 및 윤병섭 선교사 파송 예배" (1990년 12월 4일).
74 신동혁, 『멜본에서 전해온 복음 지금은 모스크바로』, 331-332.
75 김상재 선교사, 「선교통신」 (1990년 8월 27일).
76 비엔나한인교회 연혁 참조.

성서대학 수료식을 거행했다.[77]

한편 오스트리아 개신교단 총회 비엔나노회와 비엔나한인교회의 대표 이정준 집사는 비엔나에 한인 교회가 설립되는 것을 논의하면서 비엔나한인교회가 한국 출신 기독교인을 위한 교회로서 비엔나 교구/오스트리아 개신교 총회 주교의 감독 아래에 있으며, 한인 교회의 목회자는 대한예수교장로회(PCK)에서 임직 또는 파송되고, 한국에서 급여를 받으며, 한인 교회는 오스트리아 총회 헌법에 따라 조직되어야 한다는 데 합의했다.[78] 오스트리아 개신교단 총회 비엔나 노회와 비엔나한인교회의 대표가 합의한 내용을 기록한 회의록을 대한예수교장로회 총회(통합)는 인정하고, 비엔나 노회가 제시한 법률 및 재산 지침을 총회가 준수할 것이라는 공문을 오스트리아 개신교단 총회(Oberkirchenrat der Evangelische Kirche in Österreich in A.B.)에 1991년 3월 19일에 발송했다.[79]

김상재 선교사는 1990년 12월에 1차 임기 만료로 귀국하여, 1991년 1월 울산 대현교회에 담임목사로 부임하였다.

(5) 김상재 선교사 시기의 특징과 과제

이 시기의 특징으로는 비엔나한인교회의 교회당을 구입한 점이다. 부산국제선교회는 비엔나한인교회의 교회당을 구입함으로써 비엔나한인교회가 자립할 것을 기대하게 되었고, 향후 비엔나한인교회가 동구권 선교 기지가 될 것을 희망했다. 부산국제선교회는 빠른 시일 내로 비엔나한인교회가 자립을 이루고 성장을 이루면, 비엔나한인교회가 동구권 선교의 전초기지로, 훈련센터로 확장할 것이라고 전망했다. 교회당 구입은 장성덕 선교사가 제안하여 부산국제선교회가 긍정적으로 받아들였다. 1989년 4월에 호른 목사를 부산으로 초청해서 교회당 구입 문제를 상의했다. 부산국제선교회는 1990년 1월 비엔나를 방문한 부산국제선교회의 방문단에게 교회당 구입에 대해 현지 상황에 따라 결정하도록 위임했

---

77 비엔나한인교회 연혁 참조.
78 오스트리아 개신교단 비엔나 노회 문서번호 4652/90(제목: 회의록 1990년 10월 18일 참조).
79 이 공문에는 당시 주계명 총무가 서명했다. 현재 총회의 사무총장을 당시에는 총회 총무라고 했다.

고, 1월 23일에 계약을 체결했고, 6월 말까지 잔금을 보냈다. 부산국제선교회는 비엔나한인교회의 교회당을 구입하기 위한 비용을 마련하기 위해 부산노회와 부산동노회로부터 헌금을 위한 허락을 받았고, 평양노회, 함해노회, 평북노회 등 이북 노회의 부산시찰회에 속한 교회들도 헌금에 동참했고, 임원 개인들이 별도로 헌금했다. 그래도 부족한 금액에 대해서는 부산국제선교회의 회계로 수고했던 박경수 장로를 통해 동광 신용금고로부터 대출을 받았다. 당시 비엔나한인교회는 교회당 구입이 불가피하다고 판단했다. 비엔나한인교회의 입장에서는 이런 판단은 독자적 예배 공간 마련에 대한 염원에 바탕을 두었지만, 재정 형편으로는 불투명한 것이 사실이었다. 당시 비엔나한인교회의 1년 예산은 60만 실링이었는데 추가로 89만 실링을 교인 100명(유학생이 60%, 교민과 주재원이 40%)이 감당하는 것은 결코 쉬운 일이 아니었다. 당시 교인들은 비엔나한인교회가 100만 실링을 헌금한 것은 '하나님께서 하신 것'[80]이었고, '하나님의 기적'[81]이라고 고백했다. 비엔나한인교회의 총무 집사인 이정준 집사가 오스트리아 교단과의 행정 문제를 해결하고, 부산국제선교회와 대한예수교장로회 총회(통합)와 원활한 관계 속에서 교회당 구입이 잘 이뤄지도록 헌신적인 수고를 했기에 교회당 구입이 가능했다.[82] 부산국제선교회는 1990년 7월 5일에 열린 제100회 월례회에서 비엔나한인교회 건물 구입 감사 예배를 드렸다. 김상재 선교사에 대해 현지 교인들은 "조용한 목회자로 조용하게 목회했다"[83]라고 긍정적 평가를 했다.

---

80 당시 교인들의 형편에 의하면 교회당 구입은 거의 불가능했다. 일부 교인은 융자를 받아 헌금하기도 했지만, 부산국제선교회가 절반을 지원하니까 교인들도 나머지 절반을 부담하자는 마음이었다. 결국 교회당 구입은 하나님께서 하신 것이었다. 정구용 은퇴 장로와의 인터뷰(2024년 5월 8일).

81 당시 비엔나한인교회의 100망 실링 헌금은 하나님의 기적이었다. 부산국제선교회의 도움이 결정적이었다. 최차남 은퇴 권사와의 인터뷰(2024년 5월 10일).

82 당시 교인에 의하면 이정준 집사가 일을 참 잘했지만 성격이 칼 같아서 호불호가 갈리는데, 그의 역량을 보고 좋아하는 교인들이 많은 반면에, 잘난 척한다고 싫어하는 교인들도 많았다고 한다. 정구용 은퇴 장로와의 인터뷰 (2024년 5월 8일), 교회당 구입에서 부산국제선교회의 도움이 결정적이었고, 이정준 집사의 역할이 결정적이었지만, 잔금 지불 이후에 행정적 절차가 늦어지면서 일부 교인들이 이정준 집사가 교회당 구입비를 횡령했다고 문제제기를 하면서 몇 년 동안 비엔나한인교회가 내홍에 시달렸다. 그렇지만 문제를 제기했던 교인들도 오스트리아에서 부동산을 구입하면서 행정 절차가 오래 걸리는 것을 체험하고, 나중에 교회가 확인한 결과 문제없다는 것이 드러났다. 부산국제선교회에 대한 반감은 이정준 집사에 대한 반감과도 연계된 것으로 보인다. 이는 오랫동안 일부 교인들에게 부산국제선교회에 대한 부정적 태도를 형성하는 데 영향을 주었다고 본다. 최차남 은퇴 권사와의 인터뷰(2024년 5월 10일).

83 정구용 은퇴 장로와의 인터뷰(2024년 5월 8일).

당시 한 교인은 비엔나한인교회를 섬긴 목회자 중 정태봉 목사 다음으로 존경하고, 검소했다고 했다.[84]

당시 오스트리아 선교의 과제나 문제점으로는 첫째, 교회 내 갈등의 문제이다. 김상재 선교사가 부임함으로써 장성덕 선교사와의 사적 갈등의 문제는 해소되었다. 그렇지만 부산노회의 봄노회에서 결정한 장로 2인 선거가 이정준 집사의 반대로 가을에 진행될 장로 선거를 연기했다.[85] 둘째, 비엔나한인교회의 교회당 구입은 유럽 한인 교회의 상황에서 보면 예외적이다. 아쉬운 것은 부산국제선교회의 결정이었다. 당시에는 오스트리아 선교뿐 아니라 인도네시아 선교도 진행되고 있었다. 인도네시아 선교지에서는 선교관 건축이라는 큰 공사가 진행되고 있었기에 부산국제선교회의 전략적 판단이 아쉽다. 이에 대해서는 향후 성찰할 필요가 있다. 셋째, 오스트리아 개신교단 비엔나 노회와 비엔나한인교회 사이에 한인 교회 설립에 대한 중요한 결정(1990년 10월 8일)이 김상재 선교사에게 충분히 전달되었는지 알 수 없다. 김상재 선교사가 이러한 결정을 윤병섭 선교사에게 인계했는지도 알 수 없다. 오스트리아 개신교단 비엔나노회와 비엔나한인교회 사이의 중요한 결정 사항이 선교사 교체기에 이뤄져 비엔나한인교회의 목회자와 교인들이 이 내용을 충분히 이해하고 실행했는지 의문이다. 넷째, 동구권 선교에 대한 전망의 근거가 불투명하다는 점이다. 방문단이 비엔나를 방문한 1990년 1월은 베를린 장벽이 무너진 직후로 동구권이 열린다는 전망이 불투명했다. 부산국제선교회가 동구권 선교 전망으로 제시한 내용도 동구권 선교라기보다는 유럽 선교였다. 그리고 선교 기지와 선교사 훈련 센터로써의 재정 모금의 문제, 선교사 훈련 주체의 문제, 선교 방식의 문제 등은 고려하지 않고 긍정적 전망만 했다.

---

84 최차남 은퇴 권사와의 인터뷰(2024년 5월 10일).
85 김상재 선교사, 「선교통신」 (1990년 8월 27일).

4) 윤병섭 선교사(1990년 12월~1993년 12월): 행정처분서, 매매 계약서, 한인 교회의 재정 자립에 관한 공문

비엔나한인교회 김상재 선교사 후임으로 윤병섭 목사(동래영락교회)를 부산국제선교회의 인선위원회가 인선하여 임원회의 인준을 받았다.[86] 1990년 12월 4일 석화그릴에서 열린 제8회 국제선교의 밤에 윤병섭 목사를 비엔나한인교회 선교사로 파송하는 예배를 드렸다. 1990년에 비엔나한인교회당으로 비엔나 쉬첸가세(Schützengasse) 13가에 있는 교회당 및 부속건물을 구입하였다. 비엔나한인교회는 1991년 현재 100여 명의 교인이 회집하고 있고 제직은 20명이다.[87] 비엔나한인교회는 오스트리아 교단 허가를 획득하고 등기 이전 신청을 했다. 1991년 12월 1일부터 3일까지 신일교회 최상래 목사를 강사로 초대하여 부흥성회를 열었다.[8889] 신동혁 목사는 1992년 3월 27일 비엔나한인교회를 방문하여 교회당 구입 감사 예배를 드렸고, 기념 부흥회를 사흘 동안 인도했다. 신동혁 목사가 비엔나한인교회를 처음으로 방문했던 1986년부터 당시까지 6년 사이에 엄청난 변화가

[사진 7] 비엔나한인교회의 심령 부흥회
(좌측으로부터 이정준 집사, 신동혁 목사, 정구용 집사)[89]

---

86 부산국제선교회, "제103회 월례회" (1990년 11월 8일).
87 "총무 보고," 부산국제선교회, 「제105회 월례회 및 정기총회 보고서」 (1991년 2월 12일).
88 부산국제선교회, 「제115회 월례회 및 정기총회 보고서」 (1992년 2월 13일).
89 신동혁, 『멜본에서 전해온 복음 지금은 모스크바로』, 330.

일어났다. 1989년 11월 9일에 베를린 장벽이 무너졌고, 1991년 12월 26일 소비에트 연방이 해체되었고, 동구권의 공산국가들이 몰락하면서 대부분 평화적으로 정권교체가 되었다. 냉전 종식이라는 세계사적 격변이 일어났다. 이런 상황에서 신동혁 목사는 1983년부터 부산국제선교회가 비엔나한인교회에 선교사를 파송한 것을 "동구권이 열릴 것을 미리 준비하신 하나님의 섭리라고 확신"했다.[90]

　　신동혁 목사는 교회당 구입 감사 예배에서 하나님께 감사와 영광을 돌리고, 비엔나한인 교회의 교회당 구입을 결정할 당시에는 동구권 공산 체제가 무너질 것을 상상도 못 했지만 이제 동구권이 열린 만큼 비엔나한인교회가 동구권 선교를 위한 전진기지가 되어 부산국제 선교회와 협력할 것을 권면했다. 그렇지만 신동혁 목사는 비엔나한인교회를 방문하면서 윤병섭 선교사와 교인들 사이에 불화가 있음을 유감으로 여겼다. 신동혁 목사는 윤병섭 선교사가 부산에서 6년 동안 개척교회를 섬기었지만, 외국 이민 생활의 신앙을 지도할

[사진 8] 비엔나한인교회 교회당 구입 기념 집회[91]

---

90 신동혁, 『멜본에서 전해온 복음 지금은 모스크바로』, 329.
91 신동혁, 『멜본에서 전해온 복음 지금은 모스크바로』, 328.

만큼 적응하지 못했기 때문이라고 했다.[92] 비엔나한인교회의 교회당이 1992년 9월 7일 오스트리아 법원에 비엔나한인교회의 재산으로 등기를 완료했다.[93] 1994년 2월 1일 윤병섭 선교사 가족이 귀국했다.

이 시기에 선교사 재임 3년 동안 윤병섭 선교사가 선교 내용을 부산국제선교회에 보고한 적이 없었다. 그리고 목회자로서 문제가 있기 때문에 부산국제선교회는 윤병섭 선교사를 소환하려 했다. 그렇지만 비엔나한인교회 교인들은 자신들과 사전 의논하지 않고 일방적으로 소환하는 것은 문제가 있다고 해서 소환은 이뤄지지 않았다. 당시 비엔나한인교회 일부 교인들에 의하면 윤병섭 선교사는 부산국제선교회가 파송한 선교사 중 가장 부족한 목회자라고 했다.[94]

이 시기 비엔나한인교회가 오스트리아 빈 루터교 개신교회 기독교 총회로부터 받은 행정처분서는 비엔나한인교회가 반드시 준수해야 할 사항들을 포함한 매우 중요한 문서이었다.[95] 행정처분서에 의하면 비엔나한인교회는 대한예수교장로회(PCK)가 설립한 교회임을 인정하고, 목회자 파견을 대한예수교장로회(PCK)와 협의하에 정하도록 했고, 비엔나한인교회는 빈 루터교 개신교회 사무총장의 종교적 업무 감독을 받도록 했다. 특히 비엔나한인교회는 한국 출신이 아닌 교인에 대해 어떠한 종교적 업무도 진행할 수 없으며, 이를 위반할 시에는 교회 인정과 설립이 번복될 수 있고, 번복될 경우 비엔나한인교회의 자산은 오스트리아 루터교 개신교회로 이전되며, 노회장은 비엔나한인교회의 대리인 및 자산 관리인으로 임명될 자격을 갖는다고 했다. 비엔나한인교회는 오스트리아 루터교 개신교

92 신동혁, 『멜본에서 전해온 복음 지금은 모스크바로』, 332-334.

93 "총무 보고," 부산국제선교회, 「제11회 국제선교회의 밤 선교보고서」(1993년 12월 9일), 부산국제선교회의 보고서는 오스트리아 법원에 대한예수교장로회 총회의 재산으로 등기했다고 기록했다. 그렇지만 실제로는 비엔나한인교회의 재산으로 등기했다.

94 인터뷰를 한두 교인의 공통된 견해였다. 신동혁 목사(당시 부산국제선교회 회장)가 방문해서 윤병섭 목사의 목회를 보고 상당히 염려했고, 그래서 부산국제선교회로부터 소환을 받았다고 했다. 다른 교인은 윤병섭 목사가 비엔나한인교회의 재정이 어려운데도 월급에 대해 불평했고, 좋은 차를 구입해야 한다고 해서 결국 구입했고, 사업하는 교인들에게 돈을 빌려달라고 했다고 증언했다. 정구용 은퇴 장로와의 인터뷰(2024년 5월 8일); 최차남 은퇴 권사와의 인터뷰(2024년 5월 10일). 윤병섭 선교사는 귀국 이후 목사를 그만두고 개인 사업을 한 것으로 알려져 있다. 김정광 목사와의 인터뷰(2024년 1월 9일).

95 빈 루터교 개신교회 기독교 총회가 1992년 1월 8일 비엔나한인교회에 행정처분서(251/92)를 보냈다.

회 소속이며, 오스트리아 루터교 개신교회의 감독을 받는다고 했다.

이 시기의 중요한 문서는 비엔나한인교회당을 구입한 매매 계약서이었다. 루터기독교 공동체 빈 란트슈트라세가 비엔나한인교회에게 란트슈트라세의 토지 850과 실질적 및 법적 부속물을 매매 대금 이백만 실링에 양도한다는 매매 계약서는 1992년 3월 13일에 서명을 해서, 빈 국세청에 3월 18일에 매매 사실을 신고했다. 윤병섭 선교사의 재임 기간 중 1992년에 비엔나한인교회의 교회당이 오스트리아 법원에 비엔나한인교회의 재산으로 등기를 완료하여 법적으로 매듭지은 점이 특기할 만하다.

한편 비엔나한인교회는 총회 세계선교부를 수신자로, 부산국제선교회를 참조로 해서, "비엔나한인교회 재정자립에 관하여"라는 공문을 1993년 8월 25일에 발송했다.[96] 비엔나 한인교회 교인들은 10년 이상 선교사를 파송한 총회와 부산국제선교회에 감사를 표했다. 특히 교회당 구입을 위해 부산국제선교회가 어렵게 모금한 선교헌금을 보내서 눈물겹도록 많은 도움을 받았다고 했다. 그동안 부산국제선교회는 교회당을 구입하면 재정 자립을 해야 한다고 누차 강조해 왔다. 비엔나한인교회의 제직회는 1994년부터 재정 자립을 하기로 결의했다. 그리고 동구권이 개방되어 직접 선교가 가능하기 때문에 비엔나한인교회가 동구권 선교의 전초기지가 될 수 없다는 사실을 밝혔다. 한편 비엔나한인교회는 윤병섭 선교사의 후임을 3년 임기의 선교사가 아니라 비엔나한인교회의 담임목사로 선발하고 윤병섭 선교사와 인수인계할 기간을 두도록 요청했다. 이는 교회 행정에 대한 것은 오스트리아 교단에서 관장하고, 신앙적 측면과 목회자 파송에 대한 것은 대한예수교장로회 총회(PCK)에서 관장하기로 총회 사이에 협약이 되어 있음을 상기시켰다.

5) 이남기 선교사(1994년 1월~1995년 6월)

부산국제선교회는 1993년 9월 11일 비엔나한인교회 윤병섭 선교사 후임으로 이남기 · 정은미 선교사(동래중앙교회 후원)를 파송하기로 결의했다. 부산국제선교회는 비엔나한인

---

96 비엔나한인교회의 공문은 재정 자립을 결정한 제직회의 회의록을 첨부했다. 대외 관계를 담당하고, 제직회의 결정 사항을 준수하도록 김종기 집사와 최두현 집사를 교인 대표로 세웠다.

교회 이남기 · 정은미 선교사 파송 예배를 1993년 11월 14일 동래중앙교회에서 드렸다. 1994년 1월 12일 이남기 선교사 가족이 오스트리아로 출국했다. 이남기 선교사는 선교지에 도착하여 한국에서 듣던 대로 교회 내 문제를 느꼈고, 선교사 자신의 힘으로 해결할 수 없다고 깨닫고 기도하기 시작했다. 교인들과 새벽기도회로 모이고, 금요 심야 기도회로 모여 기도했다. 기도를 통해 선교사 본인이 먼저 충만해짐을 경험하게 되었다. 첫 부임 예배에는 60여 명의 교인이 모여 예배드렸다. 저녁 예배 후에는 유학생들과 함께 찬양을 드렸다. 기도와 말씀과 찬양으로 준비하면 머지않은 장래에 동구권 선교의 비전을 실천하기를 희망했다.[97] 「1994년 12월 부산국제선교회의 밤 보고서」에는 이남기 선교사가 파송 선교사로 기록되어 있었다. 그러나 「1995년 12월 선교의 밤 보고서」에는 오스트리아 이남기 선교사가 누락되어 있다. 이남기 선교사가 1995년에 부산국제선교회에 보낸 선교보고에 의하면 이남기 선교사는 동구권 선교를 위해서 슬로바키아 신학교와 헝가리 신학교를 방문했고, 비엔나 개신교 난민수용소에 매월 2,000실링을 지원하며 봉사활동을 하는 난민 선교 활동을 하고, 저녁 예배와 금요 심야 기도회를 시작했고, 성가대원이 35명으로 부흥했고, 1994년 10월부터 린츠한인교회를, 11월부터 잘츠부르크 한인교회를 섬기며, 제직을 새로 선정하고 예산(약 6,500만 원)을 수립했다.[98] 비엔나한인교회의 연혁에 의하면 이남기 선교사는 1995년 6월 비엔나한인교회를 사임했다.

이남기 선교사는 부산국제선교회가 파송한 선교사 중에 유일하게 선교 보고에서 교회 내 문제를 언급했고, 선교사의 힘으로 해결하기 어려운 문제임을 인정하고 기도했다. 그런데 부산국제선교회가 파송한 선교사가 2년 차에 선교사를 정리한 경우는 거의 없었다. 부산국제선교회의 비엔나한인교회에 대한 선교는 이렇게 막을 내렸다. 이런 상황에서 부산국제선교회는 잘츠부르크한인교회와 알바니아에 선교사를 파송했다.

당시 교인들에 의하면 이남기 선교사는 부임 후 열정적으로 목회를 했고 설교도 잘했고, 재정이 어려운 비엔나한인교회에서 작정 헌금을 통해 교회의 재정 체계가 잡혀가는 등

---

97 이남기 선교사, 「선교통신」 (1994년 1월 21일).
98 이남기 선교사, "비엔나 한인교회 선교보고," 「부산국제선교회 월례회 회보」 제145호 (1995년 4월 6일).

나름, 교회가 안정되어 가고 있었다고 했다. 그런데 이남기 선교사 부임 이후 1년 반 만에 갑작스럽게 비엔나한인교회를 사임하고 떠났다. 한 교인에 의하면 이남기 목사가 광고도 없이 갑작스레 교회를 떠났다고 했다. 다른 교인에 의하면 이남기 목사가 제직회에서 갑작스레 남미 선교지로 떠난다고 하고 교회를 떠났다고 했다.[99]

이남기 선교사와 대화를 많이 했던 체코 이종실 선교사에 의하면 이남기 선교사가 부임했을 당시 교인들 사이의 갈등은 상상을 초월했다면서 이 갈등을 해결하기 위한 유일한 방법이 양측(부산국제선교회의 지지자들과 반대자들, 교회당 구입비 '공금 유용'이 없었다는 자들과 문제가 있었다는 자들) 대표들과 만나 자신의 사임을 조건으로 이후 비엔나한인교회에서 이 문제를 거론하지 않기로 했다고 한다. 대신에 양측 대표들은 이런 내용에 대해 교인들에게 일체 함구하기로 했다고 한다. 문제는 해결 방향이 부산국제선교회가 바라는 방향이 아니어서 이남기 선교사는 부산국제선교회와의 관계가 단절될 수밖에 없었다. 그런 점이 오히려 비엔나한인교회 내 갈등이 줄어들 것으로 이남기 선교사가 기대했을 것으로 이종실 선교사는 추측한다. 이남기 선교사는 비엔나한인교회를 사임한 후 부산국제선교회의 선교비를 부산국제선교회에 송금했다. 영어와 독일어에 모두 능통한 이남기 선교사는 비엔나한인교회 사임 이후 오스트리아 개혁신학대학의 교목실에서 봉사(자원봉사?)했다고 이종실 선교사는 기억한다. 이는 평소 이남기 선교사가 오스트리아 청년 사역에 관심이 있기 때문이었다. 그리고 이남기 선교사는 난민 선교에도 참여했다.[100] 이남기 선교사는 1994년 10월부터 오스트리아 교단 소속 난민촌을 위한 난민 선교를 시작했던 것은 비엔나한인교회의 연혁에 나온다. 배재욱 선교사의 사임과 김철수 선교사의 부임 사이에 10개월 공백기와 김철수 선교사 사임 이후에 이남기 선교사가 잘츠부르크한인교회를 섬긴 것은 잘 알려져 있다.

이남기 선교사의 사임과 관련해서 부산국제선교회의 입장에서는 이해하기 어려운 부분들이 있다. 우선 12년 동안 비엔나한인교회의 목회자 생활비를 지원했고, 교회당 구입

---

99 정구용 은퇴 장로와의 인터뷰(2024년 5월 8일); 최차남 은퇴 권사와의 인터뷰(2024년 5월 10일).
100 체코 이종실 선교사와의 인터뷰(2024년 5월 11일).

예산의 절반을 부담했는데도 비엔나한인교회에 부산국제선교회를 반대하는 교인들이 많이 생겼다는 것은 납득하기 어렵다. 이런 측면은 장성덕 선교사의 가정사에서 비롯된 갈등 그리고 부산국제선교회와 협력해서 교회당을 구입할 때 교회 대표이었던 이정준 집사에 대한 반대가 '공금 유용'으로 제기되면서 고조되었던 갈등에서 비롯되었다. 양측의 갈등은 장년들이 상대방 자녀들에게까지 문제를 제기하면서 회복하기 어려운 지경에 이르렀다. 나중에 '공금 유용' 건은 문제가 없는 것으로 판명되었다. 그럼에도 이 갈등이 오래 지속되었던 점은 부산국제선교회와 비엔나한인교회 모두에게 부정적 영향을 주었다. 이남기 선교사는 갈등 해소를 위해 사임을 했고, 부산국제선교회는 오스트리아 선교를 정리하게 되었고, 비엔나한인교회는 이후 오랜 기간 동안 이 갈등으로부터 벗어나지 못했다. 그렇지만 비엔나한인교회와 관련하여 부산국제선교회의 가장 큰 문제는 부산국제선교회의 선교적 장단점을 정리하고 과제를 제기해서 이런 일이 제도적으로, 정책적으로 반복되지 않도록 하는 선교정책협의회를 개최하지 않은 점이다.

6) 비엔나한인교회 헌당 예배(1996년 11월 2일)

6년 전 구입한 비엔나한인교회당을 교회가 4천만 원을 지불하고 수리했다. 1996년 11월 2일 비엔나한인교회가 헌당 예배를 드렸다. 헌당 예배에 부산국제선교회 회장 김정광 목사가 참석했다. 매입 비용이 당시 한화로 2억 원 정도였는데 이 중 절반인 1억 원을 부산국제선교회가 헌금했다.[101] 헌당식을 맞아 부산국제선교회 회장이 초청받아 모든 관계가 정상화되었다. 김정광 목사는 회장으로서 전임 회장 신동혁 목사와 양경열 목사 그리고 회원들의 노고를 치하했고, 임원 중 박광선 목사와 이일호 목사, 장성덕 선교사, 김상재 선교사, 윤병섭 선교사, 이남기 선교사의 노고를 치하했다. 김정광 목사는 린츠한인교회와 잘츠부르크 한인교회 현황을 보고했다. 비엔나한인교회와 잘츠부르크한인교회가 창립하던 시기인 16년 전에 포항제철 기술연구원들이 철강 도시 린츠에 머물고, 린츠 기술자들이

---

101 비엔나한인교회의 교회당 구입 이후 6년이 지난 시점이어서 기억이 부정확한 것으로 본다. 정확한 구입 비용 총액은 138,056,640원이었다.

포항에 갔다. 린츠 기술자들이 포항에서 한인과 결혼하여 귀국 후 부인들이 예배 처소를 정할 때부터 린츠한인교회가 시작되었다. 매 주일 약 20명 성도가 모여 예배드린다. 교인으로는 국제결혼 한 부인들 네 가정과 유학생이 10여 명이다. 김철수 선교사가 매 주일 와서 예배를 인도한다. 잘츠부르크에 있는 모차르트 음악학원 학생 1,500명 중 100명이 한인 유학생이다. 한인 유학생 중 70명이 잘츠부르크한인교회에 등록했다. 매 주일 70명 이상 모여 예배를 드린다. 선교사의 어려운 생활비 중 상당 부분이 장학금으로 지불된다. 김철수 선교사의 자동차 운행 거리는 12만km이다.[102]

당시 헌당 예배에는 부산국제선교회장 김정광 목사를 비롯해서 대한예수교장로회 총회(통합) 세계선교부 임순삼 총무도 참여했다. 당시 비엔나한인교회의 담임목사인 장황영 목사와 김정광 회장, 임순삼 총무가 만난 자리에서 총회와 부산노회 소속이었던 비엔나한인교회와 부산국제선교회의 관계를 총회 세계선교부 총무가 잘 정리하는 계기가 되지 못한 점이 아쉽다. 당시 교인인 정구용 은퇴 장로에 의하면 장황영 목사는 부산국제선교회에 대해 고마움을 표현하지 않았고, 아예 한마디도 언급하지 않아 부산국제선교회에 대해 부정적 태도를 가진 교인들을 설득할 수 있는 기회를 살리지 않았다고 했다. 장황영 목사는 동구권 선교에 대한 비전을 가졌을 뿐 아니라 실제로 동구권에 선교사를 여러 명 파송한 것은 좋았는데 부산국제선교회와 협력했더라면 하는 아쉬움이 크다고 했다.[103] 당시 교인인 최차남 은퇴 권사에 의하면 장황영 목사는 부임 이후 목회를 잘해서 교회가 양적으로 많이 성장했고 동구권 선교를 잘했지만, 오스트리아 교회의 행정처분서를 위반하는 목회와 선교 활동을 했고, 목회 후반부에는 부정적 행동들이 있었다고 했다.[104]

---

102 「비엔나한인교회 헌당식 참석 보고」, 부산국제선교회, 「제14회 부산국제선교회의 밤 선교보고서」 (1996년 12월 5일).
103 정구용 은퇴 장로와의 인터뷰(2024년 5월 8일).
104 최차남 은퇴 권사와의 인터뷰(2024년 5월 10일).

2. 잘츠부르크한인교회

잘츠부르크한인교회는 비엔나한인교회 교인이었던 유학생 김병오 학생이 잘츠부르크 대학교로 학교를 옮기면서 가족들과 유학생들이 주일예배를 드리도록 1981년 12월 정태봉 목사와 제직 몇 사람이 방문하면서 설립되었다.[105]

1) 배재욱 선교사(1991년 7월~1994년 10월 30일)

부산국제선교회는 1991년 잘츠부르크한인교회 선교사로 배재욱 목사(부산장로회신학교 교수)를 선정하여 파송 준비 중이다.[106] 배재욱 목사를 잘츠부르크한인교회 선교사로 파송하는 예배를 1991년 7월 18일 석화그릴에서 드렸다. 파송 예배에서 총회 세계선교부 임순삼 총무가 설교했고, 서약 순서는 총회 선교사파송위원회 위원장인 이동시 목사가 맡았다.[107] 잘츠부르크한인교회는 음악 대학에 유학하는 유학생들이 교인을 다수로 차지하여 음악 예배로 하나님께 영광을 돌린다. 배재욱 선교사는 1992년에 인스부룩한인교회의 예배도 인도했다.[108] 그리고 1993년에 인스부룩한인교회와 린츠한인교회의 예배도 인도했다.[109]

잘츠부르크한인교회는 유학생들이 유학을 마치면 한국으로 귀국하기 때문에 교인들이 늘 오고 감에 따라 에너지가 많이 소비되는 교회이지만, 고향을 떠난 유학생들에게 고향과 같은 푸근하고 진리와 말씀과 사랑이 충만한 교회이다. 1994년 10월 16일 주일에는 68명이라는 인원이 예배에 참여하는 놀라운 일이 일어났다. 이들 중 많은 학생이 교회에 와서 처음으로 예수를 알게 되고 어려움 속에서 살아계신 하나님을 만나게 되었다. 1994년

---

105 Lukas Pokorny and Sang-Yeon Loise Sung, "'Today Vienna, Tomorrow All of Europe': The History of the Vienna Korean Church," 172.
106 부산국제선교회, "제109회 월례회" (1991년 6월 6일).
107 부산국제선교회, "제110회 월례회 및 배재욱 목사 잘츠부르크한인교회 선교사 파송 예배" (1991년 7월 18일).
108 부산국제선교회, 「제115회 월례회 및 정기총회 보고서」(1992년 2월 13일).
109 "총무 보고," 부산국제선교회, 「제11회 국제선교회의 밤 선교보고서」(1993년 12월 9일).

봄 학기에는 주일예배에 평균 50명이 모였고, 가을 학기에는 55명쯤 모였다. 교인 두 명은 다른 나라로 이주했다가 귀국해서 교회를 이전보다 더 잘 섬기고 있다. 그중 한 명은 중학교 3학년생이어서 고등학교로 진학해야 한다. 금년 가을 학기에 이사하고 전입한 교우가 14명이다. 이번 학기에는 입시를 친 모든 교인이 합격해서 모두 기뻐하고 있다. 교인 9명이 모차르트음악대학교에 입학했고, 두 명은 잘츠부르크의 대학에 입학했다. 이들 중 2명은 미국 교포 자녀이고, 1명은 노르웨이 교포 자녀인데 한국어가 서툴러서 힘들겠지만 교회에 열심히 나오고 있다. 10월 30일 주일예배 후 배재욱 선교사는 임기를 마치고 10월 31일에 독일 튀빙겐 대학으로 유학을 갈 예정이다. 부산국제선교회가 후임 선교사를 한 달 후에 파송한다 해서 한 달간은 이남기 선교사가 잘츠부르크한인교회의 설교를 맡기로 했다.[110]

1980년대 초 포항제철 기술연구원들이 철강 도시 린츠에 머물고, 린츠 기술자들이 포항에 가서 한인과 결혼하여 귀국 후 부인들이 예배 처소를 정할 때부터 린츠한인교회가 시작되었다. 배재욱 선교사는 린츠한인교회 예배도 인도한다. 선교사 임기를 마치기 직전인 9월 한 달 동안 교회 기둥 역할을 하는 박인숙 집사를 비롯하여 다섯 가정의 국제결혼한 가정이 린츠한인교회에 합류했다. 유학생들이 감소하는 상황에서 린츠한인교회에 이들 가정의 역할이 기대된다. 린츠한인교회의 사역을 비엔나한인교회의 이남기 선교사에게 10월 2일부터 넘겼다.[111]

2) 김철수 선교사(1995년 7월~1998년 6월)

부산국제선교회는 잘츠부르크한인교회에 김철수 선교사를 1995년 7월에 파송했다. 잘츠부르크한인교회는 오스트리아 마테우스교회를 빌려 주일 11시 유학생 60명~70명이 모여 예배를 드린다. 김철수 선교사의 목회 활동은 예배, 기도회, 심방, 축하와 지원 활동 등이다. 졸업생은 졸업 전에 심방하고, 입학생은 대학 등록 후 심방한다. 잘츠부르크한인교

---

110 배재욱 선교사, 「선교통신」 (1994년 10월 29일).
111 배재욱 선교사, 「선교통신」 (1994년 10월 29일).

회의 구역은 8개로 구역예배를 금요일 오후나 토요일 오후에 드린다. 금요기도회는 매월 첫째 금요일 저녁 7시 30분에 드린다. 졸업 축하, 입학 축하, 생일 축하, 연주회 축하 활동을 한다. 유학생들이 입국하거나 출국할 때 이삿짐 운반을 지원한다. 유학생들을 상담하고, 회지 「소금마을」을 연 4회 발간한다. 격월로 잘츠부르크한인교회 찬양대가 오스트리아 개신교단 예배 시간에 특별 순서를 맡아 찬양을 드린다. 김철수 선교사는 잘츠부르크 목회자회에 가입하여 오스트리아 목회자들과 사귀며 한인 교회와 오스트리아 교회와의 협력을 모색하고 있다. 잘츠부르크를 방문하는 손님들을 접대한다. 린츠한인교회는 국제결혼 한 교우들과 유학생들이 매주 10명 정도 오후 4시에 주일예배를 드린다. 예배 후 다과회를 겸한 성경공부를 인도하고, 교인들의 요청에 따라 심방을 한다.[112]

잘츠부르크한인교회에 부임한 지 1년이 지난 김철수 선교사는 유학생 중심의 한인 교회의 특징과 선교사의 역할에 대해 부산국제선교회에 보고했다. 우선 유학생 교회의 특징은 우선 유동적이어서, 교회 생활에 깊이 뿌리를 내리지 못한다. 그러다 보니 유학생 교인들은 교회의 주인의식을 갖지 못한다. 그리고 유학생이라서 시험 기간이나 연주회가 있으면 교회 행사에 참여하기 어려워서 교회를 탄력적으로 운영할 수밖에 없다. 유학생 교인에게 교회 생활은 심적으로 부담이 된다. 현실적으로 유학생 교인들은 정신적으로나 경제적으로 여유가 없다. 또 유학생 교인들은 대부분 젊기에 문제가 있다. 그렇지만 잘츠부르크한인교회가 유학생들에게는 만남의 장소로 중요한 역할을 하고 있다. 이런 상황에서 한인 교회를 섬기는 선교사의 역할은 다양하다. 우선 유학생 교인들을 신앙으로 위로하고 격려하고, 학업에 열중하도록 권면하면서도, 교회에 소속감을 갖도록 노력하고 있다. 유학생들의 좌절감을 극복하도록 격려하고, 원만한 교우관계를 형성하도록 돕고, 상담을 요청하는 유학생들을 상담하고, 학업에 지장을 주지 않는 범위 내에서 교회 행사를 진행하고 있다. 유학생 중 교회 생활이 처음이거나 익숙하지 않을 때에는 선교사가 참고 기다린다. 유학생 교인들을 기도와 말씀으로 양육하고, 유학생들의 연주회에 참석하여 격려하고 축하한다.[113]

---

112 김철수 선교사, 「선교통신」 (1995년 12월 14일).

1997년 10월 가을 학기가 시작되면서 대학교의 신입생들이 교회에 등록했다. 김철수 선교사는 신입생들을 구역에 편입 후 10월 27일부터 11월 8일까지 심방했다. 11월 30일에는 구역별 성경 퀴즈대회를 개최했다. 구역예배의 애로사항으로는 성경공부를 잘 인도하던 리더가 졸업하고 출국하여 새로운 구역장을 임명하지만, 구역을 인도한 경험이 부족하다는 점이다. 잘츠부르크한인교회가 교회당을 빌려 사용하는 오스트리아 마테우스교회가 오르간 교체를 위해 CD를 제작하고 있다. 잘츠부르크한인교회의 찬양대가 4곡을 찬조 출연했다.[114]

오스트리아 잘츠부르크 김철수 선교사는 1998년 6월 30일 3년 임기를 마치고 귀국했다.

3. 알바니아 선교(1995년 9월~1996년 9월)

부산국제선교회는 알바니아에 김기윤 태권도 선교사를 1995년 9월 17일에 파송했다. 「1995년 12월 선교보고서」에는 김기윤 선교사를 선교사로 보고했다. 알바니아 태권도 김기윤 선교사는 1996년 9월 임기가 만료되어 시무 사임했다.

4. 부산국제선교회 오스트리아 선교의 특징, 평가와 교훈

1) 특징

부산국제선교회의 오스트리아 선교의 특징으로는 첫째, 오스트리아 선교(비엔나, 잘츠부르크)는 한인 디아스포라 교회를 섬기는 선교였다. 고국을 떠난 외로운 간호사들과 유학

---

113 김철수 선교사, 「선교통신」 (1996년 11월 5일).
114 김철수 선교사, 「선교통신」 (1997년 12월 1일).

생들, 해외 주재원, 국제결혼 한 다문화가정을 복음으로 위로하고 하나님의 자녀로 살아가게 하고, 특히 유학생들이 외국 생활과 학교에 적응하는 것을 돕고, 학위나 과정을 마치도록 도와 인재를 양성하는 데 기여하는 선교 활동을 펼쳤다. 둘째, 오스트리아 선교의 목적은 비엔나한인교회와 잘츠부르크한인교회를 든든히 세우는 것으로 교회 개척이 선교의 목적이었다. 그렇지만 한인 교회를 세우는 데 만족하지 않고 동구권 선교의 전초기지가 될 것을 목표로 한 것은 특기할 만하다. 물론 교회당을 구입할 당시에는 비엔나한인교회의 자립조차 불투명한 상황이었지만, 교회당 구입 후 자립하여 동구권 선교를 교회의 비전으로 삼을 것을 부산국제선교회는 비엔나한인교회에 수차례 강조했다. 셋째, 부산국제선교회의 오스트리아 선교지는 서구 기독교권에 속하므로 아프리카 교회, 라틴 아메리카 교회, 아시아 교회가 새롭게 부상하는 세계 기독교의 출현이라는 관점에서 볼 때 특별히 언급할 것이 없다. 에큐메니컬 협력 선교의 관점에서 볼 때 부산국제선교회는 비엔나한인교회가 부산노회 소속이고, 총회 해외 선교지의 교회로 등록했고, 오스트리아 루터교회가 비엔나한인교회를 행정적으로 지도하면서 형식상으로는 에큐메니컬 협력 선교의 형태를 띠웠다고 할 수 있다. 그러나 내용적으로는 부산국제선교회는 에큐메니컬 협력 선교에 대한 이해가 부족했고, 비엔나한인교회로 파송하는 선교사들의 임기가 대부분 3년에 그쳐 오스트리아 루터교회를 이해하고 루터교회와 교제하고 루터교회의 감독을 수용하기에는 제도적으로 문제가 있었던 것이 사실이다. 교회당 구입 이후 매매 계약서 작성이나 행정처분서 등 중요한 문서들에 대한 인수인계가 제대로 이뤄지지 않은 것 같다. 왜냐하면 이남기 선교사는 그런 문제보다는 교회 내 갈등을 해소하기 위해서 1년 반 만에 사임했기 때문이다. 이는 다시금 부산국제선교회로 하여금 선교사 인선이라는 문제에 대해 성찰하게 한다.

2) 긍정적 평가

첫째, 유럽에 소재한 한인 교회 가운데 비엔나한인교회는 교회당 건물을 소유한 예외적인 교회이다. 이는 한인 교회로서 이전보다 더 적극적인 목회와 선교 활동을 할 수 있는 기반이 되었다. 장성덕 목사는 비엔나한인교회가 당시 유럽 한인 교회 중 자신의 교회당을 소유한 거의 유일한 교회로 기억하고 있다.[115] 교회당을 구입할 당시 비엔나한인교회는 재정 자립도 어려운 교회이었는데 교회당 구입을 위해 구입비의 절반을 부담했다. 당시 교인들은 이를 하나님의 기적으로 하나님께서 하신 것으로 고백하고 있다. 부산국제선교회도 선교사의 선교비를 제때 송금하기 어려운 가운데에서도 교회당 구입비의 절반을 부담했다. 둘째, 장성덕 선교사는 부산국제선교회가 파송한 첫 선교사로 오스트리아 교회와 우호적인 관계를 형성하기 위해 노력했다. 이러한 우호적 관계가 비엔나한인교회가 교회당을 구입하는 데 밑거름이 되었다. 그리고 부산국제선교회가 비엔나 지방 노회장 호른 목사를 부산에 초대해서 교제하고, 신뢰 관계를 형성하며 교회당 구입에 대한 의견을 나눈 것도 교회당 구입에 기여했다. 셋째, 장성덕 선교사의 노력으로 비엔나한인교회를 1986년에 부산노회에 가입시켰고, 총회 산하 선교지 교회로 등록했다. 이로써 오스트리아 개신교단(Evangelische Kirche in Österreich in A.B.)도 비엔나한인교회를 대한예수교장로회(통합)가 세운 교회로 인정하고, 목회자를 통합 교회에서 파송하는 것을 인정했다.

넷째, 비엔나한인교회는 1993년 8월에 재정 자립을 선언하는 공문을 총회 세계선교부와 부산국제선교회에 보내면서 1994년부터는 자립하는 교회가 될 것을 결의했다. 장황영 목사의 부임 이후 비엔나한인교회는 성장했다. 2013년 현재 오스트리아에는 한국에서 출생한 교민이 2,260명이 있고, 비엔나에는 1,594명이 살고 있었다. 비엔나한인교회에 출석하는 교인이 450명으로 전체 교민 중 20%를 상회했다.[116] 비엔나한인교회는 이처럼 교인이 증가했고, 예산도 증가하여 자립을 이뤘다. 다섯째, 비엔나한인교회는 장황영 목사의 부임 이후 동구권 선교를 비롯하여 유럽 선교와 아시아 선교에 헌신하는 교회가 되었다. 비엔나한인교회의 주보(2024년 5월 19일)에 의하면 파송 선교사는 112가정이고, 협력 선교사는 13명이고, 기관선교를 7개 기관이 하고 있다. 비엔나한인교회의 연혁에 의하면 2023년 1월 현재 선교사를 114명 파송했다. 비엔나한인교회가 파송한 선교사 가운데에는 동구

---

115 장성덕 목사(전 비엔나 선교사), "비엔나한인교회 교회당에 대한 회고," 부산국제선교회, 「제30회 부산국제선교회의 밤 선교보고서」 (2012년 12월 13일).

116 Lukas Pokorny and Sang-Yeon Loise Sung, "'Today Vienna, Tomorrow All of Europe': The History of the Vienna Korean Church," 162.

권 선교사가 85명(알바니아 9명 포함)이고, 인도네시아 선교사가 16명이다.[117] 부산국제선교회가 어려운 가운데 교회당 구입비의 절반을 부담한 것은 비엔나한인교회가 동구권 선교의 전초기지가 되기를 희망했기 때문이었다. 이런 희망을 비엔나한인교회가 성취했을 뿐 아니라 1994년 이후 부산국제선교회가 중단했던 인도네시아 선교를 비엔나한인교회가 이어가고 있는 것은 상당히 의미 있는 일이라 하겠다. 부산국제선교회는 동구권 선교를 위해 알바니아에 선교사를 1995년에 파송했지만 1996년에 철수했다. 그런데 비엔나한인교회가 알바니아에 선교사를 9명 파송한 것도 의미가 크다. 비엔나한인교회의 홈페이지에 의하면 협력 선교사를 파송한 국가는 알바니아, 그리스, 영국, 헝가리, 우크라이나, 크로아티아, 독일, 인도네시아, T국 등이다. 여섯째, 비엔나한인교회의 홈페이지에 의하면 부산국제선교회가 파송했던 이남기 선교사가 1994년 10월에 시작했던 난민 선교를 이어가는 것을 볼 수 있다. 비엔나한인교회는 여름마다 난민 선교를 하고, 성탄절 행사를 비롯해서 이발 사역, 환자 간호 사역 등을 하고 있다.

3) 부정적 평가

첫째, 부산국제선교회는 비엔나한인교회 교회당을 구입했던 1990년이 부산국제선교회의 첫 파송 선교지였던 인도네시아 선교 10주년이라는 점을 간과하고 있었다. 또 부산국제선교회는 한인 디아스포라 선교보다는 타문화권 선교에 우선을 두고 있었다. 그런데도 불구하고 비엔나한인교회의 교회당 구입에 대해서는 사전에 어느 정도 방향을 정하고 회장단에게 구입에 대한 결정을 위임했다. 반면에 부산국제선교회가 처음으로 선교사로 파송했던 한승인 선교사와 인도네시아 파송 10주년에 대해서는 예배를 드린 것 이외에는 일체의 특별한 지원이 없었다. 부산국제선교회가 비엔나한인교회의 교회당을 구입할 필

---

117 비엔나한인교회의 역사를 다룬 글에 의하면 비엔나한인교회가 파송한 유럽 선교사(알바니아, 불가리아, 그리스, 코소보, 몰도바, 마케도니아, 루마니아, 슬로바키아, 체코, 우크라이나, 독일, 세르비아)는 85명이고, 아시아 선교사(인도네시아, 미얀마, 네팔, 필리핀)는 23명 등 총 108명이었다. Lukas Pokorny and Sang-Yeon Loise Sung, "'Today Vienna, Tomorrow All of Europe': The History of the Vienna Korean Church," 162.

요가 없었다는 것이 아니라 부산국제선교회의 선교 전략적 판단에 대한 성찰이 필요하다는 점을 제기하고 있다. 둘째, 비엔나한인교회가 교회당 구입을 할 1990년의 재정 형편은 목회자 사례비를 지급하지 못할 정도로 열악했다. 따라서 당시 교인들은 100만 실링을 감당한 것을 하나님의 기적이라고 고백했다. 부산국제선교회 역시 당시 5,000만 원은 큰 예산이기 때문에 부족한 비용을 대출을 받아 감당했다. 이런 이유 때문에 인도네시아 선교에 대한 지원을 축소할 수밖에 없었다. 셋째, 비엔나한인교회의 교회당 구입에 명분이 된 비엔나한인교회를 동구권 선교의 전초기지로 세우려는 데 대한 문제점이다. 교회당 구입을 결정하고 잔금을 지불하던 1990년은 동구권 개방이 아직 불투명하던 시기이었다. 더구나 선교 훈련을 위한 인적, 물적 자원이 전혀 준비가 되지 않았다. 부산국제선교회와 비엔나한인교회 모두 재정적으로 선교훈련원이나 선교센터를 지원할 여력이 전혀 없었다. 따라서 동구권 선교는 교회당 구입을 위한 명분이라는 측면이 있었다.

넷째, 비엔나한인교회 내 심각한 갈등이다. 초기의 갈등은 장성덕 선교사와의 사적 관계에서 비롯되었다. 갈등을 겪은 교인 가족은 비엔나한인교회를 떠났다가 김상재 선교사의 부임 이후 교회로 복귀했다. 비엔나한인교회가 교회당을 구입하는 과정에서 교인 대표인 이정준 집사가 오스트리아 루터교 개신교회, 한국교회(예장 총회 통합)와 부산국제선교회와 원만하면서도 정확하게 업무를 처리했다. 이정준 집사의 업무 수행 능력이 뛰어난 것이 일부 교인들에게는 시기의 대상이 되었던 것 같다. 그리고 오스트리아에서 부동산 구입과 관련한 행정이 오랜 시간이 걸리는 일임을 이해하지 못했던 교인들이 이정준 집사의 '공금 횡령' 문제를 제기하고, 이 문제를 해당 교인의 자녀에게까지 압박하면서 갈등은 상상을 초월하는 수준이 되었다. 이정준 집사에게 씌워진 '공금 횡령' 문제는 나중에 사실무근인 것으로 판명되었다. 그렇지만 이정준 집사에 대한 반감이 그와 함께 일했던 부산국제선교회에도 그대로 적용되면서 부산국제선교회에 반감을 지닌 교인들이 증가했다. 이런 갈등은 비엔나한인교회뿐 아니라 부산국제선교회 모두를 패자로 만들었다. 비엔나한인교회에 1994년에 부임한 이남기 선교사는 자신이 이런 갈등을 해결할 능력이 없음을 깨닫고 사임을 통해 중재하되 부산국제선교회와 상의 없이 함으로써 부산국제선교회와 비엔나한인교회의 관계가 단절되는 결과를 초래했다. 이남기 선교사 이후에 비엔나한인교회에 부임한 장황영 목사는 이 갈등을 해소하는 데 오랜 시간을 보내야 했다. 그러나 장황영 목사는 부산국제선교회와 우호적 관계를 수립하지 않고 관계를 단절했다.

다섯째, 비엔나한인교회는 오스트리아 루터교 개신교회의 행정적 지시를 따라야 했는데 이를 무시하거나 제대로 이행하지 않았다. 비엔나한인교회가 오스트리아 교회당을 구입한 직후 1990년 10월 18일에 오스트리아 개신교 총회 비엔나노회와 비엔나한인교회의 대표 이정준 집사는 비엔나에 한인 교회 설립을 논의하면서 비엔나한인교회가 한국 출신 교인을 위한 교회로 오스트리아 개신교 총회 주교의 감독 아래 있으며, 목회자는 대한예수교장로회(PCK)에서 임직 또는 파송하고, 한국교회로부터 급여를 받으며, 한인교회는 오스트리아 총회 헌법에 따라 조직되어야 한다는 것에 합의했다. 이러한 합의에 대해 대한예수교장로회 총회도 동의한다는 공문을 오스트리아 비엔나 노회에 1991년 3월 19일에 발송했다. 문제는 비엔나한인교회가 1996년 이후에 이런 합의를 제대로 준수하지 않았다는 점이다. 그리고 1992년 오스트리아 루터교 개신교회 총회는 비엔나한인교회에 행정처분서를 보냈다. 비엔나한인교회는 총회 사무총장의 종교적 업무 감독을 받도록 하며, 한국 출신 기독교인이 아닌 사람에게 종교적 업무를 진행할 수 없다. 이러한 지침을 위반할 시에는 교회 인정과 설립이 번복될 수 있고, 교회 자산이 총회로 이전된다고 했다. 이 행정처분서의 일부 조항을 비엔나한인교회가 준수하지 못한 점이 있다. 이런 문제는 당시 윤병섭 선교사가 오스트리아 교회와 관계를 제대로 맺지 못한 점, 이런 중요한 내용을 후임자에게 인계하지 않은 점 그리고 이남기 선교사가 교회 내적 갈등으로 부임 1년 반 만에 사임한 것 등 여러 요인이 있다. 이런 요인들은 비엔나한인교회에도 책임이 있지만, 선교사를 파송했던 부산국제선교회의 책임이 없다고 할 수 없다. 이런 문제들로 인해 비엔나한인교회는 2024년 5월 현재 오스트리아 개신교단 총회(Oberkirchenrat der Evangelische Kirche in Österreich in A.B.)의 회계감사를 받고 있다.[118]

여섯째, 부산국제선교회는 오스트리아 비엔나한인교회의 교회당 구입 감사 예배를 1990년 7월 5일에 드렸다. 교회당 매매 계약서 작성과 오스트리아 법원에 등기된 것이

---

118 비엔나한인교회의 주보(2024년 5월 19일) 참조.

1992년이었다. 당시 부산국제선교회가 1990년 7월 5일에 연 월례회는 100회 월례회이었다. 부산국제선교회로서는 제100회 월례회를 비엔나한인교회당 구입 감사 예배로 드린 것은 나름 뜻깊은 일로 볼 수 있다. 그렇지만 오스트리아의 행정 절차로는 아직 매매 계약서가 완료되지도 않았고, 오스트리아 법원에 등기가 이뤄지지도 않았는데 교회당 구입 감사 예배를 드린 것은 상당히 성급한 일이라 하지 않을 수 없다. 여기에서 부산국제선교회가 선교에서 보여준 조급성, 내지는 '100회 월례회' 기념 또는 성과에 집착하는 것을 엿볼 수 있다. 부산국제선교회가 선교 활동에서 중요한 시기를 기억하는 것은 의미가 있다. 그렇지만 회원들이 모이는 '월례회'가 아니라 인도네시아에 파송한 '첫 선교사의 파송 10주년'을 기념하는 것이 더 바람직한 것은 아닌지 되돌아볼 필요가 있다. 그리고 선교지의 국가 행정과 선교지 교회와의 관계에 대해 배우고 교제하는 자세를 거의 찾아볼 수 없다. 이는 부산국제선교회의 선교 목적이 교회 개척이기 때문에 교회당 구입으로 소기의 목적을 달성했다고 본 것으로 해석할 수 있다. 바꿔 말하면, 부산국제선교회는 에큐메니컬 협력 선교에 대한 이해가 부족하여 오스트리아 교회의 행정과 조직을 배우려는 의지가 없었다고 볼 수 있다.

일곱째, 부산국제선교회가 비엔나한인교회의 교회당을 구입한 직후 파송한 윤병섭 선교사에 대한 당시 교인들의 평가가 매우 부정적이라는 점이다. 부산국제선교회도 윤병섭 선교사를 소환하려 했었다. 이는 비엔나한인교회를 방문했던 부산국제선교회의 회장 신동혁 목사가 윤병섭 선교사의 목회를 보고 소환을 결정한 것 같다. 윤병섭 선교사는 3년 선교 기간 동안 한 번도 선교 보고를 하지 않았다. 윤병섭 선교사는 교인들에게 월급에 대한 불만을 토로했고, 재정적으로 어려운 상황인데도 좋은 차를 구입했고, 교인에게 돈을 빌리려 했다. 당시 한 교인에 의하면 제직회에서 혼잣말이지만, 부산국제선교회가 본래 파송하려던 선교사가 아니라 자신이 비엔나한인교회에 부임한 것은 돈을 썼기 때문이라는 믿을 수 없는 얘기도 했다고 한다.[119] 윤병섭 선교사는 귀국 후 목사직을 사임하고 다른 직업을 택했다고 한다. 비엔나한인교회의 교인들은 이러한 선교사를 파송한 부산국제선

---

119 최차남 은퇴 권사와의 인터뷰(2024년 5월 10일).

교회를 신뢰하기보다는 불신하는 것이 자연스럽다고 하겠다. 김정광 목사는 선교사의 인성이 중요하고, 인성이 부족한 선교사를 파송하면 선교는 실패할 수밖에 없다고 했다. 문제는 인성이 좋은 선교사를 부산국제선교회가 선발하는 것이 상당히 어렵다는 점이다.[120]

여덟째, 비엔나한인교회는 교회당 구입 이후 3년 임기의 선교사가 아닌 장기적으로 섬기는 목회자를 원했다. 비엔나한인교회의 목사가 3년 주기로 계속 교체됨으로써 비엔나한인교회는 중장기 목회계획을 세울 수 없었다. 그리고 새로 부임한 목회자는 비엔나한인교회에 정착하자마자 차기 목회지를 모색하려는 것 같았다.[121] 그런데 부산국제선교회가 파송한 이남기 선교사가 이유를 불문하고 1년 반 만에 사임했다. 이남기 선교사의 사임은 부산국제선교회와 상의하지 않았다. 결과적으로 부산국제선교회는 비엔나한인교회가 장기간 비엔나한인교회를 섬길 목회자를 파송해달라는 요청을 거절한 셈이 되었다. 1년 반 만에 이남기 선교사가 비엔나한인교회를 사임한 것은 비엔나한인교회 교인들이 부산국제선교회를 불신하는 데 기여했다. 박광선 목사는 부산국제선교회가 파송한 선교사들이 부산국제선교회와 사전에 의논해서 사임하거나 귀국을 해야 하는데 본인이 결정하고 부산국제선교회에 통보하거나 일방적으로 행동하기 때문에 문제가 되었다고 했다.[122]

아홉째, 부산국제선교회는 12년 동안 비엔나한인교회 선교사의 사례비를 지원했고, 비엔나한인교회의 교회당 구입 재정의 절반을 부담했지만, 부산국제선교회는 비엔나한인교회의 교회당 구입을 기능적으로만 고려했고, 교회당 구입 이후 선교 전략과 선교 정책의 변화가 없었다. 이것이 당시 부산국제선교회의 한계이었다. 즉, 부산국제선교회가 비엔나한인교회를 동구권 선교의 전초기지로 생각했으면, 교회당 구입 이후 파송하는 선교사를 중장기적으로 비엔나한인교회를 목회하면서도 동구권 선교의 비전을 가진 선교사를 파송하도록 인선과 선교 정책을 재수립할 필요가 있었다. 그러나 당시 부산국제선교회의 선교

---

120 김정광 목사와의 인터뷰(2022년 1월 25일).

121 Lukas Pokorny and Sang-Yeon Loise Sung, "'Today Vienna, Tomorrow All of Europe': The History of the Vienna Korean Church," 173-174.

122 박광선 목사와의 인터뷰(2022년 1월 25일).

목적은 교회 개척이었다. 교회당을 구입한 이상 부산국제선교회는 비엔나한인교회의 목회자의 자질에 대해 고민하지 않았고, 동구권에 선교사를 파송해서 교회를 개척하면 되었기에 선교 정책을 다시 수립할 필요가 느끼지 못했던 것 같다. 이런 이유들로 인해 비엔나한인교회의 후임자 인선을 그르쳤다.

열째, 1996년 11월 2일에 열린 비엔나한인교회의 헌당 예배는 비엔나한인교회와 부산국제선교회가 관계를 개선할 좋은 기회이었다. 당시 총회 세계선교부 총무 임순삼 목사도 참여했다. 따라서 비엔나한인교회가 부산노회 소속이고, 총회 선교지 교회임을 확인하고, 동시에 오스트리아 교회의 행정적 감독도 받는 관계임을 확인하면서, 부산국제선교회와 비엔나한인교회 사이의 관계를 다시 이어갈 수 있는 기회였다. 그러나 관계가 정상화되었다는 말만 있고, 이후에 동구권 선교를 위한 협력이라는 언급이 전혀 없다. 그동안 부산국제선교회가 비엔나한인교회를 위해 기여한 것도 많지만, 비엔나한인교회의 일부 교인들이 부산국제선교회에 대한 부정적 평가나 태도를 갖도록 한 점도 많았다. 이러한 부정적 평가나 태도가 관계 정상화로 이어지지 못하도록 한 것으로 볼 수 있다. 이 때문에 비엔나한인교회의 동구권 선교는 독자적으로 진행된 것으로 보인다.

열한째, 부산국제선교회는 1995년 이후 비엔나한인교회에 대한 선교를 중단했고, 잘츠부르크한인교회를 섬겼던 김철수 선교사가 귀국한 1998년 6월 이후 오스트리아 선교를 중단했다. 알바니아 선교는 1995년 9월에 시작하여 1996년 9월까지 1년 만에 알바니아 선교를 중단했다. 문제는 부산국제선교회가 오스트리아 선교 중단에 대한 정책협의회를 개최하지 않은 점이다. 이는 1997년부터 부산국제선교회가 중국 선교와 미얀마 선교에 집중했기 때문인 것으로 보인다. 그렇지만 오스트리아 선교를 중단할 때는 오스트리아 선교에 대한 공과를 확실히 규명하고, 15년 동안의 오스트리아 선교로부터 배운 교훈을 정리하는 선교정책협의회를 개최하여 그 결과를 토대로 부산국제선교회의 선교 정책을 수립하고, 제도적 개선을 할 필요가 있으며, 다음 선교지에 적용할 필요가 있었다.

열둘째, 부산국제선교회의 가장 중요한 과제 중 한 가지는 선교사 인선에 대한 제도적 개선이다. "인사(人事)가 만사(萬事)"라는 말처럼 선교 활동도 선교사가 누구인가에 따라 큰 차이가 난다. 부산국제선교회는 선교사 인선의 기준과 원칙과 제도를 개선하고 그것을 구체적으로 적용할 방안을 마련할 필요가 있다.

4) 부산국제선교회 오스트리아 선교의 교훈

첫째, 비엔나한인교회의 교회당 구입은 비엔나한인교회가 자립을 이루고 동구권 선교의 밑거름이 되었다. 당시에는 무모한 측면이 없지 않았다. 비엔나한인교회는 자립이 되지 않는 교회이었다. 부산국제선교회 역시 교회당 구입비의 절반을 부담하기 위해 신용금고에서 돈을 대출했다. 더구나 교회당을 구입한다고 해서 비엔나한인교회가 자립하고 동구권 선교를 한다는 보장도 없었다. 그렇지만 당시 교인들의 고백처럼 하나님께서 기적을 베푸시고 하나님께서 이루셨다. 한마디로 하나님의 선교이었다. 이처럼 선교는 사람의 생각으로는 무모하거나 불합리하다고 느껴지더라도, 오병이어의 기적처럼 교회당 구입을 위한 적은 헌금이 모여서 교회당 구입비를 마련했고, 결국은 동구권 선교의 문을 열게 하시는 하나님께서 하시는 선교에 교회나 그리스도인들이 참여하는 것이다. 하나님의 선교(missio Dei)는 에큐메니컬 진영의 선교신학으로 알려져 있다. 중국이 공산화되면서 서구 선교사들이 중국에서 추방된 직후 국제선교회협의회(IMC)가 빌링엔에서 1952년에 개최한 선교대회의 결과가 하나님의 선교이었다. 즉, 하나님의 선교는 세계교회협의회(WCC)가 만들어 낸 선교신학이 아니라 20세기 전반기 선교대회를 주도한 국제선교협의회의 선교신학이다. 국제선교협의회가 세계교회협의회의 세계 선교와 전도위원회로 합류한 1961년 이전에 만들어진 선교신학이다. 2010년 케이프타운에서 개최한 로잔 3차 대회의 결과물인 '케이프타운 서약'은 하나님의 선교를 사랑한다고 고백하고 있다. "하나님은 자신의 백성을 부르셔서 자신의 선교에 동참시키"시고, "우리의 선교는 온전히 하나님의 선교로부터 나오며, 하나님의 창조세계 전체를 다루며, 그 중심이 십자가의 구속하시는 승리 위에 세워져 있다."[123] 이제 하나님의 선교는 더 이상 에큐메니컬 진영의 전유물이 아니라 복음주의 진영에서도 수용한 선교신학이 되었다. 부산국제선교회는 선교회 중심

---

123 제3차 로잔대회, 『케이프타운 서약: 하나님의 선교를 위한 복음주의 헌장』(서울: IVP, 2014), 60.

으로 교회 개척을 목적으로 하는 선교가 아니라 하나님의 선교에 어떻게 참여할지에 대해 신학적으로 고민하고 실천해야 할 것이다.

둘째, 에큐메니컬 협력 선교의 중요성이다. 부산국제선교회의 오스트리아 선교는 한인 디아스포라 선교이었다. 그런데 비엔나한인교회의 교회당을 구입하면서 불가피하게 오스트리아 루터교 개신교회의 행정적 감독을 받아야 했다. 비엔나한인교회는 한국에서 태어난 기독교인들을 섬기는 교회로 목회자는 대한예수교장로회에서 파송하거나 임직한 목사가 되어야 하고, 급여를 한국교회로부터 받지만, 행정이나 조직은 오스트리아 총회 헌법을 따라야 한다. 이를 위해서 비엔나한인교회는 행정적으로는 오스트리아 루터교 개신교회와 함께 가야 하고, 목회자 인선이나 신학적 측면에서는 한국교회와의 관계가 중요하다. 이처럼 비엔나한인교회는 한국교회, 오스트리아 교회와 에큐메니컬 협력 선교가 중요하다. 그런데 당시에 부산국제선교회는 에큐메니컬 협력 선교에 대한 이해가 부족했다. 에큐메니컬 협력 선교는 총회의 세계 선교 정책이고, 다양한 사례들이 있다.[124] 이제부터라도 부산국제선교회는 총회의 선교 정책인 에큐메니컬 협력 선교를 정책적으로 수용하고 이후의 세계 선교에 적용하도록 노력할 필요가 있다.

셋째, 선교사 인선의 중요성이다. 부산국제선교회는 1983년부터 1996년까지 비엔나한인교회와 잘츠부르크한인교회에 선교사들을 파송했다. 파송된 선교사는 현지어인 독일어나 영어를 잘해서 현지 교회와 소통하고 교제하고 행정적인 지도를 따라갈 수 있어야 했다. 그러나 부산국제선교회는 이런 선교사를 파송하지 못했다. 장성덕 선교사는 오스트리아 교회와 우호적 관계를 형성하려고 노력했다. 이남기 선교사는 독일어와 영어를 잘했지만, 교회 내 갈등 때문에 조기에 사임해서 오스트리아 교회와 관계를 제대로 형성할 수 없었다. 비엔나한인교회가 교회당을 구입한 직후 보낸 선교사가 최악이었다. 비엔나한인교회의 일부 교인들이 부산국제선교회에 부정적 태도를 보인 데에는 잘못된 선교사의 인선도 영향을 주었을 것이다. 이런 점이 교회 내 갈등을 심화시켰다고 볼 수 있다. 잘못된 인선은

---

124 황홍렬 편저, 『에큐메니칼 협력 선교: 정책, 사례, 선교신학』 (서울: 꿈꾸는터, 2015) 이 책에는 총회의 에큐메니컬 협력 선교 정책에 대한 소개와 9가지의 에큐메니컬 협력 선교의 사례들과 에큐메니컬 협력 선교신학을 소개하고 있다.

결국 오스트리아 교회와 소통하고 행정적 지도를 수용하지 못함으로써 비엔나한인교회와 오스트리아 루터교 개신교회와의 관계에도 부정적 영향을 주었다. 잘못된 인선으로 인해서 교회 내 갈등이 심화되면서 이남기 선교사가 비엔나한인교회를 조기에 사임했다. 이는 다시 부산국제선교회와 비엔나한인교회의 관계를 단절시켰다. 이런 과정에서 비엔나한인교회는 오스트리아 교회와 우호적 관계를 형성하지 못하게 되었다. 김정광 목사는 오스트리아에 파송하는 선교사는 독일어나 영어를 잘하고 음악에도 조예가 깊어 현지 교회와 소통할 수 있는 선교사를 파송했어야 했다고 했다.[125] 박광선 목사는 선교사 인선에 대한 철저한 검증이 필요하고, 제대로 선교사를 훈련시킬 것을 강조했다.[126] 부산국제선교회는 이후에 반드시 오스트리아 선교에 대한 성찰을 하면서 선교사 인선의 문제를 깊이 고민하여 제도적 개선을 해야 할 것이다.

넷째, 교회 일치와 연합은 선교의 전제조건으로, 교회 일치와 선교는 밀접한 관계에 있다. 바꿔 말하면 교회의 내분, 교회 분열은 선교의 장애물이다. 교회 일치와 선교를 말할 때는 통상 선교를 위한 여러 교회들의 일치와 협력을 말한다. 오스트리아 선교에서는 먼저 비엔나한인교회의 일치를 언급하지 않을 수 없다. 분열된 교회로서는 선교 활동이 아니라 교회로서의 존립 자체가 위협을 받는다. 부산국제선교회는 한인 교회의 갈등을 교인들의 신앙적 성장과 성숙의 계기로 전환할 수 있는 목회 경륜이 있는 목회자를 선발해서 파송했어야 했다. 비엔나한인교회가 교회 내 갈등을 극복하고, 나아가서 오스트리아 교회와 부산국제선교회와 일치하고 연합하는 관계를 형성하는 것이 비엔나한인교회에 파송된 선교사의 선교적 과제였다. 그러나 부산국제선교회는 선교와 일치 사이의 긴밀한 관계에 대한 이해가 부족했던 것 같다. 교회나 선교 단체가 선교사를 파송해서 선교지에 교회를 세운다는 전통적 선교 이해만으로는 교회 일치와 선교가 밀접한 관계에 있음을 수용하기 어렵다. 김정광 목사는 "선교사와 현지 교회 그리고 선교회와의 원만한 좋은 관계가 유지되지 않으면 큰일을 하고도 결과가 좋지 않게 된다는 교훈을 얻었다"고 했다.[127] 1910년 에딘버러세

---

125 김정광 목사와의 인터뷰(2024년 1월 9일).
126 박광선 목사와의 인터뷰(2022년 1월 25일).
127 부산국제선교회 상임고문 김정광 목사 간증편, 『목사님, 여권 잃어버렸어요』 (부산: 도서출판 지앤미, 2014), 18.

계선교대회는 19세기 말부터 20세기 초에 이르는 동안 일어난 선교지에서의 경쟁과 중복투자, 선교사나 선교 단체 사이의 갈등으로 인한 선교의 장애를 극복하고 교회 일치와 연합을 통해 세계 선교를 잘 감당하기 위해 모인 대회였다. 20세기의 전반기에는 국제선교회협의회(IMC)가 중심이 되어 교회 일치와 선교의 문제를 다루었고, 후반부에 에큐메니컬 진영은 세계교회협의회(WCC)의 세계 선교와 전도위원회(CWME)가 중심이 되어 이 문제를 다루었고, 복음주의 진영은 로잔대회가 이 문제를 다루었다. 20세기에 열렸던 선교대회들을 연구하는 것은 학문적 지식을 얻기 위한 것보다는 선교 현장에서 일어나는 문제를 극복한 과거의 사례들을 배우고 그것을 오늘의 선교 현장에 적용하기 위한 것이다. 부산국제선교회는 20세기와 21세기의 선교대회들에 대한 연구를 통해 선교와 교회 일치와 연합의 밀접한 관계를 배우고, 이를 선교 현장에 적용하는 것이 바람직하다.

다섯째, 선교와 물적 자원의 나눔의 문제이다. 부산국제선교회는 비엔나한인교회에 선교사를 파송하면서 12년 동안 선교사의 급여를 지원했고, 비엔나한인교회의 교회당 구입 예산의 절반을 부담했다. 선교에서 주는 교회와 받는 교회가 고정될 때 생기는 문제로서는 선교와 디아코니아의 문제이다.[128] 주는 자와 받는 자가 고정될 때 문제가 발생한다. 주민조직(Community Organization) 이론을 창시한 알린스키는 주민조직과 관련해 받는 자의 입장에서의 문제점을 지적했다. 외부 조직가가 지역주민을 위해 어떤 것을 제안할 때 "심리학적 딜레마"[129]가 일어난다. 만약 지역주민들이 그의 제안을 받아들이면 그들 자신은 바보처럼 보이기 때문에 그 제안을 받아들이지 않는 것이지 그 제안이 틀려서 받아들이지 않는 것이 아니라는 것이다. 그는 뒤에 이런 현상을 "일종의 정신적 '원죄'"라고 불렀다. "도움을 청한 사람이 도움을 얻으면 그는 그를 도와준 사람에게 감사함뿐만 아니라 무의식적 적대감을 보이는 것이 인간의 특징이다."[130] 도움을 받는 자들이 주는 자들에게 갖는 무의식적인 적대감은 그들의 문제를 드러낸다. 그들은 항상 받는 자의 입장이기 때문

---

128 황홍렬, "사회복지, 디아코니아/사회봉사와 선교," 한국선교신학회 편, 「선교신학」 제5집 (2002): 11-62.

129 S. D. Alinsky, *Reveille for Radicals* (New York: Vintage Books, 1969), 104.

130 S. D. Alinsky, *Rules for Radicals: A Practical Primer for Realistic Radicals* (New York: Vintage Books, 1972), 93.

에 "내적 장애인"(crippled inside)[131]이 되었다. 가난한 자, 병자, 장애인은 '주는 자·받는 자' 도식에서 항상 받는 자의 역할로 고정되어 있기 때문에 그들은 남에게 의존하는 자로만 취급받는데, 이런 역할은 그들 자신의 내면을 장애인으로 만드는 것으로 하나님의 형상으로 지음 받은 인간관에 어긋나고, 인간의 성취와 관계없이 하나님의 사랑을 받는 피조물이라는 인간관에 어긋난다.[132]

'주는 자'의 입장에서는 '타자를 위한 행동'을 하게 된다. 우리가 항상 '주는 자', '돕는 자', '강자', '최고'가 되기를 원하는 것은 타자의 도움을 받아들이려 하지 않기 때문이다. 이것이 기독교 활동가들의 직업적 죄의 특징이다.[133] "만약 우리가 우리 자신의 인간학적 우월성이라는 비합법적인 위치를 받아들인다면 우리가 할 수 있는 최선은 우리 가운데 약한 자를 관용하는 것이다."[134] 인간에게 결함(죄)이란 본질적 규정이며, 동시에 세상에 그 어떤 인간도 남을 도울 수 없는 사람이 없다. 바로 이것이 공동체의 본질이다. 공동체 구성원은 서로 다른 기능을 갖고 있지만 혼자서 삶을 지탱할 수 없으며, 다른 지체에게 기여하지 못하는 지체도 없다. "기독교 공동체의 삶은 각자가 주면서 동시에 받을 준비가 되어 있고, 타자도 똑같이 할 것을 확실하게 기대할 때만이 발전한다. 그런 공동체 속에서 개개인은 이미 받았기 때문에 줄 수 있다. 그러므로 능동적인(주는) 디아코니아는 받아들이는 디아코니아의 경험을 전제로 한다."[135] '주는 자'의 문제는 '강자'로 항상 남으려는 유혹에 굴복하는 것뿐 아니라, '주는 행동'을 강조함으로써 이신칭의, 칭의론을 부정하는 것이다. 칭의론을 진지하게 받아들이면 디아코니아 행동주의를 극복하고 "도움을 필요로 하는 자들을 향한 돕는 자들의 얕잡아 보려는 태도를 끝낼 수"[136] 있다. 그래서 "디아코니아는

---

131 J. van Klinken, *DIAKONIA: Mutual Helping with Justice and Compassion* (Grand Rapids: W. B. Eerdmans Publishing Co., 1989), Introduction, ix.

132 황홍렬, "사회복지, 디아코니아/사회봉사와 선교," 46-47.

133 Ulrich Bach, "Room for All of Us to be Free" in Edited by Geiko Müller-Fahrenholz, *Partners in Life: The Handicapped and the Church* (Geneva: WCC, 1979), 39.

134 Ulrich Bach, "Room for All of Us to be Free," 43.

135 Ulrich Bach, "Room for All of Us to be Free," 46.

136 울리히 바하, "신학적 주제로서의 장애인," J. 몰트만/정종훈 옮김, 『하나님나라의 지평 안에 있는 사회선교』,(서울: 대한기독교서회, 2000), 123.

그리스도인 각 개인과 교회들에게 그들이 가진 것으로부터가 아니라 그들 자신으로부터 나오는 줌(giving)을 요구한다."[137] 그리고 바로 이 "주는 일을 통해서 더 많은 것을 받는다는 것을 깨달으면 그것이 나누는 일이다. 주는 것은 물질일 수 있지만 나누는 것은 나 자신이다 … 존재를 나눌 때 소유는 거룩한 메시지를 전하는 도구가 된다."[138] 여기서 디아코니아와 코이노니아가 불가분의 관계에 있다는 것을 확인한다.[139]

부산국제선교회는 오스트리아 선교를 위해 선교사의 급여를 12년 동안 보냈고, 교회당 구입의 절반을 지원했다. 그런데 부산국제선교회가 주는 기관으로 고정되면 위에서 언급한 대로 '강자'가 되려는 유혹, '주는 행동'을 강조함으로써 이신칭의를 부정할 위험 등이 발생한다. 이런 위험으로 인해 받기만 하는 비엔나한인교회를 지배하거나 통제하려는 유혹을 받게 된다. 반면에 받기만 하는 비엔나한인교회는 부산국제선교회에 대해 감사한 마음뿐 아니라 무의식적으로 '적대감'을 가지며, '내적 장애인'이 될 수 있다. 이는 모든 인간은 하나님의 형상으로 지음 받았음을 부정하는 결과를 초래한다. 따라서 선교에서 재정을 일방적으로 지원하고 받는 관계를 지양하고, 부산국제선교회와 비엔나한인교회 사이에 동역자 관계를 형성하는 것이 바람직했다.[140] 비엔나한인교회가 도움을 준 부산국제선교회에 대해 반감을 지닌 이면에는 이러한 문제들도 있다고 본다.

또 다른 문제는 선교와 돈의 문제이다. 복음주의 선교신학자 조나단 봉크는 서구 선교사의 생활비가 선교지 사역자나 주민들의 생활비보다 너무 큰 차이가 날 경우, 선교사와 사역자/교인/주민과의 소통과 관계 형성에 많은 악영향을 주고, 복음 이해를 왜곡시키며, 선교사나 선교 단체 관계자들이 스스로를 우월하다고 착각한다고 비판하면서 서구 선교의 실패는 선교비가 적어서가 아니라 너무 풍족한 데서 기인한다고 했다.[141] 비록 부산국제선교회가 비엔나에 파송한 선교사들에게 풍족한 선교비를 지원한 것은 아니었다. 그렇지만

---

137 Edited by David Gill, *Gathered for Life: Official Report VI Assembly World Council of Churches* (Geneva, Wm. B. Eerdmans: WCC, 1983), 62.

138 오재식, "절제와 사랑으로 약한 생명을 돌보자" 「기독교사상」 475호 (1998년 7월), 48.

139 황홍렬, "사회복지, 디아코니아/사회봉사와 선교," 47-48.

140 황홍렬, "사회복지, 디아코니아/사회봉사와 선교," 48-49.

141 조나단 봉크/이후천 옮김, 『선교와 돈』 (서울: 대한기독교서회, 2010).

목회자 사례비를 교회가 아니라 부산국제선교회로부터 해결하고, 교회당 구입비의 절반을 부산국제선교회가 해결함으로써 상대적으로 재정이 풍족한 부산국제선교회가 비엔나한인교회에 대해 우월감을 가질 수 있다. 이는 예수 그리스도께서 보여주신 섬김의 모습에 배치된다. 즉, 선교에서 돈은 입으로 전하는 복음에 반하는 태도나 삶으로 인해 복음을 부정할 수 있다는 점을 명심해야 한다.

이처럼 주는 교회와 받는 교회가 고정되고, 주는 액수가 많을 때 주는 교회가 받는 교회의 정책이나 인선, 목회 등에 간섭이나 지배, 통제하려는 유혹을 받는다. 물론 부산국제선교회는 비엔나한인교회의 목회자를 추천할 권리가 있었다. 그런데 부산국제선교회가 윤영섭 선교사를 소환하려 했을 때 비엔나한인교회 교인들이 반대한 것은 소환 자체를 반대한 것이 아니라 소환을 결정하는 과정에 비엔나한인교회의 교인들의 입장이 배제되었기 때문이었다. 그리고 윤영섭 선교사의 후임 선정에 대해 비엔나한인교회는 3년 임기의 선교사가 아니라 비엔나한인교회에 영구적으로 정착하여 섬길 목회자를 파송하도록 부산국제선교회에 요청했다. 이남기 선교사의 조기 사임은 이런 요청을 결과적으로 거부한 셈이 되었다. 비록 부산국제선교회는 주는 기관이었고, 비엔나한인교회는 받는 교회이었지만 선교를 위해 협력하는 대등한 관계, 동역자 관계를 형성하는 것이 필요했다. 서구 선교의 사례에서도 주는 서구 교회가 받는 비서구 교회에 대해 정책이나 인선 등에 간섭·통제함으로써 현지 교회를 분열시키거나 반발을 불러일으킨 경우가 많았다. 주는 서구 교회가 비서구 교회에 간섭하고 통제하려는 모습에서는 예수 그리스도가 보여준 섬기는 자의 모습을 찾을 수 없다. 부산국제선교회는 서구 선교의 사례에서 보여준 '선교와 돈' 그리고 '선교와 디아코니아'의 문제를 연구하여 앞으로의 세계 선교에 적용하도록 하는 것이 바람직하다.

여섯째, 선교의 조급성과 성과주의를 극복할 필요가 있다. 비엔나한인교회의 교회당 구입 잔금을 치르자마자 부산국제선교회는 1990년 7월 5일 열린 100회 월례회에서 오스트리아 교회당 구입 감사 예배를 드렸다. 부산국제선교회는 100회 월례회를 교회당 구입 감사 예배를 드리는 것이 뜻깊은 일이라 생각했다. 그렇지만 오스트리아 교회당 매매 계약서의 작성과 오스트리아 법원에 등기한 날짜가 1992년이었다. 그런데도 서둘러 교회당 구입 감사 예배를 드린 것은 부산국제선교회가 오스트리아 선교에서 보여주는 조급성과 성과주의의 일면이라고 보인다. 이는 부산국제선교회만의 문제는 아니라고 생각한다. 세계 선교에 참여하는 한국교회와 선교 단체들은 자신의 교회 창립이나 선교 몇 주년을 기념하면서 선교지에 교회를 세우거나 선교센터를 세운다. 이렇게 교회나 선교센터를 세울 때는 대부분 한국교회나 선교 단체 중심이고, 선교 현장의 상황을 고려하지 않은 경우가 많다. 더구나 교회당을 세우는 것을 무의식적으로 신앙 공동체의 형성과 일치하는 오류를 범하기도 한다. 한국전쟁 이후 한국교회가 최초로 1956년에 태국으로 파송한 최찬영 선교사는 태국에서 재정적 어려움으로 인해 교회당을 건축하지 못하고 교인들이 창문 밖에 서서 예배를 드리기도 했다. 당시 교인들은 250명 정도로 1부와 2부로 나눠 주일예배를 드렸다. 1부 예배에 100명이 참석했다. "2부에는 교회가 차고, 앉을 자리가 없어 더러는 밖에 서서 예배를 드렸습니다."[142] 재정적 여유가 생긴 한국교회와 선교 단체들은 교회당에 모일 교인 전도와 양육보다는 교회당 건축에 더 많은 열정과 돈을 쏟아붓고 있는 것은 아닌지 자문할 필요가 있다. 심지어는 신학교를 세워 놓았는데 신학생이 적어 학비와 생활비를 지원하면서 신학생을 모집하기도 한다. 그래서 한국교회의 세계 선교는 '돈 선교'라고 비난을 받고 있다. 1928년 예루살렘 선교대회로부터 1957년 가나 선교대회까지 독일 교회를 대표한 선교부 총무이자 선교신학자인 발터 프라이탁(Walter Freytag)이 이집트의 선교부를 방문한 적이 있다. 당시에는 개종자 두 명이 있었는데 마침 두 명 모두 선교부를 떠난 직후에 프라이탁이 방문하게 되었다. 50년 동안 선교의 열매가 없음에도 불구하고 묵묵히 선교 활동을 하는 선교사들을 보면서 오히려 프라이탁은 선교가 무엇인지를 깨닫게 되었다고 했다. 선교는 결과와 관계없이 절망적인 상황 속에서조차 주 되신 그리스도를 찬양하는 것이다.[143] 부산국제선교회는 선교 현장을 중시하고, 선교지 교회의 신앙 공동체의 형성과 신앙의 성숙을 위해 노력함으로써 그들이 스스로 선교하도록 하게 함으로써 선교에 대한 조급성과 성과주의를 극복하도록 할 필요가 있다.

일곱째, 선교 정책의 중요성이다. 부산국제선교회는 비엔나한인교회의 교회당을 구입

---

142 최찬영, "태국서 온 편지" 새가정사, 「새가정」 7 (1960. 7.), 30.

143 David J. Bosch, *A Spirituality of the Road* (Pennsylvania: Herald Press, 1979), 36.

할 때 동구권 선교라는 비전을 보고 상당한 재정을 모아 지원했다. 비록 당시 상황이 동구권 선교를 할 만한 상황은 아니었지만, 결과적으로는 비엔나한인교회가 동구권 선교, 유럽 선교와 아시아 선교에 주력하는 교회가 되었다. 당시 부산국제선교회가 이해한 동구권 선교는 동구권에 선교사를 파송해서 교회를 세우는 것이었다. 교회당 구입으로 비엔나한인교회가 양적으로 성장하여 동구권에 선교사를 파송하고 교회당을 건축하기를 희망했다. 그렇지만 동구권 사회주의 국가에서 선교를 하기 위해서는 사회주의와 기독교 사이의 대화를 비롯해서 사회주의 국가에서의 문화와 삶을 이해하는 것이 필요했다. 따라서 비엔나한인교회가 동구권 선교의 전초기지가 된다는 것은 단순히 지리적으로 가깝기 때문에 선교사를 파송하는 교회가 된다는 의미가 아니라 다른 이데올로기를 지닌 사람들과의 대화, 사회주의 사회에서 종교의 의미, 사회주의 사회의 문화와 사람들에 대한 이해 등을 연구하고, 사회주의 사회에서의 교회와 선교의 의미를 재정립하고, 이런 내용을 이해하고 적용할 수 있는 선교사를 양성하는 선교 훈련센터가 된다는 의미이다. 비엔나한인교회가 교회당을 구입한 것은 단순히 공간 확보와 재정 확보를 통해 동구권에 선교사를 파송함을 너머 동구권 선교 정책의 전환을 요청하는 것으로 받아들여야 했다. 김운성 목사는 부산국제선교회의 오스트리아 선교가 단절된 것은 선교 정책이 부실했고, 선교 시스템이 명백하지 않았기 때문이라고 했다.[144] 박광선 목사는 오스트리아 선교를 비롯하여 부산국제선교회 선교의 부정적 결과에 대해 반드시 선교정책협의회를 통해 정리해야 한다고 하면서, 선교사대회를 선교정책협의회로 전환할 것을 제안했다.[145]

---

144 김운성 목사와의 인터뷰(2022년 5월 20일).
145 박광선 목사와의 인터뷰(2022년 1월 25일).

3장

일본 선교
— 김병호 선교사(1989~2023)를 중심으로

1. 일본 선교의 배경과 일본 선교 이해 및 전망

1) 사회적 상황

(1) '新 가이드라인 법안' 성립(1999)[1]

일본이 패전 후 새롭게 만든 법을 '평화헌법'이라고 하는데 그 이유는 일본이 다시는 전쟁을 일으키지도, 참여하지도 않으며, 그러한 것을 위하여 군대를 만들지 않겠다는 것이 헌법에 명시되었기 때문이다. 그러나 지난 봄에 국회에서 통과된 '신(新) 가이드라인 법안'은 일종의 미일(美日) 군사방위협정이라고 할수 있는데, 즉 한반도나 대만 등지에 전쟁이 일어나거나 유사시에 미국의 요청으로 출병할 수 있다는 것이다. 최근 북한의 핵미사일이 문제화되는 것을 틈타서 일본은 다시 무장화하게 되며, 이것을 눈감아 주는 것이 미국의 넓은 아량(?)으로 되어진 것이다. 일본이 자국을 보호하며 우방을 유사시에 돕는다는 명목이기는 하나, 세상 정세가 어떻게 변할지 모르는데 여차하면 또다시 일본은 한반도와 아시아를 비롯한 전 세계를 위협할 수 있는 가능성이 충분히 있는 것이다. 경제 대국이 군사 대국이라는 사실을 우리는 알아야 한다. 일본의 1년 국방비는 우리나라 전체 1년 예산보다 많다고 한다.

(2) '일장기'를 국기(國旗)로, '기미가요'를 국가(國歌)로 법제화(1999)[2]

일본에는 사실상 국기와 국가가 없다. 다만 '일장기'를 국기 대용으로 사용하고 있으며 '기미가요'를 국가 대용으로 부르고 있을 뿐이다. 그러나 이것을 법제화하여 떳떳하게 사용하자는 것이다. 그러나 지금까지 세계적 여론과 민간 단체들의 반대에 감히 법제화하지

---

1 김병호 선교사, 「선교통신」 (1999년 9월 20일).
2 김병호 선교사, 「선교통신」 (1999년 9월 20일).

못한 것을 이제는 시행하자는 것인데, 국기와 국가를 법제화해서 사용하자는데 누가 잔소리를 하겠냐 마는 여기에는 문제가 있다. 일본이 일장기를 앞세우고 한반도를 비롯한 아시아 및 세계를 침략했으며 피로 물든 깃발이라는 이미지를 씻을 수 없다는 것이다. 그래서 일본의 침략을 받은 우리나라 사람들은 일장기만 봐도 섬뜩하고 기분이 나쁜 이유가 거기에 있다. '기미가요'는 그 내용이 천황을 찬양하는 것으로 천황이 이 세상을 천만 대를 이어, 바위에 이끼가 끼기까지, 즉 영원히 다스린다는, 천황을 신격화하는 내용이기 때문에 기독교를 비롯한 의식 있는 민간 단체들이 크게 반대하고 있는 것이다. 별다른 의식이 없는 일반인들은 법으로 만들든지 말든지 어째도 좋다는 것이다.

그러나 일본이 전쟁이 끝나고 50년이 지난 지금에 와서 이러한 법안들을 만드는 이유는 전전세대(戰前世代)가 이제 거의 사라져가며, 젊은 세대의 가치관이 허물어지며 세속화되어 가는 지금에 다시금 국가주의로서 힘을 모으기 위함이요 그러한 힘을 통하여 경제뿐만이 아니라 군사적인 대국으로 세계에 부상하기 위한 것이라 본다. 그 외에도 외국인들이 살아가기에는 대단히 불리하고 반인권적, 반인도적이며 반복음적인 법안(외국인 등록법, 입국관리법, 도청법 등)들이 제정되고 통과를 기다리고 있다.

하나님의 나라는 하나님의 사랑이 하나님 나라의 지점인 이 땅에 살아 움직이는 것이며, 예수님은 그 일의 실현을 위해 생명을 걸으셨다. 우리 교회는 같은 사명을 가지고 있음에 틀림이 없다. 일본 사회의 현실은 하나님의 나라와는 거리가 멀고 또다시 군국주의가 고개를 들고 있다. 이러한 것을 복음의 정신을 기반으로 하여 변화시켜 가야 하는 것이야말로 일본에 있는 교회의 사명이요 또한 본 선교사의 사명이기도 하다. 본국교회는 이 일을 위해 계속 기도하고, 협력해 주는 일과 본국에도 늘어나고 있는 외국인 노동자들에 대한 배려는 하나님의 선교의 좋은 참여라고 믿는다.

(3) 동일본 대지진과 후쿠시마 핵 참사[3]

지난 3월 11일 동일본 대재해를 맞이한 일본열도는 여러모로 어려움을 당하고 있는데도 불구하고 끊어질 줄 모르는 한류 열풍은 추운 겨울을 맞이하는 일본 열도를 뜨겁게 달구고 있다. 동경 번화가 신주쿠에 삼겹살, 떡볶이, 호떡을 사 먹기 위해 가게에 줄을 서 있는 일본 여성들의 모습은 신기할 정도이다. 재해를 맞이한 일본뿐만 아니라 돌발적인 자연재해와 세계적인 경제적 불황과 분쟁, 테러 등으로 인하여 온 지구촌이 어려움을 겪고 있다. 그러한 가운데에서도 복음 선교를 위한 열정과 기도는 끊임없이 계속되고 있음을 감사드린다. 지난 3월 11일, 동일본에서 일어난 지진과 쓰나미로 인하여 2만 명이 넘는 인명이 손실되었으며, 가옥을 잃고 삶의 터전과 일자리를 잃어버린 사람은 헤아리기 어려울 정도이다. 설상가상으로 후쿠시마 원자력 발전소의 방사능 유출로 인한 방사능 오염은 그 지역뿐만 아니라 일본 전역과 주변 국가까지 영향권에 있다는 것은 단순한 국가적인 문제를 넘어서 세계 인류 전체의 문제요 인류의 큰 과제로 남아 있다. 그럼에도 불구하고 우리나라는 물론, 계속되는 핵에너지 개발에 몰두하고 있는 나라들이 많이 있다는 사실에 놀라움을 금할 길이 없다.

본 선교사가 18년 동안 주력으로 섬기고 있는 동경(東京) 조후(調布)교회는 지난 3월 11일 대재해 이후에 유학생 전원이 일시적으로 귀국하는 일이 있었지만, 다시 돌아와서 학업에 열중하고 있음을 감사드린다. 그러나 사회적 불안과 경제적 불황으로 인하여 교우들의 생활이 퍽이나 어려운 실정이다. 그 증거로 교회 재정이 20% 정도 적자 현상을 보이고 있는 실정이다.

해마다 몇 명의 유학생들이 학업을 끝내고 귀국하는가 하면, 새롭게 유학을 위해 오는 학생들이 있지만, 내년 신학기에는 새로운 유학생의 증가는 기대하기 어려울 것 같다. 유학생들의 어학연수를 위해 운영하고 있는 동경의 일본어 학교들이 학생들이 없어서 문을 닫고 있는 실정이다. 그러한 가운데에서도 20명 정도의 교우들은 열심히 교회를 섬기

---

3 김병호 선교사, "2011년도 일본 선교 보고" (2011년 11월 30일).

며 최선을 다하고 있다.

재해를 당한 일본교회를 돕기 위하여 본국 총회 사회봉사부와 연대하여, 총회 파송 일본선교사회와 협력하며 활동하고 있다. 일본 피해지는 후진국과는 달리, 생필품과 식량 및 전염병 등에는 문제가 없다. 그러나 연약한 일본교회가 이 기회를 통하여 선교적 사명을 잘 감당할 수 있도록 힘을 실어주는 일은 계속되어야 할 것이다.

본국 총회에서도 총회장을 비롯하여 사회봉사부 관계자들이 긴급 재해 구호를 위해 방문 및 협력해 주었고, 특히 지역적으로 열악한 이와테현(오우교구)의 교회들을 돕는 일에 집중적인 활동을 하고 있다. 재해복구에 실질적으로 도움이 되는 태양열 전등, 자력 발전 전등, 전동자전거, 방사능 측정기 등의 고가품을 전달하여 도왔다.

두 차례에 걸쳐서 현지 교회 목회자들의 심신의 회복을 위하여 부산 및 서울에 초청하여 위로하며 교류한 것은 높이 평가하고 있다. 재해 지역의 목회자들이 어려움을 당한 교인들을 돌보는 일은 물론이고, 교회당이 재해 구호 물품 센터로 운영되어지면서 겹친 피로와 정신적 고통이 너무 큰 목회자들이 잠시만이라도 쉬게 하는 프로그램이었다. 지난 6월 13일부터 17일까지 부산과 경남 지역에서 가졌던 위로회는 부산 및 경남 지역의 노회들과 교회들이 적극 협력해 주었다.

동일본 대재해는 그때만의 재난이 아니라 방사능 오염으로 인하여 지금도 그리고 앞으로 긴 세월에 걸쳐 계속될 것이다. 그렇기 때문에 한국교회에서는 일본교회와 지속적인 교류를 통한 지원이 필요하다. 오는 12월 16일에는 박위근 총회장이 방일하여 일본기독교단에 재해 구호금을 전달하며 피해지 방문을 하기로 하였으며, 계속적인 교류와 지원을 위한 협의를 하게 될 것이다.

금년에는 일본 전체적인 분위기가 좋지 않은 관계로, 교회의 행사도 간소화하였고, 재일대한기독교회 총회의 행사도 재해지 복구하는 일에 전력 협력하고 있다. 엔고(円高) 현상으로 인하여 선교사의 생활에 어려움이 있지만 허리띠를 졸라매고 최선을 다하고 있다.

(4) 최악의 한일관계 속에서[4]

　한일 간의 정치적, 경제적 마찰로 인하여 해방 후 가장 좋지 않은 관계가 되었다. 이것은 일본이 패전 후, 전쟁을 할 수 없는 나라로 헌법을 제정(일본국 헌법 9조)했지만, 6.25와 월남전쟁을 계기로 엄청난 경제적 이익을 가졌던 시대가 지나가고, 새롭게 경제적 대국으로 등장하고 있는 중국과 한국을 견제하기 위하여, 또한 북한의 핵·미사일 등을 빌미로 하여 일본도 전쟁을 할 수 있는 나라로 방향을 바꾸겠다는 것으로, 헌법 9조를 개헌하여 전쟁을 할 수 있는 법으로 바꾸어 군대를 만들자고 하는 보수 정당의 움직임이 1990년대 초반부터 출발하였다.

　설살가상으로 최근 동북아시아를 비롯한 한반도 정세가 촛불혁명으로 출발한 문재인 정권 및 평창동계올림픽을 계기로 시작된 북미와 남북의 화해와 평화의 분위기로 급물살을 타고 있는 상황에 일본이 그 일의 당사자에서 밀려난 것도 있고, 실제로 남북의 화해를 좋지 않게 여기는 일본의 극우 정치 세력들이 아베를 필두로 하여 정치적, 경제적 트집을 잡아 벌리는 정치적 행각이라 할 수 있다. 1965년 한일협정에서 전후 보상 문제가 모두 해결되었다는 일본은 일본군 '위안부' 문제와 대법원의 '징용공' 배상 판결을 가지고 시비를 걸고 있는 것이다. 일본 정부의 진솔한 사죄가 없이 정치적 타협이 가져온 결과라 여겨진다. 그러나 우리 기독교회의 입장에서는 일본교회와 한국교회가 서로 이해하며 진정한 사죄와 용서를 위해 노력하고 기도해야 할 것이다. 그리고 주 안에서 한 형제자매 된 자들로서 교류해 나가야 할 것이다.

---

4 김병호 선교사, 「제37회 부산국제선교회의 밤 선교보고서」 (2019년 12월 5일).

2) 재일 동포와 재일대한기독교회에 대한 이해

(1) 재일 동포 그들은 누구인가?[5]

1910년 한일병탄으로부터 1945년 일본이 패전하여 해방될 때까지 36년간 조선(당시)은 일본의 식민지였다. 일제의 '부국강병'(富國强兵) 정책에 의해 저임금 노동력 확보와 토지를 빼앗기고 살길이 막막한 농민들이 살길을 찾아서 그리고 징용 및 징병에 의해 많은 조선인이 일본으로 건너가 1945년 해방될 때는 무려 250만 명이 일본에 살고 있었다. 그러나 해방이 되면서 많은 동포는 고국으로 돌아갔지만 여러 가지 사정으로 남아 있을 수밖에 없었던 사람들이 약 60만 명이나 되었다.

현재 일본에 거주하는 재일 동포는 그때 남아 있었던 사람들과 그들의 자손으로 한국 국적, 북한 국적을 가진 사람들이 약 70만이다. 그리고 일본으로 귀화한 사람 약 15만 명과 그 자손, 국제결혼으로 태어난 아이들과 잠재 거주자(미등록 이주노동자)들을 합치면 100만 명이 넘는다. 그중에 90% 이상이 일본에서 태어난 2세, 3세, 4세(5세 조금)이다. 십여 년 전에만 하더라도 일본에 살고 있는 외국인의 80~90%가 재일 동포였지만 최근에 와서는 엔고(円高)의 영향으로 다른 나라에서도 많이 들어와서 그 비율이 변해 60% 정도를 차지하고 있다. 이러한 재일 동포들의 대다수가 오사카, 도쿄, 나고야, 요코하마, 후쿠오카, 히로시마 등의 대도시를 중심으로 거주하고 있다.

재일 동포 사회는 '재일본 한국인 거류민단'(민단)과 '재일본 조선인 총연합회'(조총련)의 두 민족 단체로 분단되어 전자는 대한민국 정부, 후자는 북한 정부에 국적을 두고 있으며 밀접한 관계를 유지하고 있다. 본국이 남북으로 분단되어 있는 상황이 재일 동포 사회에도 크게 영향을 미쳐 어쩌면 본국 분단의 벽보다 재일 동포 사회 분단의 벽이 더 두껍고 높다고 본다.

일본 정부는 재일 동포에 대한 정책은 동화(同化)와 매외(排外) 정책이다. 즉, 일본에서

---

5 김병호 선교사, 「제17회 국제선교의 밤 선교보고서」 (1999년 12월 2일).

생활하려고 한다면 일본인적(日本人的)으로, 그것이 싫으면 자기 나라에 돌아가라는 사고 방식이다. 이러한 정책에서 재일 동포들은 지금까지도 차별받는 생활에서 벗어나지 못하고 있다.

재일 동포에 대한 일본 사회의 차별은 크게 두 가지로 나눌 수가 있다. 하나는 사회 구조적 제도상의 차별이고, 또 하나는 의식(意識)에 의한 차별, 즉 편견이다. 제도적 차별의 대표적인 것이 '외국인 등록법'이다. 1945년 8월 15일까지만 해도 내선일체(內鮮一體)란 명목으로 조선인도 일본인과 동등하므로 천황을 위해 싸워야 하고 일해야 한다던 것이 전쟁이 끝나니까 그만 귀찮은 존재가 되었는지 외국인으로 취급하여 등록을 하라는 것이었다. 1947년 5월 2일, 민주헌법이 공포되기 전날, '천황'의 마지막 칙령으로 공포되었다. 그리하여 동포들은 한국이든지 북한이든지 둘 중 하나를 택하여 등록할 수밖에 없었다. 그때 이미 북한은 상당한 조직력과 돈으로 동포들을 포섭하였으나 한국 정부는 적극적이지 못하였다. 아이러니한 것은 그때 북한 국적을 택한 사람들이 수적으로 더 많았는데 그들의 고향이 북쪽에 있기 때문에 북한을 택한 것이 아니었다는 것이다. 대부분이 남쪽을 고향으로 둔 사람들이다. 실제로 재일 동포 사회는 북쪽에 고향을 둔 사람은 얼마 되지 않는다. 주로 제주도, 경상도, 전라도 사람들이다. 그러나 북한의 무서운 포섭 공작은 같은 고향 사람들을 이념으로 나누어지게 하였고 서로 적대하게 한 것이다. 그리고 한국 정부는 그러한 것에 깊은 관심을 가지지 못하다가 훨씬 나중에서야 조총련을 조심하라고 해외여행자들에게 엄격한 반공교육을 시켰던 것이다. 어쨌든지 이 '외국인 등록법'은 범죄자 추적을 빨리하기 위해 '지문 날인'을 의무적으로 하게 하였다.

본국에서는 주민등록증에 지문을 찍는 것이 보통이니까 아무렇지도 않지만, 일본에서 지문을 찍는 것은 범죄자에 한해서다. 그 당시 재일 동포가 전체 외국인의 90%를 넘는 것을 볼 때 재일 동포를 범죄자 취급하는 대단한 인권유린이요 차별인 것이다.

교육제도는 1965년 민족학교를 위시하여 일본의 학교에서 민족교육을 못 하게 하였다. 그렇기 때문에 일본에 있는 민족학교는(민단계 11개, 총련계 160개) 인가가 없는 학교이며 졸업해도 고등학교나 대학에 진학할 수 있는 자격이 없다. 즉, 사설 강습소에 지나지 않는다. 거의 모든 지방자치제의 공립학교에서 재일 동포가 교사로 채용되지 않고 있으며 겨우 전임강사로밖에 채용되지 않고 있다. 기독교 계통의 초중고는 전국에 400개가 있지만 재일 동포를 정식 교사로 채용하고 있는 학교는 그중에 10개를 헤아릴 정도이다.

일반 사회에 있어서의 차별로는 취직, 학교 입학, 민간 아파트 입주 거부 등이 있으며 취직 차별은 대단히 뿌리를 깊이 내리고 있다. 예를 들어 재일동포 자녀가 일류학교를 우수한 성적으로 졸업을 해도 공무원은 말할 것도 없고 대기업뿐 아니라 중소기업에서도 받아 주지 않는 것이 현실이다. 최근 일본의 국회의원 '아라이'씨의 자살 사건이 있었는데, 그가 귀화한 한국인이었다는 것이 나중에 드러났다. 그의 부모는 그가 고등학생이었을 때에 일본으로 귀화를 시켰다고 한다. 아마도 우수한 성적으로 공부하고 있는 아들의 장래를 위해서 귀화했을 것이다. 만약 '아라이'씨가 귀화하지 않았다면 국회의원이 될 수 없었을 것이다. 많은 재일 동포의 자녀들이 대학을 졸업했건, 고등학교를 졸업했건, 설령 유학을 갔다 왔다 해도 부모들의 뒤를 이어 자영업 혹은 제조업에 종사하고 있는 실정이다.

의식적(意識的) 차별(편견)은 제도상의 차별을 지지해 주는 것들이다. 일본인은 재일 동포를 "불결하다", "냄새 난다", "문화 교육 수준이 낮다", "예의가 없다", "상식이 안 통한다", "시끄럽다", "폭력적이다" 등의 편견으로 취급해 왔다. 그러나 1970년대에 와서 일본에서 태어나서 일본 교육을 받은 2세들이 중심이 되어 이러한 차별에 정면으로 도전하여 "우리의 인권을 우리의 손으로 획득해 가자"라는 작은 운동이 소수의 뜻이 있는 일본인들과 연대(連帶)하여 크게 전개해 나가게 되었다. 이러한 움직임을 통하여 1974년에 공영주택 입주 차별이 먼저 철폐되었으며, 1980년부터 시작된 지문 날인 거부 운동을 통하여 1993년에는 영주권자에 한하여 지문 날인 제도가 폐지되었다. 그러나 기본적인 외국인 등록법의 근본적인 개정을 요구하는 운동은 지금도 계속되고 있으며, 민족교육의 제도적 보장, 보다 안정된 법적 지위 확립, 국적 조항 철폐에 의한 지방 일반 공무원 취업, 전후 보상 등을 위한 투쟁은 계속되고 있는 실정이다. 여기에서 특기할 것은 재일대한기독교회(在日大韓基督教會)가 이러한 운동을 주도하고 앞장서서 참여하였다는 사실이다.

(2) 재일대한기독교회(在日大韓基督敎會)

재일대한기독교회는 조선에서 일본의 식민지 지배가 시작되기 직전인 1908년에 동경(東京)에 있던 재일본조선기독교청년회(YMCA, 1906년 설립)의 성서연구회와 예배에서 탄생하였다. 1909년, 일본에 있는 조선인 유학생들을 전도하기 위하여 평양장로회 신학교 1회 졸업생인 한석진 목사가 첫 일본 선교사로 왔다. 그 후 장로교회와 감리교회가 교대로 목사를 파송하여 유학생들을 위한 선교가 전개되었다. 이러한 교회연합운동(에큐메니칼)의 정신은 재일대한기독교회의 전통으로 이어져 오고 있다.

제1차 세계대전(1914~1918) 당시에 일본경제는 호경기를 맞이하여 노동자가 부족하였다. 이때부터 많은 노동자가 조선에서 도일(渡日)하여 관서(關西) 지방을 중심으로 전국에 흩어져 살게 되었다. 이에 따라서 동포의 전도도 유학생에서 노동자로, 동경에서 전국으로 그 대상과 지역이 확장되어 갔다. 그 결과 동경에 이어 1917년 이후 요코하마(橫旅), 고베(神戶), 오사카(大阪), 쿄토(京都), 규슈(九州) 지방에도 한인교회가 설립되었다. 나라를 잃고, 토지를 잃어 생활의 양식을 얻기 위하여 일본에 건너온 조선의 노동자들은 일본에서 무시당하며 많은 차별과 냉대 속에서 생활은 그야말로 힘들었다. 교회는 그들에게 마음의 안식처요 오아시스와 같은 존재였으며, 고향 소식과 또한 민족의 아픔을 함께 나누는 장소이었으며 조선어와 일본어를 습득하기 위한 야학의 장소이기도 했다.

1940년 당시 일본 전국에 60개가 넘는 한인교회가 있었으나 태평양 전쟁이 일어나면서 한인교회는 수난의 시기를 맞이하였다. 많은 한인교회가 폐쇄(閉鎖)를 당하고 모국어로 예배를 드릴 수 없는 어려움을 당했다. 그러한 상황에서 해방을 맞이하여 많은 동포가 귀국하여 21개 한인교회와 신도들 및 지도자들은 재일대한기독교회를 재건하였다.

해방 후 혼란한 시대와 본국의 6.25전쟁 중에도 재일 동포 선교는 계속되어 왔다. 해방으로 인하여 본국 귀국과 함께 감소된 신자로 인하여 여러 교회가 합하여 한 교회로 새롭게 출발하기도 하였다. 그 한 예로 동경 시내에 7개나 있던 동포 교회가 해방 후 하나의 교회로 뭉쳐 출발한 교회가 오늘의 동경교회이다. 그러나 또한 새롭게 교회가 형성되기도 하여 1998년 현재 88개 교회와 약 6,000명의 신도가 재일대한기독교회에 속해 있다.

재일대한기독교회는 교회의 형성 과정에서부터 가지고 있었던 에큐메니칼 정신을 해방 후에도 계속 이어갔다. 재일대한기독교회는 일본기독교협의회(NCC)에 가맹하는 것을 시작으로 세계교회협의회(WCC), 아시아기독교협의회(CCA), 일북미(日北美)선교협력위원회(JNAC), 일본기독교단과의 선교 협약 체결 그리고 본국의 6개 교단(대한예수교장로회 통합, 합동, 대신, 한국기독교장로회, 기독교대한감리회, 기독교성결교회)과의 선교 협약을 맺었다. 1968년 선교 60주년을 맞이하였을 때, 재일대한기독교회는 지금까지 걸어왔던 신학을 새롭게 정리하여 "그리스도를 따라 이 세상으로"라는 표어를 내세우고 일본 사회의 저변에서 말할 수 없는 차별로 인하여 무거운 짐을 지고 있는 재일 동포와 같이 걸어가는 것이 선교의 사명이라는 것을 깨닫고 1970년대부터 적극적으로 재일 동포의 인권 문제를 위해 힘쓰고 있다.

이러한 가운데 금년에 선고 90주년을 맞이하는 재일대한기독교회는

1) 선배들의 신앙의 전통을 귀중한 역사적 유산으로 계승 발전시켜 나감.
2) 재일 동포의 고난의 삶에 동참하는 교회로서 하나님과 동포 앞에 서 있는 것을 자각하여 섬기는 자로서의 사명을 다함.
3) 1세에서 4세로 세대 교체가 진행되고 있는 것을 직시하고 교회 구성원이 다양화되어 가고 있는 현실을 고려하여 재일 동포 교회 공동체의 주체성을 확립 및 모색해 가는 것을 확인해 가고 있다.

그 외에도 근년에 와서 세계의 정세가 급변함에 따라 재일대한기독교회는 조국의 평화 통일을 위하여 앞장서고 있으며(5회에 걸쳐 북한의 교회 지도자를 초청하여 본국 교회 지도자들과 만나게 하는 기독자동경대회를 개최하였다), 본국의 여행 자유화로 인하여 불어나는 새로운 1세, 유학생, 주재원 및 불법체류 노동자를 위한 선교, 국제결혼을 하여 일본에 사는 여성들의 선교 등에 힘쓰고 있다.

(3) 재일대한기독교회 사회적 태도 표명[6]

언제까지 이 땅이 슬퍼하며 온 지방의 채소가 마르리이까 짐승과 새들도 멸절하게 되었사오니 이는 이 땅 주민이 악하여 스스로 말하기를 그가 우리의 나중 일을 보지 못하리라 함이니이다(렘 12:4).

너희는 이 세대를 본받지 말고 오직 마음을 새롭게 함으로 변화를 받아 하나님의 선하시고 기뻐하시고 온전하신 뜻이 무엇인지 분별하도록 하라(롬 12:2).

재일대한기독교회(KCCJ) 제52회 정기총회에 참석한 우리는 1세기 이상 일본 사회에서 함께 생활하며 우정을 나누고, 정의와 평화를 구현하면서 사회에 봉사하고, 앞으로도 자자손손 계속 생활해 나갈 사람으로서 여기에 '사회적 태도 표명'을 한다.

구약의 선지자 예레미야는 예루살렘에서 바빌론으로 강제 이주를 당한 백성들에게 "너희는 내가 사로잡혀 가게 한 그 성읍의 평안을 구하고 그를 위하여 여호와께 기도하라. 이는 그 성읍이 평안함으로 너희도 평안할 것임이라"라고 권했다(렘 29:7).

우리는 일본에 사는 사람들과 자연과 동물은 물론이며 살아있는 모든 생명을 존중하고 서로 돕는 것이 동아시아 및 세계 평화로 이어질 것으로 확신하고, 그 실현을 위해 다음 사항을 추진해 나갈 결의를 표명하고자 한다.

가) 일본 정부는 탈원전 정책을

현대 과학 문명이 만들어 낸 원자력 발전은 "지구온난화 방지에 도움이 되며, 자연환경에도 좋고, 싼 에너지"라고 주장되어 왔지만, 1979년의 스리마일섬 원전 사고와 1986년의 체르노빌 원전 사고 등에 의해 인류에게 파멸을 초래하는 것임이 명백해졌다. 바로 후쿠시마 원전 사고는 이것을 확증해 주었다.

---

6 김병호 선교사, 「제31회 국제선교의 밤 선교보고서」 (2013년 12월 12일).

분명히 인재(人災)라고 할 수 있는 원전 사고로부터 2년 반이 지났지만 방사능 오염은 확대되어 후쿠시마와 일본을 넘어서 지금도 지구촌을 침식하는 위협이 되고 있다. 즉시 원전 추진 정책을 중지하고 원전 가동을 중단하고 폐로(廢炉)해야 한다. 더 나아가 원전 쓰레기인 고방사성 폐기물 처분장의 문제는 다음 세대들에게 돌이킬 수 없는 빚을 짊어지도록 할 것이다.

우리는 피폭 노동자와 원전 주변의 주민과 피폭을 당한 생태계의 비참한 상황을 예의 주시함과 동시에 이웃과 함께 고통에 동참하고자 한다.

나) 동일본 지진 재해 지역의 외국 국적 주민을 고립시키지 않는다

우리는 동일본 대지진으로 피해를 입은 지역 사람들의 슬픔과 공포를 기억하면서 기도하고, 전국 교회와 해외 교회로부터 보내온 의연금(약 3,500만엔) 등으로 최우선적으로 연대를 해 왔다. 그 활동 중에 약 8만 명의 외국으로부터의 이주민의 비참한 상황을 알았다. 그들과 그녀들은 '쓰나미'의 의미는 알아도 '다까다이'(高台, 높은 지대)라는 말을 이해하지 못했으며, 긴급 피난 장소도 인식하지 못한 채 피난했다. 그리고 일본어가 부자유함으로 인하여 다양한 지원 정보를 얻을 수 없어 고립되어 살고 있다.

이중, 삼중의 고통에 노출된 그들의 현실에 행정은 심각하게 그들을 배려해야 한다. 그들을 고립시켜서는 안 된다.

다) 정부로부터 독립된 '국내 인권 기관' 설립을

우리는 90년 전에 일어난 관동대지진의 혼란 속에서 자경단에 의한 조선인 학살 사건을 기억하고 있다. 아직도 진상 규명이 이루어지지 않고 어둠에 방치되어 있다. 식민지 정책과 침략 전쟁을 정당화하기 위해 타민족에 대한 편견과 모욕과 공포를 심어준 교육이 뒤에 있었다는 것을 우리는 상기한다.

우리는 일본 국내에 있어서 정부로부터 독립된 공정한 심사가 이루어지며, 다양한 인권침해를 구제하는 기관의 설치를 요구한다. 다민족, 다문화의 현대 사회에는 다양한 가치관과 주의(主義) 주장이 있는 것은 당연하다. 그러나 노골적인 차별 발언과 증오 표현(hate speech)과 차별 행동을 하는 사람들이 증가하고 있다. 인종, 피부색, 성별, 혈통(descent), 국적, 민족적 출신, 장애, 나이,

종교와 성적 취향 등에 근거한 역사적이며 현대적 차별을 금지하는 법률 제정과 국내 인권 기관이 하루빨리 설치되기를 바란다.

라) 자유와 존엄을 빼앗는 개정 입관법(改定入管法)

일본의 역대 정권은 국제사회의 흐름과는 반대로, 아직도 외국 국적 주민에게 동화와 배척, 감시와 관리 정책으로 일관하고 있다. 2012년 7월 9일부터 실시된 '개정' 입관법과 입관 특례법 그리고 주민 기본 대장(Ledger)법에 의하면 '새로운 재류 관리제도'는 외국 국적 주민을 특별 영주자, 중장기 체류자, 비정규 체재자라고 하는 세 가지 범주로 분리하여, 먼저 특별 영주자에 대해서는 지금까지와 마찬가지로 관리하면서 동화와 배제를 계속하며, 중장기 체류자에 대해서는 체류 카드에 의해 철저하게 관리하고 있다. 또한 비정규 체재자에 대해서는 본인과 그 가족의 생존권도 박탈한다. 무거운 처벌과 체류 자격 취소, 강제 퇴거를 동반하는 새로운 제도는 분명한 차별 정책이기 때문에 개정되어야 한다.

마) "기억되지 않는 역사는 반복한다"

일본의 부국강병 정책에 의한 식민지 지배와 아시아 태평양 침략 전쟁으로 역사의 상처가 치유되지 않았으므로 아직도 정의의 심판을 외칠 수밖에 없다. 관동대지진의 조선인 학살 사건의 실태 조사와 사죄, 일본군 '위안부' 피해자의 명예 회복과 보상, 재일 한국인과 조선인 등 구 식민지 출신자와 그 자손에 대한 인권 보장, 피폭을 당한 한국인과 조선인들에게 최대한의 보상, 조선학교와 자녀들에 대한 차별 정책의 중지, 북한과의 국교 정상화, 강제 연행과 강제노동의 실태조사, 일본의 역사책임이 청산되지 않은 1965년 한일조약의 재검토 등, 역사와 정의가 요구하는 여러 문제가 그대로 남겨져 있는 상태이다. "기억되지 않는 역사는 반복한다"라는 폴란드 아우슈비츠 수용소 입구에 쓰인 말을 잊지 말아야 한다.

바) '외국인 주민 기본법' 성립을

200만 명 이상의 외국 국적 주민이 함께 사는 일본 사회에서는 국적을 불문하고 인간으로서의 보편적인 자유와 존엄을 제시하는 이정표가 필요하다. 오랫동안 인권 쟁취 운동을 통해 집약된

산물인 '외국인 주민 기본법(안)'이 발표되었다. 이것은 우리 재일대한기독교회 등 많은 기독교 단체가 가맹하고 있는 '외국인 주민 기본법' 제정을 요구하는 '전국기독교연락협의회'가 작성한 것이다. 우리는 일본이 이 땅에 사는 모든 사람을 사회의 구성원으로 존중하는 인권 감각이 뛰어난 선진국이 되기를 희망한다. "외국인이 살기 좋은 사회는 일본인도 살기 좋기" 때문이다.

2013년 10월 16일

재일대한기독교회 제52회 정기총회 참가자 일동

(4) 일본국 자민당에 의한 '종교의 자유·정교분리 원칙'을 파괴하는 헌법 개정안에 대한 성명[7]

우리 재일대한기독교회는 하나님의 은혜와 축복 속에 나고야에서 개최된 제52회 정기 총회에서 종교의 자유와 정교분리의 원칙에 대한 문제를 둘러싸고 자민당 헌법 개정안에 대해서 다음과 같이 성명문을 채택하였다.

작년 12월, 제2차 아베 신조 정권이 발족하였습니다만, 아베 수상 소속의 자민당은 현재 일본국 헌법 개정을 진행하고 있습니다. 우리는 그리스도인으로서 전쟁포기를 표방한 헌법 제9조를 전쟁이 가능한 국가로 변경하려고 하는 일과 정교분리의 원칙에 입각한 종교의 자유(제20조, 제89조)가 침해당하는 일에 대하여 중대한 위기감을 가지고 있습니다.

종교의 자유란 신앙의 자유, 종교적 행위의 자유 그리고 종교적 결사의 자유로 구성되어 있습니다. 전쟁 전 대일본제국헌법제정 이후, 1945년 패전 때까지, 천황제·국가신도(神道)의 기치 아래, 정교분리의 원칙은 파괴되고 종교의 자유는 침해당하였으며, 천황을 이 세상에 인간의 모습을 하고 나타난 신으로 숭배케 하는 국가신도·신사참배·궁성요배는 종교가 아니고 '국가의 국민의 례'이다. 따라서 국가가 당연히 준수해야 할 의무가 되어 그리스도교를 비롯하여 다른 모든 종교는 거기에 복종하는 것이 의무화되었습니다. 그것을 우상숭배라는 이유로 거부한 그리스도인은 철

---

7 김병호 선교사, 「제31회 국제선교의 밤 선교보고서」 (2013년 12월 12일).

저하게 탄압받고, 고문으로 괴로움을 당했습니다. 그리고 일본에서 거의 모든 그리스도교회는 신사참배·궁성요배에 의한 천황 숭배 정책에 굴복하고 결국에는 전쟁 협력에 참여할 수밖에 없었습니다. 그 결과 천황제 아래에서 추진된 일본의 침략 전쟁은 일본 국내뿐만 아니라, 조선을 시작으로 아시아 지역에 측량할 수 없는 희생을 치르는 결과를 가져왔습니다.

1945년 패전으로 인해 연합군은 천황제·국가신도의 문제의 중대성을 깨달아 1945년 12월에 '신도지령'(神道指齡)을 발령하고, 국가신도를 해체하여 일본에 정교분리의 원칙을 확립하고자 했습니다. 그와 함께 1946년 11월에 현행의 일본국 헌법이 공포되고 다음 해 5월 3일에 시행되어 제20조와 제89조에서 정교분리의 원칙에 기초하는 종교의 자유가 확립되게 되었던 것입니다.

그러나 금번 자민당 개헌안에서는 종교의 자유를 보호하는 주체가 '나라'(국가로서 자리매김 되어 있고, 더욱 심각한 문제는 정치와 종교의 분리 원칙이, 제20조에 새로운 항목(제3항)이 만들어짐으로 국가 권력에 짓밟혀질 여지가 만들어졌다는 것입니다. 즉, '사회적 의례 또는 관습적 행위의 범위를 넘지 않는 것'에 관해서는, 국가는 종교에 개입하거나 관계하고 지원할 수가 있도록 변경이 된 것입니다. 그렇다면 도대체 무엇이 '사회적 의례'이며 '관습적 행위'인지를, 누가 결정할 수 있을까요? 전쟁 전의 일본에서는 국가신도·신사참배를 종교가 아니라 국민의 의례라고 국가가 정의를 내려, 그리스도교회를 비롯한 다른 종교는 천황제 국가신도에 굴복할 것을 전제로 종교 활동이 허락되고, 결과적으로 아시아에 대한 침략 전쟁을 옹호하기 위해 총동원을 하게 되었던 것입니다. 재일대한기독교회의 신앙고백은 그 역사를 '개인과 국가가 범한 죄의 속박'으로서 이해하고 회개의 신앙을 가지고 기억하고 있습니다.

만일 이 자민당 개헌안이 성립되어지면, 신사참배를 또다시 일본 국민의 사회적 의례, 또는 관습적 행위로 간주할 수 있게 되고, 일본 학교의 전교생에게 신사참배를 사회적 의례로서 의무화하는 일이 생길 수 있게 됩니다. 그렇게 되면 그러한 정책이나 행정은 헌법적으로 옹호를 받게 되며, 성경의 신앙에 입각하여 우상숭배를 거부하는 그리스도인의 행위는 반사회적 행위로 간주되며, 또 그러한 평가는 헌법에 의해 뒷받침되고 결과적으로 그리스도 신앙에 입각하여 우상숭배를 거부하려는 기독교회가 막대한 피해를 입게 될 것으로 예측됩니다.

자민당 개헌안에서는 그 외에도 현행헌법에서 '국민의 상징'으로 자리가 매겨져 있는 천황이 '국가의 원수'로서 자리매김되며, 대일본제국의 사고방식으로 뒷걸음질 치는 이데올로기가 분명해지고 있습니다. 이 문제와 정교분리 원칙의 왜곡 그리고 '전쟁 포기' 이념 포기의 문제와는 밀접하게 연결되어 있는 것입니다.

우리 재일대한기독교회는 선교의 역사를 이 일본 땅에서 1908년부터 시작하여 1934년부터 하나의 교단을 탄생시켜 이 일본 땅에 한반도에서 흘러온 백성들 가운데서 그리스도께 부름을 받아 하나님 나라의 평화를 구하면서 걸어왔습니다. 그러나 천황제 국가신도에 입각한 일본국가의 압제 아래서 1940년부터 (재일)조선기독교회는 강제로 폐쇄당하고 또 신사참배·궁성요배를 거부하거나 거부를 의심받는 교역자와 신도가 박해받는 고난의 길을 걸어왔습니다. 그러나 주 예수 그리스도는 1945년 8월의 해방 후, 재일대한기독교회를 하나님의 계획 안에서 부활시켜 주시고 새로운 사명을 부여해 주셨습니다.

그 사실을 기억하며 우리 재일대한기독교회는 성경의 말씀에 입각하여 오로지 참 하나님만을 믿고 따라가는 신앙에 의해, 신앙의 자유를 빼앗고 정교분리의 원칙을 파괴하고 결과적으로 우상숭배를 강요할 수 있는 현행 일본국 헌법 제20조와 제89조의 개악(改惡)에 대해서 깊게 우려하며 단연코 반대하는 바이며 일본과 한국을 비롯하여 아시아와 세계의 여러 교회에 이 문제를 호소해 나갈 것입니다.

2013년 10월 16일

재일대한기독교회 제52회 정기총회 참가자 일동

(5) 재일대한기독교회(Korean Christian Church in Japan, 약칭 KCCJ)[8]

KCCJ 총회는 1908년에 동경 유학생들로 시작된 교회로서 2.8독립운동의 주축이었으며 선교 111주년을 맞이하였고, 일본에서 소수자로서 차별과 서러움 속에서 4, 5세대로 이어지면서 살아가고 있는 약 100만(귀화자 포함)의 재일 동포들에게 주 예수 그리스도의 구원의 복음을 통하여 위로와 천국의 소망을 전하고 있는 교회의 역할을 다하고 있으며 일본 전역에 100개의 교회 및 전도소와 약 5,000명의 신도가 있다. 교인의 구성도 다양하여

---

8 김병호 선교사, 「제37회 부산국제선교회의 밤 선교보고서」 (2019년 12월 5일).

일본에서 출생한 세대들, 한일협정 이후에 입국한 새로운 세대들, 88 올림픽 이후에 입국한 세대들, 국제결혼 등으로 삶의 거처를 옮겨온 이들이 섞여 있으며 근년에는 재중 동포(조선족)들도 늘어나고 있는 정말 다양한 지체들로 구성된 교회이다. 그러나 이 작은 교회(총회)는 일본교회 교단들과 선교적 파트너로서 협력하고 있으며, 한국교회와는 예장 통합을 비롯하여 합동, 대신, 백석대신, 고신, 기장, 기성, 기감 등의 교단과 선교 협력 관계를 맺고 교류와 협력 관계에 있다. 그뿐만 아니라 미국장로교회, 캐나다장로교회, 미국개혁교회, 대만기독장로교회, 호주연합교회 등과의 교류도 활발하며 CCA, WCC, WCRC 등의 세계적 연합기구의 가맹 교단으로 협력과 연대에 참여하고 있는 에큐메니칼적인 교회이다.

가) 소수성을 가진 교회 KCCJ

KCCJ는 일본에 있어서 소수자(마이너리티) 교회로서 긴 세월 동안 일본 제국주의에 유린당하고 조국이 해방되었지만, 귀국선을 타지 못한 이들 60만 명이 일본에 남아서 소수 민족으로서의 차별과 서러움에서 살아남은 자들의 교회이다. 일본에서는 이민 교회가 없다. 일본에 살고 있는 재일 동포들은 이민자들이 아니라 재산과 토지를 늑탈당하고 삶의 양식을 위해 현해탄을 건너온 실향민이요 강제징용과 징병 등으로 인해 연행되어 온 유랑의 무리이다. 1968년 KCCJ가 선교 60주년을 맞이하면서 지금까지 자신들의 안위와 축복만을 추구했던 신앙의 자세를 반성하고 "그리스도를 따라 이 세상으로"라는 표어를 내걸고, 일본 땅에 편견과 차별 속에 사는 재일 동포의 아픔과 삶에 관심을 가지고 동참하면서 그들의 인권을 위해 대변자가 되어 주고 함께 싸우는 교회로서 큰 역할을 감당하고 있습니다. 그러한 활동과 경험이 지금 일본에 입국해 있는 또 다른 외국인이 200만 명이 넘어서고 있는 상황에서 그들이 지금 당하고 있는 차별과 인권 문제에 관심을 가지고 선교적 과제로서 활동하고 있다.

나) 조국의 평화통일과 화해를 위한 행진에 동참하여

KCCJ는 1980년대 초기부터 조국의 평화통일을 위한 일에 관심을 가지기 시작했다. 그것은 재일 동포의 절반이 북한을 지지하는 조총련에 가입된 사람들이기 때문인지 모르지만, 철두철미하게 반공교육으로 북한을 적대시하는 이념에 물들어 버린 저를 포함한 신1세대들은 좀 거리감이 있었지만, 북한에도 교회가 있다는 사실이 표면화된 1984년부터 적극적으로 이 일에 가담하게 되었다. 1986년 스위스 글리온에서 북한 교회(조선그리스도교연맹KCF) 대표와 남한 교회 대표의 첫 만남 이후, KCCJ는 1990년부터 4차례에 걸쳐 방문단을 구성하여 평양을 방문하여 KCF와 교류하며 여러모로 지원했으며, 남북 교회가 자유롭게 만나지 못했던 시절 1990년부터 2002년까지 8회에 걸쳐 KCF 대표들을 일본으로 초청하여 '조국의 평화통일과 선교에 관한 기독자 동경회의'를 개최하여 꿈에도 생각지 못했던 남과 북의 교회 지도자들이 만날 수 있는 역할을 감당하였다. 그 일은 남북 교회의 교류가 활발하게 되면서 KCCJ의 역할은 그 정도로서 그쳤다 할 수 있으나 오늘날 또다시 남북 교회의 교류가 중단된 상태에서 또다시 KCCJ가 남과 북의 교회가 만날 수 있는 장소를 마련해야겠다고 하여 지난 2019년 7월 27일부터 8월 1일까지 평양을 방문하여 조선그리스도교연맹 대표와 협의한 것은, 동경올림픽이 열리는 기회를 잡아 2020년 8월 25일부터 18일까지 제9회 '조국의 평화통일과 선교에 관한 기독자 동경회의'를 개최하기로 하였다.

3) 일본 선교 이해

(1) 일본인, 일본교회, 일본 선교사[9]

"일본 선교는 힘들다는데 어떻습니까?"라는 질문은 일본에서 10년이 넘게 선교사로 있어 보니 만나는 사람마다 물어오는 말이다. "예, 힘듭니다"라는 대답을 하지만 나의 일본에서의 선교 대상은 일본인이 주가 아니고 일본에서 오랜 역사를 가지고 사는 70만 재일동포들이다(귀화자와 미등록 이주노동자를 합치면 약100만 명이 된다). 재일 동포의 모습은 미국이나 혹은 다른 지역에 사는 동포들과는 엄청나게 다르다. 그들은 조국의 운명과 함께 고난의 길을 걸어왔던 실향(失鄕)의 무리이다. 마치 예루살렘이 멸망되고 바벨론에 포로로

---

9 김병호 선교사, 「제17회 국제선교의 밤 선교보고서」 (1999년 12월 2일).

잡혀갔던 유대인의 모습과 비슷할 것이다. 그렇기 때문에 재일 동포를 쉽게 생각하거나 도매금으로 넘겨서는 안 된다. 신학적으로 매우 중요하게 해석할 가치가 있다. 여기서 일본 사람들의 모습과 일본교회 교인들의 모습을 한국과 비교해 보면서 비전문가의 입장에서 일부분만 소개해 보고자 한다.

우리 한국 사람들은 이야기하고 변론하기를 퍽 좋아하는 것 같다. 택시를 타면 기사가 꼭 말을 걸어오고 서울역 앞에 10분만 서 있어 보면 틀림없이 누가 다가와서 말을 걸어오든지 길을 묻든지 아니면 노방 전도자라도 만나게 된다. 그러나 일본에서는 모르는 사람에게 말을 거는 일을 꺼린다. 그냥 근성적인 인사 외에는 말을 잘하지 않는다. 또 길을 잘 몰라 헤매는 경우에도 우선 스스로 지도나 안내판 등을 주의 깊게 보고 찾아가려고 애를 쓴다. 그렇기 때문에 일본의 지도는 대단히 상세하다. 번지는 물론이고 어떤 지도는 아파트에 누가 살고 있는 것까지 나와 있는 지도도 있으며 서점에서 쉽게 구입할 수 있다. 그러니까 다른 사람에게 길을 묻는 일은 가급적이면 안 하려고 한다. 다른 사람에게 뭔가를 부탁한다는 것은 폐를 끼치는 일이라고 생각하기 때문이다. 그래서 어떤 사람이 길을 묻거나 하면 '그 사람이 매우 곤란한 지경에 빠졌구나'라고 생각하고 친절하게 가르쳐 준다. 한국에서 보통 길을 물어보면 "저쪽으로 쭉 가면 있어요"라고 간단하게 성의 없이 가르쳐 주는 데에 길들여진 우리는 너무 친절한 일본인에게 길을 묻기가 겁이 난다. 그래서 필자도 웬만하면 지도를 가지고 해결하려고 한다. 실제로 필자의 서재에는 여러 종류의 지도책이 있으며 지도를 보고 어디를 찾아가는 것을 하나의 즐거움(?)으로 삼고 있다. 한국처럼 가벼운 마음으로 말을 걸지도 않고, 다른 사람에게 부탁하지 않으며 길을 묻지도 않는다. 가능한 자기 혼자 처리하려고 하고 다른 사람에게 폐가 된다고 생각하는 일은 하지 않는다.

한국 사람들이 말을 통하여 전도와 교제를 나누는 것을 좋아하는 데 반하여 일본인들은 말이 아니라 자신 행동이나 태도, 또는 편지를 통하여 자신의 뜻을 전달하는 경우가 많다. 그래서 전화를 통하여 이야기하는 것보다는 편지를 자주 쓴다. 말로 하면 직접적으로 자신의 감정까지 전달되지만, 편지는 좀 더 냉정하고 논리적으로 자신의 뜻을 전달할 수 있으며 좀 더 간접적으로 표현할 수가 있다. 조그마한 일이라도 전화 한 통이면 간단한 것이지만 꼭 엽서를 사용하여 의사를 전달한다. 신년 인사도 연하 엽서 한 장으로 족하다. 엽서 문화야

말로 일본의 대표적인 문화중에 하나일 것이다. 어쨌든지 일본 사람들은 될 수 있는 한 인간관계를 원만하게 유지하고자 신중하게 행동하는 편이다.

일본인이 한국인에 비하여 말을 그다지 하지 않는 이유는 옛날 '不言行實 好言麗範仁少'(행실을 언급하지 않고, 화려한 언변과 자태를 말하기 좋아하는 것은 어짐, 곧 인덕이 부족하다)라는 중국에서 전래된 사상에 그 뿌리를 두고 있다고 한다. 그래서 다른 이로부터 선물을 받거나 혹은 다른 사람의 집을 방문하거나 한 후에는 반드시 감사하는 마음을 표시하는 엽서를 보낸다. 또한 정식으로 다른 사람의 집을 방문하게 될 때는 전화가 아닌 편지로 정확한 날짜와 시간을 알린다. 전화상으로는 정확하게 방문 날짜와 시간을 전달되지 못할 경우가 있거나 기록이 남지 않기 때문이다. 매일 편지를 쓰는 사람도 있고, 출퇴근 시의 전철에서는 다른 사람과 얘기를 나누기보다는 모두 조용히 자신의 책을 읽는다. 그래서 비좁은 전차 안에서도 읽을 수 있는 손바닥만 한 문고판 책이 많이 팔리고 있다.

그러면 이러한 일본인의 습관이 교회 내에서 어떻게 작용되고 있는지 살펴보자. 첫째, 일본교회에서는 말이 그다지 중요하게 느껴지지 않기 때문인지 한국교회의 교인들처럼 설교에 대해 그다지 평가를 하지 않는다. 좋게 생각하면 목사가 설교를 좀 못해도 별로 말이 없는 것이지만 나쁘게 보면 목사의 설교에 반응이 무디고 즉각적인 행동과 변화가 없다는 말이다. 이는 매우 심각한 문제라고 생각한다. 또 전도에 있어서도 복음의 전도보다는 생활 속에서의 간증을 중히 여기는 경향이 있다. 그 결과 말로 하는 복음 전도는 하나님의 뜻을 보다 직접적으로 전하는 힘이 부족하다.

둘째, 일본교회는 성도의 훈련도 말에 의한 직접적인 지도는 적다. 헌금 등 구체적으로 바치는 것을 가르치지 않고 원칙만 가르칠 뿐 개인의 판단에 맡겨 버리는 부분이 많다. 말로 가르치게 되면 그 사람과의 관계가 나쁘게 될지 모른다는 걱정 때문이다. 실제로 필자의 적은 경험에서도 몇 번 그런 일이 있었다. 선교 사역 초창기에 동경 근교에서 재일 동포를 상대로 개척교회를 할 때 한국 여성과 결혼한 몇몇 일본인 남성들이 부인을 따라 교회에 잘 나오고 있었다. 필자의 서투른 일본어 설교도 잘 듣고(재일 동포 교회는 우리말을 모르는 2세, 3세 신자들을 위해 같은 설교를 목사가 한국어와 일본어로 2번 하고 있다) 헌금도 하고 찬송도 곧장 부르고는 했다. 그리고 교회의 여러 부분에서 봉사도 잘하였다. 1년쯤 지난 부활절 세례식에 세례받기를 권유하였는데 그 후로는 교회를 나오지 않았다. 그러한 경험은 그 후에도 몇 번 있었으며 지금은 일본인이 오면 가급적 일본교회를 소개해서 보내고 있다. 성경은 입에서 나오는 말에 의한 전도와 훈련을 강조하고 있다. 이 점에서 한국교회는 일본교회보다 직접적이고 성경적이라 생각된다.

일본에서는 한국처럼 상의하달(上意下達, TOP DOWN)식 결정 방법이 아니고, 아랫사람이 윗사람에게 제안하여 의사를 결정하는 하의상달(下意上達, BOTTOM UP)식을 택하는 것이 보통이다. 우선 담당자가 원안을 작성하면 그것을 계장, 과장, 부장 등 중간 관리직이 승인하고 최종적으로 임원, 간부가 결정한다. 회사의 사장과 정부의 고위 공직자는 조직이 작성해 준 보고서를 보고 "이것이 우리 회사 또는 우리 당국의 방침입니다"라고 발표하는 것에 지나지 않는다. 이렇게 조직의 의사 결정이 한 사람의 리더에 의하지 않고 집단적인 의사 결정 방식을 채택하는 전통은 17, 18세기 사무라이(武士) 시대로부터 메이지(明治) 시대를 지나 오늘날까지 이어지고 있다.

당시 사무라이 정치에 있어서 쇼군(將軍, 사무라이 정치의 실권자)과 다이묘(大名, 각 지방을 다스리는 성주), 천황은 하나의 상징적 존재에 지나지 않는다. 중앙행정의 기능과 권한은 다이로(大老,*쇼군을 보좌했던 최고 지위)와 로츄(老中, 쇼군에 직속하여 정무를 총괄하고 다이묘를 감독하던 직책)가 분담하여 집단지도 체계를 구성하였다. 한 사람의 독재자 또는 카리스마적인 리더에게 권력을 집중시키지 않고 복수의 리더가 협력하여 지도의 책임을 지는 방법이다. 이 방법의 좋은 점은 결정이 내려지기 전에 구성원 전체가 모두 그 내용을 훑어보고 문제점을 체크하여 안전한 결정을 내릴 수가 있다는 것이다. 또 많은 사람의 이해를 얻고 난 후에 실천에 옮기기 때문에 전체의 협력을 얻기가 쉽다. 상사는 부하와 충분히 이야기를 나누어 그들의 창의력을 살리고, 또 부하는 자유롭게 자신의 의견을 상사에게 전달하지만 일단 조직의 의사가 결정되면 설사 자신의 의견과 상충되더라도 전면적인 협력을 아끼지 않는다. 이렇게 해서 상사를 위해서라면 목숨까지 바치는 무사도(武士道)가 생겨났다.

그러나 이러한 하의상달 방식은 리더가 보고를 받고 최종적인 판단을 내릴 때까지 시간이 걸린다. 그러므로 긴급을 요할 때는 신속한 대응이 어렵다. 3년 전 일본 고베(神戶)에 대지진이 일어났을 때, 지진에 대한 보고가 신속하게 행정 수반에게 전달되지 않아 수상의 구제 지침 명령이 늦어져 많은 이재민이 미쳐 손쓸 겨를도 없이 사망한 일은 지금도 기억에 생생하다. 또 하의상달 방식에서 리더의 결단은 리더 개인의 생각을 반영하는 것이 아니라 집단이 결정한 결론을 대변하는 것에 불과하다. 예를 들어 일본의 수상은 수상 개인의 의견이 아니라 그가 속한 정당과 내각의 결정 사항을 자신의 의견인 양 발표를 한다. 몇 년 전에 수상 가운데는 호소가와(細川) 수상이 처음으로 개인적인 의견을 피력한 사람이었다. 수상 재임 당시 그는 아시아와 한국에 대한 일본의 침략을 개인적으로 솔직히 시인했다. 그러나 그 의견은 오래전부터 큰 영향력을 가지고 있던 일본 보수 세력의 사상과는 성격을 달리하는 것이었다. 그리하여 그는 보수 세력의 압력에 의해 끝내 사임하고 말았다.

한편 일본과 비교해 볼 때 한국의 사회는 상의하달적인 의사 결정 방식의 경향이 강하다고 생각한다. 이 방식의 장점은 상부의 판단으로 결론이 나기 때문에 해결이 빠르다. 또 긴급사태에도 하부 조직을 통해서 상부에 보고할 필요가 없어 즉각적으로 대처할 수 있다. 그러나 단점으로는 현장의 판단과 의견을 경시하여 리더가 독단적으로 결론을 내릴 가능성이 있다는 것이다. 그 결과는 객관적이고 합리적인 부하의 의견보다도 주관적이고 감각적인 리더의 판단이 중시되어 위험을 미연에 방지하지 못할 위험성이 내재되어 있다. 성수대교 붕괴 사고, 삼풍백화점 붕괴 사고도 현장 담당자의 붕괴 위험성이 있다는 조사 보고를 리더가 충분히 존중하여 대처했다면 아마도 사고는 미연에 방지할 수 있었을 것이다.

앞에서 언급한 하의상달적인 집단 의사 결정 방식은 일본교회의 의사 결정 방식에도 적용되고 있다. 일본의 대부분 교회 정치형태는 목회자에게 권위를 집중시키지 않고, 제직회(일본교회는 당회 제도가 없으며 役員會라는 제직회와 같은 기능이 있다) 등으로 분산시켜 집단에서 주요사안을 결정한다. 목사는 한 사람의 제안자에 지나지 않고 모든 사안을 결정하기 전에는 각종 위원회의 회의에서 의견을 듣는 과정을 거쳐야 한다. 최종적인 판단은 회의의 결과에 위임되기 때문에 결국 목사의 리더십은 약해지게 된다. 그래서 한국교회에서 흔히 일어나고 있는 목사와 교인들과의 분쟁과 마찰이 적은 편이다. 이 방식은 성도의 참가의욕을 재고시키는 데는 효과적이지만 성경에서 가르치고 있는 목사의 영적인 리더십, 교회의 목회, 지도자로서의 역할과 책임은 약화된다. 그래서 일본교회에서는 목사라는 명칭이 있지만 목사라고 부르지 않고 '선생'(先生)이라고 부른다. 어쩌면 일본교회가 부흥하려고 한다면 이러한 목사의 영적 지도력을 높여야 한다고 본다. '선생'(先生)으로서의 목회자가 아니라 '목사'(牧師)로서의 목회자가 필요하다고 본다.

　그러나 일본 선교에 있어서 가장 힘들고 어려운 부분이 있다면 그것은 일본인의 종교 심성일 것이다. 일본에는 셀 수도 없을 만큼의 많은 잡신이 존재한다. 종교 통계를 보면 일본의 종교인구는 전체 인구의 2배 정도이다. 보통 한 사람이 두 개의 종교를 가지고 있다는 셈이 된다. 기독교인(전 국민의 0.9%)을 제외한 거의 모든 사람은 일본의 전통 종교인 신도(神道; 죽은 모든 조상이 신이 된다는 일본 고유의 국가적 종교)를 믿고 있다. 각 가정에는 '가미다나'(神棚)가 있으며 또 죽은 조상의 위패를 두고 있는 불교식의 '부츠단'(佛壇)이 있어 아침마다 향을 피우고 기도하는 것이 습관화되어 있다. 또한 동네마다 신사(神社)가 있으며 국가적으로 큰 신궁(神宮)도 많이 있다. 어린아이가 태어나면 제일 먼저 신사에 가서 축복예식을 행한다. 그리고 최근에 들어서 교회에서 결혼식을 하는 것이 유행이 되어서 50%이상의 일본인들이 기독교식의 결혼식을 하고 있으며 점차 그 비율이 높아지고 있다. 신앙과 아무런 관계 없이 교회에서 결혼식을 하고 싶어 한다. 아마도 흰 드레스를 입고 케이크를 자르는 등의 서구 스타일을 동경하기 때문인 것 같다. 그래서인지 지금 일본에는 결혼식을 유치하기 위하여 웬만한 호텔에는 조그맣고 예쁜 교회당을 가지고 있다. 외국 여행자들, 특히 한국 교인들이 이것을 보고 일본의 동네에서 좀처럼 교회를 볼 수 없는데 이 호텔 주인이 기독교인이라는 오해를 하기도 한다. 또한 결혼 주례만 전문으로 하는 목사도 많이 있다. 이들은 교회 목회를 하지 아니하고 결혼 주례만 한다. 일요일에는 결혼식이 많으니까, 교회도 안 가고 결혼 주례에 바쁘다. 어디에서 신학을 공부해서 목사가 되었는지 잘 모른다. 필자가 언젠가 어느 모임에서 같은 방에 묵게 된 일본 목사와 명함을 주고받으면서 인사를 나누었는데 알고 보니 결혼 주례를 전문으로 하는 목사였다. 그는 신학을 공부해서 목사가 되었지만 마땅하게 갈 만한 교회도 없고 해서 결혼 주례를 하는 목사가 되었다는데 그는 결혼식 주례를 하면서 신랑 신부에게 몇 마디라도 복음을 전하는 것이 사명이라고 한다. 듣고 보니 신사나 절에 가서 결혼식을 하는 것보다 훨씬 좋겠다고 생각했다. 그리고 일본 사람은 죽으면 종교에 관계 없이 (기독교인 제외) 장례식은 불교식이다. 대부분의 묘지는 절에서 소유하고 관리를 하고 있다. 태어나면 신사에 가고, 결혼식은 기독교식이고, 장례식은 불교식이다. 그야말로 짬뽕이다. 이것이 일본 사람들의 종교심이다. 즉, 신도 혹은 불교를 절대적으로 믿는 신앙인은 별로 없다. 마치 한국 사람들이 유교(특히 제사 행위)를 종교로 보지 않고 전통적 습관으로 보는 것과 비슷하다. 이것도 좋고 저것도 하면 좋다는 식의, 범신론적이면서도 다신교적인 사람들이다. 그러니 "세상의 모든 우상을 끊고 예수를 믿어야 한다"는 기독교의 외침에 거부 반응을 가지고 있다. 앞에서 언급한 세례 받기를 마다한 일본인을 이해할 수 있을 것이다. 그러는 한편 통일교나 오움 진리교 등에 빠져서 사회적 물의를 일으키는 젊은 지성인들이 많은 것을 볼 때 정말 알다가도 모를 사람들이다.

우리가 쉽게 할 수 있는 노방전도나 전도지 배포 등의 전도 방법은 일본에서는 대단히 어렵다. 단순히 "예수 믿고 복 받고, 구원받으세요"의 외침이 별로 효과를 보지 못한다. 그래서인지 빌리 그래함 목사의 집회에도 별 반응이 없고(일본교회들이 이런 집회를 별로 원치 아니한다), 조용기 목사의 설교도 일본에서는 냉대를 받는다. 어쩌면 지성인들이 혹하며 빠져드는 논리적으로 만들어진 통일교의 원리강론이 더 효과적인지도 모른다. 우리들이 복음이라는 씨앗을 다른 곳에 뿌릴 때에 씨앗은 같더라도 씨앗이 뿌려질 토양에 따라서 적절한 비료를 사용하는, 즉 농사 방법이 달라야 할 것이다. 일본은 분명히 한국과 토양이 다르다. 그렇기 때문에 한국에서 하는 방법으로 선교한다는 것은 생각해 볼 것이다. 근년에 와서 일본에도 일본 선교를 위해 많은 한국 선교사가 입국하여 그 나름대로 열심히 활동하고 있다. 그러나 매우 힘들다는 것을 그들 스스로가 체험하고 있는 실정이다. 선교를 향한 뜨거운 열정도 좋지만, 선교지의 문화를 충분히 이해해야 하며 의사소통에 지장이 없을 정도의 언어 습득이 절실하다. 매스컴 시설이 부족하고 별로 보고 들은 것이 없는 좀 미개한 나라에서는 서투른 말이라도 통할지 모르지만 일본과 같은 나라에는 상황이 다르다. 어느 필리핀 선교사의 말에 필리핀 선교지에서는 영화 상영을 하면 온 동네 사람이 다 모인다고 한다. 그러나 요즈음 한국이나 일본에서 영화를 하니까 모이라고 하면 몇 사람이 오겠는가?

일본 선교를 위해서는 좀 더 신중히 생각하고 시간을 두고 기도해야 할 것이다. 일본에는 일본교회가 약 7,000개 있다. 일본교회는 신학적으로 우수하며 질 좋은 교인들이 많이 있고 그들 나름대로 전도나 교회 개척을 위해 심혈을 기울여 노력하고 있는 모습을 필자는 교류하고 있는 일본기독교단에서 보아왔다. 다만 그 속도가 느리다는 것과 한국교회보다 뜨거움이 부족하다는 것뿐이다. 그렇다고 필자가 일본기독교단에 가서 당신들이 부족하니 내가 하겠다고 한다면 그들을 무시하는 처사요, 또 내가 한다고 잘 되는 것도 아니기 때문에 함부로 할 수는 없을 것이다. 다만 그들과 협력하고 서로 교류하는 일은 중요하다. 교류를 통하여 한국교회의 성장과 열심 그리고 뜨거움을 보여주는 일은 필요할 것이다. 그리하여 그들 스스로가 영혼을 사랑하는 뜨거움을 가지고 자기 민족에게 전도할 수 있도록 기도하는 것이 필요하다.

(2) 일본의 선교적 전망[10]

첫째, 일본인보다는 재일 동포에게 전도하는 것이 효과적이다. 일본인을 위한 선교는 일본 사람들의 종교성 때문에 무척 어려운 상황이다. 그러나 일본에는 좋은 일본교회가 있기 때문에 그들과 협력하여 선교할 수 있다. 그러나 본 선교사의 선교적 활동은 일본에 살고 있는 재일 동포들이기 때문에 일본 사람들과는 좀 다른 점이 있기는 하나 세대를 달리한 동포들인 만큼 그들의 삶의 방식도 일본화되어 가고 있는 실정이다. 그러나 그들에게 복음을 전하면 또한 그들의 삶의 현장이 일본인과 접촉하는 것이기 때문에 일본인들에게 복음을 전할 수 있게 되는 것이다.

둘째, 근년에 와서 한국인 여성과 일본인 남성과의 국제결혼이 성행하고 있다. 일본인뿐만 아니라 재일 동포와 결혼하여 일본에 사는 한국인 여성들이 많이 있다. 그들에게 전도하는 일은 많은 일본인을 전도하는 가장 빠른 방법이다.

셋째, 일시적으로 체류하다 본국으로 귀국하는 한국인들에게 영적인 안식처를 제공하는 것이다. 유학생이나 주재원으로 몇 년씩 근무하다가 귀국하는 이들이 일본에서 신앙을 얻게 되는 경우가 많이 있다. 조후교회는 수적으로나 재정적으로나 자립이 안 되는 조그마한 교회이지만 이 교회를 거친 수많은 유학생과 주재원들이 지금도 한국에서 신앙을 가지고 좋은 그리스도인으로 살아가고 있다.

---

10 김병호 선교사, 「제23회 부산국제선교회의 밤 선교보고서」 (2005년 12월 1일).

넷째, 최근에는 중국 조선족들이 일본에도 늘어나고 있다. 한국에서도 많은 조선족들이 입국하여 살고 있지만, 일본에도 많은 조선족(재중 동포)들이 살고 있다. 그들이 교회를 찾는 경우가 많다. 그들에게 전도하는 것은 곧 중국인들에게 전도하게 되는 길이다.

다섯째, 다원화 사회는 선교에도 큰 영향을 주고 있다. 재일대한기독교회에는 일본인들이 몇 명씩 출석하고 있다. 그들은 한국과 혈연적인 관계가 있거나 또한 어떤 이유에서든지 한국에 대하여 관심이 있는 사람들이다. 특히 한류 붐을 타고 각종 문화의 교류를 통하여 일본과 한국이 점점 가까워지고 있다. 반대로 일본교회에도 보통 한두 명씩의 한국인 혹은 아시아계 외국인들이 출석하고 있다. 이러한 현상은 일본에서의 선교적 전망을 밝게 하고 있다.

(3) 김병호 선교사의 평화 선교[11]

(김병호 목사는 한국전쟁 이후 출생하여 일본에 유학한 지 20년이 넘었다. 그는 한국 기독교인으로서의 평화론을 다음과 같이 말했다) 김병호 목사는 17년 전부터 선교사로 활동했다. 우연히 야스쿠니 신사를 걷던 김병호 목사는 전사자의 사진을 안고 와서 참배하는 나이 든 여인들을 보았다. 히로시마, 나가사키, 오키나와에도 방문했다. 그는 일제 식민지 지배하에 있던 한국인으로 일본에 체류하다가 전쟁 희생자가 된 한국인이 많다는 것을 알고 슬픔을 느꼈다. 김병호 목사는 절대로 전쟁이 다시 있어서는 안 된다고 생각했고, 일본이 조선을 식민지화한 당시의 역사와 오늘날 일본이 가고 있는 것이 반복되는 것을 보았다. 조선에서 농민 궐기의 동학란이 일어났을 때 군대를 보내 조선 지배를 둘러싸고 청일전쟁을 일으키고 민비를 암살하고 한일병탄의 길로 갔던 대일본제국이었다. 김병호 목사는 한반도의 위기를 구실삼아 자국민을 보호하겠다고 일본군이 주한미군 기지를 빌려서 서울에 주둔하게 될 날이 오지 않을까 염려한다. 일본이 전후 다른 나라 사람들이 '일본은 평화롭고 좋은 나라'라고 하는 것은 헌법 9조(평화헌법)가 있기 때문이라 했다. "자기만 좋은 것이 아니라

---

11 "조후교회 김병호 목사의 이야기"(조후시 다마천 9조회/헌법 9조를 지키는 모임), 일본 일간지 「아카하타」
(2006년 10월 25일 1면 기사), 「제24회 국제선교회의 밤 선교보고서」 (2006년 12월).

서로가 다 좋아야만 성서에서 말하는 샬롬의 평화입니다." 김병호 목사는 헌법 9조를 지킴으로써 세계평화에 공헌하는 일본이 되길 바란다고 외쳤다.

2. 김병호 선교사 파송

김병호 선교사는 부산장신대학교를 1977년에 졸업했고, 장로회신학대학교 목회연구과를 1982년에 졸업했다. 김병호 선교사는 대한예수교장로회 부산노회에서 1985년 10월 16일에 목사 안수를 받은 후 1986년 5월 일본으로 유학을 갔다. 김병호 선교사는 1987년 10월부터 1989년 3월까지 일본 동경신학대학에서 특별 연구생으로 연구를 했다. 김병호 목사는 일본에는 약 100만 명의 동포들이 살고 있다는 사실과 그들이 일본의 편견과 차별 속에 고난의 삶을 살아가고 있는 현실을 보고, 그들을 위하여 복음을 전하고 그들의 삶과 함께하기 위하여 선교사를 지망하게 되었다.[12] 부산국제선교회는 덕천교회의 후원으로 김병호 목사를 일본 선교사(총회 파송 선교사)로 파송하는 예배를 1989년 4월 30일에 드렸다. 김병호 선교사의 가족으로는 부인 김점희 선교사와 장녀 한나, 장남 윤하가 있다. 김병호 선교사는 일본에서 오랫동안 재일 동포의 선교에 앞장서고 있는 재일대한기독교회에 소속되어 선교 활동에 임하고 있다.

1) 우라와한인교회(1989년 5월~1994년 3월)

김병호 선교사는 도쿄에서 조금 떨어진 북쪽 사이타마(埼玉)현에서 우라와교회를 1989년에 개척했다. 김병호 선교사는 사이타마현을 거점으로 선교 사업을 전개했다. 9월에 선교용 차량을 구입하였다.[13] 우라와교회의 교인은 남자 8명, 여자 10명 총 18명이다. 매

---

12 김병호 선교사, "일본 선교지 현황과 선교적 전망" 부산국제선교회, 「제23회 부산국제선교회의 밤 선교보고서」 005년 12월 1일).

13 "총무 보고," 부산국제선교회, 「제94회 월례회 및 제7회 국제선교회의 밤 보고서」 (1989년 12월 1일).

주일 오전 11시에 우라와 YMCA 회관에서 예배드리며 출석 인원은 보통 10명 이상이다. 11월 12일에 2명이 학습 교육을 받았다. 김병호 선교사의 주된 사역은 전도 사역이다. 김병호 선교사는 교민들과 유학생 13,000명에게 교회를 소개하는 안내문을 발송했고, 출입국 관리소를 드나드는 교민과 유학생들, 일본어학원에 어학연수를 온 학생들에게 전도하고 있다. 일본인과 국제결혼을 한 한인 여성들을 찾아내 교류하고 전도하며, 일본인 교회와 유대를 강화하고 협력 관계를 갖도록 노력하고 있다.[14] 1989년 성탄절에 이웃 일본 교회와 연합하여 성탄 예배를 드렸다.

1990년 주일예배 참석자가 아직 20명이 되지 않았다. 그렇지만 부인 김점희 선교사가 매주 4~5명의 어린이와 예배를 드리면서 교회학교를 시작했다. 교회학교 장소 문제로 걱정했으나 YMCA가 보육원으로 사용하는 교실 하나를 더 빌려줘서 주일학교 예배를 드리게 되었다. 우라와교회가 일본 관동지방회에 정식으로 가입했다. 사이따마현에 있는 일본기독교단 사이다이토오리(埼大通り)교회와도 좋은 관계를 형성했다. 그리고 매월 모이는 일본 목회자 모임에도 참석하고 있다. 일본 교단 총회에 김병호 선교사가 초대를 받아 인사했다. 지금까지는 현 내에 한인 교회가 없었기에 일본교회 목회자들이 관심을 갖는다. 최근 들어 한국으로부터 노동자들 상당수가 입국해서 산업재해 사건들이 증가하면서 산재를 당한 한인 노동자의 사건을 통역하고 법적으로 보상받도록 노력하고, 변호사와 연결하는 활동을 하고 있다. 예배 장소인 YMCA가 4월부터 국제봉사센터를 개설하게 되어 국제봉사센터 활동에도 참여할 예정이다. 이를 통해서 선교의 좋은 기회가 될 것으로 기대한다.[15]

한국교회에서 열심히 봉사하던 집사 부부가 우라와교회에 등록하여서 큰 기대를 했으나 체류 예정 기간인 2년이 아니라 3개월 만에 출국하여 실의에 빠진 적도 있었다. 그러나 하나님의 선교는 인간적인 방법과 달리 신비하고 오묘한 방법으로 섭리하고 인도하시며 열매를 맺는 것을 김병호 선교사는 깨달았다. 지금 당장 열매가 보이지는 않지만 먼저

---

14 김병호 선교사, 「선교통신」 (1989년 12월 2일).
15 김병호 선교사, 「선교통신」 (1990년 3월 26일).

씨를 뿌리는 작업을 통해 조금씩 싹이 돋고 있다. 지난 부활절에는 주일예배 후 오후에 관동지방회 부활절 연합예배에 우라와교회 성도 10명이 특송으로 하나님께 영광을 돌렸다. 1990년 5월 13일부터 14일까지 후지산 별장에서 교인 17명이 야외예배를 드렸다. 현재 주일예배에 장년 15명이 출석하고, 어린이 6명이 주일학교에서 예배를 드린다. 수요일 성경공부에는 교인 5~6명이 참석한다. 어린이를 일본어로 지도할 수 있는 교사 1~2명이 필요하다.[16] 1990년 8월 7일 김병호 선교사가 일본 우라와교회에서 목사 위임식을 가졌다. 우라와교회에서는 교인 30명이 오늘 주일예배를 드렸다. 10월 7일은 추석으로 세례식과 성찬식을 거행 후 함께 식사했다. 선교사 파송 이후 김병호 선교사는 최초로 2명의 교인에게 세례를 베풀었고, 3명의 교인에게 학습을 받게 했다.[17] 1990년 말에 김병호 선교사는 우라와교회의 현황에 대해 다음과 같이 보고했다. 연초에 출석 교인이 12명 정도였는데 30명으로 늘어났다. 1989년 결산이 631,109엔이었고. 1990년 예산이 1,763,109엔이었는데 연말 결산은 예산을 넘어섰다. 김병호 선교사의 사택 문제도 방 두 칸에 월세가 30만 원이었다. 그런데 지난 7월 저소득 주민을 위해 현(県)이 운영하는 현(県)아파트에 이사하여 월세 5만 원 정도의 가격으로 지내게 되었다. 인쇄비가 비싸고 한글 인쇄가 어렵기에 행정 업무를 위해 컴퓨터 세트를 200만 원으로 12월 초에 구입했다. 구입비는 1년 월부로 지급하되 교회 예산이 아닌 선교사의 선교비에서 지출하고 있다.[18]

우라와교회 주일예배에는 교인 25명 정도가 출석한다. 교회학교와 한글 공부를 진행하며, 수요 집회를 낮과 밤 2회 진행하고 있다. 김병호 선교사는 부산국제선교회에 개역성경 30권, 공동번역성서 30권, 찬송가 30권, 자동반주기 구입(반주자 귀국)을 요청했다. 그리고 선교사 생활비 3월분을 5월 2일 현재 받지 못해 이루 말할 수 없는 어려움에 처했음을 호소했다.[19]

우라와교회는 1993년 10월 말에 부산국제선교회 총무 박광선 목사를 강사로 특별 집회

---

16 김병호 선교사, 「선교통신」 (1990년 5월 23일).
17 김병호 선교사, 「선교통신」 (1990년 10월 21일).
18 김병호 선교사, 「선교통신」 (1990년 12월 26일).
19 김병호 선교사, 「선교통신」 (1991년 5월 2일).

를 가졌다. 교인들의 반응이 좋아 부산국제선교회가 파송하는 강사를 모시고 매년 특별 집회를 갖기로 했다. 우라와교회 교인들의 신앙훈련을 위하여, 부산국제선교회와의 유대 강화를 위해 부산국제선교회가 일본과 재일 동포 사회에 대한 이해 증진을 위해 좋은 기회가 될 것이다. 추수감사주일에는 성도 2명이 세례를 받았다. 지금까지 예배 장소로 사용했던 일본 YMCA가 이전하게 되어 1994년 4월부터는 예배 장소를 옮겨야 한다. 대안으로는 일본기독교단 오오미야교회에서 주일 오전 예배를 마친 후 오후에 예배를 드리는 것인데 오오미야교회가 아직 결정하지 못했다. 금년 우라와교회의 예산이 500만 엔인데 수입 결산을 보면 20% 적자가 예상된다. 그 이유는 심한 불경기로 인한 여파와 유학생들의 감소 때문이다. 금년 예산 중 선교사의 생활비 보조와 활동비, 경상비를 제하면 금년 결산은 적자가 될 것이다. 이런 상황에서 교회 건축 기금을 마련하는 것은 아직 시기상조이다. 김병호 선교사의 생활비 전액을 부산국제선교회 및 후원 교회로부터 지원받지 않으면 안 될 현실이다. 부산국제선교회가 내년에도 계속해서 선교비(月 100만 원×14개월)를 지원해 줄 것을 요청했다. 동경을 비롯한 수도권에는 재일대한기독교회가 15개 정도 있지만 아직도 일꾼이 부족하여 추가로 선교사를 파송할 것을 요청했다.

김병호 선교사는 일본교회 목회자들과 부산국제선교회의 목회자들과의 교류를 위해 노력했다. 일본기독교단의 관동교구(노회)는 5개 현(縣)에 170여 교회를 가지고 있는 모범적 교구이다. 관동교구에 속한 목회자 20명이 지난여름 부산국제선교회에 속한 교회들을 방문하여 한일 교회의 목회자들 사이에 교제하는 시간을 가졌다. 김병호 선교사는 일본기독교단 관동교구와 부산노회와 자매결연을 하여, 일 년에 한 차례씩 오고 가는 프로그램을 만들고, 개 교회적인 차원에서도 교회끼리 자매 관계를 만들고 교류를 가질 것을 제안했다. 김병호 선교사가 이런 제안을 한 것은 서로의 교회를 이해하고 협력하여 배우고 기도하는 것도 좋은 선교의 방법이라고 생각했기 때문이다. 특히 성장한 한국교회를 소개하고 보여주어서 일본교회 목회자들로 하여금 선교에 열의를 가지게 하는 것은 좋은 선교의 방법이라 믿기 때문이다.[20]

---

20 김병호 선교사, 「선교통신」 (1993년 11월 25일).

김병호 선교사의 우라와한인교회 선교의 특징으로는 첫째, 김병호 선교사가 일본교회와 교단과 교류하고 목회자들과 교제를 한 점이다. 이러한 교류와 교제가 가능했던 점은 김병호 선교사가 일본에 유학을 가서 3년 동안 언어를 배우고 신학을 배웠기 때문이었다. 재일 동포를 대상으로 선교를 하더라도 일본교회 목회자들과 교제를 하고, 일본교회와 교류를 하는 것은 재일대한기독교회에 속한 교회를 위해서라도 중요하다. 동일한 지역에서 살면서 재일대한기독교회와 일본기독교단이 선교적으로 협력할 내용이 많기 때문이다. 둘째, 부산국제선교회 총무 박광선 목사를 강사로 초대하여 특별 집회를 열었다. 이를 통해 교인들의 신앙 훈련을 했고, 우라와한인교회와 부산국제선교회의 유대를 강화하려 했고, 부산국제선교회가 재일 동포 사회에 대한 이해를 증진시키고자 했다. 셋째, 김병호 선교사는 일본기독교단 관동교구와 부산노회의 상호교류와 상호 방문을 통해 두 노회가 서로를 이해하고 선교 협력하도록 자매결연을 제안했다. 비록 두 노회 간 자매결연이 이뤄지지는 않았지만, 김병호 선교사는 에큐메니칼 협력 선교를 지향한 것을 확인할 수 있다. 넷째, 김병호 선교사는 목회를 통해 인간적인 방법과 다르게 역사하는 하나님의 선교를 깨닫게 되었다. 우라와한인교회 선교 과제로는 초기에 예배 참석자가 10여 명이었다가 나중에는 25명, 30명으로 증가했지만, 한국교회처럼 성장하지 않는 재일 한인 교회에 대한 대안을 찾는 길이다.

2) 동경조후교회(1994년 4월~1999년 2월)

김병호 선교사는 우라와교회에 부임 후 만 5년이 되도록 주님께 드릴만한 열매가 없음을 부끄러워하면서도, 언젠가는 뿌려진 씨앗이 값진 열매를 맺게 될 것을 확신했다. 김병호 선교사는 우라와교회 목회자 직분을 사임하고, 1994년 4월에 같은 지방회에 속한 조후교회에 부임하여 7월 3일 취임식을 했다. 부산국제선교회 회장 신동혁 목사가 취임식에 참석하여 축사를 했다.

카나가와현과 경계를 이루며 동경 남쪽을 가로지르는 다마천(多摩川) 강변에는 유난히 자갈이 많아 태평양전쟁 때 비행장과 도로를 건설하는 데에 필요한 자갈을 채취하는 일을 하기 위해 한국 동포들이 모여 판잣집을 지어 살았다. 1945년 일본이 패망하고 조국이 해방되어 많은 동포가 고국으로 돌아갔지만, 여러 사정으로 귀국할 수 없었던 동포들이 남아 집단부락을 형성했다. 1950년 한국전쟁이 일어나 한국에서 선교 활동을 하던 서양 선교사들이 일본으로 피난을 와 도쿄와 도쿄 근교에서 지냈다. 호주의 여자 선교사 위더스가 도쿄교회와 협력하여 이인하 목사를 파송하여 조후(調布)에 교회를 설립한 것이 조후(調布)교회이다. 장로회신학대학교 학장을 역임한 이종성 목사가 당시 동경신학대학에 재학 중 조후교회 설립에 협력했다. 어렵게 사는 재일 동포들의 안식처가 되는 조후교회는 지도자가 부족하여 가까운 동경신학대학에 유학 온 목사들이 강단을 지켰으나 자립 교회를 이루지 못했다. 25년 전에 부지 약 70평에 조그마한 2층 건물을 건축하여 1층을 목사 사택으로 사용하고, 2층을 예배실과 식당 및 주방으로 사용했다.[21] 45년의 역사를 지닌 조후교회지만 아직 미자립교회이다. 조후교회는 외부의 도움을 필요하기 때문에 재일대한기독교 관동지방회가 김병호 선교사를 조후교회로 파송했다.

주일예배 출석은 25명, 기도회 참석은 8명, 교회학교 출석은 10명이고, 교회를 섬기는 사람은 목사 1명, 장로는 없고, 권사 1명, 서리집사 7명 등이다. 교회의 1년 예산은 600만 엔이다. 교인들은 주일예배와 금요기도회로 모이며, 예배 시 사용하는 언어는 한국어와 일본어를 겸용한다. 조후교회는 45년의 교회 역사를 지녔지만, 아직 미자립교회인데, 재일 동포의 험난한 삶 속에 잠겨 함께 고난을 겪어왔다. 교회당이 자립 건물이기 때문에 향후 출석 교인이 50명이 되고, 예산이 1천만 엔이 되면 자립이 가능할 것이다. 전임 교역자가 26년 동안 교회를 섬기면서 일본에서 차별받는 재일 동포의 법적 지위의 향상을 위해 노력했고, 남북 분단 아픔 속에서 민단과 조총련의 갈등을 해소하기 위해 노력했다. 조후교회의 위치가 민단 사무실과 조총련 사무실과도 가깝다. 교회학교 어린이 중에는 조선학교에 다니는 어린이도 있다. 동경 변두리의 작은 교회이지만 그 역할이 대단히 중요하며 큰일을 감당하는 교회라고 생각한다.[22]

---

21 김병호 선교사, "일본 선교지 현황과 선교적 전망," 부산국제선교회, 「제23회 부산국제선교회의 밤 선교보고서」 (2005년 12월 1일).
22 김병호 선교사, 「선교통신」 (1994년 11월 15일).

전임자가 26년 동안 사역한 교회에서 후임자가 1년 반 동안 사역하며 교회의 방향을 수립하고 나아가는 것에는 분명 한계가 있다. 1995년 현재 주일예배 출석 교인이 25명~30명이고, 10월 1일 세계성찬주일에 이나기교회와 합동 예배와 성찬식을 거행했다. 한일 두 교회는 예배에서 해방(戰後) 50주년을 맞아 과거를 반성하고 밝은 미래를 향하여 양국 교회가 협력할 것을 고백했다. 헌금은 수해를 당한 북한에 보내기로 했고, 의류도 수집하여 보냈다. 조후교회가 창립 50주년을 맞는 2000년을 향하여 자립하는 교회, 장로 장립, 50주년 기금 마련 및 50년사 발간이라는 세 가지 목표를 세웠다.[23]

조후교회 주일예배는 오전 11시에 25~30명이 모여 드린다. 교회학교 예배는 오전 10시 30분에 10명이 모여 드린다. 예배 때 사용하는 언어는 한국어와 일본어다. 이는 교회학교 어린이 중 1/3이 한국어를 모르기 때문이다. 예배 후 전체 교인이 공동으로 식사한다. 1996년 9월부터 1시 50분에 주일 오후 예배를 드린다. 식사 후 잡담하고 돌아가는 것보다는 경건의 시간을 갖는 것이 좋겠다고 판단해서이다. 주일 오전 예배 참석자 중 절반 이상이 오후 예배에 참석한다. 금요일 오전 11시에 거동이 불편한 노인들과 부인들을 봉고차로 태우고 와서 예배를 드리고, 예배 후 식사를 하고 귀가하는데 참석자는 10명 정도이다. 1996년 10월 6일 세계성찬주일에 일본기독교단 소속인 이나기교회와 합동으로 조후교회에서 예배를 드렸다. 쇼지 쯔무토 목사가 설교하고, 김병호 선교사가 성찬식을 집전했다. 예배 후 공동으로 식사하며 교제했다. 주일 특별 헌금을 수해로 어려움을 겪는 북한에 보냈다. 일본기독교단 동경교구 목사 5명과 신자 5명이 1996년 10월 31일부터 11월 7일까지 서울, 경주, 부산의 교회들을 방문했다. 방문 목적은 성장한 한국교회를 체험하는 것이었다. 일본기독교단 방문 결과는 첫째, 선교 역사 백 년 만에 이렇게 교회가 성장한 것은 기적이며 성령의 역사로, 지식적으로 굳어져 온 일본교회와는 비교할 수 없는 역동적이며 뜨거운 교회와 신앙생활을 체험하면서 큰 충격과 감동을 받았다. 둘째, 일본이 한국에 저지른 죄가 얼마나 큰 것인지를 막연하게 듣다가 이번 역사 탐방을 통해 확실히 알고 깨닫게 되었다. 역사의 현장을 둘러보면서 왜곡된 역사교육 속에서 안일하게 살아왔던

---

23 김병호 선교사, 「선교통신」 (1995년 11월 15일).

일본 기독교인들을 포함한 일본 국민의 죄가 얼마나 큰 것인가를 배우게 되었다. 셋째, 일본에 귀국 후 개교회와 지역에서 간증하고, 향후 동료들과 청년들에게 경험하게 하여 운동으로 발전시키자고 제안했다.[24] 김병호 선교사는 1993년부터 1996년까지 샌프란시스코신학대학원에서 아시아 신학을 전공하여 석사 학위(MA)를 받았다.[25]

1997년 4월 5일부터 6일까지 일본 오사카 지역 목사와 평신도 12명이 이병용 선교사의 인솔로 부산을 방문했다. 1997년 8월 26일에 조후교회 김병호 선교사가 안식년(1997년 9월~1998년 8월)을 맞아 미국 코네티컷 주 뉴 헤이븐 해외 선교연구센터(Overseas Ministries Study Center)[26]의 선교사훈련센터에서 선교사 재충전 프로그램에 1년간 참여하면서 복음주의 선교신학과 에큐메니칼 선교신학을 연구했다.[27]

김병호 선교사가 동경조후교회를 섬기던 시기의 특징으로는 첫째, 김병호 선교사가 조후교회에 부임하면서 재일 동포의 아픔과 고난의 역사에 동행하고, 남북한의 통일을 향한 김병호 선교사의 소명이 응답되었다. 김병호 선교사는 일본 유학 시절 재일 동포의 아픔과 고통을 보면서 자신이 이들을 섬기는 선교사가 되고자 했다. 김병호 선교사가 동경 조후교회에 부임함으로써 이러한 소명에 응답하는 선교사가 될 기회가 주어졌다. 둘째, 1995년 성찬주일에 동경조후교회와 일본 이나기교회가 합동 예배를 드리면서 성찬식을 거행하고, 헌금을 북한에 보냈다. 김병호 선교사는 선교사 자신만이 아니라 교회적으로도 일본교회와 교제하기 위해 두 교회가 합동 예배를 드림으로써 교회 일치에 한 걸음 다가갔고, 성찬식을 통해 예전적으로 일치를 구현했다. 나아가서 교회 일치를 분단된 남북한의 화해와 통일로 나아가도록 기도하며 기아로 고통 받는 북한에 헌금을 보냈다. 셋째, 김병호

---

24 김병호 선교사, 「선교통신」(1996년 11월 27일).

25 김병호 선교사에게 샌프란시스코 신학대학원에서 공부하도록 권유한 사람은 문희석 박사였다. 김병호 선교사와의 인터뷰(2022년 7월 5일).

26 해외 선교연구센터(OMSC)는 미국 선교사들이 안식년을 맞거나 미국으로 귀국할 때 휴식과 연구를 위해 1922년 뉴저지주 벤트노르에 세워졌다. OMSC는 1980년대에 코네티컷 주 뉴 헤이븐으로 이전했다. 인근에 개신교 세계 선교 역사 자료가 가장 많은 예일대가 있어 선교 연구에 더 적합하다. OMSC가 2019년에는 프린스턴 신학대학교로 이전하여 상호 협력하고 있다. OMSC가 발행하는 국제선교회보 IBMR(*International Bulletin of Missionary Research*)는 세계적인 명성을 얻은 선교 계간지이다.

27 김병호 선교사에게 OMSC를 소개한 사람은 총회 세계선교부 임순삼 총무이었고, 직전 연도에 OMSC에서 안식년을 보낸 허원구 목사가 구체적인 정보를 제공해주었다. 김병호 선교사와의 인터뷰(2022년 7월 5일).

선교사는 1996년에 일본 동경교구의 목회자와 신자로 구성된 방문단을 인솔하여 한국교회를 방문했다. 방문자들은 한국교회 성장에 큰 감동을 받았고, 이번 방문을 통해 일본의 역사적 죄를 깨닫게 되었고, 귀국 이후 일본교회를 순회하면서 역사적 사실을 간증하고 역사 인식을 재고하는 운동을 전개할 것을 제안했다. 이처럼 한·일 교회의 교류는 상대방 교회로부터 배우는 것과 더불어 양국 사이의 역사적 사실을 제대로 이해하여 역사적 죄를 고백하고 이를 일본교회에 확산시키는 활동이 필요하다. 넷째, 김병호 선교사는 안식년(97년 9월~98년 8월) 동안 미국 해외 선교연구센터에서 선교사 재충전 프로그램에 참여함으로써 복음주의 선교신학과 에큐메니칼 선교신학을 배웠고, 프로그램에 참여한 다른 선교사들과 다양한 선교 경험을 나누면서 향후 선교를 위한 디딤돌을 마련했다.

3) 조후교회와 재일대한기독교 총회 본부 사역(1999년 3월~2013년 9월)

(1) 1999년: 조후교회 교인의 다양성, 총회 파트 타임 간사, 한일관계 변화, 재일 동포 이해, 재일대한기독교회 소개

김병호 선교사는 1999년 3월부터 재일대한기독교 총회 본부 사무실에 주 2일 출근해서 사무 행정을 돕기 시작했다. 한편으로는 총회 간사가 사임하고 유학을 가서 총회 사무 행정을 지원하는 것이 필요했다. 다른 한편으로는 부산국제선교회의 선교비가 절반으로 줄어들어 어려움을 겪는 김병호 선교사를 돕기 위해서 재일대한기독교 총회 총무가 배려한 것이다.

조후교회는 매주 25명 정도의 교인들이 모여 예배를 드린다. 외형적으로는 큰 변화가 없지만 조후교회는 내적 다양성을 지닌 교회이다. 조후교회는 한국어를 잘하는 1세, 일본에서 태어나 한국어를 조금 아는 2세, 한국어를 전혀 모르는 그들의 자녀인 3세로 구성되어 있다. 그런데 3세들이 성장하여 교회학교의 교사와 반주를 맡으면서 이들이 가르치는 세대는 4세이다. 교인이 많지 않은데도 세대 차이와 언어 문제 등이 복잡한데 일본인 교인도 일부 있기 때문에 조후교회는 다양성 가운데 일치를 추구하는 교회라 할 수 있다. 그런 가운데 1세 할머니들이 아직 건강한 모습으로 교회를 지키고, 작년 가을에 안수집사로 세워진 김영환 집사와 차준하 집사가 성실하게 섬기고 있다. 교회 창립 50주년(2000)을 맞아 작은 규모라도 50주년 기념행사를 준비하고 있다. 교회창립 50주년 기념 강연회와 역사 자료를 정리하고, 작은 사진집이라도 준비하고자 한다. 세계성찬주일에 일본교회와의 합동 예배는 10월 3일 주일에 거행될 예정이다.

김병호 선교사의 장녀 한나와 장남 윤하는 작년까지는 일본인 학교에 다녔지만, 그들 나름대로 도전을 받아 금년부터 동경한국학교의 고등부, 중등부에 각각 진학했다. 통학 거리가 멀고 학비가 더 들고 언어적 어려움이 있지만, 나름 열심히 노력한다. 그리고 작년에 태어난 차남 요한은 14개월째를 맞이하여 잘 자라고 있다. 김병호 선교사의 부인 김점희 선교사는 세 자녀 양육에 전념하고 있다.

김병호 선교사는 한일관계에 큰 변화를 야기할 '신 가이드라인 법안' 통과와 일장기를 국기(國旗)로, 기미가요를 국가(國歌)로 법제화하려는 움직임과 그 의미를 소개했다. 전쟁을 일으키거나 참여하지 않고 군대를 만들지 않겠다는 '평화헌법'을 위배하는 '신 가이드라인 법안'이 지난봄에 국회를 통과했다. 이 법안은 일종의 '미·일 군사방위협정'으로 한반도나 대만 등지에 전쟁이 일어나거나 유사시에 미국의 요청으로 일본 군대가 출병할 수 있다는 것이다. 최근 북한의 핵미사일이 문제화되는 것을 틈타서 일본은 재무장하는 것이고, 이를 미국의 군사전략으로 포함시키고자 한다. 일본의 국방비는 한국의 1년 예산보다 많다. 따라서 일본은 한반도와 아시아를 비롯한 전 세계를 위협할 수 있는 가능성이 커졌다. 일본에는 사실상 국기와 국가가 없다. 다만 '일장기'를 국기 대용으로 사용하고 있으며 '기미가요'를 국가 대용으로 부르고 있다. 세계의 여론과 민간 단체의 반대로 그동안 감히 이를 법제화하지 못하다가 이제는 법제화하여 떳떳하게 사용하자는 것이다. 역사적으로 일본은 '일장기'를 앞세우고 한반도를 비롯한 아시아 및 세계를 침략했으며, '기미가요'는 천황이 이 세상을 천만 대를 이어 영원히 다스린다는, 천황을 신격화하는 내용이기 때문에 기독교를 비롯한 의식 있는 민간 단체들이 크게 반대해 왔다. 패전 이후 50년이 지났는데 이를 법제화하려는 이유는 전전 세대(戰前 世代)가 이제 거의 사라져가며, 젊은 세대가 세속화되어 가는 지금 국가주의와 군국주의를 부활시키고자 하기 때문이다. 그 밖의 외국인들에게 매우 불리하고 반인권적이며, 반인도적이며, 반복음적인 법안(외국인 등록법, 입국 관리법, 도청법 등)들이 제정되고 통과를 기다리고 있다. 김병호 선교사는 하나님 나라와 거리가 먼 국가주의와 군국주의의 부활은 "복음의 정신을 기반으로 변화시켜 가야 하는 것이야말로 일본에 있는 교회의 사명이요, 또한 본 선교사의 사명"으로 고백했다. 그리고 "본국에도 늘어나고 있는 외국인 노동자들에 대한 배려는 하나님의 선교의 좋은 참여라고" 믿는다 했다.[28]

한편 김병호 선교사는 '부산국제선교회 선교의 밤'에 기고한 글을 통해 재일 동포에 대한 역사적 이해와 더불어 재일 동포들이 받는 사회적이며 법적인 차별을 극복하는 데 재일대한기독교회가 앞장서고 있음을 밝혔다. 그리고 재일대한기독교회의 역사와 현황을 소개하면서 인권 선교로의 전환에 대해 소개했다. 1968년 선교 60주년을 맞이하였을 때, 재일대한기독교회는 지금까지 걸어왔던 신학을 새롭게 정리하여 "그리스도를 따라 이 세상으로"라는 표어를 내세우고 일본 사회의 변두리에서 말할 수 없는 차별로 인하여 무거운 짐을 지고 있는 재일 동포와 같이 걸어가는 것을 선교의 사명으로 깨달았다. 그래서 재일대한기독교회는 1970년대부터 적극적으로 재일 동포의 인권 문제를 위해 힘쓰기 시작했다.[29]

김병호 선교사는 일본인과 한국인의 차이를 소개하고, 이것이 일본교회와 일본 신자를 이해하며 전도와 선교 방법에도 적용되어야 함을 밝혔다. 그리고 김병호 선교사는 자신의 선교 대상을 일본인보다는 재일 동포 70만 명(미등록 이주노동자를 포함하면 100만 명)이라고 밝혔다. 이는 재일대한기독교회의 변화된 신학과 선교 이해를 따른 것이다. 일본 선교에 관한 김병호 선교사의 제안 중 주목할 점은 일본 신자들이나 일본인들이 말보다는 행동을 중시하기 때문에 설교나 구두 전도보다는 생활 속의 간증을 중시하고, 일본 교인에게 말로 하는 훈련은 비효과적이며, 일본 선교의 가장 어려운 점은 일본인의 다종교적 심성(결혼예식은 교회에서, 장례식은 절에서)으로 가장 바람직한 선교는 일본교회를 통한 일본인 선교로

---

28 김병호 선교사, 「선교통신」 (1999년 9월 20일).
29 김병호 선교사, "재일 동포 그들은 누구인가?," 부산국제선교회, 「제17회 국제선교의 밤 선교보고서」 (1999년 12월 2일).

보고, 이를 위해 필요한 것이 일본교회와의 교류와 협력이라 했다.[30]

한편 일본에서 활동하는 협력 선교사로 오사카 다쯔미교회를 목회하는 이병용 선교사는 일일 노동자 지원프로그램, 고베 지진 시 구호 및 재건 대책에 많은 기여를 하였고, 신고베한인교회를 개척하였으며, 한국의 일본복음선교회(JEM)와 협력하여 일본신연합선교회(NUM)를 조직하여 일본에서 선교사를 훈련하는 일을 감당하고 있다. 또 목진태 평신도 선교사는 후쿠오카에서 찬양 사역을 전문으로 하는 평신도 전문인 선교사이다.[31]

(2) 2000년: 성찬주일 합동 예배, 창립 50주년 기념 전도 집회, 일본의 군국주의화

10월 1일 세계성찬주일에 일본교회와 합동 예배를 드렸다. 쇼지 목사는 설교 가운데 남북의 화해 분위기를 언급하며, 일본교회가 남북의 평화통일에 적극 협력해야 한다고 했다. 성찬식은 김병호 선교사가 집전했고, 헌금은 북한의 식량 지원을 위해 사용했다. 조후교회 창립 50주년 기념 예배를 11월 2일에 드렸다. 조후교회 창립 50주년 기념행사로 열린 전도 집회는 대한예수교장로회 총회장 박정식 목사가 인도했다. 조후교회는 1950년에 동경교회와 호주 여선교사의 협력으로 설립된 교회이다. 재일 대한기독교회가 주관하고, 한국 6개 교단(통합, 합동, 대신, 기장, 기감, 기성)과 공동으로 개최하는 제7회 조국의 평화통일을 위한 기독교 회의가 조선기독교연맹 위원장 강영섭 목사의 사정으로 12월 12일~15일로 연기되었다. 이번 회의에는 북한 기독교 대표 4명과 한국 6개 교단에 속한 대표 약 100명이 모일 예정이고, 김병호 선교사는 준비위원으로 참여한다. 한편 일본 사회는 작년에 일장기를 국기로, 일본 천황을 신격화하는 기미가요를 국가로 법제화했다. 일본이 군국주의를 꿈꾸고 있다.[32]

---

30 김병호 선교사, "일본인, 일본교회, 일본 선교사," 부산국제선교회, 「제17회 국제선교의 밤 선교보고서」 (1999년 12월 2일).

31 "총무 보고," 부산국제선교회, 「제17회 국제선교의 밤 선교보고서」 (1999년 12월 2일).

32 김병호 선교사, 「선교통신」 (2000년 11월 25일).

(3) 2001년: 총회 간사 사임, 관동지방회장, 일본 정부 역사 교과서 왜곡 반대 성명

김병호 선교사는 지난 2년 동안 재일대한기독교회 총회 사무실에 간사로서 주 2회 업무를 보았다. 그러나 새로운 간사가 부임하여 현재는 목회에 전념하고 있다. 지난 4월 30일 열린 관동지방회 정기총회에서 지방회장(노회장)으로 선임되어 2년 동안 지방회장으로 섬기게 되었다. 조후교회는 교회 창립 50주년 기념 예배와 행사 이후 새롭게 탈바꿈하기 위해 노력하고 있다. 신도 수나 장소에 비해 어린이가 많아 예배 시간에 자리 때문에 어려움을 겪지만 감사한 일이다. 재일대한기독교회는 10월 23일부터 25일에 나고야교회에서 제46회 총회를 개최할 예정이다. 재일대한기독교회는 일본 정부의 역사 교과서 왜곡에 관한 반대 성명서를 발표했다. 캐나다 목사로서 재일 동포를 위한 선교사로 40년 봉사한 존 매킨토쉬 목사가 4월에 은퇴하여 귀국하여 캐나다장로교 총회에서 명예로운 은퇴식을 가졌다. 지난 6월 7일 지병으로 사망한 매킨토쉬 선교사는 재일 동포의 인권과 지문 날인 반대운동에 큰 역할을 담당했다.[33]

(4) 2002년: 일본교회에서 전도 집회, 일본교회와 선교협의회, 한일 NCC 장애인과 교회문제위원회

20여 명의 교우들이 조후교회를 섬기고 있다. 중국 조선족 3명과 한국인 1명이 새신자로 등록했다. 일본에 유학을 와서 조후교회에 출석하는 교인(세례자)이 내년 2월부터 오사카 영사로 발령을 받아 내년 2월부터 근무를 시작한다. 세계성찬주일 합동 예배 사회는 쇼지 목사가 맡았고, 설교는 갈현성결교회 박상증 목사(전 CCA 총무)가 맡았고, 성찬식은 김병호 선교사가 집전했다.

재일대한기독교회 관동지방회는 동경에 소재한 30개 교회로 구성되어 있다. 동경교회

---

33 김병호 선교사, 「선교통신」 (2001년 6월 27일).

의 역사는 95년이다. 8월 말에 2박 3일 동안 박종순 목사(충신교회)와 신동작 목사(백양로교회)를 강사로 하기 신도 수련회를 개최했다. 관동지방회 관할 일본기독교단 4개 교구와 일본기독교회 1개 중회가 7월에 선교협의회를 개최했다. 12월 29일 동경 동부 전도소 설립 예배를 준비하고 있고, 내년에도 두 곳에 개척을 계획하고 있다.

4월 2일부터 5일까지 하와이에서 열린 총회 교육부 및 한국기독교장로회와 해외 한인 교회가 주관하는 '해외 한인 교회 교육 목회 대회'에 김병호 선교사가 재일대한기독교회 대표단 6명 중에 포함되어 참여했다. 김병호 선교사는 10월 20일 재일대한기독교회와 선교 협약 관계를 지닌 일본기독교회의 미나미카시와교회에서 특별전도 집회를 인도했다. 김병호 선교사는 일본 NCC의 장애인과 교회문제위원회의 위원으로 10월 8일부터 12일까지 서울에서 한국 NCC와 공동으로 주최하는 한일장애인선교협의회에 참가했다. 총회 파송 선교사로 일본 선교사가 20여 명이 활동하고 있다. 11월 26일부터 27일까지 서울 영락교회에서 열린 지역별 선교사 대표자 회의에 일본 선교사를 대표하여 김병호 선교사가 참석했다.

현재 일본 사회의 분위기는 정치적으로는 우경화되어 가고, 경제적인 불황으로 어려우며, 치안이 악화되고, 북한과의 국교 정상화는 진전 없다.[34]

(5) 2005년: 재일대한기독교회 총회의 전도부, 교육부, 사회부를 통괄하는 선교 봉사위원장 1년 봉사 후 총회에서 서기로 선출

김병호 선교사가 부산국제선교회에 보낸 「선교사통신」의 보고 순서를 보면 김병호 선교사의 선교의 우선순위를 알 수 있다. 보고 순서는 재일대한기독교회 총회 활동, 재일대한기독교회 관동지방회 활동, 일본기독교협의회의 활동, 형무소 선교 활동, 조후교회 활동 순이다. 우선 재일대한기독교회 총회 활동으로는 1년 동안 재일대한기독교회 총회의 전도부, 교육부, 사회부를 통괄하는 선교봉사위원장으로서 섬겼다. 2005년 10월 10일에 개최

---

34 김병호 선교사, 「선교통신」 (2002년 12월 10일).

된 재일대한기독교회 정기총회는 김병호 선교사를 총회 서기로 선출하여 앞으로 2년간 총회 임원으로서 섬기도록 했다. 둘째, 재일대한기독교회 관동지방회 활동으로는 일본의 수도 동경을 중심으로 홋카이도까지 넓은 지역에 33개 교회로 구성된 관동지방회에 지난 회기에는 전도부장으로 섬겼고, 지난 4월 말부터는 선교 협력부장(임기 2년)으로서 지방회의 대외적인 교섭 및 협력 추진 등의 일을 맡아 봉사하고 있다. 셋째, 일본 기독교협의회 (JNCC) 활동으로는 김병호 선교사가 일본 NCC 장애인과 교회문제위원회의 위원으로 섬기고 있다. 2002년에 한국 NCC의 초청으로 교류 프로그램을 위하여 일본 장애인들과 함께 서울을 방문했다. 2004년에는 일본에서 한일장애인선교대회를 열었다. 2006년 10월 16일부터 19일까지 한국 NCC와 교류 프로그램을 서울에서 가질 예정이다. 이처럼 김병호 선교사는 일본교회와 교류를 통하여 협력 선교를 하고 있다. 넷째, 지역 후추(府中)형무소에는 외국인 수인들이 약 500명 정도 수감되어 있다. 형무소 교육부가 한국인 수감자들을 상담해 줄 것을 김병호 선교사에게 요청해서 김병호 선교사는 월 1~2회 수감자 상담을 하고 있다.

다섯째, 김병호 선교사는 재일 동포의 인권과 법적 지위 향상을 위한 활동과 미등록 이주노동자들을 지원하는 활동 등 인권 선교와 이주민 선교 그리고 조국의 평화통일 및 민단과 조총련의 화해를 위한 활동 등 평화 선교 활동에 참여하고 있다. 여섯째, 재일대한기독교회에 속한 조후교회는 매주 20여 명이 모여 주일예배를 드린다. 금년에 세 교인이 언어적 문제로 교회를 떠나 일본인 교회로 갔다. 그렇지만 새신자도 등록하고 있다. 작년 가을 태풍으로 교회당 지붕이 벗겨져서 수리하고, 외벽 도장 공사와 1층 사택 주방, 욕실 등을 수리했다. 총공사비 4,000만 원 중 1,000만 원을 부산·울산·경주 지역에 있는 부산국제 선교회 소속 교회들이 지원했다. 김병호 선교사가 1989년 파송 받을 때, 후원 교회인 덕천교회가 선교기금으로 지원한 1,000만 원으로 선교용 자동차를 구입하여 16년 동안 사용했는데, 이제 폐차하게 되었다. 또한 조후교회가 13년 동안 사용한 9인승 봉고차도 11월 말에 폐차하게 되었다. 새롭게 구입하려는 8인승 봉고차의 가격은 3,000만 원 정도인데, 72개월 할부로 할 경우 매월 50만 원의 할부금을 6년간 부어야 한다. 동포 2세, 3세들을 위한 한글 교육은 유학생들이 열심히 봉사하고 있다. 김병호 선교사의 부인 김점희 선교사는 2년간 파트 타임으로 일하던 지역의 민단 사무실을 지난 4월에 그만두고, 교회 사역과 가사에 전념하고 있다. 장녀 한나는 연세대학교 3학년 재학 중이고, 지난 2학기에 휴학하여 학비 충당을 위해 1년간 동경에 와서 아르바이트를 하고 있다. 장남 윤하는 금년 봄, 서강대학교에 입학하여 재학 중이다. 막내 요한은 금년에 동경한국학교 초등부 1학년에 입학하여 1시간 걸리는 만 원 전차 통학이 힘들기는 하지만 잘 다니고 있다.[35]

김병호 선교사는 일본 선교의 전망과 관련해서 일본인보다는 재일 동포에게 전도하는 것이 효과적이라고 보았다. 일본인에게 한국 선교사가 선교하는 것은 일본인들의 다종교성 때문에 무척 어렵다. 그렇지만 일본에는 좋은 일본교회가 있기 때문에 한국 선교사가 일본교회와 협력하면 보다 효과적인 선교를 할 수 있다. 그러나 김병호 선교사는 자신의 선교의 초점을 재일 동포로 본다. 그런데 재일 동포들이 2세대, 3세대, 4세대로 갈수록 일본화되어 가는 만큼 재일 동포를 통한 일본 선교의 가능성도 열리게 될 것이다. 둘째, 근년에 와서 한국인 여성과 일본인 남성과의 국제결혼이 증가하고 있다. 일본인 남성과 결혼뿐 아니라 재일 동포 남성과 결혼하는 한국 여성이 증가한다. 이렇게 일본에 와 있는 한국인 여성들에게 전도하는 일은 많은 일본인을 전도하는 가장 빠른 방법이 될 수 있다. 셋째, 유학생으로 또는 주재원으로 일시적으로 일본에 체류하는 한국인들에게 한인 교회는 영적인 안식처가 된다. 이렇게 해서 일본에서 신앙을 갖는 경우가 많다. 조후교회는 수적으로나 재정적으로나 자립이 안 되는 작은 교회이지만 이 교회를 거쳐 간 수많은 유학생과 주재원들은 한국교회에서 그리스도인으로 살아가고 있다. 넷째, 최근에는 재중 동포 (조선족)들이 일본에 증가한다. 재중 동포들이 조후교회를 찾는 경우가 많다. 그들에게 전도하는 것은, 곧 중국인들에게 전도하게 되는 길이 될 수 있다. 다섯째, 국제화(세계화) 과정에서 한국의 문화적 위상과 대외 이미지가 선교에 도움이 된다. 재일대한기독교회에는 일본인들이 소수이지만 출석한다. 그들은 한국과 혈연적인 관계가 있거나 한국에 관심이 있는 사람들이다. 특히 한류 붐으로 일본과 한국이 문화적으로 점점 가까워지고 있다. 반대로 일본교회에도 한두 명씩 한국인 혹은 아시아계 외국인들이 출석을 한다. 이러한 현상은 일본의 선교적 전망이 밝다고 볼 수 있다.[36]

---

35 김병호 선교사, 「선교통신」 (2005년 11월 16일).

(6) 2006년: 총회 서기, 관동지방회 선교 협력부장, 평화론을 신문에 기고

　조후교회를 담임하는 김병호 선교사는 재일대한기독교회 총회 서기로, 관동지방회의 선교 협력부장으로, 일본 NCC '장애인과 교회문제위원회'의 위원으로 섬기고 있으며, 형무소 교육부의 요청을 받아 상담원으로 월 1~2회 봉사하고 있다. 또한 조후교회는 동포 2세, 3세들을 위한 모국어 교육을 위해 주일예배 후에 유학생들이 열심히 봉사하고 있다. 목진태 음악 선교사는 후쿠오카 지역에서 결혼식 선교와 문화 선교, 음악 선교 활동을 활발하게 추진하고 있으며 본국에 와서 각 교회에 간증과 피아노 연주로 활동하고 있다. 이병용 선교사는 11월 월례회에 참석하여 일본 선교와 한국교회와 관련된 비화를 통해 은혜를 끼쳤고, 일본인 선교에 새로운 전기가 될 활동을 하고 있다.[37]

　재일대한기독교회 총회 서기인 김병호 선교사는 2008년에 선교 100주년을 맞이하여 여러 행사를 준비하고 있다. 김병호 선교사는 관동지방회의 선교 협력부장으로서 지방회의 대외적인 교섭 및 협력 추진 등의 일을 맡고 있다. 동경을 중심으로 동북 지방 및 홋카이도까지 33교회로 구성되어 있는 관동지방회에는 아직도 교역자가 없는 곳이 3곳이나 되어 선교사가 더 필요한 상황이다. 한국기독교교회협의회와 일본기독교교회협의회가 공동으로 주관하는 장애인 방문 교류 프로그램을 지난 10월 16일부터 19일까지 원주 명성 수양관에서 진행했다. 일본 대표단은 장애인 35명이, 한국 대표단은 34명이 참석하였다. 이 프로그램의 계획과 진행을 김병호 선교사가 맡았다. 김병호 선교사는 후추(府中)형무소 한국인 재소자 상담 및 전도 활동을 월 1~2회 실시하고 있다. 조후교회는 지난 7월에 평화전도소와 합병하여 잘 지내고 있다. 먼 거리에서 오는 교인들을 위해서 금요일 기도회를 그 지역(사가미하라)에서 드리고 있다. 지난 10월 1일에 김상기 목사(동대문제일교회)를 강사로 추계 특별 집회 및 제직 세미나를 열었다. 지난 10월 8일에는 일본기독교단 이나기(稻城)교회와의 세계성찬주일 합동 예배를 드렸다. 김병호 선교사가 설교하고, 일본교회 우치사카(內坂)

---

36 김병호 선교사, "일본 선교지 현황과 선교적 전망," 부산국제선교회, 「제23회 부산국제선교회의 밤 선교보고서」 (2005년 12월 1일).

37 "일본 선교 보고," 부산국제선교회, 「제24회 국제선교회의 밤 선교보고서」 (2006년 12월).

목사가 성찬식 집례를 했다. 그리고 일본기독교단에서 발행하는 월간잡지 「신도의 친구」(信徒の友)에 한인 교회로서는 처음으로 조후교회가 소개되어 화제가 되었다.[38] 한국 기독교 선교사로서 일본의 헌법 9조(평화헌법)가 성서에서 말하는 샬롬이라면서, 일본이 헌법 9조를 지킴으로써 세계평화에 공헌하기를 바란다는 김병호 선교사의 평화론이 일본 일간지 「아키하타」에 소개되었다.[39]

(7) 2007년: 재일대한기독교회 총회 서기로 재선

재일대한기독교회는 제49회 정기총회를 지난 10월 8일부터 10일까지 동경교회에서 개최하여 총회장에 정연원 목사(총회 파송 선교사)를 선출하고 교역자 은퇴연금규칙을 개혁했다. 총회에서 김병호 선교사는 2년 임기의 서기에 재선되었다. 후추(府中)형무소 한국인 재소자 상담 및 전도 활동을 월 1~회 실시하고 있다. 지난 4월 29일에 개최된 관동지방회 정기총회는 교회 명칭을 동경조후교회로 변경하는 것을 허락했다. 매 주일 30명(어린이 5명) 정도의 교우들이 모여 예배드리고, 지역의 재일 동포 및 일본인 선교를 위해 힘쓰고 있다. 지난 7월 15일부터 16일까지 1박 2일로 원도진 목사(부산 동신교회)를 자비량 강사로 신앙 수련회를 열었다. 지난 11월 4일에는 학술회의 참석차 동경을 방문한 손권 장로(부산대학교 교수, 한마음교회 장로)를 초청하여 간증 집회로 모였으며, 11월 18일에는 한센인 전문 선교사로 활동하는 이명남 집사(부산창대교회, 구 상애교회)의 간증집회로 모였다. 이웃 일본 기독교단 및 일본 그리스도교회와의 교류 프로그램으로는 세계성찬주일 합동 예배와 바자회를 활발하게 이어가고 있다.[40]

---

38 김병호 선교사, 「2006년도 후반기 선교보고」 (2006년 11월 23일).
39 "조후교회 김병호 목사의 이야기," 일본 일간지 「아카하타」 (2006년 10월 25일 1면 기사).
40 김병호 선교사, 「2007년 일본 선교 현황 보고」 (2007년 11월 19일).

[사진 1] 2007년 신도 수양회

[사진 2] 2007년 5월 13일 야외 예배

[사진 3] 2007년 추수감사주일 예배

(8) 2008년: 재일대한기독교회 선교 100주년 기념대회, 해외 한인 교회 디아스 포라 교육과 목회협의회

1908년 동경 유학생들의 전도를 위하여 설립된 재일대한기독교회가 2008년에 선교 100주년을 맞이하여 선교 100주년 기념대회를 10월13일 대판여학원(大阪女學院) 채플에서 1,300여 명이 모여 거행했다. "감사의 100년, 희망의 100년"이라는 주제로 열린 선교 100주년 기념대회는 선교 2세기를 출발하는 재일대한기독교회의 이정표를 설정하는 뜻깊은 대회였다. 지난 8월 13일부터 15일까지 동경 프린스호텔에서 재일대한기독교회 총회 교역자 및 신도 어린이까지 참석하는 선교 100주년 기념 합동 수양회에 350여 명이 참석했다. 한편 재일대한기독교회는 선교 100주년 기념 사업의 하나로 선교센터 건립을 위해 100여 평의 대지를 확보했고, 건축을 위한 모금을 시작했다. 지난 4월 1일부터 4일까지 동경교회에서 제6차 해외 한인 교회 디아스포라 교육과 목회협의회를 개최했다. 한국 총회 교육자원부를 비롯하여 미국, 캐나다, 호주, 뉴질랜드의 한인 교회 속한 100명이 모여 디아스포라 교회로서의 선교적 사명과 교육에 관한 폭넓은 의견을 교환했다. 김병호 선교사는 이 협의회의 서기로 수고하고 있다. 김병호 선교사가 소속된 재일대한기독교회 관동지방회에는 아직도 교역자가 없는 교회가 두 곳이 있어 두 명의 선교사가 필요하다. 한일 NCC 장애인 교류 프로그램을 2008년 10월 14일부터 16일까지 후쿠오카에서 열었다. 일본 NCC 에서 35명이, 한국 NCC에서 26명이 참석하여 장애인들의 교류 및 선교적 과제를 나눴다. 후추(府中)형무소 한국인 재소자 30명을 대상으로 월 1~2회 상담 및 전도 활동을 하고 있다. 1994년에 부임하여 15년째 섬기는 동경조후교회는 매 주일 30명 정도의 교우들이 모여 예배드리고, 주일예배 후에는 식사를 하고 오후 예배까지 드린다. 일본교회와의 교류는 해를 거듭하면서 진전이 있다. 재일 동포 선교를 위해 김병호 선교사와 교우들이 한마음으로 애쓰고 있다. 또한 자라나는 세대들에게 신앙의 계승과 더불어 한국어를 가르치는 일에도 힘을 쏟고 있다.[41]

---

41 김병호 선교사, 「선교통신」 (2008년 12월 2일).

(9) 2009년: 총회 선교위원장, 일본기독교협의회의 동북아시아 위원

재일대한기독교회는 2009년 10월 제50회 정기총회를 개최하여 대폭 임원을 개선하고, 선교 100주년 이후 새로운 과제를 감당하기로 했다. 김병호 선교사는 지난 4년 동안 총회 서기로서 섬겼다. 이번에는 2년 임기의 선교위원장을 맡았다. 32개 교회로 구성된 재일대한기독교회 관동지방회는 아직 교역자가 없는 교회가 세 군데나 되어 교역자가 필요하다. 김병호 선교사는 일본 기독교협의회(JNCC)의 동북아시아 위원회 위원(3년 임기)으로 선출되어 일본, 한국, 북한, 중국, 대만과의 교류와 인권 및 평화 문제를 위해 협력하게 되었다. 후추(府中)형무소 한국인 재소자 상담 및 전도 활동을 월 1~2회 하고 있다. 동경조후교회는 매 주일 20여 명의 교우들이 모여 예배드린 후 공동으로 식사하고 오후 예배를 드린다. 일본교회와의 교류는 해를 거듭하면서 진전이 있으며, 재일 동포 선교를 위해 본 선교사를 위시하여 교우들이 한마음으로 교회를 섬기고 있다. 또한 자라나는 세대들에서 신앙의 계승은 물론이고 한국어를 가르치는 일에도 전력을 다하고 있다.[42]

(10) 2010년: 총회 선교위원장, JNCC 동북아시아 위원, 일본선교사회 총무

김병호 선교사는 일본 NCC 장애자문제위원회의 위원을 작년에 사임했다. 그렇지만 지난 10월 부산에서 열린 한일 NCC 장애인 합동 선교 프로그램에 참여하여 수고했다. 일본에서는 20명, 한국에서는 40여 명이 참여했다. 지난 8월 23일부터 26일까지 동경에서 열린 일본 선교사대회에 일본 선교사와 가족 27명과 한국교회 측에서 41명이 참석했다. 부산국제선교회장 한영수 목사가 폐회 예배 설교를 했다. 김병호 선교사는 일본선교사회의 총무로 선출되었다. 동경조후교회는 주일예배에 20여 명이 참석하고, 2명이 세례를 받았고, 1명이 학습을 받았다. 교인 중 일부가 귀국했다. 세계성찬주일 합동 예배는 신축한 이나기교회에서 50여 명이 모여 드렸다. 김병호 선교사가 설교했다. 동경조후교회는 지역

---

42 김병호 선교사, 「일본 선교 현황 보고」(2009년 12월 1일).

의 6개 일본교회와 대강절 주일(11월 28일) 오후에 교류회를 동경조후교회에서 가졌다. 후추(府中)형무소의 한국인 수감자를 위한 상담 활동을 월 1~2회 펼치고 있다.[43]

(11) 2011년: 동일본 대지진과 핵발전소 참사 긴급구호 및 탈핵 지향

2011년에는 동일본 대지진과 쓰나미로 인해 후쿠시마 핵발전소가 폭발한 인류 대참사가 일어났다. 김병호 선교사는 "지난 3월 11일, 동일본에서 일어난 지진과 쓰나미로 인하여 2만 명이 넘는 인명 손실, 가옥을 잃고 삶의 터전과 일자리를 잃어버렸고, 설상가상으로 후쿠시마 원자력 발전소의 방사능 유출로 인한 방사능 오염은 그 지역뿐만 아니라 일본 전역과 주변 국가까지 영향권에 있다는 것은 단순한 국가적인 문제를 넘어서 세계 인류 전체의 문제요 인류의 큰 과제로 남아 있습니다. 그럼에도 불구하고 우리나라는 물론, 계속되는 핵에너지 개발에 몰두하고 있는 나라들이 많이 있다는 사실에 놀라움을 금할 길이 없습니다"라고 했다.

동경조후교회는 지난 3월 11일 대재해 이후에 유학생 전원이 일시적으로 귀국했지만, 다시 돌아와서 학업에 열중하고 있다. 그러나 사회적 불안과 경제적 불황으로 인하여 교우들의 생활이 몹시 어려운 실정이다. 그래서 교회 재정이 20% 정도 적자이다. 그리고 내년 신학기에는 새로운 유학생의 증가는 기대하기 어려울 것 같다. 유학생들의 어학연수를 위해 운영하고 있는 동경의 일본어 학교들이 학생들이 없어서 문을 닫고 있다. 그러한 가운데에서도 20명 정도의 교우들은 열심히 교회를 섬기고 있다.

재해를 당한 일본교회를 돕기 위해서 한국 총회 사회봉사부와 연대하여, 총회 파송 일본선교사회와 협력하며 활동하고 있다 일본 피해 지역은 후진국과는 달리 생필품과 식량 및 전염병 등에는 문제는 없다 그러나 연약한 일본교회가 이 기회를 통하여 선교적 사명을 잘 감당할 수 있도록 힘을 실어주는 일이 지속되어야 한다. 대한예수교장로회(통합) 총회장을 비롯하여 총회 사회봉사부 관계자들이 긴급 재해 구호를 위해 방문하

---

43 김병호 선교사, 「2010년도 일본 선교 보고」 (2010년 11월 29일).

여 협력했다. 특히 지역적으로 열악한 이와테현(오우교구)의 교회들을 집중적으로 지원하고 있다. 재해복구에 실질적으로 도움이 되는 태양열 전등, 자력 발전 전등, 전동자전거, 방사능 측정기 등의 고가품을 전달했다.

일본교회의 목회자들을 위로하고 심신적 회복을 위해 그들을 두 차례 부산과 서울에 초청했다. 이에 대한 반응이 상당히 좋았다. 재해를 당한 교인들을 돌볼 뿐 아니라 교회당이 재해 구호 물품 센터로 운영되면서 피로와 정신적 고통이 계속 누적된 재해 지역 목회자들에게 잠시만이라도 안식하게 하는 귀한 프로그램이었다. 2011년 6월 13일부터 17일까지 부산·경남에서 열린 일본 재해 지역 목회자 위로회는 부산 및 경남 지역의 노회들과 교회들이 적극 협력해서 진행되었다. 동일본 재해는 방사능 오염의 장기적 영향으로 인해 긴 세월 한국교회와 일본교회의 교류와 지원이 필요하다. 2011년 12월 16일에는 박위근 총회장이 일본을 방문하여 일본기독교단에 재해 구호금을 전달하며 피해지도 방문할 예정이다. 2011년에는 일본 전체적인 분위기가 좋지 않은 관계로 교회의 행사도 간소화하였고, 재일대한기독교회 총회의 행사도 재해 지역을 복구하는 일에 전력을 다해 협력하고 있다.[44]

(12) 2012년: 총회 파송 일본선교사회 총무, 동아시아 선교사 코디네이터, 평화 헌법 개정 우려

해외 거주 동포에게 대통령 선거권이 처음으로 주어져 동경의 재일본 한국대사관에서 12월 5일과 10일에 투표하게 되었다. 평생 처음으로 일본에서 한국 대통령 선거를 하게 되어 조국의 정치적 발전과 안정을 위하여 구체적으로 기도하고 참여하게 되었다. 2011년 3월 11일 일어났던 동일본 대지진과 쓰나미, 핵발전소의 방사능 유출 그리고 계속되는 경제적 어려움과 정치적 혼란으로 집권당인 민주당이 위기를 맞이하고 있다. 이 틈을 타서 다시금 우익 보수 세력이 고개를 들고 정권 획득을 위해서 총력을 다하고 있다. 2012년 12월 16일에 국회의원을 새롭게 선출하는 총선거를 실시할 예정이다. 일본은 한국과는

---

44 김병호 선교사, 「일본 선교 보고」 (2011년 11월 30일).

독도 문제, 중국과는 센카쿠 열도 영유권 문제 그리고 북한의 핵무기 위협 등을 여론화시켜 국민에게 불안감을 조성하여 군비 증강과 재무장 등을 위해서 평화헌법을 개정하려 하고 있다. 1988년 서울 올림픽 이후 동경에는 많은 주재원과 유학생들이 상주하고 있었다. 그렇지만 작년 대지진과 방사능 오염 등으로 인하여 그리고 일본의 경제적 불황으로 제조업을 하는 공장들이 경비 절감을 위해서 동남아시아 등지로 진출하는 바람에 일자리가 없어 귀국하는 동포들이 늘어나고, 많은 유학생도 귀국하는 반면에, 새롭게 오는 유학생들이 줄어들고 있다. 이런 상황에서 재일대한기독교회 동경조후교회도 교인이 30%가 줄어들었고, 새로 등록하는 교인들이 거의 없는 실정이다. 연말에는 김병호 선교사의 선교지 생활 24년 만에 처음으로 재정적인 적자를 보게 될 것으로 예측된다. 재정적 어려움은 재일대한기독교회의 관동지방회(동경 지역) 소속 교회들이 다 같이 경험하고 있는 어려움이다. 한일 NCC 장애인 교류세미나가 지난 11월 5일부터 7일까지 2박 3일 동안 일본의 나고야(名古屋)에서 열렸다. 한국 대표가 12명, 일본 대표가 40명이 참석했다. 대한예수교장로회 총회가 최장수 선교사를 재해 지역인 일본 오우(羽) 교구에 파송하여 오우 교구의 복원 사업에 협력하도록 했다. 총회 파송 일본선교사회 총무인 김병호 선교사는 2012년 7월 총회 세계선교부가 진행한 선교사 코디네이터 교육을 수료하고 동아시아 선교사 코디네이터로 활동하고 있다. 선교사 코디네이터는 신임 선교사 혹은 어려움을 당하는 선교사 및 선교사 가족들을 상담하고 돌보는 업무를 맡는다. 김병호 선교사는 인근 교도소의 한국인 재소자 상담 활동을 하고, 재일대한기독교회 총회 신학교에서의 강의를 통하여 인재를 양성하고 있다.[45]

(13) 김병호 선교사의 동경조후교회와 총회 본부 사역 시기의 특징

첫째, 조후교회는 교인들이 일본 체류 기간, 언어, 문화적으로 다양한데 이러한 교회 내적 다양성 안에서 일치를 지향하는 교회이었다. 조후교회를 목회하면서 후추형무소에서 상담 활동을 이어갔다. 조후교회는 미자립교회이지만 조후교회를 거쳐간 많은 그리스

---

45 김병호 선교사, 「선교통신」 (2012년 11월 20일).

도인이 귀국하여 한국교회에 정착하고 있다. 이는 한인 디아스포라 교회의 공통적인 특징이다. 장기간 거주하는 한인들 이외에 유학생, 기업의 주재원, 정부의 파견 공무원 등은 일정 기간 일본에 머물다가 귀국하게 된다. 한인 디아스포라 교회는 일시적으로 머물다 귀국하는 교인들이 다시 한국교회로 복귀하도록 하는 징검다리의 역할을 하고 있다. 김병호 선교사는 디아스포라 교육과 목회협의회에서 임원으로 봉사했다. 둘째, 김병호 선교사는 1999년부터 재일대한기독교회 총회의 파트 타임 간사로 주 2일을 일하게 되었다. 이는 김병호 선교사의 선교비가 절반으로 줄어들어 재일대한기독교회 총회 총무가 김병호 선교사를 배려한 측면도 있다. 선교비가 절반으로 감소한 이유는 부산국제선교회가 1997년 이후 중국 선교와 미얀마 선교에 주력하기로 결정했기 때문이었다. 셋째, 김병호 선교사는 부산국제선교회에 재일대한기독교회를 소개하고, 재일 동포에 대한 역사적 이해와 현황에 대한 선교적으로 대응하는 것, 특히 이주노동자 선교와 일본의 군국주의 부활을 막고, 일본 역사 교과서의 왜곡에 반대하는 것도 재일대한기독교회의 중요한 선교적 사명임을 밝혔다. 재일대한기독교회가 선교적 사명을 이처럼 폭넓게 이해한 것은 재일대한기독교회가 창립 60주년인 1986년에 하나님의 선교(missio Dei)를 수용하면서 신학적으로 전환했기 때문이다. 즉, 재일대한기독교회는 선교의 목적을 영혼 구원과 교회 개척으로부터 하나님의 나라를 이루는 하나님의 선교로 전환했다. 이러한 전환은 김병호 선교사가 일본 선교사이면서도 일본인을 향해 직접적으로 선교하지 않고, 소외되고 고통 받는 재일 동포들을 선교하려는 김병호 선교사 자신의 선교 동기와도 부합된다. 복음주의 로잔 1차 대회의 로잔 언약(1974)은 복음 전도와 사회·정치적 참여를 그리스도인의 두 가지 의무라고 했다. 이러한 선교 이해는 김병호 선교사가 복음주의적 에큐메니칼 선교신학(총회의 선교신학)에 충실한 것이라 볼 수 있다.

넷째, 김병호 선교사는 재일 동포들에게 선교하고 있지만, 일본인과 일본교회에 대한 이해를 바탕으로 일본 선교의 효과적 방법을 모색하고 있다. 한국 선교사가 일본인에게 전도할 때 가장 큰 장애물이 말보다는 행동을 중시하고, 구두 전도보다는 생활 속의 간증을 더 중요하게 여기는 일본인들의 태도와 일본인이 지닌 다종교성(한 사람이 여러 종교를 믿음)이라고 보았다. 김병호 선교사는 일본 선교의 대안을 일본교회와 협력하는 에큐메니칼 협력 선교로 제시했다. 말로 하는 복음 전도보다는 삶을 통한 증거를 신뢰하는 일본인들에게 한국 선교사들의 기존 선교 방식은 효과적이지 않다. 그래서 김병호 선교사는 일본교회를 통한 간접선교를 지지하되 재일대한기독교회와 일본교회가 선교를 위해 협력하는 에큐메니칼 협력 선교를 대안으로 제시했다. 다섯째, 김병호 선교사는 일본 선교의 전망으로 재일 동포 3·4세대를 통한 선교, 국제결혼을 한 한국 여성을 통한 일본인 남편 선교, 조선족 선교를 제시하고, 한국의 문화적 위상과 대외 이미지가 선교에 도움이 되고 있다고 했다. 여섯째, 에큐메니칼 협력 선교를 실천하기 위해 김병호 선교사는 조후교회와 일본교회의 성찬주일 합동 예배를 비롯한 다양한 교회 연합 활동에 적극적으로 참여했다. 김병호 선교사는 일본교회에서 전도 집회를 인도했다. 김병호 선교사는 일본교회와 선교협의회에도 참여했고, 한일 NCC 장애인과 교회문제위원회에도 8년 동안 참여했고, 일본기독교협의회의 동북아시아 위원을 역임했고, 일본선교사회에서 총무로 봉사했고, 동아시아 선교사 코디네이터가 되었고, 총회 신학교에서 강의를 했다.

일곱째, 김병호 선교사는 2011년 동일본 대지진과 후쿠시마 핵발전소의 참사 당시 긴급 구호에 참여했고, 일본 현지의 목회자를 위한 위로회를 열었고, 탈핵 입장을 표명했다. 여덟째, 김병호 선교사는 평화통일 운동에 참여했고, 평화헌법 개정에 대한 우려를 표명했다. 김병호 선교사는 일본 신문에 자신의 평화론을 기고했다. 여덟째, 김병호 선교사는 관동지방회장(노회장)을 비롯하여 재일대한기독교회 총회에서 전도부, 교육부, 사회부를 통괄하는 선교봉사위원장으로 수고했고, 총회의 서기로 봉사했다. 아홉째, 김병호 선교사는 이런 다양한 선교 활동 중에 선교 활동의 우선순위를 재일대한기독교회 총회, 관동지방회, 일본기독교협의회, 형무소 선교, 조후한인교회로 제시했다. 이는 한인 교회 목회를 등한시한 것이 아니라 일본 선교사 10년 차로 조후교회의 목회 5년 경험을 바탕으로 총회, 노회, 연합활동, 특수선교를 열심히 감당해 온 것으로 이해된다.

4) 재일대한기독교회 총회 총간사(사무총장)(2013년 10월~2023년 10월)

(1) 2013년: 총회 총간사, 총회의 헌법 개정안과 사회적 태도에 대한 성명서

지난 10월 14일 나고야교회에서 개막된 재일대한기독교회 제52회 총회가 김병호 선교사를 총회의 행정을 책임지는 총간사(사무총장)로 선임했다. 김병호 선교사는 선교사 신분으로 총간사를 맡는 데 심리적 저항이 없지 않았지만, 4년 임기 동안 총회 산하 100개 교회의 행정을 책임지며 섬기기로 했다. 총회 총간사는 교회 목회를 겸임할 수 없게 되어 부득불 20년 동안 섬겨왔던 동경조후교회를 사임하게 되었다. 후임 교역자가 정해지고 부임하기까지는 겸임하게 되었다.

한편 일본 자민당은 패전 이전의 일본 제국주의로 되돌아가려는 움직임이 현저해지고 있다. 헌법에 명시된 전쟁을 하지 않는 나라로부터, 전쟁을 할 수 있는 나라로 탈바꿈하려 하고 있다. 그렇게 북적거리던 한류 열풍은 우익들의 데모 행진과 외국인에 대한 노골적인 차별 및 증오 발언(hate speech)으로 대체되고 있다.[46] 이런 상황에서 재일대한기독교회 제52회 총회는 헌법 개정안에 대한 성명서를 발표했고, 사회적 태도를 표명하는 성명서를 발표했다. 재일대한기독교회의 성명서는 일본의 자민당이 제시한 헌법 개정안이 종교의 자유와 정교분리 원칙을 파괴한다고 비판했다. 일제는 대일본제국 헌법 제정 이후 1945년 패전 때까지 천황제·국가신도(神道)의 기치 아래, 정교분리의 원칙을 파괴하고, 천황을 이 세상에 인간의 모습을 하고 나타난 신으로 숭배하게 하면서 국가신도·신사참배·궁성요배는 종교가 아니라 국민의례라면서 모든 종교인에게 복종할 것을 강요하고, 이에 저항하는 종교인을 탄압함으로써 종교의 자유를 말살했다. 그 결과 천황제 아래에서 추진된 일본의 침략 전쟁은 일본뿐 아니라 조선과 아시아에 말로 표현할 수 없는 고통과 희생을 초래했다. 일본을 점령한 연합군은 천황제와 국가신도의 문제의 중대성을 깨달아 1945년 12월에 '신도지령'(神道指齡)을 발령하고 국가신도를 해체하여 일본에 정교분리의 원칙을 확립했

---

46 김병호 선교사, 「일본 선교 보고」 (2013년 10월 16일).

다. 1946년 11월에 현행 일본 헌법이 공포되고, 1947년 5월 3일에 시행된 헌법 제20조와 제89조의 정교분리의 원칙에 따라 종교의 자유가 확립되었다. 2012년 12월에 출범한 제2기 아베 신조 정권과 자민당은 전쟁포기를 표방한 헌법 제9조를 전쟁이 가능한 국가로 변경하고, 정교분리의 원칙에 입각한 종교의 자유(제20조, 제89조)를 국가가 침해할 수 있는 방향으로 헌법을 개정하려 하고 있다. 만일 자민당의 개헌안이 통과되면, 신사참배를 또다시 일본 국민의 사회적 의례, 또는 관습적 행위로 간주하게 되고, 일본 학교는 전교생에게 신사참배를 사회적 의례로서 의무화하는 일이 생기며, 이에 저항하는 기독교인들이 탄압을 받게 된다. 현행 헌법에서 '국민의 상징'으로 자리매김된 천황이 개정 헌법에서는 '국가의 원수'로서 자리매김되며, 대일본제국의 사고방식으로 뒷걸음질 치며, '전쟁 포기'를 부정하는 것은 심각한 문제가 아닐 수 없다. 재일대한기독교회는 성경의 말씀에 입각하여 오로지 참 하나님만을 믿고 순종하는 신앙에 따라, 신앙의 자유를 빼앗고 정교분리의 원칙을 파괴하고 결과적으로 우상숭배를 강요할 수 있는 현행 일본국 헌법 제20조와 제89조의 개악(改惡)에 대해서 깊게 우려하며 단연코 반대하고, 일본과 한국을 비롯하여 아시아와 세계의 여러 교회에 이 문제를 호소해 나갈 것이다.[47]

재일대한기독교회는 현재 일본의 정치적·경제적 상황과 관련해서 사회적 태도를 표명하는 성명서를 발표했다. 재일대한기독교회는 일본 정부가 탈원전 정책으로 나아갈 것, 동일본 지진 재해 지역의 외국 국적 주민을 고립시키지 말 것, 일본 정부로부터 독립된 '국내 인권 기관'을 설립할 것, 자유와 존엄을 빼앗는 개정 입관법(改定 入管法)을 개정할 것, 외국인 주민 기본법 제정을 요구하는 전국기독교연락협의회가 작성한 '외국인 주민 기본법(안)'을 의회가 통과시킬 것을 촉구했다.[48]

---

47 재일대한기독교회, "일본국 자민당에 의한 '종교의 자유·정교분리 원칙'을 파괴하는 헌법 개정안에 대한 성명" (2013년 10월 16일).

48 "재일대한기독교회 사회적 태도 표명" (2013년 10월 16일).

(2) 2016년: 김병호 총간사 취임 축하 방문, 이단 대처 활동, 마이너리티 선교

2016년 1월 18일부터 24일까지 정명식 총무를 단장으로 김경년 목사, 김정광 목사, 박광선 목사, 김승희 장로 등이 김병호 선교사가 재일대한기독교회 총간사의 취임한 것을 축하하기 위해서 일본을 방문했다.

재일대한기독교회는 일제 강점기 조국을 위해 기도하며 민족적 정체성을 지키면서 복음 선교를 해 온 역사가 108년 된 교단으로, 북해도로부터 오키나와까지 일본 전국에 흩어져 있는 100개의 한민족 디아스포라 교회로 구성되어 있다. 재일대한기독교회는 전체 교인이 약 6,000명이지만, 총회로의 기능을 다 갖추어 운영되므로 총간사인 김병호 선교사는 맡은 역할과 활동이 커서 국내 출장은 물론이고 해외 출장도 잦은 편이라 무척 분주하게 지내고 있다. 근간에는 한국에서 활동하던 이단들(통일교, 신천지, 구원파, 정명석 등)이 일본에까지 침투해 일본교회뿐만 아니라 한인 교회들을 어지럽히고 있다. 이미 일본그리스도 교단과 예장 통합 이단사이비대책위원회와 연합으로 대책을 협의하여 홍보 팸플릿을 인쇄하여 배포하고 있다. 재일대한기독교회는 한국어와 일본어로 된 이단 대책 팸플릿을 준비하고 있다. 그런데 이단은 아니라도 이상한 방식으로 교회를 운영하며 기성 교회를 어지럽히고 목회자 혹은 신도들을 신앙적 혼란에 빠지게 하는 교회나 선교회도 많다. 부산국제선교회의 회원 교회 교인 중 일본 유학이나 주재원으로 머무를 경우 주의가 필요하다. 그런데 2018년에 선교 110주년을 맞는 재일대한기독교회는 세대를 지나면서 빠르게 다양화(재일 1세, 2세, 3세, 4세, 다문화 등)되는 교회 구성원과 일본으로 입국하는 한국인의 감소 및 고령화, 저출생 등의 요인으로 교인이 감소하고 있는 추세이다. 이를 극복하기 위하여 복음 전도에 매진하고 있다.[49]

재일대한기독교회는 근년 심각해지고 있는 일본 우경화와 함께 끊임없이 계속되고 있는 혐한 시위(Hate Speech)에 맞서서 마이너리티 문제와 선교를 위한 '마이너리티 선교센터'를 2017년 4월에 설립하기로 하고 준비하고 있다. 그 주요 사업으로는 인종주의와의

---

49 김병호 선교사, 「일본 선교 보고」 (2016년 12월 1일).

싸움(인권·공생·평화 실현, 청년 선교), 선교 과제를 짊어지고 갈 청년 리더 육성, 화해와 평화의 영성 개발, 이러한 정보를 수집 발신, 일본 국내 및 세계 교회와 연대 등이다.

(3) 2017년: 재일대한기독교회 구성원의 다양성, 한일 교회와 세계 교회와 에큐메니칼 협력 선교, 하나님의 선교, 나그네 선교, 평화 선교

김병호 선교사는 2017년 12월 14일에 열린 제35회 부산국제선교회의 밤의 예배에서 설교했다.[50] 김병호 선교사의 주된 선교 활동은 재일대한기독교회 소속 지교회를 통한 재일 동포 사역(우라와교회 개척 및 사역: 1988~1994, 동경조후교회 사역: 1994~2013), 미등록 이주노동자를 지원하기 위해 지역변호사회와 지역 유지들과 협력(1990~1994), 동경조후교회 인근 후추형무소 교정 위원으로 한국인 재소자를 위한 상담 활동(2005~2013), 조국의 평화통일과 선교에 관한 동경회의의 실무자(1990~2002), 재일대한기독교회 관동지방회(관동지방회장, 2001~2003) 및 총회 임원 활동(총회 선교위원장: 2004~2005, 총회 서기: 2005~2009, 총회 총간사: 2013~2023), 2011년 동일본 대지진 및 쓰나미 재해 지역 복구 지원 활동, 총회 파송 일본선교사회 임원 및 회장 그리고 일본기독교협의회(NCCJ) 장애인위원회의 한일 장애인 교류 활동 등이다. 재일대한기독교회에 속한 교회들은 세대 간 다양성과 더불어 일본인과 결혼한 다문화가정, 재중 동포의 증가로 인한 조선족 교회 등 다양성이 증가하고 있다.

재일대한기독교회 총간사로서 에큐메니칼 활동 범위는 먼저 일본기독교교회협의회, 일본기독교단, 일본기독교회, 일본성공회, 일본루터교회, 침례교연맹, 침례교동맹 등 일본 교단과의 교류, 세계교회협의회(WCC), 아시아기독교협의회(CCA), 세계개혁교회커뮤니온(WCRC), 미국장로교회(PCUSA), 미국연합감리교회(UMC), 미국개혁교회(RCA), 미국연합교회(UCC), 캐나다장로교회(PCC), 캐나다연합교회(UCC), 호주연합교회(UCA), 대만기독장로교회(PCT) 등 세계 교회와의 연대와 교류 협력, 대한예수교장로회(통합, 합동,

---

50 김병호 선교사 설교문, "하나님이 보내신 땅에서"(『예레미야』 29:4-7), 부산국제선교회, 「제35회 부산국제선교회의밤 선교보고서」 (2017년 12월 14일).

대신, 고신), 한국기독교장로회, 기독교대한감리회, 기독교대한성결교회, 한국기독교교회협의회(NCCK) 등 한국교회와 선교 협약 및 협력 등 광범위하다. 특히 한일 교회의 교류와 선교 협력을 통해 한일관계의 화해와 평화 그리고 동북아시아의 화해와 평화를 위한 선교적 과제가 중요하다.

재일대한기독교회 소속 교회를 섬기는 선교 활동과 에큐메니칼 협력 선교는 모두 삼위일체 하나님께서 주관하시는 하나님의 선교로, 선교사와 선교를 후원하는 교회 및 후원자는 하나님의 선교 도구에 불과하다. "일본 동경의 밝은 불빛에 비추어진 제국주의의 높은 담벼락 밑의 그늘에 초라한 모습으로 웅크리고 계신 예수님을 발견한 것은 부산국제선교회의 선교사로 파송 받은 지 3~4년이 지난 후이었다. 그때까지는 한국 부산에서 내 등에 (예수님을) 업고 현해탄을 건넜던 성공주의의 두껍고 무거운 옷을 입고 계신 예수님(을) 전하겠다고 코드가 맞지 않는 연주를 하고 있었다."[51] 이런 깨달음을 통해 김병호 선교사는 교회/선교사 중심의 선교로부터 하나님의 선교로 전환하게 되었다. 뿐만 아니라 김병호 선교사는 자신의 재일대한기독교회 소속 교회를 섬기는 선교 활동에 대한 선교신학적 의미를 발견했다. 일본에서 나그네로 사는 소수 민족인 재일 동포와 함께하는 한인 디아스포라 교회(렘 29:4-7)는 먼저 구약성서에서 나그네가 차지하는 중요성을 깨달아야 한다. 믿음의 조상 아브라함부터 족장들은 대부분 나그네/이주민/이주노동자이었고, 출애굽 당시에는 이스라엘 전체가 나그네이었다. 바벨론 포로로 끌려간 유대인들 역시 나그네였다. 바벨론에서 귀환한 유대인들은 한 번도 본 적이 없는 고국으로 되돌아온 자신의 땅에서 나그네 된 자들이었다. 나그네는 대부분 현재의 미등록 이주노동자(소위 '불법체류자')에 해당하고, 현지 주민(선주민)들의 관용과 친절이 아니면 생존이 어려웠다. 신약성서에서도 베드로 교회는 '흩어진 나그네'(벧전 1:1)들의 신앙 공동체였다. 나그네의 선교적 의미는 하나님께서 나그네와 같은 약자/소수자를 통해서 큰일을 하신다는 데 있다. 부활하신 예수님은 제자들과 선교적 재계약을 하시기 위해 갈릴리에서 만나자고 하셨다. 이처럼 소외된 갈릴리가 선교적으로는 은혜의 자리요 축복의 자리요 사명의 자리로, 제자들은 갈릴리에

---

51 김병호 선교사 설교문, "하나님이 보내신 땅에서"(『예레미야』 29:4-7), 부산국제선교회, 「제35회 부산국제선교회의 밤 선교보고서」 (2017년 12월 14일).

서 하나님 나라 선교의 사명을 받았다. 바벨론 포로로 가게 될 유다 백성들을 향해 예레미야 선지자는 바벨론의 평안을 위해 기도하라고 했다. 일본에 파송된 김병호 선교사는 일본의 평안을 위해 기도하는 것을 하나님의 뜻으로 받아들였다. 일본 선교사와 일본을 위해 기도하는 그리스도인들은 선지자 하나냐의 예언(바벨론 포로들이 귀국하고 바벨론 왕의 멍에를 꺾는다는 예언, 렘 28장)에 귀를 기울이지 말고, 참 예언자 예레미야의 목소리에 귀를 기울여야 한다. 한국인은 일본을 역사적인 관계 속에서 좋지 않게 생각하지만, 그리스도인들은 일본이 동북아시아에서 평화를 실천하는 좋은 나라가 될 수 있도록 기도해야 한다. 하나님의 선교는 여기에서 시작한다는 것이 김병호 선교사의 결론이었다.[52]

(4) 2019년: 소수자 교회라는 자기 이해, 평화통일 선교, 김병호 선교사의 30년 근속 표창

2018년 10월 30일 대법원은 신일본제철이 강제징용 피해자 4명에게 1인당 1억 원씩 배상하라고 판결했다. 일본은 여기에 반발했고, 일본군 성노예('위안부')에 대해서도 종전의 입장을 고수하면서 한일관계는 최악에 달했다. 2019년 남북정상회담과 북미정상회담이 열리면서 한반도에 화해 무드가 퍼져나가자 이런 과정에 소외되고 반발하는 일본 극우세력들이 헌법을 개정하려 하고, 한일 갈등을 더 부추겼다. 그러나 재일대한기독교회는 일본교회와 한국교회가 서로 이해하며 진정한 사죄와 용서를 위해 노력하도록 기도하고, 주 안에서 한 형제자매 된 자들로서 한일 교회의 교류를 지속시키고자 한다. 김병호 선교사는 재일대한기독교회 총회의 총간사로 2013년부터 6년째 섬기고 있다. 대한예수교장로회(통합)에서 파송 받은 일본 선교사 27가정 중 17가정의 선교사가 재일대한기독교회에 소속되어 활동하고 있다. 그런데 재일대한기독교회는 스스로를 이민자들의 교회로 이해하지 않고, 재산과 토지를 일제에 빼앗겨 생존하기 위해 현해탄을 건넌 실향민들의 교회이고, 강제징용과 징병 등으로 연행되었다가 조국의 해방 후에도 귀국하지 못한 유랑의 무리(소

---

52 김병호 선교사 설교문, "하나님이 보내신 땅에서"(『예레미야』 29:4-7), 부산국제선교회, 「제35회 부산국제선교회의밤 선교보고서」 (2017년 12월 14일).

수자들)의 교회로 이해한다. 재일대한기독교회는 1968년 선교 60주년을 맞으면서 이제까지 자신들의 안위와 축복만을 추구했던 신앙의 자세를 반성하고 "그리스도를 따라 이 세상으로"라는 표어를 내걸고, 일본에서 편견과 차별 속에 사는 재일 동포의 아픔과 삶에 관심을 가지면서 그들의 인권을 위한 대변자가 되고, 함께 그들의 인권을 위해 싸우는 교회로서의 역할을 감당하고자 결단했다. 그러한 활동과 경험이 지금 일본에 입국해 있는 또 다른 외국인 200만 명이 당하는 차별과 인권 문제에 관심을 갖고, 이를 선교적 과제로서 활동하고 있다.

재일대한기독교회는 1980년대 초부터 조국의 평화통일을 위한 일에 관심을 갖기 시작했다. 재일 동포의 절반이 북한을 지지하는 조총련에 가입된 사람들이지만, 반공교육으로 북한을 적대시하는 이념에 젖은 1세대들은 조총련계와 거리를 두고 살아왔다. 그러다가 1984년 북한에도 교회가 있다는 사실이 표면화되면서 조국의 화해와 평화통일 선교에 참여하게 되었다. 1986년 WCC 주도로 북한의 조선그리스도교연맹(이후 조그련으로 표기, KCF) 대표와 남한 교회 대표(NCCK)가 처음으로 스위스 글리온에서 만났다. 재일대한기독교회 방문단은 1990년부터 4차례에 걸쳐 평양을 방문하여 조그련과 교류하며 여러모로 북한 교회를 지원했고, 남북 교회가 자유롭게 만나지 못했던 시절인 1990년부터 2002년까지 8회에 걸쳐 조그련 대표들을 일본으로 초청하여 '조국의 평화통일과 선교에 관한 기독자 동경회의'를 개최하여 남과 북의 교회 지도자들이 만날 수 있는 교량 역할을 했다. 남북 교회의 교류가 활발하게 되면서 재일대한기독교회의 역할은 그쳤다. 그러나 또다시 남북 교회의 교류가 중단된 상태에서 재일대한기독교회가 남과 북의 교회가 만날 수 있는 장소를 마련해야겠다고 하여 지난 2019년 7월 27일부터 8월 1일까지 평양을 방문하여 조선그리스도교연맹 대표와 협의했다. 그 결과 양 교회 대표는 동경올림픽이 열리는 2020년 8월 25일부터 18일까지 제9회 '조국의 평화통일과 선교에 관한 기독자 동경회의'를 개최하기로 합의했다. 한편 김병호 선교사는 총회 파송 일본 선교사로 근속 30주년을 맞아 지난 9월 23일 포항 기쁨의교회에서 열린 총회에서 30주년 근속 표창을 받았다.[53]

---

53 김병호 선교사, "일본 선교 보고," 부산국제선교회, 「제37회 부산국제선교회의 밤 선교보고서」 (2019년 12월 5일).

(5) 2020년: 코로나로 인한 예배와 모임의 어려움, 재정적 어려움, 이단 대처 활동

2020년은 전 세계적으로 코로나19 팬데믹으로 인해 국가와 기업, 사회와 학교, 교회와 가정 등 모든 부문에서 전례 없는 피해를 입었다. 일본 역시 동경올림픽을 1년 연기했지만, 2021년에도 치르기가 쉽지 않을 분위기이다. 일본기독교단도 총회를 1년 연기했고, 모든 회의를 비대면 회의로 진행하고 있다. 큰 교회는 대면 예배와 비대면 예배를 병행하고, 작은 교회들은 대면 예배를 드리고 있다. 김병호 선교사는 8년째 재일대한기독교회 총간사로 섬기고 있다. 재일대한기독교회에 소속된 교회들은 10월부터 대면 예배로 전환했고, 고령자와 약자들을 위해 영상 예배를 드리고, 개별 서신 및 심방 등을 통해 그들을 돌보고 있다. 성찬식, 교회학교, 성가대, 공동식사 등은 중단했다. 예배와 모임에 참여하는 교인의 숫자가 현저히 감소했다. 재일 한인 디아스포라 교회로서 한일 간의 불화로 인하여 인적 및 경제적 교류가 끊어진 상태에서 코로나19로 인하여 극히 제한된 출입국만 허용되어 더욱더 심각한 상태이다. 재일대한기독교회의 많은 교회가 재정적으로 자립하지 못해서 한국교회가 파송한 선교사들의 지원으로 교회가 유지되어 왔다. 이런 상황에서 재일대한기독교회도 재정적으로 어려운 형편이다. 이 상황이 빨리 종식되어 어려움에 처한 나라와 민족이 평화롭게 살아갈 수 있기를 기도하고 있다. 코로나로 인하여 대면 예배 출석이 불편하여 집에서 비대면으로 예배를 드리다가 이단 사이비들의 예배에 들어갔다가 피해를 입은 교인들이 증가하고 있다. 현재 일본은 통일교, 신천지, 구원파, 다락방 등 이단 종교들의 활발한 활동무대가 되어 있다. 지난번 부산국제선교회(회장 이동룡 목사)가 『만화로 보는 이단 예방』(현대종교사 출판) 도서 100권을 보내줘서 전국 교회에 보내 이단 대책에 도움을 주었다.[54]

---

54 김병호 선교사, 「일본 선교 보고」 (2020년 11월 11일).

(6) 2022년: 한일관계 악화, 총회 파송 50주년 기념대회, 사이비 이단 대처, 재일 외국인 선교

일본은 아베 신조 수상이 지난 7월 8일 선거 유세 현장에서 암살되어 장례식을 국장(國葬)으로 치른 후 더 군국주의의 방향으로 나아가고 있으며, 러시아의 우크라이나 침공과 북한의 계속되는 미사일 발사로 일본의 재무장 분위기가 고조되고 있다. 아베 전 총리 암살 사건 이후 많은 국회의원과 정당이 통일교로부터 지원받은 것이 드러나면서 통일교의 반사회적 활동에 대한 일본 국민의 분노가 커졌다. 일본인들에게는 한인 교회도 통일교가 아니냐는 의문이 있어 재일대한기독교회 총회는 한인 교회들에 이런 분위기를 알리고 조심할 것을 공지했다.

몇 년 전부터 한국과 일본은 해방 후 최악의 관계 속에서 일부 일본인들이 법적으로 금지된 혐오 발언(Hate Speech)을 교묘하게 인터넷을 통하여 지속적으로 퍼뜨리고 있다. 한편 코로나의 영향으로 가정에서 인터넷을 통해 한국 드라마를 많이 보면서 한류 붐이 부활하여 동경의 한류 거리에는 일본 여성들이 엄청나게 모여들고 있다. 한반도를 비롯한 한·일 간의 화해와 평화를 위한 노력과 기도가 절실한 시대이다. 김병호 선교사가 총간사로 섬기는 재일대한기독교회에 속한 교회들은 대면 예배와 온라인 예배를 겸하여 실시하고 있지만 아직도 예배 출석 인원은 예전 같지 않다.

재일대한기독교회의 많은 교회가 재정적으로 자립하지 못하여서 한국교회가 파송한 선교사들에 대한 지원으로 교회 재정을 유지하고 있다. 재일대한기독교회도 재정적으로 어려움을 겪고 있고, 소속 교회도 수입이 20~30% 정도가 줄어들었다. 일본에서는 통일교, 신천지, 구원파, 다락방 등 사이비 이단들이 활발하게 활동하고 있다. 재일대한기독교회 총회는 이단 경계를 위한 세미나를 열어 사이비 이단에 대처하고 있다. 1990년대 이후 한국교회가 중국으로 파송한 선교사들이 근간에 추방되고 있다는 소식을 접했다. 일본에는 74만 명의 중국인들이 살고 있다. 재일 중국인들을 향한 선교적 사명을 자각한 재일대한기독교회는 한국 총회(PCK)에 중국인 예배를 위한 선교사를 보내줄 것을 요청했다. 글로벌 시대를 맞이하여 일본에는 중국인, 베트남인 등, 재일 외국인이 300만 명을 넘어선다. 과거 일본에서 소수 민족으로서 차별과 불공평 속에서 먼저 경험하고 싸워왔던 재일대한기독교회가 재일 외국인들을 섬기는 선교적 사명자로 부름 받은 것을 고백하면서 재일 외국인 이주민들을 섬기고자 한다.

한국 총회가 일본에 선교사를 파송한 지 50년을 맞아 2022년 8월 17일부터 19일까지 오사카교회에서 50주년 기념대회를 열었다. 대한예수교장로회 총회 세계선교부의 임원을 비롯하여 부산국제선교회의 회장과 여러 임원이 참석했다. 김병호 선교사는 2013년부터 재일대한기독교회 총간사로 선출되어 섬겨 왔는데 2023년 12월에 총간사직을 마치게 된다. 총간사직을 퇴임한 후 2027년 7월 정년 은퇴까지 4년 정도의 기간이 남아 있다. 그 남은 기간에는 미자립교회 등을 목회하면서 38년 동안의 선교사 업무를 마치려 한다.[55]

(7) 재일대한기독교회 총간사 10년(2013~2023) 선교 보고[56]

김병호 목사는 일본어 연수를 위해 1986년에 일본에 입국하여 어학연수를 1년 반 했고, 동경신학대학에서 특별 연구생으로 입학하여 3학기를 수학했다. 1989년 4월에 부산국제선교회(후원은 덕천교회)가 김병호 선교사를 총회 파송 선교사로 일본으로 파송했다. 김병호 선교사는 일본에서 재일 동포 선교에 힘쓰는 재일대한기독교회(Korean Christian Church in Japan)의 일원이 되어 35년 동안 협력하며 섬겨왔다. 첫 6년 동안 동경 근교의 사이타마현 우라와에서 우라와교회를 개척하여 목회하였고, 20년 동안 오래된 재일 동포 교회인 동경조후교회를 목회했다. 김병호 선교사는 2013년 10월부터 재일대한기독교회 총간사(사무총장)로 10년을 봉직하고, 2023년 10월 정기총회를 끝으로 총간사직에서 퇴임하였다. 선교사로서 재일대한기독교회 총간사를 맡은 것은 김병호 선교사가 처음이어서 말들이 많았지만, 선출된 후에는 그러한 잡음이 없어졌다. 김병호 선교사가 총간사로서 10년 동안 최선을 다하여 재일대한기독교회 총회를 섬겼고, 아쉬움 속에서 총간사직을

---

55 김병호 선교사, 「일본 선교 보고」(2022년 11월 23일).
56 김병호 선교사, 「재일대한기독교회 총간사 10년 리포트」, 「제41회 부산국제선교회의 밤 및 제1차 선교사대회」 (2023년 12월 7일).

퇴임했다. 10년 동안 총간사로 수고하게 된 것을 감사드리며, 총간사의 주요 활동에 대해 다음과 같이 보고한다.

1. 재일대한기독교회는 다양한 구성원(세대별, 언어별)으로 이루어져 있는데, 이러한 다양성의 장점을 살려 세대 간의 마찰과 불편함이 없도록 예배 형태, 찬송가, 성서, 예식서 등 출판물을 한 · 일 두 언어를 사용하여 출판했다.

2. 재일대한기독교회는 교회 일치와 연합(에큐메니칼)을 지향하는 교회로서 다양한 일본 교단과 교류와 협력 및 일본기독교협의회(NCCJ)의 가맹 교단으로서 협력과 교류를 활발히 하였다.

3. 재일대한기독교회의 에큐메니칼 네트워크는 한국교회와의 협력은 물론 세계 교회와 연결하여, 세계교회협의회(WCC), 세계개혁교회커뮤니온(WCRC), 아시아기독교협의회(CCA)의 회원 교회이며, 미국 교회, 캐나다 교회, 독일 교회, 대만 교회, 호주 교회 등과 교류하고 협력하고 있다.

4. 재일대한기독교회는 캐나다장로교회와 95년에 걸쳐 협력 관계를 이어왔다. 캐나다 교회가 조선 선교를 위해 함경도와 간도 지역에서 선교 활동을 해 오다가 1925년 캐나다 교회가 연합교회가 되었다. 이 연합교회에 반대했던 캐나다장로교회의 일부가 조선에서는 선교의 길이 막혔지만, 일본에 와 있는 조선인을 전도하고자 1927년부터 선교사를 일본으로 파송하기 시작하였다. 이제까지 총 34명의 선교사가 일본에 와서 재일 동포 선교에 임하였다. 캐나다장로교회는 교회를 세우는 일은 물론, 1970년도 경부터 시작된 재일 동포의 지위 향상과 인권 획득을 위해서도 재일대한기독교회와 협력했다. 지금도 한 명의 캐나다장로교회의 선교사가 동경 총회 사무실에서 활동하고 있다. 오는 2027년도는 캐나다장로교회의 재일 동포 선교 100주년을 맞이하는 해이다. 2023년 10월에 개최된 재일대한기독교회 제57회 총회에서 '캐나다장로교회 재일 동포 선교 100주년 기념 사업 준비위원회'를 발족하여 그 일에 김병호 선교사가 위원장으로 활동하게 되었다.

5. 세계 교회의 네트워크를 통하여 2015년 11월에 재일대한기독교회는 "마이너리티

문제와 선교"를 주제로 국제회의를 개최하였다. 일본 내 각 교단을 비롯하여 세계 각 교회에서 100명이 넘게 모여서 일본에서 행해지고 있는 인종차별주의의 헤이트 스피치를 과제로 삼아 논의하였다. 이 국제회의는 성명문을 발표했고, 재일대한기독교회가 주축이 되고, 일본의 여러 교단과 세계 교회가 협력하여 '마이너리티 선교센터'를 설립하여 운영하고 있다.

6. 재일대한기독교회는 조국의 분단의 아픔에 동참하는 것을 선교의 과제로 삼고 조국의 평화통일을 위해 기도하며, 과거 남북 교회의 교류가 원활하지 못했던 시기(1990~2002)에 남한의 교회, 북한의 교회, 세계 교회의 지도자들을 초청하여 '조국의 평화통일과 선교에 관한 기독자 동경회의'를 주관하여 8회에 걸쳐 진행했다. 그동안 중단되었던 이 회의를 2020년 동경올림픽을 계기로 제9회 회의를 추진하려 하였지만 코로나로 인하여 중단되었다. 최근 한반도와 동북 아시아의 정치적 상황이 최악으로 치닫고 있어서 제9회 회의 개최가 어려워졌다. 그렇지만 이러한 회의는 재일대한기독교회만이 할 수 있는 선교적으로 귀중한 사명이다. 김병호 선교사는 재일대한기독교회 총회의 총간사로서 이 일을 추진하기 위하여 WCC와 협력했고, 수차례 조선그리스도교련맹 대표와 만났다. 김병호 선교사는 총간사로서 2019년 여름에 평양을 방문하여 봉수교회에서 조선그리스도교련맹 대표와 협의했다. 김병호 선교사는 남북 교회의 만남과 교류를 위한 프로그램이 후일에 재개되도록 기도하고 있다.

7. 재일대한기독교회는 목회자가 부족하여 한국의 협력 교단으로부터 목회자(선교사)를 영입할 수밖에 없는 상황이다. 그러나 과거에 파송된 선교사들의 선교신학과 목회적 자질에 따라 일본교회와 원활한 관계를 이루지 못하고 불협화음이 많았다. 한국교회로부터 선교사를 영입하는 교회로서 재일대한기독교회와 일본그리스도교단은 주로 선교사를 파송하는 대한예수교장로회(통합), 기독교대한감리회, 한국기독교장로회의 세 교단과 선교사 파견, 영입 문제를 주제로 하여 선교 행정 실무자들이 3년 동안 6회에 걸쳐 선교협의회를 열었다. 이 선교협의회는 선교사를 선별, 훈련, 파견, 현지 적응 등의 과제를 심각하게 논의하여 거의 결론에 이르렀다. 그러나

코로나 사태로 인하여 선교협의회의 결론이 마무리되지 못했다. 코로나가 종식된 2024년 이후 실무자 협의회는 재개될 것으로 기대한다.

8. 해외 한인 디아스포라 교회들이 고민하는 차세대 인재 양성과 교육 문제를 위해 1998년에 '해외 한인 교회 교육과 목회 협의회'가 조직되었다. 이 협의회의 구성원으로는 대한예수교장로회 총회(통합)의 교육부, 기독교장로회의 교육원 그리고 미국, 캐나다, 일본, 호주 등의 한인 교회들이다. 이 협의회는 2년마다 지역을 순회하며 차세대 인재 양성과 교육 문제에 대해 세미나를 열고 대화하고 있다. 김병호 선교사는 이 협의회의 임원(총무)으로서 리더십을 가지고 활동하고 있다.

지난 10년 동안 김병호 총간사는 항상 낮은 자세로 섬기는 입장에서 총회 산하 각 교회와 원활한 소통을 위해 개교회를 방문하고 목회자(선교사)들의 고충을 들으며 위로하고 격려하는 일에 최선을 다하였다. 김병호 총간사는 총회 각 위원회의 활동에 지장이 없도록 배려하면서 아젠더를 제공하였다. 김병호 총간사는 코로나 팬데믹 시기에는 각 교회의 방역 상황 등을 공유하며 온라인 시스템을 구축하여 회의, 세미나 등을 원활하게 진행하도록 하였다. 김병호 총간사는 세계 교회의 모임과 회의에는 가급적 젊은 인재들을 파견하면서 인재 양성에 힘써왔다. 김병호 총간사는 차세대 인재 양성과 목회자 계속 훈련, 평화통일 회의 등을 위하여 북미교회의 재정적 지원을 받았다.

(8) 총간사 시기의 선교적 특징

첫째, 2013년에 김병호 선교사는 재일대한기독교회 총회에서 총간사로 선임되면서 불가피하게 조후교회를 사임했다. 김병호 총간사는 재일대한기독교회에 속한 교회의 구성원들이 언어적, 문화적으로 급속히 다양화되고, 저출생 고령화의 영향으로 한국인 입국자들이 감소하는 문제, 코로나 영향으로 인한 재정적 어려움과 이단 문제 그리고 이단과 흡사한 선교회 및 교회의 악영향에 대처하고자 힘썼다. 재일대한기독교회는 예배 형태, 찬송가, 성서, 예식서 등 출판물을 한·일 두 언어를 사용하여 출판했다. 둘째, 과거에 파송된 한국 선교사들은 그들이 지닌 선교신학과 목회적 자질에 따라 일본교회와 원활한 관계를 이루지 못하고 불협화음을 낸 적이 많았다. 한국교회로부터 선교사를 영입하는 교회로서 재일대한기독교회와 일본그리스도교단은 선교사를 파송하는 대한예수교장로회(통합), 기독교대한감리회, 한국기독교장로회의 세 교단과 선교사 파견, 영입 문제를 주제로 하여 선교 행정 실무자들이 3년 동안 6회에 걸쳐 선교협의회를 열었다. 이 선교협의회는 선교사를 선별, 훈련, 파견, 현지 적응 등의 과제를 심각하게 논의하여 거의 결론에 이르렀으나 코로나로 인해 중단되었다. 김병호 총간사는 이를 마무리 하고자 노력했다. 셋째, 대외적으로 재일대한기독교회는 일본의 우경화와 제국주의로의 회귀하는 상황에서 헌법 개정안에 대한 성명서(평화헌법 유지)를 발표했고, 사회적 태도(탈원전 정책 수립, 외국 국적 주민 지원, 독립된 국내 인권기관 신설, 개정 입관법 개정, 외국인 주민 기본법 통과 촉구 등)를 표명하는 성명서를 발표했다. 넷째, 김병호 총간사는 재일대한기독교회가 일본교회, 한국교회, 세계 교회와 에큐메니칼 협력 선교를 하도록 다양한 에큐메니칼 활동을 전개했다. 재일대한기독교회는 세계교회협의회(WCC), 세계개혁교회커뮤니온(WCRC), 아시아기독교협의회(CCA)의 회원 교회이며, 미국 교회, 캐나다 교회, 독일 교회, 대만 교회, 호주 교회, 특히 캐나다장로교회와 다양한 의제를 갖고 에큐메니칼 활동을 전개해 왔다.

다섯째, 김병호 선교사는 차별받고 고통받는 재일 동포를 향한 디아스포라 선교를 하나님의 선교 맥락에서 선교신학적으로 성찰했다. 일본 동경의 밝은 불빛에 비쳐진 제국주의의 높은 담벼락 밑의 그늘에 초라한 모습으로 웅크리고 계신 예수님을 김병호 선교사가 발견한 것은 부산국제선교회의 선교사로 파송 받은 지 3~4년이 지난 후이었다. 그때까지 그는 한국에서 자신의 등에 예수님을 업고 현해탄을 건너 일본에 성공주의의 두껍고 무거운 옷을 입고 계신 예수님을 전하고자 했었다. 그가 가난하고 소외된 재일 동포들과의 만남을 통해 일본의 한인 디아스포라는 나그네인 것을 깨달았다. 나그네의 선교적 의미는 하나님께서 나그네와 같은 약자/소수자를 통해서 큰일을 하신다는 데 있다. 부활하신 예수님은 제자들과 선교적 재계약을 하시기 위해 갈릴리에서 만나자고 하셨다. 이처럼 소외된 갈릴리가 선교적으로는 은혜의 자리요 축복의 자리요 사명의 자리로 제자들은 갈릴리에서 하나님 나라 선교의 사명을 받았다. 김병호 선교사는 재일 동포들이 사는 일본을 갈릴리로 이해하고, 한인 디아스포라를 나그네로 보고, 차별받고 고통당하는 한인 디아스포라를 통해서 자신이 일본에 오기 전부터 그들과 함께하시고 그들의 아픔을 위로하시며 그들을 제자로 부르셔서 하나님의 나라를 이루려 하시는 하나님을 만나게 되었다.

여섯째, 김병호 선교사는 재일대한기독교회를 이민 교회가 아니라 소수자/실향민/유랑인 교회로 이해하고, 나그네 선교, 인권 선교, 마이너리티 선교를 통해 하나님의 선교에 참여하고자 했다. 2015년 11월에 재일대한기독교회는 "마이너리티 문제와 선교"를 주제로 국제회의를 개최하였다. 일본 내 각 교단을 비롯하여 세계 각 교회에서 100명이 넘게 모여서 일본에서 행해지고 있는 인종차별주의의 헤이트 스피치를 과제로 삼아 논의하였다. 이 국제회의를 계기로 재일대한기독교회가 주축이 되고, 일본의 여러 교단과 세계 교회가 협력하여 '마이너리티 선교센터'를 설립하여 운영하고 있다. 여섯째, 재일대한기독교회는 소수자 선교와 인권 선교를 바탕으로 일본에 거주하는 300만 명의 외국인 이주노동자에 대한 인권 선교로 선교를 확장하고 있다. 여섯째, 김병호 선교사는 조국의 화해와 평화통일 선교 활동을 전개했다. 과거 남북한 교회가 교류하기 어려운 시기에 재일대한기독교회는 남한의 교회, 북한의 교회, 세계 교회의 지도자들을 초청하여 '조국의 평화통일과 선교에 관한 기독자 동경회의'를 진행했다. 김병호 총간사는 이러한 활동을 이어가고자 북한 교회 방문을 비롯하여 다양한 활동을 전개했다.

5) 재일 동포 선교의 역사와 재일대한기독교회의 특징과 과제

(1) 재일 동포 선교의 역사

1882년 제4차 수신사의 비공식 수행원으로 일본에 온 이수정은 기독교인 농학자 츠다 센을 만나 1883년 4월에 세례를 받았고, 조선인 유학생이 중심이 된 조선인교회(이후 동경교회)를 개척하여 신앙 공동체 형성에 힘썼다. 이수정은 성경 번역과 한글 교육을 위해 노력했고, 재일 선교사들과 교류하며 언더우드와 아펜젤러 선교사가 조선에 파견되는 데 영향을 주었다. 1909년 10월에 조선예수교장로회 독노회가 한석진 목사를 동경교회에 파송했다.

1912년에는 조선예수교장로회와 감리교회에 의한 선교 합의가 이뤄져서 장·감연합회에 의한 선교가 시작되었다. 교회 명칭을 '동경연합예수교회'로 정하고, 파견 목사의 임기는 2년으로 하되 장로교 목사와 감리교 목사가 2년씩 교대하기로 했다. 1910년 한일병탄조약 이전의 재일조선인은 유학생이 대부분이었다. 일제가 조선에서 실시한 토지조사사업의 결과 토지를 빼앗긴 농민들의 유민화와 제1차 세계대전 이후 일본 경제의 활황으로 일본 자본주의는 일본인 노동자보다 저임금과 열악한 노동 조건을 강제할 수 있는 식민지 노동력 으로써 조선인의 일본 본토 이주를 적극적으로 추진했다. 이후 조선인 노동자는 간사이 지방을 비롯하여 아이치, 규슈, 홋카이도 등의 일본 노동시장에 유입되어 정주하기 시작했 다. 재일조선인 인구는 1920년에는 3만 명에 불과했으나, 1930년에는 30만 명으로 급증했 다. 이에 따라서 재일 동포에 대한 전도도 유학생으로부터 노동자에게로, 도쿄로부터 츄부, 홋카이도로 확대되었다. 1917년 무렵부터 요코하마와 고베에 교회가 설립되었고, 1920년 대 초에는 오사카, 교토, 나고야 등에 교회가 형성되었다. 간사이 지방에 김이곤 목사가 파견된 것은 1922년이었다. 이전까지는 고베신학교에서 배우는 신학생이 전도를 담당했 다. 1919년에는 도쿄의 유학생들이 조선의 독립을 선언한 2.8독립선언을 하여 3.1운동의 도화선이 되었다. 이후 유학생들이 경찰의 탄압과 감시를 받았다. 1923년 9월에는 간토 대지진으로 인해 조선인 6천여 명이 학살되었다. 이런 시련에도 불구하고 한국 선교사들은 재일 동포 사회에 복음을 전도했다.[57]

　　1945년 해방 당시 재일 동포가 약 230만 명이었다. 해방 후 대다수 재일 동포가 남한으로 귀국했고, 9만 3,300명이 북한으로 귀향했다. 1965년(한일 국교 '정상화')을 기준으로 이전에 일본에 입국한 한국인을 올드커머(old comer)라 하고, 이후에 입국한 한국인을 뉴커머(new comer)로 나누기도 한다. 대체로 일본법상 올드커머는 '특별 영주자' 신분으로, 뉴커머는 일반 영주자 신분으로 거주하고 있다. 재일 한인은 재일본대한민국단에 속하는 남한 국적 자인 재일 한국인과 재일본조선인총련합회에 속한 재일 조선인으로 나뉘어 있다. 일본 법무성 산하 출입국관리국의 통계(2015)에 의하면 재일 한국인과 재일 조선인의 수는 약

---

57 정연원 선교사, "일본 선교 역사와 현황: 대한예수교장로회를 중심으로," 대한예수교장로회 총회 세계선교부, 『선교 현장 이야기: 일본 편』 (서울: 범아출판, 2018), 29-31.

50만 명으로, 재일 외국인 가운데 2번째로 많다. 조선적 보유자(남한과 일본의 국적을 취득하지 않은 자들, 일본에서는 법적으로 북한 국적 취득이 불가능)는 2015년 33,939명이었고, 2023년에는 24,035명으로 계속 감소하고 있다.

해방 이후 최초의 한국 선교사는 김덕성 목사(조선기독면려청년회 총무)로 1950년 6월 15일 나고야교회에 부임했다. 대한예수교장로회 총회(통합)가 일본에 선교사를 파송하기 시작한 것은 1970년대로 이병구 선교사(1972)와 양형춘 선교사(1972)를 파송했다. 여선교사들로는 정영희 선교사(1972)와 박정자 선교사(1973)가 총회의 파송을 받았다. 교토교회의 초청을 받은, 경혜중 선교사가 있다. 이후 허달수 선교사(1977)가 파송을 받았다. 1980년대 파송 받은 선교사로는 이충언 선교사(1981), 김승필 선교사(1982), 일본인에게 최초로 선교한 박경화 선교사(1981), 재일 동포 출신의 첫 선교사인 박창환 선교사(1981), 정연원 선교사(1983), 문태선 선교사(1987), 김병호 선교사(1989)가 있다. 1990년 이후 2018년까지 파송된 선교사는 12명이다. 2018년 현재 통합 선교사는 27가정이다.[58]

(2) 재일대한기독교회에 대한 역사적 이해

가) 일본 선교와 재일 동포 선교의 필요성

한국교회는 일본 선교와 재일 동포 선교에 의문을 제기한다. 일본은 잘 사는 나라인데 왜 선교를 하는가? 과거 우리나라를 식민지로 삼았던 원수의 나라인데 왜 선교하는가? 물가가 비싼 나라인데 반해 선교 효과가 나지 않는 나라에 왜 선교하려는가? 일본인 선교도 아니고 재일 동포 선교인데 왜 하려는가? 이에 대해 김병호 선교사는 우선 사도 바울은 대부분 로마제국의 대도시에서 선교를 했다. 따라서 일본 같은 선진국에서의 선교가 필요하다. 둘째, 바울의 선교는 대도시에서 먼저 유대인 디아스포라 공동체를 향해 선교했다. 이는 유대인 디아스포라 공동체가 이방 선교를 위한 전진기지이기 때문이다. 마찬가지로 일본의 한인 교회는 일본 선교를 위한 전초기지가 될 수 있다. 100년이 넘는 역사를 지닌

---

58 정연원 선교사, "일본 선교 역사와 현황: 대한예수교장로회를 중심으로," 31-37.

재일대한기독교회는 일본어에 능통하며 일본 문화를 잘 알기 때문에 일본 선교를 향한 전진기지임에 틀림없다. 셋째, 하나님께서는 이스라엘의 원수인 앗시리아의 수도 니느웨로 요나를 보내셨다. 요나는 이를 거절하다가 결국 니느웨로 가서 회개를 선포하여 니느웨의 백성들이 회개하여 구원을 얻게 했다. 일본도 한국의 원수 같은 나라이지만 하나님께서는 일본을 향한 구원 계획을 우리가 다 알지 못하기 때문에 한국 선교사들은 성령 하나님의 인도하심에 겸손히 순종하며 따라갈 뿐이다.[59]

나) 재일대한기독교회의 형성기

재일대한기독교회는 1908년 일본 동경에 유학생들을 중심으로 동경교회가 조국 교회의 지원으로 설립되면서 시작되었다. 일본의 유학생들에게 복음을 전하기 위하여 1906년 서울 기독청년회(YMCA)가 김정식 총무를 일본에 파송하여 재일본 조선기독청년회(YMCA)를 설립하여 성경공부를 하였고, 이것이 계기가 되어 1908년에 동경교회가 탄생했다. 1908년에 동경의 조선인 유학생 수는 270명 정도이었고, 1910년에는 420명으로 증가했다. 1909년에는 한석진 목사가 일본에 파송되어 동경교회는 교회 조직을 정비하고 더욱 활기를 띠게 되었다. 그런데 동경교회에 모이는 유학생들이 대부분 장로교 교인이었지만 1명이 감리교인이었기에 감리교 목사도 파송해달라고 한국교회에 요청했다. 1912년에는 조선의 장로회와 감리회에 의한 선교 합의가 이루어져 장로교회와 감리교회가 교대로 목사를 파견하기로 했다. 이렇게 동경교회는 초기부터 장로교회와 감리교회가 협력하는 에큐메니칼 협력 선교를 전개했다. 그리고 동경교회를 모교회로 하는 재일대한기독교회는 조국의 여러 교단이 함께 참여하는 교단, 약자를 소중히 여기며 그들의 의견을 존중하며 섬기는 교회로 발전해 왔다.[60]

제1차 세계대전 이후 일본 경제가 호황을 맞이하여 노동력이 부족했다. 일본의 식민지 정책으로 인해 토지를 수탈당한 조선 농민들이 관서 지방의 산업지역인 고베와 오사카로

---

59 김병호 선교사, "에큐메니칼 선교: 재일대한기독교회를 중심으로," 대한예수교장로회 총회 세계선교부 편, 『선교 현장 이야기: 일본 편』, 39-41.

60 김병호 선교사, "에큐메니칼 선교: 재일대한기독교회를 중심으로," 46-48.

이주하게 되었다. 1920년대에는 30만 명의 한국인들이 일자리를 찾아 일본으로 이주하면서 관서 지역에는 한인 교회가 설립되었다. 한국인들은 일자리를 찾아 규슈 지방의 공장과 탄광을 찾아갔다. 1927년에는 후쿠오카교회, 고쿠라교회 등 여러 한인 교회가 세워졌다. 유학생이든지 노동자든지 한인 신자들은 조국을 일본에 빼앗기고 일본에 이주했지만, 신앙만은 철저했다. 나라와 토지를 빼앗기고 일본에 이주한 조선인들의 삶은 멸시와 차별을 받는 고난의 삶이었지만, 한인 교회는 조선 기독교인들에게 마음의 안식을 주고 고향 소식을 나누며 민족의 아픔을 나누는 신앙 공동체이었다.[61]

한편 조선에서 선교하던 캐나다 교회들이 캐나다연합교회로 하나의 교회가 되는데 반대했던 캐나다장로교회가 조선의 선교지인 함경도를 떠나면서 1927년에 재일 동포 선교에 합류했다. 캐나다장로교회가 재일 동포 선교에 동참한 것은 재일대한기독교회가 에큐메니칼 선교적 시야를 넓히는 계기가 되었다. 1906년부터 함경도에서 선교 활동을 했던 캐나다장로교의 영(Lither L. Young) 선교사는 1927년에 일본에 와서 일본 전역에 산재한 조선인들을 위해 선교하면서 규슈에서 사할린까지 61개 교회를 개척했다. 재일대한기독교회와 캐나다장로교회와의 교류와 선교 협력은 지금까지 계속되고 있다.[62]

다) 재일대한기독교회의 수난기

일본에 세워진 한인 교회들은 1934년 2월에 '재일본조선기독교회'의 창립총회를 열고 신조와 헌법을 제정하여 조직교회(총회)가 되고, 독립교단으로서 목사 안수와 장로 안수를 집례하게 되었다. 그러나 일본 제국주의는 침략 전쟁을 일으키면서 강압적으로 교단을 통폐합하도록 만드는 종교단체법을 1939년에 제정함으로써 일본에 있는 한인 교회는 존속의 위기를 맞게 되었다. 이에 재일본조선기독교회는 교회의 유지 존속을 위해 '일본기독교회'에 가입을 신청했다. 1940년 일본기독교회는 목사의 재시험, 예배와 집회 때 일본어로 설교할 것, 일본기독교회의 신조를 따를 것을 조건으로 재일본조선기독교회를 흡수 통합

---

61 김병호 선교사, "에큐메니칼 선교: 재일대한기독교회를 중심으로," 48-49.
62 김병호 선교사, "에큐메니칼 선교: 재일대한기독교회를 중심으로," 48.

했고, 1941년에는 '일본기독교단'에 통합되었다. 일본이 태평양전쟁에 돌입하는 가운데 교회에 대한 탄압은 더욱 심해졌다. 교회의 설교와 공식 기록이 모두 일본어로 하도록 강요됨으로써 신앙의 선배들이 희생당했고, 고난을 당했다.[63]

라) 재일대한기독교회의 재건기

일본이 패전하고 조선은 해방을 맞은 후 일본에 이주했던 조선인 다수가 귀국했다. 일본에 남았던 소수의 목회자와 300여 명의 신자가 동경교회를 재건했다. 21개의 한인 교회가 1945년 11월 15일 서경교회(현재의 교토교회)에 모여 '재일조선기독교연합회'를 창립했고, 강제로 편입되었던 구(舊) 일본기독교단으로부터 탈퇴할 것을 결의했다. '재일 조선기독교연합회'의 명칭이 1948년에 '재일대한기독교회'로 변경되었다. 해방의 기쁨을 뒤로 하고 조국은 남북으로 분단되었고 한국전쟁으로 분단이 장기화되어 가자, 재일 동포의 사회도 조국의 분단을 반영하게 되었다. 남한 정부를 지지하고 국적을 대한민국으로 하는 사람들은 '대한민국 거류민단'(민단)에 속하고, 북한을 지지하는 사람들은 '재일조선인총연합회'(조총련)에 적을 두고 서로 반목했다. 그런데 재일대한기독교회는 재일 동포들이 분단의 영향으로 서로 반목하는 사이에서 화해자의 책임을 다하지 못한 것을 반성하게 되었다. 이러한 반성은 이후에 신학적 전환을 초래하는 계기가 되었다.[64]

마) 재일대한기독교회의 선교 영역의 확대: 인권 선교, 평화 선교

재일대한기독교회는 1968년 10월에 선교 60주년을 맞으면서 "그리스도를 따라 이 세상으로"라는 표어를 세우고, '재일 동포 사회에 변혁을', '세상에 희망을'이라는 부제를 내세웠다. 재일대한기독교회는 이제까지 무사안일의 개인주의적 신앙생활을 회개하고, 일본에서 차별받고 고난의 가시밭길을 걸어가는 재일 동포의 삶과 함께하겠다는 결의와 함께 재일 동포의 인권 개선을 선교적 과제로 여기고 활동하게 되었다. 이러한 신학적 전환의

---

63 김병호 선교사, "에큐메니칼 선교: 재일대한기독교회를 중심으로," 49.
64 김병호 선교사, "재일대한기독교회의 에큐메니칼 선교," 95-96.

이면에는 재일대한기독교회가 하나님의 선교(*missio Dei*)를 수용한 것이 있고, 1968년 웁살라에서 열린 제4차 세계교회협의회의 총회가 직접적으로 영향을 준 것으로 본다. 재일대한기독교회는 1971년에 오사카 재일한국기독교회관(Korean Christian Center)을 설립했고, 1974년에는 도쿄에 재일한국인문제연구소(Research-Action Institute for the Koreans in Japan)를 설립하여 재일 동포의 인권과 지위 향상을 위해 활동하기 시작했다. 재일 동포의 인권 문제가 크게 부각된 것은 일본에서 출생하여 교육을 받고 납세를 하는 재일 동포 2세대들이 받아왔던 고용차별, 공영주택 입주 차별, 외국인 등록증 지문 날인 및 등록증 상시 휴대 의무 등 굴욕적인 인종차별에 재일 동포들이 1970년대부터 저항했기 때문이었다. 재일대한기독교회는 1974년에 제1회 "마이너리티 문제와 선교"를 주제로 국제회의를 개최하여 세계교회협의회를 비롯한 세계 교회에 일본 정부가 자행하는 재일 동포에 대한 차별을 알리고 인종차별주의와의 싸움에 세계 교회가 동참할 것을 호소했다. 이 국제회의 결과 설립된 재일한국인문제연구소는 일본에서의 재일 동포에 대한 인종차별에 대해 연구하고 관련 자료를 수집하고 인권 세미나를 개최하고 있다. 재일대한기독교회는 일본기독교협의회(NCCJ)와 연대하여 1970년대에 조국의 민주화운동에도 적극적으로 참여했고, 1980년대 외국인 지문 날인 철폐 운동에도 앞장섰다.[65]

　　재일대한기독교회는 조국의 평화와 통일을 위한 활동에도 적극적으로 참여했다. 세계교회협의회(WCC)는 1984년에 일본 도잔소에서 남한 교회, 북한 교회와 세계 교회들이 모여 한반도의 평화통일을 위해 회의를 열고자 했다. 북한 교회는 도잔소 회의에 불참했다. 세계교회협의회(WCC)의 노력으로 1986년 스위스 글리온에서 남한 교회와 북한 교회의 첫 만남이 이뤄졌다. 남한 교회와 북한 교회가 일본에서 처음으로 만난 것은 일본기독교교회협의회가 양 교회를 초청한 1989년이었다. 이러한 만남을 통해 재일대한기독교회는 남한 교회, 북한 교회, 해외 교회 지도자들이 만나 조국의 평화적 통일을 위해 대화하고 기도하며 방안을 찾아가는 것을 선교적 사명으로 깨달았다. 재일대한기독교회는 1990년 7월에 동경 한국기독청년회(YMCA)에서 처음으로 '조국의 평화·통일을 위한 기독자 동경

---

65 김병호 선교사, "에큐메니칼 선교: 재일대한기독교회를 중심으로," 49-51.

회의'를 개최했다. 2002년까지 재일대한기독교회는 '조국의 평화·통일을 위한 기독자 동경회의'를 8회 개최했다. 주요 참석자는 남한에서는 한국기독교교회협의회(NCCK), 북한의 조선그리스도교연맹(조그련) 그리고 재일대한기독교회와 에큐메니칼 협력 관계에 있는 교단들, 미국, 캐나다, 독일 등의 한인 디아스포라 교회 지도자들이었다. 재일대한기독교회가 이러한 역할을 상대적으로 수월하게 할 수 있었던 데에는 일본의 조총련이 있기 때문이었다. 2014년 6월 스위스 보세이에서 세계교회협의회의 주관으로 남한 교회, 북한 교회, 세계 교회 지도자들이 도잔소 회의 30주년을 기념하여 함께 모여 세계 교회가 매년 한반도 평화를 위한 기도의 날을 정하자는 제안을 채택했다. 재일대한기독교회는 매년 8월 둘째 주일에 실시하는 평화통일주일 헌금 1만 달러를 조선그리스도교연맹에 전달하고 있다. 재일대한기독교회와 선교 협약을 맺고 있는 한국교회는 대한예수교장로회의 통합, 합동, 대신, 백석, 한국기독교장로회, 기독교대한감리회, 기독교대한성결교회 등 7개 교단이다. 남북의 평화·통일 문제는 주로 한국기독교교회협의회(NCCK) 계열의 교회들이 참석하지만, 재일대한기독교회가 주관하는 만남에는 재일대한기독교회와 선교 협약을 맺은 보수 교단들도 참여하기 때문에 참여 폭이 더 넓다. 이처럼 재일대한기독교회는 조국의 분단과 이념적 갈등의 틈새에서 화해의 길을 모색하는 가교의 역할을 해왔다.[66]

재일대한기독교회는 1999년 '신 가이드라인 법안 통과와 일장기를 국기(國旗)로, 기미가요를 국가(國歌)로 법제화하려는 움직임에 반대를 표명했다. 2001년에 재일대한기독교회는 일본 정부의 역사 교과서 왜곡에 대해 반대하는 성명서를 발표했다. 2013년 10월에 열린 제52회 총회는 후쿠시마 원전 참사 이후 일본 정부가 탈원전 정책을 펼칠 것을 촉구하고, 후쿠시마 재해 지역의 외국 국적 주민을 고립시키지 말 것을 요구하고, 정부로부터 독립된 '국내 인권 기관'을 설립할 것을 요구하고, 자유와 존엄을 빼앗는 개정 입관법을 개정할 것을 촉구하고, 일본의 식민 지배를 비롯한 일본의 역사적 책임을 인정하고 책임 있는 행동을 촉구하고, 외국인 주민 기본법 제정을 촉구하는 사회적 태도를 표명했다. 그리고 재일대한기독교회 총회는 자민당에 의한 정교분리 원칙을 거스르고 종교의 자유를

---

66 김병호 선교사, "에큐메니칼 선교: 재일대한기독교회를 중심으로," 51-53.

위협하는 헌법 개정안에 대해 반대하는 성명서를 발표했다. 2022년에 재일대한기독교회는 아베 신조 암살 이후 일본이 군국주의의 방향으로 나아가는 것과 러시아의 우크라이나 침공과 북한의 미사일 발사 등으로 인해 일본의 재무장 분위기가 고조되는 것에 염려를 표했다.

바) 재일대한기독교회의 에큐메니칼 협력 선교

위에서 언급했던 선교 과제들은 재일대한기독교회의 역량만으로는 부족하여 일본교회들과 한국교회 및 세계 교회가 협력해서 대처가 가능했다. 재일대한기독교회는 일본교회와 선교 협약을 맺고, 일본기독교협의회(NCCJ)에 가입하여 일본교회 및 단체들과 교류 및 협력과 연대를 해 오고 있다. 특히 한국교회와의 연대와 협력은 큰 힘이 되었다. 대한예수교장로회의 통합, 합동, 대신, 백석, 한국기독교장로회, 기독교대한감리교회, 기독교대한성결교회 등 7개 교단과 선교 협약 관계를 체결하여 협력하고 있다. 뿐만 아니라 세계교회협의회(WCC), 아시아기독교협의회(CCA), 세계개혁교회커뮤니온(WARC→WCRC) 등의 가맹 교단으로서 세계 교회와도 연대하고 있다. 그중에서도 특히 오랜 세월 동안 재일대한기독교회를 파트너 교회로서 협력하고 지원하고 있는 캐나다장로교회(PCC)와의 연대는 높이 평가할 수 있다. 그 밖에 미국장로교회(PCUSA), 미국개혁교회(RCA), 미국연합그리스도교회(UCC), 호주연합교회(UCA)와 선교 협약 관계를 맺고 연대하며, 캐나다연합교회(UCC), 미국연합감리교(UMC)와 협력을 돈독히 하고 있어, 작은 마이너리티 교회이지만 세계적인 에큐메니칼 네트워크를 지닌 특이한 교회이다.[67]

사) 재일대한기독교회의 현황

재일대한기독교회는 일본 열도 전역에 흩어진 재일 동포 교회로 5개 지방회(노회), 100개 교회와 5천 명의 신도로 구성되어 있다. 2008년에 열린 선교 100주년 대회는 "감사의 100년, 희망의 100년"을 표어로 정하고, 요셉이 이집트에 오게 된 것은 하나님께서 생명을 구원하시기 위하여 자기를 먼저 보내셨다는 고백을 재일대한기독교회의 고백으로 삼고

---

67 김병호 선교사, "재일대한기독교회의 에큐메니칼 선교," 황홍렬 편저, 『에큐메니칼 협력 선교: 정책·사례·선교신학』 (서울: 꿈꾸는터, 2015), 99-100.

재일 동포 선교 100주년을 맞았다.[68]

(3) 재일대한기독교회 선교의 특징

재일대한기독교회 선교의 특징을 제시하기 전에 먼저 일본 선교의 어려운 점을 소개하고자 한다. 김병호 선교사는 일본 선교가 어려운 점을 역사적 흐름 속에서 설명한다. 16세기 중반 일본 남부 영주(다이묘)들이 포르투갈 상선으로부터 무기(총기류)를 구입하기 위한 정치적 이유 때문에 기독교를 받아들이며 집단 개종이 일어났다. 그러다가 금교령이 내려지면서 약 4만 명의 신자들이 순교를 당했다. 1859년 일본이 문호를 개방하면서 미국 개신교 선교사가 입국했고, 1868년 메이지 유신을 계기로 기독교 선교가 활발하게 전개되었다. 일본 최상류 계층에 속한 무사 계급의 사람들이 근대화에 기여했다. 하류 무사 계급에 속한 사람들이 기독교를 접하게 되면서 기독교는 지식인 계층에 전파되었다. 서민적이고 대중적인 초대 한국교회와 달리 일본의 기독교는 평민들이 접하기 어려운 고급 종교로 지적이고 합리적인 종교라는 이미지를 갖고 있다. 그렇지만 일본의 기독교는 영혼 구원에 대한 갈급함이 희박하고, 성령의 역사보다는 배움과 묵상을 통한 조용한 변화를 추구했다. 그래서 일본에는 서구 기독교 문화는 전파되었지만, 기독교의 복음은 전파되지 않았다는 말이 있다. 서구 기독교 문화는 일본에 상당히 정착했지만, 속죄와 구원과 같은 복음의 핵심적 요소들이 일본인에게 주는 호소력은 상당히 약하다고 할 수 있다. 일본 젊은이들은 신앙과 관계없이 결혼식을 기독교식으로 하는 것을 선호하고 있다. 교회나 기독교 단체가 운영하는 기독교 학교나 유치원에 입학을 시키려고 학부모들이 줄을 서고 있다. 그러나 이런 학부모 대부분은 기독교인이 아니다. 일본은 서양의 문명과 기술을 받아들이지만, 일본의 혼(魂)을 기초로 하여 그 위에 서양 기술을 세웠다. 일본인들은 자신의 혼을 파내려 하지 않기 때문에 일본인들에게 복음의 씨앗을 뿌리는 것은 대단히 어려운 일이다.

이처럼 일본이라는 복음을 뿌릴 토양이 한국과는 다르기 때문에 일본 전도와 선교의

---

68 김병호 선교사, "에큐메니칼 선교: 재일대한기독교회를 중심으로," 47.

방법은 한국인에게 사용하는 전도와 선교의 방법과는 달라야 한다. 1995년 동경의 한 실내 야구장에서 빌리 그래함 목사가 주도하는 전도대회를 개최한 적이 있다. 그렇지만 반응은 기대 이하였다. 왜냐하면 항상 깊이 생각하고 신중하게 생각하며 시간적 여유를 가져야 하는 일본인에게 당장 그 자리에서 결심하라고 하면 엄청 망설이는 것이 일본인이기 때문이다. 일본인의 신·구교 교인은 모두 합쳐 196만 명으로 전체 인구의 1%(일본 문화청 종교연감 2022년 통계)이다. 한국교회가 교회 성장에 힘을 기울이면서 복음의 본질에서 자꾸 멀어져 가고 있어 안타깝다. 반면에 일본교회는 본질에만 얽매여 있고 시대적 변화에 제대로 대처하지 못해 젊은이들이 교회를 찾지 않고 있다. 일본교회가 본질에 충실하면서도 시대적 변화에 적절히 대응하는 역동적인 교회, 영혼 구원 사업에 좀 더 적극적인 교회로 변화가 되어야 할 것이다.[69]

일본 선교가 어려운 것은 일본 종교를 이해하기 어렵기 때문이다. 일본인은 일본을 '신의 나라'(神國)로 이해하고, 이러한 자의식을 바탕으로 "신국으로부터 세계로"라는 표어를 가지고 국민 의식과 정신의 기초 이념을 형성했다. 신사신도(神社神道)는 불교, 유교 등과 결부되어 막부 시대에 습합 종교(혼합 종교)로 발달해 가면서 불교 우위의 신불 습학(神佛習合)의 종교적 신념 체계가 형성되었다. 신국사상은 현실에서는 쇄국 정책으로 기능했고, 종교적으로는 신도(神道)가 정법(正法)이고, 기독교는 이적(異敵)의 사법(邪法)으로 대비시켰다. 일본 전국시대 최후 승자인 도쿠가와 이에야스와 후계자들은 신국 이념을 자신의 권력 강화와 신격화와 연결시켰다. 국가신도는 메이지유신을 통해 천황 중심 체제인 근대국가를 지향한 근대 일본 정부가 계획하고 추진한 종교문화이며, 사회 체계였다. 일본인이 신도(神道)를 거부하는 것은 종교의 문제일 뿐 아니라 가족, 친척, 지인 등, 민족 정체성과 사회관계를 상실하는 것이다. 일본인은 신국의 자녀이기 때문에 죄악은 외부에 존재하지, 신국의 자녀 안에 악이 존재할 수 없다. 따라서 일본에서 적응주의 선교가 실패한 것은 일본 정신세계와 종교에 대한 이해가 부족했고, 급변하는 정치적 상황과 세계 역사에 적절히 대응하지 못했기 때문이다.[70] 일본 사회에서 불교의 영향력은 광범위하다. 그렇지만

69 김병호 선교사, "에큐메니칼 선교: 재일대한기독교회를 중심으로," 42-46.

독실한 불교도를 찾기는 쉽지 않다. 그런데도 예배에 참석하고 성경공부를 하는 일본인이 수세에 이르지 못하는 것은 본인과 가족 속에 있는 불교 환경 때문이다.[71]

일본에서 선교를 하기 위해서는 눈에 보이는 열매나 성취보다는 살아남기 프로젝트로 시작하는 것이 바람직하고, 한국보다 몇 배 느린 나라이기 때문에 천천히 멀리 보고 가야 하고, 일본인과 일본교회, 일본 사회와 소통의 자리를 확보해 가야 하고, 역동성이 부족한 것을 견뎌야 한다. 엔도 슈사쿠의 소설『침묵』에 나오는 것처럼 기독교는 일본이라는 깊은 수렁에 빠져들어 가 뿌리가 썩고 말라비틀어지는가 하는 의문을 갖게 한다. 이 소설을 바탕으로 마틴 스코세이지 감독이 2016년에 <사일런스>라는 제목으로 영화를 제작했다. 영화의 마지막 장면에 배교한 로드리고 신부가 죽어 시신을 안치하는데 사무라이 대여섯 명이 감시하지만, 신부의 아내가 몰래 신부의 손에 십자가를 지워준 후 신부는 십자가를 쥐고 화염 속에서 산화한다. 일본인들이 로드리고 신부를 배교시키고 시신까지 감시했지만, 로드리고 신부가 십자가를 쥐고 산화하는 장면을 십자가의 승리로 읽을 수 있다. 배교의 쓰라린 죄책감을 평생 안고 살아갔던 로드리고 신부까지도 품어주고도 남는 한량없는 하나님의 사랑이 십자가의 사랑이다.[72]

재일대한기독교회 선교의 특징은 첫째, 에큐메니칼 협력 선교이다. 재일대한기독교회는 장로교회, 감리교회, 성결교회가 합동(Uniting)하여 이룬 교회이다. 일제의 식민지 통치 하에 장로교회와 감리교회와 성결교회가 연합한 교회로 전도 활동을 전개해 왔다. 그동안 재일대한기독교회는 일본교회와 한국교회뿐 아니라 다양한 세계 교회와 선교 협력과 협약을 체결하여 다양한 주제와 과제를 협력 선교로 해왔다. 재일대한기독교회는 한국교회와 협력하여 이단에 함께 대처하고 있으며, 일본의 다양한 교단과 협력하여 교회 일치를 지향하고, 교회 내 구성원의 다양성에 대응하는 목회를 위해 함께 노력했고, 재일 동포의 인권 선교와 이주노동자 선교, 소수자 선교, 평화 선교에 협력하고 있다. 재일대한기독교회는

---

70 임태호 선교사, "일본에 대한 종교적 이해," 대한예수교장로회 총회 세계선교부 편,『선교 현장 이야기: 일본 편』, 99-130.

71 김인과 선교사, "일본 선교와 문화," 대한예수교장로회 총회 세계선교부 편,『선교 현장 이야기: 일본 편』, 200.

72 전병옥 선교사, "일본 선교를 시작하는 이들에게," 대한예수교장로회 총회 세계선교부 편,『선교 현장 이야기: 일본 편』, 93-96.

조국의 평화와 통일을 위한 활동이나 소수자 선교를 위해서 세계교회협의회, 아시아기독교협의회, 세계개혁교회커뮤니온, 캐나다장로교회 등 세계 교회와 협력하고 있다.[73]

둘째, 재일대한기독교회는 소수자 선교를 지향한다. 재일대한기독교회는 차별받고 고통을 겪는 재일 동포와 함께 살며 그들의 인권·인간 존엄을 지키는 선교 활동을 하고 있다. 재일대한기독교회가 고난 받는 재일 동포와 함께하면서 선교 영역이 일본에 사는 여러 민족의 소수자들을 섬기게 되었다. 재일대한기독교회는 1974년에 제1회 "마이너리티 문제와 선교"라는 주제로 국제회의를 개최하여 인종적 차별에 맞서 싸웠다. 1994년에 개최한 제2회 '마이너리티 문제와 선교' 국제회의는 일본에 있어서의 외국인 등록법의 근본적 개정과 외국인 주민 기본법 제정 등에 관한 이슈에 대처하고자 했다. 2015년 11월에 열린 제3회 '마이너리티 문제와 선교' 국제회의의 이슈는 일본 보수 정권의 극우 성향의 민족적 인종차별주의에 의해 대도시 주변에 살고 있는 한인 타운을 중심으로 만연하고 있는 헤이트 스피치(Hate Speech)를 극복하고, 일본 정부가 인종차별을 철폐하는 법안을 제정하도록 온 세계 교회가 공유하며 기도하는 것이다. 재일대한기독교회는 차별적 대우를 받는 민족적 마이너리티인 재일 동포를 섬긴 경험과 노하우를 바탕으로 차별받는 외국인 이주노동자들을 섬기기 위해서 마이너리티 선교센터를 세우고자 했다.[74] 재일대한기독교회는 세계 교회의 지원을 받아 2015년에 마이너리티 선교센터를 설립하여 활동하고 있다.

셋째, 재일대한기독교회의 선교는 교회 구성원의 다양성(diversity)을 기반으로 선교 활동을 전개하고 있다. 재일대한기독교회에 속한 한인 교회의 구성원은 일제 강점기에 현해탄을 건너왔던 재일 1세와 그 후손인 재일 2세부터 재일 5세까지의 재일의 동포들의 세대와 최근에 도일한 소위 신 1세 그리고 일본 국적을 지닌 자와 재일 코리안 국적을 지닌 부모 사이에서 태어난 다문화가정, 한국에서 건너와 일본인과 국제결혼 하여 사는 이, 한국인이나 한국에 흥미를 가진 순수한 일본인, 재중 동포(조선족) 등이다. 이렇게 다양한 구성원이 한인 교회에 출석하기 때문에 이들의 아이덴티티의 문제와 언어의 다양성이

---

73 김병호, "재일대한기독교회의 에큐메니칼 선교," 100.

74 앞의 글, 100-102.

있다. 그렇지만 재일대한기독교회는 이러한 다양성을 일본 선교의 원동력으로 전환하고자 노력하고 있다.[75]

재일대한기독교회의 다양성은 교인의 다양성뿐 아니라 교역자의 다양성을 포함하고 있다. 재일대한기독교회를 섬기는 교역자도 세 부류로 나눈다. 첫째, 해방 이전부터 일본에 살았던 재일 동포의 후손으로서 일본에서 출생한 이들로 전체 교역자의 30%에 해당한다. 둘째, 1980년대부터 다른 목적으로 입국하거나 부모를 따라 일본에 와서 살다가 소명을 받아 일본 신학교를 졸업하여 교역자가 된 이들로 전체 목회자의 30%에 해당한다. 셋째, 한국 선교 협약 교단으로부터 선교사로 파견을 받아 재일대한기독교회에 협력하여 목회를 하고 있는 선교사들로 전체 목회자의 40%에 해당한다. 이처럼 재일대한기독교회를 섬기는 목회자들의 성장 과정과 교파적 배경이 다양함으로 인해 재일대한기독교회에 속한 한인 교회들은 언어적으로 다양한 형태를 띠고 있다. 즉, 사역하는 목회자에 따라 언어적으로 한국어가 전혀 필요 없이 오직 일본어로만 예배드리는 교회도 있다. 반면에 일본어가 전혀 필요 없어 오직 한국어로만 예배드리는 교회도 있다. 그렇지만 대부분의 교회가 한국어와 일본어를 함께 사용하면서 예배를 드리고 회의를 하면서 교회를 운영한다. 이러한 다양성 때문에 재일대한기독교회는 서로 다름을 인정하지 않을 수 없으며 신학 및 신앙적 성향이 다르지만 서로 존중하고 있다. 일본교회도 아니고 한국교회도 아닌 재일대한기독교회는 100년이 넘는 세월을 지내오면서 세대를 달리하는 교회, 1980년대 후반부터 한국의 여행자율화에 따른 다수의 신세대의 입국으로 인해 한인 교회는 수적으로 증가하고 활기차기도 하지만, 서로 다른 신앙 양태로 인한 갈등도 일어나면서 자신의 정체성을 새롭게 만들어 가고 있다.[76]

넷째, 재일대한기독교회는 평화 선교를 전개하고 있다. 재일대한기독교회는 조국의 평화와 통일을 위한 활동에도 적극적으로 참여했다. 남북한의 평화와 통일을 위해 만남과 대화의 자리를 마련하고 평화통일을 모색하는 세계 교회를 통해 재일대한기독교회는 남한

---

75 앞의 글, 101.
76 앞의 글, 102-103.

교회, 북한 교회, 해외 교회 지도자들이 만나 조국의 평화적 통일을 위해 대화하고 기도하며 방안을 찾아가는 것을 선교적 사명으로 깨달았다. 재일대한기독교회는 1990년 이래 총 8회 '조국의 평화·통일을 위한 기독자 동경회의'를 개최했다. 재일대한기독교회는 매년 8월 둘째 주일에 실시하는 평화통일주일 헌금 1만 달러를 조선그리스도교연맹에 전달하고 있다. 이처럼 재일대한기독교회는 조국의 분단과 이념적 갈등의 틈새에서 화해의 길을 모색하는 가교의 역할을 해왔다. 그리고 재일대한기독교회는 1999년 '신 가이드라인 법안 통과와 일장기를 국기(國旗)로, 기미가요를 국가(國歌)로 법제화하려는 움직임에 반대를 표명했다. 2001년에 재일대한기독교회는 일본 정부의 역사 교과서 왜곡에 대해 반대하는 성명서를 발표했다. 2013년 10월에 열린 제52회 총회는 후쿠시마 원전 참사 이후 일본 정부가 탈원전 정책을 펼칠 것을 촉구하고, 후쿠시마 재해 지역의 외국 국적 주민을 고립시키지 말 것을 요구하고, 정부로부터 독립된 '국내 인권 기관'을 설립할 것을 요구하고, 자유와 존엄을 빼앗는 개정 입관법을 개정할 것을 촉구하고, 일본의 식민 지배를 비롯한 일본의 역사적 책임을 인정하고 책임 있는 행동을 촉구하고, 외국인 주민 기본법 제정을 촉구하는 사회적 태도를 표명했다. 그리고 재일대한기독교회 총회는 자민당에 의한 정교분리 원칙을 거스르고 종교의 자유를 위협하는 헌법 개정안에 대해 반대하는 성명서를 발표했다. 2022년에 재일대한기독교회는 아베 신조 암살 이후 일본이 군국주의의 방향으로 나아가는 것과 러시아의 우크라이나 침공과 북한의 미사일 발사 등으로 인해 일본의 재무장 분위기가 고조되는 것에 염려를 표했다.

(4) 재일대한기독교회 선교의 과제

첫째, 점점 더 좁아져 가는 지구촌 시대 속에서 재일대한기독교회의 선교신학을 재구축하고 새로운 선교 전략을 전개해 나갈 필요성이 있다. 둘째, 이주노동자나 난민과 더불어 오키나와, 아이누, 재일 동포 등의 오랜 역사성을 지닌 소수자에 대한 뿌리 깊은 차별과 후쿠시마 원자력 발전소 방사능 피해자, 장애인, 생활 수급 대상자에 대한 차별의식 등에 대한 문제점을 해소해 가는 소수자 선교를 발전시켜야 한다. 셋째, 일본에서 태어난 2세,

3세의 재일 코리안 그리고 일본인과 재일 코리안인 양친 사이에 태어난 다문화가정(이전에는 하프라고 했지만 지금은 소위 더블이라고 표현) 등이 재일대한기독교회의 구성원이 되었다. 또한 1965년 이후에 일본에 입국한 뉴 커머(new comer) 1세대와 일본 국적을 취득하기 위하여 귀화한 코리안들이 교회 안에도 증가하여 문화적·인종적·언어적으로 다양한 교인들로 구성된 한인 교회의 포괄적인 아이덴티티를 확립해 나갈 과제가 있다. 넷째, 재일대한기독교회는 여성 교인의 지위와 교회에서 여성 신자들의 역할도 강화시키는 프로그램을 개발해야 한다. 다섯째, 재일대한기독교회는 다양한 문화적·인종적·언어적 배경을 지닌 청년이나 학생들이 스스로 자신의 아이덴티티에 대한 확신을 갖도록 도와야 할 과제를 갖고 있으며, 이들이 자연환경의 보전이나 주변화된 사람들을 향한 사회적 정의 등 세계적인 선교 과제에 참여하도록 도울 필요가 있다. 여섯째, 전 세계에 흩어져 있는 한인 디아스포라를 비롯하여 민족적인 소수자들의 네트워크를 구축해 나갈 필요가 있다. 일곱째, 재일대한기독교회와 선교 협력 관계를 맺고 있는 한국교회 및 세계 교회와 실질적 연대와 교류를 추진하며 선교적 과제를 공유해야 한다. 여덟째, 재일대한기독교회가 에큐메니칼 단체와 선교적 과제를 효과적으로 나누기 위해서는 재일대한기독교회의 일꾼들이 국제 무대에서 원활하게 의사소통을 할 수 있는 차세대 인재 양성을 해야 한다. 특히 차세대의 신앙적 계승과 지도자 양성을 위해서는 전 세계에 흩어진 디아스포라 한인 교회들이 차세대 인재 양성이라는 과제를 공유하며 공동으로 대처할 필요가 있다.[77]

6) 에큐메니칼 협력 선교에 이르게 된 선교신학의 흐름[78]

(1) 역사적 배경

근대 개신교 선교 역사의 초기에 선교협회는 초교파적이거나 비교파적이었다. 그런데

---

77 앞의 글, 103-104.
78 이 부분은 황홍렬, "에큐메니칼 협력 선교의 사례와 선교신학적 의의," 황홍렬 편저, 『에큐메니칼 협력 선교: 정책, 사례, 선교신학』(서울: 꿈꾸는터, 2015), 187-193에서 가져온 것임을 밝힌다.

1820년대에 들어서면서 선교 협력의 열정이 식고, 교파적 성격이 강해지기 시작했다. 그러다가 19세기 중반부터 1875년 이전까지의 기간에는 교단 교회들의 국제적 연합이 활발해졌다. 선교지에서 각기 다른 선교 기관들 사이의 예양 협정(Comity Agreement)[79]을 통해 지역에 교파주의가 나타났다. 이것은 순전히 실용적인 협력이었다. 실용적 생각들은 의도적이지 않았지만 1880년대 이후 신학적으로 교회의 일치에 대한 재발견에 도달하게 되었다. 1910년 에딘버러세계선교대회는 참된 선교 없이 참된 일치가 이뤄질 수 없다는 것을 암시했다.[80]

(2) 에큐메니칼 협력 선교의 기원

윌리엄 캐리는 기독교 선교의 일치와 협력을 위해서 10년마다 세계 선교협의회를 열자고 제안했는데 첫 대회를 1810년에 열 것을 제안했다. 실제로 세계 선교대회가 열린 것은 100년 뒤에 에딘버러이었다. 그 사이 100년 동안은 위대한 선교의 세기였다. 19세기 동안 선교사는 수백 명에서 22,000명으로 증가했고, 전 세계 인구 대비 기독교인의 비율은 23%로부터 34%로 증가했다.[81] 19세기 선교대회를 통해 선교회들은 선교 경험을 나누면서 선교 활동을 활성화시켰으나 교파적 위신을 지키기 위한 제한적인 의사전달과 결정 등으로 그들의 선교대회는 지리적으로, 교파적으로 제한되었다.[82] 1910년에 열렸던 에딘버러세

---

79 예양 협정은 1888년 런던에서 열린 백주년 선교대회에서 처음으로 사용된 단어였다. 그러나 실제로 이런 활동은 1820년대 초부터 일어나고 있었다. 예양 협정은 선교회 사이에서 일어나는 모든 형태의 협정이나 협력을 가리키지만, 본질적으로는 선교지를 선교회별로 상호 분할하는 것을 가리킨다. 예양 협정의 이면에는 다른 선교회의 활동에 대해 간섭하지 않는 것이었다. 예양 협정은 결과적으로 지역에 따른 교파주의를 낳았다. 그러나 예양 협정의 본래 목적은 선교지의 비기독교인들에게 혼란을 초래하고 복음 전파를 방해할 불필요한 중복 선교, 경쟁, 예전의 다양한 형태 제시를 방지하는 것이었다. Stephen Neill, Gerald H. Anderson, John Goodwin(eds.), *Concise Dictionary of the Christian World Mission* (London: Lutterworth Press, 1971), 123.

80 데이비드 J. 보쉬 저/ 김병길·장훈태 공역, 『변화하고 있는 선교』 (서울: 기독교문서선교회, 2000), 675-676. 번역자들이 에큐메니칼 용어나 내용을 부적절하게 번역한 경우에는 원뜻대로 살렸음을 밝힌다.

81 Wilbert R. Shenk (ed.), *Enlarging The Story: Perspectives on Writing World Christian History* (Maryknoll, New York: Orbis Books, 2002), introduction, xii, Figure 1.

82 William Richey Hogg, *Ecumenical Foundations: A History of the International Missionary Council And Its Nineteenth-Century Background* (New York: Harper & Brothers, 1952), 16.

계선교대회는 이러한 한계를 넘어서려는 선교대회로서 의의가 있었다. 뿐만 아니라 이 대회 이후의 계속위원회와 여러 모임을 통해 신앙과 직제 운동, 생활과 사업 운동, 국제선교 협의회를 통한 세계 선교 등이 활성화되었다. 여기서 우리는 선교지에서 생기는 문제들을 조정하고 협력하기 위해 모인 선교대회를 통해 에큐메니칼 운동이 출발한 것과 에큐메니칼 운동이 신앙고백, 직제, 신학의 일치를 통한 교회 일치와 연합, 생활과 사업 등의 복음 실천 을 통한 교회 일치와 연합, 복음 증거를 통한 교회 일치와 인류의 일치를 지향하고 있음을 알 수 있다. 바꿔 말하면 선교 협력과 에큐메니칼 운동은 서로 뗄 수 없는 관계에 있음을 알 수 있다.

(3) 국제선교협의회(International Missionary Council, 1921, 이하 IMC)

예루살렘 대회(1928)는 서구 기존 교회(older church)와 신생 교회(younger church) 사이 의 관계를 비판적으로 주목했지만, 기독교 지역과 비기독교 지역을 구분하는 것은 비판하 지 않았다. 탐바람 대회(1938)는 기존 교회와 신생교회뿐 아니라 교회와 선교의 관계를 진지하게 토론했다. 이 대회는 기독교 국가와 비기독교 국가 사이의 구분을 원칙적으로 폐기했다. 서구에서는 제1차 세계대전, 나치즘, 파시즘에서 보는 것 같이 기독교 이교도들을 보게 되었고, 비서구 지역에서는 교회가 뿌리를 내리고 있었다. 기독교 국가와 비기독교 국가 라는 지리적 구분이 중요한 것이 아니라 서구 교회와 비서구 교회의 구분이 문제가 되었다.[83]

제2차 세계대전 직후에 모였던 휘트비 대회(1947)의 구호는 "복종 안에서의 파트너십" 이었다. 이 대회는 처음으로 서구 교회와 비서구 교회 사이에 대등한 동역 관계를 언급했다. 선교 대위임령을 양 교회의 공동과제로 설정했다. 여기서 참된 동역 관계의 성립은 공동의 신앙고백에 그치지 않고 연합행동을 하는 데 있다. 동역 관계는 그 자체가 목적이 아니라 선교를 위한 참여로 공동의 과제를 성취하기 위한 도구이다.[84] 휘트비 대회의 의의는 이러

---

83 데이비드 J. 보쉬, 『변화하고 있는 선교』, 549.

84 Gustav Menzel & Karl Müller, "Partnership in Mission" in Karl Müller, et. al. *Dictionary of Mission: Theology, History, Perspectives* (Maryknoll: Orbis Books, 1997), 339-340.

한 관계의 변화뿐 아니라 용어의 전환에 있다. 이제까지 '보내는 교회'와 '받는 교회', '모교회'(mother church)와 '자교회'(daughter church)라는 용어를 사용해 왔는데 이 대회에서 파트너십이라는 용어를 사용하기 시작했다. 그런데 파트너십이라는 용어가 애매한 것은 대영제국의 정책의 맥락에서 사용되었기 때문이고, 북반부가 권력을 그대로 유지한 채 남반부에게 자치를 허용한 것으로 해석될 수 있기 때문이었다.[85]

빌링엔 대회(1952)는 교회 중심적 선교로부터 선교 중심적 교회로의 변화가 일어난 대회이다. 교회는 선교의 출발점이나 목표가 아니다. 하나님의 구원 사역이 교회와 선교에 선행한다. 선교를 교회에, 반대로 교회를 선교에 종속시켜서는 안 된다. 선교와 교회는 하나님의 선교에 속해야 한다. 교회는 보내는 자가 아니라 보냄을 받은 자이다. 가나 대회(1958)는 세계 선교가 우리 인간의 것이 아니라 그리스도의 것, 하나님의 것임을 확신했다. 중요한 합의는 교회는 선교라는 것, 선교 본부는 모든 곳에 있다는 것 그리고 협력 선교의 의미를 한 교회가 다른 교회를 향한 모든 형태의 후견인 됨을 종식시키는 것으로 보았다.[86] 그런데 1950년대에는 파트너십과 관련해서 두 가지 역학관계가 있었다. IMC에 가입한 선교 단체들은 선교지에서 선교사의 현존이나 영향력을 줄이고 지역 교회의 자치를 증가시키려 했다. 그런데 제2차 세계대전으로 파괴된 국가와 난민을 돕기 위해 사회봉사 기관들이 만들어졌다. 이들 기관이 조직되자 그들의 활동 범위는 남반부로 확대되었다. 남반부에서 교회 간 봉사 부서들은 사회봉사적 참여 활동을 늘려나갔다. 우리는 파트너십을 지역교회(남반부 교회)의 자치를 증가시키는 방향으로 이해하려는 움직임과 북반부 교회가 사회봉사 활동을 통해 남반부 교회로 영향을 확대하려는 움직임 등 여전히 두 가지 상반된 역학관계의 결과와 씨름하고 있다.[87]

85 Samuel Kobia, "Cooperation and the Promotion of Unity: A World Council of Churches Perspective," in David A. Kerr & Kenneth R. Ross (eds.), *Edinburgh 2010 Mission Then and Now* (Eugene: Wipf and Stock Publishers, 2009), 238.

86 데이비드 J. 보쉬, 『변화하고 있는 선교』, 550.

87 Samuel Kobia, "Cooperation and the Promotion of Unity: A World Council of Churches Perspective," 238-239.

(4) 세계교회협의회(WCC)[88]

IMC의 마지막 선교대회였던 가나 대회가 WCC와 통합을 결의한 것은 선교와 교회에 대한 새로운 이해가 더 이상 선교를 지향하는 IMC와 교회일치운동을 벌이는 WCC의 공존이 부조화라고 보았기 때문이었다. 일치와 선교의 이분법은 WCC 뉴델리 총회(1961)에서 IMC가 WCC에 통합됨으로써 극복되었다. 이 통합의 신학적 요점은 일치와 선교가 함께 속한다는 점이다. 교회가 본질적으로 선교적 본성을 지녔다는 점에 대한 재발견은 선교가 오직 하나 된 그리스도의 교회에 의해 수행될 때만 기독교적이라는 발견으로 나아갔다. 여기서 벗어나면 우리는 사람들을 우리의 '교파'로 인도하고, 동시에 그들에게 분열의 독을 먹이는 것이 된다. 뉴비긴은 뉴델리 총회 연설에서 "WCC에 속한 교회들에게 이것(통합)은 선교 임무가 갱신과 일치의 추구와 대등하게 교회의 삶의 핵심임을 인정하는 것을 의미한다." 그리고 WCC의 헌장에 "공동소명을 성취하기를 소망한다"는 문구를 추가함으로써 WCC가 선교적 특징을 갖게 했다. 선교 역사가 스티븐 닐은 이 통합을 교회사의 혁명적 사건이라고 했다.[89]

뉴델리 총회에서 인준된 '교회의 선교적 구조' 연구 계획의 수행 결과 선교 목표를 유럽팀은 샬롬, 북미팀은 인간화로 보았다. 이들은 호켄다이크의 영향을 받아 교회와 세상 사이의 구분을 완전히 폐기했다. 보쉬는 이러한 접근방식의 문제를 선교에 대한 지나친 기대로 보았다. 이러한 연구 결과에 영향을 받은 웁살라 WCC 총회(1968)와 방콕 세계 선교와 전도위원회(Commission on World Mission and Evangelism, 이하 CWME) 대회는 당혹감을 느낄 정도로 교회를 비판하여 보쉬는 "교회 안에는 구원이 없다"고 할 정도였다고 했다. 호켄다이크의 제도적 교회에 대한 비판이 예언자적 심판을 신학적 이상으로 표현한 것은 적절하지만 보쉬는 불합리한 견해가 있다고 비판했다. 보쉬는 겐지헨을 인용해 교회의 존재할 권리가 선험적으로 논란된다면 교회의 세상 참여에 대해 말하는 것은 불가능하다는

---

88 WCC CWME 멕시코 시 대회(1963), 방콕대회(1973), 멜버른대회(1980), 산 안토니오 대회(1989)에 대해서는 황홍렬, "WCC의 선교이해: CWME대회를 중심으로," 「부산장신논총」 제12집 (2012): 264-297 참조.
89 데이비드 J. 보쉬, 『변화하고 있는 선교』, 678-679.

점을 지적했다. 이러한 분위기는 미국의 흑인 인권운동과 베트남 반전운동, 세계적인 68혁명 분위기 등 시대 분위기와도 연계되어 있었다. 1970년대 중반에 시대적 분위기의 전환이 있었다. 선교가 교회적 범주로 이해되지 않으면 선교를, 세상을 향한 책임과 세상과의 연대로 말하는 것이 불가능하다. 신학적으로 말하면 기독교 선교는 항상 기독론적이고 성령론적이다. 그런데 신약성서는 교회론적이지 않은 기독론과 성령론을 알지 못한다. 교회는 두 가지 초점을 지닌 타원으로 간주할 수 있다. 하나의 초점은 교회 삶의 원천인 예배와 기도이다. 다른 초점은 교회가 세상과 만나고 세상을 향해 도전하는 섬김, 선교와 복음이다. 몰트만의 표현처럼 교회의 정체성은 세상과의 관련성과 세상에의 참여로 유지된다. 룬트 신앙과 직제회의(1952)는 "교회는 항상 그리고 동시에 세상에서 부름 받고 세상으로 파송 받는다"라고 했다. 교회는 한편으로는 세상을 섬길 수 있도록 정화되어야 하고, 회개와 변화가 요구되는 하나님의 선교의 대상이다. 다른 한편으로 교회는 사회적, 정치적, 경제적 계획에 무조건 동의할 수 없는 종말론적 공동체이다. 멜버른 CWME 대회는 교회를 더 진지하게 다뤘다. 교회와 선교의 통합은 교회에 선교적 성격을 부여했다. 이는 선교의 제도적 성격을 지원했던 예전 IMC 대회로 돌아간 것은 아니었다.[90] WCC의 첫 번째 선교 문서인 "선교와 전도: 에큐메니칼 확언"(1982)은 일치와 선교 사이의, 교회일치운동과 복음화 사이의 밀접한 관계를 언급하고 있다. CWME 산 안토니오 대회(1989)는 선교에서의 일치 요구는 교회의 삶에서 세상의 장벽들과 분열을 초월하는 공동체가 되며, 십자가 밑에서 하나 됨의 표시로 사는 것을 포함한다고 했다.[91]

"일치를 통한 오늘날의 선교와 전도"(2000)는 선교와 전도가 많은 문제에 직면한 오늘의 상황에서 교회가 일치 안에서 선교와 전도를 수행할 수 있도록 새로운 사명감을 불어넣으려는 시도에서 만들어졌다. 일부 교회와 선교 단체는 선교를 통해 새로운 '고객'을 자신의 교회로 끌어들이는데 종종 이 '고객'은 다른 교회에 소속된 사람으로 이 문서는 이러한 행위를 '양을 약탈하는 행위'라고 비판하고 경쟁적인 개종 강요를 반대한다. 여러 교회가

90 데이비드 J. 보쉬, 『변화하고 있는 선교』, 567-575.
91 위의 책, 679.

선교 활동과 봉사활동을 단독으로 수행하면서 다른 교회와 중복된 사역을 하거나 경쟁하고 있으며, 이러한 근본주의자와 반에큐메니칼 기독교 단체는 증가하고 있다. 초대교회에서 개종주의는 다른 종교로부터 기독교로 종교를 바꾸는 행위를 가리키기 때문에 긍정적 용어였다. 현대의 개종주의는 자유를 남용하여 자신이 속한 교회/교단을 바꾸도록 강요하는 모습을 가리키기 때문에 증거에 대한 위법 행위이다. 이러한 개종 강요는 복음을 위태롭게 만드는 역(逆) 증거가 된다. 개종 강요에 대한 대안은 공동의 증거다. 비록 분열된 교회라 하더라도 공동의 노력을 통해 모든 교회가 공유하는 하나님의 선물인 진리와 생명을 드러내면서 증거하는 것이다. 공동의 증언은 그리스도인들 사이의 관계와 교제를 풍요롭게 만들고 강화하기 때문에 건설적이다. 일치 안에서 선교를 하기 위해서는 먼저 이제까지의 선교가 교단적인 틀 안에서 이뤄진 것임을 반성하고, 에큐메니칼적 선교로 전환하도록 노력해야 한다. 교회와 선교 단체, 동역교회 사이에 협력적이고 구조적인 일치를 이루도록 헌신해야 하고, 선교사와 재원을 지원하더라도 인력과 재원을 양 교회의 동등한 의사결정 과정을 통해 의논하고 합의해야 하고, 상호협력의 정신 아래 서로 배우고 돕고, 양자 사이의 불평등한 힘의 분배를 극복하기 위해 힘의 남용을 경계하고 의존적 관계가 되지 않도록 하며, 정의로운 관계를 유지하도록 노력해야 한다. 선교와 일치는 불가분 관련된다.[92]

WCC의 두 번째 선교 문서인 "함께 생명을 향하여"(2012)에 의하면 21세기의 선교는 겸손함 안에서 공동 증거를 통해 '승리자'와 '정복자'라는 모습을 극복하고, 진실된 증인은 기독교인의 수적 성장만을 위한 확장주의적인 수단 혹은 경쟁적인 태도와 양립할 수 없다. 공동 증언은 교회가 심지어 분리되어 있을 동안에라도 특별히 협력을 통해 그들이 이미 공통으로 나누고 경험한 진리와 생명의 신령한 선물이 무엇인지 보여주고, 교회가 그것을 함께 품는 것이다. 일치의 영인 성령은 다양성 안에서의 연합을 주도적으로 그리고 건설적인 측면에서 기뻐하기 위해 사람들과 교회들을 연합시킨다. 성령은 다름의 문제를, 다양성을 기뻐해야 하는 이유로 바꾸셨다.[93]

---

92 세계교회협의회/김동선 옮김, 『통전적 선교를 위한 신학과 실천』(서울: 대한기독교서회, 2007), 108-148.
93 WCC, "함께 샘영을 향하여," 「WCC 제10차 총회 자료 모음」(부산, 2013), 94-97.

(5) 협력 선교: 선교 협력으로부터 공동의 증거와 관계망으로[94]

가) 1910년 에딘버러세계선교대회: 세계 복음화를 위한 협력[95]

에딘버러세계선교대회가 선교지에서 분열된 선교를 극복하기 위해 제시한 대안은 선교지 예양 협정(comity), 선교대회, 기도회, 공동 성서번역, 기독교 문서 제공, 연합된 정치적 옹호 행위, 고등교육기관 지원 등이었다. 이러한 대안들은 에딘버러세계선교대회가 개신교 역사에서 전환점임을 보여준다. 선교 협력은 선교사들의 경험에서 나온 새로운 아이디어였다. 에딘버러세계선교대회의 8분과(주제: 협력과 일치의 증진)의 결론은 일치에 대한 교회들의 생각이 다르더라도 가시적 교제 안에서 하나가 되어야 한다는 것과 선교지 교회가 분열을 치유하여 예수의 기도대로 일치를 이루는 길을 지향한다면 서구 교회가 선교 활동을 통해 영광스러운 보상을 얻을 것이라 했다. 그렇지만 선교 협력을 위한 실제적이며 정치적인 장애는 너무 커서 하나님의 왕국이라는 비전만이 선교 협력을 추구하는 데 있어서 적절한 동기를 제공할 수 있다. 데이나 로버트는 선교 협력이 선교와 일치의 모델로서 다음과 같은 한계와 장점이 있다고 했다. 선교 협력이라는 모델의 한계는 선교 운동이 작동하는 식민지와 기독교 세계의 기반에 대한 무비판적인 가정이었다. 또 하나님의 왕국을 선교지에 건설하는 데 대해 지나치게 낙관적이었고, 서구 선교사와 현지 교회 사이의 대등하지 않은 권력의 역학을 적절하게 고려하지 못했다. 협력 선교는 공동의 목적을 향해 동역하는 것을 선택했던 참여자들의 의지주의적(voluntarist) 사고방식을 존중하는 전형적인 개신교 모델이었다.

---

94 이 부분은 황홍렬, "에큐메니칼 협력 선교의 사례와 선교신학적 의의," 황홍렬 편저, 『에큐메니칼 협력 선교: 정책, 사례, 선교신학』 (서울: 꿈꾸는터, 2015), 208-217에서 가져온 것임을 밝힌다.

95 Dana L. Robert, "From Co-operation to Common Witness: Mission and Unity, 1910~2010," in John Gibaut & Kund Jørgensen (eds.), *Called to Unity For the Sake of Mission* (Oxford: Regnum Books International, 2014), 46-49.

나) 1948~1963년: 하나의 세계, 하나의 교회, 하나의 선교[96]

제2차 세계대전 이후 종교적·세속적 운동들은 국가들 사이에 평화와 정의를 특징으로 삼는 '하나의 세계'를 추구했다. 이러한 흐름의 정점이 1948년 유엔의 창립과 세계교회협의회(WCC)의 창립이었다. 이제 그리스도인들은 하나의 세계를 향해 하나의 선교를 하기 위해 하나의 교회로 연합될 필요가 있다. WCC 중앙위원회는 1951년 롤레 선언을 통해 에큐메니즘이 복음을 온 세계에 전파하는 온 교회의 전체 과제와 관련된 모든 것이라 했다. 에큐메니즘은 선교 운동과 교회 일치를 향한 운동을 모두 포함한다. 따라서 에큐메니즘의 시각에서 보면 선교 운동과 교회일치운동을 서로 모순되는 것으로 보아서는 안 된다. 일치와 선교를 전체 세계라는 맥락에 놓을 때 선교의 비전은 복음화보다 넓으며, 한 교단이나 국가가 다루기 힘든 사회문제들을 연합된 교회가 해결하는 공적 증거를 포함한다. 전 지구적 교제로서의 기독교에 대한 희망이 '세계 기독교' 또는 '세계 교회'라는 용어에 요약되었다. '세계 기독교'는 한편으로는 세계 선교의 성공의 산물이지만 다른 한편으로는 선교의 의미에 대한 새로운 이해에 이르게 했다. 헨리 반 두센은 WCC의 창립을 유럽의 역사적 팽창의 정점이자 끝이면서 동시에 '세계 기독교'라는 새로운 시대의 출발을 알린다고 보았다. 그는 원심적 선교 운동은 구심적 교회일치운동을 낳았고, 이 두 가지가 20세기 세계교회의 특징이라고 했다. 그는 선교와 에큐메니즘을 역사적 분석의 양극으로 보았을 뿐 아니라 IMC가 WCC에 통합될 때 연합위원회의 의장을 맡았다.

서로 연결된 하나의 세계를 향해서 전 세계적인 하나의 교회의 선교는 무엇인가? IMC 의장인 레슬리 뉴비긴은 새로운 선교는 온 교회가 하나의 화해의 복음을 들고 온 교회로 나아가는 것이라 했다. 그는 교회의 선교 사명은 동일하지만 민족주의 운동과 결합된 냉전의 상황은 세계 교회의 일치가 선교를 위한 유일한 기초임을 의미한다고 했다. 뉴비긴이 하나의 세계와 하나의 교회를 말한 것이 함축하는 것은 하나의 선교로 이제부터 선교는 서구로부터 나머지 세계로 가는 것이 아니라 모든 곳으로부터 모든 곳으로 나아가는 것이다. 이처럼 선교를 하나로 보는 입장은 두 가지 선교 원칙을 제시한다. 첫째, 선교는 교회의

---

96 Dana L. Robert, "From Co-operation to Common Witness: Mission and Unity, 1910~2010," 49-53.

모든 부분이 선교에 대해 책임을 지며 모든 부분이 선교에 참여하는 것을 환영하는 다문화 파트너십에 달려 있다. 둘째, 그리스도의 몸의 온전성은 모든 곳에서 인정받고 존중되어야 하기 때문에 새 선교사가 그 지역에 들어올 때 미리 상의해야 한다. 뉴비긴에게 IMC가 WCC에 통합되는 것은 온 교회의 선교가 온 세상을 향한 것이 선교임을 확증하는 것이다.

1963년 멕시코시에서 열린 WCC CWME 대회에서 선교와 교회의 유기적 일치의 불가분 리에 대한 낙관주의가 정점에 도달했다. 이 대회는 평신도들로 하여금 경계를 넘어서서 모든 곳으로 가서 하나님의 나라를 증거할 것을 촉구했다. 이 대회는 발전 프로젝트, 유엔이 세계 문제를 해결할 것에 대한 믿음, 연합된 세계 교회가 세계를 설득할 힘을 지니고 있음에 대한 확신 등 세계적 문제들을 해결할 수 있다는 낙관주의 맥락에서 진행되었다. 동방정교 회가 WCC에 1961년에 가입하여 이 대회에 참석했다. 제2차 바티칸공의회(1962~1965)는 개신교도들을 '갈라진 형제'로 인정했다. 이 대회는 선교 운동이 육 대륙에 있는 그리스도인 들을 모두 포함하고, 선교 운동은 온 교회가 온 복음을 온 세상에 증거하는 것이고, 우리 자신이 그의 선교를 위해 일치의 영성으로 헌신하되 살아계신 주님을 겸손하게 의지할 것이라고 결론을 맺었다.

데이나 로버트는 20세기 중엽의 교회와 일치에 대한 이러한 논의의 한계는 첫째, 교회의 유기적 일치가 '세계 기독교'의 미래를 이끌어 가는 데 실패한 점이다. 비록 유기적 교회 일치의 사례로 남인도교회(1947), 필리핀그리스도연합교회(1948), 그리스도연합교회(미 국, 1957) 등의 좋은 사례들이 있지만 20세기 후반부의 세계 교회의 성장은 교회일치운동의 중심부로부터가 아니라 확장주의자들(교회 성장론자)의 (일치 운동의) 주변부로부터 나왔 다. 둘째 한계는 교회 일치가 증가하는 것을 선교의 진보라고 여긴 집단적 승리주의적 가정이었다. 20세기 중엽 하향식(top-down) 에큐메니즘은 의지주의적 복음주의자들의 기독교 증거를 평가절하했다. 이 논의의 긍정적 측면은 선교를 모든 곳으로부터 모든 곳으로 향한다는 깨달음이었다. 그리고 탈식민주의 선교는 아시아, 아프리카, 라틴 아메리카에서 자기 신학화(self-theologizing)의 새 장을 열었다.

다) 2010년: 공동의 증거와 관계망[97]

1970년에 이르면 '세계 기독교'라는 이상은 거의 망각된다. 서구 청년들은 에큐메니칼 운동에 대한 관심을 잃었다. 아시아, 아프리카, 라틴 아메리카에서 들려오는 "선교사들은 돌아가라"는 외침 속에서 서구 주요 개신교 선교 구조들이 쇠퇴하거나 개발 기구로 변하게 된다. 2차 세계대전 세대에 의해 그렇게 사랑받았던 에큐메니칼 일치라는 합의의 모델이 상황신학과 지역 신학에 의해 대체되었다. 1960년대부터 1990년대까지의 주류 선교학의 지배적 틀은 탈식민지, 후기식민주의의 틀이었다. 기독교 세계(Christendom)의 종말은 지난 수백 년 동안 서구 선교 운동이 전개되었던 식민지 상황의 종말이었다. 그러다가 1990년대 말 '세계 기독교'라는 이상이 재등장했다. 재등장한 '세계 기독교', '세계 교회'라는 이상은 다문화주의, 탈중앙화, 다각적인 개인 관계를 전제한다. 즉, 선교를 위한 연합된 행동의 특징은 중앙집권화된 일치를 이루기 위한 욕망이 아니라 관계적 그물망이다. 전 지구적 교회협의체를 통한 유기적 일치와 조정된 행동을 위한 계획은 복수의 권위의 중심들, 수천 개의 파송 기관들, 수백만 명의 단기선교사들, 지구화는 세계 교회가 통제할 수 없는 힘을 지녔음을 인식하는 것 등 복잡한 현실로 대체되었다.

선교에 대해 그물망처럼 연결된 대화로 이뤄진 에딘버러 100주년 대회 시리즈는 기독교 일치의 의미를 재고할 기회를 주었다. 에딘버러와 케이프타운에서 열린 에큐메니칼 대회와 복음주의 대회는 각각 전 지구적 운동으로서의 기독교라는 맥락에서 선교와 일치에 대한 헌신을 보여줬다. 이 둘은 100년 전 동일한 출발점에서 시작했지만 에큐메니칼 운동에서는 IMC가 WCC에 통합된 데 반해, 복음주의 운동은 별도로 가면서 서로 다른 길을 걸었다. 그렇지만 이제 100년 만에 이 두 운동은 선교와 일치에 대해 가까워졌다. 글로벌 크리스천 포럼은 '세계 기독교'의 인종적, 문화적 다양성이 인류 역사상 그 어느 시대보다 더 다양해진 세계에서 일치를 향한 길로서 개인적 관계의 그물망 형성에 초점을 두고 있다. 이 포럼의 전제는 예수 그리스도에 대해 다른 기독교인들의 경험들에 귀를 기울임으로써 기독교 공동체를 세우는 것이다. 글로벌 크리스천 포럼은 기독교 협력의 시금석으로 교리나 봉사

---

97 Dana L. Robert, "From Co-operation to Common Witness: Mission and Unity, 1910~2010," 54-58.

가 아니라 관계를 제시한다. 100년 전의 기독교인들과 오늘의 기독교인들의 차이는 신학적, 인종적, 문화적 다양성은 기독교 선교의 목적이 아니라 출발점이다. 공동의 증거로의 헌신은 '세계 기독교'가 하나님의 통치를 향해 우리를 인도하는 종말론적 비전임을 상기시킨다. 교회의 복수성은 전 지구적 그물망을 만들어 내고 있다.

(6) 하나님의 선교와 에큐메니칼 협력 선교

하나님의 선교는 선교의 주체가 삼위일체 하나님이라는 것과 세상과 관련하여 교회 안팎에서 일어나는 성령을 통한 하나님의 활동이다. 하나님의 선교의 방법은 십자가이고, 목적은 하나님의 통치/나라이다. 하나님의 선교신학에 따라 에큐메니칼 협력 선교의 사례들을 통해 해석해 보자. 첫째, 에큐메니칼 협력 선교에 참여했던 선교사들은 기다리는 선교사, 배우는 선교사였다. 이종실 선교사는 자신이 총회 세계선교부(당시 전도부) 간사였으면서도 체코에서 3년간 선교사 신분으로 살지 않았다. 예장 총회와 체코형제개혁교회가 선교 협정을 맺은 후에 자신을 선교사로 여기고 총회의 훈련을 받고 선교사로 나갔다. 선교사 신분이 된 후 체코 교회에 필요한 사역을 시작한 것이 아니라 체코 교회 목회자들과 오랫동안 관계를 맺으며 그들로부터 배우고 그들이 요청하는 사역을 듣기까지, 그들이 필요로 하는 사역을 깨닫기까지 오랜 시간을 기다렸다. 태국 조준형 선교사는 파송 후 태국 교회 지도자들과 관계를 맺으며 태국 교회와 문화를 배우고 기다린 기간이 무려 10년이었다. 이것이 토대가 되어 태국 교회가 필요로 하는 사역을 감당할 한국 선교사들을 파송하게 되었다. 필리핀 한경균 선교사는 노회와 지교회를 이해하고 배우는 데만 1년 반 걸렸지만, 그들이 원하는 것이 탁월한 사역자가 아니라 친구로서 함께하는 동역자라는 것을 깨닫기까지 긴 시간을 필요로 했다. 케냐의 이원재 선교사도 동아프리카장로교회의 역사와 예전을 배우고 교구 목사가 되어 많은 것을 배웠지만 양 교회 사이에 선교 협정을 맺기까지 10년을 기다려야 했다. 하나님의 선교에 참여하는 선교사는 배우는 선교사, 기다리는 선교사란 무슨 의미일까? 하나님의 선교에서 최초의 선교 대상은 선교지 사람들이 아니라 선교사(선교 공동체) 자신이라는 뜻이다. 증인은 자신을 전파하는 것이 아니라 하나님의 사랑과 뜻을 전하기 때문이다. 베드로와 고넬료의 만남(행 10장)으로 이방인을 교회로 받아들일 때 선교사/유대인의 문화(율법과 할례)를 강요해서는 안 된다는 것을 배운다. 유대인 기독교인 중심의 예루살렘 교회가 이방인들을 교회에 받아들이기 전에 먼저 해야 할 일이 베드로로 하여금 먼저 유대 문화를 넘어서게 한 일이었다. 즉, 선교사에게 하나님 나라/통치를 먼저 선교하는 분은 삼위일체 하나님이시다. 그래서 에큐메니칼 협력 선교에 참여했던 한국 선교사들은 자신이 생각하는, 자신이 하고 싶은 사역을 하는 것이 아니라 먼저 참 선교사이신 하나님으로부터 배우는 선교사, 하나님의 뜻을 깨우치기까지 기다리는 선교사가 되었다.

둘째, 하나님의 선교에 참여하는 선교사는 십자가를 진 선교사다. 에큐메니칼 협력 선교에 참여했던 선교사들이 10년이 되도록 기다린 이유는 상대방 교회와 문화와 언어를 배우는 것 못지않게 자신의 문화를, 자신의 교회 문화를, 자신의 욕망과 의지를 부인하는 것은 시간이 많이 걸리는 일이 아니라 인간으로는 거의 불가능에 가깝기 때문이다. 인간에게 불가능한 것을 성령께서 하시도록 기다리는 것이 십자가의 선교이고, 성령의 선교이다. 우리의 문화나 의지나 뜻을 내려놓을 때 생기는 빈 공간을 성령께서 오셔서 사용하실 때 여백의 선교, 성령의 선교, 무위(無爲)의 선교가 된다. 통상 선교사들은 보통 사람들에 비하면 대단히 활동적이다. 그런데 그런 사람들이 선교지에서 1년, 2년, 아니 때로는 10년을 눈에 띄는 사역을 하지 않고 기다린다는 것은, 아마 세상에서 가장 어려운 일이 아닐까 한다. 그런데 이제까지 내가 자라왔던 사회와 교회의 문화를, 선교지에서 내가 하고 싶은 것을 하고자 하는 의지를, 내가 지닌 힘과 권위를 내려놓아야지만 할 수 있는 것이 하나님 나라의 일꾼으로 거듭나는 일이다. 이 과정에서 선교사들은 후원하는 한국교회나 주변 선교사들이나 기독교인들로부터 선교를 하지 않는다고 비난을 받거나 여러 가지 오해를 받을 수 있다. 십자가는 자기를 부인하는 것뿐 아니라 주변으로부터 오해와 비난, 욕, 조롱, 멸시, 천대 등을 당하는 것을 의미한다. 선교지 교회/총회 지도자들과의 관계에서도 한국 선교사들은 한국교회의 재정이나 다양한 형태의 힘으로 밀어붙이려는 유혹을 물리쳐야 한다. 에큐메니칼 협력 선교에 참여하는 선교사들은 성령의 인도하심에 순종하는 선교사들이지 결코 성령을 앞서가려는 선교사들이 아니다. 어느 선교사도 "이 정도면 참을 만큼 참고, 할 만큼 한 것이 아닌가?" 이런 말을 하는 선교사는 아무도 없었다. 성령께서 주시는 깨달음에 이르기까지 저들은 기다리고 배우며 순종하는 선교사들이었다. 김병호 선교사가 총간사인 재일대한기독교회는 선교 60주년이 되어서야 개인주의적 신앙생활을 회개하고, 재일 동포들의 인권 문제를 선교 과제로 받아들였다. 그 뒤 20년 되어서야 조국의 평화통일을 선교 과제로 받아들였다. 홍인식 선교사가 쿠바 선교사로 간 지 1년 만에 선교 협정을 맺어 많은 사람이 놀랐지만, 이는 그가 지난 20년 동안 파라과이, 아르헨티나, 칠레, 쿠바 등지에서 성령의 인도하심에 따라 현지 교회 지도자들과 의사소통을 바탕으로 한 겸손한 섬김과 동역의 결실이었다.

셋째, 하나님의 선교에 참여한 선교사들이 지향하는 바는 하나님의 통치/나라이다. 에큐메니칼 협력 선교를 통해 파트너 교회들의 요청이나 성령의 인도하심에 따라 사역을 펼쳤기 때문에 처음 선교를 시작했을 때 예상했던 사역을 하는 사례가 거의 없다. 이종실 선교사는 체코 교회 목회자들에게 교회가 선교의 사명을 지녔다는 것을 깨우치기 위해 노력하다가 중앙유럽선교연구소를 세워 선교 교재와 잡지를 발간하고, 세미나를 열고 있다. 태국에서는 태국 교회와의 협력을 바탕으로 인도차이나반도로 선교 영역을 넓혀가고 있다. 메콩, 인도차이나 에큐메니칼 협력 선교는 비록 교육의 척박함과 재정의 어려움으로 큰 성과를 거두지 못했다고 하지만 메콩강 유역에 있는 교회들과 공동의 선교 과제와 각각의 고유한 선교 과제를 식별하고 대응하여 선교 활동 속에서 에큐메니칼 교회를 형성한다는 것 자체는 대단히 귀중한 사례가 아닐 수 없다. 필리핀 노회와 서울북노회와의 에큐메니칼 협력 선교와 영등포노회와 가나 교회와 독일 교회의 에큐메니칼 협력 선교는 한국교회의 세계 선교의 소중한 사례로 기록될 것이다. 세 노회가 이제는 물질의 나눔뿐 아니라 영적인 나눔으로 성숙되어지는 것은 새로운 단계로 도약하는 것으로 보여 기대가 된다. 이원재 선교사와 김성기 선교사는 아프리카와 라틴 아메리카의 신학교에 기독교교육학과가 거의 없다는 문제를 제기했다. 이원재 선교사는 동아프리카 교회와 한국교회가 협력해서 기독교학과 신설 및 연구소 설립, 교수 요원 양성 및 사역자 양성 그리고 교재 개발에 이르는 계획을 추진 중이다. 이는 라틴 아메리카에도 적용 가능한 귀중한 사례다. 홍인식 선교사로 인해 멕시코장로교신학대학과 장로회신학대학 사이에 신학 교류가 더 활발해질 것이다. 재일대한기독교회는 인권 문제로부터 평화통일 이슈로, 선교 영역이 확대되면서 "마이너리티 문제와 선교"라는 주제의 국제회의를 정기적으로 개최하고 있는데 일본에서 작은 교단이지만 오히려 작기 때문에 세계적인 에큐메니칼 네트워크를 갖고 있는데 이는 하나님 나라의 역설에 해당한다고 본다. 에큐메니칼 협력 선교는 한마디로 1+1=2가 아니라 '새로운 무엇'이 될지 알 수 없는 신비라고 본다. 두세 교회가 성령의 손에 붙잡힐 때 새로운 역사가 일어나는 데 그것은 두 교회의 합보다 훨씬 더 크고 새로운 무엇이다. 이러한 결과는 결코 선교사/교회의 일방적 선교를 통해서는 일어날 수 없는 일이다.

에큐메니칼 협력 선교의 장점은 중복 사역의 방지, 사역의 연속성 보장, 교회 일치 증진, 저비용 고효율 구조의 선교, 상대방 교회를 통해 교회갱신의 새로운 발판 마련, 현지 교회의 강화, 현지 교회를 통한 새로운 선교 영역의 확대 등이다. 에큐메니칼 협력 선교의 단점은 오랜 시간이 필요하고, 사역 속도가 더디고, 양 교회 간 힘의 불균형에서 오는 혼란, 귀족화 가능성, 선교사 개인 능력에 따른 차이, 자기 비움의 어려움 등이다. 이러한 어려움은 위에서 언급했던 에큐메니칼 협력 선교의 십자가들이다. 이러한 십자가를 지고 나갈 때만이 부활의 열매를 거두게 될 것이다.

7) 나그네 이해, 나그네 교회론과 소수자 선교에 대한 선교신학적 접근

(1) 나그네에 대한 성서적 이해[98]

가) 구약성서

노크리(נכרי)와 자르(זר)는 어떤 고장에 정착해서 일정 기간 합법적인 자격을 갖추고 사는 사람을 가리킨다. 이에 반해 게르(גר)는 정치적, 경제적, 사회적 이유로 자기 고장을 떠나 다른 고장에 사는 자들로 현지 주민들의 환대에 의존할 수밖에 없는 나그네를 말한다.[99] 이러한 나그네의 사회적 지위는 안식일에 대한 언급 중 나그네가 가축과 종 다음에

---

98 황홍렬, "고용허가제 이후 이주노동자 선교의 과제와 전망," 장로회신학대학교 편, 「선교와 신학」 제21집 (2008): 249-254.

나온 데서 알 수 있다(출 23:12). 당시 사회에서 나그네는 가축이나 종보다 더 쓸모없는 존재였다. 게르는 "보호받아야 할 손님이고, 보살펴 주어야 할 나그네"이었다. "포로기 이전의 게르는 순전히 자기 동족에게서 떨어져 나와 다른 동족의 땅에 거주하는 자로서 자기 토지를 지니지 못한 채 살아가는 자들을 가리키는 용어"였지만, 포로 후기 시대의 게르는 "이스라엘 공동체를 구성하는 두 구성원 중 하나로 인정되면서 주변 인생들이 아닌 한 사회의 구성원으로서 그 사회 구조 속에서 중요한 역할을 담당하는 자들로 인정"되었다.[100] 이렇게 된 데에는 이스라엘이 족장들뿐 아니라 자신의 역사를 게르의 역사로 보았기 때문이다. 이스라엘 민족이 자신의 정체성으로 게르 의식을 갖게 된 것은 출애굽과 밀접한 관련이 있다. "게르 의식은 출애굽 정신의 핵심이며, 또한 출 앗시리아와 출 바벨론의 정신, 즉 엑소더스(exodus)의 정신이기도 하다."[101] 구약성서 학자들은 계약법전(출 20:22-23:33)이 기원전 8세기 말 히스기야 시대 학자들에 의해 편집된 것으로 본다. "너는 이방 나그네를 압제하지 말며 그들을 학대하지 말라. 너희도 애굽 땅에서 나그네였음이라"(출 22:21). 여기서 앞에 나오는 '너'와 '이방 나그네'는 단수이고, 뒤에 나오는 '너희'와 '나그네'는 복수이다. 전자의 '너'는 예루살렘 성안에 사는 유대인을 가리키고, 후자의 '너희'는 그 유대인과 앗시리아의 공격을 피해 온 난민(이스라엘인)을 가리킨다고 본다. 바꿔 말하면 당시 이스라엘의 정체성에 대해 출애굽 사건을 기억하면서 유대인과 난민 이스라엘인을 모두 포괄하려 했다는 점이 계약법전을 작성한 자들의 의도하는 것이다.[102] 이처럼 출애굽 사건과 게르 의식은 기원전 8세기 히스기야 시대나 포로기 시대나 이스라엘 백성의 정체성을 결정할 때 중요한 역할을 했다.

---

99 왕대일, "나그네(게르, רֵג) — 구약신학적 이해," 「신학사상」 제113호 (2001년 여름), 103.

100 위의 글, 116.

101 이종록, "너희도 전에는 게르였다 — 외국인 노동자 선교를 위한 구약성서적 이해," 대한예수교장로회총회전도부 외국인근로자선교회후원회 엮음, 『외국인 노동자 선교와 신학』 (서울: 한들출판사, 2000), 136.

102 Sungjae Kim, "God of Migrants and Migrants with God towards Peace-Making," in *CTC Bulletin*, Vol. XXII, No. 3 (December 2006): 40-42.

나) 신약성서

파로이코이($\pi\alpha\rho o\iota\kappa o\iota$)는 거류 외국인으로서 토착 주민만은 못하지만, 일정한 법적 권리를 가진 집단이다. 반면에 크세노이($\xi\epsilon\nu o\iota$)는 아무런 법적 보호를 받지 못하는 외국인을 가리킨다. 외부인으로서 크세노이는 적이면서 동시에 친구이다. 이는 이 단어에 내포된 모순된 이중적인 심리적 함의를 잘 표현해 준다.[103] 낯선 사람이기에 사람들은 일단 적으로 간주되기도 하지만 때로는 손님으로 접대하면서 적대 관계나 긴장 관계를 극복하려 한다. 신약성서가 강조하는 이웃사랑은 크세노이($\xi\epsilon\nu o\iota$)에 대한 무조건적인 사랑을 의미한다.[104] '선한 사마리아인의 비유'는 크세노이($\xi\epsilon\nu o\iota$)인 사마리아인이 강도 만난 유대인의 이웃 역할을 했다는 비유이다. 초대교회는 이웃에 대한 접대를 형제애와 관련지었다(요일 3:14, 17). 초대교회의 나그네 상설 숙소(hospitalia)가 나중에 병원(hospital)이 되었다.[105] 외국인과 관련해 신학적으로 가장 중요한 것은 교회가 나그네를 접대하고 사랑하고 섬기다가 자기 자신을 나그네로서 이해하게 된 점이다. 기독교인들은 "흩어진 나그네들"(벧전 1:1)로서 "장차 올 것(도시)을 찾"(히 13:14)는 "흩어져 사는 열두 지파"(약 1:1)이다. 이러한 구절들은 "집 없는 나그네이지만 하나님 안에서 집을 발견했다는 초대 기독교인들의 자의식을 반영한다."[106]

(2) 나그네 교회론[107]

나그네 교회론과 소수자 선교신학에 대한 소개에 앞서서 일본 신학을 개관하면서 소수자 신학의 위치를 보고자 한다. 안교성은 일본 신학을 제도권 신학, 비제도권 신학으로

---

103 박경미, "신약성서에 나타나는 '외국인' 개념과 초대 기독교인의 자기의식의 표지로서의 '외국인'," 「신학사상」 제113호 (2001년 여름): 130-131.
104 앞의 글, 135.
105 앞의 글, 140.
106 앞의 글, 143.
107 황홍렬, "고용허가제 이후 이주노동자 선교의 과제와 전망," 장로회신학대학교 편, 「선교와 신학」 제21집 (2008): 242-249.

분류하고, 비제도권 신학을 다시 일본 전통문화의 만남을 탐구하는 신학, 일본 전통 종교와의 종교 대화 신학, 사회적 측면을 강조하는 신학 그리고 소수자 신학으로 분류하고 있다.[108] 일본의 제도권 신학은 유럽 신학, 특히 독일 신학(바르트)으로부터 영향을 받았다. 제도권 신학자로는 우에무라 마사히사, 타카쿠라 토쿠타로, 쿠마노 요시타카 등이 있다. 바르트의 신학이 일본에서는 제도권 신학자들에 의해 수용되는 데 반해서, 한국 신학계에서는 진보적인 신학자들에 의해 수용되었다. 이는 한국교회의 상대적 보수화 경향을 보여준다. 전통문화의 만남을 탐구하는 신학으로는 기타모리 가조의 『하나님의 아픔의 신학』이 있고, 태국 선교사로 활동하면서 불교 문화권에서의 기독교를 세우고자 했던 코야마 코스케의 『물소 신학』[109]이 있다. 종교 대화 신학으로는 야가 세이이치의 『불교와 그리스도교를 잇다』, 『바울과 정토불교 예수와 선』이 있다. 사회적 측면을 강조하는 신학자로는 기독교 사회주의자인 가가와 토요히코, 무교회주의 창시자인 평신도 신학자 우치무라 간조, 에큐메니칼 신학, 도시 농어촌 선교, 기독교와 예술과 관련해서 활동한 타케나카 마사오 등이 있다. 소수자 신학으로 아이누 신학, 부라쿠민 신학[110], 재일 한국인 신학이 있다. 재일 한국인 신학자 이인하의 『기류민의 신학』이 있다.[111]

가) 나그네 신앙 공동체로서의 교회

구약성서에서 땅은 한 인간의 생계와 안전에 직결되었고, 정체성과 인간적 위엄에서 핵심적 위치를 차지했다. 그래서 포로기에 땅을 잃은 백성은 또한 정체성이 없는 백성이었다. 초대교회는 "집 없는 나그네들이 '하나님의 집', 교회를 얻게 된다"는 것을 말하며, "베드

---

108 안교성, 『아시아 신학 산책』 (서울: 대한기독교서회, 2022), 76-88.

109 고수케 고야마의 선교신학에 대해서는 다음 글 참조: 황홍렬, 『아시아 선교신학 입문』, 189-231.

110 부라쿠민 신학에 대해서는 Kuribayashi Teruo, "Recovering Jesus for Outcasts in Japan," in R. S. Sugirtharajah (ed.), *Frontiers in Asian Christian Theology: Emerging Trends* (Maryknoll: Orbis Books, 1994), 11-26을 참조.

111 최홍덕 선교사는 일본 신학을 사회실천적 유형(에비나 단죠, 오오쓰카 세츠지, 가가와 도요히코, 야나이하라 다다오), 문화적응적 신학 유형(다키자와 가쓰미, 기타모리 가조), 보혁균형적 신학 유형(다카쿠라 도쿠타로, 오오키 히데오)으로 분류하고 있다. 최홍덕, "일본 신학의 유형별 고찰" 대한예수교장로회 총회 세계선교부 편, 『선교 현장 이야기: 일본 편』, 171-197.

로전서는 나그네인 수신자 상황을 하나님의 소명으로 해석함으로써 사회적인 주변화와 소외를 바람직한 것으로 여겨야 한다고 시사하고 있다"(벧전 1:17; 2:11). "적대적이고 낯선 환경에 처한 나그네로서의 위치가 단순히 불만스러운 사회적 조건이 아니라 교회의 소명의 자리로 그려진 것이다."[112] 나그네라는 자리에서 오히려 교회의 소명을 새롭게 깨닫는 아시아계 미국인 신학자들의 논의는 나그네 교회론에 중요한 함의를 갖는다.

아시아계 미국인 신학자인 이상현은 순례자를 중요한 신학적 개념으로 제안한다. 아시아계 미국인으로서 주변적 존재, 세상에서 멸시당하는 주변은 새 창조, 구원의 사건이 일어날 수 있는 장소이다. 아니 주변은 창조적 중심이 될 수 있다. 예수는 성문 밖에서 고난을 당하셨다. 그리스도인들 역시 주변인이 되어야 하고, 순례자가 되어야 한다. 순례자, 낯선 자가 되는 경험은 공동체와 연대 경험을 갖게 한다. 그러나 사람은 무한정 주변적 상황에서 살 수 없다. 주변에 선 자들도 안정감과 소속감을 주는 고향을 필요로 한다. 주변적 인종들이 모이는 고향이 이민(나그네) 교회다. 이민(나그네) 교회는 인종성으로부터의 해방이 아니라 인종성을 통해 해방과 구원이 일어나는 곳이다. 그런데 순례자의 정체성은 고정 불변한 것이 아니다. 이민(나그네) 교회/인종 교회는 특히 여성들에게는 하나님의 꿈을 성취할 수 있는 곳이다. 인종 교회는 자신을 넘어서서 미국 사회 전체에 백인 중심의 미국이 아니라 참된 미국인 됨의 길을 제시해야 한다. 순례와 고향은 하나님의 이야기에 의해 연결된다.[113]

탁월한 아시아계 미국인 신학자 이정용은 주변성의 신학을 제시했다.[114] 그는 타자를 배제하고 지배하려는 중심의 논리에 대한 대안으로서 주변성의 논리를 제시했다. 주변성의 논리는 중심의 자리를 차지하기 위해서가 아니라 양자의 조화를 통해 참된 중심을 제시하려 한다. 이런 논리는 추상성에서 온 것이 아니라 그 자신의 경험에서 비롯되었다. 아시아계 미국인은 미국인과 아시아인 양쪽으로부터 소외(in-between)되면서도, 양쪽을 긍정

---

112 박경미, "신약성서에 나타나는 '외국인' 개념과 초대 기독교인의 자기의식의 표지로서의 '외국인'," 143.

113 Sang Hyun Lee, "Pilgrimage and Home in the Wilderness of Marginality: Symbols and Context in Asian American Theology," in *The Princeton Seminary Bulletin* (1995): 49-64.

114 Jung Young Lee, *Marginality: The Key to Multicultural Theology* (Minneapolis: Fortress Press, 1995).

(in-both)하고, 그래서 양쪽을 긍정하면서도 부정하는 양쪽으로부터의 초월(in-beyond)적 지위를 갖는다. 예수는 권력, 부, 명예 등 세상의 중심을 탈중심화시켜 섬기고 나누는 자가 큰 자라고 하셨고, 가난한 자가 차지하는 하나님 나라를 선포하셨다. 그리고 하나님의 나라를 위해 목숨을 바치셨다. 이로써 그는 주변성의 주변이 되었다. 세상의 화해를 위해, 세상 사람들의 참 고향을 찾도록 하기 위해 자신은 집 없는 자, 머리 둘 곳 없는 자, 순례자처럼 제자들의 발을 씻기는 자로 사셨다. 예수를 따르는 그리스도인들 역시 주변인의 역할을 감당해야 한다. 그리스도인들은 이웃과 화해하고, 개방적이며 창의적인 사고를 지니고, 이웃의 구원을 위해 대속적 고난을 받아들이는 십자가 사랑을 실천하고, 세상의 상처를 치유하고 화해를 위해 자신을 희생시키는 과정에서 자신을 해방시킨다. 참된 제자도는 하나님의 부르심을 듣고(첫째 행동), 순종(둘째 행동)하며, 하나님의 약속에 희망을 걸고 사는 데(셋째 행동)에 달려 있다. 이것이 또한 창조 질서이다. 이런 순서가 바뀌면 악의 질서가 된다. 셋째 행동이 첫째 행동이 되면 하나님은 우상이 된다. 창조 질서/피조물의 다양성은 삼위일체 하나님의 다원성 안에서의 일치에 기인한다. 교회는 세상의 주변에 선 하나님의 백성들로서, 주변에서 예수께서 현존하심을 고백하는 신앙 공동체이다.

오늘날 교회의 문제는 성문 밖에서 고난을 당하신 예수를 따르기보다는 세상의 지배자들과 같이 세상의 중심에 서려는 유혹을 이기지 못 한 데 있다. 오히려 지배자처럼 타자를 배제하고 지배하려는 경향(목회자, 선교사, 교사, 교회)이 발견된다. 오직 주변에 선 교회가 세상을 변화시킬 수 있다. 이때 중요한 자원이 사랑이다. 사랑은 타자를 배제하지 않고 용납하고 섬기고 나누도록 한다. 이런 길은 필히 고난을 받게 하는 길이다. 고난은 죄악의 결과가 아니라 창조 질서다. 하나님의 창조는 끝이 아니라 시작이다. 그 과정에서 인류 구원을 위해 예수께서도 십자가를 지셨다. 교회는, 그리스도인들은 고난 받는 종이 됨으로써 세상의 고난을 극복해야 한다. 이것은 미움이 아니라 사랑에서 비롯된다. 사랑에 근거한 고난만이 사람을 변화시키고 세상을 변화시키며 인간과 하나님 사이에, 인간과 인간 사이에, 인간과 자연 사이에 화해를 초래하고 구원을 가져온다.

나그네 교회의 목표는 무엇일까? 나그네 교회(이민 교회/한인 교회)는 인종성을 통해 해방과 구원이 일어나서 백인 중심의 미국이 아니라 참된 미국 됨의 길을 제시하고 하나님의 꿈을 이루려 한다(이상현). 주변에 선 나그네 교회로서 사랑 가운데 고난받는 교회가 됨으로써 세상을 변화시켜 화해를 이루고 구원을 이루려 한다(이정용). 나그네 교회는 이주민의 존재를 "시대의 징표"로 받아들이고, 이주민 하나님과 더불어 고통당하는 이주민들과 함께 겸손히 걸으며 하나님의 나라를 지향해야 한다.[115] 하나님께서 아브라함을 우르에서 불러내신 것은 약소 국가들을 침략하고 연약한 백성들을 희생시키며 세우려는 제국주의적 바벨탑에 대한 대안으로서 나그네들/주변부 사람들을 모아 열방을 위한 공존의 공간을 형성하며 연대의 네트워크를 이뤄 평화를 이루기 위함이다. 이러한 역할에 동참하는 교회는 쉼터, 도피성의 역할을 하는 환대의 네트워크로서의 교회다.[116]

나그네 교회는 대형 교회를 지향하며 한 장소에 고착되려는 한국교회로 하여금 본래 교회가 지닌 나그네 교회 됨을 깨닫게 도전하고 있으며, 나그네 교회로서 시장 중심으로 운영되는 세상에 대해 대안적 세상과 교회의 모습을 갖도록 도전하고 있다. 재일 동포들은 단순히 선교의 대상만이 아니라 한국교회 자신을 바꿀 수 있는, 일본 선교를 통해 새로운 에큐메니칼 운동과 선교적 과제를 자각하도록 도전하고 있다.

나) 만민이 기도하는 집으로서의 교회

마가복음 11장 15절에서 19절 사이에는 소위 '성전을 깨끗하게 하신 예수'가 기록되어 있다. 성전에서 불의한 이익을 탐내는 자들에 대해서 꾸짖으신 것으로 흔히들 말한다. 그러나 예수는 성전이 "강도의 소굴"이 아니라 "만민이 기도하는 집"(17)이라고 하셨다. 예루살렘 성전에는 유대인 남성, 유대인 여성이 드나드는 곳과 아울러 이방인의 뜰이 있다. 이방인들도 성전에 와서 예배드릴 수 있었다. 그런데 대제사장을 비롯한 종교 지도자들과 장사꾼이 야합해서 이방인의 뜰을 점령해서 환전하고 재물을 팔았다. 이렇게 해서 부당한 이득만 취한 것이 아니라 이방인이 예배드릴 권한을 박탈했다. 그래서 예수는 "내 집은 만민이 기도하는 집"이라 하셨다. 한국교회가 한인 디아스포라/재일 동포 선교를 하면서

---

115 Gioacchino Campese, CS "Walk Humbly with Your God! Notes on a Spirituality for Missionaries with Migrants," in *Missiology: An International Review*, Vol. XXV, No. 2 (April 1997): 131-40.
116 Sungjae Kim, "God of Migrants and Migrants with God towards Peace-Making," 46.

깨달아야 할 것 중 한 가지는 재일 동포들이 한인 교회에서 예배드리면서 구성원의 다양성으로 인해 한인 교회가 만민이 기도하는 집이 되어가고 있다는 점이다. 한인 교회에서 한국 동포만 예배를 드려서는 민족교회를 넘어설 수 없다. 재일 동포들의 2세대, 3세대가 언어적으로, 문화적으로 다양해지면서 이런 측면이 더 부각되고 있다. 만민이 기도하는 집으로서의 한인 교회는 한국어를 말하는 재일 동포만으로는 이룰 수 없다. 문화적으로, 언어적으로 다양한 교인들이 모일 때 성취될 수 있다. 따라서 재일대한기독교회는 교인 구성원의 다양성을 목회의 장애로 여길 것이 아니라 만민이 기도하는 집이 될 수 있는 유일한 길임을 깨달아야 한다.

베드로와 고넬료의 만남(행 10장)에서 보는 것처럼 성령은 선교사에게 타자인 고넬료에게뿐 아니라 선교사인 베드로 자신에게도 역사하여 인종, 문화, 언어의 경계를 넘어서서 모든 사람이 하나님의 자녀 됨을 발견하게 했다. 하나님께서 아브라함을 선택하신 것은 처음부터 그를 통해 열방을 구원하시기 위함이었다. 하나님께서 열방의 구원을 위해 성령을 주셨다. "하나님의 말씀은 열방에게 축복을 의미하며(창 22:18), 하나님은 우리에게 '생명의 길'을 보이셨다(행 2:28)."[117] 이와 같이 하나님의 말씀을 통해 축복을 받고 생명의 길에 모인 열방이 함께 신앙 공동체를 이루는 일이 한국교회에도 시작되었다. 안산에 있는 다문화교회는 7~8개 국가 출신 신자들이 모여 예배를 드린다. 주의 기도를 여러 나라 언어로 각자 드리거나 설교 본문을 여러 나라 언어로 각 나라 사람이 나와서 차례로 봉독한다. 외국인보호소에 잡혀간 야무나 성도(스리랑카)를 위해 기도하고, 그녀가 석방된 뒤에는 감사 기도를 드린다. 그녀는 부활절에 세례를 받았다. 네덜란드 헤이그에 있는 성 마르다 교회는 유럽, 아시아, 북미, 남미, 중동, 아프리카 등 전 세계에서 모인 신자들로 구성되어 있다. 그들은 한 달에 한 번 다문화 성만찬 잔치를 벌인다. 나라별 가치와 기쁨을 드러내면서도 일치를 느끼게 하는 성만찬이다. 이런 성만찬을 통해 그들은 공동체들 속에서 하나의 공동체를 향해 나아가는 과정에 있다.[118]

---

117 "The Word of God: A Blessing for all Nations—Biblical Pastoral Ministry in a Pluralistic World—," Final Statement, the 6th Plenary Assembly of the Catholic Biblical Federation(September, 2002).

118 Sjef Kuppens, "Missionary Pastoral Activity with Immigrants, The Hague, The Netherlands," in *Petit Echo*,

이민으로 세워진 미국 다인종 교회의 모델로는 국제성서교회(International Bible Church)와 우리구원의반석교회(Rock of Our Salvation)를 들 수 있다.[119] 로스앤젤레스에 있는 국제성서교회는 백인, 흑인을 비롯하여 14개 국가의 신자들이 모였다. 처음부터 이 교회는 모든 민족에게 문을 열었다. 그들은 단일문화로 형성된 교회에 만족하지 않았고 그들 자신의 문화를 넘어서는 것을 영적 성숙함으로 이해했다. 그들은 다인종 교회를 성서의 성취로 이해했다. 그들이 지닌 두 가지 우선권은 첫째, 복음을 모든 민족에게 전파하는 것이고, 둘째는 제자훈련이다. 이 교회는 교회 성장 신학에 기반을 둔 다인종 교회이다. 이에 반해 시카고에 위치한 우리구원의반석교회는 아프리칸 아메리칸 중심의 다인종 교회다. 이 교회는 하나님과 화목하고 화목하게 하는 직책을 감당하는 것을 중요시한다. 즉, 흑인과 백인 사이의 장벽을 무너뜨리고 상처를 치유하는 일이 다인종 교회의 중요한 관심사이다. 흑인과 백인 사이의 관계를 형성하기 위해서는 노력이 필요하지만, 이런 노력은 또한 흑인과 백인 사이의 갈등을 초래한다. 그런 갈등에도 불구하고 인종적 화해를 위해 의도적으로 활동하는 것이 필요하다. 흑백 인종 사이에 불신이 존재하지만, 교인들은 신실해야 한다. 그런데 신실함은 또한 연약함이 되기도 한다. 왜냐하면 자신의 생명을 타인에게 열어 자신의 삶에 대해 솔직히 이야기해야 하기 때문이다. 상대방에게 민감함은 상대방을 존경함에서 비롯된다. 또 서로는 서로에게 의존되어 있음을 깨달아야 한다. 그리고 상대방의 요구를 우리 요구보다 앞세워야 한다. 우리의 회개와 용서는 상대방으로 하여금 자신을 강화시키도록 한다. 이처럼 만민이 기도하는 집으로서의 다인종 교회도 지향점에 따라 교회 성장으로 나아가거나 인종 간 화해를 지향하는 등 하나님의 나라를 지향할 수 있다.

그런데 재일대한기독교회가 만민이 기도하는 집으로서의 다문화 교회/다인종 교회를 이루는데 장애물은 무엇일까? 가장 큰 문제의 하나는 인종차별이다. 유럽에서 사회적 갈등의 초점은 인종차별로부터 외국인 혐오증(Xenophobia)으로 바뀌었다. 즉, 인종차별이 주로 과거의 식민지와 관련해서 일어난 차별적 현상이라면, 외국인 혐오증은 지구화/세계화

No. 947 (2004/1): 19-24.

119 Manuel Ortiz, *One New People: Models for Developing a Multiethnic Church* (Illinois, IVP Academic, 1996), 91-105.

현상으로 노동력이 국제적으로 이동하면서 생긴 현상이다. 또 인종주의는 '우월하다'는 점에 바탕을 둔 반면에, 외국인 혐오증은 '다르다'는 점에 바탕을 두고 있다.[120] 그러나 일본의 상황은 유럽과 유사한 점이 있다. 차이는 한인 교회의 주요 구성원인 재일 동포들이 차별의 대상이라는 점이고, 외국인 혐오증의 가해자가 아니라 피해자라는 점이다.

교인들이 인종차별을 한다면 어떤 문제가 생기는가? 인종차별은 어느 한 인종이 자신을 우월하게 여기고, 다른 인종이 열등하다고 볼 때 일어난다. 이러한 주장은 객관적 사실로 입증될 수 없고 오직 신앙적 선언일 뿐이다. 바꿔 말하면 "인종차별은 믿으려는 의지의 표현이다." 인종차별의 신학적 함의는 하나님의 창조에서 실수가 이뤄져 퇴출되어야 할 인종(out-race)이 나오거나, 아니면 이들 인종은 이중 타락의 희생자이다. 즉, 흑인은 아담의 타락 이후 모든 인간이 공유하는 하나님의 저주를 받았을 뿐 아니라 함의 자손으로서 둘째 저주(인종적 저주)도 받았다. 이런 두 가지 주장은 모두 신학적으로 지지될 수 없다. 인종차별에 대한 자연주의적 접근(인간은 육체, 유전적 구조라는 입장)이나 정치적 행동계획(내 인종을 영화롭게 하고, 타 인종의 생명을 단축시키려는 권력의지)이나 역사철학(우월한 인종만이 역사에서 진보를 나타내고 다른 열등한 인종은 우월한 인종의 길을 따라가야 함)은 모두 인간이 하나님의 형상으로 지음 받았음을 부인한다는 점에서 동일하다.[121] 재일대한기독교회는 다양한 언어적·문화적 배경을 지닌 자들과 더불어 하나의 신앙 공동체를 이루는 길을 모색하고 이를 위해 신앙교육을 해야 한다. 우리와 문화와 역사가 다른 자들과 하나의 신앙 공동체를 이루기 위해서는 그들이 지닌 다양한 문화적, 역사적 배경과 세계관을 이해하여 그들과 의사소통을 해야 하고, 신앙 공동체를 이루도록 해야 한다. 또 다양한 언어적·문화적 배경을 지닌 자들과의 만남에는 예측 불가능한 일이 많기 때문에 성령의 사역에 대해 열린 자세를 지녀야 한다.[122]

---

120 김세균, "유럽의 제노포비아 현상, 어떻게 연구할 것인가?," 김세균 외 5인, 『유럽의 제노포비아 — 세계화 시대의 인종갈등』 (서울: 문화과학사, 2006), 14-17.

121 George D. Kelsey, *Racism and the Christian Understanding of Man* (New York: Charles Scribner's Sons, 1965), 24-35.

122 로저 그린, "도시선교 사역에로의 여정," 「선교와 신학」 제10집 (2002년): 120-141.

(3) 소수자 선교[123]

가) 개종 유형

재일 동포나 이주 노동자들에게 물량 공세나 강압적 방식으로 개종을 강요하는 유형이다. 창원에서는 큰 교회 목회자가 이슬람 신자들인 이주노동자들을 모아 놓고 양복을 주면서 회교도는 이단이고, 알라는 사탄이라는 얘기를 해서 이들이 분개해 양복을 태우고 그 목사를 가만두지 않겠다는 일이 있었다고 한다.[124] 이철승 목사는 교회가 이주노동자의 임금을 더 받아 주고 산재 보상금을 더 받아 주고 한글을 가르쳐주고 하면서 기독교를 믿게 하는 것은 일종의 '종교적 폭력'이라 했다. 이러한 선교 방식은 선교 역사상 드물지 않게 나타나는 사례로, 회유와 협박을 통한 개종의 강요라고 할 수 있다. 이런 방식으로 개종이 일어나는 사례는 거의 없고 오히려 역효과를 일으킨다. 개종 유형의 문제는 상대방에게 일방적으로 신앙을 강요한다는 점과 상대방의 변화에 거의 기여를 하지 못한다는 점이다.

나) 회심 유형

한국 선교사들이 가난함 속에서 이주노동자들에게 헌신적으로 봉사하는 모습을 보면서 받은 감동을 통해 본국에서 부자 선교사로부터 받은 상처가 치유되었다는 한 카자흐스탄 동포, 토요 심방이나 헌신적 사역을 통해 감동을 받은 이주노동자들, 시간과 돈을 들여 의료봉사를 하면서 자신들을 친구로 여기는 의료봉사팀을 통해 감동받은 이주노동자들, 베푸는 사랑에 즉시 반응이 오지 않아도 조용히 기다리는, 그러다가 때로는 이용을 당하면서도 씨 뿌리는 심정으로 조건 없이 돕는 한국 사역자들을 만나면서 마음이 열리는 이주노동자들이 있다. 재일대한기독교회에도 이와 유사한 상황이 있을 것이다. 헌신적인 한국

---

123 이 부분은 이주노동자 선교의 맥락에서 소수자 선교를 제시하고 있다. 이주노동자 선교의 사례가 반드시 재일 동포 한인 디아스포라 상황과 연결되지는 않지만, 소수자 선교를 이해하기 위한 과정으로서 다양한 선교 접근 방식을 제시하고 있다. 황홍렬, "고용허가제 이후 이주노동자 선교의 과제와 전망," 장로회신학대학교 편, 「선교와 신학」 제21집 (2008): 249-254.
124 이철승 목사와의 면담(2006년 9월 3일).

선교사의 모습과 삶에 감동받은 재일 동포 또는 재일 동포의 배우자인 일본인이 감동을 받아 한인 교회에 나오는 경우이다. 이는 김병호 선교사가 일본인은 구두 전도가 아니라 전도자의 삶의 모습을 보고 교회에 나온다는 주장에 잘 부합된다. 이러한 유형은 복음주의 든, 에큐메니칼이든, 인권이나 복지나 선교, 어느 방식으로 접근하든 감동을 통해 닫힌 마음을 열게 하고, 상처를 치유하는 능력이 있다. 그런데 이 회심은 한 방향으로만 일어나는 것이 한계라고 하겠다.

다) 환대로서의 선교

환대(hospitality, 그리스어로 philoxenia)는 낯선 사람을 사랑한다는 뜻이다. 고수케 고야마는 환대를 낯선 자에게까지 확대하는 것이 선교라면서 낯선 자 중심의 신학을 제시했다.[125] 참된 신학은 낯선 자의 현존에 의하여 도전을 받아야 한다. 낯선 자는 친구 됨을 통해 적대적인 외국인에 대한 두려움을 극복할 수 있다면 낯선 자는 손님이 될 수 있다. 낯선 자들에게 환대를 확대하는 길이 때로는 순교의 길이 되기도 한다. 그런데 신약성서에서 예수 자신은 낯선 자가 되었다(마 25:35). 역전된 위계질서가 그리스도의 빈 마음(빌 2:5-11)과 잘 조화를 이룬다. 루터의 십자가 신학의 핵심은 하나님을 아는 참지식이 예수 그리스도의 고난에 대한 지식으로부터 온다는 점이다. 이것은 죄인(낯선 자)의 구원을 위해 자신의 목숨을 내어주신 그리스도에게 나타난다(롬 5:6-8). 그리스도의 형상(갈 4:19)은 낯선 자에게까지 환대를 확대하는 형상이다. 환대로서의 선교를 재일 동포/나그네 선교에 적용한다면 나그네들을 사랑하고 이들을 환대하는 것이 나그네 선교의 핵심이다.

라) 역전된 선교

고야마의 환대로서의 선교에 대해 안토니 기틴스(Anthony J. Gittins)는 주인과 손님(낯선 자) 사이의 이분법의 양극을 바꾼 것을 비판하면서 필요한 것은 양자 모두의 참된 변형을

---

125 Kosuke Koyama, "Extended Hospitality to Strangers — A Missiology of Theologia Crucis," in *International Review of Mission*, vol. LXXXII No. 327 (1993): 283-295.

위한 은혜라고 했다. 주인이 권력을 갖고 있고 모든 과정의 주도권을 갖고 있다면, 손님은 주체가 될 수 없고 주인의 권력과 통제의 대상에 불과하게 된다. 환대를 베푸는 사람 자신이 때로는 은혜를 받는 사람이 되지 않는다면, 타자를 낯선 자로 받아들이는 사람이 다른 사람에 의해 낯선 자로 받아들여지지 않는다면 양자 사이에 참된 관계가 형성될 수 없고, 권력을 일방적으로 행사하게 된다. 선교사가 보냄을 받는 것은 복음을 듣는 귀와 더불어 하나님의 뜻을 이루는 대리인으로서 입을 지닌 사람들과 관계를 형성하기 위한 것이다. 이렇게 해서 선교사들에게 지속적인 회심이 일어나는 것이다.[126] 예수는 시각장애인 바디매오를 만났을 때 "내가 네게 무엇을 하여 주기를 원하느냐?"(막 10:51)고 물으셨다. 마찬가지로 선교사들은 동일한 질문을 해야 한다. 왜냐하면 선교사들은 자신이 만나는 사람들과 대화에 참여해야 하기 때문이다. 이런 질문을 하지 않는 선교사의 태도는 제국주의적 개종을 시키려는 것이 된다. 역전된 선교(mission-in-reverse)는 주는 자가 받는 자가 되고, 말하는 자가 듣는 자가 되고, 주인이 손님이 되고, 지도자가 제자가 되는 관계를 형성함으로써, 문제가 되는 권력구조를 해소하고, 해결하려고 한다. 이러한 관계의 역전 없이는 상호성이 있을 수 없고, 상호성이 없으면 회심에로의 부르심을 들을 수 없고, 선교사 자신의 지속적인 회심이 없으면 선교의 가르침은 신뢰도와 은혜가 부족하게 될 것이다. 선교의 중요한 대리인은 하나님의 성령과 지역주민이다.[127]

역전된 선교를 나그네 선교에 적용하면 나그네들을 변화(회심)시키지만, 동시에 나그네들이 선교사들을 변화시킨다. 즉, 이주노동자 상담소로 출발했지만, 이주노동자들이 돈을 벌어 귀국해서 악덕 기업주 노릇하는 것을 보면서 상담소장 목사가 상담소를 이주노동자 교회로 바꾸고 이주민을 위한 신학교를 열었다. 태국 선교사 출신 어느 목회자는 태국 이주노동자들을 회심시키는 교회로서 출발했지만, 태국에서 젊은이들이 계속 오면서 그들의 문화적 욕구 때문에 문화센터를 시작했다. 이러한 예들은 선교사가 변한 사례들이다.

126 Anthony J. Gittins, "Beyond Hospitality? The Missionary Status and Role Revisited," in *International Review of Mission*, vol. LXXXIII No. 330 (July 1994): 398-399.

127 Anthony J. Gittins, "Reflections from the Edge: Mission-in-Reverse and Missiological Research," in *Missiology*, vol. XXI. No. 1 (Jan. 1993): 22-23.

재일대한기독교회의 목회자들도 다양한 교인들을 섬기면서 그들을 통해 자신의 목회와 선교를 변화시키는 노력이 필요하다.

마) 소수자 선교

소수자 선교는 역전된 선교가 상호변형의 범위를 두 사람 사이의 개인적 관계를 넘어 그들이 속한 사회와 세계를 하나님의 나라로 바꾸는 것을 지향한다. 여기서 소수자란 "성, 연령, 인종 및 민족, 종교, 사상, 경제력, 출신 지역 등을 근거로 사회 내 지배적 기준과 가치와 상이한 입장에 있어 차별과 편견의 대상이 되는 사람들을 가리키는 말"로서 소수자를 정의하기 위해 필요한 네 가지 조건으로는 첫째, 신체적, 문화적 특성에 의해 다른 집단과는 구별되는 식별가능성, 둘째, 경제력, 사회적 지위, 정치권력 등 능력의 차이로 인한 권력의 열세, 셋째, 소수자 집단에 속했다는 이유만으로 받는 사회적으로 받는 차별 대우, 넷째, 다양한 차별로 인해 형성된 집단의식 등이다.[128] 이러한 소수자들은 서구 사회에서는 여성, 유색인종, 외국인 등이다.[129] 우리 사회에는 이들 외에도 장애인, 이주노동자, 실직 노숙인, 재소자 등이 있다.[130]

윤수종에 의하면 "소수자 권익 보호 운동이 소수자의 권익을 방어적으로 지키는 데 그 목적이 있고 다수자의 지배를 전제로 한다면, 소수자 운동은 다수자의 지배 영역을 축소해 나가기 위해 자신의 고유한 삶의 방식을 개발해 나간다." 소수자 운동은 소수자들의 자율성을 기반으로 발전해 왔고, 각 소수자의 특이한 부분적 정체성을 인정하면서도 그것을 지나치게 강조하기보다는 전체 정체성과 결합시킬 것을 고민하면서 여타 소수자 운동과 연대하며 다수자의 변화를 일으키는 운동이다.[131] 바꿔 말하면 소수자의 문제는 다수자의

---

128 윤인진, "북한이탈주민에 대한 사회적 인식과 거리감: 장애인, 외국인노동자, 동성애자와의 비교," 「북한이탈주민의 지역사회 내 통합과 융화」(연세대학교 사회복지연구소 학술대회 자료집)(북한이탈주민지원 민간단체협의회, 2003), 17-24. 이기영, "소수자로서의 북한이주민의 문제와 사회복지의 과제," 연세대 통일연구원, 「통일연구」 제9권 제2호 (2005): 161에서 재인용.

129 이남석, 『차이의 정치 — 이제 소수를 위하여』(서울: 책세상, 2001[2005]), 25-32.

130 윤수종 엮음, 『다르게 사는 사람들: 우리 사회의 소수자들 이야기』(서울: 이학사, 2002); 윤수종 외, 『우리 시대의 소수자운동』(서울: 이학사, 2005).

131 윤수종, "우리 시대 소수자운동의 특성과 함의," 윤수종 외, 『우리 시대의 소수자운동』, 17-31.

문제이다. 우리는 대의제 민주주의가 평등과 자유를 보장한다고 생각하지만, 소수자의 입장에서 보면 대의제 민주주의가 대표성을 강조한 나머지 차이 집단(소수자)의 견해를 수용하지도 못하고 오히려 배제하는 한계성을 갖게 되면서 실질적 평등과는 거리가 먼 것을 보게 된다. 소수자 입장에서 볼 때 대의제 민주주의는 형식적 평등의 정당화, 지배이익의 정당화, 배제의 정당화, 보편성 강제의 정당화 등을 통해 소수자의 견해를 배제하는 불평등한 제도이다.[132]

소수자 선교를 나그네 선교에 적용하면 나그네의 인권을 지키는 것만이 아니라 그들을 부당하게 억압하고 착취하는 잘못된 우리 사회체제를 하나님의 나라로 변형되도록 우리 자신과 나그네의 변화를 일으키려는 활동이며, 이를 위해 다른 소수자 집단과 연대하려는 활동이다. 바꿔 말하면 소수자 선교는 역전된 선교에서 말하는 것처럼 선교사와 나그네 사이에도 상호변형이 일어나야 하지만, 이러한 상호변형이 사회 전체가 하나님의 나라로 변하도록 지향해야 하며, 다른 소수자 선교와 연대를 통해 집단적 상호변형이 일어나는 것을 지향해야 한다.

8) 김병호 선교사의 일본 선교 특징, 평가와 과제

(1) 특징

첫째, 김병호 선교사의 일본 선교는 한인 디아스포라 선교이었다. 김병호 선교사가 유학 시절 차별과 억압 속에 사는 재일 동포들을 만나면서 그들에게 복음을 전하고 그들과 더불어 살면서 재일 동포들의 개인적·사회적·역사적 아픔에 동행하는 선교사가 되고자 했다. 김병호 선교사가 우라와한인교회와 조후교회에서 섬긴 것은 이러한 선교적 동기에 따른 것이었다. 둘째, 김병호 선교사의 일본 선교는 영혼 구원과 교회 개척을 넘어 하나님의 나라를 일본에 이루고자 하시는 하나님의 선교에 동참하는 활동이었다. 김병호 선교사는

---

132 이남석, 『차이의 정치-이제 소수를 위하여』, 36-50.

첫 3~4년 동안에는 다른 한국 선교사들처럼 자신이 일본에 예수님을 전파하려는 의욕과 열정이 넘쳐났다. 그렇지만 목회를 3~4년 하면서 목회자의 뜻대로 목회를 하는 것이 아님을 깨달았다. 그리고 재일대한기독교회가 창립 60주년에 하나님의 선교로의 신학적 전환을 한 것을 통해 김병호 선교사도 재일 동포에게 선교하기 위해서는 하나님의 선교신학이 필요하다는 것을 받아들였다.

셋째, 김병호 선교사의 일본 선교는 한인 교회를 섬기고, 재일대한기독교회 총회의 총간사로 활동했지만, 처음부터 일본교회와 교류하고, 일본교회와 협력하면서 한·일 교회 사이에 에큐메니칼 협력 선교를 지향했다. 김병호 선교사는 우라와한인교회를 섬기면서 일본교회와 교류하고, 일본 목회자들과 교제하면서 일본의 한 노회와 부산노회 사이에 자매결연을 하여 상호교류하고 상호 방문하면서 선교 협력할 것을 제안했다. 부산국제선교회 총무인 박광선 목사를 강사로 초대한 특별 집회를 통해 교인들의 신앙 훈련과 함께 부산국제선교회와 유대를 강화하고자 했고, 부산국제선교회로 하여금 재일 동포 사회에 대한 이해를 증진하고자 했다. 조후교회를 섬기던 시기에도 김병호 선교사는 일본교회와 합동 예배와 성찬식을 통해 교회 일치를 예전적으로 이루고자 했고, 합동 예배의 헌금을 기아에 직면한 북한에 보냈다. 동경교구에 속한 목회자와 신자를 인솔하고 한국교회를 방문하여 일본 목회자와 교인들이 한국교회의 성장에 큰 감동을 받았고, 일본의 역사적인 죄를 깨닫게 했고, 일본 목회자와 신자들이 일본 기독교인들에게 역사 인식을 재고하는 운동을 벌일 것을 제안했다.

(2) 긍정적 평가

첫째, 김병호 선교사의 일본 선교는 우라와한인교회와 조후교회 등 한인 교회를 섬기는 것으로 시작되었다. 재일 한인 교회는 1965년 이전에 입국한 교인(old comer)과 이후에 입국한 교인(new comer)으로 나눌 수 있고, 한국어 이해 유무에 따른 분류, 일본 문화와 한국 문화에 대한 친숙함 등에 따른 다양한 구성원으로 형성되어 있다. 그래서 한인 교회는 다양성 안에서 일치를 추구하는 교회가 되고자 했다. 둘째, 김병호 선교사는 한인 교회의 목회를 통해 일본에 장기간 거주하는 재일 동포들과 더불어 일시적으로 체류하는 유학생, 기업의 주재원, 정부의 파견 공무원을 목회적으로 돌보고 이들이 귀국하여 다시 한국교회에 정착하도록 징검다리의 역할을 감당했다. 이는 한인 디아스포라 교회의 공통적 사명이다. 셋째, 김병호 선교사의 일본 선교는 한인 목회를 넘어서서 차별로 고통받는, 재일 동포를 위한 인권 선교, 이주노동자 선교 등으로 발전하고, 일본의 평화와 한반도의 평화통일을 위해 힘쓰는 평화 선교 등으로 확대되었다. 김병호 선교사는 법정에 선 한국인을 통역으로 돕고, 목회 지역의 후추형무소에 월 1회 한국인 수감자들을 상담하는 등 인권 선교에 참여했고, 인권 선교를 일본에 체류하는 외국인 이주노동자 선교로 확대했다. 남북한 교회가 현실적으로 만날 수 없는 시기에 일본에서 남한 교회의 지도자, 북한 교회의 지도자, 세계교회의 지도자들이 만나도록 재일대한기독교회는 1990년부터 2002년까지 '조국의 평화·통일과 선교에 관한 기독자 동경회의'를 개최했다.

넷째, 김병호 선교사의 일본 선교는 한인 디아스포라 선교 유형에 속하지만, 하나의 한인 교회에 매이지 않고 관동지방회장을 거쳐 재일대한기독교회 선교부장, 서기, 총서기로 역할이 확대되고 재일 동포 선교를 위한 선교 범위가 확장되었다. 김병호 선교사가 재일대한기독교회 총회에서 파트타임 간사로 일하게 된 것은 부산국제선교회의 선교비가 절반으로 줄어든 것이 계기가 되었다. 그렇지만 하나님께서는 이런 상황을 통해 김병호 선교사로 하여금 총회의 다양한 역할을 맡아 일을 배우게 하시면서 결국 총간사로 세우신 것이라고 해석할 수 있다. 이런 과정에서 김병호 선교사는 일본에서 군국주의의 부활을 막고 일본 역사 교과서 왜곡에 반대하는 것도 선교임을 배우게 되면서, 선교 이해가 인권 선교로부터 이주노동자 선교로, 평화 선교로 확장되었다. 다섯째, 김병호 선교사는 일본과 일본인에 대한 올바른 이해 속에서 한국교회의 일본 선교의 효과적 방법과 일본교회와 교인들을 통한 간접 선교가 바람직하다고 했다. 일본인은 말보다는 행동을 중시하기 때문에 일본인에게는 구두 전도보다는 삶을 통한 전도가 효과적이다. 그리고 일본인들은 여러 종교를 동시에 믿거나 결혼식은 교회에서 하고 장례식은 절에서 하려는 일본인들의 다종교성 때문에 한국인에게 전도하는 방식만으로는 전도의 어려움이 있다고 했다. 그래서 이러한 이유로 김병호 선교사는 일본 선교는 일본교회와 일본 기독교인이 감당하는 것을 돕는 간접 선교가 바람직하다고 했다.

여섯째, 김병호 선교사는 이러한 간접 선교를 실천하는 방안이 일본교회의 선교를 지원하는 에큐메니칼 협력 선교라 했다. 그래서 김병호 선교사는 한인 교회를 섬기던 시기부터 일본교회와 공동으로 예배를 드리고, 일본의 장애인 선교에 협력하며, 일본의 평화와 한반도의 평화·통일을 위한 에큐메니칼 협력 선교에 참여했다. 김병호 선교사는 재일대한기독교회 총회의 총간사로서 일본의 우경화와 제국주의로 회귀하는 사회적 분위기 속에서 헌법 개정안에 대해 평화헌법을 유지해야 한다는 성명서를 발표했고, 후쿠시마 핵발전소 폭발 참사 이후에는 탈원전 정책 수립, 외국 국적 주민 지원, 독립된 인권 기관 신설, 개정된 입관법 개정, 외국인 주민 기본법 통과를 촉구하는 사회적 태도를 재일대한기독교의 이름으로 표명했다. 일곱째, 김병호 총간사는 한국교회가 파송하는 일본 선교사의 선별, 훈련, 파견, 현지 적응을 위한 대안을 마련하기 위해 노력했다. 재일대한기독교회가 대한예수교장로회(통합), 기독교대한감리회, 한국기독교장로회의 세 교단의 실무자들과 함께 이 주제에 대해 3년 동안 6차례에 걸쳐 협의하여 결론을 도출하기 직전 코로나로 인해 중단되었다. 이러한 문제의 핵심에는 재일대한기독교회가 창립 60주년을 맞은 1968년에 하나님의 선교를 수용한 신학적 전환이 있었다. 그러나 대부분의 한국교회들은 선교적으로 하나님의 선교를 수용하지 않고 영혼 구원이나 교회 개척을 선교 목적으로 삼는 전통적 선교 이해에 머물러 있다. 대부분의 한국 복음주의자들의 선교 이해는 복음주의 로잔운동의 로잔 언약(1974)이나 케이프타운 서약(2010)을 수용하지 않고 있다. 한국 복음주의자들은 로잔운동의 주요 선교문서들을 수용해야 할 것이다. 여덟째, 김병호 선교사는 일본 선교의 전망으로 일본교회를 통한 간접 선교와 더불어 재일 동포 3, 4세를 통한 선교, 일본 남성과 결혼한 한국 여성을 통한 선교, 외국인 이주노동자 선교 등을 제시했다.

아홉째, 김병호 선교사는 재일대한기독교회를 통한 한국교회와 일본교회의 교류가 서로의 장점을 배울 뿐 아니라 일본 기독교인들로 하여금 역사적 죄를 깨닫고 회개하는 것을 도움으로써 일본과 한국 사이에 화해를 이루고, 남한과 북한 사이에 화해와 평화통일을 향해 나아가도록 하는 평화 선교임을 역설하고, 평화 선교를 위해 노력했다. 1993년 김병호 선교사는 일본기독교단에 속한 관동교구(노회)의 목회자와 신도의 방문단을 인솔

했다. 일본 목회자와 교인들은 한국교회의 성장에 감동을 받았고, 일본의 역사적 죄를 깨닫게 되었고, 귀국해서 일본 기독교인의 역사 인식 재고를 위한 운동을 제안했다. 이러한 경험을 바탕으로 김병호 선교사는 일본 관동교구와 부산노회의 자매결연을 제안했으나 실현되지 않았다. 열째, 김병호 선교사의 선교 우선순위는 한인 디아스포라 선교(한인 목회)를 하면서도 일본 선교를 위해서는 에큐메니칼 협력 선교가 중요하다고 생각했고, 재일대한기독교회를 따라 하나님의 선교를 수행했기 때문에 재일대한기독교회, 일본 관동지방회, 한일 NCC 장애인 방문 프로그램, 형무소 상담, 한인 목회 순이었다. 즉, 한인 목회가 재일 동포가 사는 일본에 평화를 세우는 하나님의 선교와 분리될 수 없다는 신학적 이해 때문이라고 생각한다. 열한째, 김병호 총간사는 재일대한기독교회가 일본교회, 한국교회, 세계 교회와 에큐메니칼 협력 선교를 하도록 다양한 에큐메니칼 활동을 전개했다. 재일대한기독교회는 세계교회협의회(WCC), 세계개혁교회커뮤니온(WCRC), 아시아기독교협의회(CCA)의 회원 교회이며, 미국 교회, 캐나다 교회, 독일 교회, 대만 교회, 호주 교회, 특히 캐나다장로교회와 다양한 의제를 갖고 에큐메니칼 활동을 전개해 왔다.

열둘째, 김병호 선교사의 일본 선교는 한인 디아스포라 선교로부터 인권 선교로, 외국인 이주노동자 선교로, 평화 선교로 선교 영역을 확대해 갔지만, 한인 디아스포라를 단순한 이민자로 여기지 않고 나그네로 이해했고, 재일대한기독교회를 나그네 교회로 이해하면서 한인 디아스포라 선교를 선교신학적으로 성찰했다. 김병호 선교사는 일본 선교사로 3~4년을 지내면서 일본 제국주의의 높은 담벼락 밑의 그늘에 웅크린 예수님을 발견하면서 하나님의 선교로 신학적 전환을 하게 되었다. 그리고 차별받고 억압받는 재일 동포들과의 만남 속에서 일본에서 재일 동포들을 나그네로 깨닫게 되었다. 나그네의 선교적 의미는 하나님께서 나그네와 같은 약자/소수자를 통해 큰일을 하신다는 것이다. 부활하신 예수님이 제자들에게 갈릴리에서 만나자고 하신 것은 사회적으로 소외된 갈릴리가 선교적으로는 은혜의 자리이고, 사명을 받는 자리라고 말씀하신 것이다. 김병호 선교사는 재일 동포들이 사는 일본이 갈릴리이고, 한인 디아스포라를 나그네로 보고, 차별받고 억압받는 재일 동포들을 만남으로써 선교사가 오기 전부터 이들과 함께 동고동락하시며 그들을 위로하시고 그들을 제자로 부르셔서 하나님의 나라를 이루고자 하시는 하나님을 만나게 되었다. 열셋째, 김병호 선교사는 재일대한기독교회를 이민 교회가 아니라 소수자/실향민/유랑인 교회로 이해하고, 나그네 선교, 인권 선교, 마이너리티 선교를 통해 하나님의 선교에 참여하고자 했다. 재일대한기독교회는 2015년 "마이너리티 문제와 선교"를 주제로 국제회의를 개최했다. 이 국제회의를 계기로 하여 재일대한기독교회와 세계 교회가 협력하여 '마이러리티 선교센터'를 설립하여 운영하고 있다.

열넷째, 김병호 선교사가 자신의 선교 영역을 확장하고, 선교신학적으로 심화시킬 수 있었던 것은 김병호 선교사가 언어적으로 준비되고 공부하는 선교사이기 때문이었다. 김병호 선교사는 선교사로 부름 받기 3년 전인 1986년부터 일본 동경신학대학교에서 일본어를 공부하고 신학을 공부하며 일본 선교사로 준비를 했다. 1993년부터 1996년까지 김병호 선교사는 샌프란시스코신학대학에서 아시아 선교신학을 연구하여 석사 학위를 받았다. 그리고 1997년부터 1998년까지 안식년 1년 동안 해외 선교연구센터(OMSC)에서 1년 동안 복음주의 선교신학과 에큐메니칼 선교신학을 연구했고, 여러 선교사와의 대화를 통해 선교에 대한 이해와 경험의 폭을 넓힌 것이 이러한 변화와 발전에 밑거름이 되었다고 본다. 결과적으로 보면 김병호 선교사의 선교 활동은 복음주의 선교신학인 로잔 언약과 WCC의 선교신학을 수용한 것으로 해석된다. 열다섯째, 김병호 선교사가 이러한 선교적 발전을 가능하게 한 요인 중에는 부산국제선교회가 34년을 꾸준히 지원한 것도 있다. 김병호 선교사의 말처럼 한 선교회가 30여 년 한 선교사를 지원하는 것은 한국 선교 역사에서 찾아보기 힘든 사례이다.[133]

(3) 부정적 평가

첫째, 김병호 선교사와 부산국제선교회 사이의 선교 이해에 대한 차이, 선교신학의 차이, 선교 방식에 대한 차이로 인해 부산국제선교회는 1997년 이후 눈에 보이는 선교 열매가 거의 없는 교포 선교로부터 선교 방향을 중국 선교와 미얀마 선교로 돌렸다. 부산국

---

133 김병호 선교사, "에큐메니칼 선교: 재일대한기독교회를 중심으로," 대한예수교장로회 총회 세계선교부 편, 『선교 현장 이야기: 일본 편』 (서울: 범아출판, 2018), 41.

제선교회는 김병호 선교사의 선교비를 절반으로 줄였다. 부산국제선교회는 선교 목적이 교회 개척이기 때문에 타문화권 선교를 우선시한다. 즉, 부산국제선교회는 해외에 선교사를 파송하여 교회 개척하는 것을 가장 중요시한다. 반면에 김병호 선교사는 차별받는 재일동포에 대한 선교, 한인 디아스포라 선교를 하고 있다. 김병호 선교사의 선교신학은 영혼 구원과 교회 개척을 넘어 하나님의 나라를 이 땅에 이루는 삼위일체 하나님의 선교에 참여하는 것으로, 구체적으로는 인권 선교, 이주노동자 선교, 평화 선교에 참여하는 것이다. 부산국제선교회의 선교 방법은 선교사를 통한 교회 개척이다. 반면에 김병호 선교사는 재일대한기독교회가 한국교회, 일본교회, 세계 교회와 협력하여 선교하는 에큐메니칼 협력 선교를 하고 있다. 김병호 선교사와 부산국제선교회와 선교에 대한 이해, 선교신학적 차이로 인해 김병호 선교사가 귀국했을 때 설교를 요청하는 교회가 거의 없었다.[134] 박광선 목사는 자신의 목회신학이 예수 그리스도가 선포한 하나님의 나라라 했다. 보세이에서 연구하면서 하나님의 선교를 받아들였다. 그러나 자신의 목회신학이 교회와 부딪치면서 많은 갈등을 낳았다고 했다.[135] 박광선 목사의 목회신학은 부산국제선교회의 선교신학과도 부딪친 것으로 보인다.

둘째, 김병호 선교사와 부산국제선교회의 선교에 대한 이해의 차이, 선교신학의 차이는 총회 세계선교부의 선교신학을 통해 극복할 수 있다. 총회 세계선교부의 선교신학은 복음주의적 에큐메니칼 선교신학이다. 부산국제선교회의 선교에 대한 이해와 선교신학의 전환이 필요하다고 본다. 이처럼 선교신학의 전환이 이뤄질 때 시대적 과제에 대응하는 선교 활동을 할 수 있다. 대한예수교장로회 총회(통합)는 산업화가 시작되기 전인 1956년에 산업전도위원회를 설치하여 산업화에 대응하고자 했다. 총회는 1960년대에 산업전도와 산업선교를 적극적으로 지원했다. 2000년 이후에 총회 국내선교부는 외국인 이주노동자 선교와 다문화 선교에 적극적으로 대처하고 있다. 부산국제선교회도 총회의 선교신학인 복음주의적 에큐메니칼 선교신학과 하나님의 선교를 수용할 뿐 아니라 시대 변화에 대응하

---

134 김병호 선교사와의 인터뷰(2022년 7월 5일).
135 박광선 목사와의 인터뷰(2022년 1월 25일).

는 선교 활동을 전개할 필요가 있다.

셋째, 김병호 선교사와 부산국제선교회의 선교 방식의 차이는 총회 세계선교부의 정책인 에큐메니칼 협력 선교를 수용함으로써 극복할 수 있다. 김병호 선교사와 재일대한기독교회는 인권 선교, 외국인 이주노동자 선교, 소수자 선교, 평화 선교, 일본 선교를 위해서 일본교회, 한국교회, 세계 교회와 협력하는 에큐메니칼 협력 선교를 전개하고 있다. 에큐메니칼 협력 선교는 위에서 본 것처럼 1910년 에딘버러세계선교대회, 국제선교협의회의 선교대회들, 세계교회협의회의 선교대회들을 통해 도출된 결론이다. 따라서 부산국제선교회는 선교회 중심으로 선교사를 통해 선교지에 교회를 개척하는 방식의 선교가 아니라 현지 교회와 협력해서 현지 교회를 강화하는 에큐메니칼 협력 선교 방식으로의 전환이 요구된다.

넷째, 일본 선교에서 눈에 보이는 열매를 찾는 것이 쉽지 않음은 서구 교회의 선교를 통해서도 어느 정도 입증되었다. 이는 김병호 선교사가 지적한 것처럼 일본인 특유의 종교적 다원성 때문이다. 이에 대한 김병호 선교사의 대안은 말로 복음을 전하는 선교 방식보다는 삶으로, 행동으로 보이는 선교이었다. 김병호 선교사의 인권 선교, 이주노동자 선교, 형무소 상담, 한일 장애인 교류 프로그램, 평화 선교 등은 재일 동포뿐 아니라 일본인들에게 사랑의 행동으로 복음을 증거하는 행위라 하겠다. 부산국제선교회가 일본에 대한 이해와 일본 선교에 대한 이해를 통해 선교에 대한 이해와 선교신학을 확대하고 심화시킬 필요가 있다.

다섯째, 김병호 선교사와 재일대한기독교회가 펼친 평화 선교로부터 부산국제선교회가 배울 필요가 있다. 김병호 선교사도 차별받는 재일 동포의 아픔에 공감했지만, 일본 선교사로 시간이 지나면서야 조국의 평화통일 문제에 관심을 갖게 되었다. 부산국제선교회에 속한 교회의 목회자들과 교인들 역시 한반도의 평화 이슈나 통일 이슈를 선교적 과제로 여기지 않고 있는 것 같다. 이는 부산국제선교회에 속한 교회와 목회자들이 지닌 전통적 선교 이해와 선교신학 때문이라고 생각한다. 따라서 위에서 제시한 것처럼 부산국제선교회가 총회의 선교신학인 복음주의적 에큐메니칼 선교신학을 수용하여 남북의 화해와 평화·통일을 위해서 기여하는 것이 바람직하다.

여섯째, 김병호 선교사가 재일대한기독교회의 총간사로 10년 동안 수고했지만, 이에 대한 부산국제선교회의 평가는 긍정적이지도 않고 부정적이지도 않다.[136] 이는 위에서 언급한 것처럼 선교 이해의 차이, 선교신학이 차이에서 오는 것으로 보인다. 재일대한기독교회에 속한 한인 디아스포라 교회를 섬기는 선교사일 때에도 김병호 선교사에 대한 재정 지원을 절반으로 줄였다. 한인 교회를 사임하고 재일대한기독교회 총회의 총간사로 재직하는 것을 부산국제선교회가 허용했지만, 적극적으로 지지하지 않았다. 이제 김병호 선교사는 부산국제선교회가 파송한 일본 선교사로 35년을 봉사했고, 재일대한기독교회 총회의 총간사로 10년을 섬겼다. 부산국제선교회는 김병호 선교사의 사역과 재일대한기독교회 총회의 총간사로서의 활동을 정리하고 적극적으로 평가할 필요가 있다.

(4) 교훈

첫째, 부산국제선교회는 김병호 선교사와 재일대한기독교회의 선교로부터 에큐메니칼 협력 선교를 수용할 필요가 있다. 위에서 언급했던 것처럼 개신교 선교는 초교파적으로 시작했으나 점차 교파적으로 진행되다가 예양 협정(Comity Agreement)으로 인해 선교 지역에 교파주의가 뿌리는 내렸고, 이런 문제를 해결하기 위해서 1910년 에딘버러세계선교대회가 열렸다. 에딘버러세계선교대회를 통해 우리는 선교지에서 생기는 문제들을 조정하고 협력하기 위해 에큐메니칼 운동이 출발한 것과 에큐메니칼 운동이 신앙고백, 직제, 신학의 일치를 통한 교회 일치와 연합, 생활과 사업 등의 복음 실천을 통한 교회 일치와 연합, 복음 증거를 통한 교회 일치와 인류의 일치를 지향하고 있음을 알 수 있다. 바꿔 말하면 선교 협력과 에큐메니칼 운동은 서로 뗄 수 없는 관계에 있음을 알 수 있다. 국제선교협의회가 개최했던 마지막 선교대회인 가나 대회(1957)가 세계교회협의회(WCC)와 통합을 결의한 것은 선교와 교회를 일치로 보는 새로운 이해가 더 이상 선교를 지향하는 국제선교협의회(IMC)와 교회일치운동을 벌이는 세계교회협의회(WCC)의 공존이 부조화라고

---

136 김정광 목사와의 인터뷰(2024년 1월 9일).

보았기 때문이었다. 일치와 선교의 이분법은 WCC 뉴델리 총회(1961)에서 IMC가 WCC에 통합됨으로써 극복되었다. 이 통합의 신학적 요점은 일치와 선교가 함께 속한다는 점이다. 교회가 본질적으로 선교적 본성을 지녔다는 점에 대한 재발견은 선교가 오직 하나 된 그리스도의 교회에 의해 수행될 때만 기독교적이라는 발견으로 나아갔다. 여기서 벗어나면 우리는 사람들을 우리의 '교파'로 인도하고, 동시에 그들에게 분열의 독을 먹이는 것이 된다. 재일대한기독교회가 비록 작은 교회이지만 인권 선교, 외국인 이주노동자 선교, 소수자 선교, 평화 선교 등 다양한 선교 과제를 감당한 것은 한국교회, 일본교회를 비롯하여 세계 교회와 협력하여 선교를 수행했기 때문이다. 부산국제선교회는 이제 타문화권 선교이든지, 한인 디아스포라 선교이든지 현지 교회와 협력하여 선교하는 에큐메니칼 협력 선교를 지향해야 한다. 에큐메니칼 협력 선교가 20세기 선교대회의 결론이기 때문이다.

일본기독교단과 에큐메니칼 협력 선교를 경험한 최장수 선교사는 에큐메니칼 협력 선교의 장점으로 첫째, 현지 교단의 인적 물적 자원과 지원을 받으며 선교에 진입함으로써 선교 현지에 보다 용이하게 정착한다는 점, 둘째, 선교사의 사역의 열매가 현지 지역에 남게 되므로 선교사가 그 선교지를 떠나더라도 사역이나 사역의 결실이 안정적으로 보존된다는 점, 셋째, 선교사의 투입이 현지 교회에 새로운 활력을 불어넣는 계기가 된다는 점을 제시했다. 에큐메니칼 협력 선교가 성공하기 위해서 가장 중요한 요소를 상호 존중의 정신이라 했다. 에큐메니칼 협력 선교의 단점으로는 일본기독교단과 한국인 선교사가 의견의 일치에 이르기까지 충분히 소통하고 기도하며 설득하는 과정에서 기다림과 인내가 필요하다는 점, 선교 열정과 선교 이해가 다를 때 선교사의 사역이 제한받을 수 있다는 점이다.[137]

둘째, 부산국제선교회는 김병호 선교사와 재일대한기독교회의 선교를 통해 총회의 복음주의적인 에큐메니칼 선교신학을 수용할 필요가 있다. 재일대한기독교회는 이미 1968년에 하나님의 선교를 받아들이면서 인권 선교 활동을 시작했고, 나중에는 외국인 이주노동자 선교, 소수자 선교, 평화 선교로 확대했다. 하나님의 선교(*missio Dei*)는 에큐메니칼 진영의 선교신학으로 알려져 있다. 중국이 공산화되면서 서구 선교사들이 중국에서

---

137 최장수 선교사, "일본기독교단과 협력하는 사역," 대한예수교장로회 총회 세계선교부 편, 『선교 현장 이야기: 일본 편』, 76-77.

추방된 직후 국제선교회협의회(IMC)가 빌링엔에서 1952년에 개최한 선교대회의 결과가 하나님의 선교이었다. 즉, 하나님의 선교는 세계교회협의회(WCC)가 만든 선교신학이 아니라 20세기 전반기 선교대회를 주도한 국제선교협의회의 선교신학이다. 국제선교협의회는 WCC 참여 여부로 복음주의 진영과 에큐메니칼 진영으로 분열되기 전 통합된 선교협의체이었다. 따라서 하나님의 선교신학은 통합적인 선교신학이라 할 수 있다. 즉, 국제선교협의회가 세계교회협의회(WCC)의 세계 선교와 전도위원회(CWME)로 합류하기(1961) 이전에 만들어진 선교신학이다. 2010년 케이프타운에 모인 복음주의자들은 로잔 3차 대회의 결과물인 '케이프타운 서약'에서 하나님의 선교를 사랑한다고 고백하고 있다. "하나님은 자신의 백성을 부르셔서 자신의 선교에 동참시키"시고, "우리의 선교는 온전히 하나님의 선교로부터 나오며, 하나님의 창조세계 전체를 다루며, 그 중심이 십자가의 구속하시는 승리 위에 세워져 있다."[138] 이제 하나님의 선교는 복음주의 진영에서도 수용한 선교신학이 되었다. 로잔대회의 합의문서인 로잔 언약(1974)과 마닐라 선언(1989) 그리고 WCC의 선교문서인 "선교와 전도: 에큐메니컬 확언"(1982)과 "함께 생명을 향하여"(2012)를 함께 참고해야 할 것이다. 부산국제선교회는 선교회 중심으로 교회 개척을 목적으로 하는 선교만이 아니라 부산국제선교회가 어떻게 하나님의 선교에 참여하는지에 대해 신학적으로 고민하고 실천해야 할 것이다.

셋째, 부산국제선교회는 재일대한기독교회의 선교로부터 시대적 과제에 대응하는 선교적 활동을 펼쳐야 함을 배울 필요가 있다. 재일대한기독교회가 하나님의 선교를 수용하여 인권 선교, 외국인 이주노동자 선교, 소수자 선교, 평화 선교를 전개한 것은 서구 교회가 산업화라는 시대적 도전에 대응하는 데 실패한 것으로부터 배운 것이라고 해석할 수 있다. 대한예수교장로회 총회(통합)는 1956년 산업전도위원회를 설치해서 산업화에 대응하는 선교 활동을 전개했다. 그렇지만 대다수 한국교회는 산업선교에 대해 긍정적 평가를 하지 않고 있다. 서구 교회가 산업화에 적절하게 대응하지 못함으로 인해 노동자들이 교회로부터 떠났고, 20세기에는 세속화에 대한 대응을 하지 못함으로 인해 중산층이 교회를 떠났다.

---

138 제3차 로잔대회, 『케이프타운 서약: 하나님의 선교를 위한 복음주의 헌장』 (서울: IVP, 2014), 60.

부산국제선교회는 서구 교회의 사례를 반면교사로 삼을 필요가 있다.

1928년 예루살렘에서 열렸던 국제선교협의회(International Missionary Council)는 산업주의(industrialism)를 프로그램 주제로 포함시킨 것을 1910년 에딘버러세계선교대회와 비교해 볼 때 선교 운동의 발전을 보여주는 사실의 한 가지로 자평했다.[139] 그러나 서구 교회의 산업선교가 이때 시작된 것은 아니었다. 바젤산업선교회는 인도에서 개종자들이 카스트 사회로부터 추방되면서 직업을 잃게 되자 견고한 경제적 기반 위에 신앙 공동체를 세우기 위해 산업선교를 시작했다. 바젤산업선교회는 1852년부터 망갈로, 캐난노레, 칼리컷 등 세 개 지역에 공장을 세워 1911년 공장 문을 닫을 때까지 산업선교에 큰 성공을 거뒀다. 그러나 개종자의 숫자가 증가하면서 이들에게 직장을 제공하는 데에는 한계가 있었다. 그리고 인도의 그리스도인들이 지속적으로 바젤산업선교회의 선교사들에게 의존하는 것도 문제였다.[140] 19세기 말 프랑스에서는 민중 선교(Mission populaire)가 진행되었고, 미국장로교회는 1904년에 도시산업이민노동국(City, Industrial and Immigration Work Office)을 만들어 활동했고, 영국은 1919년에 기독교산업친교회(Industrial Christian Fellowship)를 만들었다. 일본에서는 1920년대에 고베에 빈민들을 위한 도요히꼬 가가와의 활동이 있었다.[141]

프랑스의 노동사제운동은 1947년부터 1954년까지 지속되었다. 제2차 세계대전 중 프랑스가 독일에 점령되자 독일군은 프랑스 노동자들을 독일 군수공장으로 이송했는데 노동자들에 포함된 신학생들이 노동자들에게 비밀 군종신부 역할을 했다. 이런 역할을 했던 23명 중 생환한 신부가 앙리 페랑으로 1947년에 노동자 사제의 삶을 재개한 것이었다. 1947년에는 모두 10명의 노동사제가 있었고, 1954년에는 25명이었다. 이 가운데 15명은 수도회 소속이었고, 12명은 파리 교구 소속이었다.[142] 1960년대 프랑스의 종교 상황은

---

139 International Missionary Council, *Christianity and the Growth of Industrialism in Asia, Africa, and South America: Report of the Jerusalem Meeting of the International Missionary Council, March 24th~April 8th, 1928* (London: Oxford University Press, 1928), 1.

140 J. Müller, "The Basel Industrial Mission," in *International Review of Missions*, 2 (1913): 165-172.

141 Compiled by Hugh Lewin, *A Community of Clowns: Testimonies of People in Urban Rural Mission* (Geneva: WCC Publications, 1987), 1.

468 | 부산국제선교회 40년사

80%의 불가지론자 또는 교회를 반대하는 자들, 10~15%의 로마가톨릭 신자들, 2%의 개신교 신자들로 구성되었다. 파리의 경우 전체 인구의 15%가 교회와 관련이 있었지만, 노동자들의 경우 1.7%에 불과했다. 그러나 400년 전에는 개신교가 인구의 거의 절반을 차지했다. 지속적인 로마가톨릭의 탄압과 산업혁명 과정에서 교회가 보인 편파성 때문에 개신교 신자들을 잃었다. 교회는 산업화 과정에서 중산층의 교회로 변모했고, 노동자들의 자리가 교회 안에는 없었다. 제2차 세계대전까지는 노동자 계층은 불가지론자였지만, 대중은 명목상으로는 종교인이었다. 프랑스의 노조는 산업선교 전담 사제를 상상할 수 없었다. 제2차 세계대전 이후 노동사제운동은 단순한 실험이 아니라 주님을 섬기는 새로운 생활 방식, 동료 노동자를 섬기는 새로운 생활양식을 보여줬다.[143]

영국의 대표적 산업선교는 셰필드산업선교회였다. 셰필드의 헌터(L. S. Hunter) 주교가 위캄(E. R. Wickham)을 불러와 산업선교회를 출범시킨 때는 1944년이었다. 산업선교는 성직자와 평신도가 동료가 되는 운동이었다. 위캄은 자신의 책의 목적은 도시화, 산업화가 교회에 준 영향을 사회학적, 심리학적, 역사적 자료에 근거해서 추적했고, 새로운 사회를 건설하도록 교회를 변화시키는 것이라 했다.[144] 그의 연구 결과 노동계급이 교회로부터 멀어지기 시작한 것은 산업화된 마을이 나타난 18세기였고, 19세기를 거치면서 가속화되었다. 20세기에 들어서는 거의 두 세대 사이에 중간층을 잃어버렸다. 동일한 기간에 노동자 계급도 교회를 떠났지만, 중간 계층만큼은 아니었다. 왜냐하면 당시에는 다수의 노동자가 교회를 벌써 떠나 버렸기 때문이었다. 일부는 보수주의와 사회적 관습에 의해 교회에 남았지만, 상당수는 두 차례에 걸친 전쟁의 쇼크와 현대문명의 유혹 때문에 교회를 떠났다. 문제는 교회와 신학자들이 과거의 실패에 대해서 정확하게 정의하고 대응하지 못했다는 점이다. 근대의 신학자 중에는 사회혁명과 과학혁명과 씨름한 자들이 많지 않았다. 교구라는 교회 제도는 중세기 사회를 전제하고 있다. 사회혁명(산업혁명)이 일어난 지 200년이 넘어서야 교회는 세속사회에서 기독교 공동체를 새롭게 세우려 하고 있다.[145]

---

142 M. J. Jackson, "The Worker Priest Movement," in *International Review of Missions* 55 (1966): 346-348.
143 Georges Velten, *Mission in Industrial France* (London: SCM Press Ltd., 1968), 14-23.
144 E. R. Wickham, *Church and People in an Industrial City* (London: Lutterworth Press, 1957), 12-13.

서독의 마인즈-카스텔(Mainz-Kastel)에 호르스트 시마노프스키 목사에 의해 세워진 고스너 하우스(Gossner Haus)는 독일 교회를 떠난 노동자들을 선교하기 위한 집이었다. 시마노프스키 목사는 1950년부터 5년 동안 여러 공장에서 노동자로 일했다. 매년 6개월은 공장에서 노동을 했고, 나머지 6개월 동안은 실험적인 산업선교/목회를 할 수 있는 집을 세우려했다. 이 집에는 100여 명이 체류할 수 있는데 이 집에 머무는 사람은 산업노동자, 고아, 난민 등과 대학생들로 이러한 체류를 통해 당시 독일의 노동계급과 대학생 사이의 담을 허물려고 했다. 그는 노동자, 기술자, 관리자, 산업가 등과 대화했다. 대화의 주제는 자신의 신학적 문제가 아니라 그들의 삶과 노동에 관한 문제였다. 금요일 저녁에는 교회에 나오지 않는 노동자들을 초대해 성경에 대해 나누면서 설교를 준비했다. 노동자들과의 대화와 만남의 경험을 신학생의 신학 교육에 적용하기 위해 "산업 사회에서 기독교 봉사를 위한 세미나"를 개설했다. 그는 공장에 가서 노동자에게 전도해 교회로 나오게 하려 한 것이 아니라 산업 사회에서 교회가 전적으로 노동자들 앞에서 회심하여 교회 자체가 산업 사회와 거기서 사는 노동자들에게 적응하도록 변화되고 신학이 재형성되도록 하기 위해 노력했다.[146]

선교 역사가 윌버트 쉥크는 서구 산업선교의 역사로부터 배울 교훈은 18세기, 19세기 산업혁명 과정에 서구 교회가 바르게 대처하지 못해 노동자들이 교회로부터 떠났다면서 19세기 서구 교회의 최대 스캔들을 노동계급의 상실이라 했다.[147] 서구 교회가 산업화라는 사회적 변화에 대처하지 못함으로 인해 교인들이 떠남으로부터 부산국제선교회는 시대적 변화에 대응하는 선교를 해야 함을 배우는 계기가 되어야 할 것이다.

145 Ibid., 214-223.

146 Horst Symanowski, trans. by George H. Kehm, *The Christian Witness in an Industrial Society* (London: Collins St James's Place, 1966).

147 Wilbert R. Shenk, "The Culture of Modernity as a Missionary Challenge," in Charles Van Engen, Dean S. Gilliand, Paul Pierson (eds.), *The Good News of the Kingdom: Mission Theology for the Third Millenium* (Maryknoll, New York: Orbis Books, 1993), 194-195.

(5) 과제

부산국제선교회가 1980년대에 선교사를 파송한 3개 국가 중 유일하게 일본 김병호 선교사만이 지금까지 선교사직을 유지하고 있다. 김병호 선교사는 선교사 재임 기간이 35년을 맞고 있으며, 우라와한인교회 5년, 동경조후교회 19년, 재일대한기독교회 총회의 총간사로 10년을 봉사했다. 그런데 부산국제선교회와 김병호 선교사 사이에 선교에 대한 이해, 선교 방식에 대한 차이, 선교신학에 대한 차이가 있다. 이러한 차이를 총회의 복음주의적 에큐메니칼 선교신학과 에큐메니칼 협력 선교를 통해 극복하는 것이 부산국제선교회의 과제라고 생각한다. 부산국제선교회는 로잔대회의 결과인 '로잔 언약'(1974), '마닐라 선언'(1989), '케이프타운 서약'(2010)을 함께 연구하고, 이 문서 중에 합의가 이뤄지는 부분을 부산국제선교회의 정책에 반영할 필요가 있다. 그리고 WCC의 공식 선교 문서인 "선교와 전도: 에큐메니칼 확언"(1982)과 "함께 생명을 향하여"(2012)도 함께 읽고 나눌 필요가 있다. 총회의 선교 정책인 에큐메니칼 협력 선교에 대해서도 『에큐메니칼 협력 선교: 정책, 사례, 선교신학』을 통해 총회의 에큐메니칼 협력 선교의 정책을 배우고, 에큐메니칼 협력 선교의 사례들을 통해 보다 구체적으로 접근하고, 선교신학을 통해 그 배경과 흐름을 이해할 수 있을 것이다. 부산국제선교회가 40의 선교 역사를 정리하면서 복음주의적인 에큐메니칼 선교신학과 에큐메니칼 협력 선교의 방식을 따라 향후 새로운 선교가 전개될 것을 확신한다.

부산국제선교회는 김병호 선교사의 선교 사역 35년과 재일대한기독교회 총회의 총간사 10년을 평가하고 정리하는 일본 선교 정책협의회를 개최할 필요가 있다. 부산국제선교회는 1997년에 한인 디아스포라 선교로부터 타문화권 선교로 선교의 초점을 전환했다. 그렇지만 21세기 세계 선교에서 디아스포라 선교와 이주민 선교의 비중은 점차 높아지고 있다. 필자는 이주민 선교/디아스포라 선교를 21세기 선교의 새로운 패러다임 중 하나로 제시하고 있다.[148]

---

148 황홍렬, 『생명과 평화를 향한 선교학 개론』 (서울: 동연, 2018), 50-55.

이주민 선교가 2002년도 미국선교신학회의 주제로 선정된 것은 이민 국가인 미국이라는 시각에서 보면 상당히 뒤늦은 감이 있다. 그렇지만 이주민 선교는 21세기 선교의 패러다임으로 부상하고 있다. 유럽에는 1,800만 명의 이주노동자와 260만 명의 미등록 이주노동자가 있다. 이중 아프리카 출신 기독교 신자는 300만 명이 넘으며, 영국에만 아프리카 출신 교회가 3,000개에 달한다.[149] 제2차 세계대전 이후 파괴된 유럽의 복구를 위해 주로 이전의 식민지 사람들을 노동자로 받아들이고 시민권을 부여했지만, 1970년대 초 오일 쇼크 이후 이주노동자를 받아들이지 않았다. 그러나 10년 이상 서구에서 살아온 노동자들이 가족과 재결합할 권리를 막을 수는 없었다. 결국 이로 인해 이주민이 계속 증가했다. 유럽의 광범위한 이주민 교회는 이주민이 속한 소수 인종, 소수 민족에게 선교(internal mission)하고, 세속화된 유럽인을 향한 역선교(reverse mission)를 하고, 유럽 교회와 공동의 선교(common mission)를 행하며, 유럽에서의 급격한 이슬람화에 공동으로 대처할 수 있다.[150]

한편 세계교회협의회의 세계 선교와 전도위원회 주관으로 다문화 사회에서의 목회에 대한 국제포럼을 1999년과 2002년에 개최했다. 세계개혁교회연맹은 존녹스센터와 함께 교회 일치를 지향하는 다양한 모임을 가졌는데 2001년에는 제네바에서 재유럽 한인 교회들과 유럽 교회들의 모임을 개최했다. 세계교회협의회의 지원으로 1964년에 창립된 이주민을 위한 유럽교회위원회는 2001년에 제3차 대회를 열어 이주민 교회와 유럽 교회와의 연대와 협력을 모색했다. 그러나 대부분의 소위 주류 교회는 이주민의 교회를 무시하거나 제대로 인식하지 못하고 있다.[151] 베르너 칼은 유럽에서 주류 교회(유럽 교회)와 비주류 교회(이주민 교회)라는 이분법은 교회 안에 퍼져있는 인종차별과 신학적 교만인데, 신학적 교만은 시대착오적이지만, 인종차별은 반복음적이라고 신랄하게 비판했다. 서구 교회가 타 종교와 대화한다고 하면서도 유럽에서 공존하는 이주민 교회와 대화하려 하지 않는 것은 잘못된 것이라고 지적했다. 그는 유럽 안에 아프리카, 아시아 출신 그리스도인들의

---

149 Jehu J. Hanciles, "Migration and Mission: Some Implications for the Twenty-first-Century Church," in *International Bulletin of Missionary Research*, vol. 27, no. 4 (October 2003), 150.

150 Jan A. B. Jongeneel, "The Mission of Migrant Churches in Europe," in *Missiology* (January 2003): 31-32.

151 Jean S. Stromberg, "Responding to the Challenges of Migration: Churches within the Fellowship of the World Council of Churches," in *Missiology* (January 2003): 46-49.

존재를 유럽 기독교인들에게 필요한 도전으로, 축복으로 보아야 한다고 역설했다.[152]

일본 선교를 위해서도 재일 동포에 대한 선교가 중요하다. 왜냐하면 재일대한기독교회의 구성원이 다양해지면서 한인 교회가 일본 선교에 디딤돌이 되거나 직접 선교할 가능성이 높아지기 때문이다. 이처럼 세계 교회가 디아스포라 교회와 디아스포라 선교의 중요성을 주목하는 만큼 부산국제선교회도 한인 디아스포라 선교에 대해서 재평가할 필요가 있다. 그리고 김병호 선교사가 제기한 나그네로서의 한인 디아스포라, 나그네 교회, 소수자 선교에 대해서는 선교신학적으로 검토할 가치가 충분히 있다. 왜냐하면 한국에도 이주노동자와 다문화가정이 증가하면서 이주민 선교에 대한 관심이 증가하고 있고, 여러 나라의 선교사들이 귀국해서 해당 국가의 이주민 선교에 참여하고 있으며, 이주민 선교에 참여하던 사역자들이 현지에 선교사로 파송되기 때문이다.

---

152 Werner Kahl, "A Theological Perspective: The Common Missionary Vocation of Mainline and Migrant Churches," in *International Review of Mission* vol. XCI, no. 362 (2002): 332-338.

4장

중국 선교

1. 배경

1) 중국 개관[1]

(1) 국가 소개

가) 국명: 중화인민공화국(中華人民共和國)

나) 국기

오성홍기(五星紅旗)라고 하며 붉은 바탕에 황색으로 된 큰 별 하나와 이를 둘러싼 4개의 작은 별로 구성되었다. 가로세로 비율이 3:2인 직사각형이다. 바탕의 붉은 색은 혁명을 나타내며 큰 별은 중국 공산당을, 4개의 작은 별은 중화인민공화국 건국 당시의 4개의 인민계급인 노동자, 농민, 도시 소자산, 민족자산 계급을 상징한다.

다) 수도: 베이징(北京)

라) 면적

960만㎢로 유럽과 크기가 비슷하며 러시아와 캐나다에 이어 세계 3위(한반도 면적의
  43.45배·남한 면적의 약 96.66배에 해당).
- 남북: 남사군도(23oN)······흑룡강(53o32′N), 5,500㎞
- 동서: 파미르고원(73°E)······우수리강(135°E), 5,500㎞
- 영해: 12해리(1958. 9. 4. 선언, 1992. 2. 25. 영해 및 접속수역법 제정 공포)
- 국경선 총길이: 20,280㎞(한국, 러시아, 몽골, 중앙아 3국, 아프카니스탄, 파키스탄, 인도,
  네팔, 부탄, 미얀마, 라오스, 베트남 등 14개 국가와 육지 접경)

---

1 중국 상하이 현지 선교사 김승희 장로, "중국 선교 이해,"「제25회 부산국제선교회의 밤 선교보고서」(2007년
  12월 6일).

(2) 인구와 민족

가) 인구

중국 인구에 대해서는 자료에 따라 차이가 난다. 중국 정부의 자료에 의하면 2002년 말 현재 인구가 12억 8,453만 명이라고 한다.

나) 민족의 구성

중국은 56개의 민족으로 이루어져 있다. 그중 92% 이상을 한족(漢族)이 차지하고 있으며, 55개의 소수 민족(少數民族)이 나머지 8% 정도를 차지한다. 인구가 100만 이상인 소수민족으로는 쫭족(壯族), 후이족(回族), 위구르족(維吾爾族), 장족(藏族), 멍구족(蒙古族) 등 17개 민족이 있다. 재중 동포인 차오시엔족(朝鮮族)도 여기에 포함되는데, 옌볜(延邊) 조선족 자치구를 비롯하여 동북구에 주로 많이 거주하고 있다. 소수 민족 중에는 까오산족(高山族), 다다얼족(塔塔爾族)처럼 인구가 만 명이 안 되는 민족도 7개나 된다.

(3) 정치와 경제

가) 중국 공산당

1921년 7월 상하이(上海)에서 창당되었으며, 당의 본질은 마르크스, 레닌주의를 기초로 하고, 반제, 반봉건 투쟁을 주요 과제로 삼았다. 1, 2차 국공합작과 항일 전쟁 과정에서 확보하게 된 우세한 세력에 힘입어 1949년 10월 1일 공산당이 이끄는 중화인민공화국을 수립하였다. 중국 공산당은 모든 정치권력의 근원으로 중앙집권적인 절대적 권한을 가지고 있으며, 국가의 중요한 기구를 장악하고 있다.

나) 경제

— 중국은 1978년 개혁·개방 정책 실시 이후 2005년까지 20여 년간 연평균 9% 이상의 경제
  성장률 기록(2004년 10.1%, 2005년 9.9%, 2006년 10.7%)

— 2005년 GDP 세계 4위 규모로 부상

— 고성장뿐만 아니라 물가도 안정(2006년 소비자물가 상승률 1.5%)

— 2006년 총교역액은 1조 7,607억 달러, 실제 FDI(외국인 직접투자) 이용액은 94억 달러

— 2006년 말 외환보유액은 10,663억 달러(세계 1위)

(4) 상하이(上海) 개관

가) 상하이 소개

'바다로 가는 길'을 뜻하는 상하이는 100여 년 전만 해도 보잘것없는 작은 어촌 마을에 불과했다. 그러나 양쯔장(陽子江) 하구, 즉 수천 마일을 달려온 양쯔장이 태평양으로 유입해 들어가는 곳이라는 지리적 이점을 십분 발휘하여 중국 내륙과 외국 간의 교역을 담당하는 중심지로 부상하였고, 20세기에는 중국에서 가장 큰 무역도시로 탈바꿈하였다. 특히 중국이 개혁·개방의 깃발을 올린 후 상하이는 신(新)중국의 무역, 금융, 첨단산업 중심지로 발돋움하기 위해 외국 투자가들을 적극 유치하는 등 혼신의 노력을 다하고 있다.

나) 인구

총면적 6,340.5㎢, 인구는 1,360만 2천6백 명(2005)이다.

다) 상하이의 역사

상하이는 전국시대에 지금의 상하이에 해당하는 춘션군(春申君)의 봉토였기 때문에 지금도 션(申) 또는 후(滬)라고도 불린다. 당(唐) 시기에는 화팅(華亭)현의 일부였는데 송대(宋代)에 상하이진(上海鎭)이 형성되어 1292년에 상하이현이 되었다. 상하이현은 원래 장쑤성(江蘇省)에 속하였다. 아편전쟁을 끝낸 1842년 난징(南京) 조약에 의하여 상하이는 조약항으로서 개항하여 1848년 이래 영국, 프랑스 등의 조계가 형성되었다. 1920년대부터 1930년대에 걸쳐 상하이는 극동 최대의 도시로 발전하여 아시아 금융의 중심이 되었고, 1992년 이래 본격적으로 개발된 푸둥(浦東) 지구가 고도의 경제발전을 견인하고 있다. 1927년에는 특별시로, 1930년에는 직할시로 성립하였다. 또 상하이시 지도부로부터 장쩌민(江澤民), 후진타오(胡錦濤), 주룽지(朱鎔基) 등 중화인민공화국의 국가주석, 총리가 배출되었다.

라) 기후 및 교통

기후는 아열대기후이나 사계절이 분명하다. 여름에는 습도가 높으며 때때로 40℃를 오르내릴 때도 있을 만큼 몹시 무덥다. 겨울은 1월 평균 기온이 3℃ 내외로 비교적 따뜻하다. 연 강수량은 1,100㎜ 정도이다. 상하이는 유명한 국제항구로 항공과 해상 교통을 비롯한 모든 교통이 매우 발달하였다.

마) 산업 및 경제

상하이의 총생산액은 5, 408, 76억 위안(元)으로 전국에서 가장 많은 소득을 올렸다. 주요 공업으로는 자동차, 발전 및 플랜트 설비, 석유화학, 철강 등이 있다. 최근에 자동차, 발전 및 플랜트 설비, 정보통신, 금융, 유통, 부동산 등을 6대 기간산업으로 지정하여 집중 육성하고 있다. 전체적으로 중공업 비중이 64.8%를 차지할 정도로 높다. 산업구조는 1차, 2차, 3차 산업이 각각 1.7%, 47.6%, 50.7%로 3차 산업 비중이 높게 나타나는 등 중국에서는 산업구조가 가장 고도화되었다.

바) 상하이의 종교 및 기독교 현황

상하이 시민 다수는 자신 이외의 어떤 것도 믿지 않는다고 단언한다. 교육·종교 분리주의, 합리주의 그리고 물질주의가 시민들에게 보편화된 사고방식이다. 그러나 조금씩 전통 종교들이 부활하고 있으며, 도시의 큰 불교 사원이나 도교 사원에 가는 사람들이 많아졌다. 그중에는 젊은이들도 상당히 많다. 그러나 대부분은 행운을 빌기 위해 가는 것이지 실제로 신앙심이 깊어서 가는 것은 아니다. 또한 도시 외곽에 사는 사람들이 도심에 사는 사람들보다 종교에 관심이 있으며, 상하이에서 종교를 가진 사람들의 62%가 도시 외곽에 사는 주민으로 인구 10%에 해당한다. 이들 중 대다수가 농촌 출신들이다. 상하이에 등록된 268개의 종교 활동지의 84%가 농촌에서 시작되었다. 74개의 천주교 성당, 129개의 개신교 교회, 50개의 불교 사원과 13개의 도교 사원이 있다.

상하이에는 16만 명의 가톨릭 신자들이 있는데, 이들의 80%가 농촌에 살고, 특히 푸동에 많이 산다. 농부와 어부 중에도 가톨릭 신자들이 많다. 세샨의 가톨릭 성지 가까이에 있는 쑹장이나 칭푸 등에 특히 가톨릭 신자들이 많다. 이 지역에 있는 마을 중에 일부는 주민 모두 가톨릭 신자이다. 공인된 삼자교회에는 대략 15만 명의 신자가 있으며, 등록되지 않은 가정교회에는 더 많은 신자가 있을 것으로 추정된다. 도시 내에는 가정교회들이 6천 개에 이를 것으로 추산된다. 도시에 있는 많은 모임이 소규모로 이루어진다. 등록되지 않은 기독교 모임에 대한 박해는 계속되어 왔다. 대다수 시민은 기독교에 대해 무관심하다.

2) 중국 방문단의 중국 기독교 이해[2]

중국 조선족 교회의 연원은 만주 조선인 교회이다. 만주 조선인은 만주로 이주한 민족주의자들로, 이들이 모이는 교회는 민족교회로서 민족교육과 독립운동에 참여했고, 일제

---

2 이일호·구영철·김용철, "중국 교회의 이해 및 선교지 방문 보고," 「제16회 부산국제선교의 밤 및 선교보고서」 (1998년 12월 3일).

만주 토벌과 공산주의 박해에 직면하여 민족교회의 성향이 영적 신앙생활을 추구하는 내세 지향으로 변화했다. 이는 만주에서 민족주의자들의 퇴거, 공산주의 영향, 해방으로 교회 지도자들의 귀국 등으로 교회 지도자들이 교체되면서 남은 자들이 민족 교회 전통을 이어받기에는 역부족이었기 때문이다. 중화인민공화국이 수립된 후 만주 조선인 교회는 중화인민공화국의 소수 민족 정책에 따라 조선족 교회가 되었다. 문화혁명이 일어나면서 조선족 교회가 폐쇄되었다. 가정교회 구성원들도 만주 조선인이 아니라 중국 소수 민족인 조선족이 되었기에 중국 교회의 일원으로 접목되었다.

1979년 이후 중국의 종교 정책은 온건 노선을 보이는 듯하나, 실상은 종교/신앙의 자유와 불신앙의 자유를 공존시키면서 1950년대 이후 삼자회를 통하여 교회를 통제하는 정책을 펴왔다. 지금은 가정교회 수가 증가하여 묵시적으로 합법화하고 있다. 그러나 중국 인민은 삼자주의의 원칙(자양, 자치, 자권으로 중국 교회의 식민지적 모습을 지양하고, 중국 기독교인의 애국심과 민족적 자존심을 고양시키는 것으로 기독교인이 애국주의 원칙하에 법을 준수할 때 합법적인 활동을 할 수 있도록 허락함으로써 정부가 교회를 통제하고 있다)하에서 합법적인 활동을 할 수 있으며, 위법적인 기독교 활동을 행한 자는 교육을 시키거나 (구금) 형벌을 받게될 것이라 천명했다. 모든 종교 행정은 중국 기독교협회를 통해 정부의 허락하에서 목사 안수 및 교회 설립이 가능하다. 최근 들어 가정교회에 대한 통제를 다시 강화했고, 삼자회를 통한 최근의 기독교 정책은 가정교회를 외부로 끌어내어 1950년대처럼 삼자회의 지배하에 두려는 시도를 계속하고, 법규를 통해 가정교회 활동을 제한하며, 가정교회가 삼자회의 지시를 거절하는 경우 박해한다. 이렇게 중국 공산당은 전체적인 통치 정책의 일환으로 기독교인들에게 제한된 종교의 자유를 허락해 왔으며 천안문 사태 이후 더욱 강경 노선으로 돌아섰다.

중국 교회는 삼자교회와 가정교회로 구성되어 있다. 그런데 중국 교회를 이해하는데 가장 큰 장애요인은 편견을 가지고 삼자교회와 가정교회를 보는 것이다. 삼자교회와 가정교회에 대해 편견을 갖고 바라보기 때문에 중국 교회의 상황과 필요를 정확하게 파악하기 힘들다. 삼자교회는 중국 전체에 10,000여 개의 교회가 있을 것으로 추정된다. 그밖에 삼자교회가 관리하는 집회소만도 20,000여 개가 될 것으로 추정된다. 개방된 삼자교회나 집회소에 출석하는 교인 수는 1,000만 명을 웃돌 것으로 추정된다. 삼자교회라 해도 동질적이지 않고, 다양한 유형으로 존재한다. 즉, 삼자교회는 날로 부흥하는 교회, 황량형 교회(내륙의 농촌 지역), 보통형 교회, 애국 애족형 교회, 혼란형 교회 등의 유형이 있다. 삼자교회의 문제점은 무엇보다 목회자가 양적으로 부족하다는 점이다. 목회자가 있다 해도 부적격자가 많고, 목회자 서로 간의 차이도 커서 세대 간에 그리고 정치적 입장에 따라 목회자 사이의 갈등도 크다. 삼자교회와 가정교회와의 갈등도 있고, 삼자교회의 정통성에 대한 문제도 있고, 특히 교회학교 운영 및 청년 지도 문제가 심각하다. 가정교회의 뿌리는 중국이 공산화되기 이전의 토착 교회라 할 수 있으며, 삼자교회에 참여하지 않고 가정에서 예배를 드린다. 가정교회는 국가의 공인을 받지 못한, 삼자교회에 속하지 않은 자생적 교회들을 가리킨다. 교회에 대한 정부의 지나친 정치적 간섭과 영향 속에서 삼자신학의 관점에 반대하는 기독교인들이 모여서 가정예배를 드린 것이 가정교회의 기원이다. 문화혁명 이후 교회가 문을 닫자, 가정에서 예배를 드리게 되었고, 본래의 교회가 삼자교회로 바뀌면서 교회의 기능이 왜곡되자 신자들이 지하로 모이게 되었다. 문화혁명 기간 감옥에 갇혔던 성직자와 신자들이 석방되면서 그들을 중심으로 기존의 기독교인들이 가정교회에 모이기 시작했고, 교인 수가 증가했다. 1980년대 초 정부의 별다른 통제를 받지 않고 급성장한 가정교회의 일부 지도자들은 다른 성으로 사역자를 보내어 복음을 전하거나 약한 교회를 돕기도 하였다.

그러나 1982년 19호 문건에 의해 정부와 삼자교회의 규제와 통제를 받게 됨으로써 지속적으로 복음을 전파하고 교회가 성장하는 데 어려움을 겪게 되었다. 그러나 더 조직적이고 순교적인 믿음으로 복음 전파와 교회 확장에 최선을 다하고, 성령의 놀라운 역사와 능력이 지역마다 일어나 개별적인 소그룹 모임들이 생겨났고, 이를 통해 가정교회는 성장하기 시작하였다. 가정교회는 조직적인 교회와 비조직적인 교회가 있지만, 그 지역의 도시나 마을에 소재하는 가정교회 사이에 연계가 있고 서로 돕는 상부상조의 관계를 형성하고 있다. 공안 당국과 삼자교회는 가정교회의 대부분에 대해서 알고 있다. 가정교회 교인들은 삼자교회의 성경공부나 청년 집회에 참석하기도 한다. 가정교회의 교세는 대략 5,000만 명에서 7,000만 명으로 추정된다. 가정교회에는 믿음의 측면에서 볼 때 좋은 특징들이 많이 있다. 그러나 가정교회의 문제점으로는 사역자의 양적·질적 부족함, 이단 문제, 외지 사역자들의 그릇된 선교 활동, 삼자교회와의 갈등, 복음의 편중 현상, 도농 교회 간의 격차, 성경 및 신앙 서적의 부족 등이다.

3) "중국의 종교 정책": 리우수상[3]

종교 단체와 종교 사무는 외세의 지배를 받지 않는다. 중국 정부는 종교 활동을 하는 외국인들이 중국의 법률, 법규를 지키고 중국의 사회 공공 이익을 해치지 않고 어떤 방식으로든지 중국의 내정과 종교 내부 사무를 간섭하지 않을 것을 요구한다. 중국 교회의 초청으로 외국 종교 인사들이 중국을 방문하여 중국 교회와 우호적 관계를 맺고 종교 학술 교류도 가능하고, 중국 교회당에서 성경 강해나 설교를 할 수 있고, 중국 종교대학에서 강의할 수 있다. 그러나 허락이나 초청 없이는 마음대로 선교하거나 종교 활동을 행하지 못하며 공공장소에서 선교하거나 종교 선전물을 배포하지 못한다. 외국인이 중국에 입국할 때 본인이 사용하는 종교 인쇄물, 카세트테이프, 비디오테이프, 종교용품을 휴대할 수 있다. 외국인들은 지정한 임시 장소에서 외국인만 참가하는 종교 활동을 할 수 있다. 중국 종교는 교회의 자주독립과 교회 자치 운영의 원칙을 실시한다. 이 법규는 외국인의 종교신앙 자유를 보호하는 대신에 외국인이 중국에서 종교 조직을 설립하고 종교 활동 장소를 설치하거나 종교 학교를 세우지 못하고, 중국 인민 속에서 신도를 모집하거나 교직원을 위임하거나 기타 종교 활동을 하지 못하도록 규정하고 있다.

---

3 리우수상, "중국의 종교 정책." 1997년 9월 18일 국민일보사 초청으로 중국 국무원 종교사무국 대표단 5명이 1주일간 한국을 방문했다. 리우수상은 종교사무국 부국장으로 "중국의 종교 정책"은 연세대학교 신학대학교와 국민일보사에서 주최한 "중국 종교 정책 강연회" 내용을 정리한 것이다. 부산국제선교회 「제15회 부산국제선교회의 밤 및 선교보고서」 (1997년 12월 4일), 12-13.

4) 중국 기독교 이해와 중국의 종교 정책: 김승희 현지 선교사[4]

(1) 중국의 종교 인구와 기독교 인구

중국의 종교 인구는 도교와 불교를 비롯하여 기독교(신도 1,600만 명), 가톨릭(500만 명), 이슬람교(2,000만 명) 등 총 신자 수가 약 1억 명에 달한다. 중국 국가종교국 왕쭤안(王作安) 부국장은 기자회견 및 질의응답을 통해 "1949년 100여만 명에 불과했던 기독교인이 현재 1,600만 명 등록 교인(성전과 처소 5만 곳)이라는 괄목할 만한 성장세를 보였다"며 "중국 기독교는 더 이상 서양 종교가 아니라 자치(自治), 자양(自養), 자전(自傳)의 삼자원리와 중국의 문화와 역사적 상황을 수용, 중국에 토착화된 종교로 거듭났다"고 강조했다.

(2) 중국 특색의 중국 교회 심층 이해

가) 다양한 중국의 교회

중국 교회의 다양성과 교회의 한계를 확정하여 말하는 것은 쉽지 않다. 가정교회의 영향이 크게 미치지 않는 소수 민족 지역은 삼자교회와 가정교회의 구분이 뚜렷하지 않다. 삼자에 소속된 교회라 하더라도 그리 경직되지 않은 교회 조직과 운영체제를 가지고 있다. 그리고 기존의 교회를 모두 거부하며 새로운 형태로 모이는 교회들도 생겨나고 있다. 최근 삼자교회와 가정교회의 중간 형태의 교회들도 생겨나고 있다. 또한 동북 삼성의 처소교회는 가정교회로 오인되기도 하나 삼자교회가 관리하는 교회이다. 처소교회가 소규모 모임인 것은 가정교회와 비슷하지만, 양회로부터 공인된 모임인 것이 가정교회와 다른 점이다. 여러 정황을 고려할 때 등록된 삼자교회, 등록된 삼자 집회점, 반공개된 비삼자교회, 미등록 비삼자교회 등으로 분류할 수 있다. 하지만 일반적으로 중국 교회는 크게 삼자교회(三自教會)와 가정교회(家庭教會)로 이루어지는 것으로 이해할 수 있다.

---

4 중국 상하이 현지 선교사 김승희 장로, "중국 선교 이해," 「제25회 부산국제선교회의 밤 선교보고서」 (2007년 12월 6일).

나) 삼자교회(三自敎會 sanzi jiaohui 싼 쯔 지아오 훼이)

삼자(三自)는 자치(自治 zì zhì 쯔 즈), 자양(自養 zì yǎng 쯔 양), 자전(自傳 zì chuán 쯔 츄안) 3가지 원칙을 말하는데 자치는 외국에 의지하지 않고 스스로 운영하며, 자양은 경제적으로 스스로 독립하며, 자전은 외국 선교사에 의지하지 않고 스스로 전도한다는 의미를 가지고 있다. 이것은 원래 20세기 초 외국 선교사들이 중국 교회의 토착화와 자립을 목표로 내세웠던 슬로건이었다. 오늘날 삼자교회(三自敎會)는 중국 공산당 지도하에서 1954년 형성된 중국 기독교 삼자애국운동위원회(中國基督敎 三自愛國 運動委員會)에 등록 가입한 교회를 말한다. 이 조직은 중국 공산당의 정치적 이용물로 전락되어 문화혁명 당시 교회를 탄압하고 개조하는 도구로 이용되어 정치적 탄압에 의해 명맥만 유지하다가 문화혁명이 종결된 후 1980년에 삼자 조직(三自組織 sānzì zǔzhī 싼 쯔 쭈 즈)으로 다시 조직되면서 부활하였다.

현재 삼자교회는 정부의 관할 아래에 있고 인사권, 섭외권, 헌금 관리 등의 권한이 종교국과 삼자 조직이 가지고 있다. 1991년 통계에 의하면 중국 전역에 6천여 개의 교회가 있어 현재는 1만여 개의 교회와 삼자 측이 관리하는 2만여 곳의 집회소가 있다고 추정된다. 삼자교회가 운영하는 신학교는 1981년 2월 남경(南京)의 금릉협화신학원을 필두로 현재 중국 전역에 13개의 신학원과 4개의 성경학교가 있다.

다) 가정교회(家庭敎會 jiating jiaohui 지아 팅 지아오 훼이)

가정교회는 중국 공산당 정권 수립 이후 당과 정부의 정치적 통제로부터 순순한 신앙을 지키기 위해 자발적으로 형성되어 가정 중심으로 비밀리에 모여 예배드리는 교회의 형태이다. 이는 다시 공개적 가정교회, 반공개적 가정교회, 비공개적 가정교회 등으로 나눌 수 있다. 삼자교회는 정부의 정책을 우선시하는 데 반해, 가정교회는 체계적인 교리에 대한 이해가 부족하고, 정규적인 신학훈련을 받은 지도자가 부족한 점 등을 특징으로 하여 두 교회가 서로 대립하는 면도 있다. 그러나 이러한 상황 속에서도 하나님께서는 중국에서 두 교회 모두를 통해서 선교하신다는 점을 인정해야 한다. 최근에는 서로에 대해 인정하고 비공식적인 교류를 통해 협력의 길을 모색해 나가고 있는 실정이다.

(3) 중국의 교회 정책

가) 중국이 오늘날 부분적으로 종교의 자유를 허용하는 것은 경제개발에 필요한 서방의 외화 유치를 위한 회유 정책의 일환이다

중국은 종교 활동의 자유를 허용하고 개방의 폭을 확대하면서 동시에 기독교에 대한 억압과 박해를 가중시키는 이중성을 가지고 있다. 최근 종교에 완화 정책을 표방하지만, 실질적으로는 교회와 교인들을 구속, 감금시켜 박해를 가하고 있으며 선교사들을 감금하고 강제 추방하는 것이 오늘날 중국 교회의 현실이다.

나) 중국인에 의한 중국 교회의 건설을 표방하며, 외부인에 의한 선교는 철저히 금지한다

다만 물질 제공은 애덕기금(Amity Foundation)을 통하여 창구를 일원화하고 교회 기구는 삼자애국운동과 관계를 수립하는 정도만 허용한다. 중국 교회와 유대관계를 맺을 때 법적으로 삼자교회만이 인정되며 가정교회는 불법으로 간주된다.

다) 중국의 교회 정책은 집중화를 통한 통제의 효율성이다

예배는 오직 공산당이 지정한 장소에서만 허용되고 군사 요원, 공산당원, 18세 이하의 미성년자에게는 금지되어 있다. 하나의 교회만 허용되기에 교단 명칭을 사용하는 것은 금지된다. 공산당이 교회의 인사와 재정을 관장하며, 신도들의 헌금 액수도 공산당에게 신고해야 한다.

라) 일반 중국인의 기독교에 대한 태도

10~20년 전까지만 해도 대다수 중국인은 종교에 대해 매우 부정적이었다. 종교를 독초로 보았고, 유물주의와 사회주의에 대한 반동이라고 여겨서 종교인들을 경시했다. 그들의 사상은 뒤떨어졌으며, 공산당과 한마음이 아닌 사람들이라고 몰아붙였다. 또 종교는 봉건적이고 미신이고, 신도들은 우매하고 뒤떨어진 자들이자 미신 신봉자들로 치부되었다. 그러나 현재는 종교에 대한 일반 중국인의 여론이 완전히 역전됐다. 대부분 중국인이 종교

에 대해 갖는 태도는 다음과 같다. 첫째, 많은 사람이 비록 종교를 믿지 않더라도 종교에 대해 이전처럼 적대적이거나 배타적이지 않다. 둘째, 신도를 이색분자나 비정상적인 사람으로 여기지 않는다. 셋째, 많은 공산당원과 간부가 '종교는 오늘날 중국 사회에 실제적으로 유익하다'고 생각한다.

이처럼 세월이 지나면서 중국 공산당과 종교 간 관계에 큰 변화가 일어났다. 공산당은 종교와 사회주의 사회의 상호 적응과 융합을 강조한다. 종교도 사회주의 사회의 변화와 국가 발전에 기여해야 한다는 논리다. 하지만 불같이 일어나고 있는 가정교회는 눈엣가시다. 가정교회는 정부의 종교 정책에 순응한 적이 없다. 게다가 도처에서 복음주의권 삼자교회가 등장하여 가정교회와 교류의 폭을 넓혀가는 것도 문제다. 가정교회와 복음주의권 삼자교회, 해외 교회 간 교류도 확대되고 있다. 중국 역사는 종교 세력이 권력과 통치를 비난하는 행위의 주체자가 될 수 있음을 보여주었다. 이 때문에 통제받지 않는 종교 세력은 서방 적대 세력에 의해 중국을 서구화하고, 중국을 분열시키는데 악용될 수 있다고 중국 정부는 우려하고 있다.

마) 소수 민족 교회

중국은 다민족 국가이다. 총인구의 92%인 한족(漢族) 이외에도 55개의 소수 민족(少數民族)이 서로 다른 지역에 분포해 있다. 이들의 대부분은 서북, 서남, 동북 지역에 집중되어 살고 있다. 중국 국가통계국(國家統計局)의 조사에 따르면 현재 소수 민족 인구는 약 1억 6백만 명으로 총인구의 8%를 차지한다. 그중 1천3백 만여 명이 극빈한 환경 가운데 살고 있다.

기독교는 19세기 후반에 소수 민족 집성촌이 가장 많은 윈난(云南)성에 들어가 전도하기 시작했다. 선교사들이 말씀을 전하고 교회당을 건축하는 사역을 통해 현지 복음화는 뚜렷한 발전이 있었다. 소수 민족 가운데 예수를 믿는 사람들은 날마다 늘어갔다. 지금까지 중국 대부분의 소수 민족은 변방에 위치한 소외된 집단이었다. 오늘날 소수 민족 교회는 가난한 이중고(二重苦) 속에 분전하며 발전해 왔다.

5) 필립 위커리: 21세기의 문턱에 있는 중국 — 에큐메니칼 대화, 교회의 전망[5]

이 글은 우리가 살고 있는 시대에 나타나고 있는 몇 가지 중요한 주제들에 대해 기독교와 중국 사이에 벌어지고 있는 에큐메니칼 대화에 현대적 관점을 제공함으로써 조그만 도움을 주고자 하여 쓴 것이다.

(1) 역사적인 인식의 필요

'신비스러운 존재', '아시아의 환자', '붉은 악마', 이 모든 이미지는 모두 일정한 측면에서 사실이다. 그러나 보다 정확하게 표현하자면, 그들은 모두 외부인들의 바람(wanted to see)과 필요(needed to see)를 반영한 것이었으며, 따라서 이 이미지들은 거울 속에 비친 외부인들의 자화상이었다. 소위 '중국적 카멜레온'은 실제로는 서구 세력들의 계획과 욕망을 '동방 세계'(the Orient)에 맞추고 있던 서구 세력들의 카멜레온이었다. 그리고 그 동방 세계는 에드워드 사이드(Edward Said)가 상기시켜 주었듯이, 서구 세계가 이해와 동정보다는 규정하고 통제하기 위해 설정한 개념에 불과한 것이었다. 그러나 냉전 시대 이후 자본주의 시장이 전 세계적 범위에서 승리를 거두자, 삽시간에 새로이 등장하는 초권력(superpower)이자 거대한 시장으로 변모하게 되었다. 그러면 21세기에 강대한 권력으로 등장하게 될 중국의 새로운 이미지는 무엇일까? 다른 문화나 다른 사회를 만날 때, 우리는 우리 모두가 더 넓은 전체(a broader whole)의 한 부분임을 발견하게 되며, 따라서 우리들은 그 차이점들을 존중하며, 그 차이점으로부터 서로 배우게 된다.

---

5 필립 위커리(샌프란시스코 대학교 선교학 교수, 전 애덕기금회 홍콩 연락사무소 대표), "21세기의 문턱에 있는 중국 — 에큐메니칼 대화, 교회의 전망(CHINA ON THE EVE OF THE 21ST CENTURY: Ecumenical Dialogue, Vision for Church)." 이 글은 1999년 1월 18일 한국교회100주년기념관 4층 회의실에서 총회 외국인근로자선교후원회가 주최한 외국인 근로자 선교세미나에서 필립 위커리 박사가 강연한 원고로 「제17회 부산국제선교의 밤 및 선교보고서」 (1999년 12월 2일), 13-17에 수록되었다.

(2) 중화인민공화국과 기독교에 대한 역사적 인식

1949년 중화인민공화국의 성립은 중국을 아시아의 환자로만 여겨왔던 유럽과 북미 대륙의 사람들에게는 엄청난 충격이었다. 또한 그것은 아시아, 아프리카, 라틴 아메리카의 많은 사람에게는 세계의 다른 곳에서도 일어날지 모르는 해방운동의 승리로 간주되어 그들을 고무시켰다. 모택동(Mao Zedong)이 1949년에 "중국인들은 일어섰다!"라고 선언하였을 때, 그는 중국이 더 이상 반식민지(semi-colonial) 혹은 반제국주의(semi-imperialist)적 지배에 종속되지 않음을 선언한 것이다. 잠시 뒤에 모든 기독교 선교사는 중국을 떠나야 했으며, 세계의 모든 기독교인은 이 모든 것이 무엇을 의미하는 지를 자문해야만 했다. 1950년대에는 소위 '중국의 패망'(fall of China)이 세계의 대부분의 지역에 있는 교회들에게는 '선교의 와해'(debacle of mission)라는 위기감으로 받아들여졌다. 소위 '선교의 와해'는 선교 운동에 대한 전면적인 자기반성을 촉구하였다. 만일 1940년대 후반과 1950년대 초반에 이루어진 중국의 신학자들의 저작을 읽어보면, 여러분들은 오요종(吳耀宗, Y. T. Hu, 중국 기독교 삼자애국운동의 창시자) 같은 이들이 이미 1960년대와 70년대 라틴 아메리카를 풍미했던 해방신학 같은 것을 기대하고 있음을 발견하게 될 것이다.

1960년대에 중국은 다시 서구의 기독교인들의 관심을 끌었다. 1966년 중국에서 문화대혁명이 발발했다. 그해 세계 기독교학생총연맹(The World Student Christian Federation)은 '중국 연구'(China Study)라는 프로그램을 통해 중국에서 일어나고 있는 일들이 세계 다른 부분에 있어서 중요하다는 사실을 이해하려고 시도했다. 많은 대학생과 지식인들은 문화대혁명을 새로운 활기를 부여하는 운동으로 보았으며, 당연히 전 세계의 젊은이들이 이에 매료되었다. 그들의 중국 문화대혁명에 대한 규정은 잘못된 것이었지만, 우리 자신들이 속한 사회는 개혁과 새로운 활력이 필요하다고 본 점에서는 옳았다. 그때 우리들이 맞추었던 초점, 예컨대 '새로운 인간과 새로운 사회' 혹은 '인간화로서의 구원' 등은 우리 스스로가 우리 사회에서 느꼈던 갈급함의 반영이었다. 젊은이들은 진지하게 중국을 받아들임으로써 교회의 질서에 도전하였다. 왜냐하면 그들은 교회가 자신들을 진지하게 수용해 줄 것을 원했고, 또 우리들은 변화되기를 원했기 때문이었다. 1960년대에 일어났던 중국에 대한 관심은 그 이해의 천박함에도 불구하고 우리 사회에서 사회적 정의의 문제를 제기하는 중요한 시도였다.

이제 역사의 무대를 1970년대 후반으로 옮겨보자. 지난 20여 년간, 중국은 개방과 개혁을 진행해 오고 있으며, 다양한 방법으로 문화대혁명으로 인한 폐해를 극복해 가고 있다. 교회들은 마치 40년 전에 그들이 가졌었던 것과 같은 중국 선교를 위한 새로운 기회가 왔다고 생각하였다. 좀 심하게 표현하자면, 미국의 선교 단체들, 동남아시아의 중국인들 그리고 한국의 기독교인들은 모두 자신들의 계획(agenda)을 중국으로 밀어 넣으려고 시도하고 있다. 반면 중국 대륙에 있는 중국인들은 아무런 자원 없이 중국 기독교인들 자신만의 노력으로 극적으로 성장해 왔다. 아마 여러분 모두는 1979년 이후 중국 교회의 놀라운 사역과 증언에 대해 들어보았을 것이기에, 이 자리에서 되풀이하지는 않겠다. 북미 대륙의 기독교인들이 중국 교회가 자신의 선교와 사역을 위한 방침을 스스로 세워야만 함을 이해하는 것은 대단히 중요한 일이다. 이것은 결코 해외 교회의 몫이거나 책임이 되어서는 안 된다.

(3) 중국 교회와의 에큐메니칼 대화 주제

2000년이 넘는 역사, 인간의 노력이 미치는 모든 영역에서 다른 어느 문명과도 비교가 안 되는 문화의 성취, 지구의 1/5이 넘는 인구 그리고 정치적·경제적·군사적 영향력의 증대 등으로 중국은 그야말로 세계에서 중요한 존재가 되고 있다. 그러나 중국과의 만남은 우리 세계가 직면하고 있는 이슈들과 문제들에 대해 새로운 인식을 제공해 줄 수 있다. 이러한 문제는 다른 여러 국가와 마찬가지로 중국에서도 제기되고 있는 것들이다. 그러므로 우리는 중국을 어떤 중요한 실험이 진행되고 있는 실험실이라고도 부를 수 있을 것이며, 거기에서 우리들은 지금도 우리가 새로운 차원에서 싸우고 있는 몇 가지 질문들을 보게 될 것이다. 이를 통해 우리는 자신의 상황 속에서 우리가 무엇을 할 수 있는지 그리고 함께 할 수 있는 일은 무엇인지를 알게 될 것이다.

에큐메니칼 운동에 있어서 결정적으로 중요한 문제는 바로 전 지구화(globalization)라는 주제이다. 전 지구화란 세계가 상품, 자본 그리고 상업 활동을 위한 단일시장으로 변해 가는 과정 중에 있음을 의미한다(International Herald Tribune, March 22, 1996). 전 지구화는 모든 국가에 사회개발을 위한 중요한 문제를 제기하며, 전 세계의 기독교계는 이러한 경향이 점증하는 빈부의 격차를 완화할 수 있는가에 대해 점점 더 깊은 관심을 갖고 있다. 중국 역시 부한 자는 더 부해지고 가난한 자는 더 가난해진다는 '마태의 원칙'(Matthew Principle, 마 25:29, 본뜻은 저명한 연구자가 더 많은 지원금과 혜택을 받고, 그렇지 못한 연구자가 혜택에서 배제되면서 두 연구자 사이에 격차가 심해짐을 의미)에 기초하여 발전하고 있다. 해안지역이 성장하고 발전하는 것과는 달리, 내륙지역은 아주 낙후되어 있다. 물론 내륙지역도 발전하고 있는 것이 사실이지만, 불평등 발전의 문제는 계속되고 있다. 정부 통계에 의하면, 지금도 7,000만 명 이상의 빈곤 인구가 있는데, 아마 실제 숫자는 훨씬 더 많을 것이다. 또한 1억 2천만여 명의 농촌을 떠나 도시로 이주한 '농민공'(floating workers)은 중국 남동부의 공장을 채우고 있다. 아직 중국은 생존 가능하고(viable) 지속 가능한(sustainable) 개발 접근법을 지니지 않은 채, 점점 깊이 세계 체제의 부분으로 변하고 있다. 경제를 발전시키면서도 국민의 안락한 삶을 보장할 수 있기 위해서 중국은 어떻게 시장경제를 이용해야 할까? 중국은 점점 더 도시의 중산층과 농민과 농민공의 빈민으로 양극화되는 사회로 변해갈 것인가? 중국의 노동조합은 모든 사람에게 더 나은 노동환경을 보장하는 조직으로 발전할 수 있을까? 개발의 부작용으로서의 파괴를 중국은 어떻게 피해 갈 것인가?

전 지구화의 중요한 한 측면은 새로운 전 지구적 통신수단의 발전이다. 이것은 첫 번째 경향 혹은 문제 제기의 직접적인 결과로 이루어진 것이다. 왜냐하면 자본과 무역과 시장의 전 지구화를 추진하기 위해서는 전 지구적 통신체제가 필요하기 때문이다. 물론 아직도 출판에 대한 엄격한 통제로 정보의 자유로운 흐름을 제한하고 있지만, 중국이 자신의 문호를 외부 세계에 더욱더 열어감에 따라 이러한 것도 점점 개선되어 가고 있다. 통신수단의 전 지구화와 더불어 지역주의(particularim), 즉 "거대하고 낯설며 경쟁적인 세계의 한가운데에서 사람들에게 정체성과 가정 같은 분위기를 제공하는 지역적인 공동체를 추구"(Richard Madsen)하는 전 지구적 경향도 있다. 이것은 어떤 작가에 의해 "지하드 대 맥도날드"(Jihad VS McWorld)로 묘사된 적도 있다. 이는 사람들이 국경을 초월하여 서로 관계를 맺는 방법이 변화되고 있음을 보여주는 것으로서 '세계주의'(globalism)와 '종족주의'(tribalism) 간의 갈등을 의미한다. 특히 중국같이 큰 나라에서는 중앙정부의 통치를 위협하는 새로운 형태의 정체성으로서 지역주의가 출현하고 있음을 볼 수 있다. 중국에서는 상호경쟁 관계에 있는 정체성들이 있는데, 그것은 바로 광동인과 복건인, 티베트 불교도와 회교도, 대만인과 홍콩인, 도시 지식인들과 가난한 농민들, 기업가와 노동자, 기독교도와 불교도와 회교도 등이다. 한편으로 새로운 전 지구적 통신수단은 전 세계를 맥도날드, 나이키 그리고 MTV 같은 유명 상표들이 모든 이들의 문화가 되는 단일 시장이 되도록 몰아가고 있다. 그러나 다른 한편으로 지역주의의 출현은 이러한 흐름들을 차단하고 새로운 형태의 종족주의나 아니면 보다 공동체 지향적인 형태의 정체성을 만들어 내고 있다. 이러한 현상은 중국뿐이 아니라 바로 우리 자신의 국가에서도 나타나고 있다. 이러한 현상은 어디로 향해 가는 것인가? 그리고 우리의 미래를 위해 어떠한 징조를 보여주는 것인가?

내가 말한 서로 다른 두 가지의 보편주의(universalism)에 도전하려고 한다. 전 세계에 흩어져 있는 교회와 비정부기구들은 전 지구화, 독재 정부, 국제적 통신수단의 독점이 빚어내는 폐해에 대해 점점 더 목소리를 높이고 있다. 일부 국제 인권 기구들이 '자유무역'과 '경제의 전 지구화'를 이루려는 집단의 이해에 의해 좌우되고 있긴 하지만, 그들이라고 새 경제질서에 대해 비판하지 않는 것은 아니다.

전 지구화에 관련된 것으로 또 하나, 인권 문제의 세계화를 들지 않을 수 없다. 그것은 인간의 권리, 환경의 권리, 여성의 권리, 종족의 권리 등으로 확대되었다. 어쨌든 소위 '인권'이라는 것은 이 시대에는 이미 하나의 국제적 현상이 되었으며, 또한 자본이나 통신의 세계화와 연결되어 있다. 인권은 한편으로는 새로운 연대의 기회가 되기도 하지만, 또 다른 한편으로는 약자에게 강력한 힘을 행사할 수 있는 또 다른 방법이 되기도 한다. 인권의 문제는 여전히 중국에서는 아주 민감한 문제이다. 그 민감함은 다음과 같은 것들과 연결되어 있다.

① 인권 문제는 미국이 중국을 공격하는 데 사용하는 정치적 무기로 활용되고 있다.

② 인권에 대한 다른 접근들: 중국은 소위 '사회적 권리'(social rights), 즉 주택, 취업, 식량, 의료 등을 더 강조하는 반면, 서구 국가들은 '개인의 권리'(individual rights),

즉 언론, 출판. 종교의 자유를 더 강조하는 경향이 있다.

③ 특수성이라는 명목 아래, 중국은 이러한 이슈들이 중국의 내정에 관한 것이며, 따라서 국제사회가 간섭할 요소가 아님을 주장하고 있다. 이것은 중국이 지니고 있는 '중국'(Middle Kingdom)이라는 전통적 이미지와 관련된 것이며, 또한 이러한 이슈들이 티베트, 대만, 신강성의 경우처럼 인권의 문제의 형식을 빈 영토의 문제라는 사실과도 관련이 있다.

④ 인권의 문제는 정부의 통치에 대한 국민의 도전임을 의미하기 때문에 중국 정부는 인권 문제에 민감하다. 지난 20년간 웨이징성(魏京生, 중국의 대표적인 반체제운동가, 역자 주)이 행한 증언들은 대표적인 경우이다. 중국 땅에서 자생적으로 자라난 인권 운동가들에게 가해진 처우를 보라. 심지어 그들이 국제적인 명성을 갖고 있지 않더라도 별반 차이는 없다.

중국인들은 이제 인권의 문제를 제기하는 자신만의 방법을 발견해 가고 있다. 그리고 지금은 이러한 일들을 중국 안에서 실천하는 중국인 인권 네트워크도 생겼다. 결국에는 이러한 방법이 외국으로부터 주도권을 행사하는 방법보다 더 효과적일 것이다.

(4) 중국 교회와 에큐메니칼 대화와 비전

우리는 지금도 진행 중인 중국 교회와의 대화나 혹은 기독교와 중국 문화의 대화의 과정에서 이러한 문제의식들을 어떻게 활용할 것인가? 여러 가지 방법으로 우리 기독교인들은 모두 선교에 관여하고 있으며, 선교는 늘 예수 그리스도와 우리 세계로 뚫고 들어오시는 하나님과의 대화(communication)에 관한 것이었다. 물론 이를 행하는 방법은 다양하고 이 대화로 들어가는 입구도 다양하다. 기독교인인 우리들은 내가 여기에서 열거한 관심사를 언급하는 이 대안적인 대화 네트워크(alternative communication network)의 한 부분으로서 우리 자신을 규정할 필요가 있다고 믿는다. 이러한 대화 네트워크를 위해 봉사함으로써 우리는 우리의 교회와 세계의 다른 지역의 교회 사이에 생생한 역동적인 관계를 만들 수 있을 것이다. 여기서 우리는 중국 선교와 대화를 위해 일하는 한국의 '중국 교회의 친구들'(Korean Friends of Church in China: KFCC)의 중요성을 찾을 수 있다.

대부분의 한국교회 선교 활동은 선교에 대한 19세기적 접근 방식, 즉 강자로부터 약자에게로 향하는 방식의 연장에 불과하다. 그러나 한국의 '중국 교회의 친구들'(KFCC)은 다른 방식의 접근법을 갖고 있다. 이는 상호 존중의 바탕 위에서 중국기독교협회(China Christian Council: CCC)와 관계를 맺으며, 중국 기독교인들이 자신들을 바라보면서 느끼는 '중국의 필요'에 응답하는 방법을 찾으려고 한다. 한국의 '중국 교회의 친구들'(KFCC)은 중국과 살아 움직이는 연결을 가질 것이며, 아마 우리들은 이를 밑으로부터의 전 지구화의 한 유형이라고 부를 수 있을 것이다.

이것은 중국과의 상호관계라는 측면에서 아주 중요한 사항이다. 왜냐하면 오늘날 중국은 가치관의 혁명적 변화를 겪고 있기 때문이다. 집단적이고 공동체 지향적인 윤리는 보다 개인주의적이고 다원적이며, 규정하기가 훨씬 어려운 문화체계로 변화하고 있다. 이것은 자급적이고 폐쇄적인 사회에서 보다 개방적이고 다원적인 사회로 가는 변화의 한 부분이다. 새로운 사회가 정치·경제적 질서 속에서 어떠한 모습을 지닐 것인가라는 것을 쉽게 짐작할 수 있듯이 또한 문화나 가치의 영역에서의 변화에서도 쉽게 짐작할 수 있다. 가치관에 있어서 중국이 겪는 위기는 사회의 도덕적 바탕의 붕괴 혹은 다양한 형태의 상실감으로 묘사되어져 왔다. 이러한 상실감은 사회주의에 대한 신념의 상실, 전통적인 수치심의 상실, 사회를 하나로 만들어 주던 '끈끈함'(glue)의 상실 그리고 문화적 자신감 혹은 '정신'(soul)의 상실 등으로 나타났다. 지나친 과장이라고 생각할지 모르겠지만, 이 모든 것은 중국 지식인들 혹은 일부 정부 관리들조차도 중국의 가치관의 위기를 묘사할 때 사용하는 용어들이다. 이러한 사실 배후에는 그들이 갈망하는 정치적 중심이나 경제질서로부터의 깊은 소외감이 놓여 있다. 그러므로 상징적이고 정신적인 근원에 대한 비밀결사에 이르기까지, 혹은 유교나 불교로부터 기독교나 이슬람 등이 다양하게 경쟁하고 있는 것이다.

기독교는 신념과 가치의 재형성이라는 측면에서 중국에 기여할 바가 상당히 많다. 이러한 믿음은 점점 더 많은 중국 기독교인('문화적 기독교인들'을 포함하여)에 의해 공유되고 있다. 중국기독교협회 명예회장인 띵광쉰(K. H. Ting) 주교는 "중국 문화가 지나간 200여 년의 역사를 통해서 오늘만큼 기독교에 호의적인 때는 없다"라고 말한다. 맞는 말이다.

기독교에 대한 이러한 관심은 농촌의 농민들과 도시의 지식인들, 중국의 대외 개방에 들뜬 젊은이들과 삶의 의미를 반추해 보는 노인들, 모든 여성과 서남부 혹은 동북부에 있는 소수 민족들에 이르기까지 실로 다양한 차원에서 나타나고 있다. 나는 여기서 특별히 지식인들에 대해 몇 마디 덧붙이고자 한다. 왜냐하면 기독교와 중국 문화의 대화는 그들이 주도하고 있기 때문이다.

1994년 애덕기금회(The Anity Foundation)와 북경의 중국사회과학원(Academy of Social Science)은 "기독교와 현대화"(Christianity and Modernization)라는 주제를 갖고서 북경에서 국제학술대회를 공동으로 주최하였다. 이 주제는 특별히 청장년 지식인들에게 인간의 가치와 삶의 의미를 부여하고 또 나라를 하나 되게 할 수 있는 '정신 문명'(spiritual civilization)에 관련된 것이었다. 이 학술대회에는 성경과 기독교의 전통이 전해준 중요한 문화적 공헌으로서의 사랑, 우정, 초월 등의 주제를 다룬 중국인들의 논문도 많이 제출되었다. 일부 논문들은 현재의 중국 교회에 초점을 맞추기도 하였으며, 기독교에 대하여 많은 젊은이가 지니고 있는 관심을 다룬 것도 있었다. 이것은 매우 놀랍고, 어떤 의미에서는 전례 없는 모임이었다고 할 수 있다. 1997년 애덕기금회는 북경에서 두 번째로 "전 지구화"(globalization)라는 주제의 학술대회를 가졌다. 중국 기독교의 지식인들은 이제 거의 훈련되지 못한 평신도들과 상당수의 미성숙한 목회자들 그리고 낮은 수준의 신학을 가진 중국 교회에 대해서 현대화가 던지는 도전을 이야기하고 있다. 이것은 중국에서 목회 훈련이 필요함을 역설하는 것이며, 이것은 한국의 '중국 교회의 친구들'(KFCC)이 구체적으로 공헌할 수 있는 중요한 영역일 것이다.

중국 기독교인들은 전 지구화 및 이와 관련된 다양한 이슈들을 다루는 데 있어서 독특한 공헌을 하고 있다. 우리는 그들을 에큐메니칼 대화의 한 부분으로 끌어들일 필요가 있다. 오늘 이 모임은 바로 한국의 '중국 교회의 친구들'(KFCC)의 중요성과 또 우리가 중국을 위하여 그리고 중국과 더불어 무엇을 할 수 있는지를 자리매김하는 자리이다.

6) 중국 선교 전략: 김승희 현지 선교사[6]

(1) 직업을 통한 선교 전략

중국 정부 입장에서 볼 때 중국에는 합법적인 선교사가 거의 없다. 세계 최대의 선교지이며 가장 많은 선교사가 활동하고 있는 지역에 (국가의) 공식적인 의미에서의 선교사는 거의 없다는 것이 바로 선교지로서의 중국의 특성이라고 할 수 있다. 그래서 중국에서 선교하는 선교사들의 특징 중의 하나는 자신이 속한 사회에서 표방하는 신분과 실제로 하는 일이 다른 경우가 대부분이라는 것이다. 대부분의 선교사들이 그 사회에서 장기 거주하기 위해서 선교사가 아닌 다른 형태의 신분들을 표방하는데, 이 중 가장 많은 직업군이 학생과 사업가일 것이다. 그러나 중국 기독교가 성숙하기 위해서 앞으로 선교사들이 힘을 기울여야 할 것은 단순히 신분을 위장하기 위한, 방편으로서의 직업이 아니라 삶과 직업 속에서 신앙을 진정으로 표현하는 모범과 훈련을 하는 것이다. 또한 중국 교회는 세계 속에서 선교하는 교회로 일어서기 위해 직업을 가지고 복음을 전하는 사역자들을 양성하고, 타문화권에서도 사역할 수 있도록 준비하는 것이 절실하다.

가) 비즈니스 선교의 차원

① 비즈니스와 선교(Business and Mission)

이 형태는 비즈니스와 선교는 상호 간의 협력을 하는 차원에서 진행하되 약간의 별개의 형태로 진행하는 것을 말한다. 비즈니스는 주로 선교사의 비자를 내어주는 일과 같이 선교지의 진입 장벽을 해소하는 일을 하거나 선교사가 구매한 물품을 처리해 주는 등 한정적인 형태의 동역을 하게 되는 경우를 말한다.

② 비즈니스를 통한 선교(Mission for Business)

이 형태는 비즈니스 활동을 통해 선교하는 것을 말하는데 바로 비즈니스의 사업장을

---

6 중국 상하이 현지 선교사 김승희 장로, "중국 선교 이해," 「제25회 부산국제선교회의 밤 선교보고서」 (2007년 12월 6일).

선교의 통로로 사용하는 경우를 말한다. 공장이나 사무실, 점포 등을 집회 장소로 사용하고, 그 사업 단위에 속해 있는 사람들이나 지역주민들에게 복음을 전하고 교회를 개척하는 것을 말한다.

③ 선교로서의 비즈니스(Business as Mission)

이 형태는 비즈니스 자체가 바로 하나님의 왕국을 선포하는 차원에서 경영하는 것을 의미한다. 즉, 비즈니스를 통해서 선교 사역을 돕고 선교의 장으로 사용하는 것을 넘어서서 비즈니스 행위 자체가 바로 성경적인 가치관의 선포이자 수행으로 드려지는 것을 말한다.

(2) 단기 선교/비전 트립을 통한 선교 전략

가) 왜 단기 사역이 중요한가?

우리가 짧은 기간에 어떤 사역을 한다는 것은 매우 부끄러운 일일 수 있다. 그러나 선교 현장에서 선교사가 혼자 할 수 없는 사역을 구체적으로 협력하는, 돕는 자로서의 단기 사역은 매우 효과적이라고 볼 수 있다. 예를 들면 단기 의료 사역은 현지 사역자와 현지인들의 접촉점을 이루는 데 매우 효과적이다. 대부분의 사역자들이 할 수 없는 전문성을 요구하는 일이기 때문이다. 중국 내 특정한 지역에서 5~6년 동안 의료 사역을 계속해 오고 있는데 복음의 열매가 많이 나타나고 있다. 그 외에 이·미용 봉사 사역, 기술 전수, 교회 안에서의 찬양 사역, 어린이 사역, 사회복지 사업 등, 단기간 동안에 보여주고 가르쳐 주면서 현지 사역자로 하여금 이 사역에 동역자를 구할 기회를 제공해 줄 수 있다.

나) 단기 사역이 중요한 이유

첫째, 참여자로 하여금 선교지 이해를 돕고, 장기 선교 비전을 갖는 동기가 되기 때문이다. 대다수의 장기 사역자들이 과거 단기 선교에 참여했던 사람임을 고백하고 있다. 지금 중국은 교회가 성장하고 있지만, 여러 방면에서 교회의 신앙 프로그램을 개발할 필요가 있다. 그래서 전문성을 가진 사역자들이 중국 교회와 함께 일할 때 세계 복음화를 앞당길 수 있을 것이다.

둘째, 선교의 새바람을 일으킬 수 있고, 교회로 하여금 선교의 눈을 뜨게 한다. 교회의 사명은 모든 지역과 민족과 미전도종족에게 복음을 전하고, 제자를 세우는 일이다. 그러나 교회가 자칫하면 복음을 받은 빚진 자의 자세를 잊어버리고 현실에 안주하면서, 성도 간의 교제의 즐거움에만 도취되어 살아가기 쉽다. 그러다가 어려운 선교 현장을 돌아보면서 복음에 빚진 자의 사명을 새롭게 하는 경우를 본다. 한화 400만 원 정도면 약 200명 정도 예배드릴 수 있는 크기의 농촌 교회당을 세울 수 있다. 가난한 중국 농촌 지역에 성도는 날로 늘어가고 있지만, 예배드릴 장소가 없어서 남의 살림집 마당에서 수백 명이 콩나물시루처럼 빽빽하게 앉아 예배를 드리고 말씀을 배우고 있다. 우리가 조금만 물질을 아껴 그들과 협력하면 그들은 너무나도 소중한 선물을 받는 것이고, 그 지역에 구원의 역사가 크게 일어날 수 있다.

셋째, 장기 사역자의 진정한 동역자가 될 수 있다. 중국의 장기 사역자들은 여러 가지 정신적, 심리적 압박을 받고 있다. 선교사라는 신분을 드러낼 수 없기 때문에 공개적인 후원 요청조차도 어렵고, 자녀 교육 문제로 고민을 많이 하고 있지만, 도움의 손길을 얻기가 쉽지 않다. 장기 체류 비자 문제도 해결하기가 여간 어려운 일이 아니다. 언제 추방당할지 모른다는 불안감이 선교사들을 짓누른다. 현장에 직접 가서 장기 사역자들의 현실을 사실대로 보고 듣고 느끼고 돌아온 그리스도인들만이 진정한 이들의 동역자가 될 수 있다고 생각한다. 특히 한국교회 목회자, 장로들이 선교지를 자주 보고 경청해야 앞으로 한국교회의 소망이 있다.

2. 중국 선교의 기초 수립(1995~1996)
: 지도자 학습을 통한 중국 선교 전략 수립

부산국제선교회는 1995년에 Y교회의 P장로(58세, 1937년생)를 현지 선교사로 임명했다. P장로의 할아버지가 일제 강점기에 만주로 이주했다. 할머니는 함경도에 살 때 독실한

기독교 신자여서 만주에 와서 교회가 없을 때도 가정집에서 예배를 드렸다. 할머니는 "너는 주님의 일을 먼저 하라"는 유언을 남기었다. P장로는 어려운 시기를 지나간 후 예전 교회당 사진으로 보상을 받아 처소를 마련하여 예배를 드리다가 정부로부터 교회 허가를 받고 그 지역 기독교 책임자가 되었다. P장로가 전도하여 정부 허가를 얻어 수십 곳에 처소교회가 세워졌다.[7] 현지 P선교사는 Y현 내 70여 개 교회와 처소를 관리하고 있다. 교회를 세우는 일과 학습시키는 일 등은 어려운 과제이다. 특히 이단들이 많이 들어와 적극적으로 활동하여서 이단에 대한 대처가 시급하다. 농촌 교회의 처소에서 40여 명씩 매월 1회씩 3일 동안 성경 학습을 한다. 성경 학습을 위한 1년 예산은 식대와 교통비, 피아노 풍금 학습반, 교회 연료비 등으로 72,500위안(6,733,800원/92.88원)이다. 개척교회 설립 예산은 45,000위안(4,179,600원)이다.[8]

부산국제선교회는 회원 10명이 1995년 11월 27일부터 12월 3일까지 중국 교회들을 방문하고 현지에서 진행하는 처소장 교육을 지원하기로 하고, 교회당 건축과 신학생 장학금을 지원하기로 하고, 두 교회 사이에 자매결연을 맺기도 했다.[9]

부산국제선교회는 1996년에 중국 K성 Y현에 소재한 Y교회와 S교회에서 진행하는 처소 지도자 교육을 소개받고, 현재 상황에서는 처소교회 지도자 학습이 부산국제선교회의 중국 선교 전략으로 적합하다고 판단했다. 중국 교회는 내국인의 전도 활동이나 외국인의 선교 활동을 엄격히 제한하는 삼자원리의 종교 정책을 실행하고 있다. 그런데 중국 교회는 대단히 빠르게 성장하고 있다. 급성장하는 중국 교회에는 정식으로 신학을 공부한 지도자가 거의 없다는 점이 문제이다. 성서 학원 1년 과정을 수료한 사람조차 드물다. 중국 교회의 다수는 예수를 믿은 지 얼마 되지 않은 집사들이 설교하거나 예배를 인도한다. 따라서 중국 교회의 지도자들을 바르게 훈련시키는 일이야말로 중국 교회를 든든히 세우며, 중국을 선교하는 가장 효과적인 전략 중 하나라고 판단했다. K성 Y현 지역은 다른 지역에 비해서

---

7 부산국제선교회 상임고문 김정광 목사 간증편, 『목사님, 여권 잃어버렸어요!』(부산: 도서출판 지앤미, 2014), 73.

8 P 현지 선교사, 「선교사 통신」(1995년 9월 9일).

9 "중국 선교 여행기(제2차)," 「제13회 부산국제선교회의 밤 선교보고서」(1995년 12월 14일), 45.

교회 지도자와 정부 당국의 관계가 원만하므로 한국의 목사들이 단기간 머물며 교회 안에서 성경을 가르치는 일이 가능하다. Y현의 Y교회와 S교회는 이미 이 프로그램을 실시하고 있다. 매달 첫째 주일이 지난 화요일부터 금요일까지 3박 4일간 교회 안에서 숙식을 함께하며 처소교회 지도자 교육 프로그램을 진행하고 있다.

Y교회는 조선족 교회로 P장로가 담임으로 섬기고 있다. 주일예배에는 약 500명의 교인이 모인다. 1980년 복음의 문이 열린 이후 Y현 일대의 어머니 교회 역할을 하고 있다. 현재 Y교회에서 처소교회 지도자 학습을 자체적으로 진행하는데 매달 약 70명이 훈련받고 돌아가서 처소교회를 이끌고 있다. S교회는 Y교회에서 예배드리던 한족들이 1990년에 개척한 교회이다. 현재는 약 600명이 모이고, 조선족인 S전도인이 담임으로 섬기고 있다. 중국 교회로서는 드물게 17인승 버스를 보유하여 중국 여러 지역을 방문하며 찬양 선교를 한다. S교회는 52개의 처소교회를 관리하는데 겨울에는 훈춘, 도문, 흑룡강 등에서 약 200명이 학습을 받으러 오려 한다. 그렇지만 시설이 부족해서 다 수용하지 못한다. S교회는 학습을 위해서 120평 규모의 교육관을 건축하고 있다.

부산국제선교회에 속한 목회자들이 중국 처소교회 지도자 학습 프로그램에 참여하는 경로는 월요일 오전에 부산공항에서 출발하여 김포공항과 심양공항을 거쳐 연길공항에 도착 후 Y현까지 버스로 이동한다. 처소교회 지도자 학습 프로그램의 진행은 화요일과 수요일에는 새벽기도회 설교, 오전, 오후, 저녁 세 차례에 걸친 지도자 세미나 강의, 목요일에는 예배 설교 및 강의를 하거나 백두산 관광 중 선택을 한다. 금요일에는 새벽기도회 설교 후 Y현을 출발하여 연길에서 항공편으로 심양과 서울을 거쳐 부산공항에 도착한다. 경비는 비행기 요금이 558,200원이고, 관광 경비는 약 20만 원이다.[10]

---

10 "지도자 학습을 통한 중국 선교 전략," 「제14회 부산국제선교회의 밤 선교보고서」 (1996년 12월 5일).

3. 중국 선교의 정착기(1997~2001)

1) 1997년: 중국 선교의 필요성과 효과적인 중국 선교 방법 제안

1997년 6월 2일부터 14일까지 부산국제선교회 고문 K장로, 총무 이일호 목사, 서기 구영철 목사가 중국을 방문하여 처소장 등을 위한 1차 세미나를 인도했다. 7월 7일에는 중국 현지 처소장 등을 위한 2차 세미나에 회원 교회인 김해교회의 조의환 목사가 다녀왔다. 9월 5일에는 중국 현지 처소장 등을 위한 3차 세미나에 회원 교회인 부산제일교회의 박유신 목사가 K장로와 함께 다녀왔다. 11월 3일부터 13일까지 중국 현지 처소장 등을 위한 4차 세미나에 부산국제선교회장 김정광 목사와 김은곤 목사 그리고 K장로가 다녀왔다.

6월에 1차 세미나를 인도했던 이일호 목사와 구영철 목사와 김용철 장로는 "중국 교회의 이해 및 선교지 방문 보고"[11]를 부산국제선교회에 제출했다. 조선족 삼자교회는 중국 삼자 교회가 설립됨에 따라 선택의 여지 없이 삼자교회가 된 것이다. 즉, 생존을 위해 수동적으로 조선족 삼자교회가 되었다고 보아야 한다. 조선족 삼자교회에서 외국인(한국인) 목사의 설교는 사전에 허락받거나 묵인을 받으면 가능하다. 또한 삼자교회의 각급 지도자 교육과 훈련에 한국교회가 참여하는 것이 중국 정부의 묵인으로 이뤄지기도 한다. 그래서 조선족 삼자교회의 사역자들은 더욱 담대하게 사역을 하고, 한국교회와 교류한다. 이는 소수 민족 정책과 경제적인 차원에서 한국교회와의 교류를 묵인하는 것으로 본다. 현재 동북 3성에서 삼자교회와 가정교회의 분포를 보면, 연변 자치주를 포함한 길림성은 삼자교회가 강한 편이고, 가정교회는 약한 편이며, 흑룡강성은 삼자교회는 약한 편이고 가정교회는 강한 편이며, 요녕성은 삼자교회는 강하고, 가정교회는 미약한 편으로 본다. 조선족 교회의 90% 정도가 직접 또한 간접으로 한국교회와 관련을 맺고 있다고 본다. 한편 조선족 교회는 한족 선교를 수행할 수 있는 잠재적 역량을 어느 정도 갖추고 있다. 한족 선교에 헌신할 사역자들을 지닌 조선족 교회의 사역자들도 있다. 조선족 사역자의 5% 정도는 한족 선교를

---

11 이일호·구영철·김용철, "중국 교회의 이해 및 선교지 방문 보고," 「제16회 부산국제선교의 밤 및 선교보고서」 (1998년 12월 3일).

수행할 수 있는 역량이 있는 것으로 파악한다. 그러므로 조선족 교회의 사역자들에게 선교의 비전을 갖게 하고 선교 훈련을 시켜서 파송한다면 한족 선교사로서 훌륭한 사역할 수 있으리라고 본다. 최근 조선족 가정교회들은 조선족에 대한 전도가 점점 어려워지고 있음을 실감하며, 한족에 대해 선교할 역량이 부족하다고 토로한다. 따라서 한국교회는 조선족 선교에 집중되어 있는 선교 역량을 한족과 54개 소수 민족 선교로 방향을 전환해야 할 것이다. 이를 위해서는 먼저 조선족 교회를 활용하여 한족 교회와 소수 민족 교회에 접근하여야 하고, 둘째, 조선족 사역자를 통역으로 육성하여 활용하며, 셋째, 한족 교회와 교류하기 위하여 화교 선교 단체와 동역하되 주도권을 그들에게 주어야 한다.

바람직한 조선족(한족) 선교 사역의 형태로는 집중적인 단기 교육(교회를 사역하고 있는 처소장/교회 지도자에 대한 단기 신학 훈련)을 현지를 방문하여 실시하되 사전 정지 작업을 거쳐 장기적이고, 조직적으로 실시하는 방식(조선족 교회는 중국 교회이며, 교파가 없는 교회임을 명시해야 할 것), 선교지 답사 형식의 단기 사역, 교회 개척 사역, 전문 직업인으로서의 선교 사역, 제자훈련, 조선족 교회 지도자를 한국에 초청하여 신학 교육 학습, 학교설립, 성경과 신앙 서적 보급(현지 출판 사업), 방송 선교 지원(극동, 아세아), 지도자 양성을 위한 신학 교육(장기) 등이다.

이번 중국 선교지 방문은 그동안 K장로가 수차례 선교지를 방문하여 교육을 시킨 지역들을 공식 방문하여 교육(집중적인 교회 지도자 대상 단기 교육)과 예배 인도, 교회 방문, 사역자들과의 접촉을 통하여 그동안의 사역을 일차 점검하고, 그 결과를 부산국제선교회 선교 정책의 기초로 삼고자 함에 목적이 있었다. 우선 Y지역 지도자 교육(처소장 학습 교육)을 실시했다. Y현은 Y에서 약 한 시간 30분 거리에 있는 농촌 지역으로, Y교회(조선족)의 P장로를 중심으로 부근의 70여 교회(주로 농촌 지역으로 한국교회의 개척교회에 해당)를 관할하고 있으며, P장로는 교회 외에도 양로원(소규모)을 운영하며, 북한 동포 돕기 사역도 하고 있다. Y현에서 부산국제선교회와 관련 있는 교회는 P장로의 Y교회(조선족 교회)와 S교회(한족 교회이고, 조선족인 S전도사가 사역하고 있음)이다. 이 두 교회는 본래 한 교회이었으나 분리되어 자연스럽게 조선족 교회와 한족 교회로서 각자 독자적인 사역을 하고 있다. Y교회에서의 처소장 교육은 일정이 맞지 않아 실시하지 못하고, S교회에서 한족 교회의 처소장

약 150명을 상대로 4일간에 걸쳐 새벽기도회, 오전에 두 강좌, 오후에 두 강좌, 저녁에 한 강좌, 금요철야기도회 등으로 진행하였고, 과목은 교역자의 영적 자질, 기초 양육 및 제자훈련, 개인전도 훈련, 야고보서 강해 등이었다. 처소장들은 몇 시간씩 기차 또는 버스를 갈아타고 와서 전 4일간을 이동 없이 열심히 학습했다. 이들은 Y현 주변 지역의 약 30개 지역으로부터 왔다. 교육은 은혜 가운데 잘 마쳤으나, 숙박 시설이 부족하여 토막잠을 자거나 의자 위에서 자는 모습을 보는 것은 참으로 안쓰러웠다. 이번 교육을 통해 특별히 38년 된 공산당원이 변화되는 일이 일어났다.

이일호 목사와 구영철 목사는 두 교회의 수요기도회와 주일예배에 참석하여 말씀과 은혜를 나누었다. 두 교회 모두 은혜를 사모하는 교회로서 신앙의 열심이 대단하고 기도 또한 뜨겁고, 찬양의 열기도 대단하여 초대교회의 모습을 보는 것 같았다. 특히 S교회는 한족 교회로서 선교를 목적으로 찬양대를 조직하여 그 찬양대가 가서 집회하고 오면 그 교회가 열심을 내고 부흥하는 역사가 일어나고 있다고 한다. S교회에서 처소장 교육할 때나 새벽기도나 철야기도 할 때 영적으로, 정신적으로 육신이 치유되는 역사가 일어났다.

K장로가 부산국제선교회와 자매결연을 맺은 S교회와 D교회를 방문하였다. S교회는 400호 마을에서 재적 30명에 10명의 교인이 출석하고, 39세의 S전도사가 사역하는 교회이다. 부산국제선교회가 교회의 관리, 땔감 등을 지원하며 사역자는 농사를 짓는다. 교역자가 의욕을 가지고 목회를 해야 교회가 성장할 것으로 생각하여 교역자를 돕는 방법이 교회를 돕는 방법임을 제안했다. D교회는 교역자가 없어 Y교회가 관리인을 보내어 교회를 관리하게 하고, 주일 및 수요예배는 설교 집사를 파송한다. 한국의 전형적인 미자립 농촌 교회의 모습이었다. 그곳에 교회가 있는 것으로만 만족해야 할지 아니면 무엇인가 다른 적극적인 방법이 있어야 할지 고민하게 된다. 중국에서는 교회를 개척한다고 하여 교회당을 지어 놓는데 그쳐서는 안 된다고 생각했다. 교회당 건물은 있는데 교회가 교회의 역할을 감당하지 못하고 있고, 교회 지도자가 제대로 리더십을 발휘하지 못하고 있다면 더 큰 문제이다. Y교회의 P장로가 운영하는 양로원도 방문하였다. 기본적인 시설만 있었다. 중국 정부는 교회가 지역사회를 위하여 무엇인가를 해 주기를 바란다면서 P장로는 지역사회를 위해 유치원을 세우거나(1,500만 원이 소요) 위생시설이 열악한 주민을 위해서 화장실(공동용,

600만 원이 소요)을 만드는 프로젝트를 제시하였다. 그러나 시설 설치 후의 운영까지 생각해야 할 것이라고 의견을 나누었다.

Y지역 교육을 하기 전에 이 지역에서 활동 중인 한국 선교사와 조선족 사역자 등을 만났다. 그들은 각기 다양한 형태의 사역을 하고 있는데, 대부분 선교사라는 신분을 감추고 교수 신분(연변대학, 연변해양대학, 과학기술대학 등)을 유지하거나 개인 사업가 또는 회사 사업가 신분으로 활동하고 있다. 그들의 사역 형태는 조선족 교회와의 협력 선교, 문서 출판 사역, 한국 선교사와의 협력, 구제를 통한 사회봉사 사업, 단기 지도자 교육 등이다. Y지역의 처소장 교육은 중간 역할자인 J집사가 회장으로 있는 Y 겨자씨선교회 회원들 7~8명을 대상으로 진행했다. 원래 겨자씨선교회의 회원은 30명 정도이지만, 북한에 사역을 나가거나 집회로 인하여 구류 중에 있는 회원들이 있어 계획보다 적게 참석했다. 또 참석자 교육 수준의 차이도 커서 두 반으로 나누어 진행하였다. 교육 중 정세의 불안으로 안전 문제에 상당한 주의를 기울여야 했다. 앞으로 Y지역은 조건이 갖추어지면 가을 중 지도자 교육을 한 번 더 실시한 후 계속 여부를 결정하는 것이 좋을 것이다. Y지역 체류 시 L장로(초읍교회 파송 현지 선교사, 현지 회사와 연관)가 안내하며 여러모로 도움을 주었고, 서로 격려하며 교제했다. 또한 부산국제선교회의 회원 교회인 초읍교회가 현지인 선교사로 파송한 S전도사를 만나 대화했다. 현재 그가 개척하고 있는 Y교회는 정부의 허락을 받지 않은 상태에서 여러 제약을 받고 있으나 최선을 다하고 있다. S전도사는 지역사회와의 좋은 관계를 맺고, 선교를 위한 기초를 마련하기 위해서 마을 공회당을 빌려 학습회를 조직하여 학생들에게 영어와 수학 등을 가르친다. 앞으로 여건이 되면 성경공부를 시키고자 한다. 이 일과 교회의 협력 전도인을 위하여 자신의 생활비와 교수 강사료를 쪼개어 부담하고 있었다.

중국 K성 J시 농촌지도자 학습을 J시의 C집사 자택에서 1997년 6월 6일(금) 오후 1시부터 시작하여 오후 4시까지 1차 학습을 하였으며, 다음날 7일(토) 아침 9시부터 12시까지 2차 학습을 실시하였다. 참석자는 K성 J지역의 농촌 처소장을 훈련시키는 강사팀으로 8명이 참석하였다. 그들은 농촌 지도자 학습에 적극적으로 호응을 했고, 앞으로 계속 이런 교육이 이뤄지기를 원했다. J시는 중국 K성 성정부(省政府)로서 인구 약 630만 명이 거주하는 대도시다. 과거 만주국의 수도로서 위황궁(僞皇宮)이 있으며, 현재 동북 삼성 지역의 공업과 상업의 중심지가 되어 있다. 중국 K성에는 기독교 지도자를 양성하는 공인된 과정으로서 'K성 기독교 전도원 학습반'이라는 과정이 있는데, 기간은 1개월 과정과 3개월 과정이 있다. 이 과정을 수료하면 성정부(省政府)가 인정하는 처소장 자격을 얻게 되고, 교회를 세울 수 있는 자격을 취득하게 된다. Y지역에는 이미 이런 과정이 개설되어 있어서 자격을 가진 많은 처소장이 배출되었다. 그러나 J지역은 1993년에 1개월 과정이 개설된 이후로 지금까지 한 번도 열리지 않았다. 현재 J에는 목사가 6명이 있으며, 이들 중 지도자인 목사가 두 명이 있다. 그런데 한 목사는 지나치게 정부에 의존하여 정부의 지시만을 따르기 때문에 교회에 영적 유익을 주지 못하고 있다. 다른 한 목사는 지나치게 영적으로 치우쳐 정부를 상대로 일을 추진하지 못하고 있다. J지역 목사회가 그동안 정부를 상대로 노력한 결과 이번에 '기독교 지도원 학습' 3개월 과정을 허락받았다. 현재 참여 예상 인원은 60명~70명 으로 예측한다. 만약 이 과정이 성공적으로 수행된다면, 이 과정을 수료한 처소장들이 나가서 60~70개의 교회를 개척할 수 있게 된다. 그러나 이 과정을 수행하려면 한 달에 1만 위안(한화 100만 원) 이상이 필요하며, 3개월 과정을 마치기 위해서는 석 달간 3만 위안(한 화 300만 원) 이상이 소요될 것이다. 그러나 현재 J지역 교회의 실정으로 이만한 자금을 동원할 능력이 부족하다. 뿐만 아니라, 이 사업을 진행할 장소도 불확실하다. J지역에서 제일 큰 교회가 공사 중이어서 사용할 수 없다. 가능한 교회는 J 근교의 정월담교회로 숙박 시설을 갖춘 약 100평 규모의 교육관이 있다. 그런데 이 교육 과정에 필요한 예산을 지원하 는 데도 문제가 있다. 첫째 방법은 교회가 사용하는 모든 헌금을 정부에 보고해야 하는데, 외국에서 지원된 헌금이 발각되면 즉시 정부에 빼앗겨 버린다. 직접 현금으로 지원할 경우 는 다 쓰고 나서 보고하면 된다. 둘째 방법은 부산국제선교회가 중국 현지에 회사를 설립하 고 그 회사에서 필요한 자금을 지원하면 된다. 이 경우는 필요한 대로 얼마든지 시기에 맞추어서 원활하게 지원할 수 있다는 장점이 있다.

이제까지의 모든 보고를 토대로 중국 선교지 방문단은 다음과 같이 종합적으로 정리하 면서 부산국제선교회에 다음과 같은 사항을 건의한다. 이제까지의 중국 선교 상황을 보면 처소장 교육은 부산국제선교회의 올바른 선택이었다고 평가한다. 방문단의 제안 사항은 첫째, 한족 선교를 활성화하기 위해서 Y교회 전도사 부부를 한국에 초청해서 단기 훈련을 시킬 필요가 있고, 둘째, 조선족 지도자 교육을 통해 남부 한족에게 선교사를 파송하는 것이 바람직하고, 셋째, 부산국제선교회는 인도차이나 지역에 한국 선교사를 직접 파송하는 방법보다는 이미 파송된 선교사를 간접 후원하거나 한아봉사회를 통해 협력 선교를 하는 방향으로 전환하여, 예산의 여유를 확보하여 보다 효과 있고, 열매 맺을 수 있는 중국으로 눈을 돌리는 일이 필요하고, 이를 회원 교회에 권장토록 해야 한다고 본다. 이미 부산국제선교회는 10년 전부터 S전도사와 부산국제선교회 고문 K장로를 통해 이룩한 일은 하나님의 뜻과 섭리 아래서 된 것임을 확신하며, 이 일에 적은 부분이나마 본 회가 동참함에 감사와 자부심을 가지며 하나님께 영광을 돌린다.[12]

부산국제선교회 회장 김정광 목사는 11월 3일부터 13일까지 중국에서 열린 제4차 중국 현지 처소장 등을 위한 세미나에 참석 후 "중국 교회가 우리를 부르고 있다"면서 중국 선교에 대한 강한 소명을 표명했다. 부산국제선교회 방문단은 중국 교회와 가정 처소를 방문하면서 중국 교회가 살아있고 성령 충만한 모습을 보면서 마치 초대 한국교회에 성령의 불길이 평안도와 황해도를 휩쓸고 있을 때를 보는 것 같았다고 했다. 이러한 때에 부산국제선교회가 잠잠하면 화를 면치 못할 것으로 여겼다. 당시 방문단은 중국 교회를 열심 있고 간절하며 어린아이와 같이 순수한 교회로 보았다. 1982년 중국이 개혁과 개방의 기치 아래 시장경제를 채택하면서 신앙의 자유를 어느 정도 허용하기 시작했다. 그러자 중국 교회가 불붙기 시작했다. 지금은 중국 전역에 복음의 불길이 활활 타오르고 있다. 중국의 어느 현의 경우 1990년 교회가 13곳 있고, 1997년 말 8여 개 처소가 생기면서 급성장하고 있다. 급성장하는 중국 교회의 특징은 교회 지도자가 부족하다는 점이다. 3~5년 전에 처음 예수를 믿은 교인이 그 처소에서 예배를 인도하고 있다. 이들을 교육하는 것이 급선무이다. 이들은 신학적으로는 기초가 전혀 없으나 성경을 잘 알고 있으며 성경을 알고자 하는 간절한 마음을 접하며 방문단은 감동을 받았다. 이들 교회 안에서 치유 사역이 기적적으로 일어나고 있다. 따라서 교회의 지도자 양성이 시급하다. 한반도 크기의 K성에 신학교도, 성경학교도 없고, 목사의

---

12 이일호·구영철·김용철, "중국 교회의 이해 및 선교지 방문 보고," 「제16회 부산국제선교의 밤 및 선교보고서」
(1998년 12월 3일).

수는 20명도 안 된다. 장로, 전도사의 수도 20명 이내다. 단기 과정으로 3개월씩 세 차례 걸쳐서 교육한 후에 수료자들에게 전도사 자격을 부여하는 것이 바람직하다. 이를 위해 부산국제선교회가 연 4회 방문하여 교육 협력하는 것이 필요하다. 이런 상황에 처한 중국 교회를 위해 교회의 재정을 보조하고, 기도 지원이 가장 좋은 보조이다. 가정 처소 사역자는 월 3~5만 원을 지원하면 생활비를 충당하고, 필요한 신학 서적과 설교집은 우편으로 발송하면 잘 받지 못하기 때문에 직접 전달하는 것이 효과적이다. 복음을 북한에 전하는 가장 좋은 방법은 중국에 사는 동포들을 통한 선교이다. 이처럼 중국 조선족 선교는 조선족의 복음화와 한족의 복음화뿐 아니라 북한 선교를 위한 전초기지가 된다는 면에서 큰 의의를 찾을 수 있다.[13]

부산국제선교회가 1997년 중국 K성을 방문하게 된 계기는 K성이 고향인 울산의 이상복 장로가 "교회는 있으나 지도자가 없으니 우리가 가서 돕자"고 권유하여 김은곤 목사, 김용철 장로 등과 함께 부산국제선교회가 방문하게 되었다. 그 후 북한 식량 보내기, 교육, 생활비 지원, 강 건너에서 온 사람들의 정착, 가정집 형태의 처소 수리와 확장, 보일러 설치 등에 앞장선 교회가 부산제일교회이다. 백두산 들어가는 길이 시작되는 안도에 무너져 가는 낡은 집에서 처소교회가 모이고 있었다. 처소교회는 먼 지역에 있는 소수 민족 청년들을 모아 신앙 교육을 시켜 자신의 지역을 선교하도록 하고 있었다. 처소교회를 섬기는 Y전도사는 장모의 권유로 믿음을 갖게 되었고, 신학을 마쳤다. 장모는 사위가 제대로 신학을 공부하고 성경을 읽도록 텔레비전을 보지 못하도록 했다. 다 쓰러져 가는 처소교회의 귀한 활동에 감동을 받고 처소교회당 건축을 위해 앞장선 교회가 부산제일교회이었다. 거성교회의 윤수길 장로와 김정녀 권사가 힘을 보태 건축회사의 사무실을 수리하여 처소교회당으로 사용하기로 했다. 모자라는 건축비는 기존 처소를 팔아 채우기로 하고 이전했다.[14]

---

13 김정광 회장, "중국 교회가 우리를 부르고 있다," 「제15회 부산국제선교회의 밤 및 선교보고서」(1997년 12월 4일).

14 부산국제선교회 상임고문 김정광 목사 간증편, 『목사님, 여권 잃어버렸어요!』(부산: 도서출판 지앤미, 2014), 60-62.

2) 1998년: 중국 선교를 위한 교회 지도자 교육(학습)[15]

6월 29일에 중국 현지 처소장들을 위한 5차 세미나에 박유신 목사(부산제일교회)와 민영란 목사(금곡성문교회)가 다녀왔다. 부산국제선교회 총무 이일호 목사는 제16회 부산국제선교회의 밤에 1999년도 사업 방향을 보고하면서 향후 선교 방향과 중국 선교를 다음과 같이 제안했다. 부산국제선교회 해외 선교의 목표는 사람들을 구원하여 그들로 자치, 자양, 자전하는 토착 교회의 책임 있는 일원이 되어 하나님께 예배하고 다른 지체들과 함께 자라가며 더불어 봉사의 사역을 하며, 다른 교회를 설립하는 일에 참여하도록 하는 데 있다. 따라서 이런 목표를 구현하기 위해 중국 선교는 중국 교회를 지원하고 육성하기 위해 중국 교회 지도자 교육 프로그램을 통하여 훈련된 처소장들이 가는 곳마다 자신들과 똑같은 환경의 다른 지체들에게 성경을 가르치며 교회들을 세워가는 선교 방식이 직접 선교가 제한되는 중국 상황에서 적절한 선교 사역이라고 본다. 1998년부터 중국 J 지역에서 1년 과정의 전도인 양성을 위한 고등성경학교를 사회주의 국가인 중국 정부로부터 허가를 받아 전도인을 양성하는 고등성경학교 운영은 합법적으로 선교하는 좋은 사례가 되었다.

부산국제선교회는 국제선교신학 강좌와 미래의 선교 전략 개발을 위한 선교 정책 세미나를 개최함으로 개교회 선교 지도자들이 선교를 바로 이해하는 일과 선교 정책 결정을 위한 방향을 협의하여 전략을 수립해 오고 있다. 이를 통해 그동안의 사역 점검과 새로운 선교 전략 개발에 지표가 되었다. 이 정책협의회 이후 현지와 협력하는 선교가 중국에서 활발하게 이뤄지고 있다.

그럼에도 불구하고 예전보다 선교 열정이 되살아나지 않는 것은 국가적인 환란 위기의 영향과 다소 선교 열매가 눈에 나타나는 현지 원주민 선교(타문화권 선교)에 집중하지 못하고, 교포 선교 중심의 선교 방법(한인 디아스포라 선교)에서 과감히 탈피하지 못한 부분이 있었음을 자인한다. 앞으로는 복음 전도와 사회참여의 균형 있는 선교 프로젝트를 개발하고, 미전도종족 선교를 중심으로 하는 개척 선교를 본격화해 나가는 동시에 현재 실시하는

---

15 교회 지도자 교육을 중국에서는 학습이라고 한다.

중국 현지 처소장 교육 선교 사역(미얀마의 신학교 보조, 개척교회, 전도자 파송 사업)에 주력해 나가면서 지금까지 이뤄온 사역의 밑거름 위에 한층 더 효과적이고 열매 맺는 선교 사역을 감당하고자 한다.[16]

3) 1999년: 중국 처소장 학습에 집중

1999년 3월 8일에 박유신 목사와 K장로 등이 중국 처소장 교육을 다녀왔다. 지난 5월에는 부산국제선교회 초청으로 S교회 S전도사, T사모, Y교회 P집사가 한국을 방문했다. 부산국제선교회는 17인승 선교 차량을 지원했다.

부산국제선교회의 중국 선교는 처소장 학습에 주력했다. K성 Y현 소재 S교회(한족 교회, 교인 수 700명, 교역자는 S전도사)에서 인근 지역의 중국 교회 처소장 교육을 매월 첫 주에 120~150명을 대상으로 실시하고 있다. S교회는 찬양반이 있어 중국 전 지역의 전도를 활발하게 하고 있다. 금년에 부산국제선교회가 4,700만 원을 헌금하여 17인용 선교용 차량을 기증하였고, 찬양반을 지원하고 있다. 또한 한족 교회의 신학생과 지교회 처소장을 보조하고 있다. Y현의 조선족 교회인 Y교회(교인 수 450명, 교역자는 P장로)에서 인근 지역의 조선족 교회 처소장 교육을 매월 첫 주에 100명을 대상으로 실시하고 있다. 또한 조선족 교회 및 교회의 교역자를 보조하고, 양로원을 지원하고 있다.[17]

Y현 Y교회가 수요예배를 드리는데 한족 두 명이 참여했다. 그들은 교회에 음악이 좋아서 왔다고 했다. 그다음 주 수요예배에는 두 형제와 형의 부인이 함께 참여했는데 부인의 얼굴에는 황달이 가득했다. 형과 동생이 데려온 이 여인은 형의 부인으로 간암 말기 선고를 받아 두 달 밖에 살 수 없다고 했다. 교회에 와서 찬송 소리를 들으면 마음이 편해질 것 같아서 함께 교회에 왔다고 했다. 예배를 마친 후 그 여인을 앞으로 나아오게 하여 온 교인이 머리에 손을 얹고 기도를 드린 후 "예수님이 고쳐주실 것을 믿으면 아멘 하라" 하니 "아멘"으

---

16 이일호 총무, "99년도 사업 방향," 「제16회 부산국제선교회의 밤 및 선교보고서」 (1998년 12월 3일).
17 이일호 총무 보고, "중국 선교지 현황," 「제17회 국제선교의 밤 선교보고서」 (1999년 12월 2일).

로 응답했다. 이들은 주일예배와 수요예배에 빠지지 않고 참석했다. 그렇게 두 달을 예배에 참여한 후 이 여인이 차츰 회복되어 살아났다. 그러자 그다음 주일에 그들이 일가친척 20명을 데리고 교회에 나왔다. 시간이 지날수록 한족들의 수가 증가해서 금방 배가 되었다. 현재 교회당은 50명 이상 예배드리기 어려워 대만에 사는 한족 장로의 도움으로 한 건물을 매입하여 한족들이 따로 예배를 드린 것이 S교회(나중에 H교회로 개명)의 시작이었다.[18]

4) 2000년: 중국 교회에서 처소장 대상 학습반 연 4회 교육

부산국제선교회는 중국 선교지를 방문하여 학습반 교육을 3월에 3회, 5월에 1회, 7월에 2회, 8월에 3회, 10월에 2회 등 총 11회 진행했다. 부산국제선교회는 회원 교회인 백양로교회가 두 교회, 대지교회, 감전교회, 구덕교회는 각각 한 교회당을 건축하거나 개척하는 것을 지원했다. 오산교회와 김해교회의 지원으로 모 지역에 새롭게 처소장을 위한 학습반을 운영하고 있다.[19] D교회는 강둑 아래 가정집에 모이는 교회이었다. 정부가 강둑 길을 확장하기 위해 해당 집을 이전하도록 명령(뚱첸)을 내렸다. 모든 땅이 국가의 소유라 이전은 어쩔 수 없지만, 국가는 현재의 집을 대체할 만큼 충분한 보상을 해 준다. 그런데 교회 옆에서 길이 구부러지면서 뚱첸의 대상에서 교회가 제외되었다. 그렇지만 교회로 들어오는 길이 사라지면서 교회도 이전하지 않을 수 없었다. 땅끝교회의 지원으로 D교회는 동네 입구의 이층집으로 이전하고자 했다. 그런데 교회가 뚱첸에서도 제외되었고, 뚝방길 아래의 집이라 팔리지도 않아 난감한 상황이었다. 교회의 전 교인 30명이 매일 모여 합심 기도를 드렸다. 20일쯤 지났을 때 측량사가 와서 매일 동네를 측량했다. 측량사가 와서 D교회의 J전도사를 만나 길의 위치가 변경되어 교회가 이전해야겠다고 했다. 이전 비용을 물어보니 6만 위안이라 했다. 이 돈은 이층집을 구매하기 위해 필요한 잔금이었다. 시가로는 2만 위안에 해당하는데 보상을 이전 비용인 6만 위원으로 받았다. 하나님께서 D교회의 필요를

---

18 부산국제선교회 상임고문 김정광 목사 간증편, 『목사님, 여권 잃어버렸어요!』 (부산: 도서출판 지앤미, 2014), 21.

19 총무 대행 조의환 목사, "중국 선교 보고," 「제18회 국제선교회의 밤 및 선교보고서」 (2000년 12월 7일).

아시고 주신 것으로 고백하며 감사 기도를 드렸다.[20]

5) 2001년: 처소장 학습, 교회학교 교사 강습

부산국제선교회 회원인 전동윤 목사, 김창화 장로, 김창수 장로 김동주 장로 등 8명이 중국을 3월 19일부터 23일까지 방문하여 Y지역 S교회에서 교육학습을 실시했다. 정성훈 목사(동래중앙)가 3월 30일부터 31일까지 중국을 방문하여 Y현 S교회에서 학습을 지도했다.[21] 중국 Y현 P장로 부부와 공안국 부국장, 정보국 과장 등이 부산을 방문했다. P장로 부부는 구덕교회와 감전교회에서 간증했다.[22] 허준 목사(오산) 외 2명이 7월 3일부터 5일까지 중국을 방문하여 S교회에서 지도자 학습 중이다.[23] 여름을 맞이하여 부산국제선교회에 속한 교인들과 목회자들이 중국 선교지를 방문했다. 김해교회 교역자들과 청년들이 7월 5일부터 13일까지 중국 선교지를 방문했다. 8월 20일부터 28일까지 초읍교회 교역자들과 청년들이 중국 선교지를 방문했다. 부산노회 북부시찰 목사회가 8월 20일부터 25일까지 중국 선교지를 방문하여 두 교회에서 새벽기도회와 수요기도회를 인도했다. 백양로교회 목사와 청년들이 중국 선교지를 8월 20일부터 25일까지 방문했다.[24]

그런데 중국 선교지를 3월에 방문한 전동윤 목사를 비롯한 8명은 각자 백만 원씩 모아 중국 교회 교사들을 대상으로 현지 교회로서는 처음으로 교사 강습회를 2박 3일간 개최했다. 두 교회에서 개최된 교사 강습회에는 교회 30여 곳에서 교사 180명이 참여하여 노래와 율동, 레크리에이션, 어린이 전도법, 성경 연구법, 공과 준비법, 공과 다루기, 어린이 관리의 실제 등에 대해 배웠다. 교육 학습을 인도했던 전동윤 목사는 '중국 조선족 교회와 한족 교회의 선교 보고'에서 중국 선교에 대해 새롭게 알게 된 사실뿐 아니라 중국 선교에 대한 문제를 제기했다. 우선 중국 현지에서 새롭게 알게 된 사실은 첫째, 중국 교회 성도들이

---

20 부산국제선교회 상임고문 김정광 목사 간증편, 『목사님, 여권 잃어버렸어요!』, 50-52.
21 제204회 월례회 보고서 (2001년 4월 5일).
22 제206회 월례회 보고서 (2001년 6월 7일).
23 제207회 월례회 보고서 (2001년 7월 5일).
24 제208회 월례회 보고서(2001년 9월 6일).

신앙에 대한 기초 지식이 없다는 점, 둘째, 중국 교회의 지도자 양성이 시급한 것, 셋째, 중국 교회에는 교회학교가 없어 어린이 교육에 대한 대안이 필요하다는 점이다. 전동윤 목사가 지적한 중국 선교의 문제는 교회 안에 조직이 빈약하여 외부의 선교비에만 의지하는 점이다. 그에 못지않게 큰 문제는 중국에서의 선교 활동이 중국 정부가 비자를 발급하는 조건 내에 있는가 하는 점이다. 즉, 중국 정부는 교회 밖 종교 활동을 금지하고, 외국인의 종교 활동도 금지하고 있어, 목사에게는 비자 발급 시 일체의 종교 활동을 하지 않는다는 조건으로 발급한다. 이런 제약으로 인해 선교 활동에 어려운 점이 많다. 따라서 현지의 정확한 정보에 의한 선교 정책을 세워야 효율성을 극대화시킬 수 있을 것이다. 부산국제선교회의 선교 방법에 전기가 필요하다. 선교 헌금의 투명성은 알 길이 없기에 더욱 그렇다. 교회 내 조직이 없어 한 전도사에 의해, 한 가족에 의해서 교회가 운영되기 때문이다. 평신도 교육이 시급하다. 평신도를 깨우는 지도자 양성과 조직적인 교회운영과 교회학교를 위한 교육정책 입안이 시급한 과제이다. 한국교회가 교육에 필요한 자료를 보내주는 것이 필요하다. 기독교 신앙의 기초교육을 위한 교재를 많이 보내주는 것이 필요하고, 헌금만 보내는 선교 정책에서 교육을 위한 정책으로의 전환이 필요하다. 교육을 위한 선교사 파송도 필요하다.[25]

6) 중국 선교 정착기(1997~2001)의 특징과 과제

부산국제선교회의 중국 선교 정착기의 특징으로는 첫째, 중국 선교의 필요성("중국 교회가 우리를 부르고 있다")을 절감하고 중국 선교를 위한 효과적인 선교 방법을 모색한 점이다. 선교 목표는 자립, 자치, 자전하는 삼자교회를 개척하는 것이었다. 둘째, 부산국제선교회는 중국 선교의 효과적인 방법을 찾기 위해 선교정책협의회를 개최했으며, 중국 선교를 위한 자료들을 모아 회원들이 공유했다. 「부산국제선교회의 방문단 보고서」(1998), "중국의 종교 정책"(리우수상, 1997), 필립 위커리의 강연 원고("21세기 문턱에 있는 중국 - 에큐메니컬

---

25 전동윤 목사, "중국 조선족 교회와 한족 교회의 선교보고," 「제204회 월례회 보고서」 (2001년 4월 5일).

대화, 교회의 전망")는 부산국제선교회가 중국 선교를 위해 모은 소중한 자료들이다. 셋째, 부산국제선교회는 중국 교회 지도자인 처소장 학습을 효과적인 선교 방법으로 정하고 이를 지속적으로 실천했다. 넷째, 부산국제선교회는 중국 정부의 합법적 테두리 내에서 선교하려고 고민했다. 즉, J에서 부산국제선교회는 중국 정부의 허락을 받고 1년 과정의 고등성경학교를 운영하고자 했다. 다섯째, 중국 교회를 지원하는 방법으로 목회자를 재정적으로 지원했다. 여섯째, 교회학교 교사 강습회를 개최했다. 2001년 3월 중국 교회 지도자 대상 교육에서 강의를 맡았던 회원들은 중국 교회에 교회학교가 없다는 사실을 알게 되었고, 회원들이 백만 원씩 걷어 교사 180명을 대상으로 2박 3일 동안 교사 강습회를 실시했다. 이러한 교사 강습회는 당시에는 처음이라고 생각한다. 중국의 종교법은 18세 미만 미성년자의 교회 출입을 금하고 있다. 최근에는 변화의 조짐이 있어, 일부 삼자교회에는 교회학교가 생겨나고 있다.

일곱째, 1998년 부산국제선교회는 부산국제선교회의 밤에서 1999년부터 중국 선교와 미얀마 선교에 집중하기로 결정했다. 그리고 부산국제선교회의 선교 열정이 다소 식은 것은 IMF 환란 위기로부터 온 영향도 있지만, 타문화권 선교에 집중하지 않고 한인 디아스포라 선교에도 관여한 점으로 분석하고, 1999년부터 일본 김병호 선교사의 선교비를 대폭 삭감하기로 결정했다. 즉, 부산국제선교회는 세계 선교에서 한인 디아스포라 선교는 유지하는 선에서 예산을 삭감하는 대신에 타문화권 선교로 예산을 집중하기로 결정했다. 여덟째, 부산국제선교회의 선교 방향을 복음 전도와 사회참여의 균형(로잔 언약)을 이루면서, 미전도종족 중심의 선교(로잔운동)에 전념하기로 했다. 아홉째, 부산국제선교회가 길림성에서 진행하는 조선족 선교의 의의는 조선족 복음화와 조선족을 통한 한족 복음화 그리고 조선족을 통한 북한 복음화이다. 부산국제선교회는 K성의 조선족 교회들을 북한 선교의 전초기지 역할을 하는 것으로 보았다.

열째, 2001년 3월 중국 학습 과정에 참여했던 일부 목회자들은 부산국제선교회 중국 선교의 문제점을 인식하기 시작했다. 우선, 교회 내 회계, 재정부 등 조직이 없어 전도사 한 명 또는 전도사의 가족에 의해 재정이 운영되기 때문에 선교 헌금의 투명성 문제가 제기될 수 있다. 더 중요한 문제로 부산국제선교회의 선교 활동이 중국 정부의 비자 조건을 충족시키는지 아니면 반하는지에 대한 점이다. 중국 정부가 비자를 발급하는 조건은 한국의 종교인들이 중국에서 종교 활동을 하지 않는다는 점이다. 따라서 부산국제선교회의 중국 선교는 정확한 정보에 의해 선교 정책을 다시 수립할 필요가 있다고 지적했다.

중국 선교 정착기의 과제나 문제점으로는 첫째, 부산국제선교회는 중국에서 효과적인 선교 방법을 중국 교회 지도자 교육(학습)이라고 결정했다. 그런데 이미 1996년에 부산국제선교회의 회원 교회와 회원들은 중국 교회를 방문하여 길림성 조선족 교회에서 학습이 자체적으로 진행되는 것을 보았고, 중국 정부의 비자 정책과 중국 교회의 삼자원칙을 이해했다. 그런데 부산국제선교회는 중국 선교 방법으로 한국교회 지도자들이 조선족/한족 교회 지도자(처소장)들을 직접 교육시키는 방식의 학습을 결정했다. 이는 한편으로는 목회자와 장로 등 한국교회 지도자들이 중국 처소장들을 통역을 통해 직접 교육함으로써 중국 교회 현실을 이해하고, 중국 선교에 대한 관심을 갖게 함으로써 부산국제선교회에 속한 회원 교회들과 회원들이 중국 선교에 대해 관심을 갖게 하는 데에는 큰 기여를 했다. 그렇지만 외국인들이 종교 활동을 해서는 안 된다는 중국 정부의 비자 정책과 자립·자양·자전이라는 중국 교회의 삼자원칙을 어기는 측면에 대해서는 심각한 문제로 받아들이지 않은 듯하다. 부산국제선교회는 이런 문제를 조선족 교회와의 협조를 통해 공안의 묵인하에 진행하고자 했다. 그렇지만 이는 처음부터 지속 가능한 선교 방식이 아님을 인정하고 대안을 모색하는 것이 필요했다. 1997년 부산국제선교회의 방문단의 제안처럼 조선족 교회 지도자들을 한국으로 초청하여 단기 교육을 시켜 그들을 통해 학습을 진행하는 것이 바람직한 대안이었을 것으로 본다.

둘째, 부산국제선교회는 중국 정부의 법과 중국 교회의 삼자원칙 테두리 내에서 중국 선교를 진행하고자 했지만, 실제로는 그 테두리를 벗어난 사역들이 있었다. 리우수상의 글을 통해 부산국제선교회는 중국 정부의 종교 정책이 외세의 지배를 받지 않는다는 것과 중국 교회의 자주독립과 자치 운영의 원칙이 중요함을 알고 있었다. 부산국제선교회는 지도자 학습을 양회의 묵인하에 진행했고, 공안의 단속에 대해서는 조선족 교회 지도자들과 협조하여 학습을 신축적으로 진행했다. 부산국제선교회는 공안과도 우호적 관계를 갖고자 노력했다. 당시에 일부 한국교회는 조선족 교회를 공개적으로 지원하고, 행사 사진을 주보에 실어 중국 정부가 이를 근거로 역추적해서 조선족 교회를 문제 삼기도 했다. 그래서 부산국제선교회는 조선족 교회를 지원하되 주보에 싣지 말고 사진을 남기지 않도록 했다. 그러나 부산국제선교회는 조선족 교회의 교회당 건축 지원이나 목회자에 대한 재정적 지원에 대해서는 양회에 알릴 수 없었다.[26] 그렇지만 2001년 3월 학습팀의 제안처럼 조선족 교회로 하여금 회계나 재정부를 조직하여 외부 지원을 투명하게 관리하는 부서나 책임자를 세우고, 중국 정부의 종교 정책과 중국 교회의 삼자원칙을 준수하는 대안적 선교 정책을 수립하는 것이 필요했다. 상해에 있는 도시 교회조차 재정적으로 어려웠기에 농촌 교회는 훨씬 더 어려웠을 것이다. 재정적으로 자립이 이뤄지지 않는 상황이어서 교회 내 재정부가 필요하지 않았을지도 모른다.[27] 그러나 한국교회의 재정 지원으로 인해 재정에 여유가 생기면서 재정을 관리할 필요가 생겼고, 재정부나 최소한 회계를 세울 필요가 있었다.

셋째, 부산국제선교회는 선교가 제한되는 중국 상황에서 현지 교회 지도자 교육이 최선의 선교 방식임을 결정하기 위해서 선교정책협의회를 개최했다. 부산국제선교회는 국제 선교신학 강좌와 미래의 선교 전략 개발을 위한 선교 정책 세미나를 개최함으로써 개교회 선교 지도자들이 선교를 바로 이해하고, 그동안의 사역에 대해 점검하고, 새로운 선교 전략을 개발하고자 했다. 그런데 이 선교정책협의회는 1997년 중국 방문단의 보고서 중 조선족 교회 지도자들을 한국에 초청하여 단기 교육을 하는 방식 대신 한국교회 지도자들이 직접 학습에 참여하는 방식을 선호함으로써 중국 정부의 법과 중국 교회의 삼자원칙을 위배하는 결정을 내렸다. 필립 위커리는 한국교회의 중국 선교 방식이 19세기 서구의 일방적 선교 방식이 아니라 한국의 '중국 교회의 친구들'이라는 방식을 제안했다. 우선 중국 교회에 대한 역사적 인식을 해야 하고, 중국 교회와 대화의 주제로서 지구화/세계화와 종족주의, 인권 등에 대해 살펴보고, 대안으로 한국의 '중국 교회의 친구들'처럼 중국기독교 협의회와 대화 네트워크를 구축하고, 에큐메니칼 대화의 주제로서 지구화, 지역주의, 현대화 등을 제시하면서, 한국교회가 가치 혼란으로 어려움을 겪는 중국 교회에 신념과 가치의

---

26 김정광 목사와의 인터뷰(2024년 1월 9일).
27 김승희 장로와의 인터뷰(2024년 4월 12일).

재형성에 기여할 것을 제안했다. 부산국제선교회는 필립 위커리의 제안을 수용하지 않고 전통적 방식의 선교를 선택했다. 이는 부산국제선교회가 개최한 선교정책협의회나 세미나가 자신의 보고서에 담긴 내용을 충분히 검토하지 못했음을 보여준다.

넷째, 부산국제선교회는 선교 열정이 감소한 원인으로 환란 위기로 인한 재정의 감소와 선교 열매가 눈에 잘 나타나지 않는 교포 선교(한인 디아스포라 선교)에 중심을 두었기 때문으로 분석했다. 부산국제선교회는 교포 선교로부터 선교 열매가 눈에 띄는 현지인 선교(타문화권 선교)로 전환하기로 결정했다. 이로 인해 일본 선교비를 절반으로 축소하기로 했다. 이러한 결정의 선교신학적 배경으로 복음 전도와 사회참여의 균형 잡힌 선교 프로젝트 발굴(로잔 언약)과 미전도종족 선교 중심의 개척교회(로잔 언약)를 제시했다. 그런데 중국에서의 학습 과정에 사회참여의 측면을 찾기 어렵고, 다른 선교 현장에서도 사회참여의 측면은 찾기 어렵다. 그리고 로잔운동이 제기한 미전도종족은 스스로 선교할 교회나 선교 기관이 없는 종족을 미전도종족이라 했다. 그런데 중국의 조선족 교회와 한족 교회는 중국을 선교할 교회들이다. 다만 목회자나 평신도 지도자의 신학적 역량이 부족한 것이 문제이었다. 따라서 엄격하게 말하면 부산국제선교회의 중국 선교는 미전도종족 선교라 할 수 없다. 이는 중국 교회 지도자들의 학습의 필요성을 부정하는 것은 아니다.

4. 중국 선교의 발전기(2002~2010)

1) 2002년: 김정광 선교사 임명, 처소장 학습 및 중국 교회 지원

부산국제선교회는 2002년 2월 7일에 열린 총회에서 회장 김정광 목사를 은퇴 후 7월부터 선교사로 중국에 파송하기로 결의했다. 2002년 한 해 동안 부산국제선교회는 처소장 교육을 총 11회 실시했다. 백양로교회는 6월에 Y지역 S교회에서 의료 봉사활동을 했다. 7월에는 Y지역에서 학습 도중 공안이 마당으로 들어와서 학습을 인도했던 한국의 모 전도사를 연행했다. 공안의 질문에 모 전도사는 솔직하게 답변하면서 공안에게 점심을 사겠다

고 했다. 공안은 모 전도사를 좋게 여겨 조서를 다시 작성하고 교회로 돌아가게 했다.[28]

2002년 여름 학습을 마친 일행은 Y에서 S로 가는 야간열차를 탔는데 일행 중 한 사람이 여권을 분실했다가 8시간 후에 찾았다. 30대 목사가 열차에서 화장실에 갔다가 여권을 변기통 아래로 떨어뜨렸다. 일행은 객실 담당 직원을 불렀는데 그가 조선족이라 말이 통해 바로 경찰을 불러왔다. 그 경찰은 사건 경위를 듣자, 기차표 이면에 "이분들이 모든 열차를 자유롭게 타도록 협조 부탁"이라 써주고, 다음 역에서 내려 여권을 찾도록 했다. 일행 네 명 중 두 명은 여권을 찾으러 갔고, 남은 두 명은 심양 공항에 가서 비행기 편을 변경하기로 했다. 아침 7시 심양 공항에 도착한 두 사람은 '하나님! 여권'이라고 말하면서 간절하게 기도를 드렸다. 12시쯤 지나가는 한 여성이 "한국분이세요?"라고 물었다. "아까부터 기도하시는 것 같은데 교회 다니세요?"라고 물었다. 그 여성은 공항 화물 담당 직원으로 조선족이었다. 두 사람이 사정을 얘기하니 그 직원은 직원 식당으로 두 사람을 데려가 점심을 사줬다. 학습 방문단은 귀국 시 교통비를 제외한 나머지 돈을 현지에 다 주고 와서 현금이 거의 없었다. 식사 후 그 직원은 여권을 다시 만들면 되는 데 두 사람을 빨리 찾으러 가자고 해서 그들에게로 향하려 했다.

한편 여권을 찾으러 간 두 사람은 여권을 잃은 장소가 전 역에서 출발 후 10분 거리라 해서 택시로 그 장소까지 가서 둘이 서로 반대 방향으로 여권을 찾기로 하고 1시간 후에 그 역에서 다시 만나기로 했다. 그런데 그 철로는 쌍방향으로 철길을 걷는 것 자체가 위법이었다. 두 사람은 여권을 찾다가 열차 사고를 당할 뻔했다. 30분쯤 걸을 때 건널목 역무원이 호각을 불고 오라고 해서 갔더니 강제로 앉게 하고 말하는데 의사소통이 되지 않아 몸짓으로 여권을 찾는다고 했다. 역무원이 전화한 후 쪽지를 주면서 택시를 타고 가라 했다. 택시를 타고 한참 달리니 어느 초소에 도착했는데 그 안에 한 남자가 여권을 들고 일행을 기다리고 있었다. 그 남자는 논에서 일을 마치고 철길을 건너다가 수풀 속에 떨어져 있는 여권을 발견하여 초소에 신고했다. 당시 한국 여권의 가격은 중국에서 5백만 원 정도이었다. 두 사람은 감사하다는 말을 열 번도 더하고, 사례를 하고, 공항에 도착했다. 다른 두 사람은

28 김정광 목사와의 인터뷰(2024년 1월 9일).

여권을 찾으러 갔던 두 사람을 찾으려고 공항에서 막 나가려던 참이었다. 이렇게 해서 기적적으로 여권을 찾았고, 흩어졌던 두 팀이 공항에서 극적으로 만났다. 이 모든 일이 하나님의 기적이었다. 이런 인연으로 알게 된 공항 직원 K는 그 뒤에 심양을 갈 때마다 가이드가 되어 로스 성경번역 기념교회를 안내했고, 심양에서의 숙박에도 도움을 주었다.[29]

구덕교회가 8월에 중국 D교회당을 건축했다. 10월에 P장로와 중국 정부 인사들이 한국을 방문했다. 부산국제선교회는 북한에 4차례 식량을 보냈고, 탈북자를 도왔다.

1996년부터 시작된 중국 선교에 대해 부산국제선교회장인 김정광 선교사는 다음과 같이 보고했다. 중국 선교 대상은 K성 Y현의 55개 교회(한족 23, 조선족 25, 기타 7)와 200여 처소(가정교회)로, 부산국제선교회는 회원 목회자 2~3명이 학습 지도를 위해 매년 평균 4회 중국을 방문해 왔다. 금년에는 매월 학습을 실시하여 7년 동안 총 30회의 학습을 실시하였다. S교회에서 지난 3년간 신학을 공부하고 기도하는 청년들을 지도하기 위해 본회 회장이며, 중국 선교사인 김정광 목사가 수시 혹은 일정 기간 체류하면서 지도하고 있다. Y지역 8개 교회와 H지역 1개 교회를, 김해교회(장학생, 목회자), 오산교회(찬양대), 초읍교회(찬양반 생활비), 부산제일교회(신학생), 부산노회북부시찰회(서광, 왕청 처소장 교육 지원)가 지원을 하고 있다. P장로는 중국 정부 관계자들을 한국으로 초청하여 선교 여건이 개선되는 데 큰 도움을 주었다. 백양로교회가 여름에 의료선교를 실시하였고, 찬양대가 찬양집회를 하도록 지원했다. 탈북자 돕기에는 부산제일교회, 초읍교회 그리고 방문한 회원들이 참여했다. 북한에 쌀을 4차례(1회 300만 원, 12월은 1,000만 원) 보냈다. 중국에서 찬양반 1명의 생활비는 1만 원이고, 처소교회의 생활비는 3만 원이다. 이제 중국 선교는 본궤도에 올라 있다. 내년부터는 지금까지 하고 있는 학습 및 개교회 지원에 큰 진전을 이루기 위해서 각 교회에서 청년회, 남선교회의 단체 방문과 부산국제선교회 회원들의 선교지 방문을 조직적으로 활성화할 필요가 있다.[30]

---

29 부산국제선교회 상임고문 김정광 목사 간증편, 『목사님, 여권 잃어버렸어요!』, 45-49.
30 김정광 선교사, "중국 선교 보고," 「제20회 국제선교의 밤 선교보고서」(2002년 12월 12일).

2) 2003년: 김정광 선교사 파송, 처소장 학습, 교회 지원, 장학금 및 북한 식량 보내기

2003년 3월에 열린 임원회는 김정광 목사를 상임 고문 및 중국 선교사로 파송했다. 부산국제선교회는 2003년 한 해 동안 4월, 7월, 8월, 9월, 11월 총 5회에 걸쳐 학습을 했다. 부산국제선교회는 학습을 위해 매월 S교회에 30만 원을, Y교회에 20만 원을 지원하고 있다. 부산노회 북부시찰 북방선교회가 S교회와 Y교회에 매월 각 10만 원씩 학습비를 지원하고 있다. 부산국제선교회는 2003년 5월 중국 Y현 H마을에 공중화장실(건축비 480만 원)을 건축하여 기증했다. Y현 기독교 책임자가 부산국제선교회에 화장실을 지어달라고 요청했다. 미국 어느 단체가 화장실 두 개를 지어 동네에 기증했더니 기독교에 대한 인식이 달라졌다고 했다. 부산국제선교회는 이런 요청에 대해 처음에는 찬반 양론이 있었다. 480만 원이면 농촌 지역에 교회당을 건축할 수 있는 예산이다. 그러나 교회에 대한 중국인들의 인식이 달라질 것을 생각하고 부산국제선교회는 화장실을 지어 기증하면서 "OO기독교 기증"이라는 팻말을 세우도록 허락을 받았다. 지역사회와 관계가 좋아지니까 2004년 인근 마을에 교회 5곳이 허락되었다. 직접 선교가 허용되지 않는 나라에서는 화장실 기증과 같은 사회복지가 교회당 건축만큼 중요한 일이다.[31] 2002년 11월부터 6개월간 사스로 6천 명이 사망했다. 그래서 2003년 5월과 6월 두 달 동안 학습을 중단했고, 일부 지역은 주일예배도 중단했다. 동래중앙교회, 부산노회 북부시찰 북방선교회, 오산교회가 각각 500만 원을 S교회 기숙사 부지 구입비로 지원했다. 7월에는 북한에 다섯 번째로 식량 13톤을 보냈고, 북한 동포의 생활비를 보조했다. 8월에 부산국제선교회 방문단이 K성을 방문하면서 25톤 식량을 북한에 보냈다. 10월 영도중앙교회와 평화교회가 개척교회 두 곳을 지원했다. 12월 18일에는 S교회에서 S가 목사 안수를 받은 후 685명이 합동으로 세례를 받았고, 대략 1,300명이 성찬식에 참여했다.[32]

부산국제선교회가 북한 지원을 하게 된 계기는 초창기 부회장이었던 K장로가 피난

---

31 부산국제선교회 상임고문 김정광 목사 간증편, 『목사님, 여권 잃어버렸어요!』, 38-39.
32 김정광 목사, "중국 선교 현황 보고," 「제21회 부산국제선교회의 밤 선교보고서」 (2003년 12월 4일).

오면서 고향에 두고 온 가족을 개인적으로 20여 년 동안 지원하다가 부산국제선교회에 지원을 요청한 것이었다. K장로는 미국 시민권자를 통해 북한에 두고 온 가족의 현황을 알게 되어 식량과 필수품을 간접적으로 보내왔다. K장로가 속한 부산제일교회와 피난민 1세대가 있는 부산 지역 교회들이 북한 지원에 동참해 왔다. 부산국제선교회의 북한 지원 사업은 조선족 모 권사 부부의 도움으로 진행되었다. 모 권사는 잘나가던 사업을 정리하고, 재산의 삼분지 일을 북한 지원 사역에 사용했다. 모 권사는 여러 번 북한을 방문하여 관계자들과 친분을 쌓고 나누며, 지역의 요청으로 공공건물을 건축하는 것을 지원했다. 모 권사는 이런 사역을 하면서 세상을 떠나기 전에 "통일을 보아야 할 텐데…" 하고 여러 번 말씀하셨다고 한다.[33]

최병주 목사와 박청숙 집사(계관교회)가 찬송가 반주기를 기증했고, 롯데교회[34]가 농촌 마을에 농사 기금 150만 원을 지원했고, 롯데백화점 신우회, 김정광 목사, 김임권 집사가 네 교회의 보일러 시설을 보조했고, 롯데백화점 신우회와 김정광 목사가 농촌 교회 목회자에게 핸드폰을 기증했고, 최병주 목사와 여러 교인이 Y교회에 도서를 기증했다. 그리고 부산국제선교회의 회원 교회와 회원들이 중국 농촌 교회 21곳의 생활비를 지원했다. 김해교회가 목회자 1명에게 매월 생활비 10만 원을, 반주자에게 생활비 월 7만 원을, 애광교회가 C교회 목회자 생활비로 매월 5만 원을, 거성교회가 D교회와 S교회 목회자 생활비로 각각 매월 10만 원을, 영도중앙교회 이경석 장로와 교인들이 D교회를 지원하고, 롯데백화점 신우회가 D교회를 지원하고, 금곡성문교회가 K교회에 매월 10만 원을, 한윤숙과 김현진이 D, L, C교회 목회자 생활비로 매월 5만 원을, 신광교회 청년회가 S교회 목회자를 매월 5만 원을, 김정광과 양영기가 D경로원 보조로 매월 3만 원을, 부산꽃꽂이선교회가 D교회 시설 보조로 매월 10만 원을, 오산교회가 S교회 청년 생활비를, 초읍교회가 S교회 청년 54명의 생활비로 매월 40만 원씩을, 구덕교회가 D교회와 J교회 목회자 생활비를, 감전교회가 C교회를 매월 지원을, 대지교회가 J교회의 목회자 생활비를 보조, 부산제일교회가 C교

33 부산국제선교회 상임고문 김정광 목사 간증편, 『목사님, 여권 잃어버렸어요!』, 42-43.
34 김정광 목사, "중국 선교 현황 보고," 「제21회 부산국제선교회의 밤 선교보고서」 (2003년 12월 4일).

회에 매월 3만 원을, L교회에 매월 5만 원을, H교회에 매월 5만 원을 지원하고 있다.[35]

부산국제선교회가 중국 교회에 보일러 시설을 지원한 데에는 다음과 같은 사연이 있었다. 2003년 겨울에 농촌 교회가 두 곳에서 화재가 발생했다. 화재의 원인은 난로가 과열되었기 때문이다. 중국 정부는 모든 교회에 석탄 난로 사용을 금지하고 보일러를 설치하도록 했다. 보일러 구입 비용인 4~8천 위안이고, 설치비까지 포함하면 한화로 대략 백만 원 정도이다. 이는 농촌 교회의 1년 예산과 거의 맞먹기에 대부분의 농촌 교회는 보일러 설치를 생각하기 어려웠다. P장로는 자신이 전도하여 세운 처소교회들이 난방이 되지 않아 주일예배를 다른 곳에서 드리게 되자 견딜 수 없는 슬픔에 빠졌다. 그래서 P장로는 농촌 교회의 보일러 난방을 위한 도움을 부산국제선교회에 요청했다.[36]

우이동교회가 S교회 청년 8명에게 장학금 50만 원을 지원했다. 조선족 교회 및 한족 교회 지도자의 백두산 관광을 3차례 지원했다. 부산국제선교회, 영도중앙교회, 평화교회, 경기성남신광교회 청년회 등이 중국 선교지를 방문했다. 감전교회가 남경신학생 1명에게 등록금으로 매월 7만 원을 지원했고, 애광교회가 C교회 태풍 피해 수리비 200만 원을 보조했다. 롯데백화점 신우회가 조선족 교회에 교인 수송용 오토바이를 기증했다. 영도중앙교회가 찬송 성경 합본 30권 및 신앙 서적 다수를 조선족 교회에 기증했다. 진해 김동주 장로가 S교회에 고성능 스피커(30만 원)를 기증했다. 익명의 권사가 S교회에 강대상 카페트(30만 원)를 기증했다. 금곡수곡교회 정현주 목사가 조선족 교회에 헌금했다. 중국 S교회 침술 한방 의사 부부가 부산을 10월에 방문했다.[37]

3) 2004년: 학습, 중국 교회 지원, 교회당 건축 보조, 보일러 구입 지원, 탈북자 지원 및 북한 식량 보내기

중국 정부의 보일러 설치 의무화 시책으로 부산국제선교회가 1월에 15개 교회에 보일러

---

35 앞의 글.

36 부산국제선교회 상임고문 김정광 목사 간증편, 『목사님, 여권 잃어버렸어요!』, 73-74.

37 김정광 목사, "중국 선교 현황 보고," 「제21회 부산국제선교회의 밤 선교보고서」 (2003년 12월 4일).

를 기증했다. 3월에 북한 식량 보내기를 7회 실시했고, 탈북자 12명의 생활비를 지원했다. 5월에 D초등학교(조선족)에 컴퓨터 15대를 기증했고, 제8차 북한 식량 보내기 사업을 실시했다. 7월에는 K교회당 건축 후 헌당 예배를 드렸고, D교회당을 건축하여 헌당했다. 10월에는 Y성에 B교회당을 건축했고, C교회당을 건축하여 헌당했다. 11월에는 S교회 사택을 건축했고, D교회 차량을 헌납했다. 2004년 중 5회 학습을 실시했고, 보일러 15대를 기증했고, 9개 교회가 선교지를 방문했고, 북한 식량 보내기를 3회 했고, 5개 교회당 건축을 지원했다. 부산국제선교회 25년 역사상 가장 활발하게 선교 활동을 한 해가 되었다.

2004년은 부산국제선교회가 어느 해보다 중국 선교에 집중하여 활동을 한 해였다. 부산국제선교회의 상징적인 선교 활동인 학습을 비롯한 각종 사업을 실시했다. 2004년 한해 학습은 5회(2월, 3월, 5월, 9월, 11월) 실시했고, 학습 받은 대상은 총 1,500명이었다. 신광교회, 모라제일교회, 구포교회, 초읍교회, 초읍제일교회가 중국의 교회당 건축에 참여했다. 롯데백화점 신우회가 보일러 3대를, 김해교회가 보일러 3대를 기증했다. 신광교회, 모라제일교회, 구포교회, 초읍교회, 대저중앙교회, 감전교회, 구덕교회, 거성교회, 구포교회 정봉익 피택 장로, 마산 수출포장(주) 최점식 사장, 김임권 장로가 보일러 구입비를 지원했고, M교회와 S교회의 수리비를 지원했다. 부산국제선교회의 회원 교회 스무 교회가 중국 교회 목회자의 생활비를 보조했다. 영도중앙교회, 대성교회, 샤론선교회, 성남신광교회, 신광교회, 대흥교회, 부산기독실업인회 등이 중국 선교지를 방문했다. 거성교회가 교회 성도 수송 봉고차 1대를 기증했다. 영도중앙교회, 동래중앙교회, 안락교회, 구포교회, 진해소망교회, 거제 새장승포교회, 개천교회 등이 S교회 건축을 위한 침술 봉사를 지원했다. 신광교회가 K교회당 건축을(5월), 모라제일교회가 D교회당 건축을(6월), 구포교회가 D교회당과 B교회당 건축을(10월), 초읍교회가 C교회당 건축을(10월) 지원했다.[38]

부산국제선교회는 2003년 농촌 교회에 보일러 설치를 지원했다. 2004년 농촌 교회를 방문하여 보일러 난방을 확인하니 절반 정도만 제대로 가동되고 있었다. 이유는 고장이 났지만, 수리비가 없거나 석탄이 없거나 석탄 땔 사람이 없기 때문이었다. 큰 교회당의

---

38 김정광 선교사, "중국 선교 보고," 「제22회 부산국제선교회의 밤 선교보고서」(2004년 12월 2일).

경우 한 해 겨울 석탄비가 1년 예산의 절반을 차지한다. 그래서 2004년부터는 석탄비와 수리비 등을 지원하기 시작했다.[39]

　　모라제일교회 이창걸 장로는 79세에 중국 K성 농촌에 두 개의 교회당을 세웠다. 처음 교회는 언덕 위에 있다고 해서 D교회인데, 겨울에 눈이 많이 내려 철길 옆 버려둔 보건소를 수리하여 교회당으로 사용하고 있다. D교회는 목회자가 없어 평신도 한 분이 예배를 인도하고 있다. 이창걸 장로가 D교회를 방문했다가 목회자 없이 예배를 인도하는 평신도가 사례를 받지 않음을 알고 감동을 받아 다른 교회당을 더 건축하기로 결심했다. 건축비 마련을 위해 젊은 시절 수도 공사를 하러 다니다가 사둔 산을 팔기 위해 기도했다. 이 산이 팔리면서 건축한 교회당이 S교회이다. S교회는 교인의 집에서 모이고 있었는데 열 명이 앉기에도 부족했다. 한국이 아닌 중국에 교회당 두 개를 세우는 이유를 물었더니 이창걸 장로는 과거에 중국이 여러 번 한국을 쳐들어왔는데 교회당을 지어주면 생각이 달라지지 않겠냐고 답변했다. 이창걸 장로는 S교회 입당 예배에 건강상 이유로 참석하지 못했다. 말도 통하지 않고 방문하려면 눈치가 보이는 곳에 교회당을 두 곳이나 세운 것은 오직 믿음으로만 가능한 일이었다.[40]

4) 2005년: 학습, H교회 입당 예배, 교회당 건축 및 지원, 북한 식량 보내기

　　3월 7일 Y지역에서 학습(김은곤, 김정광) 이후 4차례(5월, 6월, 9월, 11월) 더 진행했다. 4월 7일 북한 식량 보내기 사업에는 새장승포교회, 부산제일교회, 구덕교회 청소년부 등이 참여했다. 5월 20일 Y현 H 교회 본당 700m²(약 210평) 건축 기공 예배를 드렸다. 이경석 장로(영도중앙, 부산국제선교회 전 회계)가 교회 설계도를 증정했다. 초읍제일교회가 Y현 S교회당을 신축하여 7월 26일에 헌당했다. 새장승포교회가 10월 1일 C교회 교육관 부지 40평을 매입했다. 평화교회와 연산제일교회 후원으로 H교회 J집사 부부가 10월 15일부터

---

39 부산국제선교회 상임고문 김정광 목사 간증편, 『목사님, 여권 잃어버렸어요!』, 74.
40 앞의 책, 54-56.

26일까지 제15차 의료봉사에 참여했다.

11월 9일 부산국제선교회 김은곤 회장, 김정광 상임고문, 박광선 목사, 문영생 장로, 김병희 장로, 김석발 장로, 서영찬 집사, 김임권 장로, 김식 집사, 유영락 집사, 고석년 집사 등이 H교회 입당 예배에 참여했다. 입당 예배 당시 건축 헌금으로 구덕교회가 1천만 원, 부산영락교회가 200만 원, 초읍교회가 2차 헌금 800만 원, 감전교회가 3차 헌금 500만 원을 전달하였다. H교회 건축 헌금으로 35개 교회 및 개인이 상당한 금액을 헌금했다. 그밖에 광주 행복한교회가 H교회에 장의자와 강대상 의자 등 200점(6,000만 원 상당)을 제공했고, 진해 소망교회 김동주 장로가 음향시설 일체를 헌납했다. 거성교회가 S교회 지붕 수리 및 천정 수리비(100만 원)를, 롯데백화점 기독신우회가 S교회에게 보일러(100만 원)를, 대흥교회가 중국 D교회에 성화 현수막을 제공했다.[41]

5) 2006년: 중국 선교 10년의 성과인 교회당 건축(13), 학습(40), 교회 지원, 김승희 장로를 현지 선교사로 임명

부산국제선교회가 중국 선교를 집중적으로 실시한 것이 1997년부터로 2006년은 중국 선교 10년이 되는 해이다. 그동안 중국 교회의 어려운 생활과 정치적 상황 가운데서도 부산국제선교회는 획기적으로 많은 일을 하였다. 이는 오직 하나님께서 섭리하시고 인도하심이며 모든 회원 교회들의 적극적인 협력에 의한 것이다. 자세한 교회 이름과 보조 사항을 밝히지 못하는 것은 중국 교회를 보호하기 위함이다. 중국 선교 10년의 성과로는 13개 교회의 교회당 건축, 40회 지도자 학습, 12개 교회의 교회당 수리 및 개축, 22개 교회에 보일러 설치, 5개 교회에 자동차 기증, 6개 교회에 찬송가 자동반주기 기증, 14개 교회에 성화 현수막 기증, 13개 교회를 회원 교회들이 단기 선교 방문, 공중화장실 건축, 48개 교회에 매월 5만 원~10만 원 생활비 보조, 26회의 북한 식량 보내기(부산국제선교회 단독 5회), 탈북자 다수에게 생활비 지원, 탈북자 다수의 입국 지원, 학생들에게 장학금 지급,

---

41 김정광 선교사, "중국 선교보고," 「제23회 부산국제선교회의 밤 선교보고서」 (2005년 12월 1일).

농촌 교회 20가정에 송아지 입식, 찬송가와 성경, 기독교 서적 기증, 석탄비 보조, 의복, 생필품, 학용품, 컴퓨터 지원, 5명에게 치아 보철 지원, 교회, 교육관 부지 구입 및 교회 확장 지원 등이다.[42]

부산국제선교회의 10년 동안의 중국 선교는 양적인 성과 못지않게 기적 같은 일도 많이 일어났다. 중국의 학습에 처음 참여하는 거제도의 한 목사가 중국에 필요한 것이 성경이라는 말을 듣고 다섯 권을 준비하도록 요청받았다. 중국 공항에서 짐 검사 중 교회로 가는 짐은 철저히 통제한다. 특히 성경책이나 찬송가 반주기, 설교집, 복음 성가집, CD 등은 압수된다. 그런데 그 목사는 공항 검색대에서 성경책이 20권 들어있다고 얘기했다. 김정광 목사는 순간 당황했다. 미리 얘기했더라면 성경책을 여러 가방에 나누었을 텐데 이미 검색대에 있어서 어쩔 도리가 없었다. 그런데 검색대 뒤에 있던 어떤 목사가 "목사님! 그냥 가세요."라고 소리쳤다. '목사'라고 말하면 오히려 짐 검색을 철저히 한다. 그런데 세관원도 김정광 목사에게 그냥 가라고 손짓한다. 김정광 목사는 영문도 모른 채 검색대를 통과했다. 나중에 들으니 성경 20권이 든 가방이 검색대를 통과하는 순간 정전이 되어 검색하는 티브이 화면이 정지되었다는 것이다. 그날이 수요일이라 조선족 교회에 가서 수요예배를 드렸다. 예배를 마치고 성경책이 필요한 사람을 확인하니 정확하게 20명이었다. 예배 후 김정광 목사는 목회자에게 "오늘 우리에게 무슨 일이 있었는지 아느냐?"는 물음에 목회자는 "아무 일도 없었을 텐데요."라고 대답했다. 김 목사는 "왜 그런 말을 하느냐?"고 물었더니 목회자는 부산국제선교회의 방문 소식을 듣고부터 지난 두 주일 동안 온 성도들이 특별기도회를 드렸다고 했다. 김정광 목사는 오늘도 우리와 함께하시고 섭리하시는 주님께서 사도행전의 기적을 일으키셨다고 하면서, "선교는 하나님께서 하시기 때문이다"라고 고백했다.[43]

부산국제선교회의 10년 동안 중국 선교는 예수께서 마지막 예루살렘에 입성할 때 어린 나귀를 "주가 쓰시겠다"(마 21:3)고 할 때 나귀 주인이 순종했던 것처럼 중국 선교의 필요에, 주님의 일에 자신의 물질과 시간을 바치며 순종한 그리스도인들의 순종으로 이뤄져 왔다.

42 "본 회의 중국 선교와 미얀마 선교 10년 성과 보고," 「제24회 국제선교회의 밤 선교보고서」 (2006년 12월).
43 부산국제선교회 상임고문 김정광 목사 간증편, 『목사님, 여권 잃어버렸어요!』, 76-78.

강국만, 박홍규, 정봉익, 박연제, 정상호 부산국제선교회 재정 이사들이 선교 동역자들이다. 김임권 장로도 주님의 일에, 중국 선교의 필요에 항상 기꺼이 응했다. 겨울철 난방을 위한 석탄 비용은 작은 농촌 교회는 10톤, 큰 교회는 20톤이 필요하다. 김임권 장로는 석탄비를 2003년 이후 지속적으로 지원하고 있고, 농촌 교회에 필요한 25인승 차량을 지원하고, 소가 없는 20가정에 송아지를 사서 지원했다. 소를 받은 가정 중 믿지 않는 가정이 교회에 나오기 시작했다. 김임권 장로는 해마다 성탄절에 그 동네를 방문하여 동네의 성탄 축하 잔치를 함께하고 있다.[44]

Y기독교 양회 회장으로 오랫동안 수고하신 P장로는 2006년 말로 은퇴하고, Y교회 A전도사가 양회 부회장과 Y교회 담임을 맡게 되었다. Y기독교 양회 회장은 H교회의 S담임목사가 임명되었다. H교회 교육관은 12월 중순에 완공되어 입당하면서 교육관 건축에 헌금한 한국교회와 부산국제선교회에 감사의 말씀을 전해왔다. 부산제일교회가 2,000만 원, 오산교회가 900만 원, 부산국제선교회 임원 중심으로 1,000만 원을 헌금했다. Y현 내 어려운 농촌 교회에 부산영락교회(C교회), 대저중앙교회(Y교회), 김임권 장로(J교회)가 석탄비를 지원했다. 2007년은 중국 기독교 200주년의 해이다. 중국이 북경올림픽(2008)을 앞두고 신앙의 완전 자유를 허용하고 선교의 획기적인 전환점이 되도록 기도하자.[45]

2006년 10월 D시 S교회가 재건축을 하여 입당 예배를 드렸다. 250만 명이던 조선족이 이주노동자로 40만 명이 한국에 가는 바람에 조선족이 현재는 180만 명이라고 한다. 조선족 마을조차 조선족과 한족의 비율이 역전되어 조선족 교회도 어려움을 겪고 있다. S교회는 두 명의 교인(Y전도사와 그의 딸)으로 시작되었다. Y전도사는 믿지 않는 남편의 반대로 교회 가는 것이 어려운 적이 있었으나 진실하게 사는 모습에 남편이 감화를 받아 스스로 믿기로 한 후 신실한 교인이 되었다. Y전도사는 한때 불법 집회라는 명목으로 감옥살이를 한 적도 있다. 그러다가 차츰 교인이 늘어나 30명이 되어 허가를 받았다. 동네 주민들로부터 숱한 비난과 핍박을 받으면서도 Y전도사는 지역주민의 필요에 따라 돕고, 어른들에게 지극한

---

44 앞의 책, 79-81.
45 부산국제선교회 파송 선교사 김정광 목사, "중국 선교 보고," 「제24회 국제선교회의 밤 선교보고서」(2006년 12월).

효심으로 돌보는 믿음으로 말미암아 동네 한두 집에서 믿는 성도가 생기기 시작했다. 교인이 늘자, 그의 집을 확장하여 예배 공간으로 사용했다. 보일러를 설치하고, 교인들을 교회로까지 승용차로 이동하게 했다. 인근에 양로원이 들어섰다. 그러자 Y전도사는 양로원 청소, 김장, 세탁과 병원 치료 수송 등 필요한 모든 일에 앞장서서 봉사하자 원생 60명이 자유롭게 교회에 나가도록 허용되어 성도 수가 100명이 되었다. 정부와 양회가 허락하여 Y전도사가 신학 공부를 마쳤다. 딸도 대학교에서 러시아어를 전공한 후 신학을 전공하고 있다. 15년 동안 눈물의 기도가 오늘의 S교회를 있게 했다. 하나님께서 이 땅에서 하신 일이다.[46]

부산국제선교회는 중국 상해에서 교민, 유학생, 선교사 활동을 적극 지원하며, 상해 한인 CBMC(기독실업인회)를 창립한 김승희 장로(새길교회 시무장로, 농심 상해 공장 총경리)를 부산국제선교회 중국 현지 선교사로 임명하고 부산국제선교회와 함께 중국 선교 사역에 큰 역할을 하게 했다.[47] 현지 선교사인 김정광 목사가 과거 초읍교회에서 주례를 섰던 청년이 상해 한국 영사관 경찰로 부임하면서 학습 강사진을 상해로 초대하여 상해 농심 공장을 안내했다. 그런데 상해 농심 사장은 김승희 장로(새길교회)이었다. 당시 상해연합교회에는 800명이 출석하고 있었는데 김승희 장로는 상해연합교회에서 장로의 역할을 하고 있었다. 학습팀에 참여했던 부산국제선교회 임원(회장, 총무, 인원들)이 모두 동의해서 김승희 장로를 상해 현지 선교사로 임명하기로 했다. 귀국해서 열린 임원회는 김승희 장로를 중국 현지 선교사로 임명했다. 이후 학습팀이 중국에 가면 김승희 장로가 동행하기도 했고, 필요하면 라면을 지원하기도 했다.[48]

6) 2007년: 학습, 중국 교회 지원, H교회 본당과 교육관 헌당 예배, 탈북자 지원 및 북한 식량 보내기, 김승희 장로의 비전 트립, 중국 선교 모범 사례

금년에 학습은 네 차례 진행되었다. 3월에는 전주찬 목사와 김정광 목사, 6월에는 정일

---

46 부산국제선교회 상임고문 김정광 목사 간증편, 『목사님, 여권 잃어버렸어요』, 34-36.
47 부산국제선교회 파송 선교사 김정광 목사, "기타 보고," 「제24회 국제선교회의 밤 선교보고서」 (2006년 12월).
48 김정광 목사와의 인터뷰(2024년 1월 9일).

세 목사, 민귀식 목사, 이병석 목사, 김정광 목사, 10월에는 정일세 목사, 이동아 목사, 강일호 목사, 김정광 목사, 12월에는 민영란 목사, 김운성 목사, 이만희 목사, 김정광 목사 등이 학습을 진행했다. Y지역의 조선족 지도자 교육이 활성화되었으며, D지역에서 추가로 학습이 진행되었다. 대저중앙교회 자매교회인 Y교회에 찬송가 반주기를 3월에 기증했다. 평화교회, 롯데 기독신우회, 초읍교회 OB팀이 S교회에 12인승 승용차를 기증했다. 중국 선교 현장에서 부득이하게 만나는 탈북자들의 어려움을 외면할 수 없었다. 지난 6월 학습을 위해 중국 교회들을 방문하였지만, 탈북자들이 모이는 지하교회를 방문하게 되면서 농촌 마을에서 십자수를 놓고, 그들이 버린 고아들을 돌보는 조선족 교회를 방문했다. 새장승포교회(민귀식 목사)는 2004년부터 북한에 식량을 보내는 사업을 정례화하여 금년에는 A지구에 20톤, B지구에 5톤을 보냈고, 탈북 가정 돕기(A지구에 10가정, B지구에 6가정, C지구에 6가정)에 약 천만 원을 6월과 11월에 두 차례 지원했다. 2006년에 완공한 H교회 본당과 2007년에 완공한 교육관의 헌당 예배를 2007년 7월 12일에 드렸다.

부산국제선교회는 회장 조의환 목사, 영도중앙교회 성도 44명, 구덕교회 성도, 부산노회장 성유한 목사, 덕천교회 장기진 목사, 김해 북방선교회, 부산제일교회 성도 등 57명이 방문하여 H교회와 인근 지역의 성도 3,000명과 함께 성대한 헌당 예배를 드렸다. 이는 부산국제선교회의 12년간 중국 선교의 아름다운 결실 중 하나이다. 2007년 8월에는 평화교회가 비전 트립으로 자매 교회를 방문했고, 건축을 지원했고 승용차를 기증한 S교회를 방문했다. 지난 10월에는 거성교회(고은태 목사)가 Y교회당 건축을 시작했다. Y지역 교회의 겨울 난방용 석탄 헌금 참여자는 영도중앙교회, 금성교회, 롯데 기독신우회, 금성교회 김정일 장로, 초읍교회 강국만 장로, 대흥교회 조수정 권사, 모라제일 신효성 장로, 김정광 목사 등이다. D교회에 롯데 기독신우회가 100만 원을, 성광교회(박무종 목사)가 7인승 차량(500만 원)을 기증했다. 지난 1년 중국 선교의 내용은 지도자 교육, 교회 건축(2,000만 원) 지원, 교역자 생활비 보조(월 5만 원~7만 원), 겨울 난방용 석탄비(40만 원) 지원, 찬송가 자동반주기(50만 원) 지원, 농촌 교회 학생에게 장학금(1년에 60만 원) 지급, 신학생에게 1년 장학금(120만 원) 지급, 교인 수송용 승합차(500만 원) 기증, 탈북자 지원(생활비 월 3만 원) 등이다. 탈북자가 만든 십자수 작품, 핸드폰 고리 판매 등에 회원과 교회의 보다 폭넓은 관심과

기도가 요청된다.[49]

　2007년 부산국제선교회 선교의 밤에 중국 선교의 모범적인 세 사례가 보고되었다. 새장 승포교회는 2004년 5월 김치현 목사와 지기호 장로가 중국 Y지역을 현지 시찰 후 2007년 11월까지 활발하게 선교 활동을 펼쳐나가는 모범적 교회로, 특히 북한 돕기에 주력하는 교회이다. 북한 N지역에 식량 지원 사업을 2005년부터 3년째 하고 있다. 매해 식량 12톤씩 2회 지원을 하고 있다. 북한 식량 지원은 앞으로 북한에 교회를 설립하기 위한 목적으로 북한 주민이 중국의 친척을 방문할 때마다 D교회에서 매 주일 새신자 교육 후 소량의 식량을 휴대하고 귀국하도록 한다. 평균적으로 매월 1~2명이 500kg을 가져가게 한다. 2005년부터 북한 H 지역에 식량을 연 2회 지원하되, 1회에 2~3톤의 식량을 지원한다. 그리고 북한에 식량을 지원할 때 북한 주민에게 필요한 생활필수품도 함께 지원하고 있다. 중국에 사는 탈북한 동포를 2005년부터 돕기 시작했다. C지역의 10가정에 매월 3만 원씩 지원하고, O지역 탈북 여성 6가정에 2회(84만 원) 지원하고, Y지역 탈북 지하교회를 2회 지원하고, J교회, C교회, T교회의 생활비를 매월 25만 원씩 3년간 지원하고 있다. H교회 중국인 신학생에게 장학금 120만 원을 3년간 지원하고 있다. 2005년부터 H교회에서 모여 공부하는 지역 교회 청년 60명에게 생활비를 매월 20만 원씩 교인 P집사가 지원하고 있다. D지역 교역자 부부 세미나를 매년 2회 실시한다. C교회의 교육관 부지 60평 구입과 봉고차 구입을 지원했다. C교회 수리에 협조했다. 2006년에 탈북 성도들이 만든 십자수(주기도문) 150점을 5만 원씩에 구입했다.[50]

　롯데백화점 서면점에 근무하는 기독교인 신우들이 주일예배를 본 교회에서 드릴 수 없어 롯데백화점 지하 2층 문화공간에서 2002년 첫 예배를 드린 후 지금까지 그 장소에서 주일예배를 드리고 있다. 약 40명의 신우회원 중 매주 20명이 출석하여 김정광 목사(부산국제선교회 상임고문, 중국 선교사)의 인도로 주일 아침에(8:30~9:10) 예배를 드린다. 처음 주일 예배를 드릴 때부터 지금까지 5년간 주일헌금, 십일조, 선교헌금 등 모든 헌금을 오직 선교

49 부산국제선교회 파송 선교사 김정광 목사, "중국 선교 현황 보고," 「제25회 부산국제선교회의 밤 선교보고서」 (2007년 12월 6일).
50 중국 선교 사례 I "새장승포교회," 「제25회 부산국제선교회의 밤 선교보고서」 (2007년 12월 6일).

비로만 100% 지출하고 있다. 백화점 문화 교실을 예배 처소로 사용하기 때문에 교회 운영 경비 지출이 없다. 롯데백화점 서면점 기독신우회는 몽골 어린이에게 매월 2만 원을 보조하고, 중국인 근로자 90명에게 선교하는 김해 한우리선교교회에 매월 10만 원을 지원하고, 부산진구 내 독거노인 20명에게 점심 식사를 제공하고, 미얀마기독교신학교에 건축헌금 (300만 원)을 보냈고, 중국 선교에 활발히 참여하고 있다. 중국 선교 활동으로는 중국 선교지의 세 교회를 2006년부터 매월 5만 원씩 생활비를 지원하고, 세 교회의 보일러 설치비 100만 원을 2005년에 지원했다. S교회의 설립 인가 비용 100만 원을, 건축헌금 200만 원을, 차량 구입비 100만 원을 지원했다. 2006년부터 두 교회의 겨울 난방용 석탄 비용 30만 원을 지원했다. 2007년 추수감사 헌금 100만 원을 D교회의 차량 구입비로 보냈다. 조선족 교회 목회자에게 중국어 성경, 핸드폰, 치아 보철 등을 지원했다.[51]

부산국제선교회의 중국 선교사인 김정광 목사가 중국 선교에 헌신하던 2002년 7월부터 초읍교회에서 신앙 생활하던 30대 성도들로서 부산을 떠나있거나 결혼이나 직장 문제로 초읍교회에 출석하지 못하는 성도와 초읍교회 30대 성도들이 매월 인터넷 카페 안에서 만나 친교를 해왔다. 이들의 성도의 교제가 정례화되면서 김정광 목사로부터 결혼 주례를 받고 신앙생활을 열심히 하는 약 20명의 회원이 중국 선교에 동참하기로 하고, 매년 한 차례 모교회 방문 주일을 지키면서 열심히 중국 선교에 헌신하고 있다. 초읍교회 OB팀은 2005년부터 매월 10만 원을 중국 선교비에 통합하고, 박연재 집사가 김정광 목사의 선교 활동비 10만 원을 지원하는 데, 이 지원비를 사용하지 않고 모아서 중국 현지에 선교비로 사용하던 중 D시 S교회당을 건축할 때 평화교회와 함께 건축비 600만 원과 차량 구입비 400만 원, 십자가 종탑 및 대문, 창고 등 건축헌금 200만 원 등을 지원했다. 개인회원 한윤숙 집사가 H교회 건축헌금 500만 원과 D교회 학생 1명에게 장학금 120만 원을 3년 동안 지원하고 있다.[52]

2007년 6월 일곱 명이 인천공항에서 중국으로 가는데 당시 1인당 허용되는 짐이 가방

---

51 중국 선교 사례 II "롯데백화점 서면점 기독신우회," 「제25회 부산국제선교회의 밤 선교보고서」(2007년 12월 6일).

52 중국 선교 사례 III "초읍교회 OB 선교팀," 「제25회 부산국제선교회의 밤 선교보고서」(2007년 12월 6일).

두 개에 25kg이었다. 공책 600권, 볼펜 700자루, 탈북자에게 줄 옷 등 180kg이었다. 그런데 모교회에 선물할 반주기가 문제이었다. 교회로 가는 물건은 모두 압수되기 때문에 반주기를 배낭에 넣어서 김정광 목사가 짊어졌다. 공항에서 나가려는데 직원이 "이리 오라" 해서 걸어가니 '나가라'고 손짓한다. 나가다 보니 공항 직원들은 노인의 짐을 검사하지 않고 통과시키고 있었다. 경로사상이 투철한 중국인 덕분에 반주기를 무사히 교회에 전달했다.[53] 2006년 부산국제선교회가 중국 현지 선교사로 임명한 김승희 장로는 2007년 말 부산국제선교회에 「중국 선교 이해」라는 보고서를 보냈다.[54] 중국 선교를 개관하되 중국 개관, 상하이 개관, 중국의 종교 정책, 중국의 교회 정책, 중국 선교 전략 등을 소개했다.

이 중 김승희 현지 선교사의 활동을 소개한다.[55] 김승희 장로는 1944년 9월 5일 경남 김해 어방동에서 태어나 삼성초등학교와 김해중학교를 졸업하고, 부산에서 고등학교와 대학교 과정을 마쳤다. 농심(前 롯데 공업)에 1972년 입사하여 부산지사에 근무하다가 1999년 서울 본사 특수사업부에 근무하면서 1년간 최고 경영자 과정을 수료했다. 2000년 1월에 상해 농심 총경리(사장)로 근무하기 시작했고, 2010년 4월에 농심을 퇴사했다. 김승희 장로가 중국으로 파견되자 김승희 장로의 모친은 한 주간의 금식 기도 후 받은 하나님의 음성 "비록 농심 회사에서 중국으로 발령하여 보내기는 하지만, 내(하나님)가 중국에 선교사로 보내는 것이다(사 41:10)"를 전해 듣고 김승희 장로는 자신을 하나님께서 중국으로 보낸 선교사로 자각하게 되었다. 김승희 장로는 1년 동안 회사 경영에 전념하면서, 매일 새벽기도 시간을 통하여 "너의 중국 생활은 내가 너에게 주는 덤(보너스, Bonus)이다"라는 말씀을 듣게 되었다. 지금까지의 중국 생활을 돌이켜보니 '덤으로 주신 선물'이라는 생각에 확신을 가지게 되었다. 김승희 장로는 아내의 동의를 받아 주재비 전액을 선교 사역을 위해 사용하기로 결정했다. 한국에서의 급료는 가족들의 생활비로 사용하고, 중국에서의 주재비는 주를 위해서 사용하고, 십일조는 어려운 이웃과 유학생, 어려운 선교사를 돕는 일에 사용하

---

53 부산국제선교회 상임고문 김정광 목사 간증편, 『목사님, 여권 잃어버렸어요!』, 67.
54 중국 상하이 현지 선교사 김승희 장로, "중국 선교 이해," 「제25회 부산국제선교회의 밤 선교보고서」(2007년 12월 6일).
55 김승희 장로의 "중국 선교 이해"와 더불어 김승희 장로의 "중국 생활을 시작하며"를 참고했다.

기로 했다. 김승희 장로는 이 약속대로 자신의 주재비를 한국과 외국에서 오는 선교사와 목회자들의 영접비와 개인 선교 활동비로 사용했다. 이렇게 김승희 장로가 주재비를 전액 선교헌금으로 드린 결과 150여 명(한국인 농심 부장급 직원 1명, 중국인 농심 직원 30여 가정이 100명을 전도, 조선족 5가족이 10명씩 전도 등)이 복음을 영접하고, 신앙생활을 하는 열매를 맺게 되었다. 김승희 장로는 상해 기독실업인회(CBMC) 명예회장이고, 중국 CBMC 총연합회 고문이었다. 주일에 김승희 장로는 삼자교회인 상해연합교회에 가서 예배드렸고, 새벽기도는 중국 정부로부터 허가받은 한인유치원인 엔젤유치원 강단에서 드렸다. 그리고 기도의 일꾼과 동역자를 확보하기 위해, 30초 기도 동역 회원 67명을 모았다.

김승희 장로는 새벽기도 시간을 통하여 주님의 음성을 들으면서 생활한 결과, 특별한 주님의 인도하심과 은혜를 체험했다. 2003년 중국에 사스가 발병하여 생산 이외의 모든 활동이 중단되었다. 농심 상해 공장은 2002년에 김치라면을 생산하기 시작했다. 사스 발생 후 중국 CCTV가 매운 것과 김치가 사스에 좋다고 전국에 방송했다. 당시 중국에서 매운 것은 신라면이고, 김치는 김치라면과 통했다. 그러면서 중국 각지에서 신라면과 김치라면을 구입하기 위해서 수표가 아닌 현금으로 사려고 트럭들이 줄서기 시작했다. 이처럼 신라면과 김치라면이 중국에서 날개 돋친 듯이 팔려나갔다. 직원들은 2000년에 부임한 총경리가 예수 믿고 기도 잘하니까 농심이 잘 된다고 했다. 김승희 장로가 부임 이후 상해 농심은 매해 35% 매출이 증가했다. 이런 일들을 통해 김승희 장로는 주님의 은혜를 체험했다. 아내의 기도(부부가 떨어져 살면서 선교를 위해 같이 기도하기로 함)와 어머니의 기도 응답대로, 김승희 장로는 선교사의 삶을 살아가기 위해 노력했다. 그래서 선교의 삶을 어떻게 살 것인가를 고민하며 매년 8월마다 선교지 중에서도 주로 오지를 여행하였고, 그 여행의 결과 주님의 인도하심을 발견하게 되었다. 2003년 8월에는 연변 지역(연길, 심양, 백두산 지역)으로, 2004년 8월에는 우루무치, 카자크스탄 알마타 지역으로, 2005년 8월에는 곤명, 리장, 따리 지역으로, 2006년 8월에는 티베트 라싸 지역으로, 2007년 8월에는 몽골 지역으로 비전 트립을 갔다. 김승희 장로는 2006년 티베트 라싸 지역의 보육원을 캐나다 한인 교회와 연결하여 후원하도록 했고, 한인 선교사를 통해 문서선교 자료를 나누었다. 2007년 몽골을 방문하여 상해와 울란바토르에 선교로서의 비즈니스를 위한 거점을 마련하고자 했다.

김승희 현지 선교사는 선교를 먼저 기도로 준비하고, 여러 곳을 다니면서 많은 사람과 만나 네트워크를 형성하고, 지역마다 필요한 일들을 연결시키며, 협력하고 기도하는 가운데, 하나님의 임재와 역사(力使)하심을 바라보면서 실천하는 것으로 이해했다. 김승희 장로는 새길교회 장로로 부산국제선교회의 현지 선교사로 상하이한인연합교회의 선교국장으로 섬기고 있다. 부산국제선교회에 속한 교회와 교인은 선교에 참여함을 통해 사도행전 29장을 써 가고 있다고 했다.

7) 2008년: 학습, 중국 교회 지원, 탈북자 지원 및 북한 식량 보내기

북경올림픽으로 인해 중국 정부의 통제가 심한 가운데 부산국제선교회의 선교 활동은 위축되지 않고 잘 진행되었다. 부산국제선교회의 중국 선교 활동의 상징적 사업인 중국 지도자 학습을 금년에 총 4회 실시했다. 학습에는 김정광 목사, 한영수 목사, 장기진 목사, 박성화 목사, 민영란 목사, 고은태 목사, 윤수길 목사, 정일세 목사, 전주찬 목사, 이현진 목사, 최호득 목사 등이 참여했다. 진주노회 지리산선교동지회의 김종혁 목사 내외, 최호근, 백현종, 윤태순과 신광교회 제2청년회의 비전 트립 방문으로 중국 교회와 탈북자들을 위로하고 격려했다. 지리산선교동지회, 롯데백화점 동래점 신우회, 김정녀, 엄애향, 박효희, 강명순, 최임영 등 여러 성도가 탈북자들이 만든 십자수를 구입하여 생활비를 지원했다. 부산제일교회와 동신교회 김정녀 집사가 중국 선교지의 Y교회 교회당과 S교회 교회당 건축을 지원했다. 부산제일교회 성도들, 김정광 선교사, 영도중앙교회 박문수 집사 등이 Y교회의 의자, 반주기, 현수막을 제공했다. 영도중앙교회가 S교회 Y전도사의 방한 비용을 지원했고, 신광교회, 평화교회, 지리산선교동지회, 롯데백화점 기독신우회 등도 협력했다. 부산제일교회, 거성교회, 영도중앙교회가 Y교회 Y목사의 방한을 지원했다. 서윤갑 목사와 성도들이 T교회에 소 한 마리(50만 원)를 기증했고, 석탄 구입비(60만 원)를 지원했다. 영도중앙교회, 대저중앙교회, 애광교회, 초읍교회, 김정광 목사, 강국만 장로, 조수정 권사 등이 겨울 난방용 석탄 구입비를 여러 교회에 지원했다. 금곡성문교회, 구포교회, 덕천교회,

애광교회 등이 H교회에 컴퓨터 5대를 기증했고, 가나안 교회/기도원은 책상을 기증했다. 부산제일교회 강기원 장로가 S목사의 선교 비용(8,000km 선교 여행)을 지원했다. 오산교회와 우이동교회가 장학금과 선교비를 지원했다. 부산국제선교회의 초창기 회원인 고 김용철 장로는 2000년부터 2005년까지 북한에 식량을 22회 보냈다. 2005년부터 부산국제선교회는 북한에 식량을 26회 보냈다. 북한 식량 지원은 1회에 15톤씩(톤당 30만 원) 보냈는데, 1회 북한 식량 지원 비용이 450만 원이다. 북한에 식량을 지원하는 것은 통일 후 교회당 건축에 밑바탕이 될 것이다.[56]

중국 농촌 교회의 재정은 상당히 어렵다. 1,000명이 모이는 H교회의 주일 헌금이 40만 원이고, 감사헌금이 1,000원, 2,000원 수준이다. 반면에 상해의 교회와 북경의 교회의 주일 헌금은 수백만 원이다. 이는 농촌에 수입이 거의 없기 때문이다. 그래서 농촌 지역 목회자들은 스스로 농사를 짓는다. 농촌 교회가 재정적으로 자립 운영하기에는 어려움이 많은 영세한 교회라고밖에 할 수 없다. 수백 명이 모여도 헌금이 적게 나오기 때문에 중국 농촌 교회의 경우 몸으로 드리는 예배만으로도 엄청난 것으로 평가해야 한다.[57]

쓰촨성 대지진 당시 한국 그린닥터스와 김승희 현지 선교사와 최병한 박사와 한국 의료진 17명과 중국 의료진 50명이 2008년 5월 19일부터 24일까지 위험 속에서 지진 구호 활동을 펼쳤다.[58]

8) 2009년: 학습, 중국 교회 지원, 탈북자 지원, 현지 선교사인 김승희 장로의 선교

김임권 장로가 H교회 교육관 건축과 D교회 건축 및 재건축을 위해 헌금했다. 중국 선교지 교회 13곳의 석탄 지원(2008)에 김임권 장로, 강국만 장로, 영도중앙교회, 산청새축 복교회, 박연제 집사, 대저중앙교회, 조수정 성도 롯데백화점 신우회, 모라제일교회 등이

---

56 부산국제선교회 파송 선교사 김정광 목사, "중국 선교 현황 보고," 「제26회 부산국제선교회의 밤 선교보고서」 (2008년 12월 4일).

57 김정광 목사와의 인터뷰(2024년 1월 9일).

58 중국 상해 김승희 현지 선교사, "중국 선교 보고," 「제30회 부산국제선교회의 밤 선교보고서」 (2012년 12월 13일); 그린닥터스, 「그린닥터스 25주년 보고서」 (2021), 45.

참여했다. 김은선 장로가 J지역을, 부산제일교회 허진원 목사 외 비전 트립 팀이 Y교회 및 선교지를 방문했다. 중국 C교회 J목사 부부, 사랑의집 C원장이 방한했고, E전도사가 덕천교회 노인대학을 탐방했다. D교회 청년회가 김해교회와 영도중앙교회를 방문했다. 초읍교회와 자매결연을 맺은 C교회 C성도가 북한에 10개월 억류 후 석방되었다. 2009년 중국 9개 교회를 위한 석탄 헌금 및 장학금 지원에 영도중앙교회, 금성교회, 김임권 장로, 초읍교회, 모라제일교회, 황용철 집사, 영도중앙교회, 우이동교회, 박연제 집사 등이 참여했다. 초읍교회, 대연제일교회, 부산영락교회 8여전도회, 김정광 목사, 금곡성문교회, 영도중앙교회 등이 십자수 헌금을 통해 탈북자를 지원했다.

러시아에서 신학교를 다닌 후 목사가 된 J목사는 러시아에서 북한 벌목공을 만나 사귀면서 그들 중 화가가 있음을 알게 되었다. 사이가 가까워진 후 J목사는 화가들의 작품을 돈을 주고 샀다. 10여 년 후 J목사는 중국에서 탈북자의 자녀 중 버려진 어린이들을 만나 그들을 자기 집에서 데려다가 함께 생활했다. 시간이 지나면서 어린이들의 수가 늘어나자, 별도의 공간을 얻어 어린이를 돌볼 책임자도 세웠다. 탈북 여성 중에는 십자수로 근근이 생계를 이어가는 사람들도 만나게 되었고, 탈북 여성이 만든 십자수를 파는 가게 주인 C도 만났다. 김정광 목사가 C를 만나면서 십자수를 알게 되었고, J목사도 만나게 되었다. 이후 부산국제 선교회의 회원 교회와 교인들은 십자수를 모두 다 구입하여 탈북 여성들에게 큰 도움이 되었다. J목사는 허가 없이 사랑의집(보육원)을 지었고, 가족과 봉사자들이 기쁨으로 헌신 하여 어린이들을 섬기고 있다. J원장(목사)은 이후에 양로원까지 세워 모두 80여 명을 섬기고 있다. 영락교회가 이들을 지원하고 있다. 어느 날 J원장이 산수화를 200장 김정광 목사에게 주었다. 200장의 산수화 중 수준 높은 작품도 있지만 내용과 관계없이 부산국제선교회 회원 교회와 회원들이 산수화 200장을 다 사주었다. 어느 교회 벽에는 이때 구입한 그림 한 점이 걸려 있다. 김정광 목사는 그림 한 점 구입하는 것도 선교임을 깨달았다. 사랑의집 어린이 대부분은 기막힌 사연을 갖고 있지만, J원장이 부모처럼 사랑으로 돌보아 상처가 치유되고 믿음으로 성장하고 있다. 많은 성도가 사랑의집의 옹벽을 쌓고, 세척기를 지원하고, 생활비를 지원하고 있다.[59]

2009년 중국 선교지 교회 지원 현황은 대연제일교회, 새장승포교회, 우이동교회가 H교회를, 초읍제일교회가 S교회를, 초읍성광교회가 S교회와 D교회를, 롯데백화점 신우회와 모라제일교회가 D교회와 C교회를, 구덕교회가 K교회를, 김임권 장로가 J교회를, 새장승포교회와 실로암교회가 T교회를, 영도중앙교회가 K교회, M교회, D교회, S교회, D교회를, 새장승포교회가 C교회를, 거성교회가 S교회를, 거성교회와 대성교회 4남선교회가 D교회를, 백양로교회가 K교회, S교회, H교회를, 애광교회가 C교회를, 금곡성문교회가 K교회, D교회를, 대저중앙교회가 Y교회를, 대연제일교회가 S교회를, 초읍교회가 C교회를, 김해교회가 H교회 찬양단을, 부산영락교회 8여전도회, 대연제일교회, 금곡성문교회, 김정녀, 최주철, 강명순, 양연희 성도 등이 탈북자를, 부산제일교회가 Y교회를, 금성교회가 L교회를, 성남교회와 신광교회가 S교회를, 부산국제선교회와 부산성동교회 및 함해노회 여전도회가 장춘 지역을 지원했다.

중국에서 학습은 총 4회 진행되었다. 제1차 학습은 4월 6일부터 13일까지 이뤄졌고, 김정광 목사가 포로기 예언서를, 전주찬 목사가 요한복음을 강의했다. 제2차 학습은 6월 8일부터 13일까지 진행되었는데, 전주찬 목사, 신창수 목사, 김운성 목사, 민귀식 목사, 김정광 목사, 김임권 장로 등이 강의했다. 9월 7일부터 12일까지 제3차 학습이 이뤄졌고, 강의는 전주찬 목사, 신동작 목사, 이현진 목사, 윤혜숙 목사, 최호득 목사, 김정광 목사, 김영래 목사 등이 맡았다. 제4차 학습은 12월 7일부터 11일까지 이뤄졌고, 전주찬 목사, 김정광 목사, 김임권 장로가 강의했다.[60]

중국 현지 선교사인 김승희 장로의 실크로드 사역으로는 북부 지역 우루무치에서는 선교사의 사역을 네트워크로 지원하고, MK사역을 지원하고, 그린닥터스를 통해 의료선교를 지원하고 있다. 중부 지역으로는 티베트 라싸 지역의 보육원 두 곳을 지원하고, 성경 보급 등 문서 사역을 하고 있다. 남부 운남성에서는 장학 지원, MK 사역, 가정교회 지도자 지원을 하고, 난닝 지역에서는 로뎀나무 사역을 지원하고 있다. 선교로서의 비즈니스 (BAM) 사역으로는 상해에서 스톤커피와 아카데미를 운영하고, 매년 아카데미 교육을 실시

59 부산국제선교회 상임고문 김정광 목사 간증편, 『목사님, 여권 잃어버렸어요!』, 83-85.
60 부산국제선교회 파송 선교사 김정광 목사, "중국 선교 현황 보고," 「제27회 부산국제선교회의 밤 선교보고서」 (2009년 12월 3일).

하여 커피숍을 확대하고 있다.[61]

9) 2010년: 학습, 중국 교회 지원

중국 선교에서 가장 효과적인 활동은 지도자 교육(중국에서는 학습이라 함)이다. 부산국제선교회는 지난 10년간 매해 4회 이상 지도자 교육을 하고 있다. 조선족 교회와 한족 교회의 지도자 학습은 신학교가 부족한 중국 기독교 상황에서 아주 필요하다고 판단한다. 올해도 4차례 지도자 교육을 하였다. 둘째, 부산국제선교회는 중국 선교지의 교회에 필요한 후원을 하고 있다. 중국 교회는 긴 역사에 비해 지난 50년간 공산당의 억압으로 자립 기반이 빈약하다.[62] 교회건축과 수리, 교회 난방, 교인 수송에 긴요한 승합차, 찬송가 반주기, 겨울 난방용 석탄, 자녀 장학금 등은 자체 조달이 힘들다. 한국교회가 계속 도와주는 것이 절실하다. 중국에서 교회당 건축 비용은 최소 3천만 원 이상(농촌) 필요하고, 교회 목회자 생활비는 월 10만 원 내외(농촌)이고, 교회가 겨울에 필요한 석탄비는 교회 규모에 따라 5톤~15톤(1톤 당 5만 원~8만 원)이고, 교인 수송용 승합차(국토가 넓어서 승합차가 필요)는 7인승이 600만 원, 12인승이 1,300만 원이다. 셋째 부산국제선교회가 중국 선교지에서 해야 할 선교 활동으로 탈북자 지원, 사랑의집 지원 등이 있다. 식량 때문에 친척을 방문하거나 남한으로 가려는 탈북자에게 식량과 생활비(월 5만 원)를 지원한다. 탈북자로 인해 만들어진 사랑의집(원아 및 봉사자 30명) 어린이를 돕기 위한 생활비가 1인당 5만 원이다. 탈북자, 보육원, 조선족 마을에 필요한 물품으로는 겨울 의복(새 옷만 통관), 생필품(비누, 치약, 칫솔, 학용품 등)이다.

올해 학습은 4차례 진행되었다. 1차 학습은 3월 1일부터 5일까지 전주찬 목사, 김정광 목사가 진행했다. 2차 학습은 6월 7일부터 11일까지 김운성 목사, 박무종 목사, 정진태

---

61 중국 현지 선교사 김승희 장로, "중국 선교 보고," 「제27회 부산국제선교회의 밤 선교 보고서」 (2009년 12월 3일).

62 비록 공산당의 탄압으로 교회가 어려움을 겪었지만 혹독한 핍박인 문화혁명이 종료되고 1980년대 이후 30여 년 동안 중국 교회, 특히 농촌 교회들은 급성장했다. 농촌 교회가 가난한 것은 농민들이 가난하기 때문이다.

목사, 신창수 목사가 진행했다. 3차 학습은 9월 6일부터 10일까지 전주찬 목사, 김정광 목사, 김은곤 목사, 김태헌 목사, 김기현 목사, 이인성 목사, 이창걸 목사 등이 진행했다. 4차 학습은 11월 8일부터 12일까지 진행되었고, 한영수 목사, 김정광 목사, 전주찬 목사가 신앙의 기초, 에스겔서, 사도행전에 대해 강의했다. 부산국제선교회는 2011년 학습 일정을 세웠다.

부산국제선교회가 중국 현지 교회들을 지원하되 목회자 생활비를 5만 원, 7만 원, 10만 원, 20만 원 등 차등적으로 지원했다. 차등을 분류하는 기준은 농촌, 중소 도시, 대도시 등 생활비의 차이에 기인한다. 부산국제선교회가 J지역 C집사와 개척 선교팀(12명)을, 영도중앙교회가 D교회, S교회, K교회, M교회, D교회를, 거성교회가 D교회, S교회를, 부산성동교회가 J지역 3개 교회를, 롯데백화점 신우회 정태희 권사가 Y교회를, 롯데백화점 신우회 함태영과 모라제일교회가 C교회를, 백양로교회가 K교회, S교회, H교회를, 애광교회가 C교회를, 초읍제일교회가 S교회를, 성광교회가 D교회, S교회를, 롯데백화점 신우회가 D교회를, 부산영락교회와 제8여전도회장이 사랑의집을, 금곡성문교회가 K교회, D교회를, 김해교회가 J교회를, 대연제일교회가 S교회를, 금성교회가 L교회를, 혜승수산이 C교회를, 구덕교회가 G교회를, 평화교회가 K교회, S교회를, 대성교회 4남선교회가 D교회를, 성남신광교회가 H교회를, 새장승포교회가 북한 식량 지원, 목회자 교육과 C교회, T교회를, 초읍교회가 C교회, C교회 청년 생활비를, 우이동교회가 H교회 찬양반을 지원했다. 일부 교회는 부산국제선교회를 거치지 않고 직접 지원했다. 교회의 월동 석탄비를 지원한 교회나 성도는 김임권 장로, 초읍교회, 영도중앙교회, 조수정, 박상희 집사(마산), 황용철(울산), 초읍교회 OB팀 등이다. 성현교회, 김임권 장로, 성광교회, 김기현, 이인성(마산), 정봉익 장로, 김해교회, 김영래, 최임영, 부산남노회 세계선교부 등이 중국 교회의 건축비나 수리비, 전기밥솥, 사랑의집, 찬송가 반주기 등을 지원했다. 영도중앙교회가 D 교회, S교회에 장학금을 지급했다.[63]

중국은 후진타오 주석 시절(2003~2013) 어린이들이 종교교육 받는 것에 대해 융통성을

---

63 부산국제선교회 파송 선교사 김정광 목사, "중국 선교 보고," 「제28회 부산국제선교회의 밤 선교보고서」 및 월례회 300회 기념 예배 (2010년 12월 2일).

발휘해서 일부 삼자교회들이 교회학교를 운영했다. 그러나 시진핑 체제가 2015년부터 중국화를 진행하고 2017년부터는 18세 미만 미성년자에 대한 종교교육을 엄격하게 금지시켰다. 후진타오 시절 소학교 교사인 조선족 처녀가 조선족 청년과 결혼하게 되었다. 시집은 기독교 집안이어서 시어머니는 며느리에게 교회 갈 것을 요구했다. 교사는 자동적으로 공산당원이기에 U교사는 기독교인 되는 것이 어려웠다. 교회에 가니 목회자가 U교사에게 어린이를 가르쳐 달라 했으나 U교사는 처음 믿어 아무것도 몰라 거절했다. 그러나 목회자는 학교에서 하던 것처럼 노래를 가르치고 성경에 나오는 이야기를 해주면 된다고 강권해서 U교사는 순종했다. 그러자 교회학교 어린이들이 늘어났다. 하루는 U교사가 아파서 병원에 갔더니 빨리 수술하지 않으면 안 된다고 해서 입원하고 목회자에게만 연락했다. 교회에서는 성도들이 모여 함께 U교사를 위해 기도드렸다. 수술 후 2주일이 지나자 간호사가 U교사에게 "교회에 다니냐?"고 물었다. 그 간호사는 병원에서 보니 교회 다니는 환자들은 치료가 빨리 되는 것을 보았다고 하면서 U교사의 경우 3주일이 지나야 새살이 차오르게 되어 있는데 2주일 만에 새살이 차오르고 있다고 했다. U교사는 대답 대신 간호사에게 병실을 나가달라고 한 후 크게 울면서 "하나님! 감사합니다. 나는 지금까지 교회를 다녀도 하나님이 살아계신 지 확신이 없었는데 저의 중한 병을 고치셨습니다"라고 고백했다. 이전에는 웃음 없이 살았는데 이제 U교사는 기쁨과 감사가 넘치는 삶을 살게 되었다. U교사가 변하니까 어린이들이 변하면서 100명이 안 되던 교회학교 아동부가 400명이 모였다. 교장은 U교사와 어린이들을 불러 "U교사가 너희들에게 교회 가자고 했냐?"고 물었더니 한 어린이가 "교장 선생님도 가보세요. 참 좋아요"라고 대답했다. 얼마 후 U교사는 학교를 사임하고, 그 교회의 교육전도사가 되었다. 하나님께서 U교사를 통해 어린이들에게 복음을 전하게 하셨다.[64]

---

64 부산국제선교회 상임고문 김정광 목사 간증편, 『목사님, 여권 잃어버렸어요!』, 87-88.

10) 중국 선교 발전기(2002~2010)의 특징과 과제

부산국제선교회 중국 선교 발전기의 특징으로는 첫째, 중국 교회 지도자 교육/학습 중심의 선교 활동을 펼치면서도 전통적인 선교 방식인 교회당 건축 및 수리, 다양한 교회 지원을 했다. 부산국제선교회는 중국 선교 10년의 성과로 40회 학습과 더불어 교회당 13개를 건축하고, 교회당 12개를 수리했고, 22개 교회에 보일러를 설치했고, 5개 교회에 자동차를 기증했고, 48개 교회의 목회자 생활비를 지원했고, 6개 교회에 찬송가 자동반주기를 지원했고, 북한에 26회 식량을 보낸 것을 제시했다. 학습이 가장 효과적인 중국 선교 방법인 것은 중국의 많은 교인에 비해 신학교가 턱없이 부족하기 때문이다. 또 중국 교회당 건축과 수리, 다양한 지원을 한 것은 중국 농촌 교회가 재정적으로 너무 열악하기 때문이라고 했다. 부산국제선교회는 이런 활동을 적극적으로 전개했던 2004년을 선교 역사상 "가장 활발하게 선교 활동을 펼친 해"라고 했다. 특히 부산국제선교회는 H교회의 교회당과 교육관 건축에 상당한 금액을 지원했다. 둘째, 부산국제선교회는 중국 선교를 시작할 때부터 중국 교회의 양회와 협력했다. 즉, 부산국제선교회는 Y현 기독교 양회 회장인 P장로와 협력해서 선교를 해왔고, 2006년 P장로가 은퇴한 해에는 양회 회장으로 임명된 H교회 S목사, 부회장으로 임명된 Y교회 A전도사와 협력했다.

셋째, 부산국제선교회의 중국 선교는 초읍교회의 은퇴 목사인 김정광 목사를 중국 선교사로 임명하여 중국 선교를 총괄하게 했다. 이는 은퇴자를 선교사로 활용하는 새로운 선교의 흐름을 반영한 것이다. 넷째, 부산국제선교회는 상해 농심 총경리(사장)인 김승희 장로(상해연합교회, 새길교회)를 현지 선교사로 임명하여 선교 협력을 했다. 김승희 장로는 비전 트립과 다양한 활동을 통해 비즈니스 선교(Business as Mission)의 모델이 되었다. 다섯째, 부산국제선교회의 북한 식량 보내기는 통일 이후 북한 교회 건축의 기초를 마련하기 위한 것이었다.

부산국제선교회 중국 선교 발전기의 과제나 문제점으로는 첫째, 중국 교회 지도자에 대한 교육/학습이 중국 선교의 대표적 활동임에도 불구하고, 학습에 대한 체계적인 운영이나 기획, 학습에 참여했던 목회자들에 대한 설문조사 그리고 중국 처소장에 대한 피드백을 통해 개선하지 못한 점이다. 학습이 지닌 많은 장점에도 불구하고 강의하는 한국교회 지도자들에게 학습 전체의 계획을 제시하여 한국교회 지도자들이 역할 분담을 하지 않고, 그때그때 참여하는 교회 지도자들이 임의로 학습을 진행함으로써 학습이 자의적으로, 때로는 중복되어 진행된 점이다. 특히 참여하는 한국교회 지도자들이나 중국 처소장의 설문조사를 통해서 커리큘럼이 개선될 여지가 있었다. 이런 문제에 대해 김정광 목사는 체계적인 교육이 중국 목회자들에게 잘 맞지 않고 대신에 간증이 중국 교회 지도자 교육에 적절하다고 했다. 학습팀이 가면서 신약과 구약을 적절히 나누고, 2~3년에 한 번씩 성서 전반을 가르치도록 했다.[65]

둘째, 부산국제선교회가 중국 선교의 성과라고 제시한 것이 중국 정부의 종교 정책과 중국 교회의 삼자원리에 부합되는 것인가에 대한 평가이다. 중국 정부의 종교 정책은 외국인에게 허락받은 장소와 시간 이외에는 어떠한 종교 활동도 허용하지 않으며, 해외 교회의 재정적 지원을 금지한다. 그런데 부산국제선교회는 학습과 교회에 대한 지원을 통해 중국 정부의 정책을 준수하지 못했다. 그리고 중국 교회의 자양(自養)은 재정적 독립을 의미하는데, 부산국제선교회의 교회 지원은 이것을 지키지 못한 것이다. 앞서 언급한 것처럼 부산국제선교회는 중국 농촌 교회들이 가난한 교회라 교회당 건축이나 수리를 비롯해서 여러 가지 재정적 어려움을 극복하기 어렵다고 판단하고 이런 지원을 했다. 현실적으로 어려움이 있다 하더라도 중장기적으로는 대안을 모색하면서 중국 정부의 정책과 중국 교회의 원칙을 지키려고 노력해야 했다. 그렇지만 부산국제선교회는 현실적 제약만 보고 중국 정부의 정책이나 교회의 원칙을 소홀히 하지 않았는지를 되돌아보아야 한다. 특히 부산국제선교회가 H교회당과 교육관 건축에 지원한 어마어마한 액수는 중국 정부가 보는 적당한 선을 넘어 통제의 대상이 되었을 것으로 추정한다. 이것이 후에는 목회자의 공금 유용 사건으로 비화되어 목회자 부자가 구속된 결과로 나타난 것을 부산국제선교회는 반성해야 할 것이다.

셋째, 부산국제선교회가 복음 전도와 사회적 참여의 균형을 갖춘 선교(로잔 언약)를

---

65 김정광 목사와의 인터뷰(2024년 1월 9일).

지향함에도 불구하고, 중국 농촌 교회의 가난을 극복할 대안을 제시하지 않고 한국교회가 일방적으로 재정지원만 한 점이다. 부산국제선교회의 인도네시아 선교에서 한숭인 선교사는 개척 선교팀의 구성원 중 농업 기술자를 포함시켰고, 신학교에서도 농업을 가르치도록 했다. 이는 교인인 농민이 자립해야 교회도 자립하기 때문이다. 윌리엄 캐리도 인도에서 선교할 때 농업기술 개발을 중요시한 것도 동일한 이유 때문이었다. 월드비전이 박창빈 목사를 통해 북한에 남한의 씨감자 기술을 보급함으로써 식량 문제 해결에 기여하고자 한 활동을 참고할 필요가 있다.[66] 넷째, 2002년 학습 중 한국 모 전도사가 공안에 체포되었다가 풀려난 일이 있었다. 2009년에는 초읍교회 자매 교회의 교인 한 명이 북한에 10개월 억류되었다가 석방되었다. 이러한 사건들은 부산국제선교회의 중국 선교 활동에 대한 경고로 받아들일 수 있었다. 부산국제선교회는 이러한 경고를 수용하여 대안을 마련했어야 했다. 다섯째, 2002년 11월부터 2003년 4월까지 중국은 사스로 6천 명이 사망했다. 이러한 재난에 대응하는 인도적 지원 활동, 구호 활동을 부산국제선교회가 하지 않았던 것으로 보인다. 당시 기록은 학습이 2003년 5월과 6월에 중단된 것만 나온다. 고난당하는 중국인들에게 사랑의 손길을 펼치는 것은 하나님의 사랑을 나누는 가장 중심적인 선교 활동이 되어야 한다. 여섯째, 북한 식량 지원을 하면서 북한에서 온 주민에게 새신자 교육을 한 후 식량을 갖고 가도록 했다. 선교 활동을 하면서 상대방의 약점을 이용한 선교, 식량 지원을 위해 새신자 교육을 받도록 한 것은 지양할 선교 방법이라 생각한다. 하나님의 사랑을 나누고 마음이 열린 후 복음을 전하는 것이 바람직하다. 따라서 조건부 식량 지원은 북한에 교회 개척을 위한 기초를 마련하는 것이라 보기 어렵다.

---

66 황홍렬, "박창빈 목사의 월드비전을 통한 북한 사역 16년: 주의 기도를 통한 평화선교의 개척자," 부산장신대학교 출판부, 「부산장신논총」 제16집 (2016): 238-275.

5. 중국 선교의 전환기(2011~2017)

1) 2011년: 학습 중단 및 재개, 중국 교회 지원, 김승희 현지 선교사의 제안

중국 상해 현지 선교사인 김승희 장로는 2011년 12월 8일 구포교회에서 열린 제29회 부산국제선교회의 밤에서 "중국의 경제 부상: 우리에게 기회가 될 것인가? 위기가 될 것인가?"라는 제목의 특강을 했다. 김 장로는 먼저 중국을 하나의 국가로 보기보다는 하나의 큰 대륙으로 이해해야 한다고 했다. 중국이 1978년 개혁·개방을 하면서 경제 규모가 커지고 질적 발전을 이루면서 한국과는 1992년에 수교했다. 향후 경제 규모가 성장하면서 중국은 G-2 국가로 영향력이 커질 것이라고 전망했다. 중국의 종교 정책과 기독교 현황을 보면 1954년 7월 중국기독교 삼자(자치, 자양, 자전)애국운동회가 창립되었고, 1980년 10월 중국 기독교협회가 창립되었다. 중국 기독교의 두 축인 양회(兩會)는 삼자애국운동회와 중국기독교협회로 구성되며, 양회 본부는 상해에 있다. 중국 교회의 형태는 삼자교회와 가정교회(지하교회)가 있다. 중국의 주요 종교법은 모든 인민은 종교의 자유를 가지고, 모든 종교 활동은 지정된 종교 활동 장소에서만 허용되고, 외국인은 중국인에게 일체의 종교 활동을 금하고 있다. 특히 종교법은 18세 미만 미성년자의 교회 출입을 금하고 있으나 최근 일부 변화의 조짐이 있다. 전에는 삼자교회에 주일학교가 없었으나 최근 조심스럽게 주일학교가 생기고 있다. 이는 지역에 따라, 교회 형편에 따라 차이가 있다. 지역에 따라 조심스럽게 청소년들에게 신디, 기타, 드럼, 피아노 등의 악기 보급이 이루어지고 찬양이 활성화되고 있다. 일부 지역에는 찬양 음악학원이 생기고 있다.

대만, 홍콩, 싱가포르 등 화교권 기업체와 기업인이 증가하면서 중국에 기독교 문화의 영향력이 증가하고 있다. 해외 유학생과 경영대학원(MBA) 연수생들이 증가하면서 해외에서 기독교나 기독교 문화를 접한 사람(90%)이 급증하고 있다. 현재 중국에는 여러 나라의 여러 형태의 선교 활동이 진행되고 있다. 삼자교회와 가정교회 모두 복음의 열정이 뜨거운 편이다. 도시 교회일수록 헌금에 대한 이해가 긍정적이고, 헌금 액수도 증가하며 자립 수준의 교회도 많이 늘어나고 있다. 중국 기독교인에 대한 정확한 통계는 없지만 대체로

로마가톨릭 신자를 포함한 기독교인을 6,000만 명~1억 명으로 보는 견해에 대해서 대체로 긍정하는 편이며, 매년 기독교인의 증가율이 2자리 숫자로 보는데 큰 이의가 없다. 일부 선교 단체들은 많은 청년이 중동 지역 선교 헌신자로 지원하고 있다고 주장한다. 삼자교회와 가정교회 간의 관계에 대해서는 이전에는 두 교회 사이의 상징적 거리가 10km라면, 현재는 그 거리가 5km인데, 미래에는 100km로 늘어날 것으로 본다. 중국 영도(가정교회 교단 총회장)들의 화두(話頭)와 복음주의 리더가 등장했다. 경제 규모가 확대되는 것과 비례하여 종교적 문호도 점진적이지만, 조심스럽게 변화하고 있다.

이런 중국 선교 상황에서 중국 선교는 어떻게 대응해야 할까? 우선 중국 선교는 언제든지 위기에 직면할 수 있고, 언제든지 기회가 열릴 수 있다는 점을 명심해야 한다. 중국 선교가 주력해야 할 것은 첫째, 교육으로 교회 지도자를 육성하고 지원하는 것으로, 중국 현지에서 학교나 학원을 통해 학습하는 방식, 한국으로 오게 해서 교육하는 방식, 선교로서의 비즈니스(Business as Mission) 방식을 활용할 수 있다. 둘째, 중국 선교를 위해 중국이나 한국, 외국 등 다양한 지역에 있는 다양한 사람들의 네트워크를 구축하는 것이다. 중국 교회와 지혜롭게 지속적으로 좋은 관계를 유지하고 교류하는 가운데 하나님 나라의 지경이 넓혀지고 주님께만 영광이 높여지도록 기도하자.[67]

조선족 학습은 그동안 사정이 생겨 못하다가 재개되어 11월 7일부터 11일까지 한족 지도자 230명과 조선족 지도자 20명을 대상으로 한영수 목사, 이동룡 목사, 전주찬 목사, 김정광 목사, 김석발 목사, 김경근 목사 등이 강의했다. 구포교회, 사직제일교회, 이현정 집사가 생필품 및 볼펜 등 1,000여 점 선물을 학습 참석자들에게 제공했다. 구포교회 중국인 사역자인 이현정 집사가 중국 선교지 방문 보고서를 부산국제선교회에 제출했다. 부산국제선교회는 조선족 교회 지도자들과 2012년부터 조선족 교회 지도자를 대상으로 하는 학습을 정상화하기로 합의했다. 조선족 학습은 연 10회 실시하되, 참가자들의 여비와 숙박비, 교재비를 지원하기로 했고, 조선족 교회를 부흥시키기 위한 다양한 방법을 연구하기로 했다. 부산국제선교회는 B교회 건축헌금으로 360만 원을 지원했다. 부산국제선교회 회원

67 특강 1, 김승희 장로(중국 상해 현지 선교사), "중국의 경제 부상: 우리에게 기회가 될 것인가? 위기가 될 것인가?," 「제29회 부산국제선교회의 밤 선교보고서」 (2011년 12월 8일).

교회가 중국 농촌 교회를 지원한 내용으로는 땅끝교회가 S교회에 장학금과 노트북을, D교회에 장학금을 지급했고, 금성교회가 L교회 등기 이전비 200만 원을 지원했고, 김임권 재정이사가 H교회 25인승 버스(6,000만 원)를 기증했고, 부산제일교회가 Y교회, H교회, Y교회, S교회를 지원했고, 김임권 이사가 J교회에 석탄 10톤, 내복 100벌을 지원했다.[68]

다음은 구포교회에서 중국인 사역을 하는 이현정 집사의 중국 선교지 방문 보고서이다.

늘 주님의 뜻을 생각하며 기도하며 오랜 기다림 가운데 담임목사님께서 회장으로 헌신하고 있는 부산국제선교회 소속이신 네 분의 목사님과 두 분 장로님과 함께 우리나라와 가장 인접해 있는 중국 연변 선교지를 방문케 하신 하나님께 참으로 감사드린다. 막상 출발 며칠을 앞두고 많은 생각들이 나를 붙들었다. 다들 선교지를 방문한다면 여러 가지 봉사활동이며, 다양한 계획들을 세우고 기도하며, 많은 준비를 하고들 가는데 나는 보편적인 선교지 방문을 앞둔 사람들과는 다르게 너무나 부족하고 미흡해 보이는 것이 아닌가! 또한 이번 방문이 정말 하나님께서 원하시는 것인지 갈등하게 되었다. 하지만 이 모든 생각들을 하나님 아버지께 맡기고 감사함으로 기도하며, 기대 가운데 드디어 인천공항을 출발했다.

도착지는 Y공항에서 한 시간 거리에 있는 한족인 S목사님이 시무하는 H교회였다. 교회 건물을 보고 깜짝 놀랐다. 왜냐하면 도심지가 아닌 외곽지역이라 교회 건물이나 여러 가지 환경이 열악할 것이라고 생각했기 때문이었다. H교회는 큰 건물 2개 동으로 구성되어 있어, 한 건물은 교회이고, 다른 한 건물은 신학을 하고자 하는 꿈을 가진 청년들이 사는 기숙사와 여러 가지 시설과 식당이 있었다. 이런 외형을 갖추기까지는 김정광 목사님과 국제선교회의 기도와 물질, 관심, 많은 노고들이 있었음을 한눈에 짐작할 수 있었다. H교회는 주일예배에 800명이나 출석하는 규모가 있는 교회였다. 첫날 저녁 예배에서는 구포교회 한영수 목사님이 말씀을 전해주셨다. 생각보다 많은 인원이 참석해서 여쭤보니 부산국제선교회의 방문 목적이 중국 한족 교회 지도자들을 교육하는 것이라, H교회 교인들과 한족 교회 지도자들과 H교회에 합숙하는 30명의 청년 형제자매들이 참석한다고 했다. 첫인상은 왠지 많이 낯설지가 않았다. 그건 아마 하나님이 함께하시기에 그런

68 부산국제선교회 파송 선교사 김정광 목사, "중국 선교 보고," 「제29회 부산국제선교회의 밤 선교보고서」 (2011년 12월 8일).

것이 아닌가 생각이 되었다. 이렇게 해서 첫날은 H교회 사모님과 두 자매와 집사님들이 정성껏 준비한 식사를 맛있게 먹고 감사하게 첫날을 지나게 되었다.

이튿날은 새벽 4시 30분 새벽기도회로 시작되었다. 여기서도 새벽기도회가 있는 것에 참으로 감사하고 놀랐다. 김정광 목사님께 여쭤봤더니 중국 대부분 교회에는 새벽기도회가 없고 일부 교회만 새벽기도회를 실행하고 있다고 하셔서 참 감사하면서도 참으로 마음이 아팠다. 새벽기도 회는 한국교회처럼 똑같이 찬양과 말씀으로 진행되었다. 설교가 끝난 후 S목사님의 기도 시간이 정말 인상적이었다. 오랜 시간 동안 서서 하나님 앞에 철저하게 자신들부터 먼저 회개하게 하고 기도하시는 모습이 정말 감동적이었다. 이렇게 해서 김정광 목사님, 한영수 목사님, 전주찬 목사 님, 이동룡 목사님께서 시간 시간마다 말씀으로 은혜를 주셨다. 셋째 날에는 오전 예배가 끝나고 김정광 목사님과 동행하여 시골 보육원과 양로원을 겸하고 있는 시설을 방문했다. 보육원의 아이 들은 학교와 유치원에 갈 수가 없었다. 양로원 건물은 아직 건물이 완공되지 않아 정식 허가를 받지 못했다. 그렇지만 양로원에서 나오는 수입의 일부로 보육원을 유지하는 데 조금은 도움이 된다고 시무하시는 목사님과 사모님께서 말씀하셨다. 보육원과 양로원 역시 부산국제선교회의 지속적인 도움이 이루어지고 있다. 이어서 Y교회, D교회, S교회를 방문했다. 교회를 방문하는 내내 김정광 목사님께서는 겨울 동안 사용되는 석탄 창고를 살피셨다. 그런 모습이 성경 말씀처럼 마음과 뜻과 정성과 힘을 다하여 교회 살림살이 하나하나를 챙기는 모습이 정말 감동적이었다.

이번 선교지 방문 중 가장 기억에 남는 것은 수요예배였다. 천국은 어린아이와 같아야 갈 수 있다는 말씀처럼 그 시간은 마치 천국에 온 듯한 시간이었다. 청년들부터 노인, 형제자매에 이르기 까지 모두가 온몸과 마음을 다하여 하나님께 찬양하는 그 모습이 정말 은혜의 시간이었다. 중간중 간 한족 분들을 만나 부족한 중국어 실력이지만 이야기를 나누었다. 청년 중에는 믿지 않는 가정에 서 혼자 신앙생활을 하는 어려운 상황이지만 하나님에 대한 믿음으로 열심히 사는 모습에 큰 은혜 를 받았다. 만날 때마다 "펑안"(우리말 '평안')이라는 인사말을 할 때 그 표정 또한 은혜의 모습이었 다. 하지만 감사할 제목들이 너무나도 많고 신앙의 자유를 마음껏 누릴 수 있는 한국의 기독교인들 의 신앙 모습을 생각할 때 마음이 너무 슬프고 아팠다. 이것은 저 또한 주님을 만나는 그 시간까지 주님 앞에서 몸부림쳐야 할 숙제인 것 같다 … 이번 방문으로 "하나님께서는 참으로 세상을 사랑하 시구나"라고 생각하니 정말 감사의 눈물이 났다. 나는 아직 부산국제선교회의 많은 사역들을 일일

이 알지 못하지만 이번 일정을 통해 누군가 사랑과 복음을 전해야 하는 그 일들을 부산국제선교회가 일하고 있음에 또한 참으로 감사하다. 선교사님으로부터 받은 많은 사랑의 빚을 우리도 중국을 통해 너무나 처참한 북한 땅에 하나님을 증거하는 일에 더욱 부산국제선교회가 하나님 아버지께 귀하게 쓰임 받을 수 있도록 그리고 H교회를 비롯해 중국의 많은 교회들이 하나님 뜻에 따라 귀하게 사역할 수 있도록 부족하지만 하나님 아버지께 감사함으로 날마다 간절히 기도해야겠다고 다짐했다. 끝으로 좋은 시간을 함께 동행하신 김정광 목사님을 비롯해 목사님들과 장로님께 정말 감사드린다.[69]

2) 2012년: 학습 중단, 김승희 현지 선교사의 선교 사역(의료선교, 비전 트립, 인재 양성, 찬양 사역 지원)[70]

2012년 중국 선교는 별도 보고 없이 1990년부터 2008년까지의 선교 활동을 연표로 기록하고 있다. 김승희 현지 선교사는 그린닥터스를 비롯한 한국 의료진과 중국 의료진이 연계해서 2012년 7월 20일부터 27일까지 중국 운남성 곤명, 리장, 대리 지역에서 의료봉사를 통한 사랑 나눔을 목적으로 의료 지원을 실시했다. 한국 의료진은 인제대학교 부산백병원, 부산대학병원, 온종합병원, 청소년 그린닥터스, 서울예대 등으로 구성되었고, 진료단에는 오무영 교수를 단장으로 40여 명이 참여했다. 북경 서응윤 박사가 한국 의료진과 중국 의료진을 연결했다. 상해 김승희 선교사가 행정과 현지 연결을 지원했다.

김승희 현지 선교사는 부산국제선교회의 제2차 학습 활동을 지원했다. 강사는 김운성 회장, 김정광 목사, 신창수 목사, 윤태순 목사, 이정희 권사이었다. 김승희 현지 선교사는 부산국제선교회의 임원과 중국 상해 지역 기독교 지도자들이 만나 뜻깊은 대화가 이뤄지도록 만남을 주선했다. 또 부산국제선교회 임원들이 상해 한인 연합교회(전교인 3,500여 명)의

---

69 구포교회 이현정 집사, "중국 연길 선교지를 방문한 후…"(2011년 12월 8일), 「제30회 부산국제선교회의 밤 선교보고서」(2012년 12월 13일).
70 중국 선교 보고자가 바뀐 것으로 보아 김정광 선교사는 2002년부터 2011년까지 중국 선교사로 활동한 것으로 보인다.

예배에 참석함으로써 부산국제선교회가 중국 기독교와 중국 한인 교회를 깊이 이해할 수 있도록 도왔다.

김승희 현지 선교사는 제3차 학습을 위해 중국을 방문한 부산국제선교회원들이 우루무치 지역으로 비전 트립을 가도록 지원했다. 김운성 목사, 김임권 장로, 허준 목사, 이동룡 목사, 정명식 목사와 구덕교회 청년들은 8월 27일부터 9월 3일까지 우루무치, 카스, 투루판, 돈황, 서안 지역을 김승희 현지 선교사의 안내로 비전 트립을 다녀왔다. 비전 트립을 통해 부산국제선교회 회원들과 청년들은 신장성 지역 기독교 지도자, 사역자, 선교사와의 대화를 통해 현지 사정을 깊게 이해하게 되었고, 여행을 통해 하나님께서 중국에서도 선교하심을 체험하는 계기가 되었다.

김승희 현지 선교사는 찬양 사역을 지원하는 활동을 했다. 김승희 현지 선교사는 상해 온누리교회(이기복 담임목사)에 한국 CCM 가수 최인혁 전도사를 소개했다. 최인혁 전도사가 상해 온누리교회에서 10월 10일 신앙 간증 및 찬양집회를 열어 200여 명의 교인 및 교민이 큰 감동과 은혜를 받았다. 김승희 현지 선교사의 소개로 중국 강소성 무석시 주사랑교회(이창수 담임목사)에서 10월 12일 저녁에 CCM 가수 최인혁 전도사의 신앙 간증 및 찬양집회를 열었다. 무석 지역 한인 교회 2곳, 조선족 교회, 한족 교회 등 200여 명의 교인 및 교민이 참석하여 큰 감동과 은혜의 시간을 가졌다. 그린닥터스 무석 지부를 섬기는 최병한 박사는 1달에 2회씩 현지인 의료봉사 활동을 펼치도록 지원하고 있으며, 하이닉스 반도체 회사와 중국인들에게 큰 감동을 주어서 '무석의 슈바이처 박사'로 알려져 있다.

김승희 현지 선교사는 선교를 위한 인재 육성에도 힘을 쏟고 있다. 학생 M은 김해 인제대학교 국어국문학과를 졸업하고, 인제대학원에 진학하여 한국어, 중국어, 영어를 공부하고, 동시통역을 공부하면서 김해교회의 신앙지도를 잘 받고 있고, 인제대학교 외국인 기숙사 사감으로 발령을 받았으며 이 모든 것이 하나님의 은혜라고 간증했다. W지역 R이 북경에서 영어를 전공하여 대학교를 졸업한 후 2012년 3월에 대구 계명대학원에서 영어를 공부하기 위하여 대구에서 준비 중이고, 텐트 메이커(Tent maker) 인터내셔날 선교 단체의 사무총장인 전동주 목사의 지도 아래 양육되도록 연결시키고 있다. T지역 Z학생은 2012년 3월부터 지역 고등학교를 졸업 후 H성 H지역에서 대학 공부를 하고 있다.

선교 지원 네트워크로 김승희 현지 선교사는 김해교회 설립자 배성두 장로의 간증 자서
전『약방집 교회당』의 중국어판을 발간하고, 중국 당국의 허가를 받아 배부 및 서점 판매를
준비하고 있다. 가정교회 지도자를 양성하는 국제신학원의 활성화를 계획하고 있다. 김승
희 현지 선교사는 2012년 10월 20일에 S한인교회(담임 김상수 목사)를 방문하고, S지역 선교
사 가정과 교제하며 기도 제목을 나눴다.[71]

3) 2013년: 학습 재개, 중국 교회 지원, 주소원 선교사의 제안(이양과 선교 중국)

그동안 중단되었던 조선족 지도자 학습이 금년에 재개됨으로 좋은 열매를 맺고 있다.
중국 교회 지도자를 학습시키는 일은 중국 선교의 가장 좋은 방편이다. 부산국제선교회의
중국 교회 지도자 학습은 1997년 이래 지금까지 17년간 지속되고 있으며, 이는 부산국제선
교회의 상징이며 부산국제선교회만의 자랑이며 특징이다. 1차 학습은 3월 11일부터 15일
까지 진행되었고, 강사진은 한영수 목사, 전주찬 목사, 김정광 목사, 정봉익 장로 등이며,
학습 참석자는 한족 지도자 230명과 조선족 지도자 30명 등이었다. 정봉익 장로(본회 감사,
구포교회)가 탈북 어린이들의 보육원인 '사랑의집'에 식기 세척기(100만 원)를 제공했고,
Y교회의 보일러(100만 원) 교체를 지원했다. 이정희(본회 회원) 권사가 S교회에 복사기 구입
비(20만 원)를 지원했다. 최점식 회장(마산 산호수출포장)이 S교회 보일러 교체비(200만 원)를
지원했다. 2차 학습은 7월 1일부터 5일까지 이현진 목사, 최성수 목사, 선성기 목사, 김정광
목사가 지도했다. 최성수(벧엘교회) 목사는 '사랑의집'에 매월 5만 원씩 보조하기 시작했고,
S교회에 석탄비(1년치, 180만 원)를 제공했다. 3차 학습은 8월 31일부터 9월 6일까지 김운성
목사, 신창수 목사, 정명식 목사, 김종찬 목사, 김정광 목사, 김임권 장로, 김승희 장로가
진행했다. 김임권 장로(부산국제선교회 부회장)가 S교회의 신학생(연길신학교) 두 명의 1년
장학금(2,000달러)을 지급했다. 부산국제선교회 강사진이 P교회를 방문하여 설립자 D(40
세)를 만났다. 부산국제선교회는 그의 갑상선을 치료하기 위해 한국으로 초청하는 것을

---

71 중국 상해 김승희 현지 선교사, "중국 선교 보고,"「제30회 부산국제선교회의 밤 선교보고서」(2012년 12월
13일).

결의하여, 9월 3일부터 10월 18일까지 D는 온종합병원(정근 장로, 그린닥터스 이사장)에서 무료로 치료를 받았고, 치료비와 초청 경비 및 약품을 지원했다. 김승희 현지 선교사와 땅끝교회가 숙식을 제공했고, 통역으로 동행한 H교회 T 등의 경비 일체는 김운성 부산국제선교회 회장이 지원했다. 김승희 장로가 농심 라면 600개를 학습자에게 기증했다. 4차 학습은 11월 11일부터 15일까지 진행되었고, 강사진에는 이동룡 목사, 이만희 목사, 선성기 목사, 김정광 목사가 참여했다. 부산제일교회 선교부가 H교회에 빔프로젝터(600만 원)를 제공했고, 땅끝교회 권순백 장로가 망원렌즈(200만 원)을 제공했고, 정봉익 장로가 사랑의집에 100만 원을 헌금했다.[72]

H성 D시 P교회는 10명이 모이다가 3년 만에 200명이 모이는 교회가 되었다. P교회를 섬기는 D는 농촌 미용사 출신이다. 어릴 때 놀다가 거꾸로 떨어져 척추를 다쳐, 치료를 받느라 학교도 못 갔다. 그의 미용실에 한 손님이 와서 "예수 믿어라" 했을 때 D는 "나는 글을 읽지 못한다"고 했다. 손님은 "나도 학교를 다니지 못했으나 교회 갔더니 글을 읽게 되었다"고 하면서 성경책을 주고 "기도하고 펼치면 글이 보이게 된다" 하고는 갔다. D는 성경을 받고 두려워하면서도 교회로 가서 기도하고 성경책을 펼치니 글자가 눈에 들어오고 한 글자 한 글자씩 읽히기 시작하여 마침내 얼마 뒤에는 뜻을 깨닫고 믿음이 생겼다. 교회에 다니다가 미용실에서 직원들과 예배를 드리기 시작했다. 허가 없는 종교 집회는 금지되었기에 D는 불법집회로 고발되어 잡혀가 하루 종일 벽을 보고 서 있게 했다. "네가 무슨 죄로 여기 왔는지 알겠느냐"는 질문에 "나는 죄를 짓지 않았습니다" 말했고, 다음날 D는 경찰서장을 만나려 했으나 만날 수 없었다. 퇴근 시간이 되어서야 D는 경찰서장을 만났다. 경찰서장은 퇴근하다가 "너, 참 독하구나! 누가 너를 보냈느냐"고 물어서 "우리 아버지가 가라 해서 왔습니다"라고 답변했다. 경찰서장은 "너희 아버지가 대단한 사람이구나"라고 했다. D는 하나님 아버지를 지칭했지만, 경찰서장은 지위가 높은 아버지가 있는 줄로 알고 그에게 소원을 묻고 교회를 승인한 결과 세워진 교회가 P교회이었다. P교회의 설립도 기적 같았지만 미용실 직원들의 전도도 기적이 일어나면서 이뤄졌다. 미용실이 아주 잘 되어서

---

72 "2013년 중국 학습 전체 현황," 「제31회 부산국제선교회의밤 선교보고서」 (2013년 12월 12일).

직원이 27명이나 되었다. 미용실 개원 15주년 기념 축제를 위해 장소를 예약했다. 그런데 비가 계속 두 주간 내렸다. 축제일도 비가 예고되었다. 그래서 사람들은 축제를 연기하거나 취소하라 했다. 그렇지만 D는 기도 중에 큰 해와 구름 세 조각이 나타난 환상을 보았다. 당일 새벽에도 비가 내리고 있었다. 그런데 축제가 시작되는 9시가 되자 해와 구름 세 조각이 나타났다. 축제일에 해가 나면 직원들은 모두 교회 나가기로 약속했다. 그래서 그다음 주일에 전 직원이 교회에 가서 예배드렸다. 그런데 D가 갑상선 이상이 생겨 중국에서 치료가 안 되자 1년 반 동안 세 차례 부산에서 치료를 받았고, 어릴 때 다친 척추까지 치료를 받았다. D는 빌립보의 루디아와 같이 중국 교회의 새 역사를 쓰고 있다.[73]

　　중국 선교지의 교회 선교 활동을 보면 H교회는 S목사가 부흥전도팀을 이끌고 제3차 중국 중부 지역 집회를 4월부터 6월까지 63일간 진행했다. 집회의 비용 일체를 부산국제선교회 김임권 부회장이 지원했다. H교회는 열심히 모이고 기도하며 지역의 70개 교회의 중심교회 역할 잘 감당하고 있다. Y교회는 1979년에 건축된 교회당이 지역 재개발 계획으로 재건축될 수밖에 없는 상황이다. Y교회가 좋은 위치에 재건축되도록 기도하고 있다. C전도사가 부임 후 교회가 안정되고 부흥되고 있다. 9월 첫째 주에 D교회로 부임한 K전도사는 그동안 이단 침투로 고통 받았던 교회를 공안의 도움을 받아 정상화시켰다. D교회는 거성교회로부터 18년간 보조를 받았고, 대성교회로부터 8년간 보조를 받았다. 땅끝교회의 자매 교회인 D교회는 10년 된 교회당 리모델링을 완료했다. 땅끝교회가 D교회 공사비 일체를 지원했고, 석탄비, 생활비를 10년간 지원하고 있다. S교회는 100명의 성도가 하나 되어 성장하는 농촌 교회의 모델로 땅끝교회, 평화교회, 성광교회와 최경희 성도의 지원을 받고 있다. 보육원과 양로원을 겸한 '사랑의집'은 Y지역에서 양로원을 잘 운영한다고 소문이 나 있다. 부산영락교회가 20만 원, 정봉익 장로가 10만 원을, 대연제일교회와 강명순, 최성수 성도가 '사랑의집'을 지원하고 있다. 초읍교회, 초읍제일교회, 김임권 장로, 구덕교회, 성광교회, 안위현교회, 땅끝교회, 부산제일교회, 거성교회, 애광교회, 백양로교회, 금성교회, 땅끝교회, 분당 최상미, 평화교회, 배봉애 성도 등이 중국 교회를, 탈북자를 지원하

73 부산국제선교회 상임고문 김정광 목사 간증편,『목사님, 여권 잃어버렸어요!』, 89-93.

고 있다.[74]

　　주소원 선교사는 중국 선교에 꼭 필요한 두 종류의 선교사로 현지인 사역자를 영적으로 훈련할 수 있는 영성과 언어와 능력을 겸비한 선교사와 삶을 통해 복음을 보여 줄 수 있는 평신도 전문인 선교사를 제시했다. 중국 선교에 있어서 한국교회가 준비해야 할 방안으로 첫째, 선교 사역의 주도권을 현지 교회에 이양할 것, 둘째, 중국 교회를 주장하는 자세에서 섬기는 자세로 전환할 것, 셋째, 중국 교회로 하여금 진정한 자치, 자급, 자전의 토착 교회가 되도록 섬길 것, 넷째, 중국 교회가 중국 복음화에 헌신하도록 섬길 것, 다섯째, 중국 교회가 건강한 교회를 세우는 목회를 감당할 수 있도록 섬길 것, 여섯째, 중국 교회가 선교하는 교회가 되도록 섬길 것, 일곱째, 중국 교회와 함께 소수 민족과 주변국 선교를 동역하며 감당할 것을 제안했다.

　　중국 선교의 전망으로 중국 선교로부터 선교 중국으로의 전환이다. 우선 선교 중국의 최종 목표는 선교지 교회가 선교하는 교회로 성장하는 것으로, 중국 교회가 선교하는 교회로 성장할 때 중국 선교는 성공한 것이라 평가할 수 있다. 둘째, 중국 교회가 선교하는 교회가 됨으로써 선교 중국을 효과적으로 감당하게 될 것이다. 즉, 중국 교회에 주어진 세계 선교의 사명을 감당할 역량을 갖추게 되고, 세계 선교를 수행하게 될 것이다. 셋째, 선교 중국이 될 때 한국교회는 주어진 중국 선교의 사명을 감당하고 세계 선교에 대한 바톤을 중국 교회에 넘겨주어(이양) 중국 교회와 함께 세계 선교에 동역자(대등한 관계)로 쓰임 받게 될 것이다. 결론적으로 선교 환경의 변화를 맞이한 전환기 시대의 중국 선교의 현실을 제대로 이해하고, 중국은 머지않아 세계 제일의 기독교 국가가 될 것이고, 기독교 신앙은 하나의 중요한 정신적 힘이 될 것이며, 중국은 앞으로 선교 대국이 될 것이고, 도시 가정교회라는 새로운 힘이 쓰임 받게 될 것이며, 중국의 정치 종교 관계는 중대한 돌파구를 얻게 될 것이며, 선교 중국이 중국 교회의 세계 선교에 기여할 날을 기대한다고 했다.[75]

---

74 "중국 각 교회 상황 보고," 「제31회 부산국제선교회의 밤 선교보고서」 (2013년 12월 12일).

75 주소원 선교사, "선교 활동 보고 및 중국 선교의 향후 전망," 「제31회 부산국제선교회의 밤 선교보고서」 (2013년 12월 12일).

4) 2014년: 학습, 중국 교회 지원, 미얀마 선교에 비해 중국 선교 비중이 감소

중국 조선족 지도자를 대상으로 학습이 총 4차례(3월, 7월, 9월, 11월, 총합계 72회) 진행되었다. 제4차 학습은 11월 10일부터 14일까지 Y지역 한족 목회자와 조선족 목회자 250명을 대상으로 이동룡 목사(단장)를 비롯하여 선성기 목사, 조성일 목사, 김정광 목사, 김윤숙 성도, 박정원 성도 등이 강의했다. 애광교회가 겨울옷, 볼펜, 치약 등 400점을, 사직제일교회가 공책과 어린이용 학습 보조용품 등을 전달했다. 애광교회가 C교회와 B교회의 석탄비로 각 2,500위안을 헌금했다. 부산국제선교회가 S교회에 승합차(현대 스타렉스 3,900만 원)를 기증했다.[76] 그런데 부산국제선교회가 2014년 10대 사업으로 선정한 사업 중에 중국 선교와 관련된 사업은 S교회 승합차(3,900만 원) 기증(8월)과 지속적인 중국 학습 실시(금년 4차, 합계 72회) 등 두 건으로 미얀마 선교 관련 4건과 비교해 볼 때 부산국제선교회의 선교 활동 중 중국 선교의 비중이 줄어든 것으로 보인다.[77]

5) 2015년: 학습, 중국 교회 지원

중국에서 학습이 4회, 마카오에서 학습이 1회 진행되었다. 중국의 1차 학습은 3월 9일부터 14일까지 진행되었고, 단장 선성기 목사 이외에 전주찬 목사, 김지덕 목사, 김정광 목사가 학습을 진행했다. 2차 학습은 7월 5일부터 9일까지 이뤄졌고, 강사진은 정일세 목사를 단장으로 선성기 목사, 최성수 목사, 최성광 목사, 박의영 목사 등으로 부산동노회 세계선교부가 주관했다. 3차 학습은 8월 31일부터 9월 11일까지 진행되었고, 강사진은 김운성 목사를 단장으로 정명식 목사, 김종찬 목사, 이삼균 목사, 신창수 목사, 김정광 목사, 김승희 장로 등으로 구성되었다. 4차 학습은 11월 9일부터 14일까지 진행되었고, 이동룡 목사(단장), 선성기 목사, 전주찬 목사가 강의를 담당했다. 마카오 학습은 11월 1일부터 7일까지

---

76 중국 분과장 선성기 목사, "중국 선교 보고," 「제32회 부산국제선교회의 밤 선교보고서」 (2014년 12월 11일).
77 "부산국제선교회 2014년 10대 사업," 「제32회 부산국제선교회의 밤 선교보고서」 (2014년 12월 11일).

마카오와 홍콩, 중국 인근 지역 가정교회 지도자 30명을 대상으로 진행되었고, 김운성 목사(단장), 정명식 목사, 함영복 목사, 선성기 목사, 김정광 목사, 김승혁 목사, 남기철 목사 등이 강사로 참여했다.[78]

　　4차 학습은 왕청 지역 한족 목회자와 조선족 목회자 260명을 대상으로 진행되었다. 사직제일교회(이동룡 목사)가 고급 볼펜 300개를 기증했다. 탈북어린이 보육원인 '사랑의 집'에 방한복, 신발, 문구를 성도가 기증했다. 중국 교회 지도자들이 부산국제선교회를 방문했다. C교회 Y전도사가 10월 31일부터 11월 9일까지 방한하여 부산국제선교회와 회원 교회들을 방문했다. C교회는 애광교회로부터 생활비를 13년 동안 지원받고 있다. Y전도사의 방한을 위해 애광교회는 항공료를 지원했고, 땅끝교회가 숙식을 지원했고, 부산국제선교회가 기타 비용을 지원했고, 김반석 청년이 통역으로 봉사했다. D시 B교회 D집사가 10월 19일부터 26일까지 방한하여 갑상선 치료를 받아 완치되어 귀국했다. 온종합병원(정근 원장, 그린닥터스 이사장)이 D집사를 치료했고, 땅끝교회가 숙식을 지원했고, 김승희 현지 선교사가 약값과 차량 봉사를 했고, 민영란 목사가 기타 지원을 했고, 오영복 집사(대성교회)가 통역으로 봉사했다. 중국 선교지의 교회 상황을 보면, H교회의 S목사는 Y현 내 각 교회를 순회하며 전체적으로 목회하고, S목사가 교회를 목회하고 있다. 부산제일교회, 우이동교회, 부산국제선교회가 H교회를 지원하고 있다. Y교회는 Y현 내 조선족 교회의 중심으로, 부산국제선교회의 지원으로 월 1회 목회자 학습을 실시하고 있다. D교회는 땅끝교회로부터 석탄 및 생활비를 보조받으며, 주변의 조선족 교회와 목회적으로 협력하고 있다. B교회는 건축 후 건축비를 청산하지 못해 부산국제선교회에 도움을 요청했다. 이정희 권사가 석탄 구입비를 지원했다. J교회는 김임권 장로로부터 생활비와 석탄비를 지원받고 있다. Y교회는 부산제일교회로부터 지속적으로 후원받고 있다. S교회는 광진교회로부터 석탄비를, 땅끝교회로부터 주방 수리를 지원받았고, 최경희, 부산성광교회, 땅끝교회, 평화교회로부터 지속적으로 후원을 받고 있다. 사랑의집은 2층 건물 중 공사 기준(보일러) 미달로 1층만 사용하고 있고, 정봉익 장로, 벧엘교회, 부산영락교회로부터 계속 후원

---

78 "총무 보고," 「제33회 부산국제선교회의 밤 선교보고서」 (2015년 12월 3일).

을 받고 있다. 초읍교회가 C교회를, 새장승포교회가 K교회를, 거성교회와 대성교회가 D교회를, 거성교회가 S교회를, 구덕교회가 K교회를, 부산성광교회가 S교회를, 성남교회와 신광교회가 H교회와 S교회를, 백양로교회가 K교회, S교회, H교회를, 금성교회가 L교회를, 평화교회, 덕천교회, 수안교회, 금곡성문교회, 남산중앙교회가 D교회를, 초읍교회가 C교회를, 땅끝교회가 K교회, T교회, S교회, D교회를 지원하고 있다.[79]

6) 2016년: 학습, 중국 교회 지원, 송금 일원화 요청

중국 선교지에서 4회의 학습이 진행되었다(3, 6, 9, 11월). 제4차 학습은 11월 7일부터 12일까지 Y지역 목회자 260명을 대상으로 진행되었고, 강의는 단장 선성기 목사(중국 선교 분과장), 전주찬 목사, 김정광 목사가 맡았다. 참석자들에게 3색 볼펜 300자루와 노트북 컴퓨터를 기증했다. 부산국제선교회의 2017년 중국 선교 계획에 의하면 학습은 전과같이 4차례 진행하고(3월, 6월, 9월, 11월), 각 교회 지원은 이전과 같이하되 J교회는 목회자가 한국으로 떠나 중단하고, D교회, K교회, Y교회, C교회는 강화할 필요성이 있다. H교회는 지도력 변화(교회 헌금 유용 문제)에 따라 S목사 내외가 활발하게 목회하도록 신학 서적과 각종 자료 등을 대폭적으로 지원할 필요가 있다. 20년 이상 근속한 중국 교회 목회자들의 한국교회 방문을 추진하여 그들을 위로하고 격려할 필요가 있다. S교회의 확장을 위해 인근 빈 가옥을 매입할 필요가 있다. 부산국제선교회의 회원 교회들이 자매결연을 맺어 돕는 중국 교회들이 비전 트립 팀을 구성하고 활성화시켜 인적·물적 교류가 증진할 필요가 있다. 지원한 지 10년 이상인 처소교회의 생활비가 최소한 월 10만 원에서 20만 원으로 증액이 필요하다. 부산과 연길 간 직항노선이 개설되어 중국 선교지 방문이 한결 용이해졌으므로 회원 교회의 선교지 탐방을 강화할 필요가 있다. 금년에 부산국제선교회 계좌를 통하지 않고 직접 중국 교회를 지원한 교회와 개인은 부산국제선교회 계좌로 송금할 것을 요청한다.[80]

---

79 중국 분과장 선성기 목사, "중국 선교 보고," 「제33회 부산국제선교회의 밤 선교보고서」 (2015년 12월 3일).

H교회의 S목사는 조선족으로 한국어가 서툴지만 한족 예배 인도를 잘했고, 중국 교회 예배의 특징인 찬양 인도를 잘했다. S목사는 단기 신학 과정 2년을 마쳤다. H교회당 건축 이후 교인이 세 배 이상 증가해서 천 명 이상이 모였다. 그런데 지방에 찬양집회를 다니면서 공금을 유용하여 구치소에 3년 수감되었다가 공금 유용으로 정부가 그의 목사직을 박탈했다. S목사의 아들도 신학을 공부해서 목사가 되었다. 아들 S목사는 아버지의 후임이 되었고 설교를 잘했다. 그런데 S목사는 교회 헌금을 개인금고에 넣었다. 큰 교회에 집사 12명만 세웠고, 회계 관련 기록이나 회계감사가 없었다. 중국 교회는 5만 원 이상의 예산은 정부에 근거를 제공하는 것이 의무이었다. 결국 아들 S목사도 재정 문제로 구치소에 갔다가 정부에 의해 목사직에서 해임되었다. 중국에서 학습이 중단된 데에는 이 두 목회자의 구속도 영향을 주었다.[81]

7) 2017년: 두 차례 학습 후 중단, 농촌 교회 지원

2017년에도 중국 학습을 4차례 계획하였으나 한·중 관계(2016년 사드 배치 영향)와 Y지역 사정상 3월과 7월 두 차례를 진행한 후 연말까지 중단되었다. 한족 교회 지도자 학습 및 지원은 잠정 중단하고 있으나, 조선족 교회 지원은 계속되고 있다. Y현 H교회의 S 담임목사와 교회의 안정·부흥과 S목사를 위한 기도와 왕청 지역의 모교회인 Y교회의 이전과 부흥을 위해 기도를 요청한다. D교회, D교회, S교회 등, 20여 조선족 교회들과 30여 한족 교회가 한·중 관계의 긴장과 추운 겨울을 잘 넘기도록 기도를 요청한다. S교회 K집사의 제3차 치료를 위해 도움을 주신 구포교회 한영수 목사와 진료에 큰 도움을 주신 척시원 이철재 원장 그리고 치료비를 지원한 회원들—김운성 회장, 정명식 총무, 김정광 목사, 정봉익 장로(30만 원), 신암교회 권태일 목사(20만 원), 중국분과장 선성기 목사, 부총무 최성수 목사, 회원 교회 박무종 목사(각 5만 원)—에게 감사한다. 김임권 장로의 후원으로 N교회가

---

80 중국 분과장 선성기 목사, "중국 선교 보고," 「제34회 부산국제선교회의 밤 선교보고서」 (2016년 12월 1일).
81 김정광 목사와의 인터뷰(2022년 1월 25일).

설립 이후 지속적으로 성장하고 있다. S교회의 지붕 개량 공사 후 교회가 안정적으로 성장하고 있다. 김승희 장로(부산국제선교회 이사)가 D시 G교회 D집사의 갑상선 약을 제공했다. S교회의 석탄 구입비를 이정희 권사(부산국제선교회 부회계)가 지원했다.[82]

8) 중국 선교 전환기의 특징과 과제

중국 선교 전환기의 특징으로는 첫째, 부산국제선교회 중국 선교의 중심인 학습이 중단되었다가 재개하는 것을 반복했다. 한편으로 부산국제선교회와 중국 교회 지도자 사이에 교육 수준에 대한 이해에 차이가 있었다. 한국교회 지도자들은 좀 더 체계적으로 신학을 가르치기를 원했지만, 중국 교회 지도자들은 기본적인 것을 원했다. 2011년에 부산국제선교회는 조선족 교회 지도자들과 2012년 학습을 재개하기로 결정하면서 참가자들의 여비, 숙박비, 교재비를 지원하기로 결정했다. 다른 한편으로 2016년 사드 배치로 인한 한·중 갈등의 영향을 받은 점이다. 결정적인 것은 중국 시진핑 정부의 정책 때문이다. 김정광 목사에 의하면 한국교회 지도자들이 K성에 다녀간 사진을 중국 정부 요원이 보여 주면서 중국에 오지 않으면 좋겠다고 했다. 시진핑 정책으로 인해 종교와 관련된 활동에 대한 정부의 간섭이 심해지면서 중국 교회가 예배나 집회에 모이지 말라 하면 거기에 따를 수밖에 없었다.[83] 한영수 목사에 의하면 학습이 중단된 이유는 시진핑 정부의 종교 정책이 변했기 때문이고, S목사의 공금 유용 건으로 공안의 태도가 달라졌기 때문이었다. S목사는 양회 회장으로 공안과 가까운 사이였지만, 공안이 통제할 수 없는 상부의 특별 지시나 감독이 있으면 학습은 중단될 수밖에 없었다.[84]

둘째, 부산국제선교회는 중국 선교의 위기에 대응할 대안을 나름대로 모색해 왔다. 김승희 현지 선교사는 2011년에 중국 경제가 G2로 부상하는 것이 부산국제선교회의 중국 선교에게 기회가 될 수도 있고, 위기가 될 수도 있다는 주제의 특강을 했다. 김승희 현지

---

82 중국 분과장 선성기 목사, "중국 선교 보고," 「제35회 부산국제선교회의밤 선교보고서」 (2017년 12월 14일).
83 김정광 목사와의 인터뷰(2024년 1월 9일).
84 한영수 목사와의 인터뷰(2024년 1월 30).

선교사가 제시한 대안으로는 첫째, 중국 현지에서 학교나 학원을 통해 중국 교회 지도자를 육성하고 지원하는 방안, 둘째로 중국 교회 지도자들을 한국에서 교육하는 방안, 셋째로 선교로서의 비즈니스(Business as Mission) 방안을 제시했다. 그리고 중국 선교에 관련된 단체나 기관의 네트워크 구축을 제안했다. 2013년에 주소원 선교사는 한국교회의 중국 선교가 중국 교회를 섬기는 자세로 해야 하며, 중국 선교를 중국 교회로 이양할 것을 준비하고, 중국의 삼자 토착 교회를 강화하며, 중국 교회가 스스로 선교하도록 도와야 하고, 중국 교회가 선교하는 교회가 되어 한족 선교, 소수 부족 선교를 위해서 선교 협력을 할 것을 제안했다. 중국 선교의 전망으로는 중국 선교로부터 선교 중국으로의 전환, 중국 교회가 선교하는 교회, 중국 선교를 중국 교회로의 이양 후 중국 선교를 위해 중국 교회와 한국교회가 대등한 동역 관계를 형성하는 것이다.

셋째, 부산국제선교회의 선교에서 중국 선교의 비중이 감소했다. 2014년 부산국제선교회 10대 사업을 보면 중국 선교에 관련된 사업은 두 가지인 데 반해, 미얀마 선교에 관련된 사업은 4가지로 두 배에 달한다. 이는 학습의 중단과 재개가 반복되고, 중국 선교의 상황이 많은 제약을 받기 때문인 것으로 보인다.

중국 선교 전환기의 과제나 문제점으로는 첫째, 학습 시 참여자들이 폭넓은 중국 선교에 대한 지식과 자료를 연구할 것을 요청했는데 이를 실천했는지는 의문이다. 학습에 참가하는 강사진이 「부산국제선교회 선교의 밤 및 선교보고서」에 실린 중국 선교 관련 자료를 나눈 흔적이 없기 때문이다. 둘째, 중국에서 학습이 중단되고 재개하기를 반복하면서 선교 상황은 악화되어 갔지만 부산국제선교회는 경직된 태도를 보여 주고 있다. 선교는 선교지 상황에 따라 선교 원칙이나 정책, 방법을 탄력적으로 운영하는 상황화 또는 적응력을 필요로 한다. 그런데 부산국제선교회는 2011년에 학습을 중단했다가 재개했고, 2012년에 다시 학습을 중단했다가 2013년에 재개했다. 그런데도 부산국제선교회는 "그동안 중단되었던 조선족 지도자 학습이 금년에 재개됨으로 좋은 열매를 맺고 있다. 중국 교회 지도자를 학습시키는 일은 중국 선교의 가장 좋은 방편이다. 부산국제선교회의 중국 교회 지도자 학습은 1997년 이래 지금까지 17년간 지속되고 있으며, 이는 부산국제선교회의 상징이며 부산국제선교회만의 자랑이며 특징"[85]이라 했다.

셋째, 부산국제선교회는 김승희 현지 선교사가 제안했던 중국의 경제 발전으로 인한 G2 시대가 부산국제선교회의 중국 선교에 기회가 될 수도 있고, 위기가 될 수도 있다는 주장을 보다 면밀히 검토하고 대안을 모색해야 했다. 주소원 선교사가 제기했던 선교의 태도와 전망에 대해서도 부산국제선교회는 충분히 검토하고 대안이나 선교 방법의 변화를 모색했어야 했다. 중국에서의 학습을 한 지 20년이 되는 2016년에 학습 20년에 대한 평가를 하면서 위의 두 제안을 고려했어야 했다. 넷째, 똑같이 어려운 선교 여건 속에서 부산국제선교회 중국 선교의 핵심 방법인 학습은 중단과 재개를 반복한 데 반해, 김승희 현지 선교사는 다양한 사역을 계속 진행하고 있었다. 부산국제선교회는 중국 선교에서 두 가지 선교 방식의 차이를 규명할 필요가 있었다. 두 가지 선교 방식의 차이는 중국 정부의 종교 정책에 대한 위반 여부와 중국 교회의 삼자원칙에 대한 존중 여부이다. 부산국제선교회는 김승희 현지 선교사의 사례를 통해 그리고 그동안 부산국제선교회에 제안된 다양한 대안을 토대로 날로 악화되는 중국 선교지 상황에서 선교 방법의 변화나 대안을 모색하는 것이 필요했다. 다섯째, 2011년 학습을 재개하는 조건이 참가자들의 여비와 숙박비와 교제비를 지급하는 것으로 이는 중국 교회의 삼자원리를 위배하는 것이 될 수 있다. 이러한 결정은 어느 정도는 현실의 반영이겠지만, 부산국제선교회가 그동안 중국 농촌 교회 지도자와 교회에 대한 일방적 지원이 초래한 부작용이 아닌지를 성찰해 보아야 한다.

여섯째, 그동안 한·중 교회 사이에 상호 방문과 교류가 있었지만, 이러한 교류와 교제가 일방적인 교류인지 아니면 상호 배움이 있는 대등한 교류이었는지에 대해 성찰해야 한다. 일곱째, 부산국제선교회는 중국 농촌 교회에 대한 일방적 지원에 대해 디아코니아 신학의 관점에서 주는 교회와 받는 교회가 고정될 때 생기는 문제에 대해 성찰할 필요가 있다. 주는 교회는 '강자'로 남으려는 유혹을 받아 주는 행동을 강조함으로써 이신칭의를 부정할 위험(주는 행동으로 구원받음)이 생긴다. 반면에 받는 교회는 주는 교회에 감사할 뿐 아니라 받기만 하는 데 따른 무의식적 적대감을 가질 수 있으며, 하나님의 형상에 반하는 의존하는 존재처럼 자신을 여길 수 있다.[86] 여덟째, 부산국제선교회는 회원 교회들에게 중국 농촌

---

85 "2013년 중국 학습 전체 현황," 「제31회 부산국제선교회의 밤 선교보고서」 (2013년 12월 12일).

교회에 보내는 직접적 지원을, 부산국제선교회를 통해서 하도록 송금 일원화를 요청했다. 이는 송금의 문제로만 여겨질 수 있지만, 크게는 부산국제선교회와 회원 교회의 역할 분담과 선교적 협력을 위한 보다 명확한 관계 수립이라는 과제를 내포하고 있다.

6. 중국 선교의 모색기(2018~2022)
: 중국에서 선교사 추방 및 선교 중단

1) 2018년: 선교사 추방과 선교 중단, 중국 선교 여행 보고

2018년에는 중국 선교사들이 추방되거나 중국 학습이 불가능한 시기이었다. 부산국제선교회는 선성기 목사를 단장으로 중국 선교의 방향을 정하기 위해 중국 선교 여행단을 구성하여 추진하고 그 결과를 보고받았다. 부산국제선교회 중국 분과장 선성기 목사는 조선족 지도자들의 목회 활동비를 지원하는 것과 심양, 하얼빈, 홍콩 지역의 교회 지도자와 선교사를 만나서 2019년도 중국 학습과 중국 선교 방향을 모색하기 위한 목적으로 11월 5일부터 14일까지 중국 선교 여행을 했다. 11월 5일 S에 도착할 때 어려움은 조선족 지도자들에게 지원할 목회 활동비를 갖고 입국 심사대를 통과하는 것이다. 하나님의 은혜로 심사대 그물을 피하여 무사히 통관 절차를 마쳤다. 중국 기사와 심양에 사역하는 L 목사가 마중 나와 있었다. L 목사는 조선족 목사이면서 중국의 많은 지역에서 부흥 집회를 인도한다. L목사는 중국 선교를 직접적인 선교와 함께 중국 국경지에 베이스를 구성하여 중국 교회 지도자들을 제3국으로 불러서 학습을 진행하는 방법을 추천했다. 11월 6일 방문단은 S에서 500km 떨어진 C현으로 이동했다. C교회에 도착한 방문단은 모두 깜짝 놀랐다. 어마어마한 크기의 오성 홍기가 교회 마당에 서 있기 때문이었다. 새로운 형태의 문화 혁명이 시작된 느낌이다. C교회 지도자들이 제안한 대안은 확실한 지도자만 모여서 학습하는 방법이었다.

---

86 황홍렬, "사회복지, 디아코니아/사회봉사와 선교," 한국선교신학회 편, 「선교신학」 제5집 (2002): 46-48.

대략 20명 정도 지도자만 학습하자는 제안이었다. S로 되돌아오니 저녁 7시가 넘었다. 저녁에는 지하교회 지도자들과 부산국제선교회가 협력할 수 있는 방법에 대해서 이야기를 나누었다. 11월 7일 선 목사는 아침에 지하교회를 방문했다. 지하교회는 여러 형태로 존재한다. 일부는 아파트에서 모이고, 다른 지하교회는 사무실에서 모이기도 한다. 한 여자 목회자는 호텔 한 층을 빌려서 목회를 한다. 지하교회 지도자는 평일에 집회와 기도회를 하는 사무실로 선성기 목사를 인도했다. 22층 빌딩에 있는 사무실은 100평이 넘게 보였다. L목사는 이 사무실에서 학습을 할 수 있는지 타진해 보겠다고 했다. S에서 Y로 가는 길이 900km가 넘기에 선성기 목사는 서둘러 출발했다. 저녁 7시 40분이 되어서야 Y로 들어섰다. Y에서 온 운전기사에게 유류비와 교통비를 물었더니 중국 돈 1,230위안이 들었다고 했다. C를 다녀왔던 왕복 비용과 H 왕복비용은 예상을 훨씬 넘었다. 운전사에게 여권을 제시하지 않아도 되는 숙소로 이동하도록 요청했다. 처음에는 여권을 요구했지만, 운전기사가 잘 이야기한 것 같아서 하룻밤을 보내게 되었다.

11월 8일 선성기 목사는 조선족 교회 지도자를 만났다. 그동안 늘 익숙하게 보아왔던 관계였지만, 이제는 좀 멀게만 느껴지는 관계가 되었다. Y까지 오는 길은 멀기도 하지만, 이제는 위험하기까지 하니 안타깝기 그지없다. 식사 후 선교비를 전달했다. 후에 수령증 사인을 받고, 감사 편지와 영상 메시지를 만들었다. 30분 정도의 시간이 지나갔다. 그들에게 부담되는 이야기도 전하였다. 그들이 선교비를 받는 것이 부담스러운 일이거나 위험하다고 판단되면 이야기를 해 달라고 했지만, 그들은 오히려 부산국제선교회가 위험을 무릅쓰고 방문한 것에 감사를 표하였다. 계속해서 자기들을 잊지 말라고 부탁했다. H로 가는 데는 10시간이 걸리는데 비까지 내렸다. H에 23시 40분에 도착했다. 11월 9일 H에서 J목사를 만났다. J목사는 H에서 200km 정도 떨어져 있는 S시 양회 회장이다. S시 인구는 150만 명 정도이며, S시 양회는 Y현 같은 9개 현이 있다. J목사는 선성기 목사에게 신천지에 관해서 알려줄 것을 요청했다. J목사 앞에서 신천지에 관하여 아는 대로 알려 주었다. 그런 후에 J목사는 점심을 같이 먹으면서 자신의 생각을 얘기했다. S시 종교국 관료들이 한국 목사들을 정식으로 초청하여 만남을 가지고 싶다는 것과 자기들도 한국으로 초청해 달라는 내용이었다. 실로 놀라운 이야기이다. 그것이 사실이고, 진심이라면 새로운 선교 역사가 시작되는 것이다. 선교회로 돌아가서 이 사실을 보고하여 좋은 방향으로 가자고 했다. 나중에 J목사가 또 다른 이야기를 해주었다. 그들은 진심으로 한국 사람들이 오게 되면 관광지가 S시에는 없는데 걱정이 된다고 했다는 것이다. 만일 S시에서 부산국제선교회가 사역을 하게 된다면 어떤 사역을 원하는지에 대하여 물었다. J목사는 일 년에 2번의 학습과 그 지역이 의료시설 이 낙후한 지역이니 의료선교를 원하였다. 그리고 원하는 것은 한국을 방문하는 것이었다. J목사는 종교국 관료들도 한국을 방문하고 싶다고 했다.

11월 10일에 일행은 H로 이동했다. H시에서 H으로 가는 길은 먼 길이다. 11시 50분에 H시를 출발하여 저녁 7시 30분에 H에 도착하니 J목사가 나와 있었다. 11월 11일 H의 D교회 에서 예배를 드리고, 공항으로 가서 부산국제선교회의 미얀마 팀을 만났다. 11월 12일 선성기 목사는 H의 선교사 J목사와 만났고, 도풍산교회를 방문했다. 오전에 일행은 J선교사 와 만나 그의 선교 활동과 중국의 사정을 들었다. J선교사도 중국 사역을 축소하고 있다고 했다. 그는 일행에게 제3국를 통한 우회 선교를 권했다. 일행은 선교사의 이야기를 들은 후에 도풍산교회를 방문했다. 1890년경 그 지역이 중국에 속했을 때 노르웨이의 칼 라이헬 트(Karl L. Reichelt) 선교사가 이곳에 도착하였다. 라이헬트 선교사는 불교 사찰과 불교 신자가 많은 이 지역에 복음을 전하면 홍콩과 광동성 일대에 복음이 쉽게 확산될 것을 생각하고, 매일 기도하며 성경을 묵상하면서 동시에 불교에 관한 지식을 승려들에게 배우 기 시작했다. 어느 정도 불교의 철학과 문화를 연구하자 자연스럽게 승려들과 불교 신자들 과 대화가 될 수 있었다. 그러자 그는 아예 머리를 깎고 승복을 입고 사찰로 들어가서 승려들 과 생활을 하였다. 그는 매일 승려들과 대화하면서 복음을 전하기 시작했으나 그리 쉽게 되지는 않았다. 이 과정에서 수년 동안 복음의 열매를 거두지도 못한 상태에서 사찰로 들어가 버린 이 선교사를 노르웨이 선교본부에서 선교사 자격을 파면시키려는 움직임이 있었다. 그러나 좀 더 기다려 보자는 쪽의 우세로 면직되지는 아니하고 계속 시간이 흘러 도풍산에서 복음을 전한 지 무려 32년이 흘렀다. 그 사이 본국과는 연락이 두절되어 버렸 다. 살아계신 하나님께서는 라이헬트 선교사의 시도와 믿음과 수고를 보시고 도풍산의 기적을 허락해 주셨다. 그의 선교 32년 만에 승려 70여 명을 전도하고 세례를 주었다. 그 래서 본래 불교 사찰이었던 그 자리에 하나님의 생명의 말씀이 들어가자 구원의 역사가 일어나고 지금 그 사찰은 교회로, 사찰의 여러 방과 건물은 기독교 수양관과 문화센터로 변해있다. 이번 중국 선교 여행은 열정과 비전의 시간이었다. 현재의 열정과 내일의 비전이다. 우리가 어떻게 결정하더라도 하나님의 열정은 계속될 것이다. 선교는 하나님의 열정이기 때문이다. 우리는 중요한 시점에 와 있다. 멈출 것인가! 쉴 것인가! 갈 것인가! 이 시점에 바울의 각오를 외치고 싶다. "나의 달려갈 길과 주 예수께 받은 사명 곧 하나님의 은혜의 복음 증거하는 일을 마치려 함에는 나의 생명을 조금도 귀한 것으로 여기지 아니하노라"(행 20:24).[87]

2) 2019년: 농촌 교회 지원과 중국 교회를 위한 기도

부산국제선교회를 통하여 세워진 20여 개 교회와 부산국제선교회가 후원하는 10여 개 교회는 중국 정부의 모진 핍박 속에서도 신앙을 지키며 열심히 예배드리고 있다. 이 교회들이 부산국제선교회 회원 교회에 요청한 것은 중국 정부의 패권 추구로 발생한 파생적인 이유로 심각한 어려움을 겪고 있는 중국 교회와 중국 국가를 위하여, 중국 도시뿐 아니라 홍콩과 신장 지역의 종교적 자유를 위하여, 부산국제선교회가 심혈을 기울인 선교지인 Y 지역을 위한 기도이다.[88]

3) 2020년: 제3국에서 중국 선교하는 중화권 선교사와 협력

2020년에 부산국제선교회는 제3국에서 중국 선교를 하는 선교사를 접촉하거나 연계해서 중국 선교의 방향을 모색했다. 말레이시아 양영기 선교사는 중국에서 소수 민족 교회 지도자들을 대상으로 계속 훈련을 지원하던 팀이 강제로 추방되었다고 했다. 중국 소수 민족 교회 지도자들을 1개월 동안 관광 비자로 말레이시아로 오게 해서 진행하려던 교육

---

87 중국 분과장 선성기 목사, "중국 선교 보고," 「제36회 부산국제선교회의 밤 선교보고서」 (2018년 12월 6일).
88 중국 분과장 선성기 목사, "중국 선교 보고," 「제37회 부산국제선교회의 밤 선교보고서」 (2019년 12월 5일).

계획이 코로나로 인해 중단되었다. 양영기 선교사는 9월부터 이들을 대상으로 줌 교육을 진행했다. H국은 18세 이하에게 복음을 전하지 못하게 하는 정부 정책으로 교회학교가 거의 없는 상황이다. 그동안 J선교사는 교회학교 교사 양육, 성경학교 교사 강습회, 성경학교 개최 및 후원, 장학 사업, 출판 등의 활동을 해왔다. 코로나로 인해 현장 사역을 못 하고 문서 선교에 주력한다.[89]

4) 2021년: 세 중화권 협력 선교사의 활동과 몽골 다문화 선교

2021년에 부산국제선교회는 중국 선교의 방향을 모색하기 위해 중화권 협력 선교사들의 선교 활동 보고를 받았다. 손병인 대만 협력 선교사의 보고서는 선교적 교회를 이룬 교회 목사가 조기 은퇴하면서 중국 선교를 했고, 현재는 대만 선교로 전환한 것을 언급한다. 놀라운 것은 양정중앙교회 담임목사로서 주님의 인도하심을 따라 예산 2억 1천만 원 중 1억 원을 구제비로 사용하니 지역사회 주민들로부터 칭찬을 받는 교회가 되었고, 어려운 교회 형편 중에 주님의 말씀을 따라 베트남신학교 건축에 5억 원을 보냈는데 이 과정에서 교인들과 담임목사가 성령의 은혜를 체험하면서 변화가 일어났다는 점이다. 성령은 선교의 영으로 교회를 먼저 변화시키고(행 10장, 베드로를 변화시킴) 변화된 하나님의 사람들이 성령의 선교, 하나님의 선교에 도구로 쓰임을 받을 때(행 15장, 예루살렘 공의회가 이방인 선교를 공인) 선교의 열매가 맺어진다는 것(이방인 선교가 열매 맺음, 바울 서신)을 보여주는 구체적 예이다. 또 베트남신학교가 전적으로 한국교회에 의존하지 않고 다른 후원과 자체 헌금으로 20억 원을 모아 건축한 점이다.[90] 선교는 일방적 관계나 의존적인 관계가 아니라 하나님의 선교 맥락에서 대등한 관계이거나 상호의존적인 관계가 되어야 한다.

박호식 협력 선교사는 2014년 땅끝교회를 주 파송 교회로 부산노회 파송 선교사로 M국에서 사역을 시작했지만 2016년 총회 선교사 훈련을 받고 총회 파송 선교사가 되었다.

---

89 중국 분과장 선성기 목사, "중국 선교 보고," 「제38회 부산국제선교회의 밤 선교보고서」 (2020년 12월 3일).
90 손병인 대만 협력 선교사, "선교 보고" (2021년 11월 15일).

부산국제선교회의 협력 선교사로 있다. M국은 C국의 일국양재 정책에 의해 특별행정자치구이지만, 실질적으로는 C국이 통치하고 있다. M국은 C국 선교를 위해서 개신교 선교사가 처음으로 밟은 땅으로 현재와 미래에도 C국의 복음화를 위해 하나님께서 남겨놓은 땅이라 생각한다. 2016년까지 M국 광안한인교회 사역을 권요셉 선교사와 동역하다가 2017년부터 한인 사역과 협력 사역을 하고 있다.[91]

양영기 말레이시아 협력 선교사는 11월 1일에 3세~7세 아동 22명과 교사 3명으로 엘샤다이 조이풀 러닝 난민센터(El Shaddai Joyful Learning Center)를 기적적으로 오픈했다. 매일 아침 23명의 아동과 4명의 교사가 찬송과 기도, 말씀 암송으로 1교시의 수업을 시작한다. 매주 금요일 아침은 특별히 초청된 외부 교사들이 어린이들에게 성경 이야기를 들려준다. 양 선교사 팀이 인터넷 온라인 수업을 통하여 중국 현지 사역자들에게 계속교육 및 훈련을 진행하여 지난 9월 8일에는 '소목자 과정'을 4명이 수료했다. 양 선교사 팀이 인터넷을 통하여 선교 동원 카이로스 과정과 기타 양육 과정을 진행하고 있다.[92]

몽골 베다니마을교회는 코로나로 인해 온라인 예배를 드리다가 2주 전부터 대면 예배를 시작하여 150명 성도 중 50명이 모여 예배드리고 있다. 서울 베다니마을교회(허석구 목사)는 페이스북으로 예배를 드리다가 줌 예배로 전환했다. 지금은 20명 정도의 성도가 모여 예배드리고 셀 모임도 재개했다. 몽골 홈미션센터에는 9명이 모여 살다가 코로나로 인해 5명의 자매가 살고 있다. 10월 30일 홈미션센터가 운영위원회를 발족했다.[93]

5) 중국 선교 모색기의 특징과 과제

중국 선교 모색기의 특징으로는 첫째, 한국 선교사들이 중국에서 추방되면서 부산국제선교회는 중국 선교의 방향을 모색하기 위해 대표단을 중국에 파견하여 다양한 대안을 모색했다. 대안으로는 지하교회를 활용하는 방안, 중국 교회 지도자들을 제삼국으로 오게

---

91 박호식 협력 선교사, "선교보고," 「제39회 부산국제선교회의 밤 선교보고서」 (2021년 12월 2일).
92 양영기 말레이시아 협력 선교사, "선교 보고," 「제39회 부산국제선교회의 밤 선교보고서」 (2021년 12월 2일).
93 허석구 몽골 협력 선교사, "선교 보고," 「제39회 부산국제선교회의 밤 선교보고서」 (2021년 12월 2일).

해서 교육하는 방안, 중국에서 확실한 교회 지도자 20명만 학습하는 방안, 도풍산 선교 사례처럼 상황화를 통한 복음화 방식 등이었다. 그리고 중국 관료들이 한국 방문을 원한다는 것을 알게 되었다. 둘째 부산국제선교회는 중국 교회에 대해서는 기도와 지원을 하고, 제삼국에서 선교하는 중화권 선교사와 협력했다. 셋째, 대만, 말레이시아, M국 등 중화권의 세 협력 선교사의 사례는 직간접적으로 중국 선교를 하는 사례이지만, 부산국제선교회와는 지원하고 협력하는 관계 이상으로 나아가기는 어렵다. 다만 대만 손병인 선교사는 선교적 교회의 모범적 사례로 연구할 가치가 있는 사례이다. 손병인 목사는 목회 중 하나님의 음성을 듣고 교회 예산의 절반을 구제비로 사용하여 지역주민의 호응을 얻었고, 베트남 신학교에 5억 원을 헌금하라는 주님의 음성을 듣고 순종하여 교인들과 손 목사가 성령의 체험을 강하게 하면서 변화되어 손 목사는 60세에 조기 은퇴하여 중국 선교사가 갔다가 대만 선교사로 갔다. 선교의 영인 성령의 역사로 교회가 선교적 공동체로 변화되고, 목회자가 선교사로 나아가는 새로운 일이 일어났다.

중국 선교 모색기의 과제나 문제점으로는 첫째, 중국 선교의 대안을 모색하기 위해 파견된 대표단이 농촌 교회를 돕기 위한 지원금 전달이 중국 정부의 법과 중국 교회의 삼자원칙에 어긋난다는 점이다. 부산국제선교회는 중국 선교를 활발하게 진행할 때도 중국 정부의 법과 중국 교회의 삼자원칙을 어떻게 준수하면서 선교할 수 있는지에 대한 과제가 있었다. 한국 선교사들이 추방되고, 부산국제선교회의 학습을 비롯한 중국 선교가 불가능해지면서 대안을 모색하면서도 중국 정부의 법과 중국 교회의 삼자원칙 준수 문제는 여전히 남아 있는 과제이다. 둘째, 이런 상황에서 부산국제선교회가 추구하는 대안으로서의 중화권 협력 선교사와의 선교 협력은 실제로는 대안이 아니라는 점이다. 바꿔 말하면, 중국에서 학습을 진행했던 부산국제선교회가 중화권 협력 선교사를 지원하는 것은 한국교회가 이들을 지원하는 것과 실제로는 차이가 없다는 점이다. 이는 중국에서 추방된 한국 선교사는 중국어로 말하고, 중국 문화에 익숙해서 중화권 선교사로 가서 직접 화교나 중국인에게 선교할 수 있다. 반면에 부산국제선교회의 학습은 조선족 교회 지도자들이나 통역을 통해 한족 교회 지도자들을 대상으로 이뤄졌다. 따라서 부산국제선교회가 제삼국에서 중국 교회 지도자들에게 학습을 하지 않는 이상 대안을 모색하기가 어렵다.

7. 중국 기독교와 중국 선교 이해

1) 중국 선교 역사에 대한 이해

(1) 중국 선교 역사[94]

가) 중국 선교 역사

중국 선교는 당 태종 9년 635년 네스토리우스파 알로펜이 복음을 전하면서 시작했다. 경교라고 알려진 기독교는 박해로 9세기에 거의 사라졌다. 원나라 때 몬테코르비노 선교사에 의해 기독교가 전래되었으나 원나라가 멸망하면서 14세기 말에 쇠했다. 16세기에 마테오 리치를 비롯한 예수회 신부들에 의해 다시 선교가 활발히 진행되었다. 제사 논쟁에서 마테오 리치와 아담 샬의 적응화 방식이 수용되지 않자 1720년 강희제는 서양인의 중국 선교 금지를 명하는 금교령을 반포했다. 이후 100년간 금교 정책이 지속되었다. 19세기 초 외국인이 거주할 수 있는 곳은 마카오와 광동 일부 지역뿐이었다. 개신교 선교사로는 로버트 모리슨이 1807년 광주에 도착해 성경 번역가로, 중국 문화를 연구하는 학자로 선교 활동을 전개했다.

중국이 선교의 문을 연 것은 아편전쟁 이후였다. 1차 아편전쟁(1840~1842)으로 체결된 남경 조약은 5개 항구의 개항과 영사 재판권, 개항지 내 선교 허가 등을 담고 있다. 영국의 승리는 선교사들의 큰 환영을 받았다. 뿐만 아니라 남경조약을 기초한 사람은 모리슨 선교사(J. R. Morrison)이었고, 귀츨라프 선교사가 중문 원고를 작성했다. 중국 내지까지 선교가 가능하게 된 것은 2차 아편전쟁(1856~1860)으로 맺은 천진 조약(1858), 북경 조약(1860) 이후였다. 이제부터는 서구 선교사뿐 아니라 중국 기독교인도 치외법권을 지니게 되었다. 북경 조약의 중문 번역을 담당했던 프랑스 선교사는 불문 원문에는 없던 "선교사가 각 성에서 토지를 사고 건축하는 것을 허락해 준다"는 구절을 임의로 추가했다.[95]

---

94 황홍렬, "에딘버러 대회에 나타난 중국선교에 대한 비판적 고찰," 한국선교신학회 편, 「선교신학」 제24집, No. 2 (2010. 7.): 206-211.

로마가톨릭의 공식 통계에 의하면 1896년 중국 천주교 선교사는 759명이고, 신자는 532,448명이었다.[96] 1889년 개신교 선교사는 1,296명이고, 신자는 80,682명이었다.[97] 100년 정도 선교가 금지되었다가 이후에 기독교가 급성장한 요인 중 한 가지는 선교의 목적을 교민의 양적 증가를 삼은 데 있기 때문이었다. 무력의 힘에 의해 중국의 문호를 개방하고, 선교사뿐 아니라 중국 기독교인들에게까지도 특권을 부여하면서 선교를 했다. 중국 교민 중에는 이러한 특권을 이용하려는 사람들이 많았다. 신자들은 네 종류로 구분된다. 첫째, 신교(信敎)는 진실하게 하나님을 믿는 신자들이다. 둘째, 의민(依民)은 교회의 부동산에 의지하여 가족의 부양을 위해 입교한 사람으로 주로 농민들과 교회 사역자들이다. 셋째, 결교(乞敎)는 교회의 은혜를 탐내 직업 또는 직함으로 이용하는 무뢰 유민들이다. 넷째, 투교(投敎)는 교회 세력에 기대어 관리의 착취에 저항하고, 도리어 타인을 착취하는 악인들이다. 대다수 기독교인은 신교와 의민이었고, 결교와 투교는 많지 않았다. 문제는 소수의 결교와 투교자들이 교인의 대표를 이뤘다는 데 있다.[98]

이렇게 된 데에는 마을에서 일반 양민과 기독교인 사이에 충돌이 있으면 선교사는 시비를 불문하고 교인을 보호하는 경우가 많았기 때문이었다. 이러한 선교사들의 태도 때문에 결교와 투교자들의 나쁜 행동을 고무하는 결과를 초래했다. 중죄인이 입교하여 교회의 보호를 구하기도 했고, 선교사에 의탁해 원수를 갚기 위해 입교하는 경우도 있었다.[99] 이처럼 마을에서 기독교인과 양민의 충돌이 격화되고, 이러한 갈등을 외세가 청에 압력을 넣거나 외세의 힘에 의존하여 해결하면서 갈등이 더 증폭되었고 반기독교운동은 격화되었다. 천주교는 1880년 이후부터는 이러한 선교 방법에 대해 소극적이었고, 1908년부터는 이런 방법을 금지했다. 이런 방법을 허용했던 이유는 동기가 불순한 사람들이 교회에 오더라도

95 이시악 외/이은자 옮김, 『근대중국의 반기독교운동』 (서울: 고려원, 1992), 14-17.
96 Kenneth Scott Latourette, *The Nineteenth Century Outside Europe: The Americas, the pacific, Asia, and Africa, A History of Christianity in the Nineteenth and Twentieth Centuries,* Vol. III (Grand Rapids: Zondervan Publishing Company, 1976), 435.
97 Kenneth Scott Latourette, *The Nineteenth Century Outside Europe,* 438, 441.
98 이시악 외, 『근대중국의 반기독교운동』, 23.
99 이시악 외, 『근대중국의 반기독교운동』, 24.

양육을 통해 2~3세대가 지나면 정화될 것을 믿었기 때문이었다.[100] 이후에 개신교 선교부는 교육에 힘을 쏟았고, 인쇄된 문서에 대해 존경하는 전통을 지닌 국가에서 문서 선교도 열심히 했다.[101] 개신교 선교의 경우 강제로 개항한 해안 도시의 선교를 넘어 외국인에 대한 치외법권이 미치지 않는 내지 선교에 헌신했던 중국내지선교회의 활약이 중국 교회가 성장하는 데 크게 기여했다.

나) 중국의 반기독교운동

① 네 가지 시기[102]

첫째 시기는 1842년부터 1860년까지이다. 아편전쟁으로 체결된 남경조약에 의해 선교사들이 5개 항에 들어오게 되었다. 그러나 내지 선교는 금지된 상황이었다. 1846년에는 100여 년간의 금교 조치가 해제되었다. 이 시기의 반기독교운동은 금지된 내지 선교를 시행했던 선교사들에 의해 비롯되었다. 1848년 영국 선교사 3명이 강소 청포에 무단 잠입한 뒤 선교 활동을 하다 그 지역 조선 운수 노동자 1만 3천 명과 충돌했다. 1856년 광서 서림에서 프랑스 선교사 샤쁘들렌을 체포해 심문한 뒤 사형에 처한 사건이 2차 아편전쟁의 도화선이 되었다. 내지 선교가 금지된 상황이기 때문에 선교사나 교민(교인)들은 선교 활동에 신중했다. 선교사와 중국 교인이 핍박을 받아도 중국인과 대규모 충돌로 인한 교안(반기독교운동)은 없었다.

둘째 시기는 1860년에서 1884년까지이다. 2차 아편전쟁으로 체결된 천진 조약과 북경 조약(1860)에 의해 내지 선교뿐 아니라 토지 매매, 교회당 건축 등이 가능해졌다. 이 시기 반기독교운동은 지방관 및 신사층(과거 제도를 통해 관직을 소유한 자로 다방 면에서 영향력을 지닌 지방 특권 계급)이 주도했다. 이 시기 교안의 특징은 신사층이 주도했고, 선교사, 교민, 교회에 대한 공격으로 나타났다. 이 시기 교안의 특징은 교안의 수의 증가와 발생 범위가

---

100 Kenneth Scott Latourette, *The Nineteenth Century Outside Europe*, 436.

101 Kenneth Scott Latourette, *The Nineteenth Century Outside Europe*, 440.

102 장경희, "19세기 중국 반기독교 요인 연구―선교학적 고찰 중심으로―," 이화여자대학교 대학원 석사학위 청구논문(1994년), 18-40.

확대된 점, 폭력 형태로 나타난 점, 관신들의 반기독교 여론 동원으로 일반 민중이 반기독교
운동에 참여한 점 등이다.

셋째 시기는 중불전쟁이 일어난 1884년부터 청일전쟁이 일어난 1894년까지이다. 이
시기 교안은 전국적으로 확장되어 발생한 점에서 둘째 시기와 구분된다. 교안의 특징은
중불전쟁의 영향으로 반기독교운동과 반제국주의운동을 결합시킨 점, 반기독교운동과
반청 운동이 결합된 점, 주체가 일반 민중, 특히 비밀결사 단체라는 점 그리고 관신들의
반기독교 언론 운동이 큰 영향을 준 점 등이다.

넷째 시기는 1894년부터 의화단 사건이 일어난 1900년까지이다. 청일전쟁의 패배로
서구 열강의 세력범위가 확장되면서 민족의 위기가 날로 심각해지자 더욱 많은 비밀결사가
반기독교운동에 참여하면서 의화단 사건에서 절정을 맞이했다. 이 시기 반기독교운동의
특징은 부청멸양(扶淸滅洋)의 구호를 내세우며 제국주의와 기독교를 직접 연결시킨 점,
민중의 비밀결사가 반기독교운동에 대대적으로 참여하여 큰 위력을 과시한 점 등이다.
의화권의 명목 아래 전국으로 확대되었으며 1898년부터 1900년까지 의화단 운동을 전개
시켜 나갔다.

② 반기독교운동의 원인

우선, 불평등조약들이 있다. 선교 활동이 가능해진 것은 이 불평등조약들 때문이었다.
둘째, 이 불평등조약 과정에 선교사들이 직간접적으로 관여했기 때문에 선교사들은 서구
제국주의 침략 세력과 동일시되었다. 셋째, 선교사들의 특권 의식과 교회당을 비롯한 교회
재산 확보, 특히 교민 확보를 위한 권력 남용 등으로 인해 지역 중산층인 신사층과 농민
등과의 갈등이 심각해져 갔다. 의화단의 기초가 되었던 권회는 교민의 급속한 성장에 대응
하는 새로운 민간 종교 결사의 역할을 했다.[103] 넷째, 선교사들의 가르침에 따라 교민들이
제사를 거부하는 등 문화적, 종교적 차이로 인한 갈등이 반기독교운동의 원인이 되었다.
다섯째, 아편전쟁 이후 아편의 합법화로 인해 아편 수입이 급증하면서 청의 무역 역조가
심화되자 청은 증세로 해결하려 했다. 그렇지만 천연 재해와 관리들의 부패는 농민들의

---

103 이은자, 『의화단 운동 전후의 산동 — 민간종교결사와 권회에 관한 연구』(서울: 고려대학교출판부, 2002),
    146-147.

삶을 더 피폐하게 했다. 이러한 사회적, 경제적 상황이 민간 종교 결사의 급증과 폭력적 반기독교운동의 토대가 되었다. 여섯째, 청은 반기독교운동을 청은 서구 열강의 무력을 동원해 진압하고, 그 결과 막대한 배상금과 선교사들의 특권과 권력 남용이 더 심화되고, 이에 편승한 교민들의 오만방자함이 극치에 달하면서 결과적으로 더 큰 반기독교운동으로 발전하는 기폭제가 되게 했다.

(2) 의화단 사건(1900)에 대한 롤란드 알렌의 반성(1912)[104]

1900년 중국에서 일어난 의화단 사건(Boxed Rebellion)은 복서들(Boxers)들로 알려진 '의롭고 조화로운 사회 건설을 위한 주먹들'이 서방의 식민지 지배 세력들과 기독교에 맞서 일어난 민족주의적이고 종교적인 폭동이었다. 청나라의 몰락과 1890년대의 개혁운동의 실패는 여황제 서태후가 외세들에 맞서는 반란을 장려하도록 했다. 반란군들은 거기에 응했다. 폭동은 동부 지역에서 가장 크게 번졌다. 선교사들보다 훨씬 더 많은 중국 기독교인이 죽임을 당했다. 그러나 선교회에 속한 선교사들과 가족의 죽음과 재산 피해를 계기로 여덟 개 국가가 연합군을 창설하여 폭동을 진압했다. 반란군들의 대중적 슬로건 중에는 "외국 종교를 몰아내고 중국 종교를 지켜라"는 것이 있었다. 이는 반란 운동의 성격을 보여 주었다.[105]

가) 서구 선교사의 선교 활동의 원칙과 선교 방법

자신에 대한 죽임의 위협을 간신히 피하고 많은 선교사와 더 많은 중국 기독교인의 죽음을 목격한 선교사 알렌은 1912년에 서구 선교사들의 선교 방법과 사도 바울의 선교 방법을 비교하면서 서구 선교사들의 중국 선교 방법에 대해 반성했다. 그러나 그의 반성이 어느 정도 영향을 끼치기 시작한 것은 반세기가 지난 후였다. 서구 선교사의 선교 활동의

---

104 황홍렬, "성령과 선교: 변화된 세계에서 새로운 선교 이해와 대안 모색," 부산장신대학교 편, 「부산장신논총」 제10집 (2010): 263-268.

105 스캇 선퀴스트/이용원 옮김, 『아시아 기독교 탐구: 역사·신학·선교』 (서울: 미션아카데미, 2018), 150.

원칙은 개종자들이 자립하기 전에 여러 세대에 걸친 오랜 기간 동안 견습 기간과 훈련을 받아야 한다는 것이다.[106] 서구 선교사의 선교 방법은 첫째, 서구의 지배를 전제로 하고 있다. 서구 선교사들은 물질적 매개를 통해 영을 알 수 있는 그런 세계에 살고 있다. 그들이 일하는 방법과 물질적 도구는 성령을 드러내기도 하고, 감추기도 하고, 잘못 표상하기도 한다. 서구 선교회의 토지 구입은 서구의 지배를 자연스럽게 상정한다. 중국에 광범위하게 퍼진 것은 기독교인이 된다는 것은 외국 지배에 종속된다는 사고였다. 이처럼 서구 선교사들은 서구 제도를 수입함으로써 선교 활동의 참된 영적 성격을 모호하게 만들어 버렸다.[107] 둘째, 서구 선교 방법의 특징은 개종자 교육을 통해 개종자들로 하여금 성령의 활동 속에서 복음의 진리를 스스로 찾도록 하지 않고 선교사들이 그리스도(성령)의 자리에 앉음으로써 개종자들로 하여금 선교사들을 의존하게 만들었다. 결국 선교의 책임은 선교사나 그에 준하는 전문가들에 있다는 태도는 개종자들이 이웃에게 복음을 전하기를 주저하게 만들었다. 그리고 세례와 교인 교육 역시 선교사에 의존하게 되었다.[108] 셋째, 서구 선교사들은 개종자를 대할 때 성령의 조명을 추구하는 대신에 율법에 호소했다. 이는 선교사들이 개종자들을 은혜에 의해 성령에 따라 사는 자로 보기보다는 자연에 있는 그대로의 사람으로 보았기 때문이다.[109]

알렌은 서구 선교의 특징을 이국적이고 의존적이며 획일적인 것으로 보았다. 서구 선교의 실패 원인 중 첫째는 인종적, 종교적 우월성이다. 서구 선교사들은 선교지 주민들을 위해 모든 것을 다했다. 그렇지만 그들이 한 가지 하지 못한 것은 양자 사이의 평등을 인정하지 않는 것이다. 선교사들은 주민들을 어린이 취급했지, 형제자매로 대하지 않았다. 또 서구 선교사들은 성령 하나님께 자리를 드리지 않았다. 둘째는 선교사들의 신앙 부족 때문에 지역 교회 그리스도인들의 독립을 두려워하거나 불신했다. 서구 선교사들은 자신들이 현지 교회에 없어서는 안 될 존재로 상상했고, 그렇게 행동했다. 서구 선교사들은 현지

---

106 Roland Allen, *Missionary Methods: St. Paul's or Ours?* (Grand Rapids: Wm. B. Eerdmans Publishing Co. 1995[1912]), 3.

107 Ibid., 54-55.

108 Ibid., 81, 93, 101.

109 Ibid., 118, 125.

교인들로 하여금 선교사들을 그리스도의 자리에 모시도록 교육시켰다. 그것은 선교사들을 인도했던 성령이 현지 교회 교인들을 지도하고 영감을 줄 것을 믿지 못했기 때문이었다. 이렇게 해서 서구 선교사들은 성령의 능력에 대한 신뢰를 손상시켰다. 이러한 오류와 죄가 서구 선교의 실패를 초래했다.[110]

나) 바울의 선교 방법과 원칙

바울의 선교 방법은 현대 서구 정신과 조화를 이루지 않으며, 예외적인 시기에 예외적인 사도로서 현대 서구 선교사의 방법을 기준으로 보면 혁명적이라고 비난받을 수 있다.[111] 바울은 기적의 중요성이 과대 평가될 위험이 있다는 것을 알았다. 그렇지만 그는 기적의 능력이 생명을 일깨우는 성령의 다양한 활동 가운데 하나일 뿐이라는 사실도 잘 인식하고 있었다.[112] 바울의 선교 방법으로는 첫째, 바울의 개종자 교육의 특징인 단순성과 간결성이었다. 그는 새로 세워진 교회에 간단한 체계의 복음의 가르침, 세례와 성만찬, 그리스도의 죽으심과 부활의 전승 그리고 구약성서만을 맡겼다. 그는 복음을 가장 단순한 형태로 복음의 가장 단순한 요소를 가르침으로써 개종자들 스스로 복음에 대한 지식을 터득해 가도록 했다. 그래서 바울은 그들로 하여금 복음의 핵심을 성찰하여 자신들이 발견한 것을 서로 가르치게 함으로써 근본적 진리를 스스로 터득해 나가도록 했다. 이렇게 함으로써 바울은 엄청난 위험을 무릅썼다. 그렇지만 그는 그리스도와 교회 안에 내주하시는 성령을 믿었기 때문에 그런 위험들에 의기소침하지 않은 것이 그의 선교 방법의 중요한 특징의 하나이다.[113]

둘째, 바울 선교의 방법은 선교하면서 세웠던 지역 교회로부터 일찍 떠남으로써 현지 교회의 지도력의 성숙을 도모했다. 바울이 교회에 머문 기간이 짧았기 때문에 지역 교회 지도자들은 선교사 바울에게 의존할 수 없었다. 그들은 자신들이 지닌 자원에 의존해야 한다는 것을 깨달았다. 지역 교회 지도자들은 교회 정치와 교육의 기회를 얻었고 그런

---

110 Ibid., 142-145.
111 Ibid., 4-6.
112 Ibid., 47.
113 Ibid., 90-91.

기회를 통해 지도력이 성장할 수 있었다. 이처럼 세례와 안수의 책임이 지역 교회에 주어졌다. 바울의 선교 방법이 성공할 수 있었던 요인 중 한 가지는 교회로 하여금 교회에 누구를 받아들여야 하는 가에 대해 결정하게 함으로써 선교사와 지역 교회 지도자 사이의 상호책임의 원칙을 수립한 데 있다.[114]

셋째, 바울은 지역 교회에 대한 권위와 치리를 성령의 복음의 토대 위에 세웠다. 지역 교회들은 바울에게 의존적이지 않았지만, 그렇다고 완전히 독립적이지도 않았다. 그는 필요한 경우에는 교회에 대한 그의 권위를 사용했다. 그러나 그는 율법의 방식이 아니라 성령의 복음의 방식대로 자신의 권위를 사용했다. 즉, 바울은 교회에 명령을 내린 것이 아니라 지역 교회가 하나님의 뜻을 알고 교회 자신을 성령의 지도에 복종시킬 것에 대한 확신을 갖고 바른 행동을 권면했다. 바울 스스로도 율법을 만들지 않았고, 교회들로 하여금 율법을 만들게 하지도 않았다. 바울은 그들 안에 계신 성령께 호소했다.[115]

바울의 선교 원칙은 첫째, 율법의 방법이 아니라 복음의 방법을 사용해야 한다는 것이다. 둘째, 선교사는 선교지에서 자발적으로 빨리 물러나는 것이다. 이로써 바울은 지역 교회의 지도자들의 자유를 환영했고, 그리스도(성령)의 자리를 마련했다. 바울은 그들에게 다가올 위험을 경고했지만 위험에 굴복하지 않게 하기 위한 지침서를 제공하지 않았다. 사실 바울은 선교지 교회에 무엇인가를 요구한 것이 아니었다. 오히려 선교사 자신이 성령을 믿고, 개종자들(그들 안에 역사하시는 성령)을 믿고, 성령께서 교회를 온전하게 하실 것을 믿도록 요구했다. 선교사는 선교의 방법, 체제, 선교사 자신을 그 믿음에 복종시켜야 한다.[116]

다) 성령과 선교의 주체

오순절 성령 강림 이전에 사도들은 지적(知的) 이론의 영향을 받아 행동했다. 반면에 성령 강림 이후에 그들은 성령의 충동에 따라 행동했다. 성령에 따르는 사도들의 관점은 부분적이거나 제한적이었지만 오류는 아니었다. 세상을 품는 성령은 사도들의 공감대를

---

114 Ibid., 93, 98.

115 Ibid., 111-116.

116 Ibid., 148-149.

확대시켰다. 그 뒤에 지적 심화와 확대가 따라왔다. 사도들의 행동의 근거는 지적 이해나 해석이 아니고, 행동(선교) 결과에 대한 기대도 아니었다. 그들의 행동 근거는 성령의 인도이었다. 사도들이 진리에 도달하는 길은 성령의 충동에 따른 행동 안에서 일어나는 전복적 순종의 길이었다. 사도들은 선교 활동의 결과를 알지 못했고, 자신의 활동을 지적으로 어떻게 합리화해야 하는지를 알지 못했다. 사도들은 단지 성령에 의해 인도되는 것을 확신했다. 서구 선교사들에게는 이런 태도가 위험하게 보인다. 반대로 서구 선교사들은 선교의 자원보다는 선교의 결과를 더 염려했다. 그렇지만 하나님께서 교회에 성령을 주신 것은 영적인 것을 영적으로 판단하게 하기 위함이다. 즉, 사도들은 성령에 의해 인도되면서 자신들이 행한 것의 의미를 나중에 알게 되었고, 그 행동에 계시된 진리의 의미를 배우게 되었다. 만약 결과에 대한 두려움 때문에 그런 행동을 하지 못했더라면 새로운 계시나 진리를 결코 접하지 못했을 것이다.[117]

라) 바울의 선교 방법과 서구 선교사의 선교 방법의 차이가 갖는 함의

첫째, 서구 선교사의 선교 방법은 오늘 한국교회의 선교 방법의 문제점들을 보여 준다. 바울의 선교 방법은 복음을 복음의 방식으로 전해야지, 율법의 방법으로 전하면 안 된다는 것을 보여 준다. 복음을 복음의 방법으로 전한다는 것은 선교 활동 중에 부활하신 그리스도의 현존을 깨닫는 것이며, 성령께서 교회를 바르게 인도하고 지키실 것을 믿고 성령을 의지하는 믿음을 지녀야 함을 말한다. 둘째, 하나님의 선교와 관련해 말할 수 있는 것은 부활하신 그리스도와 성령은 흥해야 하고, 선교사는 쇠해야 한다는 점이다. 선교사의 가장 큰 위험은 개종자 안에 하나님의 형상을 회복시켜야지 선교사의 형상을 만들어서는 안 된다는 점이다. 이를 위해서 선교사는 선교 지역에 세워지는 교회에 부활하신 그리스도의 자리를, 성령의 자리를 마련하도록 이른 시기에 떠나야 한다. 이렇게 빠른 시기에 선교사가 선교 지역을 떠나는 것은 위험이 크다. 그렇지만 선교사들은 그 위험으로부터 그리스도인들을 보호하는 분은 성령이시라는 믿음을 지녀야 한다. 교인의 양육과 훈련 역시 성령께서

---

117 David M. Paton (ed.), *The Ministry of the Spirit: Selected Writings of Roland Allen* (London: The Shenval Press, 1960), 44-51.

인도하신다는 것을 믿어야 한다. 선교사는 하나님의 선교의 동역자 또는 조력자로 성령의 인도를 바르게 식별하도록 도와주는 역할을 하면 된다. 이처럼 하나님의 선교의 주체는 성부가 죽음에서 일으키신 부활하신 그리스도와 성령이다.

셋째, 그리스도를 머리로 하는 지체 공동체로서의 교회와 관련해서 선교사는 그리스도의 자리를 차지하거나 성령의 인도를 가로막는 역할을 피해야 한다. 선교사가 저지르는 가장 큰 죄의 하나는 교인들을 선교사 자신의 형상으로 만들거나 교회를 자신의 몸으로 만드는 일이다. 즉, 교회의 교회 됨은 부활하신 그리스도의 머리 되심과 성령의 인도하심 여부이다. 마지막으로 알렌의 이해를 비판한다면 우선 성령의 활동 범위를 교회로 제한시킨 점과 의화단 사건과 관련해서 중국 선교에서 정치적, 사회적, 경제적, 문화적 차원들을 간과한 점을 지적할 수 있다.[118]

(3) 에딘버러세계선교대회(1910)에 나타난 중국 선교의 의의와 한계[119]

에딘버러세계선교대회가 다룬 중국 선교의 현황과 과제, 중국 선교와 중국의 비기독교 종교들의 관계, 중국 선교와 중국 정부의 관계에 대해서는 여기서는 생략하기로 한다.[120]

가) 에딘버러세계선교대회에 나타난 중국 선교의 의의

우선 에딘버러세계선교대회의 각 분과보고서는 각 선교 본부의 선교전문가들과 선교지의 선교사들로부터 다양한 질문들에 대한 응답에 기초해 만들어졌다. 100년 전 의사소통의 한계를 감안할 때 대단한 노력으로 만든 보고서임을 알 수 있다. 그리고 나라별로, 지역별로 다룬 보고서가 아니지만, 이 글처럼 한 국가를 중심으로 보고서에 나타난 선교 상황을 종합하면 20세기 초 해당 선교 지역의 선교 상황, 선교의 문제점과 과제, 교회의 선교 과제,

---

118 황홍렬, "에딘버러 대회에 나타난 중국 선교에 대한 비판적 고찰," 한국선교신학회 편, 「선교신학」 제24집 하권 (2010): 223-25, 244-246.
119 앞의 글, 228-232.
120 앞의 글, 225-228을 참조.

선교부와 정부/국가관계, 선교지 종교 상황 등을 종합적으로 이해할 수 있는 선교 역사적으로 귀중한 자료이다. 특정 문제에 대한 다수의 견해뿐 아니라 소수의 창의적 의견도 제시한 것이 큰 장점이다.

중국 선교의 의의로는 첫째, 선교에 대한 새로운 이해를 볼 수 있다. 해외 선교는 어둠과 미신이 창궐한 곳에 선교사를 보내 희망 없는 지역의 선교 사역을 통해 선교지에서 얻는 회심자들이 선교 사역에 참여할 만한 가치가 없다는 생각이 팽배한 적이 있었다. 선교 현장의 교회는 선교 사역의 부산물일 뿐이라는 일방적 선교 이해가 포기되어야 한다고 했다. 오히려 선교 현장에 세워진 교회는 기독교 선교에서 가장 효과적인 요소로(주체로) 이해되어야 한다.[121] 그리고 불평등조약의 보호 아래 진행되는 선교에 대해 다수 선교사는 불가피하다고 했다. 그렇지만 일부 선교사들은 이런 선교는 침략의 일환으로 보이며, 불신을 자초하는 것으로 선교사들이 서구 열강을 위해 (사냥을 위한) 위장 말 노릇을 했다는 비판을 들을 수밖에 없다고 반성한다. 선교사의 승리는 승리가 아니다. 선교사는 인내 가운데 하나님께서 중국인들의 마음을 변화시킬 때까지 기다려야 한다고 했다.[122] 중국인에게 부상하는 민족주의에 대응하는 선교 방식은 세례요한의 정신이라고 했다. 즉, 선교사들은 스스로의 사역이 쇠해야 하고, 중국 교인들과 사역자들의 사역이 흥해야 한다고 보는 자세가 필요하다고 했다.

둘째, 교회에 대한 새로운 이해를 볼 수 있다. 자교회(younger church)라는 단어는 이제 선교의 영역에서 사라져야 할 단어로 여겨져야 한다. 이들 교회는 보편 교회사의 영역에 속해야 한다. 왜냐하면 모든 교회는 선교지에 있는 교회이기 때문이다. 참된 교회는 교인 숫자를 추가하는 전도 행위만 강조하는 것이 아니라 교인, 치리, 사역자의 훈련, 성격과 영성에서 열매 맺음으로써 교회 안에서의 새로운 생활에서 발전, 적절한 기독교 문헌에 의한 영성과 성격의 강화와 심화 등도 강조해야 한다.[123]

---

121 World Mission Conference, *Report of Commission II, The Church in the Mission Field* (Edinburgh and London: Oliphant, Anderson & Ferrier, 1910), 2.

122 Ibid., 8-12.

123 Ibid., 3-5.

나) 에딘버러세계선교대회에 나타난 중국 선교의 한계

우선, 중국 선교에 대한 조사에서 중국 사역자나 교인은 완전히 배제되었다. 이는 중국 사역자를 열등하게 보는 전통적 선교 이해와 긴밀한 관련이 있다.[124] 한편으로 중국 선교를 위해서는 중국 사역자의 재교육과 교육이 절대적이라고 강조했던 선교사들은 정작 중국 선교와 관련해서는 그들의 의견에 귀 기울이려 하지 않는다. 즉, 선교 정책은 서구 선교사들이 결정하고, 선교 정책을 그대로 실천할 정도의 사역자들이 필요할 뿐이라고 본 것이다.

둘째, 중국 선교를 서구 교회/선교부 중심으로 실행하다 보니 선교 활동이 재개된 불평등조약에 대한 자기반성이 거의 결여되어 있다. 이는 한편으로는 당시 중국의 정치적, 사회적, 경제적 상황에 대한 올바른 이해를 결여하고 있음을 보여준다. 다른 한편으로 중국 선교에 참여하는 선교사들은 역사적으로 세 번에 걸친 중국 선교의 실패가 어디서 비롯된 것인지에 대해 선교 역사로부터 교훈을 얻지 못했음을 보여 준다. 당나라와 원나라에 대한 지나친 의존은 각각 당과 원이 멸망하면서 운명을 함께했다. 제사 논쟁의 결과 교황청이 마테오 리치의 적응화 방식을 부정하자 강희 황제는 1720년에 금교령을 반포하였다.[125] 즉, 선교/교회와 정부/국가의 관계는 지나친 의존과 정면 대립 모두 위험한 것임을 중국 선교 역사는 보여 준다. 그럼에도 불구하고 19세기 중국 선교는 정부에 대한 지나친 의존의 형태로 재개되었다. 이는 향후 중국 정부의 멸망과 함께 그 정부에 의존하는 기독교가 사라질 수 있음을 선교 역사는 가르치고 있지만, 선교사/선교 정책 결정자들은 이런 교훈을 무시하고 있다. 서구 열강의 불평등조약에 의한 선교는 십자가 선교가 아니라 십자군 선교였다.

셋째, 중국의 반기독교운동은 1884년 이후 전국적인 단위로 확대되었지만, 중국 선교사 2차 총회와 중국 선교 100주년대회, 특히 에딘버러세계선교대회조차 선교부와 정부 사이의 행정적 문제들의 해결에 주목하거나 의화단 사건의 재발에 대한 두려움 이상의 논의가 없었다. 이러한 한계는 선교사들의 역사의식 결여와 현재 선교지 상황에 대한 사회적 인식

---

124 Kenneth Scott Latourette, *The Nineteenth Century Outside Europe*, 436.

125 고봉, "중국 기독교의 역사로부터 본 교회의 발전," 이광순 편저, 『중국 기독교 이해: 2006년 국제선교 학술대회 (상도중앙교회 창립 50주년, 중국 선교 20주년 기념)』 (서울: 미션아카데미, 2007), 142-144.

부족과도 긴밀한 관련이 있다. 더구나 의화단 사건으로 인해 큰 인명 피해를 보았으면서도 그 사건에 대한 선교적 성찰을 결여한 것은 시대의 징표를 읽을 줄 몰랐기 때문이다. 그래서 그들은 민간 결사가 지닌 종교적 성격과 사회적 · 경제적 측면에 대해서도 전혀 이해를 하지 못했기 때문에 종교를 다루는 보고서에서 중국의 다양한 민간 결사체에 대한 언급이 거의 없었다. 뿐만 아니라 중국 교회 안에서 일어나고 있는 자립 운동[126]에 대해서도 전혀 관심을 갖지 않았다. 선교사들은 중국이 위대한 문명을 지닌 나라라고 추켜세웠지만 그것의 선교적 의미를 스스로 수립하지 못함으로써 문화와 사회에 대한 의미를 부여하려는 중국인들의 입장을 철저히 무시했다.

넷째, 선교사들은 구원에 대한 개인주의적 접근을 했다. 1907년 중국 선교 백주년대회는 개인의 변화를 통해 정부와 사회가 지속적으로 변화해 가야 한다고 했다.[127] 그렇지만 당시 중국인들은 사회변화를 갈망했다. 서구 선교사는 "어떻게 하면 내가 구원을 받을 수 있는가?"라는 질문에 답하려 했다면, 당시 중국인들은 "어떻게 하면 중국이 새롭게 살아날 수 있을까?"라는 절실한 질문에 응답하려 했다.[128] 서구 선교사들의 구원관에는 서구의 개인주의 문화가 큰 영향을 끼쳤다. 그래서 중국인들이 지닌 고민을 이해하지 못했다. 선교사들은 중국 문화에 적응하지도 못했을 뿐 아니라 그들의 고민과 절규를 들으려는 성육신적 선교를 하려고 시도하지도 않았다. 그들이 전하려는 '복음'은 중국인들에게 '기쁜 소식'이었을까? 이러한 질문은 중국 공산화 이후 1952년 국제선교협의회가 독일 빌링엔에서 개최한 국제선교대회에서 다뤄졌다.

(4) 중국 공산화(1949)에 대한 빌링엔국제선교협의회(IMC)의 반성(1952)

빌링엔국제선교대회는 중국에서 공산당 집권 이후 1952년 모든 선교사가 추방된 후

---

126 앞의 글, 146-147.

127 Resolutions of China Centenary Conference, Shanghai, 1907, in World Mission Conference, *Report of Commission II, The Church in the Mission Field*, Appendix M, 329.

128 스티븐 니일/홍치모 · 오만규 공역, 『기독교선교사』 (서울: 성광문화사, 1999), 424.

국제선교협의회가 개최한 선교대회로, 서구 선교사 추방의 의미를 서구 선교에 대한 하나님의 심판으로 이해했다. 두 차례의 아편전쟁을 통해 강제로 개항한 항구들을 중심으로, 나중에는 내륙까지 확대한 서구 선교는 십자가의 선교일까? 이런 상황에서 전하는 서구 선교사의 복음은 과연 중국인들에게 기쁜 소식이 되었을까? 막스 워렌은 십자가의 의미를 선교와 관련지어 인간과 연대하시는 하나님에 대한 증거로 제시했다.[129] 이러한 주장은 교회가 세상과 연대해야 함을 함축하고 있다. 서구 선교사들은 중국에서 누구와 어떻게 연대해야 했는가? 서구 열강에 배상금을 지불하기 위해 청 왕조가 증세를 하고, 지방 관리들은 부패하여 더 무거운 세금을 거둬들이는 속에서 홍수와 기근 등 자연재해로 농민들은 극심한 고통을 당하고 있었다. 그런데 대포로 맺은 불평등조약에 따라 중국에 들어온 선교사들은 치외법권적 지위를 누릴 뿐 아니라 교인들까지도 그러한 특권을 누린다면 그들이 전하는 복음은 농민들에게는 나쁜 소식이 될 것이다. 예수의 십자가의 비밀은 하나님 아들 그리스도의 특권을 포기하면서 모든 죄인의 구원을 성취한 것이다. 마찬가지로 중국에서 십자가 선교는 선교사들에게 주어진 특권을 유보하면서 고통당하는 농민들의 구원, 자유와 해방을 위해 연대활동을 하는 것이다. 문화적으로는 유대 기독교인들이 이방인 기독교인들을 받아들일 때 유대 문화인 할례를 강요하지 않은 것처럼 서구 선교사들은 중국인들이 기독교인이 되기 위해 서구 기독교 문화를 강요하지 말아야 했다. 한국 기독교의 3.1운동은 일제 식민지 상황에서 교회가 민족의 십자가를 짐으로써 기독교를 외국의 종교로부터 민족의 종교로 받아들이도록 했다. 중국 교회가 교인에게 주어지는 특권을 이용하는 사람들의 집단이 아니라 중국 민족의 고통과 아픔을 대신 지고 가는, 십자가를 지는 사람들의 공동체였다면 그들에게 전하는 복음은 기쁜 소식이었을 것이다.

십자가의 도(말씀)는 멸망하는 자들에게는 미련한 것이요, 구원을 받는 우리에게는 하나님의 능력이다(고전 1:18). 이 말씀은 십자가의 도가 바르게 전해졌을 때를 전제한다. 만약 십자가의 도가 십자군 방식으로 전해지면 어떻게 될까? 복음을 나쁜 소식으로 전한 자에게 심판이 도래한다. 그것을 보여 준 것이 1952년 서구 선교사들의 추방이다. 복음을

---

129 M. A. C. Warren, "The Christian Mission and the Cross," in Norman Goodall (ed.), *Missions Under the Cross* (London: Edinburgh House Press, 1953), 26ff.

현지인들에게 기쁜 소식으로 전할 경우에만 복음을 받아들이지 않는 사람들이 심판을 받게 된다. 그렇지 않을 경우 그 심판은 전하는 자에게로 돌아온다. 중국에 공산당이 집권하는 혁명적인 시대에 도래한 심판의 내용은 중국 선교의 문이 닫힌 것, 아시아 국가들이 공산주의에 메시아적 희망을 두게 된 것, 비기독교 종교의 부흥, 세속주의의 등장 등이다.[130] 역사에서 모든 악을 막을 수는 없지만 복음을 전하는 자들이 십자군 방식의 선교로 인해 오는 심판이 아시아 선교 전체에 얼마나 큰 해악을 끼쳤는가 하는 것을 심각하게 반성하지 않으면 이러한 실수는 반복될 것이다.

2) 중국 개신교 개관

(1) 역사적 배경

서구 선교사들의 중국 선교는 복음 전도, 교육, 의료, 번역 등을 통해 중국 복음화와 사회 발전에 기여했다. 그렇지만 서구 선교사들이 서구 식민주의와 제국주의에 연루됨으로써 기독교를 중국 문화와 사회에 뿌리를 내리는 데 실패했다. 따라서 중국 기독교 교회를 건설하는 과제는 중국 교회의 당면과제였다. 1922년에 열린 중국기독교협회가 이런 과제를 처음으로 제기했다. 여기서 제안된 방법은 자치, 자양, 자전이라는 삼자운동이었다. 그러나 중국은 이후에 군벌 사이의 전쟁과 일본의 침략에 맞선 전쟁으로 삼자운동을 제대로 전개하지 못했다. 삼자운동을 통해 중국 개신교 교회를 세우는 과제는 1949년 중화인민공화국이 수립된 이후 중국 기독교 지도자들의 과제가 되었다. 1950년에 발표된 '기독교의 선언'은 삼자운동을 옹호하는 주요한 문서이다. '기독교 선언'은 기독교인들의 정치적 입장을 천명하고 중국인에 의해 운영되는 중국 교회의 설립을 목적으로 하며, 일반 과제로는 신중국 건설에 적극 참여하는 것이고, 기본적 목표로는 제국주의가 저지른 죄악과 교회를

---

130 J. Russell Chandran, "The Christian Mission and the Judgment of History," in Norman Goodall (ed.), *Missions Under the Cross*, 96-99.

이용한 점을 신도들에게 인식시키고, 신도들이 애국심, 민주 정신과 자존, 자립의 사고방식을 갖도록 교육하며, 구체적 방법으로는 외국의 인원이나 자금의 원조에 의존하지 않고 짧은 시간 안에 자양과 갱신의 과제를 실천하며, 기독교의 본질을 깊이 인식하고 교회 간 교류와 연합, 지도자 양성과 교회 제도 개혁 등의 과제를 갖는다고 천명했다.[131] 1,527명의 교회 지도자가 이 문서에 서명했고, 1954년까지 40만 명 이상의 기독교인들이 서명했다. 서구 선교 기관의 행정, 재정, 인사 통제를 배제하고 중국 교회의 성취를 지켜가고, 모든 교파와 신학적 배경을 가진 목회자들 다수를 연합하여 반제국주의적 애국주의와 새로운 중국 건설을 위해서 중국 교회의 삼자애국운동위원회가 1954년에 공식적으로 설립되었다. 이후 중국 개신교회는 더 이상 서구 교회의 지점이 아니라 세계의 다른 교회들과 대등하게 주권을 지닌 교회가 되었다.[132]

1956년 제2차 삼자애국운동위원회에서 오요종은 3가지 증거와 10가지 과업을 제시하면서 새로운 중국 교회의 신학적 방향을 제시했다. 중국 교회의 신학적 방향은 교회의 자주성 실현, 사회주의 건설에의 참여, 세계평화를 지키는 일이다. 기독교가 자주적으로 사회주의 건설에 참여함으로써 인민의 해방에 참여하는 것이고, 그것이 복음 증거의 올바른 길이라고 오요종은 믿었고, 이를 통해 땅 위의 평화를 이룩할 수 있다고 믿었다. 오랫동안 중국 교회는 서양적이어서 진정한 중국적 교회가 될 수 없었다. 외세에 의존했기 때문에 중국 인민의 벗이 되지 못했다. 이제 중국 교회가 자주적이 된다는 것은 중국 교회 신학의 기초가 되어야 한다. 중국 교회가 자주적이라는 것은 서구 자본주의 아래에서의 교회가 아니라 중국의 사회주의 속에서의 교회를 세울 때 중국적 교회가 된다는 의미이다.[133]

1958년 70개 이상의 개신교 교단과 120개 이상의 선교회는 함께 차이를 유지하면서도 하나의 중국 교회가 되기 위한 공통의 기초를 추구하는 상호 존중의 정신에 근거하여 교파 이후의 교회가 되었다. 불행히도 문화혁명(1956~1966)으로 인해 종교는 사회의 부정적

---

131 제3세계신학연구소 엮음, 『중국 기독교와 삼자운동』 (서울: 나눔사, 1990), 19-20.

132 Manhong Melissa Lin, "Mainland China(Protestant)," in Kenneth R. Ross, Francis D. Alvarez, Todd M. Johnson (eds.), *Christianity in East and Southeast Asia* (Edinburgh: Edinburgh University Press, 2020), 39.

133 홍성현 편저, 『중국 교회의 전기와 새로운 중국의 신학』 (서울: 한울, 1992), 77.

요소라는 인식을 넘어 공격의 대상, 멸절의 대상이 되었다. 교파주의 이후의 교회를 수립하는 중국 교회의 시도는 진전을 이루지 못했다.[134]

(2) 중국 정부의 종교 정책

문화혁명 이후 중국의 종교 정책은 변화하기 시작했다. 1978년에 열린 제11기 제3차 중앙위원회 전체 회의는 문화혁명과 그 이전의 좌경화의 착오를 바로잡기 시작했다. 1979년에는 종교사무국이 업무를 재개하고, 중국 정부가 추진하는 통일전선 사업과 종교 사업에서 기독교가 외세에 타협하고 양보하며 마르크스주의를 수정하려 했다는 오명을 벗겨주었다. 공인된 중국기독교삼자애국운동위원회도 활동을 재개했다. 1980년 남경에서 열린 제3차 기독교전국회의에서 중국기독교협회가 발족되어 중국 교회의 연합운동을 시작했다. 1979년 종교 신앙의 자유 정책이 시작되면서 삼자교회는 '삼자'(自治, 自養, 自傳)을 뛰어넘어 '삼호'(好治, 好養, 好傳: 자치를 하되 잘 치리하고, 자양을 하되 잘 부양하고, 자전을 하되 잘 전하자)로 나아가려고 힘썼다. 1988년부터 중국 교회는 중국적 신학 사상 건설을 전개하였다. 이는 중국 교회의 '자아'를 신학적으로 탐색하자는 것이다. 중국 교회는 2010년 삼자애국운동 발기 60주년 행사를 거행하면서 조화롭고 건강한 중국 교회를 건설하는 것이 중국 교회의 새로운 사명이라고 천명했다.[135]

1978년 개혁·개방 이후 40년에 걸쳐 중국 개신교회는 모든 분야에서 발전했다. 중국 교회도 크게 발전했지만, 중국 국가도 엄청나게 발전했다. 1980년대 이후 경제성장은 중국의 가난을 감소시킴을 통해 중국 사람들이 보다 나은 삶으로의 전환을 피부로 느끼게 했다. 1978년 중국의 국내총생산은 156달러에 불과했지만, 2017년에는 8,583달러에 이르렀다. 중국의 개혁·개방은 중국인들에게 삶의 질의 개선을 가져왔을 뿐 아니라 보다 자유로운 삶을 살게 했다. 이러한 자유는 중국 정부로 하여금 종교에 대한 태도의 변화를 가져와서

---

134 Manhong Melissa Lin, "Mainland China(Protestant)," 40.

135 김석주, "개혁·개방 이후 중국 교회 현황과 한국교회의 중국 선교," 「기독교사상」 696 (2016년 12월): 73-74.

종교에 대한 관용적 태도를 보여 주게 되었다. 1982년 3월 중국 공산당 중앙정치국이 선포한 19호 문건("우리나라 사회주의 시기에 있어서 종교 문제에 관한 기본관점과 기본정책")은 종교를 박멸하기 위해서 정치적 기구나 강제적 방법을 사용하는 것이 불가능함을 인식하고 있으며, 종교의 자유를 중국의 기본적이며 장기적인 정책으로 표명했다. 19호 문건은 신자와 비신자가 연합하여 현대화되고 강력한 사회주의 국가 건설이라는 공동의 목표를 위해 모든 의지와 힘을 집중시키려는 공산당의 의도를 표현하고 있다. 이후 종교는 점차적으로 사회적·역사적·문화적 현상을 포괄하며, 인간 사회의 발전을 누릴 장소로 여겨졌다. 종교인들은 종교를 가졌다는 이유로 부당하게 대우를 받아서는 안 되고 중국 사람의 일부로 여겨져야 하기 때문에 종교인들은 비종교인들이 지닌 정치적·경제적·사회적·문화적 권리를 동일하게 누려야 한다. 종교인들은 조화로운 사회 건설과 국가적 회복이라는 중국의 꿈을 실현하기 위해서 긍정적 역할을 감당해야 한다.[136]

1982년 12월 중국 정부는 개혁·개방 이후 처음으로 헌법을 전면적으로 개편했다. 종교 신앙의 자유에 대한 헌법 제2장 제36조는 "중화인민공화국 공민은 종교신앙의 자유를 갖는다. 어떠한 국가기관, 사회단체 및 개인도 공민에게 종교신앙 또는 종교 불신앙을 강제할 수 없으며, 종교를 갖는 공민과 종교를 갖지 않는 공민을 차별해서는 안 된다. 국가는 정상적인 종교 활동을 보호한다. 어떠한 사람도 종교를 이용하여 사회질서를 파괴하거나 공민의 신체 건강의 침해, 국가 교육제도를 방해하는 활동을 해서는 안 된다. 종교단체와 종교 사무는 외국의 지배를 받지 아니한다." 1994년 1월 장쩌민 정부의 국무원령 제144호로 제정·공포된 "중화인민공화국경내 외국인 종교 활동 관리규정"은 13조로 되어 있다. 제1조는 "중화인민공화국경내 외국인의 종교 신앙의 자유를 보장하고, 사회의 공공이익을 보호하기 위해 헌법에 근거하여 본 규정을 제정한다"에 의해 한국교회는 칭다오와 베이징 등 중국 도시에서 한인 교회를 설립하고 공개적으로 예배를 드리게 되었다. 2004년 11월 후진타오 정부의 국무원령 제426호로 제정·공포된 '종교사무조례'는 전체가 7장 48조로 구성된다. 이 문건에 의하면 국가기관에 개인 또는 단체 이름으로 정식 등록하지 않으면

---

136 Manhong Melissa Lin, "Mainland China(Protestant)," 40-41.

어떠한 종교 활동도 할 수 없도록 하고 있으며, 중국 내지에서 홍콩, 마카오, 대만과 종교 교류를 진행할 경우에도 중국 법률과 행정 법규 및 관련 규정에 의거하여 처리한다고 명시하고 있다. 그리고 종교인, 종교단체, 종교학교, 종교출판물의 법률적 책임을 강화하고, 종교시설에 대한 몰수, 불법 소득에 대한 벌금, 구속 등 각종 처벌 조항도 담고 있다. 국무원령 제426호는 중국공산당의 종교 문제에 관한 기본 관점과 정책을 총체적으로 법제화, 법률화한 것으로, 지난 수십 년간의 종교업무를 수행해 온 경험의 총결이다.[137]

시진핑 정부는 2016년 9월 8일 '종교사무 조례 수정 초안'을 발표했고, 2017년 6월 14일 상무회의가 '종교사무조례'를 통과하여 2018년 2월 1일부터 시행했다. 주요 내용은 종교계의 합법적인 권익은 보호하지만, 종교를 이용하여 중국의 안전을 위협하는 어떤 세력도 원천 봉쇄하며, 종교 활동을 통해 경제적인 수입을 얻는 것을 차단하는 것이다. 또한 종교학교에 대한 관리를 강화하고, 종교단체의 자격을 명확하게 하며, 종교 재산권의 귀속을 명문화한다는 것이다. 이런 조례로 인해 향후 중국의 교회당이나 성당, 사원에서 이뤄지는 종교 활동이 매우 위축될 것이다. 특히 전통적인 농촌의 가정교회나 1990년 이후 크게 부흥하고 발전한 도시 가정교회가 큰 어려움을 겪거나 탄압을 받을 가능성이 크다.[138] 그런데 2016년 '종교사무 조례 수정 초안'을 작성하는 종교공작회의를 시진핑이 직접 주재했다. 이는 조례의 목적이 공산당 지도부가 종교업무를 철저하게 지도하며, 종교를 외국의 간섭을 받지 않도록 중국화 하는 것이기 때문이다. 시진핑의 종교 정책을 수행하는 방법은 강력한 법제화이다. '종교사무 조례'의 핵심 가치는 종교 행정 법제화 강화에 있다. 즉, 종교는 절대 치외법권에 속하지 않으며, 종교 활동은 반드시 법적인 구속을 받아야 한다는 것이다.[139]

---

137 김석주, "개혁 · 개방 이후 중국 교회 현황과 한국교회의 중국 선교," 77-78.
138 앞의 글, 79.
139 김광성, "중국의 종교 정책이 한국교회의 중국 선교에 미친 영향: 기독교 중국화에 대한 선교실천적 대응," 장로회신학대학교, 「선교와 신학」 제48집 (2019. 6.): 71-73.

(3) 중국 교회의 특징과 목회

종교에 대한 우호적 분위기와 교회의 영적 강화에 힘입어 중국 개신교회는 급성장했다. 삼자애국운동이 중국 교회의 완전한 독립을 위해 중국 기독교인들이 연합하여 1954년에 성립되었다면, 중국기독교협회(China Christian Council, CCC)는 성서와 찬송가와 기독교 문서를 출판하고, 신학교를 재개하고, 지역 교회의 목회 활동을 강화하고, 전도 활동을 하는 등 목회의 필요에 부응하기 위해 교회를 잘 운영하도록 1980년에 열린 제3회 중국기독교협회에서 창립되었다. 전국적인 삼자애국운동과 중국기독교협회를 따라 각 지역이나 성에서는 지역이나 성 단위의 기독교협회와 지역/성 삼자애국운동이 설립되거나 재개되었다. 중국기독교협회와 삼자애국운동, 이 두 기구를 합쳐서 양회라 부른다. 양회의 두 기구는 헌장에 따라 삼자원칙에 근거해서 교회를 잘 운영하기 위한 목적을 이루기 위해 역할 분담을 했다. 삼자애국운동은 공적 업무와 관련된 일을 주로 맡고, 중국기독교협회는 보다 교회 내적 업무에 초점을 맞춘다. 두 기구는 각각 헌장, 지도력, 운영위원회를 갖고 있지만, 사무실을 공유하며, 5년마다 새로운 지도력을 선출하기 위해 함께 총회를 개최한다. 양회의 지도력은 통상 한 번만 연임이 가능하다. 각 지역과 성의 양회는 행정과 재정에서 독립적이지만, 기독교협회와 전국 삼자애국운동은 성의 양회를 지도하고 봉사하기 위한 상부 단체로써의 역할을 한다. 마찬가지로 성의 양회는 지역의 양회를 향해 동일한 역할을 한다. 중국에서 양회는 교회 구조의 특징을 보여준다.[140]

양회는 서로 다른 종류의 목회 활동을 서로 다른 차원에서 전개한다. 성서 출판은 중국기독교협회와 전국 삼자애국운동이 책임을 진다. 2017년까지 8천만 권 이상의 만다린어 성서와 11개 소수 부족 언어로 번역된 성서가 출판되어 중국에 보급되었다. 목사 안수는 성의 양회에 의해 이뤄지며, 신학교는 전국적 양회 또는 성 양회에 의해 운영된다. 기독교 서적 출판, 평신도 지도자 훈련, 사회봉사, 에큐메니컬 교제를 비롯한 나머지 목회 활동은 모든 차원의 양회와 심지어는 지역 교회에 의해 수행된다. 목회 활동은 지역 교회가 책임을

---

140 Manhong Melissa Lin, "Mainland China(Protestant)," 41-42.

진다. 6만 개 이상의 교회와 교회에 연계된 공동체는 약 4천 명의 안수받은 목사와 6천 명의 전임 장로, 5만 명의 전도사(신학 교육을 받았으나 아직 안수받지 못한 자), 19만 명이 넘는 평신도 지도자에 의해 운영된다. 통상 도시 교회는 전임 목회자가 있는 반면에, 농촌 교회는 장로, 전도사, 평신도 지도자에 의해 운영된다. 모든 교인이 예배드릴 장소가 있어야 하고, 예배마다 교회 공간이 꽉 차기 때문에 많은 교회가 주일과 토요일에 여러 차례 예배를 드린다. 중국 교회 생활은 적극적이고 활기차다. 성서 연구, 간증, 기도회, 찬양 연습, 다양한 집단과 모임의 교제, 다양한 교회 활동이 주간 내내 제공된다. 세례는 일 년에 두 번, 부활절 과 성탄절에 거행되고, 세례는 성수를 뿌리거나 침례의 형태로 진행된다. 대부분의 교회는 월 1회 성찬식을 거행하고, 작은 교회들은 매주 거행하거나 4주에 한 번 거행한다.[141]

중국 교회는 교파 교회 이후의 교회라는 특징 때문에 서로 다른 양식의 세례와 성례전이 거행되고 있다. 교파 교회 이후의 교회의 일치, 거룩성, 보편성과 사도성은 성서의 권위, 올바른 설교의 선포, 올바른 성례전의 거행으로부터 이해되어야 한다. 세례와 성례전 양식 의 차이를 중국 교회가 관용하는 것은 부분적으로는 중국의 전통적 대동(大同) 사상의 영향 때문이다. 중국 교회들은 예전, 예배 양식, 영성, 성례전과 교회 건축에 예전의 교파적 요소 들이 영향을 준 것을 볼 수 있다. 지역 교회들은 어느 정도 독립적이고, 목회자, 장로, 전도사, 평신도 지도자들이 교회의 의사결정에 참여한다. 일부 교회들은 교회 운영과 인선에서 보다 자율적인 데 반해, 다른 교회들은 지역 양회의 지도를 받고 있다. 이런 차이에도 불구하 고, 중국 교회의 중요한 공통점은 말씀과 선포의 교회라는 점이다. 중국 교회는 성경을 교회의 삶과 신앙의 참된 권위로 존중한다. 대부분 교인은 주일에 성경(디지털 성경 포함)을 가지고 교회당에 온다. 교인들은 회심을 삶의 모든 측면에서의 전환이라고 여긴다. 예수를 따름은 하나님께 영광 돌리기 위해서 열매 맺는 선한 일을 세상에 보여 주는 것이다. 그런 중요한 교훈은 교회 성장에 크게 기여한다. 이러한 교회 성장은 가가호호 전도나 야외에서 대중 부흥집회를 하는 복음 전도자가 아니라 그리스도인 개개인의 인격적 증거에 의존한 다. 개신교인은 1949년에는 약 70만 명이었는데, 1980년대 초에는 3백만 명이었고, 2017년

---

141 Ibid., 42.

에는 3천8백만 명이었다. 1980년대 초에는 교인의 80%가 농촌에 살았는데, 도시화로 인해 농촌 거주 기독교인의 비율이 50%로 감소했다. 중국 기독교인의 평균 연령은 51세이고, 여성이 차지하는 비율이 72%이다. 대부분의 교인들은 교회의 재개를 기뻐했지만, 일부 교인들은 계속 가정에서 예배를 드리며, 양회와 관련되기를 원하지 않으며, '가정교회'라 불린다. 가정교회에 출석하는 교인들은 교회당이 집에서 멀리 떨어진 교인들이거나, 소집단이나 자기 집단 내에서 예배드리길 원하는 교인들이거나, 해외 집단에 의해 영향을 받거나 지지받는 교인들이다. 일부 가정교회들은 양회에 속하고, 다른 가정교회들은 양회에 속하지 않는다. 양회에 속하지 않는 가정교회 중 성서적 진리에 신실하고, 삼자원리와 중국 종교법을 거스르지 않으면 중국 교회의 일부로 여긴다.[142]

(4) 삼자애국운동 50년의 의의와 전망

가) 삼자애국운동 50년의 의의

2001년 쑤더츠 목사(당시 화동신학원 원장, 중국기독교협회 총무)는 삼자애국운동 50년의 의의로 교회와 국가의 관계를 바로 본 것, 조국 인민의 이해를 얻은 것, 하나님과의 관계를 정상화시킨 것, 교파 간 연합의 길을 가게 된 것, 시대에 부응하는 선교학을 세운 것, 신학사상의 건설을 강화하고 인재 배양에 속도를 내게 된 것으로 제시했다. 첫째, 교회와 국가의 관계를 바로 정립함이다. 신중국 성립 이후 중국 교회가 서방 식민 세력에 묶여 있다가 혁명의 홍수에 밀려 넘쳐날 것인지 아니면 식민주의와 관계를 끊어내고 광대한 인민의 편에 설 것이냐 하는 기로에 섰다. 당시 교회와 국가의 관계의 본질은 중국 교회이냐 아니면 중국에 있는 외국 교회냐 하는 것이었다. 교회는 그리스도의 몸이고, 하나님과 연락되어야 하지만, 동시에 사회성을 갖고 있어 국가에 대한 정치적 권리와 의무를 갖는다. 삼자애국운동은 이러한 이유 때문에 일어났으며, 독립 자주, 자립교회, 조국 사랑, 교회 사랑을 실천하고자 했다.[143]

142Ibid., 42-43.

둘째, 조국 인민의 이해를 얻은 것이다. 이전에는 지나치게 해외 선교회에 의존했기 때문에 중국 교회가 서구 선교회의 하급 기구처럼 되어, 인민에게는 양교(洋敎)로 비추어졌다. 삼자애국운동에 의해 중국 교회는 인민 군중과 상호 동질감이 중요함을 알게 되었다. 중국 교회는 그리스도를 따라 광대한 인민들과 함께 서고자 한다. 이처럼 말씀(道)이 중국에 성육신(肉身)했다. 이제 양교(洋敎)의 모자는 중국 인민 자신의 선교 사역이라는 화관으로 바뀌었다(서양 기독교가 중국의 종교가 되고 있다). 이것은 복음 전파에 유리한 조건을 만들어 주었다.[144]

셋째, 하나님과의 관계 정상화이다. 해외 선교회가 다스리던 시기에 중국 땅에 교회가 존재했지만, 성경에 따라 하나님의 가르침에 의지하는 것이 아니라 선교회에 맹목적으로 따르는 교회이었다. 이것이 당시 교회가 진정한 중국 교회로 성장할 수 없는 근본 원인이었다. 삼자애국운동은 중국 기독교인들이 성경으로 돌아갈 것, 겸비한 마음으로 상황신학적 사고를 함으로써 하나님의 직접적 지식을 구하며, 점차 자기의 인식론과 방법론을 형성하여 중국 교회의 신학 체계를 세우도록 했다. 현재 중국 기독교가 전개하는 신학 사상 건설은 삼자애국운동의 기초 위에서 발전한 필연적 결과이다. 삼자애국운동에 참여자들은 하나님이 역사의 주재자이시며, 하나님이 역사의 방향과 수레바퀴를 관장하신다는 점을 확신하고 있다. 중국 정부는 선진 생산력, 선진 문화, 인민 군중의 근본적 욕구를 만족시킬 위대한 목표를 향해 분투하고 있다. 하나님의 계시를 받은 교회는 전진하는 방향을 따라가면서 행동의 보조를 맞추고 자기의 역량을 바치며 아울러 하나님의 복음을 드높여 뭇사람들과 함께 하나님께서 예비하신 물질적, 영적 은혜를 누려야 한다.[145]

넷째, 교파 간 연합의 길을 연 것이다. 그리스도는 교회의 머리요, 교회는 그리스도의 몸이다. 선교회는 서로 다른 교파 배경을 가지기 때문에 선교사가 세운 교회는 그들 교파에 속하게 된다. 중국의 교회가 선교회의 통제를 벗어나 공동으로 자존, 자립을 추구하고,

143 쑤더츠, "삼자애국운동의 역사 · 현실적 의의," 한민족선교정책연구소 편, 『21세기 한국과 중국의 교회와 신학』 (서울: 한민족과 선교, 2001), 12-13.

144 앞의 글, 13-14.

145 앞의 글, 14-15.

성령을 앙망하게 될 때, 하나 되게 하시는 영인 성령을 따라 중국 교회도 하나가 되는 길을 열게 되었다. 삼자(자치, 자양, 자전) 중 자(自)는 타인의 간섭을 배제하도록 가르치며, 외래의 교파 조직이 타인임을 알려 준다. 중국 교회가 연합의 길을 가고 교파 이후 시대에 진입한 것은 삼자원칙을 지켜낸 성과요 증거이다. 그렇지만 '삼자'는 중국 안에만 있는 것이 아니다. 외국 교회의 훌륭한 영적 경험은 중국 교회에 유익이 될 수 있다. 만약 각 교파가 하나님으로부터 받은 성경 계시와 유익한 신학 이론이 있다면, 중국 교회는 이를 하나님의 온전하신 진리의 일부로 간주하여 본보기로 삼고 흡수하여, 풍부하고 다채로운 하나님의 진리를 깨달아 가는 데 더욱 충실할 것이다.[146]

다섯째, 시대에 부응하는 선교학을 세우게 된 것이다. 주 예수의 위대한 명령을 실행하는 것이 교회의 사명이다. 그런데 복음의 내적 의미를 어떻게 이해하며 복음 전파의 방법을 어떻게 정의해야 하는가? 주 예수의 위대한 사명은 두 가지를 포함한다. 하나는 사람을 주께로 인도하는 것, 다른 하나는 신도를 목양하는 것이다. 이 두 부분은 서로 뗄 수 없는 것이다. 앞의 것은 과정이며, 뒤의 것은 목적이다. 하나님의 목적이 말하는 것은 사람이 믿고 하나님께로 돌아서는 것만이 아니라 하나님께 돌아선 사람이 주의 분부를 준행하여 의를 이루고 거룩하게 되며 하나님의 마음에 합한 사람이 되는 것이다. 교회의 사역에서 두 방면의 발전은 반드시 균형을 이루어야 한다. 이것이 복음에 대한 전면적 이해이다. 이 때문에 복음을 첫 번째 부분이라고 이해하는 것은 일면적이며, 과거 선교사들과 전통적 선교학이 소홀히 했던 부분이다. 복음을 전하는 방법은 역사적으로 부단히 변화되었다. 정확하고 효과적인 선교 방법은 성경의 원칙에 부합할 뿐 아니라 마땅히 현지화(상황화)된 것이어야 한다. 민족과 국가에 교차 관계가 있게 될 때, 민족의식은 반드시 국가 의식과 국가 주권에 복종해야 한다. 그렇지 않으면 천하 대란이 일어날 수도 있다. 삼자원칙이 지도하는 중국 교회는 자신의 국가 의식과 주권 관념을 강조하며, 다른 나라와 다른 나라의 교회의 주권도 존중한다. 이는 하나님이 역사의 주재자시오, 교회, 하나님의 백성은 하나님이 인류 역사를 위해 정하신 궤적을 따라야 하며, 역사의 수레바퀴를 좇아가야 한다. 중국

---

146 앞의 글, 15-16.

교회의 족적이 하나님께서 정하신 궤적과 부합할 수 있도록 해야 한다. 중국 교회의 선교학이 강조하는 것은 주위의 군중을 돌보고, 그들의 이웃이 되며, 공동생활 속에서 빛과 소금의 역할을 하는 것이다. 최근 20여 년 사이 중국 교회의 교인 증가는 중국 교회의 선교 이론의 적합성과 유효성을 증명한 것이다. 중국 교회는 한국의 일부 교파 교회가 여전히 '수출'의 방법을 답습하여 복음을 한국교회 방식으로 포장하고 상품화하여 중국에 들여오는 것에 동의하지 않는다. 그런 행동이 악의를 품고 있는 것은 아니지만, 그런 방법은 이미 시효를 잃은 것이며, 훗날의 결과는 그 반대가 될 것이다. 민족 문제를 일으키고, 국가의 주권을 침범하며, 신분과 부합하지 않는 활동에 종사하여 정치적·외교적 문제를 일으킬 수 있는 것이다. 이런 선교 방법은 복음이 더 힘을 발휘할 수 없게 할 뿐 아니라 복음의 영광을 훼손하고 수치를 입게 하며 중국 교회를 피곤하게 할 것이다.[147]

여섯째, 신학 사상의 건설을 강화하고 인재 배양에 속도를 내게 된 것이다. 중국 교회의 신학 사상 건설은 삼자애국운동의 심화로, 신도들의 신앙 소양을 높이고, 이단 사설을 식별하며 사교의 세력을 억제하고, 아울러 문화 수준이 올라가는 인민 군중 속에서 사려 깊은 간증을 하기 위함이다. 21세기의 중국 교회는 신도들과 교회당과 처소가 수적으로 증가하는 것에 만족할 수 없으며, 질적 성장에 더욱 주의를 기울여야 한다. 삼자원칙을 견지하는 것은 질적 요구이기도 하다. 목회자들은 후계자들을 더욱 신속하게 배양해 내야 한다. 정확한 신학 방향으로 상황화된 신학 이론을 건립해야 한다. 이런 성과가 하나님의 축복이라고 믿는다.[148]

나) 삼자애국 운동 50년 이후의 전망

천저민 박사(당시 금릉협화신학원 부원장)는 2000년 9월 23일 중국 기독교 삼자애국운동 50주년 경축대회의 종합 보고 중 중국 교회의 신세기에 대해 전망한 것으로 삼자를 지켜나가고, 삼자의 원칙하에 교회를 잘 세워가야 한다고 했다. 21세기 중국 교회의 첫째 전망은

---

147 앞의 글, 16-19.
148 앞의 글, 19-20.

적극적으로 신학 사상 건설을 추진하는 것이다. 신학 사상의 건설은 불변하는 기본 신앙을 지켜나가면서 중국 교회의 신학 사상으로 하여금 현대화를 이룰 수 있도록 노력하는 것이다. 신학 사상 건설에서 생각해야 할 주요 문제는 현대화, 빠른 경제성장, 경제건설의 큰 흐름 속에서 기독교가 어떻게 이것을 이해하고 적응해 갈 것이냐 하는 것이다. 신학 처경화와 본토화의 문제는 중국의 고전 문화와 현실 상황 속에서 신학 문제를 고민하는 것으로서 신학이 새로운 중국 문화와 중국 사회에 충분히 적응하도록 하자는 것이다. 최근 강택민 주석은 덕치(德治)와 법치(法治)가 서로 모순되는 것이 아니라 상호 보충되는 것이라 했다. 중국 교회는 도덕 수준을 높여야 하고, 신학 이론과 선교 활동 가운데 소위 덕치(德治)를 내화하며 대대적으로 홍보해야 할 것이다. 21세기의 중국 교회는 좀더 종합적이고 효과적이며 중국적인 교회론과 교회조직을 개척해야 할 것이다. 둘째 전망은 중국 교회가 신학 교육과 사역자 양성을 위해 많은 노력을 기울여야 할 것이다. 신학 교육자들은 첫째 전망에서 언급한 다양한 도전을 명확히 이해하고, 그것을 신학 교육에 적용하며, 사역자를 양성해야 할 것이다. 중국의 신학 교육을 위해 한국 신학계와 더불어 아시아 신학을 개척하고 제3세계 신학을 개척해 나가야 할 것이다.[149]

(5) 가정교회

가) 가정교회의 구성과 역사적 배경

중국 가정교회는 법적 지위 없이 예배드리는 수백만 명의 기독교인들로 구성된다. 1979년 이후 가정교회 운동은 급속하게 성장했다. 처음에는 농촌에서 급성장하다가 나중에는 도시 지식인들 사이에서 성장했다. 표면적으로는 정치적 개혁이 종교의 자유를 허용하고 감옥에 갇힌 교회 지도자들을 석방했다. 보다 중요한 것은 가정교회 운동을 부상시킨 영적 부흥운동이었다. 영적 부흥운동은 외부 영향 없이 농촌의 수백만 농민을 가정교회로 끌어들였다. 문화혁명기의 고난 이후 가정교회 운동은 외국 신학교, 교단, 선교 단체나 조직

---

149 천저민, "중국 교회의 변화와 21세기의 전망," 79-80.

없이도 폭발적으로 성장했다. 기적적인 치유 사건은 복음이 들불처럼 시골에 퍼져나가는 주요 요인 중 하나였다. 초등학교나 중학교 학력을 지닌 복음 전도자들은 가진 것이 성서와 자신들의 신앙 간증밖에 없었지만, 농민들에게 심오한 충격을 주었다. 수백만 농민 기독교인을 대표하는 몇몇 네트워크가 1980년대와 1990년대에 중국 전역에 퍼져나갔다. 그러나 도시화로 인해 수백만의 젊은 농민이 도시로 이주하면서 시골 교회의 교인은 감소하고, 도시 교회의 교인들이 급증하게 되었다.[150]

1990년대와 2000년대에 도시 지식인들 사이의 새로운 집단 가운데 교회 운동이 부상했다. 1989년 천안문 사태 이후 청년 세대가 신앙을 갖게 되면서 새롭게 형성된 도시 교회가 부상하게 되었다. 새로운 도시 교회는 화이트칼라 전문직 교인과 지식인 교인으로 구성되었다. 이 새롭게 부상하는 도시 교회들은 기존의 전통적 도시의 가정교회와는 대립했다. 새로운 도시 교회들은 신학적으로는 개혁신학을 지향했고, 새로운 교회 연합과 교단적 제휴를 발전시켰다. 새로운 도시 교회는 신앙을 갖게 되는 도시 지식인들과 농촌에서 이주한 교인들로 구성되었다. 다른 종류의 가정교회는 전통적인 가정교회로, 문화혁명 시기에 고난의 경험을 통해 신앙을 간직한 교회이다. 이런 가정교회에 속한 기독교인들은 무신론자인 정부의 통제 아래 있다고 여기는 삼자애국운동에 참여하여 신앙적으로 타협하기를 거부함으로써 받는 핍박을 견디어 냈다. 신학적으로 보수적이고 경건주의적인 가정교회 교인들은 주로 산동, 저장, 원저우, 푸젠, 광저우 등 해안가 지역과 상해와 북경의 대도시에 거주한다.[151]

나) 가정교회와 삼자교회

중국 개신교 교회는 2015년 현재 비인가 가정교회에 속한 5,500만 명의 교인과 삼자애국운동에 속한 공식 교회의 3,000만 명의 교인으로 구성되어 있다. 가정교회는 신학적으로 복음주의적이고, 중국기독교협회에 속한 교회는 1991년에 세계교회협의회(WCC)에 가입

---

150 David Ro, "Mainland China (House Churches)," in Kenneth R. Ross, Francis D. Alvarez & Todd M. Johnson (eds.), *Christianity in East and Southeast Asia* (Edinburgh: Edinburgh University Press, 2020), 63.
151 Ibid., 63-64.

했고, 자유주의적 주류 교회와 신학적으로 연계되어 있다. 그러나 보통 교인들의 차원에서 보면, 삼자애국운동의 목회자들과 가정교회 지도자들은 복음주의적 신학과 실천을 지지하는 경향이 있다. 그들은 모두 성경을 신앙의 중심으로 여기고, 구속자 예수 그리스도를 믿음으로 거듭나는 회심을 믿으며, 성경의 기적과 마리아의 처녀 잉태를 믿는다. 가정교회가 삼자애국운동에 가입하지 않는 이유는 무엇인가? 통상 가정교회 교인들은 애국적인 중국 시민이고, 공산당에 대해 적대감을 갖지 않는다. 동시에 가정교회 교인들은 신앙과 교회와 관련된 문제에 대해 무신론적인 정부와 어떤 타협도 하려 하지 않는다. 이는 '목회자들의 연합 성명'(A Joint Statement by Pastors: A Declaration for the Sake of the Christian Faith, 2019)에 천명한 대로 모든 권력은 하나님으로부터 주어진 것으로, 성경에 나온 것처럼 정부가 세속 권력의 한계 안에 있고, 신앙과 영혼과 관련된 문제에 대해 간섭하지 않으면 기독교인들은 정부를 존중한다는 것과 동일한 태도이다.[152]

삼자애국운동과 가정교회의 본질적 차이는 법적 지위가 아니라 전체적인 방향성과 관련이 있다. 삼자애국운동이 중국화 5개년 계획(2018~2022)에 초점을 맞추고 공산당과 밀접하게 활동하는 데 반해, 가정교회는 도시 교회 개척과 세계 선교를 통해 세계에 충격을 주려고 준비하고 있다. 가정교회 운동은 타문화권 선교사들을 해외로 파송하고 있다. 농촌의 가정교회 네트워크는 이미 '백 투 예루살렘 운동'을 통해 수백 명의 선교사들을 해외로 파송했다. 도시 가정교회 지도자들은 도시에 교회를 개척하면서 2030년까지 2만 명의 선교사를 파송하는 '선교 중국 2030 비전'을 준비하고 있다. 삼자애국운동을 대하는 가정교회의 태도는 동정으로부터 무관심, 강한 부정에 이르기까지 다양하다. 도시의 젊은 가정교회들은 핍박을 경험한 전통적 가정교회보다 삼자애국운동에 대해 적대감을 덜 느끼고 때로는 무관심하다. 다른 가정교회 지도자들은 무신론자 통치자의 지배 아래 있는 삼자애국운동에 대해 동정심을 갖는다. 전통적 가정교회들은 삼자애국운동에 대해 강한 부정적 감정을 갖고 있다. 그럼에도 불구하고 중국에서 삼자애국운동과 가정교회는 상호 호혜적이 될 수 있다. 가정교회가 핍박을 받을 때 상대적으로 삼자애국운동에는 자유의 공간이

---

152 Ibid., 64-65.

주어진다. 반면에 가정교회 교인들이 처음에 신앙을 접하는 경로가 삼자애국운동인 경우가 많기 때문에 삼자애국운동으로부터 유익을 얻는다고 할 수 있다.[153]

다) 예배, 영성과 목회 생활

가정교회의 예배 형식과 영성은 다양하다. 전통적 가정교회의 예배 형태는 보수적이고, 근본주의적이며, 경건주의적이며, 가정집에서 소수 집단이 모여 예배를 드린다. 농촌 가정교회는 오순절교회나 은사주의 교회의 예배 형태를 따르고, 예배, 기도, 성경공부, 단순한 신앙, 복음주의적 열정과 종교적 체험을 강조한다. 도시 가정교회의 예배는 설교에 초점을 둔 전임 목회자가 인도하고 신학적으로는 개혁교회를 따른다. 도시 가정교회는 예배 장소를 개인 가정집으로부터 사무실이나 공적 공간으로 이동했지만, 여전히 자신을 가정교회라 부른다. 전체 가정교회의 영성은 허드슨 테일러와 중국내지선교회와 같은 초기 선교사들의 복음주의적 경건주의로부터 나온다.[154]

라) 신학적 단층선

가정교회의 신학적 지향은 크게 두 진영으로 나뉜다. 농촌 가정교회의 은사주의적 경향과 도시 가정교회의 개혁 신학이다. 대다수 농촌 가정교회들은 은사주의적 신학과 성결교 신학에 의해 영향을 받았다. 새롭게 부상한 도시의 가정교회와 해안가의 전통적 가정교회는 대부분 개혁신학을 받아들였다. 이러한 구분은 지나친 단순화이다. 이런 구분은 실제로는 역사적 구분, 도시와 농촌의 차이, 오래된 교회와 새롭게 설립된 교회, 교권 투쟁과 인격에 의해서 나뉜다.[155]

마) 정치적 옥죄임

중국은 시진핑 정권 집권 이후 대학, 기업, 미디어, 종교 등 거의 모든 부문에서 통제를

---

153 Ibid., 66.
154 Ibid., 66-67.
155 Ibid., 67-69.

강화하고 있다. 특별한 타깃 집단으로는 신장성의 회교도, 티베트의 불교도, 로마가톨릭 교인과 개신교인들이다. 시진핑 정부의 전략은 2억 명의 종교 신자들을 보다 중국에 충성하는 시민들로 만드는 중국화 계획과 더불어 '중국의 꿈'을 통해 중국을 회춘시키려는 것이다. 이런 전략의 첫째 공격 목표가 삼자애국운동으로 2014년부터 교회당에서 십자가를 제거하는 형태로 나타났다. 2018년 2월 정부가 발표한 종교 관련 활동에 대한 새로운 규약은 문화혁명 이후 가장 엄격한 종교 정책이다. 그 결과 삼자애국운동 이외의 모든 기독교 활동은 해외 종교 집회 참석을 포함해서 불법이 되었다. 2018년 여름과 가을에 가정교회에 대한 전면적인 공격이 있었다. 이런 공격에 대응하여 2018년 9월 439명의 가정교회 목회자와 장로들이 '목회자에 의한 연합 성명서: 기독교 신앙을 위한 선언'을 했다. 이 성명서는 성경이 하나님의 말씀으로 정부의 법 위에 있는 최종적 권위라는 것, 기독교인들은 신앙을 위해 고난받고 순교한 성자들의 모범을 따라 그리스도의 십자가의 길을 걸을 것, 가정교회는 정부의 권위를 존중하고 따를 것, 어떤 상황 속에서도 가정교회 지도자들은 가정교회를 정부의 통제 아래 두지 않을 것을 선언하고, 이런 원칙을 지키기 위해서 어떤 대가라도 치를 것을 천명했다. 많은 가정교회 지도자가 정부의 가혹한 탄압을 예상하고 있다. 그렇지만 일부 지도자들은 더 큰 위험은 강경한 정부가 아니라 유물론적으로 완화된 자유로운 세계라고 경고했다.[156]

중국 정부가 염려하는 영역으로는 종교 활동이 해외 세력들과 연계되는 것으로 기본적으로는 서구 종교 세력과 관련된 것이지만, 최근에는 남한 종교 세력과 관련된 것이다. 2010년 10월 남아공의 케이프타운에서 열리는 제3차 로잔대회에 300명이 넘는 중국 대표들이 초대되었다. 이들 중 상당수는 가정교회 지도자들이었다. 정부 관료들은 해외 반중국 세력들이 이런 기회를 이용하여 중국 교회에 잠입하여 세계 교회가 보는 현장에서 중국 정부를 당황하게 만드는 일이 일어날 것을 두려워했다. 비록 이런 두려움이 근거 없는 것이었지만, 불행히도 중국 대표들은 이런 대회에 참여할 기회를 잃어버렸다. 중국 정부는 악의 없는 해외 기독교 기관과 교회들을 잠재적 위협으로 보았다. 일부 관료들은 정부가

---

156 Ibid., 69-70.

과잉 반응을 했음을 인정했다. 그렇지만 이 사건은 중국 정부가 해외 종교 세력과 중국 교회가 연계되는 것에 대한 전반적으로 불신하는 것을 보여줬다. 중국 정부의 강경파는 서구 열강이 종교를 이용하여 중국 정부를 전복시킨다고 본다.[157]

바) 가정교회 네트워크의 세계 선교 운동

새롭게 부상한 도시 가정교회들은 세계 선교에 최우선적 초점을 두었다. 북경에 소재한 슈왕교회를 담임했던 진 티안밍 목사는 '언덕 위의 도시' 비전을 통해 지하교회인 도시 가정교회를 사회에서 공적으로 증거하는 보이는 교회로 전환시키는 데 앞장섰다. 이런 비전은 많은 도시 가정교회가 세계 선교뿐 아니라 지역 봉사활동을 전개하는 길을 준비했다. 진 타인밍 목사는 2011년에 가택연금이 되었지만, 다른 목회자들이 세계 선교를 위해 활동했다. 북경, 상해, 시안 등의 목회자들이 매해 중국인을 세계 선교사로 파송하는 선교대회를 개최했다. 2010년 3차 로잔대회에 이어 2013년 서울에서 열렸던 아시아 교회 지도자 포럼은 2030년까지 중국 선교사 2만 명을 해외에 파송하려는 '선교 중국 2030'을 선포했다. 이런 흐름 속에서 '선교 중국 2030'을 구체화하려는 국제선교대회가 2015년에는 홍콩에서, 2016년에는 한국의 제주도에서, 2017년에는 태국 치앙마이에서, 2018년에는 싱가포르에서 열렸다. 중국에서뿐 아니라 해외에서도 '선교 중국 2030'에 대한 비판이 있었다. '선교 중국 2030'은 숫자 중심적이고, 지나치게 낙관적이고, 승리주의적이고, 민족주의적이고 심지어는 지나치게 '한국적'(숫자와 연도를 중시하는 한국교회와 선교 단체의 선교 방식)이라는 비판이 있었다. 농촌의 가정교회 지도자들은 도시 가정교회의 열정과 신앙에 의문을 제기했다. 다른 지도자들은 최근 수십 년 사이에 정치적으로 가장 경직된 시기에 이런 선교 운동을 일으키는 선교 전략에 의문을 제기했다. 중국에 있는 교회들은 세계 선교를 할 준비가 되어 있는지 또는 이런 비전은 '소수의 도시 가정교회 지도자들'의 희망 사항에 불과한 것 아닌가 하는 의문이 제기되었다.

선교사를 파송하는 비용과 거기에 따르는 여러 도전이 초기의 낙관주의를 약화시켰다.

---

157 Ibid., 70-71.

중국 정부가 최근 도시 가정교회를 핍박하고, 다른 지역에서는 순교자가 생기고, 가정교회들이 분열하면서 가정교회들의 선교 비전에 대한 동력이 약화되었다. 2017년 26세의 맹리시와 24세의 리 신행은 파키스탄에서 선교를 하다가 이슬람국가(ISIS)의 과격파에 의해 납치되어 살해되었다. 중국에서 선교 운동의 기원은 백 투 예루살렘 선교회의 선교사들이 중국에 도착한 1940년대로 거슬러 간다. 두 번째 백 투 예루살렘 운동은 39명의 중국 선교사가 태국에 도착한 2000년에 시작되었다. 수백 명의 농촌 가정교회 출신 선교사들이 해외로 파송되었다. 이들의 선교가 실패할 확률이 높은 이유는 선교사 교육 정도, 선교지 문화에 대한 인식, 지구적 상황의 복잡함에 대한 이해 부족 등과 관련이 있다. 현재 중동과 동남아시아 등 해외에서 선교하는 중국 선교사의 숫자는 대략 1,000명에서 2,000명으로 추정하고 있다. '선교 중국'은 법적으로 인정받지 못한 교회에 의해 대규모로 선교사를 파송하는 선교 방식이다. 상해의 가정교회인 모든 민족 교회가 태국에 선교팀을 파송한 시기는 파키스탄에서 선교사들이 공격받은 지 1년이 지나지 않은 시점이었다. 선교사를 파송하는 교회는 국내와 해외에서 선교사의 안전에 대한 책임을 져야 한다. 현재 중국의 정치적 상황은 중국 교회의 선교 운동이 저강도로, 창의적인 선교 접근이 이뤄질 것을 요구하고 있다. 이러한 도전이 어렵기는 하지만 기독교에 적대적인 지역에서 선교하는 선교사에게는 도움이 될 것이다.[158]

(6) 중국 기독교 신학의 분류

안교성은 중국 신학을 기성 교회의 신학, 토착신학, 삼자(애국)신학, 한어 신학으로 분류한다.[159] 첫째, 기성 교회의 신학은 주로 선교사가 전해준 서구 신학을 수용하고 번역하고 보급함으로써 기성 교회들, 가정교회만이 아니라 대부분의 삼자교회에도 큰 영향을 주고 있다. 남경의 금릉신학교와 산동 북중국신학교에서 교수 활동을 했던 가옥명(지아유밍)의

---

158 Ibid., 71-73.
159 안교성, 『아시아 신학 산책』 (서울: 대한기독교서회, 2022), 52-60.

신학은 미국의 스토롱(A. H. Strong)과 호지(A. A. Hodge)의 신학에 기초하여 자신의 신학을 전개했다. 기성 교회의 신학은 흔히 '정통 신학' '복음적인 신학'으로 불리면서 중국 교회의 중심 신학으로 정착해 나갔다. 그러나 기성 교회의 신학의 문제는 첫째, 서구 신학이라는 특정 신학이 보편적 신학으로 오해되는 점이고, 둘째, 이렇게 '정통 신학', '주류 신학'으로 정착한 신학이 중국에서의 자신학화 작업(self-theologizing)을 방해하거나 위축시킨다는 점이다.[160]

둘째, 중국 교회의 독립은 조직적 독립과 신학적 독립으로 나뉘는데 신학적 독립으로 제시된 것 중 하나가 토착신학이다. 중국 기성 교회는 소위 정통 신학의 토착화 작업과 더불어 자유주의신학, 민족주의 신학, 사회주의 신학 등을 시도했으나 대체로 초보적 상태에 머물렀다. 중국 토착 교회는 기성 교회의 정통 신학을 수용하면서도 토착신학을 생산했다. 토착신학은 교회론과 성령론에서 독특한 해석을 보여 주고 있다. 토착 신학에 나타난 교회론의 특징으로는 공동체(심지어는 공산주의적 공동 생활)를 강조하거나, 특정 지역에는 하나의 교회만 존재한다는 지역 교회론을 주장하거나, 성직자 중심의 직제 전통과 달리 평신도 중심의 직제를 강조하거나, 선교사가 전한 교파주의에 반하는 초교파성을 강조했다. 토착신학에 나타난 성령론의 특징으로는 치유를 강조하거나, 영육 이원론의 이해를 강조하거나, 귀신론을 강조하기도 했다. 중국 토착신학은 기성 교회에도 영향을 주었지만, 워치만 니의『영에 속한 사람』과 위트니스 리의 '지역 교회'를 통해 한국교회에도 영향을 주었다.[161]

셋째, 삼자(애국)신학이다. 중국의 공산화는 중국 교회가 서구 제국주의의 패망과 공산주의 국가의 탄생이라는 새로운 상황에서 진정한 교회로 존재하는 것이 무엇인지를 물었다. 이에 대해 중국 교회는 한편으로는 서구 종교의 탈을 벗고 중국 종교로 거듭나는 것이고, 다른 한편으로는 중국식 기독교와 마르크스주의와의 대화를 통해 공산주의 체제하의 교회로 변모하는 것이다. 중국 교회는 반제국주의와 공산주의 체제를 인정하는 입장을 밝혀야

---

160 앞의 책, 52-54.
161 앞의 책, 54-55.

했다. 중국 교회는 공산화 이전에도 삼자정책을 통해 교회의 독립성을 추구했지만, 공산화 이후 중국 교회는 '삼자교회'를 넘어서 '삼자애국교회'로 전환할 것을 요청받았다. 중국 교회는 '애교'(愛敎)에서 '애교 애국'(愛敎愛國)으로 나아가는 과제를 부여받았다. 이런 과제를 수용한 일부 기독교 지도자들은 1951년에 '기독교 선언', '삼자선언'을 했다. 개신교에 속한 삼자애국교회는 양회를 구성했다. '삼자선언'을 주도한 교회들이 1954년에 삼자애국운동을 설립했다. 1980년에 중국기독교협회를 설립했고, 세계기독교협의회(WCC)에 1991년에 가입했다. 삼자애국운동과 중국기독교협회를 합쳐서 양회라 하고, 전자는 대외 업무를, 후자는 대내 업무를 맡는다. 삼자애국교회는 새로운 상황에 응답하는 신학적 작업에 몰두하면서, 애국적 신학과 사회주의적 신학을 추구했다. 이를 주도한 신학자로는 오요종(우야오종), 조자신(재오지첸), 진숭계(첸충귀), 등유지(등유쥐) 등으로 삼자교회 1세대 지도자들이었다. 2세대 지도자는 띵꽝쉰 주교이다. 띵꽝쉰을 포함한 삼자애국신학의 특징으로는 첫째, 창조 중심의 신학으로, 교회와 세계의 연속성을 강조하고, 계시의 특수성보다는 세계라는 보편성에서 신학을 출발한다. 둘째, 사랑 중심의 신학으로, 그리스도인과 시민 사이의 연속성을 강조하기 위해 믿음보다는 사랑이라는 보편성을 강조하면서 신학을 한다. 셋째, 공산주의 사회에서의 신학이다. 기독교와 공산주의 사이의 연속성을 강조하기 위해서 양자의 차이점보다는 공통점을 발견하고 해석하면서 신학을 하고 있다. 이런 맥락에서 '우주적 그리스도', '공동의 기초'라는 개념이 나왔다. 삼자애국신학은 과거의 중국 신학이 특수성을 강조한 데 반해 보편성을 추구하고, 교파 교회 이후의 교회이기 때문에 에큐메니컬 신학적 성격이 강하고, 삼자교회 대중에게 확장되지 못했기 때문에 엘리트 신학적 특징을 보인다.[162]

넷째, 한어신학이다. 중국의 개혁·개방 정책이 중국 교회에 준 영향으로는 중국 교회의 재부흥, 종교의 역할에 대해 중국 사회의 긍정적 태도, 중국 신학의 다양화이다. 중국 지식인들 중에는 기독교에 대한 관심을 가지면서도 교회에 속하기를 원하지 않는 이들이 적지 않았다. 대학교를 비롯한 학계에서 기독교를 포함한 종교 연구가 활성화했다. 이런 맥락에

---

162 앞의 책, 55-58.

서 소위 비제도권 신학 또는 교회 밖의 신학인 한어신학(漢語神學, Hanyu Theology)이라는 새로운 형태의 신학이 등장했다. 이 용어는 중국 대륙 학자 류샤오펑이 홍콩의 양시난과 함께 홍콩 도풍산 기독교연구센터에서 기독교 잡지인 「도풍」(道風)을 1994년에 복간할 때 "한어신학 저널"이라는 부제를 사용한 데서 기인한다. 한어신학은 한어(漢語)로 전개되는 신학 연구를 총칭한다. 토착화신학이 신학의 중국화에 목표를 두었다면, 한어신학은 중국인의 현재의 삶의 자리에서 그리스도의 진리를 추구하는 것을 목표로 한다. 한어신학은 비제도권 신학이라는 점에서 기존의 정통 신학과 삼자애국신학과 구별되고, 현재적 신학이라는 점에서 토착화신학과 구별되고, 상황화 신학이라는 점에서 삼자애국신학과 유사하다. 한어신학과 삼자애국신학이 중국 사회를 상대로 한 것은 공통적이지만, 한어신학이 시민사회를 상대로 한 사회적 관점을 중시하는 데 반해, 삼자애국신학은 주로 정부를 상대로 한 정치적 관점이 중요하다. 한어신학은 중국 문화를 소재로 한 중국학의 일환으로서의 작업, 중국 사회를 상대로 한 공공신학의 일환으로서의 작업을 하고 있다. 한어신학은 교회 밖의 그리스도인, 문화적 그리스도인의 교인화와 그들이 제기하는 문제에 대한 대응, 학문성 유지 등에 응답해야 한다.[163]

(7) 기독교의 중국화를 위한 신학적 재건

중국의 개혁·개방 이후 20년 동안 중국 교회는 교회의 소유를 되찾고, 교회 기관을 다시 세우고, 성직자를 훈련하고, 성서를 출판하고, 에큐메니칼 관계를 회복하는 데 집중했다. 그럼에도 불구하고, 19세기 말과 20세기 초 근본주의자인 선교사들이 가르치고 중국 교회를 형성하는 데 결정적 영향을 준 신학은 중화인민공화국이 성립된 시기인 1950년대에도, 교회가 재개된 1980년대에도 비판을 받지 않았다. 그런 신학은 인간과 사회가 전적으로 타락해서 무가치하고 희망이 없기 때문에 세계에 대해 부정적이고 타계 지향적이라고 비판받을 수 있다. 이런 신학이 강조하는 것은 개인 구원을 얻기 위해 사람들을 개종시키는

---

163 앞의 책, 58-60.

것이고, 기독교인과 기독교 국가는 축복을 받았고, 다른 사람과 국가를 비난하는 점이다.

이러한 린 만홍의 주장과 달리 20세기 중국 교회의 가장 유명한 신학자이자 교회 지도자인 띵꽝쉰(丁光訓)은 1951년 중국으로 귀국하기 전에 접한 새로운 선교학이 향후 중국 교회에 대한 자신의 사고와 미래의 신학적 발전에 영향을 주었다고 했다. 선교 이해의 출발점은 기독교는 본질적으로 선교적 신앙임을 회복할 필요가 있다는 점이다. 당시에 서구 교회는 현실에 안주하고, 비서구 교회는 지나치게 수동적이었다. 교회는 오직 세계 선교에 참여할 때만이 강하고 살아있게 된다. 아무리 약한 교회라 하더라도 우리 교회는 선교하기에는 너무 약하다고 말할 권리가 없다. 오히려 교회가 선교적이지 않아서 강하지 않다고 말해야 한다.[164]

띵꽝쉰은 1980년에 중국 신학이 중국인들의 역사적 흐름 속에서 기존 서구 신학을 비판하고 대안적 신학의 방향을 제시했다고 보았다. 중국 기독교인들은 착취적인 체제를 폐지하고, 반식민주의적·반봉건적인 사회로부터 사회주의 국가로의 전환에 힘쓰는, 새롭고도 독특한 역사의 단계에 들어간 세계 기독교인들의 대열에 합류했다. 이런 전환에 대한 중국 기독교인들의 대응은 유럽 봉건주의로부터 자본주의로 전환과정에서 일어났던 종교개혁만큼 결정적이고 중요하며, 역사적 실험과 같다. 이는 중국 교회가 막강하기 때문이 아니라 그런 흥미진진한 상황에 놓인 교회가 중국 교회임을 역사가 보여주기 때문이다. 중국이 해방(공산화)되기 직전 3백만 명의 가톨릭 교인이 있었고, 개신교와 동방정교회 교인은 약 70만 명이었다. 당시 중국 개신교 교회에는 복음주의 신학, 신정통주의 신학, 사회복음 등이 있었다. 중국 신학은 이들 서구 신학의 부록에 불과했다. 띵꽝쉰은 캐나다 기독학생총연맹의 간사로 초빙되어 사역하다가 미국 콜롬비아대학과 유니온신학교에서 신학을 연구하고 1948년 스위스 제네바에서 세계기독학생총연맹(WSCK)의 간사로 일하다가 1951년에 중국으로 귀국했다. 귀국 직전에 띵꽝쉰은 WCC의 연구부서가 발간한 책임 사회에 대한 문건을 보았다. 이 문건에서 존 베넷(John C. Bennett)은 전 세계로 영역을 확장해 가려는 공산주의에 대해 정치적으로, 영적으로 반드시 저항해야 하며, 서구 교회들

---

164 Philip L. Wickeri, *Reconstructing Christianity in China: K. H. Ting and the Chinese Church* (Maryknoll, New York: Orbis Books, 2009), 84-90.

은 공산주의가 확장하는 것을 막기 위해서 자국의 교회를 도덕적으로 지지해야 하고, 세계 에큐메니컬 공동체는 공산주의의 지배로부터 세상을 구하기 위한 책임이 있다고 주장했다. 그리고 네덜란드 선교신학자 크레이머 박사가 땅광쉰에게 공산주의자가 말하고 행동하는 것에 항상 물음표를 던져야 한다고 말했다.[165]

새로운 중국의 현실을 접하면서 땅광쉰은 중국 인민해방운동 속에 긍정적인 것을 보고 그들과 자신을 동일화하는 소수의 서구 선교사와 중국 교회 지도자들 이외에 모든 신학 사상은 정치적 반동의 편에 선 것으로 보았다. 중국 기독교인들은 감리교도인 장개석을 위해 기도했고, 인민해방군이 양쯔강을 건너려 할 때는 군인들이 강에 빠지는 기적을 하나님께서 행하시도록 기도했다. 일부 기독교인들은 거리에서 세상을 파괴하기 위해 예수 그리스도의 재림이 임박함을 선포했다. 여기서 세상을 파괴함은 인민해방운동을 파괴함을 의미했다. 땅광쉰은 원죄, 세상의 타락, 역사의 무의미와 불합리성, 은혜와 자연의 이분법적 대립, 인간 업적의 오만과 이신칭의 교리들이 신앙의 이름으로 국민당과 미국의 정책이 요구하는 정치적 입장을 축복하고 도덕률 폐기론으로 쉽게 바뀌는 것을 발견했다. 상해 인민해방군에게 비행기가 폭격할 때 한 복음주의 지도자는 상해 일부 시민들로 하여금 조종사에게 땅에서 신호를 보내도록 했다. 북미 일부 집단은 이런 행동을 한 사람을 순교자로 여겼다. 왜냐하면 그가 이런 행동과 전혀 다른 죄목으로 투옥되었기 때문이다. 그러나 우리 중국 기독교인들은 그 사람을 순교자로 볼 수 없었다. 우리는 그를 국민당의 협조자로, 인민의 국가에 심각한 범죄를 저지른 사람으로 여겼다. 중국 평신도 대부분은 노동자 계급에 속했고, 해방 과정에서 그들은 잃을 것이 거의 없었다. 그들은 인민해방군대가 들은 것과는 달리 기강이 잘 잡힌 군대임을 알게 되었다. 그래서 그들은 반동적인 교회 지도자들을 따르지 않았다. 사회복음을 주장하는 자들은 정치적으로 반동적이지는 않았지만, 소수의 개혁적 활동 이외에는 변화를 위한 활동을 하지 않았다. 바티칸에서 온 지시를 따라 중국 로마가톨릭교회는 한국전쟁에서 북한을 돕는 인민해방군의 활동을 지지하지 않았다. 로마가톨릭교회는 인민해방군의 활동에 참여하는 자들에게 성례전 참여를 거부했고, 교

---

165 Ting Kuang-Hsun, "Theological Reorientation," in John C. England (ed.), *Living Theology in Asia* (London: SCM Press Ltd., 1981), 64-65.

인이 시민 국채를 구입하는 것을 정죄했다. 많은 교구들이 서양 주교에 의해 운영되었다. 그렇지만 서양 주교들은 중국을 떠나야 했다. 그런데도 로마는 새로운 주교 임명을 거부했다. 1958년 중국 로마가톨릭교회는 자신의 주교를 선출하고 서임했다. 중국 로마가톨릭교회에는 로마의 공인을 받지 않은 주교들이 40~50명이 있다.[166]

당시 중국 기독교인들에게 정치신학이 실제로 어떤 것인지 명확해졌다. 띵꽝쉰은 크레이머가 조언한 물음표를 공산주의자뿐 아니라 다른 사람들(중국 교회 지도자와 신학자)에게도 적용했다. 그러나 중국 기독교인들은 예수 그리스도로 안에 그로부터 떠나지 않게 하는 중요한 무엇이 있음을 느꼈다(요 6:68). 기독교 신앙의 이름으로 행해지는 반동적 행동에도 불구하고, 우리는 신문에서 얘기하는 것보다 훨씬 더 궁극적인 것에 대해 말하는 기독교 신앙 속에 무언가 중요한 것이 있다고 느꼈다. 우리는 혁명가들에 의해 비천해졌지만, 우리는 복음이 볼 수는 없지만 우리에게 실재하는 것에 대한 확신을 주고 있음을 느꼈다. 이것이 우리의 신학적 투쟁의 시작이고, 기독교 신앙을 유지하기 위한 투쟁의 시작이었고, 사회변화의 걸림돌로 이용되고 정치적 반동의 도구로 이용된 기독교 신앙에 대한 투쟁이었다. 이런 신학적 투쟁은 새로운 환경에서 우리의 신학을 재구성하는 작업이었다.

두 가지 신학 접근 방식이 있었다. 첫째 신학 접근 방식은 신앙과 불신앙의 축을 중심으로 하는 신학적 사상이었다. 세계는 본질적으로 악하고, 예수 그리스도는 그런 세계와 무관하다. 그렇지만 새로운 중국에서 일어나는 중요한 것을 긍정할 수 있도록 하기 위해서는 이런 신학적 입장에 필수적으로 수정이 가해져야 했다. 남경신학교의 한 동료는 이런 수정주의의 표본이었다. 그는 인간 행동의 가치를 부정하고 임박한 예수 그리스도의 재림만 강조했다. 그러나 중국에서 일어나는 사건 속에 중요한 것이 있음을 중국인으로, 기독교인으로 인지하고 그것을 긍정하고자 했다. 그는 부분적 수정을 가했다. 그는 임박한 재림을 믿는 목수에 대해 질문하고 답한다. "왜 당신은 임박한 재림을 믿으면서도 가구를 만드는가?" 그는 오늘 밤이나 내일 도래할 예수 그리스도를 영접하기 위해 영혼을 준비시킨다. 그러나 그는 100년 또는 500년이나 사용될 가구를 두 손으로 만들어야 한다. 이런 이야기는

---

166 Ibid., 65-67.

그가 전천년 신앙과 중국인으로서 행하는 것을 긍정하려는 그의 욕구를 조화시키려는 그의 시도이었다. 나중에 그는 후천년주의자가 되었다. 그러나 그의 수정주의적 태도는 잠정적이고, 부분적이고, 개혁주의적인 것이었다.[167]

둘째 신학 접근 방식은 보다 근원적인 신학적 재건이었다. 우리는 하나님의 배려와 돌봄의 영역이 얼마나 넓은지에 대해 더 많이 생각하기 시작했다. 우리의 신학적 사고는 신앙과 불신앙의 대립이라는 신학적 사상으로부터 하나님께서 역사 가운데 무엇을 행하시는지에 대한 인식으로 전환했다. 하나님께서는 인간 삶과 역사, 세계로부터 동떨어진 무한한 존재가 아니다. 하나님께서는 살아계시고, 역사 가운데 내재하시고, 활동하시는 하나님이시다. 창조는 과거에 완성된 행동이 아니라 계속되는 진화이다. 창조의 목적은 하나님 형상을 닮은 인류가 우주에 출현하는 것으로, 이는 역사의 절정이다. 창조는 하나님의 행동이지만, 교육적이고 진화적인 과정이다. 이 세계는 하나님께 속한 것이지, 악마에게 속한 것이 아니다. 그리스도는 하나님에게는 이질적인 세상에 불법으로 침입한 자가 아니라 모든 피조물의 첫 열매이다. 그리스도는 세상과 대립된 존재로서 유일한 분이 아니라 세계의 본질과 가능성을 보여 주는 충만함의 예증으로 유일한 분이다. 그리스도는 남자와 여자를 자신과 연합시킨 분이다. 중국 기독교인들은 예수 그리스도를 구속자만이 아니라 우주적 그리스도로, 성육신하신 그리스도로, 창조의 의미의 실마리로, 모든 창조 과정의 왕관으로, 성취로, 요한복음과 에베소서와 골로새서에서 말씀하는 그분으로 말하고 있다. 중국 현대의 사상과 운동은 신적 계시와 대립하거나 신적 계시를 파괴하지 않고, 오히려 신적 계시를 조명하는 수단이다. 중국 현실을 이렇게 바라보면서 우리는 그리스도의 유일성의 의미를 감소시키지 않고, 그의 영광을 확대하고 그의 주장을 확고하게 한다고 생각했다. 우리는 예수 그리스도께서 세속적 삶의 가장 평범한 행동들에 관심을 기울이신 것에 깊은 감동을 받았다. 그리스도는 우리가 자연 질서와 세계로부터 관심을 돌리는 것을 목적으로 삼지 않으시고, 우리로 하여금 그것들을 이용하여 하나님에 대한 진리를 드러내게 하셨다. 만약 인간과 그리스도 사이에 전적 차이만 있다면 성육신이 불가능했을 것이다.

---

167 Ibid., 67-68.

떵꽝쉰은 "한 사람의 순종치 아니함으로 많은 사람이 죄인 된 것 같이 한 사람의 순종하심으로 많은 사람이 의인이 되리라"(롬 5:19)는 말씀을 인용하면서 인간은 원죄 가운데 태어날 뿐 아니라 본래적인 은총(original grace) 가운데 태어남을 강조하고 있다. 우리는 때로 원죄의 보편성을 지나치게 강조하여 하나님의 은총보다 아담의 타락이 인류에게 더 큰 영향을 주었다고 주장하는 오류를 범한다. 우리는 그리스도와의 연대가 아담과의 연대보다 훨씬 더 보편적이고, 결정적이고, 효과적이라고 확신한다. 우리는 인간이 역사에서 행한 것이 역사의 종말에 전적으로 파괴되거나 부인된다고 생각하지 않는다. 우리의 업적은 수용될 것이고, 승화될 것이고, 변형될 것이며, 완전해질 것이다. 이런 방식으로 우리는 중국 인민이 고난받으며 추구했던 것의 가치를 보게 되었다. 이런 시각에서 볼 때 해방 이전의 중국의 주류 신학은 중국 기독교인들이 인민으로부터 소외된 것의 반향임을 보게 되었다. 당시 신학은 신앙과 불신앙의 대립의 축을 맴돌았기 때문에 기독교인들과 비기독교인인 공산주의자들과의 적대감을 조장하는 데 기여했다. 삼십 년이 지난 지금 우리는 안전하다고 여겨왔던 개념들을 포기했고, 신학적 재건을 위해 노력하고 있다. 우리의 예배와 찬양을 받으시기에 합당하신 하나님은 신앙을 고백하는 수백만 명에게만 관심을 가지신 그런 작은 분이 아니라 전체 중국 인민과 인류를 사랑하시고 돌보시는 하나님이시다.[168]

중국 기독교인의 신학적 사상은 교회론에서도 큰 변화가 일어났다. 중국 교회는 서구로부터 수입되어 중국 인민의 눈에는 교회가 서구적인 것으로 보였다. 해방 이후 중국 기독교인들은 일부 헌신적인 선교사들의 사역이 있었지만, 서구 열강이 중국을 경제적으로, 정치적으로, 군사적으로 침투하는 역사의 단계에서 서구 선교 운동이 일어난 것과 이 운동이 중국을 해체하는 효과가 있음을 깨닫게 되었다. 중국 교회의 삼자운동의 목적은 그런 효과를 극복하고, 중국에 소재하는 교회를 중국 교회로 만들려는 것이었다. 또 다른 교회론의 변화는 서구 교회보다 탈제도적인 교회가 되고자 한 것이다. 중국 기독교인들이 탈제도적인 교회를 만들려고 생각하고, 결정하고 실행했다는 것은 아니다. 중국 기독교인들이 과거를 되돌아볼 때 제도적 교회에서는 신앙이 너무 자주 안전에 대한 추구로 대체되었다고

---

168 Ibid., 68-70.

생각했다. 제도 교회는 자기 자신의 유지를 우선시하는 경향이 있다. 제도 교회가 영속하려는 성향은 기존 권력과 연합하도록 만들고, 기존 세력의 한 부분이 되게 한다. 제도 교회는 사람들을 죽은 과거와 결속시킨다. 제도 교회와 권력과의 결속은 교회가 사회제도와 동일시됨을 상징한다. 그런데 교회는 사회질서에 의문을 제기하는 예언자적 역할을 요청받았다. 그러나 제도 교회는 기존 문화적·사회적·정치적 지배구조를 신성화한다. 그러므로 제도 교회는 복음을 부인하게 된다. 이처럼 제도 교회는 인간과 나사렛 예수와의 소통을 방해하고, 이웃과의 소통을 방해한다. 따라서 중국 기독교인들에게 교회의 탈제도화는 가치 있는 일이다. 그렇지만 이런 일을 행하는 것은 많은 중국 기독교인에게 상실의 경험으로 다가온다. 중국 기독교인들은 기독교 계통 대학교, 학교, 병원, 보육원과 결별했다. 중국 기독교인들에게 중요하다고 느껴졌던 많은 것을 잃어버리게 되었다. 이런 상실과 죽음을 통해 중국 기독교인들은 보다 생생하게 살아있음을 발견하게 되었다. 중국 교회는 작고 연약한 교회이다. 그러나 세계 교회와의 만남이 중국 기독교인의 실험과 역사적 실험의 해체가 되어서는 안 된다.[169]

띵광쉰 주교는 1998년에 '중국 교회를 위한 신학 재건 과정'을 시작했다. 그는 근본주의자 선교사들이 가르친 서구 신학에 도전하고 탈식민화시킴으로써 중국 기독교인들을 기독교의 가르침의 본질로 되돌아가게 할 시간이 되었다고 주장했다. 그는 이러한 과정을 통해 목회자들이 중국 상황을 바르게 이해하고 적절하게 설교하기를 바랐다. 그는 신학적 재건을 통해 성서적 가르침에 충실하고, 하나님의 포괄적 사랑을 강조하고, 기독교인의 윤리적이고 도덕적 책임에 초점을 맞춘 중국 기독교가 부상하기를 희망했다. 그는 에큐메니컬 동역자뿐 아니라 교회 지도자들과 신학교 교수들과 자신의 신학적 성찰에 대해 나누고 토론함으로써 신학적 재건을 이루기 위해 노력했다.[170]

띵광쉰 주교는 비관적 세계관이 복음은 아니고, 죄와 타락에 대한 지나친 강조는 사랑이라는 이름을 가진 하나님과 양립하지 않는다고 주장했다. 그리스도가 인간에게 끼친 영향

---

169 Ibid., 71-72.
170 Manhong Melissa Lin, "Mainland China(Protestant)," 44.

이 아담이 인간에게 준 영향보다 비교할 수 없을 만큼 더 큰 것처럼, 하나님의 은혜는 인간의 죄를 능가함을 강조했다. 하나님의 은혜와 사랑으로 인해 기독교인들은 신앙의 구현으로써 세상에서 자신의 사회적이며 윤리적 책임을 실천할 힘과 용기를 얻게 된다. 그는 하나님의 사랑이 하나님의 가장 중요하고 근본적 속성이라고 주장한다. "하나님은 사랑이시라는 점은 우주 안에 있는 모든 사실 중에서 가장 중요한 사실"로 "하나님이 사랑이시므로 우리들은 안심할 수 있"고, "죽음조차도 우리를 어렵게 하지 못할 것"이기 때문에 "우리들은 적극적으로 사회변혁을 위한 행동과 역사의 진보를 위한 운동에 능히 기여할 수 있을 것이다."[171] 하나님의 사랑은 만인을 위해 자신의 목숨을 내놓고, 그의 통치 영역과 관심사가 보편적인 그리스도의 우주적 본성에 반영된 사랑이다. 우주적 그리스도의 사랑은 세상을 넘어 하나님의 백성의 모든 것에 이르는 만물을 포괄하는 사랑이다. 중국 기독교인들로부터 신적 심판자인 하나님의 이미지로부터 벗어나는 것을 돕기 위해서 그는 하나님과 하나님의 사랑을 어머니 이미지로 그리는 성경 구절을 제시했다(사 66:13, 49:15; 시 131:2). 그는 하나님의 어머니 이미지를 사용함으로써 하나님의 사랑이 강요하는 사랑이 아니라 교육, 설득, 변혁, 성화를 통해 이뤄지는 사랑임을 보여 주고자 했다.

띵광쉰이 우주적 그리스도를 주장하는 배경에는 1949년 중화인민공화국 건립이라는 '역사변혁'이 있다. 신중국에서 공산당이 보여 준 모습에 가장 충격을 받은 자들은 기독교인들이었다. 기독교가 아편과 성매매를 근절시키자고 100년을 떠들어도 변화가 없었지만, 중국공산당은 집권 수개월 만에 이를 소탕했다. 이런 역사적 변혁을 바탕으로 중국 기독교인들은 그리스도의 우주성을 깨닫게 되었다. 즉, 그리스도는 전 우주를 주재하시고 사랑으로 보호하시며, 그리스도가 우주를 다스리는 본질이 사랑이라는 점이다. 그리스도는 과거에도 현재도 우주의 창조에 참여하시고, 창조의 풍성한 열매를 맺고자 하시며, 때가 되면 사랑과 화평과 공의로써 우주의 준칙을 삼으실 것이다. 이런 맥락에서 띵광쉰은 무신론의 존재와 우주적 그리스도 사상이 서로 조응할 수 있는 영역이 있다고 생각한다. 비록 신앙적으로 다른 점이 매우 많지만, 많은 부문에서 동심협력하여 활동할 수 있다. 중국 기독교인들

---

171 정광훈/김종구 역, 『사랑은 없어지지 않습니다』(서울: 민중사, 1999), 100.

이 중국에서 그리스도를 계속 증거할 수 있는 공간만 있다면, 많은 문제를 대화로 풀어갈 수 있다면, 교회는 함부로 대항과 순교의 방법을 사용해서는 안 될 것이다. 하나님의 구속 사업은 교회 범위 안에만 한정되지 않으며, 모든 우주에 미치는 것이다. 우주적 그리스도를 발견하는 것은 사랑이 바로 우주의 근본원칙임을 인정한다는 의미이다. 비록 세계가 아직 형성, 발전하는 과정에 있을지라도 역사의 종말은 사랑과 은혜의 잔치 자리가 될 것이다.[172]

그는 영적 교만과 도덕률 폐기론에 이르게 하는 이신칭의에 대한 지나치게 단순한 해석과 왜곡된 해석을 비판했다. 그는 하나님을 믿는 것과 사람들을 개종하게 하는 것이 기독교 신앙의 유일한 차원이 아니라고 주장했다. 기독교인이 예수를 믿어 의롭게 됨이 교인들로 하여금 자신의 사회적 책임을 회피하거나 전체 공동체에 통합되는 것을 피하는 핑계로 이용되어서는 안 된다. 기독교인의 선한 행동은 단순히 교회 교인을 늘리는 것을 목적으로 해서는 안 되고, 더 중요하게는 다른 사람을 섬기는 우주적 그리스도의 모범을 따르는 것이다. 띵광쉰 주교는 이신칭의 교리와 함께 성화의 교리를 강하게 옹호했다.[173]

띵광쉰 주교가 일으킨 신학 재건 과정은 처음에는 근본주의자들의 반발 때문에 논쟁을 일으켰다. 그러나 20년이 지나면서 수천 번의 회합과 발제와 설교를 통해 점점 더 많은 목회자와 기독교인들이 신학 재건의 중요성을 인식하고, 긍정적 변화와 건강한 발전을 지지했다. 신학적 재건을 심화시키고 중국 기독교를 중국의 문화적·사회적·정치적 상황에 보다 적절하게 만들기 위해서 2013년에 열린 제9차 중국기독교협회는 중국 기독교의 발전을 중국화(중국에서의 기독교는 중국적인 것을 지향해야 하며 중국에 상황화되어야 함)로 제안했다. 중국 기독교의 중국화 증진 5년 계획이 양회에 의해 2018년에 발표되었다. 상황화의 목적은 그리스도를 높이는, 일치를 유지하는, 성서적 진리에 충실하면서도 중국 문화에 뿌리는 내리는, 중국 정치적 상황과 사회적 상황에 적절한 상황화 신학을 가진, 사회적 책임을 용감하게 감당하는 중국 교회를 발전시키는 것이다. 중국 기독교의 중국화 목적은 중국에 세워진 기독교로(Christianity in China)부터 중국적 기독교(Chinese Christianity)로

---

172 앞의 책, 142-155.

173 Manhong Melissa Lin, "Mainland China(Protestant)," 44-45.

의 변혁을 실현하는 것이다. 중국 기독교의 상황화를 이루기 위한 주요 과제로는 신학적 재건의 심화를 통해 신학적 기초를 견고하게 세우기, 신학 교육을 표준화하고 신학생 훈련을 심화하기, 신앙을 표현하기 위해 중국의 문화적 형태를 사용하기, 사회봉사에 참여하고 중국 사회주의의 핵심 가치(번영, 민주주의, 공손함, 조화, 자유, 평등, 정의, 법치, 애국, 헌신, 종합, 우정 등)를 실천하기를 계속하는 것이다.[174]

(8) 신학 교육

1981년 이후 22개의 신학교와 성서학교가 재개되거나 새로 세워졌다. 신학생 등록의 관점에서 볼 때 신학 교육기관은 세 가지 단계로 나뉜다. 남경연합신학교는 전국의 신학생이 등록할 수 있다. 5개의 지역(regional) 신학교는 해당 지역의 신학생들만이 등록할 수 있다. 나머지 성(provincial)의 신학교와 성서학교는 자기 성의 학생들만이 등록할 수 있다. 특정 신학교가 운영하는 성악 프로그램이나 청각 장애인 학생을 위한 프로그램은 전국의 신학생이 등록할 수 있다. 22개의 신학교와 성서학교는 두 범주로 나뉜다. 첫째 범주에는 9개의 신학교와 성서학교가 포함되는데 이들은 2년 과정 또는 3년 과정이다. 둘째 범주에 속하는 나머지 13개 신학교와 성서학교는 4년 과정이다. 남경연합신학교는 신학과 과정만이 아니라 석사과정과 박사과정을 포함하고 있다. 남경연합신학교만이 중국기독교협회와 삼자애국운동에 의해 운영되고, 성에 소재한 신학 교육기관들은 성의 양회에 의해 운영되고, 지방의 신학 교육기관들은 지방의 양회에 의해 운영된다. 22개의 신학교와 성서학교에 등록된 신학생은 3,800명이다. 신학생 입학 자격은 고등학교를 졸업하고 세례를 받았으며, 교회에 소속된 지 1년 이상이 되어야 하고, 지역 교회를 전임으로 섬겨야 하고, 지역 교회의 추천과 지역/성의 양회의 허락을 받는 것이다. 신학교에 입학하기 위해서는 입학시험(4~5주제), 면접, 체력 검사를 통과해야 한다. 남경연합신학교의 석사과정에 입학하려면 4년제 대학이나 신학교의 졸업증서가 필요하고, 박사과정에 입학하려면 신학이나 인문학의 석

---

174 Ibid., 45.

사과정 졸업증서가 필요하다. 남경연합신학교의 입학 조건에는 연령 제한이 없지만, 다른 신학 교육 기관은 통상 35세를 넘어가면 입학할 수 없어 신학생의 평균 연령이 30세 이하이다.[175]

중국 신학 교육기관의 커리큘럼은 성서신학, 조직신학, 역사신학, 실천신학과 인문학을 일부 포함하지만, 과정의 숫자나 단계는 신학교마다 다양하다. 중국 신학교의 교수진은 280명이며, 대부분은 석사 학위를 갖고 있고, 박사 학위 소지자는 10여 명에 불과하다. 1985년 이후 22개의 신학교와 성서학교로부터 23,500명의 신학생이 졸업했다. 대부분의 성과 지역 신학교를 졸업한 신학생들과 남경연합신학교의 학부를 졸업한 신학생들은 자신의 성이나 지역의 교회를 섬기기 위해 귀향했다. 남경연합신학교의 석사 졸업생들은 지역이나 성의 신학교 교수가 되었다. 남경연합신학교는 커리큘럼이나 도서관 등에서 다른 신학교의 모델이 되고 있다.

남경연합신학교는 1981년에 4년제 학부 과정과 3년제 석사과정을 시작했고, 2016년에는 박사과정을 시작했고, 2017년에는 목회학 박사과정을 시작했다. 남경연합신학교는 1995년부터 학사 학위와 석사 학위를 수여하기 시작했다. 교육과 종교의 분리 정책 때문에 중국에서 종교기관의 학위는 교육부에 의해 인정받지 못하지만, 종교기관에 의해서는 인정을 받는다. 남경연합신학교는 2015년에 동남아시아신학 교육협회에 가입했고, 동남아시아신학 교육협회의 승인을 받는 과정에 있다. 남경연합신학교에는 신학생이 450여 명 있으며, 전임 교수진은 21명이고, 방문 교수진이 있다. 2020년까지 신학생은 500명이 넘고, 석사과정 신학생은 90명이고, 박사과정 신학생은 약 10명으로 전망한다. 남경연합신학교의 전임 교수 중 3명은 신학박사 학위나 철학박사 학위를 갖고 있고, 세 명은 해외에서 박사과정을 진행 중이고, 나머지 교수진은 석사 학위를 갖고 있다. 박사과정은 거의 전적으로 방문 교수진에 의해 운영되고 있다. 도서관은 디지털 자료(ATLAS, CNKI)를 제외하고 6만 권 이상의 장서를 보유하고 있다. 평신도 지도자를 훈련시키는 3년 과정의 통신강좌를 통해 약 3천 명이 공부하고 있다. 양회는 1980년대 후반부터 신학교 대학원 졸업생들을 해외로 유학을 보내 중국 신학 교육을 보완하도록 해왔다. 2008년 이후 130명 이상의 신학

---

175 Ibid., 46.

생이 북미, 유럽, 호주, 홍콩과 대만에서 유학하고 있다.[176]

(9) 중국 교회의 현황

2006년 10월 24일 장로회신학대학교에서 열린 국제 선교 학술대회에서 포가원(包佳源, Bao Jia Yuan, 당시 중국기독교협회 부총간사) 목사는 중국 교회 현황을 다음과 같이 소개했다.[177] 문화 대혁명 동란(1966~2976)의 세례를 거쳐 중국의 기독교는 하나님의 은혜와 보살핌 속에서 죽음의 그늘과 골짜기를 벗어났다. 지난 20년 동안 중국 교회는 "아래로 뿌리가 서리고 위로 열매를 맺음"(왕하 19:30)을 실감했다. 중국에 기독교 신도가 1,600만 명이 넘고, 교회와 집회소가 도합 5만 5천 개 이상이고, 목사(부목사 포함)는 약 2,700명, 교역자(목사, 부목사, 장로, 전도원)는 약 2만 7천 명이다. 신학교 18개와 양성 훈련 센터(培訓中心)가 몇 개 있다.

2014년 6월 14일부터 19일까지 서울 쉐라톤 호텔에서 열린 한중 기독교 교류 세미나에서 왕준 목사(중국기독교삼자애국운동위원회 부주석, 산시성 기독교양회 주석 겸 회장)는 중국 교회의 현황으로 기독교 신도가 2,500만 명에 달하고, 교회당은 6만여 개로 70%가 새로 건축한 것이고, 목사와 부목사가 4,500여 명, 장로가 6,000여 명, 자원봉사자들이 19만여 명이 있고, 7,022개의 발행점에서 성경을 6,700만 권을 인쇄했고, 신학교는 22개로, 졸업생이 14,000여 명이고, 재학생이 3,700여 명이고, 새로 설립한 사회복지부와 애덕재단을 통해 사회봉사 사역을 전개하고, 29개 성, 자치구, 직할시에 모두 기독교 양회조직을 설립했고, 대외교류가 증가하고 있다고 보고했다.[178]

중국 기독교의 주요 사역으로 먼저 신학 사상 건설 사역이다. 1998년에 열린 제남회의에

---

176 Ibid., 46-47.

177 포가원(包佳源) 목사, "뿌리를 내리고 점차 장대해져 사랑 속에서 자기를 키워 나간다—중국의 교회 현황에 대한 분석—," 이광순 편저, 『중국 기독교 이해: 2006년 국제선교 학술대회(상도중앙교회 창립 50주년, 중국선교 20주년 기념)』(서울: 미션아카데미, 2007), 170-176.

178 왕준 목사, "중국 기독교 발전 기본 현황," 한중기독교교류협회, 중국기독교삼자애국운동위원회, 중국기독교협회, 「한중기독교교류 세미나」(2014년 6월 14~19일 쉐라톤 호텔에서 열린 세미나 자료집), 49-50.

서 발기한 신학 사상 건설은 중국 교회가 현존의 신도, 교회와 집회소 수에만 머무르거나 신도들의 연소화, 웅장한 교회 건물에만 머물 것이 아니라, 더욱 중요하게는 교회의 자질을 향상시키고 교회의 발전을 사회의 발전과 동시적으로 이룩하며 교회들이 반드시 자체의 신학적 사고가 있어야 함을 말해준다. 최근 중국 기독교 전국 양회가 추진하는 신학 사상 건설 사역은 정확한 성경관을 수립하고 시대의 수요와 더불어 성경의 진리를 발굴하며 복음을 더욱 잘 전함으로써 중국 인민들과 함께 조화로운 사회를 구축할 것인가 하는 문제이다. 세미나를 개최하고 신학 논문집을 발간하여 교역자들이 신학적 사고를 활발하게 진행하도록 돕고 있다. 둘째, 교역자 양성 훈련 사역으로는 중국기독교전국양회는 신학 교육 기관들을 통해 삼자원리를 견지하고 나라와 교회를 사랑하며 신학적 조예와 지식을 갖춘 교역자들을 양성하고 있다. 전국양회는 18개의 신학원과 성경학교를 운영할 뿐 아니라 양성 훈련부를 통해 교회 자원봉사자들을 위한 양성 훈련 사역도 중점 사업으로 진행하고 있다.[179]

셋째, 해외 교류 사역으로는 2005년 중국기독교전국양회는 캐나다연합교회 방문단, 스위스개신교연맹 방문단 등 세계 각지의 교회 대표단 50여 개의 연인원 867명을 접대했다. 2005년 중국기독교전국양회는 연인원 78명의 25개 대표단을 파견하여 여러 나라의 교회를 방문했다. 2005년 5월 그리스 아테네에서 열린 세계교회협의회의 선교와 전도위원회가 개최하는 선교대회에 중국 교회 대표단이 참석했다. 넷째, 문서 출판 사역으로는 1980년 이후 2005년까지 4천만 권의 각종 성경과 2,100만 권의 찬송가(신편)를 출판했다. 해마다 출판하는 영적 서적은 30만 권이 된다. 2005년에는 60만 권이 넘었다. 문서 출판을 위해서는 애덕인쇄 공장과 애기인쇄 공장이 큰 기여를 했다. 중국 기독교의 유일한 간행물인 「천풍」 잡지는 문서 출판 사역의 중심이다. 이 잡지는 국제·국내의 교회 동향을 보도하고, 신학 연구, 영적 훈련, 증거 등의 내용을 다룬다. 해마다 주문량이 5만 부를 초과한다. 2003년 1월 중국기독교전국양회의 네트워크 스테이션(network station)이 개통되어 「천풍」의 일부를 인터넷에서 영어로 볼 수 있게 되었다. 다섯째, 사회봉사 사역으로는 2002년부터

---

179 포가원 목사, "뿌리를 내리고 점차 장대해져 사랑 속에서 자기를 키워나간다─중국의 교회현황에 대한 분석─," 172-173.

2004년까지 중국 기독교 전국 양회는 보육원, 유치원, 양로원, 진료소, 장애인 재활 센터, 에이즈 예방 지식 훈련, 마약 퇴치 등 여러 개의 사회봉사 프로젝트를 추진했고, 자연재해에 대응하는 구호 활동을 전개했다. 중국 교회의 교역과 목양의 도전으로는 농촌 교회의 교역자 부족, 이단 배격, 생태 환경 파괴, 빈부격차 심화, 사회도덕의 타락 등으로 중국 교회는 도외시되는 약세 군체(개혁·개방 이후의 눈부신 발전이 양산한 사회적 취약 계층)에 대한 관심과 배려가 큰 과제이다.[180]

(10) 중국 교회의 변화와 발전

변화하는 중국 교회의 모습으로는 첫째, 빠른 성장에서 평온 성장 단계로 전환했다. 중국 교회는 1979년 이후 폭발적인 성장의 시기를 거쳤다. 그러나 21세기 진입 이후 중국 교회는 평온 성장의 단계로 들어섰다. 평온 성장의 시기에 접어든 중국 교회는 폭발적 성장기에 남긴 문제들을 성찰할 여유를 갖게 되었다. 중국 교회는 앞으로 목적이 뚜렷한 발전 전략과 중장기 목표를 내놓을 수 있게 되었다. 평온 성장은 정지가 아니라 중국 교회가 질적으로 양적으로 건전한 발전을 이루기 위한 시기이다. 둘째, 교회 발전의 중심이 농촌에서 도시로 이동했다. 1990년대 이전에는 중국 교회의 성장이 농촌 교회를 중심으로 이뤄졌다. 21세기가 시작되면서 중국의 급격한 도시화로 인해 중국 교회의 성장은 주로 도시에서, 특히 경제가 발달한 도시에서 일어나고 있다. 즉, 도시 교회에서 성도 수와 교회 예산이 증가하고, 사역이 늘어나며, 도시 교회의 사회적 영향력이 증가하고 있다. 따라서 중국 교회를 도시 교회와 농촌 교회로 나누고, 교회의 문제점과 사명 역시 도시 교회와 농촌 교회가 서로 다른 것을 알 수 있다.

셋째, 교회는 젊은 층이 점점 늘어나고 있다. 1979년 이후 교회를 찾아오는 교인들은 주로 고령자들이었다. 시간이 지나면서 점점 더 젊은 층이 교회를 찾아오기 시작했다. 그래서 교회들은 청년이나 젊은 층이 공감할 수 있는 청년 집회나 그런 예배 형식으로

---

180 앞의 책, 174-176.

예배를 드리고 있다. 젊은 층의 유입으로 교회가 활력을 띠게 되었고, 교회 발전에도 큰 도움을 주었다. 동시에 젊은 층이 교회에 증가하면서 교회에 불안정 요소가 되기도 하고, 젊은 층에 적합한 목회 형태를 개발하는 것이 교회의 과제가 되었다. 넷째, 성도의 종합 소질이 높아지고 있다. 농촌 교회가 성장할 때는 중국 교회 전체 성도의 소질이 비교적 낮은 편이었다. 도시 교회가 성장하고, 고등교육을 받은 젊은 층이 교회에 오면서 전체 성도의 소질이 점점 더 높아지고 있다. 이런 변화로 인해 많은 파워 엘리트를 교회로 인도했고, 이들이 각계각층에서 좋은 본을 보여 교회의 사회적 공신력이 올라가게 되었다. 물론 성도의 종합 소질이 올라가면서 중국 교회의 목양에는 새로운 도전이 되고 있다.[181]

중국에서의 2000년대 이래 기독교 현지 조사 연구 결과 문화혁명 이후 농촌 교회에 교인이 급증한 이유는 부녀자, 문맹자, 노인 등이 병 고침을 받거나 교회의 구제금을 받기 위해 상부상조의 혜택을 누리기 위한 것이라 했다. 그러나 1990년 이후 농촌 교회에 증가한 교인들은 부인의 전도를 받은 남편들, 부부의 자녀들로 청년과 어린이들, 교육 수준이 높은 자들이다. 이들이 교인이 된 주된 이유는 정신적 공허감 때문이거나 정신적 지주가 필요해서라고 했다. 반면에 2000년대 이후 도시 교회에 청년, 문화 수준이 높은 자들, 사회적 지위가 높은 자들이 증가한 이유는 지적 탐구와 정신적 가치의 추구 등 때문이라 했다. 중국 교회는 이렇게 변화된 교인들의 정신적·영적 욕구에 응답하는 목회와 신학을 개발해야 한다.[182]

변화하는 중국 교회의 발전을 위한 과제로는 첫째, 목회자의 양과 질을 성숙시키는 것이다. 중국 교회가 폭발적으로 성장할 때 중국 교회는 신학 교육 발전에 더 큰 힘을 쏟았다. 최근 젊고 학벌이 높은 성도가 증가하고, 사회 여러 계층과 접촉이 많아지고, 해외 교류가 많아지고, 사회적 영향력이 커지면서 중국 교회는 목회자 양성에서 양도 중요하지만 질적으로 우수한 목회자를 많이 양성해야 함을 깨닫고 실천하려 하고 있다. 둘째, 중국 교회

---

181 양명 목사(광동성 기독교협회 회장), "변화와 발전 중에 처한 중국 교회," 한중기독교교류협회, 중국기독교삼자애국운동위원회, 중국기독교협회, 「한중기독교교류 세미나」(2014년 6월 14~19일 쉐라톤 호텔에서 열린 세미나 자료집), 151-153.
182 조혜영, "최근 30년간 중국 기독교 연구 현황 일별," 영남중국어문학회, 「중국어문학」 제64집 (2013. 1.): 323-333.

체제의 역할과 자아 완선(完善)을 중시해야 한다. 중국 교회의 체제 형성에는 역사적 원인도 있고, 현실적 적응도 있으며, 장단점이 있다. 특히 중국 교회의 체제는 다양한 교파 교회로부터 교파 이후의 교회로 전환했다. 중국 교회가 교파 이후의 교회로서 자아 완선을 통해 비교적 완전한 체제를 세우도록 해야 한다. 셋째, 목회 양식의 다양화가 필요하다. 중국 교회는 교파 이후의 교회로 전환한 후 교파의 감정을 배려하는 마음으로 하나 되는 분위기를 조성하고, 성경에 대한 이해의 차이로 인해 불화가 일어나지 않도록 조심했다. 그러나 중국 교회의 신학 교육에 큰 발전이 없었고, 해외 교회와의 교류도 오랫동안 단절 상태이었다. 이제 변화하는 중국 교회 속에서 변화에 적절한 다양한 목회 방식을 개발하는 과제가 있다. 넷째, 중국 교회는 사회봉사에 더 많은 투자를 해야 한다. 중국 교회가 사회에서 점점 더 많이 인정받게 되고, 교회의 자원도 많아지고, 신학 사상 건설 사역을 통해 사람들의 인식이 바뀌면서 교회는 사회봉사에 더 큰 관심과 투자를 할 필요가 있다.[183]

(11) 교회와 사회

기독교인의 개인적 증거는 중국 개신교회의 성장뿐 아니라 사회에서 개신교회가 좋은 명성을 갖도록 했다. 좋은 기독교인은 좋은 시민이어야 한다는 이해로 인해 기독교인들은 직업에서 성공하기 위해서 직장 동료들과 좋은 관계를 유지하기 위해 최선을 다했다. 중국 교회 월간지인 「천풍」은 화가, 예술가, 음악가, 가수, 댄서, 운동선수, 코치, 작가, 교육자, 사업가, 의사 등 각 직업 분야에서 성공 이야기와 개인적 증거에 대해 다루고 있다. 「천풍」은 구독자가 57,000명이 넘는다. 농촌의 기독교인들은 자기 마을의 공익을 증진시키는 데 적극적이다. 전국인민대표회의(입법 기구, 최고 권력을 쥔 기구)의 의원 중에는 기독교인들이 있고, 중국인민정치협상회의(입법 기관의 역할이 1954년 전국인민대표회의 넘어간 이후 정책 자문기구로 전국위원회와 지방위원회로 구성)에도 기독교인들이 있다. 교회는 이 두 기구에 속한 기독교인들을 통해 종교의 자유, 사회적 이슈, 사회적 조건, 공적 의견을 정부에 제안할

---

183 양명 목사(광동성 기독교협회 회장), "변화와 발전 중에 처한 중국 교회," 153-154.

수 있다. 1980년대 교회 재산권의 회복과 최근 종교 관련 종사자들에 대한 사회적 보험과 의료보험에 대한 정책은 교회가 사회적 사안에 영향을 끼친 두 가지 사례이다.[184]

교회가 사회에 영향을 주는 다른 방식은 사회봉사를 제공하는 길이다. 이는 중국 정부의 여섯 개 부처가 연합해서 2012년에 발표한 '종교계의 공적 복지 자선 활동 참여를 격려하고 규제하는 의견들'이 발표된 이후 자선 사업에 종교계가 참여할 수 있는 공간이 넓어지고 우호적인 분위기가 형성되었다. 양회는 이미 2003년에 사회봉사국을 설립하여 기독교 사회봉사를 증진시키기 위해 노력하고 있다. 양회의 사회봉사국은 지역 교회들과 협력하여 교육, 어린이 복지, 의료와 건강 복지, 노인복지, 지역사회개발, 사회복지, 재난 구호, 역량 강화와 빈곤 감소를 위해 활동하고 있다. 양회 사회봉사국은 지역 교회와 함께 1년에 약 40개의 프로젝트를 진행하고 있다. 최근 수년간 이뤄진 모금액은 1억 1천9백만 위안 (1,980만 달러)이었다. 매년 9월 종교 자선 주간에 지역 교회들은 양회 사회봉사국 실행 프로그램으로 원근 각처에 있는 어려운 자들을 섬긴다. 양회 사회봉사국은 회교도들이 참여하는 사회복지 훈련 과정을 방문하고, 해외에 있는 불교도 복지 시설을 방문하는 등 이웃 종교와도 협력하고 있다. 지역 교회들도 종종 이웃 종교와 연합하여 사회봉사 활동을 전개하기도 한다. 개신교회는 사회복지 이외의 분야에서도 이웃 종교와 협력한다. 불교, 도교, 회교, 로마가톨릭, 개신교 등 5개 종교 집단은 종교 간 대화와 종교의 조화를 위한 국제적, 중국 내, 지역 회의를 열기도 한다. 종교 집단의 지도자들은 모든 단계에서 좋은 관계를 유지하며, 일부 지도자들은 전국인민대표회의의 의원이거나 중국인민정치협상회의의 의원이다.[185]

(12) 세계 교회와의 관계

중국의 개혁·개방 이후 중국 교회는 세계 교회와 관계를 재개하거나 새롭게 우정의

---

184 Manhong Melissa Lin, "Mainland China(Protestant)," 48.
185 Ibid., 48.

관계를 형성하고 있다. 지난 20년 동안 지역 양회를 제외하고 전국 양회만 13,000명의 개신교인과 1,600명의 개신교 대표단의 방문을 받았다. 이들 방문단에는 세계교회협의회 (WCC), 세계복음주의연맹(WEA), 세계개혁교회커뮤니온(WCRC), 세계침례교연합 (BWA), 세계루터교연합(LWF), 아시아기독교협의회(CCA), 캔터베리 대주교, 러시아정교회 총대주교 등이 있다. 동일한 기간에 양회는 교회 지도자, 신학 교수, 평신도, 청년들 1,600명 가운데 500명의 대표를 조직했다. 양회는 해외 교회와 목회, 신학 교육, 사회봉사, 교회 미디어, 종교 간 대화, 기독교 음악과 미술 등 전 분야에 걸쳐 교류 프로그램을 진행했다. 중국 개신교회는 홍콩, 마카오, 대만에 있는 교회와 신학교와 긴밀하게 접촉하고 협력하고 있다.[186]

(13) 중국 기독교의 도전과 전망

중국 기독교가 성취한 것은 40년 전 중국 교회가 기대했던 것을 넘어선 것이었다. 그러나 중국 기독교는 전례 없는 도전에 직면해 있다. 우선 잘 훈련된 목회자가 많지 않다는 점이다. 많은 농촌 교회가 성서에 대한 적절한 지식을 결여하고 신학적 훈련을 받지 못한 평신도 지도자나 장로, 전도사에 의해 인도되어 일부 교회에서는 교인들을 잘못된 방향으로 이끌고 있다. 일부 농촌 지역에서는 기독교와 중국 전통 종교 사이에 긴장이 있으며, 일부 기독교인들은 문화화와 혼합주의를 구분하지 못하고 있다. 도시화로 인해 도시 교회 교인 가운데에는 농촌에서 이주한 노동자로부터 화이트칼라층까지, 문맹의 할머니로부터 대학생, 교육받은 엘리트까지, 실업자로부터 실업가까지 다양하다. 주일 설교를 준비하는 목회자들은 이렇게 다양한 배경을 지닌 회중의 영적 욕구를 충족시키는 것과 제한된 교역자들이 교인들에게 적절한 목회 활동을 펼쳐야 하는 도전에 직면해 있다. 비록 도시 교회들은 농촌 교회에 비해 이단에 덜 영향을 받지만, 해외로부터 유입된 번영신학과 은사주의적 경향으로부터 부정적 영향을 받고 있다. 모든 단계(지역/주·성/전국)의 양회가 이런 도전을

---

186 Ibid., 48-49.

잘 알고 있다. 이런 도전에 제대로 대응하는 목회자를 양성하기 위해서 신학교는 이런 도전에 대해 연구하고 분석해야 하며, 이런 목적을 이루도록 교육 커리큘럼을 개편하고, 목회자 계속교육과 해외 교육을 포함하여 교육 채널을 확대해야 한다.[187]

많은 중국 기독교인은 해외 교회나 선교 단체 등 분열적 세력이 중국 교회에 미치는 영향을 염려하고 있다. 중국의 개혁·개방 이후 해외 기독교인 집단들은 자신만의 의제를 갖고 중국에 공공연하게 또는 비밀스럽게 몰려들었다. 그들은 중국 교회와 사회의 상황에 대해 잘못된 정보를 해외에 제공함으로써 모금을 하고 있다. 그들은 중국에서 자신들이 지원하거나 설립하길 원하는 '진짜 교회'는 '지하교회'이어야 하고, '중국 정부를 반대하는 교회'이어야 한다고 주장한다. 그들이 공통적으로 가르치는 것은 '진짜 교회'로 사람을 개종시키지 않는다면 자신들의 기준에 어긋나는 교회들로부터 거리를 두라는 것이다. 많은 중국 기독교인이 보기에 해외로부터 온 그런 집단들은 중국 교회들 가운데서 혼란, 분열, 혼돈을 초래하고 있다. 중국 교회 전체가 이런 상황에 저항할 필요가 있다. 교파 교회 이후의 교회를 지키기 위해서 중국 개신교회는 연합하는 교회를 형성하기 위한 견고한 기초를 세우도록 하기 위해서 중국 교회 자신만의 교회론을 발전시킬 필요가 있다. 중국 기독교 제10차 대표 양회가 중국 정부의 '교회 규약'을 중국 교회의 교회론을 세우기 위한 걸음으로써 수용하면 '교회 규약'은 곧 선포될 것이다.[188]

신학적 재건과 기독교의 상황화라는 요구를 실천함에 의해서 변화하는 사회에 자신을 갱신시키는 만큼 중국 교회의 미래는 달라질 것이다. 중국 개신교가 중국 상황에 보다 유관하게 되기 위해서는 중국 기독교인들이 모든 것을 포용하는 하나님의 사랑과 그 윤리적 함의를 강조하는 신학을 포용하는 것이 중요하다. 이런 방식으로 중국 교회는 시대의 이슈와 공통 관심사를 보다 효과적으로 다루게 됨으로써 중국 기독교인들은 예수 그리스도의 모범을 보다 가까이 따를 능력을 갖추게 될 것이다.[189]

---

187 Ibid., 49-50.
188 Ibid., 50.
189 Ibid., 50.

8. 한·중 교회의 교류

1) 한국기독교협의회의와 중국기독교협회의 교류

중국기독교협회와 한국기독교협의회의 교류는 한중 수교가 이뤄진 1992년 이후에 가능했다. 1993년 봄 띵광쉰 주교가 한국을 방문했고, 1993년 9월 중국 남경에서 29명의 한중 교회 대표들이 모여 '제1차 한중 교회협의회'를 개최한 후 다음과 같은 합의를 이뤘다. 한국과 중국에서의 선교의 개별적 책임은 각국의 교회협의회에 속한 것임을 전제로, 양국 교회가 동일한 동양 문화의 유산 안에서 상호 이해와 존중의 정신 가운데 동반자 관계를 수립하고 협력의 영역을 확장해 갈 것, 에큐메니컬 자원 교류, 학술 교류 활동, 목회자, 여성, 청년, 학자, 학생, 기독교 사회활동가 등의 교류를 통해 좀 더 밀접한 관계와 협력을 모색할 것, 양국 교회는 세계의 평화와 정의, 창조 질서 보전의 증진을 위해 노력하며, 양 국민의 민주주의, 인권, 자주 실현에 있어서의 평화적 과정들을 지지하고 한반도의 평화통일을 위해 기도할 것, 사이비 기독교 집단들이 중지되도록 공동으로 노력할 것이다. 한국기독교교회협의회와 중국기독교협회는 이렇게 합의한 원칙을 바탕으로 정보교환, 상호 협력 사업에 대한 계획과 평가를 위해 연례 회의를 개최하기로 했다. 이후 간헐적으로 중한교회협의회가 양국을 상호방문하면서 양국 교회 교류의 미래, 신학 교육 문제, 조선족 이주노동자 문제, 사회복지와 교회, 사이비 이단 대처 등에 대한 논의들이 전개되었지만, 논의의 내용이 증진되지는 않았다. 중요한 이유 중 한 가지는 한국기독교교회협의회의 지도자들이 1~2년 사이에 교체되어서 만남은 지속적이었지만, 논의가 심화하지 못했다. 그리고 적극적인 연구와 교류를 통해 양국 교회가 합의한 공통의 과제를 충실히 이행하지 못한 것도 문제이었다. 이는 상대적으로 높은 수준의 일치를 이룬 중국기독교협회와 다양한 교단의 협의체인 한국기독교교회협의회 사이의 체제의 한계에서 비롯되었다.[190]

---

190 김종구 목사, "한국교회와 중국 교회 상호교류의 의미와 과제," 한중기독교교류협회, 중국기독교삼자애국운동위원회, 중국기독교협회, 「한중기독교교류 세미나」 (2014년 6월 14~19일 쉐라톤 호텔에서 열린 세미나 자료집), 29-30.

2) 한국 복음주의권 교회와 기관과 중국 국무원 종교사무국과 중국기독교협회의 교류

박종순 목사는 1990년대 초부터 중국 종교국과 양회 지도자들을 만나 친분을 쌓았다. 2003년 한국세계선교협의회(대표, 회장 박종순)가 주도하고, 한국기독교총연합회가 협력하여 중국 국무원 종교사무국과 중국기독교협회 사이에 교류가 시작되었다. 2003년 9월 16일부터 18일까지 중국 상해에서 열린 제1차 한중기독교교류회는 한중 교회 협력과 동역, 양국 교회의 신학, 교육, 사회봉사 등을 주요 의제로 다뤘고, 한국 측에서 22명, 중국 측에서 23명이 참석했다. 제2차 한중기독교교류회는 2004년 한국의 조선호텔과 힐튼호텔에서 한중 신학 교육, 한중 기독교 이단 대처 방안, 한중 교회의 사회봉사 현황을 주제로 다뤘고, 중국 국무원 종교국 7명, 양회 지도자 20명, 한국 측 30여 명이 참석했다. 제3차 한중기독교 교류회는 2005년 11월 21일부터 23일까지 중국 남경 금릉협화신학원에서 이단 대처, 현대 신학의 동향과 교회 성장, 신학 교육 및 기독교교육 교류 방안을 주제로 다뤘고, 한국 측 23명, 중국 측 30여 명이 참석했다. 제4차 한중기독교교류회는 2006년 12월 14일부터 15일까지 한국 타워호텔에서 한중 신학 교류, 한중 교회 성장, 한중 사이비 이단 대처를 주제로 중국 측 23명, 한국 측 40여 명이 참석했다.[191]

박종순 목사는 상해를 방문하여 중국 교회 책임자와 2008년 3월, 2013년 1월과 10월 등 세 차례 좌담회를 가졌다. 한국교회 방문단 53명이 2009년 6~7월 중국 종교사무국을 방문했다. 여의도순복음교회 방문단 12명이 2011년 9월 중국 교회를 방문했고, 여의도순복음교회 방문단 22명이 2013년 1월 중국 교회를 방문했다. 중국 기독교 전국 양회 회장과 총간사 등 네 명이 2008년 10월 사랑의교회를 방문했다. 중국 기독교 지도자 12명이 2012년 6월 여의도순복음교회를 방문했다.[192] 2014년 6월 14일부터 19일까지 서울 쉐레톤 호텔에

---

191 한정국 목사, "한중기독교교류 역사 요약," 한중기독교교류협회, 중국기독교삼자애국운동위원회, 중국기독교협회, 「한중기독교교류 세미나」(2014년 6월 14~19일 쉐라톤 호텔에서 열린 세미나 자료집), 103-110.
192 악청화 박사(중국기독교삼자애국운동위원회 부주석, 복건성 기독교삼자애국운동위원회 주석), "한중 신학 사상 교류: 밀접한 교류와 왕래를 통해 진리를 통일하자," 한중기독교교류협회, 중국기독교삼자애국운동위원회, 중국기독교협회, 「한중기독교교류 세미나」(2014년 6월 14~19일 쉐라톤 호텔에서 열린 세미나 자료집), 164.

서 열린 한중 기독교 교류 세미나에는 중국기독교삼자애국운동위원회와 중국기독교협회 대표단 33명과 중국 국가종교사무국 대표단 6명이 참여했고, 한국 측에서는 수십 명이 참석했다. 2014년 6월 17일에는 한중기독교교류협회를 창립했다. 한중기독교교류협회는 창립 이후 두 교회 모두 지도력의 변화와 코로나 그리고 시진핑 체제로 인한 변화로 교류를 지속하지 못하고 있다.[193]

한중기독교교류회는 매년 지도력이 교체되는 한국기독교협의회와 달리 개교회 목회 자들이 모였기 때문에 중국 교회와의 지속적인 교류와 논의가 가능했다. 한국기독교교회 협의회와 중국기독교협회는 교회 사이의 교류인 반면에, 한중기독교교류회는 종교사무국 의 협조가 바탕이 되고 있다. 반공을 신앙적 토대로 삼는 복음주의 한국교회들과 중국 사회주의 정부 기관의 협력을 어떻게 진전시킬지 귀추가 주목된다. 큰 문제는 교류회에 참여하는 한국교회는 대부분 중국에 선교사를 파송한 교회인데, 한국 선교사의 존재와 미래가 중국 영토에서 해외 선교사의 활동을 금지하는 중국 조례와 그리고 중국 교회의 자주적 선교 방침과 어떻게 융화될 수 있는지의 문제가 심각해질 것이다.[194]

3) 한중 교회 교류의 장애와 바람직한 교류 태도

박봉수 목사는 2014년 한중 기독교 교류 세미나를 개최할 당시 한국 측 대표 집행위원장 을 맡고 있었다. 그는 한중 교류를 중국 기독교의 관점에서 볼 때 한국 기독교의 교류 접근 방식 중 일부는 도움이 되지만, 많은 부분이 방해가 된다고 했다. 한중 교회 교류의 장애는 첫째, 한국교회가 중국의 법적 규정을 무시하고 일방적인 교류를 추진하는 것이다. 중국은 '중화인민공화국 국내 외국인 종교 활동 규정'(국무원령 144호)을 통해 외국인의 개인적 종교 신앙의 자유는 보장하되 종교 활동을 제한하고 있다. 즉, 외국인의 종교 활동이 중국의 사회 공공이익을 해치는 것은 허락하지 않고 있다. 종교 활동을 보장하는 내용으로는 중국

---

193 박봉수 목사와의 인터뷰(2024년 5월 2일).
194 김종구 목사, "한국교회와 중국 교회 상호교류의 의미와 과제," 30-31.

종교계와 우호적으로 왕래하는 것과 문화 학술 교류이다. 기독교의 관점에서 볼 때 교류는 중국 기독교 양회와 협력하고 함께하는 사역이다. 중국 정부가 절대로 허용하지 않는 것으로 8조에 명시된 내용은 중국 내에서 종교 조직을 만드는 것, 종교 사무기구를 설립하는 것, 종교 활동 장소와 종교 학교를 개설하는 것, 중국인 신도를 발전시키는 것, 종교 교직 인원 위임, 기타 포교 활동이다. 한국 기독교가 중국 기독교와 교류하면서 이런 종교 활동 규정을 모르거나 알더라도 무시해 온 경향이 한중 교회 교류의 걸림돌이다.

둘째, 한국 기독교가 중국 종교사무국의 허락을 받지 않거나 중국 교회 지도자들과 협력 없이 독자적으로 진행하는 형태의 교류이다. 한국 기독교 일각에서는 중국에 선교사를 파송하여 독자적으로 다양한 형태의 사역을 하고 있다. 2011년 통계를 보면 147개 단체가 파송한 선교사 수가 3,000명을 넘었다. 평신도 사역자를 포함하면 약 6,000명이 넘을 것으로 추산된다. 이들 가운데 중국 기독교 지도자들과 협력하여 사역하는 사람들도 있겠지만, 대부분은 독자적 사역을 수행하거나 가정교회 지도자들과 협력 사역을 하고 있다. 이런 점이 중국 정부의 외국인 종교 활동 규정을 어기고 있다. 또 한국 기독교 내에 선교사는 파송하지 않지만, 중국 내 가정교회를 지원하거나 협력하는 사례가 있는데 이런 교류 역시 불법적인 행위이다. 외국인 종교 규정을 어긴 한국 기독교의 사역 형태로는 전도와 교회 개척, 교회당 건축 지원 및 목양 지원, 지도자 양성 및 신학 훈련 지원, 집회 및 찬양 사역, 문서 선교, 의료와 복지 사업, 사업을 통한 선교 등이다. 바람직한 한중 기독교 교류를 위해서는 지양해야 할 사역 형태이다.[195]

바람직한 한중 기독교 교류 형태로는 중국 기독교와 함께하는 것이다. 한국 기독교 지도자들이 중국 기독교 지도자들과 상호 이해와 협력 과정에서 논의된 사역들을 중국 내의 법적 규정을 어기지 않는 범위 내에서 진행하는 것이다. 현재 이러한 교류는 우호적인 왕래이다. 다양한 단체와 교회, 신학교들이 중국 종교국의 비준 하에 중국 기독교 단체와 교회, 신학교와 왕래하며 상호 이해관계를 돈독히 해오며, 다양한 학술 교류를 진행하고 있다. 한중 기독교 지도자들의 상호 신뢰와 관계를 바탕으로 중국 내에서 다양한 협력

---

195 박봉수 목사, "한중 기독교 교류 상황(현재)," 한중기독교교류협회, 중국기독교삼자애국운동위원회, 중국기독교협회, 「한중기독교교류 세미나」(2014년 6월 14~19일 쉐라톤 호텔에서 열린 세미나 자료집), 143-145.

사업들이 진행되고 있다. 양회와 협력하여 진행하는 사역들로는 이단 방지를 위한 협력 사역, 소수 민족의 성경 번역 지원 사역, 재난 구호 및 의료선교 사역, 농촌 교회 교역자 생활비 지원 등이다. 신학교와 협력하여 진행하는 사역으로는 장학금 지원 사역, 신학교 건축 지원 사역, 교수 충원 및 계속교육 지원 사역, 도서관 확충 지원 사역, 외국 유학 후원 사역 등이다. 개교회와 협력하는 사역으로는 교회당 건축 지원 사역, 주일학교 진흥 사역, 교회 부설 유치원이나 장애인 시설 지원 사역 등이다. 이런 다양한 사역들을 중국 기독교 지도자들과의 신뢰 관계를 바탕으로 구체적인 현실의 필요에 따라 상호 협력하에 진행하고 있다. 이런 다양한 사역들은 중국 종교사무국의 비준이나 허락하에 진행되고 있다.[196]

4) 한중 교회 교류의 공통 분모와 과제

한중 교회의 교류의 공통 분모로 삼자교회가 있다. 악청화 박사는 한국에 복음을 전한 미국 선교사들이 중국이나 일본에서 사역하던 서구 선교사들과 달리 교회의 토착화를 강조했다고 주장했다. 미국 선교사들은 일정한 기간을 주고 한국교회가 외국 교회의 지도 자나 물질에 의존하지 말고, 한국 목회자들이 한국교회의 영도권을 가질 것을 요구하면서 한국교회로 하여금 자양, 자치, 자전하도록 했다. 이러한 삼자교회 형태를 한국교회가 일찍 부터 받아들여 자립의 노력과 경험을 했다. 물론 삼자교회가 되는 것은 한국교회에는 큰 부담이 되었지만 서구 선교사들의 격려 아래 한국교회는 아주 짧은 시간 내에 자립해서 일어나게 되었다. 이러한 형태의 삼자교회는 중국 교회가 실행하는 삼자원칙과 매우 일치 하는 것으로, 교회의 토착화는 아시아 교회가 서양 종교의 색채와 사고를 벗고, 자기 나라에 합당한 신학 사상을 세우는 데 매우 필요한 것이다.[197]

한중 교회 교류의 과제로는 첫째, 현지의 문화를 고려해서 복음을 전해야 한다. 악청화 박사는 한국교회와 선교 단체가 173개 국가에 17,000명의 선교사를 파송했는데, 현지

---

196 박봉수 목사, "한중 기독교 교류 상황(현재)," 145-146.

197 악청화 박사(중국기독교삼자애국운동위원히 부주석, 복건성 기독교삼자애국운동위원회 주석), "한중 신학 사상 교류: 밀접한 교류와 왕래를 통해 진리를 통일하자," 163-164.

정부가 선교를 금지한 중동과 중앙아시아의 이슬람 국가에도 4,700여 명의 선교사를 파송한 것은 잘못된 것이라 할 수는 없지만 주의할 것이 있다고 했다. 복음을 전하되 현지 문화를 존중해야 하며, 현지 교회가 교권적·문화적 독립을 할 수 있도록 지지해야 한다. 한국교회는 일제 치하에서도 3.1독립운동을 전개했고, 한국 민족 문화 위에 교회를 잘 세웠다. 일제 치하에서 많은 기독교인이 순교하면서 믿음을 지켰다. 한국교회의 민족 문화의 독립과 중국의 삼자정책의 '자전'(自傳)은 양상은 다르나 같은 작용을 하고 있다. 자전은 민족 문화에 무익한 어떤 영향을 받지 않고자 하는 것이다. 중국 교회는 한국교회의 해외 선교에서 현지 문화를 존중할 것을 바란다. 현지의 문화를 살리는 방식 위에 그리스도의 아름다움이 증거되기를 바란다. 이는 한중 교회 교류에도 그대로 적용된다.[198]

둘째, 한중 교회 교류는 신학 사상 운동의 교류를 통해 상호 발전을 이루도록 해야 한다. 한국 개신교회는 역사적으로 소수자 입장에서 민족의 독립을, 민중의 보다 나은 삶을, 민주적 사회를 위하여 고난의 길을 걸어왔다. 그런데 1990년대 후반 이후 급성장한 한국 개신교회가 소수자의 입장이 아니라 사회의 주요 사회세력이자 집단으로 부상하면서 이전의 공적 역할을 감당하지 못하면서 '사적 집단'으로 인식되고 있다. 그래서 '교회의 공공성 회복'과 관련된 신학적 반성과 선교적 실천이 이뤄지고 있다. 중국 개신교회는 1990년대 후반부터 띵꽝쉰 주교의 주도 아래 '신학 사상 건설 운동'을 지속적으로 전개해 왔다. 신학과 교회, 신학과 신앙을 접합시키려는 신학 사상 운동의 핵심은 첫째, 중국 교회 신도들이 미신적이고 축자영감적인 성경 이해로부터 건전한 신학에 기초한 올바른 성경관을 학습할 필요가 있고, 둘째, '이신칭의' 교리의 근본주의적인 수용으로 말미암아 도덕률 폐기주의의 흐름을 끊고, 이신칭의를 재해석하여 사회적 윤리를 강조하는 기독교로 거듭나서 중국 사회 속에 뿌리내리는 신학적 성찰이 필요하다는 점이다. 이처럼 한중 교회 교류를 통해 한국교회와 중국 교회 모두 '교회의 공공성 신학운동'을 공동으로 전개함으로써 각각 교회의 공공성을 회복하는 데 기여할 수 있을 것이다.[199] 그리고 신학 사상의 재고를 위해 반드시

---

198 앞의 글, 167-168.
199 김종구 목사, "한국교회와 중국 교회 상호교류의 의미와 과제," 31-32.

고려해야 할 것이 현지 문화이다. 왜냐하면 교회는 반드시 자기가 처한 환경 아래에서 신학 사상을 재고해야 하기 때문이다. 진리가 환경을 벗어나면 효과적으로 복음을 전파하기 어렵다. 한중 교회는 자신의 문화로 성경의 진리를 해석하여 그리스도의 풍성함을 드러내야 한다. 이렇게 해서 한국교회와 중국 교회는 서방 기독교가 아니라 동방 기독교가 됨을 알려야 한다.[200]

셋째, 한중 교회 교류를 통해 한국교회와 중국 교회는 동북아 평화 공동체를 위해 세계평화를 위한 평화의 사절이 되도록 노력해야 한다. 21세기 태평양 시대에 동북아시아는 세계 번영과 평화를 위해 중요한 지역이다. 남한과 북한, 중국과 일본 등 동북아 국가들은 지금까지의 이념적 프레임을 벗어나서 새로운 평화적 파트너 관계로 거듭나는 것이 세계평화를 위해 중요하다. 따라서 한중 교회 교류를 통해 동북아시아 평화공동체를 형성하도록 하는 것이 중요한 과제이다. 유럽연합이 유럽 각국의 교회 교류로부터 시작된 것으로부터 배울 필요가 있다.[201] 한중 교회 교류는 두 교회의 우정을 강화할 뿐 아니라 두 국가의 우정과 평화를 증진시키는 사절이 되어야 할 것이다. 나아가서 한중 교회 교류를 통해 세계평화를 위해 기도하고 세계평화에 기여하기를 바란다.[202]

넷째, 한중 교회 교류를 통해 양국 내 시민사회 영역을 확대하는 교량 역할을 해야 한다. 최근 중국기독교협회와 애덕기금회를 통해 중국 개신교회의 사회복지 사업이 체계적으로 확대되고 있다. 애덕기금회는 중국 내 비영리민간기구(NGO)의 선구자로서 중국 개신교 지도자들이 사회 저명인사들과 더불어 사회복지 활동을 개척해 왔다. 최근 애덕기금회는 교회 기반 사회복지 사업에 초점을 두고, 목회자 전문 인력을 영입하고 배양하여 사회복지 사업을 확충해 나가려 한다. 사회복지 사업이 활성화될 수 있는 것은 2005년 중국 국무원 종교사무국이 공포한 '종교 사무 조례'가 긍정적 영향을 주었기 때문이다. 이런 법적 환경의 개선으로 중국 개신교회의 건전한 사회 진출, 지역사회에 뿌리내리는 교회, 지역사회와

200 악청화 박사(중국기독교삼자애국운동위원히 부주석, 복건성 기독교삼자애국운동위원회 주석), "한중 신학 사상 교류: 밀접한 교류와 왕래를 통해 진리를 통일하자," 169.
201 김종구 목사, "한국교회와 중국 교회 상호교류의 의미와 과제," 32-33.
202 악청화 박사, "한중 신학 사상 교류: 밀접한 교류와 왕래를 통해 진리를 통일하자," 169.

소통하는 중국 개신교회의 꿈이 실현되는 과정이라 할 수 있다. 한국 개신교회는 선교 초기부터 사회복지와 시민사회 형성을 위해 꾸준한 노력을 해왔다. 최근 한국 개신교회는 시민사회로부터 다양한 도전을 받고 있다. 한국 개신교회와 중국 개신교회는 교회 교류를 통해 시민사회 영역을 확대하는 교량 역할을 해야 할 것이다.[203]

다섯째, 한중 교회 교류를 통해 한국교회와 중국 교회는 세계 기독교 형성과 발전에 기여해야 할 것이다. 21세기에 진입하면서 세계 기독교의 중심축이 서구 교회로부터 비서구 교회로, 북반부 교회로부터 남반부 교회로 이동했다. 로마카톨릭교회의 16세기 이후의 선교와 개신교회의 18세기 이후의 선교는 서구 기독교의 이식이었다. 그러나 20세기에 일어난 변화는 삼자교회, 토착화신학, 탈식민주의 영향으로 서구 중심적 기독교는 사실상 와해되고 세계 기독교가 태어난 것이다. 식민주의 시대에 중국의 기독교는 서구로부터 중국에 이식된 서구 중심적 기독교(Christianity in China)이었다면, 사회주의 정권인 중국의 기독교는 중국인들의 문화적 관점에서 재해석된 중국 기독교(Chinese Christianity)로 탈바꿈했다.[204] 21세기 선교는 남반부 중심의 선교, 남반부 교회를 강화하는 선교를 해야 하고, 남반부 교회가 북반부 교회와 협력하여 북반부 선교를 펼쳐야 한다.[205]

9. 한국 기독교의 중국 선교에 대한 성찰과 과제

1) 한국 기독교의 중국 선교 현황

한국 기독교가 중국 선교를 시작하게 된 것은 1988년 10월 한국인의 중국 관광 금지가 해제되고 1990년 북경 아시안 게임으로 인적 왕래가 증가하면서부터였다. 본격적으로

---

203 김종구 목사, "한국교회와 중국 교회 상호교류의 의미와 과제," 33.
204 안성호 교수, "중한 기독교의 전망과 협력의 필요성: '세계 기독교(World Christianity)'의 부상을 중심으로," 한중기독교교류협회, 중국기독교삼자애국운동위원회, 중국기독교협회, 「한중기독교교류 세미나」(2014년 6월 14~19일 쉐라톤 호텔에서 열린 세미나 자료집), 185-188.
205 황홍렬, 『생명과 평화를 향한 선교학 개론』(서울: 동연, 2018), 44-47.

한국교회가 중국 선교에 참여한 것은 1992년 한중 수교 이후이다. 우심화에 의하면 2000년 중국의 한국 선교사는 781명으로 전체 한국 선교사 중 9.64%이었고, 2006년에는 2,640명으로 비율은 15.89%이었고, 2010년에는 3,245명으로 비율이 14.31%이었다.[206]

김석주는 한국 기독교의 중국 선교 형태를 한인 목회 사역, 문화 사역, 사회복지 사역, 삼자교회와 반공개적 협력 사역, 가정교회와 비공개적 협력 사역 및 선교 등으로 분류했다. 첫째, 한인 목회 사역은 국무원령 제144호(1994)에 의거해서 외국인의 종교신앙의 자유를 보장해서 가능해졌다. 지역 정부와 좋은 관계를 맺어 오랜 기간 허가 없이 예배를 드린 한인 교회들이 2001년에 칭다오, 2004년에 베이징에 정식으로 한인 교회를 설립하여 공개적으로 예배를 드리며, 반공개적 선교 활동을 하기 시작했다. 둘째, 문화 사역으로는 조선족이 많이 거주하는 동북 3성(지린성, 랴오닝성, 헤이룽장성)이나 한국인이 많이 거주하며 경제활동을 하는 도시 중 한국 정부의 공식적 문화교류의 손길이 미치지 못하는 성급(城及) 혹은 현급(縣及) 도시에 한국문화센터나 한국도서관을 설립하여 중국인에게 접근하며 반공개적 선교 활동을 하고 있다. 한 선교사가 한 지역에 장기간 사역하는 경우, 중국 정부에 노출되어 강제 출국, 입국 거부, 비자 거절 등의 사례가 종종 일어나고 있다. 셋째, 사회복지 사역이다. 점차 빈부격차가 심화하고 고령화되는 중국 사회에서 중앙정부나 지방 정부가 사회복지 업무를 제대로 감당하지 못하고 있어 교회의 사회복지 사역이 요청된다. 중국 서남부 지방에 보육원, 경로원, 장애인 시설이나 병의원을 설립하여 선교 활동을 하고 있다. 지금까지는 이런 시설 안에서의 짧은 예배나 기도가 용인되고, 재택교육도 일부 허용되고 있다. 자급자족을 위해 친환경 농사를 짓거나 빵을 굽던 사역지에서는 그것을 지역주민과 함께 나누거나 실비로 공급하는 사례가 있어 선교에 도움이 된다.

넷째, 삼자교회와 반공개적 협력 사역이다. 삼자교회 혹은 중국 기독교 양회와 오랜 기간에 걸쳐 돈독한 관계가 형성된 다음, 이런 협력 사역을 잘 영위할 수 있다. 삼자교회와 협력 사역으로는 소수 민족어 성서 번역 사역, 중국 신학교 지원 및 목회자 양성 협력 사역, 농촌 지역 교회당 건축 협력 사역, 농촌 목회자 지원 협력 사역, 교회학교 지도자 훈련

---

206 우심화, "한국교회의 중국 선교에 대한 진단과 제언," 「기독교사상」 638 (2012. 2.): 52-53.

협력 사역 등이다. 재해 시 긴급구호 활동에 협력하기도 했다. 다섯째, 가정교회와 비공개적 협력 사역 및 선교이다. 대부분의 한국 선교사는 중국어나 소수 민족어에 능숙하지 못하기 때문에 독자적 선교를 하기가 쉽지 않다. 일반적으로 가정교회 혹은 가정교회 일꾼들과 협력하여 다양한 선교 활동을 비공개적으로 펼치고 있다. 대표적 사역이 지하 신학교 및 교회 지도자 훈련, 성경공부 및 제자 양육, 교회음악 및 찬양 지도, 국내외 선교 훈련, 어린이 및 청소년 양육, 지하교회 및 지하 신학교 공간 확보, 신학교 교재 및 각종 훈련 교재 번역 등 문서 사역, 인터넷을 통한 복음 확산 사역이다. 그렇지만 2013년 이후 수백 명의 한국 선교사들이 대대적으로 강제 출국, 입국 거부, 비자 거절 등으로 중국에서 선교 활동으로부터 격리되고 있다.[207]

2013년부터 2017년까지 중국에서 추방된 한국 선교사는 약 1,000명 정도로 추산된다. 2018년 시진핑 정부의 새로운 종교 정책으로 인해 추방되는 선교사의 숫자는 더 증가했다. 중국이 한국 선교사를 추방하는 이유는 중국의 뿌리 깊은 반기독교 정서와 역사적 유산이 있고, 최근 변화된 종교 정책과 한국의 사드 배치와 관련이 있다. 기독교인의 급증을 위기로 규정한 중국 정부, 2017년 파키스탄에서 중국 청년 두 명이 이슬람국가에 의해 납치되어 살해된 것의 원인으로 인터콥을 지목한 것, 한국의 촛불집회와 이로 인한 탄핵 등이 중국에 영향 주는 것을 차단하기 등 다양한 원인이 제시되고 있다.[208] 1949년 중국이 공산화된 이후 한국전쟁 발발까지 중국 공산당의 서구 선교사에 대한 정책은 규제와 관용이었다. 그러나 한국전쟁 발발 이후 중국과 미국의 관계가 적대적으로 되면서 서구 선교사들의 철수는 기정사실화되었다. 중국에서 서구 선교사의 추방 이후 문화혁명을 거치면서 중국 교회는 생존이 어려운 것으로 예측했지만, 1980년대 이후 급성장했다. 중국 교회는 자양, 자치, 자전하는 삼자교회를 실현하고 있다. 추방당한 선교사와 가족들은 멤버 케어와 재교육의 기회를 얻는다. 중국 선교사의 재배치 방향에 대해서 총회 세계선교부(통합)에 청원한 사항으로는 동북아선교회 내에 중국인 디아스포라를 전략적으로 찾아가는 중화선교회

---

207 김석주, "개혁 · 개방 이후 중국 교회 현황과 한국교회의 중국 선교," 79-81.
208 최진호, "선교사 입국 거절 상황과 대응: 한국교회를 중심으로," 장로회신학대학교, 「선교와 신학」 제47집 (2019년 봄호): 89-91.

설립과 세계선교부 내에 통일북방선교회 설립이었다.[209]

2) 한국 기독교의 중국 선교에 대한 성찰

한국 기독교의 중국 선교는 무엇보다 선교사들의 헌신에 의해 진행되었다. 사회주의 국가에서의 많은 제약으로 선교 활동을 제대로 하기 어려운 여건 속에서 한국 선교는 선교사들의 헌신에 의해 유지되고 있다. 그렇지만 이런 헌신에도 불구하고 한국 기독교의 중국 선교에는 많은 문제점이 드러나고 있다.

(1) 중국 선교의 문제

중국에서의 선교의 문제점으로는 우선 전통문화에 대한 몰이해에서 오는 문화적 갈등, 아편전쟁의 결과 서구 선교가 강제로 시작되면서 빚어진 기독교는 서구 제국주의의 문화적 지배라는 인식, 제사가 가족과 집단 중심인 중국 문화에서 제사 거부처럼 공동체 결속에 대한 거부, 과학 진보와 실용주의와 물질주의에로의 장애 등이다.[210]

한국 기독교의 중국 선교의 문제는 한편으로는 한국 기독교의 선교 인식의 문제에서 비롯되고, 다른 한편으로는 중국이라는 특수한 선교지에서 비롯된다. 먼저 한국 기독교의 선교 인식의 문제는 선교사를 선교지에 파송하고 지원하면 된다는 선교 이해이다. 선교사 자원을 발굴하고 이들을 훈련시키는 데 많은 시간과 재정과 노력을 기울이지 않았다. 더구나 선교지 연구, 선교 방안 모색, 선교사 훈련 사역 지원도 너무 미흡했다. 그리고 파송된 선교사만 지원을 받다보니 훈련을 받거나 준비하던 선교사들이 미처 준비되지도 않았는데 선교지로 가는 경우가 많았다. 선교 전략과 관련해서는 초기 한국 장로교회의 산동 선교와

209 김영동, "입국 거부와 추방 선교사의 역사적 통찰과 전망: 중국 공산화 이후와 최근의 경우를 중심으로," 장로회신학대학교, 「선교와 신학」 제47집 (2019년 봄호): 13-40.

210 Mary Chung, "중국에서의 기독교 선교의 반성과 도전," 장로회신학대학교, 「선교와 신학」 제11집 (2003): 90-94.

비교할 때 선교지에 대한 연구가 부족하고, 팀 선교가 아니라 목사 선교사 한 명을 파송하고, 연합 선교가 아니라 단독 선교이거나 한 선교회 단독 선교이다. 한국 장로교 초기 중국 선교는 산동성을 충분히 답사하여 연구하고, 3명을 파송해서 선교 지역을 나눠 선교하고 목사와 더불어 의사, 교사 등 팀 선교를 했고, 교단이 연합하는 연합 선교 활동을 했다.[211]

　　한국 기독교의 중국 선교의 문제는 선교사 간의 갈등과 선교지에서 나타나는 교파주의 가 있다. 한국교회의 세계 선교는 교파 세력의 해외 확장이라는 시각에서 진행되는 경우가 많다. 그러나 중국은 하나의 교회이기 때문에 한국 선교사들이 교파 교회를 늘리기 위한 경쟁 선교를 하는 것을 이해하지 못한다. 일부 중국 신도는 물질적 이익을 얻기 위해서 한국 선교사의 경쟁을 이용하기도 한다. 중국의 대표적 조선족 교회인 모교회가 교회당 건축을 둘러싸고 한국의 대형 교회와 교단들이 보인 과당경쟁은 그런 예에 속한다. 이런 현상을 우려하여 재중 한국인 선교사들이 1995년 2월 싱가포르한인교회에 모여 화합과 상호협력을 통한 중국 선교의 활성화를 다짐했다.[212]

(2) 중국 선교의 문제에 대한 성찰

　　한국 기독교의 중국 선교의 문제는 중국을 복음의 불모지로 보기 때문이다. 그러나 위에서 중국 교회의 현실을 살펴본 것처럼 중국은 복음의 불모지가 아니라 가난하고 미약하 지만, 중국 교회를 끌고 갈 자신이 있다고 여긴다. 그들은 약하지만 중국 교회를 지금까지 인도하시고 숱한 박해 속에서도 보호해 주신 하나님은 강하시다는 것이 그들의 신앙고백이 다. 중국 교회는 세계 교회가 중국 교회를 도우려 하는 것에 대해 감사하면서도 한 마디 잊지 않는 말이 있다. "중국 교회가 진정으로 필요로 하는 것을 도와주었으면 좋겠다. 그리 고 우리들이 가장 절실히 필요로 하는 것을 알기 위해 우리들의 이야기를 들어주었으면 좋겠다"고 한다.[213] 중국 교회를 돕고자 하는 한국교회나 선교 단체들이 중국 교회의 입장보

---

211 우심화, "한국교회의 중국 선교에 대한 진단과 제언," 60-63.
212 김형석, "역사적 맥락에서 본 한중관계와 중국 선교 문제" 한국기독교역사연구소, 「한국기독교와 역사」 제4호 (1995. 12.), 281.

다는 자신의 입장에서 생각하고 자기 업적만을 지나치게 추구했고, 중국 교회는 아무 힘이 없다는 판단 아래 자기 선교사들이 주인인 양 직접 선교를 해왔다. 한국 기독교의 중국 선교의 다수도 이 범주를 벗어나지 않고 있다. 한국교회의 선교 열정으로 중국 교회당이 새롭게 건축되고 성도들이 말씀을 접할 기회가 많아진 것은 기쁜 일이다. 그렇지만 한국 선교사들이 다녀간 뒤에 수많은 중국 교회가 한국교회의 헌금으로 인해 분열과 반목의 현상이 생겨났음을 간과해서는 안 된다.[214]

한국교회가 중국 선교를 할 때 중국 법이나 중국 교회의 삼자원칙을 간과하는 것은 중국인의 심성에 뿌리박힌 반기독교 정서를 모르기 때문이다. 19세기와 20세기 중반까지의 서구 교회의 중국 선교는 실패로 끝났다. 단순한 실패가 아니라 대다수 중국인들의 가슴에 '중국이 기독교화되는 날 중국은 이 세계에서 없어지고 말 것'이라는 끔찍한 반기독교 정서를 남겨둔 채 실패했다.[215] 이미 앞에서 언급했던 것처럼 19세기 두 번의 아편전쟁으로 인한 강제적인 개항 이후 전개된 서구 선교이었기 때문에 중국인들의 반기독교 정서가 점차 고조되었다. 급기야 1900년 의화단 사건으로 폭발했지만, 서구 선교회는 중국인의 반기독교 정서를 이해하는 데 실패했다. 이는 롤란드 알렌의 책(『선교 방법: 사도 바울의 선교 방법인가? 우리의 선교 방법인가?』)으로부터 교훈을 얻지 못했기 때문이다. 이는 결국 1949년 중국 공산화 이후 1952년 서구 선교사들이 추방된 이후 국제선교회협의회가 주최한 빌링엔선교대회에서 선교사의 추방을 서구 선교에 대한 하나님의 심판으로 받아들이고 하나님의 선교(missio Dei)로 선교신학이 전환하는 계기가 되었다. 그런데 한국교회에서 세계 선교를 주도하는 지도자들이 이런 역사적 흐름이나 변화에 민감하지 못하고 이전 방식대로 하면서 오늘에 이르렀다. 중국 선교를 위해서는 중국 선교 역사에 대해 연구하고, 잘못된 선교 방식이나 접근 태도를 반복하지 않도록 해야 하고, 세계 교회의 선교신학적 전환(하나님의 선교)을 수용하도록 해야 한다.

비록 중국 공산당의 종교 정책이 통일전선이라 하더라도 하나님께서 그것을 넘어선

213 한문조, "한중 교회 협력에 대하여," 제2차 한중 교회협의회.
214 김종구, "협력과 상호존중을 토대로 한 중국 선교 방안," 「기독교사상」 446호 (1996. 2.): 267-268.
215 앞의 글, 268.

새로운 일을 삼자교회와 가정교회를 통해 하신다는 것을 믿는 것이 중요하다. 땅광쉰이 강조한 것처럼 아담의 죄는 인류에게 하나님의 은총보다 더 영향을 줄 수 없다(롬 5:19)는 것은 모든 기독교인이 수용할 수 있는 공리이다. 마찬가지로 중국 공산당의 통일전선 정책이 교회에 하나님의 은총보다 더 크게 작용한다고 믿는 것은 그리스도인으로서의 태도가 아니라고 생각한다.[216]

오늘의 중국에서 그리스도인의 참여는 복음주의가 표방하는 삶이 정치 문제에 관여하는 데 도움이 될 수 있는 다른 길을 보여준다. 공산주의자가 말하는 '해방' 앞에서 복음주의적 증거대로 사는 것은 지역 공동체에서 사회적 증언의 삶에 참여하는 것이다. 바꿔 말하면 중국 그리스도인들은 현대 중국의 사회정치적 상황에서 그들이 설 자리, 사회적 지위 확보를 위해 중국 정부와 협상을 벌이고 있다.[217]

(3) 중국 선교의 대안을 찾아서

첫째, 중국 선교는 중국과 중국인의 존엄성과 명예에 상처를 주지 말고 보다 창조적인 방법으로 접근해야 한다.[218] 중국 선교를 위해서는 중국 국가전략과 변화에 적용하고, 현지인들과 소통하고, 현지인들을 설득해야 한다. 중국 선교는 중국인들로부터 신뢰 구축을 해야 하고, 선교사들이 중국인들로부터 신뢰를 받는 일이다.[219] 둘째, 한국 기독교의 중국 선교 방향은 중국 교회를 선교의 주체로 인정해야 하고, 중국 교회가 추진하는 기독교의 중국 토착화, 중국화와 선교 사역을 적극적으로 지원하고 협력하도록 해야 할 것이다. 양국 교회의 상호 존중의 원칙에 따라 애로사항과 부족한 점을 위해 기도하고 지원해야

---

216 김영호는 삼자교회가 중국 공산당의 통일전선 정책에 기인한 것으로 보지만, 그럼에도 불구하고 삼자교회를 공교회로 보아야 한다고 했다. 김영호, "선교 중국과 중국 교회의 특수성과 보편성," 「선교와 신학」 제37집 (2015. 2.): 175-204.

217 스캇 선퀴스트/이용원 옮김, 『아시아 기독교 탐구: 역사·신학·선교』, 153-154.

218 Mary Chung, "중국에서의 기독교 선교의 반성과 도전," 장로회신학대학교출판부, 「선교와 신학」 제11집 (2003. 6.), 100.

219 장훈태, "중국 교회의 신학과 선교," 한국복음주의선교신학회 편, 「복음과 선교」 제23집(3) (2013. 1.), 188.

할 것이다.[220] 셋째, 한국 기독교는 중국 정부의 종교 정책과 법제를 이해하고, 그 한계 내에서 선교 협력을 하도록 해야 한다. 넷째, 중국 문화에 대한 이해가 필요하다. 중국은 유교(공자)의 영향으로 현세 중심, 인간 중심, 윤리 중심의 사회를 추구해 왔기 때문에 중국 문화는 인본주의적이다. 도교의 영향으로 중국인들은 내세보다는 현세를 중시하고, 영생에 대한 강한 열망을 지니고 있다.[221] 사회주의 국가라 하더라도 이러한 중국 전통문화는 중국 선교를 하기 위해서는 반드시 이해할 필요가 있다.

10. 부산국제선교회 중국 선교의 특징

첫째, 부산국제선교회 중국 선교의 선교 목적은 교회 개척이다. 중국 선교에서 가장 효과적인 방법은 신학 교육이 부족한 교회 지도자에게 제공하는 계속교육인 학습이다. 즉, 부산국제선교회는 학습을 통해 이미 세워진 교회를 강화하고자 했다. 그리고 학습뿐 아니라 다양한 방식으로 목회자를 지원하고, 교회를 지원하고, 교회당 건축을 지원했다. 부분적으로 군데군데 하나님께서 중국 선교를 하신다는 고백이 나오기도 한다. 그러나 중국 선교의 주체가 삼위일체 하나님이시라는 확고한 인식에 이르지는 못했다고 본다. 둘째, 부산국제선교회 중국 선교의 선교 유형은 중국 교회 목회자들에게 학습을 제공하기 위해 중국 교회와 협력하는 에큐메니컬 협력 선교이다. 조선족 교회도 중국 교회이기에 부산국제선교회의 중국 선교는 한인 디아스포라 선교가 아니었다. 그러나 부산국제선교회의 중국 교회와 에큐메니컬 협력 선교는 가능한 한 중국법과 중국 교회의 삼자원칙을 지키면서 진행하려 했지만 때로 그것들을 어기면서 그 의미가 퇴색했다.

셋째, 부산국제선교회 중국 선교는 학습을 통해 중국 교회를 강화한다는 관점에서 볼 때 세계 기독교 형성에 기여했다고 볼 수 있다. 그러나 부산국제선교회의 학습이 중국

---

220 김종구, "협력과 상호존중을 토대로 한 중국 선교 방안," 269.

221 우심화, "중국 선교를 위한 선이해," 「선교와 신학」 제17집 (2006. 6.): 85-114.

교회에 대한 충분한 이해에 바탕을 두지 않고 한국교회 지도자들의 목회와 신학을 그대로 전파하고, 선교 방식이 여전히 한국교회의 방식을 답습하고, 중국법과 중국 교회 삼자원칙을 때로 어긴 점에서 볼 때는 세계 기독교 형성보다는 한국교회의 확장 형태에 가깝다. 넷째, 중국 선교 방향과 방법을 결정할 때 다른 선교지보다는 더 많은 자료와 보고서를 제시하고 결정했다. 1996년「지도자 학습을 통한 중국 선교 전략」, 1997년「중국 교회의 이해 및 선교지 방문 보고서」, 「중국이 우리를 부르고 있다」, 리우수상 중국 종교사무국 부국장의 "중국의 종교 정책", 1998년 총무의 「1999년 사업 보고 방향」, 1999년 필립 위커리 교수의 "21세기 문턱에 있는 중국 — 에큐메니칼 대화, 교회의 전망", 2001년「중국 조선족 교회와 한국교회의 선교 보고」 등이다.

다섯째, 성장한 중국 교회에 신학 교육을 제대로 받은 목회자와 교회 지도자들이 적어 조선족 교회 지도자, 한족 교회 지도자 학습을 가장 중요한 중국 선교 방법이라 결정하고 이를 1997년부터 지속적으로 실천했다. 여섯째, 중국 교회에서 학습을 비롯한 다양한 선교 활동을 위해 중국 삼자교회 지도자를 비롯하여 현지 선교사들과 긴밀하게 협력하고 지원했다. 일곱째, 중국 조선족 교회와 한족 교회를 강화시키기 위해 교회당을 건축하고, 수리하고, 목회자 생활비를 지원하고, 필요한 설비나 석탄, 장학금 등 다양한 형태의 지원을 했다. 여덟째, 중국 전역을 대상으로 선교 활동을 전개하는 조선족 교회의 찬양단을 지원했다. 아홉째, 어려움을 겪는 탈북자와 북한 동포를 위해 지속적으로 다양한 지원 활동을 펼쳤다. 열째, 중국 정부의 종교 정책 책임자들과 교류하며 협력을 도모했다. 열한째, 학습 과정에 참여하는 교회 지도자들을 통해 중국 선교에 대한 관심과 동기를 유발시켜 부산 지역 교회들과 선교 기관이나 단체로 하여금 중국 선교에 참여하도록 했다. 열둘째, 선교지 방문이나 비전 트립(단기 선교)을 통해 부산 지역 교인들/평신도로 하여금 중국 선교에 적극적으로 참여하는 계기를 마련했다. 열셋째, 은퇴한 김정광 목사를 부산국제선교회 파송 선교사로 임명함으로써 선교의 새로운 자원을 발굴하고, 중국 선교를 더욱 활성화시키는 계기를 마련했다. 열넷째, 김승희 장로를 현지 선교사로 임명함으로써 네트워크 선교를 가능하게 했으며, 선교로서의 비즈니스(Business as Mission) 사례들을 제시했다.

11. 부산국제선교회의 중국 선교에 대한 평가

1) 긍정적 평가

첫째, 인도네시아 선교가 갑작스레 중단되고, 오스트리아 선교도 어려운 상황인데, 환란 위기로 어려움을 겪는 시기에 부산국제선교회가 중국 선교를 통해 새로운 활기를 찾게 되었다. 둘째, 부산국제선교회는 중국 선교의 필요성을 절감하고 효과적인 선교 방법으로 중국 교회 지도자에 대한 교육, 학습으로 보았다. 중국 조선족 교회 지도자, 한족 교회 지도자 학습은 중국 교회 강화를 위해 필요한 부분이고, 한국교회 지도자들이 학습을 진행할 수 있기 때문에 양 교회 사이에 협력할 수 있는 중요한 선교 영역이었다. 그래서 부산국제선교회는 학습을 부산국제선교회의 '특징, 상징, 자랑'이라고 표현했다. 셋째, 부산국제선교회는 다른 선교지보다 더 많은 중국 선교 관련한 자료들을 모아 나누었다. 초기에는 「중국 방문단 보고서」와 「중국이 우리를 부르고 있다」를 통해 중국 선교의 방향을 세웠고, 김승희 현지 선교사의 G2로 부상하는 중국 경제 상황에서 중국 선교가 위기와 기회라는 갈림길이라는 제안, 주소원 선교사의 중국 교회와의 대등한 관계 형성 및 이양 그리고 중국 교회를 선교 대상으로부터 선교 중국으로 보는 전환은 부산국제선교회가 참고해야 할 유용한 문서들이었다. 넷째, 부산국제선교회는 처음부터 중국 양회 지도자와 협력하며 학습을 전개하고자 했고, 가능한 한 중국 정부의 법과 중국 교회의 삼자원칙을 준수하려고 노력했다. 다섯째, 부산국제선교회 중국 선교 10년 성과처럼 지속적인 학습뿐 아니라 교회당 건축과 개축을 지원했고, 자동차를 지원했고, 찬송가 자동반주기를 지원했고, 목회자 지원을 비롯하여 교회 보일러 설치와 석탄 지원, 장학금 지원 등 다양한 형태로 중국 교회를 지원했다. 이는 중국 선교의 필요에 응답하는 부산국제선교회의 회원 교회들과 회원들의 헌신에 의해 이뤄진 성과이었다.

여섯째, 부산국제선교회는 학습을 통해서뿐 아니라 직접적인 만남을 통해 중국 교회 지도자들을 발굴하고 다양한 방식으로 지원했다. 일곱째, 부산국제선교회의 학습에 참여했던 일부 목회자들은 중국 선교에 대한 문제점을 파악하고 그 대안을 제시하려고 노력했다. 헌금의 투명성 문제나 중국 선교 활동이 중국 비자 조건을 충족시키는지 여부, 중국 선교가 중국 현지의 정확한 정보에 의해서 진행되는지 여부 등에 대한 문제를 제기했다. 여덟째, 부산국제선교회는 학습에 참여했던 일부 목회자들 중심으로 교사 강습회와 같은 새로운 시도를 했다. 당시는 교회학교 교육에 대해 어느 정도 허용이 된 예외적인 시기이었다. 아홉째, 부산국제선교회는 한국교회 지도자들이 학습에 참여하거나 평신도들이 중국 선교지 방문이나 비전 트립(단기 선교)에 참여함으로써 중국 선교의 인적 자원과 물적 자원을 더 적극적으로 개발하게 되었다. 이는 다시 중국 선교의 활성화로 이어지는 중국 선교의 선순환이 이뤄졌다. 열째, 부산국제선교회의 중국 선교 과정에서 기차에서 떨어뜨린 여권을 다시 찾는 기적 같은 일이 일어났고, 중국에서 예상치 못한 회심 사건들을 접하면서 중국 교회 교인들의 신앙도 성장하고, 부산국제선교회에 속한 교회와 회원들의 신앙도 성숙해지게 되었다. 열한째, 중국 현지 선교사는 중국 교회 지도자, 김정광 목사처럼 은퇴한 목회자, 재중 한국 기업인인 김승희 장로 등 다양한 형태이지만, 중국 선교의 활성화를 위해 서로 다른 기여를 하면서 부산국제선교회의 중국 선교에 기여했다. 부산국제선교회는 현지 교회 지도자가 현지 선교에 결정적 역할을 할 수 있음을 알게 되었고, 은퇴 목회자도 선교에 기여할 수 있는 소중한 자원임을 보여주는 사례를 제시했고, 현지 한국 기업인이 선교로서의 비즈니스(BAM)의 좋은 사례를 보여주는 데 기여했다. 김정광 목사는 김승희 장로가 기업인들의 BAM 방식이 직접 선교가 어려운 지역에서 전문인 평신도 선교가 유일한 대안이라고 주장한 데 대해 부산국제선교회 임원들이 공감하고 그를 현지 선교사로 세웠다고 하면서, 비전 트립을 통한 선교 자원을 발굴하여 교육을 받도록 하고 커피숍 개설을 지원하는 다양한 방식의 평신도 전문인 선교사인 김승희 선교사의 사역이 부산국제 선교회의 미래의 갈 길에 대한 좋은 표본이라 했다.[222] 열둘째, 부산국제선교회는 조선족 선교의 의의를 조선족 선교와 더불어 조선족을 통한 한족 복음화, 나아가서 조선족을 통한 북한 복음화로 보았다. 열셋째, 부산국제선교회는 중국 선교 현장을 방문하면서 당시 탈북 동포의 어려움을 직면하면서 탈북자 지원과 북한 동포 식량 지원하기 등으로 중국 선교가

---

222 부산국제선교회 상임고문 김정광 목사 간증편, 『목사님, 여권 잃어버렸어요!』, 94-95.

확대되었다.

2) 부정적 평가

우선, 중국 선교 정책을 수립하기 위한 정책협의회에 선교 전문가나 중국 전문가들이 보다 많이 참여할 필요가 있고, 정책협의회를 좀 더 지속적으로 개최할 필요가 있다. 그리고 1999년 리우수상 중국 종교성의 부국장의 "중국의 종교 정책," 필립 위커리 교수의 "21세기 문턱에 있는 중국", 2001년 전동윤 목사의 「중국 조선족 교회와 한국교회의 선교 보고」, 2007년 김승희 장로의 「중국 선교 이해」, 2011년 김승희 장로의 「중국 경제의 부상: 선교의 기회인가 위기인가?」, 2013년 주소원 선교사의 「선교 활동 보고 및 중국 선교 향후 전망」 등의 자료들에 대해 부산국제선교회가 어떤 반응을 했는지 찾아볼 수 없다. 김운성 목사는 부산국제선교회 중국 선교의 문제로 선교 정책이 부실했다고 지적했다.[223] 부산국제선교회가 이런 문서들을 좀 더 진지하게 검토했다면 중국 선교 정책협의회를 통해 중국 선교를 중간 지점에서라도 방향을 전환하거나 대안을 마련하는 방향으로 나아가는 기회가 되었을 것이다. 박광선 목사는 부산국제선교회의 정관에 의하면 부산국제선교회의 목적이 선교사를 파송하는 것만이 아니라 국제선교 기구와의 유대를 강화하고, 강연회와 연구 모임을 개최하고, 국내 및 국제 선교 단체와의 유대 강화 등이 있는데 이를 실천하지 않은 것이 아쉽다고 했다.[224]

둘째, 부산국제선교회가 위의 자료들을 충분히 검토했다면 중국에서의 학습이나 일방적 지원의 문제를 바로 잡을 수 있는 선교 방식을 찾기 위한 노력이 가능했을 것이다. 즉, 중국 정부의 종교 정책을 준수하면서, 중국 선교 방법(학습과 지원 등)의 대안을 마련했을 것이다. 지금까지의 학습과 지원 방식, 선교 방식은 삼자원리를 지키려 노력했지만, 때로 그런 법과 원칙을 어기는 일방적 학습과 지원은 아니었는지 성찰할 필요가 있다. 부산국제

---

223 김운성 목사와의 인터뷰(2022년 5월 20일).
224 박광선 목사와의 인터뷰(2022년 1월 25일).

선교회의 회장을 지냈던 조의환 목사는 돈을 주고 사람을 사고 물질을 부어놓고 피드백을 하지 않고, 실패한 서구 선교 방식을 반복하고, 보여주기 위한 선교, 열정은 있지만 비판의식이 없는 선교 등 선교에 대한 이해가 달라서, 부산국제선교회의 선교신학에 더 이상 동의할 수 없어서 부산국제선교회를 떠났다고 했다.[225]

셋째, 부산국제선교회의 학습과 중국 교회 지원에 대한 중국 정부와 삼자교회의 반응을 정확히 알 수 없다. 중국 정부 관료들이 방한해서 부산국제선교회에 요구한 것이 없다고 했는데 이는 그들이 부산국제선교회에 요구하는 것이 정말로 없는지 아니면 좋은 관계를 유지하면서 앞으로 중국법과 중국 교회의 삼자원칙을 준수하라는 무언의 압박이었는지는 알 수 없다.

넷째, 부산국제선교회는 학습 중단이 반복되고, 시진핑 정부의 종교 통제가 강화되면서 학습 중단의 원인 규명이나 대안을 마련하기 위한 정책협의회나 학습에 대한 평가가 필요했다. 이미 이 시기에 많은 한국 선교사가 계속 추방되고 있었기 때문에 학습의 지속성에 대해 고민할 수밖에 없는 시기이었다. 2002년에 학습 중 한국 목회자가 공안에 체포되었다가 풀려난 적이 있었다. 이것은 학습에 대한 일종의 경고라 할 수 있다. 학습에 참여했던 중국 교회 지도자들과 한국교회 지도자들에게 설문 조사를 통해 문제점과 대안을 찾는 노력이 필요했다. 한영수 목사는 학습에 임하는 중국 참여자들의 태도가 사모하는 마음인 것을 느껴 좋았지만, 학습에 대한 방향성 제시나 안내가 없었던 것이 아쉽다고 했다.[226] 그리고 중국 선교 정책협의회를 통해 이를 심도 깊게 논의하고 대안을 마련할 필요가 있었다.

다섯째, 부산국제선교회가 교회당 건축비, 수리비, 생활비, 장학금, 월동비를 지원하지만, 중국 교회에는 회계나 재정 부서가 없었기 때문에 문제의 소지가 처음부터 있었다. 정부의 요청에 따른 보일러 설치나 석탄 지원 등은 비록 중국 교회의 삼자원칙에 어긋나지만, 이런 정도는 정부도 교회도 허용할 수 있는 범위이었을 것으로 추측한다. 그러나 지원 액수가 커지면서 중국 정부나 중국 교회가 허용할 수 있는 선을 넘었던 것으로 보인다.

---

225 조의환 목사와의 인터뷰(2022년 11월 1일).
226 한영수 목사와의 인터뷰(2024년 1월 30일).

전동윤 목사가 회계나 재정 담당자가 없음으로 인해 생길 위험성에 대한 문제 제기에 대해서, 부산국제선교회의 반응은 무엇이었는지 알 수 없다. 중국 교회에 회계나 재정부가 없는 것은 농촌 교회뿐 아니라 도시 교회도 재정 자립이 되지 않는 교회가 많아 필요가 없는 경우가 대부분이라 했다. 그러나 한국교회들이 중국 교회를 지원하면서 큰 교회당 건축과 같이 상당한 재정이 지원하는 경우에는 회계나 재정부를 두도록 요청하는 것이 필요했다. 한영수 목사는 S목사가 설교를 잘하고 치유를 강조하고 회중 장악력이 있고 찬양대를 인솔해서 부흥회를 다닌 것은 잘한 것이지만, 건강한 신학적 토대가 부족해서 위험하다고 느꼈고, 회계가 없어서 공금 유용의 위험이 있다고 경고했지만, 이런 경고가 무시당했다고 했다.[227] 부산국제선교회에서 회장으로 봉사했던 조의환 목사는 중국 교회당 건축을 지원할 때 중국 교회가 재정의 50%를 부담하고, 한국교회가 재정의 50%를 담당하는 것이 바람직한데 부산국제선교회의 회원들은 중국 교회가 가난하니까 전액 지원을 하는 데 동의했다. 그래서 조의환 목사는 재정 모금에 참여하지 않았다고 했다. 일방적 교회 지원으로 인한 교회 공금 유용으로 S목사가 감옥에 간 것은 한국교회가 조장한 것은 아닌지 반성할 필요가 있다.[228]

여섯째, 부산국제선교회가 복음 전도와 사회적 참여의 균형을 갖춘 선교(로잔 언약)를 지향한다고 했다. 그래서 중국에 화장실을 지어 기증하고, 보육원을 지원하고, 십자수와 북한 화가들의 그림을 구입했다. 부산국제선교회 중국 선교의 상징 같은 학습을 진행하면서도 농촌 교회들이 자립할 수 있는 다양한 방안을 제안하고 그런 방안을 지원하는 것이 바람직했다. 농촌 교회가 자립하려면 농민이 자립해야 한다. 그렇지 않으면 밑 빠진 독에 물을 붓듯이 지속적인 지원을 할 수밖에 없다. 부산국제선교회는 박창빈 목사가 월드비전을 통해 18년 동안 북한에 씨감자 사업을 통해 식량난 개선을 하려는 노력을 배울 필요가 있다. 박창빈 목사는 북한에 직접 들어가기 어려워서 북한의 농업 기술자들을 중국에서 만나 씨감자 기술을 전수했다. 북한보다 상대적으로 농업 기술이나 자립화 방안을 전수하

---

227 한영수 목사와의 인터뷰(2024년 1월 30일).
228 조의환 목사와의 인터뷰(2022년 11월 1일).

기에 유리한 중국인데 부산국제선교회가 이런 자립화 노력을 시도하지 않은 것이 아쉽다.

일곱째, 중국은 2002년 11월부터 2003년 4월까지 사스로 인해 6천 명이 사망했다. 부산국제선교회는 이런 재난을 당한 중국인들에게 인도적 지원 활동이나 긴급구호를 펼치지 않고, 학습 재개에만 관심을 두었다. 고난당하는 중국인들에게 사랑의 손길을 펼치는 것은 하나님의 사랑을 나누는 선교에서 중심적인 활동이 되어야 한다. 당시 김승희 장로와 그린 닥터스는 사스로 인해 고통받는 중국인들을 향해 긴급구호를 펼치었다. 초대교회는 로마 제국에서 마태복음 25장을 실천하는 교회이었다. 3세기 교부 터툴리아누스에 의하면 교회는 성전 안보다는 거리에서 더 많은 예산을 지출했다고 한다. 감옥에 갇혀 있는 죄수들을 향해 음식을 제공하지 못하도록 하는 법이 리키니우스 황제 때 제정되었다. 이는 기독교인들의 자선을 제지하기 위한 법이다. 심지어는 보석금을 주고 죄수를 석방시키는 노력까지 한다. 이것은 교회 헌금이 아니라 그리스도인 개개인의 재산으로 행했다. 가난하거나 연고자가 없는 사망자의 장례를 대신 치르기도 했다.[229] 3세기(259년경) 알렉산드리아에 전염병이 돌았을 때 교인들은 두려움 없이 병든 자를 심방했고, 돌봤다. 그래서 그들과 함께 사망하기도 했다. 사망자 중에는 집사와 유명 인사들이 있었다. 당시 세상 사람들은 병든 사람이 있으면 거리에 내다 버리고 장례조차 치르지 않았다고 한다. 3세기 막시미우스 황제 때 크게 전염병이 돌았다. 교회사가 유세비우스에 의하면 당시에 유일하게 전염병에 걸린 사람을 돌보며 인간성을 보여준 사람은 기독교인뿐이었다. 죽은 자를 장례 지내고, 주린 자들에게 먹을 것을 주었다. "이런 사실이 알려졌을 때 사람들은 기독교인들의 하나님을 찬양했다. 그리고 이런 사실에 감동을 받아 그들은 기독교인들만이 진정으로 경건하고 종교적이라고 고백했다."[230] 부산국제선교회는 성경 말씀과 초대교회의 전통을 따라 선교지에서 재난이 발생했을 때 사랑의 실천을 행함으로써 하나님이 사랑이심을 보여주는 것도 선교임을 알고 그대로 실천하는 것이 필요하다.

여덟째, 부산국제선교회가 북한에 식량을 지원하면서 식량을 가지러 온 북한 주민에게

---

229 Adolf Harnack, *The Mission and Expansion of Christianity in The First Three Centuries* (New York: Harper Torchbook, 1962), 162-167.

230 Ibid., 173.

새신자 교육을 받게 한 것은 상대방의 약점을 이용한 선교 방법이기에 지양해야 할 선교 방법이다. 하나님의 사랑을 조건 없이 나누고 상대방의 마음이 열린 후 복음을 전하는 것이 바람직하다. 예수 그리스도는 병을 고치시면서 한 번도 어떤 조건을 내세우신 적이 없이 사랑으로 고치셨다. 조건부 식량 지원은 북한에 교회 개척을 위한 기초를 마련한 것으로 보기 어렵다.

아홉째, 선교에서 주는 교회와 받는 교회가 고정될 때 생기는 문제가 심각하다. 주기만 하는 교회는 강자가 되려는 유혹에 빠지고, 이신칭의가 아니라 돕는 행동을 통해 구원을 받는다는 잘못된 믿음에 빠질 위험이 있다. 받기만 하는 중국 교회는 주기만 하는 한국교회에 대해 무의식적으로 반감을 가질 수 있다. 그리고 이러한 양자 관계는 결과적으로 중국 교회의 자양을 방해하게 되었고, 결과적으로 목회자 부자가 모두 공금 유용으로 구속되는 불미스러운 결과를 초래했다. 부산국제선교회는 디아코니아를 통한 선교를 이해하고 다양한 사례를 연구할 필요가 있다.[231] 한영수 목사는 중국 조선족 교회의 현실이 처참해서 인간적으로 생각하면 문을 닫아야 할 정도(경제력 없는 어른들이 교회에 모임)이지만, 대안이 없으니까 지원하는 현실이라고 했다.[232]

열째, 중국 선교를 위해서는 위커리 교수가 지적한 중국 기독교에 대한 역사적 이해가 필요하다. 1966년부터 1976년까지 진행된 문화혁명 이후 교회 성장은 외부 지원이 없이 일어났다. 신학교도, 교회도 문을 닫고, 목회자가 감옥이나 공장이나 농장으로 하방했을 때 교회가 어떻게 성장했는지에 대해 연구할 필요가 있다. 그리고 중국 선교에서 19세기부터 계속되는 반기독교 정서를 이해할 필요가 있다. 1900년 의화단 사건에 대한 롤란드 알렌의 성찰을 참고해야 한다. 1910년 에딘버러세계선교대회의 중국 선교에 대한 논의로부터 배워야 한다. 중국 공산당 정권이 등장한 이후 서구 선교사들이 추방되었는데 1952년 빌링엔에서 열린 국제선교협의회가 이런 추방 사건을 어떻게 이해했는지 성찰해야 한다. 이런 역사적 맥락에서 중국 교회의 삼자교회가 19세기 제기된 삼자교회와 어떻게 다른지를

---

231 황홍렬, "한국기독교의 디아코니아 사례와 선교신학적 의의" 한국선교신학회 편, 「선교신학」 제19집 (2008): 11-40.
232 한영수 목사와의 인터뷰(2024년 1월 30일).

이해할 필요가 있다. 그런 역사적 배경에서 가정교회에 대한 균형 잡힌 평가도 필요하다. 이런 역사의 교훈으로부터 중국 교회 지도자들이 외부의 지원 없이도 가능한 선교 방법을 찾는 노력을 지지할 필요가 있다.

열한째, 부산국제선교회는 위커리 교수가 제안한 대로 중국 교회가 지닌 현대화, 가치/문화, 지구화 등으로 인한 사회적 문제를 인식할 필요가 있었고, 위에서 언급한 대로 땅광쉰 주교를 비롯한 중국 교회 지도자들이 제안한 중국 교회를 위한 신학의 재건, 중국 기독교의 중국화라는 문제에 대해 충분히 연구를 해야 했고, 이런 주제들을 놓고 삼자교회 지도자들과 대화할 필요가 있었다. 김운성 목사는 부산국제선교회의 중국 선교가 선교회의 역사에 비하면 신학이 취약한 가운데 진행되었다고 했다.[233] 김승희 장로도 부산국제선교회의 선교 이해를 고양시키기 위해 1박 2일의 선교를 위한 수련회가 필요하다고 했다.[234] 선교는 한국교회가 상대방 교회에 필요하다고 판단하는 것을 일방적으로 지원하는 것이 아니라 상대방 교회가 원하는 것을 지원하여 하나님 나라를 향해 현지 교회를 든든히 세워가는 것이기 때문이다. 이런 과정에서 두 교회 모두 하나님의 선교의 대상이자 하나님의 선교에 동역하는 공동 주체가 된다.

12. 부산국제선교회 중국 선교의 교훈

첫째, 부산국제선교회의 중국 선교 역시 선교사에 따라 결과가 달라지는 것을 경험했다. H교회의 S담임목사는 설교를 잘하고, 회중 장악력도 뛰어나고, 찬양 인도도 잘하여 전국을 다니며 부흥집회를 인도하고, 교회당 건축 이후 교인이 세 배로 증가했다. 그러나 찬양단 부흥집회를 다닐 때에 단원들의 숙식비를 본인의 주택 구입비로 공금 유용한 것으로 인해 3년 감옥에 지내다가 정부로부터 목사직을 박탈당했다. 아들 S목사 역시 설교를 잘했지만,

---

233 김운성 목사와의 인터뷰(2022년 5월 20일).
234 김승희 장로와의 인터뷰(2023년 3월 13일).

헌금을 개인금고에 넣고 사용하다가 정부에 적발되어 감옥에 가고, 목사직에서 해임되었다. 김정광 목사는 선교사 인성이 제대로 되어야 선교가 잘 진행되고, 그렇지 않으면 선교는 실패하는 데 인성이 좋은 선교사를 선발하고 만나는 것이 상당히 어렵다고 했다.[235] 박광선 목사는 선교사 선발은 총회 규정에 맞게 하고, 선교사 추천은 부산국제선교회 소속 목사와 회원 교회가 하고, 교회가 선교사를 추천하면 부산국제선교회는 의견을 모아 선발하려 하지만, 선교 지역에서 선교사가 불미스러운 사고를 낸 이후에도 선교사 선발 기준을 세우지 못한 것이 부산국제선교회의 문제라고 했다. 부산국제선교의 선교에서 가장 큰 문제점의 하나는 인사 문제라고 했다.[236] 선교사의 인성과 더불어 선교사의 훈련도 중요하다. 김승희 현지 선교사가 전문인 선교사의 역할을 잘 감당하게 된 배경에는 『미션 퍼스펙티브』를 교재로 6개월 동안 주말마다 훈련을 받았기 때문이다.[237] 부산국제선교회는 선교 정책협의회를 통해 향후 선교사 선발 기준과 선교사 훈련에 대한 정관을 개정할 필요가 있다.

둘째, 중국 선교의 주체가 중국 교회인지 한국교회인지에 대한 성찰이다. 부산국제선교회는 중국 교회는 성장하고 있지만, 중국 교회 목회자나 교회 지도자에 대한 신학 교육이 부족한 것을 보고 교회 지도자에 대한 계속교육을 지원했다. 이 과정에서 부산국제선교회는 처음부터 양회의 지도자들과 협의하며 진행하고자 했다. 즉, 부산국제선교회는 중국 선교의 목적을 학습을 통한 중국 교회의 강화로 세웠다. 그렇지만 학습을 진행하면서 한국 교회 지도자들은 신학 교육을 보다 체계적으로 하기를 원했지만, 중국 교회 지도자들은 기초적인 내용을 제공할 것을 요구했다. 이런 갈등을 비롯하여 부산국제선교회와 중국 교회 사이에는 주는 교회와 받는 교회로 관계가 고정되면서 문제가 발생했다. 더구나 부산국제선교회 중국 선교에 참여하는 교회 지도자들은 중국 선교의 역사로부터, 중국 교회의 신학으로부터 배울 기회가 거의 없었다. 복음주의 선교 운동인 로잔운동이 강조하는 미전도종족 운동과 관련해서 중국을 미전도종족이라 할 수 있을까? 그렇다면 1980년대 이후 지난 30년 동안 중국 교회의 급성장을 이해할 수 없게 된다. 중국은 미전도종족은 아니지만

---

235 김정광 목사와의 인터뷰(2022년 1월 25일).
236 박광선 목사와의 인터뷰(2022년 1월 25일).
237 김승희 장로와의 인터뷰(2023년 3월 13일).

부산국제선교회를 비롯하여 한국 기독교 지도자들은 중국을 기본적으로 선교지로 보고 있다. 중국 교회 지도자들은 중국 선교를 중국 교회가 감당하고 있음을 강조하면서, 한국교회가 중국에서 선교한다고 오해하지 말 것을 당부하고 있다. 즉, "중국 기독교가 진정으로 중국 신자들이 독립 자주적으로 진행하는 종교사업으로 되게 하는 것이다."[238] 그런데 중국 교회 지도자들의 이야기에 귀를 기울이는 한국교회 지도자들이 많지 않은 것 같다. 부산국제선교회는 이제까지의 중국 선교에서 중국을 선교지로 보았는지, 보았다면 어떤 이유에서인지를 성찰하는 시간이 필요하다. 2016년에 창립한 한중기독교교류협의회로부터 배울 필요가 있다. 그리고 선교신학적으로는 선교 목적으로서의 교회 개척으로부터 하나님의 나라를 이 땅에 실현하는 삼위일체 하나님의 선교에 동참하는 것으로의 전환이 이뤄지도록 선교신학을 재정립하는 것이 바람직하다.

셋째, 시진핑 체제에서 한국 기독교의 중국 선교는 어려움에 처하게 되면서 지속적으로 한국 선교사들이 추방당했다. 그런데 똑같이 어려운 상황에서 부산국제선교회의 중심 프로그램인 학습은 중단되었다가 재개를 반복하는 어려움에 처했다. 반면에 김승희 현지 선교사의 비전 트립을 통한 선교 네트워크 구축과 현지 선교사 지원, 선교로서의 비즈니스는 계속 진행되었다. 이러한 차이가 무엇인지를 살펴볼 필요가 있다. 학습은 양회의 지도자들과 협의하면서 시작했지만, 학습은 기본적으로 중국 비자법과 중국 교회의 삼자원칙에 어긴 것이다. 즉, 한국교회 지도자들은 허락된 장소 이외에는 종교 활동을 할 수 없고, 더구나 중국인에게 종교교육을 할 수 없다. 삼자원칙에 의하면 중국 교회 지도자들에 대한 교육은 중국 교회에 의해 이뤄져야 한다. 한국교회 지도자들이 중국 교회 지도자들에게 학습을 하는 것은 삼자원칙을 위배하는 것이다. 1997년 중국 교회 방문단은 중국 교회 지도자들이 중국 교회 목회자들에게 학습하는 것을 보았다. 이것을 한국교회 지도자에게 적용하는 것은 원칙이 아니라 예외적으로 가능한 일이었다. 예외가 일상이 되면 문제가 일어날 수밖에 없다. 김승희 현지 선교사는 상해에서 살면서 통합 교회들이나 한국 선교 단체들의 중국 선교가 많은 문제를 일으키는 것을 보았다. 상대적으로 부산국제선교회는

---

238 가오펑(고봉), "중국 기독교의 역사로부터 본 교회의 발전," 이광순 편저, 『중국 기독교 이해』, 148.

중국법과 중국 교회의 삼자원칙을 준수하려고 애쓴 편이라 했다.[239]

　　김승희 현지 선교사는 중국에서 활동하면서 중국의 종교법 두 가지, 즉 외국인은 선교를 못 한다는 것과 종교 집회는 허락된 장소에서 해야 한다는 것을 지키려고 했다. 그는 농심 총경리로서 회사가 중국에 투자를 많이 하면서 중국인을 많이 고용하고, 수익을 많이 창출하여 세금을 많이 납부하면서 중국 정부로부터 인정을 받으며, 좋은 관계를 맺게 되었다. 상해 한 고위 공직자는 한국 기독교인들을 처음에는 반동분자, 사회질서 교란자로 보았지만, 김승희 장로와의 만남을 통해 이런 생각을 바꾸게 되었다고 했다. 김승희 현지 선교사는 중국에서 활동하려면 중국법을 준수해야 하고, 중국 정부 당국자들과의 관계를 지혜롭게 해야 한다고 보았다. 여기서 지혜롭게 한다는 것은 중국법에 어긋나지 않게 활동하는 것을 가리킨다. 그렇지만 공산당원도 인간이기에 불가피한 지원, 적은 액수의 지원은 어느 정도 허용할 수 있다는 것을 의미한다. 그러나 중국 관련 당국자가 보기에 선을 넘는다고 생각하면 여러 근거들을 모아 반드시 법대로 집행한다. 지혜로운 관계는 기본적으로 중국법을 준수하되 예외적인 것은 선을 넘지 않는 범위 내에서 진행하는 것을 의미한다고 할 수 있다.[240] 이런 시각에서 보면 부산국제선교회의 학습은 예외가 일상이 되고, 중국 교회에 대한 소소한 지원은 어느 정도 융통성 있게 중국 관련 당국이 허용할 수 있지만 선을 넘을 때 반드시 제재가 일어난다는 점이다. 모교회의 교회당과 교육관 건축에 대한 부산국제선교회의 어마어마한 지원은 문제가 생길 수밖에 없었다. 부산국제선교회는 어느 나라, 어떤 체제에서 선교를 하더라도 그 나라의 법과 현지 교회의 원칙을 준수하되, 불가피한 경우에는 그 나라 정부나 교회가 허용하는 만큼만 활동해야 할 것이다.

　　넷째, 선교와 돈의 관계이다. 중국 교회는 교회당 건축과 개보수, 보일러 설치와 석탄 공급, 목회자 생활비, 장학금 등을 부산국제선교회에 요구했다. 이러한 요청에 부산국제선교회가 적극적으로 응답하면서 중국 교회와 부산국제선교회는 점차 대등한 관계가 아니라 받는 교회와 주는 교회로 고정되어 갔다. 이러한 인적 나눔과 재정적 나눔이나 지원을

---

239 김승희 장로와의 인터뷰(2024년 4월 12일).
240 김승희 장로와의 인터뷰(2024년 4월 12일).

모두 양회를 통해 진행했으면 문제가 없었을 것이다. 적은 재정을 지원하는 것은 가난한 교회들에는 불가피한 것으로 양회도 수용할 만한 것이고, 중국 관련 당국도 이해할 수 있을 것이다. 그렇지만 도시의 큰 교회당 건축에는 어마어마한 재정을 지원해야 했다. 여기에서 해당 교회 목회자 부자 모두 공금 유용 문제로 구속된 것은 재정 지원으로 인한 예외적인 사건이 아니라 막대한 재정 지원으로 인한 필연적 결과라 할 수 있다. 복음주의 선교신학자 조나단 봉크는 서구 선교사의 생활비가 선교지 사역자나 주민들의 생활비보다 너무 큰 차이가 날 경우, 선교사와 사역자/교인/주민과의 소통과 관계 형성에 많은 악영향을 주고, 복음 이해를 왜곡시키며, 선교사나 선교 단체 관계자들이 스스로를 우월하다고 착각을 불러일으켰다면서 서구 선교의 실패는 재정 부족이 아니라 재정이 너무 풍요로워서 문제였다고 했다.[241] 부산국제선교회 중국 선교 역시 선교와 돈의 문제에서 예외가 아님을 보여주고 있다. 아프리카에서는 한국 선교사들이 세운 신학교를 토지 기증자가 팔거나 현지 이사들이 팔아 나눠 가진 사례들이 있다.[242] 부산국제선교회는 선교 재정을 선교지에서만 사용한다는 것을 넘어서서 중국 선교 사례로부터의 교훈과 서구 선교의 교훈 등을 참고하여 선교 재정 정책을 재정립할 필요가 있다.

다섯째, 부산국제선교회는 복음 전도와 사회적 참여의 균형 잡힌 선교(로잔 언약)를 지향한다고 했다. 조선에 처음 복음을 전한 선교사들은 선교가 금지된 상황에서 교육 선교와 의료선교 등을 통한 간접 선교를 했음을 우리는 잘 알고 있다. 중국과 같이 직접 선교가 금지된 사회주의 국가에서 한국 기독교의 중국 선교는 간접 선교 방식을 개발해야 했다. 중국 농촌 교회는 도시 교회보다 훨씬 더 열악한 상황이었다. 이는 중국 농민들이 가난했기 때문이었다. 따라서 한국 기독교의 중국 선교는 가난한 농민들이 잘사는 기술 개발이나 지원 등의 간접 선교 방식을 개발하는 것이 필요했다. 이러한 방식의 선교는 박창빈 목사가 월드비전을 통해 16년 동안 북한에 씨감자 기술을 이전한 사례를 참고하는 것이 바람직하다.[243] 이러한 신뢰를 바탕으로 중국법과 삼자원칙을 견지하면서 중국 선교를 발전시켰더

241 조나단 봉크/이후천 옮김, 『선교와 돈』(서울: 대한기독교서회, 2010).
242 이원재, "동아프리카 교회와의 협력 선교," 황홍렬 편저, 『에큐메니칼 협력 선교: 정책, 사례, 선교신학』(서울: 꿈꾸는터, 2015), 122.

라면 하는 아쉬움이 있다. 부산국제선교회는 선교지에서 타종교나 타이데올로기로 인해 선교에 대한 거부가 심할 경우 의료선교나 교육 선교 등 간접 선교를 통해 선교하는 방식을 개발해야 할 것이다.

여섯째, 부산국제선교회는 삼자 이론을 재고할 필요가 있다. 미국 해외 선교위원회의 총무로 봉사했던 루퍼스 앤더슨은 1884년부터 1885년 사이에 이뤄진 선교 탐방에서 선교사들에게 대형 선교부를 해체하고, 마을에 교회를 설립하고, 교회를 위해 현지인 목회자에게 안수하고, 영어 학교 대신에 현지 언어를 사용하는 학교들의 설립을 권면했다. 바울처럼 선교사는 속히 현지 목회자들에게 교회를 넘겨줘야(이양해야) 한다. 선교의 목표는 사회를 변화시키고 문명을 증진시키는 것이 아니라 현지인 교회 지도자들의 지도하에 현지인들을 교회로 모이게 하는 것이다. 앤더슨은 신약성서의 초대교회의 교인들이 엘리트나 상류층이 아니라 가난한 사람들이었다는 점을 상기시키면서 자치, 자립, 자전에 대한 책임이 지역 교회에 있음을 강조했다.[244] 영국교회선교회의 총무였던 헨리 벤은 개교회의 건전성을 그 교회 나름의 자기 가치를 발견하는 데 달려 있다고 보고, 그가 가장 강조한 것은 자립으로, 스스로의 힘으로 자립할 수 없는 교회는 자기 가치도 건전함도 없다고 했다. 루퍼스 앤더슨과 헨리 벤의 공통점은 선교가 삼자의 비전을 가지고 실행되어야 한다는 전제이었다. 벤은 '선교의 안락사'를 강조했다.[245] 선교의 안락사는 삼자의 비전을 실천하는 교회가 세워지면 선교사는 선교지를 현지 교회 목회자들에게 이양하고 떠나야 함을 의미한다. 안타깝게도 선교의 안락사는 선교 역사에서는 거의 일어나지 않았다. 왜냐하면 롤란드 알렌이 말한 것처럼 서구 선교사들은 선교지에서 현지 교회 지도자들과 성령의 역사를 믿지 않았고, 따라서 선교지를 이양할 시기가 지나도 자신이 떠나면 현지 교회가 무너질 것을 염려하며 선교지를 떠나지 못했기 때문이다.

산동성에서 선교했던 미국장로교 선교사 존 네비우스는 『선교 사역 방법론』(1895)에서

---

243 황홍렬, "박창빈 목사의 월드 비전을 통한 북한 사역 16년: 주의 기도를 통한 평화선교의 개척자," 「부산장신논총」 제16집 (2016): 238-275.

244 스캇 선퀴스트/이용원 옮김, 『아시아 기독교 탐구: 역사・신학・선교』, 349-350.

245 앞의 책, 351-352.

옛 선교 방법, 즉 외국인 사역자들에게 수당을 지불하고, 건물 사용을 위해 비용을 지출하고, 복음 전도 사역의 대부분을 외국인 선교사에게 의존하는 일, 대형 기관을 세우는 일 등의 방법을 비판하고, 대안으로 현지의 평신도 지도자들에 기반을 둔 교회발전 방법을 제시했다. 즉, 네비우스의 선교 접근법은 엘리트 중심이 아니라 일상적인 보통 사람들 중심이었다. 네비우스는 중국인들이 중심이 되는 교회, 곧 중국인들의 기독교를 발전시키기를 바랐다.[246] 위에서 소개한 롤란드 알렌의 선교 방법으로 인해 알렌은 중국에서 선교사를 사임했을 뿐 아니라 영국에서도 교구 목사직을 내려놓았다. 알렌은 선교사의 사역과 해외에서 들어오는 후원과 해외에서 들어오는 신학을 모두 최소화하고, 성서를 가르치는데 최대의 역량을 발휘하도록 했다. 그러나 영국 국교회는 선교사의 사역과 후원과 해외 신학의 최소화, 선교와 사역에서 성령의 역사에 의존, 현지 기독교인들의 자유를 보장하는 대안을 거부했다.[247]

초대 한국교회의 성장은 삼자원리를 잘 적용한 결과라는 데 이의가 없다. 한국에서 사역하던 장로교 선교사들은 네비우스를 통해 배운 삼자원리 중 목사들과 복음 전도자들에 대한 기본적인 성서의 가르침을 진지하게 받아들였다. 마펫은 일 년에 두 번 성경공부반이나 지도자 양육반을 운영했다. 그가 1901년 평양에 장로회신학교를 설립한 것은 이런 성경공부반을 발전시킨 것이었다. 특히 마펫은 한국교회의 자립을 강조했다. 1895년 평양에 첫 교회당을 건축하려고 할 때 미국장로교 선교부는 건축비를 지원하려 했지만, 마펫이 단호히 거절했다. "만일 한국인들이 교회 건물을 원한다면 그들은 희생을 감수해야 할 것이고 그들 스스로 그 비용도 부담해야 할 것이다. 그들은 그들이 감당할 수 있을 만한 교회당을 건축할 것이고 계속 유지 관리할 수도 있을 것이다. 그리고 그것이 그들의 몫이다. 만일 우리가 그 건축비의 마지막 남은 10% 정도의 비용을 지원함으로써 그들에게 힘을 실어주기를 바란다면 그렇게 할 수 있을 것이다. 그러나 그 교회당 건물은 그들의 건물이 되지 않으면 안 된다." 마펫은 『세계 선교 평론』(1895)에 실린 "북부 한국에서의 성령의

---

246 앞의 책, 353-355.
247 앞의 책, 357-361.

역사하심"이라는 글에서 "우리는 교회 건축을 위한 그들(한국 그리스도인들)의 계획을 들었다. 그것을 위해 그들은 이미 기금을 모으기 시작했다. 그리고 우리는 그 일이 자립한다는 정신을 기반으로 착수되고 있다는 것을 기뻐하고 있다."[248] 이런 자립 정신을 바탕으로 한국 장로교회는 복음이 들어온 지 20년이 되지 않은 1907년에 독노회를 조직했고, 1912년에는 장로교 총회를 조직했다.

마펫은 서구의 중국 선교를 삼자원리에 따라 비판했다. 즉, 중국 교회는 서구 교회의 후원에 의존하고 있기 때문에 크게 상처를 입어왔고, 중국 교회의 규모로는 전혀 어울리지 않는 교육 기관이나 다른 대형 기관들로 인해 자립할 수 없었다. 그리고 목회자들에 대한 성경공부를 진행하지 않았다고 비판했다.[249] 스캇 선퀴스트는 삼자원리가 실제로는 선교 학자들에 의해서, 선교부들에 의해서 선교 현장에서 버림받았다고 주장했다. 그런데 1950년 5월 17일부터 19일까지 열린 중국 기독교 지도자들과 총리 주은래의 회동에서 주은래가 중국 교회가 자치·자전·자양하는 조직으로 발전하지 않으면 안 된다고 강조했다.[250] 서구 선교부와 선교사에 의해 거절당한 삼자원리를 중국 공산당 정부의 총리가 역설한 것은 역사적 아이러니가 아닐 수 없다. 선퀴스트는 문화혁명의 시련기를 거치면서도 중국 교회가 삼자교회로 발전했다고 결론을 내렸다.[251] 선퀴스트는 그 근거를 서구 선교사들의 노력에 뿌리를 둔 것으로 보았지만, 필자는 하나님의 선교, 이름 없는 중국의 평신도, 여성들을 통해 중국 교회를 보존하시고 성장시킨 하나님의 선교의 열매로 이해한다. 이러한 중국 삼자교회에 대해 한국 기독교는 중국 선교를 통해 다시 삼자원리를 무시하거나 위배한 것은 아닌지 성찰하고, 다른 선교지에서 이런 과오를 반복하지 않도록 삼자원리 위에 선교 방법과 전략을 세우도록 노력해야 한다.

일곱째, 부산국제선교회의 중국 선교는 학습을 중심으로 이뤄졌고, 학습은 가능하면 중국 기독교 양회와 부산국제선교회의 협력 가운데 진행하려고 노력했다. 이는 타문화권

---

248 Samuel A. Moffett, "The Work of the Spirit in North Korea," *Missionary Review of the World* (November 1895), 833; 스캇 선퀴스트/이용원 옮김, 『아시아 기독교 탐구: 역사·신학·선교』, 363에서 거듭 인용.

249 스캇 선퀴스트/이용원 옮김, 『아시아 기독교 탐구: 역사·신학·선교』, 367-369.

250 앞의 책, 371.

251 앞의 책, 375.

선교 유형이나 한인 디아스포라 선교 유형이 아니라 한국교회와 현지 교회 사이의 에큐메니컬 협력 선교의 유형에 속한다. 이러한 선교 유형은 부산국제선교회가 중국에서의 선교는 중국 교회가 담당해야 한다는 전제에 암묵적으로 동의한 것으로 볼 수 있다. 로잔운동의 미전도종족 선교의 시각에서 보면, 중국은 미전도종족이 아니기 때문에 중국에서의 선교는 중국 교회가 담당해야 한다고 보아야 한다. 세계 선교 역사를 바라보는 시각도 서구 기독교의 확장의 역사로부터 세계 기독교의 형성과 발달로 보아야 한다. 그러면 부산국제선교회의 세계 선교 역시 타문화권 선교 방식이 아니라 현지 교회와 협력하는 에큐메니컬 협력 선교의 방식으로 진행해야 할 것이다. 한국 장로교 총회는 창립 이후 1913년에 중국에 세 명의 선교사를 파송하면서 서구 교회들과 협력 선교를 전개했고, 선교사들로 하여금 중국 래양노회에 속하도록 했다. 이러한 협력 선교의 전통을 한국전쟁 직후 1956년 태국 교회(CCT)의 요청에 따라 한국 장로교 총회가 최찬영 선교사와 김순일 선교사를 태국으로 파송함으로써 이어갔다. 『에큐메니칼 협력 선교』[252]는 총회(통합)의 에큐메니컬 선교 정책과 9가지 에큐메니칼 협력 선교의 사례와 에큐메니칼 협력 선교신학이 실려 있다. 부산국제선교회는 이러한 책을 참고하여 향후 에큐메니칼 협력 선교를 전개하는 것이 바람직하다.

중국에서의 에큐메니컬 협력 선교의 모범 사례는 상도중앙교회와 중국 신학교 사이에 이뤄진 협력 선교이다. 상도중앙교회의 원로목사이었던 고 주관준 목사가 중국 신학교를 방문했고, 신학교를 지원하는 사역을 시작한 이후 후임자인 박봉수 목사는 1998년부터 중국 신학교와 졸업생들이 목회하는 교회를 방문했다. 중국 신학교가 요청하는 장학금이나 다양한 지원, 졸업생 교회를 지원하는 등 상도중앙교회는 중국 신학교와 교류하면서 상호 신뢰를 바탕으로 협력 선교를 전개하고 있다. 운남성의 5개 소수 민족을 위해 그들 언어로 번역한 성서를 완간했다. 한국에서는 중국 유학생 예배를 드리는 등 유학생 선교를 통해 중국 교회의 인적 자원을 양성하고 있다.[253] 상도중앙교회와 박봉수 목사는 한국 선교사들이 중국에서 추방된 이후에도 현재까지 코로나 팬데믹 시기를 제외하고 꾸준히 중국

---

252 황홍렬 편저, 『에큐메니칼 협력 선교: 정책, 사례, 선교신학』 (서울: 꿈꾸는터, 2015).
253 김재룡, "중국 교회와 협력 선교를 통한 지역 교회 선교역량 활성화 방안연구: 상도중앙교회를 중심으로," 장로회신학대학교 대학원 (미간행 박사학위논문, 2014).

신학교와의 교류와 지원을 지속적으로 하고 있다.[254] 이는 20년 넘게 쌓아온 상호 신뢰 속에 이뤄지고 있는 협력 선교이기에 가능하다. 시진핑 체제에서 한국 기독교의 중국 선교가 거의 단절된 상황에서 상도중앙교회와 박봉수 목사의 협력 선교 사례는 중국 선교에 관심있는 한국 교회와 선교 단체에 귀감이 된다.

여덟째, 중국 선교를 통해 배운 선교 이해를 정리하고, 이후의 선교 정책과 선교 방향에 적용해야 한다. 부산국제선교회는 중국 선교를 통해 어떤 교훈을 얻었는지를 점검하고 중국 선교 정책협의회를 통해 정책을 결정하고, 그것을 실행할 방안을 마련하는 것이 필요하다. 구체적으로는 선교사 인선의 원칙, 선교사 훈련, 선교 재정 원칙, 복음 전도와 사회참여의 균형 잡힌 선교 방식, 현지 법과 현지 교회를 존중하는 에큐메니컬 협력 선교, 선교신학적으로는 하나님의 선교 등을 논의하고 부산국제선교회의 선교신학, 선교 원칙과 방법을 명확히 하고, 규정에 반영하며, 이러한 결정을 회원 교회와 회원들이 알 수 있도록 나누는 선교 교육을 실시하는 것이 필요하다. 선교는 우리가 원하는 것을 행하는 것이 아니라 상대방이 원하는 것을 하나님의 선교 맥락에서 행함으로써 상호 수정, 상호 배움과 나눔을 통해 상호 풍성함을 이뤄 서로 성장하는 교회, 성숙한 교회가 되어가는 과정이다. 이를 위해 어떤 나라를 선교할 때는 그 나라에 대한 선교 역사를 공부해야 하고, 현재 그 나라 교회 지도자들의 신학적 고민이 무엇인지에 대해 귀를 기울이며 함께 고민을 나눠야 한다. 두 교회가 대등한 입장에서 현지 교회가 원하는 것을 한국교회가 지원하고, 그 교회의 장점을 한국교회가 배우는 상호 배움과 상호 나눔을 선교로 이해해야 할 것이다.

---

254 박봉수 목사와의 인터뷰(2024년 5월 2일).

5장

미얀마 선교

1. 미얀마 이해[1]

1) 역사와 정치

미얀마 인구는 4,200만 명으로 다양한 역사와 문화를 갖고 있는 민족들로 구성되어 있다. 약 2,000년 전에 버마로 이주한 거주자는 몬족으로 중국 서북지역에서 이주해 온 카렌족을 다스렸다. 현재 가장 큰 민족인, 버마족은 9세기경 티벳에서 이주해 와서 몬족을 다스리며 그 문화를 흡수하였다. 그 외의 민족들로는 샨족과 카친족이 있다. 버마 왕국은 11세기와 18세기 사이에 확립되었고, 파간, 페구, 쉬워보 지역을 다스렸다. 1824년부터 시작된 3년간의 전쟁 후 버마는 영국의 식민지 지배를 받았다. 1886년에는 티바우(Thibar) 왕이 만달레이에서 영국에 항복하였다. 이때부터 버마는 인도에 속한 지역으로 영국의 지배를 받게 되었다. 1937년에는 영국의 직할 식민지가 되었다. 1941년 일본군이 미얀마를 침공할 때, 일본에서 비밀리에 훈련받은 네임과 아웅산을 포함해 30명으로 구성된 버마군이 일본의 버마 침공을 도왔다. 그러나 마지막 순간에 아웅산과 그를 따르는 몇몇 동료들이 일본을 등지고 맞서서 영국 편에 서서 영국이 버마를 다시 쟁취하는 데 결정적 역할을 하였다. 1947년 아웅산은 새로운 버마 건설를 위한 그의 계획을 여러 소수민에게 설명하고 설득하였다. 그러나 독립일 전날 아웅산과 6명의 측근이 암살되었다. 근 50년이 지난 지금까지도 아웅산에 대한 국민의 존경심은 그의 딸에게까지 이어져 오고 있다.

1948년 독립 후에는 버마 연합에서 아웅산과 함께했던 이들의 자치권도 빼앗겼다. 국경 부근에 거주하는 다른 소수 민족도 이 같은 일을 겪어야 했다. 이들 소수 민족은 각각 무장하고 독립운동을 전개하였다. 1962년 네윈의 연합군대의 구성으로 이후 30여 년간의 군정이 시작되었고, 버마식 사회주의 발전을 위해 버마 스스로를 세계에서 고립시키는 결과를 낳았다. 1974년 군정 지배는 끝나고 네윈의 '입헌 독재'로 이어졌다. 네윈의 독재는 그가

---

1 "버마 이슈 발췌," 「제17회 국제선교의 밤 선교보고서」(1999년 12월 2일). 출처는 한아선교봉사회, 「제7회 총회 자료집」(1999년 3월 9일), 104-107. 여기에 다른 자료를 일부 추가해서 미얀마 이해를 높이도록 했다. 버마는 1989년 국명을 미얀마로 바꾸었다.

은퇴한 1981년까지 계속되었다. 은퇴 후로도 네윈은 막강한 영향력을 행사하였다. 억압적 지배와 잘못된 경제정책은 급기야 1988년 정부의 일방적인 화폐개혁을 단행하게 했다. 갑작스러운 화폐개혁과 아무런 보상도 받을 수 없는 상황에서 분노한 일반시민들과 학생들이 거리로 나왔고, 곳곳에서 큰 규모의 폭동이 일어났다. 처음에 버마 국민은 현 정부를 어떻게 대해야 하는지 몰라 아무런 반응을 할 수 없었다. 탐군의 쉐쉐다곤 파고다에서 아웅산 수지의 연설을 시작으로, 1960년대 이후 처음으로 버마는 시민들의 정치적 연합을 경험하며 자신의 목소리를 높였다. 빠른 속도로 나라 전체가 혼란 속으로 빠져들어 갔다. 계엄령이 선포되고 폭동 진압을 위해 군대가 투입되었다. 무자비한 진압이 이뤄졌고, 랑군의 티애나면 광장에서는 2,000명 이상의 비무장 시민들이 학살되었다. 1988년 9월 쏘 마 장군이 주도권을 쥐고 19명(후에는 23명으로 늘어남)의 장교들로 구성된 군사정권을 세웠다. 이것이 국가법질서회복평의회(State Law and Order Restoration Council, SLORC)이다. 모든 것이 완전히 진압되었고 대학들은 휴교 조치가 내렸다. 수천 명의 국민이 태국이나 인근 국가로 망명하거나 악명 높은 인메인 감옥에 투옥되었다. 아웅산 수지 여사는 가택연금 되었다. 국가법질서회복평의회(SLORC)는 문민정부 수립을 위해 선거를 실시하겠다고 약속하였다.

1990년 5월 선거에서 민주주의국가연합당(National League for Democracy)이 승리를 거두 었다. 그러나 국가법질서회복평의회(SLORC)는 새 정부 수립을 위해서는 국회에 의한 새 헌법과 법규가 제정되어야 한다는 주장과 함께 약속했던 민주 정부 수립을 위한 어떤 움직 임도 보이지 않고 있다. 1993년 1월 첫 모임을 연 국회(National Convention)는 국가법질서 회복평의회(SLORC)를 선출한 정치인들, 농부, 공무원, 퇴역군인 중 선택된 이들로 구성되 어 일반 국민의 신임을 얻지 못하였다. 더 나아가 국가법질서회복평의회(SLORC)는 새로이 제정된 헌법이라도 군의 중심적 역할을 인정해야 한다고 주장하고 있다. 1990년 선거에서 선출된 정치인 중 국회에서 제 역할을 할 수 있었던 국회의원은 한 사람도 없었다. 1992년 4월 소마웅(Saw Maung) 장군의 뒤를 이어 딴쉐(Than Stre) 장군이 국가법질서회복평의회 (SLORC) 의장으로 오르면서 대학들이 다시 문을 열고 수백 명의 정치범들이 석방되는 등 몇 가지 자유주의적인 조치들이 이뤄졌다. 그러나 딴쉐 장군의 이러한 정치적 움직임들이 네원의 영향을 받은 정치적 일회성의 제스처에 불과하다고 보는 이들도 있다. 여전히 군인들과 국민의 관계는 점점 더 벌어지고 많은 지식인이 미국으로 망명하고 있다.

최근 국가법질서회복평의회(SLORC)와 카친족 사이에 정전협정이 있기까지 근 50년 동안 내전 상태가 계속되었다. 카친의 내전 종식 결단으로 인해 카렌족의 투쟁 의지도 점점 줄어들고 있다. 태국 국경 부근 곳곳에는 수천 명의 카렌족들이 난민 캠프와 새로운 정착지에 흩어져 생활하고 있다. 이들 중에 상당수가 침례 교인들이고, 성공회 교인들이다.

2) 사회적 상황

(1) 지리

미얀마는 중앙에 있는 평원, 분지, 삼각주와 평원의 동쪽과 서쪽의 고원 지대 그리고 남쪽으로 꼬리 같은 지형으로 구성되어 있다. 미얀마의 행정구역은 7개 중앙정부 관할의 관구/지구(region)와 7개 종족 자치의 주(state)로 나뉘어져 있다. 미얀마 중앙의 평야, 분지, 삼각주 일대에는 버마족 중심의 7개의 관구/지구(에야와디, 마궤, 만달레이, 바고, 사가잉, 따닌따리)들이, 양쪽 산악 지대에는 소수 종족 거주지인 7개 주(친주, 카친주, 카렌주, 까야주, 몬주, 라카인주, 샨주)들이 있다.[2]

(2) 다양한 인종 구성 국가

평원에 주로 사는 버마족은 인구의 69%를 차지한다. 소수 부족으로는 샨족이 8.5%, 카렌족(꺼인족)이 6.2%, 라카인족(아라칸족)이 4.5%, 몬족이 2.4%, 친족이 2.2%, 카친족이 1.4%, 까야족이 0.4%이다.[3] 미얀마는 135개 소수 종족으로 구성된 연합 국가이다. 버마족

---

2 미전도종족연대(Unreached People Missions Alliance), "미얀마의 주요 8대 종족집단과 거주지역" (https://www. upma21.com/main/?p=2183, 2024년 3월 22일 접속).

3 Tun Aung Chain, "Myanmar," in Scott W. Sunquist, David Wu Chu Sing, John Chew Hiang Chea (eds.), *A*

은 가장 큰 종족 집단으로 공식적으로는 9개의 소수 종족으로 나뉜다. 버마족들은 버마족 중심의 7개 관구/지구 이외에 종족 자치주에도 상당수가 거주하고 있다. 버마족은 정치, 군사, 경제, 사회, 문화, 종교 등 미얀마의 모든 분야를 주도하는 주류로서의 입장을 갖고 있으며 이를 계속 유지해야 한다고 주장하고 있다. 샨족이 주로 거주하는 샨주는 미얀마의 1/4의 영토를 차지하고, 샨족은 소수 종족 중 가장 큰 종족(약 476만 명)이고, 샨주에 거주하는 주민 대부분이 불교도이고, 중국 윈난성 지역에서 이주해 왔으며, 33개의 소수 종족으로 분류된다. 카렌족은 꺼인족으로도 불리고 인구는 약 374만 명이고, 11개의 소수 종족으로 구성되어 있으며, 종족 정체성이 강해서 분리 독립의 열망이 가장 큰 소수 종족이다. 카렌족은 복음화된 종족이다. 카렌족의 약 30%가 카렌주에 거주하고 있다. 라카인족 또는 아라칸족은 대부분 미얀마 서부 해안에 거주하고, 방글라데시와 인도에도 라카인족이 살고 있다. 라카인주에서 로힝야족이 41%를 차지하고 있다. 미얀마 불교 주류 세력은 로힝야족을 방글라데시에서 유입된 외국인으로 간주하고 추방해야 한다면서 박해를 하고 있다. 이는 영국 식민지 시절 영국이 방글라데시에 살던 로힝야족을 이용하여 버마를 통치했던 역사적 배경과 관련이 있다.

몬족은 남아시아에서 가장 오래된 민족 중, 한 종족으로 기원전 3,000년에서 1,500년 사이에 인도에서 이주해 태국에 정착했다가 기원전 500년경 서쪽으로 이주해 버마 남부 일대에 정착한 것으로 추정되는 종족으로, 인구는 약 116만 명이다. 몬주에는 몬족과 버마족, 카렌족과 일부 영국계 다문화 주민이 살고 있다. 까친주는 미얀마에서 가장 고산 지대에 속하며 까친족을 비롯하여 버마족, 샨족, 중국계, 티벳계 종족들이 살고 있다. 12개의 소수 종족이 미얀마 정부에 의해 까친족으로 분류된다. 까친족은 중국의 소수 부족으로도 인정되며, 중국 윈난성을 통해 15, 16세기에 버마로 이주해 왔다. 까친족의 인구는 약 104만 명이다. 친족은 약 100만 명인데, 친주(총인구 48만 명)에는 약 34만 명이 살고 있다. 미얀마 정부는 친족 내 53개 소수 종족을 인정하고 있다. 카렌족과 마찬가지로 복음화된 종족으로 기독교인의 95% 이상이 침례교도이다. 까야족이 거주하는 까야주는 미얀마 연방에서 면

Dictionary of Asian Christianity (Grand Rapids: William B. Eerdmans Publishing Company, 2001), 574.

적과 인구가 가장 작은 주이며, 까야족 대부분이 까야주에 살고 있고, 인구는 약 17만 명이다. 미얀마 정부는 까야족을 9개의 소수 종족으로 분류한다.[4]

미얀마는 다양하고 풍부한 문화유산을 갖고 있고, 30개 부족 이상의 종족이 200개 이상의 언어와 방언을 사용하는 다인종 국가이다. 수세기에 걸쳐 다양한 종족들이 광활하고 비옥한 땅에 넓게 퍼져 살아오면서 다양한 종교와 전통, 문화가 한데 얽혀 살아왔다. 미얀마가 영국의 지배를 받게 되면서 영국은 모든 종족이 연합하여 한 국가를 이룰 것을 요구하였지만, 각 종족은 그들만의 전통과 문화를 지켜가면서 자치적으로 살아가기를 원했다. 이런 가운데 종족들 간에 갈등과 오해가 생겨나면서 종족 간의 분쟁들이 여기저기서 발생하였다. 영국으로부터 독립한 후에도 종족 갈등은 계속되었다. 카렌족을 비롯한 많은 소수 민족들이 정권을 잡고 있는 버마족에게 자치와 독립을 요구하며 반기를 들었고 이는 곧 무장 투쟁으로 이어졌다. 최근 들어 많은 종족이 정부와 정전 평화 협정을 맺었다. 그러나 카렌족은 아직도 정부군과 대치하면서 독립운동을 하고 있다. 이런 가운데 많은 무고한 사람들이 희생당하였고 부모를 잃은 고아들도 많이 증가했다. 미얀마와 태국 국경 부근에는 내전을 피해 고향을 떠나온 피난민들의 캠프가 여러 군데 있다. 피난민들은 굶주림과 전염병 등으로 하루하루를 불안 속에 살고 있다.

(3) 교육

20여 년의 군사 정권기와 내전을 겪으면서 미얀마 사회의 전반적인 상황은 이전, 과거로 퇴보하게 되었다. 식량 부족과 낙후한 보건 행정은 물론이고, 대다수의 지식인이 외국으로 망명하거나 내전으로 희생되어 국민 교육 수준은 후진국 수준으로 떨어졌다. 대부분의 소수 민족 촌락에는 학교가 없고, 오지의 마을들은 교육의 혜택을 전혀 받아 보지 못하였다. 그래서 미얀마 국민의 문맹률이 높다. 더 시급한 문제는 이들을 교육할 인적·물적 자원이 없는 것이다. 도시 지역에는 어느 정도 교육 시설들이 갖춰져 있지만, 정글 깊은 곳의 오지

---

4 미전도종족연대(Unreached People Missions Alliance), "미얀마의 주요 8대 종족 집단과 거주지역" (https://www.upma21.com/main/?p=2183, 2024년 3월 22일 접속).

마을에는 학교도 교사도 없다. 교통 및 통신 시설이 전무한 곳에 풍토병의 위험까지 감수하면서 선뜻 교사로 지원하는 사람이 없다. 내전을 통해 늘어난 고아들도 또 다른 사회적 문제로 대두되고 있다. 이들 대부분이 굶주림으로 영양 결핍 상태에 있고, 카렌족을 포함한 소수 종족의 고아들은 정부군으로부터 생명의 위협을 받으며 정글 속이나 피난민 캠프를 떠돌고 있다.

(4) 보건

미얀마는 교육, 보건, 통신 등 사회 모든 분야의 발전을 필요로 하고 있다. 특히 의사와 약품의 부족으로 인해 국민의 보건 상황은 위험수위에 있다. 식량 부족으로 인해 어린이들을 포함해 국민 대다수가 영양 결핍으로 인한 질병에 시달리고 있다. 외국으로부터 구호물자가 와도 이것들을 필요로 하는 지역까지 수송할 수 있는 교통 시설이 없고, 중간에서 정부 관리들이 착복하는 일이 다반사이다. 또한 정글 지역의 마을 주민들은 항상 말라리아의 위험에 노출되어 있다.

3) 경제

지속되는 내전의 긴장과 갈등 속에서도 1950년대만 해도 미얀마는 동남아시아의 가장 풍요로운 나라 가운데 하나이었다. 아시아의 국제 무역 중심지로서 상당량의 석유와 쌀을 수출하는 국가이었다. 미얀마는 풍부한 천연자원을 갖고 있으며, 전체 국토의 20% 이상이 경작 가능한 토지이다. 그러나 네윈 장군의 군사 정권기를 거치면서 미얀마의 정치·경제는 훨씬 퇴보했다. 국민의 인권 상황과 보건·복지는 말할 수 없는 상태로 악화되었다. 1980년대 들어서면서, 국제사회가 미얀마의 상황에 주목하기 시작했다. 유엔은 국제적으로 미얀마 정부에 압력을 가하거나 국제적 고립화 정책을 펴 나갔다. 1988년 이전까지 정치적, 경제적으로 외부와 단절 상태에 있던 미얀마 군부는 최근 들어 일련의 대외적 개방 정책을 통해 외국의 투자를 적극적으로 유치하려 애쓰고 있다. 영국, 싱가포르, 말레이시아, 홍콩,

일본 등의 나라들이 미얀마에 많은 투자를 하고 있다. 외국의 투자와 개발의 모든 과정이 SLORC를 거쳐야 하고, 군부의 지원을 받아야 하는데, 이 과정에서 군부에 공공연하게 뇌물 수수와 부정부패가 이뤄지고 있다. 이렇게 해서 미얀마 경제가 성장한다 하더라도 일반 국민의 생활이 나아질지는 의심스럽다.

SLORC는 또한 2·3모작을 이용해 쌀 생산량을 늘리려 노력하지만, 농업용 물과 비료의 부족과 미얀마 토양에 맞는 벼 종자의 부족으로 쌀 생산량이 계획대로 늘지 않고 있다. 여기에 현대적 농업 기계의 부족과 낙후한 농업 기술이 쌀 생산량 저하를 더욱 가속화하고 있다. SLORC는 외국으로부터 비료와 벼 종자를 지원받아 각 지역 농민에게 배분하려 해도 수송 도중 중간 공무원들이 마음대로 착복하여 암시장에 내다 팔아, 국가의 지원을 절대적으로 필요로 하는 농민들은 전혀 혜택을 받지 못하는 상황이다. 이로 인하여 미얀마는 절대적 식량 부족 상황에 처해 있다. 태국 국경 지역의 카렌족과 같은 소수 부족의 난민 거주지나 캠프의 식량 부족 상태는 심각하다.

미얀마의 전반적인 경제 문제 해결을 위해서는 먼저 정치적 안정이 필요하다. 지금까지 국제단체들은 미얀마에 민주주의를 회복시키기 위해 많은 노력을 해 왔다. 미얀마의 진정한 평화와 정의를 이룩하기 위해서는 소수 민족 집단의 인권을 존중하는 사회의식의 변화가 있어야 한다. 다수만이 아닌 소수를 포함하면서 모두의 필요를 인식하는 민주적인 구조가 없다면 국가가 발전할 수 없다. 미얀마는 항상 다민족 국가이었다. 민족적 갈등을 극복하여 극단적인 인종차별주의를 종식시키고, 서로가 협력해야 자유롭고 정의로운 미얀마를 건설할 수 있을 것이다. 이때야 비로소 경제 발전도 또한 기대할 수 있을 것이다.

4) 교회

미얀마는 전통적으로 불교 인구가 전체 인구의 88%를 차지할 만큼 불교의 영향력이 큰 국가이다. 1948년 영국으로부터 독립한 후 헌법에 종교의 자유를 허용하였지만, 불교는 지금까지 미얀마 인구 다수의 종교로 자리를 잡고 있다. 촌락마다 한 개의 파고다가 있고, 전국적으로는 100만 개에 달하는 파고다들이 있다.

미얀마 최초의 기독교는 10세기 네스토리우스 교회이었다. 로마가톨릭은 1544년에 버마에 들어왔고, 개신교는 미국의 선교사들이 아시아에 파송되면서 1813년에 들어왔다. 다른 교파들도 뒤이어 들어왔고, 교회의 지위가 점차적으로 확고히 정착되었다. 특히 소수 민족들 가운데에서 선교의 열매를 많이 맺었다. 1966년부터 시작된 평신도 훈련 프로그램은 역사적 암흑기에도 교회가 확장될 수 있었던 힘이 되었다. 기독교인들은 이 시기를 교회가 토착화될 수 있는 좋은 기회로 인식하였다. 평신도 훈련은 지금까지 중요한 프로그램으로 남아 있다.

미얀마의 개신교회들을 살펴보면, 침례교, 영국 성공회, 감리교, 장로교, 미얀마 복음교회, 복음침례교, 복음장로교, 형제교회, 하나님의 성회, 순복음교회, 연합 오순절교회 등이 있다. 네윈 장군의 정권기 중에 버마의 교회는 큰 어려움을 경험해야 했다. 새로운 군사 정부는 국내의 외국 선교사들을 추방하였다. 미얀마 현지인들을 대상으로 한 신학 훈련이 충분히 되지 않은 상태였다. 그러나 20년 이상의 군정 기간에 외부와의 단절 속에서도 미얀마의 교회들은 계속 성장했고 신학 교육도 유지했다. 현재 미얀마의 기독교인은 전체 인구의 약 5~6%라고 한다.

미얀마 기독교의 성장이 더딘 이유는 미얀마가 강한 불교 문화권 아래 있기 때문이다. 하지만 그 외적인 문제들도 많이 있다. 첫째, 미얀마의 다양한 소수 민족을 상대로 선교할 수 있도록 훈련받은 일꾼들이 턱없이 부족하다. 신학적으로, 언어적으로 또 타문화를 잘 이해하기 위한 훈련을 할 수 있는 신학교가 제대로 갖춰져 있지 않다. 외국 선교사들 또한 현지의 사정을 제대로 파악하지 못하고 상황에 맞지 않는 선교 정책들을 펴나가는 데에도 문제가 있다. 둘째, 미얀마 사람들이 기독교는 서구 종교라는 인식을 갖고 배타적인 입장을 취하는 점이다. 또한 미얀마 기독교인 중에는 군부에 맞서 자유와 자치를 주장하는 소수 민족이 차지하는 비율이 높다. 이들을 분산, 통치하려는 정책으로 군부는 종교적 차이를 이용하여 종족 간의 분열과 증오를 유발하는 정책을 취하고 있다. 이 가운데 많은 기독교인이 종교박해를 받고 있으며 심한 경우에는 불교로 개종할 것을 강요받고 있다고 한다. 셋째, 현지 사역자들에 대한 지원이 불충분하다는 점이다. 미얀마에는 적어도 125개의 상이한 언어 종족 집단들이 있다. 서로 다른 문화권에 들어가 선교를 하기 위해서는 수천 명의 선교사들과 평신도들이 반드시 필요하다. 그렇지만 이들이 마음껏 선교 활동을 할 수 있도록 뒷받침해 줄 수 있는 지원이 부족하다.

미얀마에 기독교가 뿌리를 내리기 시작한 지 186년이 되었다. 미얀마의 정치적 불안과 경제적 빈곤, 강한 불교 문화권 속에서 그리스도인으로서 어떻게 생활해야 하는가에 대한 해답을 얻기 위해 미얀마 교회들은 종파를 떠나 서로 긴밀한 협력 관계를 유지하고 있다. 현재 미얀마 교회는 생동력 있고 풍부한 잠재력을 갖고 있다고 이곳을 방문하는 사람들은 입을 모아 얘기한다. 초기 미얀마 선교사가 말한 것과 같이 하나님께서 약속하신 대로 밝은 미래가 앞에 있다.

2. 미얀마 선교의 초기 역사(1997~2000)

미얀마기독교신학교는 처음에 '미얀마기독교선교회'(Myanmar Christian Mission)라는 이름으로 1990년 7월 9일에 설립되었다. 미얀마기독교선교회는 단기 선교 교육을 마친 사역자들을 현지로 파송했으나 선교 현장에서 선교 방법뿐 아니라 성서 지식도 부족함을 깨달았다.

미얀마기독교선교회 운영위원회는 선교학과 실제 목회를 강조하는 성경학교(Bible College)를 설립하기로 결정하여, 1991년에 미얀마기독교신학교(Myanmar Theological Seminary로부터 Myanmar Christian Seminary로 명칭 변경)를 설립했다.[5] 미얀마 기독교 선교를 강화하려는 목적으로 미얀마기독교신학교가 옥카라파 북쪽에 집을 임대해서 1991년 5월에 문을 열었다.

인근에 있는 불교도 강경파가 항의하고 시청의 명령으로 이전하게 되었다. 그 후 10년 동안 신학교는 양곤시에서 12번 이전했다.[6] 미얀마기독교신학교(Myanmar Christian

---

5 "Myanmar Christian Seminary(1998~99)," 「제16회 부산국제선교회의 밤 선교보고서」 (1998년 12월 3일).
6 "Myanmar Christian Seminary(2008~2009)," 「제26회 부산국제선교의 밤 선교보고서」 (2008년 12월 4일).

Seminary)를 세운 리앙망 진자는 양곤법학대학교를 졸업하고 8년 동안 판사로 재직했다가 아내의 권유로 신학을 공부하게 되었다.[7] 리앙망 진자가 인도에서 신학 공부를 할 때 만났던 전두승 목사를 통해 부산국제선교회에 대해 들었다.[8] 리앙망 진자 목사는 1997년 3월에 부산국제선교회를 방문하여 신학교 설립의 취지를 설명하고, 신학교 건축 지원을 위해 회원 교회를 방문했다.

부산국제선교회 회장 김정광 목사, 총무 이일호 목사를 비롯한 6명의 방문단이 1998년 8월 10일부터 15일까지 미얀마기독교신학교와 개척교회를 방문했다. 미얀마는 한 달 생활비가 3만 원(한화)이면 중류 생활을 하고, 만 원으로는 가난한 이들이 한 달을 산다. 1992년 기독교인 비율은 2%이었고, 최근에는 6%로 증가한 것으로 추산한다. 미얀마 교회는 박해 속에 성장하는 교회로, 교인 수는 약 300만 명(비공식 통계)이다. 미얀마에서 개신교는 미국 침례교 선교에 의해 시작되었다. 미얀마는 영국에 의해 80년 동안 통치되었다. 현재 미얀마 정부는 외국인에게 3개월 체류 비자를 발급한다. 미얀마 방문단은 현지인 신학생을 교육하여 교회를 개척하게 하는 것이 가장 효과적인 선교라고 판단했다. 현재 미얀마에는 한국 통합측 선교사가 10명이다. 총회 파송 오영환 선교사가 1년 전 한인 교회를 개척했고, 유치원 설립을 준비하고 있다.

미얀마기독교신학교의 교장 리앙망 진자 목사는 한국교회의 복음주의적 신앙과 기도의 열심, 특히 새벽기도회를 배워서 미얀마 교회에 적용시키려 한다면서 부흥한 한국교회가 미얀마기독교신학교와 교회를 지원해 줄 것을 신학생과 목회자가 금식하며 기도한다고 했다. 미얀마기독교신학교는 임대 건물에서 운영되며, 본 신학교의 졸업생 60명 중 17명은 교회를 개척했고, 40명의 전도자를 전국에 파송했다. 현재 신학생이 40명이고, 신학생 1달 생활비는 8,000원(한화)이다. 리앙망 교장은 한국교회가 17개 교회를 2년간 지원하면 1,000명이 모이는 교회로 성장시키겠다고 약속했다. 리앙망 교장은 앞으로 매월 2,000달러(한화 260만 원)를 2년 동안 지원해달라고 부산국제선교회에 요청했다. 방문단의 결론은

---

7 김정광 목사 간증편, 『목사님, 여권 잃어버렸어요!』 (부산: 도서출판 지앤미, 2014), 102.
8 김정광 목사와의 인터뷰(2024년 1월 9일).

다음과 같다. 한국교회는 전 세계에 3,000명의 선교사를 파송했다. 그러나 한국교회의 세계 선교는 원주민/현지인 선교를 효과적으로 하는 경우가 많지 않다. 어느 정도 현지인 선교가 가능한 나라가 동남아 일부 국가(중국과 북한은 선교를 공개적으로 할 수 없는 나라)이고, 베트남, 라오스, 캄보디아, 미얀마가 가장 좋은 선교 대상 국가이다. 인간의 계획이 아니라 새롭게 열리는 미얀마 선교가 먼 훗날 한국교회의 빛나는 해외 선교의 열매가 될 줄 믿는다.[9]

부산국제선교회는 1999년 9월에 미얀마기독교신학교에 지원금 2,300만 원을 전달했다. 미얀마기독교신학교의 옥만팅 교수가 부산진교회 후원으로 한국에 유학을 왔다가 학업을 마치고, 디콘라 교수는 부산노회 여전도회연합회의 후원으로 유학을 마치고 귀국했다. 옥만팅 교수는 "불교의 두카(Dukkha, 苦)의 개념과 미얀마 크리스천의 고난과의 상관성에 대한 연구"라는 제목의 글을 「부산국제선교회의 밤 보고서」에 실었다. 옥만팅 교수는 예수의 고난이 미얀마인들의 고난을 해결할 수 있는 열쇠라고 보았다. 그는 예수의 고난에 근거한 신학은 내적 변화의 신학으로, 사람의 마음을 평화스럽게 만듦으로써 사회의 평화를 구축하는 것이다. 그리고 내적 변화의 신학은 평화의 왕국을 세우기 위한 하나님의 방법이다. 따라서 내적 변화의 신학은 두카(Dukkha) 사회로부터 행복(Thukha) 사회로 만드는 열쇠이다.[10] 부산국제선교회는 미얀마기독교신학교의 운영비를 일부 지원했고, 2명의 교수 유학비용을 지원했다. 김해교회가 개척교회를 설립했다.[11]

1997년 리앙망 진자 목사가 부산국제선교회와 회원 교회들을 방문했다. 부산국제선교회는 미얀마 방문단이 1998년 미얀마기독교신학교와 개척교회들을 방문하고, 미얀마에서 현지인 신학생을 교육하여 교회를 개척하는 것이 가장 효과적인 선교라고 판단했다. 그러나 이런 판단은 미얀마 교회에 대한 이해를 비롯해서 전체 신학교 교육 현황 등을 파악할 때 비로소 효과적인 선교 여부를 알 수 있을 것이고, 긍정적으로 판단되어 이를 실행할 때 미얀마 교회를 강화할 수 있을 것이다.

---

9 회장 김정광 목사, "미얀마 선교 탐방 보고," 「제16회 부산국제선교회의 밤 선교보고서」 (1998년 12월 3일).
10 옥만팅 교수(미얀마 신학교, 유학생), "불교의 Dukkha의 개념과 미얀마 크리스천의 고난과의 상관성에 대한 연구," 「제18회 국제선교회의 밤 선교보고서」 (2000년 12월 7일).
11 "미얀마 선교," 「제18회 국제선교회의 밤 선교보고서」 (2000년 12월 7일).

3. 미얀마기독교신학교 중심의 선교(2001~2008)
: 미얀마기독교신학교 지원과 교회 개척 지원

1) 2001년: 방문단이 미얀마기독교신학교 방문, 신학교 부지 계약 및 일부 송금

새천년기념교회로 김해교회가 세운 세피타교회 헌당 예배에 김해교회 15명과 초읍교회 1명의 성도가 2001년 1월 8일부터 13일까지 미얀마를 방문했다. 세피타교회는 담임목사, 부교역자 2명, 교사 2명의 사역자가 있고, 김해교회로부터 교회의 운영비와 시설비를 받으며, 어린이집을 운영할 계획이 있다. 그러나 현지 사정으로 방문단 모두가 교회를 방문하지는 못했다. 일부 방문단이 미얀마기독교신학교에서 예배드리고 컴퓨터를 기증했다. 미얀마기독교신학교의 신학생은 약 60명이다. 신학교는 책 600권을 복사하는 비용 500달러를 지원해줄 것을 요청했다. 미얀마기독교신학교의 교장 리앙망 진자 목사는 건축비는 미국의 선교회(International Engineering Ministries)가 약속했으니, 부지 구입비 10만 달러(1억 3천만 원) 중 본인이 30%를 모금하고, 한국교회가 70%를 지원할 것을 요청했다(본인 30%, 3,900만 원 부담). 부산국제선교회가 다 감당할 수 없다고 하자 리앙망 교장은 자신을 한국에 초청만 해주면, 본인이 직접 한국교회로부터 모금하겠다면서 부산국제선교회가 초청해 줄 것을 요청했다.[12]

김은선 권사를 비롯한 방문단이 2001년 3월 5일부터 10일까지 미얀마기독교신학교의 부지 구입과 관련하여 미얀마를 방문했다. 신학교 부지를 방문하니 땅 주인이 3,600평을 나눠서 팔지 않고 한꺼번에 팔겠다고 하는데 비용은 1억 3천만 원이다. 너무 큰 금액이라 고민이 되자 김정광 목사는 100달러씩 헌금할 1,000명을 모으면 되겠다고 말했다. 방문단이 신학교를 가니 신학생 60명이 환영을 했다. 신학생은 한 달에 6달러로 기숙사 비용과 식대를 해결한다. 방문단이 가져간 볼펜, 치약, 비누, 사탕 등을 신학생에게 나눴다. 그런데 미얀마기독교신학교는 불교 3대 성지 중 한 곳에 자리를 잡고 있다. 이는 일반적으로는

---

12 총무 조의환 목사, "미얀마 선교보고," 「제202회 월례회 및 정기총회 보고서」(2001년 2월 1일).

상상하기 어려운 일이다. 지난 20년 동안 군부독재로 대학은 8년 전부터 휴학을 했고, 오직 의과대학과 신학교만 공부가 가능했다. 미얀마기독교신학교는 신학생 60명 모집에 180명이 지원했다. 이번 졸업생은 5명이었다. 부산성동교회가 지원하기로 한 하일타이아교회와 베네공교회는 작지만(교인 60명), 어린이집과 교회학교를 잘 운영하고 있었다. 중국 교회는 교회학교가 없는 데 반해서, 미얀마 교회는 어린이집을 운영함으로써 학부모인 젊은 여성들에게 선교가 잘 된다고 한다. 세포칸교회는 부산여전도회연합회가 건축한 교회로, 크게 잘 지었으나 가구가 없고 긴 의자만 8개가 있다. 교인이 180명이기에 긴 의자 10개(개당 8,000원)를 더 필요로 한다. 주일헌금은 4달러 정도 나온다. 한국교회에서 배운 새벽기도회와 심방을 열심히 하고 금요 금식기도도 시작했다.[13]

리앙망 진자 교장은 동역자들로부터 주변의 고아를 돌볼 책임을 감당해야 한다는 요청을 받고 함께 금식하며 기도했다. 하나님께서 페이스 샌드 여사(Mrs. Faith)와 비카바자 여사(Mrs. Vicavaja)를 보내주시고 후원하게 하셔서 2001년 5월 26일에 보육원을 설립했다. 보육원 이름이 처음에는 고아발전신앙센터(Faith Orphanage Development Centre)였다가 나중에 어린이발전신앙센터(Faith Children Development Centre)로 이름을 바꿨다. 교회당, 식당, 남자 기숙사, 여자 기숙사 등으로 구성된 어린이발전신앙센터에는 36명의 어린이가 살고 있으며, 국내외로부터 오는 후원으로 운영되고 있다.[14]

미얀마기독교신학교는 개강했다. 미얀마기독교신학교는 100명의 신학생과 교수 20명(6명의 전임 교수와 14명의 파트 타임 교수)으로 구성되었다. 양곤 지역 교회가 27개로 증가했고, 어린이집이 2개로 증가했다. 미얀마 선교센터로부터 30마일 떨어진 곳에 보육원을 설립하여 12명의 어린이를 받아 운영하고 있다. 양곤 한국 영사관은 리앙망 목사가 신청한 비자를 거부했기 때문에 리앙망 목사는 8월 17일 이후에야 비자 재신청이 가능하다. 그래서 부산국제선교회가 리앙망 목사를 초청하는 날짜를 8월로 변경했다. 미얀마기독교신학교가 옥민탕 교수에게 5과목을 배정했기 때문에 그가 속히 귀국해야 신대원 과정에 문제가

---

13 김은선 권사(성동교회), "미얀마 선교지 방문기,"「제204회 월례회 보고서」(2001년 4월 5일).
14 "Myanmar Christian Seminary(2008~2009),"「제26회 부산국제선교의 밤 선교보고서」(2008년 12월 4일).

생기지 않을 것이다. 디콘라 교수는 이미 강의를 시작했다. 신학교 부지 구입을 땅 주인과 12월 31일 이전에 계약하기로 했다. 부산국제선교회는 1만 달러를 계약금으로 송금했다. 부산국제선교회는 연말까지 9만 달러를 미얀마에 송금해야 한다. 믿음 안에서 이뤄질 것이다.[15] 신학교 부지 구입을 위해서 양곡교회 지용수 목사와 교인 10명이 11월에 미얀마기독교신학교를 방문할 예정이다.[16] 그런데 미얀마 선교보고서가 양곤 지역 29개 교회와 라키네 지역 7개 교회별 세례, 미세례자, 예배 참석자 수, 구역예배, 교회학교, 전도 등 숫자로만 기록되어 제대로 형편을 알 수 없다.

2) 2002년: 미얀마기독교신학교 부지 구입비 지원, 신학교 두 교수의 한국 유학 지원

미얀마 선교는 금년이 획기적인 해이다. 지난 6년 동안 많은 기도와 헌금과 현지 방문 그리고 리앙망 진자 신학교 교장의 한국 방문과 옥민탕 교수와 디콘라 교수의 한국에서의 신학 연수를 통하여 현지에서 신학 교육과 선교 활동에 도움을 주었으며, 김해교회와 부산노회 여전도회연합회가 현지에 개척교회를 각각 한 곳씩 설립하여 돕고 있다. 함해노회 여전회연합회가 베네공교회, 힐타일라교회 두 곳을 지원하며, 부산국제선교회는 매월 1,000달러씩 후원하고 있다. 특히 2002년 5월에 리앙망 교장이 한국을 방문하여 신학교 부지 매입 대금을 모금했다. 초읍교회, 창원양곡교회, 울산 이상철 집사가 신학교 부지 매입을 위해 각각 1만 달러, 2만 달러를 헌금했다. 마침내 미얀마기독교신학교는 6월에 대지 6천 평을 8만 달러에 매입하였다. 이 일은 미얀마 기독교 현대사에 길이 남을 역사적인 일이며, 한국교회의 세계 선교에 많지 않은 아름다운 업적이다. 그러나 아직도 3만 달러가 미지불 상태에 있다. 부산국제선교회가 최소한 1만 달러(약 1,200만 원)정도는 헌금해야 할 형편이다. 부지 구입을 위한 잔금 날은 2003년 1월 말이다. 미얀마는 영국 통치를 받아서

---

15 「미얀마 선교통신」 (2001년 6월 25일).
16 「미얀마 선교통신」 (2001년 9월 17일).

모든 사회 관습이 그 영향을 받아 계약 기간을 어기면 큰 어려움을 당하게 된다. 한편 옥민탕 목사(부산진교회에서 학비 지원)는 내년 2월부터 리앙망 목사와 함께 일하게 되었으며, 버마족 선교를 위해 기술 센터를 설립하기 위해 열쇠고리를 만들어 한국의 여러 교회에서 많은 도움을 요청할 것이며, 부산국제선교회도 약간의 도움을 줄 수 있을 것이다. 내년 2월 초에 부산노회 세계선교부와 경북 문경 성동교회(최호득 목사)가 미얀마를 방문하며, 개척교회도 건축 중에 있다. 미얀마를 위해 많은 후원을 요청한다.[17]

3) 2003년: 미얀마기독교신학교 부지 7,500평 기증 및 교회 개척 사역, 교장 리앙망 목사 박사과정 시작, 서울과 해외 미얀마 성도들이 건축비 일부 헌금

2003년 2월 말에 이상철 집사, 초읍교회, 부산국제선교회, 김용철 장로, 김은선 권사, 김정광 목사 외 다수 회원이 헌금하여 미얀마기독교신학교에 부지 7,500평을 기증했다. 문경 동성교회(최호득 목사)가 양곤에 하인따야교회를 개척하는데 1,000달러를 헌금했다. 대전 영락교회가 네 교회의 개척 기금 20,000달러를 기증했다. 부산진교회가 두 교회 개척 기금 10,000달러를 기증했다. 서울과 해외에 나가 있는 미얀마 성도 일동이 기숙사 및 교사 건축비 57,000달러를 기증했고, 30,000달러를 추가로 헌금할 것을 약정했다. 미얀마 기독교신학교 교장 리앙망 진자 목사가 장로회신학대학교에서 박사과정을 시작하여 한 학기를 마치고 2003년 11월 29일에 귀국했다. 2004년 2월 말 다시 한국에 가서 공부할 예정이다.[18]

4) 2004년: 미얀마기독교신학교 가건물을 새 건물로 완공 및 교회 개척 사역

금년은 부산국제선교회가 미얀마 선교를 시작한 지 8년이 되는 해로 커다란 결실을

---

17 총무 조의환 목사, "미얀마 선교보고," 「제20회 국제선교의 밤 선교보고서」 (2002년 12월 12일).
18 "미얀마 선교 현황 보고," 「제21회 부산국제선교회의 밤 선교보고서」 (2003년 12월 4일).

거둔 해가 되었다. 2004년 2월에 시작된 신학교 본관 건축은 8월 말 현재 80% 공정이 완료되었다. 대나무와 야자수 잎으로 만든 2층 가건물(200평)이 새 건물이 된 것은 부산국제선교회가 미얀마 선교 8년의 열매와 같은 상징적 사업이다. 이를 위해 협력한 모든 회원 교회와 회원들께 감사한다. 건축에 헌금한 교회와 회원은 부산국제선교회, 감전교회, 초읍교회, 부산진교회, 롯데백화점 기독신우회, 덕천교회, 모라교회, 영도 금성교회(교회신축), 문경동성교회(개척교회), 강국만, 박경애, 이상철(울산), 박홍규, 김은선, 김용철, 김정광, 한윤숙, 문영생, 오산, 울산한마음교회 등이다. 아직 20%의 건축 공정이 남아 있어 약 28,000달러가 부족하여 기도와 헌금이 요청된다. 미얀마 신학교 교장 리앙망 목사는 장신대의 박사과정 중 학기를 마치고 2004년 12월 3일에 귀국했다. 미얀마기독교신학교의 건물 헌당 예배 날짜는 2005년 2월 18~19일 예정이다. 미얀마에 영도금성교회가 후원하여 북 다곤 제4교회당을 건축했다. 부산진교회 후원으로 파다미야(Padamiar)교회당을 건축했다. 신광교회가 후원하여 한 교회당을 건축하였다. 미얀마에서 교회당 1곳 건축 비용은 600만 원이고, 교역자 생활비 보조는 5만 원 정도이며, 신학생 한 명 한 달 생활비는 15,000원이다. 리앙망 목사가 장로회신학대학교에서 박사 학위 과정으로 공부할 때 주일에 봉사하던 교회가 200만 원을, 창원 양곡교회가 200만 원을 장로회신학대학교에 헌금했다.[19]

5) 2005년: 미얀마기독교신학교 본관 건축 및 헌당 예배, 교회 개척 지원, 목회자 생활비 보조

2005년 2월 18일 미얀마신학교 본관을 건축하고 헌당 예배를 드림으로써 부산국제선교회가 8년 동안 미얀마 선교를 위해 협력하던 중 미얀마 현대 교회사에 남을만한 신학교가 되었다(부지 8,000평, 건평 200평). 현재 미얀마기독교신학교 산하에 있는 45개 교회 중 부산국제선교회 회원 교회들과 한국교회의 지원으로 세워진 교회는 열한 교회이며, 새장승포 교회를 비롯한 여러 교회와 단체들이 목회자의 생활비를 보조하고 있다. 성동교회가 후원

---

19 부산국제선교회 파송 선교사 김정광 목사, "미얀마 선교 보고," 「제22회 부산국제선교회의 밤 선교보고서」 (2004년 12월 2일).

하여 인사인(Insain) 교회당을 건축 중인데 금년 12월이나 내년 1월 중에 건축을 완료하고, 2006년 2월 중 헌당할 예정이다. 교장 리앙망 목사는 장로회신학대학교에서 박사과정을 마치고 12월 5일에 귀국하여 2006년 3월에 신학박사(장로회신학대학) 학위를 수여 받을 예정이다. 3년 동안 장로회신학대학교에서 유학하는 동안 이상철 집사를 비롯한 많은 성도 가 지원했다. 신광교회가 다곤 제1교회당 건축을 후원했고, 부산 성동교회가 베네공 인세 인교회당 건축을 후원했다. 미얀마기독교신학교 교장 리앙망 목사의 부인 다 투웨이 사모 가 한국을 방문할 때 요요치과 박홍규 원장(초읍교회 장로)이 사모를 무료로 치료하고, 선교 헌금 100만 원을 후원했다. 미얀마는 민주화 과정에서 군부독재 정권으로부터 교회들이 핍박받고 있으며, 경제는 날로 어려움을 겪고 있다. 신학교의 산하에 있는 45개 교회의 생활비가 부족하여 회원 교회에 지원(한 교회당 7만 원 정도)을 요청한다.[20]

6) 2006년: 미얀마기독교신학교 졸업생이 개척한 교회와 목회자 지원

부산국제선교회가 지난 10년 동안 미얀마기독교신학교를 지원하여 부지 8,000평을 구입하여 본관 건물을 건축하였고, 졸업생 120명 중 20명이 개척교회에서 목회하고 있다. 미얀마에 50개 신학교와 초중학교 중 미얀마기독교신학교가 급속히 성장하여 두 번째로 많은 신학생과 가장 넓은 운동장을 가진 신학교와 교단(?)이 되었다.[21] 미얀마기독교신학교 소속 46개 교회 중 17개 교회의 교회당을 부산국제선교회와 회원 교회들이 건축을 지원했 다. 미얀마기독교신학교를 졸업하고 목회하는 목회자와 교회를 매월 후원하는 교회가 8개 교회이다. 부산국제선교회는 신학교의 운영비를 지원하고, 교수 3명의 유학을 지원했 다. 회원 교회 중 세 교회가 미얀마 선교지를 비전 트립으로 방문했다.[22] 미얀마기독교신학 교는 신축한 교회당에서 예배를 드리고, 지역주민을 섬기며, 신학생들이 고아 30명과 지역 어린이들에게 초등학교 과정을 교회당에서 가르침으로써 지역주민의 호응을 얻고 있다.

---

20 "미얀마 선교 보고," 「제23회 부산국제선교회의 밤 선교보고서」 (2005년 12월 1일).
21 이러한 부산국제선교회의 주장은 미얀마 전체 신학교의 상황을 모르기 때문에 확인하기 어렵다.
22 "미얀마 선교 10년 성과 보고," 「제24회 부산국제선교회의 밤 선교보고서」 (2006년 12월).

해마다 1,200명을 새로 전도하여 세례와 교육을 시행하여 세례교인이 모두 7,000명에 이르렀다. 미얀마 NCC에 회원으로 가입할 예정이다. 부산국제선교회와 회원 교회들이 미얀마의 17개 교회당을 건축하고 지원하고 있지만, 목회자 생활비 보조(월 5만 원), 교수와 학생 보조, 교회당 건축이 요청된다.[23]

7) 2007년: 제13회 미얀마기독교신학교의 졸업식에 부산국제선교회 임원과 회원 참여

2007년 2월 11일에 열린 제13회 미얀마기독교신학교의 졸업식에 김정광 목사, 박홍규 장로, 엄애향, 전정희 성도가 참석하였다. 박홍규 장로가 500달러를 헌금하여 졸업생 전원에게 선물을 줬다. 지난 11년 동안 부산국제선교회가 미얀마에 건축한 교회당이 20개 교회이며, 초읍교회가 10년 전에 세운 르카인 지역의 안(ANN)교회는 교인이 초기 50명에서 현재는 500명으로 크게 부흥했고, 주변에 6개 교회를 개척했다. 이상철 집사(울산 모리아상사)가 지원하여 교회당을 건축한 두 교회에 자전거 1대씩(대당 10만 원)을 기증했다. 지난 3월 미국기독실업인회가 미얀마기독교신학교 부지 안에 35명 수용 가능한 보육원을 건축하여 기증했다. 미얀마기독교신학교와 리앙망 목사가 주도하는 미얀마기독교선교회 산하 55개 교회가 지난 1년간 1,709명을 개종시켜 대부분 세례교인이 되었다. 해마다 1,200명 정도의 새로운 개종자를 배출했다. 미얀마기독교선교회의 성도는 8,000명이 되고 미얀마 개신교단 중 두 번째로 큰 교단(?)이 되었다.[24] 리앙망 목사가 당뇨 질환으로 수개월 고생하던 중 부산국제선교회와 수많은 성도의 기도로 지난 10월에는 완치 단계에 이르렀다. 미얀마기독교신학교가 6월에 신학기 개강 이후 140명의 신학생과 교수 20명, 고아 35명이 아름다운 마음의 공동체를 이루어 산하 55개 교회 8,000명 성도가 버마족 선교를 위해 노력하고 있다. 미얀마의 정세 불안으로 한동안 어려움이 있었으나 지금은 다시 일상을

---

23 부산국제선교회 선교사 김정광 목사, "미얀마 선교 보고," 「제24회 국제선교회의 밤 선교보고서」 (2006년 12월).
24 부산국제선교회의 이런 주장은 미얀마 교단 전체 상황을 모르기 때문에 확인하기 어렵다.

회복했으며, 교회와 선교는 별 어려움이 없다. 해마다 국민소득이 내려가는(현재 약 250달러) 유일한 나라이며, 종교 핍박 지수는 세계 9위이다. 변함없는 기도와 후원을 요청한다.[25]

8) 2008년: 사이클론 나르기스 피해 복구 지원, 미얀마기독교신학교 현황

부산국제선교회가 2005년에 미얀마기독교신학교의 부지 구입을 위해 1억 원을 지원하고, 신학교 본관 건축을 위해 8천만 원을 지원했다. 미얀마기독교신학교는 졸업생을 250명 배출하고, 재학생은 150명이고, 산하에 100여 개 교회, 9,000명 성도를 지닌 교단으로 미얀마에 등록된 신학교 중 두 번째로(?) 큰 신학교이다. 부산국제선교회는 매년 미얀마기독교신학교에 1,000만 원을 지원하고 있다. 금년 한해 동안 미얀마기독교신학교 산하에 15개 교회와 645명의 성도가 증가했다. 미얀마기독교신학교 리양망 진자 교장의 당뇨 치료를 위해 박홍규 장로가 항공료를 지원했고, 새힘정형외과가 치료를 전담했고, 초읍교회, 금성교회, 이상철 집사, 동신교회가 체제비 등을 후원했다. 지난 5월에는 미얀마의 남부를 초토화시킨 사이클론 나르기스로 인한 피해 복구를 위해 김해교회, 사랑의교회, 구포교회, 부산성동교회, 금성교회, 동신교회, 정봉익 장로, 이상철 집사가 1만 달러를 헌금했다. 미얀마기독교신학교 제4회 졸업식에 참석하여 졸업생에게 탁혜경 목사, 김정녀 집사, 이상철 집사, 김병호 목사(금성)와 성도들이 선물을 줬다. 김정녀 집사와 금성교회 성도들이 보육원을 후원했다. 오산교회 소년부 어린이들이 미얀마기독교신학교와 태풍 피해 지역 교회에 옷과 학용품(200만 원 상당)을 보냈다. 김선미 집사가 많은 옷을 기증했다.[26]

2002년 부산국제선교회가 흐타우트얀트(Htaukkyant)와 흐마우비(Hmawbi) 사이의 경계 지역 대지 8에이커를 미얀마기독교신학교에게 기증하고 본관과 두 개 교수실 건축비를 지원했다. 갈보리교회가 신학교 교회당을 건축했다. 매년 신입생 40명이 입학하고,

---

25 부산국제선교회 파송 선교사 김정광 목사, "미얀마 선교 현황 보고," 「제25회 부산국제선교회의 밤 선교보고서」 (2007년 12월 6일).

26 부산국제선교회 파송 선교사 김정광 목사, "미얀마 선교 보고," 「제26회 부산국제선교의 밤 선교보고서」(2008년 12월 4일).

28명의 학생이 졸업한다. 2008년 현재 143명의 재학생이 있고, 34명의 학생은 계속교육을 받고 있다. 금년에는 지원자 중 16명이 불합격하고, 정규 과정과 계속교육 과정에 총 54명이 합격했다. 2008~2009학년도 재학생 148명 중 5명이 자퇴하여 현재는 143명이 공부하고 있다. 미얀마기독교신학교의 교수진으로는 전임 교수가 11명이고, 시간강사가 8명이고, 행정 직원이 5명이다. 전임 교수의 학력은 신학 박사 1명, 목회학 박사 1명, 석사 4명(신학 3명, 도서관 1명), 신대원(M.Div.) 4명이다. 시간강사의 학위는 신학 박사 1명, 목회학 박사 1명, 신학 석사 2명, 신대원 1명, 경영학 석사 1명, 음악가 2명이다. 미얀마기독교신학교 공동체는 여학생 기숙사 건축을 위해 3년 전부터 기도해 왔다. 금년 4월 여학생 기숙사의 기초 공사를 했는데 5월의 사이클론 나르기스가 여학생 기숙사를 심하게 훼손했다. 현재 여학생들은 도서관 옆 공부방에서 임시 거주하고 있다.

미얀마기독교선교회의 사역자는 본부에 10명, 미얀마기독교신학교에 12명, 선교지에 106명, 어린이발전신앙센터(양곤)에 3명, 선교초등학교(라키네)에 6명, 기숙사(라키네)에 1명, 유치원(양곤)에 4명 등 총 142명이다. 미얀마기독교선교회의 선교지는 8개 지역으로 양곤에 7개, 라키네 주에 1개가 있다. 8개 선교 지역에 교회는 총 93개가 있고, 목회자는 106명이다. 2008년 11월 현재 미얀마기독교선교회에 속한 세례자가 3,325명이고, 세례를 받지 않은 교인이 2,311명으로 총 5,636명이 등록 교인이다. 주일 평균 예배 출석 인원은 2,279명이고, 주일학교는 106개 교회에서 1,093명이 출석하고 있다. 지난 11개월 동안 미얀마기독교 선교회에 속한 교인들의 복음 전도 횟수는 14,924회이고, 응답자가 6,302명이고, 회심자는 1,485명이고, 세례자는 581명이다.[27]

9) 미얀마기독교신학교 중심 선교의 특징과 과제

부산국제선교회의 미얀마기독교신학교 중심의 선교의 특징은 신학생 교육을 지원하여 교회를 개척하는 것이 효과적인 선교 방법이라는 결정에 따라 미얀마기독교신학교의

---

27 "Myanmar Christian Mission, The eleven months report(2008. 1.~11.)," 「제27회 부산국제선교회의 밤 선교보고서」(2009년 12월 3일).

부지(8,000평, 1억 원 지원)를 구입하고 본관을 건축하고(건평 200평, 8천만 원 지원), 2층 가건물을 새 건물로 건축하는 것을 지원하는 등 미얀마기독교신학교를 전적으로 지원했다. 부산국제선교회는 미얀마기독교신학교의 부지 매입을 한 2002년을 "미얀마 기독교 현대사에 길이 남을 역사적인 일"을 한 해로, "한국교회의 세계 선교에 많지 않은 아름다운 업적"을 이룬 해로 스스로 평가했다. 부산국제선교회는 미얀마기독교신학교의 2층 가건물을 새 건물로 완공한 2004년을 "미얀마 8년 선교에서 커다란 결실을 거둔 해"라고 평가했다. 2005년 미얀마기독교신학교의 본관 헌당 예배를 참석한 부산국제선교회 임원은 "미얀마 현대 교회사에 남을만한 신학교"라고 평가했다. 부산국제선교회는 2006년 미얀마기독교신학교를 신학생이 두 번째로 많은 신학교(?)이고, 가장 넓은 운동장을 가진 신학교와 교단(?)이 되었다고 했다. 미얀마기독교신학교의 본관 건축에는 미얀마와 한국의 미얀마 성도들의 헌금 57,000달러가 포함되었다. 이는 다른 선교지에서 보기 드문 귀한 일이었다.

둘째, 부산국제선교회는 미얀마기독교신학교의 졸업생들이 개척하는 교회당 건축을 지원했다. 부산국제선교회는 미얀마 선교 11년 동안 회원 교회들이 미얀마기독교신학교의 졸업생들이 개척하는 교회의 교회당 20개를 건축하도록 지원했다. 부산국제선교회는 교회당 건축에 그치지 않고 목회자들의 생활비나 교회를 지원함으로써 미얀마 교회의 성장에 기여하고자 했다. 셋째, 미얀마기독교신학교의 교수진의 한국 신학교 유학을 지원함으로써 미얀마기독교신학교의 교수진의 역량을 강화시켰다. 부산국제선교회는 미얀마기독교신학교의 교수 3명을 한국의 신학교에 유학하고 마치기까지 유학비와 생활비를 지원했다. 이렇게 유학을 마친 교수들은 미얀마기독교신학교로 복귀하여 신학 교육에 매진했다. 이렇게 하여 부산국제선교회는 미얀마기독교신학교의 교수진의 역량 강화에 기여했다. 넷째, 부산국제선교회는 이런 다양한 지원을 통해 미얀마기독교신학교의 발전에 기여했다. 2001년 미얀마기독교신학교는 신학생 100명, 교수 20명(전임 6명, 시간강사 14명)이었는데 2008년에는 신학생이 143명, 교수는 19명(전임 11명, 시간강사 8명), 직원 5명으로 증가했다. 다섯째, 부산국제선교회는 미얀마기독교신학교를 지원함으로써 미얀마기독교선교회/교단(?)이 성장하는 데 기여했다. 미얀마기독교신학교의 졸업생이 지속적으로 60개의 교회를 개척하고, 40여 개의 가정교회를 세움으로써 성장하는 교회가 되었다.

2008년 현재 세례교인이 9,000명으로 미얀마 개신교 중 두 번째로 큰 교단(?)으로 성장했다.

부산국제선교회는 신학생 교육을 통한 교회 개척이 효과적인 선교라고 판단했기 때문에 미얀마기독교신학교의 부지 구입에 적극적이었다. 신학교 부지 구입비 10만 달러 중 계약금 1만 달러를 제외한 9만 달러를 6개월 내 모금이 가능한 지에 대한 판단 없이 믿음으로 가능하다고 확신했다. 그러나 미얀마기독교신학교가 그런 선교 방식을 적용하기에 적절한 신학교인지에 대한 판단은 없었다.

부산국제선교회는 2002년 미얀마기독교신학교의 부지 구입을 위해 이미 8만 달러를 모금하여 송금했고, 3만 달러를 더 모금해야 했다. 부산국제선교회가 이렇게 많은 액수의 모금을 하는 경우는 1990년 비엔나한인교회당 구입 때와 유사하다. 비엔나한인교회당 구입 건으로부터 교훈을 받지 못한 것은 비엔나한인교회당 구입에 대한 사후 평가가 없었기 때문이다. 부산국제선교회는 신학교 부지 구입이 한국교회의 세계 선교에 아름다운 업적으로, 역사에 길이 남을 역사적인 일이라고 자평했다. 이런 평가는 신학생을 교육하여 교회를 개척하는 선교 방법의 관점에서 이뤄진 평가이다. 그렇지만 친족 중심의 신학교에 대한 평가는 미얀마 교회 전체에서 친족 중심 신학교가 차지하는 위치를 이해한 후에야 올바른 평가가 가능하다. 친족 신학교가 미얀마 선교에서 차지할 비중에 대한 평가가 전제되어야 전체적인 평가가 가능할 것이다.

부산국제선교회는 미얀마기독교신학교 부지 6천 평을 2002년 6월 8만 달러에 구입하고, 3만 달러를 잔금으로 남겨두었다. 그런데 부산국제선교회는 2003년 2월에 미얀마기독교신학교에 7,500평을 기증했다. 리앙망 교장은 박사 학위 과정을 장로회신학대학교에서 2003년 9월 학기에 시작하여 2006년 2월 박사 학위를 받았다. 2004년 부산국제선교회는 미얀마 선교 8년의 결실이 신학교 건물의 리모델링으로, 이는 부산국제선교회의 상징적 사업이라고 했다. 이는 부산국제선교회의 선교 목적이 교회당 건축, 신학교 건물 완공에 있음을 보여준다고 하겠다. 부산국제선교회는 2005년 미얀마기독교신학교의 부지 구입을 위해 1억 원을 헌금했고, 본관 건축 완공을 위해 8천만 원을 헌금했는데 이것을 현대 미얀마 교회사에 남을 만하다고 평가했다. 그런데 신학교에 대한 평가를 건축물이나 운동장 규모로 판단할 수 없다. 미얀마기독교신학교 졸업 후 졸업생들은 어떤 교단에서 안수를 받는지, 이를 통해 미얀마 현지 교단을 강화하는지, 아니면 교회분열을 초래했는지를 확인하는 것이 신학교 평가의 기준이 되어야 한다. 이처럼 미얀마기독교신학교에 대한 평가를 미얀마의 전체 신학교 속에서 하지 않은 것이 첫째 문제점이었다.

둘째, 한국 기독교의 세계 선교에 대한 평가는 신학교이든지 교회 개척이든지 현지 교회의 전체 맥락에서 평가하는 것이 필요하다. 즉, 미얀마 신학교 전체 구도 속에서 미얀마기독교신학교의 위치를 평가해야 하고, 미얀마기독교신학교 졸업생이 개척하는 교회들이 미얀마 전체 교회 안에서 어떤 위치를 차지하는가를 평가해야 한다. 미얀마기독교신학교는 친족 신학교이다. 미얀마 노동이민인구부가 2016년 발표한 2014년 통계에 의하면 총인구는 50,279,900명이고, 친족은 478,801명으로 총인구 중 0.95%에 해당한다. 기독교 인구는 3,172,479명이고, 친족 기독교인은 408,730명으로 전체 기독교인 중 12.8%에 해당한다. 그런데 친족의 기독교인 비율은 85.3%이다. 그러므로 친족 신학교로서 친족 졸업생들이 친족을 대상으로 선교하는 데에는 한계가 있다. 친족으로 다른 소수 부족 선교는 가능할 것이다.

셋째, 미얀마기독교신학교는 자립 의지와 대책이 부족했다. 부산국제선교회는 오랫동안 매월 100만 원 이상 미얀마기독교신학교를 지원했고, 한동안 지원금은 신학교 운영비의 절반에 해당하는 때도 있었다.[28] 그런 기간 동안 미얀마기독교신학교는 자립 대책을 마련하지 못하고 계속 외부 지원에만 의존하려 했다.

넷째, 민주화 과정에서 겪는 교회의 핍박과 시민들의 고통을 위해 기도하는가 여부가 신학교와 교회에 대한 평가 기준의 하나가 되어야 한다. 한국교회는 미얀마 현지에 교회를 개척하고, 개척한 교회를 지원하면 끝이라고 생각하는 경향이 있다. 우리는 3.1운동 당시 서구 선교사의 태도를 평가하는 관점에서 부산국제선교회가 지원하는 신학교와 개척교회들이 고난당하는 미얀마 시민들을 위해 기도하는가를 질문해야 한다. 부산국제선교회는 3.1운동 당시 서구 선교사와 같은 태도는 아닌지를 돌아보아야 한다. 부산국제선교회는 3.1운동에 참여했던 교회 지도자들과 교인들의 후손이기 때문이다.

---

28 김정광 목사 간증편, 『목사님, 여권 잃어버렸어요!』 (부산: 도서출판 지앤미, 2014), 103.

부산국제선교회는 2006년 미얀마기독교신학교의 교수 3명의 유학을 지원했다. 미얀마기독교신학교를 평가할 때 50개의 신학교와 초등학교와 중학교를 비교했다. 신학생 수가 많고 운동장이 넓으면 좋은 신학교라 할 수 있는지 의문이다. 미얀마기독교신학교는 미얀마기독교선교회라는 독립교단에 속하여 미얀마기독교교회협의회에 가입했다. 부산국제선교회의 미얀마 선교는 미얀마 성도 수를 두 번째로 큰 교단을 만든 것이 중요한 선교 결실이라고 생각한다. 그런데 이는 전체 신학교 상황을 고려해야만 판단할 수 있다. 그리고 미얀마 정세가 불안한데 교회와 신학교는 평안하다는 것은 무슨 의미인가? 정세가 불안해서 이웃이 고통을 받아도 교회와 신학교만 평안하면 된다고 생각하는가? 이것이 기독교의 복음인가? 민주화도 이루고 경제성장도 이루면서 교회 성장을 이룬 한국교회가 종교 핍박 지수가 9위인 미얀마에서 교회만 핍박받지 않으면 되고, 이웃은 고통을 당해도

[사진 1] 미얀마기독교신학교 교수진과 학생(2008~2009)

[사진 2] 미얀마기독교신학교의 도서관

[사진 3] 미얀마기독교신학교(2008~2009)

상관없다고 보는 것이 바람직한지 성찰해 보아야 한다.

4. 미얀마 선교의 전환기(2009~2013)
: 곽현섭 선교사 파송, 신학교 사역의 변화

1) 2009년: 미얀마신학교 사역, 곽현섭 선교사와 선교 협력, 시범농장 사업, 양계 사역

미얀마기독교신학교 제15회 졸업식이 2009년 2월 13일에 열려 37명이 졸업했다. 그동안 총 350명이 졸업했고, 졸업생 중 135명이 목사 안수를 받고 목회하는 중이다. 부산국제선교회에서는 김정광 목사, 한영수 목사, 정봉익 장로, 우희상 집사가 졸업식에 참석했다. 정봉익 장로와 우희상 집사가 북 다곤 제3교회의 부지 구입을 위해 700달러를 헌금했다. 졸업식에 참석하기 전날 수요예배에서 김정광 목사를 비롯한 방문단이 곽현섭·엄성화 선교사를 만났다. 곽현섭 선교사는 양계 기술을 지닌 전문인 선교사로 양계 기술과 양계환경이 적합한 미얀마에서 사역하고자 했다. 그러나 곽현섭 선교사는 미얀마에서 비자 갱신이 되지 않자, 태국에서 선교하던 미국 선교사의 요청으로 2주일 후 태국으로 출국할 계획이었다. 졸업식에서는 방문단이 곽현섭 선교사에게 순서에 없는 특송을 부탁했더니 곽현섭 선교사는 경배와 찬양을 통해 청중의 마음을 사로잡았다. 이는 곽 선교사가 평택 지역에서 경배와 찬양 리더로 사역했기 때문이었다.[29]

부산국제선교회와 미얀마에서 병아리 사육과 경배와 찬양 사역을 하는 전문인 선교사인 곽현섭 선교사가 이렇게 2009년 3월에 미얀마기독교신학교에서 만나 선교 동역(곽현섭 선교사는 찬양, 큐티, 사도행전 선교 강의, 직업교육, 부인 엄성화 선교사는 한국어, 미용, 봉제 교육 담당)을 하기로 선교 협력을 맺었다. 구포교회(한영수 목사, 부산국제선교회 총무)가 곽현섭

---

29 앞의 책, 110.

선교사를 파송 선교사로 지원하기로 결정했다. 2009년 5월 곽현섭 선교사는 병아리 사육 및 현지 교회 지도자를 위한 시범농장 사업을 시작했다. 병아리 5,000수(30개 농촌 교회 지원) 구입비(4,450달러)를 위해 구포교회, 영도중앙교회, 김해교회가 각각 100만 원씩, 박홍규 장로, 울산 이상철 집사가 각각 150만 원씩, 남기철 장로가 50만 원을 헌금하였다. 곽현섭 선교사가 2009년 7월 11일부터 30일까지 부산국제선교회와 구포교회, 덕천교회, 김해교회, 영도중앙교회를 방문했다. 미얀마에서 경배와 찬양 활동에 필요한 장비 구입을 위해 부산국제선교회 회원 교회와 회원들이 헌금했다. 김은성 장로가 키보드를, 울산 이상철 집사가 노트북 컴퓨터를, 정봉익 장로가 자녀 장학금을, 김치삼 장로가 당뇨약과 기초 의약품을, 영도중앙교회가 프로젝터와 기타 3대를 기증했다.[30]

곽현섭 선교사는 한센인 부모에게서 1967년에 태어났다. 당시 가족은 미국인 선교사가 세운 한센인 시설에 살았다. 부친이 마을에서 유일하게 대학(충북 사대)을 졸업하고 영어 교사로 어린이들을 가르쳤다. 곽현섭 선교사는 피어선신학대학교에 진학하여 채플 시간에 한 선교사의 간증을 듣고 선교사를 하기로 결심했었다. 그러나 군 제대 후 결혼하여 인천과 평택에서 사업에 성공했다. 곽 선교사가 출석하던 송탄동성교회는 통합 교회로 안수집사로 봉사했다. 평택 지역에서 경배와 찬양집회를 인도했고, 찬양대회 금상을 받은 적도 있다. 그런데 곽 선교사는 미8군 부대 세일즈 파트너가 되어 웨딩 사업 초기에 오픈 멤버로 한 달 만에 사업이 흑자가 나서 매장을 세 군데로 확장할 만큼 성공했다.

그러다 곽 선교사는 경배와 찬양집회의 기도회 중 "선교사의 길을 가겠다고 하고서는 왜 이 길을 가느냐"는 주님의 음성을 듣고 큰 충격을 받았다. 기도실에서 한 대만 선교사로부터 선교 훈련의 길을 인도받았다. 하스데반 선교사로부터는 선교사의 비전에 대한 조언을 들었다. 엄성화 선교사는 인도네시아 비전 트립을 갔다가 선교의 소명을 받았다. 모든 사업을 정리하고, 6개월 동안 온누리교회가 주관하는 온누리 장기 선교사 훈련 9기를 졸업하고, 비즈니스 전문인 선교사 훈련 후 아버지학교, 예수제자학교를 비롯하여 가정 사역에 참여하는 등 1년 6개월의 훈련에 참여했다. 당시 자녀들은 초등학생이었다. 부모가 양계

---

30 부산국제선교회 파송 선교사 김정광 목사, "미얀마 선교현황 보고," 「제27회 부산국제선교회의 밤 선교보고서」 (2009년 12월 3일).

[사진 4~7] 2008년 미얀마기독교신학교의 졸업식

[사진 8~9] 2009년 곽현섭 선교사 양계장 사역 및 기타 사역

사업을 해서 양계를 전문으로 하는 전문인 선교사 훈련도 받았다. 서울에서 열린 선교세미나를 통해 곽 선교사 부부가 내적 치유가 되면서 은혜국제사역(Grace Ministries International, GMI)을 소개받았다. 곽 선교사 부부가 은혜국제사역에서 1년 동안 GMI 1기 훈련을 졸업했고, 선교에 대한 큰 그림의 60~70% 정도를 이해하게 되었다. 은혜국제사역의 요청에 따라 미얀마로 입국한 것이 2008년 3월이었다. 양계장을 만들다가 나르기스 사이클론을 맞아 큰 피해를 입었다. 의료 지원을 하기 위해서 미얀마에 입국한 그린닥터스가 곽현섭 선교사와 연계해서 의료활동과 구호를 펼치는 과정에서 군인들이 지키는 검문소를 기적적으로 통과하게 하시는 하나님의 역사를 체험했다. 1년이 지나면서 미얀마인 비자 브로커에게 사기를 당해 빚을 지게 되었다. 어느 미국 선교사가 태국에 정착하면서 곽현섭 선교사에게 태국으로 와서 동역하자고 제안하여 곽 선교사가 태국을 다녀오면서 이사할 집까지 계약했다. 양계장 5천 마리도 이양을 끝냈다. 태국을 다녀와서 피곤한 가운데 한인 교회 사모의 연락으로 곽 선교사 부부가 부산국제선교회 일행을 수요예배에서 만나게 되었다. 불과 3주 후에 태국으로 떠나려던 곽현섭 선교사를 미얀마에서 다시 사역하도록 구포교회 파송 선교사로, 부산국제선교회의 미얀마 선교사로 세우고자 했다. 구포교회는 곽현섭 선교사를 미얀마 선교사로 파송하는 주 파송 교회가 되었다. 곽현섭 선교사는 부산국제선교회의 파송 선교사가 되었고, 은혜국제사역(GMI)의 협력 선교사가 되었다. 이런 모든 절차와 과정은 한 달이 걸리지 않았다. 하나님께서 곽현섭 선교사 부부와 구포교회를 이처럼 속히 인도하심을 예상한 사람은 아무도 없었다.

　　미얀마기독교신학교의 졸업생들이 목회하는 60개 교회와 40여 가정교회는 2008년 사이클론 나르기스 이후 교회가 지역주민을 보호하고 수용하여, 지역주민들의 호응을 얻어 3,000명의 새신자가 등록하여 선교의 큰 결실을 맺었다. 북 다곤(N.Dagon) 제3교회의 대지 구입비(700달러)를 구포교회가 전액 지원했고, 새장승포교회가 북 다곤 제3교회의 건축비 7,000달러를 지원하여 12월 17일 준공할 예정이다. 새장승포교회가 북 다곤 제2교회, 금성교회가 북 다곤 제4교회, 부산성동교회가 베네공 인세인교회, 부산국제선교회와 초읍교회가 미얀마기독교신학교를 지원했다.[31]

　　2009년 9월 그린닥터스가 부산국제선교회에 미얀마에 병원을 함께 설립하여 운영할 것을 제안했다. 병원 명칭은 미얀마 그린닥터스 병원(MGD clinic)으로 2010년 1월 중 개원 예정으로 내과, 치과, 일반 가정의학과 진료를 위주(치과 장비는 그리닥터스에서 제공)로, 현지인 의사 2명과 그린닥터스 이신우 원장 등 직원 5명으로 구성하며, 미얀마기독교신학교 내 건물을 리모델링 하여 병원으로 사용하려 한다. 병원 운영의 주체는 미얀마기독교신학교와 곽현섭 선교사가 된다. 부산국제선교회는 미얀마에서의 선교 활동으로 의료선교 활동이 가장 적절하다고 판단하고, 그린닥터스와 함께 의료선교를 하는 것이 미얀마 선교의 새로운 계기가 될 것으로 생각하고, 미얀마 선교가 한 차원 도약하는 계기가 될 것으로 예상하여 이 제안을 수용했다. 병원설립 추진위원장을 신동작 목사로 하고, 위원으로는 김정광, 박희두, 정근, 조의환, 한영수, 김한규 등을 선정했다. 제16차 미얀마기독교신학교 졸업식과 미얀마 그린닥터스 병원 개원을 준비하기 위해 부산국제선교회 방문단(신동작, 전주찬, 김정광, 김은선, 이상철, 그린닥터스 박희두 원장 외 새장승포교회 민귀식 목사 외)이 2009년 12월 14일부터 19일까지 미얀마를 방문했다. 방문단은 12월 17일에는 북다곤 제3교회의 헌당식에 참석했고, 12월 18일에 졸업식에 참석했다.[32]

2) 2010년: 미얀마기독교신학교 사역, 은혜병원 개원, 곽현섭 선교사의 미얀마 선교의 비전과 전략

미얀마기독교신학교는 졸업생 29명을 배출하여 교회, 유치원, 보육원 등 선교 현장에서 사역하고 있으며, 신입생과 재학생 130명이 교수 18명과 함께 수업하고 있다. 부산국제선교회 파송 선교사인 곽현섭 선교사가 큐티, 성경 퀴즈 등으로 동역하며 신학교에 새로운 활기를 불어넣고 있다. 2010년 한 해 동안 부산국제선교회 회원 교회와 회원의 지원으로 미얀마기독교신학교를 졸업한 목회자들이 10개 교회를 개척했다. 거제관포교회(조용안

---

31 부산국제선교회 파송 선교사 김정광 목사, "미얀마 선교현황 보고," 「제27회 부산국제선교회의 밤 선교보고서」 (2009년 12월 3일).

32 부산국제선교회 파송 선교사 김정광 목사, "미얀마 선교현황 보고," 「제27회 부산국제선교회의 밤 선교보고서」 (2009년 12월 3일).

목사)가 남 다곤(S. Dagon) 제5교회 건축비 1,500만 원을 지원했고, 남 다곤 제8교회 건축비 1,500만 원을 지원했다. 광진교회(정명식 목사)가 타이키(Thaiky) 제1교회 건축비 1,500만 원을 지원했고, 대저중앙교회(성유한 목사)가 딴자욱빈교회 건축비 1,800만 원을 지원했고, 문경동성교회가 탈린(Thanlin)교회 건축비 1,000만 원을 지원했다.

곽현섭 선교사는 미얀마 기후에 맞은 양계 방법을 개발하여 병아리 5,000수를 미얀마기독교신학교의 시범 양계장에서 기르고 있고, 11월 말부터 무공해 유정란을 생산하기 시작했다. 양계 사역을 위해서 부산국제선교회의 회원 교회와 회원(영도중앙교회, 구포교회, 강국만, 박홍규, 이상철, 관포교회, 광진교회, 대저중앙교회, 정봉익, 김해교회, 김영래, 김정광, 노대교회)들이 헌금했다. 그동안 차량 없이 열악한 환경 속에서 2년간 현지인과 꼭 같이 생활하던 곽현섭 선교사에게 부산국제선교회 회원 교회와 회원들이 선교 차량으로 트럭(1.5톤, 미얀마에서 트럭이 버스 역할)을 기증했다. 선교 차량 구입(25,000달러)에 동참한 회원 교회와 회원은 구포교회(550만 원), 영도중앙교회(500만 원), 초읍교회(100만 원), 강국만(550만 원), 이상철(100만 원), 사직제일교회(100만 원), 대연제일교회(100만 원), 박홍규(100만 원), 박연제(100만 원), 김영래(100만 원), 남기철(100만 원), 대저중앙교회(300만 원), 광진교회(100만 원), 관포교회(100만 원), 김해교회(50만 원), 금곡성문교회(50만 원), 김정광(30만 원), 부산국제선교회(400만 원) 등이다.

미얀마는 학교에서 학생들에게 음악을 가르치지 않으나 2~3번 음악을 들으면 학생들은 악기로 연주하고 노래도 잘 부른다. 이처럼 학생들은 음악성이 뛰어나다. 그렇지만 그동안 신학교가 찬양을 지도하는 것이 부족했다. 경배와 찬양 인도자였던 곽현섭 선교사가 실무자로서 현지 청년들과 신학생 150명으로 구성된 경배와 찬양팀을 운영하고 있다. 곽 선교사는 경배와 찬양 실무자 양성, 직업훈련, 교회 헌신자 양성 등으로 교회와 신학교에 부흥운동을 일으켰다. 대학 졸업자가 4~6개월 동안 전문 분야의 교육을 수료하면 간호사, 약사, 유치원 교사가 될 수 있는 길이 있다. 현재 미용사, 운전, 재봉 교육과정을 29명이 수료하여 생활에 도움을 줄 뿐 아니라 이 교육과정을 통해 불교인이 개종하여 성도로 정착하여 전도에도 효과적임이 드러났다.

미얀마 주종족인 버마족 선교를 위한 선교센터(숙소, 경배와 찬양, 직업훈련 및 예배실)를 건립하기 위한 기도가 양곤국제공항 인근에 대지(약 850평) 구입비와 건축비를 모아 2010년 11월 1일 대지 구입 계약을 완료함으로써 응답을 받았다. 광진교회가 양곤센터 대지 구입 계약금 400만 원을 헌금했다. 양곤센터의 대지 구입 잔금과 센터 건립비용을 영도중앙교회가 교회 창립 60주년 비전센터 헌금 1억 5,000만 원으로 감당하기로 했다. 대저중앙교회가 교회당 건축을 위한 대지 구입비 1,000만 원을 헌금했다.

대한의사회와 부산국제선교회와 그린닥터스가 미얀마에 은혜병원을 2010년 5월 22일 미얀마기독교신학교 내에 개원했다. 미얀마기독교신학교 부지 안에 있는 건물을 리모델링하여 개원한 은혜병원은 의사 3명, 간호사와 직원 3명으로 구성되었다. 보건소 규모의 은혜병원은 매월 400~500명 환자를 진료할 예정이다. 진료비는 500원 이하로 책정하여 지역 주민들(15,000명)로부터 큰 환영을 받았다. 은혜병원 개원을 위해서 박희두 그린닥터스 이사장이 리모델링 공사비와 1년 운영비 15,000달러를 기증했다. 대한의사회가 개원 비용으로 5,000달러를 지원했고, 이신우 병원장이 전기공사비 4,000달러를 기증하고 매월 1,000달러를 헌금하기로 약속했다. 울산 그린닥터스가 5월에 현지에서 의료봉사를 했고, 발전기 구입비로 10,000달러를 기증했고, 브니엘 열린교회가 100만 원을 헌금했다.[33]

곽현섭 선교사는 선교 전략 보고서에서 선교센터의 비전과 전략을 제시했다. 곽현섭 선교사의 미얀마 선교 비전은 양곤 주에 주종족인 버마족을 위한 선교 베이스를 구축하는 것이다. 미얀마 선교 전략은 미얀마기독교신학교의 운영에 협조하고, 양곤선교센터가 경배와 찬양, 청년직업훈련, 스태프(스태프는 3개월 인턴 과정을 받으며 기독교 신앙과 세계관을 받아들인 사람을 가리킨다. 스태프로서 청년 직업훈련을 수료하고 자격증을 획득하고 실습을 하고 취업을 하며 신앙생활을 2년 한 뒤에 사역자로 선발된다)가 자립하여 3개 개척교회에서 사역하기, 인레호수에 비지니스 베이스를 구축하여 사역자를 훈련시키는 것이다. 6개월 동안 경배와 찬양, 자립 의지 훈련, 공동체 훈련을 거친 스태프 중 선발해서 헌금, 십일조, 유치원 수익금 등으로 마련한 경비로 미용사, 간호사, 약사, 유치원 교사 등 6개월 직업훈련을 실시하여 이들로 하여금 직업을 갖도록 하는 것이 미얀마 청년 직업훈련 과정이다. 특히

---

33 부산국제선교회 파송 선교사 김정광 목사, "미얀마 선교 보고," 「제28회 부산국제선교회의 밤 선교보고」 및 월례회 300회 기념 예배 (2010년 12월 2일).

미얀마 경배와찬양

곽현섭, 엄성화, 예린, 기현 선교사

미얀마의 크리스챤 청년들이
찬양 집회를 통해 헌신되며
훈련되어져 가는 사역이
진행되고 있습니다.

매주 토요일 스텝 성경공부와
스텝예배가 드려지고 있습니다.
전도사역과 고아원 사역등의
훈련과정을 통해
사역자로써 선발되고
그 스텝들을 중심으로
경배와찬양교회를 개척하게
되었습니다.

성탄 큰 잔치 집회를 통해
믿지않는 영혼들을 초대하여 그들을 향한
복음의 장을 열어가고 있습니다.

스텝성경공부와 예배

토요전도훈련

고아원에서 찬양과 율동,게임 나눔사역

성탄 큰 잔치

부산 글로리선교회 방문예배

경배와찬양 1st 탄자욱삔 고회.

대저중앙교회 방문 첫 예배 축도

성탄 큰 잔치 초청된 불신자들

GMI 은예국제사역 방문예배

1000개의 보자락

고아원 아이들의 성탄특송

경배와찬양 스텝들과
청년자립 직업훈련스텝 모임시간

대학졸업장

약사자격증

집안 형편상 대학 졸업을 못한 청년이
대학을 졸업하고 자립훈련을 통해
약사 자격증을 취득하고 병원에 취업된 스텝

미얀마
청년자립 직업훈련

경배와찬양 스텝들과 직업훈련 희망 청년들을
매주 신앙교육과 자립의지 훈련을 통해
함께 하는 공동체 마음을 심어주는 6개월 교육 후,
매주 경배와찬양 예배시 드려지는
헌금,십일조, 유치원 이익금등을 모아서
6개월 교육과정을 마친 스텝을 선별하여
현지인들과 함께 모은 자금으로
직업훈련을 지원하고 있습니다.

훈련을 마친 스텝들은
간호사로, 미용사로(미용실 지점 책임자로),
약사로, 유치원교사로 취업이 되었습니다.

현재 훈련대기자는 미용 2명, 간호사 3명
양계교육 6명, 유치원 교사 3명
미술교사 1명, 약사 2명, 음식요리사 1명 등이
훈련을 받고 있거나 대기중에 있습니다.

가정 형편이 어려운 청년과 성인, 과부, 고아들이
자립하기 위해 훈련을 받는 경비는
1명당 약 $80~100이 소요됩니다.

한 명의 인생을 바꾸는 귀한 물질입니다.
기도 부탁드립니다.

간호사 자격을
취득 후
대한의사협회
미얀마
은혜병원에
취업된 스텝

유치원 교사
자격을
취득 후
유치원에
취업된 스텝

취업되어
첫 월급으로
사 가지고 온
희망의 사과

간호사 훈련을 받기위해
기숙사로 들어가는 스텝들을
배웅하는 엄 선교사

선교 전략 보고 3

M.C.S 졸업생 목회자 연합 M.C.M

미얀마 크리스챤 신학교

미얀마 M.C.S

부산국제선교회 협력파송

MCS / MCM 공동 운영 코디네이터

16회 졸업식

통역 엄 선교사

한국어 강의

수요 경배와찬양 집회

성경 퀴즈대회

큐티 세미너

사도행전 강의

M.C.M 산하 교회개척 헌당식

양계 훈련 센터를 통해 유기농 유정란을 생산하는 기술자를 양성하고 있다. 대한의사협회와 그린닥터스가 운영하는 은혜병원을 통한 진료는 미전도종족 선교에 큰 도움을 주고 있다.[34]

3) 2011년: 곽현섭 선교사의 회사 등록, 미얀마 사역 시스템 사이클 다섯 과정, 세 개척교회

부산국제선교회의 2011년 연혁 전체가 미얀마 선교일 만큼 미얀마는 부산국제선교회가 주력하는 선교지가 되었다. 이는 중국에서 학습이 일시적으로 중단된 것이 영향을 줬다. 땅끝교회(김운성 목사)가 2011년 2월 교회 창립 60주년을 기념하면서 양곤BIM(부산국제선교회, Busan International Mission)선교센터 부지 680평을 구입하여 기증했다. 땅끝교회의 부지 구입비는 차일자 할머니의 귀한 헌금으로 마련되었다. 차일자 할머니는 일생을 혼자 사시다가 노인대학에 나오면서 땅끝교회와 연결되었고, 단칸방에 심방을 온 김운성 목사에게 한평생 모아둔 통장을 건넸다.[35]

차일자 할머니는 혼자 사는 할머니로 몸에서 냄새가 나고 말씀이 거칠고 주변 사람을 전혀 상관치 않으며 행동하고 가게를 지나가면서 과일을 그냥 가져가고 경로대학에 나와서는 식사를 다섯 그릇이나 드시고 음식을 싸달라고 하는 할머니였다. 그래서 주변 사람들이 모두 이 할머니 때문에 힘들어했다. 차일자 할머니가 경로대학을 나오다가 주일에 교회에 나오겠다고 했다. 땅끝교회에 등록하고 김운성 목사와 사진을 찍을 때 김운성 목사가 "왜 교회에 나오실 생각을 했느냐?"고 묻자, 차일자 할머니는 "오랫동안 절에 다녔는데 중이 친절하지 않고, 천주교도 사랑이 없다. 교회는 사랑이 있는지 보러 왔다"고 하셨다. 김운성 목사는 인근에 사는 권사에게 할머니를 돌봐달라고 부탁했다. 김운성 목사가 사모와 함께 차일자 할머니 집으로 심방을 갔다. 빨래도 제대로 하지 않고, 이불 밑으로 쥐가 지나갔고,

34 미얀마 곽현섭 선교사, "미얀마 선교 보고," 「제28회 부산국제선교회의 밤 선교보고」 및 월례회 300회 기념 예배 (2010년 12월 2일).

35 김정광 목사 간증편, 『목사님, 여권 잃어버렸어요!』 (부산: 도서출판 지앤미, 2014), 116-117.

집에서는 악취가 진동했다. 그대로 둘 수 없어 김운성 목사는 남자 집사들과 같이 가서 살림을 정리하고, 도배를 하고 청소를 했다. 명절이 되면 김운성 목사는 자녀들을 데리고 할머니 집에 가서 인사를 드렸고, 감자탕을 사드렸다. 3~4년이 지난 뒤에 차일자 할머니 집으로 심방을 가니 정부가 놓아주는 전화가 설치되었고, 장례식을 치를 전화번호로 김운성 목사의 전화번호와 부목사 전화번호를 벽에 붙여 놓았다. 교회 와서 찍은 사진들로 벽을 도배했다.

어느 날 경로대학에 나오는 날이 아닌데 차일자 할머니가 김운성 목사를 만나자고 전화를 했다. 차일자 할머니는 늘 등에 지고 다니던 배낭을 다 쏟아내더니 까만 비닐봉지 두세 개를 꺼내면서 이것을 주려고 왔다고 했다. 봉지에는 평생 얻어먹으면서 안 먹고 안 쓰고 해서 모은 6~7천만 원이 든 통장과 도장이 있었다. 차일자 할머니는 김 목사가 돈이 없어 자녀 공부시키기 어려울 테니 이 돈으로 애들 공부시키라 했다. 김운성 목사는 자녀 공부는 하나님께서 시키신다면서 받지 않으려 하니 돈을 받으라고 강력하게 주장했다. 차일자 할머니의 통장 명의를 김운성 목사로 바꾸려 했다. 그렇지만 중소기업은행은 금융실명제 때문에 명의를 변경할 수 없다고 했다. 사정을 듣더니 나중에는 서울 본부까지 연결해서 병원비 몇백만 원만 남기고 김운성 목사 이름으로 명의를 변경하여 그 통장을 교회가 관리했다. 차일자 할머니의 소원은 아프지 않고 하늘나라로 가는 것이었다. 한번은 차일자 할머니가 편찮으셔서 영도병원에 갔다가 중환자실에 입원했다가 다음 날 돌아가셨다. 아프지 않고 죽게 해달라는 기도가 이뤄졌다. 할머니 빈소를 교회 교육관에 세우고 부목사들이 돌아가면서 상주가 되었고 교인들이 조문을 했다. 영락공원에서 화장을 해서 장례를 치렀다. 미얀마에 땅이 나오면서 급하게 부지 구입비가 필요하자, 차일자 할머니의 헌금 5천만 원으로 부지를 구입하게 되었다. 할머니 명의의 장학금을 지급해야 했는데 차용을 한 셈이다. 교회는 교회 재정으로 연 2회 할머니 명의로 장학금을 지급하고 있다.[36]

땅끝교회는 창립 60주년 기념으로 제2의 홀리조이센터를 세우기 위해 땅을 구입했지만, 이 부지를 미얀마 선교에 동참하는 모든 교회를 위해 개방했다. 이러한 태도에 대해

---

36 김운성 목사와의 인터뷰(2022년 5월 20일).

김정광 목사는 "위대한 결단이며, 이것이 부산국제선교회의 연합 정신이며, 아름다운 전통"이라 평가했다.[37]

2011년 3월에는 거제 신현교회와 박영만 장로, 김성수 집사가 인레수상센터 부지 200평을 구입하여 기증했다. 부산국제선교회가 대한의사회, 지리산선교회, 교육선교회, 코이노니아선교회 등을 미얀마 선교를 위한 선교 협력 기관으로 지정했다. 7월에 광진교회가 타이키 제2교회 교회당 건축을 지원했다. 소정교회 교인 23명과 코이노니아선교회 7명이 미얀마 청년직업훈련생들과 자매결연을 맺어 훈련비(1인당 80~100달러)를 지원했다. 곽현섭 선교사가 12월에 미얀마 현지 회사설립을 신청했다. 김치삼 장로(부산국제선교회 재정이사, 구포교회)가 리앙망 교장의 혈압약을 제공했고, 구포교회가 선교사 주택비 중 300만원을 지원했고, 땅끝교회가 회사 등록비 400만 원과 방한 체류비와 숙소를 제공했다. 온종합병원은 곽현섭 선교사의 종합검사와 건강검진을 무료로 실시했다.[38]

전문인 선교사인 곽현섭 선교사는 2011년 10월 3일 은혜국제사역(Grace Ministry International) 총회에서 목사 안수를 받았다. 곽현섭 선교사는 사역 시스템 사이클을 1과정(자립 직업훈련 6개월~1년 과정 모집—간호, 약사, 미용, 전기, 한국어, 요리, 컴퓨터 등), 2과정(경배와 찬양 모임을 통한 복음 교육), 3과정(전도와 신앙 훈련을 통한 크리스찬 공동체 형성), 4과정(전도팀 구성, 평일, 주말 전도 훈련), 5과정(자격증 취득 후 실습 과정으로 3개의 개척교회를 중심으로 취업 및 선교 사역 실시로, 개척교회에 가서 실습 과정은 취업을 위한 인턴 과정)으로 이어지게 하고, 1과정은 지속적으로 사람을 모으도록 함으로써 지역의 사역 시스템을 순환하도록 했다. 사역 시스템의 기초는 경배와 찬양(Worship & Praise)과 청년자립직업훈련공동체(Vocational Training Community) 형성이다. 이 사역의 중심은 현지인들이 자체적으로 담당해 갈 수 있도록 구축하는 것이다. 이 사역 중 선교 영역은 디딤이 담당하고, 전도 영역은 마쵸가 담당하고, 비즈니스 영역은 넬리가 담당하고, 직업훈련 중 미용은 퓨진이 담당하고, 유치원 교사 부분은 떼퓨가 담당하고, 여성 사역 부분은 룬보이스시가 담당하며, 전체적인

37 김정광 목사 간증편, 『목사님, 여권 잃어버렸어요!』 (부산: 도서출판 지앤미, 2014), 117.
38 미얀마분과위원장 신동작 목사, "미얀마 선교 보고," 「제29회 부산국제선교회의 밤 선교보고서」 (2011년 12월 8일).

관리 매니저 디렉터는 로라와 나잉툰이 맡도록 하였다. 자립을 위한 직업훈련 과정을 소정교회와 코이노니아선교회가 지원하여 현재 19명이 훈련을 받고 있고, 앞으로 미용 7명, 전기 2명, 한국어 2명, 음악 교사 1명, 컴퓨터 1명 유치원 교사 11명, 약사 2명 등이 훈련을 받을 예정이다. 경배와 찬양 및 직업훈련 스태프는 현재 35명이다. 한 팀당 8~10명으로 구성된 전도팀은 모두 3개 팀으로 팀원 전체 십일조가 7월 8만 짯, 8월 9만 2천 짯, 9월 12만 짯 등이다.[39]

교회 개척 상황을 보면 1교회는 탄자욱삔에 세워져 2010년 5월 헌당 이후 선교원을 운영하며 전도하여 2011년 6월 자립을 선포한 후 성도들이 계속 늘어나고 있다. 경배와 찬양, 청년직업훈련공동체 전도 1팀이 평일과 주말에 전도 사역을 하고 있다. 2012년 2월 중 탕조우가 목사 안수를 받을 예정이다. 1교회(탄자욱삔)는 매월 첫째 주일에 성찬식을 거행한다. 최극빈 지역인 달라 지역에 세워진 2교회는 유치원 교사 자격증을 취득한 교사와 스태프 4명이 선교원에서 숙식하며 사역을 진행 중이다. 모든 숙식비, 교통비, 운영비 등은 외부 후원 없이 경배와 찬양, 청년직업훈련공동체 스태프의 십일조로 운영 중이다. 전도 2팀의 사역으로 3달 만에 주일학교에 20여 명이 모여 예배를 드리기 시작했다. 대학교와 기차역 신설로 주변 인구가 증가하는 아오밍글라 지역에 세워진 3교회의 주변에 현지인들이 유아방 3개를 운영 중이다. 초등학교로부터 고등학교까지 학생들은 과외를 필요로 하는데 과외를 할 수 있는 장소가 30분 이상 떨어진 곳에 몇 군데 있을 뿐이다. 2011년 9월 22일 공사가 마무리되어 현재 학원을 개원할 준비를 하고 있다. 전도 3팀이 전도를 하여 현재 버마족, 꺼인족/카렌족 등 마을 젊은이들이 모이기 시작했다. 12월부터 예배 모임을 시작할 예정이다.

협력 사역 부분으로는 미얀마기독교신학교 사역으로 현재 70여 명의 학생이 수업 중이다. 신학교 식당 건물의 건축이 갈보리교회 지원으로 완공되었다. 컴퓨터실은 공사가 마무리되어 학생이 수업하고 있다. 이신우 원장이 은혜병원을 관리하고, 내과와 약국 중심으로 운영되고 있으며, 월평균 150~200여 명이 진료를 받고 있다. 직원으로는 의사 2명, 간호사

---

39 당시 1달 급여 10만 짯이면 괜찮은 편이다. 10만 짯은 4인으로 구성된 한 가족의 생활비에 해당한다(곽현섭 선교사와의 인터뷰, 2024년 3월 28일).

2명, 약사 1명, 전도자 1명 등이다. 코이노니아선교회(조운복 장로)가 교회 개척을 진행 중이다.

2011년 땅끝교회 청년부가 비전 트립을 통해 신학교와 보육원의 인테리어 봉사를 했고, 미전도종족 지역에 가서 사역을 했다. 광진교회 청년부가 다이찌 2교회 헌당 예배에 참여하고, 신학교와 보육원에 가서 봉사했고, 미전도종족 지역에 가서 사역을 했다.

여성 사역으로는 월 2회 토요집회를 진행 중이다. 유치원 교사 12명, 미용 기술 7명, 이발 기술 2명, 전기 기술자격 2명, 약사 3명, 간호사 5명, 요리사 1명, 방과 후 음악 교사 1명, 회사 운영 비즈니스 컴퓨터 과정 1명이 신앙 훈련과 직업훈련 이수자 3개 팀으로 구성되어 탄자욱삔 지역, 달라 지역, 아오밍글라 지역에서 사역 중이다. 엄성화 선교사가 율동팀과 미용팀을 인솔하여 월 2회 보육원 및 신학교에 가서 율동 교육과 미용 봉사활동을 하고 있다. 교회 개척 상황으로는 장목교회 지원으로 달라교회를 개척하고 선교원을 운영하고, 대저중앙교회 지원으로 아오밍글라교회는 지역 특성화로 학원과 약국 운영을 준비하고 있다. 마을에서는 간호사와 학교 교사가 사회적 존경을 받는다.

선교사의 신분을 보장하고 사역을 지원하기 위한 회사를 정부 법인 설립부서에 등록 신청을 했다. 회사 등록을 위한 절차와 비용을 땅끝교회가 지원했다. 땅끝교회 김남규 장로가 한국의 법인과 조인하는 허가 신청 비용을 지원했다. 구포교회와 이태영 장로가 선교사 숙소를 지원했다. 장목교회가 달라교회에 핸드폰을 지원했다. 교파와 파송 단체를 초월하여 고아를 지원하는 코코넛나무 공동체를 설립하는데 광진교회와 청년부, 땅끝교회 청년부가 지원했다.[40]

4) 2012년: 직업훈련 과정 수료생 중 25명 취업, 탄자욱삔교회와 아오밍글라교회 자립, 개척지원 및 현지인 전문인 선교사 파송

소정교회와 코이노니아선교회가 2012년 9월에 인레수상센터와 교회당 건축을 지원했

---

40 미얀마 곽현섭 선교사, "미얀마 선교 보고," 「제29회 부산국제선교회의 밤 선교보고서」 (2011년 12월 8일).

다. 대저중앙교회가 아오밍글라교회당 건축을 지원했고, 소정교회 조운복 장로가 북 다곤 9교회당 건축을 지원했고, 청주 강덕중 장로가 셰다만교회당 건축을 지원했다.

곽현섭 선교사의 2012년 사역 비전은 지난 4년의 사역과 연구 조사 결과를 바탕으로 정했다. 미얀마 국가의 특성상 외국인이 들어갈 수 없는 60% 정도의 미전도 지역과 약 70여 미전도종족 그리고 전 국민의 60%를 차지하고 있는 버마족을 대상으로 선교하고자 한다. 이를 위해 양곤BIM센터와 중부 미전도 지역인 인레호수에 인레수상센터를 건축하고, 현지인 선교사를 양성하여 파송하고자 한다. 우선 양곤시 150여 신학교 졸업생과 미전도종족 지역에서 보내온 사역자를 양성하고, 현지인 선교사 파송 후 10~12만 원을 지원하여 1년 후 자립을 추진함으로써 재원을 효과적으로 활용하고, 2년 넘게 진행해 온 자립 직업훈련의 노하우와 적용을 통해 현실적인 선교 사역을 진행하고, 최종 교육 과정을 거쳐 현지인 선교사로 파송하고자 한다. 최종 교육 과정은 신학을 포함하여 14개월 훈련 과정 수료자들에게 7개월 동안 선교에 관한 교육을 하고, 파송될 지역에 가서 선교사와 함께 4개월 동안 정탐 훈련과 직업훈련 자격증 획득 또는 기술(유치원 교사, 이발 기술, 태양열, 조리 등) 등을 이수하도록 한다.[41]

곽현섭 선교사의 미얀마 선교 전략은 기독교인을 대상으로는 경배와 찬양, 유치원 교사, 미용, 자격증 취득을 지원했고, 비기독교인을 대상으로는 직업훈련 과정으로, 전기기술, 약사, 간호사 자격증 취득을 지원하여, 교육 과정 속에서 예수를 영접하며 기독교인으로 변화되도록 한다. 초기 3개월 과정은 찬양, 성경, 봉사, 기도 등을 통한 공동체 멤버십 훈련에 주력한다. 직업별 팀을 조직함으로써 기독교인과 비기독교인들이 자연스럽게 섞여 사역 팀을 구성하여 경배와 찬양 훈련에 참석하도록 유도하고, 전도, 기도, 성경공부, 봉사활동에 참여하도록 한다. 실습 과정 속에 팀별 교회 개척 사역, 개척교회 지원 사역에 동참하게 하고, 유치원, 학원, 일반 직장에 취업하는 것을 지원하고, 십일조 교육을 통해 자립을 지향하게 한다. 미전도 지역에 교회를 개척하고, 버마족 선교와 세례를 위해 목사 안수를 받은 현지인 선교사를 파송하되, 자립 점포(떡꼬치, 악세사리) 운영을 통해 자립하게 하여 이익금

---

41 미얀마 곽현섭 선교사, "미얀마 선교 보고," 「제29회 부산국제선교회의 밤 선교보고서」 (2011년 12월 8일).

을 십일조로 헌금하여 필요한 사역지에 지원하도록 한다.

　44명이 직업훈련을 받고 있거나 수료했고(개인 후원 3명, 단체 후원 41명), 이 중 25명이 취업했고, 3명이 대학을 진학했고, 2명이 훈련을 받고 있고, 3명이 훈련 대기 중이고, 2명이 신입이다. 선교사 가정에서 상주하는 직업훈련자는 총 8명으로 이 중 스태프가 7명이고, 나머지 한 명은 초등 2학년 어린이 조조(버마족 4명, 카렌 1명, 친 1명, 카친 1명)이다. 2012년 2월 버마족 스태프가 세례를 받았다. 경배와 찬양(Worship & Praise)과 청년자립직업훈련 공동체(Vocational Training Community)는 가나안 농군학교가 주관하는 수련회에 참석하여 리더의 생활 습관과 가치관 교육을 받았고, 광진교회 청년부가 양곤 중심의 공원에서 개최한 야유회에 참가했다.

　교회 개척 상황으로는 탄자욱삔교회(담당 탕조우 목사)가 인도계 성도 가정과 주일학교 어린이들이 증가하여, 교회는 1년 만에 자립을 선포했고, 유치원은 개원 2년 만에 자립을 선포했다. 7년 전 다른 선교사를 추방했던 극빈 지역에 세워진 달라교회(담당 미리안)는 유치원 운영 후 7개월 만에 마을 이장으로부터 예배를 허락받고 주일학교를 시작했고, 운영비와 스태프 생활비는 경배와 찬양(Worship & Praise)과 청년자립직업훈련공동체(Vocational Training Community)의 십일조와 비즈니스 미션 업체의 이익금으로부터 지원을 받고 있다. 아오밍글라교회(담당 넬리)는 주일학교와 청소년 예배를 시작했고, 학원을 운영하고, 유치원을 운영하면서 자립을 선포했다. 딴띤교회(담당 쩡뻥)는 1교회(탄자욱삔교회)에서 분가해서 개척된 교회로 유치원을 운영하고 있으며, 2013년 1월부터 주일학교에서 예배드리는 것을 허가받았다. 딴띤교회는 1교회로부터 예산의 30%를 지원받고, 경배와 찬양(Worship & Praise)과 청년자립직업훈련공동체(Vocational Training Community)로부터 나머지 70%를 지원받아 운영 중이다. 3교회(아오밍글라)에서 분가하여 설립된 뉘퀘이교회(마쵸 담당 예정)는 집중적인 전도를 통해 버마족 7가정, 어린이 20여 명으로 구성되어 교인 집을, 돌아가면서 예배를 드리고 있다. 현지인 전문인 선교사 2명을 파송했다. 2012년 2월 18일에 신학을 전공한 스태프 하웅카운과 민사에게 이발 교육을 마치고 미얀마 중부 짜우뚱 지역으로 파송하고 지원하여 정착하게 했다.

　양곤국제공항에서 자동차로 4분 거리의 주택가 중심의 약 600평 대지 위에 부산국제선교회 회원 교회인 땅끝교회의 지원으로 양곤BIM센터를 건축 중이다. A동은 선교사 숙소 및 게스트룸으로 전환이 가능하고 룸과 공동 식당이 있다. B동은 카페(WVC 예배실, 세미나 장소 사용 가능)와 4개의 게스트룸으로 구성된다. C동은 직업훈련자 스태프 숙소와 행사 장소 및 예배실로 사용될 것이다. D동은 게스트룸과 전체 건물 관리 스태프의 숙소로 사용될 예정이다. 전체 건축 공사의 약 80%를 마쳤다. A동의 선교사 숙소 입주를 12월 중으로 추진하고 있다.

중부 미전도종족 지역인 인레호수에 수상 커피 전문점을 열기 위해 대지 130평을 구입하고 약 90평에 수상 커피 전문점을 건축하고 있다. 인레호수의 커피 전문점을 수상마을 교회로 전환할 계획이다. 호숫가 마을 비즈니스 센터를 건축하기 위해 4.2에이커(약 5,000평) 땅을 구입했다.

곽현섭 선교사는 9월 20일 주 파송 단체와 교회를 조정하는 서류를 접수시켰다. 주 파송 단체는 부산국제선교회이고, 주 파송 교회는 구포교회이고, 협력 파송 단체는 코이노니아선교회(인레 사역비만 지원)이고, 협력 파송 교회는 생수의강선교교회, 소정교회(직업훈련 사역비만 지원) 등이다.[42]

5) 2013년: 양곤BIM센터 완공, 인레수상센터(MOI) 건축 진행

땅끝교회의 교회 창립 60주년 기념으로 후원하고, 사직제일교회의 교회 창립 60주년 기념으로 후원하고, 박홍규 장로와 광진교회가 후원하여 양곤BIM센터를 2013년 2월에 완공했다. 광진교회는 4월에 레께교회당을 건축했다. 소정교회와 코이노니아선교회가 5월에 대지 5,200평을 인레 메잉 따이 지역 선교 부지로 구입했다. 인레수상센터를 11월에 건축했다. 인레호수는 세계 50대 유명 관광지 중 하나로, 해발 900m 높이의 민물호수로, 지류까지 합치면 100마일(167km)이고, 넓은 곳의 길이는 20km이다. 인레호수는 25만 명이 사는 '인따'족의 땅이지만, 아직 복음이 들어가지 못한 땅이다. 그런데 센터의 땅을

---

42 미얀마 곽현섭 선교사, "미얀마 선교 보고," 「제30회 부산국제선교회의 밤 선교보고서」 (2012년 12월 13일).

판 사람은 처녀 시절에 기독교에 대해 들었던 사람이지만, 불교 집안이라 기독교 신앙을 갖지 못했다. 그 여성의 남편이 건축 자재를 구입하고 건축을 감독하며 밤에는 자재를 지키는 역할까지 감당했다. 이는 곽현섭 선교사가 자상하면서도 끈질긴 사랑으로 섬긴 결과였다.[43]

미얀마기독교신학교는 학생 35명과 교수 5명으로 운영되고 있다. 리앙망 진자 교장은 건강이 다소 회복되었으나 학교 운영은 아들 충망에게 위임했다. 미얀마기독교신학교가 외부 지원에만 의존하여 자립 대책이 시급하다. 미얀마기독교신학교 산하 36개 교회(부산 국제선교회 산하 회원 교회가 건축 지원)는 어려운 가운데서도 운영되고 있다. 곽현섭 선교사가 설립한 6개 교회는 자립하여 운영 중이다. 소정교회와 코이노니아선교회, 부산국제선교회 회원들의 후원으로 1차와 2차 직업훈련 교육을 수료하고 선교 훈련에 돌입한 60명의 사역 자는 활발하게 사역하고 있다.[44]

금년에 진행된 선교 사역으로 경배와 찬양(Worship & Praise)은 격주 토요일 집회에 전체 멤버 85명 중 토요일에 근무자들을 제외하고 평균 40여 명의 멤버가 모여서 오전 9시 30분부터 오후 2시까지 예배와 모임을 진행한다. 예배는 9시 30분부터 12시까지 기도 회와 십일조 교육, 성경공부, 찬양으로 진행된다. 12시 점심 식사 후 교회별로 직업훈련에 대해 보고하고, 앞으로 진행할 내용과 새 멤버 관리와 파트별 지원 사항을 상의 후 마친다. 참석 인원 40여 명 중 버마족이 30%, 소수 종족이 70%이다. 버마족 참석 인원이 증가하는 추세이며, 불신자들이 신앙을 조금씩 받아들이고 있다.

청년 자립 직업훈련(Vocational Training Community)은 미용 훈련 8명, 전기기술 3명, 지역 유치원 교사 11명, 비즈니스 운영자 과정 교육 1명, 컴퓨터 3명, 학원 강사 1, 봉제 3명, 간호사 6명, 약사 3명, 운전 2명, 요리사 2명, 한국어 1명, 국제유치원 영어 교사 15명 등이다. 현재 훈련 수료자의 취업률은 40%이고, 미용 교육과 지역 유치원 교사 훈련과 국제유치원 영어 교사 훈련 등이 진행 중이고, 직업훈련 대기자들이 6명 있다.

---

43 김정광 목사 간증편, 『목사님, 여권 잃어버렸어요!』 (부산: 도서출판 지앤미, 2014), 125-127.
44 "2013년 미얀마 선교 현황," 「제31회 부산국제선교회의 밤 선교보고서」 (2013년 12월 12일).

교회 개척 및 유치원 현황은 1교회 탄자욱삔교회(탕조우 목사 담당)는 30여 명의 성도를 중심으로 양육이 진행되고 있고, 소수 종족과 버마족 중심으로 구성되어 있으며, 자립했다. 유치원은 유료 유치원으로 18여 명의 아이들이 다니며, 목사 부부와 스태프 1명을 중심으로 운영되고 있고, 경제적 자립과 주변 마을에서 인정받는 교육기관으로 선호도를 높이며 안정권에 들어섰다. 담임목사는 유치원 덕분에 가정과 교회가 자립되었다고 했다. 2교회 달라교회(니니누엥 담당)는 새로운 리더로 교체되어 어린이 사역 중심으로 진행되고 있다. 담당자인 니니누엥은 초등학교 교사 출신의 스태프로 현재는 국가에서 진행하는 지역 유치원 교사 자격증을 취득하기 위해 훈련을 받고 있다. 스태프의 남편은 신학교 목회자 과정을 진행 중이며 내년 안수를 받을 예정이다. 교회는 주일학교 중심으로 시작 단계이다. 앞으로 교회 부흥을 위해서는 리모델링 공사가 필요하다. 3교회 아오밍글라교회(넬리 담당) 는 주일 오전에는 주일학교 중심으로 모이고, 오후 2시에는 성인과 40여 명의 청년들을 중심으로 모여 교회가 활성화되고 있으며, 헌금으로 자립했다.

아오밍글라교회는 유치원과 과외 학원을 운영 중이며, 교회 입구 쪽에 미용실을 준비하고 있다. 현재 유아교육에 필요한 부품을 구입하려 자금을 모으고 있는 중이다. 주일에 모인 청년들이 가난해서 자녀를 학교에 못 보내는 극빈자 지역에 가서 나무 아래 주일성경학교를 시작했는데 어린이들이 증가하고 있다. 버마족 불교 마을에 세워진 4교회 딴떤교회 (찡삐 담당)는 스태프 부부가 이끌고 있고, 유치원은 5명의 아이들로 운영하고, 주일에는 어린이 예배를 드리고 있다. 임대한 8평 목조주택에서 모이고 사역을 운영 중인데 앞으로 교회당 건축이 필요하다.

5교회 센터교회(마웨이 담당)는 마을과의 관계가 개선되고 있고 경배와 찬양(Worship & Praise)과 청년자립직업훈련공동체(Vocational Training Commu- nity) 스태프 중심으로 예배가 진행되고 있다. 6교회 뒈퀘교회(마쵸 담당)는 헌당식을 한 지 1년이 안 되었지만, 버마족 마을에서 새신자가 늘고 있는 상황이며 유치원을 통한 교회 이미지가 마을 사람들에게 매우 좋아져서 전도에도 귀한 열매가 열리고 있다. 학부모 중에서 버마족 한 가정이 새로 등록하여 나오고, 직업훈련을 통해 전도가 된 버마족 스태프 4명이 유치원을 전담하여 진행하며, 좋은 이미지 때문에 현재 원아가 17명으로 증가했다. 유치원의 수익금을 경배와 찬양(Worship & Praise)과 청년자립직업훈련공동체(Vocational Training Community)로 지원하고, 교사 월급은 유치원에서 감당한다. 다만 인턴 3개월 과정의 급여를 경배와 찬양(Worship & Praise)과 청년자립직업훈련공동체(Vocational Training Community)가 지원한다. 곧 자립될 것으로 기대된다.

양곤BIM센터 사역으로 먼저 교육 부문이다. 매주 화요일부터 금요일까지 국제유치원 교사 스쿨 교육을 오전 9시 30분부터 오후 3시까지 진행 중이다. 15명의 교사 중 14명이 버마족으로 양곤대학교 영문과 출신과 싱가포르와 태국 등에서 유학하고 온 청년들이며 상당히 적극적으로 교육을 받고 있다. 여러 선교사가 방문하여 교육생들에 대해 매우 좋게 평가한다. 유치원은 지방의 교회 개척과 정착, 자립에 좋은 접촉점이 되는 사역으로 현재 유치원 교사 교육과정에 지원하거나 협력을 희망하는 사람들이 늘어나고 있다. 좋은 교사들을 배출하여 센터도 자립하고 각 지방의 개척 사역에도 적용할 수 있는 사역이 되기를 기대하고 있다. 양곤BIM센터는 경배와 찬양 멤버들과 스태프 리더들의 교육훈련 장소로 활용되고, 한인 교회 아동부와 성가대 등의 성경 캠프 장소로 활용되고 있다.

건축 상황으로는 생활비 지원금과 개인적 지원금을 절약하여 모아서 조금씩 필요한 부분을 증축하고 있다. C동 예배실 1층 바닥 타일 공사를 마무리하였고, B동 게스트룸 입구와 C동 예배실의 연결 통로 콘크리트 공사를 마무리했다. D동 내부 공사를 마무리하고 비품을 구입하여 직업훈련 대기자 숙소(6인 거주)를 마무리하고 이사했다. 부산국제선교회가 보내준 11월 생활비와 개인적 후원금을 합하여 B동 옆 물탱크 쪽 공간에 야외 샤워실 공사를 진행 중이다. 기둥을 파이프로 하여 6~8명이 샤워를 할 수 있는 공간을 만들고 있다.

양곤BIM센터의 게스트룸 이용 상황으로는 미얀마 선교사들이 이용할 경우에는 세 끼 식사와 숙박이 무료고, 한국에서 오는 방문 팀에겐 방 하나(조식 포함)에 40달러를 받고 있다. 요즘 타국 선교지에서 추방되어 새로운 선교지 개발을 위해 미얀마를 방문하는 선교사들에게는 조식 포함하여 50%를 할인한 가격인 20달러를 받는다. 아직은 많은 사람이 이용하는 단계는 아니지만 센터 운영에 필요한 전기세와 기본 공과금 등 운영 자금은 자체적으로 충원하고 있다. 양곤 지역 호텔의 방 하나 가격이 평균 100달러를 넘어섰다.

인레호수 지역에 인레수상센터인 '인레의 아침' 공사가 마무리되었다. 앞으로 자립을 위해 커피숍으로, 지역주민을 위해서는 약국과 방과후공부방으로 활용하여 최종 목표인 수상교회를 세워 중부 미전도 지역 전도 사역의 베이스로 세워가고자 한다. 12월 1일부터 7일간 인레 지역 사역을 위해 이동할 계획이다. 아직 침대나 책상, 의자 등 비품이 마련되어 있지 않기에 본격적으로 활용할 수는 없지만 침낭을 가지고 가서 바닥에서 자며 체류 기간 동안 지낼 계획이다.

금년 미얀마 선교를 위해 지원한 내역은 다음과 같다. 양곤BIM센터는 부산국제선교회 (600평/4개 동), 땅끝교회, 구포교회, 광진교회, 사직제일교회, 초읍교회, 대연제일교회 그리고 이정희 권사, 박홍규 장로, 임신화 집사, 엄익용(엄성화 선교사의 부친) 등의 지원을 받았다. 양곤 경배와 찬양(Worship & Praise)과 청년자립직업훈련공동체(Vocational Training Community)의 개척교회 교회당 건축은 대저중앙교회가 1교회와 3교회를, 거제 장목교회가 2교회를, 사직제일교회가 5교회를, 광진교회가 6교회를 지원했다. 직업훈련(완료자, 진행자, 대기자 총 64명)은 소정교회, 코이노니아선교회, 부산국제선교회 등의 지원으로 진행되었다. 국제유치원 교사 스쿨 직업훈련(15명, 1인당 250만 원)은 소정교회와 코이노니아선교회의 지원으로 진행되었다. 인레수상센터(MOI, 수상 2층 건물 130평)는 소정교회, 코이노니아선교회, 김영만 장로의 지원으로 건축 중이다. 2014년 4월 말경 소정교회와 코이노니아선교회의 회원 15명이 인레수상센터(MOI) 준공식에 방문할 예정이다. 인레호수 마띠센 지역의 현지인 선교사 훈련 부지(5,000평)를 코이노니아선교회와 소정교회의 지원으로 구입했다. 부산국제선교회와 생수의강선교교회, 개인의 후원 등 후원금 240만 원을 사역비로 110만 원(차량 유지비, 직원 월급, 교회 방문 지원비)을 지출했고, 생활비로 130만 원을 지출했다.[45]

---

45 미얀마 곽현섭 선교사 보고, "2013년 진행된 선교 사역과 2014년 선교 전략보고," 「제31회 국제선교의밤 선교보고서」 (2013년 12월 12일).

6) 미얀마 선교 전환기의 특징과 과제

부산국제선교회와 회원 교회들과 회원들이 상당한 재정 지원을 하여 부지를 구입하고 본관을 건축한 미얀마기독교신학교는 졸업생이 60개의 개척교회를 섬기고, 40여 개의 가정교회를 섬기고 있다. 2008년 사이클론 당시 이 교회들이 피해를 입은 주민을 보호하여 주민들로부터 호응을 얻어 교인이 3,000명이 증가했다. 부산국제선교회 회원 교회들은 졸업생들이 개척하는 교회당을 건축하거나 지원하고 있다. 2010년에는 졸업생이 29명이었고, 재학생이 130명이었고, 교수진이 18명이었다. 미얀마기독교신학교 안에 2010년 5월 22일 대한의사회와 그린닥터스가 주관하여 미얀마은혜병원을 개원하여 환자들을 치료하고 있다.

부산국제선교회의 미얀마 선교가 전환기에 들어간 것은 2009년 부산국제선교회가 곽현섭 선교사와 선교 협력을 맺고 여러 가지 활동을 시작했기 때문이다. 곽현섭 선교사는 미국 은혜국제사역(GMI)으로부터 훈련을 받은 전문인 선교사로 양계, 경배와 찬양, 직업훈련 분야에서 전문성을 지녔고, 엄성화 선교사는 한국어 교육, 미용, 봉제 교육 등에 전문성을 지녔다. 곽현섭 선교사가 부산국제선교회와 협력 선교를 하면서 미얀마기독교신학교에도 변화가 생겼다. 2010년 곽현섭 선교사는 미얀마기독교신학교에서 신학생들에게 말씀묵상 훈련을 시키고, 경배와 찬양 팀을 운영하여 신학생으로부터 엄청난 반응을 얻으며 신학교의 부흥에 기여했다.

곽현섭 선교사는 복음화가 안 된 지역에 크리스찬만을 개척 선교 사역에 동원하는 것은 인적 자원이 부족한 상황이기에 크리스찬을 기본으로 하고, 미전도 지역의 상황을 잘 아는 전도 대상인 불신자들을 양육하여 개척 선교의 기초를 담당케 하는 선교 전략을 세우게 된 것이다. 이러한 선교 전략을 실천하기 위한 구체적인 방법은 양곤주에 선교센터를 세워 주종족인 버마족을 선교하는 것이고, 그곳에서 양육된 청년들을 기반으로 버마족 선교에 기반을 구축하는 것이다. 곽 선교사의 미얀마 선교 전략에서 양곤주는 경배와 찬양과 직업훈련을 통해 전도 대상 청년들과의 접촉점을 마련하고 청년 전도를 통해 합류한 청년들과 함께 주일학교 교사 교육과 교재 개발을 통해 전도 사역에 중점을 두는 선교 기지를 구축하는 것이다. 그리고 미전도종족을 향한 선교 전략으로는 샨주에 미얀마 전국 선교를 위한 교두보가 되도록 선교 센터를 구축하는 것이다. 구체적으로 양곤주는 경배와 찬양, 직업훈련, 스태프의 실습 등을 통해 선교 기지를 구축하고, 인레호수에는 비즈니스를 기반으로 선교 기지를 구축하여 사역자를 훈련시키는 것이다. 이를 위해 곽현섭 선교사는 2011년에 선교사 신분을 보장하고 사역을 지원하는 회사를 설립했다. 곽현섭 선교사는 사역 시스템 사이클을 1단계 직업훈련, 2단계 복음 교육, 3단계 기독교 공동체 형성, 4단계 전도 훈련, 5단계 자격증 취득 후 개척교회에서 실습 등으로 순환하도록 했다. 직업훈련을 마치고 전도 훈련을 받은 후 취업이 된 자들이 세 개의 교회를 개척했고, 이 중 두 개의 교회가 자립을 이뤘다. 자립은 교회가 운영하는 유치원의 수익금이나 취업자의 십일조를 기반으로 하고 있다. 2012년 직업훈련 수료자가 44명이었고, 취업자는 25명이었다. 2013년에는 양곤선교센터가 완공되었다. 인레수상센터는 건축 중이다.

　미얀마 선교 전환기의 특징은 첫째, 미얀마기독교신학교의 부지 구입이나 본관 건축 등을 중심으로 하던 시기와 달리 곽현섭 선교사와 선교 협력은 직업훈련을 중심으로 자립 선교를 지향했다. 청년들에게 자신의 진로에 적합한 직업훈련을 받고 자격증을 취득하고 취업하게 했다. 이들 중 신앙교육을 수용하는 자들을 중심으로 신앙 공동체를 형성하고, 전도 훈련을 통해 교회를 개척하도록 지원했다. 그리고 유치원 교사 자격증을 가진 교사가 개척교회에서 유치원을 운영하여 개척교회의 자립을 이루도록 지원했다. 둘째, 곽현섭 선교사는 직업훈련을 통해 신앙 공동체를 형성하고, 전도 훈련을 통해 교회를 개척할 사역 자들을 양성함으로써 선교 공동체를 형성하고자 했다. 셋째, 곽현섭 선교사는 선교 범위를 역할 분담하여 김문수 선교사가 양곤BIM센터를 통해 버마족 대상으로 선교하고, 자신은 미전도종족 선교로 범위를 분담했다. 미얀마에서 외국인이 만날 수 없는 60%의 미전도종 족과 현재 복음을 듣지 못한 70여 미전도종족 그리고 미얀마 국민의 60%를 차지하는 버마 족을 선교 대상으로 선정했다. 이는 로잔운동이 주창하는 미전도종족 선교를 따르는 것이 다. 넷째, 곽현섭 선교사는 미얀마 선교 전략으로 남부의 양곤BIM센터(직업훈련과 경배와 찬양 등), 중부 만달레이 선교 기지(음악학원과 태권도 학원), 인레수상센터(비지니스 선교) 등에 각각 선교 기지를 구축하여 자립을 지향하면서도 지역에 적합한 선교 활동을 펼치면서 선교 자원을 훈련시키고자 한다. 곽현섭 선교사가 자신의 선교 초기(2010)부터 선교 전략을 설정한 것은 곽현섭 선교사의 선교관이 폭넓고 입체적이며 깊다는 것을 알려준다. 다섯째, 곽현섭 선교사의 경배와 찬양팀과 묵상 훈련이 신학교에 긍정적 영향을 끼치며 부흥을 가져왔다. 여섯째, 미얀마기독교신학교의 졸업생들이 60개의 교회를 개척하고, 40여 개의 가정교회를 개척했다. 이 교회들이 사이클론 피해를 입은 주민들을 돌봄으로써 주민들이 교회에 호감을 보이면서 3,000명의 교인이 증가했다. 일곱째, 미얀마기독교신학교 안에 미얀마은혜병원이 개원하여 의료선교를 시작했다.

곽현섭 선교사와의 선교 협력이 자립을 지향하고, 신앙 공동체 형성을 지향하면서, 선교 전략에 따라 양곤과 중부 지역(샨주 인레호수와 따웅지)에 선교 기지를 마련하여 사역자를 양성하려 했다. 반면에 부산국제선교회가 엄청난 재정을 지원하여 부지를 구입하고 본관을 건축한 미얀마기독교신학교는 자립의 의지나 대안을 제시하지 못하고 있다. 그리고 미얀마기독교신학교의 교장 리앙망 교장의 건강 악화로 2013년부터 아들 충망이 미얀마기독교신학교를 맡게 되었다. 이 시기에 곽현섭 선교사와 이신우 원장(미얀마은혜병원)은 미얀마기독교신학교 교단에 자문위원으로 교단 회원으로 활동하고 있었다. 2년 정도 자문위원으로 활동하면서 곽 선교사와 이신우 원장의 자문이 리앙망 교장 시기와 달리 수용되지 않는 사례가 늘어났다. 그러면서 충망과 큰아들과 두 자문위원 사이에 학교의 지위와 재산권 등의 이해관계가 복잡해지면서 일부 교수들이 사직했다. 이 시기에 곽현섭 선교사와 이신우 원장도 자문위원을 사임했다. 미얀마 선교의 전환기는 이제까지 부산국제선교회 미얀마 선교의 중심이었던 미얀마기독교신학교로부터 곽현섭 선교사와의 선교 협력으로 부산국제선교회 미얀마 선교의 초점이 전환하는 시기였다. 부산국제선교회는 미얀마기독교신학교와 어떤 관계를 맺어야 할지에 대해 정리할 과제를 안고 있다.

5. 미얀마 선교의 발전기(2014~2017)
: 미얀마 선교의 두 축인 양곤BIM센터와 인레수상센터(MOI)의 구축 완료

1) 2014년: 양곤BIM센터 헌당식과 인레수상센터(MOI) 헌당식, 양곤 국제유치원 개원

2014년은 양곤BIM(부산국제선교회, Busan International Mission)센터의 헌당식과 인레수상센터(MOI)의 헌당식이 열린 기념비적인 해이었다. 양곤BIM센터의 A동은 땅끝교회의 60주년 기념으로 세워진 '미얀마 홀리조이센터'이고, B동은 박홍규 장로의 '기념교회'이고, C동은 사직제일교회의 '60주년 기념교회'이지만, 광진교회, 구포교회, 초읍교회, 선교회 여러 회원이 함께 헌금했다.[46] 인레수상센터의 헌당 예배를 드리던 날 곽현섭 선교사는 동네 280여 가정에 충전용 비상 전등을 선물로 나누었다. 전기 보급률이 26%인 미얀마에서 비상 전등(만 원)을 선물로 받은 주민들은 인레수상센터에 대한 태도가 달라지기 시작했다. 곽현섭 선교사는 인레호수 물밑 땅속에 지하수 파이프를 심어 맑은 물을 온 동네에 공급했다.[47] 이런 일들을 통해 동네 주민들과 인레수상센터 사이에 우호적인 관계가 형성되기 시작했다. 양곤BIM센터에서 유아교육 실습 유치원을 개원하기 위해 양곤대학교 출신의 청년 34명을 선발하여 2013년 5월부터 1년 넘게 유아 교사 교육을 훈련하여 최종 선발된 영어가 자유로운 교사 15명으로 유아교육 실습 국제유치원을 개원했다. 국제유치원은 현재 한인 어린이와 미얀마 어린이들을 함께 받아서 운영하고 있다. 인레호수 입구 마띠센에 제4교회 부지와 제5교회의 부지를 매입했다.

양곤BIM센터의 청년직업훈련공동체는 각 교회 리더와 사역자들을 격주로 토요일에 모이게 하여 성경공부 및 양육자 과정을 진행했다. 개척교회 중 탄자욱삔교회는 대저중앙교회의 지원을 받았고, 아오밍글라교회는 대저중앙교회의 지원을 받았고, 레퀘교회는 광

---

46 김정광 목사 간증편, 『목사님, 여권 잃어버렸어요!』 (부산: 도서출판 지앤미, 2014), 117.
47 위의 책, 127-128.

[사진 10~11] 양곤BIM센터(위)와 헬로우 K 국제유치원(아래)

진교회의 지원을 받았다. 국제유치원 교사 훈련을 15명이 받고 있고, 대기자 4명은 보조교사를 준비하고 있다. 유치원 교사 훈련 과정은 소정교회와 코이노니아선교회의 지원을 받았다. 양곤BIM센터가 미얀마 유일의 한인 국제유치원을 운영하고 있다. 국제유치원 교사 훈련생들이 유치원 교사 훈련 2년 과정 중 국제유치원에서 실습을 하고 있다.

중부 인레호수 지역의 인레수상센터(인레호수 최초의 교회)는 매주 토요일과 주일에 음악, 한국어, 영어 사역과 주일예배를 드린다. 이 사역들은 소정교회와 코이노니아선교회의 지원을 받고 있다. 인레수상센터는 마띠센 마을에 개척 사역(방과후학교와 직업학교, 마을 주민을 위한 재봉 교육, 미용 교육)을 할 예정이다. 인레호숫가 마띠센 마을에 개척센터의 부지를 부산국제선교회가 확보했다. 양곤 국제유치원의 교사를 인레호수에 파견하여 영어 캠프를 운영했다. 영어 캠프를 통해서 선교의 접촉점으로 활용하고 있다. 인레호수 전도 사역을 위한 이동 경비를 조운복 장로가 사진전을 통해 얻은 이익금으로 지원했다. 인레호숫가 개척센터 부지 구입비를 광진교회, 구포교회, 강국만 장로, 기쁨의교회, 사직제

[사진 12] 인레수상센터(MOI)

일교회, 부산국제선교회가 지원했다. 울타리 부분도 부산국제선교회와 광진교회의 도움으로 잘 마무리했다. 선교사 자녀 예린이가 미국 휘티어(Whittier College, LA 소재) 대학 의료분과 생물학과에 진학했다. 리더들이 예린이의 학비를 지원했다. 예린이는 반에서 유일한 동양인으로 잘 적응하여 세 번의 시험 중 첫 시험에 2등, 두 번째 시험에 1등, 세 번째 시험에 2등을 하였다. 선교사의 자녀 기현은 이번 시험에 상위권으로 진입하였다.[48]

곽현섭 선교사는 미얀마 선교 7년을 되돌아보며 최고의 선물은 부산국제선교회를 만나고, 회원 교회들과 코이노니아선교회를 만난 것이라 고백했다. 2014년은 양곤BIM센터 헌당식과 인레수상센터 헌당식을 드리며, 선교의 기초를 세우는 귀한 한 해가 되었다. 그리고 미전도 개척 지역인 인레호숫가 마띠센 지역에 부산국제선교회의 개척센터 부지를 확보했다. 2015년에는 미얀마 선교 역사에서 처음으로 인레호숫가에 교회당을 건축하여 선교 사역을 펼칠 것을 기대하고 있다. 미얀마에 한인을 비롯하여 외국인의 이주가 증가하면서 주택비가 가파르게 상승하여 상당수의 선교사가 도시 외곽으로 이전하고 있다. 주택비가 상승하기 이전에 양곤BIM센터를 세움으로써 주택문제를 해결한 데 대해 곽현섭

---

48 미얀마분과장 서찬석 장로, "미얀마 선교보고," 「제32회 부산국제선교회의 밤 선교보고서」 (2014년 12월 11일).

선교사는 부산국제선교회와 회원 교회에 감사한다. 양곤BIM센터의 가장 중요한 사역은 국제유치원 교사 이론교육과 실습훈련이다. 교사 1/3은 유치원 업무를 담당하고, 나머지 2/3 교사들은 성경 스토리를 미얀마말로 번역하며, 매주 토요일마다 운영되는 세미나를 위해서 미얀마 주일학교 교재를 개발하고, 개척지 개척 선교 프로그램을 개발하는 사역을 담당하고 있다. 매주 토요일마다 여러 교회의 주일학교 교사들이 참여하는 주일학교교사 세미나(1년 과정)를 통해 교사 이론 교육과 실습 훈련(소정교회와 코이노니아선교회 지원)이 진행되고 있다. 양곤BIM센터는 초등학교 4학년, 중학교 2학년, 고등학교 3학년 학생들과 청년 직업훈련자들의 숙소와 생활과 공부 장소로 활용되고 있다. 주말에는 한인 성도들이 모여 기도드리고, 현지 사역자들이 예배를 드리고 있다. 연말에 3박 4일 일정으로 양곤 거주 한인 성도들 30여 명을 대상으로 성경 강사가 인도하는 성경통독 세미나가 열릴 예정이다. 내년부터는 청년 직업훈련 대상자들과 각 개척교회 담당자를 대상으로 성경공부를 격주로 열 예정이다.

곽현섭 선교사는 사직제일교회의 교회 창립 60주년 기념교회인 양곤BIM센터의 사직 교회가 불교가 강한 지역사회에서 사역을 잘 감당하도록 기도할 것을 요청했다. 양곤BIM 센터의 전기 안정을 위해 김운성 목사가 개인적으로 후원해서 산업전기 파워시설을 설치하여 운영하고 있고, 한 후원자가 양곤BIM센터 B동 건물 하나를 위한 발전기 구입과 전기설치 작업비용으로 1,000만 원을 지원해서 센터 B동은 비상시 대처할 수 있게 되었다. 앞으로 A동과 C동의 발전기 설치를 위해서 기도를 요청했다. 샨주에서 운영하는 주립 직업훈련 전문대학이 들어서는 마띠센 지역 입구에 약 250평의 개척센터 부지를 확보했는데 건축이 잘 진행되어 앞으로 미전도 지역 선교를 잘 감당하도록 기도를 요청했다. 양곤BIM센터의 국제유치원 교사 교육훈련 프로그램이 잘 정착해서 고학력자 스태프와 사역자를 발굴하고 개척 마을과 개척 도시의 접촉점을 이루도록 기도를 요청했다. 이를 위해 국제유치원 교사 교육 스쿨 오픈이 잘되도록 기도를 요청했다. 선교사 자녀인 예린(대학교 1학년, 의료분과 생물학과)이와 기현(중3)이의 학업과 생활을 위해 기도를 요청했다.[49]

---

49 미얀마 곽현섭 선교사, "미얀마 선교 보고," 「제32회 부산국제선교회의 밤 선교보고서」 (2014년 12월 11일).

2) 2015년: 국제유치원을 통한 양곤BIM센터의 자립, 인레수상센터의 활동과 디베랴의아침(MOT)개척센터 건축, 자립하는 교회 모델 구축

양곤BIM센터는 원아 26명, 교사 20명, 보조교사 16명으로 구성된 국제유치원(헬로우 K)을 통해 자립을 이뤘다.[50] 청년 직업훈련을 계속 시행하고 있고, 개척교회 리더 사역자 부부 그룹의 성경공부를 월 2회 진행하며, 지역 선교사의 교회 주일학교 교사 및 유치원 교사를 위한 실습 세미나를 개최하고 있다. 미얀마 선교사 자녀들을 위한 수련회와 각종 세미나를 위한 장소를 제공하고, 단기 선교팀에게 숙소를 제공하고 있다. 미얀마 선교사를 초청하여 연 2회 위로회를 열고 있다.

미얀마 개척교회 현황으로는 1교회(탄자욱삔교회, 탕조우 목사)는 유치원을 운영하고, 2교회(아오밍글라교회, 넬리 전도사)는 공부방과 '러브에프터스쿨'을 운영하고, 3교회(뤠퀘교회, 마초 전도사)는 유치원을 운영하고, 4교회(양곤BIM센터 사직교회, 마웨이 전도사)는 사역자 성경공부를 진행하고, 국제유치원을 운영하며, 5교회(디베랴의아침교회, 리츄릭 청년)는 청년 직업훈련을 실시하고, 현지인 선교사 훈련원을 운영하고 있다.

인레 마띠센 지역 디베랴의아침교회의 부지(샨주 주립 직업훈련대학 입구)를 광진교회, 구포교회, 강국만 장로, 기쁨의교회, 사직제일교회, 부산국제선교회 등이 2,800만 원을 지원하여 2015년 4월에 마련했다. 부산국제선교회(참여교회: 땅끝교회, 광진교회, 대성교회, 새길교회, 행복한교회, 더불어교회)가 4,300만 원을, 포항 평강교회가 3,000만 원을, 소정교회가 2,000만 원을, 신광교회가 500만 원, 곽현섭 선교사 2,000만 원(선교회 개인 지원금 중 일부) 등 총 1억 1,800만 원을 지원하여 11월에 디베랴의아침개척센터를 건축했다. 디베랴

---

50 국제유치원은 양곤 대학을 졸업한 고학력 불신자들을 교사로 채용하여 이 교사들이 유치원 어린이들을 대상으로 성경 이야기를 가르칠 교재를 만들고, 그 교재를 토대로 다양한 유아 활동을 개발하여 주말에 교회학교 교사들을 가르치고(1년 과정), 방학 기간에는 현지 교단의 교육부가 주최한 교사 세미나에서 국제유치원 교사들이 자신이 개발한 교재로 강의하고, 신학생들과 전도사에게 불신자 어린이들을 대상으로 기독교 교육을 할 수 있도록 자신들이 개발한 교재로 강의하고 있다. 대부분의 신학생과 전도사는 모태 신앙으로 기독교적 세계관을 배경으로 살아왔다. 반면에 불신자 어린이들은 대부분 불교적 세계관을 배경으로 살아왔다. 따라서 기독교 교육 교재는 불교적 세계관을 배경으로 하는 어린이들에게 적합한 교재 개발이 필수적이다(곽현섭 선교사와의 인터뷰, 2024년 4월 6일).

아침교회는 인레호숫가에 처음 생기는 교회로서 호텔에서 일하는 청년들과 음악대학교의 대학생들 그리고 주변 10개 마을을 대상으로 선교할 계획이다. 인레수상센터는 미얀마 선교사들의 수련회 장소 및 단기 팀의 숙소로 활용되며, 센터 주변 마을 어린이와 청소년들에게 미술, 음악, 영어, 태권도, 의료봉사를 진행하고 있으며, 12월에 센터 주변 마을의 어린이, 청소년 30명을 양곤으로 초청하여 행사를 진행할 예정이다.

미얀마기독교신학교(MCS)의 졸업생들이 세운 교회의 목회자 30여 명이 월 1회 모여 기도회와 세미나를 진행하고 있다. 부산국제선교회를 통하여 세워진 교회들이 열심히 전도하고 예배드리고 있다. 미얀마기독교신학교가 초창기처럼 활성화되도록 기도를 부탁한다. 각 교회 상황은 북다곤 1교회는 신광교회에서 건축(2005) 후 어린이 52명, 장년 30명이 모여 예배를 드리며, 목회자가 주 2일 직장에서 생활하는 가운데 성실하게 목회하고 있다. 북다곤 3교회는 2009년 구포교회가 부지 구입을 지원하고, 새장승포교회가 교회당 건축을 지원하여 건축 후 계속 지원하고 있으며, 목회자가 각종 자립 활동을 하고 있다. 북다곤 4교회는 금성교회가 교회당을 건축(2004) 후 계속 지원하고 있다. 베네공 인세인교회는 부산성동교회에서 건축(2006) 후 계속 지원하고 있다.

인레수상센터 앞 부지(250평) 구입을 위해 땅끝교회가 8,000만 원을 후원했고, 양곤BIM센터 발전기 구입비 500만 원을 땅끝교회가 후원했고, 러브에프터스쿨(아오밍글라교회의 공부방)에 매월 250만 원을 땅끝교회가 지원하고, 양곤선교센터의 빔프로젝트 구입비 140만 원을 기쁨의교회가 후원했고, 현지 법인 설립을 헬로우 K가 후원했다. 만달레이은혜신학교(신종수 목사)와 협력 사역을 하게 되었다. 현지인 선교사 훈련원과 연결하여 곽현섭 선교사의 스태프를 위탁 교육하게 되었다. 곽현섭 선교사가 비자 갱신을 위해 11월 12일 귀국하여 12월 9일 미얀마로 출국하기까지 대성교회 제직 세미나, 대저중앙교회, 코이노니아선교회, 땅끝교회, 부산국제선교회의 밤, 구포교회, 신광교회 등에서 선교 보고를 하고 특강을 할 예정이다.[51]

미얀마의 학구열이 강한 것에 착안해서 각 선교 개척지에 교육을 통한 선교 전략을

51 미얀마 분과장 서찬석 장로, "미얀마 선교보고," 「제33회 국제선교회의 밤 선교보고서」 (2015년 12월 3일).

구축하고 있다. 미얀마가 이번 총선을 통해 새로운 운영체제로 전환되는 상황에서 앞으로 국민을 계몽하는 분야가 더욱 힘이 실릴 것으로 예측된다. 4년 전까지는 미얀마 전체 선교사들의 사역이 신학교와 교회 개척 사역 중심으로 활성화되었다. 그러나 교회 개척 중 허가 과정에서 마을과 문제가 되는 일이 여러 차례 발생했다. 2년 전부터는 급속한 산업화의 영향으로 인해 경제적인 관심도가 높아짐으로 인해 신학교의 학생 모집도 점차 어려움을 겪고 있다. 그래서 선교 사역이 마을에 도움을 주고, 개인적으로는 자립이 되고, 마을에 좋은 영향을 주도록 하기 위해서 교회를 개척할 때 유아교육 분야를 대안으로 제시하게 되었다. 이후 미얀마 전체 선교사 사역에서 유아교육 분야가 전체 사역의 15%에 근접하는 사역의 형태를 취하게 되었다. 금년에는 여러 선교사의 사역에서 유아교육 부문이 전체 선교 사역의 50%에 육박하는 상황이다.

미얀마 정부가 개방 정책을 펴는 상황에서 양곤 이외의 도시로 새롭게 선교 사역을 개척하려는 움직임이 증가하면서, 선교사의 신분 보장과 안정적인 선교 사역의 기초 분야로 유아교육 분야가 관심 분야로 급부상했다. 그러나 미얀마 대학교에는 유아교육학과가 없기 때문에 유아 교사를 지망하는 자는 고등학교를 졸업하지 않고도 정부 기관의 한 달 교육을 받으면 유아 교사 자격증을 받아 유아 교사가 될 수 있다. 이로 인해 유아 교사의 교육 수준이 낮아 선교사들이 개척한 교회 부설 유치원은 질이 낮은 유치원으로 인식되어 마을에서 선교 사역을 진행할 때 유치원에 대한 선호도가 높지 않은 편이다. 이러한 상황에서 미얀마 실정에 맞는 교회 개척 사역을 위해 양곤 지역에서 청년 직업훈련(부산국제선교회, 소정교회, 코이노니아선교회 지원)과 개척교회 건축 지원(부산국제선교회 지원)을 통해 자립하는 교회 모델을 구축하였다. 개인전도 방법, 교회 개척의 방법 그리고 개인 자립과 교회 자립 방법 등을 통해 미얀마 상황에 적절한 교회를 개척하여 자립하고 자치적으로 운영하는 교회 개척 모델을 구축했다.[52]

---

52 미얀마 곽현섭 선교사, "부산국제선교회의 미얀마 2015~2016년 선교 전략 보고서," 「제33회 부산국제선교회의 밤 선교보고서」(2015년 12월 3일).

3) 2016년: 직업훈련 결과 자립하는 교회, 다섯 개척교회의 발전, 인레선교센터의 자립

양곤BIM센터의 국제유치원(헬로우 K)은 원아가 30명, 교사 및 관리 인원이 48명으로, 월 인건비 및 관리비 1,200만 원으로 자립하여 운영하고 있다. 매주 토요일에 개척교회 리더와 사역자 부부를 위한 성경공부를 하고, 기도회를 연다. 지역 선교사가 개척한 교회의 주일학교 교사와 유치원 교사를 대상으로 실습 세미나를 1년에 6회 개최한다. 한인 대상 수련회 및 세미나 장소를 제공하고, 미얀마 한인 선교사 초청 위로회를 연 2회 개최한다. 2009년부터 진행된 청년 직업훈련 수료자가 미용 36명, 간호사 8명, 약사 3명, 전기기술자 4명, 요리사 5명, 유치원 교사 43명, 국제유치원 교사 37명, 한국어 4명, 일반 서비스업 3명, 커피 바리스타 교육 13명 등 총 156명이다. 훈련 성과는 미용 훈련을 받고 미용실을 운영하여 자립하는 사례가 생긴 것이다. 미용 훈련을 수료하고 자격증을 취득하여 미용실을 중부지역 선교지에서 연 미용사는 목회자와 결혼 후 미용실 운영과 유치원 운영으로 개척교회(양곤 지역의 탄자욱삔교회와 유사)가 자립하게 되었다. 다른 미용 훈련 수료자는 모 선교사의 미용실에서 총괄 매니저로 사역하고 있다. 유치원 교사 중에는 레구 지역에서 보육원과 유치원 사역을 하는 모 선교사의 베이스에서 원장으로 사역하는 교사가 있고, 중부 지역 시골 마을에서 개척 사역하는 모 선교사의 베이스에서 분교 학교의 교사로 마을 개척 사역을 진행하는 교사가 있고, 뛔퀘교회 담당 목사로 주일에는 교회를 섬기고 평일에는 유치원을 섬기는 교사가 있고, 약 7명 선교사의 사역지에서 책임자로 사역하는 교사가 있다. 미얀마 최초의 기독교국제유치원은 기독교 유아교육 분야 교재를 1월에 발간할 예정이고, 개척교회 부설 유치원 교사와 기독교 유아 교사 교육 세미나를 주최하고 있다.

인레 지역 디베랴의아침선교센터가 양곤의 국제유치원 교사의 지원으로 영어 캠프를 운영함으로써 선교의 접촉점을 마련했다. 디베랴의아침선교센터가 지원하는 직업훈련은 직업별로 다르지만, 평균 1인당 월평균 8만~20만 원의 수입이 예상된다. 양곤의 개척교회인 아오밍글라교회의 청년 중 전기기술자 훈련을 받은 버마족 청년이 자신의 가정이 자립하게 되어 감사하다는 인사를 보내왔다. 인레호수 지역은 지역 특성상 다양한 종목보다는

2~3가지 직업에 집중하는 훈련이 좋을 것이다. 미용, 재봉, 간호, 약 판매사, 요리사 등의 분야를 지원하고 있다. 교육 지원 상황은 미용 6명, 재봉 7명, 극빈자들을 위한 기숙학교 6명 등이다. 극빈자 마을 대상 방과후학교 1, 2, 3, 4(130명)를 교사 16명이 운영하고 있다.

미얀마 개척교회 현황으로는 1교회 탄자욱뻰교회(탕조우 목사)는 유치원을 운영하여 자립하였고, 주일 평균 출석 인원은 30명이고, 월 헌금은 5만 원이고, 유치원 수입은 15만 원이다. 2교회 아오밍글라교회(넬리 전도사)는 공부방(러브 애프터스쿨)을 운영하고 있으며, 교회에는 장년 45명, 어린이 30명, 청소년 30명 등이 출석하고, 월 헌금은 25만 원이고, 공부방을 운영(학생 32명, 교사 8명) 중이며, 교회와 공부방을 정부에 정식으로 등록하기 위해 준비하고 있다(200만 원이 소요). 3교회 뤠퀘교회(마초, 칸아웅 목사)는 유치원을 운영하여 자립했고, 교회에는 장년 27명, 어린이 16명이 출석하고, 월 헌금이 6만 원이고, 유치원 수입은 20만 원이다. 2016년 5월 목회자 부부가 목사 안수를 받았고, 교회가 부흥하고 있다. 4교회 양곤BIM센터 사직교회(마웨이 전도사)는 사역자 성경공부, 직업훈련자 QT 및 기도회를 진행하고, 국제유치원을 운영하고 있다. 5교회 디베랴의아침교회(리츄릭 청년)는 2017년 1월에 정식으로 열 예정이고, 직원은 5명이고, 인재 양성 프로그램을 진행할 예정(직업훈련-가죽공예, 공부방 운영, 현지인 목회자 양성 훈련원)이다.

인레수상센터는 직원이 3명이고, 게스트하우스와 커피숍을 통한 월수입이 50만 원으로 자립하고 있다. 주변 청년을 대상으로 직업훈련을 실시하고, 청소년과 어린이에게 미술, 음악, 영어교육 등을 실시하고 있다. 현지인 목회자의 훈련을 마치면 예배를 시작할 예정이다.

미얀마기독교신학교(MCS)의 졸업생들이 교회를 개척하여 부산국제선교회의 지원으로 20여 교회의 교회당을 건축했다. 개척된 교회들을 중심으로 미얀마 선교회(MCM)를 조직하여 소속된 목회자들이 월 1회 기도회와 세미나를 진행하고 있다. 신광교회, 광진교회, 구포교회, 새장승포교회. 금성교회. 부산성동교회가 교회당 건축 후에도 개척교회들을 지원하고 있다.

미얀마 선교를 위해 후원한 내역을 보면 러브애프터스쿨(공부방)은 매월 250만 원을 개인회사가 지원했다. 디베랴의아침교회당의 마무리 공사비와 비품 구입 비용으로 땅끝교회가 500만 원, 광진교회가 500만 원, 부산국제선교회가 500만 원 등 총 1,500만 원을 지원했다. 아오밍글라교회당 증축 공사는 땅끝교회가 2,500만 원, 대저중앙교회가 300만 원을 지원했다. 부산국제선교회는 전기요 5장을 지원했다. 양곤BIM센터 활동과 개척교회들이 현지인 리더들을 통해 자체 관리가 가능해졌다. 그리고 곽현섭 선교사가 중부 개척 선교지(인레)로 이주하기 위해 양곤 베이스 전체 사역을 이양받고 양곤 베이스를 점검하며 관리할 후임 선교사를 부산국제선교회에 요청했다. 부산국제선교회와 곽현섭 선교사 사이에 선교사 은퇴 시기까지 소속에 관한 협약식이 2016년 10월에 있었다. 부산국제선교회는 김문수 선교사와 김옥주 선교사를 2017년 1월 파송할 예정이다.[53]

4) 2017년: 김문수 선교사 파송, 디베랴의아침교회 준공식, 미얀마기독교신학교의 위축

부산국제선교회는 김문수·김옥주 선교사를 미얀마 선교사로 파송했다. 김문수 선교사는 부산노회에서 2017년 4월 18일에 목사 안수를 받았고, 미얀마로 7월 18일에 출국했다. 김문수 선교사는 부산에서 태어나 모교회가 사직제일교회이고, 중학교 때 캐나다로 이민 갔다가 고등학교 때 귀국해서 대전에서 학교를 다녔다. 김 선교사가 신학을 하게 된 것은 한의사이고 총회에서도 봉사했던 할아버지의 영향 때문이었다. 김 선교사의 취미는 플루트로 초등학교 5학년 때부터 중학교까지 레슨을 받았다. 부친이 교회 성가대를 지휘했고, 모친이 중창단원으로 활동하는 음악 가정이었다. 군 생활 중 하나님을 만나 주의 일을 할 것을 서원했다. 부부가 모두 대학에서 러시아어를 전공했으나 모교회인 사직제일교회 이동룡 목사의 제안으로 미얀마 선교사를 지원하게 되었다. 총회 세계선교부가 주관하는 신임 선교사 업무 교육을 받아 총회 파송 선교사가 되었다. 주 파송 교회는 땅끝교회이고, 부산국제선교회 회원 교회들이 후원하고 있다.[54]

양곤BIM센터의 국제유치원(헬로우 K)은 내년부터 한인유치원으로부터 다국적 유치원

---

53 미얀마분과장 서찬석 장로, "미얀마 선교보고," 「제34회 국제선교회의 밤 선교보고서」 (2016년 12월 1일).
54 김문수 선교사와의 인터뷰(2022년 3월 8일).

으로 거듭날 예정이다. 국제유치원은 선교사 비자 연장을 통해 신분을 보장하고 자립적으로 운영함으로써 양곤BIM센터 자립의 기반이 되고 있다. 선교사들이 유치원을 설립하여 운영함을 통해 교회 개척을 하는 경우가 많다. 이런 선교사들을 지원하기 위해서 양곤BIM센터는 교회가 운영하는 유치원 교사를 대상으로 실습 세미나를 개최하고 있다. 양곤BIM센터는 미용사, 유치원 교사, 약사, 간호사, 가죽공예, 자동차 정비, 전기 기사, 한국어, 요리사, 바리스타 교육 등 청년 직업훈련 장소로 사용되고 있다. 인레수상센터에서 선발된 청년들을 양곤BIM센터에서 교육을 한 후 디베랴의아침교회에서 이 청년들을 양육하고 있다.[55] 양곤BIM센터는 개척교회의 리더 모임, 공부방 학생들의 캠프 장소로 사용되고 있다. 양곤BIM센터는 한인 교회에게 수련회나 세미나 장소를 제공하고, 선교사와 비전트립 팀의 숙소로 활용되고 있다. 양곤BIM센터는 마을과 우호적인 관계를 형성하기 위해 마을 행사를 지원하고, 성탄절에는 친룽 대회를 진행하여 장학금과 생필품을 전달하고, 마을 주민 300여 명에게 식사를 제공했다.

미얀마 개척교회 현황으로는 양곤주의 1교회 탄자욱삔교회(탕조우 목사)는 유치원 운영으로 자립했고, 친족 중심으로 교회가 성장하고 있다. 2교회 아오밍글라교회(넬리 전도사) 사랑의방과후공부방은 미얀마 교육부로부터 사립학교로 인가를 받았다. 아오밍글라교회는 어린이 예배, 청소년 예배, 장년부 예배를 드리며, 공부방은 학생 62명, 교사 8명으로 성장했다. 공부방이 지역사회에 좋은 영향을 끼쳐 공부방 학생들과 학부모들을 전도하고 있다. 3교회 뤠퀘교회(미초, 칸아웅 목사)는 유치원 운영으로 자립했고, 버마족 마을이어서 버마족을 전도하여 부흥하고 있으며, 2018년에 교회당을 증축할 예정이다. 4교회 양곤BIM센터 사직제일교회(퓨진)는 사역자 성경공부를 진행하고, 센터 상주 인원 15명이 매일 묵상기도(QT)와 기도회를 진행하며, 2017년 1월부터 주일예배를 진행하고 있다. 2018년부터는 김문수 선교사가 성경공부와 예배를 인도할 예정이다.

디베랴의아침선교센터는 외형적으로는 마을에서 청년 직원을 선정하여 주민들이 생산하는 과일을 구입하여 운영하는 과일주스 가게를 통해 정착을 시도할 예정이며, 실질적

---

55 미얀마 곽현섭 선교사, "미얀마 선교 보고," 「제35회 부산국제선교회의 밤 선교보고서」 (2017년 12월 14일).

으로는 취업을 위해 온 청년들 대상으로 신앙 훈련과 청년 직업훈련과 공부방 사역을 진행할 예정이다. 2017년 11월 8일에 디베랴의아침교회의 준공식을 열었다. 2018년 1월부터 곽현섭 선교사 부부와 사역자 5명이 상주할 예정이다. 디베랴의아침교회는 외형적으로는 과일주스 가게를 운영하지만, 실질적으로는 청년 직업훈련과 공부방 사역을 진행할 예정이다. 인레수상센터는 게스트하우스와 커피숍으로 자립했고, 어린이, 청소년에게 미술, 음악, 영어교육 등 가르치며 마을과 좋은 관계를 이어가고 있다.

미얀마기독교신학교(MCS)는 현재 학생 40명과 교수 8명으로 운영 중이며, 졸업생들이 개척한 교회의 사역자들이 매월 1회 모여 기도회와 세미나를 진행하며, 세워진 교회들은 평균 30여 명의 교인들이 모여 예배드리고 있다. 교장 리앙망 진자 목사는 병세가 위독하여 병원에 입원해 있다.

2018년부터 곽현섭 선교사는 인레 지역에서 사역을 시작하고, 김문수 선교사는 양곤센터, 양곤개척교회, 공부방을 운영하며, 양곤 외대 미얀마어학과(2년)를 다니며, 미얀마어 개인교습을 하며 언어 훈련에 집중할 예정이다.[56]

김문수 선교사는 2018년 1, 2월부터 양곤 외국어대학교로 진학하여 2년간 언어 연수 과정을 받을 예정이다. 김문수 선교사는 양곤BIM센터를 인수하고, 적응하는 시간을 갖게 될 것이다. 김옥주 선교사는 둘째 출산을 위해 내년 1월 초에 귀국하여 3월 출산을 예정하고 있다. 몸조리 후 제과 제빵 기술을 더 수련한 뒤 2018년 6월 비자 갱신 후 함께 입국할 예정이다.[57]

미얀마 곽현섭 선교사, "미얀마 선교 보고," 「제35회 부산국제선교회의밤 선교보고서」 (2017년 12월 14일)

다음 그림들은 곽현섭 선교사의 사역 보고에 실은 "미얀마 선교 보고" 내용들이다.

---

56 미얀마 분과장 서찬석 장로, "미얀마 선교 보고," 「제35회 부산국제선교회의밤 선교보고서」 (2017년 12월 14일).
57 미얀마 김문수 선교사, "미얀마 선교 보고," 「제35회 부산국제선교회의밤 선교보고서」 (2017년 12월 14일).

미얀마 1 베이스

부산국제선교회 미얀마 사역

부산국제선교회 양곤선교센타 (BIM 선교센타)

2018년 2월 부터 김문수 선교사 가정 센타입주 시기까지 사역이양 완료 플랜

사랑의 방과후 학교

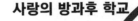

졸업생 인재양성

양곤 BIM 선교센타

인재양성
청년직업훈련

청소년 학업지원
전도 / 교회부흥

선교사역
청년자립 직업훈련 아카데미
전도스텝 / 사역자 양성

신분/거주 보장용
헬로우 K 국제유치원
국제유치원교사 아카데미

전도자 사역자 양성

교회개척
교회자립
부흥성장
개척전도

진행된 사역들

상주스텝 교육 12 ~ 15명 성경1독 완료
매일 저녁 성경일기 /기도회 / 찬양
현지인 주일학교 교사 세미나 개최
12월 25일 마을 친롱대회 / 장학행사
방과후학교 학생들 센타 수련회
캄보디아/인도 선교사 센타 2주 교육 세미나
다른 선교사님 베이스 청년들 센타 임대 리더쉽 세미나
간호사,요리사,유치원교사등 직업훈련자 배출

미얀마 2,3 베이스

부산국제선교회 미얀마 사역

샨주 인레호수 수상마을 / 호숫가 마을

인레의 아침 수상선교센타 (교회)

사랑의 방과후 학교

신분/거주 보장용 인레의 아침 커피숍

선교사역 수상마을 어린이 청소년 학업지원 / 청년 직업훈련
지역개척 전도사역 / 여성자립 전도사역

수상마을 2베이스 센타에서 선발한 청년을 3 베이스에서   청년양육사역

디베랴의 아침 선교센타 (교회)

사랑의 방과후 학교 1,2,3,

신분/거주 보장용 인레 쥬스 바

선교사역 마을 청소년 학업지원 / 청년 직업훈련 / 지역개척 전도사역

국립 직업훈련학교 청년들 대상 사역준비중 (학교입구)

사역자 양성 사역

교회개척사역

진행된 사역들

수상마을 전도사역 진행
크리스마스 수상마을 전도사역

인레의아침 선교센타에서 청년 선발하여
양곤센타에서 교육후,
디베랴의 아침 선교센타에서 양육 시작

샨주 직업훈련학교 청년들관계 형성중
방과후학교 청소년 사역 셋팅

5) 미얀마 선교 발전기의 특징과 과제

마얀마 선교 발전기의 특징으로는 다음과 같다.

첫째, 부산국제선교회의 미얀마 선교는 곽현섭 선교사의 선교 전략에 따라 양곤BIM센터와 인레수상센터의 두 축을 중심으로 발전하는 기틀을 마련했다. 2014년에 양곤BIM센터 헌당식을 거행했고, 국제유치원을 개원했다. 그리고 인레수상센터의 헌당식을 거행했다. 2015년에 디베랴의아침(MOT)개척센터를 건축했고, 2017년에 디베랴의아침교회 준공식을 드렸다.

둘째, 곽현섭 선교사는 청년 직업훈련, 경배와 찬양, 신앙 공동체 형성, 전도 훈련, 개척교회에서 실습 등의 선교 방법을 양곤BIM센터에 적용하여 양곤BIM센터를 든든히 세워갔다. 직업훈련을 받을 청년들을 선발하여 교육 수료 후 자격증을 취득하게 한 다음 취업으로까지 연결되게 했다. 이 과정에서 경배와 찬양에 참여하며 신앙 공동체에 합류하는 청년들에게 전도 훈련을 시켜 개척교회에서 자신의 교육 내용에 따라 실습하도록 했다.

셋째, 곽현섭 선교사는 모든 선교센터와 개척하는 교회가 자립을 지향하도록 했다. 양곤BIM센터는 국제유치원을 통해 2015년에 자립을 이뤘다. 국제유치원의 교사 중 1/3이 운영하는 유치원의 수익을 통해 양곤BIM센터 재정의 40%를 충당했다. 나머지 2/3교사들이 진행하는 주일학교 교사 훈련 세미나 후원 비용 등이 교사의 급여를 충당하면서 국제유치원이 자립하게 되었다. 직업훈련을 수료한 청년들이 자격증을 취득하고 취업하도록 했다. 이 과정에서 중요한 것이 직업훈련의 현지 학원장과의 우호적인 관계이다. 개척교회에서 직업훈련을 받아 유치원 교사 자격증을 가진 교사가 유치원을 설립하고 운영함으로써 개척교회가 자립하게 된 사례가 있다. 인레수상센터는 게스트하우스와 커피숍으로 인해 2016년에 자립을 이뤘다. 직업훈련을 마친 청년들이 개척한 다섯 개의 교회 중 두 개 교회(탄자욱삔교회, 레퀘교회)가 자립했다. 곽현섭 선교사가 청년들의 직업훈련을 지원하여 자립을 이뤘기 때문에 자립한 청년들 대부분은 선교 사역을 지원하고 있다. 그러다 보면 취업률이 낮아질 수 있다. 선교사는 이런 상황에서 선교 사역을 중장기적으로 보고 취업을 중시해야 한다. 다만 선교사는 직업훈련 전에 청년들에게 인턴 과정을 제시하여 신앙 훈련과 사역에

임하다가 1~2년 후에 직업훈련 대상자로 선정하여 진행하는 것이 바람직하다.

넷째, 선교 기관과 개척교회의 자립은 부산국제선교회와 회원 교회와 회원들이 선교센터의 건물과 개척교회 교회당 건축을 지원하고, 직업훈련 경비를 소정교회와 코이노니아 선교회가 지원한 것을 바탕으로 이뤄진 것이다. 미얀마 교회로 하여금 교회당 건물과 선교센터 건축까지 스스로 감당하도록 했다면 미얀마 선교는 한 걸음도 나아가지 못했을 것이다. 반면에 부산국제선교회가 모든 것을 지원한다면 미얀마 교회의 자립 의지를 꺾는 것이 될 것이다. 곽현섭 선교사는 자립하는 교회 모델을 통해 두 가지 한계를 넘어서도록 했다. 즉, 미얀마 청년들은 직업훈련을 통해 자격증을 취득하고 취업함으로써 스스로 자립의 기반을 마련했다. 그리고 부산국제선교회는 개척교회와 선교센터의 부지를 구입하고 교회당과 선교센터를 건축함으로써 미얀마 선교의 하드웨어를 제공했다.

다섯째, 유치원을 통한 자립이다. 양곤BIM센터는 국제유치원을 통해서 자립했다. 개척교회 중 자립을 이룬 두 교회 역시 유치원을 통해서 자립을 이뤘다. 새롭게 자립을 이룬 사례도 개척교회 목사와 결혼한 유치원 교사가 교회 내 유치원을 운영함으로써 자립을 이룩했다. 유치원을 통해 자립하는 것이 가능한 것은 미얀마의 사회적 상황의 변화에 기인한다. 2011년까지 한인 선교사들은 대부분 신학교와 교회 개척 사역을 했다. 2013년 이후 급격한 산업화가 진행되면서 신학생 지원자가 급속히 감소했다. 교육열이 높은 것을 바탕으로 한인 선교사들은 유치원을 통한 선교로 방향을 전환하기 시작했다.

여섯째, 곽현섭 선교사의 선교 방법이 효과적인 것은 연령별로 맞춤형 선교 내용을 개발한 데 있다. 즉, 청년들에게는 직업훈련을 통해, 어린이들에게는 유치원과 공부방을 통해, 장년들에게는 유치원이나 공부방의 학부모로 다가갔다. 일곱째, 곽현섭 선교사의 선교는 상대방의 약점을 이용하는 것이 아니라 사랑으로 다가갔기 때문에 마음을 열고 복음을 영접하는 사건이 일어나게 되었다. 직업훈련이든, 유치원이나 공부방이든, 청년이나 어린이들이나 학부모들을 단순히 선교 대상으로 여기지 않고 사랑의 마음으로 다가갔기 때문에 마음을 열고 경배와 찬양에 참여하고, 신앙 공동체에 동참하면서 전도훈련과 개척교회에 동행하게 되었다. 유치원과 공부방의 학부모들도 어린이를 사랑하는 교사와 곽현섭 선교사를 통해 복음을 영접하는 사건이 일어났다.

그동안 부산국제선교회 미얀마 선교의 중심축이었던 미얀마기독교신학교는 상당히 위축되었다. 2010년 신학생이 130명, 교수가 18명이었는데, 2017년에는 신학생이 40명, 교수는 8명이었다. 이는 위에서 언급한 사회적 상황의 변화에도 영향을 받았지만, 결정적인 것은 2013년 리앙망 교장의 사임과 충망 교장의 부임으로 인한 지도력의 변화에 기인한 것이다. 부산국제선교회는 미얀마기독교신학교의 부지 구입과 본관 건축, 2층 가건물을 신축하고, 교회당 30개를 건축하는 등 실로 엄청난 재정을 지원했다. 그리고 부산국제선교회는 이런 결과물을 '미얀마 선교 8년의 커다란 결실'(2004)이라 했다. 즉, 두 번째로 많은 신학생과 가장 넓은 운동장을 가진 신학교(2006)가 되었고, 성도 8,000명을 지닌 개신교 교단 중 두 번째로 큰 교단(2007)이 되었다. 이는 미얀마기독교신학교의 졸업생들이 60여 개 교회를 개척했고, 40여 개의 가정교회를 섬기며, 2009년에만 3,000명의 교인이 증가한 점을 근거로 한 평가라 할 수 있다.

그렇지만 앞에서도 언급했던 것처럼 친족 중심의 신학교를 미얀마 전체 기독교와 신학교의 구도 속에서 평가해야 했고, 신학교의 지속가능성을 염두에 두고 평가했어야 했다.

부산국제선교회는 미얀마기독교신학교의 부지 구입과 건축에 엄청난 재정을 투입했지만, 그 결과는 기대와 상당히 달랐다. 이 신학교는 결국 리앙망 진자 목사의 아들에게 세습되었다. 그리고 지도력의 한계로 교수들 중에 절반이 떠나고 신학생들의 70% 정도가 떠나면서 결국 신학교는 가족 중심의 작은 신학교로 남으면서, 사유화되었다. 이런 결과에 대해 성찰하고 재발 방지를 할 수 있는 제도적 장치를 마련하기 위한 선교정책협의회의 개최가 필요하다.

6. 미얀마 선교의 심화기(2018~2023)
: 양곤과 인레 두 지역으로 선교 확대 및 입체적 연계

1) 2018년: 곽현섭 선교사가 양곤BIM센터를 김문수 선교사에게 이양, 곽현섭 선교사가 인레 선교지로 이동, 인레수상센터와 디베랴의아침선교센터가 세 개 공부방 운영

양곤BIM센터를 2017년 7월 18일에 파송된 김문수 선교사가 담당하게 되었다. 2018년 12월 11일 곽현섭 선교사가 양곤BIM센터와 사역을 김문수 선교사에게 이양했다. 김문수 선교사는 2018년에 양곤 외국어대학에서 외국인을 위한 미얀마 클래스를 1년 동안 들으며 언어 공부를 했다. 한국인 선교사의 제자인 미얀마 사람을 개인 언어 교사로 채용하여 개인 과외를 했다. 언어 교사로서 탁월해서 미얀마에 입국하는 한국인 선교사는 거의 다 그 교사로부터 언어를 배웠다고 한다.[58] 김문수 선교사는 양곤BIM센터를 운영하고, 개척된 교회들을 관리하고, 청년 직업훈련과 공부방 등을 진행할 예정이다. 국제유치원(Hello K)은 2019년부터 유치원으로 정식 인가를 받아 다양한 국적의 어린이들을 모집할 예정이고, 현재는 20여 명의 원아들이 있다. 유치원은 선교사의 신분을 보장해 주고, 양곤BIM센터를 자립시키는 기반이 되고 있다. 청년 직업훈련이 계속 진행되고 있다. 현재는 10여 명의 청년이 대학교 입학을 준비하고, 유치원 교사, 한국어 교육, 간호사, 전기기술자 교육 등을 받고 있다. 훈련을 마치면 각 교회로 돌아가 교회를 섬길 예정이다. 양곤BIM센터는 각종 세미나, 공부방 학생 캠프, 선교사 및 비전 트립 팀 숙소, 개척된 교회의 연합예배, 지역 선교사들이 개척한 교회의 유치원 교사 대상 교육 등 다양하게 활용되고 있다. 마을과의 관계를 위해 곽현섭 선교사가 여러 해 진행해 온 친롱대회를 성탄절에 세 번째로 개최하여 장학금과 생필품을 주민들과 나누고, 주민들에게 식사를 대접하여 마을과 좋은 관계를 유지하고 있다.[59]

---

58 김문수 선교사와의 인터뷰(2022년 3월 8일).

미얀마 개척교회 현황으로는 1교회 탄자욱뻰교회(탕조우 목사)는 유치원 운영을 통해 자립했고, 주일 평균 40여 명이 출석하고 있다. 2교회 아오밍글라교회(넬리 목사)는 공부방(LOVE AFTERSCHOOL)에 40여 명의 청소년들이 참여하며, 출석 교인은 50여 명이고, 어린이와 청소년 교회학교가 운영되고 있다. 2018년 11월에 넬리 부부가 목사 안수를 받았다. 3교회 뛔꿰교회(마쵸 목사)는 유치원 운영을 통해 자립했고, 주일 평균 어린이와 장년 50여 명이 출석하고 있다. 매주 토요일에는 빈민촌을 찾아 전도하여 30여 명이 예배를 드린다. 2018년 9월에 2층을 증축했다. 2019년에는 교회 사택을 증축할 예정이다. 4교회 양곤BIM센터 사직교회(김문수 선교사, 퓨진)는 교인이 10여 명이고, 아침 기도회와 저녁 기도회, 성경 읽기를 1시간씩 진행하고 있다.[60]

넬리 목사, 마쵸 목사, 틴틴민 성도 등이 2018년 6월에 한국을 방문했을 때 이들의 방한 비용을 광진교회, 대저중앙교회, 기쁨의교회, 코이노니아선교회, 정봉익 장로, 김승희 장로 등이 후원했다. 뛔꿰교회 증축을 전주찬 목사, 광진교회, 부산 성동교회 등이 후원했다. 양곤BIM센터의 청년 직업훈련 과정을 구포교회, 땅끝 교회, 부산성동교회, 광진교회, 최복자 회원 등이 후원했다. 아오밍글라교회 목사 안수식을 대저중앙교회가 후원했고, 양곤 국제유치원 정식 인가 비용을 행복나눔교회가 후원했고, 양곤센터 친목 대회를 정봉익 장로가 후원했고, 양곤 차량 구입비를 김운성 목사가 후원했다.[61]

양곤BIM센터에서는 곽현섭 선교사가 후임자인 김문수 선교사에게 선교지를 이양하기에 앞서 다양한 활동이 전개되었다. 1월부터 3월까지 청년 8명이 청년 직업훈련(간호사, 약사, 미용사, 유치원 교사 자격증 취득) 과정을 이수했고, 교회학교 교사 훈련 1년 과정 실습 캠프를 진행하여 11기 5명, 12기 교육생 6명이 졸업했다. 4월부터 6월까지 성경 이야기를 이용한 주일학교 교재 14권을 만들었다. 교회학교 교사와 신학생을 대상으로 하는 주일학교 교사 실습캠프를 열어 12기 교육생 5명이 졸업했다. 7월에는 성경 이야기를 이용한 주일학교 교재 14권을 개발했다. 신학교와 교단 교육부가 만달레이에서 50여 개 교회의

---

59 미얀마 분과장 서찬석 장로, "미얀마 선교보고," 「제36회 부산국제선교회의 밤 선교보고서」 (2018년 12월 6일).
60 미얀마 분과장 서찬석 장로, "미얀마 선교보고," 「제36회 부산국제선교회의 밤 선교보고서」 (2018년 12월 6일).
61 미얀마 분과장 서찬석 장로, "미얀마 선교보고," 「제36회 부산국제선교회의 밤 선교보고서」 (2018년 12월 6일).

주일학교 교사를 대상으로 개최한 세미나에서 이 교재가 사용되었다. 김문수 선교사가 6월과 7월에 양곤BIM센터에 입주하여 양곤 선교센터 사역과 운영을 부분적으로 참관했다. 곽현섭 선교사가 김문수 선교사에게로 양곤BIM센터 사역과 활동을 다음과 같은 3단계로 이양했다. 1단계는 6월부터 7월까지 선교 사역(교회/사역자, 방과후학교)을 이양했다. 2단계는 8월부터 9월까지 양곤BIM센터를 이양했다. 3단계는 10월부터 12월까지 신분 보장용 회사인 헬로우 K와 국제유치원을 이양했다. 이양과 관련하여 김문수 선교사는 곽현섭

[사진 13~16] 나이통 매니저 10년 근속 표창 및 집을 선물로 전달

선교사가 양곤에서 인재 양성 사역을 잘해서 많은 인재를 세웠고, 두 선교센터의 재정을 분리하여 이양하며, 양곤BIM센터의 독자성을 인정한 점을 높이 평가했다.[62]

특히 10년여 동안 양곤BIM센터 사역들을 곁에서 잘 보좌하며 양곤BIM센터에서 사역을 도운 나잉툰 매니저에게 양곤BIM센터를 대표해서 곽현섭 선교사가 집을 선물로 전달했다. 그동안 나잉툰은 처갓집 방 한 칸에서 4식구가 지내고 있었다. 후임으로 온 김문수 선교사가 나이는 어리지만 김문수 선교사를 리더로서 잘 도우라는 뜻으로 부산국제선교회가 곽현섭 선교사에게 은퇴 준비 비용으로 5,000만 원을 지원했다. 그런데 곽현섭 선교사가 은퇴 준비 비용 중 3,000만 원으로(2,000만 원은 인레MOT 추가 공사비용으로 지출) 구입한 집을 나잉툰에게 10년 근속상으로 선물함으로써 나잉툰은 생애 첫 집을 마련하게 되었다. 전체 스태프가 모인 자리에서 나이툰 매니저에게 집(아파트)을 선물로 준 순서는 나잉툰과 가족과 직원들 모두에게 감동을 주었다.[63]

김문수 선교사는 양곤 외국어대학교에서 1년 동안 미얀마어학과 기초과정을 수료했고, 2월에는 둘째를 출산했다. 김문수 선교사는 방학 중 미얀마 남부와 북부를 23일 동안 탐방했다(18,000km). 7월에는 한국교회의 비전 트립 팀을 받아 양곤BIM센터에 머물렀다. 서울 명성교회 36명의 청년이 미얀마를 방문하여 센터 정리, 지역 교회 및 판자촌 구제 사역, 도로포장, 현지 청소년들과의 교류, 우물 사역, 인레수상센터 보수, 방과후학교 단장 등 귀한 사역들을 감당하고 돌아갔다. 서울 이촌동교회 비전 트립 팀이 방문하여 센터 정비, 지역 교회 보수 및 판자촌 사역을 감당했다. 하반기에는 양곤BIM센터 지붕을 비롯하여 센터를 일부 개·보수했다. 양곤BIM센터가 지어진 지 어느덧 10년 가까운 세월이 흐르다 보니 전기, 수도, 도장, 천장, 지붕이 노후되어 누수, 지반침하, 누전 및 화재의 위험이 발견되어 보수가 시급하다. 12월에 양곤BIM센터를 인수했고, 국제유치원 2기를 시작했다.[64]

미얀마기독교신학교(MCS)의 리앙망 진자 목사가 2018년 5월 12일 72세로 별세하고,

---

62 김문수 선교사와의 인터뷰(2022년 3월 8일).

63 곽현섭 선교사와의 인터뷰(2022년 6월 7일).

64 미얀마 김문수 선교사, "2018년 미얀마 양곤지역 선교 사역 보고," 「제36회 부산국제선교회의 밤 선교보고서」 (2018년 12월 6일).

아들 쿠아 목사가 교장으로 취임하였다. 현재 학생은 26명이고, 선교회를 통하여 세워진 교회에서 예배드리고, 전도하고 있다. 교인이 수백 명으로 성장한 교회도 있다.

인레수상센터와 디베랴의아침선교센터를 2018년 1월부터 곽현섭 선교사가 맡고 있다. 선교사의 신분 보장을 위하여 인레수상센터가 과일주스 카페를 열었다. 그런데 과일주스 카페가 인터넷을 통해 소문이 나서 방문자가 증가하여 3개월 만에 인레수상센터가 자립했고, 센터의 인건비, 운영비, 공부방 간식까지 지원하고 있다. 2018년 7월에 문을 연 공부방 세 곳에 100여 명의 중고등학생들이 참석한다. 토요일에는 공부방이 진행하는 현대 기독교 음악(CCM), 율동 등 기독교 문화를 통하여 전도하고 있다. 청년 직업훈련은 20여 명을 대상으로 진행하고 있다. 2~3년 후 스태프가 세워지면 교회를 개척할 예정이다.[65] 미얀마도 한국 문화의 관심이 높아진 가운데 디베랴의아침선교센터(MOT) 부설 카페는 미얀마에서 유일한 한복 의상 체험 카페로 소문이 나서 미얀마 연예인들이 찾아오며 미얀마에서 꼭 가봐야 할 카페 3위안에 선정되었다. 한국 믹스커피와 자장면, 어묵, 치킨, 떡볶이 등 한국 음식을 맛볼 수 있는 카페로 미얀마의 각종 매스컴에 소개되고 독일, 일본, 중국 등지의 잡지와 방송에 소개되었다.[66]

곽현섭 선교사는 선교 초기부터 중부 지역의 선교를 위해 여러 지역을 조사하다가 샨주 선교를 위해 인레를 중부 지역을 위한 선교 기지로 결정했다. 그래서 양곤BIM선교센터를 김문수 선교사에게 이양하고 인레 지역으로 선교하러 가기 위해 떠났다. 그렇지만 곽현섭 선교사가 10년 동안 사역하던 선교지를 이양하고 떠난다는 것이 하나님의 뜻인지를 확신하는 것은 다른 문제이었다. 마침 곽현섭 선교사의 장녀가 미국 대학에서 재정적 어려움 속에서도 기적적으로 졸업하고, 대학원에 진학해서 의학을 공부하여 수석으로 졸업하고 시민권자가 아니기에 취업이 거의 불가능했는데 취업이 되었다는 소식을 듣고 차를 타고 가다가 차를 세우고 울었다고 한다. "네가 선교를 다 해놓고 남 주는 것이냐?"라는 주변 사람들의 말도 있었지만, 양곤BIM센터를 이양하는 것과 인레로 가는 것이 하나님의 뜻이

---

65 미얀마 분과장 서찬석 장로, "미얀마 선교보고," 「제36회 부산국제선교회의 밤 선교보고서」 (2018년 12월 6일).
66 곽현섭 선교사와의 인터뷰(2022년 6월 7일).

라는 확신이 필요했다. 곽현섭 선교사는 장녀를 통해 하신 하나님의 일을 보면서 이양하고 인레로 가는 것이 하나님의 뜻이라는 확신을 갖게 되었다.[67] 선교사가 은퇴하면서 선교지와 사역을 이양하는 경우가 아니라 선교 전략에 따라 이전부터 계획한 대로 앞선 선교지를 개척하여 자립하게 하고 다른 선교 지역을 개척하기 위해 이양하는 것은 한국교회의 세계 선교 사례 중 드문 사례이다.

중부지역 샨주 인레 지역 선교는 인레수상센터(MOI)와 디베랴의아침선교센터(MOT)로 구성된다. 인레수상센터와 디베랴의아침선교센터는 각각 카페와 게스트하우스로 영업허가를 취득했다. 디베랴의아침선교센터 주변 농촌 두 마을에 사랑모아 방과후학교 1, 2와 인레 수상 방과후학교 3, 4를 열어 130명의 학생이 매일 학업을 진행하고 있다. 주말 센터 모임을 통해 찬양을 드리고 성경 이야기를 나누고 있다. 곽현섭 선교사와 동역자들은 현지 주민들과 일상생활에서 어울리며 선교적 접촉점으로 사랑의 방과후학교 4개를 열어 매일 130명의 학생이 공부하고, 일반 직업훈련 과정에 14명의 청년과 따웅지 대학생 기독교 양육 과정에서 13명의 대학생이 교육을 받고 있다.

김문수 선교사가 새로 부임하여 언어를 배우고 이양하는 과정이기 때문에 2018년 6월부터 12월까지 양곤BIM센터의 운영비를 곽현섭 선교사가 지출했다. 인레수상센터는 인건비와 운영비를 월 55~60만 짯을 지출했다. 디베랴의아침선교센터는 인건비와 운영비로 월 95~100만 짯을 지출했다.[68]

2) 2019년: 미얀마기독교신학교 사역 중단, 양곤BIM센터의 안정과 인레 선교지의 발전

1997년 미얀마기독교신학교 리앙망 진자 교장의 부산국제선교회 방문으로 부산국제 선교회가 미얀마 선교를 시작하여 신학교 본관을 건축하고, 신학교를 졸업한 목회자들이

---

67 곽현섭 선교사와의 인터뷰(2022년 6월 7일).
68 미얀마 곽현섭 선교사, "2018년 미얀마 인레 지역 선교 사역 보고," 「제36회 부산국제선교회의 밤 선교보고서」 (2018년 12월 6일).

[사진 17~20] 한국교회의 비전 트립 활동

교회를 개척하여 부흥하면 교회당 건물이 필요한 30여 교회의 교회당을 부산국제선교회 회원 교회들이 지원하여 건축했다. 미얀마기독교신학교는 친족 신학교로 친족의 90%가 복음화되어 스스로 신학교와 교회를 운영할 수 있게 되었다. 부산국제선교회는 2019년에 버마족(전체 인구의 70%)과 샨족(전체 인구의 10%)의 복음화에 집중하기 위하여 미얀마기독 교신학교와 협력을 중단했다. 다만 신학교를 졸업한 목회자들이 개척한 일부 교회와 부산 국제선교회가 후원하는 교회는 계속 지원하고 있다.

샨주는 남한 1.5배 크기로, 인종은 주로 샨족(전체 인구의 10%)과 버마족과 인따족과 빠오족 등 34개 종족으로 구성되어 있다. 인레 인구는 30만 명이고, 주민 다수가 불교도이다. 이들에게 복음을 전하기 위해 인레수상센터(소정교회, 코이노니아선교회 지원)를 세우고, 디베랴의아침선교센터(부산국제선교회와 회원 교회들의 지원)를 세웠다. 인레수상센터와 디 베랴의아침선교센터에 부산국제선교회가 곽현섭 선교사를 파송하여 현재 공부방 4곳에 130명의 학생이 공부하고, 일반 직업훈련 과정의 14명의 청년과 따웅지 대학생 양육 과정으 로 13명의 대학생이 교육을 받고 있다.[69]

디베랴의아침선교센터는 제자리를 잡았다. 농촌 마을과 수상 마을의 청년 양육 사역의

[사진 21] 사랑의공부방

리더는 나우이와 퓨진이고, 양육 스태프는 더신와인, 누웨이, 닌쉐, 이무소, 맛노, 떼누산, 더신우, 세잉누웨이, 예예쀼, 띤띤쉐, 더신이다. 청소년 교육을 위한 방과후학교를 4개 운영하는데, 교사가 총 16명이고, 학생은 총 130여 명이다. 방과후학교는 매일 학업을 지원하고, 주말에는 교육 사역을 펼치고, 마을 청소를 하고, 자체적으로 시험을 봐서 시상식과 발표회를 하며, 교육 과정에서 기독교 문화를 접하도록 한다. 인레수상센터는 가정에 복음을 전하고, 디베랴의아침교회는 주변 지역의 청년과 가정에 복음을 전하고 있다. 재정 수입은 월평균(생활비와 사역비 포함) 795만 원이고, 생활비를 부산국제선교회가 220만 원, 은혜국제사역(GMI)이 70만 원, 소정교회가 10만 원, 개인 후원자들이 50만 원 등 총 340만 원을 지원하고 있다. 사역비 지원으로는 인레 지역 방과후학교 1, 2, 3, 4 지원비가 250만 원이고, 인레수상센터의 운영지원은 45만 원이고, 조조와 또랑퉁의 장학금은 20만 원으로 총 315만 원이다. 그 외에 곽현섭 선교사의 생활비에서 극빈자 자녀인 청소년 3명에게

---

69 미얀마 분과장 서찬석 장로, "미얀마 선교 보고," 「제37회 부산국제선교회의 밤 선교보고서」 (2019년 12월 5일).

기숙학교 장학금 60만 원이 지출되고 있다. 디베랴의아침선교센터(MOT)의 월평균 수익금은 120만 원이고, 인레수상센터(MOI)의 월평균 수익금은 10만 원이다. 지출은 월평균 715만 원(개인 생활비 미포함)인데, 디베랴의아침선교센터의 월평균 지출은 인건비가 124만 원, 센터 관리 운영비가 110만 원, 스태프 숙식비와 운영비가 70만 원으로 월평균 지출이 304만 원이며, 비자 갱신과 이동 경비 등으로 6개월에 150만 원이 소요되고 있다. 인레수상센터의 월평균 지출로는 인건비가 38만 원, 운영비가 33만 원으로 이동용 비용과 체류 비용으로 60만 원 등 월평균 지출이 131만 원이다. 그리고 회사 운영비와 개인 장학금 지원으로 매니저 월급이 25만 원, 조조 장학금이 30만 원, 또랑통 장학금이 10만 원이다.[70]

양곤BIM센터(김문수·김옥주 선교사)는 땅끝교회, 사직제일교회, 광진교회와 개인 후원 자를 통하여 대지 680평에 건평 약 400평 4개 동 건물을 건축했다. 양곤BIM센터는 국제유 치원(원아 43명, 교사 13명)을 운영하며, 직업훈련(소정교회, 코이노니아선교회를 통하여 약 150명 훈련 수료), 1대1 인재 양성 훈련(10명을 후원), 비전 트립 팀 숙소, 한인회 선교 사회 모임 장소, 세미나 및 여러 모임 장소, 선교사 숙소 등으로 활용되고 있다. 개척교회 현황으로는 1교회 탄자욱뻰교회(탕조우 목사)는 올해 1층과 2층을 개축하고, 유치원을 운영하고 있다. 2교회 아오밍글라교회(넬리 목사)는 교회가 성장하여 3층으로 증축하고, 방과후학교와 청소년부 예배가 부흥하고 있다. 3교회 뒈퀘교회(마초 목사)도 부흥하여 2층을 증축하였고, 유치원을 운영하고 있다. 4교회 사직제일양곤교회(김문수 선교사)는 아침 지역기도회, 성경 공부, 주일예배를 진행하고 있다. 양곤BIM센터의 우물, 지붕, 배관, 전기, 담장 보수 공사를 했다. 태국 아카족을 대상으로 학습을 실시했고, 양곤 지역에서도 학습을 실시했다.[71]

김문수 선교사는 매 주일예배 시간이 다른 4개의 교회를 방문하여 월 1회 설교하고 현지 목회자가 요청하면 목양 과정에 동행하고 있다. 세 교회에는 미얀마 목회자가 세워져 있다. 이들은 곽현섭 선교사가 경배와 찬양 사역을 통해 만난 신학생들이었다. 곽현섭 선교사는 이들로 하여금 목사 안수도 받게 하고 결혼도 시키며 함께 생활했고, 이후에

---

70 미얀마 곽현섭 선교사, "미얀마 선교 보고," 「제37회 부산국제선교회의 밤 선교보고서」 (2019년 12월 5일).
71 미얀마 분과장 서찬석 장로, "미얀마 선교 보고," 「제37회 부산국제선교회의 밤 선교보고서」 (2019년 12월 5일).

만난 신학생들은 학업을 이어가고 있고, 과정을 마친 청년 중 목사 안수를 받은 5명의 목회자가 교회를 담당하고 있다. 목회자들은 친족, 버마족, 카렌족에 속한다. 반면에 교인들은 종족별로 섞여 있다. 교인들의 직업은 공장 노동자, 오토바이 택시 기사, 건축 노동자, 식당일 등 다양하지만 생활 수준이 낮은 편이다. 미얀마는 버마족과 불교도가 다수인 나라일 뿐 아니라 사회적으로 높은 지위도 버마족이 대부분을 차지하여 기독교인들은 공무원으로서도 일정 정도 직급 이상으로는 승진하기 어렵다. 사회적 계층에서도 기독교인들은 대부분 하층에 속하고, 주거 지역도 경제적으로 어려운 지역에 모여 살고 있다. 교육열은 높지만, 공교육 수준이 낮아 공부방에는 어린이들이 많이 모여든다. 공부방 덕분에 불교도 부모들이 교회를 보내면서 교회의 문턱이 낮아지고 있다. 빈민 구제 사역은 보육원과 연계되어 진행되고 있다. 레꿰교회와 아오밍글라교회 인근에는 대규모 판자촌이 있다. 부자 독신 할머니가 불교를 믿다가 하나님을 믿으면서 사재로 보육원을 세워 200명의 어린이를 돌보고 있다. 농장을 구입하고 운영하여 보육원을 운영하고 있다.[72]

양곤BIM센터의 수입은 생활비 210만 원, 방과후학교 200만 원, 인재 양성 95만 원, 미얀마기독교신학교 20만 원, 명성교회 30만 원, 가족 후원 33만 원 등 588만 원이다. 지출은 방과후학교 200만 원(운영비 130만 원, 식대 및 간식 50만 원, 월세 15만 원, 넬리 활동비 5만 원), 인재 양성 과정 11명에게 95만 원, 미얀마기독교신학교(북다곤 3교회, 4교회) 20만 원 등 총 315만 원이다. 특별 예산으로 집행된 건은 C동 지붕 수리 150만 원(땅끝교회 지원), 부활절 연합예배 50만 원, 탄자욱삔교회 수리비 422만 원, 전기 변압기 250만 원(김운성 목사 지원), 우물 500만 원, 배관 전기공사비 200만 원, 센터 지반 침하 수리비 500만 원과 4,200달러, 수해 100만 원 등 총 1,970만 원과 4,200달러이다. 인재 양성 후원은 땅끝교회가 10만 원을 대학생 4명과 직업훈련생 1명에게 지원하고, 광진교회가 대학생 1명에게 10만 원을, 중학생 1명에게 5만 원을 지원하고, 구포교회, 성동교회, 초읍교회가 각각 직업훈련생 1명에게 10만 원을 지원하고 있다.[73]

---

72 김문수 선교사와의 인터뷰(2022년 3월 8일).
73 미얀마 김문수 선교사, "미얀마 선교 보고," 「제37회 부산국제선교회의 밤 선교보고서」 (2019년 12월 5일).

미얀마 선교를 위해 후원한 교회와 회원으로는 아오밍글라교회와 방과후학교에 매월 200만 원을 서울 영락교회가 지원하고, 인레 지역 방과후학교 3곳에 매월 250만을 서울 영락교회가 지원하고, 양곤 지역 인재 양성 과정에 매월 95만을 서울 영락교회, 광진교회, 구포교회, 부산성동교회, 초읍교회 등이 지원하고, 양곤BIM센터 수리비 중 지붕 공사비 150만 원을 땅끝교회가 지원하고, 담장 공사비는 허준 목사가 500만 원, 땅끝교회가 500만을 지원하고, 우물 비용 500만 원을 정봉익 장로가 지원하고, 전기, 배관 공사비 200만 원을 광진교회가 지원하고, 지붕 공사비 700만 원을 김운성 목사가 지원하고, 전기 설비 교체 공사비 250만 원을 서울 영락교회가 지원하고, 시설 수리와 실내 도색을 땅끝교회 비전 트립 팀 29명이 지원했다. 2019년 6월 미얀마를 방문한 기쁨의교회가 100만 원을, 광진교회가 200만 원을 후원했다. 탄자욱삔교회 2층 개축 공사비로 대저중앙교회가 150만 원을, 부산국제선교회가 150만 원을, 명성교회 비전 트립 팀이 200만 원을, 구포교회 국제선교회 헌신 예배 헌금 122만 원을 후원했다.[74]

3) 2020년: 인레 지역 선교 협력과 따웅지 선교 개척, 코로나로 인한 사역 중단[75]

곽현섭 선교사의 2020년 선교 사역은 세 마을 어린이 체육대회, 강범수/이혜진 선교사와 협력, 전재훈/김지성 선교사와 협력, 여성 선교사 주최 불신자 걷기 신앙 수련회, 한센 마을 사역 진행, 따웅지 대학생 훈련센터 구축(기숙가 한 집 임대 및 훈련장소 센터 구입), 따웅지 전도학교 시작(소그룹 성경공부, 기초교리 교육 실시), 미용 직업훈련 실시(1차 3명 수료, 2차 4명 수료), 간호사 훈련 실시(1명 수료, 2명 대기), 약 판매사 4명 수료, 코로나 재난 지원행사, 예배 준비를 위한 재능 수업(리코더, 율동), 방과후학교 1, 2, 3, 4 재개, 수상 마을 미용 봉사 등이다.

정기후원은 부산국제선교회가 매월 240만 원(현지 학생 장학금 20만 원 포함)을, 사랑모아

---

74 미얀마 분과장 서찬석 장로, "미얀마 선교 보고," 「제37회 부산국제선교회의 밤 선교보고서」 (2019년 12월 5일).

75 미얀마분과장 서찬석 장로, "미얀마 선교 보고," 「제38회 부산국제선교회의 밤 선교보고서」 (2020년 12월 3일).

주식회사가 방과후학교에 250만 원을, 한센마을 사역에 매월 30만 원을, 은혜국제사역(GMI)가 사역비로 매월 70만 원을 지원하고 있다. 개인 후원자들의 정기후원은 월평균 40만 원이다. 직업훈련 경비 400만 원을 부산국제선교회가 사역비로 지원하고 있다. 월수입은 총 630만 원이고, 매월 사역비 지출은 490만 원이고, 매월 생활비 지출은 140만 원(생활비/세금)이다. 개인 후원은 걷기 수련회 400만 원(개인 후원자 3명), 따웅지청년훈련센터 후원 1,500만 원(개인 후원자 2명), 미용 직업훈련 3명에게 240만 원(개인 후원자 6명), 코로나 재난 후원 500만 원(부산국제선교회, 개인 후원자 2명), 간호사 훈련 지원 60만 원(개인 후원자 2명), 크리스마스 행사 물품 지원(사랑모아, 개인 후원자 1명), 디베랴의아침 부속건물 건축비 500만 원(개인 후원자 1명), 성경 구입과 전도비 400만 원(개인 후원자 1명) 등이다.

김문수 선교사는 전혀 예상하지 못했던 코로나의 영향으로 지금까지 진행되어 오던 선교 활동과 계획을 진행하지 못했다. 2021년 선교는 '수습, 회복, 조정'이라는 키워드를 가지고 진행할 계획이다. 수입은 생활비 220만 원, 방과후학교 200만 원, 인재 양성 95만 원, 명성교회 30만 원, 가족 후원 33만 원, 이촌동교회 10만 원 등 총 588만 원이다. 생활비를 제외한 지출은 방과후학교 200만 원, 인재 양성 11명에게 95만 원, 운영비 556만 짯 등이다. 특별 예산으로 코로나 긴급 지원금(3개 교회 지원 90만 원, 양곤BIM센터 운영비 10만 원)이 월 100만 원, 지붕 교체 및 보수비가 650만 원 등 총 1,450만 원이다. 인재 양성 후원은 초읍교회가 대학생 1명에게 12만 원을, 땅끝교회가 대학생 1명에게 12만 원을, 2명에게 11만 원씩을, 1명에게 10만 원을, 직업훈련생 1명에게 11만 원을, 광진교회가 대학생 1명에게 12만 원을, 중학생 1명에게 5만 원을, 구포교회가 고등학생 2명에게 10만 원씩을, 성동교회가 대학생 1명에게 12만 원을 지원했다.

강범수 선교사가 선교할 지역인 아웅반은 산주에 있는 5개 중심 도시 중 하나로 면적은 남한 정도로, 대량의 농산물 집하장이 있어 경제 활동이 활발한 도시로 농업대학교와 중고등학교가 있다. 인구가 밀집하여 살고, 청소년들이 많은 데 반해 교회가 하나도 없다.

4) 2021년: 김문수 선교사의 코로나 치료, 디베랴의아침선교센터의 사역(방과후 학교와 청년직업학교)과 코로나 긴급구호

미얀마에 부산국제선교회가 코로나 2차 구호금(구포교회, 초읍교회, 덕천교회, 땅끝교회, 사직제일교회, 소정교회, 정봉익 장로)을 전달했다. 2021년 7월에 미얀마 김문수 선교사가 코로나 중증의 위급한 상황에 처해 에어 앰뷸런스로 후송되어 귀국하여 치료받았다. 에어 앰뷸런스 후송을 위해 부산국제선교회가 7,000만 원(땅끝교회 5,000만 원 포함), 부산노회가 5,000만 원, 총회 세계선교부가 1,000만 원 등 총 1억 3,000만 원을 지원했다.

곽현섭 선교사가 사역하는 디베랴의아침센터는 컴퓨터 교실과 재봉 교실을 통해 20여 명의 마을 주민들과 정기적으로 만나며, 좋은 관계를 형성해 가고 있다. 곽현섭 선교사는 수상 마을 청년과 호숫가 농촌 마을 청년 22명을 선발하여 직업훈련과 성경 통독과 암송, 찬양과 나눔 사역을 통해 교회 개척을 위한 예배 사역을 매주 진행하고 있다. 방과후학교 1, 2, 3, 4 학교의 16명의 교사가 만나는 어린이/청소년들에게 성경 스토리를 이해시키고 적용하는 훈련을 매주 토요일 진행 중이다. 130여 명의 학생과 학부모들을 만나는 방과후학교는 선교의 접촉점이 되고 있다. 대학생 14명을 전도 리더로 선발하여 매주 4일 숙식하며 수련회 형식으로 집중 교육을 진행하고 있다. 고아 출신 또는 한부모 가정의 청년들 11명을

[사진 22] 꽁빠 한센 환우마을

[사진 23~26] 디베랴의아침선교센터(MOT)

선발하여 치유 프로그램을 이수한 후 성경 기초 교육을 진행하고 있다. 양곤과 만달레이의 한센 환우 마을 여섯 곳에 한센 2세대 자녀를 위한 장학기금을 지원하고 있으며, 샨주의 한센 환우 마을인 '꽁빠 마을'에 교회를 개척하기 위해 선교 활동을 하고 있다. 2021년 예산 중 수입은 매월 생활비 230만 원(부산국제선교회), 조조 장학금 20만 원(광진교회), 방과 후학교 250만 원(주식회사 사랑모아), 코로나 특별 지원금 60만 원(부산국제선교회), 인레수상 센터 운영비 40만 원(소정교회) 등 총 600만 원이다. 매월 지출은 6,835,000원으로 디베랴의 아침센터는 177만 원(개인 후원금과 곽 선교사와 엄 선교사의 생활비용으로 충당), 인레수상센터 는 395,000원(소정교회 지원), 따웅지전도자훈련센터(매주 6~10명 교육)는 138만 원(개인 후원금 충원), 장학금은 2명에게 40만 원(광진교회 20만 원과 곽 선교사·엄 선교사 가정 지원 20만 원), 청년직업훈련(미용, 간호사, 재봉 등 8명) 40만 원(곽 선교사·엄 선교사의 가정 지원), 방과후학교 1,2,3(교사 12명, 건물 2곳 임대료) 249만 원(주식회사 사랑모아 지원) 등이다. 특별 지원을 받아 지출한 내역으로는 디베랴의아침선교센터 마을 가정, 코로나와 쿠데타 속의 어려움을 겪는 가정의 생활비를 부산국제선교회가 매월 70만 원(7월부터) 지원했고, 수상 마을 '빠오빠 수상 마을' 긴급 생활비와 마을 공동 소독 기구와 약품을 소정교회가 1,700만 원 지원했고, 한센 환우 마을 53가정에 코로나 피해 긴급 생활비로 100만 원을 부산국제선교회와 김형효 회원이 지원했고, 알루미늄 목발/지팡이 구입비 170만 원을 부산국제선교회와 초읍교회가 지원했고, 산소발생기를 양곤BIM센터와 인레 선교지에 각각 1대씩 부산국제선교회가 지원했다(227만 원).

김문수 선교사는 코로나와 군부 쿠테타 상황에서 기존 선교 활동을 유지하는 데 초점을 두었다. 수입은 생활비 220만 원, 방과후학교 200만 원, 인재 양성 95만 원, 명성교회 30만 원, 가족 후원 33만 원 등 총 578만 원이다. 지출은 방과후학교 200만 원, 인재 양성(10명) 95만 원, 센터 운영비(2,809만 짯)이고, 특별 지원으로 코로나 지원금 3교회에 매월 60만 원, 에셀선교회 매월 50만 원(세 교회에 사랑의 쌀독 30만 원, 센터 지원 10만 원, 딴린보육원 10만 원), 세금 2,107,850만 짯등이다.

강범수 협력 선교사는 은혜국제사역(GMI) 선교사 13기 훈련을 받기 위해 2020년 2월 한국에 입국했으나 코로나로 인해 훈련이 연기되었다. 올해 초 미얀마에 입국하려 했으나 쿠테타 발생으로 입국이 어려워 한국에 체류하게 되었다. 한국에 머물면서 미얀마의 양육과 구제 활동을 지원했고, (사)아시아이주여성센터와 연계하여 현지의 어려운 가정을 돌보고, 민주화 활동을 하는 청년들을 지원했다. 부산국제선교회의 지원으로 현지 선교사들에게 산소발생기를 보내고, 약품 공수를 지원했다.[76]

5) 2022년: 샨주 3곳 개척 사역, 피난민 돌봄, 양곤 방과후학교 확대, 코로나 긴급구호, 강범수 선교사 파송[77]

인레수상센터와 양곤BIM센터에 2022년 2월 3차 코로나 지원금(2천만 원)을 영락교회가 지원했다. 2022년 9월 미얀마 따웅지교회당 건축에 영락교회가 1억 원을 지원했다. 12월에 광진교회가 강범수 선교사를 미얀마에 파송했다.

곽현섭 선교사의 미얀마 중부 샨주 선교 활동은 선교 개척 사역으로 빠오빠 수상 마을,

76 미얀마 분과장 엄정길 목사, "미얀마 선교 보고," 「제39회 부산국제선교회의 밤 선교보고서」 (2021년 12월 2일).
77 미얀마 분과장 엄정길 목사, "미얀마 선교보고," 「제40회 부산국제선교회의 밤 선교보고서」 (2022년 12월 1일).

마띠센 농촌 마을, 멩따웅 농촌 마을 등이고, 청년 사역으로는 전문인 전도자 훈련(미용 7명, 간호 2명, 약사 5명 직업훈련) 중이고, 어린이 청소년 사역으로는 방과후학교 1, 2, 3(매일 130여 명의 학업을 지원)이고, 주말 전도 수업이 진행 중이다. 따웅지 대학생을 위한 전도자 양육 사역은 복음을 처음 접하는 대상자를 향한 사역으로 성경 통독 사역을 진행하고, 주일학교 교재를 개발하고 있다. 군부 폭격으로 인한 피난민 200여 가정을 돌보고 있다. 피난을 온 기독교인들과 기존 불교도 마을에서 전도를 받아 핍박받는 가정들을 모아서 함께 생활하며 신앙을 세우는 '예수마을'을 세우는 비전을 위해 기도하고 있다. 한센인 두 마을의 170여 가정을 돌보고 전도 하고 있다. 미얀마 최초로 '기독교 미션 중고등학교'를 세우려는 비전을 품고 교장, 교감, 주임 교사들과 함께 논의 하며 예수마을을 건축을 하고 있는 곳에 학교 부지로 2,500평을 확보하게 되었다. 또한 기존 현지 교단의 신학교와 신학생 양성을 위해 교회와 업무 협약을 체결하여 교회 추천을 받은 신학생들과 예수마을 자녀들과 함께 신학생으로 양육하기 위해서 현지 교단 분교로 신학교 설립을 준비하며, 신학교 협력 사역을 진행하고 있다. 피난민 시설 예수마을에서 미용 봉사팀, 말씀 교육팀, 워십 댄스팀, 찬양팀 등이 활동 중이다.

재정 수입은 사역비 240만 원(12개월), 생활비 220만 원(12개월) 등 총 5,520만 원이다. 개인 후원자들의 선교 비용과 부산국제선교회가 지원하는 생활비의 일부로 사역비를 충당하고 있다. 재정 지출은 디베랴의아침센터 담당 솔로몬 목사의 사례비 180만 원(150,000원×12개월), 인재 양성 장학 지원비 516만 원(3명* 43만 원* 12개월), 인재 양성 기술교육 지원비 480만 원(간호사, 약 판매사, 미용사 과정 10명), 인레수상센터 운영관리비(공과금, 유지보수, 관리인 급여) 660만 원(55만×12개월), 방과후학교 1, 2, 3(학생 130여 명, 교사 15명) 2,916만 원(임대료 240만 원[20만 원×12개월], 교사 급여와 간식비 2,676만 원[223만 원×12개월]), 따웅지선교센터 부지 구입비 1억 5천만 원 중 1억 원을 영락교회(김운성 목사)가 지원하고, 나머지 5천만 원은 곽현섭 선교사 부모의 재정을 빌려 토지 주인과 조율 중이다. 기독교 피난민 가정 위로 사역 200만 원, 빠오빠 수상 마을 위로 지원 600만 원, 연합예배 행사(점심, 유니폼, 교통비) 200만 원, 성탄 행사(피난민 가정, 꽁빠 마을, 빠오빠 마을), 교복 지원행사 400만 원 등이다.

김문수 선교사는 코로나, 쿠데타, 전 세계에 걸친 극심한 경기침체 등으로 인해 기존 선교 활동이 정체되고 흔들리고 있었다. 코로나로 상한 건강을 회복하고 다시 미얀마로 돌아온 후 2022년 선교 활동은 '다시 시작, Re-boot'라는 목표를 가지고 흐트러진 전열과 사역을 재정비하고 예측 불가한 현재 상황들에 빠르게 대처하여 앞으로 미얀마에서의 선교가 지속될 수 있도록 하고 있다. 국제유치원 사역은 유치원을 등록하고 허가를 갱신하고 있다. 선교센터 C동 '양곤 사직제일교회' 건물은 흰개미 피해를 입은 부분을 보수하고, 전기 사정이 원활하지 않아 인버터를 설치했다. 방과 후 사역을 레퀘교회와 탄자욱삔교회로 확대하여 희망학교(Hope School, 레퀘)와 은혜학교(Grace School, 탄자욱삔)에 각각 15~20명 정도의 학생들이 참여하고 있다. 구제 사역을 지속적으로 실시하고 있다. 크리스천 리더 양육 및 제자훈련 2기 과정을 모집하고 있다. 김문순 선교사는 레퀘교회, 탄자욱삔교회, 아오밍글라교회 등 3개 교회를 매주 순회하며 심방과 목양에 동참하고 예배의 활성화를 독려하고 있다. 코로나로 인해 3배 이상 급등한 물가로 어려움에 처한 교인들을 파악하여 현지 목회자들을 통해 지원하고 있다. 현재 미얀마 군부는 비자 발급 서류를 요구한 대로 제출해도 여러 가지 이유를 대며 발급을 제한하고 있다. 이는 미얀마 군부가 재선거를 앞두고 외국인들, 특히 선교사를 축출하여 국내외 여론을 통제하려 하기 때문이다. 이런 상황에서 내년도 선교는 "천천히 하지만 꾸준히"라는 주제로 변화에 맞는 선교의 방향을 모색하고자 한다. 재정 수입은 생활비 220만 원, 방과후학교 200만 원, 인재 양성 95만 원(8월까지), 코로나 지원 80만 원(10월까지) 등이다. 지출은 방과후학교 200만 원(레퀘 80만 원, 탄차욱삔 80만 원, 아오밍글라 20만 원, 본부 관리 20만 원), 인재 양성(10명) 95만 원, 센터 운영비 350만 짯 등이다. 특별 예산 진행으로는 코로나 지원금이 월 80만 원(네 교회 각각 20만 원씩), 사직제일기념교회 수리비 400만 원, 인터버 설치 170만 원 등이고, 세금은 2,697,070짯이다.

6) 2023년: 예수마을, 인레센터의 개척 사역, 따웅지센터의 청년 사역, 양곤에 공부방 확대, 아웅반 사직제일교회당 헌당[78]

곽현섭 선교사는 디베랴의아침선교센터에서 전도팀을 양육하고 있다. 농촌 지역 6개 마을에서 선정된 청년 30여 명이 디베랴의아침선교센터에 상주하며 기독교를 접하기 위한 기초 교육의 1단계로 성경 통독과 기도회를 매일 진행 중이다. 인레수상센터의 개척 사역으로는 매일 어린이와 청년 70여 명이 센터에 모여 학교 교육을 진행하고 있고, 금요일에는 어린이 특별 교육을, 토요일에는 수상 마을 가정 심방을, 주일에는 예배를 드리고 있다. 따웅지 J21(요 21장)선교센터의 대학생 사역으로는 따웅지의 대학생에게 전도할 리더 훈련, 인근 지역의 전도자로 사역할 전도팀 리더 훈련, 찬양 율동 전문팀 양성 교육이 진행 중이다.

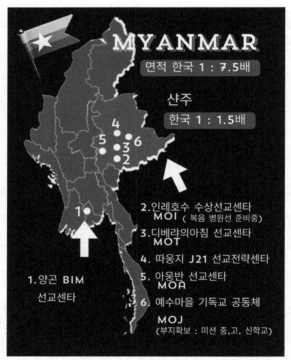

[그림 27] 미얀마 지도(양곤, 인레호수, 디베랴, 아웅반, 따웅지)

---

78 미얀마분과장 안맹환 목사, "미얀마 선교 보고," 「제41회 부산국제선교의 밤 선교보고서」 (2023년 12월 7일).

예수마을 사역은 피난민 가정들을 섬기며 신앙생활을 인도하는 사역과 생필품과 자녀 교육에 필요한 것을 지원하며 인도하는 사역이 진행 중이다. 예수마을 1단지에 입주할 12가정을 선정하여 입주를 완료했고, 자녀들의 학교 입학을 추진하여 학업이 이어지게 하였으며, 공동 협동농장을 운영함으로써 마을의 자립을 지향하고 있다. 금년 선교 활동으로 전체 스태프와 방과후학교 학생(200여 명)이 모여 연 4회 주일에 연합예배를 드렸고, 방과후학교의 장학금 전달 2회, 피난민 마을의 기독교 난민 가정 위로잔치 4회(치킨 데이, 라면 데이, 생필품 전달 데이 등), 마을 아주머니들이 직접 만든 교복 210벌을 생활이 어려운 학생 가정에 지급하는 교복 나눔 행사 3회, 전도팀과 율동팀 세미나 6회, 전도하려는 가정들과 심방한 가정들을 초대하여 외식하는 시간과 복음을 듣는 시간을 마련하고 가정별 생필품 및 선물을 증정하는 가족 초청의 날 행사 2회, 각 선교센터 연합 성탄 행사(12월 24일), 피난민 마을 성탄 행사 및 입주 감사 예배(12월 25일) 등이다. 재정 월 지출은 스태프 인건비 122만 원, 디베랴의아침센터 운영비와 식비 70만 원, 유지비 60만 원, 마을 재능 교실 재봉 교사 12만 원, 인레수상센터 운영비 55만 원, 방과후학교 1, 2, 3에 총 220만 원, 선교센터 이동 경비 30만 원 등 569만 원이다. 추가 지출 사항으로는 특별 행사 진행 시 1회 평균 100~200만 원 정도이다. 재정 수입으로는 인레수상센터 55만 원(소정교회), 특별 행사지원 200만 원(이수영 사장), 방과후학교 1, 2, 3은 250만 원(영락교회) 등 총 505만 원이고, 생활비는 230만 원이고, 비정기 개인 후원금(개인 지출, 학비, 비자 갱신 연 2~3회 경비) 등이다.

김문수 선교사는 국제유치원에서 한국 선교사들이 연합으로 운영하는 신학교의 유아 교육과 졸업생들이 실습을 하게 했고, 한국 다문화연합회와 함께 다문화 사역을 지원하고 있다. 양곤BIM센터 A동과 D동을 수리했다. 레쿼의 희망학교와 탄자욱뻰의 은혜학교(공부방)에서는 25~30명의 학생이 공부하고 있다. 양곤에서 가장 극빈 지역인 다곤 세이칸에 새로운 공부방인 지혜학교를 개설하여 40명 정도의 어린이들이 공부하고 있다. 3개 교회를 통해 쌀과 기본 식품 등을 지원하는 구제 사역을 진행하고, 분쟁 지역에서 피난 온 현지 목회자들을 지원하고 있다. 지방 교회와 목회자 추천으로 연결된 청년들에게 직업훈련(제빵 훈련, 홈케어 훈련, 유치원 교사 훈련, 적성에 따른 직업훈련)을 제공하여 기독교 리더를 양육하고, 함께 살며 매일 경건회와 주일예배를 드리며 제자훈련을 하고 있다. 레쿼, 탄차욱뻰,

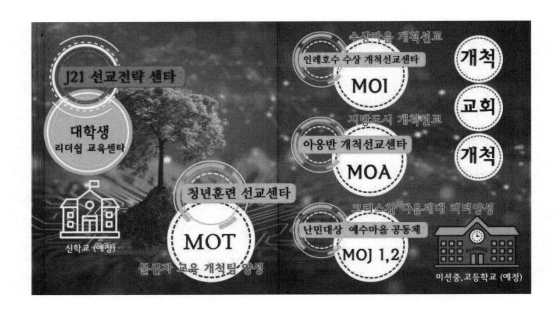

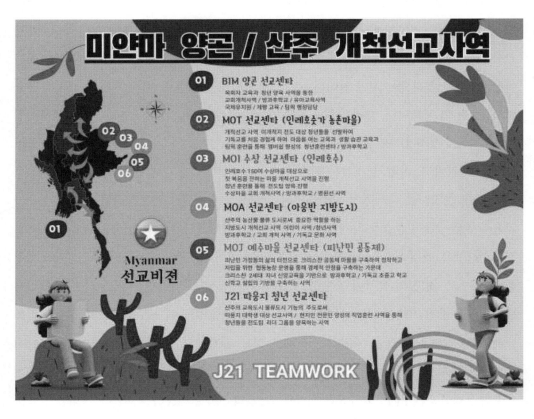

[사진 28] 미얀마 예수마을

아오밍글라 3개 교회를 매주 순회하며 심방 및 목양에 동참하고 예배의 활성화를 독려하고 있다. 교회의 안정과 성도들의 구제에 중점을 두고 있다. 재정 월수입은 공부방 200만 원, 인재 양성 30만 원이다.

재정 월 지출은 공부방 400만 짯(희망 100만 짯, 은혜 80만 짯, 지혜 90만 짯, 사랑 30만 짯, 간식 50만 짯, 장학금 20만 짯, 본부 30만 짯), 인재 양성 60만 짯(5명)이다.

작년 12월에 미얀마로 파송된 강범수 선교사는 쿠테타로 인해 1년 동안 거주하는 비자를 받지 못하고 단수 비자(E-visa, 관광 비자로 28일 체류 가능)를 받아 대안을 모색하고 있다. 사직제일교회가 창립 70주년을 맞아 아웅반 사직제일교회를 헌당하여 아웅반에 첫 교회가 세워졌다. 선교 활동을 위한 아웅반선교센터가 구축되고 있다. 교회만으로는 장기적인 선교가 어려울 것으로 판단하고, 부산국제선교회를 중심으로 땅끝교회가 재정을 지원하여 교회 맞은편에 센터 부지를 구입하였고, 우물 공사와 2층 건물의 1단계 기초 공사를 마친 상태이다. 앞으로 1, 2층에 벽을 세워 공간을 만들어야 하며, 우물을 마을 사람들에게 나눠주기 위한 저수조 공사와 바닥 공사가 남은 상태이다. 개척 선교 전도자로 훈련받은

[사진 29~31] 미얀마 예수마을

6명의 대학생, 청년을 중심으로 아웅반 정착을 시작하였다. 개척 선교를 위한 첫 단계로 건축을 마친 교회 숙소에서 거주할 수 있도록 준비하고 있다. 이를 통하여 지역주민과의 관계를 구축하고 있다. 경건 훈련과 성경 통독, 말씀 묵상과 암송, 찬양과 예배 훈련을 진행하고 있다. 전도팀 구성을 위하여 세례 교육을 진행하고 있다. 앞으로 진행하게 될 어린이 신앙 교재 개발 및 불신자 어린이들과 자연스러운 만남을 위해 대상과 규모를 모색하고 있다. 아웅반 교회와 선교센터 인근에 큰 학교가 있어서 어린이들이 많다. 주변에 방과후학교가 있지만 경제 형편이 어려운 가정들이 있다. 이런 상황에서 방과후학교를 세우는 방안을 모색하고 있다. 재정은 월 생활비와 연금이 150만 원, 사역비가 100만 원이다. 차량 구입비 3,000만 원 중 1,500만 원을 지원받아 할부로 구입했다. 부부 비자 경비가 160만 원이고, 스태프 6명 급여가 96만 짯, 식비 50만 짯, 운영비 30만 짯, 대학생 2명 장학금 40만 짯 등이다.

7) 미얀마 선교 심화기의 특징과 과제

미얀마 선교 심화기의 특징으로는 첫째, 미얀마기독교신학교에 대한 선교를 정리하고 곽현섭 선교사와 김문수 선교사를 중심으로 한 미얀마 선교로 선교의 중심을 확고히 했다. 미얀마기독교신학교는 교장 리앙망 목사가 병이 깊어지면서 아들에게로 지도력이 넘어가고 일부 교수진이 신학교를 떠나면서 신학교의 수준이 떨어졌다. 부산국제선교회는 미얀마기독교신학교의 졸업생들이 개척한 교회를 지속적으로 지원하고 있다. 둘째, 곽현섭 선교사의 양곤 선교 10년의 성과인 양곤BIM센터와 회사와 모든 사역을 김문수 선교사에게 이양하고, 곽현섭 선교사는 중부 샨주 선교를 위해 인레 선교지에 정착함으로써 부산국제선교회의 미얀마 선교가 양곤주를 중심으로 하는 양곤BIM센터(김문수 선교사)와 샨주를 중심으로 하는 인레수상센터와 디베랴의아침선교센터(곽현섭 선교사) 등 두 지역으로 확대된 것이다. 셋째, 곽현섭 선교사가 양곤BIM센터를 김문수 선교사에게 이양하고, 샨주 선교를 위해 인레 선교지에 정착한 사례는 한국교회의 세계 선교 사례 중 이양의 새로운 모범이라 할 수 있다. 왜냐하면 선교사가 은퇴하면서 이양하는 경우가 아니라 선교 전략에 따라 이전부터 계획한 대로 앞선 선교지를 개척하여 자립하게 하고 다른 선교 지역을 개척하기 위해 이양하는 것은 한국교회의 세계 선교 사례 중 드문 사례이기 때문이다. 넷째, 김문수 선교사는 양곤BIM센터에 정착하면서 국제유치원의 다국적화, 공부방 확대, 네 교회의 안정 등 선교지에 잘 적응해 나갔다.

다섯째, 곽현섭 선교사의 인레수상센터는 카페를 통해 자립을 이뤘고, 디베랴의아침선교센터는 네 곳의 공부방을 통해 어린이 사역과 직업훈련을 통한 청년 사역을 진행하고, 전도 훈련을 통해 교회를 개척할 일꾼들을 세우며, 교회를 세우고 있다. 그리고 따웅지, 아웅반 등 개척 사역을 전개하면서 새로운 선교지에 선교센터를 세울 기초를 마련하고 있다. 여섯째, 곽현섭 선교사는 연령별 맞춤형 선교 내용을 개발했기 때문에 효과적인 선교를 진행하고 있다. 청년들에게는 직업훈련을 통해서, 어린이들에게는 유치원과 방과후학교를 통해서 대학에 입학하는 사례가 증가하고 있다. 이는 임용 받기 전 교대 출신 졸업생을 방과후학교의 교사들로 보강하여 수업의 질을 높였기 때문이다. 6년 동안 방과후학교를 담당하던 교사가 대학을 수석 졸업한 후 미얀마 대학교의 교수가 되는 코스에 합격한 후 인레호수 출신으로는 최초의 대학교수가 되었다. 이로 인해 방과후학교의 입지가 크게 향상되었다. 일곱째, 곽현섭 선교사는 군부 폭격으로 발생한 피난민 200여 명을 섬기다가 예수마을을 건립하여 1단지에 12가정이 입주함으로써 피난민에 대한 돌봄으로부터 피난민이 정착하고 자녀를 교육시키고 신앙교육을 하며 공동협동농장을 운영함으로써 피난민들의 자립을 지원하고 있다. 이처럼 곽현섭 선교사의 피난민 사역은 긴급구호로부터 정착과 자립의 단계로 나아가고 있다.

여덟째, 강범수 선교사가 파송된 아웅반 지역에 아웅반 사직제일교회당을 건립하고 전도 훈련을 비롯한 여러 개척 사역을 통해 선교센터 건축을 준비하고 있다. 아홉째, 이처럼 부산국제선교회의 미얀마 선교는 김문수 선교사가 이끄는 양곤주의 양곤 선교와 곽현섭 선교사가 이끄는 샨주의 인레 선교와 따웅지의 선교 그리고 강범수 선교사가 이끄는 아웅반 선교 등 팀 선교를 이루고 있다. 양곤(A)이 과거의 수도이고, 남한의 1.5배 크기인 샨주의 인레(B)는 관광지이고, 따웅지(C)는 교육 도시이고, 행정 주도이며, 미얀마의 공산품 물류 유통의 중심지이고, 아웅반(D)은 미얀마 전국에 농산물을 보급하는 농산물 물류 이동의 중심지이다. 물류의 이동을 따라 사람도 움직인다. 이러한 선교 구도를 마련한 것은 곽현섭 선교사가 선교 초기부터 지역 조사를 오랫동안 치밀하게 한 결과이다. 열째, 세 명의 선교사가 펼치는 팀 선교는 지리적 병렬로 연결된 것만이 아니라 긴밀한 관련을 가짐으로써 입체적으로 연결되어 있다. 이미 2015년에 곽현섭 선교사는 위의 선교 구도를 미리 내다보고, 인레에 있는 청소년들 38명과 인솔 청년 7명을 양곤BIM센터로 초대하는 양곤 탐방 행사를 6박 7일로 진행한 적이 있다. 이후 디베랴의아침선교센터(MOT)가 구축될 때 2015년에 양곤에 탐방을 갔던 학생들이 청년이 되어 선교센터의 셋업 요원으로 합류한 것은 전략적으로 중장기 계획 속에서 진행된 고무적인 일이었다. 2018년 곽현섭 선교사가 인레 지역에

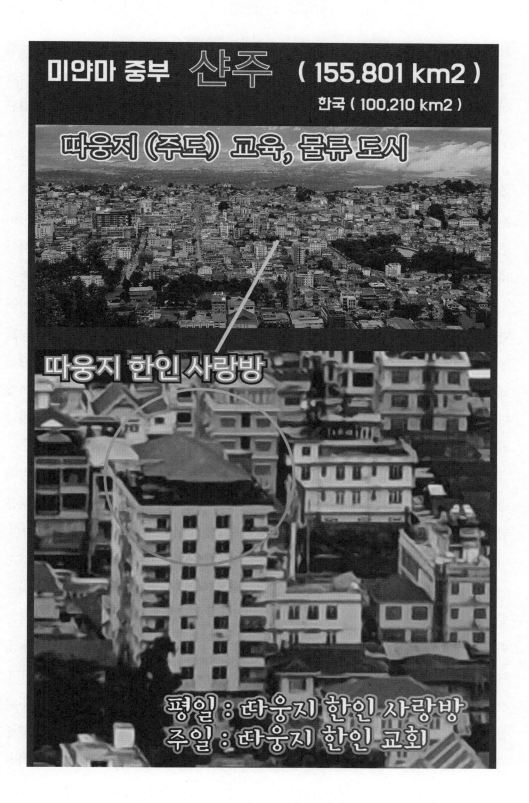

미얀마 중부 **샨주** (155,801 km2)

한국 (100,210 km2)

따웅지 (주도) 교육, 물류 도시

따웅지 한인 사랑방

평일 : 따웅지 한인 사랑방
주일 : 따웅지 한인 교회

들어갈 때 주민들이 그를 받아들인 데에는 이러한 활동이 준 영향이 있었다. 그리고 매해 양곤 국제유치원의 교사들이 인레에 가서 영어교실을 지도함으로써 지역의 어린이들과 선교센터에 좋은 영향을 끼치고 있다. 곽현섭 선교사는 팀 선교가 입체적으로 상호 연결된 선교가 되도록 노력하고 있다.

열한째, 세 선교사의 팀 선교는 에큐메니컬 협력 선교이다. 양곤BIM센터를 담당하는 김문수 선교사는 예장 통합 선교사이고, 아웅반 센터를 담당하는 강범수 선교사는 예장 통합 선교사이고, 인레수상센터를 담당하는 전재훈 선교사는 독립교단 출신의 선교사이고, 따웅지센터와 MOT센터를 담당하는 곽현섭 선교사는 부산국제선교회 파송 선교사이자 GMI 협력 선교사이고, 예수마을을 담당할 류경춘 선교사는 평신도 선교사이고, 현지 신학교 분교로 신학교를 담당할 예정인 김대위 선교사는 백석교단 소속 선교사이다. 이러한 협력 선교는 미얀마 한인 선교 사회의 역사에서도 드문 사례로 에큐메니컬 협력 선교를 통해 팀 선교의 효과가 강화되고 있다. 열둘째, 코로나로 인해 일부 선교지의 활동이 중단되었다. 김문수 선교사는 코로나로 인해 에어 앰뷸런스로 귀국하여 치료받고 건강을 회복했다. 일부 선교지에서 코로나로 인해 사역이 중단되기도 했지만 코로나 긴급구호만이 아니라 많은 사역을 곧 회복하여 잘 진행되었다.

미얀마 선교 심화기의 과제로는 첫째, 팀 선교를 감당해야 할 세 선교사의 협력과 조화이다. 세 선교사의 사역이 독자적이고, 예산도 독립되어 있지만, 미얀마 선교가 양곤주를 넘어 산주로 확대하기 위해서는 세 선교사의 협력과 조화를 통한 팀 선교가 절실하다. 이를 위해서 부산국제선교회는 세 선교사가 정기적으로 만나 선교에 대한 이해를 나누고, 선교 정보를 공유하며, 필요하면 선교 인력과 자원을 협력하는 방안을 논의하도록 격려할 필요가 있다. 둘째, 미얀마 선교의 팀 선교가 입체적 선교로 나아가도록 하기 위해서는 미얀마 선교 전략과 선교 방법을 나누고, 이런 선교 전략을 구체화하기 위한 역할 분담, 각 선교지의 활동 조정이나 사역의 신설 등을 협의하는 것을 지지하는 것이 바람직하다. 셋째, 미얀마 선교의 팀 선교와 입체적 선교를 위해서는 세 선교사의 협력과 더불어 세 선교센터와 교회의 중간 리더들의 협력을 위한 정기적인 회의와 기도회가 필요하다. 넷째, 세 센터의 스태프를 비롯한 교사들이 1년에 한 번은 모여 각 센터의 사역을 나누고 격려하며 전체 선교 전략과 방향을 나누는 집회와 기도회가 필요하다. 다섯째, 부산국제선교회는 세 선교사의 팀 선교와 입체적 선교 그리고 중간 리더들의 회의와 기도회, 세 센터의 모든 교사와 실무자들이 모인 회의와 기도회를 위한 재정을 지원해야 하고, 월례 기도회에서 이런 의제를 놓고 기도를 드리는 것이 바람직하다.

7. 미얀마 기독교 이해

1) 버마에 기독교의 전파

버마에 기독교는 식민주의와 연계하여 들어왔다. 유럽으로부터 인도로의 항로를 발견한 바스코 다가마 이후인 16세기 초에 버마 남부 지역에 기독교가 들어왔다. 포르투갈 배에 승선한 상인과 군인들과 동행한 가톨릭 사제에 의해 기독교가 처음으로 버마에 소개되었다. 포르투갈 왕에 의해 시리암(현재 탄린)의 총독으로 임명된 필립 드 브리토는 시리암에 교회를 세운 후 불교도들에게 가톨릭을 강제로 수용하도록 하면서 문제가 발생했다. 그 결과 버마에서 기독교의 존재는 왕과 버마의 민족주의자들에게 영성적 존재라기보다는 버마의 종교적이며 민족적 정체성에 대한 위협으로 인식되었다. 이런 문제는 개신교 선교사들이 19세기 초에 버마에 도착했을 때 선교적 도전이 되었다. 그때부터 버마에서 기독교인의 존재는 한편으로는 잘못된 인식에 대한 투쟁이었으며, 다른 한편으로는 복음 전파의 기회가 되었다.[79]

---

79 Hrang Hlei, "Myanmar," in Kenneth R. Ross, Francis D. Alvarez, Todd M. Johnson (eds.), *Christianity in East and Southeast Asia* (Edinburgh: Edinburgh University Press, 2020), 145.

2) 버마에 전파된 로마가톨릭, 개신교, 오순절교회

버마에 기독교를 전파한 포르투갈의 관심은 버마에 대한 정치력의 확대와 경제적 발전을 위한 기회를 포착하는 것이었다. 포르투갈 식민 시대 가톨릭 선교사들은 시리암에 정착했다. 그들은 드 브리토의 친구이자 타웅구의 지배자인 나친나웅(Natshinnang)을 포함하여 개종자를 얻었다. 시리암의 총독 드 브리토는 불교 사원을 파괴하고, 사원에서 나온 금과 종을 녹여 총을 만듦으로써 가톨릭 신앙을 강요했다고 한다. 다른 사건들과 더불어 이 사건은 아라칸 왕의 분노를 일으켜 1607년 포르투갈인들을 살해하고 투옥하는 사태가 발생했다. 이처럼 초기 가톨릭 선교는 지역의 불교도들에 의해 외국인에 대한 두려움과 불신 때문에 거부되었다. 18세기 초 버마에 도착한 바나바선교회의 사제들은 보다 적극적이고 지속 가능한 선교 활동을 펼쳐나갔다. 바나바회 사제들은 선교사뿐 아니라 교사, 과학자, 학자로 뛰어났다. 바나바 선교회가 버마에 설립되었지만, 그들은 버마 당국의 제약과 때로는 핍박으로 인해 별다른 선교적 성과를 이루지 못했다. 영국과 버마의 2차 전쟁 이후 1856년 바오로 비간데트 주교가 버마에 도착한 이후 선교사들의 노력에 의해 선교가 상당한 성공을 거두었다. 이러한 성공은 부분적으로는 기독교에 보다 우호적인 소수 부족들, 특히 언덕 부족들을 향한 선교 접근 방식의 변화에 기인한다.[80]

버마의 기독교 역사는 19세기 초 개신교 선교사들의 도래에 의해 변화가 일어났다. 런던의 침례교선교회가 파송한 리차드 마돈과 제임스 차터 선교사가 1807년 버마에 도착했다. 윌리엄 캐리의 아들 펠릭스 캐리가 이 두 선교사의 선교에 합류했다. 그러나 개신교 선교가 버마에 확고히 뿌리를 내린 것은 미국 침례교 선교사 부부인 아도니람 저드슨과 앤 저드슨이 버마에 도착한 1813년 이후였다. 다른 개신교 선교사들과 오순절 선교사들이 이들의 뒤를 따랐다. 버마의 왕들은 아도니람 선교사에게 개신교 예배를 드리는 것을 허락했지만, 버마 사람들이 외국 종교로 개종하는 것을 허락하지 않았다. 그 결과 버마 사람들은 왕의 보복이나 박해를 두려워해서 기독교 신앙을 받아들이는 것을 주저했다.

---

80 Ibid., 145-146.

그래서 침례교 선교사들은 선교의 초점을 소수 인종 집단으로 전환하여 선교 사역을 1828년에는 스가우(Sgaw) 카렌족으로, 1836년에는 포(Pwo) 카렌족으로, 1853년에는 카렌 언덕 부족으로, 1856년에는 아쇼(Asho) 친족으로, 1860년에는 샨족으로, 1877년에는 카친족으로, 1899년에는 친족에게로 확대했다. 그 결과, 버마에서 기독교는 소수 인종 집단으로 확대되었지만, 버마족에게는 잘 받아들여지지 않았다. 영국의 복음전파회(SPG)는 1854년 버마에서 선교를 시작했다. 복음전파회의 선교 대상은 주로 버마 남부에 거주하는 영국인들이었다. 1887년 영국 감리교 선교회의 선교사들은 영국인들과 영국계 버마인들을 대상으로 교육 선교를 시작했다. 버마 북서부의 칼레이(Kalay)와 카바우(Kabaw) 계곡에 사역하는 미조(Mizo) 선교사들에 의해 버마 장로교회가 1950년대에 시작되었다. 버마 상부(Upper)에 사는 메레(Melee)인들에게 선교했던 헥토르 맥클린과 지그리드 맥클린 선교사에 의해 1920년대에 오순절교회가 소개되었다. 1931년에 설립된 하나님의성회가 오늘날 미얀마에서 가장 큰 오순절교회라고 여겨진다. 미얀마 교회는 박해 속에서 투쟁하면서 적극적으로 복음 전도와 선교에 참여하여 기독교인이 꾸준히 증가하고 있다.[81]

버마 선교의 개척자인 아도니람 저드슨은 인도에서의 선교 경험, 다양한 종교들과의 조우를 통해 그들의 종교를 공부하고, 좀 더 새로운 형태의 기독교 복음 증거 생활을 실험해 보았다. 버마에서 저드슨 선교사는 고대 팔리 불교의 불경을 공부했고, 길가에 쉼터를 세워 불교 신자들과 종교에 대해 논의했다. 저드슨의 선교 접근 방식은 적극적으로 불교도들과 대화를 나누고 상대방의 말에 귀를 기울이는 것이었다. 그러나 19세기 말에 서구의 아시아 선교사들은 아시아의 종교에 대해 더욱 비판적이 되었고, 더 도덕적 판단을 내렸다.[82]

---

81 Ibid., 146-147.
82 스캇 선퀴스트/이용원 옮김, 『아시아 기독교 탐구: 역사·신학·선교』 (서울: 미션아카데미, 2018), 154-155.

3) 계속되는 군정하에서 기독교

1962년 쿠데타로 정권을 잡은 군부의 계속되는 집권 속에서도 버마 기독교는 성장하고 있다. 1965년 사회주의 정권은 모든 기업, 학교, 교회의 기관과 재산을 국유화했다. 버마 정부는 모든 서구 선교사가 1966년까지 버마를 떠나도록 명령을 내렸고, 버마가 외부 세계로부터 단절되기 때문에 버마 교회는 외부에 의존하지 않고 자신의 힘으로 서야 했다. 서구 교회와 선교사들은 버마 교회의 생존에 대해 염려했고, 그들의 선교 노력이 수포로 돌아갈까 두려워했다. 동시에 선교사들은 버마 교회들이 생존할 뿐 아니라 자신들이 떠난 이후에도 계속 복음을 전파할 수 있을 것을 희망했다. 군부 정권하에서 버마 교회들은 숱한 어려움과 혹독한 고통을 견뎌야 했지만, 동시에 버마 교회는 크게 성장했다. 이는 버마 교회 지도자와 교인들이 말로 다 할 수 없는 시련 속에서 신앙을 위해 희생을 감수했고, 감수할 준비를 했기 때문이다. 소수 인종 집단의 기독교인들은 억압적인 군부 정권으로부터 차별과 괴롭힘을 견뎌야 했다. 군부 정권하에서 소수 부족인이 기독교인이 된다는 것은 여러 가지 경우에서 범죄와 같다. 소수 인종의 기독교인 마을의 상당수가 파괴되고 불탔고, 여성들은 성폭행당했고, 남자들은 전쟁의 전선에 물자를 나르는 사람으로 강제로 차출되었다. 기독교인들은 옥외 모임이나 종교적 회의, 심지어는 주일예배 같은 종교적 활동을 금지당했다. 소수 인종 기독교인은 정부 부처에서 정당한 진급이 거부되는 차별을 받았다. 이런 엄청난 억압과 시련 가운데 미얀마 기독교인들은 자신의 신앙을 지키는 시험을 받았다.[83]

버마의 독립 이후 버마 정부의 시기(1948~1962)는 기독교인들이 정치적이며 사회적인 변화에 대응하면서 교회가 성장하는 시기이었다. 기독교의 지도자들이 흩어지거나 지위가 박탈되었지만, 기독교인들은 여건이 허락하는 한 열심히 활동했다. 버마 교회는 서구 선교사들이 떠난 후에 엄청난 손실로 고통을 받았고 시련의 시기를 거쳤지만, 강해진 신앙과 결의로 이겨나갔다. 버마 기독교인들은 자립, 자치, 자전을 목표로 하는 삼자원칙을

---

83 Hrang Hlei, "Myanmar," 147-148.

수용함으로써 여러 도전을 극복할 수 있었다. 독립 이후 버마 정부하에서 버마 기독교 지도자들은 그들의 지도력을 발전시킬 수 있었다. 그들은 스스로 교회를 운영하고 복음적 사역을 감당할 수 있음을 보여줬다. 선교사들이 버마를 떠난 이후 가톨릭교회는 새로운 교구를 설치했고, 모든 교구에서 신자들이 증가했다. 성공회 교회와 감리교 교회도 성장했고, 복음 전도 활동을 활발하게 했다. 1970년대에 카친침례교회는 300명을 모아 3년 동안 카친족을 대상으로 선교하는 "300명-3년-선교"라는 역사적 프로젝트를 시행했고, 1981년의 평가에 의하면 그 결과는 성공적이었다. 카친침례교총회는 "한 세기에 그리스도를 위한 친족"이라는 프로젝트를 1983년에 시행했고, 1999년 평가에 의하면 대성공이었다. 카렌침례교총회도 "5년 선교 프로젝트"(1988~92)와 "주후 2000년 선교 프로젝트"(1991~2000)라는 이 단계 선교 프로젝트를 시행했고, 2000년까지 5,460명의 새신자를 얻었다.[84]

4) 미얀마 기독교의 선교 프로젝트

독립교단을 포함해서 카렌족 교회, 카친족 교회와 다른 교회들은 선교 프로젝트를 지속적으로 시행하고 있다. 친족침례교총회는 미얀마 전국적으로 비기독교인에게 복음을 전하기 위해 1999년부터 2013년까지 "그리스도를 위한 선교 100주년 기념 프로젝트"를 실천하고 있고, 2028년까지 500~1,000명의 선교사를 파송하는 선교 프로젝트를 시행하고 있다. 카렌침례교총회와 카친침례교총회는 미얀마의 라킨족, 와족, 팔라웅족, 몬족, 카야족, 버마족 가운데에서 선교 프로젝트를 시행하고 있다. 미얀마 디아스포라 교회들은 비기독교인들에게 복음을 전파하기 위해서 유사한 선교 프로젝트를 적극적으로 실천하고 있다. 2013년 미국의 친족 침례교 교회들은 미얀마 국내에서 "국제 친족 침례교 선교"라는 명칭의 선교 프로젝트를 시행하여 수백 명의 미얀마 사람들이 기독교인이 되었다. 이와 유사한 선교 프로젝트가 미국 카렌족 침례교회, 북미 친족침례교협의회, 미국 카친족 침례교회에 의해 시행되었다.

---

84 Ibid., 148.

2009년 독립교단에 속한 미얀마국제선교회는 미얀마에서 복음을 듣지 못한 미전도종족에게 복음을 전파하는 선교 프로젝트를 시작하여 상당수의 사람이 개종했다. 오순절교회는 야외 대부흥 집회와 모임 등 다양한 선교와 전도 활동을 전개하고 있다. 2016년 헤브론 형제총회는 빌리 그래함의 아들 프랭클린 그래함을 설교자로 초청하여 '양곤 사랑, 기쁨, 평화 잔치'를 열었다. 이 잔치는 사흘 동안 양곤컨벤션센터에서 열렸으며 총 17만 명이 참석했고, 이 중 7천 명이 예수 그리스도를 자신의 주로 영접하는 일이 일어났다. 미얀마의 오순절교회는 이와 유사한 부흥 집회를 열어 수천 명의 개종자를 얻고 있다.

미얀마 교회의 이러한 전도 활동과 선교 프로젝트의 결과 2014년 미얀마 노동이민인구부의 인구통계에 의하면 총인구 5,100만 명 중 기독교인의 비율은 6.2%이다. 이는 기독교인의 비율을 낮게 잡은 것으로 평가된다. 카친주와 카렌주에서 기독교인의 비율이 제대로 반영되지 않았다고 본다. 군부정권하에서 기독교인이 극적으로 증가했다는 것은 의문의 여지가 없다. 군부정권으로부터 민주주의 정부로의 이양은 기독교인들이 보다 자유롭게 선교 활동을 할 수 있는 여건을 조성할 것이다. 이는 미얀마 교회에 대한 많은 도전에도 불구하고 선교의 기회가 될 것이다.[85]

5) 미얀마 침례교회의 현황

1865년에 버마침례교선교총회로 출범했다가 1954년에 버마침례교총회로 명칭을 바꾸었다. 1993년 현재 미얀마침례교총회에 속한 노회는 77개이고, 교회는 3,513개이고, 교인은 1,076,697명이고, 33개의 성경학교를 운영하고 있다. 미얀마침례교회총회 안에서 가장 큰 교단은 카렌(꺼인족)침례교총회로 17개 노회와 1,297개 교회와 372,856명으로 구성되어 있다. 이 교단은 1828년 카렌침례교협회로 출범해서 카렌족과 다른 소수 부족을 대상으로 선교 활동을 시작했다. 서구 선교사들과 함께 카렌 기독교인들은 샨주에서 샨족, 라후족, 와족, 아카족 등에게 선교했다. 두 번째로 큰 교단은 카친침례교총회로 9개 노회와

---

85 Ibid., 149.

219개 교회와 245,118명의 교인으로 구성되어 있다. 1882년 7명의 카친인들이 세례를 받은 후 25년 동안 서구 선교사들은 카친 기독교인들과 선교 활동을 전개하여 학교를 세웠고, 카친 교인을 위한 교리문답과 찬송가를 제작했고, 지도자 훈련과 전도 활동을 했다. 1925년부터 1950년 사이에 카친침례교회는 자립하게 되었고, 카친 기독교인들은 선교사를 도와 라후족, 와족, 팔라웅족, 나가족에게 선교했다. 미얀마 북부 사가잉 지구에 본부를 둔 조미 침례교 총회는 세 번째로 큰 침례교단으로 20개 노회와, 875개 교회와, 182,575명의 교인으로 구성되었다. 포우(Pwo)카렌침례교총회는 6개 노회와 199개 교회와 37,504명의 교인으로 구성되었다. 샨 침례교 교회들은 남부에 2개 노회, 44개 교회, 6,000명의 교인이 있고, 북부에 6개 노회, 157개 교회, 24,636명의 교인이 있고, 동부에 3개 노회, 110개 교회, 15,589명의 교인이 있고, 스웰레 언덕에 1개 노회, 12개 교회, 4,904명의 교인이 있다. 샨 침례교회는 총 12개 노회, 323개 교회, 51,129명의 교인으로 구성되어 있다. 침례교 선교사인 아서 카슨 선교사 부부가 친족 선교에 헌신했다. 그의 뒤를 이은 선교사들로 인해 1924년 친족 침례교회가 자립하게 되었고, 친족 가운데서 교회가 뿌리를 내리게 되었다. 일부 선교사들은 신약성서를 새롭게 번역했다. 1924년부터 1941년까지 침례교회가 친족 가운데서 급성장했다. 약 25만 명 정도인 아쇼 친족 가운데 세워진, 아쇼친족침례교 총회는 2개의 노회와 20개의 교회와 6,800명의 교인으로 구성되었다.[86]

6) 미얀마 기독교의 도전과 전망

미얀마에서 기독교의 현존을 미얀마의 종교적 정체성과 민족적 정체성을 위협하는 것으로 보는 불교도 민족주의자들은 기독교를 영적 존재로 보기보다는 서구 식민주의의 도구로 여긴다. 따라서 소수 부족 기독교인은 종종 반애국적이고, 불교의 문화적 가치를 파괴한다고 비난받는다. 그러나 2016년 선거에서 친족 기독교인인 헨리 반 티오가 제2부통

---

86 "Baptists," in Scott W. Sunquist, David Wu Chu Sing, John Chew Hiang Chea (eds.), *A Dictionary of Asian Christianity* (Grand Rapids: William B. Eerdmans Publishing Company, 2001), 59-62.

령으로 선출된 것은 이런 오해가 어느 정도 불식되고 있음을 보여준다. 군부정권이 제정한 헌법에 의하면 국회의원 의석의 25%를 군부에 할당해야 한다. 헌법은 불교가 특별한 지위를 갖도록 했으며, 불교는 정치에서뿐 아니라 공적 영역에서도 영향력을 발휘한다. 기독교인들은 이런 상황에 어떻게 대처해야 하는지 결정해야 하고, 급변하는 사회적이며 정치적인 상황에서 어떤 역할을 해야 하는지를 정해야 한다. 즉, 미얀마 기독교인은 공적 영역에서 어떻게 신앙을 표현하고 살아야 하는지를 결정해야 한다. 기독교인들은 쿠데타로 르윈 장군이 정권을 잡은 1960년대부터 군부정권이 종식된 2010년까지 공적 영역에서 매우 제한된 역할밖에는 하지 못했다. 이 기간 동안 소수 부족 교회는 목회 활동을 자신의 인종에게만 제한해야 했다. 군부정권 하에서 미얀마 기독교는 성장했지만, 교회가 사회적 영역과 정치적 영역에 기여한 것은 매우 제한적이었다. 그러나 민주 정부가 출범한 2011년 이후 미얀마의 정치적 상황은 급변했고, 기독교인들이 자신의 신앙을 공적 영역에서 표현할 기회가 열리기 시작했고, 사회 변혁에 기여함으로써 기독교인들은 예언자적 역할을 감당할 수 있게 되었다.[87]

미얀마 기독교를 향한 도전은 현재 정치적 상황에서 그들이 자신의 소명을 어떻게 인식하고, 전체 사회에 개입하는 것을 어떻게 보는가 하는 점이다. 미얀마 국가가 민주적 정치를 펼침에 따라 미얀마 기독교는 자신이 서구 식민주의의 산물이 아니라는 것을 보여 주기 위해 사회적이며 정치적인 이슈에 개입하도록 도전받고 있다. 미얀마 교회는 전체 사회의 발전을 위해 중요한 이슈에 적극적으로 개입함으로써 하나님의 사랑을 증거할 기회를 얻는다.

미얀마에서 소수 부족 가운데 기독교인이 급증한 이유는 부분적으로는 강한 토착적 기독교 지도력 때문이고, 부분적으로는 1966년 서구 선교사들이 미얀마를 떠날 때 토착적 기독교 지도자들이 기독교인들을 잘 인도할 능력을 갖췄기 때문이다. 1970년대에 기독교는 미얀마 종교 중 가장 성장하는 종교이었다. 그런데 이들 소수 부족의 기독교 지도자들의 주된 선교 방법은 영혼 구원과 교회 개척이었다. 그 결과 개신교회와 오순절교회는 그

---

87 Hrang Hlei, "Myanmar," 150.

재정적 한계와 지리적 고립에도 불구하고 선교사를 파송하는 조직이 되었다. 미얀마는 소수 부족이 많은 국가이다. 미얀마 북부에는 카친족이 살고, 남부에는 카렌족이 살고, 라키네족과 친족은 서부와 북서부에 살고, 동부에는 라후족과 샨족이 살고 있다. 이러한 지역에 사는 소수 부족은 사회적으로는 발전되지 않았고, 경제적으로는 가난하다. 그러나 흥미로운 것은 버마족 다수는 복음에 저항했지만, 가난하고 소외된 소수 부족은 복음을 받아들였다는 점이다. 그들은 자신이 이스라엘처럼 열방의 빛이 되기 위해서 하나님에 의해 선택되었다고 믿는다. 그들은 경제적 한계에도 불구하고 버마 불교도와 복음을 나누는 선교 활동에 적극적으로 참여하고 있다. 친족, 카친족, 카렌족 기독교인들은 버마 불교도에게 적극적으로 선교하고 있다. 현재 민주 정부는 미얀마에서 기독교인의 현존을 인정하고 있다. 소수 부족 기독교 지도자들이 정부와 반군의 평화 협상 테이블에 특별 손님으로 초대받았다.[88]

미얀마에서 2010년대 10년 동안 기독교는 상당히 성장했다. 개신교회, 오순절교회와 독립교회의 선교적 활동으로 인해 버마족 가운데 기독교를 새로운 종교로 받아들이는 사람들이 증가하고 있다. 하버드신학대학교의 종교연구 프로젝트는 미얀마의 기독교인을 총인구의 8%로 추정하고 있다. 기독교인이 조직하거나 운영하는 수백 개의 보육원은 미얀마 교회가 지원하거나 해외교회가 지원하고 있다. 이런 보육원은 성서와 기독교적 메시지를 가르치고 있으며, 일반 교육도 가르치고 있다. 미얀마 교회는 영혼 구원만 강조하는 것은 아니고, 기초 교육의 중요성을 인정하고 있다. 미얀마 교회는 교육이 공동체를 유지하고 국가를 세워나가는 핵심적 요소임을 믿고 있다. 미얀마 교회나 기관은 사립학교를 운영함으로써 기독교의 현존의 전망을 밝히고자 한다.[89]

---

88 Ibid., 151.
89 Ibid., 152-153.

8. 미얀마 신학과 신학교

1) 서구 선교사 철수 이후 미얀마 기독교의 성장과 토착 기독교로의 발전

사회주의 정권이 서구 선교사들을 1966년에 떠나도록 한 것은 앞에서 이미 언급했다. 불교 민족주의자들은 서구 선교사의 출국 이후 미얀마의 기독교는 급속히 쇠퇴하면서 기독교인들이 불교로 개종할 것으로 예상했다. 그러나 이들의 기대와 반대로 미얀마 교회는 서구 선교사들의 출국 이후에 성장했다. 미얀마 신학자 망(Pum Za Mang)에 의하면 미얀마 기독교인들은 고난 중에 신앙을 지켰을 뿐 아니라 오히려 교회가 성장하면서 미얀마의 기독교는 토착 기독교로 정착해 나갔다고 했다. 그는 종교적 개종에는 선교사의 활동, 전통 종교, 사회변화 및 정치적 각성 등 다양한 요인이 작용한다고 했다. 친족의 개종은 민족적 정체성을 강화시키고, 친족 정체성과 기독교인의 정체성이 밀접하게 뒤섞여 있다.[90]

서구 선교사 철수 이후 토착 교회가 성장한 사례는 미얀마 교회가 예외가 아니라 중국 교회와 에티오피아 교회 등의 사례들이 있다. 이러한 나라에 선교하기 위해서는 이런 사례들에 대한 연구가 필요하다. 뿐만 아니라 미얀마 기독교는 불교가 다수 종교이기 때문에 불교와 기독교의 관계에 대한 연구가 미얀마 선교를 위해서는 필수적이다. 그리고 여러 소수 부족에 대한 연구와 더불어 소수 부족들과 버마족과의 관계 등에 대해서도 연구해야 한다. 한마디로 미얀마 선교는 소수 종교로서의 기독교라는 입장에서 연구해야 한다.

2) 주류 버마족과 다수 종교인 불교의 흐름 속에서의 기독교 신학의 과제

캄(Zam Khat Kham)은 버마 불교 민족주의 앞에서 소수 종교인 기독교가 어떻게 정체성을 유지하고 선교할 것인지에 대해 루터의 두 왕국설(하나님께서 세상 통치를 위해 교회와

---

90 안교성, 『아시아 신학 산책』 (서울: 대한기독교서회, 2022), 156.

국가를 모두 사용한다)의 입장에서 대안을 모색한다. 그는 불교가 다수 종교인 미얀마에서 교회는 개인의 증언, 직업을 통한 사회봉사, 권세에 대한 순종, 환란 중의 인내, 중보기도 등의 대안을 제시하고 있다. 그리고 빅(Edmund Za Bik)은 개혁신학을 미얀마의 상황에서 재해석한다. 개혁신학은 하나님 중심성, 그리스도 중심성, 다양성을 특징으로 한다. 미얀마 상황에서는 특히 다양성을 강조해야 한다. 그는 개혁신학이 획일적이지 않고, 다양성을 수용하는 만큼, 미얀마 기독교가 양자택일의 인식론을 지양하고, 아시아 종교의 다원적인 통찰력과 가치를 주목해야 함을 강조했다. 한편 아웅(Salai Hla Aung)은 기후 위기 시대에 생태를 강조하면서 개발도상국의 상황에서 생태신학을 추구하고 있다.[91]

3) 미조 기독교 신학

은구르리아나(Ngurliana)는 미조(Mizo) 종교와 문화에 기초하여 미조 상황화 신학을 제시했다.[92] 어원적으로 미(mi)는 인간을 뜻하고, 조(zo)는 '산악 지대'를 의미하여 미조(mizo)라는 산악 지대에 사는 사람들을 가리킨다. 미조는 미얀마와 인도 아삼, 마니푸르, 미오람, 트리푸라와 방글라데시에 사는 친룽(Chinlung)이라 불리는 신화적 장소에 기원을 둔 사람들이다. 종교적으로는 기독교 신자이고, 대부분의 미조는 미얀마 북서부의 칼레이 카바우 골짜기, 사가잉, 친 언덕에 살고 있다. 미조 상황화 신학이 미얀마 신학에 기여한 것으로는 상황화 신학을 위한 새로운 해석학을 제시한 점, 미조 원시 종교를 미얀마 기독교 신학의 주제로 배제하지 않고 예수 그리스도의 특별 계시를 위한 준비로 여기고 그 안에 하나님의 계시가 존재한 것으로 여긴 점, 서구 문화가 아니라 미조 토착 종교 문화를 미얀마 신학의 주제로 삼은 점, 미조 종교 문화를 수용함으로써 교회 신학과 강단 신학 사이에 다리를 놓은 점, 미얀마 상황에 상응하는 상황적 신학을 수립하는데 미조 종교 문화를 도구로 인식한 점 등이다. 미조 기독교 상황화 신학은 하나님을 배타적인 하나님, 남성

---

91 앞의 책, 156-157.

92 Rev. Dr. Ngurliana, "Towards A Mizo Christian Theology: Gospel & Culture in the Mizo Christian Context" (Unpublished Ph.D Thesis at the University of Birmingham, 2008).

하나님, 지배하고 억압하는 하나님이 아니라 남성-여성 하나님 모델, 여성 모델, 가난한 자의 하나님, 해방자 하나님, 정의의 하나님, 대화적 하나님으로 제시했다. 예수를 미조인으로 그린 미조 상황화 신학은 예수를 사(Sa, 예배의 대상), 랄(Lal, 추장), 대제사장, 예언자, 영웅/정복자, 귀신 추방자로 본다. 미조 상황화 신학은 회심을 거부, 적응, 정체성의 재확립이라는 세 단계를 거쳐가는 과정으로 본다. 처음에는 기독교인이 되면서 미조 정체성을 거부하지만, 다음 단계에서는 미조의 정체성이 기독교인의 정체성에 적응해 간다. 그러다가 마지막 단계에서 성과 속, 서구 기독교적인 정체성과 미조 정체성이 통합해 가는 길고도 점진적인 과정을 겪는다. 서구적 형태의 교회론이 미얀마의 인종적 다양성과 분열에 의해 도전을 받아, 미조 상황화 신학에 의한 교회는 기독교 신앙과 미조 문화의 관리인이고, 서로 다른 종족인들을 가르치는 교육 센터이고, 공동체의 초점이고, 평화, 안전, 통합의 기초이고, 미조 기독교인의 도덕성의 기초이다. 미조 상황화 신학은 미래주의적 종말론에 여기와 지금이라는 차원을 보완해 줌으로써 하나님의 나라를 종교·문화적으로, 경제적으로, 사회정치적으로, 경제 환경적으로 지금 여기에서 세워가도록 하는 새로운 종말론적 이해를 보여준다.

4) 신학교 현황

미얀마의 이전 수도인 양곤에는 침례교 계통의 유서 깊은 미얀마신학교(Myanmar Institute of Theology)가 있다. 군부정권이 대학을 통제하고 약화시켰지만, 통제가 덜한 신학교가 역설적으로 학문성이 높은 교육기관이 되었다. 최근에는 여성의 신학교 진학률이 높아지고 있다.[93] 오영철 선교사(태국기독교총회/CCT 19노회 카렌침례교총회신학교 실로암 신학교 교수)에 의하면 미얀마 카렌침례교총회 안에 10여 개의 신학교가 있고, 신학생은 모두 합쳐서 2,000명 정도이고, 카렌침례교신학교의 학생은 내전 이전에 700명 정도로 추정한다. 그리고 친족 신학교와 까친족 신학교에도 각각 1,000명 정도의 신학생이 있을

---

93 안교성, 『아시아 신학 산책』, 157.

것으로 추정된다. 미얀마에서 주류기독교는 침례교로, 미얀마 카렌침례교는 70만 명으로 추산한다.[94]

9. 부산국제선교회 미얀마 선교의 특징

첫째, 부산국제선교회의 미얀마 선교는 교회 개척을 선교의 목적으로 하고 있음을 보여 준다. 미얀마기독교신학교를 지원한 것도 졸업생들이 교회를 개척하기 때문이고, 실제로 졸업생들이 개척한 교회당을 건축하고 목회자 생활비를 지원했다. 곽현섭 선교사, 김문수 선교사, 강범수 선교사를 통한 미얀마 선교 역시 가장 중요한 것을 교회 개척으로 여기고 있다.

둘째, 부산국제선교회가 미얀마기독교신학교를 지원하는 것은 일종의 에큐메니컬 협력 선교라 할 수 있다. 미얀마기독교신학교가 자체 교단을 세웠기 때문이다. 곽현섭 선교사, 김문수 선교사, 강범수 선교사를 통한 미얀마 선교는 타문화권 선교이다. 현재 부산국제선교회는 타문화권 선교 위주의 미얀마 선교를 진행하고 있다.

셋째, 부산국제선교회가 미얀마기독교신학교를 지원한 것은 세계 기독교 형성에 기여하는 것이라 볼 수 있지만, 미얀마기독교신학교가 리앙망 목사 사후 가족에 의해 사유화되면서 그 의미가 퇴색되고 있다. 부산국제선교회가 곽현섭 선교사, 김문수 선교사, 강범수 선교사를 통한 선교는 현지 교회 지도자와 평신도, 여성을 양육한다는 의미에서는 세계 기독교 형성에 기여한다고 볼 수 있다. 그렇지만 여전히 부산국제선교회에는 후원 교회의 이름을 선교지에 남기려는 경향을 보이면서 한국 기독교의 확장이라는 측면도 보인다. 이는 양곤BIM센터를 곽현섭 선교사가 김문수 선교사에게 이양한 것처럼 한국 선교사들이 현지 교회 지도자들에게 이양함을 통해 드러나게 될 것이다. 부산국제선교회의 미얀마 선교가 세계 기독교 형성에 기여하는 것은 세 선교사가 양육하는 미얀마 청년, 여성, 목회자

---

94 오영철 선교사와의 인터뷰(2024년 3월 19일).

들이 얼마만큼 미얀마 교회의 발전을 위해서 기여하느냐에 달려 있다.

넷째, 부산국제선교회의 미얀마 선교는 신학생 교육을 지원하여 교회를 개척하는 것이 효과적인 선교 방법이라는 결정에 따라 미얀마기독교신학교의 부지를 구입하고, 본관 건축과 가건물을 건축함으로써 신학교를 지원했다. 이로써 미얀마의 목회자 양성을 지원했다. 미얀마와 한국에 있는 미얀마 성도들이 57,000달러를 모금하여 미얀마기독교신학교 본관 건축비를 지원한 점은 기억할 만한 점이라 생각한다.

다섯째, 미얀마기독교신학교의 교수진 중 리앙망 진자 교장을 포함하여 3명의 교수에게 한국 신학교에서의 유학비와 생활비를 지원함으로써 미얀마기독교신학교의 교수진의 역량 강화에 기여했다. 유학을 마친 교수들은 신학교에 복귀해서 가르쳤다. 미얀마기독교신학교는 2001년 신학생 143명, 교수진이 20명(전임 6명, 시간강사 14명)이었는데, 2008년에는 신학생 143명, 교수진이 19명(전임 11명, 시간강사 8명), 직원 5명으로 증가했다.

여섯째, 미얀마기독교신학교의 졸업생이 개척하는 교회를 지원함으로써 미얀마 교회의 양적 성장에 기여했다. 미얀마기독교신학교의 졸업생은 60개의 교회를 개척했고, 40개의 가정교회를 섬겼다. 미얀마 선교 11년 동안 부산국제선교회와 회원 교회는 졸업생이 개척한 교회의 교회당 20개를 건축했다. 부산국제선교회는 교회당을 건축하는 것뿐 아니라 미얀마 교회 목회자의 생활비를 후원하였다.

일곱째, 미얀마기독교신학교 안에 개원한 미얀마은혜병원은 부산국제선교회와 대한의사회, 그린닥터스와의 협력 선교의 결실이자, 부산국제선교회의 의료선교의 새 장을 열었다.

여덟째, 곽현섭 선교사를 미얀마에 파송함으로써 미얀마 선교에 결정적인 역할을 하는 길을 열었다. 곽현섭 선교사는 온누리교회의 선교사 양성 과정을 비롯하여 은혜국제사역(GMI)에서 1년간 훈련을 받았으며, 국내에서 사진관 사업과 결혼 관련 사업으로 성공한 이력이 있다. 곽현섭 선교사는 양계를 통한 전문인 선교사로 출발했다. 부산국제선교회와 관계를 가진 곽현섭 선교사의 미얀마 선교 전략의 1단계는 양곤BIM센터를 개척하는 것이었다. 10년 동안 양곤BIM센터의 기반을 마련한 곽현섭 선교사는 양곤BIM센터를 김문수 선교사에게 이양하고, 곽 선교사는 샨주 선교에 집중하게 되었다. 곽 선교사의 선교 전략

2단계는 샨주(한국 1.5배) 선교를 위해 인레수상센터(관광), 따웅지선교센터(공산품), 아웅반선교센터(농산물)를 연계시키려는 것이다. 즉, 농산물과 공산품 등 물류의 흐름에 따른 인구의 흐름을 감안하고, 물류의 흐름을 관광과 결합시킴으로써 샨주 선교의 세 핵심 축을 형성하는 것이다. 곽 선교사의 인레호수 카페는 전국에서 가고 싶은 카페 3위 안에 들었다. 이로써 인레수상센터의 기반을 다진 곽 선교사는 따웅지와 아웅반에 선교 거점을 마련하고 있다. 강범수 선교사가 아웅반선교센터를 맡게 됨으로써 2단계 선교 전략이 제대로 실현되고 있다.

아홉째, 김문수 선교사는 곽현섭 선교사로부터 이양받은 양곤BIM센터에 국제유치원을 다국적 유치원으로 전환하고, 네 개의 교회를 안정화시키고, 공부방을 확대하며 양곤BIM센터를 발전시켰다.

열째, 부산국제선교회의 미얀마 양곤BIM센터와 인레수상센터는 거의 자립을 이룩했다. 이는 곽현섭 선교사가 청년 직업훈련을 실시하고, 수료자들이 취업을 했기 때문에 가능했다. 곽현섭 선교사는 수료자들에게 신앙 훈련(경배와 찬양, 성경공부, 전도 훈련 등)을 통해 신앙 공동체와 선교 공동체를 형성하도록 함으로써 교회 개척의 기반을 마련했다. 이는 삼자교회(자립, 자치, 자전)를 실현하는 건강한 선교임을 입증했다.

열한째, 곽현섭 선교사는 외국인 회사인 헬로우K(Hello K International)와 현지인 회사인 글로벌 머신 인터내셔널(Global Machine International)을 세워 선교사의 신분 보장뿐 아니라 비즈니스 선교(Business as Mission)의 모델을 세웠다.

열둘째, 부산국제선교회의 미얀마 선교는 세 선교사가 양곤 지역, 인레 지역과 따웅지 지역, 아웅반 지역에서 팀 선교를 이루고 있고, 인적 자원의 교류를 통해 서로의 선교지의 발전에 기여하는 입체적 선교를 전개하고 있다.

열셋째, 곽현섭 선교사는 선교 대상을 미얀마에서 외국인이 만날 수 없는 60%의 미전도 종족, 복음을 듣지 못한 70여 미전도종족, 미얀마 국민의 60%를 차지하는 버마족을 선교 대상으로 정했다. 나중에는 샨주의 샨족을 주 선교 대상으로 삼았다. 이는 로잔운동이 강조하는 미전도종족 선교를 염두에 둔 것으로 복음주의적 선교 접근 방식을 따르고 있다.

열넷째, 곽현섭 선교사의 자립하는 교회 모델은 선교사의 역할과 부산국제선교회의 역할을 구분하고 이를 전제로 한 자립 모델이다. 즉, 부산국제선교회는 선교센터와 개척교회의 부지를 구입하고 건축함으로써 미얀마 선교의 하드웨어를 제공했다. 곽현섭 선교사는 청년들을 모아 직업훈련을 시키고 자격증을 취득하여 취업하게 함으로써 자립의 기반을 마련하게 했다. 청년 직업훈련 과정에 들어가는 경비 역시 소정교회와 코이노니아선교회를 통해 지원받았다. 이러한 지원은 일종의 자립을 위한 마중물이라 할 수 있다.

열다섯째, 곽현섭 선교사의 선교가 효과적인 것은 연령별 맞춤형 선교 내용을 개발했기 때문이다. 청년들에게는 직업훈련을 통해서, 어린이들에게는 유치원과 방과후교실을 통해서, 장년에게는 유치원인 방과후교실의 학부모를 통해서 선교적으로 접근했다.

열여섯째, 곽현섭 선교사의 예수마을 사역은 긴급구호 차원의 난민 사역을 넘어 정착하고, 자녀를 교육시키며 신앙교육으로 교회를 이루고 공동협동농장을 통해 자립을 이루는 정착과 자립의 대안적 난민 사역의 모델을 제시하고 있다.

10. 미얀마 선교의 교훈

첫째, 미얀마기독교신학교는 미얀마기독교선교회의 신학교로 친족 중심의 독립교단이다. 부산국제선교회는 선의로 미얀마기독교신학교의 부지를 구입하고 건축을 지원했다. 그렇지만 리앙망 교장의 병으로 아들에게 미얀마기독교신학교가 세습되면서 좋은 교수진이 떠나면서 신학생이 급감했고, 리앙망 진자 목사가 사망 이후 신학교가 사유화되는 것을 막을 수 없었다. 미얀마기독교신학교는 친족 신학교인데 친족은 약 48만 명으로 미얀마 인구의 1%에 불과할 뿐 아니라 복음화 비율이 85%가 넘는다. 이러한 점들을 부산국제선교회가 미얀마 선교의 전략적 파트너로 선정할 때 충분히 숙고하지 못한 것으로 보인다. 이러한 문제에 대해 부산국제선교회는 미얀마 선교정책협의회를 통해 문제를 점검하고, 문제가 반복되지 않게 하는 제도적 장치나 선교 정책, 인선 원칙 등을 결정하고 실행할 필요가 있다.

둘째, 부산국제선교회가 곽현섭 선교사를 미얀마에 파송한 것은 선교에서 선교사 선발의 중요성을 보여주는 사례이다. 한마디로 선교가 선교사에 의해 좌우된다고 해도 과언이 아니다. 곽현섭 선교사는 통합 교회 출신으로 피어선신학교 1학년 때 어떤 선교사의 채플 설교를 통해 선교사로 살겠다고 결심했다. 곽현섭 선교사는 경배와 찬양 지도자로 찬양대 회 금상을 수상한 적도 있다. 그렇지만 곽현섭 선교사는 신학교 졸업 후 사진관과 결혼 사업으로 크게 성공하면서 소명을 잊고 살았다. 엄성화 선교사는 인도네시아 비전 트립에서 하나님으로부터 선교사로 소명을 받았다. 비슷한 시기에 곽현섭 선교사는 경배와 찬양 집회에서 기도하던 중 잊고 있던 소명에 대해 하나님의 음성을 들었다. 부부는 선교사를 준비하기 위해 사업을 정리하고 여러 회복치유 프로그램에 참가하여 훈련받은 후 온누리교회와 미국 은혜국제사역(GMI)의 선교 훈련을 받았다. 곽현섭 선교사는 양계 기술을 습득한 평신도 전문인 선교사이었다. 김운성 목사는 부산국제선교회가 곽현섭 선교사를 만난 것을, 하나님의 선교라는 차원에서 이해하고 있다.[95] 즉, 부산국제선교회도 곽현섭 선교사와의 만남을 전혀 예상하지 못했고, 곽현섭 선교사도 태국에 가서 선교하려고 떠나기 직전이었지만 하나님께서 만나게 하시고 여기까지 인도하셨다는 관점이다.

셋째, 곽현섭 선교사의 사례에서 보는 것처럼 선교 훈련의 중요성이다. 곽현섭 선교사와 엄성화 선교사는 온누리교회의 장기 선교사 훈련, 비즈니스 선교 훈련, 내적 치유 과정의 '아버지학교', 영성 내적 치유 과정인 '예수제자학교'(JDS), 가정 치유 회복 과정인 '하나님의 가정훈련학교', 성령의 열매 '선교학교' 등을 비롯하여, 미국 은혜국제사역 (GMI)의 선교 훈련을 포함하여 총 3년 동안 가족 전체가 합숙하는 훈련을 받았다. 이런 선교 훈련을 통해 선교에 대한 큰 그림을 이해하게 된 것도 중요하다. 그렇지만 선교사 부부의 상처가 치유되고 가정이 회복되는 것이 더욱 소중했다. 엄성화 선교사는 부부 사이에 상처가 치유되고 가정이 회복된 후에 미얀마 선교지로 가게 되었다고 했다.[96] 총회 세계선교부의 신임 선교사 업무교육 과정이 4주 과정일 때 마지막 일주일은 부부 관계에 초점을 두고 진행했다. 이는 부부 사이에도 소통과 치유가 되지 않으면 타문화권 선교가 불가능하다는 전제에서

---

95 김운성 목사와의 인터뷰(2022년 5월 20일).
96 엄성화 선교사와의 인터뷰(2022년 6월 7일).

비롯되었다. 곽현섭 선교사도 이 점을 강조한다. 선교지에서 불신자들이 처음 만나는 기독교인은 선교사 부부이다. 선교사가 행복한 삶을 살아야 스태프가 마음을 연다. 누구보다도 선교센터의 스태프는 선교사 부부의 관계를 잘 알고 있다. 선교사 부부가 불화 관계인데도 후원 교회나 비전 트립 팀이 방문해서 화기애애한 부부의 모습을 보여주는 것을 스태프들이 모르지 않는다.[97]

넷째, 선교 전략 수립을 위한 선교 여행과 현지 조사의 중요성이다. 곽현섭 선교사는 양곤에서 선교를 시작하던 초기부터 미얀마 선교를 남부로부터 확대하기 위한 선교지를 물색하기 위해 지속적으로 선교 여행을 다녔다. 곽현섭 선교사는 미전도종족 선교를 위해서 먼저 외국인에게 상대적으로 열린 지역과 주민을 찾고자 했다. 그리고 확대된 선교지는 미얀마 사회에서 인구가 많되 물류의 이동 등 사람들이 많이 모이고 왕래하는 곳을 염두에 두었다. 곽현섭 선교사는 2008년과 2009년에 걸친 선교 여행 끝에 샨주를 선정하고, 관광지인 인레를 염두에 두었다. 인근에는 공산품 유통의 중심인 따웅지와 농산품 유통의 중심인 아웅반이 있다. 그래서 곽현섭 선교사는 양곤BIM센터에 전념하면서도 틈틈이 인레를 다녀가면서 여러 사람과 좋은 관계를 맺었다. 2015년에 곽현섭 선교사는 인레의 어린이와 청소년을 양곤BIM센터로 초대해서 그들에게 기억에 남을 만한 활동을 펼쳤다. 2018년 곽현섭 선교사가 새로운 선교지인 인레에 정착할 때 그동안 좋은 관계를 맺었던 사람들과 양곤 방문 프로그램에 참여했던 어린이와 청소년의 부모들이 큰 도움을 줬다.[98]

다섯째, 선교지에서 선교사가 중요한 것처럼 선교사에게는 선교 동역자인 중간 리더가 중요하다. 선교사가 펼치려는 선교 활동의 상당 부분은 선교 동역자인 중간 리더에게 달려 있다고 해도 과언이 아니다. 곽현섭 선교사는 이들 중간 리더를 먼저 경배와 찬양 모임에 참여해서 기독교에 어느 정도 열려있는지 확인하여 청년 직업훈련 과정을 거쳐 개척교회나 선교지 교회에서 전도 훈련도 하고, 연수를 한 후 국가 자격증을 취득하고, 취업을 하도록 했다. 신학생들은 졸업 후 교회를 개척하여 목회하도록 했고, 유치원 교사, 약사나 간호사

---

97 곽현섭 선교사와의 인터뷰(2022년 6월 7일).
98 곽현섭 선교사와의 인터뷰(2022년 6월 7일).

등이 교회당에서 유치원을 열고, 의료 활동을 통해 선교 개척 팀을 구성해서 개척교회를 지원했다. 이런 과정을 통해 스태프가 선발되고, 중간 리더가 양육되었다. 곽현섭 선교사는 양곤 선교 초기에 양곤대학교를 졸업한 청년 35명을 선발해서 1년 훈련을 수료한 후 25명이 남아 이들을 리더로 세웠다. 6~7년이 지나면서 5~6명이 중간 리더로 남아 있다. 이들이 함께하니까 양곤BIM센터가 안정화되었다.[99]

여섯째, 선교사의 리더십은 선교사 자신의 성육신적 삶에서 비롯된다. 곽현섭 선교사는 중간 리더의 중요성을 자신의 삶으로 스태프와 중간 리더에게 보여줬다. 부산국제선교회는 곽현섭 선교사가 65세 은퇴 이전까지 부산국제선교회 파송 선교사로 활동할 것을 약속하자 지난 10년 선교 활동을 격려하는 차원에서 은퇴 자금으로 5,000만 원을 전달했다. 곽현섭 선교사가 은퇴 이후를 대비해서 땅이나 집을 구입하면 부산국제선교회가 해당 서류를 만들어 주겠다고 약속했다. 곽현섭 선교사는 2주일 동안 기도 후 매니저에게 국가가 제공하는 아파트 구입에 대해 알아보게 했다. 곽현섭 선교사는 모든 스태프가 모인 가운데 매니저에게 양곤 선교 10년 근속상으로 아파트를 주었다. 그 자리에 참석한 모든 스태프가 감동을 받아 울었다. 곽현섭 선교사는 양곤 선교의 50%를 매니저가 감당했다고 보았다. 그런데 매니저는 10년 동안 처갓집에 얹혀살고 있었다. 곽현섭 선교사는 자신의 은퇴 자금 5,000만 원 중 3,000만 원이 넘는 금액으로 매니저에게 아파트를 사줌으로써 매니저에 대한 감사를 표시했고, 자신의 사역에서 중간 리더의 중요성을 모든 스태프에게 공적으로 밝혔다. 곽현섭 선교사는 매니저 아내가 구멍가게를 내도록 조언했는데 실제로 크게 성공해서 가게를 확장했다.[100] 곽현섭 선교사는 자신의 나머지 은퇴 자금 2,000만 원도 인레 디베랴의아침교회의 부지 구입에 사용했다.

일곱째, 곽현섭 선교사의 선교는 청년 직업훈련과 유치원, 카페, 사진관 등을 통한 자립 선교를 지향한다. 부산국제선교회가 아시아 국가에서 선교한 경우 일본을 제외하면 대부분 가난한 주민들을 대상으로 선교를 해왔다. 곽현섭 선교사는 가난한 청년들을 모아 직업

---

99 곽현섭 선교사와의 인터뷰(2022년 6월 7일).
100 곽현섭 선교사와의 인터뷰(2022년 6월 7일).

훈련을 거쳐 국가 자격증을 취득하여 취업하거나 유치원을 열게 했다. 곽현섭 선교사는 한국에서의 비즈니스 경험을 토대로 사진관이나 카페를 통해 선교센터의 자립을 이뤘다. 그런데 한국 선교사들이 여는 직업훈련 센터는 학생이 거의 없는 경우도 있다. 곽현섭 선교사는 직업훈련 과정을 열기 전에 4개월 동안 양곤의 직업훈련 학원을 조사했다. 이들 학원은 시설은 열악하지만, 과정을 이수하면 국가 자격증을 받아 취업이 빨리 되는 편이어서 학원비가 비싸다. 이는 미얀마 사람들 사이의 내적 네트워크 덕분이다. 반면에 곽현섭 선교사는 기독교에 대한 거부감을 줄이기 위해 토요일과 주일에 선교센터에 와서 말씀을 듣고 예배를 드리며 직업교육을 받도록 했다. 청년들이 가난하니까 학원비뿐 아니라 교통비도 전액을 지원했다. 그러니까 부모들도 마음이 열려 청년들이 곽현섭 선교사의 직업훈련 과정에 다니는 것을 지지했다.[101]

여덟째, 곽현섭 선교사의 선교는 선교 개척/전도팀의 구성을 통해 이뤄지고 있다. 선교 개척팀은 목회자와 유치원 교사, 공부방 또는 방과후학교 교사, 간호사 등으로 이들은 직업훈련 과정에서 전도 훈련을 받은 자들이다. 교회를 개척하면서 유치원을 통해 교회의 재정적 자립을 이루고, 간호사를 통해 주민들의 신뢰를 얻고, 이들이 중심이 되어 어린이들에게는 유치원, 방과후교실 등으로 접근하고, 장년에게는 유치원이나 방과후교실의 학부모에게 접근하고, 청년들에게는 직업훈련 과정을 통해 접근하며 좋은 인간관계를 형성하고, 개척교회의 기초를 놓고 있다. 곽현섭 선교사는 중부 지역에 들어가서 방과후교실을 통해 120~130명의 어린이와 청소년을 만났다. 2년 정도 지나 졸업생이 나오면 이들 중에 직업훈련을 받을 청년을 선발해서 양곤BIM센터에서 수준 있는 직업교육과 신앙교육을 받게 하고 있다. 미얀마에서는 고등학교를 졸업한다고 해서 졸업증이 나오지 않는다. 졸업 시험을 통과해야 졸업증이 나오는데 합격률이 30%에 불과하다. 졸업을 못하면 직업훈련을 받게 한다. 고등학교를 졸업하면 신학교로 보내 목회자가 되기도 한다. 청년들은 직업훈련과 더불어 워십 댄스, 컴퓨터, 전도 훈련 등을 받아 전도팀/선교 개척팀을 이룬다.[102]

---

101 곽현섭 선교사와의 인터뷰(2022년 6월 7일).
102 곽현섭 선교사와의 인터뷰(2022년 6월 7일).

아홉째, 곽현섭 선교사가 10년 동안 이룬 양곤BIM센터를 김문수 선교사에게 이양한 것은 선교 이양의 모범 사례이다. 김문수 선교사는 양곤BIM센터를 다국적 국제유치원으로 전환시켰고, 공부방을 확대했고, 4개의 교회를 정착시켰다. 곽현섭 선교사는 샨주의 인레수상센터와 디베랴의아침선교센터를 통해 선교가 그 지역에 뿌리를 내리고 있고, 따웅지와 아웅반에 선교 개척을 하고 있다. 이와 같이 미얀마 선교에서 보여준 이양은 양 선교지가 모두 발전된 모습을 보이고 있다. 이러한 이양의 모범 사례는 향후 양곤 지역과 중부 지역에서 이뤄질 사역들이 현지인 지도자들에게 이양할 때 참고할 모범 사례가 될 것이다.

열째, 김문수 선교사가 코로나에 확진되어 에어 앰뷸런스로 귀국하여 치료를 받은 것은 부산국제선교회가 선교사를 얼마나 소중히 여기는지를 보여주는 모범적 사례이다. 코로나 팬데믹으로 인해 많은 사람이 피해를 입었고, 선교사 중에도 제대로 치료를 받지 못하거나 뒤늦게 치료를 받아 세상을 떠나기도 했다. 그렇지만 부산국제선교회는 자신이 파송한 선교사에 대해 상당히 빠른 기간 내에 상당한 액수의 모금을 하고 김문수 선교사를 귀국하게 하여 치료함으로써 선교사에 대해 끝까지 책임지는 모습을 보여줬다.

11. 미얀마 선교의 과제

첫째, 부산국제선교회는 미얀마기독교신학교를 미얀마에서 두 번째로 큰 신학교, 미얀마기독교선교회를 두 번째로 큰 교단이라 했다. 그렇지만 미얀마에서 가장 큰 교단은 침례교이고, 가장 큰 신학교도 침례교 신학교이다. 카렌침례교신학교의 규모가 까친족 신학교와 친족 신학교의 각각 두 배 정도가 된다. 따라서 미얀마 신학교나 교단에 대한 평가는 미얀마 신학교 전체를, 미얀마 선교 전체를 조망할 수 있는 선교 연구가 진행된 다음에 가능할 것이다.

둘째, 부산국제선교회와 곽현섭 선교사의 미얀마 선교 전략이 제대로 작동하려면 양곤BIM센터의 김문수 선교사, 인레수상센터와 디베랴아침선교센터와 따웅지 선교센터의 곽현섭 선교사, 아웅반의 강범수 선교사 사이에 팀 선교가 협력하여 이뤄지도록 해야 할 것이다. 이를 위해서는 부산국제선교회가 미얀마의 세 선교사가 경쟁적 관계가 아니라 보완적이며 상호 협력적이며 유기체적으로 선순환하는 관계를 맺도록 지원해야 한다. 세 선교사의 협력과 일치를 위해서 부산국제선교회는 곽현섭 선교사와 엄성화 선교사, 김문수 선교사와 김옥주 선교사, 강범수 선교사와 이혜진 선교사에게 영성 훈련을 함께 받도록 하는 것이 바람직하다. 부산국제선교회는 각 선교사가 자기의 역할에 매몰되어서는 안 되고, 미얀마 선교 전략 전체를 공유하고, 그런 전략에서 각 센터의 역할과 선교사의 역할과 협력에 대해 숙지하도록 격려하고, 때로는 세 선교사 사이에서 조정자/매개자 역할을 해야 한다. 부산국제선교회는 세 선교사의 팀 선교와 협력 선교와 더불어 세 선교지의 중간 리더들이 팀 선교와 협력 선교를 위해 정보를 공유하고 선교 전략을 나누고 각 센터의 역할을 조정하는 정기적인 회의와 기도회가 필요하다. 그리고 세 선교센터의 모든 교사와 실무자들이 1년에 한 번은 모여 선교 협력과 팀 선교를 위한 회의와 기도회를 열고 예배를 드릴 필요가 있다. 부산국제선교회는 이러한 세 층위의 회의와 기도회와 예배가 이뤄질 수 있도록 세 선교사와 협의하고, 재정을 지원하는 것이 바람직하다.

셋째, 부산국제선교회는 선교 재정 원칙에 대해 재고할 필요가 있다. 미얀마 선교의 경우 파송 선교사의 생활비를 지급하고, 사역비의 일부를 지급하고 있다. 곽현섭 선교사의 경우 사역비가 부족하기 때문에 생활비의 60%를 사역비로 사용하고 있다. 선교센터들과 일부 교회가 자립하여 운영하고 있지만, 고아와 한부모 자녀를 비롯한 가난한 어린이와 청소년들에게 장학금을 지급해야 하기 때문에 사역비가 필요하다. 부산국제선교회는 사역비의 일부를 지원하지만, 선교 프로젝트에 대해서는 다른 선교 단체와 비교할 때 월등하게 집중적인 지원을 하고 있다.[103] 물론 부산국제선교회는 미얀마 선교를 위해 다양한 선교 활동을 지원하고 있다. 그런데 선교 현지에서는 그런 지정 항목 이외에 돌발 상황이 발생하거나 일상적인 활동 가운데서도 선교비 지원 항목에 없는 지출이 생길 때가 있다. 이러한 경우를 대비해서 사역비를 상향해서 책정하는 것이 바람직하다.

---

103 곽현섭 선교사와의 인터뷰(2022년 6월 7일).

넷째, 미얀마 선교는 자립하는 교회 모델로부터 자립하는 선교 모델로 발전시킬 필요가 있다. 곽현섭 선교사는 자립하는 교회 모델로 교회당 부지 구입과 건축, 선교센터의 부지 구입과 건축은 부산국제선교회가 감당하고, 유치원이나 카페, 사진관 등을 통해 교회와 선교센터가 자립하는 이원적인 자립 모델을 제시했고 이를 실천했다. 그런데 중장기적으로 미얀마 선교는 교회의 자립과 선교센터의 자립을 넘어 향후 10년의 선교를 통해 교회당 부지 구입과 건축, 선교센터 부지 구입과 건축 등에 이르기까지 자립에 이른 방안을 모색할 필요가 있다.

다섯째, 부산국제선교회의 미얀마 선교 전략이 제대로 작동되려면 현지에서 선교하는 통합 선교사를 비롯해서 한국 선교사들과 협력 선교가 이뤄져야 할 것이다. 대부분의 한국 선교사들이 양곤 지역에서 사역을 하기에 샨주에서 활동하는 한국 선교사가 많지 않을 것이다. 샨주 선교의 직접적 협력은 아니더라도 부산국제선교회의 미얀마 선교를 한국 선교 사회와 공유하는 것은 앞으로의 과제라고 생각한다. 미얀마 선교지에서 총회 파송 선교사들을 만났던 김운성 목사에 의하면 총회 파송 선교사들이 곽현섭 선교사를 부정적으로 평가하는 것은 타교단 출신이라는 점과 곽현섭 선교사의 선교가 다이내믹하게 이뤄지면서 선교 활동이, 비즈니스 선교가 너무 잘 되는 점이라 했다.[104] 선교지에서 후임 선교사가 비교적 짧은 기간에 선임 선교사들이 이루지 못한 선교 사역을 이룰 때 선교사들 사이에 갈등이 생기는 것은 선교 역사를 통해 볼 수 있다. 곽현섭 선교사는 2014년부터 구정과 추석 명절에 한국 선교사들을 초대하여 식사를 제공하고 선물을 주는데, 참석 규모가 50명으로부터 150명까지 증가했다. 곽현섭 선교사는 미얀마 한인선교사회의 총무를 두 번 역임했다. 그리고 한 달에 3~4명의 한인 선교사에게 정착, 신분 보장, 자녀 교육, 회사 문제 등의 문제에 대해 상담하고 문제 해결을 위해 함께 노력하고 있다. 일부 한인 선교사들은 처음에는 곽현섭 선교사의 비즈니스 선교를 비난하지만, 나중에는 자신들도 어떻게 비즈니스 선교를 할까 고민한다.[105] 곽현섭 선교사의 양곤BIM센터 이양 이후에는 이런 태도가

---

104 김운성 목사와의 인터뷰(2022년 5월 20일).
105 곽현섭 선교사와의 인터뷰(2022년 6월 7일).

많이 누그러진 것 같다. 부산국제선교회는 총회 파송 선교사를 비롯하여 한인 선교사들과 부산국제선교회 파송 세 선교사 사이에 우호적 관계를 이루도록 만남의 자리를 만들고, 이런 우호적 관계 형성을 바탕으로 비즈니스 선교 사례를 다른 한인 선교사에게 확대시키는 방안을 모색할 필요가 있다.

여섯째, 부산국제선교회의 미얀마 선교가 원활하고 효과적으로 이뤄지려면 미얀마 현지 교회/교단과의 협력이 필수적이라 생각한다. 로잔 언약(1974)에서 언급한 선교의 새 시대가 동튼다는 것은 남반부 교회와의 협력이 필수적이라는 깨달음에서 비롯되었다.[106] WCC의 육 대륙 안에서 육 대륙을 향한 선교(1982)[107]도 동일한 이해를 나타냈다. 식민지 시대 서구 교회처럼 선교지에서 일방적으로 선교한다는 시대는 이미 지나갔음을 세계 교회는—에큐메니칼 진영이든 복음주의 진영이든— 반세기 전에 깨달았다. 부산국제선교회가 이러한 선교적 자각을 수용하여 미얀마 한인선교사회와 미얀마 현지 교단과의 만남과 선교신학적 대화를 지원한다면 부산국제선교회는 미얀마 선교에 남을 역사적 기여를 할 것이라 생각한다.

일곱째, 부산국제선교회는 샨주 선교를 위한 미얀마 교회와의 협력 선교를 위해 인레, 아웅반, 따웅지 등에서 나오는 신학생들이 샨주침례교신학교에서 공부하고 졸업하면 샨주침례교총회에서 안수받는 방안을 모색하는 것이 바람직하다.

여덟째, 미얀마 선교는 미얀마 교회를 강화시킨다는 관점에서 보면 향후 미얀마 선교는 미얀마 교회 지도자와 신학자들의 고민을 이해하고, 대안을 모색하는 데 협력하는 것이 필요하다. 미얀마 신학과 미얀마 교회의 선교에 대한 이해는 아시아 신학, 아시아 선교신학이라는 맥락에서 이뤄지는 것이 바람직하다. 즉, 미얀마를 비롯한 아시아의 선교는 가난의 문제, 다문화 상황에서의 선교, 다종교 상황에서의 선교를 고민해야 한다. 특히 셋째 과제는 미얀마 선교가 불교 사회에서의 선교라는 관점에서 이뤄져야 할 것이다. 이를 위해서는

---

106 "로잔 언약," 조동진 편, 『세계 선교 트랜드 1900~2000: 20세기 기독교 선교에 관한 선언문 해설』 하 (서울: 아시아선교연구소, 2007), 183-184.

107 세계교회협의회/김동선 옮김, 『통전적 선교를 위한 신학과 실천』 (서울: 대한기독교서회, 2007), 59-62. WCC는 1963년 멕시코시에서 열린 선교대회에서 선교를 서구 기독교 국가로부터 비서구 지역으로 이뤄지는 증거가 아니라 6대륙에서 이뤄지는 증거라고 했다.

스리랑카의 신학자로 기독교와 불교의 대가인 알로이시우스 피어리스[108]와 태국에서 선교했던 고수케 고야마의 선교신학[109]을 참고할 필요가 있다. 불교 지역에서의 기독교 선교를 위해서 한인 선교사들은 미얀마 교회 지도자들, 신학자들과 정책협의회나 선교 세미나를 개최하는 것이 필요하다. 이를 위해서 부산국제선교회가 재정을 지원하는 것이 바람직하다.

---

108 황홍렬, 『아시아 선교신학 입문』 (서울: 동연, 2023), "알로이시우스 피어리스의 아시아 선교신학 이해," 279-443을 참고.
109 위의 책, "고수케 고야마의 선교신학의 주요 이슈와 과제," 189-231을 참고.

6장

협력 선교사를 통한 선교

1. 1980년대

1) 볼리비아 박종무 선교사

볼리비아 박종무 선교사는 1983년 4월 부활주일에 수도 라파스에 첫 장로교회인 제일 장로교회를 개척하여 70여 명이 출석하고 있다. 1984년 5월 두 개의 한인 교회를 통합한 교회에는 현재 장년 60명, 중고등학생 20명, 어린이 20명이 출석한다. 박종무 선교사는 1984년 5월에 장로교단을 설립했다. 지난 2년 동안 박종무 선교사는 원주민 교회를 7개 개척했고, 1984년 5월 18일 볼리비아장로회신학대학을 설립하여 운영하고 있다. 1985년 에 신입생이 입학하여 현재 신학생은 1학년이 24명이고, 2학년이 13명이다. 신학교 건물은 한인 교회당을 사용하고 있다. 1985년 4월에 신학교 건물이 완공될 예정이다. 건축비 1만 달러는 한국교회의 헌금이다.[1]

부산지회는 볼리비아의 신학교 운영을 위하여 1984년 10월부터 매월 100달러씩 지원 하기로 했다. 부산지회 회원 교회인 산정현교회가 1984년 11월 15일 볼리비아 박종무 선교사에게 의복 1상자와 동산유지에서 비누를 기증받아 발송했다.[2] 박종무 선교사는 일시 귀국하여 신학교 건축이 완공된 것을 보고했고, 그동안 미지불된 건축비를 LA 지역 한인 교회들이 지원하여 채무를 청산했음을 보고했다. 부산국제선교회는 그동안 밀린 활동비(100달러* 12개월* 870원)를 지급했다.[3]

박종무 선교사의 한인 교회는 현재 50~60여 명의 교인이 회집하며 교회당 신축을 위한 대지 구입을 준비하고 있으며, 예산 약 15,000달러는 한인 교인들 헌금으로 충당할 계획이 다. 박종무 선교사가 개척한 10개 인디안 교회는 꾸준히 성장해 가고 있다. 볼리비아장로회 신학대학(Seminario Teelegicc Presbiteriano)은 교수 12명(전임 3명)과 학생 30여 명으로

---

1 볼리비아 박종무 선교사, "선교 보고" (1985년 3월 26일).
2 한국기독교국제선교회 부산지회, "총무 보고" (1984년 1월~1985년 1월), 「국제선교회 선교보고서」 (1985년 1월 17일).
3 "총무 보고," 「제66회 월례회 보고서」 (1987년 3월 5일).

구성되고, 신학대학 교사는 1층과 2층을 완공하여 금년 말에 헌당식을 가질 계획이다. 볼리비아 신학대학에서는 최초로 대학원을 10월 17일에 개원(Seminario Teologico Presbiteriano cur so postgrado)했다. 신학 석사 및 기독교 교육학 석사 과정으로 볼리비아 학생 12명(여학생 3명)과 한국 학생 5명이 입학했다.[4]

박종무 선교사는 선교의 영역을 한인 선교, 원주민 선교, 신학대학교, 연합대학교로 정하고 조광호 선교사, 이세영 선교사(부산노회), 박영찬 선교사와 재정의 통일, 사역의 분담으로 팀 사역을 통해 서로 협력하여 큰 성과를 얻고 있다.[5] 한인 교회의 부흥회를 볼리비아 선교회장 김광훈 목사(미국 서남교회)가 1988년 9월 16일부터 18일까지 인도했다. 김영순 장로가 3,000달러를 지원하여 싼 안또리오교회 교회당을 지난 9월에 완공했다. 볼리비아신학대학은 새로 부임한 이세영 선교사가 조직신학을, 박영환 선교사가 신학을 가르치게 되어 총교수진이 15명으로 보강되었다. 연합대학교 건축은 80% 정도 진행되었다. 제3세계지도자교육원은 노옥분 권사의 헌금(1억)으로 10월에 대지를 구입했다.[6] 박종무 선교사는 이세영 선교사와 동역하며, 현지인 개척교회는 19개이고, 라파스 한인연합교회, 장로회신학대학, 볼리비아기독교연합대학 및 의료선교를 통하여 선교하고 있다.

2) 페루 황윤일 선교사

부산지회는 1985년에 페루 선교사로 출국하는 황윤일 선교사(수정교회 시무)에게 출국 후부터 매월 100달러씩 보조하기로 결정했다. 페루에 파송된 황윤일 선교사는 장로교가 없는 지역에 최초의 장로교 교단(선교부)으로 등록했고, 현재 스페인어를 공부하고 있으며, 전국을 순회하며 선교지를 확정하기 위해 협의하고 있고, 가족 입국을 추진하고 있다.[7] 황윤일 선교사는 1987년 10월 7일부터 10일까지 리마에서 열린 페루선교대회에 참석하여

4 볼리비아 박종무 선교사, "선교 보고," 「제74회 월례회 및 제5회 국제선교의 밤 부산국제선교회 선교보고서」 (1987년 12월 10일).
5 "총무 보고"(이만규 목사), 「제84회 월례회 및 제6회 국제선교의 밤 선교보고서」 (1988년 12월 15일).
6 볼리비아 박종무 선교사, "선교 보고," 「제84회 월례회 및 제6회 국제선교의 밤 선교보고서」 (1988년 12월 15일).
7 부산국제선교회, 「제3회 해외선교의 밤 및 국제선교회 선교보고서」 (1985년 12월 12일).

자신의 선교를 돌아볼 시간을 가졌고, 10월 19일부터 23일까지 디모데성경훈련에 30명이 참여했고, 10월 27일부터 29일까지 산 마르고스 지역을 방문하여 결혼식 주례를 맡았다.[8] 페루 황윤일 선교사는 수도인 리마를 중심으로 선교 여행을 통한 전도, 한인 교회 봉사, 원주민 선교에 주력하고 있다.[9] 황윤일 선교사가 섬기는 주페루한국장로교선교부 (K.P.M.P)가 정부로부터 인가를 받아 단체로서 선교 사역을 하게 되었고, 선교사 30명을 초청할 수 있는 쿼터를 얻게 되었다. 김상익 선교사 가족과 이복술 선교사(부산다대중앙교회 부목사 출신)가 리마에 도착하여 앞으로 팀 선교가 가능하게 되었다. 황윤일 선교사가 리마 의 치용교회와 아마소나스주의 선교지를 방문하여 260명의 결신자를 얻었다. 지난 두 달 동안 약 560명의 결신자를 얻었다. 치용교회는 현재 120명 이상의 결신자가 있고, 200명 이 넘는 어린이가 있으나 적당한 예배처가 없어 한계에 도달하여 속히 교회당이 필요하다.[10]

3) 서독 이향모 선교사

서독 이향모 선교사는 프랑크푸르트를 중심으로 흩어져 있는 4개의 개척교회를 잘 돌보고 있다. 순회 전도 여행을 하면서 국제결혼 한 여성들을 상담하고, 신앙을 지도하며, 애환을 함께하고 있다. 이향모 선교사는 주로 서독 주재 한인 교포들과 미군 부대 군속 등을 위한 특수선교를 잘 감당하고 있다.[11] 서독 이향모 선교사는 프랑크푸르트한인선교교 회, 빌드후레켄교회, 뷔딩겐교회 등 한인 교회를 개척하고, 각 개척교회의 특수 사항(공군기 지, 국제결혼 등)에 따라 다양한 선교 사업을 진행하고 있으며, 프랑크푸르트한인선교교회 는 어린이 선교원과 성경학교 프로그램을 통하여 지역사회에 봉사하고 있다.

---

8 페루 황윤일 선교사, "선교 보고,"「제74회 월례회 및 제5회 국제선교의 밤 부산국제선교회 선교보고서」(1987년 12월 10일).

9 "총무 보고"(이만규 목사),「제84회 월례회 및 제6회 국제선교의 밤 선교보고서」(1988년 12월 15일).

10 페루 황윤일 선교사, "선교 보고,"「제94회 월례회 및 제7회 국제선교회의 밤 선교보고서」(1989년 12월 1일).

11 "총무 보고"(이만규 목사),「제84회 월례회 및 제6회 국제선교의 밤 선교보고서」(1988년 12월 15일).

4) 네팔, 스위스, 일본, 멕시코, 파라과이, 프랑스

부산국제선교회는 장신대 제3세계선교훈련원과 아세아 연합신학대학의 제3세계, 주로 아시아 교회와 아프리카 교회 지도자들을 훈련시키는 프로그램을 지원하고 있다. 네팔 아난다 뚤라드 전도사는 수도 카트만두를 중심으로 티베트 산지 원주민들을 선교하고 있는데, 요즈음은 산지 원주민청년 1명과 함께 살면서 훈련시키고 있다. 스위스 박성원 선교사(세계개혁교회연맹, WARC)는 1989년 한국에서 열릴 세계개혁교회연맹의 준비를 위하여 힘쓰고 있다. 세계 장로교의 본산인 스위스에서 한국의 신학과 교회를 소개하고, 증언하고 있다.[12] 부산국제선교회가 신광교회를 통하여 지원하는, 아난드 뚤라드 전도사는 선교 사역이 아직 궤도에 오르지 않으므로 인도 동북부와 네팔을 중심으로 힌두교 권에서 사역하는 총회 파송 이성호 선교사를 1990년부터 후원하여 교회 개척과 현지 지도자 지도력 개발사업을 돕기로 하였다. 그 외에 부산 교회들이 파송한 선교사로는 일본 동경중앙교회의 정연원 선교사, 멕시코 티와나에서 사역하는 이성균 선교사, 파라과이의 미주예장 남미교회의 임성익 선교사, 프랑스 파리의 이극범 선교사(파리한인장로교회)가 있다.[13]

2. 1990년대

1) 1990년

페루 황윤일 선교사와 김상익 선교사가 섬기는 치용교회는 기존 교인 양육에 주력하고, 3월 첫째 주일 교회 설립 1주년 예배에서 교인 24명의 세례식을 거행했다. 치용교회는 교회법에 따라 3명의 목사로 당회를 구성하고, 3명의 서리집사를 선출하여 조직교회로

---

12 "총무 보고"(이만규 목사), 「제84회 월례회 및 제6회 국제선교의 밤 선교보고서」 (1988년 12월 15일).
13 "총무 보고"(이만규 목사), 「제94회 월례회 및 제7회 국제선교회의 밤 선교보고서」 (1989년 12월 1일).

세워졌다. 주일학교는 4월 2일부터 7일까지 여름성경학교를 개최했다. 교회학교는 신학생 바스께스가 전도사로 섬기고, 3명의 교사와 10명 이상의 중학생 반장들이 어린이들을 돌본다.[14] 치용교회는 10월에 페루선교회 회장 이순 목사와 총무 박은성 목사의 주례로 성례식을 거행하여 20명이 세례를 받아 1990년 11월 현재 세례교인이 45명, 어린이 세례자가 12명이 되었다. 치용에서 계속되는 사업은 주일 아침 식사, 금요 무료 진료, 화요일과 토요일의 바울 도매 시장이다. 주일 아침에 어린이 250명에게 음식을 먹이고 있다. 금요 무료 진료는 의사이자 믿음의 형제인 이노스트로자(Hinostoza) 씨가 담당하고 있다.[15]

볼리비아(이세영 선교사) 선교지의 한인 교회당 건축은 지붕 공사와 내부 공사가 남아 있다. 원주민 교회는 날로 성장하고 있으나 장소가 너무 협소하여 교회당 건축을 서둘러야 한다. 이세영 선교사는 10월부터 병원 선교를 시작했다. 라파스 국립종합병원인 호스피탈 오브레로병원을 매주 목요일 정기적으로 방문하여 상담과 복음 전도 활동을 원주민 목사와 동역하고 있다. 원목이 상주할 수 있도록 병원과 협의하고 있다. 앞으로 방송 선교를 계획하고 있다.[16]

네팔 이성호 선교사는 남인도 전도자훈련원을 위한 대지 1만 평을 구입하여 5층 건물을 완공했다.[17] 이성호 선교사는 네팔 사태가 일어나기 전에 출국했고, 자녀들은 전학했다. 현재 네팔 상황은 자유화 물결은 있으나 과도기로, 헌법을 제정하는 단계이다. 이성호 선교사는 1990년 8월 3일 네팔에 도착 후 재입국 사증을 받았다. 8월 15일에는 방콕 병원에서 치료 결과를 확인하기 위해서 종합 진단을 다시 받았다.[18] 이성호 선교사는 9월 21일에 네팔 장기 체류 비자를 받은 후 카트만두로 돌아와 자녀들을 학교로 복귀시켰다. 이성호 선교사는 건강이 좋아졌지만 계속 약을 복용해야 한다.[19]

독일 이향모 선교사는 마르부르크 대학도시에 학생교회를 창립하고 1990년 11월 19일

---

14 페루선교회, "선교 보고" (1990년 4월 1일).
15 페루 황윤일 선교사, "선교 보고" (1990년 11월 9일).
16 볼리비아 이세영 선교사, "선교 보고" (1990년 10월).
17 「제95회 월례회 및 정기총회 보고서」 (1990년 2월 8일).
18 인도 네팔 이성호 선교사, "선교 보고" (1990년 8월 15일).
19 인도 네팔 이성호 선교사, "선교 보고" (1990년 10월 10일).

마르부르크 한인 교회의 담임목사로 취임 예배를 드렸다. 이향모 선교사는 헤센주 거주 동포 중 미군과 국제결혼 한 한국 여성들과 유학생들을 위해 선교하고 있으며, 깨어진 가정을 회복시키고자 한다. 한인 교회에서는 34명이 세례를 받았고, 5명이 유아세례를 받았으며, 국제결혼 하는 두 가정의 주례를 섰다. 한인 교회의 재적 80가정 중 대부분은 미군과 국제결혼 한 가정이고, 20가정은 유학생과 교민 가정이다. 연합예배 시 출석 교인은 70명(영어예배로 미국인 참석 시 100명)이다. 매 주일 5개 지역별(Wildflecken/토 오전 10시, Gelnhausen/토 저녁 7시, Marburg/주일 오전 10시, Fulda/주일 오후 3시 30분, Frankfurt/주일 저녁 7시)로 예배를 드리고, 지역별로 성경공부를 5회 실시한다. 기도회는 매주 목요일 저녁 7시에 드린다. 유학생에게 학교 안내 및 생활 정착을 지원한다.[20]

2) 1991년

덕천교회의 후원으로 권종덕 선교사가 1990년 11월에 대만으로 파송되어 중국 선교를 목표로 활동 중에 있다. 거성교회의 후원으로 허석구 선교사가 싱가포르로 1990년 12월에 파송되어 말레이시아 선교지 개척을 목표로 활동하고 있다. 볼리비아의 박종무, 이세영, 최기준 선교사는 현재까지 현지인 개척교회를 20개 했고, 라파스 한인 연합교회, 볼리비아 장로회신학대학, 볼리비아기독교연합대학 및 의료선교 활동을 통하여 선교 사업들을 진행하고 있다. 박종무 선교사가 선교지를 미국으로 옮기고, 최기준 목사가 범양선교회의 후원으로 볼리비아 선교사로 1990년 11월에 부임했다. 페루 황윤일선교사는 한국 장로교 선교부를 개설하여 선교사를 30명까지 초청할 수 있는 길이 열리게 되었으며, 원주민 교회를 개척하고 있다. 서독 이향모 선교사는 서독의 5개 지역에 한인 교회를 개척하였고(프랑크푸르트한인선교교회, 빌드후레켄한인교회, 겔든하우젠한인교회, 마르브르크한인교회, 풀다한인교회) 각 개척교회의 특수상황에 따라(공군기지, 국제결혼 등) 다양한 선교 사업(공항 선교, 성경공부 등)을 하고 있다. 이성호 선교사는 인도와 네팔지역에서 교회 개척, 신학교 운영,

---

20 서독 이향모 선교사, "선교 보고," 「제101회 월례회 보고서」(1990년 9월 6일).

현지 지도자 훈련 프로그램 등 여러 지역에서 활동하고 있다. 네팔의 어려운 선교 활동 여건 속에서도 최선을 다하고 있다. 프랑스 이극범 선교사는 현재 파리한인장로교회를 담임하고 있으며(150여 명 회집), 그의 기도 제목은 유럽의 심장부인 파리에 종합선교센터를 건립하여(약 2억 원 소요) 불어권을 사용하는 지역(유럽-아프리카)을 연결하여 선교사들을 훈련할 프로그램을 만드는 것이다.[21]

3) 1992년

말레이시아 허석구 선교사(B)는 거성교회의 후원을 받으며, 선교지 개척이 주된 선교 사업이다. 볼리비아의 이세영 선교사와 최기준 선교사는 라파스한인교회, 볼리비아장로 회신학대학, 볼리비아기독교연합대학, 의료선교 활동을 하고 있다. 페루 황윤일 선교사는 한국 장로교 선교부를 운영하고, 원주민 교회를 개척하고 있다. 서독 이향모 선교사는 한인 교회들(프랑크푸르트, 빌드후레켄, 겔든하우젠, 마르브르크, 폴다)을 개척했고, 유학생 및 난민선교센터를 준비하고 있다. 네팔 이성호 선교사는 현지 교회를 개척하고, 신학교를 운영하며, 현지 지도자 훈련 프로그램을 운영하고 있다. 프랑스 이극범 선교사는 파리한인 장로교회(150명 회집)를 섬기며, 종합선교센터 건립을 준비하고 있다. 남시걸 선교사는 벨파스트한인교회(남자 8명, 여자 10명, 어린이 10명. 영국인 여자 2명)를 섬긴다. 울산지역 교회들이 호주 원주민 선교를 위하여 서정권 목사를 파송했다.[22]

4) 1993년

마카오 권종덕 선교사가 중국 대륙 선교를 목표로 1993년 11월 3일 광안교회에서 파송 예배를 드리고 마카오로 파송되었고, 후원은 광안교회가 한다. 볼리비아 이세영 선교사와

---

21 "총무 보고," 「제105회 월례회 및 정기총회 선교보고서」 (1991년 2월 12일).
22 "사업 보고"(1991년 2월 1일~1992년 2월 현재), 「제115회 월례회 및 정기총회 선교보고서」 (1992년 2월 13일).

최기준 선교사는 라파스한인교회, 볼리비아장로회신학대학, 볼리비아기독교연합대학, 의료선교 활동을 하고 있다. 페루 황윤일 선교사는 한국 장로교 선교부를 운영하고, 원주민 교회를 개척하고 있다. 서독 이향모 선교사는 한인 교회(프랑크푸르트, 빌드후레켄, 겔든하우젠, 마르부르크, 폴다)를 개척하고 유학생 및 난민선교센터를 준비하고 있다. 네팔 이성호 선교사는 현지 교회 개척, 신학교 운영, 현지 지도자 훈련 프로그램을 진행하고 있다. 프랑스 이극범 선교사는 파리 한인장로교회(350명 회집)를 섬기고, 종합선교센터 건립을 준비하고 있다. 호주 서정권 선교사는 호주 원주민 선교를 진행하고 있다.[23]

5) 1994년

마카오 권종덕 선교사가 섬기는 가나안성경학원(迦南聖經學院, 짜난썽찡쮜웬)의 모든 학생은 방학 기간에도 매일 오전 성경공부, 영어 공부, 음악 공부를 하고 있으며, 주일에는 현지 교회인 광안교회(廣安敎會), 평안교회(平安敎會)와 마카오한인교회에서 봉사하며 훈련하고 있다. 지난 학기에 처음으로 입학한 조선족 4명도 훈련을 하고 있으나 이들은 비자가 없어 어려움을 겪고 있다.[24]

파리한인장로교회는 1982년 1월에 창립되었다. 1987년 8월 이극범 선교사가 파리한인 장로교회에 총회 파송 선교사로 부임했다. 부임 당시 60여 명이 모였던 교회가 현재 출석 교우 500명(장년 400명, 어린이 100명)으로 늘어났다. 이극범 선교사가 부임할 당시에 행정적 으로 크게 도움을 주었던 프랑스개혁교회 총무 루이 슈바이쩌(Louis Schweitzer) 목사는 소문으로만 듣던 한국교회의 성장을 파리에서 목격하게 되어 놀라지 않을 수 없다고 했다. 프랑스개혁교회총회가 대한예수교장로회총회와 자매결연을 할 것을 요청했다. 대한예수 교장로회총회 해외선교부실행위원회가 이 제안을 수용하고 1994년 9월 제79회 총회 헌의 안으로 채택되었다. 파리한인장로교회를 비롯하여 파리에 소재한 6개의 한인 교회는 모두

---

23 "사업 보고"(1993.3.~1993.11. 현재), 「제11회 국제선교회의 밤 선교보고서」 (1993년 12월 9일).
24 마카오 권종덕 선교사, "선교 보고" (1994년 9월 10일).

프랑스 개혁교회당을 빌려 오후에 예배를 드리고 있다. 1993년 12월에 파리한인장로교회는 큰 위기에 직면했다. 프랑스 루터교회가 운영난으로 말미암아 현재 교회 건물을 헐고 아파트를 건축하겠다는 계획을 확정하고, 프랑스 루터교회가 1994년 1월 31일까지 파리한인장로교회에게 교회를 비워 달라고 통보했다. 이극범 선교사는 매일 기도하며 파리 시내 교회 신문사와 교회 지도자들을 만나 호소하고 도움을 요청했지만, 개신교회가 미약한 프랑스에서는 그 가능성이 희박하게 보였다. 그런데 프랑스 정부가 현재의 교회 건물의 구조 변경은 허가를 할 수 없다고 결정했다. 그 이유는 첫째, 현재 교회 건물은 1백 년 이상 된 문화재 유산으로 역사적 가치가 있고, 둘째, 400~500명의 성도가 매 주일예배를 드리고 있기 때문이다. 이는 주일 오후에 교회당을 빌려 사용하는 파리한인장로교회를 지칭하는 것이다. 오전에 예배를 드리는 프랑스 루터교회의 교인은 10명 정도이다. 파리한인장로교회 교인들과 이극범 선교사에게 이는 하나님께서 일으키신 기적과 같았다. 이제 한·불 교회는 현 교회 건물을 관리하고 사용한다는 의제를 연구 중이다. 현 교회 건물의 수리비를 프랑스 교회는 도저히 감당할 수 없다. 이는 파리한인장로교회에게 현 건물을 매입할 수 있는 기회가 되지만 비용이 10억 원 정도로 감당하기 어려운 실정이다. 그러나 파리한인장로교회가 건물을 구입하게 되면 유학생들을 복음화하고, 동구권과 아프리카 선교사들이 드나드는 본 교회가 불어권 선교를 위한 좋은 선교센터와 기지가 될 것을 내다보고 기도하고 있다.[25]

6) 1996년

알바니아는 1992년 개방 이후 약 70개 서구 단체가 구제, 개발, 교육, 선교 등의 목적으로 입국하여 활동 중이다. 이 단체들이 오래전부터 사단법인을 조직하여 알바니아 정부를 상대로 활동을 해왔으며, 선교사 보호 역할과 선교 정보 교환 및 선교 협력을 하고 있다. 이향모 선교사는 한국 장로교 대표 이사 자격으로 1992년 10월 10일부터 13일까지 개최되

---

25 이극범 선교사, "유럽·아프리카 선교의 교두보," 「한국기독공보」 (1994년 11월 15일).

었던 AEP이사회총회에 참여하여 알바니아 선교 사역에 관한 많은 도전과 정보를 얻었다. 알바니아 라치선교교회를 창립 후 2년 정도 설교 통역을 맡았던 막델레나는 컴퓨터 교육과정을 졸업하고 성경학교를 이수하던 중 터키 정부 장학금을 받고 앙카라대학에 유학을 가게 되었다. 1996년 10월 3일 라치선교교회는 막델레나를 최초의 평신도 해외 선교사로 파송하는 예배를 드렸다. 라치선교교회는 컴퓨터 교육, 영어 회화반, 태권도 교육을 진행하고 있다. 독일 한인 교회 세 곳의 사역은 아내 윤경숙 선교사와 이양자 전도사의 협력으로 진행되고 있고, 성도들이 알바니아 선교를 위해 기도하고 있다. 유학생 교인들은 방학을 맞아 알바니아 선교지 현장 교육(2주~1달)에 참여했고, 성경공부와 수련회를 통해 신앙이 성장하고 있다. 9월 29일 세례식을 거행했고, 11월 27일 마르브르크 지역 교회에서 음악 전공 교인들 중심으로 연합 추수감사 축하음악예배를 드려 전도의 기회로 삼았다.[26]

7) 1999년

이병용 선교사는 오사카 다쯔미교회를 목회하며, 일일 노동자 지원 프로그램을 진행하고, 고베 지진 시 구호 및 재건 대책에 많은 기여를 하였고, 신고베한인교회를 개척하였으며, 한국의 일본복음선교회(JEM)와 협력하여 일본신연합선교회(NUM)를 조직하여 일본에서 선교사를 훈련하는 일을 감당하고 있다. 목진태 평신도 선교사는 후쿠오카에서 찬양 사역을 전문으로 하는 평신도 선교사이다. 인도-네팔 이성호 선교사는 지난 20년 동안의 선교 활동을 점검하면서 현지인들에게 운영권을 이양하고 있으며, 주된 사역은 인도와 네팔 지역의 신학교 운영 및 교회 개척과 지도자 양성프로그램을 시행하고 있다. 마카오의 권종덕 선교사는 마카오 지역의 교회 개척 및 중국 지역까지 선교 영역을 넓히고 있다. 대만의 김달훈 선교사가 운영하는 중국대륙선교훈련원 프로그램을 부산국제선교회가 지원하고 있다. 독일 이향모 선교사와 프랑스 이극범 선교사와도 선교의 동역 관계를 유지하고 있다.[27]

---

26 알바니아 이향모 선교사, "선교 보고" (1996년 11월 18일).

3. 2000년대

1) 2006년

목진태 선교사는 후쿠오카 지역에서 결혼식 선교[28]와 문화 선교, 음악 선교를 활발하게 전개하고 있으며 한국에 와서 각 교회에 간증과 피아노 연주 활동을 했다. 이병용 선교사는 지난 11월 월례회에 일본 선교와 한국교회의 관계된 증언을 통해 큰 은혜를 끼쳤으며 일본인 선교에 새로운 전기가 될 활동을 하고 있다.[29]

2) 2015년

2015년 이래 부산국제선교회의 협력 선교사는 이기현 선교사(동북아), 손병인 선교사(동북아), 박호식 선교사(마카오)이다.[30]

3) 2019년

중국에서 학습을 진행하던 부산국제선교회는 중국에서의 사역이 전면 중단됨에 따라 대안을 모색하고자 동남아 여러 선교사와 협력하고 있다. 부산국제선교회의 인도차이나 분과는 태국, 베트남, 캄보디아, 라오스, 말레이시아, 인도네시아의 지리와 민족을 연구하고 선교 정책을 논의하는 분과이다. 가장 선교가 필요한 지역의 선교사와 현지 목회자들의 재교육에 관심을 갖고 협력 사역을 모색하고 있다. 현재는 태국에서 30년간 선교하는 유정한 선교사를 통하여 태국의 현지 목회자 교육을 실시하기로 하여 2019년 11월 11일부터

---

27 "총무 보고"(이일호 목사), 「제17회 국제선교의 밤 선교보고서」 (1999년 12월 2일).

28 일본인들은 기독교인이 아니어도 결혼식을 교회에서 하려고 한다. 결혼식을 계기로 주례하는 선교사들은 일본인들에게 전도를 한다.

29 김정광 목사, "일본 선교 보고," 「제24회 국제선교회의 밤 선교보고서」 (2006년 12월).

30 「제33회 국제선교회의 밤 선교보고서」 (2015년 12월 3일).

19일까지 제1차 목회자 교육을 치앙라이에서 실시하였다. 부산국제선교회에서는 정명식 목사, 박무종 목사, 조현성 목사 등이 참여했다.[31]

4) 2020년

2020년 12월 현재 부산국제선교회의 협력 선교사는 양영기 선교사(말레이시아), 박준수 선교사(영국), 조이 선교사(H국), 이성훈 선교사(일본), 유정한 선교사(태국), 강범수 선교사(미얀마) 등이다. 부산국제선교회는 코로나로 어려움을 겪는 선교지를 위해 6개국 9개 선교지에 코로나 긴급 지원을 실시했다. 한편 중국 선교 활동이 중단된 이후 대안을 모색하고 있다. 대안으로는 제삼국을 통한 선교, 다른 나라를 통한 중국 소수 종족 선교(6개국 6명의 선교사와 협력 선교), 대한민국에 체류 중인 중국인을 향한 선교 등으로 중국 선교의 방향을 연구하고 있다.[32]

조이 선교사가 체류하는 H국은 18세 이하 미성년자에게 복음을 전하지 못하게 되어 있어 교회학교가 거의 없는 상태이며(70% 이상) 교회학교를 운영함에 있어서도 많은 어려움을 겪고 있다. 이런 상황에서 조이 선교사는 다음 세대를 위해 "교회학교가 교회학교가 되게 하며, 예배가 예배되게 하기 위해" 선교하고 있다. 그동안 조이 선교사의 주요 사역은 교회학교 리더자 양육(교사), 출판, 성경학교 교사 강습회, 성경학교 개최 및 후원, 장학 사업이었다. 교회학교 교사들을 모아서 4단계 과정으로 훈련시키고 졸업 후 지역 강사로 양육하여 지역에서 교회학교를 위한 작은 세미나를 계속해서 개최했다. 여름성경학교와 겨울성경학교를 위한 교사 강습회를 실시했고, 개교회 여름성경학교와 겨울성경학교를 지원했다. 오지에 학교 학생들 11명에게 장학금을 지급했다. 그리고 도서 번역 및 출판, 찬양 율동집과 동영상을 번역하여 제작했다. 그동안 출판물로는 여름성경학교 교재, 찬양 율동집 및 동영상, 52주 설교집, 절기 설교집, 52주 청소년 공과집 1, 2, 주일학교 공과(교사

---

31 인도차이나 분과장 정일세 목사, "인도차이나 분과 보고," 「제37회 부산국제선교회의 밤 선교보고서」 (2019년 12월 5일).

32 「제38회 부산국제선교회의 밤 선교보고서」 (2020년 12월 3일).

용, 학생용), 어린이 설교집 및 설교 그림 자료 등이다. 2020년은 코로나로 인해 현장 사역을 하지 못했다. 코로나 상황에서는 현장 사역보다 문서 사역에 집중해야 할 것 같다.[33] 일본 이성훈 선교사는 코로나로 인해 선교 사역이 제대로 진행되지 못했지만, 한국 유학생에게 신앙을 회복하게 하고, 11월 29일 특별전도집회를 가졌으며, 한일 관계가 악화되는 가운데 한일관계를 위해 기도해 줄 것을 요청했다.[34]

유정한 선교사는 코로나 상황이지만 태국 치앙마이 선교와 치앙라이 선교 사역에 집중하고 있다. 현지 교회의 협력으로 성경공부를 조금씩 늘려가고 있다. 이것이 가능한 것은 선교지 교회 교인들이 대부분 농사를 짓는데 코로나 사태로 식량 가격이 폭등하여 성도들의 경제적인 상황이 조금씩 좋아지고 있기 때문이다. 유정한 선교사는 치앙마이와 치앙라이교회 공동체가 생산한 농산물을 공동으로 판매하는 농업 법인을 만들었다.[35]

영국 박준수 선교사는 총회 파송 에큐메니칼 선교사로 영국개혁교회(United Reformed Church) 소속 런던 세인트앤드류스교회에서 담임목회를 하고 있다. 교회 앞에 있는 초등학교의 하교 시간에 맞추어서 교회를 개방하여 학부모와 학생들이 와서 시간을 보낼 수 있도록 함으로써 신앙 상담의 기회를 확대하고 있다. 알코올 중독이나 우울증과 같은 정신질환을 가진 분들이 모여 정기적으로 기도드리고 있다. 코로나로 인하여 특별히 소외를 겪는 아프리카나 중동에서 온 난민 자녀들을 위한 방과후학교를 운영하여 이슬람 신자들로 하여금 기독교에 대해 마음을 열 수 있도록 하고 있다. 또한 거동이 불편한 노인들을 위한 푸드 뱅크를 운영하여 교회가 마을에 소외된 이들을 돌보는 센터로써의 역할도 하고 있다.[36]

---

33 조이 선교사, "H국 선교 보고,"「제38회 부산국제선교회의 밤 선교보고서」(2020년 12월 3일).
34 일본 이성훈 선교사, "일본 선교 보고,"「제38회 부산국제선교회의 밤 선교보고서」(2020년 12월 3일).
35 태국 유정한 선교사, "태국 선교 보고" (2020년 11월).
36 영국 박준수 선교사, "영국 선교 보고" (2020년 11월 14일).

5) 2021년

부산국제선교회는 지난 3월 김동휘 선교사(인도)와 허석구 선교사(몽골, 다문화)를 협력 선교사로 결정했다. 2021년 12월 현재 부산국제선교회의 협력 선교사는 손병인 선교사(대만), 박호식 선교사(M국), 양영기 선교사(말레이시아), 박준수 선교사(영국), 조재호 선교사(몰타), 이성훈 선교사(일본), 유정한 선교사(태국), 강범수 선교사(미얀마), 김동휘 선교사(인도) 허석구 선교사(몽골, 다문화) 등이다. 조재호 선교사(홍콩)는 지난 8월 선교지를 몰타로 변경했다. 김동휘 선교사(인도)가 2021년 10월 부산노회에서 목사 안수를 받았다. 양영기 선교사(말레이시아)는 금성, 땅끝, 구남, 사직제일교회의 후원을, 조재호 선교사(몰타)는 대지, 애광, 백양로교회의 후원을, 유정한 선교사(태국)는 사직제일, 백양로은혜, 새장승포 교회의 후원을, 일본 이성훈 선교사는 벧엘교회의 후원을 받고 있다. 유정한 선교사는 광진교회, 행복나눔교회, 부산국제선교회의 지원으로 치앙마이, 치앙라이 지역 아카족, 라후족 등 목회자 대상으로 학습을 3회 실시했다. 중국 선교의 대안을 모색하기 위해 협력 선교사와 나눈 사역으로는 말레이시아 양영기 선교사는 현장 사역자를 말레이시아로 초청 하여 훈련시키거나 화교, 라오스와 중국 변방 지역의 소수 민족을 선교(사역자 자녀 기숙사 및 도서실 운영)하는 방안을, M국 박호식 선교사는 동북아 교회 지도자 양성 및 교회학교 교사 양성 방안을, 대만 손병인 선교사는 지도자 양성, 소수 민족 전도, 교회 개척 사역하는 방안을, 태국 유정한 선교사는 태국, 라오스 국경을 통하여 동북아 소수 민족 선교 방안을 제시했다. 더불어교회가 50만 원, 광진교회가 10만 원을 김동휘 선교사(인도)에게 후원하고, 더불어교회 10만 원, 구포교회 10만 원, 부산국제선교회 5만 원을 허석구 선교사(몽골)에게 후원하고, 광진교회가 252만 원을 유정한 선교사(태국)의 학습 경비로 지원했다.[37]

손병인 협력 선교사는 양정중앙교회 목회자 부임 초기에 교회 내 갈등으로 기도드릴 때 전도와 선교도 중요하지만, 구제를 통해 지역사회의 빛이 되라는 말씀을 들었다. 당시 교회 예산이 2억 1천만 원이었는데 구제비를 1억 원 지출했고, 이월금은 3천만 원이었다.

---

37 「제39회 부산국제선교회의 밤 선교보고서」 (2021년 12월 2일).

이를 계기로 교인들의 신앙이 성장했다. 지역주민들은 새로 이사 온 이웃에게 기왕 교회 가려면 양정중앙교회에 가라고 했다. 노숙인들이 한 때 500명 넘게 교회에 왔다. 노숙인들이 교회 주변에 방을 얻어 살 수 있도록 하고, 교회에서 난방과 쌀과 기본 반찬을 제공했고, 무료 진료를 했고, 몸이 불편해 교회까지 못 오는 노숙인들을 위해서는 한 주에 한 번씩 반찬을 만들어 배달했다. 양정초등학교의 학생 중에 점심을 먹기 어려운 어린이들에게는 그들의 자존심이 상하지 않게 점심 식대를 그들 모르게 양정중앙교회가 지원했다. 사랑의 국수, 사랑의 점심, 사랑의 진료, 사랑방, 사랑의 반찬, 사랑의 차 등을 성도들이 묵묵히 기쁨으로 감당했다. 손병인 목사가 20년 목회하는 동안 땅을 네 번 구입했고, 건축을 세 번 했는데 땅을 사고 건물을 지을 때마다 교회의 경상 예산과는 별도로 특별 헌금을 드려서 감당했다.

하나님께서는 베트남 신학교를 위해 양정중앙교회가 5억 원을 헌금하도록 감동을 주셨다. 당회에서도 염려하는 의견이 많아, 감사헌금으로만 감당하기로 했다. 놀랍게도 5억 2천 4백여만 원의 헌금이 드려져 5억 원을 보내고 남은 돈은 주변의 어려운 교회에 나누었다. 공산화 이전 베트남 나트랑에 신학교가 있었지만, 공산화 이후 정부가 신학교 토지를 몰수했다. 1995년 베트남이 미국과 수교하면서 기독교를 공인했지만, 신학교 부지를 원상 복구해서 돌려줄 수 없었다. 대신 베트남 정부가 호치민시 교회에 토지를 내줘서 베트남교회가 신학교를 건축하기 시작했다. 기초 공사만 마무리한 후 헌금이 걷히지 않아 공사가 4, 5년 동안 중단되었다. 양정중앙교회가 5년 동안 5억 원을 헌금하기로 약속하면서 1억 5천만 원을 보내자, 신학교 공사가 재개되었고, 베트남교회도 헌금을 다시 모으기 시작했다. 양정중앙교회가 마지막 남은 잔액을 송금했다. 베트남교회는 총공사비 20억 원을 지출하여 신학교 건물을 완공했다.

이런 과정 속에서 양정중앙교회와 교인의 가정에서 생각지 못했던 성령의 역사를 체험했다. 어릴 때부터 전통적인 장로교회에서만 자라 성령의 은사와는 거리가 멀었던 손병인 목사도 신비한 성령의 역사를 많이 체험했고, 치유의 역사가 계속 일어났다. 이런 성령의 일하심은 방언이나 치유의 기적으로만 끝나는 것이 아니었다. 그런 은혜를 체험한 사람들이 하나님을 경외하게 되었고, 30년, 40년 신앙생활을 하면서도 변화되지 않던 성도들의 삶의 태도가 바뀌는 놀라운 역사가 일어났다. 그런데 하나님께서 '느닷없이' 20년만 목회하고 후배에게 양도하면 좋겠다고 말씀하셨다. 손 목사 부부는 하나님께 순종하자고 결단하면서 58세에 은퇴해서 목회자가 없는 낙도교회를 섬길 것을 생각하고 있었다. 교회의 장로들이 요청해서 손병인 목사가 네 명의 목회자를 추천하여 당회가 후임 목사를 결정했다. 그런데 총회가 '최저생활비 제도'를 만들었는데 이는 아무리 작은 교회라도 담임 목회자가 되면 총회가 최저생활비 120만 원을 책임지는 제도이다. 이 제도가 시행된 후 낙도교회에도 목회자가 없는 교회가 없게 되었다. 그래서 은퇴하는 손병인 목사는 선교사로 가려 했다. 오라는 선교지가 많았다.

은퇴할 날이 거의 임박했을 때, 잘 알지도 못하던 어떤 후배 목사를 통해 손병인 목사는 중국 선교사로 가게 되었다. 중국에 가보니 손병인 선교사가 있던 지역의 선교사들은 대부분 가난하고 학력이 낮은 사람들을 대상으로 선교하고 있었다. 2년 반쯤 지나 말문이 조금 트이기 시작했을 때, 중국인 교수들을 만나면서 많이 배우고 사회적으로는 살만한 사람들에게도 영혼의 갈급함이 있다는 것을 느꼈다. 그래서 손병인 선교사는 하나님께서 허락하시면 중국인 교수들과 대학원생들에게 복음을 전하고 싶다고 기도했다. 기회가 되는대로 교수들과 대학원생들을 집으로 초청해 식사하고 교제하다가 같이 성경을 읽었다. 그러다가 대학원생 3명이 예수를 영접했다. 기적 같은 일이었다. 그 세 명 중 두 명은 현재 외국에 나가 있고, 한 명은 중국의 유명한 대학에서 박사 학위를 마쳤다. 그들은 신실한 주님의 제자가 되었고, 앞으로 큰 일꾼이 될 것으로 기대했다. 그중 한 명은 공산당 가입을 위한 교육을 다 마치고 입당 선서만 남겨두었을 무렵 세례를 받은 후 자신은 기독교인이 되었기 때문에 공산당에 가입할 수 없다고 거절했다. 그들을 통해 가족들에게 복음이 전해졌다. 너무나 달라진 딸을 보면서 어머니도 예수를 믿어 보겠다고 했고, 달라진 친구를 보면서 재미없어졌다고 화를 내던 친구가 어려운 일에 직면하자 자신도 예수를 믿어 보고 싶다고 했다. 손녀딸로 인해 예수를 믿게 된 할머니가 자신의 아들에게 예수를 믿어야 한다고 전도하고 있다. 세 명 중 한 명이 인터넷으로 성경공부를 잘 인도하고 있다. 아직 예수를 영접하지는 않았지만, 교제하던 몇몇 사람과는 지금도 연락하고 있다. 왜 주님께서 손병인 선교사를 중국으로 보내셨을까 궁금했었는데 이런 영혼들이 있었기 때문이었다.

대만에 입국한 지 얼마 되지 않았다. 손병인 선교사는 소수 민족 선교회와 '조용히' 협력하며, 객가(客家)인 중심의 교회에 '조용히' 출석하며, 객가인 중심의 신학교(客神)와 교제의 폭을 넓혀가며 이곳에서도 자신을 사용하실 하나님의 일을 기대하며 하루하루를 준비하며 충실히 살고 있다. 가끔 고산에 있는 원주민 교회를 방문해 그들과 교제하며, 사역자를 격려한다.[38]

2014년 6월 땅끝교회의 후원을 받아 M국에 입국한 박호식 협력 선교사는 개신교 교회가 약 77개이며, 교인 수가 6,000~7,000명에 불과한 선교지에서 선교하고 있다. 교회들은 대부분 아파트에 위치한 가정교회로, 해외 선교사들은 열정적으로 선교하지만, 현지 목회자들은 열정이 현저히 낮았다. 박호식 선교사는 2016년 3월에 총회 선교사 훈련을 받아 총회 파송 선교사로 전환했다. 2021년은 코로나로 선교 사역이 어려웠다. 그동안의 선교 활동을 보면, 2016년까지 마카오광안교회 권요셉 선교사와 동역하다가 2017년 1월부터 권요셉 선교사의 지원을 받아 전적으로 한인 사역과 협력 사역을 진행하게 되었다. 그러면서 사역들을 하나둘씩 확장하게 되었다. 사역의 내용을 보면 예배 사역으로는 교회학교 예배, 주일 장년부 예배, 수요기도회, 금요기도회, 특별기도회, 토요학교 사역으로는 태권도, 한글학교, 악기 레슨, 요리 교실, 야외활동, 선교 사역으로는 대륙 목회자 및 목회자 자녀 장학금 지원, 필리핀 중고등학생 10명, 대학생 1명에게 장학금 지원, 쌀 나눔, 태국사 하밋학교 3명에게 장학금 지원, 미얀마 보육원 지원, 대륙교회학교 교사 훈련 지원, 중독자 사역을 주 1회 말레이시아 선교사, 권요셉 선교사, 사회복지단체와 협력, 장학 사역으로는 마카오광안한인교회 내 분기별로 3명에게 장학금을 지원, 수요 밑반찬 나눔 사역(전도 사역, 30가정), 제자훈련 사역, 태권도 사역(30명), 취미별 사역(테니스, 수영, 한국요리 등) 등이다.[39]

말레이시아 양영기 협력 선교사는 코로나 중에도 2021년 11월 1일 엘샤다이 조이풀 러닝 난민센터(EJLC)를 만 3세~7세 어린이 22명과 교사 3명으로 열었다. 현재는 어린이

---

38 손병인 협력 선교사, "대만 선교 보고" (2021년 11월 15일).
39 박호식 협력 선교사, "M국 선교 보고," 「제39회 부산국제선교회의 밤 선교보고서」 (2021년 12월 2일).

23명이 모이고, 교사 4명이 수고하고 있다. 유엔난민기구(UNHCR)에 소속된 엘샤다이 비정부기구(NGO)의 산하 센터가 되어 오픈하게 되었고, 화교 교회 엽 목사가 동역하고 있다. 매일 아침 23명의 아동과 4명의 교사가 찬송과 기도, 말씀 암송으로 1교시의 수업을 시작하고, 매주 금요일 아침에는 외부 교사를 초청하여 성경 이야기를 어린이들에게 들려주고 있다. 선교팀이 인터넷 온라인 수업을 통하여 중국 현지 사역자들에게 계속교육 및 훈련을 진행하여 2021년 9월 8일에 '소목자 과정'을 4명이 수료했다. 현재는 선교팀이 인터넷을 통하여 선교 동원 카이로스 과정과 기타 양육 과정을 훈련하고 있다. 비기독교인 가운데 한국어에 관심 있는 사람들을 위한 제2기 한국어(인터넷)반 과정에 34명이 신청하여 2개 반으로 진행 중이다.[40]

허석구 협력 선교사가 섬기는 몽골 베다니마을교회는 그동안 방역 통제로 대면 예배를 드리지 못하다가 2주 전부터 150여 명의 성도 중 50여 명이 모여 예배드리고 있다. 투글두르 목사와 툽세 목사, 푸르웨 전도사를 중심으로 셀모임과 심방을 한다. 온라인 예배는 다른 교회 성도들에게도 인기가 있어 한때 800여 명의 성도들이 참여했다. 서울 베다니마을교회는 상반기에 페이스북을 통해 예배를 드리다가 감염자가 생겨 20명 정도가 온라인 예배를 드리고 있다. 센터에 사는 성도와 그 외의 성도 등 2개의 셀로 나누어 일주일에 2번 셀모임으로 모인다. 셀모임에서는 말씀 공부도 하지만 주로 교제와 기도 나눔을 목표로 한다. 2021년 5월에는 서울 베다니마을교회에서 님카와 자르갈의 결혼식이 있었다. 코로나로 인해 결혼식에 참여하는 사람 수는 적었지만, 몽골에 있는 부모들도 화상을 통해 참여하는 국제적인 결혼식이 되었다. 코로나 감염의 위험 때문에 9명의 자매가 함께 생활하던 홈미션센터에는 5명의 자매가 생활하고 있다. 몽골 홈미션센터에서는 코로나 환자가 발생하지 않았다. 2021년 10월 30일 몽골리아 홈미션센터 운영위원회를 발족하여 허석구 협력 선교사의 은퇴 이후에도 선교가 이어지도록 했다.[41]

이성훈 협력 선교사는 오리오교회를 섬기는데 2021년 11월 14일 주일에 사가메구미교

40 양영기 협력 선교사, "말레이시아 선교 보고," 「제39회 부산국제선교회의 밤 선교보고서」 (2021년 12월 2일).
41 허석구 협력 선교사, "몽골 선교 보고," 「제39회 부산국제선교회의 밤 선교보고서」 (2021년 12월 2일).

회 목사를 강사로 특별전도예배를 드렸는데 교인 20명이 참여했다. 이성훈 선교사는 매주 3회 각 가정에 전도지를 배부하고 있다.[42]

유정한 협력 선교사와 싸이암 벧엘교회 성도들은 그동안 돌보던 소수 민족과 고아들인 학생들을 코로나로 인해 대부분 돌려보냈다. 그동안 최소 1년에 한 번 정도는 성경을 가르치면서 돌보던 태국, 베트남, 라오스, 캄보디아, 미얀마 교회 공동체들을 지난 2년 동안 방문하지 못했다. 2021년 11월 11일부터 13일까지 치앙라이 리수교회에서 성경 공부를 진행했는데 리수교회 교인들은 미얀마와 중국 운남성에 있는 자기들의 리수 종족 선교를 위해 열심히 준비하고 기도하고 있다.[43]

김동휘 협력 선교사는 2008년부터 인도의 마하라스트라 지역을 섬기며, 인도 지방 지역 교회 개척 사역 및 전도자 훈련, 도시 빈민가 교회 예배 사역 및 구제 사역, 빈민촌 성경 만화영화 상영 및 전도지 나눔, 방과 후 영어교실 등의 사역을 진행하고 있다.[44]

박준수 협력 선교사는 스코틀랜드 에딘버러대학교 신학부에서 박사 과정을 하는 동안 스코틀랜드 국교회에 소속된 세인트마이클교회에서 부목사로 사역했다. 박사 학위(PhD)를 받은 후 한국 개신교 최초의 순교자 토마스 선교사를 파송했던 영국개혁교회(URC)와 예장 통합 총회(PCK) 사이의 선교 협정의 첫 열매로 런던 세인트앤드류스교회와 투팅교회에 담임목사로 부임했다. 이 시기에 총회 파송 선교사로 파송을 받게 되었다. 앞으로 인터넷, 유튜브, 줌 등을 통한 하이브리드 선교, 교회에 나오지 않는 청년들을 모아 합창반 운영(60명 참여), 10대 학생들의 연극반 운영, 교회음악 학교 준비(초등학생 20명 양성 중)를 통한 마을 선교, 기후변화에 대응하는 선교를 하고자 한다.[45]

조재호 협력 선교사는 H국이 더 이상 선교할 수 없는 상황에 이르자 하나님의 부르심을 따라 몰타한인교회로 선교지를 옮겼다. 몰타는 바울이 로마로 압송되어 가던 중 태풍을 만나서 배가 파선한 후 도착했던 멜리데섬이다. 몰타로 부름 받았을 때 조재호 선교사는

---

42 이성훈 협력 선교사, "일본 선교 보고," 「제39회 부산국제선교회의 밤 선교보고서」 (2021년 12월 2일).
43 유정한 협력 선교사, "태국 선교 보고" (2021년 11월 14일).
44 김동휘 협력 선교사, "인도 선교 보고," 「제39회 부산국제선교회의 밤 선교보고서」 (2021년 12월 2일).
45 박준수 협력 선교사, "영국 선교 보고," 「제39회 부산국제선교회의 밤 선교보고서」 (2021년 12월 2일).

교민들이 적어 교회 성장을 기대할 수 없고, 선교사로 사역하고 싶은데 한인 교회로 부르셨고, 중국어만 사용하다가 영어권으로 가게 되어 당황하고 하나님의 뜻에 의아해했다. 하나님은 "그곳은 비록 몇 명 안 되는 인원이지만 예배를 갈망하고 있는 성도가 있고, 비록 적은 숫자이지만 내가 사랑하는 한 영혼이 있다"라고 말씀하셨다. 그리고 "네가 내 뜻에 순종하겠다고 약속하지 않았느냐?"라고 하시기에 순종하게 되었다. 몰타한인교회에 부임하니 조 선교사의 예상대로 교인은 10명이 되지 않았는데 곧 3명이 한국으로 귀국했다. 이런저런 이유로 결석하는 교인들로 인해 교인 한 명과 예배를 드린 적도 있다. 한 영혼을 사랑하시는 하나님을 따라 극소수의 한인과 어학원을 통해서 온 학생들에게 최선을 다하고자 한다.[46]

6) 2022년

부산국제선교회는 2022년 6월 인도 장병욱 선교사와 베트남선교교회 임수진 목사를 협력 선교사로 결정했다. 베트남선교교회는 지난 7월 교회 창립 예배를 드렸다. 부산국제선교회는 2022년 중점 사업 중 태국 소수 민족 목회자 학습, 중국 선교를 위한 다양한 방법 모색(말레이시아, 마카오, 대만, 태국), 다문화 선교 등 세 가지 사업은 협력 선교사를 통한 선교 활동이었다. 태국 소수 민족 목회자 학습은 유정한 협력 선교사를 통해 치앙마이, 치앙라이 지역 아카족과 라후족 목회자를 대상으로 학습을 실시했고, 부산국제선교회가 이 학습의 재정을 지원했다. 중국 선교를 위한 대안의 모색으로는 태국, 라오스 국경을 통하여 동북아 소수 민족 선교(태국 유정한 협력 선교사), 현장 사역자를 말레이시아로 초청하여 훈련하고, 화교, 라오스와 중국 변방 지역 소수 민족 선교(사역자 자녀 기숙사 및 도서실 운영, 말레이시아 양영기 협력 선교사), 동북아 교회 지도자 양성 및 교회학교 교사 양성(M국 박호식 협력 선교사), 지도자 양성, 소수 민족 전도, 교회 개척 사역(대만 손병인 협력 선교사) 등이다. 다문화 선교는 교회와 쉼터를 통한 몽골 유학생과 근로자 선교(몽골/다문화 허석구

---

46 조재호 협력 선교사, "몰타 선교 보고" (2021년 11월 10일).

협력 선교사), 베트남 결혼 이주민, 유학생, 이주노동자 선교를 위한 베트남선교교회(베트남 임수진 협력 선교사) 등이다. 인도 선교센터 건축을 위해 현은성 성도(구포교회)가 200만 원을 지원했다. 베트남선교교회 창립 예배 시 수안교회가 75인치 TV와 음향 설비를 지원했고, 광진교회가 식대 60만 원을 지원했고, 차량 구입을 위해 한일교회가 100만 원, 김형효 전도사가 100만 원, 김덕성 장로가 100만 원, 이삼균 목사가 35만 원을 지원했고, 수리비 100만 원을 땅끝교회가 지원했다.[47]

손병인 협력 선교사는 중국 곤명에서 6년간 사역하다가 대만으로 선교지를 변경했다. 지난 10월 20일 대만 중간에 위치한 푸리(埔里)라는 작은 도시로 이사를 했다. 대만은 불교와 우상 섬기는 것이 심하지만 이곳은 유난히 심하다. 30층이 넘는 절이 있어 많은 사람이 찾아오고, 절들과 불상들이 도시 사방을 둘러싸고 있고, 시내 곳곳에 공(宮, 궁)이라는 사당들이 있어 매일 향을 태우고 있다. 산에 사는 원주민 중 학력이 충분하지 못해 배움에 목말라하는 목회자들이 많다는 말을 듣고 기도하는 중에 이곳으로 왔다. 많은 선교사가 푸리를 방문했지만, 이곳에 거주했던 선교사는 없다고 한다. 살만한 집은 임대료가 너무 비싸고, 가격이 저렴한 주택은 상상할 수 없을 정도로 지저분해 살기가 어려웠기 때문이다. 처음 보았던 집주인에게 수리를 요청했는데 대대적으로 수리를 하고 방충망을 교체했다. 추가로 요청한 세 개의 문도 수리했다. 대만의 작은 모기는 지독해서 물리면 한 달간 고통을 느낀다. 손 선교사 부부는 한 달간 집 청소를 했다. 앞으로 원주민 목회자들과 교제하며 나누고자 한다.[48]

박호식 협력 선교사와 양영기 협력 선교사와 김동휘 협력 선교사의 사역은 2021년과 거의 유사하다.

몽골 베다니마을교회는 투글두르 목사와 툽세 목사와 푸르웨 전도사가 힘을 합쳐서 교회를 잘 섬기고, 코로나 이후 현장 예배를 회복하고 더 성장하고 있다. 그리고 시골에 2개의 교회를 개척하고 잘 섬기고 있다. 서울 베다니마을교회는 지난 2년 동안 비대면

47 「제40회 부산국제선교회의 밤 선교보고서」 (2022년 12월 1일).
48 손병인 협력 선교사, "대만 선교 보고" (2022년 10월 28일).

예배를 드렸다. 2022년 9월 첫 주일부터 홍광교회 교육관에서 예배를 드리기 시작했다. 연합신학교 석사 과정에 있는 여호수아 전도사(몽골인)가 전도사로 부임하여 세대 차이와 문화 차이를 극복하게 되었다. 또 정갑철 목사, 이영숙 목사, 허석구 목사가 팀 목회를 하며 협력하여 목회하게 되었다. 몽골리아 홈미션센터는 몽골인들을 위한 무료 쉼터로 몽골리아 홈미션센터에는 9명의 여성이 살고 있다. 단기 3명, 장기 6명의 여성이 체류하며, 2명은 박사 과정에 수학하고 있다.[49]

지난 3년 동안 오리오교회를 섬기던 이성훈 협력 선교사에게 큐슈중회장 목사가 4년 반 동안 목회자가 없던 무목교회를 섬겨달라는 요청을 받고 기도하던 중 기도의 응답을 받고 9월 마지막 주일에 오리오교회를 사임하고 후쿠오카 치쿠시노교회에 10월 2일 부임했다. 치쿠시노교회는 교회 분열로 30명이던 성도가 현재 8명밖에 남지 않은 교회이다. 큐슈중회의 도움으로 오리오교회는 인근 지역에 사는 큐슈중회 소속 은퇴 목사인 콘도 목사를 모실 것을 교인들이 동의했다. 이성훈 선교사가 교회 부임 시 받은 말씀은 "내가 진실로 진실로 너희에게 이르노니 한 알의 밀이 땅에 떨어져 죽지 아니하면 한 알 그대로 있고 죽으면 많은 열매를 맺느니라"(요 12:24)였다. 지금은 에스겔서 37장에 나오는 마른 뼈 골짜기와 같은 상황이지만, 주님을, 한 영혼을 진심으로 사랑할 때 아름다운 회복이 있을 것이라는 소망의 말씀이었다. 성도들과 의논하여 내년 초부터 지역주민들을 전도하기 위해, 한글교실을 시작하기로 했다. 교회 주변에 단기대학 등 4곳의 대학이 있는데, 이들을 전도하기 위해 주님의 지혜와 인도하심을 구하고 있다.[50]

유정한 협력 선교사는 2022년에 2개월에 한 번씩 태국 여러 곳에서 성경 집회를 통하여 태국 교회들을 세우는 일에 힘을 모았다. 이러한 성경 집회와 기도와 찬양을 통해 교회들이 연합하는 일이 일어나고 있다.[51]

장병욱 협력 선교사는 인도 푸네 UBS(Union Biblical Seminary)에 재학 중인 신학생들 29명을 대상으로 교회음악아카데미를 진행하고 있다. 교회음악아카데미는 인도 현지 교

---

49 허석구 협력 선교사, "몽골 선교 보고," 「제40회 부산국제선교회의 밤 선교보고서」 (2022년 12월 1일).
50 이성훈 협력 선교사, "일본 선교 보고," 「제40회 부산국제선교회의 밤 선교보고서」 (2022년 12월 1일).
51 유정한 협력 선교사, "태국 선교 보고" (2022년 11월 20일).

회의 목사와 사역자들이 교회음악(예배와 음악, 음악이론, 성악, 피아노 반주법, 기타 과목)을 배움으로써 졸업 후 현지 교회의 교회음악 사역자를 양성하는 과정이다. 장병욱 협력 선교사는 앞으로의 인도 선교의 방향을 한국 선교사가 현지 교회 목사와 협력의 관계를 유지하며, 함께 교회를 세우며, 부흥시키는 협력 선교의 모델로 전환해야 한다고 보았다. 장 선교사는 127년 전에 인도 푸네 땅에 세워진 껄낏감리교회(Kirkee Methodist Church)에서 찬양단과 찬양대를 지도하며, 수요기도회 인도, 가정 심방, 토요 새벽 비전 기도회를 통해 현지 교회의 목사와 협력 사역을 하고 있다. 장병욱 협력 선교사는 매 절기(부활절, 성탄절)마다 인도 푸네 성 마리아교회 찬양대를 지도하고, 토요일 저녁 7시에 북인도 비하르(Bihar) 지역 현지 사역자들과 교인 300명을 대상으로 한국 강사 목사와 현지 목회자들을 줌으로 초청하여 말씀을 듣고 함께 "회복을 넘어 부흥"으로 나아가기 위한 주제로 치유기도회를 진행하고 있다. 장병욱 협력 선교사는 북동부 인도 나갈랜드 어메이징그레이스신학교(91명), 북인도 차티스가르신학교(33명), 나갈랜드 부속초등학교 인필라르초등학교(130명), 인도 아쌈 동일영어초등학교(100명)와 협력하고 있다. 코로나 이후 인도가 한국어를 제2외국어로 채택된 이후, 한국어 강좌가 활성화되고 있다. 장병욱 협력 선교사는 푸네 심바이오시스대학의 인도-한국 문화센터에서 주 5회 한국어 온라인 수업을 진행하고 있다.[52]

임수진 협력 선교사는 이주노동자 밀집 지역인 진영 지역에서는 한국어 교실을 통하여 예수님의 사랑을 전하고 있고, 주중 기도회와 주중 성경공부 모임을 통하여 주님의 제자 삼는 일에 집중하고 있다. 아직 주님께로 나아오지 못하는 가정을 심방하고, 한국교회에 출석하는 베트남 형제자매 가정은 집으로 심방하여 베트남어 성경공부를 통하여 말씀으로 양육하고 있다. 어린이 교회학교를 통하여 베트남 가정의 어린이들이 베트남어로 말씀을 배우며 찬양하고 예배드리고 있다.[53]

박준수 협력 선교사는 영국개혁교회(URC)와 예장통합총회(PCK) 간의 선교 협정의 첫 열매로 총회 파송 선교사로서 런던 세인트앤드류스교회와 투팅교회에 담임목사로 부임하

---

52 장병욱 협력 선교사, "인도 선교 보고," 「제40회 부산국제선교회의 밤 선교보고서」 (2022년 12월 1일).
53 임수진 협력 선교사, "베트남/다문화 선교 보고," 「제40회 부산국제선교회의 밤 선교보고서」 (2022년 12월 1일).

여 지난 3년 동안 사역을 하였다. 작년 연말에 그동안의 사역에 대해서 영국개혁교회(URC) 총회가 평가해서 정회원으로 정년을 보장받게 되어 제한 없이 보직을 맡을 수 있게 되었다. 최근에 런던 북쪽에 있는 4개 교회(Trinity Knebworth, Baldock, Walkern & Sandon, Ashwell)에 담임을 맡는 자리로 청빙을 받게 되었다. 특히 이 중에 애쉬웰교회는 천로역정을 지은 존 번연에 의해 세워진 교회이다. 2022년 9월부터 교회와 더불어 케임브리지 웨스트민스터 컬리지에서 기독교윤리 담당 부교수로도 임명이 되어 현지인 목회와 더불어 목사 후보생들을 교육하는 사역을 하게 되었다.[54] 조재호 협력 선교사는 몰타한인교회 사역과 몰타 거주 중국 유학생과 근로자를 대상으로 선교하고 있다.[55]

7) 2023년

2023년 부산국제선교회의 중점 사업 중 하나인 목회자 학습과 다문화 선교는 협력 선교사들에 의해 진행되었다. 태국, 말레이시아, 미얀마, 인도 등 현지 목회자들에게 협력 선교사를 통해 학습을 실시했다. 허석구 협력 선교사는 몽골 유학생과 근로자 대상으로 교회와 쉼터를 통해 다문화/이주민 선교를 실시했다. 임수진 협력 선교사는 베트남 결혼 이주민, 유학생, 근로자 대상으로 베트남선교교회를 통해 다문화 선교를 했다. 구포교회가 박준수 협력 선교사의 차량 구입을 위해 1,000만 원을 지원했다.[56]

손병인 협력 선교사는 산골 도시 푸리로 이사 온 지 1년이 지났다. 두어 달 전부터 이웃 사람 한 명과 성경 읽기를 시작했다. 처음에는 가족들 모두가 도교를 믿기에 성경을 읽지 않겠다고 했다. 그래도 자주 만났고, 두어 달이 지날 때, 그렇게 원하니 읽어 보겠다고 해 시작한 지 두 달이 되었다. 일주일에 네 번 만나 성경을 읽고 있다. 손 선교사가 성경책 두 권을 사서 그에게 주고 친구에게도 전해달라고 요청했다. 성경 읽기 모임에 이들이 참여하게 해달라는 기도를 요청했다.[57]

---

54 박준수 협력 선교사, "영국 선교 보고," 「제40회 부산국제선교회의 밤 선교보고서」 (2022년 12월 1일).
55 조재호 협력 선교사, "몰타 선교 보고," 「제40회 부산국제선교회의 밤 선교보고서」 (2022년 12월 1일).
56 「제41회 부산국제선교의 밤 및 제1회 선교사대회」 (2023년 12월 7일).

이성훈 협력 선교사가 섬기는 후쿠오카 치쿠시노교회는 2023년 10월 15일에 야쿠자 출신 카나자와 목사를 강사로 열린 전도 집회에 40명 정도가 참여했고, 구도자 3명, 장기결석자 3명이 참석하였고, 일본인 1명과 한국인 1명이 교회에 새로 등록했다. 2023년 6월부터는 나이지리아인 부부와 아이들 3명 등 5명이 주일예배를 함께 드리고 있다. 매주 화요일과 목요일에 한글교실을 인도하고 있다 2023년은 관동대지진 조선인 학살 100주기가 되는 해이다. 지난 5월부터 가해자 측인 일본기독교단과 이성훈 선교사가 속한 일본그리스도교회, 피해자 측인 재일대한기독교회가 각각 3명씩 총 9명을 선출하여 관동대지진 학살희생자 추도기념회를 조직했는데 이성훈 선교사도 위원으로 활동하게 되었다.[58]

유정한 협력 선교사는 작년부터 태국의 차청싸오, 후어힌, 우본, 씨싸껫, 러이엔, 마하쌀라캄, 치앙라이, 펫차분교회에서 말씀 집회를 하고 있다. 농업을 하는 대부분의 태국 교회 교인들은 빚으로 토지를 저당 잡혀 있고, 농약 중독으로 병들어 있으며, 농산물을 직접 팔지 못하고 중간 업자들에게 쌘값으로 강매를 당하여 많은 청년이 빚을 갚기 위해 한국에 미등록 이주노동자로 취업하고 있다. 그런 가운데 성령의 나타나심으로 말미암아 병들어 죽어가던 많은 교회가 깨어나게 되고, 많은 교회가 연합하는 새 역사가 일어나고 있다. 조만간 하나님의 큰 군대가 될 것을 기도하고 있다.[59]

김동휘 협력 선교사가 섬기는 인도 아가페신학교는 매주 토요일 아침 9시부터 오후 6시까지 3년 과정으로 1학년부터 3학년까지 총 25명의 신학생이 공부하고 있다. 아가페신학교는 마하라스트라주 푸네 분교와 오리사주 부상구다 분교가 있다. 2020년 푸네 지역에서 아가페신학교가 시작되었다. 2023년 6월 푸네 아가페신학교가 9명의 졸업생을, 9월 부상구다 아가페신학교는 41명의 졸업생을 처음으로 배출했다. 굿시드 방과후교실은 빈민가 현지 교회 중심으로 7세~16살까지 어린이와 청소년 50명에게 방과 후 영어교실을 진행하고 있다. 굿시드 방과후교실은 지역사회나 가정으로부터 방치된 어린이들과 가난해서 배우지 못하는 어린이들에게 무료로 영어 교육의 기회를 제공한다. 현지 교회가 주축

57 손병인 협력 선교사, "대만 선교 보고" (2023년 11월 24일).
58 이성훈 협력 선교사, "일본 선교 보고,"「제41회 부산국제선교의 밤 및 제1회 선교사대회」(2023년 12월 7일).
59 유정한 협력 선교사, "태국 선교 보고,"「제41회 부산국제선교의 밤 및 제1회 선교사대회」(2023년 12월 7일).

이 되어 주일학교 학생들과 이웃의 불신자 어린이들까지 등록을 받고, 전도의 접촉점으로써 공부방 사역이 진행되고 있다. 방과후교실의 교사는 아가페신학교의 영어교사세미나를 수료한 신학생들이 봉사한다. 구제 사역으로는 목요일 오전에 노숙인 도시락 사역을 진행하고 있다. 기차역, 버스터미널, 고가 다리 밑 등 노숙인들, 빈민가 현지 교회 앞 독거노인, 과부와 고아 등 약 350명에게 도시락을 나눈다. 현재는 한국교회의 성미 사역처럼, 빈민가의 가난하고 어려운 인도 교회의 성도들이 더 어려운 이웃을 위해 쌀을 나누는 성미 사역에 동참하고 있다. 2020년 코로나 구제 사역으로 시작했던 노숙인 도시락 나눔 사역은 지난 2년 동안 김동휘 협력 선교사가 후원받아 지원했지만 2023년부터 쌀은 인도 교회가 감당하고, 식재료 등은 김동휘 협력 선교사가 보조하고 있다. 이제는 하나님 사랑과 이웃사랑을 실천하는 인도 교회로서 자립적으로, 적극적으로 구제 사역에 참여하도록 많은 인도 교회와 신학생들에게 도전하고 있다. 김동휘 협력 선교사는 매주 화요일과 금요일에 복음 극장을 두 지역에서 어린이 100명을 대상으로 진행하고 있다. 전기도 텔레비전도 없이 천막, 양철로 만든 열악한 집에 사는 어린이들을 위해 정기적으로 성경 만화영화를 상영하는 복음 극장을 열어 말씀을 전하고 교회를 개척하고자 한다. 천 스크린과 휴대용 빔 프로젝트, 스피커가 있으면 어디든지 야외극장이 된다. 성미를 통한 구제 사역은 거의 자립 단계에 있다. 구제 사역에 동참하는 인도 교회를 늘리고, 이들을 중심으로 선교 단체를 만들어 중동 선교를 계획하고 있다. 중동 선교에 참여하려는 지원자들을 아가페신학교 산하 선교 훈련원을 만들어 훈련을 시켜 파송할 계획이다.[60]

장병욱 협력 선교사는 인도 중부 차티스가르 어메이징그레이스신학교 사역과 북동부 나갈랜드 아시아를위한기독교신학교 등 두 신학교를 섬긴다. 차티스가르 어메이징그레이스신학교는 신학생 58명과 교수 10명으로 구성되고, 핍박이 심한 차티스가르주의 시골에 사는 현지 목회자들을 양성하는 신학교이다. 나갈랜드 아시아를위한그리스도신학교는 신학생 34명과 교수 8명으로 구성되고, 복음화 비율이 95%인 나갈랜드 지역을 인도 복음화의 전초기지로 정하여, 인도 시골(정글)에 사는 현지 목회자들을 양성하는 신학교이다.

---

60 김동휘 협력 선교사, "인도 선교 보고," 「제41회 부산국제선교의 밤 및 제1회 선교사대회」 (2023년 12월 7일).

신학생들이 졸업 후 고향에서 교회당을 건축할 때 지원할 교회 건축 사역도 진행하고 있다.[61]

허석구 선교사와 이영숙 선교사는 부산 거성교회 출신으로, 2004년 12월 총회 파송 선교사로 파송을 받아 2005년부터 2015년까지 몽골 연세친선병원 사역과 몽골 베다니마을교회를 개척하였고, 2015년에 몽골 베다니마을교회를 몽골인 투글두르 목사에게 이양하고 귀국하여 2016년 1월 서울 베다니마을교회를 개척하고, 2016년 7월 몽골리아 홈센터를 개원하여 몽골 다문화 선교에 힘쓰고 있다. 몽골에서 선교사로 활동했던 허석구 협력 선교사는 한국에서 몽골 다문화 선교를 하면서, 한국에서의 다문화 사역이 더 효과적이고 쉽고 꼭 필요하다는 것을 깊이 느끼며, 모든 교회와 단체들이 역량을 다문화 선교에 쏟아야 한다고 보고 있다. 몽골 유학생은 2012년에 4,952명이었는데 2023년 9월 13,561명으로 2.7배 증가하였다. 허석구 협력 선교사는 2023년 6월 몽골 베다니마을교회를 방문하고 지도자들을 격려하고 왔다. 몽골 베다니마을교회는 지도자 그룹이 튼튼하고 성도들도 코로나 상황을 잘 돌파하여 성장하고 있다. 톱세 목사와 세나 목사 그리고 프루웨 전도사는 좋은 목회자 팀을 이루어 목회에 힘쓰고 있다. 다문화 사역은 현지 교회와의 긴밀한 교류가 중요하다. 몽골에서 한국에 나오는 성도들이 필요하면 홈미션센터에 머물게 하고, 공부하는 동안 제자훈련을 시켜 몽골에 돌아가면 몽골 베다니마을교회의 좋은 일꾼이 된다. 2016년 7월에 개원한 몽골리아 홈미션센터는 그동안 50여 명의 자매들이 센터를 이용했고, 지금은 9명 정원에 8명의 여성이 생활하고 있다.[62]

임수진 협력 선교사는 지난 15년 동안 베트남 교회를 세우는 것이 베트남 목회자, 베트남 신학생이라 생각하여 이들을 찾고 세우려 했고, 지금까지 만난 베트남인들을 교회에 모이도록 노력해 왔다. 그러나 하나님께서는 그런 생각을 깨뜨리시고, 베트남 형제자매들을 의지하는 것이 아니라 하나님을 의지하고, 하나님의 말씀이 선포되는 교회가 되도록 하셨다. 이것이 김해 베트남선교교회를 섬긴 2년 동안의 임수진 협력 선교사의 깨달음이었다(하나님의 선교).[63]

---

61 장병욱 협력 선교사, "인도 선교 보고," 「제41회 부산국제선교의 밤 및 제1회 선교사대회」 (2023년 12월 7일).
62 허석구 협력 선교사, "몽골 다문화 선교 보고," 「제41회 부산국제선교의 밤 및 제1회 선교사대회」 (2023년 12월 7일).

박호식 협력 선교사와 박준수 협력 선교사의 사역은 작년과 거의 동일하다. 조재호 협력 선교사는 몰타한인교회 사역과 몰타 거주 중국 유학생과 근로자 대상으로 선교 활동을 하고 있다. 조재호 선교사는 몰타에 사는 유학생들을 섬기고, 한인들을 섬기고 구제하며 전도하고, 해안 길을 걸으며 땅밟기 사역을 하고 있으며, 몰타의 축제나 행사가 열릴 때 교인들에게 문화 체험을 하게 초대하며, 몰타어린이전도협회에 선교비를 지원하고, 동북아 유학생들에게 장학금을 지원하고, 이웃 몰타교회 청년들을 한인 교회에 초대하여 한국 문화를 나누고, 교민 자녀들을 대상으로 한글학교를 진행하고, 몰타인들을 대상으로 한국어 및 한국 문화를 가르치고 있다.[64]

4. 부산국제선교회의 협력 선교사를 통한 선교의 특징과 과제

1) 협력 선교사를 통한 선교의 특징

부산국제선교회의 협력 선교사를 통한 선교의 특징은 첫째, 협력 선교사가 되는 경우는 대부분 부산국제선교회 회원 교회들이 협력하는 선교사를 국제선교회가 심사해서 받아들인 경우이다. 협력 선교사 중에는 부산국제선교회의 회원 교회들에 속해서 목회한 경우가 많다.[65] 둘째, 협력 선교사로서는 파송하는 교회와 후원 교회들의 지원도 받지만, 부산국제선교회라는 선교 단체의 지원을 받기 때문에 부산 지역 교회들의 기도와 지원을 받을 것을 기대한다. 셋째, 협력 선교사의 선교지의 다양성이다. 협력 선교사들은 아시아, 라틴 아메리카, 유럽 등 다양한 국가에서 선교를 하고 있다. 넷째, 협력 선교사의 선교 형태의 다양성이다. 일부 협력 선교사는 타문화권 선교를 하고, 일부 협력 선교사들은 한인 디아스포라

---

63 임수진 협력 선교사, "베트남/다문화 선교 보고,"「제41회 부산국제선교의 밤 및 제1회 선교사대회」(2023년 12월 7일).
64 조재호 협력 선교사, "몰타 선교 보고,"「제41회 부산국제선교의 밤 및 제1회 선교사대회」(2023년 12월 7일).
65 김정광 목사와의 인터뷰(2024년 1월 9일).

선교를 하고, 소수의 협력 선교사들은 에큐메니칼 협력 선교를 하고 있다. 다섯째, 부산국제 선교회가 최근에 결정한 협력 선교사 중에는 이주민 선교, 다문화 선교를 하는 선교사들이 있다. 이는 부산국제선교회도 21세기 세계 선교의 흐름을 수용한 것이라 할 수 있다. 여섯째, 부산국제선교회가 중국 선교와 미얀마 선교에 주력하는 1997년부터 2018년 사이에는 협력 선교사에 대한 관심과 지원이 미미했다. 일곱째, 일부 협력 선교사들은 한인 교회, 현지인 교회 개척, 신학교 사역, 어린이 사역, 구제 사역 등 종합적인 사역을 진행했거나 하고 있다.

2) 협력 선교사를 통한 선교의 과제

부산국제선교회의 협력 선교사를 통한 선교의 과제로는 첫째, 협력 선교사를 선발하는 기준이 모호하다는 점이다. 부산국제선교회가 많은 협력 선교사를 선발하면, 협력 선교사들은 파송 교회, 후원 교회의 지원과 더불어 부산국제선교회의 지원에 대해 기대하게 될 것이다. 그렇지만 부산국제선교회는 재정의 우선순위와 한계가 있기 때문에 협력 선교사가 원하는 만큼 지원을 하기 어렵다. 부산국제선교회는 협력 선교사를 선발하는 기준을 정할 필요가 있다. 둘째, 부산국제선교회가 결정한 협력 선교사들의 선교지가 아시아와 유럽 등 상당히 다양하다. 현재와 같이 여러 협력 선교사를 부분적으로나마 지원하든지 아니면, 선택과 집중을 할 것인지 선교정책협의회를 통해 결정할 필요가 있다. 이러한 결정은 부산국제선교회가 주력하는 미얀마 선교라는 큰 선교 구도에서 결정하게 될 것이다. 셋째, 부산국제선교회는 일본 김병호 선교사가 은퇴를 앞두고 있기 때문에 거의 미얀마 선교에 주력하고 있는 상황이다. 지금까지 부산국제선교회는 한 국가만을 선교하지는 않았다. 따라서 부산국제선교회가 새로운 선교사를 파송할 계획이 없다면, 기존 협력 선교사 가운데 선교 국가를 선별해서 그 선교지를 보다 집중적으로 지원할 필요가 있다. 넷째, 부산국제선교회는 21세기 세계 선교의 동향을 따라 이주민 선교/다문화 선교를 하는 협력 선교사들을 전략적으로 지원할 것을 고려하는 것이 바람직하다. 다섯째, 협력 선교사를 통한 학습 교육은 현지 교회와 에큐메니칼 협력 선교를 통해 진행하는 것이 바람직하다.

제4부

부산국제선교회의
선교적 전망

1. 한국 기독교의 세계 선교에 대한 성찰

1) 복음주의 선교신학자들의 비판[1]

한국교회의 세계 선교는 양적인 면에서는 세계 2~6위에 해당하며 이는 한국교회 성장과 한국경제 성장에 기인한다고 하겠다. 그러나 세계 선교의 성장이라는 긍정적인 측면의 이면에는 한국교회 세계 선교에 대한 상당한 비판이 있다. "한국교회는 예수 그리스도의 순수 복음은 전하지 아니하였고, 교회 성장만을 전파했다"[2]는 외국의 젊은 신학자의 비판으로부터 선교 프로젝트나 교회 숫자나 업적이 성숙의 결실로서가 아니라 성숙을 대치할 때 "이것은 참 의미로서의 선교가 아니라 선교를 위장한 사업"[3]이라는 비판으로 이어지고, "서구 교회와 제3세계 교회의 지도자들로부터 한국교회는 돈 선교를 한다는 비난을 받고", "공산권 국가의 교회로부터 한국교회는 너무 자본주의적이라는 비판도 받는다."[4] 호주신학교협의회의 총무이자 신학교 학장은 "한국교회가 근대에 급속도로 성장한 것은 좋았으나 제 자신이 볼 때는 그들이 세계에서 제일 나쁜 식민지 정책을 사용하고 있는 것 같습니다"[5]라고 혹평했다.

이렇게 비판받고 있는 한국교회 세계 선교의 태도는 한국 초대교회의 산동 선교의 태도와는 정반대이다.[6] 한국교회의 세계 선교가 비판받는 이유는 무엇일까? "개교회는 교회

---

1 황홍렬, "한국교회의 선교역사," 한국선교신학회 엮음, 『선교학 개론』(서울: 대한기독교서회, 2013), 315-316.

2 강승삼, 『21세기 선교 길라잡이』(서울: 생명의 말씀사, 1998), 7-8.

3 이태웅, 『한국선교의 이론과 실제』(서울: 한국해외 선교회 출판부, 1994), 251.

4 전호진, 『한국교회선교: 과거의 유산, 미래의 방향』(서울: 성광문화사, 1993), 173.

5 노봉린, "세계 선교현황과 한국교회의 선교적 사명," 한국세계 선교협의회 편저, 『한국교회선교의 비전과 협력』(서울: 횃불, 1996), 55.

6 1918년에 파송된 박상순 선교사의 "산동선교보고서"는 다음과 같다. "우리 선교 사업의 수량 또는 질량으로 보아 우리는 다른 어느 나라 선교 사업보다 미약하였다. … 중국은 백수십여 종파의 선교사들이 각 사업선상에서 활동하는 현상이나 우리는 아무것으로라도 남이 들을 만하여 볼 만하게 내어 놓을 것은 없었다. 그러나 바울이 '그의 약한 것을 자랑한 것같이 우리는 우리의 약한 것을 고백하기에 숨김이 없게 하노라' 동시에 우리는 우리의 약한 것을 하여 우리 선교 사업을 모든 사람에게 알리게 되었다." 박상순, "산동선교의 현재와 미래," 「신학지남」 78권 3호 (1936), 169. 전호진, "한국교회 선교신학과 선교 전략," 『한국교회선교의 비전과 협력』, 60에서 거듭 인용.

성장의 한 프로그램으로 해외 선교에 뛰어들었"[7]기 때문이다. 선교하는 교회, 하나님의 선교에 동참함으로써 교회가 된다는 자세보다는 교회 성장의 새로운 항목으로서 해외 선교가 각광을 받았기 때문이다. 즉, 교회 성장의 한 도구로써 선교를 이용했다. 이것은 교회 존재 이유가 뒤바뀐 것, 목적과 수단이 바뀐 현상이다. 그리고 해외 선교 정책이나 행정, 전략 수립, 선교사 선발, 훈련이 제대로 되지 못했다. 그러므로 해외 선교에 대한 평가는 "선교사들을 평가하는 문제보다 선교사들을 파송한 기관이나 단체의 정책적, 전략적 접근이 절실히 재고되어져야" 하며 선교사를 "준비된 자로 생각하는 것보다 준비되어 가는 자들로 받아들여져야"[8] 한다. 또 근원적인 문제는 한국교회의 거품 부흥 현상과 영적 자원의 고갈의 문제다[9]. 한국교회의 양적 성장이 질적 성숙으로 이어졌는가 하는 것에는 상당히 회의적이다. 최근 사회적 물의를 일으키고 있는 대형 교회 '목회자 세습 문제'가 그 대표적인 사례라 하겠다. 교회의 양적 성장이 선교, 교육, 봉사의 질로 전환되어야 하며 그 뿌리가 예배, 기도와 성경공부, 사귐, 영성 훈련이어야 하는데 현실은 그렇지 못하다. 결국 한국교회의 세계 선교 문제는 한국교회의 문제라고 해도 과언이 아니다.

한국교회는 2010년에 해외 선교 '10-20클럽'(사역 대상국 100개 국가, 선교사 2만 명 파송)에 가입했다. 한국교회의 타문화권 선교는 선교 동원에서 청년, 평신도, 시니어 그룹들을 행사 중심으로 동원해 왔으나 앞으로는 선교적 교회로의 전환이 필요하다. 선교 훈련의 측면에서는 한국 선교사의 40% 정도가 훈련을 받지 않고 선교활동을 하고 있다. 이는 선교사의 조기 탈락의 중요한 원인 중의 하나이다. 파송 전 훈련은 주로 강의식 훈련에 집중하고 있어 공동체 훈련과 현장 훈련을 보완해야 할 것이다. 한국교회의 선교사 훈련 중 파송 전 훈련이 잘되고 있지만, 연장 훈련(안식년, 학위과정 등)도 발전시켜야 할 것이다. 선교 사역으로는 교회 개척 사역이 강조되었다. 그렇지만 선교 현장에서는 교회당 건물 때문에 파송 교회나 현지인과 문제가 발생하는 것을 종종 보게 된다. 선교 사역은 건물이 아니라

---

7 강승삼, 『21세기 선교 길라잡이』, 30.
8 박영환, "한국교회의 세계 선교 평가의 방법론 재고찰," 장순현 편저, 『한국교회 세계 선교의 당면과제와 vision』 (서울: 21세기선교출판사, 2000), 47-48.
9 전호진, 『한국교회의 선교: 과거의 유산, 미래의 방향』, 171.

사람을 세우는 데 역점을 두어야 하고, 외부에 의존하기보다는 자립하는 교회, 선교적 교회를 세우는 데 힘을 모아야 할 것이다. 선교사 관리의 측면에서는 선교사의 인선에서부터 훈련, 멤버 케어 시스템, 선교사 후원, 은퇴를 위한 협력과 이양, 은퇴 후 복지에 이르는 선교사 토탈 케어 시스템을 정착시켜야 한다. 한국교회의 타문화권 선교의 동향으로는 전통적 선교에서 통전적 선교로의 패러다임 이동, 아시아 중심의 선교사 파송, 선교사의 재배치가 시급함, 선교 단체에서 교단 선교부로의 선교 무게중심의 이동이다.[10] 앤드류 월즈는 "역사적 복음주의는 온전히 기독교적이지 않은 기독교 사회에 저항하는 종교"라고 했다.[11]

2) 에큐메니칼 선교신학자들의 비판

존 브라운은 한국교회의 세계 선교에 대해 필리핀, 러시아, 호주 선교 사례를 들어 다음과 같이 비판했다. 한국교회는 필리핀에 1994년에 400명 이상의 선교사를 파송했다. 한국교회는 아시아에서 복음화 비율이 가장 높은 국가에 가장 많은 선교사를 파송했다. 한국 장로교가 파송한 필리핀 선교사는 필리핀연합교회(UCCP)의 신학교 바로 옆에 별도의 신학교를 세웠다. 한국 교회의 필리핀 선교는 필리핀연합교회와 협력하지도 않았고 일치를 위해 노력하지도 않았다. 결과적으로 필리핀 교회의 분열을 조장했다. 일부 한국 선교사는 필리핀연합교회의 환대를 받아 입국 후 영주권을 받은 후에는 독자적으로 사역하기도 했다. 한국교회에 의해 파송된 필리핀 선교사들은 교회 출석 교인의 숫자를 늘리기 위해서 필리핀연합교회의 신자들을 선교사의 교회에 끌어들였다는 주장이 제기되었다.[12]

---

10 안희열, "한국교회의 타문화권 선교에 대한 평가와 제안," 장로회신학대학교, 「선교와 신학」 제31집 (2012): 250-278.

11 Andrew F. Walls, "The Evangelical Revival, The Missionary Movement, and Africa," in *Evangelicalism: Comparative Studies of Popular Protestantism in North America, the British Isles, and Beyond, 1700-1900*, eds. Mark A. Noll, David W. Bebbington and George A. Rawlyk (New York: Oxford University Press, 1994), 311. Jay Riley Case, "Interpreting Karen Christianity: The American Baptist Reaction to Asian christianity in the Nineteenth Century," in Lamin Sanneh & Joel A. Carpenter (eds.), *Changing Face of Christianity*, 155, 각주 33에서 거듭 인용.

소비에트 연방 해체 이후 러시아로 갔던 선교 단체 중 지난 1,000여 년에 걸쳐 러시아정교회가 담당해 왔던 선교와 복음 전도의 오랜 역사를 인정해 주는 단체는 거의 없다. 한국기독교교회협의회(NCCK)는 러시아정교회에 러시아어 성서를 출판할 인쇄기를 기증해서 칭찬을 받았다. 그러나 러시아정교회 교인들을 개신교인으로 개종(?)시키기 위해서 선물 공세를 하는 한국 개신교 선교사들과 미국 연합감리교회 선교사들에 대해 러시아정교회 지도자들은 비판적이다. 지난 70년 공산 정권의 박해와 감시 속에서 러시아인들에게 복음을 전하고 신자들을 가르쳤던 러시아정교회 지도자들은 지금 외국 선교사들에 의해 자신의 국민이 전도되고 러시아 국민이 정교회와는 전혀 다른 교회의 교인이 되는 현실을 직면해야 하는 고통을 겪고 있다. 한국 개신교 선교 단체는 모스크바에 240~300개의 공동체 조직을 갖고 있다. 그러나 한국 개신교 단체들은 러시아 문화에 무감각하고, 서구 생활양식이 복음의 일부분인 것처럼 선교함으로써 결과적으로 러시아 교회를 약화시키고 있다. 또 한국 선교 단체들은 러시아 문화에 대해 부정적 태도를 보이고, 친미주의나 친서구주의를 고무시킴으로써 한국교회의 러시아 선교가 반러시아적이 아닌가 하는 의구심을 불러일으키며, 러시아 기독교인들의 복음 증거를 약화시키고 있다. 한국 선교사들은 러시아 문화와 사회와 언어를 제대로 이해하고 거기에 젖어드는가에 대해 비판을 받고 있다.[13]

호주 시드니에는 한인 교민이 4만 명 정도인데, 한인 교회가 약 200개가 있다. 한인 교회 중 상당수는 어떤 교회나 교파에 속하지 않았다. 한인 교회 분열의 주요 요인으로는 한국 목사들이 호주로 이민 와서 자기 교단의 교회를 개척하기 때문이고, 장로들 사이 또는 장로와 목사 사이의 갈등 때문이고, 사역할 교회도 수입원이 없는 목사들 때문이다. 시드니에 있는 한인 교회의 분열은 시드니에 있는 교회의 하나됨이나 선교에 도움이 되지 못하고, 복음에 대한 반증(反證)이다. 이처럼 호주에 있는 한인 교회의 분열은 선교학적, 교회론적 질문을 제기한다. 적은 인구에 기존의 교회가 있는데 새 교회를 세우는 목적은 무엇인가? 이러한 한인 교회의 설립은 그리스도를 전하는 것과 이 땅에 하나님의 통치를

---

12 John P. Brown, "한국 선교 어제, 오늘 그리고 내일," 장로회신학대학교, 「선교와 신학」 제8집 (2001): 131-133.
13 앞의 글, 133-135.

이루는 것과 관련이 있는가?[14]

  톰슨 브라운도 한국교회의 세계 선교에 대해서 현지 교회들과 연합해서 사역하는 방법을 배워야 한다고 했다. 그리고 다른 종교를 믿는 사람들 가운데 선교하는 선교사는 교만과 오만이라는 유혹을 물리치고 겸손한 자세로 선교해야 한다고 했다.[15] 한국교회가 선교를 하나님의 선교에 참여하는 것으로 이해한다면 한국 선교사/선교 단체들은 현지 교회와 협력하여 하나님의 나라를 현지에 이루려는 하나님의 선교에 참여해야 한다. 이러한 선교는 하나님께 순종하는 삶이다. 에큐메니칼 협력 선교를 위해서 필요한 것이 WCC의 선교와 전도에 대한 7가지 에큐메니칼 확신이다. 즉, 회심, 삶의 모든 영역에 미치는 복음, 하나님의 선교에 응답하는 교회와 교회의 일치, 그리스도의 삶을 따르는 선교, 가난한 자들에게 전해진 기쁜 소식, 여섯 대륙 안에서 그리고 여섯 대륙을 향한 선교, 다른 종교를 가진 사람들 사이에서의 증언이다.[16]

  존 브라운은 WCC에 참여하는 교회들이 도달한 선교에 대한 합의를 다음과 같이 소개했다. 복음 증거의 일차적 책임은 지역 교회에 있고, 교회의 선교는 하나님의 선교에 참여하는 것이고, 선교는 전인적 복음에 대한 증거이고, 선교사와 현지 교회의 상호 협의와 상호 존중이 필요하고, 현지 교회가 선교사에 대한 종속성을 극복해야 하고, 교회의 선교와 교회 연합(에큐메니칼 운동)의 불가분 관계임을 인정해야 한다. 한마디로 교회의 선교와 교회의 연합은 불가분의 관계라는 점이다.[17] 서구 선교 단체들은 선교에 대한 합의를 실천하기 위해 선교 기관을 개혁했다. 선교지 교회와 선교사나 파송 교회가 모두 의사결정 과정에 동등하게 참여하도록, 선교 동역자들이 필요와 은사를 공유하도록 선교 단체들이 행정적인, 조직적인 개혁 작업을 실천했다. 서구 선교 단체들은 현지 교회와 선교에 대한 일차적 책임이 지역 교회에 있으며, 선교는 하나님의 선교에 참여하는 것이라는 데 합의했다.[18]

---

14 앞의 글, 136-137.

15 G. Thompson Brown, "한국선교 어제, 오늘 그리고 내일," 장로회신학대학교, 「선교와 신학」 제8집 (2001): 110, 106-107.

16 WCC, "선교와 전도: 애큐메니칼 확언," WCC/김동선 옮김, 『통전적 선교를 위한 신학과 실천』(서울: 대한기독교서회, 2007), 41-64.

17 John P. Brown, "한국 선교 어제, 오늘 그리고 내일," 126-128.

안교성은 한국 기독교의 세계 선교가 한국교회의 성장에 근거하여 이뤄지면서 성과주의 선교를 낳고, 강자의 선교로, 돈 선교라는 양태로 나타나고, 교파 이식을 넘어서 개교회 이식까지 시도했다고 비판했다. 미국 교회가 미국의 확장과 미국 선교의 확장을 동일시하고, 미국화와 기독교화를 동일시했던 것처럼 한국교회도 선민의식이나 민족주의와 결합하면서 세계 선교에 대한 책임감을 선교 국수주의(missionary Chauvinism)로, 선교의 한국화 현상으로 변질될 가능성이 있다고 보았다. 세계 선교에 참여하는 한국교회나 선교 단체들의 선교관은 주로 전도 중심의 선교관, 교회 개척 중심의 선교 사역, 선교사 중심의 선교 주도권 등을 특징으로 하는 전통적 선교관이나 교회 중심적 선교관을 지니고 있다. 한국교회의 세계 선교는 선교를 위한 교회가 아니라 교회를 위한 선교를 해왔고, 선교의 교회 종속성을 강화하고, 선교 기관으로서의 교회의 비전문성을 심화하고 있다. 한국교회나 선교 단체 중 10대 선교 기관에 속하는 대형 선교 기관이나 교회는 50개국 이상을 선교지로 삼고 있다. 이런 팽창주의적 선교 정책은 선교 정책의 피상성, 선교 사역의 비전문성, 선교 복지의 한계를 드러내고 있다. 예를 들어 '선교2030운동'은 2030년까지 선교사 10만 명을, 평신도 선교사 100만 명을 파송하자는 운동이다.[19]

폴 피어슨은 비서구권(남반부 기독교) 선교 운동의 긍정적 공헌으로 선교사의 급증, 기독교가 서양 종교라는 부정적 이미지를 극복, 선교 현지와 정치·문화적 장벽을 덜 느낌, 다원화된 사회에서의 선교 인식, 복음적 신학, 선교사의 생활과 현지인의 생활이 비슷함, 새로운 선교 패턴과 교회 패턴을 시도함을 제시했다. 위험이 염려되는 요소들로 역사의 교훈을 배우지 않음, 협력보다는 경쟁, 선교 훈련의 부족, 선교 지원이 지속적이지 못함, 자문화중심주의 극복의 어려움을 제시했다. 특히 피어슨은 한국교회가 초기에 네비우스의 삼자원리를 적용하여 성장했지만, 성장한 한국교회가 파송한 한국 선교사들은 상당한 선교비를 지원받아 현지인들이 지원할 수 없는 건물과 기관을 세운다. 이러한 역설은 한국 선교사들이 선교 역사의 교훈을 배우려 하지 않기 때문이다.[20] 톰슨 브라운은 한국교회가

---

18 앞의 글, 129.
19 안교성, "한국선교 30년의 명암," 한국기독교역사연구소, 「한국기독교와 역사」 제38호 (2013): 95-112.
20 폴 피어슨/임윤택 옮김, 『선교학적 관점에서 본 기독교 선교운동사』 (서울: CLC, 2009), 673-675.

미국 교회의 과오를 통해서 배울 수 있기를 바라고, 서구 교회들이 지난 100년간 범했던 똑같은 과오를 범하지 말기를 희망했다.[21]

3) 한국 기독교의 세계 선교 정책에 대한 성찰

한국 기독교의 세계 선교 정책 유형에 대해 김은수는 삼자원리 정책, 믿음선교 정책, 교회성장학파의 정책, 에큐메니칼 선교 정책으로 분류했다. 삼자원리에 대해서는 본서 III부 4장 '중국 선교'에서 이미 다루었으므로 여기서는 장단점만 지적하고자 한다. 삼자원리 정책의 장점으로는 현지 교회를 강화했고, 현지 교회가 경제적으로 자립하도록 했으며, 조직적인 성경공부가 이뤄지면서 성경 번역에도 많은 기여를 했고, 평신도 지도자를 배출시켰으며, 평신도 중심의 선교 운동에도 기여했으며, 토착 선교 원리를 정착시키는 데 기여했다. 삼자원리 정책의 단점으로는 현지 교회 목회자의 신학적 훈련과 신학적 지식이 부족하고, 성경을 문자주의적으로 해석하여 교회 분열의 주요 원인이 되었고, 성례전을 약화시켜 설교 중심의 예배에 머물게 했고, 교회가 정치와 관련을 가져서는 안 된다는 주장은 교회의 역사성과 시대적 사명을 약화시켰다. 한국교회가 세계 선교의 목표를 교회의 확장이 아니라 하나님 나라라고 하면, 교회뿐 아니라 세계 속에 하나님의 주권을 세워가야 할 것이다. 믿음선교 정책의 특징으로는 허드슨 테일러의 절대적 지도력과 선교사들의 필요에 민감함, 재정 지원과 개인 후원을 하나님께만 의지함이었다. 믿음선교 정책의 문제로는 선교사들의 열정은 강하지만 신학적 훈련과 지식이 빈약했고, 현지 사역자를 훈련시켜 지도자를 세우는 데 소홀했다.[22]

교회성장학파의 정책의 특징으로는 동질 집단 원리를 통한 집단개종 지향, 복음의 수용성과 관련하여 추수신학(복음의 수용성이 높은 인종이나 지역을 파악하여 정책적 집중), 신속한 추수를 위한 제자화 단계와 인종차별주의와 낡은 사회구조를 극복하는 완전한 단계의

---

21 G. Thompson Brown, "한국선교 어제, 오늘 그리고 내일," 109.
22 김은수, "한국교회의 해외 선교 정책," 한국기독교역사연구소, 「한국기독교와 역사」 제28호 (2008): 10-16.

구분, 미전도종족 운동, 능력 전도 등이다. 복음의 수용성만 강조하면 복음이 절대적으로 필요한 작은 섬이나 산골이 제외될 수 있어 하나님의 선교에 배치될 위험이 있고, 제자화와 완전화를 구분하는 문제, 영적 대결은 귀신 추방을 통해서만이 아니라 하나님의 말씀에 기초한 전인적 사역과 헌신을 통해 이뤄질 수 있다. 지역적 악마 개념에 사로잡혀 무분별한 땅 밟기를 하기보다는 말씀으로 양육하고 훈련하여 하나님의 선교에 참여하도록 해야 한다. 선교 사역에서 전도와 사회참여를 구분하는 이원론의 위험성을 극복해야 한다. 교회 성장학파의 종말론은 강력한 카리스마 리더십과 전도의 긴급성이 어우러져 불신자를 향한 영적 전쟁을 추구하게 함으로써 교회 성장을 촉진하는 데 중요한 기여를 했다. 교회 성장의 대전제를 영혼 구원에 두고 오로지 미래적 종말론에 초점을 두고 있다. 하나님 나라를 향한 종말론이 아닌 경우 교회와 선교에 문제가 발생한다. 하나님 나라의 희망 없이 추구하는 강력한 카리스마 리더십은 거짓 지도자를 탄생시키고, 하나님 나라를 벗어난 열광적 전도는 그리스도 없는 교회의 왕국으로 전락시킨다. 교회 성장의 궁극적 목표는 하나님의 나라이어야 한다.[23] 에큐메니칼 선교 정책에 대해서는 본서 III부 3장 '일본 선교'에서 다루었다.

　바람직한 해외 선교 정책을 수립하기 위해 풀어야 할 과제는 첫째, 탈교단주의이다. 선교 현장에서 선교사들의 협력을 가장 방해하는 것이 교단이다. 한국교회는 선교 협력을 위한 좋은 전통이 있다. 한국의 첫 장로교 선교사와 감리교 선교사는 입국부터 협력했다. 1889년 호주장로교 선교사가 입국하자 선교연합공의회를 구성했고, 1893년 미국, 캐나다, 호주장로교 선교사들은 장로회 정치 형태를 가진 선교공의회를 결성했다. 한국의 장로교와 감리교의 선교부는 1912년 일본 선교를 연합으로 추진했다. 한국교회의 연합 정신은 1924년 조선예수교연합공의회를 탄생시켰고, 현재는 한국기독교교회협의회에 이르게 되었다. 둘째, 탈문화(탈파송 교회) 우월주의이다. 해외 선교는 현지 교회와 한 공동체를 이루어야 한다. 한국교회가 경제적 지원으로 해외 현지 교회를 지배하려거나 한국식으로 교회를 운영하고 한국 교인으로 만들려는 것은 문화적 우월주의에서 비롯된 것이다. 기독

---

23 앞의 글, 16-21.

교인은 그리스도 안에서 동시에 자신의 문화와도 단절되지 않고 자신의 정체성을 확보할 때 진정한 토착화가 이뤄지고 복음이 지역에 뿌리내리게 된다. 셋째, 탈물량주의이다. 손봉호는 교회 성장 이론이 교회에 물질주의를 낳았고, 한국교회가 반그리스도적 성격을 띠게 되었다고 비판했다. 한국 목회자들이 숫자에 심취하여 사회에 대한 증거의 사명을 소홀히 하였고, 신앙의 질은 숫자로 대치되었다. 이로 인해 한국교회는 물량주의와 성장제일주의에 치우치면서 사회적 무관심과 극도의 개인주의를 초래했다. 현지 교회는 재정적으로 종속됨으로써 자립을 해칠 뿐 아니라 스스로 선교하는 교회로 성장하지 못하게 된다. 넷째, 탈식민주의이다. 선교에서 식민주의적 영향을 벗어나려 노력해야 한다. 선교사와 선교단체는 현지 교회를 타자화·대상화하지 말고 주체로 세워야 하고, 선교사의 문화가 아니라 현지 문화에 뿌리를 내리도록 도와야 하며, 다른 종교인들과 대화를 나누도록 해야 한다.[24]

4) 한국 초대교회의 유산과 한국교회 세계 선교 역사의 유산

한국 초대교회의 유산은 성경 기독교, 자립적 신앙, 교회를 중시하는 신앙 전통, 민족의 아픔에 동참하며 사회를 선도하는 교회이다.[25] 역사적으로 보면 1907년 대부흥운동은 한국교회의 정체성을 형성했으며, 그 안에 사회 개혁적 측면을 포함하고 있다.[26] 1919년 한국교회가 적극적으로 참여했던 3.1운동은 한국 초대교회의 정체성이 사회적으로 발현된 역사적 사건이었다.[27] 이처럼 한국 초대교회는 성경과 교회를 중심으로 하는 신앙과 사회적 참여를 중시했다.

한국교회의 세계 선교 역사에 나타난 특징으로는 첫째, 선교를 교회의 본질로 이해하는 선교적 교회이다. 1907년에 창립된 독노회는 안수받은 7명의 목사 중 이기풍 목사를 제주도

---

24 앞의 글, 28-32.

25 한국일, "선교 120년과 한국선교의 미래," 장로회신학대학교, 「선교와 신학」 제14집 (2004): 112-117.

26 황홍렬, "1907년 대부흥운동과 사회개혁 그리고 그 현재적 의미," 장로회신학대학교, 「선교와 신학」 제18집 (2006): 75-114.

27 황홍렬, "3·1운동에 나타난 기독교적 정신과 한국교회의 선교에 대한 함의," 한국선교신학회 편, 「선교신학」 제57집 (2020): 358-390.

에 선교사로 파송했다. 1912년에 창립된 대한예수교장로회는 중국에 선교사를 파송하기로 결의했고, 1년 준비를 마친 후 1913년 3명의 선교사를 산동에 파송했다. 이처럼 한국 초대교회는 선교를 교회의 본질로 이해하고 있다.[28] 둘째, 한국교회는 타문화권 선교와 한인 디아스포라 선교를 위해 선교사를 파송했다. 산동 선교는 한국교회 최초의 타문화권 선교였다. 만주와 일본과 미주 지역의 한인 교회를 섬기도록 목회자를 파송한 한인 디아스포라 선교는 목회적 돌봄과 더불어 독립운동과 한글 교육, 한국 문화 전파에 기여했다.

셋째, 한국교회의 타문화권 선교(산동 선교, 태국 선교 등)나 한인 디아스포라 선교(만주 선교, 일본 선교, 미주 지역 선교)는 현지 해외 선교부나 현지 교회와의 협력 선교나 한국 교회들 사이의 협력 선교나 팀 선교로 진행되었다. 제주 선교는 이기풍 선교사 이외에도 남녀 전도사, 조사, 평신도 전도인, 매서인, 학생들과 협력 선교, 팀 선교를 했다. 산동성 선교는 미국북장로교회선교부와 사전에 협의했고, 중화예수교장로회 화북대회와 협의하는 등 현지 선교회와 중국 교회와 협의하여 진행한 협력 선교이었고, 세 선교사가 협력했고, 선교사의 소속은 중국노회이었다. 일본 선교는 장로교와 감리교가 연합하여 선교하는 에큐메니칼 협력 선교를 시행했다.[29] 만주 선교는 장로교와 감리교회의 연합사역도 잘 이루어졌고, 선교사들과 현지 사역자들, 조사들과 권서인들의 협력 선교 그리고 남자 사역자와 여성 사역자의 협력이 잘 이루어졌다. 만주 선교도 협력 선교의 사례이었다. 미주 지역 선교에서 하와이 선교는 감리교회에서 시작되었다. 장로교회가 선교사 파송을 요청 받았으나 중복 선교나 경쟁 선교를 지양하는 의미에서 선교사를 파송하지 않았다. 이러한 중복이나 경쟁을 지양한 것은 감리교와 장로교가 협력한 결과라 하겠다.[30]

넷째, 한국교회의 산동 선교는 순전히 한국교회의 인력과 재정으로 이뤄진 자립적인 선교를 실천했다. 산동 선교는 외국선교부의 도움 없이 한국교회가 선교사와 재정을 지원하여 이뤄졌다. 산동 선교의 모든 경비는 한국교회의 감사 주일 헌금으로 충당되었다.

---

28 변창욱, "한국 장로교회 선교사 파송 100년(1907~1956)," 장로회신학대학교, 「선교와 신학」 제19집 (2007), 22; 김영동, "한국교회의 선교: 선교 초기부터 6·25 이전까지," 장로회신학대학교, 「선교와 신학」 제14집 (2004), 43; 황홍렬, 『생명과 평화를 향한 선교학 개론』, 132.
29 변창욱, "한국 장로교회 선교사 파송 100년(1907~1956)," 16-43.
30 김영동, "한국교회의 선교: 선교 초기부터 6·25 이전까지," 44-63.

선교 사업이 위기를 겪을 때마다 한국교회 여성들의 후원이 큰 역할을 감당했다.[31] 다섯째, 피식민지 상황에 있는 한국교회가 중국 산동에 선교사를 파송한 것은 약자의 선교이었고, 십자가의 선교이었다. 한국교회가 산동성을 최초의 선교지로 선택한 것은 산동성이 만인의 존경을 받는 공자와 맹자의 출생지이고, 한국과는 오랫동안 해상무역을 해오던 지역이기 때문이었다. 그런데 중화사상을 지닌 중국인들은 한국 선교사들을 멸시하고, 마귀의 교리를 신봉하는 자들이라고 비난했다. 이처럼 산동성 선교는 성육신적 선교요 약자의 선교이었다.[32] 세계 선교 역사에서 피식민지 국가의 교회가 중국과 같은 대국에 선교사를 파송한 것은 전례가 드물다. 산동 선교는 자기를 부인하는 십자가를 지는 선교이었다.[33]

한국교회는 한국 초대교회의 역사적 유산이 성경과 교회를 중시하는 신앙과 사회 참여적 활동임을 기억하고, 이러한 특징을 세계 선교에 적용하도록 해야 한다. 한국교회는 한국교회 세계 선교의 역사에 나타난 특징인 선교를 교회의 본질로 이해하는 선교적 교회, 타문화권 선교와 한인 디아스포라 선교의 조화, 타문화권 선교나 한인 디아스포라 선교를 에큐메니칼 협력 선교로 진행한 것, 자립적인 선교, 약자의 선교와 십자가의 선교를 21세기 세계 선교에 적용하도록 노력해야 한다.

2. 서구 기독교 선교의 교훈

1) 서구 식민주의와 결탁한 서구 선교의 부메랑

서구 기독교 선교가 본격적으로 펼쳐진 19세기의 기독교 선교는 서구 식민지 국가라는 배경 속에서 진행되었다. 서구 선교사들은 자신이 속한 국가의 식민지 국가에서 선교를 전개했다. 대부분의 서구 선교사들은 서구 식민지 관료들의 도움을 받으며 선교 활동을

---

31 변창욱, "한국 장로교회 선교사 파송 100년(1907~1956)," 32.
32 김영동, "한국교회의 선교: 선교 초기부터 6·25 이전까지," 49-51.
33 황홍렬, 『생명과 평화를 향한 선교학 개론』, 133.

전개했다. 일부 선교사들은 식민지 관료들의 방해 속에서 어려움을 겪기도 했다. 그렇지만 서구 선교사들은 서구 식민지와 결탁한 선교에 대한 대가를 제2차 세계대전 이후에 치르게 되었다. 서구 식민지로부터 독립한 아시아의 국가들이 국가 재건의 정신적 지주를 전통적 종교에서 찾음으로써 세속화 이후, 공산화 이후 종교가 사라질 것이라는 예측과는 달리 전 세계적으로 전통 종교가 부활했다. 단순화해서 말하자면 19세기 서구의 아시아 선교가 기대와는 달리 전통 종교의 부활을 초래했다고 말할 수 있다. 이슬람 국가나 불교 국가에서 기독교 학교나 기관들이 국유화되었다. 중국이 공산화되면서 서구 선교사들이 1952년에 추방당했다. 그럼에도 불구하고 서구 선교사들이 추방된 미얀마에서 1960년대에 교회가 성장했다. 중국은 엄청난 박해를 받은 문화혁명을 거쳐 1980년대 이후 교회가 급성장했다. 아프리카에서는 서구 선교사들이 서구 식민주의와 결탁했음에도 불구하고 선교사들이 번역한 성서에 근거하여 서구 교단으로부터 독립적인 독립교회들이 일어나고 성장하고 있다. 아프리카는 20세기 후반과 21세기 현재 기독교가 가장 급성장하는 대륙이 되었다. 라틴 아메리카는 16세기 이후 스페인의 선교에 의해 외형적으로는 가톨릭화되었지만, 내적으로는 가난에 시달리며 전통 종교에 강한 영향을 받고 있다. 19세기에 본격적으로 진행된 개신교 선교가 서서히 라틴 아메리카에 영향을 주고 있고, 오순절교회는 큰 영향을 주고 있다. 1980년을 기점으로 세계 기독교 인구의 과반수가 비서구 지역에 살고 있다.

2) 서구 개신교 선교와 기독교 세계(Christendom)의 쇠퇴

서구 개신교 선교가 본격적으로 진행되었던 19세기의 서구 교회는 계몽주의의 영향으로 지식인을 잃어갔고, 산업화가 진행되면서 고통을 당하는 노동자의 아픔을 외면한 교회로부터 노동자들이 대거 나감으로써 19세기 서구 교회의 스캔들로 노동자들이 교회로부터 탈출이 이뤄졌다고 앞에서 언급했다. 20세기에는 중산층과 여성, 특히 세속화가 급속히 진행된 1960년대 이후에는 청년들과 다음 세대들이 교회를 빠져나갔다. 이처럼 교인들이 서구 교회로부터 빠져나간 것을 해외 선교로부터 메우려는 것이 선교가 아니었나를 묻게 된다. 서구 교회로부터 교인들이 빠져나가는 과정을 기독교 세계(Christendom)의 쇠퇴라는 관점에서 간략히 살펴보고자 한다.

3) 서구 기독교와 기독교 세계

로마제국의 황제 콘스탄틴이 312년에 기독교를 로마제국의 종교로 선포하고 387년에 국교로 선포함으로써 기독교 역사에서 기독교 세계(Christendom)의 시대가 시작되었다. 3세기 동안의 박해 끝에 기독교는 기존 권력과 연합하게 되었다. 이런 연합에 의거하여 로마제국은 로마 시민들이 기독교를 믿도록 강요했고, 기독교 이외의 다른 종교를 믿는 것을 금지했다. 이런 연합의 관계가 교회와 국가, 교회와 사회의 관계를 규정했다. 이후 1,500년 동안 서구 기독교인들은 기독교 세계의 맥락에서 신앙을 배웠고 실천했다. 그들은 교회의 지도자들과 세속 권력의 지도자들이 긴밀하게 연결된 사회, 기독교 원리에 근거하여 모든 법이 제정된 사회, 명백하게 외부 집단으로 규정된 사람들을 제외한 모든 사회 구성원이 기독교인인 사회에서 살았다. 기독교 세계는 기독교가 지배적인 종교이고, 이런 지배는 사회적 또는 법적 강제에 의해 지지를 받는 문명을 가리킨다.[34]

그러나 기독교 역사에는 교회와 국가, 교회와 사회가 이런 방식으로 관계를 맺는 것을 반대하는 서구 기독교인들이 있었다. 4세기부터 일부 기독교인들은 이런 관계가 교회에 해를 끼치고, 진정한 기독교인이 아닌 사람들을 교회로 받아들여야 하고, 비기독교적 가치나 관습을 용납해야 하기 때문에 이런 관계를 반대했다. 16세기 급진적 종교개혁 이후 일부 기독교인들은 원칙상 교회는 국가로부터 독립해야 하고, 다른 사람들에게 기독교 신앙을 받아들이도록 강제적인 수단을 사용해서는 안 된다고 주장했다. 17세기 후반부터 실용적인 이유와 개인의 양심의 자유에 근거해서 종교적 관용이 옹호되었다. 19세기에 자유주의가 일어나면서 회의주의자들뿐 아니라 많은 기독교인이 다원주의, 자발주의, 자

---

34 Werner Ustorf, "A Missiological postscript," in Hugh McLeod & Werner Ustorf (eds.), *The Decline of Christendom in Western Europe, 1750-2000* (Cambridge: Cambridge University Press, 2003), 218. 서유럽 국가에서 기독교 세계의 쇠퇴를 연구하는 그룹의 결과물을 엮은 것이 이 책이다. 그런데 이런 연구의 전제는 기독교 세계의 모델의 한 부분인 강요, 통제, 지배가 기독교 세계 자체 안에 근대 유럽이 기독교를 거절할 씨앗을 배태하고 있다는 것이다.

유시장의 이념을 옹호하기 시작했다. 19세기로부터 20세기에 걸쳐 교회와 국가, 교회와 사회의 관계는 정치적 이슈의 핵심이었다. 기독교 세계는 서구 기독교 역사의 한 국면이다. 기독교 세계가 등장하기 이전에도 3세기 동안 초대 기독교가 존재했다. 기독교 세계의 형태가 아닌 다양한 형태의 기독교가 비서구 지역에 존재한다. 즉, 기독교 세계는 교회와 국가/사회의 관계의 한 형태에 불과하다. 그렇지만 유럽은 기독교 세계의 영향을 1,000년 이상 받았고, 지금도 그 그림자 속에 살고 있다.[35]

4) 서유럽에서 기독교 세계의 쇠퇴 4단계

(1) 1단계: 국가가 다양한 형태의 기독교를 용납

서유럽에서 기독교 세계의 쇠퇴는 다음과 같이 4단계로 진행되었다. 1단계는 국가가 다양한 형태의 기독교를 용납하는 시기이다. 종교개혁의 원칙 중에는 모든 신민이 자신의 왕의 종교를 따라야 한다는 원칙이 있다. 그러나 이런 원칙이 엄격하게 지켜지지는 않았다. 아우구스부르크를 포함한 독일의 일부 도시들은 가톨릭 교인과 루터교 교인이 동일한 권리를 누리게 했다. 16세기 후반 프랑스의 종교전쟁 시기에 종교적 정통주의에 대한 강요를 왕국의 평화를 위협하는 것으로 보는 정당이 등장하여 가톨릭 교도와 칼뱅파 사이에 협정을 맺으려 노력했다. 가톨릭이 승리한 후 맺은 낭트 조약(1598)은 개신교도에 대한 부분적 관용을 허용했다. 서유럽 대부분의 지역에서 종교적 관용이 증가했다. 스페인과의 전쟁 후 세운 네덜란드공화국은 개혁교회를 공적 교회로 선언했지만, 국민 절반은 개혁교회와는 다른 교회에 출석했다. 영국에서는 1640년대와 1650년대의 내전이 종교적 다양성을 초래했다. 그러나 종교적 관용이 극단적인 형태로 진행된 곳은 영국의 식민지인 북미이었다. 로드아일랜드주를 세운 침례교도와 펜실바니아주를 세운 퀘이커교도들은 종교의 자유를 각 주의 원칙으로 도입했다. 메릴랜드주를 세운 가톨릭 신자들은 영국 왕실로부터

---

35 Hugh McLeod, Introduction, Hugh McLeod, Werner Ustorf (eds.), *The Decline of Christendom in Western Europe, 1750-2000* (Cambridge: Cambridge University Press, 2003), 1-2.

개신교인들에게 가톨릭 교인과 동등한 권한을 갖게 할 것을 요청받았다. 존 로크의 '관용론'(1667)이 17세기 후반부에 종교적 관용이 확대되는 데 영향을 주었다. 18세기 유럽 대부분의 여론은 관용을 원칙으로 받아들였지만, 관용이 법제화된 것은 1770년대와 1780년대이었다. 비록 기독교 내 소수 교단이 예배의 자유를 얻었지만, 유럽 대부분의 국가는 그들에게 시민의 동등한 권리를 허용하지는 않았다.[36]

(2) 2단계: 반기독교적 사상을 공적으로 표명하는 시기

서유럽에서 기독교 세계 쇠퇴의 2단계는 반기독교적 사상을 공공연하게 표명하는 시기이었다. 소수 교단에 속한 기독교인들에게 예배의 자유를 처음으로 허용한 영국과 네덜란드는 종교적 회의주의를 처음으로 표명한 국가이었다. 영국에서 검열 제도가 폐지된 1694년 이후에 이신론을 옹호하는 책들이 출판되었다. 이신론자들은 창조주 하나님을 믿지만, 그들은 자연에 대한 관찰과 이성을 사용하여 창조주에 대한 지식을 얻을 수 있다고 주장하고, 유대교, 기독교, 이슬람교 같은 계시종교를 부정했다. 영국에서는 18세기 초에 이신론이 유행했다. 1740년대까지 검열 제도가 유지된 프랑스에서는 정통 기독교를 공격하는 서적들이 네덜란드로부터 밀수되었고, 지하 서적들이 증가했다. 프랑스에서 영향력 있는 무신론 옹호자는 가톨릭 사제인 장 메슬리에(Jean Meslier, 1664~1729)로 모든 종교를 비판하고 무신론과 유물론을 옹호한 책(Testament)을 남기어 후대 회의주의 지식인들에게 영향을 끼쳤다. 18세기 후반기까지 이신론은 귀족과 부유한 부르주아가 선택할 표준적 종교의 하나가 되었다. 이 시기에 프랑스와 독일에서, 특히 도시와 중산층에서 종교적 활동이 쇠퇴함을 보여주는 통계들이 있다. 18세기 초 독일 개신교인들은 1년에 3회 성찬식에 참여했다. 19세기 초에 독일 개신교인들은 성찬식 참여 횟수가 줄었고, 많은 개신교인은 1년에 한 번도 성찬식에 참여하지 않았다. 도시에서는 급격한 쇠퇴 현상이 1750년부터 1800년 사이에 일어났다. 서유럽 전체를 볼 때 이런 현상은 18세기 중엽이 전환점이 되었다. 기독교

---

36 Hugh McLeod, Introduction, 5-6.

세계의 쇠퇴와 세속화, 탈기독교화로의 전환이다. 그러나 이런 현상에 대해 종교적 쇠퇴보다는 종교적 변화로 보는 시각도 있다(Thomas Kselman). 또 다른 해석은 이 시기가 근대적 경건을 향한 영웅적 돌파로 보는 시각이다(Ralph Gibson). 깁슨은 이러한 변화를 국가에 의한 법적 강요로부터 개인적 헌신에 의존하는 개인적 경건으로의 전환으로 보았다. 이런 시각에서 보면 국가가 강제하는 강요나 순응에 의존하는 기독교 세계가 쇠퇴하지만, 기독교 자체를 약화시킨 것은 아니라고 볼 수 있다.[37]

(3) 3단계: 교회와 국가의 분리

서유럽에서 기독교 세계 쇠퇴의 3단계는 교회와 국가의 분리, 정교분리이었다. 1791년에 프랑스는 교회와 국가의 분리를 헌법에 명시했다. 정교분리법은 프랑스에서는 1795년에 제정되었고, 네덜란드에서는 1796년에 제정되었다. 이에 대한 반동 현상이 나타났으나 19세기 후반에 정교분리법이 회복되었다. 정교분리법의 회복에는 급진주의자들과 사회주의자들의 역할도 있었다. 서유럽 국가에서 정교분리법보다 더 중요했던 것은 학교, 복지 체계, 공적 기관에서 교회의 역할이었다. 이런 공적 기관에서 교회의 역할은 나라별로 달랐다. 그렇지만 대체로 서유럽 국가들에서는 교회와 사회 사이의 긴밀한 관계를 지녔던 기독교 세계로부터 세속적 지향을 지닌 사람들과 다양한 종교 집단들을 포함하는 다원주의를 법과 제도에 반영하는 사회로의 전환이 이뤄지고 있었다. 교육 체계에서 교회와 종교적 가르침의 역할은 19세기 후반부와 20세기에 걸쳐 정치적 논쟁의 중심을 차지했다. 일반적으로 서유럽 국가에서 기독교 학교뿐 아니라 공립학교에서도 기독교적 가르침을 교육에 포함했다. 국가가 주도하는 교육 체계에 세속적인 제도를 1880년대에 도입한 나라가 프랑스이었다. 종교의 자리를 대신해서 윤리와 시민권에 대한 교육을 국가가 주도했고, 교사는 자유사상가들이었다. 기독교인의 정체성을 강화하고 미래에 교인이 될 사람들을 훈련시키는 종교교육으로부터 종교에 대한 정보를 제공하고 학생들에게 종교를 선택할 능력을

---

37 Ibid., 6-8.

배양하는 교육으로 전환되었다. 서유럽 국가들은 제2차 세계대전 이후 전쟁 복구를 위해 과거 식민지였던 아프리카, 아시아, 카리브 연안 국가들로부터 노동자들을 받아들였다. 그들은 대개 이슬람 신자, 힌두교도, 시크교도이었다. 이러한 종교적 다양성이 종교교육에 변화를 초래하도록 압력을 가했다. 군대, 병원, 교도소에는 국가가 지원하는 군목, 원목 등이 있었다. 이런 분야에서도 1960년대와 1970년대에 변화가 일어났다. 기독교 목사 이외에 유대교 랍비와 다른 종교의 성직자들이 군대와 병원과 교도소에서 일하기 시작했다.[38]

(4) 4단계: 교회와 사회의 연결이 느슨해짐

서유럽에서 기독교 세계 쇠퇴의 4단계는 교회와 사회의 연결이 점진적으로 느슨해지는 복잡한 단계이다. 기독교 세계에서 기독교는 경건한 신자들, 미지근한 신앙을 지닌 사람들, 은밀한 회의주의자들 사이에 대화할 수 있는 공용어이었다. 기독교 세계에서 세례를 받는 것은 교회의 일원이 되는 과정일 뿐 아니라 사회로 진입하는 데에도 필요한 과정이었다. 기독교 세계의 쇠퇴는 기독교가 공용어로써의 지위를 상실하고, 지역 언어로 격하되었다. 기독교는 신자들 사이에서만 소통이 가능하게 하고, 기독교 신자들과 다른 종교인이나 종교가 없는 사람들과의 소통을 가능하게 하지 않는다. 이런 현상은 1790년대 프랑스에서 일시적이었지만 극단적인 형태인 "프랑스를 탈기독교화 하자"라는 캠페인으로 드러났다. 이 캠페인은 실패했고, 프랑스 가톨릭의 부흥운동에 기폭제가 되었다. 그러나 프랑스 좌파들은 1789년 프랑스 혁명에 뿌리를 둔 새로운 종류의 거룩한 언어를 만들려는 꿈을 꾸게 되었다. 19세기와 20세기에 프랑스 좌파의 꿈은 자체적인 하위문화, 제의, 상징, 기념일, '성인'을 지닌 사회주의 운동과 후에는 공산주의 운동을 통해 부분적으로 성취되었다. 1920년대와 1930년대의 파리에는 사회주의와 공산주의가 상당수의 노동자에게 삶의 방식이 되는 '적색 벨트'가 형성되면서 노동자들이 가톨릭교회로부터 분리되었다. 세속적 장례식에서는 십자가 대신에 적색기를 꽂고, 찬송가 대신에 인터내셔널가(Internationale)를 불렀

---

38 Ibid., 8-11.

다. 서유럽의 여러 국가에서는 사회주의나 공산주의가 노동자들에게 새로운 형태의 신앙이 되었다. 그러나 새로운 형태의 신앙은 한계가 있었다. 이런 신앙이 기독교 신앙을 완전히 몰아내지는 못했다. 이런 신앙은 20세기 후반부에 사회적 유동성을 갖지 못하고, 주로 노동자 계급에 제한된 영향을 주었다. 이런 신앙은 주로 남성에게 영향을 주었지만, 여성에게는 큰 영향을 주지 못했다. 여성을 통해 기독교가 젊은 세대에게 전파되었다. 대안적 신앙, 삶의 방식으로서의 사회주의와 공산주의는 1980년대에 쇠퇴했다.[39]

특정 사회집단이 교회로부터 거리를 둔 것은 주일예배 참석률의 저하로 나타났다. 프랑스에서 19세기 전반기에 주일예배 참석률이 가장 현저하게 줄어든 집단이 중산층 남자이었다. 그러나 1848년 혁명으로 인해 이들은 교회로 복귀했다. 19세기 후반기에 노동자 계급과 농민들의 다수가 교회 예배에 참여하는 것을 포기했다. 서유럽 국가별로 주일예배 참여하지 않는 계층들이 차이가 있지만, 다른 계급보다 노동자 계급이 주일예배에 참석하지 않는 비율이 높은 것은 서유럽 국가들의 공통된 현상이었다. 그러나 주일예배에 참여하지 않는 것이 반드시 종교적 신앙의 결여를 의미하는 것은 아니다. 1990년대 영국에서 그레이스 데이비가 규정한 신앙 형태인 "교회에 속하지 않고 신앙 생활하기"(believing without belonging)는 19세기와 20세기 초에 이미 널리 퍼져 있었다. 기존 교회 예배에 참여하지 않지만 기도하고, 찬양을 부르고, 성경을 읽는 '기독교인들'이 있다.[40]

5) 서유럽에서 기독교 세계의 쇠퇴를 설명하는 이론들

서유럽에서 기독교 세계의 쇠퇴를 설명하는 가장 유명한 이론은 세속화 이론이다. 세속화 이론은 기독교 세계의 쇠퇴는 종교적 신앙의 일반적인 쇠퇴, 근대 국가에서 종교적 기관의 주변화의 한 예에 불과하다고 주장한다. 세속화 이론을 주장하는 역사가들은 세속화 현상을 입증된 사실로 보는 오류를 범했다는 비판을 받는다. 세속화 이론에 대한 대안으

---

39 Ibid., 11-12.
40 Ibid., 12-13.

로는 다원주의가 있다. 다원주의는 모든 지배적인 신앙 기관이나 제도들은 근대 세계에서 취약하지만, 종교적 신앙이나 기관들은 다른 것들보다 더 취약한 것은 아니라는 주장이다. 19세기 사회적 변화의 본질은 어느 제도나 사회적 집단이 16세기와 17세기 서구에서 교회가 했던 역할만큼 중요한 역할을 더 이상 할 수 없게 되었다는 점이다. 다른 대안으로는 종교적 변화를 이해하기 위한 공급 중심의 접근방식이다. 특정 국가에서의 종교의 쇠퇴는 근대 국가의 본성에서 비롯된 것이 아니라 그 국가에만 해당하는 특정 요인들 또는 그 국가에서 이용할 수 있는 종교의 종류에 의한 것이다. 이런 접근방식은 서유럽에서 기독교의 쇠퇴는 완강하고 독점적인 국가 교회의 과도한 명성과 종교 소비자들에게 선택의 기회를 거의 부여하지 않음에 있다고 보았다. 1960년대와 1970년대에 사회역사가 등장하면서 역사가들은 근대 기독교의 역사에서 산업화와 도시화를 핵심 단계로 보기 시작했고, 근본적인 사회변화가 기독교 세계의 쇠퇴에 끼친 역할을 연구했다. 이 연구는 노동 계급이 왜 탈기독교화 되었는가에 대한 연구와 연결되기도 했다. 역사가들은 산업의 발흥과 대도시의 탄생이 기독교 세계의 쇠퇴에서 왜 중요한 역할을 했는지에 대해 네 가지 이유를 제시한다. 첫째, 인구학적 변화로 산업화, 도시화가 진행되면서 농민들이 도시로 이주하는데 교회는 이러한 변화에 대해 제대로 대응하지 못했다. 둘째, 대도시는 본질적으로 다원주의적이다. 대도시는 도덕의 지도 역할을 하는 자체적인 하위문화를 양산한다. 이런 대도시에서 고용주의 종교, 교회의 종교는 더 이상 가능하지 않다. 셋째, 산업화가 초래한 진보로 인해 종교에 의지하려는 위기가 감소하고, 현대인은 위기를 스스로 해결하려는 능력을 갖게 되었다. 넷째, 산업화가 초래한 정신 혁명으로 합리주의적 기계론적 사고방식이 초자연주의를 더 이상 용납하지 않는다. 이에 대한 반대 사례들도 많다.[41]

　서구 기독교 세계의 쇠퇴는 19세기의 급격한 사회변화보다 더 직접적이며 강한 요인이 정치적 변화라는 주장이 있다. 기독교 세계가 사회적 위계질서와 강압적인 힘의 사용으로 유지되었다면, 새로운 자유주의 엘리트의 등장에 의해 기독교 세계가 약화되었다. 19세기 말 민주주의를 향한 전환과 대중 정치가 부상하면서 급진적 정치인들과 사회주의자들의

41 Ibid., 13-17.

영향력이 확대되었다. 기독교 세계의 쇠퇴는 프랑스 혁명과 공산주의의 유산에 힘입은 바가 크다. 또 1960년대의 서구 사회의 급격한 변화는 기존 종교 형태를 거부하고 대안적 영성이 일어나기 시작했다. 경건(종교)의 탈여성화, 여성성의 탈종교화가 1960년대에 일어났다.[42]

6) 서유럽에서 기독교 세계 쇠퇴에 대한 선교학적 성찰

선교학이 20세기 초에 등장했을 때 서구 신학자들이 선교학을 주도했다. 선교 현장에서는 타종교에 대한 기독교의 우월성을 주장하는 선교사들이 대부분이었다. 그러나 오늘날 많은 선교학자는 기독교가 비서구 종교로 변화된 것을 축하하고 있다. 1492년 이후 교회가 비서구 지역(아프리카, 라틴 아메리카, 아시아)에서는 증가하는 데 반해서, 유럽에서는 상당히 감소하거나 쇠퇴하고 있다. 우리가 앞에서 본대로 교회사가 라투렛에 의하면 기독교의 역사는 전진과 후퇴의 연속이었다. 데이비드 바렛(David B. Barrett)에 의하면 20세기 100년 동안 전 세계 인구 대비 기독교인의 비율은 거의 33%에 머물렀다. 2000년 현재 국내 선교사와 세계 선교사가 약 42만 명이고, 글로벌 복음화 프로젝트가 770개임에도 불구하고 기독교인의 비율에는 큰 변화가 없을 것으로 예측되고 있다. 기독교인을 만드는 일은 아주 비용이 많이 든다. 전 세계적으로 국내 선교와 세계 선교에 들어가는 예산은 1년에 약 460억 달러이다. 콩고(구 자이레)에서 새 신자 한 명에게 세례를 주는 데 드는 비용이 1달러라면, 영국에서 새 신자 한 명에게 세례를 주는 비용이 693달러이다. 급성장하는 오순절교회와 은사교회 교인들의 2/3가 유색인이고, 비서구 지역에서 살고 있다. 데이비드 바렛의 통계에 의하면 기독교인은 하루에 아프리카 대륙에서 23,000명이 증가하는 데 반해 유럽과 북미에서는 하루에 7,600명이 감소하고 있다. 서구에서 교회를 떠난 자들은 불가지론자, 무신론자, 유물론자, 세속주의자, 소비주의자, 나치주의자, 인본주의자 등 유사종교에 속해 있다. 바렛의 『세계 기독교 사전』(2001)에 의하면 세계 기독교는 34,000개의 교단으로 나뉘어져 있다. 바렛은 이러한 교회의 분열을 '거대한 다양성의 바벨탑'이라 부르고, 아드리안 헤이스

---

42 Ibid., 17-19.

팅스는 "카멜라온과 여러 얼굴을 지닌 괴물"이라고 부른다.[43]

선교학은 이런 다양성을 해명하는 학문이라 할 수 있다. 1950년대에 국제선교협의회 (International Missionary Council)가 비서구 지역의 교회에 대한 심층 연구를 했다. 이 연구의 새로움은 서구 교회의 성서 이해와 교회 이해를 기준으로 비서구 교회를 연구한 것이 아니라 비서구 지역의 특수한 상황에서 기독교인이 됨의 의미를 지역 교회의 이해에 따라 연구했다. 연구자들은 지역 교회들이 성서에 대한 새로운 이해를 가져올 것을 기대했다. WCC가 1963년에 "육 대륙에서의 선교"라는 주제로 서구 교회(영국 버밍엄, 독일 함부르크)를 포함한 세계 교회들에 대한 현장 연구 결과 육 대륙에 있는 교회들의 다양성이 너무 커서 교회에 대한 공통적인, 일반적인 원칙을 결정할 수 없었다.[44]

라민 싸네의 선교 역사에 대한 해석은 본서 I부에서 이미 다루었다. 그는 기독교 역사서술의 정통적 방식, 표준적 방식에 도전했다. 그는 선교학이 서구의 자민족중심주의의 포로로부터 해방되어야 함을 주장했고, 복음을 수용하는 사람들의 문화에서 일어나는 종교적 변화를 연구의 핵심으로 설정했다. 싸네의 이러한 연구는 종교적 변화에서 현지인 또는 현지의 요소들의 역할을 중요시하고, 문화와 종교의 관계를 중요시했다. 현지 요소를 중시한 선교 역사 연구 결과 그는 아프리카가 자신을 위해 기독교를 적극적으로 붙잡았고, 서구의 해석은 세계 기독교의 표준이 될 수 없다고 했다. 기독교와 선교는 성서가 지역 언어로 번역되는 한 지역 문화의 파괴자가 아니라 지역 문화의 보존자이고 협력자이다. 그러므로 기독교를 수용함은 실제로는 지역 문화를 수용함을 의미한다. 문화와 종교의 관계는 (지역)문화의 열등성이라는 낙인을 제거하는 것과 (지역)문화의 상대화 사이를 오가는 변증법적 관계이다. 기독교는 아프리카 전통 종교와 근원적으로 연속성을 가지며 그들 종교를 완성시키면서 동시에 그런 종교를 비판하고 변형시키는 급진적 힘이다. 그는 하나님을 찾아가는 궤도로서의 문화와 하나님의 문화적 이미지의 신격화 사이의 투쟁 속에서 문화와 종교의 관계를 찾고 있다. 그는 신앙의 보편적이고 초문화적인 표준인 '순수한 신앙'

---

43 Werner Ustorf, "A Missiological postscript," 219-220.
44 Ibid., 220-221.

도 없고, '문화적 순수성'도 존재하지 않는다고 했다. 반면에 그는 기독교 메시지를 현지 언어로 정의하는 것은 기독교 메시지의 이해를 확장하는 것이기 때문에 상당히 유익하다고 주장했다. 싸네가 서구의 기독교 세계에 반대하는 것은 하나님께서 모든 민족을 향해 신실하시다는 하나님의 포용성에 대한 근원적 체험 때문이다. 그의 주장대로 기독교가 문화적으로 다원주의적인 종교라면 기독교의 핵심에는 구조적 취약성이 존재한다. 그렇지만 그의 주장은 성육신 개념에 뿌리를 두고 있다. 우리가 하나님의 '얼굴'을 보는 유일한 방법은 각자의 문화적 안경을 통해서이다. 동시에 우리는 자신의 문화적 안경을 절대화해서는 안 된다. 그는 비판적 비교의 관점을 제시했다. 기독교 신앙을 하나의 문화적 관점에서 표현한 것을 다른 문화적 관점에서 표현한 신앙과 비교함으로써 우리가 진리에 도달하지는 않는다. 그렇지만 이런 비교의 관점은 신앙을 특정 문화의 관점으로 표현한 것을 유일한 진리로 주장함에 대한 해독제가 되고, 신앙의 획일성과 집중화를 반대하게 만든다. 그리고 성서 번역과 기독교 메시지와 신앙을 지역 상황에 적절하게 전용함(appropriation)은 거의 신앙의 재창조에 이르게 한다.[45]

  기독교 신앙은 과거의 현실과 지속적으로 대화한다. 서구 기독교는 계몽주의와 포스트모더니티의 질문에 대답을 하고자 했다. 그러나 비서구 지역에서 이런 질문은 가난, 전쟁, 주변화, 환경 파괴 등에 비해 우선적 질문이 아니다. 현대 기독교는 다양한 질문에 직면해 있다. 서구 기독교인들이 신앙을 계몽주의와 포스트모더니티의 문화에 전용한 것은 기독교 신앙의 배반이 아니라 서구에서 기독교의 토착화이다(Andrew F. Walls). 여기서 중요한 것은 신앙의 종교적·문화적인 내용이 아니라 신앙이 그리스도를 향한 것이어야 한다는 점이다. 하나님께서는 우리를 종교, 기독교, 교회로 부르신 것이 아니라 미래로, 하나님 자신을 향해 부르시기 때문이다.[46]

---

45 Ibid., 221-223.
46 Ibid., 224.

3. 21세기 기독교 선교의 전망

1) 기독교 선교 역사를 통해 본 21세기 기독교 선교 전망

앤드류 월즈는 21세기에 어떤 일이 펼쳐질지 알 수 없지만 선교 역사에 대한 성찰을 통해 21세기 선교에 도움이 되는 주제를 찾을 수 있다고 했다. 첫째, 기독교의 진보는 연속적인 것이 아니라 진퇴를 반복한다. 지난 2000년의 선교 역사를 되돌아볼 때, 한때 기독교의 중심지가 쇠퇴하는 것을 볼 수 있다. 그렇지만 심장부에서의 기독교의 약화가 이 세상에서 기독교의 선교가 약화된 것을 의미하지는 않는다. 중심부에서의 쇠퇴는 주변부에서의 기독교의 성장으로 이어졌다. 기독교의 진보는 종종 퇴보의 뒤를 따랐다. 지난 20세기 한 세기 동안 기독교는 서양에서 퇴보하고, 아프리카, 아시아, 라틴 아메리카에서는 진보가 이뤄졌다. 21세기 기독교의 성격은 이들에게 달려있다. 둘째, 기독교는 문화적 경계를 넘어 존재한다. 초대교회는 예루살렘 교회가 중심이었다. 유대가 멸망하면서 기독교는 유대교 분파로 전락할 위기를 맞이했다. 기독교가 문화적인 경계를 넘어 헬라 세계로 진출한 것이 이 위기를 극복하게 했다. 로마제국의 교회가 쇠퇴했을 때도 '야만족'에게 복음을 전파하면서 위기를 모면했다. 20세기가 시작했을 때 기독교의 중심은 서구 교회이었다. 그러나 21세기가 시작하면서 유럽의 기독교는 쇠퇴하고 있지만, 기독교는 문화적 경계를 넘어 아프리카, 아시아, 라틴 아메리카에 전파되면서 기독교의 중심을 이루고 있다.

셋째, 그리스도께서는 교회를 세우기 위해 이 세상의 모든 문화를 취하신다. 초대교회는 유대인들로 구성되어 기독교인이 되는 방식에 유대인의 문화(할례와 율법 준수)를 포함했다. 예루살렘 공의회(행 15장)에서 초대교회의 지도자들은 이방 기독교인들에게 할례를 받는 것과 율법을 준수하는 것이 불필요하다고 결정했다. 21세기 선교사가 직면할 가장 큰 책임은 성령의 인도하심과 조명 아래 세상의 다양한 문화권 속에서 각기 다른 기독교 생활방식이 발전되도록 돕고 격려하는 것이다. 각기 다른 기독교 생활방식을 갖고 살아가는 자들이 서로를 동일한 그리스도의 지체로 인정하고 공존하도록 돕는 것이다. 이를 위해 필요한 것이 우정이다. 선교사와 현지 교회 목회자와 교인 사이에, 선교사를 파송한 교회나 선교

단체와 현지 교회 사이에 우정이 필요하다. 우정이 없이는 효율적인 선교는 결코 있을 수 없다. 그리고 성경이 아시아와 아프리카 문화 속으로 들어가면 갈수록 21세기의 선교사에게는 신실한 학문적 역량이 매우 중요한 요소가 될 것이다.[47]

2) 하나님의 선교에 헌신하고자 할 때 주목할 다섯 가지 주제

하나님의 선교신학은 그동안 에큐메니칼 선교신학으로 알려져 왔다. 2010년 케이프타운에서 열렸던 로잔 3차 대회가 '케이프타운 서약'에서 '하나님의 선교'를 사랑한다고 고백하면서 하나님의 선교(missio Dei)는 복음주의자들의 선교신학이 되었다. 선키스트는 21세기에 하나님의 선교에 헌신하고자 할 때 필요한 5가지 주제를 제시했다. 첫째, 상황적인 기독교 선교의 중요성이다. 선교사들은 다양한 상황에 서로 다른 접근 방식이 요구된다는 사실을 잘 알고 있다. 21세기 세계 선교는 문화적으로 적절하며 상황적으로 의미가 있어야 한다. 이는 지역의 종교와 언어에 대한 더 많은 이해를 요구하고 있다. 기독교가 우월한 종교라고 선포하는 접근방식은 잘못된 이유로 인해 핍박을 받게 될 것이다. 현지 문화에 둔감한 문화제국주의자 같은 선교사들이 추방된 사례가 있다. 21세기 세계 선교의 최고의 이슈는 각 문화와 사회를 이해하기 위해 인내와 겸손으로 선교가 이뤄지며, 복음이 삶 속에서 실현되고 선포되도록 해야 한다. 둘째, 21세기 선교사들은 각 지역의 인종차별과 부족중심주의에 도전해야 한다. 왜냐하면 인종과 계층 차별에 저항하는 것은 복음의 매우 중요한 부분이기 때문이다. 예수님은 버림받은 자들을 치유하고 먹이시는 것을 하나님 나라의 도래와 동일시하셨다. 21세기 세계 선교는 문화적 포괄주의를 통해 하나님 나라를 이루는 일에 참여해야 한다. 하나님의 나라는 모든 국가와 민족을 포함해야 한다.

셋째, 21세기 세계 선교는 빈곤으로부터의 해방과 복음 전도를 함께해야 한다. 선키스트는 복음 전도와 빈곤으로부터의 해방을 구분하는 서구의 이분법을 수용하는 사람들에게 초기의 한국 선교사들이 가난한 자와 억압받는 자들의 해방 운동과 선교 활동을 동시에

---

47 Andrew F. Walls, "선교의 재고: 새로운 세기를 위한 선교의 새로운 방향," 장로회신학대학교, 「선교와 신학」 제8집 (2001): 15-25.

진행했던 사례를 제시하고 있다. 마포삼열 선교사(Samuel Austin Moffett)는 가난한 자들을 섬기는 것과 예수 그리스도를 전하는 것 사이를 구분할 수 없었다. 21세기의 선교는 19세기에 요구되었던 것과 같은 가난한 자들에 대한 연민과 동일시가 요구된다. 넷째, 21세기 세계 선교는 핍박과 순교를 피할 수 없다. 이는 선교사들이 인종차별주의에 대항하고 빈곤으로부터의 해방을 위한 선교 활동을 하는 데 대한 대가이다. 전 세계적으로 보면 기독교에 대한 핍박이 증가하고 있다. 이는 종교적 국수주의와 사이비 종교(마르크스주의, 사회주의, 공산주의 국가)의 국수주의 때문이다. 다섯째, 21세기 선교에는 부흥과 새로운 성장이 일어날 것이다. 20세기 후반부에 아프리카, 라틴 아메리카, 아시아에서 교회가 급성장했다. 아프리카의 수단은 가장 심한 종교적 박해가 있는 나라이지만 교회가 급성장하여 인구의 15%가 기독교인이고, 매해 교회가 10% 이상 성장하고 있다. 1900년에 네팔에는 기독교인이 거의 없었는데 2000년에는 약 500만 명의 기독교인이 있다. 중국은 문화혁명을 거치면서 극심한 박해를 받았지만, 기적적으로 교회가 성장하고 있다. 폭력과 억압과 핍박과 빈곤의 어두운 곳이 바로 하나님의 나라가 가장 밝게 빛나는 곳임을 주목해야 한다. 이 땅에서 하나님의 나라는 고통 중에 이뤄지고 있다.[48]

3) 21세기 기독교 선교를 위한 모델들

톰슨 브라운은 21세기 선교를 전망하면서 선교의 모델 네 가지를 제시했다. 두 모델이 한국 사례인 것은 장인이 한국 선교사인 것과 관련이 있을 것이다. 첫째 모델은 중국의 애덕기금회이다. 중국은 공산주의 국가로 종교의 자유를 제한하고, 선교사의 활동을 허용하지 않고 있다. 급성장하는 중국 교회를 중국 정부가 허용하고 중국 교회가 바라는 방식대로 지원한 기관이 애덕기금회이다. 1985년 중국 교회 지도자들이 애덕기금회(NGO)를 만들어서 해외 기독교의 교회들이 기독교교육과 의료 및 사회사업 활동에 참여할 수 있는 통로가 되게 했다. 미국장로교회는 애덕기금회를 열정적으로 지원했다. 세계성서공회를

---

48 Scott W. Sunquist, "21세기 세계 선교: 고난과 영광," 장로회신학대학교, 「선교와 신학」 제8집 (2001): 82-102.

통해 애덕기금회는 난징에 출판사를 세워 10년 동안 성경 3천만 부를 배포했다. 애덕기금회는 신학생들에게 장학금을 지급하고, 이동 진료소를 운영하고, 촌락에 우물을 개발하고 교회를 재건축하고 진료소를 설립했다. 애덕기금회처럼 현지 법을 준수하면서 현지 교회가 원하는 봉사 활동을 하는 것은 21세기 선교에서도 지속되어야 할 것이다. 둘째 모델은 네팔연합선교회이다. 전 국민의 80%가 힌두교 신자인 네팔에서 기독교의 선교 활동은 금지되었다. 1954년에 네팔 정부로부터 기독교연합선교회에 대한 동의를 얻었다. 18개 국가의 39개 교단에 속한 400명의 선교사로 구성된 네팔연합선교회는 병원 운영, 간호학교 운영 및 지역 의료 사업을 진행하고 있다. 선교사들은 수의사, 삼림 학자, 영양사, 수자원 개발 기술자 등으로 봉사하고 있다. 그들의 삶과 봉사로 네팔 교회는 지속적으로 성장하고 있다. 네팔 선교의 성공 비결의 한 가지는 많은 교단과 국가의 기독교인들에 의해 지원되는 연합 선교 사역이기 때문이다. 21세기 기독교 선교는 에큐메니칼 협력 선교를 지향해야 한다.[49]

셋째 모델은 '한국의기독교친구회'이다. 한국 선교사인 휴 린튼(전남 도서 지역에 600개의 교회를 개척)의 아들인 스티브 린튼(유진 벨 재단 회장)이 북한을 방문한 것이 '한국의기독교친구회'를 만드는 계기가 되었다. 농업의 실패와 경제 구조의 붕괴로 인해 기근으로 시달리는 북한 주민들의 친구가 되는 방법을 찾아 실천하는 것이 '한국의기독교친구회'의 목적이었다. 그들은 식량, 의약품, 종자, 병원 시설 기구 등을 준비해서 북한 주민들에게 무상으로 공급했지만, 그들은 설교나 전도 활동을 일체 하지 않았다. 이 선한 행위의 결과를 우리는 알 수 없다. 그렇지만 21세기 선교는 이들처럼 고통받는 사람들에게 자비와 연민의 행동을 통해 친구가 되는 것이어야 한다. 넷째 모델은 알바니아의 한국인 선교사들이다. 알바니아에는 한국인 선교사가 35명이 있다. 알바니아인들은 중국이 공산당 독재자인 호자를 지원했기 때문에 중국인들을 무시한다. 알바니아 사람들에게 한국인들은 중국인과 똑같이 보여 무시한다. 그런데도 한국 선교사들은 인내하며 알바니아인들에게 친절하게 대하고 있다. 라크는 산업도시이지만 공장이 오래전에 문을 닫았고, 건물들이 파괴되었다. 직장을

---

49 G. Thompson Brown, "한국선교 어제, 오늘 그리고 내일," 장로회신학대학교, 「선교와 신학」 제8집 (2001): 112-113.

구할 수 없어 청년들이 그리스나 이탈리아로 불법 이민을 갔다. 한국 선교사들의 지도자인 이향모 선교사(부산국제선교회의 협력 선교사)는 이웃의 빈 창고를 교회로 개조하여 태극기를 걸어 중국인으로 오해하지 않도록 하고, 예배를 드리기 시작했다. 예배 후에는 참석자들과 빵과 바나나를 나누었다. 참석자들은 먹고 이야기하고 웃으며 만나고 있다. 그들은 낡고 난방 시설도 없는 예배당에서 떠날 생각을 하지 않고 따스함과 행복을 느끼고 있다. 이향모 선교사는 10대의 컴퓨터를 지원받아 교사를 고용하여 일주일에 4회 컴퓨터 수업을 하는 컴퓨터 학교를 운영하여 졸업식을 거행했다. 이 학교는 컴퓨터 수업뿐 아니라 성경 읽기, 설교 듣기, 찬송 부르기를 했다. 이향모 선교사의 선교 교회가 도시에서 중요한 역할을 하면서 도시의 시장이 초대를 받아 축하 메시지를 전했다. 이처럼 이향모 선교사를 비롯한 한국 선교사들은 황량한 도시에 소망을 가져다주었다. 21세기 기독교 선교는 직장이 없고 희망이 없는 곳에 희망을 주는 것이 되어야 한다.[50]

4) 21세기 세계 선교 전망

(1) 21세기 선교 지형의 변화[51]

첫째, 종교 지형의 변화이다. 19세기부터 20세기 중반까지의 150년 동안 서구 개신교는 기독교화와 문명화를 선교의 이중적 과제로 여겼다. 즉, 식민주의와 결합된 개신교 선교는 복음과 선교를 서구 문화에 종속시킴으로써 복음과 선교를 서구 문화의 노예가 되게 했다. 서구 기독교는 20세기 초에 '이 세대 안에 전 세계를 복음화'(1910)라는 구호 아래 세계 선교에 매진해 왔지만, 세계 인구 대비 기독교인의 비율은 20세기 100년 동안 제자리걸음을 한 데 반해서 이슬람 신자와 불가지론자가 약진했고, 힌두교도가 증가했다.[52]

---

50 G. Thompson Brown, "한국선교 어제, 오늘 그리고 내일," 장로회신학대학교, 「선교와 신학」 제8집 (2001): 113-115.

51 황홍렬, 『생명과 평화를 향한 선교학 개론』, 31-44를 요약함.

52 Todd M. Johnson & Kenneth R. Ross (eds.), *Atlas of Global Christianity 1910-2010* (Edinburgh: Edinburgh University Press, 2009), 6.

둘째, 기독교 지형의 변화이다. 윌버트 쉥크의 도표에 따르면 '위대한 선교의 세기'라는 19세기에는 전 세계 인구 대비 기독교인의 비율은 23%에서 34%로 증가했다. 이런 비율(34%)은 1950년까지 지속되다가 1970년에는 33%로 감소하고, 2000년에는 32%로 감소했다. 기독교 인구학적 변화를 살펴보면 서구인이 전 세계 기독교인 가운데 차지하는 비율이 1800년에는 87%에서 1900년에는 81%로 완만하게 감소하다가 1950년에는 64%, 1970년에는 56%까지 내려갔다가 2000년에는 40%로 급격히 감소하여 제3세계 기독교인에 비해 소수로 전환됨을 알 수 있다.[53] 이제 21세기 기독교 선교를 전망하려면 이러한 기독교 인구학적 변화를 전제해야 한다. 21세기 기독교 선교는 비서구기독교와 여성이 중심이 되어야 한다. 따라서 서구 중심의 신학이나 남성 중심의 선교나 선교학은 21세기 기독교를 전망하는 데에는 큰 도움이 되지 않음을 기억해야 한다.

셋째, 냉전 종식과 신자유주의 세계화이다. 냉전 종식 이후 대다수의 인류는 평화를 염원했지만 실제로 세계는 갈등과 전쟁으로 치닫고 있다. 경제적 측면에서 볼 때 지구화는 빈곤의 세계화, 빈곤의 여성화, 빈곤으로부터 사회적 배제, 전 지구적 배제 등 사회적·지구적 양극화를 초래했다.[54] 이에 대한 역풍이 테러나 테러리즘이라 할 수 있다. 지구화는 경제적 상호의존의 심화 과정과 사회적 균열의 확산 과정으로 구성된다. 지구화가 야기한 경제적 불평등, 사회적 균열, 문화적 획일화에 대한 가장 흔한 대응 방식이 종교적 근본주의에로 회귀하는 것이다. 1965~1995년 사이에 종교적 색채를 띤 근본주의 운동은 전 세계적으로 세 배 이상 증가했다. 그런데 현재 활동하고 있는 테러 단체의 1/4 정도가 자신을 종교적 차원에서 정당화한다.[55]

넷째, 다종교, 다문화사회에서의 선교이다. 냉전 종식 이후 변화된 세계의 가장 큰 특징의 하나는 '이데올로기의 정치'로부터 '정체성의 정치'로의 전이이다.[56] 1910년부터 1980년

---

53 Wilbert R. Shenk (ed.), *Enlarging the Story: Perspectives on Writing World Christian History* (Maryknoll, New York: Orbis Books, 2002), Introduction, xii. 도표 1 참조.

54 황홍렬, "지구화 시대 시민·사회운동과 기독교 선교," 한일장신대 기독교종합연구원 외 저,『지구화 시대 제3세계의 현실과 신학』(서울: 한들출판사/한일장신대출판부, 2004), 215-259.

55 구춘권, "메가테러리즘의 등장배경과 원인: 지구화의 충격과 이슬람 근본주의의 부상," 서울대국제학연구소,「국제·지역연구」14권 1호 (2005년 봄): 120-123.

대에 이르기까지 에큐메니칼 진영의 선교학이나 선교신학에는 '다양성'의 신학을 포용하지 못했다. 지난 1996년 살바도르 선교대회는 문화에 있어서 정체성과 공동체의 중요성에 주목했다.[57] 에큐메니칼 신학이나 다양한 제3세계 신학은 희생자와의 연대에 주목했지만, 희생자의 정체성이 어떻게 회복되고 바르게 세워지는 데 큰 관심을 기울이지 못했다. 때로 정체성은 용서를 위해 사용되기보다는 보다 심화된 배제나 공동체적 분노를 강화하는 데 이용되기도 했다.[58] 2005년 프랑스에서 발생한 '소요 사태'는 2004년 채택된 정교분리법, 1989년 문화전쟁으로 치달은 '히잡 사건', 종교 문화적 요인과 사회경제적 요인, 식민지 경험 및 알제리전쟁(1958~1962) 같은 역사적 요인 그리고 프랑스의 통합정책 등이 종합적으로 영향을 주었다. 종교 문화적 요인은 무슬림 이민자의 전통문화에 대해 편견을 갖는 프랑스 공화국과 공화국의 정교분리 원칙을 이해하지 못하는 무슬림 이민자들의 '무지'를 가리킨다. 사회경제적 요인은 이민 출신 2세대, 3세대 청소년들의 높은 실업률과 프랑스 사회의 이들에 대한 차별이다.[59] 위에서 언급한 대로 다종교, 다문화사회에서 서구 국가들이 보여준 사회적 차별과 치유되지 않은 역사적 상처들 그리고 국제관계에서 '전쟁'이라는 이름으로 제3세계 약소 국가들, 특히 모슬렘에 가해지는 학살들―아프간 침공, 이라크 전쟁, 시리아 내전―의 부메랑이 프랑스에서 발생한 샤를리 엡도의 테러 사건(2015년 1월 7일)과 파리의 동시다발 테러(2015년 11월 13일)라 할 수 있다.

다섯째, 이주민의 증가이다. 2005년 국내 체류 외국인 747,467명이었고, 2015년 1월 31일 현재 국내 체류 외국인은 1,774,603명으로 10년 만에 100만 명이 증가했다. 코로나 팬데믹으로 일시적으로 감소했지만 2024년 4월 현재 국내 체류 외국인은 2,602,669명이

---

56 S. Wesley Ariarajah, "The Challenge of Building Communities of Peace for All: The Richness and Dilemma of Diversities," in *The Ecumenical Review*, Vol. 57 No. 2 (April 2005), 124.

57 Christopher Duraisinh(ed.), *Called to One Hope: The Gospel in Diverse Cultures* (Geneva: WCC Publications, 1998).

58 Rodney L. Petersen, "A Theology of forgiveness: Terminology, Rhetoric & the dialectic of Interfaith Relationships," in *Forgiveness and Reconciliation: Religion, Public Policy and Conflict Transformation* (Philadelphia: Templeton Foundation Press, 2002), 23.

59 박단, "프랑스: 공화국 통합모델," 박단 엮음, 『현대 서양사회와 이주민: 갈등과 통합 사이에서』(서울: 한성대학교 출판부, 2009), 347-382.

다. 2015년 1월 현재 국내 체류자 중 이주노동자는 569,081명이고, 결혼 이주민은 150,798 명이다. 결혼 이주민 중 결혼 이민 여성은 127,953명이다. 다문화가정 자녀는 20만 명을 넘어섰다. 2024년 4월 현재 이주노동자는 411,386명이고 미등록 노동자는 417,211명이고, 결혼 이민 여성은 142,688명이다. 우리나라는 2000년대 이전까지는 이주노동자들의 인권 문제가 매우 심각한 수준이었다. 2000년대 들어와서는 인권 문제가 상대적으로 개선되어 가는 반면에 자녀 양육권, 주민으로서의 권리, 시민권, 참정권 등 새로운 문제들이 부각되고 있다.

여섯째, 기후변화와 지구 생명 공동체의 위기이다. 지구 생명 공동체의 위기는 생태계에 가해지는 부정의와 경제적 부정의에 기인한다. 온실가스가 현재와 같은 양으로 방출되면 금세기에는 지구 평균 기온이 1~6도 상승하게 될 것이며, 해수면도 약 50cm 상승할 것이다. 오존층도 지난 100년 동안 십 년마다 5~10% 감소했다. 이런 추세가 계속되면 다음 50년 사이에는 현재 지구상에 존재하는 생물 종의 50%가 소멸될 것이다. 현재 12억 인구가 물 부족으로 고통을 당하고 있다. 아프리카 사막 주위 국가 중 2/5, 아시아 국가의 2/3, 라틴아메리카 국가의 1/5이 장차 사막화할 것으로 예측된다. 세계 인구가 1999년에는 60억이었는데 2050년에는 90억에 이를 것으로 추산하고 있다. 도시화로 인해 도시는 급격히 성장하고 농촌은 급속히 쇠퇴하고 있다. 생태계 위기는 대기권과 생물 종 다양성의 위기와 직결되며, 이 둘의 관계에도 의존한다. 지구온난화와 오존층 파괴가 대기권 위기의 주된 원인이다.[60] 21세기에 지구 생명 공동체가 살아남으려면 냉전 종식, 경제위기, 테러와 전쟁, 생태계 위기, 기후변화/붕괴, 핵발전소 폭발 참사 등을 통합적으로 이해하고 접근하지 않으면 안 된다. 즉, 경제 위기와 생태계 위기는 사회적 · 국가적 · 전 지구적 위기와 연계된 것으로 문제의 뿌리를 찾지 않으면 해결하기 어렵다.

---

60 차명제, "글로벌화한 환경문제의 본질과 대안모색," 조희연 편,『NGO 가이드: 시민 · 사회운동과 엔지오 활동』 (서울: 한겨레신문사, 2001), 162-174.

(2) 21세기 세계 선교 전망[61]

첫째, 남반부 교회 중심의 선교이다. 남반부 교회 중심의 선교는 기독교의 지형 변화에서 유래하는 것으로 남반부 교회를 강화하여 남반부 지역의 선교를 남반부 교회들이 맡는 것과 북반부 지역의 재복음화 · 선교를 남반부 교회와 협력하여 이룩하는 것을 21세기 선교의 주요 내용으로 보는 것이다. 그렇지만 남반부 중심의 선교는 남반부 교회와 북반부 교회의 선교 협력을 지향하는 것이지 북반부 교회로부터 남반부 교회로 선교의 헤게모니를 이동시키자는 것은 아니다. 세계 기독교 인구의 2/3가 남반부에, 비서구 지역에 산다는 사실은 기독교 예전과 신학함과 에큐메니칼 운동 등에서 남반부 교회가 주도한다는 것과는 다른 이야기다. 현실은 아직까지 신학함과 에큐메니칼 운동에서 서구 교회가 주도하고 있다. 여기서 문제는 서구 교회의 주도만이 아니라 그것을 통해 남반부 교회들이 자신의 신학적 정체성을 제대로 형성하지 못함으로써 남반부에서의 교회의 성장이 신앙의 성숙으로 나아가지 못한다는 데 있다.

남반부 교회와 그리스도인들은 자기 대륙과 국가의 문제를 자신의 문화적, 사회적, 역사적 시각에서 인식하고, 교회의 선교적 과제를 식별함으로써 교회와 그리스도인들이 성숙해져야 한다. 이를 위해서 한국교회는 기독교인 최다 국가들인 미국, 브라질, 러시아, 중국, 멕시코, 필리핀, 나이지리아, 콩고민주공화국, 인도, 독일 교회와 양자 간, 다자 간 에큐메니칼 운동을 활발하게 전개해야 한다. 이를 위해서 한국교회는 전 아프리카교회협의회(AACC), 라틴아메리카교회협의회(CELAM), 아시아기독교협의회(CCA) 등 대륙별 교회협의회를 보다 더 활성화시키는 데 기여할 방안을 모색하고 실천해야 한다.

둘째, 여성 선교이다. 여성 선교의 성서적 전거는 베다니에서 예수의 머리에 향유를 부은 여인(막 14:3-9)에게서 찾을 수 있다. 선교 역사에서 여성의 등장은 상당한 저항을 받았다. 여성 선교사는 19세기 초엽에는 받아들여지지 않았으나 19세기 중엽부터 받아들여지기 시작한 후 19세기 말에 가서는 남성 선교사를 능가하기 시작했다.[62] 그런데 서구

---

61 황홍렬, 『생명과 평화를 향한 선교학 개론』, 44-65를 요약함.

교회와 비서구 교회 모두 여성이 교회 구성원의 2/3를 차지한다. 왜 교회의 다수를 남성이 아니라 여성이 차지하는가? 여성들은 혼자라도 교회에 출석하지만, 남자들은 가족들과 함께 출석하는 경우가 많다. 미국의 제2차 대각성운동 당시 여성들은 남편과 자녀를 교회로 인도했다. 데이나 로버트는 여성이 남성보다 교회에 더 많이 출석하는 이유를 세 가지로 제시했다. 첫째, 여성들은 교회 안에서 여성 사이의 유대를 발견하고, 가족 안에서 자신의 역할에 대해 지지를 받으며, 때로는 가부장적 사회의 압력이 경감됨을 느끼기도 한다. 둘째, 여성들은 교회에서 치유를 기대하고, 복지가 증진되며, 공동체나 가족과 화해가 이뤄지기를 바라기 때문이다. 셋째, 여성들은 사회가 가부장적일지라도 교회 안에서 여성의 지도력을 위한 길을 만들어 낼 수 있다고 보기 때문이다.[63]

21세기 세계 기독교는 여성이 다수를 차지하는 종교로서 여성의 문제를 신학이나 선교나 목회에서 중심에 두지 않으면 교회 성장은커녕 교회 유지도 어려울 전망이다. 비서구 교회에서 교회의 쇠퇴와 성(gender)의 관련성에 대한 연구는 아직 없지만, 서구 교회의 경우 그러한 사례가 보고되었다. 영국교회에서는 기독교 담론에서 성(gender)의 문제를 다루지 않자, 여성들이 여성과 관련된 교회의 기준들을 거부하면서부터 영국 기독교 문화가 임종의 고통으로 들어가기 시작했다고 한다.[64] 한국교회는 성추문이 꼬리를 물고 이어지고 있으며, 세계 선교 현장이나 탈북자 선교 현장에서도 성추문이 적지 않게 드러나고 있다. 이는 목회자나 선교사의 권위주의와도 관련된 것이지만, 보다 근원적으로는 교회, 선교, 신학에 여성의 종교로서의 기독교라는 자의식이 미약하기 때문이라고 본다. 박보경은 여성 선교사의 전망으로 상담과 치유 사역, 사회복지 사업, 교육가를 제시했고, 여성 선교 지도력 개발을 위해서 독립적 사역자로서의 자기 정체성의 확립, 재교육의 기회 확대, 여성적 특성을 살리는 리더십 함양, 교회와 선교 문화에서의 가부장적 문화의 변화, 선교신학 영역에서의 여성 리더십의 개발 등을 제시했다.[65] 여성이 선교에 적극적으로 참여할

---

62 Stephen Neil/홍치모 역, 『기독교선교사』 (서울: 기독교문사, 1998), 316-317.

63 Dana L. Robert, "World Christianity as a Women's Movement," in *International Bulletin of Missionary Research*, vol. 30, no. 4 (October, 2006), 185.

64 Callum G. Brown, *The Death of Christian Britain: Understanding Secularization, 1800-2000* (London: Routledge, 2001), 195. Dana L. Robert, "World Christianity," 185-186에서 재인용.

뿐 아니라 여성적 가치가 선교에 반영될 때 세계 선교의 새로운 장이 열릴 것이다.

셋째, 이주민 선교이다. 나그네 선교, 나그네 교회, 소수자 선교에 대해서는 본서 III부 3장 '일본 선교'에서 다뤘다. 이주민 선교의 성서적 전거는 나그네 접대(마 25:35)와 나그네로서의 교회(약 1:1)이다. 이주민 선교가 2002년도 미국선교신학회의 주제로 선정된 것은 이민 국가인 미국이라는 시각에서 보면 상당히 뒤늦은 감이 있다. 그렇지만 이주민 선교는 21세기 선교의 패러다임으로 부상하고 있다. 유럽에는 1,800만 명의 이주노동자와 260만 명의 미등록 노동자가 있다. 이중 아프리카 출신 기독교 신자는 300만 명이 넘으며, 영국에만 아프리카 출신 교회가 3,000개에 달한다.[66] 제2차 세계대전 이후 파괴된 유럽의 복구를 위해 주로 이전의 식민지 사람들을 노동자로 받아들이고 시민권을 부여했지만, 1970년대 초 오일 쇼크 후 이주노동자를 받아들이지 않았다. 그러나 10년 이상 서구에서 살아온 노동자들이 가족과 재결합할 권리를 막을 수는 없었다. 결국 이로 인해 이주민이 계속 증가했다. 유럽의 광범위한 이주민 교회는 이주민이 속한 소수 인종, 소수 민족에게 선교하고(internal mission), 세속화된 유럽인을 향한 역선교(reverse mission)를 하고, 유럽 교회와 공동의 선교 (common mission)를 행하며, 유럽에서의 급격한 이슬람화에 공동으로 대처할 수 있다.[67]

이주민 선교를 세계 선교와 연계시킨 사례로는 대구 외국인노동자인권센터(소장 김경태)와 사천다문화통합지원센터(소장 이정기)를 들 수 있다. 대구 외국인노동자인권센터는 2006년 스리랑카에 대구랑카 센터를 건립하여 지역주민을 대상으로 컴퓨터 교육, 영어 교육, 봉제 교육, 어린이집, 의료 센터 등을 운영하고 있다. 한국에 있는 스리랑카 이주노동자들이 재정을 지원하고 운영은 귀환한 이주노동자들이 주도하고 있다. 2009년에는 인도네시아에 교육센터를 세워 비슷한 활동을 하고 있다. 필리핀에는 농아인 센터를 건축 중에 있다. 사천다문화통합지원센터(소장 이정기)는 이주민의 가족들에게 영상 편지를 전달하는 사랑의 배달부 프로젝트를 현지 선교사와 연계하여 실시하고 있고, 청소년들이 인도네

65 박보경,『선교와 여성』(서울: 장로회신학대학교출판부, 2008), 260-266.

66 Jehu J. Hanciles, "Migration and Mission: Some Implications for the Twenty-first-Century Church," in *International Bulletin of Missionary Research*, vol. 27, no. 4 (October 2003), 150.

67 Jan A. B. Jongeneel, "The Mission of Migrant Churches in Europe," in *Missiology* (January 2003): 31-32.

시아 고등학교를 방문하여 그곳 학생들 대상으로 문화박람회를 개최하는 외교부 공공외교관 프로젝트도 실시하고 있다. 공공외교관 프로젝트가 세계 선교와 연계되는 것은 청소년들이 인도네시아 학생들과 관계 맺기를 하는 것 외에 공정여행(현지인과 관계 맺기), 생명선교(태양광 설치 지원, 현지 환경 문제 조사 파악)를 통합적으로 실시하기 때문이다.

넷째, 화해로써의 선교이다. 2005년 WCC의 세계 선교와 전도 위원회(CWME)가 주도하여 아테네에서 열린 선교대회의 주제는 "치유와 화해"이었다. 2010년 케이프타운에서 열린 제3차 로잔대회의 주제는 화해이었다. 이처럼 21세기 복음주의 진영이나 에큐메니칼 진영 모두 화해를 선교 패러다임으로 제시하고 있다. 로버트 쉬라이터는 화해에 사회적 측면과 영성적 측면이 있음을 구별하고, 화해 사역의 4단계로 동반, 환대, 연결 짓기, 위임을 제시하며, 화해를 위한 교회의 역할로 과거의 폭력에 대한 직간접적인 지지를 참회하고, 교회 안에서의 화해를 먼저 이루며, 피해자들이 요청할 때만이 교회가 그들의 화해 과정에 참여할 수 있다고 했다.[68] 미라슬로프 볼프는 화해를 배제로부터 포용으로 나아가는 것으로 보았다.[69] 용서와 화해는 인간에게서 시작한 것이 아니라 하나님의 선물이다. 그러나 그 선물은 하나님으로부터 인간에게 덤으로 주어지는 것이 아니라 삼위일체 하나님 자신의 본질로부터 주어진다. 화해가 하나님의 역사이기 때문에 화해는 인간의 전략이라기보다는 영성이다. 영성은 이 세상에서 하나님의 화해시키는 행동을 인식하고 그에 대응하는 세계관이며 그런 삶의 방식이다. 용서나 화해는 갈등이나 분쟁의 상황에서 행하는 일회적 행동이 아니라 용서받고 하나님과 화해한 하나님의 자녀로서 용서하고 화해를 실천하는 것을 본질로 하는 치유 공동체, 화해 공동체의 식구이기 때문에 용서와 화해는 이제 훈련을 통해 몸에 밴 습관이 되어야 한다.

이러한 화해론은 남아프리카공화국처럼 흑백 차별 정권이나 군부독재 정권, 북아일랜드나 인도네시아처럼 종교 간 갈등, 팔레스타인과 이스라엘의 갈등, 혹은 냉전 종식 이후의

---

68 Robert J. Schreiter, *The Ministry of Reconciliation: Spirituality & Strategies* (Maryknoll, New York: Orbis Books, 1998), 4, 88ff.

69 Miroslav Wolf, *Exclusion & Embrace: A Theological Exploration of Identity, Otherness, and Reconciliation* (Nashville: Abingdon Press, 1996).

소위 '인종청소'나 인종 간 갈등에서 빚어진 대학살로 받은 고통을 치유하고 화해를 이루기 위한 국가에 적용된다.[70] 화해론은 21세기에 유일한 분단국가인 한국에도 적용되어야 한다. 한반도의 평화를 위해서는 비폭력 대화, 평화를 위해 일하는 사람들(주도권 전환), 평화 교육, 폭력 희생자에 대한 돌봄과 폭력 예방 프로그램, 평화의 메시지 전달자로서의 미디어, 공적 영역에서의 평화 선교; 갈등/분쟁 지역에서의 평화 선교 전략 등이 필요하다.[71] 대한예수교장로회(통합) 총회의 치유와 화해의 생명공동체운동 10년(2012~2022)은 생명살리기 운동 10년(2002~2012)을 잇고, WCC 제10차 부산총회의 주제인 생명, 정의, 평화를 수용하여, 생명 세계의 두 기둥인 정의와 평화가 입 맞추는 과정을 치유와 화해로 이해하고, 생명살림을 목적으로 치유와 화해를 영적, 사회적, 생태적 차원에서 이루는 운동이다.

다섯째, 생명 선교이다. 생명 선교의 성서적 전거는 양들에게 생명을 얻게 하되 풍성히 얻게 하신다는 말씀이다(요 10:10). 생명 선교는 하나님의 선교와 떼래야 뗄 수 없는 관계이다. 즉, 생명 선교의 주체는 삼위일체 하나님이시다. 교회는 하나님의 선교에 참여하는 한 교회가 된다. 한편으로 신앙 공동체는 하나님과의 내밀한 관계 속에서 하나님으로부터 생명을 부단히 얻고 풍성한 생명을 누리게 된다. 다른 한편으로 신앙 공동체는 피조물의 생명을 살리고 풍성하게 하는 하나님의 선교에 동참한다. 그런데 후자는 전자에 의존한다. 그래서 선교는 항상 영적 각성에서 비롯된다. 생명 선교도 영적 갱신에서 시작되어야 한다. 그리고 하나님의 선교에서 중요한 것은 피조물의 생명을 도적질하려는 강도와 절도를 식별하는 일이다. 21세기 생명의 위기를 초래하는 죽임의 문화와 경제는 영적 위기, 성장 중심의 개발 논리, 맘몬 숭배, 세계화, 종교의 오용, 분단 체제[72], 신자유주의적 지구 자본주의, 가부장제, 인종차별, 성차별, 다양한 사회적 차별, 인간중심주의, 개교회주의, 교회 중심주의 등이다. 지구 자본주의의 가장 큰 특징은 '시장의 초국적화' (transnationalization)[73]

---

70 참된평화를만드는사람들 편저,『다름의 평화 차이의 공존: 분쟁지역에서의 평화 만들기와 선교』(서울: 동연, 2009). 이 책은 인도네시아, 팔레스타인, 동티모르, 남아공, 북아일랜드, 한반도에서의 분쟁이나 갈등 현황과 평화 선교의 현황과 과제를 다루고 있다.

71 황홍렬, "한반도에서 남북의 화해와 평화통일을 위한 한국교회의 평화선교 과제," 한국선교신학회 편,『선교신학』제32집 (2013): 342-352.

72 대한예수교장로회총회,「생명살리기운동10년 시행핸드북」(미간행 자료집), 1.

이다. 그리고 "새로운 제국주의 시대에서", "사실상의 세계 정부"[74]는 브레튼우즈 기구들 (IMF, 세계은행), 세계무역기구 (WTO), 선진서방 7개국(G7)으로 구성되며, 그들의 목적은 상업은행, 보험회사, 초국적 기업의 이익을 보호하기 위한 것이다. 세계 정부의 세 가지 주요 원리는 "금융 시장의 탈규제화, 신자유주의적 통화주의와 안보 전략(중강도 전쟁 전략)"[75]이다. 신자유주의적 지구화 시대 빈곤의 특징은 빈곤의 세계화, 빈곤의 여성화, 빈곤으로부터 사회적/전 지구적 배제로 등이다.

생명 선교는 피조물의 생명을 살리고 풍성하게 하는 하나님의 선교다. 생명 선교의 주체는 삼위일체 하나님이시고, 목표는 피조물의 생명의 구원과 풍요로움(하나님의 나라) 이며, 교회는 그 동역자가 되어야 한다. 교회는 이러한 생명 선교에 참여하기에 앞서서 먼저 하나님과의 올바른 관계를 형성하여 영적 쇄신을 이뤄야 한다. 그리고 교회는 피조물 의 생명을 도둑질하는 강도나 절도에 대해 제대로 식별해 물리쳐야 한다. 피조물의 생명을 얻고 풍성하게 하기 위해 필요한 것은 치유와 화해와 통일, 봉사, 대안 경제체제 수립, 생명 문화 건설, 올바른 교육 등이다. 피조물의 삶은 또한 경제, 살림살이와 밀접한 관련이 있다. 경제(oikonomia)는 집(oikos)과 법(nomos)의 합성어다. 경제는 집안 살림살이를 잘 관리하 는 것이다. 결국 피조물의 생명을 회복하고 풍요롭게 하는 것은 경제를, 피조물의 살림살이 를 하나님의 뜻대로 펼치는 것이다. 양식은 생명의 기초이고, 인간 존엄성은 생명의 선물이 며, 정의는 생명의 규칙이며, 샬롬은 생명의 목표다[76]. 경제(economy)를 바르게 하는 것은 생태계의 보존(ecology)과 밀접한 관련이 있고, 이 모든 것이 교회 일치와 연합(ecumenism) 의 과제다. 이를 위해서는『오래된 미래』[77]와 같은 비서구 세계의 문명관, 원주민의 세계관 을 배울 필요가 있다.[78]

---

73 Ulrich Duchrow, *Alternatives to Global Capitalism: Drawn from Biblical History, Designed for Political Action* (Utrecht: International Books, 1995), 69-75.

74 N. Chomsky, *World Orders, Old and New*, 178; U. Duchrow, *Alternatives to Global Capitalism,* 118-119의 도표 참고.

75 U. Duchrow, *Alternatives to Global Capitalism: Drawn from Biblical History, Designed for Political Action*, 107.

76 S. Wesley Ariarajah, "Time for Fullness of Life for All," in *CTC Bulletin*, Vol. XVII, No. 1 (January 2001): 7-10.

77 헬레나 노르베리 호지 지음/김태언 옮김, 『오래된 미래: 라다크로부터 배우다』(서울: 녹색평론사, 2007).

여섯째, 한민족 디아스포라 선교이다.[79] 한국교회의 세계 선교는 유형별로 보면 크게 세 가지로 나뉜다. 첫째 1980년대 중반까지의 이민 교회 목회 유형이다. 소수의 예외를 제외하면 이 시기까지 한국교회의 선교는 대체로 이민 교회 목회를 중심으로 하고 있었다. 둘째 타문화권 선교가 1980년대 후반부터 본격적으로 전개되기 시작했다. 셋째 1980년대 중반부터 교단 간 선교 협력을 맺으며 시작되는 에큐메니칼 선교 동역 유형(missionary co-worker)이다. 그런데 일부 교회나 선교 단체는 타문화권 선교만을 참 선교로 이해한다. 그러나 세 가지 선교 유형은 나름대로 장단점이 있다. 이민 교회 목회는 한인 목회자가 아니면 감당할 수 없는 부분이 있다. 타문화권 선교를 통해 현지인들의 문화를 존중하는 선교 활동을 통해 현지 교회의 성장과 성숙에 기여할 수 있다. 에큐메니칼 선교 동역을 통해 현지 교회 안에 지닌 자원을 선교 동역자의 시각을 통해 새롭게 배울 수 있고, 한국교회 안에 있는 문제를 새롭게 깨달을 수 있다. 반면에 이민 교회 목회는 현지 교회와 협력이 안 될 경우에는 그리스도 안에서의 일치를 이루지 못하고 물과 기름처럼 겉돌 수 있다. 타문화권 선교는 서구 선교사처럼 온정주의적으로 접근하는 경우 실패하거나 경쟁과 중복 사업 등 많은 문제를 일으킬 수 있다. 에큐메니칼 선교 동역은 교단 간에 협조가 이뤄지지 않거나 양 교단 가운데 역량이나 여러 면에서 비대칭적인 경우 문제가 생길 수 있다. 이를 보완하고 장점을 극대화하기 위해서는 세 유형을 통합하는 것도 바람직하다. 특히 우리나라와 같이 전 세계적으로 750만 명이 디아스포라로 흩어진 경우 그 시너지 효과는 좋은 열매를 맺을 수 있다. 즉, 통합형은 한국교회와 현지 교회, 이민 교회가 협력하되 선교사를 이민 교회 2세 가운데 선발함으로써 언어와 문화의 문제를 해결하고, 현지의 문제를 선교적 과제로 수용하되 세 교회가 협력하는 새로운 패러다임이다. 1992년 소위 'LA 폭동'을 예로 들면 한국교회와 미주 한인 교회, 미국장로교회가 한인 교회 2세 가운데 선교사를 선발해 흑인이나 히스패닉을 위한 선교 활동을 하도록 세 교회가 협력할 수 있다. 이때 흑인 교회나

---

78 생명 선교를 통전적 선교의 관점에서 제시한 것으로는 임희모, 『생명봉사적 통전선교: 동·동남아시아 중심』 (서울: 도서출판 케노시스, 2011); 임희모, 『한국교회 생명선교신학과 통전선교 전략』(서울: 도서출판 케노시스, 2013)을 참고.

79 디아스포라 선교학에 대해서는 다음 책 참고: Sadiri Joy Tira & Tetsuano Yamamori (eds.), Harry Kim/문창선 역, 『디아스포라 선교학』(서울: 더메이커, 2018).

히스패닉 교회와 협력하는 것이 바람직하다.

4. 한국 기독교의 21세기 세계 선교의 과제

첫째, 한국 기독교의 21세기 세계 선교를 위해 먼저 그동안 한국 기독교의 세계 선교에 대한 세계 교회의 비판에 귀 기울이고, 서구 기독교의 세계 선교의 오류를 반복하지 않도록 서구 기독교의 선교 역사에 대해 연구하고, 한국 초대교회의 역사적 유산과 세계 선교의 장점을 계승하기 위해 노력해야 한다. 이는 한국 기독교의 선교 목적이 영혼 구원이나 교회 개척을 넘어 하나님의 나라를 이루는 것이라는 선교관을, 복음 전도와 사회적 책임을 감당하는 통전적 선교관을, 인간 구원과 더불어 피조물 구원을 이루는 선교관을 확립하고, 신학이 선교의 산물이라는 시각에서 신학을 정상화하되 성경에 기초한 신학과 선교신학을 수립해야 하고, 한국교회부터 교회다운 교회인, 선교적 교회로의 회복이 필요하다.[80]

둘째, 한국 기독교의 21세기 세계 선교는 복음주의적 에큐메니칼 선교신학을 토대로 전개되어야 한다. 위에서 언급한 하나님의 나라를 목적으로 하는 선교는 하나님의 선교 (missio Dei)이다. 하나님의 선교는 에큐메니칼 선교신학일 뿐 아니라 로잔 3차대회로부터 복음주의의 선교신학이 되었다. 복음 전도와 사회적 책임을 아우르는 통전적 선교와 함께 인간 구원과 피조물 구원을 연결하는 선교신학이 WCC의 두 번째 선교 문서인 "함께 생명을 향하여"(2012)와 로잔 3차 대회의 "케이프타운 서약"에 담겨 있다. 복음주의적 에큐메니칼 선교신학은 대한예수교장로회 총회의 세계 선교신학이다.

셋째, 한국 기독교의 21세기 세계 선교는 선교와 문화의 관계를 바르게 이해하여 토착화를 넘어선 상황화·현장화(contextualization)를 이루도록 노력해야 한다. 그동안 한국 선교사들은 선교 현장의 현지 문화에 대한 이해가 부족하고 적응력이 부족하여 반문화적이라는 비판을 받았다. 한국 선교사들은 문화 우월주의를 극복하고 현지 문화를 배우고, 복음이

---

80 서정운, "21세기 민족복음화와 세계 선교," 장로회신학대학교, 「선교와 신학」 제8집 (2001): 53-57.

문화와 올바른 관계를 갖도록 필요한 지식을 갖도록 해야 한다.[81] 복음을 선교 현장에 뿌리 내리기 위해 한동안 강조했던 토착화 방식은 현재나 미래보다 과거의 문화와 전통을 강조하는 한계가 있다. 반면에 현장화·상황화는 과거와 연결된 현재 그리고 미래까지 연결하기 때문에 토착화보다 더 바람직하다.[82] 서구 개신교가 19세기 이후 150년 동안 기독교화와 문명화를 선교의 이중적 과제로 여기면서 복음과 선교를 서구 문화의 노예가 되게 했음을 위에서 지적했다. 선교와 문화에 대한 부정적 이해를 바로 잡은 두 사건이 제3세계에서 지역 교회의 출현과 에큐메니칼 운동의 발흥이다. 이 두 가지 사건을 통해 복음과 문화의 관계에서 상황화(contextualization)와 문화화(inculturation)라는 새로운 개념들이 1970년 대에 등장했다.[83] 이러한 개념들의 등장은 선교에서 서구 문화의 지배라는 옛 패러다임을 문화적 다원주의라는 새로운 패러다임으로의 대체하도록 했다.

넷째, 한국 기독교의 21세기 세계 선교는 선교사를 파송하는 교회나 선교지에 세우려는 교회 모두 선교적 교회를 지향해야 한다. 선교적 교회는 선교를 교회 성장의 수단이나 교회의 부속물로 보는 것이 아니라 교회의 본질로 이해한다. 역사적으로 보면 기독교가 로마제국의 종교가 되면서 성립된 기독교 세계는 교인됨이나 세례받음을 국가가 강요하는 대신에 교회는 국가 권력을 종교적으로 합리화했다. 서구에서 기독교 세계가 쇠퇴하는 4단계를 살펴보았다. 북미 교회들이 기독교 세계의 쇠퇴 이후 대안을 선교적 교회 (missional church)에서 찾았다. 선교적 교회는 선교지에 선교사를 파송하는 것뿐 아니라 성경과 바른 신학 위에 교회를 세우는 것을 선교 과제로 여긴다. 바꿔 말하면 모이는 공동체 (교회)를 바로 세워야 흩어지는 교회(선교)도 바로 세워진다고 보고, 여기서 핵심을 복음과 문화의 관계로 보았다. 즉, 교회 안에서부터 세상적 문화와 가치를 극복하고 복음적 가치를 실현하고자 한다. 키에르케고르가 루터교가 국교이었던 19세기 덴마크에서 신약성경이 뜻하는 교회는 존재하지 않는다고 말했던 것은 교회다운 교회, 선교적 교회의 부재를 비판

---

81 한국일, "선교 120년과 한국선교의 미래," 장로회신학대학교, 「선교와 신학」 제14집 (2004): 130-132.

82 서정운, "21세기 민족복음화와 세계 선교," 57.

83 James A. Scherer & Stephen B. Bevans (eds.), *New Directions in Mission and Evangelization 3: Faith and Culture* (Maryknoll, New York: Orbis Books, 1999), Introduction, 4-13.

한 것이었다.[84] 한국의 에큐메니칼 선교신학자들과 복음주의 선교신학자들 모두 한국교회가 선교적 교회로 회복되어야 하고, 세계 선교 현장에서 선교적 교회를 세워야 한다는데 의견이 일치한다. 총회의 신임 선교사 업무 교육에서도 선교적 교회를 가르치고 있다.[85]

다섯째, 한국 기독교의 21세기 세계 선교는 21세기 선교 지형 변화를 이해하고, 그에 대응하는 선교 패러다임을 수용하는 것이 바람직하다. 21세기 종교 지형의 변화와 기독교 지형의 변화에 따라 한국 기독교의 세계 선교는 남반부 지역을 선교의 대상으로만 볼 것이 아니라 남반부 교회와 협력 선교를 통해 남반부 교회를 강화해야 한다. 예장(통합) 서울북노회와 필리핀연합교회(UCCP) 타갈록서남노회와 2006년 이후 10년 동안 협력 선교를 했던 사례가 있다.[86] 예장(통합) 영등포노회와 가나장로교회와 독일 팔츠주교회의 에큐메니칼 협력 선교의 사례도 있다.[87] 이주민이 증가하면서 세계와 국가들은 다인종, 다문화사회로 변하면서 타문화권 선교(하나의 문화를 전제하는 국가/사회에 대한 선교)로부터 다원주의 사회에서의 선교로 선교의 패러다임이 변하고 있다. 이주민은 한국 사회로 이주하는 사람들만이 아니라 전 세계에 이주민으로 흩어진 한인 디아스포라 750만 명이 있다. 한인 디아스포라 선교는 한인 교인들과 교포들을 복음으로 돌보고 복음을 전하는 사명과 더불어 현지인들을 선교할 책임이 있다.[88] 21세기 새로운 선교 패러다임으로 부상한 화해로써의 선교는 분쟁 지역에서, 갈등하는 집단들 사이에서 선교하는 선교사와 교회에 유용한 선교 패러다임이다. 그리스도 안에 있는 새로운 피조물이 된 그리스도인과 교회에 화해의 직책은 본질적 사명이다(고후 5:17~21). 생태계 위기와 기후 위기 시대에 생명 선교는 21세기의 교회에 새로운 도전이자 선교적 사명이다. 한국 기독교의 21세기 세계 선교는 생명선교신학[89]에

---

84 서정운, "21세기 민족복음화와 세계 선교," 55.

85 2021년 제106-1차(68시) 총회 파송 선교사 훈련 과정에 의하면 6주 차에 선교적 교회론에 대해 2시간 공부를 하게 되어 있다. 대한예수교장로회총회, 「총회 파송선교사 훈련자료집」(2021년 제106-1차 68기), 조해룡, "선교적 교회론," 325-333.

86 한경균, "필리핀에서의 에큐메니칼 협력선교," 황홍렬 편저, 『에큐메니칼 협력선교: 정책, 사례, 선교신학』(서울: 꿈꾸는터, 2015), 82-87.

87 이명석, "영등포노회·가나장로교회·독일 팔츠주교회의 에큐메니칼 협력선교," 황홍렬 편저, 『에큐메니칼 협력선교: 정책, 사례, 선교신학』, 129-138.

88 이광순, "한국 장로교 선교의 방향," 장로회신학대학교, 「선교와 신학」 제8집 (2001), 163.

89 황홍렬, "기후붕괴 시대 생명선교신학 수립을 향하여: 로즈마리 R. 류터, 샐리 맥페이그, 매튜 폭스, 제이 B.

근거하여 녹색교회[90], 마을목회[91], 생명농업[92], 사회적 기업[93]과 협동조합[94] 등 사회적 경제, 생명 문화 함양 등을 지향해야 한다. 이 모든 새로운 선교적 활동에서 여성이 적극적으로 참여하도록 여성 선교의 활성화를 지향해야 한다.

여섯째, 한국 기독교의 21세기 세계 선교는 위에서 제시한 선교신학과 선교적 방향과 선교 패러다임을 실천할 수 있는 선교 정책을 개발해야 한다. 선교 협력은 서구 교회와 남반부 교회(2/3교회)의 선교 협력, 남반부 교회 사이의 선교 협력, 한인 간의 선교 협력(한인 선교사의 협력, 한인 디아스포라 교회와 한인 선교사의 협력, 후원 교회/기관의 협력) 그리고 다자간 선교 협력(한국교회가 현지 교회나 현지 선교 단체와 함께 현지의 특정 교단이나 선교 단체와 협력하는 트리오 협력, 한국 선교회가 외국 선교회의 선교지부, 현지의 중심 교단, 현지 한국 선교사와 협력하는 콰르텟 협력)이 이뤄지도록 에큐메니칼 협력 선교를 선교 정책으로 수립해야 한다.[95] 그리고 한국 선교사들이 현지 교회에 일방적으로 재정을 지원하는 형태로부터 현지 교회의 재정적 자립을 지향하는 방향으로 선교 정책을 수립해야 할 것이다. 한국 기독교의 세계 선교는 교회당을 건축하기보다는 현지 교회의 지도자를 양성하고 목회자를 재교육하고 자기 신학화(self-theologizing)를 지원하는 정책을 수립해야 할 것이다.

일곱째, 한국 기독교는 선교사다운 선교사를 양성해서 파송해야 한다. 선교사다운 선교사는 사도 바울처럼 자기를 비우고 약하게 되는 용기를 가진 그리스도인, 예수 그리스도를 따르기 위해 고난 받는 종이 된 사람이다.[96]

맥다니엘을 중심으로," 한국선교신학회 편, 「선교신학」 제70집 (2023. 5.): 313-356을 참고.

90 이은경·김경환·김신형·이현우 엮음, 『구석구석 녹색교회 탐방』(서울: 생태목회연구소, 2023); 예장녹색교회협의회·한국교회환경연구소, 『녹색교회와 생명목회』(서울: 동연, 2013)를 참고.

91 강아람 외 28인, 『마을목회 유형별 사례와 신학적 성찰』(서울: 대한기독교서회, 2024); 강성열·백명기 엮음, 『한국교회의 미래와 마을목회』(서울: 한들출판사, 2016); "총회한국교회연구원 마을목회 시리즈"를 참고.

92 아시아기독교생명농업포럼 총회 자료집(1차~6차); 계간지 「농촌과 목회」; 정호진, 『자연에서 보고 배우는 생명농업』(서울: 정한책방, 2021)을 참고.

93 기독교사회적기업지원센터 엮음, 『기독교 사회적 기업』(서울: 동연, 2014); 기독교사회적기업지원센터 엮음, 「교회를 위한 사회적 기업 가이드북」(만우와장공, 2015)을 참고.

94 한경호 엮음, 『협동조합운동과 마을목회』(서울: 나눔사, 2018)를 참고.

95 서성민, "한국 장로교 선교의 협력," 장로회신학대학교, 「선교와 신학」 제8집 (2001): 202-208.

96 서정운, "21세기 민족복음화와 세계 선교," 70-72.

여덟째, 한국 기독교는 한국 선교사의 약점과 어려움을 제도적으로 보완하고 해결하는 대안을 선교사 토탈 케어에서 찾는 것이 바람직하다. 한국 선교사의 약점으로는 선교에 대한 열정은 있지만 신학적 이해가 부족하고, 현지 문화에 대한 이해가 부족하고, 선교 현장을 폭넓게 이해하려는 노력이 부족하고, 스트레스 해소법에 약하고, 자존감이 부족하고, 언어 역량이 부족하고, 선교 활동을 문서로 정리하는 것이 부족하고, 체계적인 선교 전략이 부재하고, 동료 선교사와의 불화, 개인 중심의 선교 활동, 국제적인 매너 부족이다. 한국 선교사들이 겪는 어려움으로는 후원 교회/기관과의 갈등, 자녀 교육, 선교 사역 후 불안한 미래, 자신의 선교 활동을 진단하고 점검할 통로의 부재, 선교지에서 도움을 받을 수 있는 선배나 선임 선교사의 부재, 전문 사역자의 파송 결여, 후원 체계의 개선, 심리적 외로움과 내면적 상처 치유의 어려움 등이다.[97]

이에 대한 대안이 선교사의 인선에서부터 은퇴 이후까지를 돌보는 선교사 토털 케어이다. 첫째, 인선은 형식적인 서류 전형 심사로부터 선교사의 자질 검증에 필요한 요소를 강화해야 하고, 선교사 후보자를 추천하는 사람들을 인터뷰하는 방안, 학력 위주의 인선 방식으로부터 인격을 중시하는 인선 방식으로의 전환, '선 훈련 후 인선' 정책을 통해 공동체 훈련 속에서 심층적인 후보생 검증 필요, 선교 현장의 필요에 따른 맞춤형 선교사 인선이다.[98] 둘째, 선교사 훈련의 목표는 단순히 지식을 전달하거나 몇 가지 타문화 적응 기술을 익히는 데 그쳐서는 안 되고, 총체적이고 전인적인 훈련이 되도록 전 인격을 포괄하여 지식과 행동과 태도의 변화와 성장을 목표로 해야 한다. 이러한 목표는 공동체 훈련을 통해 가장 잘 성취된다. 선교 훈련은 전 가족을 포함해야 한다. 왜냐하면 가족은 타문화권 선교 사역의 가장 중요한 기초 단위이기 때문이다. 선교사 훈련에서 중요한 두 요소는 전인적 훈련을 위한 커리큘럼을 형성하는 것과 이를 실행할 적합한 훈련자를 확보하는 일이다.[99]

---

97 한국일, "선교 120년과 한국선교의 미래," 137-138.

98 신방현, "선교사 인선" 장로회신학대학교, 「선교와 신학」 제28집 (2011): 14-30.

99 변진석, "선교사 훈련: 타문화 사역을 위한 변화와 성장의 기초," 장로회신학대학교, 「선교와 신학」 제28집 (2011): 36-54.

셋째, 선교사 토털 케어를 위한 선교 행정이다. 선교사 토털 케어의 원칙은 선교회의 리더십이 선교 사역의 성과에만 관심을 가져서는 안 되며 소속 선교사들이 자신의 영적, 정신적, 정서적 활력과 육체적 건강을 개발하고 유지할 수 있도록 지원하는 분위기를 만들어 가는 것에 우선권을 두어야 한다는 것이다. 이를 위해 선교회는 선교사의 인선부터 훈련, 파송, 현지 사역, 재입국, 위기, 사역 변경, 은퇴와 노후 생활에 이르기까지 선교사와 가족의 생애에 단계별로 이러한 프로그램이 적절하게 시행되도록 계획하고 실행하도록 하는 것이 선교 행정의 핵심적 역할이다. 특히 선교회는 위기 상황에 대비한 선교사 훈련, 선교사의 일생을 통한 멤버 케어와 선교사 상담, 선교사들 상호 간 상담 훈련, 외부 전문 기관과의 연계, 기관으로서의 위기 상황 대비 등에 대한 프로그램이 시행되도록 해야 한다.[100] 넷째, 선교사 멤버 케어 시스템 구축이다. 선교사를 효과적으로 후원하기 위해서 교회/선교 기관은 선교사의 희생을 강조하는 '생존 모드'에서 벗어나 양육과 개발을 추구하는 '발전 모드와 성장 모드'로의 혁신적인 전환을 필요로 한다. 멤버 케어는 선교 인력의 양육(복지)과 발전을 위한 선교 기관과 교회, 선교 단체에 의한 지속적인 자원 투자이다. 멤버 케어는 선교와 관련된 모든 인력(선교사, 지원 스태프, 자녀, 가족)에 초점을 두며, 선교사 선발에서 은퇴에 이르기까지 선교사의 삶의 전 과정을 다룬다. 멤버 케어 시스템의 구성 체계는 발생한 문제를 해결하는 차원이 아니라 예방적 차원과 발전적 차원에서 이뤄져야 하고, 문제 현장에 개입하는 과정을 포함하고, 항상 시스템을 분석하고 평가하도록 구성되어야 한다.[101]

다섯째, 효율적인 선교사 후원이다. 선교사 후원의 현실을 보면 대부분의 선교사들은 후원이 충분하지 않다고 생각한다. 사역비가 모자라 생활비를 사용하기도 한다. 선교사 후원에서도 부익부 빈익빈의 현상이 나타난다. 자녀 교육비가 선교사들에게 큰 부담이 된다. 선교사의 생활비는 각 지역과 국가의 경제 수준과 생활 수준에 맞게 책정되어야 한다. 선교사의 생활 수준이 현지인들의 생활 수준과 너무 차이 나지 않게 검소한 생활을

---

100 김동화, "행정적 관점에서 본 선교사 토털 케어," 장로회신학대학교, 「선교와 신학」 제28집 (2011): 60-80.
101 최형근, "선교사 멤버 케어 시스템 구축," 장로회신학대학교, 「선교와 신학」 제28집 (2011): 86-109.

하도록 하는 것이 선교에 도움이 된다. 사역비는 사역의 적절성을 확인하고 후원 교회/선교 단체와 협의한 후에 결정해야 한다. 효과적인 선교를 위한 후원은 선교사의 기본 생활비가 충분히 후원되어야 하고, 선교 사역과 프로젝트는 전략적인 계획에 의해 검토되고 협의해서 결정해야 하고, 단독 사역 위주의 선교 형태를 벗어나서 여러 교회나 선교 단체가 함께하는 협력 선교에 후원하는 것이 바람직하고, 후원 창구를 단일화해야 한다.[102]

여섯째, 선교사의 은퇴를 앞두고 후임자를 선정하고 이양을 원활하게 하기 위한 방안이 필요하다. 이양은 선교적 가족형, 선교적 제도형, 지명타자형, 선 사역 후 선택, 사도적 새 부대 유형 등이 있다. 유형별로 장단점이 있다. 이양의 목적은 선교사가 자신의 사역을 통해 선교사의 왕국이 아니라 하나님의 왕국을 세우는 데 있다. 그렇지만 후임자 선정을 위한 협력과 이양은 선교 사역의 연속성이나 재산을 관리 보호하기 위한 과정이 아니라 그 자체가 선교 사역이다. 선교지의 재산과 재정은 선교의 도구이지 목적이 아니다. 이들이 목적이 될 때 선교사, 선교부, 후원 교회/선교회 사이에 불편한 관계를 형성하고 불신을 초래한다. 올바른 협력과 이양은 철저한 하나님의 선교 방향을 인지하고 수행하려는 영적인 성장 없이는 어렵다. 선교는 삶이지 업적이나 결과에 도취되어서는 안 된다. 대부분 은퇴를 앞둔 선임 선교사들은 현지에서 그대로 남아 사역에 협력하기를 원한다. 그렇지만 선임 선교사의 은퇴 이후의 사역은 반드시 철저한 이양이 선행되어야 한다.[103]

일곱째, 선교사 은퇴 후 복지 문제이다. 대한예수교장로회 총회(통합) 파송 선교사들에 대한 한 조사에 의하면 은퇴 이후의 대책을 생각해 본 선교사가 63.8%이고, 연금 재단에 가입한 선교사는 78.7%이고, 가입한 적이 없는 선교사가 8.5%, 가입했다가 도중에 중단한 선교사가 12.8%이다. 선교사들은 은퇴 후 한국으로 귀국하지 않으려는 비율이 72.3%인데 가장 큰 이유가 집이 없기 때문이다(46.8%). 선교사들은 과반수(51.1%)가 건강보험에 가입하지 않았다. 은퇴 후 선교지에 남아서 계속 일을 하고 싶은 선교사가 72.3%이다. 선교사 은퇴 이후 복지 문제는 먼저 선교사 자신이 일차적 책임자로 생활 대책을 준비하도록 해야

---

102 이희수, "효율적인 선교사 후원," 장로회신학대학교, 「선교와 신학」 제28집 (2011): 116-143.
103 조준형, "선교사 은퇴를 위한 협력과 이양," 장로회신학대학교, 「선교와 신학」 제28집 (2011): 152-183.

한다. 둘째, 후원 교회/선교회는 선교사 파송 시 선교사의 은퇴 후의 후생 복지 문제까지 고려해서 파송해야 한다. 셋째, 총회는 선교사의 파송 최종 책임자로 연금의 의무화, 주택 정책, 의료건강 보험 가입 의무화 등을 수립해야 한다.[104]

5. 부산국제선교회의 선교적 전망

1) 복음주의적 에큐메니칼 선교신학

부산국제선교회는 지난 40년 동안 기도회를 선교의 동력으로 삼은 중요한 전통을 지니고 있다. 이제 21세기 세계 선교를 위해 부산국제선교회는 기도회와 함께 총회의 선교신학인 복음주의적 에큐메니칼 선교신학을 선교의 동력으로 삼고 이러한 선교신학으로부터 지혜를 구해야 한다. 먼저 총회가 1996년에 발표한 "우리의 선교신학" 전문을 소개하고, 로잔 문서와 WCC의 선교 문서에 나타난 중요한 선교 이해를 소개하고자 한다.

(1) 우리의 선교신학(예장총회, 1996)

신구약 성경과 사도신경, 장로교 12신조, 요리문답, 웨스트민스터 신앙고백 및 1986년에 제정한 대한예수교장로회 신앙고백에 근거하여, 우리는 성부 성자 성령, 삼위일체로 계신 오직 한 분이신 창조주시며 인류와 세계와 그 가운데 모든 것을 주관하시는 하나님을 믿고 경배한다. 신구약 성경은 하나님의 구원의 계시이며 우리의 신앙과 삶의 정확하고 궁극적 법칙임을 믿는다. 인류 역사는 주님의 승천과 재림 사이에 진행되고 있으며 주님의 재림 때까지 교회는 복음을 증거하고 새로운 교회를 개척하고 부흥시키며 사람들을 구원하고 하나님의 나라를 역사 속에 구현해 가야 한다. 이 교회는 십자가에 달려 죽으셨다가 부활하시고 승천하신 후에 재림하실 예수 그리스도의

---

104 황윤일, "선교사 은퇴 후 복지 문제," 장로회신학대학교, 「선교와 신학」 제28집 (2011): 190-214.

몸이며 성령의 능력과 은혜와 은사로 사역하며 천하 만민에게 복음을 전파할 선교적 사명을 지니고 있다. 우리는 선교신학의 요점을 다음과 같이 고백한다.

① 선교의 주체자 하나님

선교의 주체는 사람이나 교회가 아니다. 선교는 성부, 성자, 성령 삼위일체 하나님의 사역이다. 파송을 의미하는 선교는 그 근원이 성자 예수와 성령이 성부로부터 파송 받으셨다는 사실에 있는 것이다. 땅에 오셔서 십자가에 달리시고 죽었다가 다시 사신 예수께서, 아버지께서 나를 보내신 것 같이 나도 너희를 보내노라(요 20:21)고 하셨고 오순절에 성령을 파송하사 예수 그리스도의 교회가 이 땅에 생겨 그 교회를 통하여 세계 선교의 역사가 전개되고 있다. 그러므로 선교는 성부, 성자, 성령, 삼위일체 하나님의 구원 사역을 역사 속에서 수행하는 것이다.

② 선교와 성자 예수

선교는 죄로 말미암아 하나님과 원수된 사람들을 하나님과 화목하게 하며 사람들끼리, 또한 사람과 피조물을 화목케 하는 것이다. 이 같은 화목은 세상 죄를 지고 화목의 제물이 되신 예수 그리스도의 십자가의 죽음을 통해 이루어진다(고후 5:19; 롬 5:10).

예수 그리스도의 십자가와 부활로 죄와 죽음과 사탄의 권세를 이기시고 하나님과 사람, 사람들 사이 및 사람과 피조세계와에 이룩된 화목은 수직적 차원과 수평적 차원을 동시에 포괄하고 있다. 이 같은 화해는 오직 예수 그리스도를 통해서만 이루어 짐을 믿으며, 선교는 이 화해의 복음을 온 땅과 모든 족속과 모든 계층에 이르기까지 전파하고 구현하는 것이다.

③ 선교와 성령

화해의 복음을 이 땅 위에 널리 증거하시고, 하나님의 나라를 실현하시는 성령은 선교의 영이시다. 그러므로 누구든지 성령의 감화없이 예수를 주로 고백하는 복음을 받아들일 수 없고, 하나님 나라의 구성원이 될 수도 없으며, 예수 그리스도의 몸의 지체가 될 수도 없다(고전 12:3). 또한 성령의 능력이 아니면 증거할 힘이 없으며(행 1:8), 성령의 은사가 아니면 선교를 적절히 수행할 수 없다(고전 12장). "오직 성령이 너희에게 임하시면 너희가 권능을 받고 예루살렘과 온 유대와 사마리아와 땅끝까지 이르러 내 증인이 되리라"(행 1:8)는 말씀대로 하나님의 선교의 힘과 그것을 수행하는 직분을 결정하는 은사와 선교의 열매는 성령의 사역에 속한다.

④ 선교와 하나님의 나라

선교의 주제는 하나님의 나라이다. 성부, 성자, 성령, 삼위일체 하나님의 사역인 하나님의 선교의 목표는 예수 그리스도의 복음 전파를 통한 하나님 나라의 구현에 있다. 하나님의 나라는 하나님의 주권과 통치가 확립된 나라를 뜻하며 하나님에 의해 건설되고 확장되며 완성된다. 선교는 다가올 새하늘과 새땅으로 완성될 하나님 나라를 지향하여 예수 그리스도의 재림까지 계속되어야 한다. 역사 속에서 하나님 나라 지향적인 선교는 그리스도 중심적으로 선교 공동체인 교회를 통해 세상을 향하여 전개된다.

⑤ 선교와 교회

하나님의 선교는 교회를 통해 기본적으로 수행된다. 예수를 주와 구주로 믿는 사람들의 공동체인 교회의 최대의 과제가 선교이다. 모든 족속으로 제자를 삼고 세계를 복음화하는 일이 교회의 기본적인 사명인 것이다. 교회는 모든 자원과 힘을 합하여 온 세상의 모든 사람에게 때를 얻든지 못 얻든지 온전한 복음을 전파할 책임이 있다. 온전한 복음은 인간을 구원하는 전도와 정치와 경제적 정의 실현과 자유와 평화의 구현 및 환경보호나 창조세계의 보전 등을 포함한다. 이처럼 교회의 존재 이유는 인류의 역사와 자연 속에서 하나님의 나라를 이룩해 나가는 데 있다. 교회는 이 같은 선교 사명을 감당하기 위해 사람들을 하나님께 바로 예배하게 하고 성경과 교리를 바로 가르치며, 사랑으로 서로 섬기고 함께 사귀며 선교하도록 훈련하고 전력을 다하여 사역할 책임이 있다.

⑥ 선교와 문화

선교는 항상 다양한 문화적 현장 속에서 전개된다. 하나님의 선교를 수행함에 있어서 복음을 핵심으로 하는 사도적 전승이 다양한 문화권에서 발전한 여러 가지 신학 전통을 통해 표현된다고 믿으며, 여러 지역과 종족의 문화권에서 형성된 신학 전통의 독특성과 다양성을 가능한 대로 수용해야 한다. 그러므로 우리는 문화에 대한 무비판적인 수용이나 무조건적인 거부의 태도를 지양하여 복음의 본질과 상반되지 않는 요소와 상반되는 부분들을 정확하게 식별해야 한다. 또한 우리는 복음이 문화를 개변하여 그리스도 안에서 새로운 문화를 창조하는 능력이 있다고 믿고 기독교 문화 창달에 힘써야 한다.

⑦ 선교와 협력

선교는 협력적인 사역이다. 선교의 주체이신 하나님도 성부 성자 성령 삼위일체로 함께 일하신다. 다양성 속에서 사랑의 일치를 이루고 계시는 삼위일체 하나님의 선교는 역사 속에서 사람들과의 협력을 요구하실 뿐만 아니라, 다양성 속에서 일치를 원하신다. 하나님께서 사람들을 부르시고 사명을 주셔서 선교하게 하시는 것이다. 그러므로 하나님의 나라를 함께 상속받을 하나님의 후사(롬 8:17)로서 우리는 주님께서 재림하실 때까지 인종과 문화와 교파를 초월하여 선교하는 일에 하나가 되어 협력해야 하는 것이다. 이 협력과 다양성 속에서의 일치 추구는 항상 참여와 책임과 의무 부담을 포함하고 있다.

(2) 복음주의 선교신학[105]

가) 복음 전도와 사회 · 정치적 참여

로잔 언약(1974)[106]은 "전도와 사회참여가 서로 상반되는 것으로 잘못 생각한 데 대하여 참회한다"면서 "전도와 사회 · 정치적 참여는 우리 그리스도인의 의무의 두 부분이라는 것을 우리는 인정한다"(5장)고 했다. 마닐라 선언(1989)[107]은 "우리의 관심과 비전이 작아서 사람들의 공적, 개인적 삶이나 지역적, 세계적 생활의 모든 분야에 있어 예수 그리스도가

---

105 황홍렬, "총회 '우리의 선교신학' 개정 방향에 대하여," 「PCK 해외선교 저널」 제3집 (2018): 180-181에서 일부 가져옴.

106 로잔 언약은 로잔에서 1974년에 열린 복음주의 선교대회인 로잔대회의 열매로 복음주의가 처음으로 합의한 선교신학이 담겨 있다. "로잔 언약," 조동진, 『세계 선교트렌드 1900~2000: 20세기 기독교 선교에 관한 선언문 해설』 (서울: 아시아선교연구소, 2007), 179-188.

107 마닐라선언은 1989년 마닐라에서 열린 로잔 2차대회의 선언문이다. "마닐라선언," 조동진, 『세계 선교트렌드 1900-2000: 20세기 기독교 선교에 관한 선언문 해설』, 379-399.

주님이 되심을 선포하지 못했던 것을 회개"하면서 "복음과 선한 사역은 분리할 수 없음을 믿는다"고 했다. "성경적 복음에는 언제나 사회적 적용이 내포되어 있다는 사실을 인정"한다(4장). 케이프타운 서약(2010)[108]은 신앙고백(I)과 행동(II)으로 나뉜다. "우리의 선교는 복음 전도와 사회참여가 통합된 형태여야 한다. 복음 전도와 세상에의 참여는 하나님의 복음의 온전한 성경적 계시에 의해 질서 잡히고 주도된다"(I, 10, B)

나) 하나님의 선교

하나님의 선교에 참여하기 위해 "우리는 죄와 고통의 세상 속에서 거룩하고 긍휼이 넘치는 정의의 공동체가 되기 위해 율법과 예언자들을 통해 교훈을 받아 변화되어야 한다"(케이프타운 서약, I, 10, A).

다) 선교와 협력

서양 선교의 주도적인 역할은 급속히 사라져 가고, 하나님께서 신생 교회에서 세계 복음화를 위한 위대하고도 새로운 자원을 일으키심을 보며, 복음화의 책임이 그리스도의 몸 전체에 속한다는 것을 보이며, 선교의 새 시대가 동트고 있음을 기뻐한다(로잔 언약 8장). 신약성경에는 전도(선교)와 연합(일치)이 긴밀하게 연관되어 있다. 예수께서는 세상이 그를 믿도록(요 17:20) 하기 위하여 자신이 성부와 하나됨 같이 하나님의 백성들이 하나 되기를 위하여 기도하셨다. 사도 바울도 빌립보인들을 권면하여 "한 뜻으로 복음의 신앙을 위하여 협력하라"(빌 1:27)고 했다. 이런 성경적 비전과 달리 우리가 서로 의심하고 대결하며, 비본질적인 것들에 대한 고집, 권력 투쟁과 자기 왕국 건설을 힘씀으로 복음 전도(선교) 사역을 부패시키고 있음을 부끄럽게 여긴다. 우리는 전도(선교)에 있어서 협력이 필수불가결한 것임을 확인한다. 그것이 하나님의 뜻일 뿐 아니라 화해의 복음이 우리의 분열로 인하여 불신을 받기 때문이다. 제1세계는 선교사를 파송하는 국가요, 제3세계는 선교를 받는 국가들이라는 구분은 지난 식민주의 시대의 잔재로 영원히 지나간 것으로 단정한다. 우리 시대

---

108 케이프타운 서약은 2010년 남아프리카공화국 케이프타운에서 열린 로잔 3차 대회의 서약이다. "로잔운동," 최형근 역, 『케이프타운 서약: 하나님의 선교를 위한 복음주의 헌장』 (서울: IVP, 2014).

의 새로운 사실은 선교의 국제화이기 때문이다. 지금 복음적인 그리스도인들 대다수가 비서구인일 뿐 아니라 제3세계 선교사의 수효가 머지않아 서구 선교사들의 수를 능가할 것이다. 다양한 구성원들이 한 선교팀을 이루어 하나님의 은혜를 증거하는 데 획기적인 역할을 할 것이다(마닐라 선언, 9장).

분열된 교회가 분열된 세상에 줄 수 있는 메시지는 없다. 우리가 화해와 하나됨의 삶을 살지 못하는 것은 선교의 진정성과 효력을 저해하는 주요한 원인이다(케이프타운 서약, IIF, 1). 선교에서 동반자적 협력은 단지 효율성의 문제가 아니다. 그것은 주 예수 그리스도께 대한 우리의 복종이 전략적이고 실제적으로 구현되는 것이다. 우리는 너무나 자주 우리 자신의 정체성(인종, 교파, 신학 등)을 우선시하고 보존하는 방식으로 선교에 참여해 왔고, 우리의 한 주인이신 주님께 우리의 열정과 선호를 복종시키는 데 실패했다. 우리의 선교에 서 그리스도의 우선성과 중심성은 신앙고백에만 머물러서는 안 된다. 그것은 또한 우리의 전략과 실천과 하나됨을 지배해야 한다(케이프타운 서약, IIF, 2). 동반자적 협력은 돈 문제를 넘어 서는 것이며, 무분별한 자금 투입은 교회를 부패시키고 분열시킨다(케이프타운 서약, IIF, 2B).

라) 가난한 자들을 사랑하기

성경은 이 세상의 가난한 자들과 고통받는 자들을 사랑하는 책임을 사회의 지도자들에 게 부여했다. 성경은 "모든 하나님의 백성들도 가난한 자들을 위해 정의를 실천하는 가운데 하나님의 사랑과 공의를 드러내라는 명령을 동일하게 받았다"고 말씀하신다. "가난한 자들 에 대한 이러한 사랑은, 우리가 자비와 긍휼을 베푸는 것만이 아니라, 가난한 자들을 억압하 고 착취하는 모든 것들을 폭로하고 반대하는 행위를 통해 정의를 실천할 것을 요구한다"(케 이프타운 서약, I, 7, C).

마) 노동과 공적 영역

"성경은 인간의 노동에 관한 하나님의 진리를 창조 안에 나타난 하나님의 선하신 목적의 일부로 우리에게 제시한다." "그러나 '성속의 분리'라는 허위가 교회의 사고와 행동에 스며 들어왔다… 이러한 성속의 분리는 하나님의 선교를 위해 하나님의 모든 백성을 동원하는 것을 방해하는 주요 장애물로, 우리는 전 세계 그리스도인들이 이러한 비성경적인 가정들을 거부하고 그 해로운 영향들에 저항할 것을 촉구한다"(케이프타운 서약, II, A, 3). "우리는 그리스도를 따르는 자들이 사회적 가치를 형성하고 공적 논의에 영향을 미치는 공공 서비스나 개인사업 분야에서 해당 영역들에 적극적으로 참여할 것을 촉구한다"(케이프타운 서약, II, A, 7).

바) 선교와 문화

"우리는 이 세상 나라와 문화를 사랑"하지만 문화 속에는 "사탄과 죄의 부정적인 흔적들도 보여 주기 때문에 비판적인 분별력을 발휘해야 한다." 특히 "인종주의와 자민족 중심주의라는 악을 거부"해야 한다(케이프타운 서약, I, 7, B). "우리는 미디어 문화 가운데 그리스도의 진리를 드러내는 자들로서 미디어와 테크놀로지 분야에 비판적이면서 창조적인 방법으로 참여할 것을 다짐한다"(케이프타운 서약, II, A, 4). "우리는 테크놀로지가 하나님의 형상을 따라 창조된 우리의 인간성을 조종하고 왜곡하며 파괴하는 것이 아니라, 보전하고 구현하는 데 사용될 수 있음을 확증하기 위해 공공정책 분야에서 진정한 기독교적 응답과 실천을 촉구해야 한다"(케이프타운 서약, II, A, 6).

사) 분열되고 깨진 세상에서 그리스도의 평화 이루기

"하나님과의 화해는 이웃 간의 화해와 분리되지 않는다. 우리의 평화이신 그리스도는 십자가로 평화를 이루고", "하나님의 백성들의 하나됨과 연합은 하나의 실재이자 수행해야 할 명령"이며, "유대인과 이방인으로 분열된 세상에 평화를 선포하셨다"(케이프타운 서약, II, B, 1). "종족의 다양성은 창조 가운데 나타난 하나님의 선물이자 계획이다. 종족의 다양성이 인간의 죄와 오만으로 오염되어 혼돈과 분쟁, 폭력과 국가 사이의 전쟁을 낳긴 했지만, 이는 모든 나라와 종족과 백성과 언어가 하나님의 구속된 백성들로 하나가 될 때 새로운 창조 가운데 유지될 것이다"(케이프타운 서약, II, B, 2). "세계 전역에 걸쳐 6억 이상 존재하는 장애인들은 오늘날 가장 소외된 집단들 중 하나이다 … 그들이 일상적으로 경험하는 장애의 대부분은 사회적 편견, 불의 그리고 여러 자원에 접근하기 어려움이다. 장애인들을 섬기는 것은 의료적 돌봄이나 사회적 규정으로 끝나는 것이 아니다. 그것은 사회와 교회 안에서 그들을 포용하고 그들의 평등한 권리를 위해 그들을 돌보는 자와 그들의 가족들과 함께 싸우는 것을 수반한다. 하나님은 상호 간의 우정과 존경과 사랑과 공의로 우리를 부르신다"(케이프타운 서약, II, B, 4).

(3) WCC의 선교신학[109]

가) 성령 중심의 삼위일체 하나님의 선교

WCC의 "함께 생명을 향하여: 기독교 지형 변화 속에서 선교와 전도"(2012)는 삼위일체 하나님의 선교 중 성령의 선교를 강조한다. 생명의 숨결인 성령의 선교는 인간 구원뿐만 아니라 생태계의 구원을 지향하는 선교(19-23)이고, 인간과 피조물의 구원을 위해서는 선교와 교회 안에 권력 남용과 악용에 대한 회개를(33), 경제와 정치 안에 생명을 파괴시키는 가치와 제도에 저항하고 그것들의 변혁을 추구하는 변혁적 영성을 요구한다(30). 이러한 변혁은 예수의 선교에서 보는 것처럼 권력의 중심에 선 사람들로부터가 아니라 주변부 사람들로부터 시작된다. 성령의 선교는 주변부로부터의 선교로 해방의 성령의 역사로(36-45), 투쟁과 저항으로써의 선교이고(43-45), 정의와 포용성을 추구하는 선교이며(46-49), 치유 및 온전성으로써의 선교(50-54)이다.

나) 선교와 문화

문화는 하나님의 은혜의 결과이며 동시에 인간의 자유와 창의성의 표현이다. 문화는 그 자체로 선하거나 악하지 않고 선악의 잠재성을 지닌 애매한 존재다. 바로 이 문화의 애매성 때문에 그리스도인들은 문화 안에서 역사하시는 성령을 식별하는 과제를 부여받는다. 하나님은 고통과 고난의 한복판에서 심판과 은혜 가운데 현존하신다. 문화 안에서 하나님의 활동의 궁극적 목적은 해방, 생명, 모든 사람을 위한 하나님의 지식이다(요 10:10; 17:3).[110] 한 사회 내 특정 그룹과 관련해 문화의 구조적 요인들을 탐구하려면 정체성과

---

109 황홍렬, "총회 '우리의 선교신학' 개정방향에 대하여," 175-177, 188-189에서 가져옴.

공동체라는 두 가지 참조 점이 반드시 필요하다.[111] 한 인간이 자신이 속한 사회에서 자신을 누구로, 무엇으로 보는가는 그 사회의 문화 이해에 핵심적이다. 마찬가지로 한 공동체를 그 사회가 어떻게 이해하고 어떤 영향을 주는가 하는 것을 이해하는 것이 그 문화의 구조를 이해하는 열쇠다. 시대마다 사회마다 정체성이나 공동체 이해를 달리한다. 복음은 "삼위일체 하나님과 기독교인들 자신과 세계에 대해 전적으로 새로운 이해를 보여주는 이야기다."[112] 하나님의 나라 안에 있는 인간의 정체성은 하나님의 형상대로 지음받은 존재요, 그리스도 안에서 거듭난 새 사람이며, 성령을 따라 사는 하나님의 자녀다. 하나님의 자녀는 예수 그리스도를 머리로 하는 신앙 공동체 안에서, 나눔과 섬김의 공동체 안에서 피조물의 청지기 직분을 감당하며 머리 되신 예수님께로 성장해 간다. 그런데 세상의 지배 권력은 이런 정체성을 왜곡하거나 파괴하려고 한다. 기독교 신앙까지도 종종 지배적인 그룹의 정체성과 전혀 다른 그룹의 정체성을 왜곡된 형태로 강화시킴으로써 공동체의 파편화에 기여하기도 했다. 그러나 "복음의 해방적 메시지는 각 사람의 정체성을 긍정할 뿐 아니라 긍정된 모든 이들이 그들 자신의 정체성을 넘어서 성령의 하나된 새로운 공동체로 들어가게 된다는 점이다."[113] 그렇지만 세상에는 원주민, 여성, 청년, 유색인, 장애인, 이주노동자, 난민 등과 같이 정체성이 부정되거나 왜곡되는 사람들이 있다. 교회가 이들로 하여금 자신들의 정체성을 바로 세워 나가고 파괴되는 공동체를 새롭게 일궈가려면 십자가를 질 각오가 되어 있어야 한다. 즉, 복음이 문화에 성육신해야 하지만 정체성을 왜곡하거나 파괴하고, 공동체를 억압하고 파편화시키는 문화에 대해서는 반드시 저항해야 한다.

다) 선교와 협력

선교와 협력에 대해서는 본서 Ⅲ부 3장 일본 선교에서 다뤘기 때문에 여기서는 생략하기

---

110 Christopher Duraisingh (ed.), *Called To One Hope: The Gospel in Diverse Cultures* (Geneva: WCC Publications, 1998), 31-32.

111 Ibid., 40.

112 WCC, "On Intercultural Hermeneutics," in James A. Scherer & Stephen B. Bevans (eds.), *New Directions in Mission & Evangelization 3: Faith and Culture* (Maryknoll, New York, Orbis Books, 1999), 187.

113 Christopher Duraisingh (ed.), *Called To One Hope: The Gospel in Diverse Cultures*, 41.

로 한다.

라) 생태 정의와 경제 정의

2012년 WCC 중앙위원회에서 승인된 "모두의 생명, 정의, 평화를 위한 경제: 행동 요청" 이 경제 정의, 생태 정의와 관련하여 2013년 WCC 부산총회의 핵심 문서였다. 이 문서는 세계적 금융 위기, 사회경제적 위기, 생태 위기, 기후 위기 등이 중첩되면서 인간과 지구의 생존이 위협받는 시기에 복합적 위기의 뿌리에 탐욕의 죄악이 있음을 고백하고, 교회들에 하나님의 정의에 뿌리를 둔 생명의 경제를 위한 행동을 촉구한다. 경제 위기뿐 아니라 지구온난화와 생태계 파괴는 인류의 생사의 문제가 되었다. 이러한 위기들은 아주 심오한 도덕적, 실존적 차원을 지니고 있는 윤리적, 영적 위기이다. 이에 대처하기 위해 그리스도인 들은 먼저 탐욕과 이기주의, 인간중심주의의 죄악을 회개해야 한다. 많은 교회가 정의의 신학보다는 자선 신학을 지지하고, 무한 성장이나 무한 축적에 대한 제도나 이념에 대해 문제제기를 하지 못하고 있다. 정의의 비전은 성전에서 돈 바꾸는 자들을 쫓아내신 예수 그리스도(마 21:12)와 약한 자를 들어 강한 자를 부끄럽게 하시는 하나님(고전 1:25-28)에게 서 발견된다. '좋은 삶'은 소유가 아니라 삼위일체 하나님의 공동체성에서 보듯이 상호성, 호혜성, 정의, 사랑의 친절이다. 먼저 우리 자신을 먼저 변화시키는 변혁적 영성 없이는, 교회가 그리스도의 치유와 화해의 사역을 지속하지 않고서는 경제 정의와 생태 정의를 실천할 수 없다. 탐욕 지표를 설정하고, 국제금융기구를 개혁하고 반 탐욕 전선을 형성하는 데 이웃 종교인들, 시민사회, 여성, 원주민들의 참여가 필수적이다. 2013년 WCC 부산총회 이후 다음 총회까지 지속되는 "정의와 평화의 순례"는 WCC 중앙위원회의 제안대로 "모두 의 생명, 정의, 평화를 위한 경제: 행동 요청" 문서의 헌신과 부름 파트(para. 21-26)에 기초하 여 교회들이 경제 정의와 생태 정의와 평화 만들기에 신앙적으로 헌신할 것을 WCC 프로그 램지침위원회가 권장했다. WCC는 정의와 지속성의 영성을 기초로 생명 경제를 위한 예언 운동을 일으키고자 한다. 그리고 우리 자신과 세계 경제 구조를 변혁하여 생명의 경제를 수립하는 과정은 민중, 여성, 원주민들, 장애인들을 포용해야 한다.

2) 선교적 교회: 후원 교회와 선교지 교회의 교회론

부산국제선교회는 그동안 '(선교사로) 가든지' '(선교사를) 보내든지' 하라는 양자택일의 선택 속에서 선교를 해왔다. 이제 부산국제선교회는 선교적 교회를 파송하는 교회와 선교지에서 세우는 교회의 교회론으로 삼을 것을 권한다. 서구 선교 역사서들은 서구 교회를 선교지에 이식하려는 과오에 대해 성찰하고 있다. 그런데도 한국교회의 다수는 선교지에 한국교회를 이식하려는 시도를 해왔다. 이를 극복하기 위해서는 선교와 문화에 대한 이해와 더불어 선교와 교회의 이분법을 극복하고 파송하는 교회 역시 성경과 올바른 신학 위에 부단히 새롭게 세우고자 하는 선교적 교회를 수용하고, 선교지에 세우려는 교회나 선교사와 협력하는 현지 교회 역시 동일한 선교적 교회를 지향하되 각각의 문화와 상황에 적합한 복음 이해 속에서 교회를 세워 나가도록 해야 한다.[114]

3) 아시아 선교와 아시아 선교신학[115] 수립을 향하여 — 선교 방향

부산국제선교회는 지난 40년의 역사 속에서 오스트리아 선교를 제외하면 인도네시아, 일본, 중국, 미얀마 등 아시아 국가들을 중심으로 선교 활동을 해왔다. 그런데 한국 기독교인

---

114 한국선교신학회 엮음,『선교적 교회론과 한국교회』(서울: 대한기독교서회, 2015); 한국일,『선교적 교회의 이론과 실제』(서울: 장로회신학대학교출판부, 2016); 대럴 구더/정승현 옮김,『선교적 교회』(인천: 자운대학원 대학교출판부, 2013); 황홍렬 엮음,『선교적 교회를 지향하는 선교적 목회 이야기』(서울: 동연, 2024); 이원돈 외 4인 함께 지음,『선교적 목회 길잡이』(서울: 동연, 2022)를 참고.

115 아시아선교신학에 대해서는 아시아기독교협의회(Christian Conference of Asia)의 총회 자료집, 선교대회 자료집과 다음의 도서 참고: John C. England, Jose Kuttianimattathil, John M. Prior (eds.), *Asian Christian Theologies, A Research Guide to Authors, Movements, Sources, Southeast Asia* (New York: Orbis Books, 2005); Philip L. Wickeri (ed.), *The People of God Among All God's Peoples: Frontiers in Christian Mission* (Hong Kong; CCA, 2000); Philip L. Wickeri, Janice K. Wickeri, Damayanthi M. A. Niles (eds.), *Plurality, Power and Mission: Intercontextual Theological Explorations on the role of Religion in the New Millennium* (London: Council for world Mission, 2000); R. S. Sugirtharajah (ed.), *Frontiers in Asian Christian Theology: Emrging Trends* (New York: Orbis Books, 1994); R. S. Sugirtharajah (ed.), *Asian Faces of Jesus* (New York: Orbis Books, 1993); Timothy K. Park (ed.), *Asian Mission: Yesterday, Today and Tomorrow* (Pasadena: Institute for Asian Mission, 2008); 스캇 선퀴스트/이용원 옮김,『아시아 기독교 탐구: 역사·신학·선교』(서울: 미;션아카데미, 2018); 황홍렬,『아시아 선교신학 입문』(서울: 동연, 2023).

들에게 아시아에 대한 이해가 상당히 부족하다. 아시아를 서구의 눈을 통해 보아왔을 뿐 아니라 한국 기독교인들 스스로 아시아인이라는 자의식이 거의 없다. 아시아는 전 세계 인구의 절반을 차지하며, 가난과 문화적·종교적 다양성을 특징으로 한다. 동북아시아와 동남아시아, 서남아시아 사이에서도 편차가 크지만, 동일한 국가에서도 차이가 크다.

아시아에서 기독교의 역사는 오랜 세월에 걸쳐 발전한 고난의 역사이다. 억압과 타협, 새로운 진전, 더 심한 억압, 갑작스러운 발전으로 이어지는 역사이다. 아시아에서 기독교 역사가 시작되었던 처음 1,200년 동안 아시아의 교회들은 유럽의 기독교와 전혀 접촉이 없었다. 페르시아 제국과 로마제국이 정치적으로 지역을 분할해서 지배했기 때문이었다. 그리고 아시아 교회들은 서방교회가 거부했던 기독론을 따랐다. 이러한 신학적 차이 때문에 교류가 어려웠다. 아시아 기독교가 전혀 새로운 모습을 띠게 된 것은 세계 기독교와의 접촉을 통해서였다. 아시아 기독교는 서구 기독교가 무력으로 지배하려는 모습에 충격을 받았다. 이런 모습과는 달리 예수회는 적응주의 형태로 아시아인들에게 다가왔지만, 가톨릭교회 내 갈등으로 실패했다. 아시아의 기독교는 정부의 지원과 보호를 받지 못하는 소수 종교로 머물러왔다. 그렇지만 21세기 아시아의 기독교는 유럽의 기독교보다 훨씬 더 생명력이 넘치고 있다. 아시아 전체를 보면 기독교인의 비율은 인구의 7~8%이다. 대부분의 유럽 국가에서 주일예배에 참석하는 비율은 인구의 5% 미만이다. 아시아 국가 중 인구 증가보다 1.5% 이상 기독교인이 증가하는 국가는 방글라데시, 캄보디아, 중국, 인도네시아, 북한, 라오스, 몽골, 미얀마, 네팔, 파키스탄, 태국, 튀르키예이다.[116]

앞으로 부산국제선교회는 아시아 선교에 주력하되 아시아를 배우고 아시아 문화와 종교와 가난과 씨름하면서 아시아 선교의 새로운 길을 개척하기를 바란다. 무엇보다 이 과정에서 아시아 선교신학을 발전시키는 데 기여하기를 바란다. 부산국제선교회가 인도네시아 선교, 일본 선교, 중국 선교, 미얀마 선교에 대한 선교 정책협의회와 선교 세미나를 통해 아시아 선교와 아시아 선교신학 수립에 기여할 수 있을 것이다.

---

116 스캇 선퀴스트/이용원 옮김, 『아시아 기독교 탐구』, 45-65.

4) 에큐메니칼 협력 선교 — 선교 정책

본서 III부 3장 '일본 선교'에서 에큐메니칼 협력 선교에 대해 다뤘다. 위에서 총회의 '우리의 선교신학'과 복음주의 선교신학과 WCC의 선교신학에 나타난 선교와 협력을 소개했다. 부산국제선교회는 미얀마 선교에서 세 선교사의 협력, 세 선교지의 목회자와 실무자의 협력, 부산국제선교회와 세 선교 사이 협력 선교, 세 선교사와 한인 선교사들 사이의 협력, 세 선교사와 현지 교회/신학교와의 협력 선교, 세 선교사와 현지에서 선교하는 국제선교 단체나 세계 교회와의 협력 선교 등을 실천하기 위해 노력하고, 지원하고, 이를 정기적으로 점검해야 한다.

5) 선교와 돈 — 선교 재정과 후원

복음주의 선교신학자 조나단 봉크는 서구 선교사의 생활비가 선교지 사역자나 주민들의 생활비와 비교해서 너무 큰 차이가 날 경우, 선교사와 사역자/교인/주민과의 소통과 관계 형성에 많은 악영향을 주고, 복음 이해를 왜곡시키며, 선교사나 선교 단체 관계자들이 스스로를 우월하다고 착각하게 함으로써 서구 선교의 실패에 한 요인이 되었다고 주장했다.[117] 봉크는 서구 선교사의 부유함으로 인한 여섯 가지 파괴된 관계를 제시한다. 첫째, 서구 선교사가 자신의 부유함 때문에 현지 교회의 목회자들, 교인들, 주민들이 사는 빈곤의 바다에서 섬처럼 절연되어 있다(insulate). 둘째, 선교사의 부유함은 현지 교인들, 주민들로부터 선교사가 고립되어 양자 사이의 참된 소통이나 상호작용을 부족하게 만든다. 고립되고 격리된 선교사들이 최고로 관계적인 복음을 선포한다는 것은 모순적이고 비극적이다. 성서적인 믿음은 관계적인 믿음이기 때문에 선교사의 부유함이 가난한 자들과의 선교적 관계를 막거나 왜곡시키는 것은 슬픈 일일 뿐 아니라 죄악된 것이기도 하다.

셋째, 경제적 격차는 형제와 같은 사회적 상호관계, 우애와 친교를 거의 불가능하게

---

117 조나단 봉크/이후천 옮김, 『선교와 돈』(서울: 대한기독교서회, 2010).

만든다. 넷째, 경제적 양극화는 부유한 선교사에게 우월하다는 착각을 불러일으키며 우월의식은 선교사 자신을 가난한 자들의 종으로 여기기보다는 가난한 자들의 선생이나 모범으로 생각하게 한다. 다섯째, 선교사의 부유함이 초래한 불신 관계이다. 서구 선교사들은 아프리카 목회자들보다 50배 이상의 월급을 받으며 부유한 삶을 살면서 이를 당연시하거나 합리화한다. 그렇지만 아프리카와 아시아의 목회자들이 자신을 따라 하려고 하면 이기적이며 속물근성을 가진 사람들로 분류했다. 이러한 상호 오해와 불신은 선교사들과 현지 목회자/교인들 사이의 사회적 관계를 망치며 진정한 우정이 불가능할 만큼 어렵게 만든다. 여섯째, 선교사의 부유한 삶은 이를 접하는 현지 교인과 주민들에게 부러움을 일으키며, 부러움은 결과적으로 현지인들이 선교사들에게 적대감을 갖게 한다. 선교사는 자신이 해방과 자유의 복음의 선포자가 아니라 부러움과 적대감을 불러일으키는 존재가 될 수 있다.[118] 선교사의 경제적 우월성은 인간관계를 파괴할 뿐 아니라 복음의 소통에도 문제를 일으키고, 선교 전략의 효율성을 저하시킨다.[119] 부산국제선교회는 선교사의 생활비를 책정할 때 '선교와 돈'에서 제기한 문제를 고려해야 한다. 선교사 후원이 선교지에서 관계 형성을 방해하거나 왜곡시키지 않도록 후원 정책을 수립할 필요가 있다.

6) 선교와 디아코니아

선교와 디아코니아에 대해서는 III부 2장 '오스트리아 선교'에서 다뤘다. 기독교 선교가 금지된 국가나 기독교가 소수 종교로서 다수 종교에 의해 핍박받는 국가에서는 디아코니아를 통한 선교가 효과적이다. '선교와 돈'의 주제에서 살펴본 것처럼 선교사의 부유함이 선교지에서 복음 전도와 선교 활동, 특히 올바른 관계 형성에 큰 장애물이다. 이런 상황에서도 디아코니아 형태의 선교가 바람직하다. 주는 자와 받는 자가 고정될 때 주는 자는 강자가 되려는 유혹을 받고, 받는 자는 주는 자에 대한 무의식적 적개심을 가짐으로써 양자의

---

118 위의 책, 126-149.
119 위의 책, 151-182.

관계가 어긋나게 된다. 이에 대한 대안이 동역자 모델이나 대안적 공동체 모델이다.[120] 이것을 선교 현장에 적용한 사례가 국내외에 많다.[121] 아시아 선교에서는 한아봉사회의 베트남 선교(김덕규 선교사)[122]와 캄보디아의 선교(송준섭 선교사)가 모델이다. 부산국제선교회는 불교 국가인 미얀마에서의 선교를 디아코니아 방식으로 진행하는 것이 바람직하다.

7) 선교사 토털 케어 — 선교 행정

부산국제선교회는 파송 선교사에 대해 인선으로부터 훈련, 행정적 돌봄, 선교사 멤버 케어 시스템, 후원, 은퇴를 위한 협력과 이양, 은퇴 이후 선교사의 복지에 이르기까지 선교사 토털 케어 체제를 갖추도록 노력해야 할 것이다.

8) 선교 평가

부산국제선교회는 해마다 부산국제선교회의 밤을 통해 1년 선교 활동을 정리하고 있다. 부산국제선교회는 선교 활동에 대한 평가 기준으로 복음주의적 에큐메니칼 선교신학, 선교적 교회, 아시아 선교와 선교신학, 에큐메니칼 협력 선교, 선교와 돈, 선교사 토털 케어 등을 고려하는 것이 바람직하다. 그리고 평가 기준으로 추가될 사항으로는 선교 활동이 어느 정도 현지 교회를 강화하고, 목회자, 신학생, 평신도 지도자, 여성을 양육하는 데 기여하고, 신학교를 강화시키고, 현지 교회의 신학화에 기여했는가 등이다. 그리고 선교에 대한 평가에서 개종한 사람의 숫자나 세례받은 교인의 숫자에 집착하지 말고 개종 이후의 삶에 초점을 둔 평가를 해야 한다. 기독교 선교 역사에 나타난 실패 원인 중 하나는 개종에 대한 그릇된 이해에서 비롯되었다. "웨슬리는 한 사람이 소그룹에 소속되어 기독교적 제자도의

---

120 황홍렬, "사회복지, 디아코니아/사회봉사와 선교," 한국선교신학회 편, 「선교신학」 제5집 (2002): 11-62.
121 황홍렬, "한국 기독교의 디아코니아 사례와 선교신학적 의의: 대안적 공동체를 중심으로," 한국선교신학회 편, 「선교신학」 제19집 (2008. 11.): 11-40.
122 김덕규, "지역사회 개발을 통한 베트남 선교: 빈룽성 한아봉사회 활동을 중심으로," 장로회신학대학교 세계 선교연구원, 「선교와 신학」 제37집 (2015. 10.): 107-139.

길을 시작하기 전까지는 개종하였다고 보지 않았다."[123] 객관적으로 볼 때 휫필드의 설교가 웨슬레의 설교보다 뛰어났다. 그러나 설교를 들은 청중의 결과는 달랐다. 휫필드의 설교는 개종자를 양육과 예배가 이뤄지는 공동체로 연결시키지 않았다.[124] 이는 설교를 들은 기독교인들이 교회에서 그리스도의 제자로 양육 받고 그것이 삶의 열매로 나타남이 중요함을 보여주고 있다. 부산국제선교회는 선교사가 설교를 잘하고, 교인이 증가하여 교회가 성장하면 좋은 선교사로, 열매 맺는 선교로 평가하기보다는 교인들이 교회에서 예수 그리스도의 제자로 양육을 받아 삶의 현장에서 하나님의 나라를 증거하는 삶을 살게 하는 것을 선교의 평가 기준으로 삼는 것이 바람직하다.

---

123 폴 피어슨/임윤택 옮김, 『선교학적 관점에서 본 기독교 선교운동사』 (서울: CLC, 2009), 414.
124 위의 책, 415.

부 록

1. 부산국제선교회의 역사 사료(1차 자료)

1) 부산국제선교회의 밤 선교보고서, 총회 보고서, 월례회 회보 자료

1979년:

1980년: 선교회보 1호(1980. 6. 10)

1981년: 선교회보 2호(1981. 3. 15), 3호(1981. 12. 1)

1982년: 선교회보 4호(1982. 10. 10)

1983년:

1984년:

1985년: 국제선교회 선교보고서(1985. 1. 17), 50회, 51회, 52회, 53회 월례회 회보, 제3회 해외
　　　　선교의 밤 및 한승인 선교사 안식년 귀국 보고(1985. 12. 12)

1986년: 55회 월례회 및 총회 회보(1986. 2. 6), 56회, 57회, 58회, 59회, 61회, 62회, 63회 월례
　　　　회 회보

1987년: 65회, 66회, 69회, 71회, 72회, 73회 월례회 회보, 74회 월례회 및 제5회 국제선교의
　　　　밤 선교보고서(1987. 12. 10)

1988년: 75회 월례회 및 총회 보고서(1988. 2. 4), 76회, 80회 월례회 회보, 84회 월례회 및 제6
　　　　회 국제선교의 밤 선교보고서(1988. 12. 15)

1989년: 85회 월례회 및 총회 보고서(89. 2), 87회, 89회, 91회 월례회 회보, 94회 월례회 및
　　　　제7회 부산국제선교의 밤 선교보고서(1989. 12. 1)

1990년: 95회 월례회 및 총회 보고서(1990. 2. 8), 96회, 97회, 98회, 99회, 100회, 101회,
　　　　102회, 103회 월례회 회보, 104회 월례회 및 제8회 국제선교의 밤 선교보고서
　　　　(1990. 12. 4)

1991년: 105회 월례회 및 총회 보고서(1991. 2. 12), 106회, 107회, 108회, 109회, 110회, 111
　　　　회, 112회, 113회 월례회 회보, 114회 월례회 및 제9회 국제선교의 밤 선교보고서
　　　　(1991. 12. 6)

1992년: 115회 월례회 및 총회 보고서(1992. 2. 13), 116회, 117회, 118회, 119회 120회, 121회, 122회, 123회 월례회 회보, 124회 월례회 및 제10회 부산국제선교의 밤 선교보고서(1992. 12. 10)

1993년: 125회 월례회 및 총회 보고서(1993. 2. 4), 126회, 128회, 129회, 130회, 131회, 132회 월례회 회보, 134회 월례회 및 제11회 부산국제선교의 밤 선교보고서(1993. 12. 9)

1994년: 135회 월례회 및 총회 보고서(1994. 2. 3), 137회 월례회 및 임시총회 보고서(1994. 4. 7), 139회, 140회, 141회 월례회 회보, 142회 월례회 및 제12회 부산국제선교의 밤 선교보고서(1994. 12. 8)

1995년: 143회 월례회 및 총회 보고서(1995. 2. 9), 144회 월례회 보고서, 145회 월례회 및 임시 총회 보고서(1995. 4. 6), 147회, 148회, 149회, 150회, 151회 월례회 회보, 152회 월례회 및 제13회 부산국제선교회의 밤 선교보고서(1995. 12. 14)

1996년: 153회 월례회 및 총회 보고서(1996. 2. 1), 154회, 155회, 156회, 157회, 158회, 159회, 160회 월례회 회보, 161회 월례회 및 제14회 부산국제선교회의 밤 선교보고서(1996. 12. 5)

1997년: 164회, 165회, 166회, 167회, 168회, 169회, 170회 월례회 회보, 171회 월례회 및 제15회 부산국제선교의 밤 선교보고서(1997. 12. 5)

1998년: 172회 월례회 및 총회 보고서(1998. 2. 5), 173회, 174회, 175회, 176회, 177회, 178회, 179회, 180회 월례회 회보, 181회 월례회 및 제16회 부산국제선교회의 밤 선교보고서(1998. 12. 3)

1999년: 182회 월례회 및 총회 보고서(1999. 2. 4), 183회, 184회, 185회 월례회 회보, 191회 월례회 및 제17회 부산국제선교회의 밤 선교보고서(1999. 12. 2)

2000년: 192회 월례회 및 총회 보고서(2000. 2. 10), 193회, 194회, 195회, 196회, 197회, 198회, 199회, 200회 월례회 회보, 201회 월례회 및 제18회 부산국제선교회의 밤 선교보고서(2000. 12. 7)

2001년: 202회 월례회 및 총회 보고서(2001. 2. 1), 203회, 204회, 205회, 206회, 207회, 208회,

209회, 210회 월례회 회보.

2002년: 221회 월례회 및 제20회 부산국제선교회의 밤 선교보고서(2002. 12. 12)

2003년: 231회 월례회 및 제21회 부산국제선교회의 밤 선교보고서 (2003. 12. 4)

2004년: 241회 월례회 및 제22회 부산국제선교회의 밤 선교보고서(2004. 12. 2)

2005년: 243회, 244회, 245회, 246회, 247회, 248회, 249회, 250회 월례회 회보, 251회 월례회
및 제23회 부산국제선교회의 밤 선교보고서(2005. 12. 1)

2006년: 261회 월례회 및 제24회 부산국제선교회의 밤 선교보고서(2006. 12. 7)

2007년: 271회 월례회 및 제25회 부산국제선교회의 밤 선교보고서(2007. 12. 6)

2008년: 281회 월례회 및 제26회 부산국제선교회의 밤 선교보고서(2008. 12. 4)

2009년: 291회 월례회 및 제27회 부산국제선교회의 밤 선교보고서(2009. 12. 3)

2010년: 301회 월례회 및 제28회 부산국제선교회의 밤 선교보고서(2010. 12. 2)

2011년: 302회 월례회 및 총회 보고서(2011. 2. 10), 303회, 304회, 305회, 306회, 307회, 308
회, 309회, 310회 월례회 회보, 311회 월례회 및 제29회 부산국제선교회의 밤 선교보
고서(2011. 12. 8)

2012년: 312회 월례회 및 총회 보고서(2012. 2. 2), 313회, 314회, 315회, 316회, 317회, 318회,
319회, 320회 월례회 회보, 321회 월례회 및 제30회 부산국제선교회의 밤 선교보고서
(2012. 12. 13)

2013년: 323회, 324회, 325회, 326회, 327회, 328회, 329회, 330회 월례회 회보, 331회 월례회
및 제31회 부산국제선교회의 밤 선교보고서(2013. 12. 12)

2014년: 332회 월례회 및 총회 보고서(2014. 2. 6), 333회, 334회, 335회, 336회, 337회, 338회,
339회, 340회 월례회 회보, 341회 월례회 및 제32회 부산국제선교회의 밤 선교보고서
(2014. 12. 11)

2015년: 351회 월례회 및 제33회 부산국제선교회의 밤 선교보고서(2015. 12. 3)

2016년: 361회 월례회 및 제34회 국제선교회의 밤 선교보고서(2016. 12)

2017년: 363회, 364회, 365회, 366회, 367회, 368회, 369회, 370회 월례회 회보, 371회 월례회
및 제35회 국제선교회의 밤 선교보고서(2017. 12. 14)

2018년: 372회 월례회 및 총회 보고서(2018. 2. 1), 373회, 374회, 375회, 376회, 377회, 378회, 379회, 380회 월례회 회보, 381회 월례회 및 제36회 국제선교회의 밤 선교보고서 (2018. 12. 6)

2019년: 382회 월례회 및 총회 보고서(2019. 2. 7), 383회, 384회, 385회, 386회, 387회, 388회, 389회, 390회 월례회 회보, 391회 월례회 및 제37회 국제선교회의 밤 선교보고서 (2019. 12. 5)

2020년: 392회 월례회 및 총회 보고서(2020. 2. 6), 393회, 394회, 395회, 396회, 397회, 398회, 399회, 400회 월례회 회보, 401회 월례회 및 제38회 국제선교회의 밤 선교보고서 (2020. 12. 3)

2021년: 402회 월례회 및 총회 보고서(2021. 2. 4), 403회, 404회, 405회, 406회, 407회, 408회, 409회, 410회 월례회 회보, 411회 월례회 및 제39회 국제선교회의 밤 선교보고서 (2021. 12. 2)

2022년: 412회 월례회 및 총회 보고서(2022. 2. 3), 413회, 414회, 415회, 416회, 417회, 418회, 419회, 420회, 421회 월례회 및 제40회 국제선교회의 밤 선교보고서(2022. 12. 1)

2023년: 422회 월례회 및 총회 보고서(2023. 2. 2), 423회, 424회, 425회, 426회, 427회, 428회, 429회, 430회 월례회 회보, 431회 월례회 및 제41회 국제선교회의 밤 선교보고서 (2023. 12. 7)

2) 선교사 통신과 선교 보고

(1) 인도네시아

가) 한숭인 선교사

1980년 5월 6일, 1980년 12월- 1981년 3월(요약본, 선교회보 2호), 1981년 5월 6일, 10월 20일, 12월 11일, 1982년 9월 9일, 1984년 12월, 1985년 10월 10일, 1988년 10월 10일, 1989년 9월 23일, 1990년 6월 28일, 12월 8일, 1991년 7월 20일, 12월 10일, 1994년

11월 3일, 1995년 11월 1일.

나) 이장호 선교사

1990년 8월 23일, 10월 21일, 1991년 4월 12일.

다) 이상붕 선교사

1993년 11월 11일, 11월 15일.

(2) 오스트리아 선교사

가) 장성덕 선교사

1984년 12월, 1985년 9월 20일.

나) 김상재 선교사

1988년 8월 1일, 12월 15일, 1990년 8월 27일.

다) 이남기 선교사

1994년 1월 21일, 1995년 4월 (1996년 4월 1일, 5월 30일, 6월 17일).

라) 배재욱 선교사

1994년 10월 29일.

마) 김철수 선교사

1995년 12월 14일, 1996년 11월 5일, 1997년 12월 1일.

(3) 일본 김병호 선교사

1989년 12월 2일, 1990년 3월 26일, 5월 23일, 10월 21일, 12월 26일, 1991년 5월 2일, 1993년 11월 25일, 1994년 11월 15일, 1995년 11월 15일, 1996년 11월 27일, 1999년 9월 20일, 2000년 11월 25일, 2001년 6월 27일, 2002년 12월 10일, 2005년 11월 16일, 2008년 12월 2일, 2012년 11월 20일.

"재일 동포 그들은 누구인가?", "일본인, 일본교회, 일본 선교사" (1999년 12월 2일), "일본 선교지 현황과 선교적 전망" (2005년 12월 1일), 일본 선교 보고(2006년 11월 29일), 일본 선교 현황 보고(2007년 11월 19일), 일본 선교 보고(2009년 12월 1일), 일본 선교 현황 보고(2010년 11월 29일), 일본 선교 보고(2011년 11월 30일), 일본 선교 보고(2013년 10월 16일), 일본 선교 보고(2016년 12월 1일), 설교문, "하나님이 보내신 땅에서"(렘 29:4~7) (2017년 12월 14일), 일본 선교 보고(2019년 12월 5일), 일본 선교 보고(2020년 11월 11일), 일본 선교 보고(2022년 11월 23일), "재일대한기독교회 총간사 10년 리포트" (2023년 12월 7일).

(4) 중국

가) 김정광 선교사의 중국 선교 보고

2002년 12월 12일, 2003년 12월 4일, 2003년 12월 4일, 2004년 12월 2일, 2006년 12월, 2007년 12월 6일, 2008년 12월 4일, 2009년 12월 3일, 2010년 12월 2일, 2011년 12월 8일.

나) 김승희 현지 선교사

중국 선교 이해(2007년 12월 6일), 중국 선교 보고(2012년 12월 13일), 특강, "중국의 경제 부상: 우리에게 기회가 될 것인가? 위기가 될 것인가?" 「제29회 부산국제선교회의 밤 선교보고서」(2011년 12월 8일), 「중국 생활을 시작하며」(날짜 미상).

(5) 미얀마

가) 리앙망 진자 현지 선교사

미얀마 선교 보고(2001년 6월 25일, 9월 17일, 2008년 12월 4일, 2009년 12월 3일).

나) 곽현섭 선교사

미얀마 선교 보고(2010년 12월 2일, 2011년 12월 8일, 2012년 12월 13일, 2013년 12월 12일, 2014년 12월 11일, 2015년 12월 3일, 2017년 12월 14일, 2018년 12월 6일, 2019년 12월 5일).

다) 김문수 선교사

미얀마 선교 보고(2019년 12월 5일).

3) 인터뷰

곽현섭 미얀마 선교사(2022년 6월 7일, 2024년 3월 28일, 4월 6일).

김문수 미얀마 선교사(2022년 3월 8일).

김병호 일본 선교사(2022년 7월 5일).

김승희 장로/전 중국 현지 선교사(2023년 3월 13일, 2024년 4월 12일).

김운성 목사/전 본회 회장(2022년 5월 20일).

김정광 목사/전 중국 선교사/전 본회 회장(2022년 1월 25일, 2024년 1월 9일).

김창기 인도네시아 선교사(2024년 3월 18일).

박광선 목사/법인 이사(2022년 1월 25일).

박봉수 목사/상도중앙교회(2024년 5월 2일).

서정운 목사/장로회신학대학교 명예총장(2023년 7월 8일, 7월 12일).

신방현 인도네시아 선교사(2023년 6월 21일).

엄성화 미얀마 선교사(2022년 6월 7일).

오영철 선교사/태국기독교총회/CCT 19노회 카렌침례교총회신학교 실로암신학교
　　교수(2024년 3월 19일).

이명자/안젤라 권사(2024년 5월 29일).

이장호 목사/전 인도네시아 선교사(2023년 7월 12일, 2024년 3월 19일).

이종실 체코 선교사(2024년 5월 11일).

장성덕 전 오스트리아 선교사(2022년 1월 25일).

정구용 비엔나한인교회 은퇴 장로(2024년 5월 8일).

정봉익 장로/법인 이사장(2024년 6월 7일).

조의환 목사/전 본회 회장(2022년 11월 1일).

최광수 인도네시아 은퇴 선교사(2024년 3월 19일).

최차남 비엔나한인교회 은퇴 권사(2024년 5월 10일).

한영수 목사/전 본회 회장(2024년 1월 30일).

4) 도서

김병호. "재일대한기독교회의 에큐메니칼 선교." 황홍렬 편저.『에큐메니칼 협력 선교: 정책
　　· 사례 · 선교신학』. (서울: 꿈꾸는터, 2015), 91-104.

_____. "에큐메니칼 선교: 재일대한기독교회를 중심으로." 대한예수교장로회 총회 세계선
　　교부 편.『선교 현장 이야기: 일본 편』. (서울: 범아출판, 2018), 39~64.

한숭인.『선교 현장 체험기 ― 인도네시아편』. (서울: 규장, 1995).

부산국제선교회. 상임고문 김정광 목사 간증편『목사님, 여권 잃어버렸어요!』. (부산: 도서출
　　판지앤미, 2014).

2. 부산국제선교회 연혁

1979

한국기독교 국제선교회 부산지회를 결성하다.

　임원 — 회장: 고현봉, 부회장: 이영백, 강성두, 이신용, 총무: 김정광, 서기: 박광선, 회계: 박경수

한숭인 선교사를 인도네시아로 파송키로 결정하다.

1980

부산노회(가야교회)시 한숭인 선교사 목사안수 후 인도네시아로 파송하다(4월).

1981

선교사들을 위한 월례기도회를 매월 첫 목요일 7:30 갖기로 하다(2월 19일 임원회 결정). 3월
　　　5일에 첫 월례 기도회로 모이다.

1월과 8월을 제외한 연 10회의 기도회는 이후 본회의 아름다운 전통이 되었다.

1983

제1회 동남아 선교시찰단 (단장 한원도, 우익현, 한일민, 김용철, 나영태, 서강혁)이 인도네시
　　　아를 방문하다(5월).

장성덕 선교사를 오스트리아 비엔나(한인교회)로 파송하다(10월).

제1회 선교회의 밤을 개최하다(강사: 한철하 목사, 국제호텔).

1984

　임원(1월) — 회장: 이영백, 부회장: 신동혁, 김삼범, 이경준, 총무: 김정광, 서기: 김은곤, 회계:
　　　　박경수

　임원(7월) — 회장: 신동혁, 부회장: 김용철, 총무: 김정광, 서기: 김은곤, 회계: 박경수

한숭인 인도네시아 선교사가 사역지를 진리신학대학에서 기독교복음신학교로 이동하다.

LEPKI와 인도네시아 복음 전도회가 주관하는 교회 지도자 훈련 과정을 서부 칼리만탄의 세 지역에서 목회자 115명을 대상으로 개최했는데 한숭인 선교사가 강사로 참여.

남주석 목사 외 4명이 인도네시아 선교 현장을 시찰하다.

볼리비아 박종무 선교사와 페루 황윤일 선교사를 본회 협력 선교사로 월 $100 지원하다.

1985

제2회 해외선교의 밤을 개최하다(1월).

한숭인 선교사가 LEPKI와 동역하다.

인도네시아 선교 5주년 기념 예배를 드리다.

제3회 해외 선교회의 밤을 개최하고 본회의 명칭을 "부산국제선교회"로 독립하여 개칭하기로 결의하고, 한숭인 선교사를 단독 파송하다(12월).

1986

한숭인·이금숙 인도네시아 선교사의 2기 파송 예배를 드리다(2월).

장성덕 오스트리아 선교사를 2기 파송하기로 결의하다(6월).

제4회 동남아 선교시찰단이 동남아 선교현장을 방문(8월).

비엔나한인교회를 본 총회 산하 선교지 교회로 등록하고, 부산노회 해외 선교지 교회로 편입하다(10월).

1987

아시아연합신학대학원에서 수학하는 네팔 신학생 아난다뚤라드에게 장학금을 지급하여 본국으로 귀환하다(7월).

인도네시아에서 한숭인 선교사와 동역하기 위해 서성민 협력 선교사를 파송하다(10월, 부산진교회 후원).

김상재 선교사를 비엔나한인교회 선교사로 파송(11월).

1988

제5회 선교지 시찰(5월).

김상재 오스트리아 선교사가 예배, 권찰회, 심방, 여전도회 활성화 위해 노력.

인도네시아 선교 대표부 개설 및 선교교회 창립 예배를 드리다(10월).

제6회 국제선교의 밤 개최(12월).

1989

오스트리아 비엔나 개신교 노회장 호른 목사를 초청하여 부산을 방문(4월).

김병호 선교사를 일본 선교사로 파송하다(4월, 덕천교회 후원).

제7회 동남아 선교지 시찰단이 선교지를 방문(8월).

"아시아선교의 현황과 실제 ─ 인도네시아 및 버마 지역을 중심으로"라는 주제로 제7회 국제
　　선교의 밤을 개최(12월).

1990

제100회 월례회를 개최하고 비엔나한인교회 건물 구입 감사 예배를 드리다(7월, 석화그릴).

김병호 일본 선교사의 우라와교회 위임식을 진행하다(8월).

한숭인 · 이금숙 선교사의 인도네시아 선교 사역 10주년 감사 예배를 드리다(9월).

권종덕 협력 선교사를 대만 선교사로 파송하다(10월, 덕천교회 후원).

윤병섭 선교사를 비엔나한인교회에 선교사로 파송하다(12월).

1991

본회 총무 박광선 목사가 인도네시아 선교지를 방문하다(2월).

한숭인 선교사의 인도네시아 선교가 LEPKI와 협력하여 확대되다.

배재욱 선교사를 오스트리아 잘츠부르크한인교회 선교사로 파송하다(7월).

제9회 국제선교의 밤을 개최하다(12월).

1992

임원 – 회장: 양경렬, 부회장: 김정광, 김용철, 총무: 박광선, 부총무: 이일호, 서기: 이성호, 부
　　　서기: 원형은, 회계: 이경석, 부회계: 안광우

서정권 협력 선교사를 호주 원주민 선교사로 파송하다.

비엔나한인교회의 등기 완료(9월).

제10회 부산국제선교의 밤을 개최하다(12월).

1993

임원 – 회장: 양경렬, 부회장: 김정광, 김용철, 총무: 박광선, 부총무: 이일호, 서기: 송남천,
　　　부서기: 원형은, 회계: 이경석, 부회계: 안광우

인도네시아 한숭인 선교사의 입원과 치유(11월).

이남기 선교사를 비엔나한인교회 선교사로 파송하다(11월, 동래중앙교회 후원).

권종덕 협력 선교사를 마카오선교사로 파송하다(11월, 광안교회 후원).

1994

임원 – 회장: 신동혁, 부회장: 김정광, 김용철, 총무: 이일호, 서기: 송남천, 회계: 이경석,
　　　부회계: 안광우, 감사: 고도생, 김영문

인도네시아 선교교회의 선교관 헌당식을 하다(5월).

이후 한숭인 선교사가 여전도회 전국연합회 선교사로 이적하다.

김병호 일본 선교사가 동경조후교회의 담임 목사로 취임하다.

1995

임원 – 회장: 김정광, 부회장: 김동명, 김용철, 김명애, 총무: 이일호, 부총무: 조의환, 서기: 송
　　　남천, 부서기: 구영철, 회계: 이경석, 부회계: 안광우

선교정책협의회 개최(5월).

김철수 선교사를 잘츠부르크한인교회의 선교사로 파송하다(7월).

김기윤 선교사를 알바니아에 태권도 선교사로 파송하다(9월).

1996

일본 기독교단 동경교구 목사와 신자 10명이 본회와 부산교회를 방문(10.31~11.7).

비엔나한인교회 헌당식(11월).

부산국제선교회의 밤에서 선교사 파송과 더불어 현지 지도자 훈련을 통한 삼자 실현을 새로운
선교 전략으로 제시(12월).

1997

임원 — 회장: 김정광, 부회장: 김동명, 송남천, 김명애, 총무: 이일호, 부총무: 전두승, 서기: 구
영철, 부서기: 박유신, 회계: 이경석, 부회계: 유무호, 감사: 고도생, 김영문

미얀마 크리스찬 신학교(이하MCS로 약칭)의 리앙망 진자 교장이 본회를 방문하다(3월).

중국 Y에서 제1차 처소장 학습을 진행하다(총무 이일호 목사 일행, 이후 매년 4차).

1998

임원(1월) — 회장: 김정광, 부회장: 김동명, 송남천, 김명애, 총무: 이일호, 부총무: 조의환, 서
기: 박유신, 부서기: 이상붕, 회계: 유무호, 부회계: 안광우, 감사: 고도생, 김영문

임원(7월) — 회장: 김정광, 부회장: 김동명, 송남천, 김명애, 총무: 이일호, 부총무: 허준, 서기:
조의환, 부서기: 정종현, 회계: 유무호, 부회계: 안광우, 감사: 고도생, 김영문

중국 학습팀이 「중국 교회의 이해 및 선교지 방문 보고서」를 제출하다.

목진태 음악선교사를 일본 후쿠오카 협력 선교사로 지명하다(8월).

1999

중국 Y지역 S교회 S 전도사 내외가 본회를 방문하다(5월, 22인승 차량 지원).

미얀마기독교신학교(MCS)에 지원금을 전달하다(9월, 2,300만 원).

쉐포칸교회를 개척하다(4월, 부산노회 여전도회연합회).

2000

임원 — 회장: 김정광, 부회장: 김동명, 송남천, 김명애, 총무: 이일호, 부총무: 허준, 서기: 조의환, 부서기: 정종현, 회계: 유무호, 부회계: 안광우, 감사: 고도생, 김영문

중국 학습지원을 활발하게 지속하다(3월, 5월, 8월).

교회당 건축(백양로교회 — B선교센터, C처소교회, 대지교회 — J교회, 김임권 장로 — C교회, 감전교회 — C교회).

미얀마기독교신학교 옹민탕 교수(부산진교회 후원)와 디콘라 교수(부산노회 여전도회연합회 후원)가 한국 유학을 마치고 귀국.

쉐피타교회당 건축(김해교회).

2001

방문단이 미얀마기독교신학교를 방문(3월 5일~10일).

중국 학습 3회 실시.

학습 팀이 「중국 조선족 교회와 한족 교회의 선교보고서」를 제출.

일본 김병호 선교사가 조후교회 창립 50주년 기념예배를 드림.

2002

처소장 교육(제11회)을 실시(합계 30회).

백양로교회가 의료봉사를 실시(6월, Y지역, 이후 그린닥터스로 발전).

은퇴한 김정광 목사를 중국 선교사로 파송(7월).

학습 도중 연행되고, 기차 안에서 여권 분실 후 8시간 후 찾음(7월).

미얀마 신학교의 부지 8천 평을 기증(7월, $8만).

구덕동신교회당 건축(8월, 구덕교회 후원).

2003

임원 — 회장: 김은곤, 부회장: 송남천, 변태호, 김태구 외 5인, 총무: 조의환, 부총무: 정성훈,

서기: 허준, 부서기: 정종현, 회계: 유무호, 부회계: 조을훈, 감사: 안광우, 김영래

C교회당 개척(3월, 동래중앙교회, 부산제일교회).

북한에 식량 13톤 지원(7월, 제5차).

하인타이야교회 건축(7월, 문경 성동교회).

25톤 식량을 북한에 지원(8월, 제6차).

D교회당 건축(10월, 땅끝교회).

학습 5차례 실시(합계 35회).

2004

임원 – 회장: 김은곤, 부회장: 변태호, 김태구, 조의환 외 7인, 총무: 허준, 부총무: 김운성, 서기:

정종현, 부서기: 박제복, 회계: 조을훈, 부회계: 오성숙, 감사: 김영래, 신경자

Y지역 22개 교회에 보일러 설치(1월, 회원교회의 자매교회 지원).

북 다곤 제4교회당 건축(금성교회 후원).

파다미아르(Padamiar)교회당 건축(부산진교회 후원, 본회 후원 10번째 교회).

K교회당 건축(7월, 신광교회).

D교회당 건축(7월, 모라제일 이창걸 장로).

Y성 D교회당 건축(10월, 구포교회).

C교회당 건축(10월, 초읍교회 강국만 장로).

2005

미얀마기독교신학교 헌당 예배(2월).

다곤 제1교회당 건축(2월, 신광교회).

Y지역 S교회당 건축(7월, 초읍제일교회).

C교회 교육관 건축(10월, 새장승포교회).

장정동 집사가 전기 침 봉사 15차 실시.

H교회 준공(11월).

학습 5차 실시(합계 40회, 이후 매년 4차 학습 진행).

2006

임원 – 회장: 김은곤, 부회장: 조의환, 김운성, 정성훈, 총무: 허준, 부총무: 한영수, 서기: 박제

복, 부서기: 김영래, 회계: 신경자, 부회계: 손춘현, 감사: 조을훈, 문영생

베네공인세인교회당 건축(8월, 부산성동교회).

2007

임원 – 회장: 조의환, 부회장: 허준, 총무: 한영수, 서기: 장성덕, 부서기: 김영래, 회계: 신경자,

부회계: 손춘현, 감사: 조을훈, 문영생

김승희 장로를 상해 현지 선교사로 임명(2월).

북한식량 지원(6월, 새장승포교회, 본회 제10회차).

2008

임원 – 회장: 조의환, 부회장: 허준, 장성덕, 총무: 한영수, 서기: 이동아, 부서기: 이병석, 회계:

김영래, 부회계: 송해자, 감사: 조을훈, 문영생

미얀마 사이클론 피해 헌금($10,000) 지원 후 MCS 산하 15개 교회 성도 645명 증가.

Y교회당 건축(9월, 부산제일교회, 거성교회, 김정녀 집사).

S교회당 건축(9월, 모라제일교회, 이창걸 장로).

2009

임원 – 회장: 조의환, 부회장: 김운성, 김임권, 총무: 한영수, 서기: 이병석, 부서기: 최호득, 회

계: 김영래, 감사: 남기철, 신경자

곽현섭 선교사를 미얀마 현지 선교사로 임명(2월, 구포교회).

병아리 5,000수를 매입하여 30개 농촌교회에 지원.

북 다곤 제3교회당 건축(12월, 새장승포교회, 구포교회).

2010

임원 – 회장: 한영수, 부회장: 김운성(수석), 이병석, 총무: 이현진, 부총무: 최호득, 이동룡,
신정선, 회계: 김영래, 감사: 고준석, 신경자

미얀마은혜병원 개원(대한의사회 박희두 이사장, 그린닥터스 정근 이사장).

탄자욱삔교회당 건축(5월, 대저중앙교회).

남 다곤 제5교회당과 제8교회당 건축(6월, 관포교회 김중한 집사).

타이키 제1교회당 건축(6월, 광진교회).

탐린교회당 건축(6월, 문경동성교회).

하인타이야 제4교회당 건축(11월, 청주 강덕중 장로).

제300회 월례기도회 및 제28회 부산국제선교회의 밤을 개최(12월).

2011

양곤BIM센터(2월, 땅끝교회 창립 60주년 기념)부지 680평을 구입.

인레호수수상센터 부지 200평을 매입(3월, 거제신현교회, 박영만 장로, 김성수 집사).

선교 협력기관지정(대한의사회, 지리산선교회, 교육선교회, 코이노니아선교회).

일본 김병호 선교사가 동일본 대지진 구호 사역.

타이키 제2교회당 건축(7월, 광진교회).

미얀마 청년직업훈련생 후원(소정교회에서 23명, 코이노니아선교회 7명).

곽현섭 선교사의 회사 등록 신청(12월).

2012

임원 – 회장: 김운성, 부회장: 허준(수석), 김임권, 이현진, 총무: 이동룡, 부총무: 정명식, 이동
아, 최호득, 회계: 김남규, 감사: 정봉익

곽현섭 선교사를 미얀마 선교사로 파송.

아오밍글라교회당 건축(2월, 대저중앙교회).

북 다곤 제9교회당 건축(2월, 소정교회 조운복 장로).

셰다만교회당 건축(5월, 청주 강덕중 장로).

2013

임원 – 회장: 김운성, 부회장: 허준(수석), 김임권, 이현진, 총무: 이동룡, 부총무: 정명식, 이동아, 김종찬, 회계: 김남규, 감사: 정봉익

양곤BIM센터 건축(2월, 땅끝교회 창립 60주년 기념, 사직제일교회 60주년 기념, 박홍규 장로, 광진교회).

레께교회당 건축(4월, 광진교회).

인레 메잉 따이 지역 선교 부지 구입(5월, 5,200평, 소정교회, 코이노니아선교회).

인레호수수상센터(MOI, 11월 건축).

김병호 일본 선교사의 27년 사역 결과 재일대한기독교회 총간사로 취임(10월).

2014

양곤BIM센터와 인레수상센터(MOI) 헌당식.

양곤BIM센터 국제유치원 개원(5월, 교사 15명, 소정교회, 코이노니아선교회).

제32회 부산국제선교회의 밤(선교회 창립 35주년, 월례회 341회 기념).

중국학습 4차 진행(3월, 7월, 9월, 11월, 합계 72회).

인레호수 입구 마띠센에 제5교회당 부지 매입.

"목사님, 여권 잃어버렸어요!" 발간.

2015

임원 – 회장: 김운성, 부회장: 허준(수석), 김임권, 이현진, 이동룡, 총무: 정명식, 부총무: 이동아, 김종찬, 정일세, 회계: 김남규, 감사: 정봉익, 남기철

중국 교회 지도자 교육 19년차 지속(4차 실시 3, 7, 9, 11월).

인레호수 MOI센터 선착장 부지 250평 매입(땅끝교회 무명 성도).

인레호수 마띠센에 본회와 포항평강교회 연합으로 제5교회 – 디베랴의아침교회당 건축(11월).

미얀마 아오밍글라 지역 방과 후 학교 '러브 애프터 스쿨' 개설 후 교회 부흥.

인레호수 MOI센터가 마을 어린이 30명을 양곤 견학 및 교회 방문(12월).

부산국제선교회 CMS 회원 계좌 134명 확보(12월 현재).

2016

임원 – 회장: 김운성, 부회장: 허준, 이현진, 이동룡, 총무: 정명식, 부총무: 김종찬, 정일세, 최
　　　성수, 회계: 김남규, 부회계: 이정희, 감사: 박성화, 남기철

중국 교회 지도자 교육 20년차 지속(년 4차 실시 3, 6, 9, 11월).

미얀마 BIM 센터 국제유치원 영어교재 발간.

아오밍글라교회 방과후 학교 3층 증축.

인레 지역과 디베라의 아침교회 인재양성을 위한 지원.

인레호수 지역 가죽공예학교 개설.

부산국제선교회 사단법인 등록(이사장: 정봉익 장로, 이사: 김운성 목사, 한영수 목사, 정명식
　　　목사, 이삼균 목사, 김정광 목사, 박광선 목사, 김남규 장로, 김승희 장로, 사무총장: 최
　　　윤도 장로).

부산국제선교회가 곽현섭·엄성화 선교사와 선교 약정 협약식을 가지다.

김문수·김옥주 부부를 미얀마 선교사로 선임.

2017

중국 교회 지도자 교육 21년차(3, 7월 학습 후 일시 중단).

아오밍글라교회 사랑의 방과후 공부방 미얀마 교육부 정식 사립학교 등록.

김문수·김옥주 선교사를 미얀마로 파송(부산노회 목사안수 – 4월 18일, 선교지 출발 – 7월
　　　18일).

중국 연변 백산수 공장 직원들에게 잠바 300벌 기증(땅끝교회, 김운성 목사).

미얀마 인레 디베랴의아침교회 준공식(11월 8일).

2018

임원 − 회장: 허준, 부회장: 이현진, 이동룡, 총무: 정명식, 부총무: 김종찬, 정일세, 최성수, 서기: 임병선, 부서기: 이대근, 회계: 양춘국, 부회계: 이정희, 감사: 박성화, 남기철

김문수 선교사 양곤BIM센터 복귀 선교 활동 시작 (3월).

MSC 교장 리앙망 진자 목사 별세(5월, 72세).

미얀마 목회 지도자 본회 방문(6월, 마쵸, 넬리, 틴틴민).

인레지역 공부방 개시(7월, 디베랴의아침교회와 소정센터, 99명).

양곤지역 1:1 인재양성 시작(9월, 10명).

뒈퀘교회 2층 증축(9월 광진교회, 전주찬).

제1차 양곤지역 학습 실시(11월).

미얀마 아오밍글라교회의 넬리 부부 목사 안수(11월).

곽현섭 선교사가 양곤BIM센터와 사역을 김문수 선교사에게 이양(12월).

곽현섭 선교사가 인레수상센터와 디베랴의 아침교회로 선교지를 이동.

2019

임원 − 회장: 허준, 부회장: 이동룡, 정명식, 이병석, 총무: 정일세, 부총무: 김종찬, 최성수, 안맹환, 서기: 임병선, 부서기: 이대근, 회계: 양춘국, 부회계: 이정희, 감사: 박성화, 남기철

곽현섭 선교사가 인레지역 디베랴의아침교회에 정착(신분보장 카페운영, 결신자 대상 직업훈련 시작).

양곤, 인레지역 방과후 공부방 계속(인레지역 110명, 양곤 60명).

양곤지역 1:1 인재 양성 계속 (10명).

탄자욱삔교회당 개축 공사(6월 대저중앙, 본회, 명성 단기선교팀).

양곤BIM센터 보수 공사 실시(우물, 지붕, 배관, 전기, 담장 보수).

제2차 양곤지역 학습 실시(11월).

제1차 태국(아카족) 학습 실시(11월).

김병호 선교사가 30년 근속 표창.

부산국제선교회 37회 부산국제선교회의 밤 개최(선교회창립 40주년 기념).

2020

임원 − 회장: 이동룡, 부회장: 정명식, 이병석, 김종찬, 총무: 선성기, 부총무: 최성수, 안맹환, 임병선, 서기: 홍융희, 부서기: 이근형, 회계: 양춘국, 부회계: 양병무, 감사: 박성화, 남기철

협력 선교사: 양영기 목사(말레이시아), 박준수 목사(유럽), 조이 목사(홍콩), 이성훈 목사(일본), 유정한 목사(태국), 강범수 목사(미얀마)

400회 월례회(2020년 11월 5일).

코로나 긴급지원 실시(6개국 9개 선교지 지원).

2021

미얀마, 일본 코로나 2차 구호금 전달(2월) − 구포, 초읍, 덕천, 땅끝, 사직제일, 소정교회, 정봉익 장로

협력 선교사 파송(3월) − 김동휘 선교사(인도), 허석구 선교사(몽골)

선교회 40년사 편찬위원회 구성(4월) − 위원장: 한영수, 위원: 김정광, 정명식, 선성기, 정봉익, 김승희

미얀마 김문수 선교사를 코로나 중증으로 에어 엠블런스로 후송 및 치료(7월).

부산국제선교회 7,000만 원(땅끝교회 5,000만 원), 부산노회 5,000만 원, 총회 세계선교부 1,000만 원 − 합 1억 3000만 원을 모금.

협력 선교사의 선교지 변경(8월) − 홍콩 조재호 선교사가 몰타로 선교지 변경.

인도 김동휘 선교사가 부산노회에서 목사 안수를 받다(10월).

2022

임원 − 회장: 정명식, 부회장: 김종찬, 이병석, 선성기, 김수찬, 총무: 임병선, 부총무: 최성수, 안맹환, 서기: 홍융희, 부서기: 이근형, 회계: 양춘국, 부회계: 김병기, 감사: 박성화, 김

동환

3차 코로나 지원(인레, 양곤) — 2000만 원(영락교회 지원, 2월).

협력 선교사 파송 — 인도 장병욱 목사, 베트남 선교교회 임수진 목사(6월).

베트남선교교회 창립 예배(김해, 7월).

미얀마 따웅지교회당 건축 — 1억(영락교회 지원, 9월).

강범수 선교사를 미얀마로 파송(광진교회 파송, 12월).

2023

법인 이사 — 이사장: 정봉익 사무총장: 안맹환 이사: 김운성, 김정광, 김종찬, 박광선, 이동룡,
정명식, 한영수 김남규, 김승희, 김수찬

임원 — 회장: 정명식, 부회장: 김종찬, 이병석, 선성기, 안맹환, 장로부회장: 김수찬, 김덕성,
총무: 임병선, 부총무: 최성수, 홍융희, 이근형, 서기: 나재천, 부서기: 남기관, 회계: 양
춘국, 부회계: 김병기, 허부, 감사: 박성화, 김동환

미얀마 아웅반교회 헌당 예배 (8월, 사직제일교회).

미얀마 따웅지교회 헌당 예배 (8월, 영락교회).

미얀마 아웅반선교센터 1차 공사 완공 (10월, 땅끝교회).

말레이시아, 태국, 미얀마(8월). 인도 학습 실시(6월).

제1차 선교사대회 (파송 선교사, 협력 선교사, 12월 4~7일).

미얀마 따웅지 피난민 예수마을 건립 (12월, 2억 7천만 원, 영락교회 지원).

3. 부산국제선교회 역대 임원 명단(창립부터 2023년)

연도	회장	부회장	총무	서기	회계	감사
1979	고현봉	이영백, 강성두, 이신용	김정광	박광선	박경수	
1980	고현봉	이영백	김정광, 이만규(부)	황병보	박광선, 박화선(부)	안수길
1981	고현봉	이영백	김정광, 이만규(부)	황병보	박광선, 박화선(부)	안수길
1982	고현봉	이영백, 이신용, 강성두	김정광	박광선	박경수	한일민, 이복녀
1984년 1월	이영백	신동혁, 김삼범, 이경준	김정광	김은곤	박경수	
1984년 7월	신동혁	김용철	김정광	김은곤	박경수	
1985	신동혁	김삼범, 이경준, 김용철	김정광	김은곤	박경수	
1986	신동혁	김삼범, 이경준, 김용철	김정광	김은곤	박경수	김철근, 김영문
1987	신동혁		김정광	김은곤	박경수	
1988	신동혁	최상식, 김정광, 김용철	이만규	이성호	박경수	
1989	신동혁	김정광	이만규	이성호	이경석	
1990	신동혁	남주석, 양경열, 조동협	박광선, 이일호(부)	이성호, 신동작(부)	이경석, 지영진(부)	
1991	신동혁		박광선	이성호	이경석	
1992	양경렬	김정광, 김용철	박광선, 이일호(부)	이성호, 원형은(부)	이경석, 안광우(부)	
1993	양경열	김정광, 김용철	박광선, 이일호(부)	송남천, 원형은(부)	이경석, 안광우(부)	
1994	신동혁	김정광, 김용철	이일호	송남천	이경석, 안광우(부)	고도생, 김영문
1995	김정광	김동명, 김용철, 김명애	이일호, 조의환(부)	송남천, 구영철(부)	이경석, 안광우(부)	
1996	김정광	김동명, 송남천, 김명애	이일호, 전두승(부)	구영철, 박유신(부)	이경석, 김영래(부)	고도생, 김영문
1997	김정광	김동명, 송남천, 김명애	이일호, 전두승(부)	구영철, 박유신(부)	이경석, 유무호(부)	고도생, 김영문
1998	김정광	김동명. 송남천, 김명애	이일호 조의환(부)	박유신, 이상봉(부)	유무호, 안광우(부)	고도생, 김영문

연도	회장	부회장	총무	서기	회계	감사
1999	김정광	김동명, 송남천, 김명애	이일호 조의환(부) 이홍자(부) 백찬수(부) 김은순(부)	박유신, 이상붕(부)	유무호, 안광우(부)	고도생, 김영문
2000	김정광	김동명. 송남천, 김명애	이일호 허 준(부)	조의환 정종현(부)	유무호, 안광우(부)	고도생 김영문
2001	김정광	김동명, 김은곤, 송남천, 김명애	조의환, 정성훈(부)	허준, 정종현(부)	유무호, 조을훈(부)	고도생, 안광우
2002	김정광	김은곤, 송남천	조의환, 정성훈(부)	허준, 정종현(부)	유무호, 조을훈(부)	고도생, 안광우
2003	김은곤	송남천, 변태호, 김태구, 유화준, 김기복, 강은복, 김옥계, 김은선	조의환 정성훈(부)	허준 정종현(부)	유무호, 조을훈(부)	안광우, 김영래
2004	김은곤	변태호, 김태구, 고은태, 유화준, 김기복, 정성훈, 조의환, 지덕개, 지신숙, 김은선	허준 김운성(부)	정종현 박제복(부)	조을훈, 오성숙(부)	김영래, 신경자
2005	김은곤	조의환, 김운성	허준, 한영수(부) 정종성(부)	박제복, 김영래(부)	신경자, 오성숙(부)	조을훈, 문영생
2006	김은곤	조의환, 김운성, 정성훈	허준 한영수(부)	박제복 김영래(부)	신경자, 손춘현(부)	조을훈, 문영생
2007	조의환	허준	한영수	장성덕 김영래(부)	신경자, 손춘현(부)	조을훈, 문영생
2008	조의환	허준 장성덕	한영수	이동아 이병석(부)	김영래, 송해자(부)	조을훈, 문영생
2009	조의환	김운성 김임권	한영수	이병석 최호득(부)	김영래	남기철, 신경자
2010	한영수	김운성(수석) 이병석	이현진 최호득(부) 이동룡(부) 신정선(부)		김영래	고준석, 신경자
2011	한영수	김운성(수석) 이병석	이현진 최호득(부) 이동룡(부) 신정선(부)		김영래	고준석, 신경자
2012	김운성	허준(수석) 김임권, 이현진,	이동룡 정명식(부) 이동아(부) 최호득(부)		김남규	정봉익

연도	회장	부회장	총무	서기	회계	감사
2013	김운성	허준(수석) 김임권, 이현진	이동룡 정명식(부) 이동아(부) 김종찬(부)		김남규	정봉익
2014	김운성	허 준(수석) 김임권, 이현진	이동룡, 정명식(부) 이동아(부) 김종찬(부)		김남규	정봉익, 남기철
2015	김운성	허준(수석) 김임권, 이현진, 이동룡	정명식, 이동아(부) 김종찬(부) 정일세(부)		김남규	정봉익, 남기철
2016	김운성	허준, 이현진, 이동룡	정명식, 김종찬(부) 정일세(부) 최성수(부)		김남규, 이정희(부)	박성화, 남기철
2017	김운성	허준, 이현진, 이동룡	정명식, 김종찬(부) 정일세(부) 최성수(부)		김남규, 이정희(부)	박성화, 남기철
2018	허준	이현진, 이동룡	정명식, 김종찬(부) 정일세(부) 최성수(부)	임병선, 이대근(부)	양춘국, 이정희(부)	박성화, 남기철
2019	허준	이동룡, 정명식, 이병석	정일세, 김종찬(부) 최성수(부) 안맹환(부)	임병선, 이대근(부)	양춘국, 이정희(부)	박성화, 남기철
2020	이동룡	정명식, 이병석, 김종찬	선성기, 최성수(부) 안맹환(부) 임병선(부)	홍융희, 이근형(부)	양춘국, 양병무(부)	박성화, 남기철
2021	이동룡	정명식, 이병석, 김종찬	선성기 최성수(부) 안맹환(부) 임병선(부)	홍융희, 이근형(부)	양춘국, 김병기	박성화, 남기철
2022	정명식	김종찬, 이병석, 선성기, 김수찬	임병선 최성수(부) 안맹환(부)	홍융희, 이근형(부)	양춘국, 김병기(부)	박성화, 김동환
2023	정명식	김종찬, 이병석, 선성기, 안맹환 장로부회장: 김수찬, 김덕성	임병선 최성수(부) 홍융희(부) 이근형(부)	나재천, 남기관(부)	양춘국, 김병기(부) 허부(부)	박성화, 김동환

4. 2024 부산국제선교회 조직

법인 이사 이사장: 정봉익 장로 부이사장: 김승희 장로 사무총장 및 서기: 안맹환 목사

이사: 김운성 목사 김정광 목사 김종찬 목사 박광선 목사 이동룡 목사 정명식 목사 한영수 목사
김남규 장로 김수찬 장로 (가나다순)

직전회장	정명식 목사(광진)
회장	김종찬 목사(더불어)
부회장	이병석 목사(부산성동) 선성기 목사(백양로은혜) 안맹환 목사(땅끝) 조현성 목사(행복나눔) 이삼균 목사(대성) 김수찬 장로(대지) 김덕성 장로(산성) 박한규 장로(학장제일) 노홍기 장로(양산중앙)
총무	임병선 목사(한일)
부총무	최성수 목사(벧엘) 홍용희 목사(성민) 이근형 목사(소정)
서기	나재천 목사(항서)
부서기	하상효 목사(모라)
회계	양춘국 장로(땅끝)
부회계	김동환 장로(덕천) 허부 안수집사(땅끝)
사무장	서찬석 장로(기쁨의)
감사	박성화 목사(생명길) 김종명 장로(영도성광)
자문위원	강국만 장로(초읍) 김임권 장로(구덕) 민영란 목사 박홍규 장로(마라나타) 신창수 목사 장성덕 목사 전주찬 목사 조운복 장로(소정) 남기철 장로(대연) 조현성 목사(부산노회장) 엄정길 목사(부산남노회장) 최송규 목사(부산동노회장)
선교사	김병호 목사(일본) 곽현섭 목사(미얀마) 김문수 목사(미얀마) 강범수 목사(미얀마)
협력선교사	양영기 목사(말레이시아) 조재호 목사(몰타) 이성훈 목사(일본) 유정한 목사(태국) 김동휘 목사(인도) 허석구 목사(몽골, 다문화) 손병인 목사(대만) 박호식 목사(M국) 박준수 목사(영국) 임수진 목사(베트남, 다문화), 장병욱 목사(인도)
협력 기관	대한의사회 그린닥터스(정근 장로) 코이노니아선교회(한근수 장로) 지리산선교 동지회(이기성 목사) 아가페세계선교회(이윤수 목사)

■ 분과 조직

분과	분과장	부 분과장	회원(목사)	회원(장로/권사)	인원수	선교사
일본	김경년 목사 (덕천)	이대근 목사 (양정중앙)	김운성 목사(서울영락), 권태일 목사(신암), 박성화 목사(생명길), 최성수 목사(벧엘), 남기관 목사(성현), 민귀식 목사(밀양), 박태성 목사(감전), 정명호 목사(구포)	남기철 장로(대연) 김영애 권사(성광) 공기화 장로(땅끝) 박연제 장로(초읍)	14명 (목10/장, 권4)	김병호 이성훈
중어권	조현성 목사 (행복나눔)	홍용희 목사 (성민) 조성일 목사 (애광)	김종찬 목사(더불어), 김지덕 목사(구남), 선성기 목사(백양로은혜), 정명식 목사(광진), 정학재 목사(백양로), 신창수 목사, 신정일 목사(대지), 남병식 목사(산정현)	김승희 장로(새길) 양춘국 장로(땅끝) 김동환 장로(덕천) 노홍기 장로(양산중앙)	15명 (목11/장, 4)	박호식 양영기 손병인
미얀마	안맹환 목사 (땅끝)	이근형 목사 (소정) 정지훈 목사 (양산중앙)	김정광 목사, 박태부 목사(새장승포), 이병석 목사(부산성동), 한영수 목사(구포), 이동룡 목사(사직제일), 최구영 목사(감천), 장인재 목사(대저중앙), 지영호 목사(좋은소리)	서찬석 장로(기쁨의) 조운복 장로(소정) 강국만 장로(초읍) 김덕성 장로(산성)	15명 (목11/장4)	곽현섭 김문수 강범수
인도 차이나	이삼균 목사 (대성)	전승만 목사 (대연) 정명조 목사 (기쁨의)	김병호 목사(금성), 박상수 목사(청학중앙), 양병호 목사(신광), 최일문 목사(초읍), 남기룡 목사(서면중앙), 윤태순 목사(등광), 하상효 목사(모라), 전주찬 목사	김임권 장로(구덕) 박홍규 장로(마라나타) 최윤도 장로(땅끝) 김종명 장로(영도성광)	15명 (목11/장4)	유정한 김동휘 장병욱
유럽	김태준 목사 (거성)	이종훈 목사 (구덕)	허준 목사(다일), 나재천 목사(항서), 정일세 목사(행복한), 김민수 목사(새길), 최요한 목사(영광), 박제복 목사(수정), 김재욱 목사(평화), 장성덕 목사	정봉익 장로(구포) 김남규 장로(땅끝) 김항재 장로(동래중앙)	13명 (목10/장3)	박준수 조재호
다문화	엄정길 목사 (수안)	이정환 목사 (부산성광)	김우현 목사(명륜제일), 강한솔 목사(부산영락), 민영란 목사, 황형찬 목사(남산중앙), 임병선 목사(한일), 박광선 목사, 손영규 목사(부산제일), 강상국 목사	김병기 장로(성현) 이상준 장로(소정) 김수찬 장로(대지) 박한규 장로(학장제일)	14명 (목10/장4)	허석구 임수진

5. CMS 회원 명단 (2023년 11월 28일 현재)

번호	회원	교회	월계(원)	누계(원)	번호	회원	교회	월계(원)	누계(원)
1	주우국	구포	10,000	110,000	60	박순희	땅끝	10,000	100,000
2	안종원	구포	30,000	360,000	61	박순천	초읍	0	0
3	서주열	구포	50,000	550,000	62	이충길	초읍	10,000	110,000
4	김선화	구포	10,000	110,000	63	손명철	땅끝	10,000	110,000
5	김영자	구포	10,000	110,000	64	한태임	부산대성	10,000	110,000
6	이현정	구포	10,000	110,000	65	이동식	부산대성	10,000	110,000
7	이병회	구포	0	0	66	강재순	부산대성	10,000	110,000
8	이은경	구포	10,000	110,000	67	박정연	부산대성	10,000	110,000
9	신영희	구포	10,000	110,000	68	황지혜	광진	10,000	110,000
10	주령중	구포	10,000	110,000	69	박문수	땅끝	10,000	110,000
11	서영희	구포	10,000	110,000	70	박선옥	땅끝	10,000	110,000
12	박재욱	구포	10,000	110,000	71	김현정	땅끝	10,000	110,000
13	김희봉	구포	10,000	110,000	72	류정혜	땅끝	10,000	110,000
14	허윤정	구포	10,000	120,000	73	유현진	땅끝	5,000	55,000
15	하동욱	구포	10,000	110,000	74	이명숙	땅끝	10,000	110,000
16	이봉수	구포	10,000	90,000	75	김복선	땅끝	10,000	110,000
17	김순일	구포	10,000	110,000	76	홍석진	땅끝	10,000	110,000
18	최인찬	구포	50,000	550,000	77	박광선	산정현	0	100,000
19	김치삼	구포	10,000	110,000	78	최윤도	땅끝	10,000	110,000
20	이수종	구포	10,000	110,000	79	임병선	한일	10,000	110,000
21	유호섭	구포	20,000	220,000	80	심두순	금곡성문	10,000	120,000
22	탁혜경	구포	10,000	100,000	81	구영식	금곡성문	10,000	110,000
23	배성규	구포	0	20,000	82	정윤경	금곡성문	10,000	110,000
24	이태영	구포	20,000	200,000	83	양병무	광진	20,000	110,000
25	우희상	구포	10,000	110,000	84	김영배	사직제일	0	0
26	손선자	구포	10,000	110,000	85	김용훈	땅끝	10,000	110,000
27	최애숙	구포	0	0	86	천회숙	광진	20,000	220,000
28	한귀현	땅끝	10,000	110,000	87	임지현	초읍	10,000	110,000
29	장경자	땅끝	10,000	110,000	88	이용자	초읍	20,000	220,000
30	김경회	땅끝	10,000	110,000	89	최철회	초읍	10,000	110,000
31	주은하	땅끝	10,000	110,000	90	명영자	성민	50,000	550,000
32	임영빈	땅끝	10,000	110,000	91	김연숙	덕천	5,000	55,000
33	구덕회	땅끝	10,000	110,000	92	정성지	덕천	10,000	110,000
34	김만태	땅끝	0	0	93	박은숙	덕천	5,000	50,000
35	황석환	땅끝	10,000	110,000	94	양종완	덕천	10,000	110,000
36	송정심	땅끝	10,000	110,000	95	강보애	덕천	0	0
37	양춘국	땅끝	10,000	110,000	96	이종귀	덕천	10,000	110,000
38	김영숙	땅끝	10,000	110,000	97	황영자	덕천	20,000	120,000
39	김정광	땅끝	20,000	220,000	98	김재현	덕천	5,000	55,000
40	신창수	땅끝	20,000	202,000	99	하정선	덕천	10,000	110,000
41	이경원	땅끝	0	100,000	100	소영민	덕천	10,000	110,000
42	정경호	땅끝	10,000	110,000	101	이우근	덕천	10,000	110,000

43	최난희	땅끝	0	0	102	최종환	덕천	10,000	100,000
44	김은혜	땅끝	10,000	110,000	103	김현숙	광진	20,000	110,000
45	김남규	땅끝	20,000	220,000	104	김복순	광진	10,000	110,000
46	이성희	땅끝	30,000	330,000	105	김태우	구포	0	0
47	정동준	광진	10,000	110,000	106	김사옥	구포	10,000	110,000
48	김원조	광진	10,000	110,000	107	이화순	구포	10,000	110,000
49	장혜숙	광진	10,000	110,000	108	김형순	구포	20,000	220,000
50	조대일	광진	10,000	110,000	109	김순자	구포	20,000	220,000
51	박인정	광진	20,000	120,000	110	이기쁨	구포	40,000	200,000
52	황성익	광진	10,000	55,000	111	허정임	구포	10,000	110,000
53	노일	광진	10,000	110,000	112	정희경		10,000	100,000
54	서찬석	기쁨의	10,000	110,000	113	양승희	땅끝	10,000	110,000
55	임재원	광진	10,000	110,000	114	김용주	땅끝	10,000	110,000
56	이현진	광진	0	0	115	송미경	광진	10,000	110,000
57	강춘금	초읍	5,000	55,000	116	김수찬	대지	30,000	330,000
58	김정숙	초읍	10,000	110,000	117	김덕성	산성	50,000	550,000
59	문형두	초읍	10,000	110,000	118	지영호	좋은소리	50,000	300,000

합계 1,459,220원 (15,072,740원)

6. 후원 교회 및 기관 (2023년 11월 28일 현재)

번 호	교 회 / 단체	목 사 / 대표	월 계(원)	누 계(원)
1	감전	박태성	100,000	1,100,000
2	거성	김태준	100,000	1,100,000
3	광진	정명식	1,200,000	23,200,000
4	구남	김지덕	100,000	1,100,000
5	구덕	이종훈	100,000	1,100,000
6	구포	한영수	1,200,000	13,200,000
7	금성	김병호		2,500,000
8	기쁨의	정명조	50,000	550,000
9	감천	최구영	100,000	550,000
10	대연	전승만	100,000	1,100,000
11	대지	최무열	100,000	1,000,000
12	더불어	김종찬	700,000	7,700,000
13	덕천	김경년	400,000	2,200,000
14	땅끝	안맹환	1,800,000	54,800,000
15	명륜제일	김우현	100,000	1,100,000
16	밀양	민귀식	100,000	1,100,000
17	모라	하상효	200,000	2,200,000
18	부산노회 여전도회	회장 서자선	50,000	550,000

19	부산노회	노회장 조현성		1,400,000(200만)
20	부산남노회	노회장 엄정길		2,000,000
21	부산대성	이삼균	100,000	1,100,000
22	부산벧엘	최성수	100,000	600,000
23	부산산정현	남병식	300,000	1,400,000
24	부산성광	이정환	200,000	1,100,000
25	백양로은혜	선성기	200,000	550,000
26	부산성동	이병석		3,400,000
27	부산제일	손영규	200,000	2,200,000
28	백양로	김태영	200,000	2,200,000
29	수안	엄정길	400,000	1,400,000
30	사직제일	이동룡	700,000	58,950,000
31	새길	김민수	200,000	1,100,000
32	새장승포	박태부	100,000	1,100,000
33	생명길	박성화	50,000	550,000
34	서면중앙	남기룡		500,000
35	성민	홍융희	200,000	2,200,000
36	성현	남기관	100,000	1,100,000
37	소정	이근형	550,000	12,250,000
38	수정	박제복	100,000	600,000
39	서울영락	김운성	1,500,000	230,500,000
40	성광	박무종	100,000	1,100,000
41	애광	조성일	100,000	1,100,000
42	양정중앙	이대근	100,000	1,100,000
43	은성			
44	청학중앙	김도경	100,000	550,000
45	초읍	최일문	300,000	3,300,000
46	코이노니아선교회	김성자		
48	평화			
49	한일	임병선	50,000	550,000
51	항서	나재천	100,000	1,100,000
52	행복한	정일세	50,000	550,000
53	초읍제일			
54	행복나눔	조현성	200,000	2,200,000
55	대저중앙	장인재		
56	좋은소리장로	지영호		(300,000)
57	신광			
합 계			12,800,000	455,000,000

■ 지정헌금 현황 ■

항목	내용	금액
곽현섭 선교사 생활비	구포80 땅끝30 선교회80 광진30 소정10	월 2,300,000
김문수 선교사 생활비	땅끝100 선교회55 광진 구포 사직제일 초읍 각10 기쁨의 5	월 2,000,000
강범수 선교사 생활비	김운성30 영락50 광진40 성동10	월 1,300,000
양곤 지역 공부방	영락200	월 2,000,000
인레 지역 공부방	영락250	월 2,500,000
이성훈 선교사 사역비	벧엘10 본회5	월 150,000
조재호 선교사 사역비	대지 애광 백양로, 사직제일각5, 행복나눔10	월 300,000
양영기 선교사 사역비	금성 사직제일 각5, 광진 땅끝 각10	월 300,000
유정한 선교사 사역비	사직제일 백양로은혜 각5	월 100,000
허석구 선교사 사역비	구포10 더불어10 본회5	월 250,000
김동휘 선교사 사역비	더불어50 광진20	월 700,000
장병욱 선교사 사역비	본회10 더불어10	월 200,000
베트남선교교회 사역비	본회20 김수찬 한일 김남규 각10	월 500,000
박준수 선교사 사역비	구포10	월 100,000
아웅반 사역비(공부방, 문화원)	영락100	월 1,000,000
중국 S 지역 선교비	성광5 구포10 땅끝10	월 250,000
중국 D 지역 선교비	땅끝 20	월 200,000
중국 D 지역 선교비	거성10 대성5	월 150,000
중국 C 지역 선교비	초읍10	월 100,000
미얀마 노스다곤 3교회	새장승포 10	1,200,000
미얀마 노스다곤 4교회	금성 10	1,200,000
베네공, 힐링타이아교회	부산성동 120	1,200,000
곽현섭 선교사 직업훈련	이수영	16,000,000
코로나 지원	영락 20,000,000 이성훈 3,000,000	
타웅지교회 건축	영락 100,000,000	
박준수 선교사 차량 구입 지원	구포 10,000,000 본회 1,000,000	
인레센터 운영비, 장학금	소정	월 550,000
인도신학교 건축비	현은성, 구포	2,000,000
양곤 사직제일 수리비	사직제일	4,000,000
미얀마 한센인 지원	장영은	3,000,000

베트남선교교회 차량, 창립 예배	수안 광진 땅끝 한일 김형효 김덕성 이삼균	5,350,000
송림교회 석탄비	등광	700,000
선교의 밤 후원	정봉익200 땅끝50	2,500,000
인레, 양곤 성탄 행사비	초읍100 박연제100 본회400	6,000,000
인레, 양곤 인재 양성	김운성40 구포30 (주)이레팜10 본회20	월 1,000,000

7. 재정

1985년 결산: 30,370,246원

전년도 이월금 311,040 / 수입 30,059,206원 / 지출 29,919,828원 / 잔액 450,418원

1988년 결산(87. 12. 1~88. 11. 30): 65,760,834원

전년도 이월금 4,111원 / 수입 65,756,723원 /지출: 64,185,610원 / 잔액 1,575,224원

1989년 결산(88. 12. 1~89. 12. 31): 93,196,329원

전년도 이월금 1,575,224원 / 수입 91,621,105원 / 지출 83,194,928원 / 잔액 10,001,401원

1991년 결산: 110,108,030원

전년도 이월금 16,786,377원 / 수입 93,321,653원 / 지출 107,040,205원 / 잔액 3,067,825원

1993년 결산: 96,379,675원

전년도 이월금 1,283,902원 / 수입 95,095,773원 / 지출 90.173,405원 / 잔액 6,206,270원

1994년 결산: 114,977,900원

전년도 이월금 6,206,270원 / 수입 108,771,630원 / 지출 100,101,628원 / 잔액 14,876,272원

1995년 결산: 107,249,874원

전년도 이월금 14,876,272원 / 수입 92,373,602원 / 지출 98,421,350원 / 잔액 8,828,524원

1997년 결산: 97,510,558원

전년도 이월금 12,069,722원 / 수입 85,40,836원 / 지출 75,543,150원 / 잔액 21,967,408원

1998년 결산: 88,618,914원

전년도 이월금 21,967,408원 / 수입 66,651,506원 / 지출 83,811,140원 / 잔액 4,807,774원

1999년 결산: 88,386,946원

전년도 이월금 4,807,774원 / 수입 83,579,172원(차용금과 중국 차량 특별헌금 제하면 61,078,842원) / 지출 75,614,452원 / 잔액 12,772,494원

2000년 결산: 76,137,057원

전년도 이월금 12,772,494원 / 수입 63,364,563원 / 지출 74,400,260원 / 잔액 1,736,797원

2010년 결산: 197,400,187원

전년도 이월금 4,284,065원 / 수입 193,116,122원 / 지출 190,645,220원 / 잔액 6,754,967원

2011년 결산: 183,080,491원

전년도 이월금 6,754,967원 / 수입 176,325,524원 / 지출 182,467,270원 / 잔액 613,221원

2012년 결산: 275,967,241원

전년도 이월금 613,221원 / 수입 275,354,020원 / 지출 275,458,340원 / 잔액 508,901원

2013년 결산: 190,102,852원

전년도 이월금 508,901원 / 수입 189,593,951원 / 지출 191,51,740원 / 잔액 −1,410,888원

2017년 결산: 305,469,395원

전년도 이월금 21,597,019원 / 수입 283,872,376원 / 지출 288,358,664원 / 잔액 17,110,731원

2018년 결산: 265,152,332원

전년도 이월금 17,110,731원 / 수입 248,041,601원 / 지출 263,383,294원 / 잔액 1,769,038원

2019년 결산: 259,492,128원
전년도 이월금 1,769,038원 / 수입 257,723,090원 / 지출 240,901,641원 / 잔액 18,590,487원

2020년 결산: 281,759,481원
전년도 이월금 18,590,487원 / 수입 263,168,994원 / 지출 234,722,327원 / 잔액 47,037,154원

2021년 결산: 426,107,967원
전년도 이월금 47,037,154원 / 수입 379,070,813원 / 지출 337,024,553원 / 잔액 89,083,414원

2022년 결산: 491,957,981원
전년도 이월금 89,083,414원 / 수입 402,874,567원 / 지출 392,363,902원 / 잔액 99,594,079원

2023년 결산: 661,483,922원
전년도 이월금 99,594,079원 / 수입 561,889,843원 / 지출 627,322,138원 / 잔액 34,161,784원

부산국제선교회의 재정 증감과 관련하여 다루기 전에 재정과 관련한 기본적인 것을 언급하면 부산국제선교회 초기에 선교사가 몇 달 밀린 선교비를 급히 보내달라는 선교사 서신이 있다. 지금은 그런 일이 없지만 과거에라도 그런 일이 있었다는 것은 부끄러운 일이다.

부산국제선교회의 재정의 흐름에 나타난 특징을 보면 전반적으로 일정 기간을 지나면 비약적으로 상승한다는 점이다. 총회 자료가 부분적으로 없어 확정할 수는 없지만 1985년부터 25년 후인 2010년에 비약적으로 상승하고, 또 10년 후인 2021년 이후 비약적으로 상승하는 것을 볼 수 있다. 물론 2001년부터 2009년까지 통계 자료를 확보하면 다른 해석이 가능하다. 그렇지만 2020년 이후에 재정이 비약적으로 상승하고 있다. 물가 상승률을 감안해도 1985년을 기준으로 물가는 2010년에 2.9배, 2021년에 3.5배, 2023년에 3.7배가 상승했다. 물가 상승률을 대입하면 1985년의 3037만 원은 2010년에 8,807만 원인데 실제 재정

은 1억 9,740만 원으로 2.2배 증가했다. 1985년의 3037만 원은 물가 상승률을 대입하면 2021년에 1억 629만 원이고, 2023년은 1억 1,236만 원이다. 실제 재정은 2021년이 4억 2610만 원으로 물가 상승률을 반영한 1985년 예산보다 4배 증가했다. 2023년의 재정은 6억 6,148만 원으로 5.9배 증가했다. 즉, 물가 상승률을 반영할 때 부산국제선교회는 1985년 재정을 기준으로 할 때 2010년에는 2.2배 증가했고, 2021년에는 4배 증가했고, 2023년에는 5.9배 증가했다. 증가의 요인으로는 40년의 역사에서 그만큼 부산국제선교회가 질적으로나 양적으로 성장한 측면이 있고, 40년 동안 부산국제선교회가 부산 지역 교회들로부터 신뢰를 얻었다는 결과이고, 선교비를 후원하는 교회와 기관·단체와 더불어 법인이 되면서 CMS 개인후원들도 증가했다는 점을 들 수 있다. 질적인 측면에서 보면 미얀마 선교는 양곤BIM센터, 인레수상센터(MOI)와 따웅지, 아웅반 등 세 지역에서 동시에 진행하고 있다. 그런데 양곤BIM센터가 잘 자리를 잡고 인레와 따웅지 그리고 아웅반으로 확대되는 미얀마 선교에 대한 회원교회와 기관, 개인회원들이 기도와 후원으로 지지하고 있다고 판단한다. 이주의 시대에 난민을 위한 예수마을을 세운 것도 그런 지지에 해당한다고 볼 수 있다. 그러나 2021년부터 이월금이 갑자기 급증한 것은 바람직한 것은 아니라고 생각한다. 향후 재정은 본서에서 여러 가지로 제안한 내용들을 실천하는 데 뒷받침하기를 희망한다. 이제 재정 원칙을 선교사의 생활비와 사업비에만 지원하는 것으로부터 선교지에서 선교가 원활하게 진행하도록 우호적 관계 형성을 위해서, 다양한 차원의 에큐메니칼 협력 선교를 위해서, 선교정책협의와 바람직한 선교신학 수립을 위해서 그리고 현지 신학의 발전을 위해서도 사용될 것을 제안한다.

부산국제선교회의 재정 통계표(1985~2022년)

년도	결산	수입	지출
1985	₩ 30,370,246	₩ 30,059,206	₩ 29,919,828
1988	₩ 65,760,834	₩ 65,756,723	₩ 64,185,610
1989	₩ 93,196,329	₩ 91,621,105	₩ 83,194,928
1991	₩ 110,108,030	₩ 93,321,653	₩ 107,040,205
1993	₩ 96,379,675	₩ 95,095,773	₩ 90,173,405
1994	₩ 114,977,900	₩ 108,771,630	₩ 100,101,628
1995	₩ 107,249,874	₩ 92,373,602	₩ 98,421,350
1997	₩ 97,510,558	₩ 85,440,836	₩ 75,543,150
1998	₩ 88,618,914	₩ 66,651,506	₩ 83,811,140
1999	₩ 88,386,946	₩ 83,579,172	₩ 75,614,452
2000	₩ 76,137,057	₩ 63,364,563	₩ 74,400,260
2010	₩ 197,400,187	₩ 193,116,122	₩ 190,645,220
2011	₩ 183,080,491	₩ 176,325,524	₩ 182,467,270
2012	₩ 275,967,241	₩ 275,354,020	₩ 275,458,340
2013	₩ 190,102,852	₩ 189,593,951	₩ 191,513,740
2017	₩ 305,469,395	₩ 283,872,376	₩ 288,358,664
2018	₩ 265,152,332	₩ 248,041,601	₩ 263,383,294
2019	₩ 259,492,128	₩ 257,723,090	₩ 240,901,641
2020	₩ 281,759,481	₩ 263,168,994	₩ 234,722,327
2021	₩ 426,107,967	₩ 379,070,813	₩ 337,024,553
2022	₩ 491,957,981	₩ 402,874,567	₩ 392,363,902
2023	₩ 661,483,922	₩ 561,889,843	₩ 627,322,138

부산국제선교회의 재정 통계 그래프

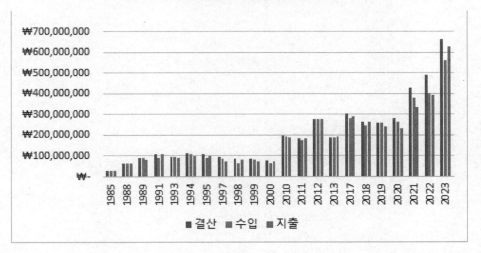